KB161482

World Book 243

Plutarchos

BIOI PARALLELOI

플루타르코스 영웅전 I

플루타르코스/박현태 옮김

동서문화사

디자인 : 동서랑 미술팀

플루타르크영웅전 I II III
차례

플루타르코스 영웅전 I

플루타르코스 영웅전 II

플루타르코스 영웅전 Ⅲ

《플루타르코스 영웅전》을 읽는 이들에게

박현태

영웅은 찬란한 빛 속에 섰다. 무수히 감싸어리는 빛 속에 영웅은 꿈틀거린다. 뼈를 훑는다. 살을 깎는다. 하나의 석상(石像) 아래 민중의 눈들이 반짝인다. 영웅적인 행위는 육체에 대한, 곧 공포에 대한 정신의 빛나는 승리이다. 자신의 운명을 짊어지는 용기를 지닌 자만이 영웅이 될 수 있다. 영웅은 죽음을 똑바로 바라본다. 그 죽음은 단순한 이미지가 아니라 또렷한 현실이다. 무대에서 훌륭하게 영웅을 연기하는 것이 아니라, 오히려 죽음 그 자체를 직시하므로 영웅은 죽음 앞에서 언제나 고결하고 당당하다.

플루타르코스의 '영웅전'

《플루타르코스 영웅전》은 시간과 공간을 뛰어넘어 수없이 많은 사람들에게 세상을 헤쳐 나가는 지혜와 용기의 샘이 되었으며, 서양 문명의 뿌리인 고전 고대사를 이해하는 데 중요한 원전(原典)으로서 흥미진진하게 읽히고 있다.

2000여 년의 세월이 흐르는 동안 바래지거나 잊히기는커녕 그 깊이를 더해 가는 것을 보면, 이 작품이 얼마나 위대한 인류의 유산인지를 알 수 있다. 생각건대 《플루타르코스 영웅전》은 전세계 어느 학교보다도, 또한 어느 교사보다도 더욱 많은 인재들을 길러냈을 것이다. 철학자 랠프 에머슨은 이렇게 말했다.

"나는 세계의 도서관에 불이 난다면 불길 속으로 뛰어들어가 셰익스피어 전집과 플라톤 전집, 그리고 플루타르코스 영웅전을 구해낼 것이다."

만약 우리가 어떤 사정으로 학교에 갈 수 없고, 주위에 좋은 선생님이나 좋은 친구가 없다 해도《플루타르코스 영웅전》한 권만 있다면 되풀이해 읽으면서 올바른 삶을 살아갈 수 있을 것이다.

《플루타르코스 영웅전》무대는 서양 문명의 근원을 이루는 그리스(헬라스)와 로마이며, 이들 대민족 가운데 영웅들과 위인들의 파란만장한 생애를 통해 그들의 성격과 도덕적 견해를 대비하여 묘사함으로써 정의와 불의, 선과 악, 진리와 허위, 박애와 증오, 그리고 이성 간의 사랑 등 인간의 모든 문제를 자세하게 다루어 진정한 인생이란 무엇인지를 솔직하게 보여 준다. 이는 참으로 충실한 기록이다. 조금의 과장도 없고, 불필요한 형용사도 없으며, 공상도 섞여 있지 않고, 감정에 치닫지도 않으며, 오로지 드넓은 평야를 조용하게 흘러가는 강물처럼 평온하다.

플루타르코스는 자연과학자가 모든 현상을 정확하고 냉정하게 관찰하듯이, 인간의 사상과 행동을 집중적으로 바라보았다. 그는 많은 취미와 동정심을 가지고 있었는데, 이는 곧 세상의 모든 것에 흥미와 호기심을 가지고 있었다는 말이기도 하다. 또한 그의 역사적 자료 안에는 놀라울 정도로 풍부한 재료가 쌓여 있었다. 그는 공론과 추상론은 거의 다루지 않았으며, 자신의 감정에서 우러나는 좋고 싫음도 찾아보기 힘들다. 이처럼 그는 책 속 영웅에 대해서 자신의 비평을 삼갔다. 그 대신 교묘하게 사실들을 배열함으로써 독자 스스로 영웅을 비판할 수 있도록 이끌었다. 이런 비범한 플루타르코스의 필력으로 말미암아 그의 전기는 누가 읽든지, 몇 번을 읽든지 재미있고 유익한 작품이 되었다.

《영웅전》에는 2000년 가까운 시간 속에서도 꺼지지 않는, 플루타르코스의 살아 숨쉬는 정열이 있다. 그 정열 때문에 나폴레옹도, 볼테르도, 루소도, 에머슨도 불타올랐던 것이다. 그것은 바로, 이 땅에 '사람이 마땅히 지키고 행해야 할 도덕적 의리'인 도의(道義)의 염원을 일으켜 세우고자 했던 플루타르코스의 의지이다. 그는 열렬한 도덕가였으며 장엄한 윤리관과 정의감을 가지고 있었다. 정의는 반드시 승리한다, 이것이 그의 신념이었다. 그는 알렉산드로스가 아시

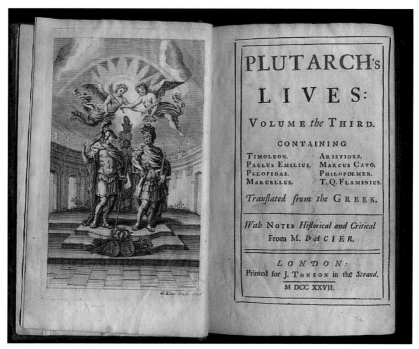

플루타르코스 영웅전 제33권(1727) 권두화·속표지 야콥 톤슨이 발간한 영국판

아를 휩쓴 것은 깨끗한 도덕관념 덕분이었으며, 페리클레스가 40년 동안 아테나이를 다스릴 수 있었던 것은 고결한 도덕관념을 가지고 있었기 때문이라고 했다. 플루타르코스에게 있어서 영웅이란 최고 도덕관념의 표현이다. 정의를 위해서 운명과 계속 싸우는 것이 진정한 영웅이다.

그는 영웅들의 위대한 성공과 뼈아픈 실패의 자취를 바라보며 '정의는 이기고 불의는 진다'고 단호하게 믿었다. 의로운 사람이 한때 그 시대 상황으로 인해 패배했어도, 천년 뒤에 인류가 갈구하는 정조(情操) 속에서 살아갈 뿐만 아니라 최후의 승리자라고 믿었기 때문이다. 정조라는 것은 진리, 아름다움, 선행, 신성한 것을 대했을 때 사람들이 고차원적인 복잡한 감정에 빠져드는 현상인데, 이런 인간 본능은 언제나 세상을 바르게 이끌어가는 힘이 되어준다. 고결한 절개를 가진 위인을 받아들일 수 없는 사회라면, 그 사회는 반드시 멸망한다.

1470년, 울이치 한이 라틴어로 번역하여 출간한 《플루타르코스 영웅전》의 본문

그러므로 사회를 흥하게 하는 원동력은, 그 사회를 살아가는 사람들 가슴속에 신념과 신의를 키우며 모든 사람을 영웅으로 만드는 데 있다. 타고난 영웅은 없다. 누구라도 노력하지 않으면 영웅이 될 수 없다. 이는 바꿔 말해 누구나 노력하면 영웅이 될 수 있다는 뜻이다. 이를 알고, 《플루타르코스 영웅전》 속에 있는 위인들의 삶을 읽고 배우고 그들의 뜻을 되살려야 한다.

플루타르코스가 살았던 시대는 로마제국의 전성기로, 그리스 문화가 로마제국에 들어와 새로운 지중해 문명을 완성하는 단계에 있었으며, 정치 경제 면에서는 '로마의 평화'가 온 유럽과 소아시아, 북아프리카를 뒤덮어서 사람들이 편히 지내던 시대였다. 그래서 그는 인간으로서 비교적 행복한 생활을 할 수 있었다.

문화부흥 시대에 뛰어난 작가들이 많이 나온다는 것은 의심할 여지가 없다. 위대한 인물은 반드시 풍족한 환경의 은혜 속에서 태어난다. 플루타르코스라는 훌륭한 작가가 태어난 것도 이런 시대의 은총 덕분이다. 그래서 우리는 그의 문장에서 정의의 승리, 도덕의 우수함 같은 밝고 낙천적인 분위기를 읽어낼 수 있다. 그렇기에 그토록 긴 세월 이 한 권의 영웅전이 인류에게 눈부신 희망을 주는 원천이 된 것이다.

그러나 만일 플루타르코스가 단순히 도덕과 진실만을 추구하는 사람이었다면 그의 작품은 몇몇 사람들에게만 읽혔을 뿐, 지금처럼 시공간을 넘어 모든 사람들에게 사랑받지는 못했을 것이다. 플루타르코스는 글 쓰는 기술의 정확성이나 사상적 도덕성만을 지닌 작가는 아니었다. 그는 시인처럼 모든 생명 속에서 청순하고 고아한 아름다움을 자세히 볼 줄 알았다. 모든

Ta fage inftruction fert de riche couronne
A Trajan, efleué par deffus tous humains.
Si les grands te portoient au cœur & dans leurs mains,
Vertu viuroit au lieu de Venus & Bellone

1565년, 자크 오미오가 번역한 《플루타르코스 영웅전》에 그려진 초상화

일과 사물을 눈여겨보며 감상하는 동안 다채롭고 풍부한 우주의 예술을 발견한 것이다.

이러한 시적이고 그림과 같은 풍경은 그의 붓 끝에서 흘러나와 《영웅전》의 처음부터 끝까지 계속되며 아름다운 관계를 넘쳐나도록 만든다. 어느 평론가의 말처럼 "우주의 시작, 땅의 끝, 세상 모든 것이 플루타르코스의 왕과 신하"라고 할 수 있다. 그리하여 우리는 그의 문장을 읽어가는 사이에 갖가지 꽃이 어우러져 핀 들판에서 거닐고, 따스한 햇살과 포근한 바람 사이에 앉아서 흐르는 샘물과 지저귀는 들새 소리를 듣는 것 같은 착각에 빠지기도 한다.

이러한 시적 정취는 수많은 전투 장면 속에서 수만 마리의 말발굽 소리, 창칼이 부딪치는 무서운 굉음, 병사들의 함성과 비명, 땅에 가득한 죽음의 처참함이나 하늘까지 울려퍼지는 승리의 환희 등을 그릴 때도 유연한 마음을 갖게 한다. 마찬가지로 인간의 애욕, 질투, 갈등을 묘사할 때에도 인간에 대한 사랑

트로이의 목마 호메로스의 대서사시 《일리아스》에 나오는 트로이전쟁 속의 한 장면. BC 8세기경에 문자로 기록된 이 작품은 수많은 영웅과 신화를 탄생시켰다.

을 잃지 않게 한다.

이는 모두 플루타르코스가 매우 밝은 성격을 가진 덕분이다. 그는 두더지처럼 땅속 깊은 어둠 속에 갇혀 있지 않고, 종달새처럼 푸른 하늘에서 날아다닌다. 학자 특유의 편협한 버릇이 없었던 플루타르코스는, 인간다운 따뜻한 맛이 있는 사람이었으며, 유머를 사랑했고, 사람 사귀기를 좋아했다. 그래서 그는 영웅이나 위인의 삶을 이야기하면서 장점은 장점으로서 소중히 여기고, 결점은 결점으로서 받아들였다. 게다가 결점과 단점에도 인간다운 호의와 동정을 아끼지 않았다.

그야말로 철두철미하게 '인간다움'을 그려낸 것이다.

따라서 그는, 소(小)카토처럼 원칙적이고 엄격한 사람을 그리면서 동시에 안토니우스처럼 경박하고 명랑한 사람을 그려낼 수 있었다. 또한 카이사르에 대해서는 그가 전투에서 보여 준 용기와 지략과 더불어, 이집트(아이귑토스)의 클레오파트라와 나눈 사랑이야기까지 들려줄 수 있었다.

플루타르코스가 오랜 세월 동안 독보적인 전기작가로 군림할 수 있었던 까닭은 그의 취미와 인생관이 이처럼 어느 한쪽으로 치우치지 않았기 때문이다. 그래서 그의 책을 읽는 사람들은 모두 감동할 수밖에 없다. 누구라도 그의《영

호메로스의 예찬 프랑스의 신고전주의 대표 화가 앵그르는 호메로스 주위에 역사적으로 위대한 인물이나 예술가, 시인들을 그려 넣었다.

웅전》 안에서 반드시 이상적인 인물을 만나게 된다. 플루타르코스 스스로 밝힌 것처럼 우리도 그의 작품에서 우리만의 위인을 마주하게 될 것이다.

"위인들이 가진 미덕은 인생을 비추는 거울이자, 내 생활을 돌아보고 어떻게 살아가야 하는지를 알려주는 지침이 되었다. 나는 날마다 위인들과 함께 지내는 것처럼 느끼며 나를 찾아오는 손님들을 대하듯, 하나하나 차례대로 그들을 맞았다. 위인들과 가까이하면서 생생한 감동을 느끼고, 그들의 행동에서 가장 중요하고 훌륭한 점을 골라 몸에 익히게 된 것이다. 마음을 갈고닦는 데 이보다 더 큰 기쁨이 있을까? 우리 됨됨이를 기르는 데 이보다 가치 있는 방법이 있을까? (……)

내가 역사를 연구하면서 이 전기를 쓰는 이유는, 위인들의 선량하면서도 귀중한 영향을 받아들이고 오랫동안 잊지 않기 위함이다. 영웅들의 훌륭한 삶을 여기에 옮김으로써 우리가 저속한 세상에서 만날지도 모르는, 오염되고 천하며 야비하고 해로운 인생에서 벗어나려는 것이다."

빛나는 고전의 가치

하나 더 선물처럼 플루타르코스가 우리에게 주는 것은, 고전이 갖고 있는 본디의 맛이다. 있는지 없는지 모를 은은한 향기, 얇은 명주로 에워싼 듯한 등불, 간결하고 명료한 문자가 가지는 함축, 그리고 하나의 도자기처럼 딱 떨어지는 완벽성, 그것은 복잡하고 바쁜 현대 사회에서 점점 더 자극적인 오락거리만을 추구하는 사람들은 절대로 만들어낼 수 없는 풍미이다.

《플루타르코스 영웅전》이 바다 건너 이탈리아 라틴어로 번역된 것은 1470년이었다. 그러니까 플루타르코스가 세상을 떠난 지 1353년 뒤였고, 이탈리아 문화부흥기(르네상스)를 맞아 새로운 시선으로 고대 그리스 문화를 되돌아보는 시기였다. 그 오랜 세월 플루타르코스의 글이 그리스어로 좁은 세상에 머물러 있었다는 걸 생각하면, 인간이 이룩한 업적이 진실로 인정받는 것은 때로는 아주 긴 시간이 걸린다는 사실을 알 수 있다.

라틴어로 번역된 뒤로는 거침없이 온 유럽으로 퍼져나갔다. 1559년에는 프랑스어로도 번역되었다. 이 번역서가 얼마나 유럽에 충격을 안겨줬는지는, 플루타르코스의 책을 읽고 싶어서 일부러 프랑스어를 배우는 사람 많았다는 이야기로도 충분히 짐작할 수 있으리라. 그 뒤 1575년에 처음으로 프랑스어를 영어로 옮긴 번역판이 나왔다. 엘리자베스 여왕이 즉위한 지 17년이 되던 해로, 영국의 발전에 대한 관심이 한창 집중되었던 때였다. 또한 영국 문단에서는 세기의 천재 작가 셰익스피어가 활약했던 때이기도 하다.

여기서 우리가 뚜렷하게 알 수 있는 것은 《플루타르코스 영웅전》은 늘 민족 강성기에 나타났다는 점이다. 사람들 마음속에 나라 부흥에 대한 염원의 불꽃이 피어오르면 무의식적으로 플루타르코스를 떠올리는 일이 세계 곳곳에서 일어나고 있으며, 이로써 우리는 어느 숙명적인 현상을 목격하고 있는 것이다.

여기서 한 가지, '영웅전'이 아니면서 영웅전이라 부르는 것에 의아한 생각을 품은 사람이 있을지도 모른다. 사실 플루타르코스는 두 가지 뜻으로 통하는 '영웅전'을 쓰지 않았다. 먼저 영웅전이라는 말은 처음부터 이를 번역했을 때 붙인 이름으로, 플루타르코스 자신이 붙인 것은 아니다. 영어에서는 간단히 Lives(전기집) 또는 Parallel Lives(대비열전), 둘 가운데 하나이다.

이를 영웅전이라 부른 맨 처음 사례는 1904년이다. 이 책에서 다루는 인물들은 이른바 영웅들뿐만이 아니라는 사실을 많은 이들이 잘 알고 있으리라. 하지만 그 무렵 펴낸 책 속에는 영웅들의 이야기가 모여 있다고 사람들은 여겼던 모양이다. 그 뒤 우리나라에서도 이를 그대로 좇아 책마다 영웅전이란 말을 쓰게 되었다. 영웅전이든 비교열전이든, 사실 그 제목은 중요치 않으리라.

고전의 품격을 잊지 않고 간직하며, 그 고전을 날마다 새롭게 하는 민족만이 영원할 수 있다. 플루타르코스가 갖는 힘은, 그토록 오래고 강하다. 그것이 바로 고전의 가치이다. 고대에 동양과 서양은, 오늘날과 같이 그 차이가 심하지는 않았다. 그래서 《플루타르코스 영웅전》에 나오는 인물들의 사상과 생활이 우리와 그리 멀게 느껴지지 않으며, 우리의 마음을 강하게 움직이는 것이다.

플루타르코스의 시야는 상상하기 힘들 만큼 드넓고, 그의 아량은 전인류를 감싸안을 정도로 깊다. 그리하여 보편적 인간 정서에 가장 가까운 글을 쓸 수 있었다. 그의 영웅들은 어린이는 어린이답게 감동케 하고, 젊은이는 젊은이답게 벅차오르게 하며, 어르신은 어르신답게 삶을 되돌아보게 한다.

플루타르코스의 생애와 작품 세계
박현태

생애

로마제국 번성기를 누리다

플루타르코스는 회고록이나 자서전 등을 남기지 않았다. 그에 의해 저서를 헌정받은 사람은 많았음에도 정작 그의 전기를 쓴 사람이 없으므로 우리는 그가 언제 태어나고 죽었는지 정확히 알지 못한다. 그러므로 우리는 그의 여가 활동이나 학문 활동, 그리스(헬라스)에서 지낸 공직 생활, 또 저작 활동에 이르기까지 모든 연대를 그의 저작물을 살펴봄으로써 나름대로 추측할 수밖에 없다.

그는 서기 46년 무렵 태어났으며 서기 120년쯤 세상을 떠났다. 플루타르코스 자신의 전기 기술이 연대나 기년(紀年)에 대해서는 자세히 다루지 않았던 것과 마찬가지로, 그가 언제 태어나고 죽었는지 또한 더는 정확하게 정하기 어렵다.

그의 《윤리론집》 중요한 수필에 델포이 아폴론 신전 문 앞에 적혀 있는 엡실론(E, ℮)이라는 문자의 수수께끼에 대한 대화편이 있는데, 그 안에서 플루타르코스의 스승 암모니우스가 '이러한 문제(철학과 수학 양쪽에 걸치는 토론)에 대해서는 플루타르코스 같은 젊은 사람들과 너무 엄밀하게 토론하는 것은 어울리지 않는다' 말하고 있다. 이 토론이 이루어진 것은 로마 황제 네로가 그리스를 방문할 때의 일이라 되어 있는데, 네로의 그리스 방문은 서기 66~67년의 일이라는 게 확실하므로 플루타르코스는 스승 암모니우스로부터 서기 66~67년에 '젊다'는 말을 들은 셈이다. 이것은 철학적 토론을 하면서 '젊다' 말했으므로 20세 안팎으로 보는 편이 마땅하다. 때문에 로마 황제로 말한다면 그는 클라우디우스 재위 때 태어나, 소년시절에서 청년시절은 네로 황제, 또 30대 후반에서 50세까지는 네로에 못지않게 악명 높았던

플루타르코스(46~120)

도미티아누스 시대를 거쳐, 5현제의 한 사람인 하드리아누스 통치 초기에 죽었다.

덧붙이자면 추방된 스토아 철학자 에픽테토스나 '황금의 입'이라는 별칭을 얻은 변론가 디온, 로마 풍자시인 마르티알리스, 수사학의 대성자 퀸틸리아누스, 역사가 타키투스, 소(小)플리니우스, 전기작가 수에토니우스 등과는 거의 한 시대 사람이다.

하드리아누스에 앞선 황제 트라야누스(재위 98~117) 때 로마제국은 최대 영토를 자랑했으니, 한마디로 플루타르코스는 로마제국의 가장 번성기에 '로마제국의 평화'와 혜택을 한껏 누린 삶을 보낸 셈이었다. 말하자면 '인류가 가장 행복했을 때'였으며, 다행히도 얼마 뒤에 다가올 제국 내부의 대혼란은 전혀 느껴지지 않았던 평온함과 풍요로움만이 넘치는 시대였다.

그가 태어난 곳은 그리스 중부, 보이오티아의 카이로네이아라는 도시이다. 이 도시는 플루타르코스 자신이 〈데모스테네스〉 첫머리에서 '나는 작은 도시에서 태어났으며, 이 도시가 더 작아지지 않기를 바라면서 여전히 이곳에 살고

있네' 농담처럼 말하고 있을 만큼 작은 도시이다. 그래도 역사 지도에는 이 도시가 실려 있다. 역사 전환의 계기가 된 사건의 현장이기 때문이다. 이곳은 예부터 몇 차례 싸움이 벌어졌던 곳이며 특히 그 마지막 전투에서는, 마케도니아의 필리포스 대왕이 아들 알렉산드로스를 데리고 가서 그리스 연합군을 무찌름으로써 고대 그리스의 막을 내리게 했다. 그 뒤 그리스는 마케도니아 제국의 일부가 되었으며, 문화적으로는 헬레니즘 시대를 맞이하게 된다. 매우 놀라운 일은 이 카이로네이아에서 일어난 역사적 대사건을 그는 단 한 번도, 그 어디에서도 말하지 않았다는 사실이다.

플루타르코스 가문은 예부터 카이로네이아에 살았던, 그 지방에서는 꽤 잘사는 집안이었다. 플루타르코스의 할아버지 람프리아스는 〈식탁 대화집〉에서 여러 번 발언자가 되기도 했는데, 교양이 풍부하고 기지 넘치는 말재주로 소년 플루타르코스를 사로잡곤 해서 그에게 큰 영향을 주었다. 그의 아버지 또한 교양인이었음에는 확실하지만 알려진 바가 거의 없다. 다만 어떤 사람들은 그의 아버지 이름을 아우토불루스라 하고, 어떤 사람은 니카르쿠스라고 한다. 어머니 이름도 뚜렷이 알 수 없으며, 작품에 어머니에 대한 이야기가 없는 것으로 보아 세상을 일찍 뜬 것으로 짐작된다.

그에게는 적어도 두 형제가 있었는데, 형인 람프리아스는 플루타르코스와 마찬가지로 박식한 사람으로 만년에는 델포이의 집정관(執政官) 자리에 올랐다. 그리고 다른 형제인 티몬과는 특별히 사이가 좋았던 모양이다. 플루타르코스의 아내 또한 카이로네이아 명문가 출신으로 짐작되는 티목세나로 두 사람 사이에 소클라루스, 카이론, 아우토불루스, 플루타르코스 네 아들과 딸 티목세나가 태어났다. 아들 가운데 둘은 일찍 죽었으며, 애지중지하던 외동딸도 겨우 두 살에 세상을 떠났다. 그때 그가 아내를 위로하며 쓴 글이 수필 속에 남아 있다. 그것에 따르면 아내 티목세나는 모든 형식적인 행사나 허식을 멀리했으며 유모도 두지 않고 아이들을 양육한 훌륭한 어머니이자, 플루타르코스에게는 둘도 없는 좋은 아내였다. 그가 수필에서 여성의 능력을 높이 평가하고 또한 결혼 생활의 행복을 인생의 가장 큰 의미로 설명한 것은 티목세나와의 화목한 부부 생활 덕분이라 하겠다.

세 아이가 일찍 세상을 떠난 것은 플루타르코스의 평온했던 삶 가운데 가장 불행한 사건이었지만, 잘 자란 아들들에 의해 그의 집안이 적어도 3세기 중

1839년의 그리스 지도

간 무렵까지 번영한 것은 비문 사료를 통해서도 밝혀진 사실이다.

아테네(아테나이) 유학과 로마 방문

할아버지의 피를 이어받아 재치가 넘치고 지식욕이 왕성했던 소년 플루타르코스는 그 시대에 학문의 도시로 알려진 아테네에 유학했다. 그 무렵 교양인으로서 먼저 갖추어야 할 것은 수사학(修辭學)이었다. 플루타르코스는 뒷날 수사학처럼 겉으로 드러나 보이는 교양에 대해서는 멀리하는 태도를 보였으며, 누구에게 가르침을 받았는지에 대해서도 말하지 않았다. 하지만 수사학 작문을 떠올리게 하는 수필도 있고, 뒤에서도 언급하겠지만 전기(傳記)를 포함해 그의 모든 작품 문장에는 수사학 냄새가 다분히 살아 있다. 그가 아테네에서 은사(恩師)로서 깊이 존경하는 마음을 밝혔던 사람은 플라톤 학파 철학자이며 아카데메이아 학원장이었던 암모니우스였다. 뒷날의 플루타르코스에게 그리스철학 여러 파를 통한 윤리학자의 취향이 있었지만, 어디까지나 중심은 플라톤 사상에 두고 있었던 것은 바로 이 유학시절에서 비롯한다. 페리파토스학파, 스토아학파, 에피쿠로스 학파의 사상, 또한 자연과학이나 종교에 대한 해박한 지식도 이 유학시절 얻어진 것이 확실하지만, 특별히 누구에게 가르침을 받았는지는 분명치 않다.

그는 또 젊었을 때 이집트(아이귑토스) 알렉산드리아를 방문했다. 솔론이나 플라톤의 선례가 있었듯이 예부터 이집트 방문은 그리스 지식인에게는 단순한 여행 이상의 뜻이 있었다. 특히 알렉산드리아는 헬레니즘 문화의 최대 중심지였으므로 이 여행은 마땅한 것이었다. 그러나 알렉산드리아에서 무엇을 했는지에 대해서는 아무런 서술이 없기에 알 길이 없다.

그 밖에 그리스 본토 여러 곳을 방문했는데 특히 아테네에는 자주 들렀으며, 그의 명성이 높아졌을 때 아테네로부터 시민권을 받기도 했다. 그러나 그가 한 가장 큰 여행은 로마 방문이었으며, 그 시기는 오늘날 연구에 의해 서기 70년대 끝에서 90년대 초라고 추정한다. 그의 나이로 말하자면 30세부터 42, 3세 때의 일이다.

이 로마 여행에 대해서 〈데모스테네스〉에 언급되어 있다. 거기서 그는 자기가 로마를 비롯한 이탈리아 도시에 있을 때 정치적인 일이나 철학을 배우기 위해 찾아오는 사람들 때문에 라틴어 공부를 할 틈이 없었으며, 훨씬 뒷날 장년기를 지나서야 그것을 시작했다고 밝히고 있다.

남의 전기는 마치 직접 본 것처럼 상세히 적는 플루타르코스가 자신의 삶에서 가장 화려한 시기였을 것이 틀림없는 로마제국의 수도 방문에 대해서는 연대도 체류기간도 말하고 있지 않은 것이 아쉽지만, 그리스에 있을 때 이미 앞서 가는 문화인으로서 명성이 높았던 그가 고향 카이로네이아나 보이오티아, 또는 더 넓은 속주(屬洲) 아카이아의 어떤 희망이나 요구 사항을 진술하기 위해 제국의 수도를 방문해 로마 상류층 사이에서 인기를 얻은 것은 분명하다. 그 무렵은 그리스의 태평시대였으므로, 앞서 말한 '정치적인 일'이란 추측해 보건대 대단한 것은 아니었으리라 생각된다. 다만 플루타르코스가 조국 그리스

아테네 학당 플루타르코스는 아테네에 유학하면서 플라톤주의자였던 암모니오스로부터 철학을 배운다.

의 정복자인 로마인의 수도를 찾아가 그곳 유력자들과 일류 교양인들 사이에서 많은 지지와 인기를 얻었다는 사실에는 매우 중요한 의미가 있다고 여겨진다. 또한 그는 로마의 위대함을 일찍부터 인정하고는 있었지만, 이때 비로소 로마인과 로마의 전통에 대한 친근감이 더욱 깊어졌던 것 같다.

로마 상류층에게 존경받다

이와 같은 사정에 의해 플루타르코스는 로마 상류층에게 존경받고 많은 친구를 얻었다. 그 가운데서도 소시우스 세네키오와의 교제가 각별했다.《영웅전》전체를 헌정했다고 추측되는 이 인물이 속주 아카이아(그 무렵 그리스 본토)의 총독 또는 그 아래 직위에 취임한 증거는 없으나 분명 존재했었다고 미루어 짐작된다. 플루타르코스와 그가 서로 사귀었던 구체적 사실도 분명치 않지만, 그는 99년과 107년에 집정관을 맡았고 로마 황제 트라야누스의 신임도 가장 두터웠으며, 로마 상류사회에서 가장 유력한 사람 가운데 하나였다. 이 인물은 철학과 문학에도 조예가 깊었으며 그리스 문화를 존경했으므로, 그를

플루타르코스가 태어난 그리스의 카이로네이아 92년에 고향으로 돌아와 지방행정관, 외교 대사 역할을 수행했다.

통해 트라야누스 황제가 플루타르코스를 존경하게 되었다는 것은 충분히 가능한 일이다. 뒤에서도 말하겠지만 플루타르코스 자신은 로마제국과 로마의 제국주의 정치에 대해 완전히 긍정적인 견해를 가지고 있었다. 다만 그는 자기가 로마제국 지배층 사이에서 얼굴이 알려졌음을 자랑하거나 그와 같은 것을 수필에 남기는 일은 없었으므로, 트라야누스 황제와 그가 구체적으로 얼마나 친밀했는지는 알 수 없다. 그 자신은 학문 중심지인 아테네로 집을 옮긴 것이 아니라 그리스 가운데서도 작은 시골 도시 카이로네이아에 거주하는 것에 아무 불만도 느끼지 않았으며, 도리어 화려한 정치 활동을 좋아하지 않는 성격이었다고 생각된다.

후세에 전해진 바에 따르면 하드리아누스 황제가 119년 그에게 그리스 통치를 위임했다고도 하며, 그보다 앞서 트라야누스 황제가 그에게 집정관 자격을 주어 로마 고관들에게 그의 의견을 들은 다음에 일을 처리하도록 명령했다고 하는데, 이 말을 글자 그대로 받아들이는 데에는 문제가 있다. 그 무렵 제국 안 도시에서는 재산 있는 사람이 자치제의 명예직으로서 관리가 되는 것이

델포이 아폴로 신전 유적 96년경 델포이 신전의 신관이 되어 저술 활동에 전념하였다.

당연한 권리인 동시에 반쯤은 의무였으므로, 플루타르코스가 카이로네이아의 수석 집정관직을 비롯해 기타 작은 자리를 맡았던 것은 마땅하며 이에 대해서는 그 자신이 이미 밝혀 놓았다. 그런데 그의 전기에서 독특한 점은 그가 만년에 델포이의 최고 신관(神官)이 된 일이다. 그것에 대해 다룬 글로 보아 그는 20년 가까운 기간 동안 그 자리에 있었다고 생각된다. 델포이는 카이로네이아로부터 하룻길만큼 떨어져 있었다. 저술 활동이나 교육 활동을 위해서도 가장 조건이 좋았을 아테네에 머물지 않고 파르나소스 산기슭의, 더욱이 그즈음 점차 기울기 시작한 아폴론 신탁(信託) 신전에 들어간 것이다. 그는 그곳에서 최고 신관직 말고도 델포이 암픽티오니아 동맹(同盟)의 임원 및 피티아 경기위원장을 맡아서 늙은 몸으로 델포이와 카이로네이아에서 겸직 생활을 했는데, 그것은 나름대로 깊은 까닭이 있었다.

이 점에 대해서는 〈신탁의 쇠퇴에 대하여〉와 기타 델포이 관련 네 편(현존하는 것은 세 편)의 수필이 플루타르코스의 심경을 잘 전하고 있으며 확실히 설명하고 있다. 끝까지 그리스인이었던 플루타르코스에게는 델포이가 대지의 중심이었으며 아폴론의 신탁은 어디까지나 진리였다. 신탁에 대한 인심의 흩어짐이나 신역(神域)의 황폐함을 방지하고 고대 그리스 시대의 번영을 되찾고자 하는 염원에서, 그는 그리스인은 물론이고 트라야누스 황제를 포함한 로마인에게 미치는 그의 영향력을 이용해 열심히 활동했다. 그 결과 부흥사업은 어느 정도 성과를 거두었다. 델포이에서 펼친 플루타르코스의 활동은 델포이에서 나온 하드리아누스 황제의 입상(立像) 명문(銘文)으로 밝혀졌으며, 거기에는 '델포이 신관 메스트리우스 플루타르코스가(암픽티오니아) 동맹 감사 때 이것을 건립하다'라고 적혀 있다.

참고로 메스트리우스라는 것은 그의 친구 가운데 한 사람이었던 로마인 메스트리우스 플로루스의 이름을 딴 것인데, 이를 볼 때 그가 로마시민권을 받았던 것이 분명하다. 또한 델포이와 카이로네이아 두 도시가 암픽티오니아 동맹의 결의에 따라 서로 협력해서 델포이에 그의 동상을 세운 뜻을 2행시로 적은 돌기둥이 출토되었다. 그러나 흉상의 윗부분은 떨어져 나갔으며, 이 흉상의 머리라 짐작되는 것이 따로 나오긴 했으나 확실치는 않다. 따라서 우리는 플루타르코스의 확실한 초상을 갖고 있지 않다.

〈아버지의 검을 찾아낸 테세우스〉 니콜라 푸생 작(17세기경)

명성과 그 영향

플루타르코스는 '로마에 의한 평화'의 훌륭한 유산이다. 그는 로마가 그 절정
기에 스스로를 어떻게 인식하고 있었는지 충분히 알려준다. 로마는 번영했을
때도 그리스 영광의 그늘에 가려져 그리스를 숭배하고 모방하는 동시에 그 빛
을 질투했다. 《영웅전》은 역사가 아니라 전기라는 미숙한 분야이다. 플루타르
코스는 그리스인과 로마인의 생애를 함께 기록하며 두 사람을 도덕적으로 비
교하는 방식을 취했다. 역경에 처한 인간이 자신에게 일어난 문제에 어떻게 대
처하는지를 보여주려 했다.

플루타르코스가 후대에 끼친 영향은 매우 깊다. 그는 자신이 살던 시대와
고대 후기에 사랑과 존경을 받았다. 《영웅전》은 수사학자 아리스티데스와 역사
학자 아리아누스에게 영감을 주어 이와 비슷한 비교 방식을 쓰게 했으며, 마르
쿠스 아우렐리우스 황제는 그 복사본을 몸에 지닌 채 마르코만니족과의 전쟁
터로 나갔다고 한다. 플루타르코스의 명성은 서부 라틴어권에서는 점차 사라
져 갔지만, 동부 그리스어권에서는 철학자와 학자들에게 계속 영향을 끼쳤으
며 그의 작품들은 교과서로 쓰였다. 프로클루스, 포르피리오스, 율리아누스 황

제 등은 모두 그의 글을 인용했으며, 알렉산드리아의 클레멘스, 성 바실리우스 등 교회의 교부들도 출전을 밝히지 않은 채 그를 따라했다. 그의 작품들은 교육받은 모든 비잔틴 사람들에게 잘 알려져 있었으며, 그들은 이교적인 과거와 그리스도교적인 현재 사이에 아무런 장벽도 두지 않았다. 그들을 감동시킨 것은 주로 《윤리론집》이었지만, 9세기 비잔틴의 학자·대주교인 포티우스는 친구들과 함께 《영웅전》을 읽었다.

세계사 가운데 그리스·로마 시대만큼 관심 가는 시대는 없다. 그것은 그리스·로마 고전으로 인간이 눈을 뜨기 시작했을 때 근세의 엄청난 역사가 시작된 사실로도 알 수 있다. 세상은 르네상스라는 창을 통해 새롭게 열렸다. 사람들은 이 고전 속에서 예술, 문학, 사상의 새로운 숨결을 느끼며 인간을 회복한 것이다. 플루타르코스의 작품들은 15세기 그리스·로마 고전 연구의 부흥에 힘입어 비잔틴 학자들에 의해 이탈리아에 소개되었으며, 이탈리아 인본주의자들은 1509년 이전에 그것들을 이탈리아어와 라틴어로 번역했다. 1509년에는 그의 작품 가운데 그리스 원어로 인쇄된 최초의 작품인 《윤리론집》이 베네치아의 유명한 알디네 출판사에서 나왔다. 그리스어로 된 《영웅전》의 최초 인쇄본은 1517년 피렌체에서, 1519년에는 알디네 출판사에서 나왔다. 《영웅전》은 프랑스 주교이자 고전학자인 자크 아미요가 1559년 프랑스어로 번역했는데, 그는 《윤리론집》도 옮겼다. 1572년 프랑스 인문주의자에 의해 만들어진 그리스어 텍스트 최초 완결판은 텍스트의 개선에 큰 진보를 가져왔다. 이렇게 예술, 문학, 사상의 발전과 더불어 변화하는 세계는 새로운 역사적 의미를 발견하게 되었다.

작품 세계

엄청난 저서들

빠른 독서, 강한 기억력, 게다가 글 쓰는 속도에 있어서 플루타르코스는 동서고금을 막론하고 그 누구와도 비교할 수 없을 것이다. 전기와 수상록(《윤리론집》)으로 크게 나뉘어 오늘날 전해오는 그의 작품만으로도 현존하는 서양 고전 가운데서 양적으로는 키케로와 더불어 압도적으로 많은데, 전해지지 않

〈테세우스와 켄타우로스〉 안토니오 카노바 작

는 것까지 더하면 그 저서의 양은 참으로 놀랍다. 이 점은 그의 저서 자체로
서는 알 수 없지만 〈람프리아스 목록〉이라 불리는 그의 전 작품 목록에서 전
해져 오고 있다. 그것은 플루타르코스의 아들 람프리아스가 만든 것으로 잘
못 알려져 있었다. 플루타르코스에게 그런 이름의 아들은 없으며, 오늘날의 연
구에 의해 서기 3~4세기 무렵 어느 큰 도서관에서 플루타르코스의 저서로서
수집되고 있던 책이름을 계속 적어온 것으로 짐작되고 있다. 여기에는 227편
이 적혀 있지만 그 가운데 현존하는 것은 83편뿐이다. 이 목록에 실려 있지 않
은 현존 작품이 18편이고, 그 밖에 현존하진 않으나 책이름 또는 단편만 알려
진 것이 15편 있다. 따라서 고대 끝무렵에 플루타르코스의 작품이라 여겨지는
것들이 260여 편이나 되는 셈인데, 오늘날 그가 쓰지 않은 것으로 판정된 것을
제외하면 250편 정도로 추정하고 있다.

　그의 작품 내용은 여러 방면에 걸쳐 있는데 전기를 제외한 수필은 통속윤
리, 철학, 심리학, 신학, 종교, 자연과학, 문학 등의 문제를 다루고 있으며, 게다

가 젊었을 때 쓴 것으로 보이는 수사학을 자랑한 작품도 몇 가지 있다. 그들 가운데서 편수(篇數)로 치면 전기가 가장 많고, 통속윤리와 철학을 다룬 것이 그다음이며, 나머지 것들은 양적으로 훨씬 적다. 그의 현존하는 모든 작품이 오늘날 전기와 수상록 두 가지로 나뉜 것도 그 때문이다. 그런데 〈람프리아스 목록〉이나 기타 전승에 의한 작품 수와 현존 작품을 비교해 본 경우, 전기가 71편 가운데 50편 현존해 가장 비율이 높으며, 통속윤리적인 저서는 반쯤이 오늘날까지 전해오고 있으므로 이를 볼 때 철학적 내용의 책은 대부분 빠져 있다고 할 수 있다. 이것은 주목할 만한 일이다. 결국 플루타르코스의 많은 작품 가운데서 전기가 가장 인기가 있으며 통속윤리적 수필이 그다음이고, 철학자로서의 그는 높이 평가되지 않았음을 반증하는 것으로 보아도 좋으리라.

250편 대부분은 비교적 짧은 문장이다. 그렇다 하더라도 우리는 그의 왕성한 집필력에 놀라지 않을 수 없다. 그러면 이 왕성한 저술 활동은 그의 긴 생애 가운데 어느 때쯤일까? 그 자신이 직접 써서 남긴 것을 가지고서도 이 점에 대해 무엇 하나 확실한 것은 알 수가 없다. 그러나 오늘날 통설로 되어 있는 바로는 그의 저술은 20대에 시작되었으며, 초기에는 수사학에서 배운 것들을 살려 글쓰는 재주를 과시했다. 그는 그 뒤에도 수사학 기술을 무시한 것은 아니지만 단순한 수사를 위한 문장에 대해서는 도리어 경멸하는 태도를 보였으며, 내용이 문제인 철학·윤리·자연과학 등의 '윤리론'으로 방향을 바꾸었다. 따라서 전기가 그의 만년 작품이라는 점은 여러 사람들의 의견이 일치한다.

앞에서도 말했듯이 플루타르코스의 집안은 꽤 유복했던 듯하다. 카이로네이아시(市)를 위해 명예직 같은 것을 그가 마다하지 않고 맡았음이 확실한데, 그것은 근대 직업처럼 자유로운 독서와 사색의 시간을 빼앗는 일은 아니었다. 그는 그리스 일반 시민들보다 한가한 시간을 갖고 있었으며 예전의 폴리스(도시국가) 독립시대처럼 군 복무 때문에 방해를 받는 일도 없었다. 그는 가정에서는 참으로 좋은 아버지이자 남편이었다. 그의 형제나 친척은 물론, 그의 따뜻한 인품을 접하고 넓은 교양에 바탕을 둔 재미있는 세상 이야기를 들으려고 그를 찾아오는 친구들도 많았다. 그는 대단한 독서가이며 여러 파의 철학도 꿰뚫고 있었으나, 결코 뽐내지 않았고 일상사에 대해서도 건전한 상식으로 판단하고 있었다.

그러한 인격에 따라 카이로네이아의 그의 집은 이른바 수강료를 받지 않

는 학원 같은 곳이
었다. 그의 《윤리론
집》은 이와 같은 생
활 속에서 쓰였으며
그 가운데 16편은
대화편 형식을 취하
고 있는데, 그가 가
장 존경했던 플라
톤의 작품을 모방
한 것인 동시에 그
의 집에서 실제로

늑대의 젖을 먹고 자란 로물루스와 레무스 형제

이루어졌던 대화의
인상을 떠오르게 한다.

대비열전과 단독전기

플루타르코스는 윤리적 역사관 위에 구성된 정의롭고 공정하며 모범적인 위
인들의 이야기를 들려준다. 이 책을 《영웅전》이라 하지만 이 제목은 영웅의 '무
용담' 같은 인상을 줄 위험성이 있기에 본디 뜻처럼 《대비열전(對比列伝)》, 또는
굳이 이름을 붙인다면 《그리스·로마 위인열전》이라 하는 쪽이 더 어울릴 것이
다. 플루타르코스는 영웅들의 빛나는 전투 성과나 업적이 아니라 위인으로 여
길 만한 장군, 정치가의 '인격과 그 시대'를 그리려 했다. 이는 플루타르코스의
다음 말로도 알 수 있다.

'전기를 쓰는 나의 일은 인간이 저마다 마음속에 담고 있는 영혼의 상징을
자세히 기록하는 것으로 그 사람이 일으킨 전쟁이나 업적에 대한 내용은 역사
가들에게 미루려 한다.'

이렇게 플루타르코스의 《영웅전》으로 그리스·로마 시대로 돌아가 그 인물들
을 만날 수 있으니 우리에게는 무척 행복한 일이 아닐 수 없다. 역사에 대한 관
심은 이런 《영웅전》에 의해 표면에 나타난 파도 속에 숨어 있는 역사의 비밀을
찾는 것에서 시작된다고 할 수 있다.

전기적 작품 가운데 남아 있는 것은, 서로 닮은 데가 있는 그리스와 로마의 인물을 한 사람씩 짝지어 쓴 22쌍의 대비열전(對比列傳)과 4편의 단독전기(單獨傳記)이다. 대비열전은 (1)테세우스와 로물루스, (2)리쿠르고스와 누마, (3)솔론과 포플리콜라, (4)테미스토클레스와 카밀루스, (5)페리클레스와 파비우스 막시무스, (6)알키비아데스와 코리올라누스, (7)티몰레온과 아이밀리우스 파울루스, (8)펠로피다스와 마르켈루스, (9)아리스티데스와 마르쿠스 카토, (10)필로포이멘과 플라미니누스, (11)피루스와 카이우스 마리우스, (12)리산드로스와 술라, (13)키몬과 루쿨루스, (14)니키아스와 크라수스, (15)세르토리우스와 에우메네스, (16)아게실라오스와 폼페이우스, (17)알렉산드로스와 카이사르, (18)포키온과 소카토, (19)아기스, 클레오메네스와 그라쿠스 형제, (20)데모스테네스와 키케로, 데메트리우스와 안토니우스, 디온과 브루투스 등으로, 이상의 것 가운데 (19)만은 스파르타 2대(代) 혁명왕과 로마의 유명한 개혁자 형제를 대비하고 있다. 단독전기에는 아라토스, 아르타크세르크세스, 갈바, 오토 등의 전기가 있다.

빠진 전기는 대비열전에서는 에파메이논다스와 스키피오, 단독전기에서는 로마인으로는 스키피오 아프리카누스와 아우구스투스, 티베리우스, 클라우디우스, 네로, 가이우스 황제, 비텔리우스의 전기가 있으며, 그리스에서는 헤라클레스, 헤시오도스, 핀다로스, 크라테스 등의 전기가 알려져 있다.

22쌍의 대비열전은 원칙으로는 그 뒷부분에 두 인물의 비교론이 덧붙어 있다. 그러나 테미스토클레스와 카밀루스, 피루스와 카이우스 마리우스, 알렉산드로스와 카이사르, 포키온과 소카토의 짝만은 이 비교론이 빠져 있다. 그리고 대비된 인물은 이를테면 아기스, 클레오메네스와 그라쿠스 형제와 같은 비극적인 개혁자라는 점에서 크게 닮은 점을 갖고 있는 경우도 있으나, 아리스티데스와 마르쿠스 카토처럼 조국에 대한 공적이라는 것 말고는 뚜렷이 닮은 점이 없는 예도 있다. 인물 비교론은 일반적으로 통속윤리적인 설교 냄새가 강하며 그다지 높게 평가되지는 않는다.

플루타르코스는 예외로 데메트리우스와 안토니우스 두 사람을 위인들 사이에 끼워 넣었다. 그는 이 두 인물을 선택한 이유를 이렇게 말한다.

'의사가 병을 치료하기 위해서는 먼저 그 질병에 대해 연구해야 하듯이, 음악가는 아름다운 화음들을 만들어 내기 위해 먼저 불협화음에 대해 충분한 연구를 해야 한다. 마찬가지로 가장 완벽한 화음을 이루는 최고 예술이라 말할 수 있는 절제, 정의, 지혜 등을 분별하고 선택하기 위해서는 오로지 선과 정의

〈로물루스와 타티우스의 싸움을 말리는 헤르실리아〉 구에르치노 작

또는 좋은 수단에 대해서뿐만 아니라, 악과 불의 그리고 나쁜 수단에 대해서도 살펴보아야 한다.'

이 두 사람의 부도덕한 행위도 독자들이 도덕적인 삶을 살아가는 데 도움이 될 것이라는 뜻이다. 플루타르코스가 《영웅전》을 쓰면서 하고 싶었던 말은 도덕적인 인간에 있다고 여겨도 좋다. 알렉산드로스의 아시아 정복은 그가 순수한 도덕을 몸에 지니고 있었기 때문이라 생각하듯이 말이다.

플루타르코스는 〈테세우스〉의 첫머리에서 《대비열전》 집필이 진척되어 사실(史實) 검토가 어려운 시대까지 거슬러 올라온 것을 말하고 있다. 오늘날의 《영웅전》 교정본은 앞서 말한 단독전기 네 편을 포함하고 있는데, 플루타르코스가 그리스와 로마의 위인을 대비한 전기를 그의 다른 전기나 수필과 비교되는 큰일로서 만년에 추진하고 있었던 것은 분명하다. 그래서 그가 어떤 동기에서 이 일을 계획하고 어떤 순서로 집필했는가가 문제시된다. 플루타르코스 자신은 자서전을 남기고 있지 않으며 연대 관념도 매우 부족하므로, 엄밀한 의미의 역사가라곤 할 수 없다. 또한 역사가들과 두루 사귀면서도 사론(史論) 토론을 한 적은 없는 것 같다.

여기서 중요한 것은 《대비열전》의 집필 순서를 남아 있는 작품에 의해 알 수 있느냐의 여부인데, 하나의 가설은 〈람프리아스 목록〉에 실려 있으면서 빠진 '에파메이논다스와 스키피오'의 한 쌍이 맨 처음 쓰인 것이 아닌가 하는 것이다. 그 까닭은 〈테세우스〉〈데모스테네스〉〈디온〉의 첫머리에서 소시우스 세네키오에게 바친 헌정사가 작자 자신이 스스로 《대비열전》이란 이름을 붙일 만큼 의욕적인 대작품 전체의 서문이라고는 절대로 생각하기 어렵고, 그것이 쓰였다면 반드시 에파메이논다스 전기의 책머리에 있었을 것으로 추측되기 때문이다.

에파메이논다스에서 출발했다고 보는 것은, 《윤리론집》 가운데 〈헤로도토스의 악의에 대하여〉에서 볼 수 있듯이 플루타르코스에게는 보이오티아에 대한 강한 향토애 내지는 편애가 있었기 때문이다. 따라서 보이오티아가 낳은 고결한 인격의 인물로서 사반세기의 테베(테바이)의 패권 확립에 노력한 에파메이논다스부터 쓰기 시작했다고 생각해도 무리는 아니리라.

《열전》의 나머지 작품에 대해서는 〈데모스테네스—키케로〉가 제5권, 〈페리클레스—파비우스 막시무스〉가 제10권, 〈디온—브루투스〉가 제12권이었던 것을 플루타르코스 자신의 각 편(篇) 머리말에서 알 수 있다. 그리고 전통적으로 간행본의 처음에 두어지며 내용적으로도 가장 오래된 〈테세우스—로물루스〉가, 사실은 〈리쿠르고스—누마〉 한 쌍이 발표된 뒤 가장 늦게 쓰였음이 확실하다. 그리하여 열전의 본문에서는 주제 인물 이외의 등장인물에 대해 그가 전기를 쓰고 있는 경우에 '이미 ……전기에서 말했듯이'라는 표현이 가끔 나온다. 여러 문헌학자가 이것을 실마리로 삼아 간행 순서를 추측해 보려 했지만, 결국 이렇다 할 성과는 얻지 못했다. 그것은 별로 중요한 문제가 아니므로 더 말하지 않겠다. 요컨대 《대비열전》을 최초로 열거한 〈람프리아스 목록〉에서의 차례나 종전의 간행본 배열 순서는 큰 뜻이 없다는 것을 여기에 밝혀둔다. 또한 이 대작의 완결을 의미하는 맺는말에 해당하는 것들도 없으므로, 그가 죽기 전까지 집필했다고 생각할 수 있다.

《대비열전》의 평가

플루타르코스의 《대비
열전》을 문학사적으로 평
가하려면, 그리스인 사이
에서 그때까지 집필된 전
기적 작품 역사를 돌아보
지 않을 수 없다. 그러나
《열전》의 계보 연구는 실
로 전문가에게도 대단히
어려운 과제인 것 같다.

그 주된 이유는 기원전
4세기로부터 플루타르코
스까지 400년 가까운 헬
레니즘 시대의 고대 그리
스 도시국가 작품들이 거
의 없어졌기 때문이다. 뒤

알렉산드로스 대왕(BC 356~BC 323, 재위 BC 336~BC 323)

에서도 설명하겠지만 전성
기에 있어서 역사 기술은 앞서 있었지만 개인 전기가 생겨나지 않은 이유가 있
었다. 도시국가 사회가 기울기 시작하는 기원전 4세기에도 아테네 이소크라테
스의 《에바고라스》, 크세노폰의 《소크라테스의 추억》이라든가 《아게실라우스》
처럼 전기적인 작품이 없는 것은 아니지만, 그것들은 작가 자신과 친근했던 인
물에 대한 송사(頌詞)의 색채가 짙으며, 전기적 요소도 있으나 엄밀한 뜻의 전
기라고는 할 수 없다.

한편 페리파토스파로부터 철학자나 기타 일반 문인전을 쓰는 경향이 생겨났
으며, 아리스토텔레스의 제자로서 음악사에 유명한 아리스토크세노스의 《철인
전(哲人傳)》은 그 적절한 예이다. 플루타르코스가 전기에서 가끔 인용하고 있는
기원전 3세기 스미르나의 헤르미푸스는 흥미 본위의 날조를 일삼던 인물로, 그
가 쓴 문인전은 가장 낮은 수준의 한 예라 할 수 있다. 이 유파가 바로 플루타
르코스와 같은 무렵에 집필한 로마의 수에토니우스의 《황제전》과 연관된다고
한다. 그러나 똑같은 로마에서도 기원전 1세기부터 기원후 1세기 사이에 쓰인

코르넬리우스 네포스의 현존하는 전기나 플루타르코스의 전기는 이 계보에 들어가지 않는다 생각하고 가설적으로 말한 학자도 있다. 그런가 하면 위에서 설명한 기원전 4세기의 송사적 작품과 페리파토스파의 철학가나 문인들 전기으로부터 받은 영향을 인정하면서, 플루타르코스가 독자적인 경지를 더 개척했다고 주장하는 사람도 있다. 요컨대 오늘날의 자료 상황에서는 문학사적 견해에서의 평가는 대단히 곤란하며 더 이상 말할 필요가 없다고 생각한다.

《대비열전》의 평가는 《열전》 그 자체에 의해 이루어질 수밖에 없으며, 다행히도 전기 집필 정신에 대해서는 플루타르코스 자신이 확실한 태도를 드러내고 있다. 우리는 이미 그가 역사를, 자기 수양을 위한 거울로 삼았다는 것을 알고 있다.

〈페리클레스〉 머리말에서, 뛰어난 공장(工匠)의 작품을 접하며 훌륭한 음악을 듣고 조각의 걸작이나 아름다운 시를 감상하더라도 그들 작자는 인격적으로 반드시 존경할 만한 값어치가 없으므로 작가처럼 되고 싶다는 마음이 일어나지 않는다고 말했던 플루타르코스는 자신의 특유한 심리학과 직업관을 이렇게 설명한다.

'덕성은 사람들에게 감동을 주는 것은 물론, 그런 행동을 한 사람을 본받으려는 욕구까지 불러일으킨다. 재산은 단순히 즐기고 싶은 대상물이지만, 미덕은 직접 실천하고 싶은 의지를 만들어 내는 목표물이다. 우리는 가치 있는 행동을 직접 보거나 역사책에서 읽었을 때 자신도 그렇게 행동하려고 노력한다. 그래서 우리는 시간과 노력을 들여가며 유명한 사람들 삶을 글로 남긴다.'

또한 〈데메트리우스〉 첫머리에서는 다음과 같이 밝힌다.

'이제까지 한 번도 나쁜 짓을 저지르지 않았다는 순수한 고백만을 칭찬해서는 안 된다. 실제로 이것은 그저 단순한 진리를 말하고 있을 따름이다. 더 중요한 것은, 정의롭고 명예로우며 유용한 것과 사람들에게 해가 되고 정의롭지 못하며 부끄러운 것을 구별하는 것이다.'

따라서 그가 권력을 쥐고 지나칠 정도로 사악한 행위를 한 인물 전기의 한 쌍, 두 쌍을 《열전》 가운데 넣은 것은 독자를 즐겁게 하고 책에 변화를 주기 위한 뜻은 조금도 없으며, 독자로 하여금 훌륭한 생활에 대해 한층 열성적인 관찰자, 모방자로 만들기 위함이다.

역사 서술이 실천생활에 대한 직접적인 공명과 이익만을 추구하는 관점에서

〈알렉산드로스 대왕의 모자이크〉 알렉산드로스 대왕이 페르시아 원정시 페르시아 왕 다리우스 3세와의 이수스전투를 묘사한 모자이크화. 그리스의 프레스코화 복제품. 폼페이 박물관 소장.

이루어진다는 견해는 그리스의 대표적 역사가인 투키디데스나 폴리비우스에게서도 볼 수 있으며, 역사의 아버지 헤로도토스의 역사 양식을 설화적 역사라 부른다면 이 두 사람의 역사 양식은 실천적 역사의 범주에 들어간다고 하겠다. 플루타르코스의 역사 양식도 넓은 뜻에서는 후자에 넣어도 좋을지 모른다. 그러나 투키디데스가 인간성의 불변을 전제로 하여 인간의 사회 활동이 어떤 종류의 법칙을 따라 행해진다고 여겼으며, 폴리비우스는 그 점에 더욱 철저했으므로 그 유명한 정체순환(政體循環) 역사관이 생겨난 것이다. 플루타르코스 또한 역사 기술의 실천적 공리성을 추구했지만, 개인의 덕성 내지는 인격이 모방될 수 있다는 사상이 명제가 되며, 거기에서 전기 집필의 열의가 생겨난다는 것에 주의하지 않으면 안 된다. 《열전》 기술이 그의 통속윤리를 위한 실례 수집이었다는 평을 듣는 것도 이 때문이다.

엄밀히 말하자면 역사가로서 그에게는 여러 결함들이 있다. 플루타르코스는 학자가 되려는 뜻이 없었으며 그런 자격이 없다는 것을 스스로 인정하고 있었다. 〈니키아스〉의 첫 구절에서 그는, 투키디데스는 '매우 처절하고도 생생한, 아름답고 세련된 묘사를 알맞게 사용해 읽는 이의 마음을 움직였지만 나는 그런 글재주와 다툴 생각은 없다' 고백하고 있다. 또한 〈알렉산드로스〉 머리말은 그의 전기 서술에 있어서의 마음가짐을 나타낸다는 점에서 흥미롭다.

'화가들이 초상화를 그릴 때 성격의 특징을 나타내는 얼굴과 눈을 자세하게 그리고 팔다리 같은 다른 신체 부분은 거의 고려하지 않듯이, 나 또한 영웅의 행동을 상세하게 다룸으로써 그들의 생애에 대한 초상화를 그려내고자 한다. 그 밖에 위대한 업적이나 큰 승리는 역사가들의 몫으로 남겨두겠다.'

그는 〈키몬〉의 첫머리에서도 이와 비슷한 주장을 되풀이한다.

이와 같은 관점에서 전기를 썼으므로, 역사서로서의 《열전》이라면 온갖 결함이 눈에 띄는 것이 당연하다. 대단히 빠른 속도로 읽고 또 집필한 것이 틀림없는데, 여러 번 생각하여 고치고 다듬을 틈이 없었으므로 여러 권 사이의 불일치나 모순이 생기는 것은 피할 수 없었다. 그러나 더 중요한 것은, 그가 이용한 전승(傳承)에 대해 진실성의 비판을 충분히 받지 않았다는 것, 아니 도리어 그런 것을 할 뜻이 없었으며, '성격 모사'에 도움되고 '덕성 모방'에 유익한 경우에는 무비판으로 속전(俗傳)을 그대로 받아들였다고 생각되는 점이다. 개인 언행 등에 대한 상세한 기술은 때로는 너무 사실적이므로 독자를 위해서는 확실히 매력적이지만 플루타르코스의 윤색이 가해졌다고 여겨진다. 실제로 입에서 입으로 전해진 흥미 있는 속설을 그대로 전하고 있다는 점에 일반 독자로서는 재미를 느낀다는 것을 부인할 수 없다.

고대인은 남의 책을 이용하는 경우에 내용을 그대로 베끼지 않는 한 그다지 양심의 가책을 느끼지 않았다고 한다. 플루타르코스의 모든 저서에서는 철학자, 역사가, 시인, 극작가 등 많은 이들의 말을 인용하고 있는데, 《열전》만 보아도 문헌학자의 조사에 따르면 약 500군데에서 100명이 넘는 그리스인, 또는 로마인이면서 그리스어로 쓴 역사가를 인용했으며, 130여 곳에서 40명의 라틴어 작가를 인용했다고 한다. 인용은 저자 이름뿐이고 책이름을 들지 않은 경우가 많으며, 게다가 다른 주장이나 의견에서 따왔다고 되어 있다. 그러므로 주체가 되는 서술에 대해서는 무엇에 바탕을 두었는지를 직접 알 수 없다. 더 곤란한 것은 이미 언급한 많은 수의 저서는 오늘날 거의 없어졌으며, 플루타르코스 자신이 카이로네이아 같은 작은 도시에서는 책을 구하기가 불편하다고 적었으므로, 그가 이름을 든 사서를 그가 직접 읽은 것이 아니라, 읽은 책에서 이미 인용한 것을 재인용했을 가능성이 적지 않다는 점이다. 따라서 《열전》의 사료 연구라는 문헌학 과제가 생긴 것이다. 그 무렵 최고 교양인이었던 그가 그리스 역사에 대해 헤로도토스, 투키디데스, 크세노폰을 통독하고, 로마의 옛 역사에 대해 할리카르나소스의 디오니시우스를 모두 읽었다는 것은 인정한다. 역사서 말고 호메로스의 작품은 대체로 암송할 정도로 비상약처럼 갖고 있었으며, 때때로 멋진 시구를 인용해 문장을 꾸며냈다. 같은

키케로(BC 106~BC 43)

고향 사람인 헤시오도스에 대해서도 깊고 자세히 알았으며, 또 서정시인에 대해서도 잘 알고 있었는데, 그 가운데서도 테베 출생의 핀다로스를 가장 자주 인용했다. 또한 3대 비극시인의 작품도 즐겨 읽었다. 철학에 대해서는 그의 사상의 중심을 이루는 플라톤에 정통하고 있었음은 두말할 나위가 없는데 아리스토텔레스의 여러 작품을 인용한 바도 적지 않다. 그 가운데 역사와 관계가 깊은 《보이오티아 사람의 국가 체제》도 있다.

앞에서 오늘날에는 거의 없어진 역사서의 재인용이 자주 행해진 가능성에 대해 밝혔는데, 그가 살았던 시대는 크게 나누어서 고전고대(古典古代) 시대 끝무렵에 가까웠으며, 그리스 문화사로 보면 고전기(기원전 5, 4세기)와 그의 시대 사이에 문헌학이 크게 발전한 헬레니즘 시대가 놓여 있다. 그 사이에 생겨난 많은 문헌 가운데는 플루타르코스가 전기를 쓰는 데에 없어서는 안 될 요소로서 좋아한 위인의 일화를 모은 편리한 대본도 있었으며, 그가 그것을 사용했다고 전문가들은 추측하고 있다.

이처럼 그의 문헌 인용, 전승 비판 내지는 전승에의 맹종(盲從) 실례는 여기에서 새삼스레 늘어놓을 것도 없이 독자 스스로 읽어보면 곳곳에서 알 수 있다. 그 하나하나에 대해 사료(史料) 비판을 하고 정확한 사실을 복원하는 일은 전문가로서도 어려운 일이다.

　이 저서를 오늘날 역사가에게 요구하는 기준에서 볼 경우의 평가에 대해서는 더 이상 설명할 필요가 없을 것이다. 다만 우리는 《열전》이 넓은 뜻의 역사서로 다루어졌을 경우에도 대단히 귀중한 존재라는 사실을 잊어서는 안 된다. 비록 무비판적이라고는 하지만 다른 역사서에는 전해지지 않은 전승이 《열전》에 의해 우리에게 알려진 예가 있었기 때문이다. 그것은 크든 작든 간에 모든 전승에 대해 말할 수 있으며, 스파르타 말기의 이상한 사회와 거기서 연출된 비극적 사건을 전하는 〈아기스―클레오메네스〉 등은 가장 좋은 예라고 하겠다. 사실(史實)에 대한 전승과 아울러 그보다 앞선 긴 시대의 2, 3류 저서들이 빈번히 인용되어 있는 것은 그리스 사학사(史學史)나 문학사를 위한 귀중한 사실(事實)이다. 이미 말했듯이 그것들은 모두 빠져버려서 짧은 인용문으로는 본디 저서의 전체 모습을 파악할 수는 없지만, 플루타르코스의 왕성한 독서력, 그리고 인물의 성격이나 그 표현인 일화에 대한 호기심, 또한 정전(正傳), 속전을 무비판적으로 동시에 받아들인 천진스런 태도가 그런 결과를 낳은 것이며, 속전에 대해 엄격한 비판적 태도로 대하면서 그것을 버리지 않았던 것은 어떤 의미에서는 고마운 일이었다고 하지 않을 수 없다.

고전으로서의 《열전》

　역사서로서의 여러 결함들을 인정했으니, 이번에는 고전으로서의 《열전》을 살펴보기로 하자. 고전을 고전답게 하는 여러 조건 가운데에서 뒷날 오래도록 넓은 애독자들을 갖게 된 것으로 따지자면 《영웅전》은 단순히 그리스·로마의 고전뿐만 아니라 세계의 고전 가운데 제1류에 속할 것이다. 그러나 사상의 독창성, 심원함, 문학적 높이 등의 기준에서 보면 3류 작품일 것이며, 만일 그런 기준이 고전의 유일한 조건이라면 고전으로서 실격되기 쉽다.

　플루타르코스의 철학사상은 플라톤 사상에 무조건 따르면서 스토아학파, 페리파토스파도 이해했지만, 유물론적·무신론적인 에피쿠로스파에는 반대하는 입장이었다. 그리고 유일한 최고신을 인정하면서도 그리스인의 전통적인 많

카틸리나를 탄핵하는 키케로 키케로는 집정관 시절 카틸리나의 음모를 분쇄하여 '국부'라는 영예로운 호칭을 얻었다. 체사레 마카리의 프레스코 벽화.

은 신들의 존재도 부정하지 않았으며, 미신은 반대했지만 예언이나 신탁은 인정했다. 아폴론의 신의(神意)가 무녀(巫女) 피티아에 의해 사람에게 주어진다는 것을 믿었기 때문에 그 자신이 델포이의 신관이 되었던 것이다. 전기의 사실(史實)에서도 볼 수 있지만 그는 무엇인가에 대해 하나의 관점으로 명쾌한 결론을 내려 다른 것을 엄격히 거부하는 게 아니라, 철학에 대해 말한다면 플라톤을 중심으로 하는 절충주의였다. 영혼의 불멸을 인정했지만 그의 관심은 오로지 이 세상 인간의 행복한 생활, 보통 인간관계의 문제로 향하고 있다.

뒤에서 설명하듯이 그가 처한 환경도 그의 현세 긍정의 낙천주의를 낳는 데 도움을 주었으며, 그 자신은 인품이 따뜻하고 그리스·로마의 시민으로서 윤리상 대단히 중요한 지위를 차지하는 우애의 본보기와 같은 존재였다. 깊이보다는 넓이를 자랑하는 교양과 논리적으로 정돈되어 있지는 않으나 사람의 마음을 다독여 주는 따뜻한 처세훈, 그리고 모든 사물에 대한 어린아이와 같은 호기심, 일부일처제를 옳다고 하면서도 성의 문제에 이르러서는 인간미 넘치는 자유로운 잡담, 이것들이 바로 그의 《윤리론집》을 일반 독자들이 친밀하게 느끼는 특색이며 《열전》에 대해서도 같은 말을 할 수 있다. 거기서는 덕성(德性)의 귀감으로서 위인을 다루면서 아름다운 면을 역설했으며, 인간으로서 약간의 결함이나 실패 이야기도 그대로 옮기는 따뜻한 필치로 글을 썼다. 그가 인간을 좋아한 것은 형제, 벗, 시민의 문제부터 여자 문제까지 미쳤으며, 역사적 읽을거리로서 재미있는 수필 〈여인들의 덕에 대하여〉를 낳게 되었다. 또한 그의 애정은 말을 못하는 동물에 대해서도 여느 사람과 다른 데가 있었다.

앞에서도 말했듯이 《열전》에는 악덕한 자로 알려진 사람의 전기까지 포함되어 있다. 그러나 플루타르코스는 스스로 모범적인 가정을 꾸리고 훌륭한 처세 신조를 지키면서도 공연히 고결하거나 초연한 척하지 않았으며, 그리스적인 중용을 터득하고 있었다. 《열전》이 재미있는 까닭은 인간의 약점—그의 말을 빌리면 덕성 연마의 재료였지만—을 있는 그대로 그려낸 점에 있다. 하지만 같은 시대 로마의 수에토니우스가 쓴 《황제전》처럼 단순한 폭로에 젖는 일은 플라톤 심취자인 그의 절도가 허락하지 않았다.

플루타르코스의 인품이 모든 시대 사람들이 친밀감을 느끼기 쉬운 장점을 갖추고 있던 것은 분명하지만, 그가 이른바 '마지막 고대 시민'이었던 점 또한 큰 흥미를 끈다. 그는 곧잘 '최후의 그리스인'이라는 평을 받는다. 서기 100년 전후라 하면 그리스인이 로마제국의 지배 아래에 들어간 지 한참 지난 뒤이며, 도시국가 독립은 옛이야기가 되어 있었다. 플루타르코스는 〈신탁의 쇠퇴에 대하여〉에서, 옛 스승 암모니우스의 입을 빌려서 그리스의 인구 격감이 델포이 신탁의 쇠퇴를 불러왔다 설명하고 있다. 그와 같은 시대에 그리스 철학의 여러 파를 두루 공부하고 그리스가 낳은 위인의 전기를 지배자인 로마의 위인들 전기와 대비한 그는 '최후의 그리스인'이라 불려 마땅하다. 세계관과 인생관에서도 그 심정의 따뜻함이나 이웃사랑 정신이 그리스도교의 그것과 몹시 비슷함에도 그는 마침내 그리스 문화와 대립할 이 신흥 종교에 대해서는 아무것도 몰랐거나, 소문 정도는 알고 있었더라도 문제삼지 않았다. 이 점에서도 그는 어디까지나 그리스인이었다.

고대 시민이며 넉넉한 재산 덕분에 한가한 여가를 누리고, 시민으로서 이상적인 생활을 보낼 수 있었던 우리의 저자는 사회적인 일들에 대해 정직할 만큼 고대 시민적인 사고방식을 갖추고 있었다. 첫째로 인륜(人倫) 관계가 최대 관심사였으며, 박애가 짐승에까지 미치는 경우 인간으로서 인간이 아닌 노예의 존재가 가장 곤란한 문제였을 것이다. 특히 그의 시대는 고전고대(古典古代) 노예제도 쇠퇴기에 속한다. 그러나 노예에 대한 그의 생각을 말한 윤리론은 〈람프리아스 목록〉이라는 제목에서 추측하더라도 오늘날에 전해지는 책 가운데는 없는 것 같다. 《열전》 가운데는 〈리쿠르고스〉에서 스파르타인에게 그들의 노예 헬롯인들의 위험분자를 몰래 죽이는 관습이 있었음을 밝혔으며, '스파르타는 자유인은 세상에서 가장 자유롭고 노예는 가장 비참하다는 말이 참으로 통하는 곳이었다'고 기술했다. 다만 은밀한 살해와 같은 나쁜 행위는 뛰어난 입법가인 리쿠르고스의 제도라고는 믿을 수 없으며, 후세의 노예 반란 뒤에 생겨난 것이라 주장한 점은 주목할 만하다.

카이사르(BC 100~BC 44)
BC 49년, 카이사르는 로마 절대왕정의 지배자였다.

　고전고대 시대에는 토지를 주체로 하는 세습재산이 그대로 유지되고 있었으며, 낭비에 의해 그것을 잃는 것은 하나의 악으로 여겨지고 있었다. 이런 점에서 그의 살림살이는—구체적으로는 알 수 없지만—모범적이었다. 로마 공화정 끝무렵 거부(巨富)가 된 그라쿠스의 전기 첫머리에서 그는 노예 사용을 받아들이면서도 중용을 넘는 재물에 대해 비판하고 있으며, 그 중용의 재산도 토지나 노예의 소유로 말미암은 농업은 바람직하게 보았으나, 손기술에 의한 작업은 수공업은 물론이고 음악 같은 것까지 경멸했다. 상업에 대해서는 솔론과 같은 옛 시대에는 고전기 이후와는 달리 명문 출신들도 그것에 따랐던 것을 〈솔론〉 머리말에서 말했는데, 이 또한 직업으로서의 상업을 받아들였다는 뜻은 아니다. 고전고대 시대의 가장 큰 사회문제는 차금(借金) 문제였는데, 그것에 대해서는 〈차금에 대한 훈계〉라는 짧은 수필 속에서 다루고 있다. 그러나 그 글에서는 부유한 사람의 사치, 허영을 위한 차금에 반대하고 있을 뿐이므로 그 자신이 여유로운 생활을 하며 남에게 돈을 빌려주고 이자를 받고 있었는지에 대해서는 알 수 없다.

전기나 수필이나 플루타르코스에게는 늘 인간이 문제였다. 아무리 철학이라 하더라도 스스로의 실천철학에 따라 그로서는 통속 윤리에 기울지 않을 수 없었다. 《윤리론집》이라 아우르는 수필집 중에는 순수하게 자연과학적인 것도 있지만 자연에 대한 태도에 있어서 그는 역시 고대 시민이었다. 〈달 표면에 나타난 얼굴에 대하여〉라는 좌담형 수필은 이것을 잘 나타내고 있으며 〈교양 없는 지배자에게 주는 글〉에서는 '해와 달을 최고신이 하늘 가운데 자기의 가장 아름다운 모습을 닮은 것으로 둔 것'이라 말하고 있다. 그것은 바로 그리스·로마 시민의 전통이었다.

고전고대 시민들은 본디 무기를 자기 돈으로 마련하는 전사(戰士)였으며, 또한 뛰어난 정치인이었다. 여기서 플루타르코스를 생각하는 데 문제점이 남아 있다. 유럽에서 전에 없었을 정도로 긴 평화가 이어진 시대에 살았고, 도시국가를 지킬 필요도 없었으며, 로마제국에 의한 징병의 두려움도 없었던 우리의 저자는 《열전》에서 마치 자신도 그 장소에 있었던 듯이 전쟁 상황을 생생하게 그리고 있다. 그러나 그는 전사(戰士)로서의 체험도 없었으며 전쟁으로 인한 궁핍도 모르고 살았다. 거대한 제국의 국경을 지키기 위해서는 직업적 병사들에 의한 상비군이 있었으므로, 카이로네이아 시민은 전쟁과 평화 문제를 깊이 생각할 필요가 없었던 것이다.

하지만 정치 문제는 조금 다르다. 《윤리론집》에는 위작(僞作)이라는 〈정체론(政體論)〉이 있지만 단편에 지나지 않으며, 진짜 작품에서는 노인의 정치 활동을 논한 것 말고는 〈정치가가 알아둘 사항〉이라는 제목의 장편이 있다. 이 글에는 옛 도시국가 시대의 위인들 언행이 여러 가지로 인용되어 있는데, 그것이 사르데스의 한 젊은이에게 보내진 교훈 글이라는 것을 생각하면 뭔가 공허한 느낌을 준다. 그 가운데서 인상에 남는 것은 로마인의 그리스 지배를 마땅한

클레오파트라를 이집트 왕으로 복권시키는 카이사르 피에트로 베레티니 작(17세기경)

것으로 인정했으며, 로마인의 기분을 거스리지 않기 위해 도리어 로마의 유력자를 후원세력으로 삼아 정치를 하라고 충고한 것이다. 또한 현실적으로 폴리비우스나 파나이티오스가 스키피오의 호의 덕분에 조국에 공헌했다고 지적하면서 다만 너무 비겁해지는 것은 피하도록 권고했다. 거기에 분명히 적혀 있듯이 그가 행한 '정치'란 결국 완전한 자유를 갖고 있지 않은 지방자치단체 임원으로서의 활동에 지나지 않는다. 이 문장이 쓰인 것은 90년대 끝무렵 같은데, 저자는 로마시민권을 이미 받았더라도 한낱 그리스 시민의 처지에서 속주의 총독과 같은 높은 지위는 전혀 바랄 수 없는 사람으로서 정치를 논하고 있다. 자치단체의 임원, 그리고 로마 실정에 대한 진술, 그것이 정치라면 그에게도 사람들을 타이를 자격이 있었다. 그러나 로마의 유력자와 그리스의 중개자라 하더라도 그리스에 여전히 독립과 반로마 움직임이 강하게 남아 있던 폴리비우스 시대(기원전 2세기 반 무렵)와, 로마의 평화로운 은혜를 입은 민중이 정치적으로 완전히 무기력해져 있던 플루타르코스의 시대는 '정치 활동'의 뜻에서 매우 달랐다.

이와 같은 관점에서 스스로 아테네 장군으로서 정치, 군사에서 활약했으며 추방이라는 슬픈 역경을 겪은 투키디데스의 《역사》와, 로마의 힘이 그리스를 누른 난국에서 정치가로서 활약하다가 결국 로마의 지중해 통일의 필요성을 인정하고 그 이유를 역사 철학적으로 해명하려고 시도한 폴리비우스의 《역사》, 이 두 가지와 우리의 《열전》을 대비해 생각해 보는 것도 의미 있는 일일 것이다. 그 경우 두 역사가의 《역사》에서 설명하는 실천적 사학의 주장은 '정치인'의 역사 기술의 요청으로서는 매우 자연스러운 호소력을 갖고 있다. 이와는 반대로 《열전》에서는 위대한 정치가의 탄생, 성격, 그 활약을 상세히 기술했으며, 극적인 사건과 처절한 전투가 윤색의 펜에 의해 생생히 그려져 있기는 하나, 결국 그것은 먼 옛날의 다른 세상 이야기를 박람강기(博覽强記)한 인물이 관조적으로 묘사했다는 인상을 지울 수는 없다. 여기서도 역사는 우리의 거울이라 주장하지만, 그것은 주로 개인의 덕성 함양을 위한 거울이다.

이제 앞서 말한 역사 기술 형식으로서의 전기에 대해 다시 한 번 생각해 보기로 하자. 그리스의 도시국가 전성기에 있어서 시민 각자는 아무리 유력하더라도 도시 공동체의 일원에 지나지 않으며, 역사를 만들어 가는 주체는 아테네인, 라케다이몬인처럼 공동체로 생각되고 있었다. 이와 같은 사회에서는 개인의 전기가 생겨나기 어려웠다. 마케도니아나 로마의 지배를 받으면서 도시국가의 생명인 정치적 독립을 잃어버렸으나, 오히려 그 역사적 대변동을 거치며 강력한 개인이 마치 홀로 역사를 움직이는 것 같은 활동을 하게 되었다. 이와 같은 시대를 거쳐 모든 것이 일단 마무리된 뒤에 조용히 과거를 되돌아보고 살피는 상황에서 플루타르코스의 전기가 생겨났으며 그것은 알렉산드로스라든가 카이사르처럼 변동기 주역들뿐만 아니라 솔론, 페리클레스 등 도시국가 황금시대 시민을 비롯해 끝으로는 테세우스, 로물루스, 리쿠르고스와 같은 옛날까지 거슬러 올라간다.

플루타르코스의 문장

플루타르코스의 문장은 어떻게 평해야 할까? 한마디로 말해 대단히 까다롭다고 하겠다. 읽는 것만으로도 결코 쉽다고 할 수 없으며, 번역의 경우에는 대단히 힘들다는 고백을 국내외 번역서 후기에서 자주 볼 수 있다. 플루타르코스는 아마도 잔치의 자리에서는 그 온후한 인품과 놀라운 지식과 묘한 말재주로 더할 바 없는 이야기꾼이라 상상되지만, 저술가로서는 지식이 너무도 많고 잡담 또한 도를 넘은 느낌이 있다. 그의 어휘에는 그가 인용한 각 시대의 책들과 그의 일상어가 뒤

부르투스(BC 85~BC 43)

섞여 있으며, 그 사이에 호메로스의 시구와 극시인의 1, 2행이 얼핏얼핏 얼굴을 내민다. 게다가 하나의 문장이 놀라울 정도로 긴 것이 있어 때때로 번역을 어렵게 한다.

그 자신은 수사학을 배웠으며, 젊었을 때 쓴 수필에는 수사학의 영향도 강한 것이 있다고 하나, 그는 문장 수식보다는 내용을 문제삼았다. 그러나 오늘날 문헌학 연구에 따르면 모음으로 끝나는 말 다음에 모음으로 시작하는 말을 겹치는 것을 되도록 피하는 수사학 규정을 굳게 지켰으며, 그 때문에 어휘 나열이 일반적인 표현과 다른 경우도 있다. 문체상으로 그는 옛 아테네인의 명료함과 간결함을 이상으로 삼았으며, 《윤리론집》에서는 긴 표현을 삼간 것도 있지만 그의 문장은 아무리 해도 '선명하다'고는 할 수 없다. 너무 박식한 나머지 즐겨 삽입하는 비유 가운데는 대단히 교묘한 것도 있다. 그러나 《열전》에서 때때로 묘한 심리학 이야기가 나오는데 이는 없는 것보다 못하다. 본디 중용이라든가 절도가 그리스인의 덕목에서 중요하다는 점을 그도 잘 알고 있었지만, 그의 문장은 그것에서 조금 벗어나 있었다는 평을 들어도 어쩔 수 없다. 계속적

으로 집필을 한 그는 천천히 다시 읽고 고쳐 쓸 틈이 없었으리라 짐작된다.

이처럼 플루타르코스는 문장으로서는 가까이 하기 쉬운 작가는 아니었으나, 인간관계를 설명할 때의 선의와 따사로움, 진실이나 거짓에 깊이 얽매이지 않고 이야기하는 풍부한 화제에 따른 작품의 '읽을거리'로서의 재미로 인해 후세에, 특히 근세 서유럽에서 다양한 독자를 갖게 되었다. 여기에 그것을 상세히 설명할 여유는 없으나, 재미있는 것은 고대 끝무렵 그리스도교 교부(敎父)가 이 이교 사상의 마지막 대표라 할 수 있는 플루타르코스의 작품을 애독했다는 점이며, 그것은 모름지기 그의 작품 배경에 그리스도교 사상의 영향을 연상케 하는 인간애가 읽히기 때문이었다. 이 경향은 비잔틴제국으로 이어졌으나, 서유럽은 중세시대를 통틀어 거의 플루타르코스를 몰랐던 모양이다.

플루타르코스의 작품은 르네상스 인문주의와 활자본의 탄생, 근대어 번역본에 의해 비로소 보급되었으며, 특히 전 생애를 플루타르코스에게 바친 자크 아미요에 의해 모든 작품의 뛰어난 프랑스어 번역이 출간된 것이 플루타르코스 저서 보급에 결정적 역할을 했다. 아미요 번역 《영웅전》을 영어로 번역한 노스의 책에서 소재를 얻은 셰익스피어가 《줄리어스 시저》를 비롯한 기타 사극을 쓴 일은 널리 알려진 일이다. 또 17, 18세기에 걸쳐 플루타르코스를 애독했다고 알려진 사람들 가운데 가장 저명한 사람들만 들어보아도 몽테뉴, 몽테스키외, 루소, 프리드리히 2세, 나폴레옹, 괴테, 실러, 베토벤 등이 유명하다. 이와 같이 플루타르코스는 유럽에 광범위한 독자를 갖게 되어 '고전고대시대 입문서 같은 느낌을 주었다'고 오늘날 평할 정도였다.

플루타르코스의 영원한 매력과 인기는 불안한 해결은 피하면서 특정한 인간사를 다루었기 때문이다. 그는 많은 일화를 인용하며 피상적으로 쉽게 글을 썼다. 그의 문체는 그가 일상생활에서 사용하던 동시대 그리스어의 영향을 받기는 했지만 아티카풍이 지배적이었다. 수사학 이론에 따라 단어 사이의 모음 충돌을 피했으며, 조심스러운 산문의 리듬을 사용했다. 그의 글은 명확하지만 약간은 산만하다. 그의 철학은 플라톤주의를 중심으로 스토아학파, 피타고라스학파, 소요학파(그러나 에피쿠로스학파는 아니었음)를 고루 차용한 절충주의였다. 비록 말년에는 신비주의적 측면에 기울기도 했지만 그의 주된 관심은 윤리학이었다. 그는 디오니소스 숭배의 비의(秘義)에 입문했으며, 플라톤주의자로서나 비의 입문자로서나 영혼의 불멸을 믿었다. 또한 그리스 문명의 우수성과

카이사르 암살 "이제 공화정을 회복시키시오." 부르투스는 암살거사 직후 피묻은 단검을 치켜들고 키케로를 향해 외쳤다. 빈첸조 카무치니 작(1793)

공적, 그리고 로마 황실의 신성함을 믿었다. 개인적으로 그는 작은 보이오티아 마을 시민으로서의 조용하고 인간적인 삶을 좋아했으며, 그의 저작과 가르침 은 1세기 그리스의 암담한 지방 생활에 빛을 던져주는 것이었다.

역사학자가 아닌 사람이 《영웅전》의 역사적 가치를 평가할 수는 없다. 하지 만 '오히려 어떤 보잘것없는 사건이나 무심코 내뱉은 말 한 마디나 농담이, 그 가 벌였던 피로 얼룩진 전투나 막대한 병력이나 가장 중요한 포위 작전보다 더 뚜렷하게 그의 성격을 잘 드러낼 수 있다' 했던 플루타르코스의 말에는 공감하 지 않을 수 없다. 역사의 풍부한 지식창고를 열기 위해서는 반드시 《플루타르 코스 영웅전》을 읽어야 한다. 그리스·로마 시대를 생생하게 만날 수 있을 뿐만 아니라 역사의 비밀, 예나 지금이나 변함없는 인간의 본성을 들여다볼 수 있 기 때문이다.

영웅전 인물들의 위대한 연설

키케로는 자신의 책 《연설가에 대하여 *De Oratore*》에서, 크라수스의 입을 빌 려 '이상적 연설가(orator perfectus)'가 되기 위한 세 가지 조건에 대해 말했다.

리쿠르고스(BC 8~7세기?)
스파르타의 법적 제도 대부분을 제정하였다.

첫째, 모든 영역을 꿰뚫어 보는 지적 능력이 있어야 한다. 연설가는 어떤 상황에서든, 어느 주제로든 연설할 수 있는 폭넓은 지식을 갖추고 있어야 하는 것이다.

둘째, 공동체에 대한 의무감을 가져야 한다. 곧 연설가에게는 정치 활동(공동의 일)에 참여하는 것이 중요한 의무이다.

셋째, 상황과 주제를 파악하고 연설을 효율적으로 조절하는 능력이 있어야 한다. 연설가는 그때그때 처해진 환경에 따라 섬세한 주제는 정밀하게, 무거운 주제는 숭고하게, 일상적 주제는 가볍게 가장 알맞은 표현들을 골라 쓸 수 있는 사람이어야 한다는 것이다.

그는 '말은 무엇보다 먼저 생존을 위해 갖추어야 할 무기이자 필수품이다. 또한 말은 삶을 아름답게 채워주는 교양을 담고 있는 창고이다. 아울러 말은 인간이 다른 동물과는 달리, 사람답게 살 수 있도록 문화와 문명을 가능케 해 준 힘이고, 마지막으로 말은 국가라는 제도가 성립하기 위한 기본 토대이다' 이야기했다. 고대 그리스 로마 시대만큼 오늘날에도 말의 힘, 글의 힘이 실시간으로 사나운 위세를 떨치고 있다. 그리스 로마 시대에는 '연설가'와 '정치가'가 거의 같은 뜻으로 쓰일 정도로 '연설하는 것'이 곧 '정치하는 것'이었다. 사회 공동체의 중요한 의사 결정이 모두 원로원과 민회 등에서 연설과 토론을 통해 이루어졌기 때문이다. 그 무렵 훌륭한 연설문의 본보기가 그대로 지금 우리 시대에 들어맞지는 않겠지만 여전히 의회나 선거에서 연설은 중요한 위치를 차지하고 있으므로, 권력의 견제 및 균형에 중점을 둔 체제에서 설득을 목적으로 했던 《영웅전》 속 인물들의 연설이 우리에게 많은 울림과 도움을 주리라는 것에는 의심의 여지가 없다.

교육 의회를 설득하는 리쿠르고스(17세기 그림)

　연설의 위대함은 거의 언제나 강한 감동을 주는 감정의 표현과 연설 태도에서 나온다. 지적인 요소가 뛰어난 반면 감정적인 호소가 뒤따르지 못할 때 연설은 실패하며, 지나치게 감정에 치우쳐 논리가 부족할 때에도 마찬가지 결과를 낳는다. 이상적인 연설가는 개인적인 차원에서 호소할 줄 알고 강력한 윤리적 증거를 댈 줄 아는 사람이다. 그런 사람은 자신이 주장하는 바를 몸소 실천함으로써 그 주장을 강하게 만든다.

　플루타르코스 《영웅전》에 나오는 인물들은 기본적으로 모두 뛰어난 연설가들이다. 그들 가운데 특히 청중의 관심을 집중시키고, 심리적 공감을 얻어내며, 논리적으로 설득하는 능력이 더욱 빛났던 11명의 (지금까지 전해지는) 연설문을 《영웅전》과 함께 실었다. 이들 연설문은 자기 견해를 정당하게 변론하는 기술과 상대를 논박할 수 있는 반론술의 전형적인 예를 보여주고 있다. 연설은 그야말로 말을 통한 설득의 힘과 기술로서, 참으로 실용적이고 효과적인 무기이다. 독자들은 옛 시대로 거슬러 올라가, 영웅들이 연설하는 광장에 함께 서 있는 감동을 느끼게 되리라.

플루타르코스 상

테세우스(THESEUS)

소시우스 세네키오여, 작가들은 지리책을 쓸 때 자신이 잘 모르는 곳들을 지도의 한구석으로 몰아넣고, '야수 떼가 들끓는 메마른 사막', '알려지지 않은 늪지대', '스키티아처럼 몹시 추운 곳', '얼어붙은 바다' 따위로 부르지. 나도 마찬가지로 이 영웅전에서 확실한 사실을 바탕으로 한 역사의 기록이 남아 있는 시대만을 살펴보려 하네. 이보다 더 오래된 시대는 모두 불가사의하며 신비로운 일들로 가득 차 진실을 제대로 알 수 없으며 분명치 않으니, 그런 기록은 시인이나 신화작가가 상상으로 쓰도록 맡겨두는 게 나을 것이네. 앞서 입법자 리쿠르고스와 누마 왕의 전기를 세상에 내놓았으니, 나는 이제 로물루스 시대를 다루어도 좋으리라 생각되네. 그러니 아이스킬로스의 이런 시가 떠오르는군.

이렇듯 위대한 이와 어느 누구를 맞서게 하랴.
어느 믿음직한 친구를 이 족장과 겨루게 하랴.

이 시의 주인공인 '아름답기로 유명한 도시 아테나이(아테네)'를 세운 테세우스와 견줄 수 있는 인물은 '영광스러운 로마'의 아버지 로물루스 말고는 없을 것이네. 물론 신화 이야기는 되도록 빼고 이성적으로 이해할 수 있는 역사만을 기록하려 애썼지만, 어쩌다 믿기 어려운 이야기가 나올 때에는 이 책을 읽는 여러분의 넓은 마음에 기대할 수밖에 없다네. 그런 것들은 그저 옛이야기로 넘기고 너그럽게 받아들여주게나.

　테세우스는 로물루스와 비슷한 점이 많았다. 두 사람 모두 사생아였으며, 신의 아들이라 일컬어졌다. 또한 둘 다 전사(戰士)였으며 힘과 지혜를 두루 갖춘 인물로, 저마다 아테나이와 로마라는 훌륭한 도시를 세웠다. 그리고 아내를 힘으로 얻었고, 가정은 불행했으며, 친척들의 원망을 샀다. 또 늘그막에는 국민들과 사이가 좋지 않았다는 것도 같다.
　테세우스의 아버지는 에레크테우스 자손이며 어머니는 펠롭스의 후손이다. 펠롭스 집안은 펠로폰네소스에서 가장 강한 권세를 누렸다. 펠롭스는 자손이 많아서 펠로폰네소스 왕들 가운데 가장 큰 권력을 쥐고 있었다. 그의 딸들은 모두 이름 있는 집안에 시집갔으며 아들들도 저마다 여러 도시를 지배했다. 테세우스의 할아버지 피테우스도 트로이젠 시를 세웠다. 트로이젠은 그리 큰 도시는 아니었지만, 피테우스는 오늘날까지도 사람들 마음을 움직이게 한 현자로 평가받는다. 그 지혜는 헤시오도스의 〈노동과 나날〉에 나오는 그의 격언을 보면 잘 알 수 있다.

　　약속한 보수는 비록 친구일지라도
　　반드시 꼭 지키도록 하여라.

　철학자 아리스토텔레스도 이런 말을 했고, 또 에우리피데스가 히폴리투스를 '거룩하신 피테우스의 자손'이라 말한 것만 보아도 그 시대 사람들이 그를 얼마나 존경했는지 짐작할 수 있다.
　테세우스 탄생에 대해서는 다음과 같은 이야기가 전해져 온다.
　아테나이 왕 아이게우스는 자식을 갖고 싶어했다. 그는 델포이의 아폴론 신전에서 아테나이에 이르기 전까지 여자와 동침하지 말라는 신탁을 받았다. 그러나 아이게우스는 신탁 내용을 잘 이해하지 못한 탓에 트로이젠으로 가서 지혜롭기로 이름높은 피테우스에게 그 신탁을 이야기한 뒤 조언을 구했다.

　　왕이시여,
　　아테나이에 이르기 전에

포도주 주머니를 풀지 마시오.

피테우스는 신탁 내용을 이해했지만 아이게우스를 자신의 딸 아이트라와 동침하게 했다. 피테우스가 아이게우스를 설득했는지, 속였는지는 알 수 없다. 아이게우스는 하룻밤을 보낸 뒤에야 그녀가 피테우스의 딸이라는 사실을 알게 되었고 그녀가 자기 아이를 낳으리라 예감했다.

그는 자신의 칼과 신발을 크고 무거운 돌 밑에 숨겨두었다. 그 돌 밑에는 물건들이 들어갈 충분한 공간이 있었다. 그리고 오로지 아이트라에게만 이 사실을 알려주었다. 그는 아들이 태어나 돌 밑에 있는 물건을 혼자서 꺼낼 수 있을 만큼 힘센 젊은이가 되었을 때, 그것을 가지고 남몰래 자신을 찾아오게 하라고 일렀다. 그리고 되도록 자신의 여행에 대해서는 사람들에게 숨기라는 당부를 하고 길을 떠났다. 그즈음 아이게우스는 팔란티비 집안을 무척 두려워했다. 형제인 팔라스의 아들들이 자식 없는 그를 얕보고서 호시탐탐 그의 목숨을 노리고 있었기 때문이다. 팔라스의 아들들은 무려 50명이나 되었다.

얼마 뒤 아이트라는 건강한 아들을 낳았고, 그 이름을 테세우스로 지었다. 어떤 사람은 돌 밑에 증표를 숨겨둔 것과 관련지어 그렇게 이름 지었다고 한다. 또는 나중에 아테나이에서 아이게우스가 그를 자신의 아들로 인정한 다음에 지어준 이름이라는 말도 있다.

테세우스는 외할아버지 피테우스 아래에서 자라며 콘니다스라는 스승에게서 가르침을 받았다. 지금도 아테나이 사람들은 테세우스의 제사 때 숫양을 바치는데, 이것에는 스승 콘니다스에 대한 테세우스의 존경 어린 마음이 담겨 있다고 한다.

그때 헬라스(그리스)에서는 아이들이 자라 성년이 되면 델포이의 아폴론 신전에 가서 태어난 뒤 맨처음 자른 머리카락을 신에게 바치는 풍습이 있었다. 테세우스도 성년이 되어 머리칼을 잘라 바쳤다. 그는 다른 사람들과 달리 호메로스의 작품에 나오는 아반테스족(族)처럼 앞머리만 짧게 잘랐으므로 사람들은 이 머리모양을 테세우스형이라 불렀다. 아반테스족 머리 모양은 사람들이 흔히 짐작하는 것처럼 아라비아인이나 미시아인의 머리 모양을 본뜬 게 아니다. 호전적인 아반테스족은 싸움에 뛰어났으며, 적진 깊숙이 쳐들어가는 전술을 어느 민족보다도 잘 터득하고 있었다.

아르킬로코스는 그 모습을 시로 그려냈다.

> 드넓은 평야에서 싸움이 벌어져도
> 투석기를 휘두르지 않았고
> 화살도 날아다니지 않았다.
> 오로지 칼만 들고 몸과 몸이 맞붙으니
> 그 치열하고 처절한 싸움은
> 마치 에우보이아의 신들이 창을 들고
> 솜씨를 갈고닦는 것 같았다.

그래서 그들은 전쟁터에서 적에게 머리채를 잡히는 일이 없도록 앞머리를 짧게 잘랐던 것이다. 마케도니아의 알렉산드로스 대왕도 이런 까닭으로 모든 군사들에게 수염을 깎도록 명령했다.

테세우스를 낳은 아이트라는 아이게우스와의 약속대로 아이 아버지에 대해 누구에게도 입을 열지 않았다. 외할아버지 피테우스는 테세우스가 바다의 신 포세이돈의 아들이라는 소문을 퍼뜨렸다. 트로이젠 사람들은 포세이돈을 수호신으로 받들고 있었기 때문이다. 그들은 그해 가을걷이한 햇곡식을 가장 먼저 포세이돈에게 바쳤고, 주화에도 그의 삼지창을 새겨 넣었을 정도였다.

세월이 흘러 테세우스가 뛰어난 지혜와 강한 육체를 가진 젊은이로 자라나자, 아이트라는 테세우스를 바위가 있는 곳으로 데리고 가서 아버지에 대한 이야기를 해주었다. 그리고 바윗돌 밑에서 아버지가 두고 간 칼과 신발을 꺼내 아테나이로 가라고 일렀다. 테세우스는 크고 무거운 바위를 가볍게 들어올리고 증표를 꺼내어 아버지를 찾아 나섰다. 외할아버지와 어머니는 빠르고 안전한 바닷길로 가라고 단단히 일렀으나, 그는 일부러 험한 뭍길로 갔다.

아테나이까지 가는 길은 흉악한 강도와 살인자들이 들끓어 매우 위험했다. 그 가운데에는 힘세고 날쌘 사람들이 무척 많았다. 그들은 정의와 자비는 약한 자들이나 하는 소리라며 지나가는 여행자들에게 잔혹한 짓을 일삼았다.

이 무렵 헤라클레스는 지방을 돌아다니며 이런 강도와 살인자들을 물리쳤는데, 달아나거나 죄를 깨닫고 용서를 비는 자들은 살려주기도 했다. 그러다가 불행히도 친구 이피토스를 죽이는 사건이 일어났다. 그는 친구를 죽인 자신의 죄를 씻기 위해 리디아로 가서 스스로 옴팔레의 노예가 되었다. 그때부터 다시 곳곳에 악당들이 들끓기 시작했다. 펠로폰네소스에서 아테나이까지 가는 뭍길에는 아주 위험한 일들이 도사리고 있었다.

할아버지 피테우스는 악당들의 잔인무도함을 들려주며 테세우스가 안전한 바닷길로 가기를 권했다. 그러나 테세우스는 헤라클레스의 무용담을 들은 뒤 이미 그 용맹함에 감동해 가슴 깊이 그를 존경하고 있었다. 할아버지가 간곡히 말렸지만 그의 뜻은 끝내 꺾이지 않았다. 밀티아데스가 승리했다는 소식을 듣고 밤잠을 못 이뤘다는 테미스토클레스와 같이 테세우스는 밤낮으로 헤라클레스를 생각하며 온통 마음이 들떠 있었다.

테세우스와 헤라클레스는 육촌이었다. 헤라클레스의 어머니 알크메네는 리시디케의 딸이고, 리시디케와 피테우스는 남매 사이였다. 육촌형인 헤라클레스는 곳곳을 누비며 공을 세우는데, 위험을 피해 바닷길을 택한다는 것은 테세우스 자신에게는 물론, 아버지로 알려져 있는 바다의 신 포세이돈에게도 부끄러운 일이라고 여겼다. 또 처음 만나는 친아버지에게 피 한 방울 묻지 않은 칼과 신발을 아들의 증표로 가져간다는 것도 매우 부끄러운 일이라고 생각했다.

마침내 테세우스는 고집을 꺾지 않고 위험한 뭍길로 길을 떠났다. 그는 무고한 사람들을 해칠 생각은 없었다. 하지만 만일 자신과 다른 사람들에게 폭력을 휘두르는 자가 있다면 누구든 용서치 않으리라 굳게 마음먹었다.

테세우스는 맨 처음 페리페테스라는 강도를 만났다. 곤봉을 무기로 써서 모두 그를 '곤봉의 사나이'라 불렀다. 그가 앞길을 가로막자 테세우스는 페리페테스를 죽이고 그가 들고 있던 몽둥이를 자신의 무기로 삼았다. 헤라클레스가 자신이 얼마나 커다란 사자를 잡았는지를 과시하려고 사자 가죽을 어깨에 걸치고 돌아다닌 것처럼, 테세우스는 그 곤봉으로 자신의 승리를 뽐내며 돌아다녔다.

펠로폰네소스의 이스트무스로 가는 길에는 '소나무를 구부리는 자'라 불리던 시니스를 죽였다. 시니스는 소나무 가지를 휘게 만드는 재주로 나그네들의 다리를 감아쥔 다음 바닥에 집어던져 죽였다. 테세우스는 시니스가 수많은 사람을 죽인 방법대로 그에게 복수했다. 그것도 자신이 한 번도 배운 적이 없는 방법으로 시니스를 죽여, 자신의 용기가 도적들의 너저분한 기술이나 훈련보다 훨씬 낫다는 것을 보여주었다.

시니스에게는 페리구네라는 아름다운 딸이 하나 있었다. 그녀는 아버지가 죽는 것을 보고는 재빨리 달아났다. 테세우스는 그녀를 찾아 이곳저곳을 돌아다녔다. 그녀는 무성히 자란 아스파라거스 덤불에 숨어 순진한 아이처럼 나무들에게 자신을 숨겨달라고 간절히 바랐다. 마치 그 식물이 사람의 말을 알아듣기라도 하듯, 그녀는 자신을 잘 숨겨주면 앞으로는 절대 그들을 짓밟거나 불태우지 않으리라 나무들에게 나지막이 약속했다.

아스파라거스 덤불 앞에서 테세우스는 크게 외쳐 그녀 이름을 묻고는 해치지 않고 명예롭게 맞이하겠다고 다짐했다. 마침내 페리구네는 덤불숲에서 걸어 나왔고, 테세우스는 그녀를 취했다. 이윽고 그녀가 자신의 아들을 낳자 테세우스는 아이에게 멜라니포스라는 이름을 지어주었다. 그 뒤 테세우스는 페리구네를 놓아주었고, 그녀는 오이칼리아에 사는 에우리토스의 아들 데이오네우스와 다시 결혼했다. 멜라니포스는 아들 이옥크소스를 낳았고, 이옥크소스는 오르니토스와 함께 카리아 식민지를 세우는 데 참가했다. 이옥크소스 자손들은 절대로 아스파라거스를 태우지 않을 뿐 아니라 오히려 신성하게 여긴다고 한다.

테세우스가 다시 길을 떠나 크롬미온 지방을 지나갈 때였다. 이곳에는 파이아라 불리는 사납고 힘센 멧돼지가 사람들을 위협하고 있었다. 테세우스는 이 멧돼지를 잡아 죽였다. 그는 자기 목숨을 지키기 위한 살인만이 자신의 공적 전부가 아님을 보여주고 싶었다. 또한 인간을 위협하는 맹수는 목숨을 걸고서라도 물리쳐야 한다고 여겼다. 어떤 사람들은 그 지방에 예사로 사람을 죽이는 음탕한 여도둑이 살고 있었는데, 못된 천성과 방종한 생활로 멧돼지라고 불리다 테세우스에게 죽임을 당했다고 이야기하기도 한다.

메가라에 다다른 테세우스가 스키론이라는 강도를 붙잡아 절벽에서 떨어뜨려 죽였다는 이야기도 전해진다. 스키론은 나그네 물건을 빼앗은 다음 자신의 발을 씻기게 한 뒤, 절벽 아래로 떨어뜨려 죽였다고 한다. 그러나 메가라인의 기록을 보면 스키론은 도둑이 아니라 오히려 도둑들을 잡아 없앤 사람으로, 착한 사람들의 친척이며 친구였다고 한다.

이들 기록에 따르면 아이아코스는 헬라스 사람 가운데 경건한 사람으로 손꼽혔고, 살라미스 사람 키크레우스는 아테나이에서 신처럼 존경받았다. 또 펠레우스와 텔라몬의 인덕은 모르는 사람이 없었다. 스키론은 이들의 의붓아버지이자 사위이며 할아버지였다. 이런 고귀한 사람들과 그토록 극악한 사람이 한 가족이었을 리 없다고 그들은 반박한다(스키론은 성인으로 존경받는 키크레우스의 사위였으며, 의인인 아이아코스의 장인이고, 아름다운 행실로 칭송받던 펠레우스와 텔라몬의 할아버지였다. 이처럼 그 무렵 존경받는 사람들과 같은 집안 사람이었던 스키론이 그렇게 흉악한 도둑일 리 없다고 반박했다).

또 그들은 테세우스가 메가라의 지배자 디오클레스와 함께 메가라 사람들의 소유였던 엘레우시스 지방을 공격했다고 이야기한다. 스키론이 살해당한 것은, 테세우스가 아버지를 찾아 처음 아테나이로 가던 때가 아니라 엘레우시스를 공격했을 때의 일이라는 것이다. 이처럼 스키론에 대해서는 매우 다른 이야기들이 전해진다.

엘레우시스에서 테세우스는 케르키온과 레슬링을 해서 그를 죽였고, 다마스테스라는 자도 죽였다. 다마스테스의 별명은 프로크루스테스로 '잡아당겨 길게 늘인다'는 뜻인데, 그는 사람을 긴 침대에 누이고 침대 길이만큼 잡아당겨 죽였다. 테세우스도 그를 똑같은 방법으로 죽였다.

이처럼 공격을 받으면 상대의 방법 그대로 보복했던 사람이 바로 헤라클레스였다. 부시리스는 제물로 삼아 죽였고, 키크노스는 결투를 해서 죽였으며, 테르메루스는 머리를 쳐서 죽였다. '테르메루스의 장난'이라는 속담은 여기에서 비롯된 것으로, 테르메루스가 사람을 제 머리로 받아서 죽였기에 나온 말이라고 한다. 테세우스도 헤라클레스 방식을 따라 악당들을 처벌했다.

테세우스가 케피소스 강에 이르자, 피탈리드 사람(피탈로스의 후손)들이 모두 나와 그를 반갑게 맞아주었다. 그는 신 앞에 나아가 사람을 죽인 일에 대해 용서를 빌었다. 피탈리드 사람들은 신에게 제물을 바치고 그를 깍듯이 대접했다. 테세우스는 힘겨운 여정 끝에 이곳에서 비로소 사람들의 따뜻한 친절을 느낄 수 있었다.

테세우스가 아테나이에 다다른 때는 크로니온 달, 지금 헤카톰바이온이라 부르는 달의 여덟 번째 날이었다. 아테나이는 내분으로 말미암아 혼란스럽고 무질서했다. 아이게우스 집안도 개인적 원한으로 소란스러웠다. 코린토스에서 추방된 메데이아라는 여자가 아이게우스에게 아이를 갖게 해주는 비방을 써주기로 하고 그와 함께 살고 있었기 때문이다.

메데이아는 테세우스가 아이게우스의 아들임을 한눈에 알아보았다. 그러나 늙은 아이게우스는 정치가 어지러운 상태라 거의 모든 사람을 의심해 아들 테세우스조차 알아보지 못했다. 교활한 메데이아는 테세우스가 위험인물이므로 없애야 한다고 아이게우스를 부추겼다. 그리하여 아이게우스는 곧 테세우스를 독살하기 위한 잔치를 열고 그를 초대했다.

초대받은 테세우스는 신분을 숨긴 채, 아버지가 자기를 알아볼 수 있도록 식탁 위에 놓인 고기를 자르려는 것처럼 칼을 뽑았다. 아이게우스 왕이 그것을 보았고, 그제야 자신의 아들을 알아볼 수 있었다. 그는 독이 담긴 음식들을 쏟아버리고 아들을 힘껏 끌어안았다. 그리고 시민들을 불러모아 자신의 아들 테세우스가 왔음을 알린 뒤 성대한 잔치를 열었다. 시민들은 아테나이까지 오는 여행길에서 쌓은 그의 위대함과 용감함에 대해 이미 들었던 터라 이 소식을 듣고 매우 기뻐했다. 그때 독이 쏟아진 자리는 오늘날 델포이 신전에 담이 둘러져 있는 곳이라고 한다. 이곳은 아이게우스가 살던 곳으로, 신전 동쪽에 있는 '아이게우스 문 옆 헤르메스'라 불리는 헤르메스상이 그 사실을 보여준다.

팔라스의 아들들은 자식이 없는 아이게우스가 죽으면 자신들 가운데 한 명이 왕위를 이어받으리라 믿고 있었다. 그런데 갑자기 테세우스가 나타나 왕의 후계자가 되자 그들은 몹시 화가 났다. 판디온의 양아들 아이게우스가 에레크테우스와는 아무런 혈연관계도 없이 왕이 된 것도 못마땅했는데, 이제는 다른 나라에서 건너온 아들에게 왕위를 잇게 하려는 것을 보자 더는 참을 수 없던 것이다.

마침내 팔라스의 아들들은 전쟁을 선포했다. 그들은 군대를 만들어 두 편으로 나누었다. 한편은 아버지 팔라스의 지휘 아래 스페투스로부터 공격하고, 나머지 한편은 가르케투스에 숨었다가 양쪽에서 동시에 공격하기로 계획을 세웠다. 그러나 팔라스군의 전령사 레오스가 이 계획을 테세우스에게 모두 밀고해버렸다. 테세우스는 숲 속에 숨어 있던 이들 두 부대를 갑자기 공격해 전멸시켰고, 팔라스를 따르던 사람들은 이 소식을 듣고서 뿔뿔이 흩어지고야 말았다.

그 뒤로 팔레네 사람들은 레오스의 고향 아그누스 사람들과는 혼인하지 않았다. 또 전령들이 쓰는 '아코우에테, 레오!(들어라, 시민이여!)'라는 말도 '레오'가 들어간다고 해서 더는 쓰지 않았다.

전쟁에서 승리한 테세우스는 자기 본분에 충실함과 동시에 민중의 지지도 얻고 싶었다. 그는 테트라폴리스 주민들에게 큰 해를 입히던 황소를 잡으러 마라톤으로 떠났다. 그리고 황소를 산 채로 붙잡아 사람들이 많은 거리로 구경거리삼아 몰고 다닌 다음 델포이 신전에 제물로 바쳤다.

여신 헤칼레가 테세우스를 초대해 후하게 대접했다는 전설은 아주 근거 없는 이야기는 아닐 것이다. 지금도 아테나이 사람들은 제우스 헤칼레이오스 신전에서 헤칼레시아라고 부르는 제사를 지내는데, 이것은 테세우스를 환대한 그녀를 기리기 위함이다. 이 제사는 또 헤칼레네라고도 부른다. 이것은 테세우스를 따뜻하게 맞이한 것에 대한 감사의 마음으로 사람들이 부르던 그녀 애칭이었다.

그녀는 테세우스가 황소를 없애기 위해 마라톤으로 갔을 때, 그가 무사히 돌아오면 감사 제사를 드리겠다고 제우스에게 약속했다. 그러나 그녀는 테세우스가 돌아오는 것을 보지 못하고 죽었으며, 테세우스는 헤칼레에 대한 감사의 뜻으로 이러한 제사를 지내게 된 것이라고 필로코로스의 기록은 전한다.

이 일이 있은 뒤 얼마 되지 않아 공물을 받기 위해 크레테(크레타) 섬에서 보낸 배가 들어왔다. 아테나이가 공물을 바치는 것은 이번이 세 번째로, 그 사정은 다음과 같다. 크레테 왕자 안드로게오스가 아티카에서 살해당하자 미노스 왕은 이를 아테나이가 꾸민 짓이라 생각해 군대를 이끌고 쳐들어갔다. 거듭된 전쟁으로 아테나이는 많은 피해를 입었다. 게다가 엄청난 흉작에 지독한 돌림병까지 겹쳐 강물은 모두 말라버리고 국토는 황폐해졌다. 견디다 못한 아테나이 사람들은 신탁을 청했다. 미노스 왕과 화해하면 신의 노여움이 풀려 고생이 끝날 것이라는 신탁이 내려오자 아테나이는 간절한 탄원서를 보내 미노스에게 휴전을 요청했다. 그리고 소년 소녀 각각 7명을 9년에 한 번씩 크레테에 보내기로 약속했다.

작가들 거의 모두가 이 이야기에 대해 같은 의견을 보인다. 가장 비극적인 전설에 따르면, 크레테로 보내진 소년 소녀들은 한 번 들어가면 절대 빠져나올 수 없는 미궁 라비린토스에 갇혀 미노타우로스라는 괴물의 먹이가 되거나 굶어 죽었다고 한다.

에우리피데스는 미노타우로스의 모습을 이렇게 그렸다.

여러 형상이 뒤죽박죽된 괴물로 태어나
반은 인간, 반은 소, 두 본성을 지녔어라.

한편 필로코로스의 기록은 이와는 조금 다른 내용을 담고 있다. 그에 따르면 크레테 사람들은 이 사실을 인정하지 않았다고 한다. 소년 소녀들이 갇힌 라비린토스는 흔한 감옥이었으며, 수감자가 절대 달아날 수 없다는 사실만 빼면 그 안에서 어떠한 나쁜 일도 일어나지 않았다는 것이다.

미노스 왕은 안드로게오스 왕자를 기념하는 체육대회를 열어, 승리한 사람에게 감옥에 가둬 두었던 소년 소녀들을 상으로 주었다. 경기에서 자주 승리한 사람은 미노스의 부하 가운데 가장 힘이 센 타우로스 장군이었다. 이 남자는 성격이 온화하지 못해서, 상으로 얻은 아테나이 젊은이들을 잔인하고 가혹하게 다뤘다.

아리스토텔레스 자신도 《보티아이아 사람의 국가 체제》에서, 아테나이의 소년 소녀들은 미노스에게 죽은 게 아니라 크레테에서 죽을 때까지 노예로 지냈을 것이라는 견해를 밝혔다. 그의 기록에 따르면 크레테인들은 옛 맹세를 지키기 위해 첫아이를 델포이에 보냈는데, 그때 보내진 아이들 가운데 아테나이에서 공물로 보내온 소년 소녀의 후손들이 섞여 있었다고 한다. 그러나 그곳에서는 만족할 만한 생활을 할 수 없기에 먼저 이탈리아로 건너가 이아피기아 근처에서 살아갔다. 그 뒤 다시 트라키아로 옮겨가 보티아이아족이라 불렸다. 그래서 보티아이아족 처녀들은 제사 때 '아테나이로 가자'라는 노래를 부르게 되었다.

웅변과 시의 도시 아테나이로부터 미움받는 일은 정말 난처한 일이다. 아테나이의 연극에서 미노스 왕은 언제나 악평과 비난을 받았다. 헤시오도스가 미노스를 두고 '가장 왕다운 왕'이라 부르고, 호메로스가 '제우스의 친구'라 일컬어도 아무 소용이 없었다. 비극시인들 대부분은 무대 위에서나 뒤에서나, 미노스 왕은 잔혹하며 난폭한 인물이었다며 서슴없이 비판했다. 그러나 미노스는 인정을 베푼 왕으로, 라다만토스와 같은 훌륭한 법관을 두어 그가 통치하는 국가를 법에 따라 다스리게 했던 사람이다.

세 번째로 공물을 받기 위해 배가 들어오는 이야기로 돌아가자. 배가 들어오자 사람들은 제비뽑기를 하기 위해 모였다. 크레테에 보낼 아이들을 결정해야 했기 때문이다. 많은 시민들은 아이게우스 왕을 원망했다. 이러한 불행을 만든 장본인인 그가 혼자만 벌을 받지 않는다고 비난했다. 외국에서 온 아들 테세우스는 후계자로 임명하면서 시민의 아이들은 먼 이국땅으로 보내니, 이는 그 부모들의 슬픔과 불행을 모른 체하는 것이라며 불평했다. 테세우스는 이 일로 무척 마음 아파했다. 그래서 그는 시민들과 운명을 같이하기로 결심하고, 제비도 뽑지 않고 크레테로 가겠다고 나섰다. 사람들은 그 용기와 애국심에 놀라 그를 칭찬했다. 그들은 민중에게 최선을 다하려는 테세우스의 마음에 감동했다. 아이게우스 왕은 처음에는 그를 말렸지만, 아무리 설득해도 말을 듣지 않자 어쩔 수 없이 아들 뜻에 따랐다.

헬라니쿠스의 기록을 보면, 크레테로 보내는 소년 소녀는 제비를 뽑아 정한 게 아니라 미노스 왕이 몸소 뽑아갔다고 한다. 왕은 미리 약속한 대로 가장 먼저 테세우스를 뽑았다.

이 약속에는 세 가지 조건이 있었다. 아테나이 사람들이 배 한 척을 준비할 것, 소년 소녀들은 무기를 지니지 않을 것, 미궁 속 미노타우로스를 죽이면 앞으로는 공물을 바치지 않아도 된다는 것이었다.

이제껏 아무도 살아 돌아온 적이 없었으므로 크레테로 떠나는 배는 언제나 불행으로 출발한다는 뜻에서 검은 돛을 달았다. 그러나 테세우스는 아버지에게 희망을 주기 위해 이번에는 반드시 미노타우로스를 죽이고 돌아오겠다고 맹세했다. 아이게우스는 테세우스에게 흰 돛을 건네주며 살아 돌아오면 이 돛을 달고, 그렇지 않으면 검은 돛을 그대로 단 채 돌아와 슬픈 소식을 알리라고 말했다.

시모니데스에 따르면, 아이게우스가 건네준 것은 흰 돛이 아니라 '붉은 꽃수만 송이로 물든 붉은 돛'이었다고 한다. 그리고 그것을 그들이 살아 돌아왔을 때의 표시로 삼기로 했다. 배의 키잡이는 아마르시아스의 아들 페레클로스였다.

필로코로스의 말에 따르면, 그때 아테나이 사람들 가운데 배를 몰 줄 아는 사람은 없었다고 한다. 테세우스는 살라미스의 스키로스 집안 사람 가운데 키잡이 나우시토오스와 파수꾼 파이악스를 데리고 왔다. 크레테로 끌려가는 소년 소녀들 가운데에 스키로스의 손자 므네스테우스가 있었기 때문이다. 테세우스가 팔레론에 있는 스키로스 신전 옆에 세워준 나우시토오스와 파이악스 신전이 이를 보여주고 있다. 또 12월에 열리는 테세우스 축제에서도 두 사람을 위한 제사를 치른다고 한다.

크레테에 갈 아이들이 결정되자 테세우스는 그들을 프리타네이온에서 델포이로 데리고 갔다. 그들은 아프로디테에게 제물을 바치고 목숨을 보호해 줄 것을 빌었다. 제물은 신성한 올리브 가지에 하얀 양털을 감은 것이었다. 그들은 모우니키온 달 6일째에 해변까지 내려왔다. 지금도 아테나이 사람들은 이날이 되면 신에게 기도하기 위해 처녀들을 델포이로 보낸다고 한다. 또 델포이의 신 아폴론은 테세우스에게, 아프로디테를 길 안내자 겸 동반자로 모시라는 신탁을 내렸다. 그들은 바닷가에서 아프로디테에게 산양을 제물로 바쳤다. 그러자 숫양이 갑자기 암양으로 변했다. 그래서 암양으로 변신한 숫양이라는 뜻에서 아프로디테를 에피트라기아라고도 부른다.

여러 시인이나 역사가들에 따르면, 배가 크레테에 닿았을 때 미노스 왕의 딸 아리아드네는 테세우스를 보고 첫눈에 반해버렸다고 한다. 그녀는 그가 미궁에 들어갈 때 삼으로 만든 실타래를 주면서 길을 찾아 나오는 방법을 가르쳐주었다. 테세우스는 미궁 속에서 미노타우로스를 죽이고, 아테나이 소년 소녀들은 물론 아리아드네까지 데리고 무사히 아테나이로 돌아왔다.

이 이야기에 대해서는 많은 기록이 전해진다. 페레키데스의 기록에는, 테세우스가 항구에 정박해 있던 크레테 배 밑에 몰래 구멍을 뚫어 그들이 뒤쫓아오지 못하게 한 뒤 탈출했다고 한다. 또 데몬의 기록에는, 미노스 왕의 장군 타우로스가 배를 띄우려는 테세우스와 접전을 벌이다 죽었다고 한다.

필로코소스에 따르면, 미노스 왕은 해마다 왕자 안드로게오스를 추모하는 대회를 열고 있었다. 크레테 장군 타우로스는 이제까지 열린 경기에서 모두 승리해 사람들의 주목을 받았으나 미노스는 그를 못마땅하게 여겼다. 타우로스의 오만한 성품과 태도가 눈에 거슬렸을 뿐 아니라 왕비 파시파에와도 지나치게 가까운 사이였기 때문이다. 그래서 미노스 왕은 테세우스가 경기에 나가 타우로스와 맞서겠다고 하자 흔쾌히 허락했다. 크레테에서는 여자도 경기를 구경할 수 있었으므로 아리아드네도 이 경기에 참석했다. 그녀는 테세우스의 풍채와 경쟁자들을 쓰러뜨리는 기량을 보고 감탄했다. 미노스는 테세우스가 타우로스를 진흙바닥으로 내던져 망신을 주자 몹시 기뻐하며, 테세우스에게 아테나이에서 데려온 소년 소녀들을 돌려주고 더는 공물을 바치지 않아도 좋다고 말했다.

클레이데무스는 이 이야기를 좀 더 독특하고 자세히 쓰고 있다. 그는 훨씬 더 옛날로 거슬러 올라가 이야기를 시작한다. 헬라스에는 어떤 배라도 다섯 사람 넘게 태워서는 안 된다는 공동법령이 있었다. 오로지 아르고의 선장 이아손만이 해적을 쳐부수기 위해 그보다 많은 사람들을 배에 태울 수 있었다.

그런데 조각가 다이달로스가 크레테 섬을 벗어나 바다 건너 아테나이로 달아나자, 미노스는 이 법령을 어기고 큰 배 여러 척을 몰아 다이달로스를 뒤쫓다가 시킬리아(시칠리아) 섬에서 큰 풍랑을 만나 죽고 말았다. 미노스의 아들 데우칼리온은 아테나이에 적의를 나타내며 다이달로스를 내놓지 않으면 지금까지 공물로 받아둔 소년 소녀들을 모두 죽이겠다고 위협했다. 테세우스는 자신의 사촌형인 다이달로스를 선뜻 내줄 수 없었다. 그래서 그는 크레테를 공격하기로 결심한 뒤 비밀리에 함대를 만들었다.

함대가 모든 준비를 마치자 테세우스는 닻을 올렸다. 다이달로스와 크레테의 망명자들이 그와 함께 배에 올라 길을 안내했다. 이들의 공격을 눈치채지 못한 크레테 사람들은 테세우스의 함대를 자기 나라 배로 착각해 아무런 방어도 하지 않았다. 무사히 항구로 들어간 테세우스는 적들이 눈치채기 전에 서둘러 크노소스로 진군했고, 마침내 미궁 입구에서 싸움을 벌여 데우칼리온과 그의 병사들을 모두 죽였다. 테세우스는 아리아드네를 왕위에 앉히고 휴전 협정을 맺었다. 공물로 끌려갔던 아테나이 젊은이들을 모두 되찾아왔으며, 아리아드네의 크레테로부터 다시는 아테나이와 싸우지 않겠다는 굳은 맹세를 받아냈다.

이 사건과 아리아드네에 대해서는 이 밖에도 여러 이야기가 전해오지만 확실한 이야기는 없다. 아리아드네가 테세우스에게서 버림받아 목을 매 죽었다고도 하고, 테세우스의 배를 타고 낙소스 섬으로 가 디오니소스를 섬기는 오이나루스와 결혼했다는 이야기도 있다. 이는 다른 여자와 사랑에 빠진 테세우스가 아리아드네를 그곳에 버려두고 떠났기 때문이다.

> 파노페우스의 딸 아이글레에의 불 같은 사랑이
> 테세우스를 망쳐놓았어라.

메가라 사람 헤레아스에 따르면, 헤시오도스의 이 시구를 페이시스트라토스가 없애버렸다고 한다. 왜냐하면 호메로스가 시 〈지옥행〉에서 다음 같은 구절을 덧붙였기 때문이다.

테세우스와 페이리토오스는 이름 높은 신의 후손

이러한 구절은 모두 아테나이 사람들 마음을 만족시키기 위함이었다고 헤레아스는 말했다. 또 어떤 사람은 아리아드네가 테세우스의 아들 오이노피온과 스타필로스를 낳았다고 한다. 역사가 이온은 자신의 조국에 대해, '테세우스의 아들 오이노피온이 세운 도시'라고 적음으로써 테세우스의 아들 오이노피온의 이름을 기록했다.

아리아드네에 대한 신화를 쓴 파이온의 이야기는 아주 독특하다. 테세우스가 풍랑을 만나 키프로스 섬으로 떠밀려갔을 때, 아리아드네는 임신 중이었다. 뱃멀미 때문에 몹시 괴로워하는 그녀를 바닷가에 내려준 뒤 테세우스는 다른 이들을 돕기 위해 다시 배에 올랐다. 그런데 갑자기 거친 폭풍이 불어와 테세우스가 탄 배를 바다로 밀고 가버린 것이다. 섬의 여인들은 홀로 남겨져 슬퍼하는 아리아드네를 보고 있기가 너무 딱해 일부러 편지를 써서 그것을 테세우스가 보낸 것이라 하고, 해산할 때도 자기 일처럼 도와주었다. 그러나 아리아드네는 아기를 낳지 못하고 죽었으며, 섬사람들은 그녀를 정성껏 장사 지내주었다.

아리아드네가 죽은 바로 뒤에 섬으로 돌아온 테세우스는 그녀의 죽음을 알고는 몹시 슬퍼했다. 그리고 사람들에게 앞으로 아리아드네의 제사를 지내달라고 부탁하며 돈을 맡겼다. 아리아드네에게는 은과 청동으로 만든 조그마한 조각상 두 개를 바쳤다.

섬사람들은 아리아드네를 불쌍히 여겨 고르피아이우스 달 2일에 그녀 제사를 지내게 되었다. 이 제사 때는 젊은이 한 명이 마룻바닥에 누워 산모처럼 아기를 낳는 시늉을 하는 풍습이 있다. 그리고 사람들은 그녀 무덤이 있는 곳을 아리아드네 아프로디테 숲이라 부른다.

낙소스 섬 사람들은 미노스 왕과 아리아드네라는 이름을 가진 사람이 저마다 2명씩이었다고 말한다. 그 가운데 한 아리아드네는 낙소스 사람 디오니소스와 결혼해 스타필로스 형제를 낳았고, 이보다 어린 다른 아리아드네는 테세우스에게 납치되었다가 나중에 버림받고 다시 낙소스로 돌아왔다. 그래서 사람들은 두 아리아드네를 위해 제사를 지낸다. 디오니소스와 결혼한 아리아드네의 제사는 즐거운 마음으로 지내지만, 테세우스와 결혼한 아리아드네의 제사는 몹시 슬픈 마음으로 지낸다.

한편 크레테로부터 돌아오는 길에 테세우스는 델로스 섬에 들러 신에게 제사를 드리고, 아리아드네에게서 받은 아프로디테 조각상을 바쳤다. 그리고 소년 소녀들과 함께 춤을 추며 기도를 올렸는데, 이 춤은 델로스 섬의 전통춤이 되었다. 그것은 미궁의 꼬불꼬불한 길을 빠져나오는 동작을 본뜬 것으로, 대열이 섞이고 풀리기를 되풀이하는 춤이다. 델로스 사람들은 이 춤을 '학춤'이라 불렀다. 테세우스는 이 춤을 케라톤(뿔)이라는 제단 둘레에서 추었다. 이 제단은 케라톤의 왼쪽 뿔을 뽑아 만든 것이다. 또 전해지는 바에 따르면, 테세우스는 델로스 섬에서 경기를 열고 이때 처음 승리자에게 종려나무 가지를 주었다고 한다.

다시 배를 띄워 아티카 항구에 이르렀을 때, 테세우스 일행은 승리에 들뜬 나머지 무사함을 알리는 흰 돛을 깜빡 잊고 달지 않았다. 멀리서 검은 돛을 달고 오는 배를 본 아이게우스는 슬퍼하면서 그대로 절벽 아래로 몸을 던져 죽고 말았다.

테세우스는 항구에 들어오자마자 맹세한 대로 팔레론 신전에 제물을 바쳤으며, 승리를 알리기 위해 아테나이로 전령을 보냈다. 소식을 전하러 간 전령은 왕의 죽음을 슬퍼하는 사람들을 보았다. 그리고 테세우스의 무사 귀환을 기뻐하는 사람들이 꽂아준 화관을 지팡이에 걸친 채 다시 돌아왔다. 바닷가에서는 테세우스가 아직 술 따르는 의식을 계속하고 있었다. 전령은 신전 밖에서 제사가 끝날 때까지 기다렸다가 테세우스에게 왕의 죽음을 알렸다. 그래서 오늘날에도 오스코포리아 제사 때에는 전령이 아니라 전령의 지팡이에 화관을 건 채 곡하는 풍습이 있다. 이 제사에서 술 따르는 의식을 맡은 사람들은 '엘레레우, 아오우 아오우'라는 노래를 부른다. 노랫말 앞부분은 재촉을 하거나 승리했을 때 외치는 소리이며, 뒷부분은 놀라거나 곤혹스러울 때 외치는 소리라고 한다.

테세우스가 아버지 장례를 치르고 아폴론에게 한 맹세를 지킨 것은 피아네프시온 달 7일이며, 이 날은 그가 아테나이로 무사히 돌아온 날이기도 하다. 이 제사 때에는 콩을 삶아 먹는 것이 관습인데, 돌아온 소년 소녀들이 먹다 남은 식량을 모아 가마에 넣고 삶아 나눠 먹었던 것에서 비롯된 것이다. 이날에는 또 올리브 나뭇가지에 양털을 감아 들고는 에이레시오네를 돌아다니며 이런 노래를 부르기도 한다.

> 에이레시오네는 싱싱한 무화과,
> 밀가루 빵과 올리브기름,
> 기쁘게 마실 포도주를 주시네.
> 지쳐버린 우리를 즐겁게 하여라.

이는 테세우스가 크레테로 떠나기 전에 아폴론에게 목숨을 지켜달라고 빌던 제사 때와 똑같다. 올리브 나뭇가지를 들고 여러 제물로 신에게 제사를 드리자, 그날 바로 땅이 움직여 다시 곡식이 잘 자라게 된 데서 비롯된 행사이다.

또 다른 이야기에는 아테나이 사람들에게서 곡식을 받은 헤라클레스의 자손들이 이 행사를 시작했다고 한다. 그러나 역사가 대부분은 앞서 소개한 이야기를 견해로 삼고 있다.

테세우스와 젊은이들을 태우고 무사히 돌아온 배는 노가 서른 개 달려 있었고, 아테나이인들은 이 배를 데메트리오스 팔레레우스 시대까지 보존해 낡고 썩은 부분을 고친 뒤 새 목재로 갈아 끼웠다. 그 때문에 이 배는 철학자들 사이에서 끊임없는 논란의 대상이 되었다. 즉 어떤 사람은 배가 언제나 변함없이 그대로라 말하고, 어떤 사람은 바뀌었다고 말한다.

오스코포리아 축제는 테세우스에게서 비롯된 것이다. 테세우스는 크레테 섬으로 갈 때 제비를 뽑아 결정된 처녀들을 모두 데려가지 않았다. 그는 평소 자신과 가깝게 지내던 청년들 가운데 남자답고 씩씩하지만 외모가 여자처럼 아름답게 생긴 두 사람을 골랐다. 그리고 이들을 따뜻한 물로 목욕시킨 다음, 살결이 타지 않도록 햇빛도 피하게 했다. 머리카락과 피부가 부드러워진 데다 얼굴색을 밝게 하는 기름을 바르고 온몸을 곱게 꾸미자, 그들은 정말로 여자처럼 보였다. 거기에 목소리와 몸가짐, 걸음걸이를 처녀와 조금도 다름없도록 가르친 다음, 아무도 눈치채지 못하게 크레테로 가는 처녀들 사이에 집어넣었다. 고국으로 돌아온 테세우스는 이 두 젊은이와 함께 포도가지를 들고 행렬에 참가했다. 그때의 옷차림이 그대로 이어져 아테나이에서는 지금도 축제 때는 포도가지를 들고 줄지어 간다. 포도가지를 든 것은 디오니소스와 아리아드네를 기리기 위한 것이라 하나, 그보다는 테세우스의 배가 돌아왔을 때가 마침 포도를 거두어들이는 가을이었으므로 여장을 했던 소년들을 기념하는 것으로 보는 게 더 믿을 만하다.

이 행사 때는 데이프노페라이라 불리는 여자들이 음식을 나른다. 이는 제비 뽑힌 소년과 소녀의 어머니를 뜻하는 것으로, 배가 크레테로 떠날 때 어머니들이 그들에게 고기와 빵을 날라주던 일을 기억하기 위함이다. 또 어머니들이 공물로 끌려가는 아들과 딸의 마음을 위로하고 격려하기 위해 많은 이야기를 들려주었던 것에서 사람들에게 옛이야기를 들려주는 풍습도 생겨났다. 이 이야기는 데무스의 역사 기술에서도 찾을 수 있다. 사람들은 테세우스를 위한 신전을 세웠고, 공물로 바쳐졌던 젊은이들 집안에서 신전 건설 비용을 부담했다. 피탈리아이 집안 사람들이 이 모든 제사를 주관했다. 이것은 지난날 이들로부터 후한 대접을 받았던 테세우스의 배려였다.

아이게우스 왕이 죽은 뒤 테세우스는 크고 놀라운 계획을 세웠다. 그는 아티카 모든 주민을 한곳으로 모았다. 그리고 여기저기 흩어져 서로의 이익 때문에 전쟁까지 일으키는 여러 부족들을 모아 하나의 국가로 통일하기 위한 일을 시작한다.

테세우스는 모든 마을을 하나하나 찾아다니며 자신의 뜻을 이야기했다. 평민과 가난한 사람들은 그의 뜻에 찬성했지만, 권세 있는 사람들은 그리 달가워하지 않았다. 테세우스는 그들에게 왕이 없는 민주국가, 또는 민중이 통치하는 국가를 약속했다. 자신은 군대 지휘관으로서 전쟁과 법률에만 관여할 것이며, 다른 분야에는 모든 사람들이 평등하게 참여할 것이라고 말했다. 많은 사람들이 그의 말에 찬성했다. 그러나 나머지 사람들은 테세우스의 힘이 두려워서, 또 그의 용기와 결단력을 알고 있기에 강제로 굴복당하느니 차라리 설득되는 편을 택했다. 테세우스는 곳곳에 흩어져 있는 공회당, 의사당, 행정청을 없애고 아크로폴리스에 공통의 공회당과 의사당을 하나씩 세웠다. 그리고 도시 이름을 아테나이로 짓고 공통 제사를 정했다. 이 명절을 파나테나이아라 불렀는데, 이는 모든 아테나이인이 다 함께 참여하는 축제였다. 테세우스는 또한 다른 지방에서 옮겨 온 사람들을 위해 메토이시아라는 명절을 정했는데, 이것은 오늘날까지도 헤카롬바이온 달 16일에 행해지고 있다.

테세우스는 약속대로 군주 정치를 없애고 공화제를 실시했다. 그러나 신의 계시도 받지 않고 이런 엄청난 개혁을 시작할 수는 없었다. 테세우스는 새로운 정부와 도시 운명에 대한 델포이의 신탁을 받는다.

> 아이게우스와 피테우스 딸 사이에서
> 태어난 아들이여
> 하늘의 신 제우스는
> 그대 도시에 축복을 내리시니
> 근심 걱정일랑 하지 마라
> 떠오르는 바람을 따라
> 평화로이 바다를 건너가리라.

먼 뒷날 점술가인 시빌라도 아테나이에 대해 아래와 같이 예언했다.

> 부목은 물에 젖지만
> 결코 물속으로 가라앉지 않으리.

테세우스는 도시를 넓히기 위해 평등을 조건으로 내걸고, 외지에서 옮겨와 사는 이방인들을 적극 환영해 아테나이 시민과 똑같은 권리를 누리도록 했다. "모든 민족이여, 이 땅에 오라." 이는 온 민족을 통일하기 위해 공화국을 건설하며 테세우스가 한 말로 오늘날에도 이따금 쓰이곤 한다.

그러나 테세우스는 아테나이에 온갖 민족들이 몰려와 국가가 혼란에 빠지고 질서나 위계도 없는 민주정치가 되도록 그냥 두지는 않았다. 그는 먼저 공화국을 귀족, 농민, 공인 세 계급으로 나누고 귀족에게 제사·정치·법령·풍속에 대한 일을 맡겼다. 모든 계급은 똑같은 권리를 갖고 있었는데 귀족은 명예를, 농민은 이익을, 공인은 다수를 확보함으로써 서로 견제하며 평등한 세력을 유지할 수 있었다.

아리스토텔레스가 말했듯이, 대중에게 호의를 보이고 민주정치를 펴기 위해 왕 자리를 내던진 사람은 테세우스가 처음이었다. 호메로스도 《일리아스》의 선박 목록에서 오로지 아테나이 사람들만을 '시민'이라고 불러 그들의 정치 체제가 민주적이었음을 말하고 있다.

테세우스는 또 왕의 얼굴 대신 황소를 새긴 동전을 만들었다. 이것은 마라톤에서 잡은 사나운 황소이거나 미노스 왕의 장군 타우로스를 뜻할 것이다. 아니면 시민들에게 농사를 장려하기 위한 뜻이 담겨 있을 수도 있다. 헬라스 사람들이 곧잘 쓰는 '황소 10마리, 100마리의 가치가 있다'는 표현도 여기에서 비롯된 것이다.

그는 메가라와 아티카를 통합하고 이스트무스에 기둥을 세웠다. 그리고 동쪽을 바라보는 부분에다 "여기는 펠로폰네소스가 아니라 이오니아다", 서쪽을 보는 부분에다 "여기는 이오니아가 아니라 펠로폰네소스다" 이렇게 새겼다. 이것은 두 종족을 화합시킨 테세우스의 지혜가 엿보이는 일화다.

헬라스 사람들이 제우스를 기리기 위해 올림피아 경기를 열었던 것처럼, 테세우스도 바다의 신 포세이돈에게 제사를 지내고 처음으로 이스트미아 경기를 열었다. 이는 헤라클레스에게 지지 않기 위해 만든 경기로, 구경거리나 민족적 제전이라기보다는 종교 행사에 가까웠다.

이스트미아 경기는 스키론을 위한 위령제이기도 했다. 스키론은 피테우스의 딸 헤니오케와 카네투스 사이의 아들이었다. 테세우스와도 친척이었지만 몹시 행실이 나쁜 도둑이었으므로 죽임을 당했다고 한다. 또 어떤 기록에는 스키론이 아니라 시니스라고도 적혀 있다.

그는 코린토스 사람들과 의논해 이 경기를 보러 오는 아테나이 사람들에게는 맨 앞좌석을 주고, 그들이 타고 온 배의 돛을 펼쳐 놓을 수 있는 넓이만큼의 공간을 내주기로 했다. 이 이야기는 헬라니쿠스와, 할리카르나소스의 안드론의 기록에 담겨 있다.

필로코로스와 그 밖의 사람들은 이렇게 적고 있다. 테세우스는 헤라클레스와 함께 항해를 떠나 그가 아마조네스족과 싸우는 것을 도왔는데, 이 싸움에서 그 용기에 대한 상으로 여왕 안티오페를 얻었다고 한다. 그러나 페레키데스, 헬라니쿠스, 헤로도토스 등 여러 사학들은 테세우스가 헤라클레스보다 여러 해 늦게 출정해 아마조네스족을 사로잡았다고 적고 있다. 또 테세우스는 아마조네스족을 속여서 잡아왔다는 이야기도 있다.

아마조네스 여자들은 본디 남자를 좋아했기에 테세우스를 피하지 않고 오히려 그에게 선물까지 주었다. 테세우스는 선물을 가지고 온 여자들에게 배에 오르라고 권했고, 자신의 배에 안티오페가 오르자 그대로 육지를 떠나버렸다고 역사가 비온은 적었다.

그러나 비티니아에 있는 니카이아 마을 역사를 쓴 메네크라테스는 테세우스가 안티오페를 배에 싣고 한동안 니카이아 해안가를 순항했다고 한다. 배 안에는 테세우스를 따라 이번 항해에 참가한 삼형제가 있었는데, 이들은 에우네오스, 토아스, 솔로에이스라는 이름의 아테나이 젊은이들이었다. 그 가운데 막내인 솔로에이스는 안티오페를 간절히 그리워했다. 그는 가까운 한 친구에게 자신의 안타까운 마음을 털어놓았고, 그 친구를 시켜 안티오페에게 자신의 열정을 알렸다. 하지만 안티오페는 솔로에이스에게 여전히 차갑게 대할 뿐 그의 사랑을 받아주지 않았다. 그녀는 이 일을 테세우스에게 이야기하지 않고 신중하면서도 조심스럽게 대처했다. 끝내 솔로에이스는 마음에 깊은 상처를 받아 강물에 몸을 던져 죽고 말았다. 솔로에이스의 죽음과 그 원인이 된 불행한 사랑에 대해 알게 된 테세우스는 몹시 슬퍼했다. 그는 언젠가 델포이에서 받은 아폴론 신탁을 떠올렸다. 낯선 땅에서 뼈아픈 슬픔과 엄청난 고통을 겪게 되면 그 자리에 도시를 세우고 동료들을 통치자로 남기고 오라는 내용이었다. 그래서 테세우스는 그 자리에 도시를 세우고 피티아의 아폴론을 생각하는 마음에서 도시 이름을 피토폴리스라고 지었다. 또 도시 가장자리를 흐르는 강은 불행하게 죽은 젊은이를 기리기 위해 솔로에이스 강이라고 불렀다.

테세우스는 솔로에이스 형제들을 피토폴리스 통치자로 임명하고 아테나이 귀족 헤르무스를 함께 남도록 했다. 그곳에는 헤르무스의 집이 있는데, 이 집은 나중에 헤르메스 신의 집으로 잘못 불리게 되었다. 이 오해 때문에 헤르무스의 영예가 헤르메스 신에게로 옮겨진 것이다.

테세우스가 안티오페를 데려온 사건은 아마조네스족에게 전쟁의 명분을 주었다. 아마조네스족은 여인들이었으나 결코 만만한 상대가 아니었다. 그녀들이 아테나이 근처 마을들을 먼저 점령했기에, 도시 근처에 진을 치고 프닉스와 무세이온에서 싸움을 벌일 수밖에 없었던 것이다. 그러나 헬라니쿠스의 기록처럼, 그녀들이 얼어붙은 킴메리아의 보스포루스 해협을 건너왔다는 이야기는 믿기 어려운 사실이다. 하지만 그녀들이 거의 도시 중심까지 쳐들어온 것은 분명해 보인다. 아직까지도 남아 있는 지명이나 전사자들을 기념하기 위한 그 무덤들이 그러한 사실을 충분히 뒷받침한다.

양쪽 군대는 오랫동안 서로 기회를 엿보고 있었다. 테세우스는 신탁에 따라 공포의 신 포보스에게 제사를 지낸 다음 아마조네스족을 공격했다. 이 전투는 보이드로미온 달에 일어났으므로 오늘날 아테나이 사람들은 보이드로미아 제를 지낸다.

클리데무스는 이 모든 사실을 더욱 낱낱이 기록했다. 아마조네스군 왼쪽 진영은 오늘날 아마조네이온이라 부르는 곳까지 쳐들어왔고, 오른쪽 진영은 프닉스까지 이르렀다. 아테나이 사람들은 무세이온에서 아마조네스 군대와 접전을 벌였다. 그 전투에서 죽은 자들의 무덤은 칼코돈 영웅의 사당을 지나, 오늘날 피레우스라고 부르는 문으로 통하는 도로 근처에 있다. 이곳에서 아테나이군은 패배해 멀리 복수의 여신 신전까지 달아나고 말았다. 하지만 팔라스 사원과 아르데토스 그리고 리케이온 지원군이 도착하자, 아테나이 군대는 적군의 오른쪽 진영을 공격해 마을 밖에 있는 아마조네스 군대의 막사까지 적을 몰아냈다. 이 싸움에서 수많은 아마조네스 여전사들이 목숨을 잃었다.

전쟁이 4개월째 접어들었을 때 히폴리테의 중재로 마침내 아마조네스와 아테나이 사이에 휴전이 이루어졌다. 하지만 다른 역사가는 테세우스와 결혼한 여자가 안티오페가 아니라 히폴리테이며, 그녀가 테세우스와 함께 전쟁터에 나갔다가 몰파디아가 던진 창에 맞아 죽었다고 한다. 올림피아에 있는 '땅의 신'의 신전 옆에 있는 돌기둥은 그녀를 기리기 위한 것이라 한다. 이런 오래된 사건에 대해 서로 다른 여러 기록들이 있는 것은 그리 놀라운 일이 아니다. 또한 다음 같은 이야기도 있다. 안티오페가 아마조네스족의 부상자들을 몰래 칼키스로 옮긴 뒤 치료해 주고, 죽은 사람들은 잘 묻어주었다는 것이다. 그들이 묻힌 자리가 오늘날 아마조네이온이다.

아무튼 이 전쟁이 휴전조약으로 끝난 것만은 틀림없다. 두 군대가 이 조약을 지키기로 엄숙히 맹세한 자리는 오늘날 테세우스 사당이 있는 근처로 호레오모시온이라 부르는 곳이다. 이곳에서는 지금도 테세우스 기념 제전에 아마조네스족들의 위령제를 지낸다. 또 메가라 사람들도 자기 나라 안에 아마조네스족 무덤이 있는 장소를 보여준다. 아고라에서 루스까지 이르는 길에 마름모꼴 고분이 있는데 이것이 바로 아마조네스족 무덤이라고 한다. 또 아마조네스 여전사 몇몇은 카이로네이아에서 싸우다 죽어서 그곳을 흐르는 작은 강에 수장되었다. 사람들은 그 강을 테르모돈이라 불렀고, 오늘날에는 하이몬 강이라 부른다. 이 작은 강둑에 그들을 묻어주었다는 기록은 데모스테네스 전기에 나온다.

테세우스(THESEUS) 75

테세이드(테세우스 이야기)를 쓴 시인은 아마조네스족 공격이 안티오페가 꾸민 일이라 적고 있다. 테세우스가 파이드라와 결혼하는 것을 시기한 안티오페가 스스로 아마조네스족을 거느리고 아테나이를 공격했다는 것이다. 또한 이 군대를 헤라클레스가 쳐부수었다고 하지만 진실은 알 수 없다. 하지만 테세우스는 안티오페가 죽은 뒤에 파이드라와 결혼했으므로 이 이야기는 확실히 작가들이 지어낸 것으로 보인다. 안티오페는 테세우스와의 사이에서 아들 히폴리투스를 낳았다. 시인 핀다로스의 시에는 그의 이름이 데모폰이라 적고 있다. 히폴리투스와 파이드라의 슬픈 운명에 대한 이야기는 여러 비극 시인들의 작품 속에서 자주 나온다.

테세우스의 결혼에 대해서도 온갖 이야기가 전해지지만 거의 비극적인 결말로 끝을 맺는다. 트로이젠에 살던 아낙소라는 여자를 납치했다고도 하고, 시니스와 그 아내 케르키온을 죽이고 딸들을 강제로 빼앗았다고도 한다. 또 아이아스의 어머니 페레보이아를 아내로 삼았으며, 다시 페레보이아와 이피클레스의 딸 이오페 등의 여자들과 살았다는 이야기도 있다. 테세우스는 파노페우스의 딸 아이글레를 너무나 사랑한 나머지, 목숨까지 걸고 자신을 도왔던 아리아드네를 버려 사람들의 비난을 샀다. 또한 어린 헬레네를 납치해 아티카를 전쟁에 휩싸이게 했으며, 자신도 마침내 아테나이에서 쫓겨나 파멸하고 마는 이야기는 뒤에서 다루기로 한다.

헤로도루스는 그 무렵 훌륭한 공훈을 세운 용사들이 많았지만, 테세우스는 그렇게 내세울 만한 공이 없는 사람이라고 그를 평가했다. 라피타이족과 협력해 괴물 켄타우로스(반인반마)를 죽인 일이 그나마 가장 큰 공이라는 것이다. 그러나 다른 기록을 보면, 테세우스가 이아손과 황금양털을 찾으러 콜키스에 가서 칼리도니아의 멧돼지를 죽이는 일을 도왔던 이야기가 실려 있다. 이 때문에 '테세우스 없이는 안 된다' 이런 속담이 생겼고, 그 누구 도움 없이 홀로 영웅의 업적을 세운 것에서 '또 한 명의 헤라클레스'라는 말이 널리 퍼졌다.

에우리피데스의 비극 〈탄원하는 여인들〉에는 테세우스가 테바이(테베) 지방에 가서 전사자들의 시신을 거둔 이야기가 실려 있다. 이는 양측 합의 아래 이루어진 일이다. 필로코로스는 전사자들 시체를 찾기 위해 휴전을 한 것은 이것이 처음이었다고 적고 있다. 하지만 〈헤라클레스 전기〉에는 적군에게 적의 시체를 넘겨준 맨 처음 인물이 헤라클레스라는 내용이 적혀 있으므로, 누가 가장 먼저 시작했는지는 정확히 알기 어렵다. 일반 군인들 무덤은 엘레우테라이에 오늘날까지 남아 있다. 장군들 무덤은 엘레우시스에 있는데, 이는 테세우스가 아드라스투스 장군에 대한 호의로 지휘관들 무덤을 따로 정한 것이다.

테세우스에게는 페이리토오스라는 친구가 있었는데, 그들이 우정을 맺게 된 데는 다음 같은 이야기가 전해진다.

테세우스의 힘과 용기에 대한 명성이 헬라스 곳곳에 퍼져나가자 페이리토오스는 그 명성이 사실인지 시험해 보고 싶었다. 그는 한가로이 들판에서 풀을 뜯고 있는 테세우스의 소들을 일부러 을러 마라톤 들판에서 몰아냈다. 그리고 테세우스가 무기를 들고 쫓아오는 것을 보고도 그 자리에 서서 그를 기다렸다. 두려운 기색 없이 그 자리에 당당하게 서 있는 페이리토오스를 본 테세우스도 그에게 호기심이 생겼다. 둘은 그렇게 서로의 늠름한 풍채와 기개에 감탄해 한참을 마주보고 서 있었다. 페이리토오스가 먼저 손을 내밀며 자신이 테세우스의 소를 느닷없이 공격해 피해를 끼쳤으니 심판하라 말하고, 어떠한 벌이라도 기꺼이 받겠다고 말했다. 테세우스는 그의 잘못을 모두 용서했을 뿐 아니라 그와 친구가 되길 바랐다. 그렇게 두 용사는 영원한 우정을 약속했다.

이 일이 있은 얼마 뒤 페이리토오스는 데이다메이아와 결혼하게 되었다. 페이리토오스는 테세우스를 자기 나라에 초대해 라피타이 사람들에게 소개하고 큰 잔치를 열었다. 그는 또 켄타우로스족도 초대했는데, 이들이 술에 취해 함부로 여자를 건드리며 무례를 저지르려 하자 라피타이족은 그들 가운데 몇 명을 죽이고 나머지는 내쫓아버렸다. 테세우스도 라피타이족을 도와 함께 싸웠다.

그러나 헤로도루스 기록에 따르면 그 무렵 이미 켄타우로스와의 전쟁이 벌어져 있었다고 한다. 테세우스는 그 전쟁에서 라피타이족을 돕기 위해 가는 길이었으며 헤라클레스를 만난 것도 바로 그때였다고 한다. 테세우스는 수많은 공을 세운 헤라클레스를 예전부터 만나고 싶어 했으므로 그를 보자 무척 반가워했다. 두 사람은 서로를 칭송하며 존경했다.

헤라클레스는 테세우스의 권유로 종교도 갖게 되었다. 그는 살아오면서 뜻하지 않은 죄를 많이 저질렀다. 헤라클레스가 그 죄를 씻기 위해 엘레우시스에서 신에게 기도드렸다는 기록이 여러 곳에서 나온다.

또한 헬라니쿠스의 기록에 따르면 테세우스의 결혼에 대한 다음 같은 이야기가 나온다. 테세우스는 50세 때 헬레네를 꾀어냈다. 그때 헬레네는 아직 어린 소녀였다. 어떤 사람들은 테세우스가 헬레네를 직접 꾀어낸 것이 아니라, 이다스와 린케우스가 그녀를 납치해 테세우스에게 맡겨두었다고 한다. 또는 헬레네의 아버지 틴다레오스가 에나르스포루스에게 딸이 납치될 것이 두려워, 그녀를 직접 테세우스에게 맡겨두었다는 것이다. 그러나 가장 그럴듯하고 믿을 만한 이야기는 아래와 같다.

테세우스와 페이리토오스가 스파르타(스파르테)에 갔다가 아르테미스 오르티아 신전에서 춤을 추고 있는 헬레네를 발견하고 납치했다. 곧바로 한 무리가 뒤쫓아 왔지만 그들은 테게아에서 추격을 포기해 버렸다. 그들이 돌아가는 것을 보고 안심한 테세우스와 페이리토오스는 펠로폰네소스 지방으로 들어갔다. 둘은 제비를 뽑아 이긴 사람이 헬레네를 아내로 삼기로 하고, 대신 이긴 사람은 진 사람에게 아내를 찾아주기로 약속했다. 제비를 뽑은 결과 테세우스가 이겼고 그는 헬레네를 아내로 맞이하게 되었다. 하지만 헬레네는 아직 너무 어려 결혼할 수가 없었다. 테세우스는 그녀를 아피드나이로 데려가 어머니 아이트라와 친구인 아피드누스에게 맡기고, 페이리토오스와의 약속을 지키기 위해 에피루스로 갔다. 몰로시아 왕 아이도네우스의 딸을 페이리토오스에게 아내로 얻어주기 위해서였다.

에피루스 왕에게는 왕비 페르세포네와 왕녀 코레가 있었다. 왕은 케르베로스라는 크고 사나운 개를 길렀는데, 그는 이 개와 싸워서 이기는 사람에게 자기 딸을 주겠다고 했다. 하지만 테세우스와 페이리토오스가 정식 구혼이 아니라 몰래 왕녀를 납치하려고 온 것임을 알게 된 왕은 개 케르베로스를 시켜 페이리토오스를 갈기갈기 물어뜯어 죽였다. 테세우스는 감옥에 가두고 철저히 감시했다.

이 무렵 므네스테우스라는 사람이 있었다. 전하는 이야기에 따르면 그는 테세우스를 미워하던 아테나이 귀족들을 자극해 그들이 뭉쳐서 테세우스에게 맞서도록 부추겼다고 한다. 귀족들은 테세우스가 자기들 지위를 빼앗고, 자신들이 세력을 펴던 지방을 아테나이로 통합해 버렸으므로 그를 몹시 싫어했다. 또 므네스테우스는 평민들을 꾀어 폭동을 일으켰다. 시민들이 지위와 자유를 얻은 것처럼 보이지만 사실은 조국과 신전을 빼앗겼으며, 다른 나라에서 굴러들어온 포악한 테세우스에게 속아 스스로 나라를 넘겨줘 버렸다며 사람들을 부추겼다.

므네스테우스가 이렇게 부추기며 돌아다닐 때, 틴다레오스의 아들 카스토르와 폴리테우케스가 아테나이로 쳐들어왔다. 이 전쟁은 므네스테우스가 부추기고 있던 선동에 아주 유리하게 돌아갔다. 사실 이 두 사람은 므네스테우스의 청을 받고 침입해 왔다고도 한다. 그들은 처음 공격해 왔을 때는 무력을 쓰지 않고 오로지 자기 누이인 헬레네를 내놓으라고 했다. 하지만 헬레네가 지금 아테나이에 없고 어디에 있는지도 모른다는 대답을 듣자 곧 싸움이 벌어졌다. 싸움이 벌어지려는 바로 그때, 아카데무스라는 사람이 나타나 헬레네가 아피드나이에 있다는 사실을 그들에게 알려주었다. 이 일로 아카데무스는 죽을 때까지 틴다레오스의 아들들에게서 후한 대접을 받았으며, 그 뒤 스파르타가 아티카를 공격해 왔을 때도 아카데무스가 살던 아카데메이아만은 피해를 입지 않았다.

그러나 디카이아르쿠스의 기록에 따르면, 아카데무스와 마라투스가 이 전쟁에 끼어들어 틴다레오스 아들의 군대를 도왔으므로 오늘날 아카데메이아를 아카데무스에서 따서 에케데미아라 부르게 되었다고 한다. 또 신탁에 따라 마라투스는 아군의 사기를 위해 자신의 몸을 기꺼이 제물로 바쳤으므로 그의 부족을 마라톤이라 부르게 되었다.

헬레네가 있는 곳을 들은 틴다레오스의 아들들은 곧 아피드나이로 쳐들어가, 그곳을 차지해 버렸다. 이 전쟁에서 스키론의 아들 알리쿠스는 틴다레오스 아들 편에서 싸우다가 죽었다. 그래서 그 주검을 묻은 메가라 지방을 알리쿠스라 부르게 되었다. 그러나 헤레아스의 기록에는 알리쿠스가 아피드나이에서 테세우스에게 살해되었다고 하는데, 그 증거로 다음 시 구절을 인용하고 있다.

아름다운 헬레네를 위해 싸우다가
아피드나이 거치른 벌판에서
테세우스에게 죽임을 당한 알리쿠스.

하지만 아피드나이가 점령되고 어머니까지 포로가 된 마당에, 테세우스가 그 자리에 있었던 것으로는 보이지 않는다.

아피드나이 시가 함락되어 아테나이 사람들이 두려움에 떠는 모습을 보고 므네스테우스는 시민들을 달랬다. 그는 틴다레오스의 아들들은 무력을 쓰는 테세우스를 상대로 싸움을 일으킨 것이므로, 시민들에게는 전혀 해를 끼치지 않고 오히려 시민들의 자유와 생명을 구해줄 것이라며 사람들을 설득했다. 므네스테우스의 말대로 도시를 차지하고도 그들은 아무것도 요구하지 않았다. 오로지 아테나이 종교의식에 참가하게 해달라고만 청했을 뿐이다.

아테나이는 부탁을 받아들였다. 아피드누스는 두 사람을 양자로 삼았다. 그리고 휴전이 이루어진 뒤 많은 스파르타 군대가 시내에 들어왔지만 약속대로 한 사람도 피해를 입지 않았다. 아테나이 사람들은 그들을 '아나케스'라 부르며 신처럼 존경했다. 보호해 준다는 뜻의 '아나코스'나, 왕을 의미하는 '아낙테스'라는 말도 여기에서 비롯되었다. 그러나 또 다른 이야기에 따르면, 하늘에 나타난 쌍둥이 별자리를 보고 아나케스라고 부르게 되었다고 한다. 아티카 방언에서 아낙테스라는 이름은 '위'를 뜻하는 단어와 매우 비슷하기 때문이다.

테세우스의 어머니 아이트라는 포로가 되어 스파르타로 끌려갔다가 그곳에서 다시 헬레네와 함께 트로이로 호송되었다. 호메로스는 이 일에 대해 그의 시에 쓰고 있다.

> 피테우스의 딸 아이트라와
> 커다란 눈의 클리메네

어떤 사람들은 이 시구를 무니쿠스에 대한 전설, 곧 라오디케와 데모폰이 트로이에서 낳은 무니쿠스를 아이트라가 키웠다는 이야기와 함께 잘못 전해진 것이라고 한다.

또 역사가 이스트로스는 그의 저서 〈아티카의 역사〉 제13권에서 아이트라에 대해 아주 다른 이야기를 적고 있다. 아킬레우스와 파트로클로스가 스페르케이우스 강가에서 트로이(트로이아)를 쳐부쉈고, 헥토르는 트로이젠의 도시를 차지했다고 한다. 이때 그들이 이곳에 남겨져 있던 아이트라를 데리고 갔다는 것이다. 그러나 이 이야기는 앞뒤가 맞지 않는다.

한편 몰로시아 왕 아이도네우스는 헤라클레스가 찾아가자 그를 열렬히 환영했다. 아이도네우스 왕은 헤라클레스에게 테세우스와 페이리토오스가 자기 딸을 납치하려다 실패한 일을 이야기했다. 그로 인해 페이리토오스는 부끄러운 죽임을 당했고 다른 한 명인 테세우스도 생명이 위태롭다는 것이었다. 이 이야기를 들은 헤라클레스는 몹시 슬퍼했다. 그리고 페이리토오스는 이미 죽었으니 어쩔 수 없지만, 테세우스만은 놓아주라며 간절히 왕에게 부탁했다. 마침내 아이도네우스 왕은 그의 간곡한 청에 마음이 움직여 테세우스를 풀어주었다.

아이도네우스에게서 풀려난 테세우스는 아테나이로 돌아왔다. 하지만 그의 세력은 거의 남아 있지 않았다. 그의 땅도 몇 곳 말고는 모두 헤라클레스의 것이 되어 있었고, 땅 이름도 헤라클레아로 바뀌어 있었다. 테세우스는 돌아오자마자 지난날처럼 공화국 통치자가 되어 정치를 주관하려 애썼으나 곳곳에서 반대 목소리가 터져 나왔다. 오랫동안 테세우스를 미워했던 귀족들은 강한 세력으로 똘똘 뭉쳐 더는 그를 두려워하지 않았다. 시민들도 그의 말에 순순히 복종하지 않았다. 테세우스는 강압적으로 정치를 펴보려 했으나 그럴수록 반대파의 선동과 반항은 차츰 더 심해질 뿐이었다. 마침내 계획을 단념한 테세우스는 비밀리에 아들들을 에우보이아에 있는 칼코돈의 아들 엘레페노르에게 보내고, 자신은 아테나이 사람들을 저주하며 스키로스로 가는 배에 몸을 실었다. 스키로스에는 아버지로부터 물려받은 땅이 있었다. 또 그는 섬사람들이 호의를 갖고 자신을 친절히 맞아줄 것이라 여겼다.

테세우스는 스키로스의 왕 리코메데스에게 자신의 땅을 돌려달라고 요구했다. 아테나이와의 전쟁을 도와달라 청했다는 이야기도 있다. 그러나 리코메데스 왕은 테세우스의 명성을 질투했는지, 아니면 아테나이를 장악한 므네스테우스에게 호의를 보이려는 생각이었는지 테세우스를 죽이고 말았다. 땅을 보여준다고 하면서 테세우스를 산꼭대기로 데리고 올라가 절벽 아래로 밀어 떨어뜨린 것이다. 하지만 다른 기록에는 평소 습관대로 산책을 하던 테세우스가 혼자 발을 헛디뎌 죽었다고 한다.

테세우스는 사람들 뇌리에서 잊혀져 갔다. 므네스테우스는 재빨리 아테나이 왕위에 올랐다. 에우보이아로 보내진 테세우스의 아들들은 신분을 숨긴 채 자라나 트로이 공격에 참여했다. 므네스테우스가 죽자 그들은 아테나이로 돌아와 왕위를 되찾았다.

그 뒤 여러 사건이 일어나면서 아테나이 사람들은 다시 테세우스를 숭배하게 되었다. 페르시아와의 마라톤 전쟁에서는 테세우스의 혼령이 무장을 한 채 앞장서서 적을 무찌르는 모습을 여러 사람이 목격했다고 믿어 신처럼 모셔졌다.

페르시아와의 전쟁이 끝난 다음 델포이의 신탁을 묻자 테세우스의 유골을 가져와 아테나이 시에 정중히 모시라는 대답이 내려왔다.

테세우스가 숨을 거둔 섬에는 사납고 거친 종족이 살고 있었으므로 그의 유골을 찾아오는 건 쉬운 일이 아니었다. 그러나 키몬은 그 섬을 차지해 버렸다. 어느 날 그가 독수리 한 마리를 발견해 따라갔다가 독수리가 부리로 쪼던 땅을 파보았더니 큰 시체를 넣은 관과 창 그리고 칼이 묻혀 있었다. 키몬은 이것을 배에 싣고 아테나이로 돌아왔다. 아테나이 사람들은 마치 테세우스가 살아 돌아온 것처럼 크게 기뻐하며 그의 유골을 맞아들였다.

테세우스의 유골은 아테나이 시 한가운데, 오늘날의 김나지움 자리에 묻혔는데 이곳은 지금도 노예나 약자들의 안식처가 되고 있다. 그 까닭은 그가 살아 있을 때 언제나 고통받는 사람을 구제하고 보호해 주었기 때문이다. 그는 도움을 청하는 이들을 단 한 번도 거절한 적이 없었다.

테세우스를 추모해 지내는 제사는 크레테에서 소년 소녀들을 구출해 왔던 피아네프시온 달 8일에 올려진다. 또 다른 달 8일에도 테세우스의 제사가 올려지는데, 헤카톰바이온 달 8일은 그가 트로이젠을 떠나 아테나이에 다다랐던 날을 기리기 위한 것이라고 한다. 포세이돈의 제사를 8일에 지냈던 것과 관련해, 그의 아들이라 불린 테세우스가 숫자 8과 관련이 깊기 때문이라고 풀이하는 사람도 있다. 이 숫자는 '영원불변한 사람', '대지의 바탕이 되는 존재'로 불리는 바다의 신 포세이돈의 끄떡없음을 뜻한다.

로물루스(ROMULUS)

로마라는 위대한 이름, 모든 사람들 입에 오르내리는 이 찬란한 이름의 기원과 그 시작에 대해 역사가들은 이런저런 의견을 내놓았다. 어떤 사람은 옛날 펠라스기족이 세계 여러 나라들을 정복하며 나아가다가 이곳에 자리를 잡았다고 전해 온다. 그들은 무기를 지녔으며 강력하다는 뜻으로 로마라는 이름을 지었다고 한다.

또 하나의 무척 흥미로운 이야기도 있다. 트로이가 함락되었을 때 해안으로 달아난 사람들은 때마침 정박해 있던 배를 발견한다. 그 배를 타고 무사히 탈출하는 데는 성공했지만, 심한 폭풍우에 떠밀려 에트루리아 연안에 닻을 내려야 했다. 여자들은 뱃길에서 많은 고통을 겪어 바다를 싫어하게 되었다. 그 가운데 로마라는 여자도 끼어 있었다. 신분이 고귀하고 지혜가 뛰어났던 그녀는 다른 여인들에게 배를 다시 띄울 수 없도록 불태워버리자는 제안을 했다. 모두 로마의 의견에 찬성하며 배를 불태웠다. 이를 본 남자들은 불같이 화를 냈다.

그들은 어쩔 수 없이 팔라티움 언덕 주변에 정착했다. 그러나 뜻밖에 좋은 성과를 거두었다. 땅은 매우 기름졌으며 원주민들도 기쁘게 그들을 맞이해 주었던 것이다. 그들은 로마에게 경의를 표하며 그녀를 도시의 시조라 여겨 이 도시에 그녀 이름을 붙이게 되었다. 그때 배를 태워버린 여자들이 불같이 화내는 남자들에게 입맞춤을 해주어 그들을 달랬는데 오늘날 친척이나 남편에게 입맞춤하며 인사하는 습관은 바로 이때부터 시작되었다.

로마라는 이 여인은 이탈로스와 레우카리아의 딸이라는 이야기가 있다. 헤라클레스의 아들 텔레포스의 딸로 아이네아스와 결혼한 여자라는 말도 있다. 또 어떤 사람은 아이네아스의 아들 아스카니우스의 딸이라고도 한다. 그러나 로마라는 도시 이름이 한 여자의 이름에서 비롯되었다고 보는 견해만은 모두 똑같다.

오디세우스와 키르케의 아들 로마누스가 이 도시를 세웠다는 이야기가 있고, 라틴족의 왕 로무스가 이곳에 들어와 원주민을 몰아내고 세운 도시라고도 한다.

하지만 수많은 전설 가운데서도 가장 믿을 만한 것은 로물루스가 이 도시를 처음 세우고 자신의 이름을 따서 로마라고 불렀다는 이야기이다. 이 이야기에는 사람들 의견이 거의 일치하지만 로물루스의 과거에 대해서는 또 다른 여러 이야기가 전해진다. 어떤 사람은 로물루스가 아이네아스와 덱시테아(포르바스의 딸)의 아들이라고 한다. 어린 시절 그는 동생 레무스와 함께 이탈리아로 보내졌다. 그때 일어난 큰 홍수로 강물이 넘쳐 배들이 모조리 가라앉아버렸다. 하지만 두 사람이 타고 있던 배만은 부서지지 않고 언덕에 닿아 가까스로 목숨을 건질 수 있었다. 그들은 언덕이 있던 자리를 로마라고 불렀다. 또 다른 이야기로는 앞서 말한 덱시테아가 로마이며, 텔레마코스의 아들 라티누스와 결혼해 로물루스를 낳았다고 한다. 또 아이네아스와 라비니아의 딸 아에밀리아가 군신 마르스와 사귀어 낳은 아이라고도 한다.

로물루스 출생에는 신화 같은 이야기도 있다. 알바롱가의 왕 타르케티우스는 몹시 사악하고 잔인한 사람이었다. 어느 날 갑자기 그의 집에 이상한 징조가 나타났다. 그의 집 가마솥에 남근이 생겨 며칠 동안 그대로 있었던 것이다. 그는 테티스 신전으로 가서 신탁을 청했다. 그러자 처녀 한 명을 그 남근과 동침하게 하라는 신탁이 내려왔다. 그러면 용기와 체력이 뛰어난 행운의 아이가 태어나 세상에서 고귀한 명성을 얻게 되리라는 것이었다. 타르케티우스는 자신의 딸에게 이 말을 하며 그 남근과 동침할 것을 명령했다. 딸은 그것이 수치스럽고 품위를 떨어뜨리는 일이라 여겨 시녀를 대신 보냈다. 이 사실을 알게 된 타르케티우스는 매우 화가 나서 두 사람을 죽이려고 잡아왔다. 그러나 여신 베스타가 꿈에 나타나 죽이지 말라는 경고를 내렸다. 왕은 궁궐 깊은 곳에 그녀들을 가둔 채 옷감 짜는 일을 시켰다. 그리고 옷감 짜는 일이 끝나면 두 사람에게 적당한 신랑감을 구해 혼인시켜 주리라 약속했다. 그러나 타르케티우스는 밤마다 다른 소녀를 몰래 보내 그들이 낮 동안 짠 옷감을 다시 되풀어놓도록 명령했다.

시간은 흘러 어느덧 젊은 시녀는 쌍둥이를 낳았다. 타르케티우스는 테라티우스에게 아이들을 없애라고 명령했다. 테라티우스는 쌍둥이를 안고 강가까지 갔지만 차마 죽일 수 없어 그곳에 그냥 내려놓고 돌아왔다. 그러자 늑대가 나타나 젖을 먹이고 온갖 새들이 먹이를 물어다 주며 쌍둥이를 보살폈다. 무사히 살아남은 쌍둥이는 자란 뒤 타르케티우스를 공격해 죽였다고 한다. 이 이야기는 이탈리아 역사를 쓴 프로마티온의 기록이다.

가장 믿을 만하며 증인이 많은 전설은 페파레토스 사람 디오클레스가 말한 것으로, 헬라스 사람 사이에도 널리 알려져 있다. 파비우스 픽토르 또한 이 이야기를 따른다. 여기에도 여러 이야기가 많지만 주로 다음처럼 정리할 수 있다.

아이네아스 자손은 알바롱가에서 대대로 군림해 왔다. 그 왕위 계승권은 이제 두 형제인 누미토르와 아물리우스에까지 이르렀다. 형인 아물리우스는 모든 재산을 둘로 나누었다. 그리고 한쪽 편에 트로이에서 가져온 황금과 보화를 산더미처럼 쌓아 놓고 동생인 누미토르에게 왕위를 포기하는 사람이 모든 황금을 갖기로 하자고 제안했다. 누미토르는 왕위를 선택했다. 그러나 교활한 아물리우스는 재물을 이용해 힘과 세력을 키워 마침내 누미토르를 제치고 왕국을 차지해 버렸다. 그는 누미토르의 딸이 앞으로 아들을 낳을 것을 우려해 그녀를 강제로 베스타 여신의 사제로 만들고 평생 처녀로 살 것을 강요했다. 그 딸의 이름은 일리아, 레아, 실비아 등 주장하는 사람마다 모두 다르다.

시간이 흐른 뒤 누미토르의 딸이 베스타 무녀로서 정해진 규율을 어기고 끝내 임신한 사실이 밝혀졌다. 아물리우스는 율법에 따라 그녀를 극형에 처하려 했으나, 자신의 딸 안토의 간곡한 부탁 때문에 차마 죽일 수는 없었다. 그러나 자기가 모르는 사이 누미토르의 딸이 아이를 낳게 내버려둘 수는 없었으므로, 그녀를 성 안 깊은 곳에 가두고 외부와 접촉을 금했다. 그녀는 누구와도 만나지 못한 채 삶을 보내야만 했다. 때가 되어 그녀는 체구가 크고 아주 잘생긴 쌍둥이를 낳았다.

이를 안 아물리우스는 더욱 화가 나서 신하에게 아이들을 갖다 버리라고 명령했다. 이 신하의 이름이 파우스툴루스였다고 전해지지만, 어떤 이는 이 사람이 아이를 버린 신하가 아니라 버려진 아이를 주워 키운 사람이라고 한다. 신하는 쌍둥이를 바구니에 넣어 강에 던질 생각으로 강가로 갔다. 물살이 역류하며 소용돌이치는 것을 보고 가까이 가기 두려웠던 그는 조용히 바구니를 물가에 두고 돌아가 버렸다. 강물이 불어나 물가까지 넘치자, 바구니는 물 위에 얹혀 둥실둥실 떠내려갔다. 그렇게 한참을 흐르던 물은 바구니를 부드럽게 육지에 내려놓았다. 이 자리를 지금은 게르마누스라 부른다. 아마 형제라는 뜻의 '게르마니'에서 비롯된 것이라 여겨진다.

그 부근에는 야생 무화과나무 한 그루가 있었다. 이 나무는 루미날리우스라고 불렸는데 이 나무의 이름에 대해서도 의견이 여럿으로 나뉜다. 그것이 많은 사람들이 생각하는 대로 로물루스의 이름에서 따온 것인지, 아니면 되새김질 ^(라틴어로)_{루미네이트}하는 동물이 나무 그늘에 온종일 엎드려 있기 때문에 붙은 것인지는 알 수 없다. 아니면 쌍둥이가 그곳에서 젖을 먹게 되어서인지도 모른다. 또 옛사람들이 짐승의 젖꼭지를 '루마'라 불렀고, 어린아이 양육에 관여하는 수호 여신을 루밀리아라고 부르던 데서 유래한지도 모른다. 이 여신에게는 술을 넣지 않고 물, 우유, 꿀로 만든 공물과 제물에 우유를 부어 바치는 게 관례였다.

전설에 따르면 두 아이가 이곳에 누워 있을 때 늑대가 와서 젖을 먹여주고, 딱따구리가 먹이를 날라주며 곁에서 지켰다고 한다. 사람들은 이 동물들이 전쟁의 신 마르스의 심부름꾼이라고 생각했다. 특히 라티움 사람들은 딱따구리를 성스러운 동물이라고 여겨 경외하고 숭상했다. 그러므로 쌍둥이의 어머니가 아이들을 마르스의 아들이라 했던 말도 어느 정도 믿을 만하다. 그러나 다른 전설에 의하면, 이 여자는 갑옷을 입고 나타난 아물리우스에게 속아 처녀성을 빼앗겼다고 한다.

어떤 사람들은 쌍둥이의 유모 이름에서 이러한 전설이 생겼다고 한다. 유모의 이름은 두 가지 뜻을 지녔으므로 혼란을 일으켰던 것이다. 라틴어에는 '루파'라는 단어가 있는데 이는 암늑대를 비롯해 몸을 파는 여성을 모두 일컫는다. 파우스툴루스의 아내이자 쌍둥이를 양육한 유모 아카 라우렌티아가 바로 이 루파 같은 여성이었다. 로마인은 라우렌티아에게 제물을 바치고, 4월에 벌어지는 마르스의 제사를 그녀 이름을 따서 라우렌티아제라 부른다.

사람들은 또 다른 한 라우렌티아를 숭배해 제사를 지내는데, 거기에는 다음 같은 이유가 있다.

헤라클레스를 섬기는 신전지기 한 사람이 너무 심심한 나머지 신에게 주사위 던지기 내기를 청했다. 만약 자신이 이기면 신께서 무언가 귀한 것을 주시고, 지면 신께 성대한 잔치와 아름다운 여인을 바치겠다고 약속했다. 신전지기는 먼저 신을 대신해 주사위를 던졌고 그다음 자기 차례로 주사위를 던졌다. 마침내 신전지기가 졌다. 그는 성실하고 올바르게 약속을 지켰다. 신을 위해 성대한 잔치를 열고, 아름다운 여인인 라우렌티아를 데려와 신전 안 침대에 눕혔다. 그리고 신이 잔치를 즐긴 뒤 그녀를 찾아오리라 믿고 문을 잠갔다. 그러자 신이 정말 그녀 앞에 나타나, 내일 아침 시장에 나가서 처음 마주치는 남자에게 인사를 하고 그와 친구가 되라고 말했다.

이 여인이 처음 마주친 남자는 나이가 많고 재산도 아주 많았지만 가족 없이 홀로 사는 타루티우스였다. 이 남자는 라우렌티아를 사랑했고 죽은 뒤 그녀에게 많은 재산을 남겨주었다. 그녀는 유산 대부분을 시민들에게 나눠주었다. 이런 이유로 두 번째 라우렌티아도 로마인들 사이에서 좋은 평판을 받았으며, 신의 친구처럼 여겨졌다. 그런데 그녀는 또 다른 라우렌티아인 유모의 무덤 옆에서 홀연히 자취를 감췄다. 오늘날 그 장소를 벨라브룸이라 부른다. 때때로 티베리스 강이 넘칠 때면 시장까지 배를 타고 다니는 일이 많았는데, 배 이름이 '벨라투라'인 것에서 이런 이름이 붙었다고 한다.

또 다른 기록에는, 공연단원들이 시장에서 경마장으로 가는 길에 이곳에서 돛을 펴고 건너기 때문에 붙인 것이라고도 한다. 로마어로 돛을 '벨룸'이라고 불렀기 때문이다.

한편 아물리우스의 돼지치기인 파우스툴루스는 아무도 모르게 쌍둥이를 데려다 길렀다. 몇몇 사람들이 말하듯이, 아이들의 외조부인 누미토르가 그 사실을 알고 그에게 남몰래 도움을 주었다는 것은 믿을 만한 사실이다. 두 아이는 가비로 보내져, 읽기와 쓰기 등 본디 신분에 어울리는 여러 교육을 받았다. 그 둘은 야수의 젖을 먹고 자랐다는 사실이 밝혀져 젖꼭지(루마)라는 말을 따서 로물루스와 레무스라는 이름으로 불렸다.

두 사람은 어릴 때부터 건강한 신체와 아름다운 용모를 자랑했다. 그들에게 흐르는 숭고한 혈통은 자라면서 더욱 빛을 발했다. 두 사람 모두 긍지가 높고 용감하며, 위험이 닥쳐도 기운을 잃지 않았다. 무엇보다 그들은 어떤 일에도 겁을 먹지 않을 만큼 대담했다.

하지만 형인 로물루스가 지략이 더 뛰어났으며 정치적 재능도 더 많이 갖고 있었다. 목축과 수렵에 대해 인근 주민들과 협상하는 것을 봐도 그는 복종하기보다는 지배할 운명을 타고났다는 인상을 심어주었다. 둘은 신분이 같은 사람들뿐 아니라 자신보다 신분이 낮은 사람들과도 따뜻한 정을 나누었다. 그러나 왕의 신하, 감독관, 지휘관들은 두 형제를 자신들보다 비천하다 여겨 경멸하고 무시했다.

형제는 오락을 하면서 교양을 쌓았다. 그들이 하는 오락은 한가롭거나 게으른 종류의 것이 아니라 체력 훈련이나 사냥, 경주 등이었다. 또 산적을 소탕하거나 도둑을 잡는 일, 부당하게 억압받는 사람들을 폭력으로부터 구하는 일 등이었다. 곧 그들의 이름은 널리 알려졌다.

어느 날 누미토르와 아물리우스의 목동들 사이에서 싸움이 일어났다. 누미토르의 목동들이 아물리우스의 가축 몇 마리를 몰고 달아나버리자 아물리우스의 목동들은 이들을 공격해 멀리 쫓아내고 소 여러 마리를 빼앗았다. 이 소식을 들은 누미토르는 화가 머리끝까지 치밀었다. 그러나 아물리우스는 전혀 신경 쓰지 않았다. 누미토르는 많은 빈민과 노예를 모아 반란을 일으키기로 결심한 듯했다.

하루는 로물루스가 제사를 드리고 있을 때 아물리우스의 목동들이 길에서 레무스를 만났다. 하찮은 시비 끝에 서로 주먹이 오가며 레무스는 목동들에게 잡히고 말았다. 목동들은 레무스를 누미토르 앞에 끌고 가 그를 고소했다. 누미토르는 자신의 형인 아물리우스를 두려워했다. 그는 레무스를 아물리우스에게 데리고 가 판결을 부탁하라고 했다. 이것은 아물리우스의 종들이 저지른 잘못이었기 때문이다. 알바롱가 사람들은 이 말을 듣고 누미토르가 이렇게 수치스러운 대우를 받는 것은 부당하다며, 몹시 화를 냈다. 그러한 반응에 아물리우스도 마음이 움직여 레무스를 누미토르에게 건네준 뒤 마음대로 처리하라고 했다.

누미토르는 레무스를 데리고 집으로 돌아갔다. 그런데 누미토르는 이 젊은이의 우람한 체격과 다른 사람들을 뛰어넘는 힘에 경탄했다. 그리고 그 표정에서 눈앞에 어떤 사태가 닥쳐도 조금도 흔들리지 않을 불굴의 정신력을 느낄수 있었다. 그리고 젊은이의 모든 행동과 몸가짐 또한 기품 넘치고 고귀하게 느졌다. 무엇보다 놀라운 것은 신이 젊은이를 도와준다는 생각이 든 점이다. 젊은이는 누미토르의 위대한 대업을 도와줄 운명의 사람이었다. 누미토르는 이 행운을 깨닫고 그에 대한 진실을 자세히 알고 싶어졌다. 그래서 온화한 눈빛과 목소리로 젊은이의 이름과 신분을 물었다.

레무스가 대담하게 입을 열었다.

"당신께는 아무것도 숨기지 않겠습니다. 당신은 아물리우스보다 더 왕다우신 분이니까요. 당신은 벌을 내리기 전에 먼저 까닭을 물어 옳고 그름을 판단하려 합니다. 하지만 아물리우스는 사람들 말에 귀 기울이려는 생각도 없이 먼저 벌부터 내립니다. 저희는 쌍둥이입니다. 지금까지 왕의 종인 파우스툴루스와 라우렌티아의 아들이라 믿으며 살아왔습니다. 그러나 사람들에게 고발당해 이렇게 당신 앞까지 오는 동안 저희에 대한 신비한 이야기를 많이 듣게 되었습니다. 그 말이 믿을 수 있는 것인지 아닌지는 지금 이 상황이 결정해 주리라 생각합니다. 저희의 출생은 비밀에 싸여 있다고 합니다. 또 젖먹이였을 때의 일은 더 신기합니다. 놀랍게도 늑대가 와서 젖을 주고 딱따구리가 먹이를 물어다 주며 돌봐주었다는 것입니다. 그리고 물가에 놓인 바구니 속에 누워 있던 저희를 지금의 부모님이 발견한 것입니다. 그 바구니는 이제껏 남아 있고, 바구니를 두른 청동 띠에는 희미한 글자가 새겨져 있습니다. 하지만 지금 저희가 죽으면 앞으로 만나게 될지도 모르는 친부모님이 저희를 알아볼 수 있는 표시도 아무런 소용이 없겠지요."

이 말을 들은 누미토르는 그의 얼굴을 자세히 살펴보았다. 그리고 그의 얼굴에 나타나는 나이를 짐작하면서 불쑥불쑥 떠오르는 희망을 감출 수 없었다. 그는 딸을 몰래 만나 이 사실을 알릴 수 없을까 궁리했다. 그의 딸은 여전히 아물리우스의 철저한 감시를 받으며 갇혀 있었다.

파우스툴루스는 레무스가 누미토르에게 잡혀갔다는 소식을 듣고 곧바로 로물루스를 불렀다. 그는 두 형제 출생의 비밀을 모두 이야기해 주었다. 지금까지는 비밀이 탄로날까봐 아주 조심스럽게 필요한 만큼만 암시해 왔지만, 때가 때이니만큼 더는 가만히 있을 수 없었다. 파우스툴루스는 두려웠지만 이 시기를 놓쳐서는 안 된다고 여겨 서둘러 바구니를 들고 누미토르가 있는 왕성으로 갔다. 그러나 궁전으로 들어가려던 그는 성문에서 문지기들의 의심을 받고 말았다. 문지기들은 그에게 이것저것 물으며 조사를 했다. 그는 당황한 나머지 그만 외투 아래 숨긴 바구니를 병사들에게 들키고야 말았다. 그런데 문지기와 함께 서 있던 호위병이 바로 아물리우스의 명으로 아기들을 바구니에 넣어 갖다 버린 사람이었다. 그는 바구니의 만듦새와 글자를 보고 한눈에 그것이 자기가 내다 버린 바구니임을 알았다. 그는 이 사실을 곧바로 왕에게 알렸다.

파우스툴루스는 아물리우스에게 끌려가 갖가지 심한 고문을 받으면서도 자신의 의지를 끝까지 지켜 모든 비밀을 다 이야기하지는 않았다. 그는 두 아이가 살아 있다고 스스로 털어놓았지만, 지금은 알바롱가에서 멀리 떨어진 장소에서 가축을 돌보며 산다고 말했다. 그리고 바구니는 일리아에게 보여주기 위해 가지고 가던 길이라고 했다. 일리아는 때때로 바구니를 보며 아이들이 살아 있다는 희망으로 마음의 위안을 삼고 싶어했기 때문이다.

그러나 마음이 어지럽고 두려움과 분노에 사로잡혀 행동하는 이들이 늘 그렇듯, 아물리우스 또한 그의 말을 귀담아듣지 않았다. 그는 서둘러 누미토르의 친구를 보내 아이들이 아직 살아 있다는 소문을 누미토르가 들었는지 알아오라고 명령했다. 아물리우스의 명령으로 누미토르를 찾아간 그는 누미토르와 레무스가 포옹하며 혈육의 정을 나누는 것을 보고 레무스가 누미토르의 외손자라는 확신이 강하게 들었다. 그래서 그들에게 망설이지 말 것을 충고하며 자신도 있는 힘껏 돕겠다고 약속했다.

때는 이들이 더 망설이는 것을 허락하지 않았다. 로물루스가 벌써 가까이 오고 있었다. 그는 아물리우스를 증오하던 많은 사람들을 모아 공격을 준비해 두었고, 많은 시민들이 달려나와 이에 가담했다. 로물루스는 100명으로 이루어진 여러 부대를 만들어 스스로 그 대군을 이끌었다. 그리고 부대마다 우두머리에게는 지푸라기와 마른 나뭇가지를 동여맨 장대를 메게 했다. 라티움 사람들은 이 장대를 '마니플라'라 부르고, 오늘에도 군대에서 중대장을 '마니플레스'라 부른다.

레무스는 성안 시민들을 이끌어 반란을 일으켰고, 그와 동시에 로물루스가 성 밖에서 진격해 오니 폭군 아물리우스는 당황해 어쩔 줄 몰랐다. 어떻게 손을 써보기도 전에 그는 우왕좌왕하다가 마침내 로물루스 형제에게 붙잡혀 죽고 말았다.

이 이야기의 대부분은 파비우스 픽토르와 로마 건국사를 처음으로 펴낸 페파레토스의 디오클레스가 쓴 책에 나와 있다. 어떤 사람들은 이 이야기가 너무 극적인 부분이 있으며 조금 부풀려졌다고 의심하기도 한다. 그러나 운명이 얼마나 오묘한가를 알 만한 사람들은 모두 알리라. 로마 역사에서 이런 신적인 기원 없이, 또는 커다란 불가사의 없이 오늘날처럼 이토록 엄청난 세력을 뻗어 위대한 자리에까지 올 수는 없었으리란 사실을 말이다. 그러므로 이 이야기가 아주 믿지 못할 엉터리라고만은 할 수 없을 것이다.

이제 아물리우스는 죽고 사태는 평화롭게 마무리되었다. 로물루스와 레무스는 더는 평민으로 알바롱가에 머무르고 싶지 않았다. 그렇다고 왕위를 이어받는 일도 할아버지가 살아 있기에 바라지 않았다. 그들은 할아버지인 누미토르에게 통치권을 양보했으며, 어머니에게는 지난날의 은혜에 대한 보답으로 그에 맞는 영예를 드린 뒤, 자신들만의 삶을 살아가기로 결정했다. 그리고 그들이 자란 땅으로 돌아가 도시를 세웠다.

이는 아주 현명한 결정이었다. 쌍둥이 형제 주위에는 많은 노예와 죄인들이 모여 있었다. 이들은 모두 뿔뿔이 흩어지든지, 아니면 형제와 함께 다른 곳으로 가서 따로 사는 수밖에 없었다. 알바롱가 주민들은 그들을 결혼 상대자로도, 시민으로도 받아들이고 싶어하지 않았다. 그들이 때때로 여자들을 납치해 갔기 때문이다. 하지만 이런 사건들은 결코 장난이나 재미로 벌어진 일은 아니었다. 노예와 죄인들은 자신의 의지대로 결혼할 수 없었으므로 어쩔 수 없이 여자들을 납치해 와야만 했다. 그 대신 그들은 보통 사람들보다 더 여자들을 존중하고 예의를 갖춰 대했다.

시간이 흐르면서 차츰 도시의 바탕이 다져졌다. 형제는 도망자들 모두가 숨을 수 있는 신전을 짓고 아실루스 신의 신전이라 불렀다. 그들은 모든 사람을 환영했다. 달아난 노예를 주인에게 넘기지 않고, 채무자를 채권자에게 넘겨주지 않았으며, 살인자마저 법으로부터 보호해 주었다. 그리고 거룩한 피티아(델포이)의 신탁에 따라 이곳은 언제까지나 그들을 보호한다는 약속을 했다. 그러자 순식간에 도시는 사람들로 가득 찼다. 로마의 첫 세대는 1000명이 조금 안 되었지만 차츰 그 수가 늘어 도시는 크게 성장했다. 이 이야기는 나중에 더 하기로 한다.

두 형제가 도시 건설에 푹 빠져 있을 때 장소를 두고 의견이 엇갈렸다. 로물루스는 사각형의 로마를 의미하는 로마 쿼드라타에 도시를 짓고 싶어했고, 레무스는 튼튼한 요새와 같은 아벤티누스 언덕이 군사적으로 유리하다며 그곳을 택했다. 그곳은 예전에 그의 이름을 따서 레모니움이라 부르다가 지금은 리그나리움이라고 부른다.

두 사람은 좀처럼 의견이 일치하지 않자 새들의 움직임을 보고 점을 쳐서 장소를 정하기로 했다. 둘은 서로 멀리 떨어져 서서 새들이 날아가는 것을 지켜보았다. 레무스가 정한 장소에는 독수리 여섯 마리가 날아왔고, 로물루스가 정한 곳에는 독수리 열두 마리가 날아왔다. 그러나 어떤 사람의 이야기로는 레무스는 정말로 독수리 여섯 마리를 보았지만, 로물루스는 보지 못했으면서도 본 것처럼 거짓말을 했다고 한다. 그러다 나중에 레무스가 가까이 왔을 때 비로소 열두 마리가 날아왔다는 것이다. 어쨌든 이 일로 인해 로마인들은 지금도 독수리로 새점을 친다고 한다.

폰투스의 헤로도루스 기록을 보면, 헤라클레스도 늘 큰일을 하기 전에 독수리가 나타나면 매우 기뻐했다고 한다. 독수리는 모든 짐승 가운데에서도 사람에게 가장 해를 끼치지 않는 동물이기 때문이다. 독수리는 사람들이 심은 곡식이나 가축을 가까이 하지 않고 오직 죽은 짐승 사체만을 먹으며, 살아 있는 것들은 죽이지 않는다. 게다가 올빼미, 솔개, 매 같은 새들은 동족끼리 싸우며 서로 해치지만, 독수리는 동족이라면 그 사체도 먹지 않는 순결한 새라고 한다. 아이스킬로스 또한 다음처럼 읊었듯이 말이다.

자기 동족을 먹는 새를 어찌 순결하다 할 수 있으리?

더구나 다른 새들은 언제나 사람들 눈앞을 날아다니지만 독수리는 좀처럼 보기 힘든 희귀한 새이다. 특히 새끼 독수리를 본 사람은 매우 드물다. 그래서 사람들은 독수리가 어딘가 다른 세계에서 온 존재라고 상상할 정도였다. 또 예언자들도 독수리는 자연의 산물이 아니라 신으로부터 온 사자라 여겼다.

레무스는 로물루스가 속임수를 쓴 사실을 알고 매우 화가 났다. 그래서 로물루스가 토대를 쌓기 위해 성벽 주위에 도랑을 파는 것을 보고 비웃으며 공사를 방해했다. 레무스는 도랑 사이를 마구 뛰어다니며 로물루스를 놀렸다. 이때 어떤 사람은 로물루스가 화가 난 나머지 레무스를 쳐서 죽였다 하고, 어떤 사람은 로물루스의 친구 켈레르가 죽였다고 한다. 이때의 싸움으로 파우스툴루스와 플레이스티누스도 죽었다. 플레이스티누스는 파우스툴루스의 동생으로 형과 함께 로물루스 형제를 키워준 사나이었다.

일이 이렇게 되자 켈레르는 티레니아로 달아났다. 얼마나 부리나케 달아났던지, 그 뒤 로마인은 발 빠른 사람들을 보면 '켈레레스'라고 부르게 되었다. 그 대표적인 예가 퀸투스 메텔루스이다. 그는 아버지가 세상을 떠난 뒤 격투 경기를 열었는데 매우 짧은 기간 안에 성공적으로 행사를 준비해 냈다. 사람들은 그의 솜씨를 칭찬하며 그에게 켈레르라는 별칭을 붙여주었다.

로물루스는 레무스와 두 양아버지를 레무리아 산에 장사 지낸 다음 다시 도시를 세우는 일을 진행했다. 그는 모든 행사를 종교 의식처럼 신성한 법칙과 기록에 따라 하나하나 치르기 위해 에트루리아에서 의식을 지도해줄 사람들을 초청했다. 그리고 그들은 오늘날 코미티움이라 부르는 회의장 주변에 둥글게 도랑을 파고 관습에 따라 좋은 곡식을 던져 넣었다. 그다음에 사람들이 저마다 고향에서 가져온 작은 흙덩이들을 그 곡식 속에 던져 섞이도록 했다. 이 도랑은 하늘을 뜻하는 '문두스'라 불렸다. 이 의식이 끝나자 사람들은 그곳을 중심으로 마을 윤곽을 둥글게 표시했다.

로물루스는 청동으로 만든 쟁기를 한 쌍의 암소와 수소에 메고, 몸소 끌면서 도시 경계선을 따라 깊게 고랑을 냈다. 그 뒤를 따라가는 사람들은 쟁기가 갈아놓은 흙들을 경계선 안쪽으로 들여놓았다. 그리고 바깥쪽으로는 단 한 줌의 흙도 떨어지지 않도록 조심했다. 쟁기로 갈아놓은 선이 성벽 경계선이 되었으므로, 이 선을 성벽의 밖 또는 옆이라는 뜻의 '포스토 모이니아'라는 말을 줄여 포모이리움이라 부른다. 그리고 성문이 들어설 장소에는 쟁기를 들어올려 간격을 두었다. 이로 인해 성문을 제외하고 쟁기가 지나간 모든 성벽은 신성하다고 여겼다. 만일 성문까지 신성하다고 생각한다면, 필수품이면서 정결하지 않은 것을 성안으로 들여오거나 밖으로 내보낼 때마다 신을 두려워해야 하기 때문이다.

일반적으로 로마 건설이 시작된 날은 4월 21일로 의견이 같다. 그래서 로마 사람들은 이날을 로마 창건일로 정하고 해마다 신성한 행사를 치른다. 사람들은 이날에 생명 있는 것은 제물로 바치지 않는다. 도시 탄생을 기념하는 경사스런 날을 피로 더럽히지 말고 순결하게 보내야 한다고 생각했기 때문이다. 하지만 본디 이날은 도시가 세워지기 이전부터 양치기와 돼지치기들의 축제날이었다. 이것을 팔릴리아제라 부른다.

오늘날에는 로마와 헬라스 달력이 아주 다르다. 하지만 로물루스가 도시를 세운 날은 정확히 4월의 30일에 해당한다. 마침 이날은 일식이 일어난 날이기도 하다. 이것은 제6올림피아드 3년에 테오스의 서사 시인 안티마코스가 일식을 보았다는 날과도 일치한다.

로마 역사를 가장 잘 아는 철학자 바로가 살았던 시대의 이야기이다. 그 무렵 그에게는 철학자이며 수학자인 타루티우스라는 친구가 있었다. 친구는 점성술을 깊이 연구해, 그 분야에서도 매우 뛰어난 사람이라 인정받았다. 바로는 타루티우스에게 기하학자가 기호와 표를 분석해 문제를 푸는 방식처럼, 로물루스가 태어난 날을 정확하게 계산하라는 문제를 냈다. 바로는 인간이 태어난 시각으로 일생을 예언하는 일이나, 일생에 일어난 사건들로 미루어 태어난 시각을 맞추는 일은 결국 똑같은 과학적 문제라고 주장했다.

타루티우스는 바로의 문제에 도전했다. 그는 로물루스 일생에서 일어난 사건들과 그의 업적, 그리고 그가 살던 시절과 죽은 순간의 상황에 대한 모든 일을 모아 연구한 뒤 다음처럼 발표했다. 대담하고 남자다운 로물루스가 어머니 자궁에 자리를 잡은 날은 제2올림피아드 1년째, 아이귑토스(이집트) 사람들이 '코이악' 달로 부르는 12월의 23번째 날 해가 지고 세 시간 뒤였다. 이 시간에는 개기일식이 있었다. 로물루스가 어머니 배 속에서 나온 탄생일은 '토트' 달인 9월 21번째 날 일출 때였다. 그리고 그가 로마 시를 짓기 위해 주춧돌을 놓은 날은 '파르무티' 달 제2시와 제3시 사이에 해당한다고 추정해냈다. 그 이유는 도시 운명도 인간의 운명처럼 창건될 때의 별자리로 어림할 수 있기 때문이다. 이러한 이야기들은 믿기 힘들지만, 신비롭고 기이해서 독자 여러분의 관심을 끌 것이라 생각한다.

로마 시가 건설되자 로물루스는 먼저 장정들을 모아 군대를 조직했다. 각 부대는 보병 3000명과 기마병 300기로 이루어졌다. 이 부대들은 레기온(군단)이라고 불렀는데, 모든 시민들 가운데 전쟁에 가장 알맞은 사람을 골라냈다는 뜻에서 붙인 이름이다. 나머지 사람들로도 부대를 조직해 포풀루스(민단)라 부르고 이 가운데 가장 뛰어난 사람 100명을 뽑아 참의원으로 임명했다. 그리고 이들을 파트리키안이라 부르고 그들이 여는 집회를 원로원이라고 했다. 원로원은 '연장자들 모임'이라는 뜻이다.

파트리키안은 친아버지라는 뜻으로, 어떤 사람은 그들이 법적인 자식을 가진 아버지였으므로 그렇게 불렀다고 한다. 하지만 어떤 이들은 자신의 아버지가 누구인지 뚜렷이 밝힐 수 있는 사람들이라고 주장한다. 처음 로마에 흘러들어 온 사람들 가운데는 혈통이 분명치 않은 사람이 많았으므로, 이들과 구별하기 위해 파트리키안을 따로 모았다는 것이다. 또 어떤 이야기에서는 후견인이라는 뜻을 가진 '파트로키니움'이라는 말에서 나온 것이라고 한다. 이 말은 에반드로스와 함께 로마로 건너온 파트론이라는 사람에서 유래한 것이다. 그는 약한 사람과 가난한 사람을 도와준 수호자로 이름이 남아 있다.

하지만 가장 타당한 것은 로물루스가 아버지를 뜻하는 파트리키안이라는 이름을 붙였다는 이야기이다. 그는 세력이 강하고 부유한 사람들은 아버지와 같은 사랑과 관심으로 가난하고 불쌍한 사람들을 배려해야 할 의무가 있다고 여겼다. 또 가난한 사람들은 권위 있는 사람을 두려워하거나 명예를 시기하지 말고 아버지처럼 생각하라는 뜻에서 그렇게 부르도록 했다는 것이다.

그래서 오늘날 다른 나라에서는 원로원 사람들을 지배자라 부르는 데 비해 로마 사람들은 최대의 명예와 최소의 질투심을 가진, 이런 편안한 이름을 쓰는 것이다. 그들은 선택된 아버지라는 뜻의 파트레스 콘스크리프티라고 불린다. 처음에는 단순히 파트레스라 불렸지만, 나중에 인원이 늘어나면서 파트레스 콘스크리프티가 된 것이다.

로물루스는 이 같은 호칭으로 민중과 원로원을 구별했다. 또한 귀족과 대중도 구분을 지어 귀족은 보호자라는 뜻인 파트론이라 부르고, 대중은 피보호자라는 뜻인 크리엔트라고 불렀다.

이러한 방법은 각 계급들에게 중대한 권리 주장의 출발점이 되었으며, 서로 다른 계급의 사람들 사이에 존중과 친근감을 만들어 서로 호의적인 관계를 맺게 했다. 귀족은 대중을 위해 모든 관습법을 해석해 주고, 소송을 당했을 때에는 변호인이 되어주었다. 그리고 그 밖의 모든 일에 충실한 조언자이자 상담자가 되어주었다. 대중은 귀족에게 공경을 다했으며, 때때로 귀족들은 가난한 이들의 딸이 혼인할 때 혼수비를 내주기도 하고, 빚이 있으면 갚아주기도 했다. 어떠한 법률이나 재판관도 크리엔트가 파트론에게 불리한 증언을 하거나, 또 파트론이 크리엔트에게 불리한 증언을 강요할 수 없게 했다. 후대에 가서도 그 권리와 의무는 변함이 없었지만, 귀족이 가난한 사람에게서 돈을 받는 것은 부끄러운 행동이라 여기게 되었다.

파비우스 기록에 따르면, 로물루스는 도시를 세운 지 넉 달 만에 여자들을 납치해 오는 사건을 벌였다고 한다. 어떤 사람들은 로물루스가 워낙 전쟁을 좋아하는 데다가, 로마가 전쟁으로 성장해 머지않아 최대의 도시가 될 것이라는 신탁을 굳게 믿었다고 한다. 로물루스가 마땅한 이유도 없이 사비니를 공격해 겨우 여자 30명만을 납치해 온 일은 그가 여자를 탐내서가 아니라, 전쟁을 일으킬 기회를 만들려고 했다는 것이다.

그러나 이러한 주장은 받아들이기 어렵다. 차라리 아래 같은 설명이 이해가 간다. 로마는 순식간에 이주해 온 사람들로 가득 찼지만 그 가운데 아내를 가진 사람은 거의 없었다. 더구나 대부분 가난하고 신분이 낮은 사람들이라 주위 나라들로부터 멸시를 받았다. 그래서 정의롭지 못한 행동을 해서라도 여자들을 미끼로 사비니족과 동맹 맺을 실마리를 마련하는 일에 희망을 걸었다. 로물루스는 다음 같은 방법으로 계획을 실행에 옮겼다.

먼저 로물루스는 지하에 숨겨진 어느 신의 제단을 발견했다는 소문을 퍼뜨렸다. 사람들은 이 신을 상담의 신, 켄수스라고 불렀다. 그 신은 켄수스—지금도 그들은 자문회의를 콘킬리움이라고 하고, 평의회의 최고 행정관을 콘술이라고 부른다—라 부르기도 했지만 말을 탄 포세이돈이라고도 불렀다. 그 제단은 큰 경마장 안에 있었는데, 평소에는 덮개로 덮여 있다가 전차 경주를 할 때만 일반에 공개됐기 때문이다. 하지만 어떤 사람들은 상담이라는 게 워낙 비밀스럽고 사람 눈에 띄지 않는 일이므로, 상담의 신 켄수스 제단이 지하에 숨겨져 있는 것도 이치에 어긋나는 일은 아니라고 주장한다.

이 제단이 발견된 날, 로물루스는 성대한 제물을 바치고 전국적으로 운동경기와 갖가지 행사를 열라는 명령을 내렸다. 수많은 사람들이 우르르 몰려왔다. 로물루스는 자주색 옷을 걸치고 귀족들과 앞자리에 앉아 있었다. 로물루스가 일어서서 자주색 옷을 벗어 접었다가 다시 펴서 몸에 걸치는 것이 미리 약속된 신호였다. 로물루스의 부하들은 칼을 품은 채 그에게서 눈을 떼지 않았다. 마침내 신호가 떨어지자 그들은 칼을 뽑아들고 함성을 지르며 달려가 사비니 여자들을 붙잡아 겁탈했다. 달아나는 여자들은 그냥 내버려 두었다.

어떤 사람은 그때 잡힌 여자들의 수를 30명이라고 한다. 그리고 로마의 30개 부족 이름이 그녀들에게서 유래한 것이라고 한다. 안티움의 발레리우스는 527

명을 납치했다 하고, 주바는 683명이라고 한다. 이 일에 대해 로물루스가 할 수 있는 최대의 변명은 처녀만을 납치했다는 것 하나뿐이었다. 그들은 실수로 잡은 헤르실리아 말고는 결혼한 여자는 잡지 않았기 때문이다. 이 점은 로마인들이 욕정에 눈이 멀어 저지른 납치가 아님을 보여준다. 이것은 가장 강력한 방법으로 두 종족을 하나로 합치려는 목적에서 일어난 일이었기 때문이다.

그런데 어떤 사람은 헤르실리아가 로마에서 가장 훌륭한 남자 호스틸리우스와 결혼했다 하고, 어떤 사람은 로물루스와 결혼해 두 자녀를 두었다고 한다. 딸은 첫아이여서 프리마라 이름 지었으며, 다른 한 아이는 아들인데 로물루스에 의해 시민들이 통합했으므로 아올리우스라 지었고 나중에는 아빌리우스라고 불렸다. 지금까지의 이야기는 트로이젠의 제노도투스가 기록한 내용이지만, 또 다른 이야기를 주장하는 사람도 있다.

전하는 바에 따르면, 처녀들을 납치해 간 사람들 가운데에는 신분이 미천한 사람이 몇 명 있었다. 그들은 아름다운 용모에 고귀한 자태의 처녀 한 명을 데려가고 있었다. 마침 그것을 본 귀족들 여럿이 그 여자를 빼앗으려고 했다. 그러자 여자를 붙잡아 가던 미천한 사람들은 큰 소리로 이 여자를 탈라시우스에게 데려가는 길이라고 외쳤다. 탈라시우스는 아직 어렸지만 훌륭한 남자라는 평판을 듣고 있었다. 이 말을 들은 사람들은 큰 소리로 탈라시우스의 이름을 외치며 박수를 쳤다. 그리고 그 가운데 몇몇은 미천한 자들을 따라오기까지 했다.

이 때문에 로마 사람들은 지금도 결혼식을 축하할 때, 헬라스인이 히멘(히메나이오스)을 칭송하듯이 탈라시우스를 칭송한다. 탈라시우스는 행복한 결혼생활을 한 행운아였기 때문이다.

그러나 카르타고 사람 섹스티우스 술라는 나에게 또 다른 이야기를 들려주었다. 섹스티우스는 교양이 풍부한 남자로, 그의 말에 따르면 탈라시우스라는 말은 로물루스가 납치 명령을 내릴 때 신호로 외친 말이었다고 한다. 또 처녀들을 납치하는 모든 사람도 이 말을 외쳤으므로 이것이 결혼식 풍습으로 남게 된 것이라고 했다.

하지만 주바를 비롯한 많은 사람들은 그것이 집안일과 실 잣는 일을 장려하기 위한 말이라고 생각한다. 탈라시아는 헬라스어로, 이 무렵에 헬라스어는 아직 이탈리아어 영향을 받지 않았다.

만약 이 이야기가 사실이고 그때 로마인들이 지금 우리가 쓰는 것과 같은 탈라시아라는 말을 쓰고 있었다면, 뭔가 다른 그럴듯한 이유를 상상할 수도 있을 것이다. 사비니족은 로마인과 전쟁을 치른 뒤 화해 조약을 맺었을 때, 사비니족 여자들에 대한 특별 조항을 조건으로 내걸었다. 사비니족 여자는 실을 잣는 일 말고는 남편을 위해 어떤 집안일도 하지 않는다는 약속이다. 그 뒤부터 결혼식 때에는 신부를 건네주는 사람도, 신부를 데려다주는 사람도, 그 장소에서 구경만 하는 사람들도 장난처럼 탈라시우스를 큰 소리로 외치는 풍습이 남아 있다. 신부는 실을 잣는 일 말고 다른 일을 하려고 결혼하는 게 아니라는 의미이다.

또한 요즘에도 신부는 결코 스스로 침실 안에 들어가지 않으며, 신랑이 그녀를 안고 들어간다. 이는 사비니 여자들이 스스로 시집온 게 아니라 강제로 붙들려 온 것에서 비롯된 풍습이다.

또 어떤 사람은 신부 머리타래를 창 끝으로 가르는 풍습도 전쟁과 폭력의 한가운데에서 결혼식이 치러졌음을 나타내는 표시라고 한다. 이에 대해서는 나의 책 《윤리론집》〈자연에 대한 의문들〉에서 충분히 다루었다.

사비니 여자들을 납치한 날은 섹시틸리스 달, 오늘날 8월에 해당하는 달 18일로 이날 콘수알리아라는 기념 행사가 열리고 있다.

사비니족은 인구가 많고 호전적인 민족이었다. 그들은 성벽도 쌓지 않고 작은 마을을 이루며 살았다. 그것이 씩씩한 기상과 두려움을 모르는 라케다이몬의 후예로서 마땅한 일이라 여겼기 때문이다. 그런데도 자신들의 소중한 딸들이 볼모로 붙잡혀 가서 고생할 일이 걱정된 나머지 로물루스에게 사신을 보냈다. 그들은 공평하고 적당한 타협안을 내놓았다. 그리고 로물루스에게 그가 납치해 간 사비니족의 딸들을 돌려주고 부당한 폭력 행위에 대해 보상할 것을 요구했다. 또 앞으로는 대화와 법을 바탕으로 서로 친밀하고 평화로운 친선 관계를 유지하자고 했다. 그러나 로물루스는 딸들을 돌려보내지 않고, 사비니족이 이 결혼을 인정해 준다면 동맹을 받아들이겠다고 했다.

로물루스의 단호한 대답을 들은 다른 부족들은 어떻게 하는 게 좋을지 오랫동안 망설였다. 하지만 기백 넘치고 용감한 카이니나 족의 왕 아크론은 여자들을 대담하게 납치해 많은 사람들을 두려움에 떨게 한 로물루스를 증오했다. 그는 더 이상 로물루스의 힘이 커지는 것을 그저 무심히 보아 넘길 수 없었다. 아크론은 곧장 대군을 이끌고 로물루스와의 전쟁을 선포했다.

로물루스 또한 아크론의 공격에 정면으로 맞섰다. 둘은 서로 얼굴이 보이는 거리에 이르자 잠시 상대를 노려보았다. 그리고 병사들을 물린 뒤 오직 맞대결로 승부를 내자고 했다. 로물루스는 만일 이 싸움에서 자신이 이기면 상대의 무기와 갑옷을 유피테르에게 바치겠다고 맹세했다. 승리는 로물루스에게 돌아갔다. 그는 아크론을 쓰러뜨렸을 뿐 아니라 적군을 공격해 그들의 도시를 점령했다. 그러나 집만을 부수었을 뿐 주민들은 해치지 않고 로마로 데리고 갔다. 그리고 평등한 조건을 보장해 주고 로마 시민으로 만들었다. 로마가 이토록 커다란 도시가 된 것도 이 덕분이었다. 로물루스는 언제나 정복한 사람들을 자기편으로 끌어들여 로마 시민이 되도록 했던 것이다.

로물루스는 자신의 맹세를 지켜 어떻게 하면 좀 더 유피테르를 기쁘게 하고 시민들에게도 행복을 줄 수 있을까 궁리했다. 그는 진영 막사에 자라던 커다란 떡갈나무를 베어 승리를 기념하는 기둥 모양으로 깎았다. 그리고 그 위에 아크론의 갑옷과 무기들을 하나하나 보기 좋게 걸어두었다. 로물루스는 긴 옷을 두르고 머리를 길게 늘어뜨린 뒤에 월계관을 머리에 얹었다. 그리고 승리의 기둥을 오른쪽 어깨에 메고 군대 앞에 서서 승리의 노래를 부르며 행진했다. 시민들은 기쁨에 들떠 환호했다.

이날 행진은 모든 개선 행진의 기원이며 본보기가 되었다. 이 승리의 기둥은 유피테르 페레트리우스라 불리는 신전에 바쳤다. 이는 로마어 '페리레'라는 말에서 비롯되었다. 이것은 무찔러 넘어뜨린다는 뜻을 가진 단어로, 로물루스가 상대를 무찌르고 넘어뜨리겠다고 기도했기 때문이다. 또 전리품을 '스폴리아 오피마'라고 부른 것은 바로의 이야기에 따르면, 뛰어남을 뜻하는 '오핌'에서 온 것이라고 한다. 그러나 이것은 일(노동)을 뜻하는 '오푸스'에서 왔다는 설명이 보다 설득력이 있다. 신에게 전리품(스폴리아 오피마)을 바칠 수 있는 특권은 자신의 손으로 적장을 죽인 장군에게만 허락되었기 때문이다.

이 전리품을 바칠 영예를 손에 넣은 사람은 로마 지도자 가운데 셋뿐이었다. 첫 번째로 카이나족의 왕 아크론을 죽인 로물루스, 두 번째로 티레니아 왕 톨룸니우스를 죽인 코르넬리우스 코수스, 그리고 마지막으로 갈리아 왕 비르도마루스를 죽인 클라우디우스 마르켈루스였다. 코수스와 마르켈루스는 승리를 기념하는 기둥을 들고 네 마리 말이 이끄는 전차를 타고서 입성했다.

한편 로물루스가 개선식 행진에서 전차를 타고 왔다는 디오니시우스의 기록은 사실이 아니다. 모든 왕 가운데 데마라투스의 아들 타르퀴니우스가 이처럼 화려하고 커다란 마차를 타고 가장 처음 행진한 인물이었다 전해지고 있기 때문이다. 또 어떤 설에서는 포플리콜라가 최초의 인물이라고 한다. 하지만 로마에서 볼 수 있는 승리의 기둥을 든 로물루스의 동상은 모두 걸어가는 모습이다.

카이니나족이 로물루스에게 정복된 뒤에도 사비니족은 여전히 전쟁 준비에 여념이 없었다. 그러는 사이 피데나이, 크루스투메리움, 안테인마이 등에 사는 부족들이 힘을 합쳐 로마를 공격해 왔다. 전쟁이 시작되고 이들은 로물루스에게 모조리 패배했다. 이들의 도시는 모두 로마 손에 넘겨지고, 영토는 쪼개져 로마에 흡수되었다. 로물루스는 정복한 땅을 로마 시민들에게 나누어주었다. 그러나 과거에 딸을 납치당한 아버지들의 토지만은 그대로 남겨두었다.

남겨진 다른 사비니족은 울분을 참지 못해 타티우스를 장군으로 내세워 로마로 쳐들어왔다. 하지만 카피톨리누스 언덕에 있는 성벽 때문에 로마에는 도저히 다가갈 수 없었다. 이곳은 오늘날의 카피톨리움인데 강력한 방어 요새로, 수비병이 배치되어 있었고 타르페이우스 장군이 이곳을 지휘했다. 그에게는 타르페이아라는 딸이 한 명 있었는데, 그녀는 사비니족이 갖고 있던 금팔찌가 탐이 나서 같은 편인 로마를 배반했다. 타르페이아는 사비니족을 돕는 조건으로 그들이 왼쪽 팔에 끼고 있던 금팔찌를 요구한 것이다. 타티우스는 이에 동의했고, 그녀는 한밤중에 몰래 성문 하나를 열어 사비니족 병사들을 성안으로 들여보냈다.

배반을 제안한 사람은 좋아하지만 배반 행위를 저지른 사람은 증오한다는 말이 안티고노스 혼자만의 생각은 아닌 듯하다. 카이사르 또한 리미탈클레스에게 배반 행위는 좋지만 배반자는 증오한다고 외쳤다. 때때로 동물의 독이 필요할 때가 있듯이, 이런 사악한 배반자를 필요로 하는 사람들이 품고 있는 감정에는 뭔가 공통점이 있다. 쓸모가 있을 동안에는 고맙게 여기지만, 원하는 것을 손에 넣고 나면 그 더러운 행위에 증오심을 품는 것이다.

타티우스가 타르페이아에게 느낀 심정이 바로 이런 것이었다. 타티우스는 약속한 대로 모든 병사가 끼고 있는 금팔찌를 아낌없이 그녀에게 주라고 명령했다. 그리고 자신이 먼저 팔찌를 풀어 방패에 담아 그녀에게 집어던졌다. 곧이어 모든 병사가 타티우스를 따라 팔찌를 담은 방패를 그녀에게 던졌다. 그녀는 금팔찌에 얻어맞고 쏟아지는 수많은 방패에 파묻혀 죽고 말았다. 주바의 기록에 따르면, 타르페이아의 아버지인 타르페이우스도 반역죄로 로물루스에게서 형벌을 받았다고 한다.

타르페이아에 대해 다른 이야기를 전하는 사람들도 있다. 그 가운데 안티고노스의 기록을 보면, 그녀는 사비니족 장군 타티우스의 딸로 로물루스에게 납치되어 강제로 그와 함께 살다가 아버지를 도와 이런 일을 했다고 되어 있다. 그러나 이 이야기는 그다지 믿을 만한 게 못 된다. 또 시인 시밀루스는, 타르페이아가 사비니족 사람에게 성문을 열어준 게 아니라 갈리아 왕을 사랑해 갈리아족에게 성문을 열어준 것이라고 한다. 하지만 이는 터무니없는 이야기이다. 시밀루스는 이렇게 노래했다.

카피톨리움 가까이에 살던 타르페이아,
로마의 성벽을 무너뜨렸다네.
그녀는 갈리아 왕을 너무나 사랑한 나머지
할아버지의 성벽을 지켜내지 못했어라.

그리고 조금 뒤 그녀의 최후를 이렇게 읊었다.

켈토이(켈트)의 수많은 민족들 갈리아 사람도
그녀를 아름다운 파두스 강 안쪽에 묻지 않고
전쟁에서 용맹하게 싸운 방패를 던져
장식하여 저주해야 할 그녀를 묻어주었다네.

사람들은 타르페이아가 묻힌 언덕을 그녀 이름을 따서 타르페이아라 불렀다. 하지만 타르퀴니우스 왕 시대에 이 장소를 유피테르에게 바치기 위해 그녀의 유골을 다른 곳으로 옮겼고, 타르페이아의 이름도 사라져 그 언덕은 다른 이름을 갖게 되었다. 하지만 지금까지도 그 언덕에는 타르페이아라고 부르는 바위가 남아 있는데, 때때로 이곳에서 죄인들을 바위 아래 골짜기로 떨어뜨려 죽이기도 했다.

한편 사비니족 군대는 그 언덕을 점령했다. 이를 안 로물루스는 불같이 화를 내며 그들에게 싸우자고 도전했다. 타티우스는 자신만만하게 맞붙었다. 싸우다 형세가 불리해지면 다시 성으로 후퇴해 들어가면 그만이었으므로 두려울 게 없었다. 양쪽 군대가 싸움을 벌일 장소는 주위가 온통 작은 산으로 둘러싸인 좁은 평지였다. 달아나기도 뒤를 쫓기도 어려운 좁은 골짜기에서 양쪽 군대는 온 힘을 다해 싸울 수밖에 없었다. 게다가 얼마 전 강이 흘러넘쳐 덮친 이 저지대에는 아직도 깊은 늪이 남아 있었다. 그것은 쉽게 발견하기 힘들어 피하기 매우 어려웠고 혹시 빠지기라도 하면 몹시 위험했다.

사비니족은 이에 대한 경험도 없이 앞다투어 공격해 들어오다가 뜻밖의 행운을 만났다. 사비니의 용감한 병사로 명성이 높았던 쿠르티우스가 말을 달려서 앞장을 섰다가 늪에 빠져버린 것이다. 그는 아무리 갖은 애를 써도 차츰 가라앉을 뿐이라는 사실을 깨닫자 말을 버리고 몸만 빠져나왔다. 이 장소는 지금도 이 사람의 이름을 붙여 쿠르티우스의 늪이라 부른다. 덕분에 늪의 위험을 벗어난 사비니군은 거침없이 싸움을 펼쳐 나갔다. 타티우스와 로물루스 군대는 이날 싸움을 거듭했지만 승패는 결정되지 않았다. 많은 병사들이 죽었으며 그 가운데에는 호스틸리우스도 있었다. 이 남자는 헤르실리아의 남편으로, 나중에 누마 다음으로 왕위에 오른 또 다른 호스틸리우스의 할아버지였다.

이 좁은 전쟁터에서 짧은 시간 안에 격전이 거듭되었다. 사람들은 마지막 전투에서 특별히 한 사건을 기억해 기록하고 있다. 로물루스가 머리에 돌을 맞아 땅에 쓰러진 것이다. 그는 마치 죽은 듯 보였다. 이렇게 되자 로마군은 사비니군에 맞서 싸우기를 단념하고 평지에서 밀려나 팔라티움 언덕으로 달아났다. 이때 마침 정신이 들어 깨어난 로물루스는 달아나는 병사들에게 맞서 큰 소리로 싸우라고 외쳤다. 하지만 이미 수적인 열세로 밀려났기에 돌아서서 맞서는 사람은 한 명도 없었다. 로물루스는 두 손을 높이 들고서 유피테르 신에게, 달아나는 군사들을 돌려세워 로마의 운명을 다시 일으켜 달라고 기도했다. 기도가 끝나자, 수많은 병사들은 왕을 놔두고 달아난 스스로에게 부끄러움을 느꼈고 새로이 용기가 솟아올랐다. 그들은 방향을 바꿔 사비니군에 다시 맞섰다. 이들이 걸음을 멈추고 전투를 다시 시작한 곳은 오늘날 유피테르 스타토르 신전이 있는 곳이다. 유피테르 스타토르라는 말은 멈추어 맞서게 하신 유피테르라는 뜻이다. 그곳에서 로마군은 다시 한 번 전열을 가다듬어 맞서 싸웠고, 오늘날 팔라스라고 부르는 베스타 신전 주변까지 사비니족을 격퇴했다.

이곳에서 다시 양편 군대는 두 번째 격전을 준비했다. 그런데 이때 처음 보는 이상한 일이 벌어져 전투 준비를 멈추어야 했다. 예전에 납치해 온 사비니 여인들이 여기저기서 신들린 사람처럼 소리를 지르거나 한탄의 말을 중얼거리며 나타나, 무기와 시체 사이를 헤치고 뛰어든 것이다. 어떤 여인은 자신의 아버지와 남편에게 달려갔고 어떤 여인은 가슴에 아기를 안고 달려왔다. 또 어떤 여인은 머리를 풀어헤친 모습이었다. 여인들은 사비니 병사와 로마 병사를 향해 애처롭게 애원했다. 이 광경을 보자 양쪽 병사들의 가슴이 뭉클해졌다. 그리고 두 군대 사이에 그녀들이 들어섰으므로 저마다 뒤로 물러섰다. 여인들 사이에는 비탄의 통곡 소리가 퍼져나갔다. 한 여인이 병사들에게 울부짖으며 호소했다. 그녀의 이름은 헤르실리아였다.

"우리가 뭘 잘못했습니까? 우리가 당신들에게 무슨 심한 짓을 했다고 이런 슬픔을 또 겪게 하십니까? 우리는 억울하게 폭력에 휘둘려 붙잡혀 왔습니다. 또 부모님과 친척들로부터도 오랫동안 버림받고 살아왔습니다. 가장 증오스러운 적들과 부부의 인연을 맺었는데, 이제는 우리를 강제로 붙잡아 온 그 사람들이 혹시 전쟁에 나가 죽기라도 하면 어쩌나 두려워하고 슬퍼하게 되었습니다. 당신들은 처녀 시절의 우리를 위해, 우리를 납치해 억지로 아내로 삼은 사람들에게 복수하기 위해 쳐들어 온 게 아닙니다. 당신들은 지금 남편이 있는 아내를, 아기가 있는 어머니 사이를 떼어놓으려고 온 것뿐입니다. 지금 당신들은 옛날에 우리를 모르는 체하며 버려두었던 것보다 더 잔인한 짓을 우리에게 하는 겁니다. 우리는 이 남자들에게서 많은 사랑을 받아왔습니다. 이 사람들은 우리를 통해 당신들의 사위와 손자가 된 사람들입니다. 지금 당신들은 장인과 할아버지가 되었으니 우리는 서로 친척이 된 겁니다. 그러니 만일 여러분이 다른 이유 때문에 전쟁을 하는 것이라면 당장 이 전쟁을 멈추십시오. 만일 우리를 위해 전쟁을 하는 것이라면 우리를 데려가십시오. 하지만 남편과 아이들도 함께 데리고 가십시오. 우리의 아버지와 친척이라면 부디 아이들과 남편을 빼앗아 가지 말아주십시오. 당신들에게 이렇게 부탁합니다. 제발 우리가 다시 전쟁 포로로 붙잡혀 가게 하는 일은 하지 마시기 바랍니다."

헤르실리아가 이처럼 슬프게 호소하자 다른 여자들도 저마다 진심어린 간청의 목소리를 높이기 시작했다. 양 군대 사이에 잠시 휴전이 이루어졌고 양쪽 장군들이 회담을 벌였다. 그러는 사이에 여자들은 자신의 아버지와 형제들에게 남편과 아이들을 데려가 서로 만나게 해주었다. 그리고 음식이나 음료수를 가져와 나눠주고, 다친 사람들은 집으로 데려가 간호했다. 여자들은 자신의 집에 사비니 친척들을 데리고 갔다. 그들은 납치된 여인들이 집안의 안주인으로서 집 안팎을 잘 돌보고 있으며, 또한 남편들의 사랑을 아낌없이 받고 있음을 알게 되었다.

마침내 다음과 같은 휴전 조약이 이루어졌다.

지금의 남편과 함께 살고 싶은 여자들은 그대로 남아서 살도록 한다. 오직 실 잣는 일 말고는 모든 집안일에서 자유로워야 한다. 또 로마인과 사비니인은 한 시내에서 함께 살고 시의 이름은 로물루스 이름을 따서 로마라고 한다. 단, 모든 로마 주민은 타티우스 고향의 이름을 따서 퀴리테스라고 부른다. 그리고 로물루스와 타티우스는 주민들을 다스리는 공동 왕이자 장군으로서 군대를 지휘한다.

이 조약을 맺은 곳은 오늘날까지도 코미티움이라 불린다. 이것은 함께 모여 회의를 하는 '코이레'라는 로마어에서 유래했다.

이제 로마 시의 인구는 두 배로 늘었다. 사비니족 가운데 100명의 원로를 더 뽑았으며, 군단도 보병 6000명과 기병 600기로 늘어났다. 또 모든 시민을 세 부족으로 나누었다. 첫 번째 부족은 로물루스 이름을 따서 람넨세스, 두 번째 부족은 타티우스 이름을 따서 타티엔세스, 그리고 마지막 부족은 루케렌세스라고 이름 지었다. 루케렌세스는 '루쿠스', 즉 덤불숲이라는 단어에서 온 것이다. 이 숲에는 신성한 신의 성역이 많아서, 사람들은 안전한 곳으로 피신하기 위해 이곳에 왔다가 도시로 이주했다. 부족을 가리키는 '트리베'라는 단어도 이 무렵 부족의 수가 셋이었음을 보여준다.

각 부족은 다시 열 개의 쿠리아로 이루어졌다. 쿠리아라는 이름은 사비니에서 납치되어 온 여자들의 이름에서 따온 것이라고 하는 사람도 있지만 이는 헛소문이다. 왜냐하면 많은 쿠리아들이 여러 지명에서 이름을 땄기 때문이다. 그 무렵 로마에는 이 여자들에게 존경의 의미로 여러 가지 특권을 주는 법이 있었다. 그 가운데는 다음과 같은 것이 있다. 길에서 여자들을 만나면 길을 양보할 것, 여자들이 있는 곳에서는 더러운 말을 삼갈 것, 옷을 벗고 여자들 앞에 나타나지 말 것, 이 세 가지를 어기면 형사재판에 부칠 것 등 다양한 법이었다. 그리고 아이들은 물거품과 닮아서 '불라'라고 불리는 목걸이를 걸고 자줏빛 단을 두른 옷을 입고 다니도록 했다.

로물루스와 타티우스 두 왕은 곧바로 함께 논의하지는 않았다. 둘은 저마다 원로원 의원 100명과 회의한 다음, 오늘날처럼 모두 한곳에 모여 회의를 가졌다. 타티우스는 오늘날 유노 모네타의 신전이 있는 곳에 살았고, 로물루스는 아름다운 해변 돌계단 주변에서 살았다. 이곳은 팔라티움 언덕에서 키르쿠스 막시무스 경기장으로 내려오는 근처이다. 이곳에는 신성한 산수유나무가 있었다. 전설에 따르면, 로물루스가 자기 힘을 시험해 보기 위해 산수유나무로 만든 창을 아벤티누스 언덕에 던졌다고 한다. 그런데 그 창이 어찌나 깊이 박혔는지 여러 사람이 아무리 애를 써도 도저히 뽑을 수 없었다는 것이다. 얼마 뒤 그 창이 기름진 땅에 뿌리를 내리더니 가지를 뻗고 새 잎이 피어나 큰 산수유나무가 되었다.

로물루스의 자손들은 이 나무를 매우 신성하게 여겨 숭배하고 보호했다. 나무 둘레에 담을 두르고, 그것을 보살피는 사람은 나무가 푸르게 자라지 못하거나 시들어 가면 큰 소리로 사람을 불러 이 사실을 알렸다. 그러면 사람들은 근처에서 물을 한 가득 담은 양동이를 들고 달려왔다. 그러나 이 나무는 가이우스 카이사르 왕의 명령으로 나무 주위 계단을 수리하던 도중에 죽어버렸다. 일꾼들이 이 근처를 파다가 실수로 나무 뿌리를 상하게 했기 때문이다.

사비니인들은 로마 달력을 채택해 사용했다. 이에 대해서는 누마의 전기에 자세히 기록해 두었다. 로물루스는 지금까지 써 왔던 아르고스식 둥근 방패 대신 사비니의 긴 방패를 쓰기로 하고, 자신의 무기와 로마인들 무기를 더 좋게 고쳤다.

두 민족은 서로의 기념 행사에도 참석했다. 또 두 부족이 예부터 지켜오던 자신들 풍습을 버리지 않고, 오히려 그것을 이용해 새로운 행사를 만들어 내기도 했다. 그 가운데는 마트로날리아와 카르멘탈리아라는 제사가 있었다. 이는 전쟁을 멈추게 한 여자들에 대한 감사의 뜻으로 만든 행사였다.

카르멘탈리아제에서 기념하는 카르멘타는 인간의 출산을 맡은 운명의 여신이었다. 그래서 어머니들의 존경을 받았다. 어떤 사람들은 그녀가 아르카디아인 에반드로스의 아내이자 예언자였다고 한다. 카르멘타는 그녀가 언제나 리듬

이 있는 시로 예언을 내려주었으므로 붙은 이름이다. 이것은 시를 뜻하는 '카르미나'라는 말에서 비롯되었다. 그녀의 진짜 이름은 니코스트라테였다. 어떤 사람들은 카르멘타는 신이 몸 안에 들어와 기가 빠지고 이성을 잃어버리는 것을 뜻한다며 더욱 그럴듯한 해석을 한다. '정신을 잃다'라는 '카르크레'와 이성을 의미하는 '멘템'이라는 단어에서 유래했다는 것이다. 팔릴리아의 축제에 대한 이야기는 앞서 다룬 적이 있다.

루페르칼리아 제사는 계절로 미루어 볼 때 정결을 위한 행사였던 듯하다. 제사는 2월의 휴일에 올렸는데 라틴어로 2월은 정결을 의미하는 페브루아리우스였다. 그래서 옛날에는 행사를 치르는 이날을 정결의 날이라 불렀다. 이 명칭은 헬라스어로 늑대를 뜻하기도 했다. 이런 점으로 볼 때 에반드로스와 함께 이탈리아로 옮겨 온 아르카디아 지방 사람들로부터 유래된 이름이라 생각된다.

그러나 이것이 정설은 아니다. 이 명칭이 늑대에서 비롯되었다는 게 꼭 불가능한 이야기는 아니기 때문이다. 실제로 로물루스는 늑대 젖을 먹고 자랐다. 제사장인 루페르키가 로물루스가 버려졌다고 전해지는 그 장소에서 행렬을 시작했다는 점을 미루어 보면 그럴듯한 주장이다.

하지만 행사의 기원에 대해 올바른 추측을 하기에는 여전히 미심쩍은 부분이 많다. 제사는 먼저 산양을 죽이고, 신분이 고귀한 소년 2명을 데려오는 것으로 시작되었다. 제사를 지내는 한 사람은 양의 피가 묻은 칼로 소년들 이마에 자국을 내고, 다른 사람들은 우유에 담가두었던 양털로 얼른 그 피를 닦아냈다. 피를 닦고 나면 소년들은 반드시 큰 소리로 웃어야만 한다. 그리고 그들은 산양의 가죽을 찢고, 허리 부분만 적당히 가린 채 벌거벗은 모습으로 뛰어다니며 만나는 사람들을 가죽 채찍으로 때렸다. 젊은 여인들은 그 가죽에 맞으면 순산과 다산에 효과가 있다고 믿었으므로 그것을 피하지 않았다. 이 제사의 독특한 점은 제사장 루페르키가 개를 제물로 바친다는 점이다.

한 시인은 로마의 풍습을 웅장한 시로 지어 기록했다. 로물루스와 레무스가 아물리우스 왕을 정벌하고, 너무 기쁜 나머지 옛날 늑대가 젖을 물려주던 장소로 한달음에 달려갔다고 한다. 그래서 그 모습을 본떠 귀족 소년 2명이 달려가는 풍습이 생겼다는 것이다. 두 소년이 달리는 모습을 다음처럼 노래했다.

그 옛날 로물루스와 레무스가 검을 휘두르며

알바롱가에서 달려온 그때처럼
사람들을 후려치며 맹렬하게 달리는구나.

또 피가 묻은 칼을 소년들 이마에 대는 것은 그날의 위험과 살생을 상징한다. 그리고 우유로 피를 닦아내는 것은 쌍둥이를 길러준 늑대를 나타낸다.

하지만 카이우스 아킬리우스는 그의 역사 기록에서 다음처럼 썼다. 로마 시를 건설하기 이전 로물루스와 레무스의 가축들이 사라져버린 일이 있었다고 한다. 두 사람은 파우누스 신에게 기도를 드리고 나서 가축들을 찾아 여기저기 뛰어다녔다. 이때 두 사람은 땀에 젖지 않도록 옷을 벗어놓고 뛰어다녔는데, 이것이 제사를 지내는 소년들이 옷을 벗고 달리게 된 이유라는 것이다.

만약 제사가 정결을 위해 치러졌다면 개를 제물로 바친 것은 매우 알맞은 일이다. 헬라스인들도 정결해지기 위해서 강아지를 데리고 나와 페리스킬라키스모스라 부르는 행사를 한다. 만일 이 제사가 로물루스를 길러준 늑대에 대한 감사를 위함이라 해도 개를 죽여 바치는 것은 전혀 이상한 일이 아니다. 개는 늑대의 원수이기 때문이다. 만약 이런 이유도 아니라면, 제사장인 루페르키가 뛰어다닐 때 방해를 했으므로 개에게 벌을 준 것이라 짐작할 수도 있다.

로물루스는 처음으로 불을 숭배하기로 결심했다. 그는 순결한 처녀들을 뽑아 성화를 지키는 사람으로 임명하고, 그녀들을 베스탈스라 불렀다. 어떤 이는 로물루스가 두드러지게 경건한 사람이기는 하지만 불을 처음으로 숭배한 사람은 누마라고 주장하기도 한다. 로물루스는 누구보다도 신앙이 깊었으며 예언도 할 수 있었다. 그래서 그는 예언을 하기 위해 '리투우스'라는 지팡이를 갖고 다녔다. 이 지팡이는 새점을 치려고 하늘의 구역을 나눌 때 쓰던 것이라고 기록한 사람도 있다. 이 지팡이는 팔라티움 산에 보존되어 있었지만, 갈리아군 침입으로 로마가 함락되었을 때 사라져버렸다고 한다. 그러다가 야만족들을 격퇴한 뒤에야 폐허가 된 엄청난 잿더미 속에서 다시 발견되었다. 주위의 모든 것이 파괴되고 불타버렸는데 놀랍게도 지팡이만은 흠집 하나 없었다.

로물루스는 몇 가지 법을 만들었다. 그 가운데는 다음처럼 엄격한 법도 있었다. 아내는 남편을 버릴 수 없지만, 남편은 아내가 아이들을 독살하거나 열쇠를 위조하거나 간통했을 때 아내를 내쫓을 수 있었다. 그러나 이 밖의 이유로 남편이 아내를 버릴 때에는 자신의 재산 일부를 아내에게 주어야 하고, 나머지 반은 수확의 여신 케레스에게 바쳐 속죄해야 했다. 또 반드시 지하의 신에게도 제사를 드려야 했다.

로마법 가운데 한 가지 주목할 만한 점은 형제(부모라고도 함)를 죽인 자에 대한 형벌이 따로 정해져 있지 않고, 모든 살인자를 형제를 죽인 자라고 부른다는 사실이다. 살인은 저주받아 마땅한 죄이지만, 형제를 죽인다는 것은 도저히 있을 수 없는 일이라고 여긴 까닭이다. 긴 세월 동안 로마인들이 형제를 죽이는 죄를 인정하지 않은 것은 마땅한 일이라고 할 수 있다. 왜냐하면 로마는 무려 600년 동안이나 이와 같은 죄를 범한 사람이 단 한 명도 없었기 때문이다. 오직 한니발 전쟁 때 루키우스 호스틸리우스가 형제를 살해했다는 기록이 남아 있다. 이와 관련된 이야기는 이쯤에서 그만하기로 한다.

타티우스가 왕좌에 오른 지 5년째 되던 해의 일이었다. 그의 친구와 친척들 몇 사람이 라우렌툼에서 로마로 오는 사절단을 공격해 금품을 빼앗고, 저항하는 사람들을 죽이고 말았다. 로물루스는 감히 이런 무서운 범죄를 저지른 사람들을 곧바로 처벌해야 한다고 했다. 그러나 타티우스는 그 의견에 반대하면서 살인자들을 숨겨주었다. 이 사건으로 두 사람 사이에 불화가 싹텄다. 다른 모든 일에는 둘의 의견이 늘 같았으며, 함께 마음을 합해 국가를 이끌어 갔다.

살해당한 사람들의 친구들은 몹시 분개했지만, 강도들을 법적으로 처벌할 수 없었다. 타티우스가 범인들을 보호하고 있었기 때문이다. 그래서 타티우스가 로물루스와 함께 라비니움에서 제사를 드리고 있을 때 그들은 타티우스를 죽였다. 그리고 로물루스를 정의로운 사람이라고 칭찬하며 행렬 맨 앞에 세웠다. 로물루스는 타티우스의 주검을 옮기고, 아벤티누스 언덕에 있는 '아르밀루스트리움'이라 불리는 곳 근처에 정성스럽게 묻어주었다.

하지만 로물루스는 타티우스를 죽인 사람들을 처벌하지 않았다. 어떤 역사가는 라우렌툼 시민들이 겁이 나서 타티우스를 죽인 범인들을 붙잡아 왔지만, 로물루스가 피는 피로써 갚았다고 말하며 그들을 놓아주었다고 한다. 그의 말 때문에 로물루스가 동료 통치자의 죽음을 기뻐한다는 소문이 떠돌았다는 것이다.

그러나 도시에서는 어떤 혼란도 일어나지 않았고 사비니인들도 반란을 일으키지 않았다. 로물루스의 권력을 두려워해서인지 아니면 신이 로물루스에게 내린 은혜 때문인지 알 수 없지만, 그들은 여전히 로물루스를 존경하며 평화롭게 살았다. 외국에 있는 많은 사람들도 로물루스를 존경했으며, 로마보다 더 오래된 라티움 부족들도 스스로 우호 동맹을 청해 왔다.

로물루스는 로마 시 근처의 피데나이를 점령했다. 어떤 이의 말로는 기마병이 성문을 부수자마자 갑자기 로물루스가 나타났다고 한다. 그러나 다른 이의 이야기로는 피데나이 사람이 먼저 로마 영토에 침입해 성밖 도시까지 약탈했다고 한다. 로물루스는 복병을 숨겨두었다가 피데나이 병사들을 죽이고 도시를 점령했다. 하지만 피데나이를 파괴하지는 않고 4월 15일에 로마 시민 2500명을 이주시켜 로마 영토로 삼았다.

그 뒤 로마에는 커다란 재앙이 닥쳐왔다. 심각한 전염병이 돌아 많은 사람들이 원인도 모른 채 갑작스레 죽어갔다. 또 곡식은 열매를 맺지 못하고 가축은 새끼를 낳지 못했다. 게다가 하늘에서 핏빛 비가 내리자 사람들은 하늘이 벌을 내리는 것이라며 두려워했다. 그런데 이와 같은 괴변이 라우렌툼 주민들에게도 일어났다. 사람들은 타티우스를 죽인 사람들을 처벌하지 않았으므로 신의 노여움을 사서 두 도시에 재앙이 내린 것이라 여겼다. 두 도시는 곧 죄인들을 체포해 처벌했다. 그러자 놀랍게도 모든 재앙이 서서히 걷혔다. 로물루스는 두 도시를 정결하게 하려고 제사를 지냈다. 이 제사는 지금도 페렌티나를 향한 문에서 올려진다고 한다.

질병의 위험이 채 가시기도 전에 카메리눔인들이 로마를 공격해 왔다. 그들은 재앙 때문에 고통받고 있는 로마가 자신들의 공격을 막아낼 수 없으리라 생각해 습격해 온 것이다. 로물루스는 곧바로 병사들을 이끌고 나가 적군 600명을 죽이고 카메리눔을 빼앗았다. 그리고 살아남은 사람의 반을 로마로 이주시키고, 남아 있는 숫자의 배가 되는 로마인들을 카메리눔으로 보냈다. 이날이 8월 1일로 로물루스가 로마를 세운 지 16년이 되던 해였다. 로물루스는 이 짧은 기간에 그토록 많은 사람들을 로마로 이주시킨 것이다. 그는 전쟁에서 얻은 전리품 가운데 네 마리 말이 이끄는 청동 전차를 불카누스 신전에 바쳤다. 그리고 자신이 승리의 여신에게서 관을 수여받는 모습의 조각상을 만들도록 했다.

로마가 이처럼 강대해지자 근처의 작은 나라들은 로마에 복종했다. 그들은 자신들의 나라가 무사한 것에 만족하며 조용히 살았다. 그러나 힘을 가진 나라들은 로물루스를 두려움과 질투의 눈으로 바라보았다. 그들은 로마가 이보다 더 커지는 것을 견제해야겠다고 생각했다. 그 무렵 꽤 많은 영토를 가지고 있던 베이의 에트루리아인들이 가장 먼저 자신들의 영토 피데나이를 돌려달라는 핑계로 싸움을 걸었다. 그러나 이는 말도 안 되는 요구였다.

그들은 막상 피데나이가 전쟁을 하고 위험에 빠졌을 때는 도와주지 않고 망하도록 보고만 있었다. 그런데 도시가 로마에 넘어간 뒤에야 뻔뻔하게도 집과 땅을 돌려달라는 것이다. 로물루스는 이 요구에 코웃음을 치며 상대도 하지 않았다.

그들은 곧 군사를 둘로 나누어 하나는 피데나이를 공격하고 다른 하나로는 로물루스를 공격했다. 그들은 피데나이에서 로마군 2000명을 죽였지만 로물루스군에게는 져서 8000명이 넘는 병사를 잃었다. 그들은 피데나이 근처에서 또 한 번 전투를 일으켰다. 이 두 번째 격전에서 로물루스는 커다란 공을 세웠다. 그는 뛰어난 전략과 용기를 발휘했고, 보통 인간을 뛰어넘는 엄청난 힘과 몸놀림을 보여주었다. 어떤 사람은 적군 1400명 가운데 반 이상을 로물루스가 죽였다고 하지만 이는 믿기 어렵다. 메세니아 사람들이 전하는 이야기 가운데, 아리스토메네스가 라케다이몬군 300명을 죽이고 신에게 세 번이나 감사 제사를 드렸다는 이야기보다 더 심한 과장이다.

적군은 패했고, 로물루스는 살아남은 사람들은 달아나도록 내버려 둔 채 적의 도시로 진군했다. 참패를 당한 베이의 시민들은 감히 맞서 싸울 생각도 하지 못하고 휴전협상을 맺었다. 그들은 100년간의 동맹을 요청하며, 셉템 파기(7구역)라 부르는 드넓은 영토와 강가에 있는 소금밭 그리고 귀족 50명을 로마에 인질로 주었다.

10월 15일, 로물루스는 수많은 포로들을 이끌고 개선 행진을 했다. 그 가운데는 나이 든 장군도 한 명 있었다. 그는 어처구니없는 실수로 전쟁을 패배로 이끈 사람이었다. 오늘날까지도 전승 기념제에는 노인에게 자줏빛 단을 댄 옷을 입히고, 소년들의 장식품인 '불라'를 목에 걸고 법원에서 의사당까지 행진하게 한다. 이때 노인은 "사르디니아인 사세요!"를 외쳐야 하는데 이는 사르디니아 사람이었던 그를 풍자하기 위해 생겨난 풍습이다. 티레니아인 또는 에트루리아인이었던 그들의 본고향은 사르디니아였고, 그들 도시가 바로 베이였다.

이것이 로물루스가 치른 마지막 전쟁이었다. 그러나 그 또한 권력과 영광의 자리에 오른 사람들 대부분이 그렇듯 차츰 다른 사람으로 변해갔다. 로물루스는 자신의 위대한 업적을 지나치게 내세우며 나날이 오만방자해졌다. 그는 자줏빛 옷을 입고 그 위에 자줏빛 단을 댄 기다란 겉옷을 걸치고 새빨간 구두를 신었다. 그리고 등받이가 있는 호화로운 옥좌에 앉아 알현하러 오는 시민들을 거만하게 내려다보았다. 그는 곁에 켈레레스라 부르는 꼼꼼하고 민첩한 소년들을 두어 시중들게 했다. 또 행차할 때는 몽둥이와 밧줄을 든 사람들을 데리고 다녔다. 그들은 로물루스 앞에 서서 시민들에게 길을 비켜서게 했고, 그의 명령이 떨어지기만 하면 누구든지 잡아서 포박할 태세였다.

옛 라틴어의 '리가레'는 오늘날의 '알리가레', 즉 묶는다는 뜻이며 이로부터 몽둥이를 들고 길을 튼 사람을 '릭토르', 몽둥이는 '바쿨라'라 부른다. 릭토르라고 한 것은 본디 '리토르'라는 단어에 'c'를 덧붙인 것이다. 이 단어는 관리를 뜻하는 헬라스어의 '레투르기아'에서 나왔다. 오늘날에도 헬라스 사람들은 관청을 '레이투스'라 하고 일반 시민을 '라오스'라 부른다.

그 뒤 로물루스의 할아버지 누미토르가 알바롱가에서 죽자 로물루스는 왕위를 물려받게 되었다. 하지만 그는 민심을 우려해 그곳을 직접 다스리지 않고 민중 손에 맡기기로 했다. 그리고 알바롱가 사람들을 위해 해마다 지사를 임명했다.

이로써 그는 로마 귀족들에게 시민 모두가 차츰 통치자가 되는 자치제의 나라를 추구해 가도록 가르쳤다. 그도 그럴 것이 파트레스라고 부르는 귀족들조차 도무지 정치에 참여하지 않았기 때문이다. 그들에게 남은 것은 명예로운 호칭과 의복뿐이었다. 원로원 회의를 열 때도 의견을 말하지 않고 그저 형식적으로 앉아 있을 뿐이었다. 그들은 거기 모여 로물루스가 내리는 명령을 가만히 듣기만 했다. 로물루스가 모두 결정해 놓은 일을 일반 시민들보다 먼저 통보받는 것이 그들만의 특권이라면 특권이었다.

그러나 이보다 더 심각한 일은 로물루스가 전쟁에서 얻은 땅을 멋대로 군인들에게 나누어 주고, 원로원 의견도 묻지 않고 베이인 인질들을 돌려보낸 것이다. 이는 분명히 원로원을 비웃은 듯이 보였다.

이 일이 있은 지 얼마 지나지 않아 로물루스가 갑자기 행방불명되었다. 자연히 시민들 의혹의 눈길은 원로원으로 쏠렸다. 그가 홀연히 사라진 것은 오늘날의 율리우스 달, 그 무렵에 퀸틸리스라고 불렸던 7월 7일이었다. 로물루스의 최후에 대해 날짜 말고는 정확한 기록도 정설도 없다.

그러나 이렇게 이상한 일들이 생기는 것은 그리 놀라운 일도 아니다. 스키피오 아프리카누스가 저녁을 먹은 뒤에 갑자기 죽었을 때에도 확실한 이유나 증거가 없었다. 그에 대해 본디 선천적으로 병이 있었는데 홀로 지내다가 그렇게 된 거다, 음독 자살이다, 그의 적이 밤에 나타나 목 졸라 죽였다는 등 여러 말이 많았다. 그의 시신이 사람들에게 공개되었으므로 온갖 억측이 생겨난 것이다.

하지만 로물루스는 갑자기 사라졌고, 몸의 일부라든가 머리카락 한 올도 발견되지 않았다. 어떤 사람은 불카누스 신전에서 원로원 의원들이 회의를 하던 중 로물루스를 죽이고 토막을 내서 저마다 옷 속에 숨겨 가지고 갔다는 억측을 하기도 한다. 또 다른 사람들은 로물루스가 행방불명된 곳은 신전이 아니라 시 외곽에 있는 염소늪 근처이며, 민중과 회의를 열고 있었을 때라고 한다. 로물루스가 염소늪 옆에서 민중에게 열변을 토하고 있을 때 갑자기 하늘에 이상한 변화가 생겼다. 해가 빛을 잃어 주위가 캄캄해지더니 하늘이 찢어질 듯 벼락이 떨어졌다. 뒤이어 폭풍우가 휘몰아치고 사나운 소나기가 쏟아져 사람들은 헐레벌떡 흩어졌다. 그러나 귀족들은 비바람에 아랑곳없이 그 자리에 모여 있었다. 잠시 뒤 폭풍이 걷히고 해가 다시 빛을 내자 사람들이 하나둘 모여들었지만 로물루스의 모습은 보이지 않았다. 귀족들은 왕을 찾을 필요가 없다고 했다. 로물루스는 신의 부름을 받아 하늘로 올라갔으니 이제부터는 시민을 지켜주는 수호신이 된 그를 숭배하며 경외하라고 했다.

사람들은 대부분 이 말을 그대로 믿고 기뻐하며 그에게 기도를 올리고 돌아갔다. 하지만 더러는 의원들에게 날카롭게 질문을 던지며, 그들이 로물루스를 죽여놓고 시민들을 농락한다고 비난하기도 했다.

한편 알바롱가에서 이민 온 귀족 출신 가운데 성품이 고상한 율리우스 프로쿨루스라는 사람이 있었다. 그는 로물루스의 신임을 받았으며 둘은 친한 친구였다. 이 사람은 법정에 나와 신성한 선서를 한 다음 사람들에게 말했다.

"내가 길을 걸어가고 있을 때였소. 맞은편에서 로물루스가 걸어오는 게 보이더군요. 그런데 그의 모습이 평소와는 조금 달라 보였지요. 눈이 부시도록 찬란한 갑옷을 입고 그 어느 때보다도 풍채가 장대해 보였습니다. 나는 깜짝 놀라 물었소. '왕이시여, 어찌하여 저희에게 이렇게 억울한 비난을 받게 하십니까? 왜 모든 시민을 끝없는 슬픔 속에 빠뜨리십니까?' 하고 말이오."

그러자 로물루스는 이렇게 말했다고 한다.

"프로쿨루스여, 내가 인간 세상에서 인간들과 함께 살면서 최고의 권세와 영광을 받고 이와 같은 로마 도시를 세웠소. 그러니 이제 다시 하늘로 돌아감이 마땅하다는 것이 신들의 뜻이오. 건강히 잘 지내시오. 그리고 로마 사람들에게 전하시오. 용기를 가지고 사려 깊게 행동하다 보면 최고 권력을 얻게 될 것이라고 말이오. 나는 퀴리누스 신이 되어 영원히 여러분을 보호할 것이오."

프로쿨루스가 성실하게 맹세하는 태도를 본 로마 사람들은 그의 말을 굳게 믿었다. 거기에는 신성한 기운이 감돌아 아무도 그의 말에 이의를 제기하지 않았다. 그들은 모든 의심과 비난을 거두고 퀴리누스 신의 이름을 부르며 기도를 올렸다.

이 이야기는 헬라스 사람들이 전하는 프로콘네수스의 아리스테아스와 아스티팔라리아의 클레오메데스 이야기와 비슷하다. 그 전설에 따르면, 아리스테아스는 시내 어느 세탁소에서 죽었는데 친구들이 달려가 보니 시신이 보이지 않았다. 그때 마침 외국 여행에서 돌아오는 사람들이 이곳을 지나가며 크로톤으로 가는 아리스테아스를 만났다고 했다.

클레오메데스는 체격이 크고 체력도 강했지만 우둔하며 광기가 있는 사람이었다. 이 사람은 난폭한 행동을 숱하게 저질렀다. 어느 날 그는 학교 기둥을 주먹으로 쳐서 중간을 부러뜨렸다. 학교는 바로 무너져 내렸고 안에 있던 아이들은 깔려 죽었다. 그는 사람들에게 쫓겨 황급히 큰 나무 상자 속으로 들어가 안에서 문을 꼭 잡고 있었다. 사람들이 애를 써보았지만 도무지 문을 열 수가 없었다. 그래서 그 상자를 때려부수었는데 안에는 아무도 없었다. 놀란 사람들이 델포이에 사신을 보내 신탁을 물었더니 다음과 같은 응답이 내려왔다.

이 세상 마지막 영웅은 아스티팔라리아의 클레오메데스이어라.

또 알크메네를 묻어주러 가는 길에 그의 시신이 사라지고 대신 상여 위에 돌이 하나 있었다는 이야기도 전해진다. 이는 흔한 이야깃거리지만 현실적이지 못하다. 인간의 죽음을 신격화한 것이다. 인간의 덕행이 보여주는 신성함을 부정하는 일도 불경스럽지만, 인간을 신과 혼동하는 것은 더욱 어리석다.

이를 고집하고 싶다면 핀다로스처럼, 모든 사람의 육신은 반드시 죽음으로 가지만 영혼은 신에서 온 것이므로 영혼만은 남는다고 말할 수밖에 없으리라.

영혼은 신으로부터 와서 신에게로 돌아간다. 그러나 영혼과 육신이 함께 가는 게 아니라 육신과 가능한 한 멀리 떨어져 극도로 순수한 영혼만이 신에게 다가간다. 헤라클레이토스의 말처럼, 가장 숭고한 영혼은 번갯불이 구름 사이를 가르고 번쩍이듯이 육체를 가르고 빈쩍 뒤어나온다. 그러니 육신의 욕망으로 가득 찬 영혼은 무겁게 깔린 안개처럼 육체의 속박으로부터 튀어나오기 어렵고, 다시 신에게로 돌아가기 어렵다. 그러므로 아무리 선한 사람이라도 자연의 이치를 거스르고 육체와 함께 하늘로 올라갈 수는 없다. 오히려 자연법칙에 순종하며 인간에서 반신의 경지, 반신에서 다시 정령의 상태를 통과할 때 비로소 신에게로 다가가 영원한 평온을 누리게 된다. 이러한 이치는 인간이 만든 게 아니라 하늘의 이치를 따른 진리이다.

로물루스에게 붙여진 퀴리누스라는 이름은 군신 마르스를 뜻한다는 사람도 있고, 로마 시민을 뜻하는 퀴리테스에 어원을 두고 있다고도 한다. 옛날 사람들은 창날이나 창을 '퀴리스'라 불렀고, 창끝을 잡고 있는 유노의 조각상을 유노 퀴리티스라고 했다. 또 레기아에 세워진 창을 마르스라고 부르고 전쟁에서 큰 공을 세운 사람에게도 상으로 창을 주는 관습이 있었으므로, 퀴리누스는 전쟁의 신 마르스를 뜻한다고 해석하는 사람도 있다.

로물루스 이름을 딴 퀴리누스 산 위에는 그를 모신 신전이 있다. 사람들은 그가 사라진 이날을 '아무도 없는 날'이나 '노나이 카프로티나이'라 부른다. 이 날은 모든 사람이 염소늪으로 제사를 지내러 가므로 거리에서 사람들을 찾아볼 수 없고, 라틴어로 염소를 '카프라'라고 하기 때문이다.

제사를 지내러 가는 사람들은 마르쿠스, 루키우스, 카이우스라는 로마 사람들의 이름을 부른다. 이것은 로물루스가 없어진 그날의 공포와 혼란을 본떠 생겨난 풍습이다. 그러나 다른 이야기로는 이것이 서로 달아나며 외치는 소리가 아니라 기쁨에 들뜬 소리라고 하며, 다음과 같은 이유를 든다.

로마를 점령했던 갈리아군을 몰아낸 뒤 도시는 여전히 피폐해져 있었다. 그때 리비우스 포스투미우스라는 사람이 지휘하는 라티움군이 공격해 왔다. 그는 시 외곽에 머무르며 전령을 보내와 오래전에 맺은 친선 관계를 다시 되살리고 싶다고 말했다. 그리고 두 종족의 혼인으로 동맹을 맺어야 하니 로마의 모든 처녀와 과부들을 보내달라고 요구했다. 사비니족과 처음에 이런 방법으로 우호 관계를 맺은 것처럼 라티움군과도 동맹을 맺자는 말이었다.

이 말을 들은 로마는 전쟁을 하기는 두렵고 여자들을 보내는 것은 포로를 보내는 것과 다름없으므로, 한참 동안 결정을 내리지 못하고 망설였다. 그때 필로티스, 어떤 사람은 투톨라라고 주장하는 여종이 앞으로 나와 계책을 내놓았다. 그녀는 자신과 함께 아름다운 여종들을 자유인처럼 꾸며 적에게 보내라고 했다. 그러면 밤중에 횃불을 올릴 테니 그 신호를 보고 쳐들어와 잠든 적군을 모조리 죽이라고 했다.

라티움족이 그녀들을 받아들였으므로 작전은 실행되었다. 밤이 깊어지고 라티움 병사들이 모두 잠들자, 필로티스는 횃불을 들고 무화과나무로 올라갔다. 그녀는 횃불이 적군에게는 보이지 않고 로마군에게만 확실히 보일 수 있도록, 등 뒤에 천을 둘러 불빛이 새어나가지 않게 했다. 신호를 본 로마군은 재빨리 쳐들어갔다. 그들은 마음이 급한 나머지 적진 문 앞에서 서로의 이름을 여러 번 불렀다. 이렇게 적들이 예상하지 못한 순간에 덮쳐 그들을 무찔렀으므로 로마인들은 이날을 기념일로 정했다. 이 기념일을 카프로티나라 하는데 이는 로마인들이 무화과나무를 '카프리피쿠스', 즉 염소의 나무라고 부른 데서 유래한다. 이날에 로마 사람들은 무화과나무 가지로 덮은 정자에서 여자들에게 맛있는 음식을 대접하며 즐겁게 논다. 여종들도 몰려와 이 주위를 천천히 돌며 놀다가 나중에는 서로 돌을 던지면서 논다. 이것은 여종들도 로마군 옆에서 함께 도와 싸웠다는 것을 상징하는 놀이이다. 그러나 이 이야기를 인정하는 역사가는 그리 많지 않다. 한낮에 서로의 이름을 부르는 일이나, 제사를 지내기 위해 염소늪으로 걸어가는 것은 차라리 앞서 기술한 이야기와 더 맞아떨어진다. 하지만 이 두 가지 사건이 서로 시대가 다른 같은 날에 일어난 일이라고 한다면 이야기는 또 달라진다.

로물루스는 왕위에 오른 지 38년째 되던 해 이 세상에서 사라졌다. 그때 그의 나이 54세였다.

테세우스와 로물루스의 비교

　이제까지가 로물루스와 테세우스에 대해 내가 모은 값진 기록 모두이다. 테세우스는 트로이젠의 왕위를 물려받아 편안하고 호화로운 지배자의 삶을 보낼 수 있었는데도 스스로 평생 영웅적 행위를 갈구했다. 이와 달리 로물루스는 그 무렵 처해 있던 노예 신분과 형벌에 대한 두려움 때문에 어쩔 수 없이 용감해진 경우이다. 언제 심한 고문을 당하거나 죽게 될지 모른다는 공포가 도리어 위대한 대업을 이루게 한 원동력이 되었다.

　로물루스가 세운 가장 큰 업적은 알바롱가의 폭군 아물리우스를 죽인 것뿐이다. 그러나 테세우스는 스키론, 시니스, 프로크루스테스, 코리네테스(페리페테스) 등을 어렵잖게 처치했다. 그것은 위대한 성과를 거두기 위한 준비에 지나지 않았다. 테세우스는 폭군과 악인들을 죽이고 헬라스를 압제자로부터 해방시켰다. 하지만 헬라스인들은 그가 자신들을 구원해 준 사람임을 미처 알지 못했다. 테세우스는 도적의 방해를 받지 않고 무사히 바다로 아테나이까지 건너올 수 있었다. 하지만 로물루스는 아물리우스가 살아 있는 동안 문제를 피할수가 없었다.

　이를 잘 보여주는 예로 다음같은 것이 있다. 테세우스는 자신에게 피해를 주지 않는 악당들도 다른 사람들을 위해 없앴다. 그러나 로물루스와 레무스는 폭군 아물리우스가 아무리 백성들을 괴롭혀도 자기들에게 직접적인 해를 입히지 않는 한 상관하지 않았다. 사비니족과 전투를 벌여 상처 입은 것, 아크론

왕을 죽인 것, 전쟁에서 수많은 적을 무찌른 것은 로물루스의 큰 업적이다. 그렇다고 해도 테세우스는 켄타우로스와 전투를 치르고 아마조네스군과 싸웠으므로 서로 견줄 만하다.

테세우스는 엄청난 위험을 무릅쓰고 자진해서 크레테의 제물이 되었으며, 이는 국민에 대한 사랑과 진정한 용기가 없었다면 불가능한 일이었다. 그는 어느 짐승의 먹이가 될 수도 있었다. 또는 안드로게오스의 무덤에 제물로 바쳐지거나 하인으로 전락해 가혹한 주인 밑에서 평생 굴욕을 당할 수도 있었다. 그것이 얼마나 큰 용기였으며 또 공익을 위하는 정의감이었는지, 명예와 공명심을 그가 얼마나 갈망했는지는 말로 나타낼 수 없을 정도이다.

그러므로 철학자들이 사랑에 대해 '어린아이들을 돌보기 위한 신들의 봉사'라고 정의한 것은 아주 적절한 말이다. 테세우스에 대한 아리아드네의 사랑은 테세우스를 구하기 위한 신의 섭리였다고 할 수 있다. 그러니 사랑에 빠진 아리아드네를 비난할 게 아니라 모든 젊은 남녀가 어째서 테세우스를 사랑하지 않았는지를 놀라워해야 할 것이다. 만일 그녀만이 사랑에 빠진 것이라면 그녀는 신의 사랑을 받을 만한 가치 있는 사람이라고 감히 주장하고 싶다. 그녀는 아름답고 선하며 가장 고귀한 사람을 연모했기 때문이다.

테세우스와 로물루스는 타고난 정치가들이었다. 그러나 그 둘 모두 전통적인 왕으로 끝까지 살아가지 못하고 길을 벗어났다. 테세우스는 민주적으로 기울었고 로물루스는 독재로 기울었다. 두 사람은 상반된 정열을 지녔지만 똑같은 함정에 빠지고 말았다. 통치자의 가장 큰 임무는 통치권을 유지하는 일이다. 그것은 정당한 일을 꿋꿋하게 행하는 동시에 부당한 일은 되도록 피함으로써 유지될 수 있다. 지나치게 너그럽거나 엄격하면 더는 통치자라고 할 수 없다. 그런 통치자는 민중의 노리개가 되거나 독재자가 되어 시민들로부터 멸시와 증오를 받게 될 것이다. 테세우스가 너그러움이 지나쳤다면 로물루스는 오만과 잔학함으로 인해 실정을 저지른 것이다.

만약 인간의 운명이 신이 아닌 개인의 성격이나 감정에 따라 휘둘리는 것이라면, 로물루스가 동생을 죽인 일이나 테세우스가 이성을 잃고 아들에게 분노를 터뜨린 일들을 용서할 사람은 아무도 없을 것이다.

하지만 그들이 이토록 분노한 까닭을 생각해 보면 그들을 이해할 길이 아주 없는 것도 아니다. 한 번이라도 얻어맞아 쓰러져 본 사람들은 더 큰 원인으로 심한 타격을 받아 쓰러진 사람의 심정을 아주 잘 이해하리라.

로물루스는 공적인 문제로 동생과 의견이 충돌했으므로, 동생을 죽인 일이 갑작스런 분노에 휩싸여 어쩔 수 없이 저지른 실수였다고는 누구도 인정하지 않는다. 하지만 테세우스는 다르다. 그는 인간이라면 쉽게 피해갈 수 없는 애정과 질투에 눈이 멀었고, 아내의 모함에 이끌려 아들에게 저주와 분노를 퍼부었다. 더욱 중요한 점은 로물루스는 화가 나서 아우에게 돌이킬 수 없는 불행한 행동을 저질렀지만, 테세우스는 오직 말로써 늙은이다운 저주와 욕을 퍼부은 것에 그쳤다. 그 뒤 그의 아들이 당한 재난은 순전히 그에게 주어진 불행한 운명일 뿐이었다. 그러므로 우리는 테세우스에게 보다 유리한 판단을 내리게 된다.

그러나 한편으로 로물루스는 미천한 지위에서 시작해 훌륭한 업적을 이룩했다는 점에서 높은 평가를 받을 만하다. 두 형제는 노예이자 돼지치기의 아들로 태어났지만 자유의 몸이 되기도 전에 적으로부터 라티움 민족을 해방했다. 그리고 적을 물리친 애국자, 라티움 민족의 구원자, 왕, 도시의 건설자라는 여러 명성을 얻었다. 하지만 테세우스는 사람들을 하나로 모아 도시를 일으켰을 뿐 옛날의 유명한 왕이나 영웅의 이름을 가진 도시를 점령하지는 않았다.

물론 로물루스도 나중에는 강제로 적들의 도시를 파괴하고 불모지로 만든 뒤 점령한 도시 주민들을 로마로 옮겨 함께 살도록 했다. 그러나 처음에는 이미 사람이 살고 있는 도시를 변화시키지 않고 새로운 땅을 개척했다. 국토와 조국과 왕국과 부족과 민족으로 통합해 모두 함께 손을 합쳐, 한 사람도 죽이지 않고 어떤 도시도 파멸시키지 않았다. 로물루스는 집과 가정을 갖고 싶어하고 시민이 되기를 원하는 사람들에게 은혜를 베풀었다. 강도와 불량배들도 죽이지 않았다. 오직 전쟁을 일으켜 다른 모든 종족을 합병하고 도시를 정복해, 왕과 장군들을 이끌고 개선 행진을 했다.

그의 동생인 레무스를 죽인 살인자가 누구였는지는 논란의 여지가 많다. 많은 역사가들이 살인자로 로물루스가 아닌 저마다 다른 사람을 지목하기 때문이다. 그러나 로물루스가 위기에 처한 어머니를 구한 것과, 존경도 받지 못하고 수치스러운 노예처럼 살던 할아버지를 아이네아스의 왕위에 앉힌 것은 확실하다. 더구나 그는 적극적으로 선행을 베풀고, 실수로라도 할아버지에게 해를 끼친 일이 없었다.

이와 달리, 무사히 돌아오면 검은 돛을 흰 돛으로 바꿔 달라는 아버지의 명령을 소홀히 여겨 잊어버린 테세우스의 행동은 아무리 너그러운 재판관에게 호소한다 해도 아버지를 죽게 한 죄를 면치 못할 만큼 경솔했다. 심지어 어떤 역사가는 거짓으로 이야기를 꾸며내기도 했다. 늙은 아이게우스가 아들이 돌아왔다는 소식을 듣고 급히 아크로폴리스로 달려가다가 미끄러져 죽었다는 것이다. 그러나 한 나라의 왕이 시종도 거느리지 않고 홀로 바닷가까지 달려가다가 사고를 당했다는 것이 과연 이해할 수 있는 말인가?

또 테세우스는 여자들을 납치한 일에 대해서도 변명의 여지가 그다지 없다. 첫째로 그는 빈번히 여자들을 납치했다. 그는 아리아드네, 안티오페, 트로이젠의 아낙소 그리고 헬레네까지 납치했다. 무엇보다 그가 노인이 되어서까지 어린 헬레네를 납치한 일은 이해할 수 없는 행동이다. 두 번째는 납치를 해온 이유에 있다. 트로이젠 여인들이나 라코니아 여인들, 아마조네스 여인들과는 정식으로 결혼을 하지도 않았다. 그녀들이 아테나이 에레크테우스 집안이나 케크로프스 집안에서 데리고 온 여자들보다 아이를 더 잘 낳았기 때문도 아니었다. 그러므로 그의 이런 행동은 오직 쾌락을 즐기기 위함이었다고 여길 수밖에 없다.

한편 로물루스는 800명이 넘는 여인들을 납치했다. 그러나 헤르실리아와 결혼하고, 나머지 여인들은 아직 결혼하지 않은 시민들과 맺어주었다고 한다. 그 뒤로도 그는 납치해 온 여인들을 존중했으며 로마 시민으로서 정당한 대우를 받도록 해주었다. 마침내 그가 이런 죄를 저지른 것은 공동체에 있어서 가장 훌륭한 정치적 수단이었음을 알 수 있다. 이러한 여러 종족끼리의 혼인으로 민족적 결속력을 다지고 여러 민족을 융합할 수 있었다. 또 이로써 먼 장래까지 서로 협력할 수 있는 안정적 기반을 다지게 되었다.

로마 결혼 제도가 부부 사이의 존경과 사랑을 확립했다는 사실은 세월이 증명한다. 그 뒤 230년 동안 로마에서는 단 한 쌍의 부부도 이혼한 일이 없었다. 그러나 헬라스인들이 최초로 부모를 죽인 사람의 이름을 기억하듯 로마인들은 최초로 아내를 버린 사람을 기억하고 있다. 바로 스푸리우스 카르빌리우스이다. 그는 아이를 낳지 못한다는 이유로 아내를 버린 최초의 남자였다.

또 로물루스의 위대함은 그의 업적이 오래도록 남아 증명해 준다. 두 사람이 함께 나라를 다스리고, 두 부족이 공동으로 참정권을 가질 수 있었던 것도 모두 이 혼인 정책 때문이다.

그러나 테세우스가 저지른 강제 결혼은 아테나이인들에게 다른 도시와의 동맹이나 교류를 이루어주지는 못했다. 오히려 그들의 적의를 불러와 전쟁이 일어나고 민족끼리 서로를 죽였으며, 아피드나이 시를 빼앗기고 말았다. 시민들은 적군을 신처럼 숭배하고 떠받들어 그들의 동정을 얻음으로써 파리스가 트로이에 가져온 운명을 가까스로 피할 수 있었다. 하지만 테세우스의 어머니가 포로로 붙잡혀 갔다는 이야기가 진실—왜냐하면 이 이야기의 거의가 허구인 경우가 많다—이라면, 그녀는 위험에 빠졌을 뿐 아니라 파리스의 어머니인 헤쿠바처럼 아들에게서 버림받을 운명을 맞은 것이다.

테세우스와 로물루스의 생애에 영향을 미친 신의 행동에도 커다란 차이가 있다. 로물루스는 신들의 총애를 받아 일생을 보호 속에서 살았다. 그러나 테세우스의 아버지 아이게우스에게 내려온 신탁은 외국의 여인을 멀리하라는 것이었다. 그러므로 신탁을 어기고 태어난 테세우스는 그 탄생부터가 신의 뜻과 어긋난 일이었다고 볼 수 있다.

리쿠르고스(LYCURGUS)

　스파르타의 법령을 만든 리쿠르고스에 대해서는 확실치 않은 기록들이 전해 온다. 역사학자들마다 주장하는 의견도 서로 다르다. 그의 출생, 죽음, 생애, 리쿠르고스네 가족과 해외 여행기, 그리고 그의 전성기에 대해 서로 다른 주장들이 많다. 특히 법과 제도를 제정한 위업에 대해서는 여러 이야기와 기록들이 남아 있다. 그러나 이런저런 논의들 가운데 가장 일치를 보이지 않는 것은 이 사람이 살았던 시대에 대한 이야기들이다.

　어떤 이들의 기록에 따르면, 리쿠르고스는 이피토스와 나이가 비슷하며 한 시대에 살았다고 한다. 두 사람은 올림피아 제전이 열리는 동안만은 모든 도시가 휴전을 해야 한다는 법령을 마련했다. 철학자 아리스토텔레스도 이처럼 주장한다. 그는 올림피아 제전에서 오래도록 쓰이던 구리 고리를 그 증거로 들었다. 그 구리 고리에는 오래전에 새겨진 리쿠르고스의 이름이 남아 있다고 한다.

　또 에라토스테네스와 아폴로도로스는 스파르타 왕위 계승권을 바탕으로 시대를 계산한 결과, 리쿠르고스가 첫 올림피아 제전보다 훨씬 더 옛사람임을 밝히고 있다.

　티마이오스는 리쿠르고스라는 이름을 가진 사람이 스파르타에 둘이 있었다고 한다. 그 둘은 서로 다른 시대에 살았지만 그 가운데 한 사람이 아주 유명했으므로 두 사람이 세운 공로가 마치 그 한 사람이 모두 한 일처럼 전해져 온다는 것이다. 티마이오스는 둘 가운데 먼저 태어난 리쿠르고스가 호메로스와 같은 시대에 살았다고 추측한다. 어떤 이들은 그가 호메로스를 만난 일도 있었다는 주장을 하기도 한다. 크세노폰은 저서에서 리쿠르고스가 헤라클레이다이와 같은 시대 인물이라고 기록했다. 그는 리쿠르고스를 아주 먼 옛날에 태어난 사람으로 짐작하고 그가 헤라클레스 최초 직계 후손이었다고 말하려는 것 같다.

이러한 혼란과 모호한 기록들 사이에서도 나는 리쿠르고스의 생애를 재구성해 보려 애쓸 것이다. 모순이 가장 적은 기록과 믿을 만한 역사학자들의 말을 근거로 리쿠르고스에 대한 이야기를 시작하려 한다.

시인 시모니데스는 리쿠르고스의 아버지가 에우노모스가 아니라 프리타니스라고 말한다. 하지만 작가들 대부분은 리쿠르고스 계보를 이렇게 추정한다. 소우스는 프로클레스 아들이고, 아리스토데무스의 손자이다. 소우스는 에우리폰을 낳았고, 에우리폰은 프리타니스를, 프리타니스는 에우노모스를 낳았다. 에우노모스는 아들 둘이 있었는데, 첫째 아내에게서 폴리데크테스를, 둘째 아내 디오나사에게서 리쿠르고스를 얻었다. 디에우티키데스에 따르면 리쿠르고스는 프로클레스 6대 손이며 헤라클레스 11대 손이 된다.

리쿠르고스 조상들 가운데 가장 존경받던 인물은 소우스였다. 소우스는 스파르타 사람들을 이끌고 헬롯 사람들을 정복해 아르카디아 영토 대부분을 차지했다.

소우스 왕에 대해 한 이야기가 전해진다. 그가 이끌던 스파르타군이 클레이토리아군에 포위되었을 때 일이다. 주위는 온통 메마른 땅이어서 마실 물이 전혀 없었다. 스파르타군은 심한 갈증으로 고통을 받고 있었다. 마침내 소우스 왕은 적군에게, 가장 가까운 샘에서 자신과 모든 병사가 물을 마실 수 있도록 해준다면 정복한 땅을 모두 돌려주겠다는 조건을 제시했다. 서약서에 서명을 마치자 소우스 왕은 부하 병사들을 불러 모았다. 그는 누구든 물을 마시지 않고 참는 사람에게 스파르타 왕위를 물려주겠다고 했다. 그러나 참을 수 없는 목마름을 이겨낸 병사는 한 사람도 없었다.

모든 병사들이 실컷 물을 마시자 소우스는 가장 마지막에 일어나 샘물 가까이 다가갔다. 그는 물 한 방울도 마시지 않은 채 오직 온몸에 물을 끼얹고는 돌아왔다. 그러고는 모든 사람이 물을 마신 것은 아니라고 주장하며, 정복한 땅을 클레이토리아군에게 돌려주지 않았다.

이 일로 소우스는 많은 사람들에게서 존경을 받게 되었다. 그러나 그의 집안은 소우스가 아닌 그의 아들 에우리폰의 이름을 따서 지어졌다. 에우리폰은 처음으로 전제적인 왕권을 완화했으며, 민중의 지도자가 되어 시민을 보다 존중해 주었기 때문이다. 그러자 시민들은 대범하게도 차츰 더 많은 자유를 요구해 왔다. 에우리폰의 뒤를 이은 왕들은 힘으로 민중을 압박해 민중의 미움을 받거나, 나약하게 민중의 비위를 맞추며 인기를 얻는 수밖에 없었다. 이러한 무질서와 혼란이 오랫동안 스파르타를 지배했다. 이와 같은 정치적 혼란이 끝내 리쿠르고스 아버지의 목숨을 앗아갔다. 그는 폭동을 막으려다가 백정의 칼에 찔려 죽고 말았던 것이다. 그리하여 그의 첫째 아들 폴리데크테스가 왕위를 이어받았다.

그러나 폴리데크테스 왕도 곧 죽는 바람에 왕위는 리쿠르고스에게 돌아왔다. 그는 왕이 되어 얼마간 나라를 다스렸지만 왕비인 형수가 잉태했다는 소식을 듣자 왕위에서 물러났다. 그는 만일 왕비가 왕자를 낳는다면 왕위는 그 아이 것이라고 선언했다. 또 자신은 후견인으로서 정치를 대신 맡을 뿐이라고 했다. 스파르타인들은 이러한 섭정 정치를 '프로디쿠스'라 부른다.

그런데 왕비가 뜻밖에 비밀스런 제안을 내놓았다. 아이를 유산시키고 자기와 결혼해 왕과 왕비의 자리에 오르자는 것이었다. 리쿠르고스는 왕비의 사악함에 역겨움을 느꼈지만 그 자리에서 바로 거절하지는 않았다. 오히려 왕비에게 기쁘게 받아들이겠다는 뜻을 전했다. 그는 지금 약을 먹어 아이를 유산한다면 왕비의 건강을 해칠 테니 차라리 아기가 태어나는 대로 자신이 직접 죽이겠다고 설득했다. 이렇게 그는 왕비가 해산할 때까지 그녀를 안심시켜 놓았다. 마침내 왕비는 진통을 시작했다. 그녀가 분만한다는 소식을 들은 리쿠르고스는 여자 종과 호위병을 보내 출산을 지켜보도록 했다. 그리고 만약 왕비가 딸을 낳으면 여자 종들에게 맡기고, 아들을 낳으면 자신이 어디서 무엇을 하고 있든지 곧장 자기에게 데려오라고 단단히 일렀다.

리쿠르고스가 여러 원로원 의원들과 함께 식사를 하고 있을 때 왕비는 남자아기를 낳았다. 호위병은 곧 아기를 리쿠르고스에게 데리고 왔다. 리쿠르고스는 아기를 안고 둘레에 앉은 사람들에게 말했다. "스파르타인이여, 그대들의 왕이 태어나셨소."

그는 아기를 왕좌에 눕히고 카릴라우스라 이름 지었다. 그 뜻은 '온 백성의 기쁨'이었다. 모든 사람이 리쿠르고스의 포용력과 정의로운 성품에 감탄했다.

리쿠르고스가 왕좌에 머무른 기간은 고작 8개월이었다. 그러나 시민들은 진심으로 리쿠르고스를 존경했다. 그가 왕권을 쥐고 있어서라기보다는 그의 고결한 성품을 사랑했기에 기꺼이 그에게 복종했다.

하지만 젊은 나이에 그토록 큰 영향력과 권능을 가진 그를 시기하고 적대하던 무리도 없지 않았다. 리쿠르고스에게서 모욕을 당했다고 생각한 왕비와 그 친척들이 특히 그를 못마땅하게 여겼다. 왕비의 오빠 레오디다스는 리쿠르고스 앞에서 그를 심하게 욕하며, 그가 왕이 되고 싶어하는 것을 모두 알고 있다고 떠들어댔다. 어린 왕에게 무슨 일이라도 생긴다면, 리쿠르고스의 음모처럼 꾸며 그에게 죄를 덮어씌우기 위해서였다. 마침내 이러한 소문은 온 도시 안에 널리 퍼져나갔다.

리쿠르고스는 이런 소문에 상처받고 매우 괴로워했다. 그는 자신 때문에 어린 왕에게 불행이 닥쳐올 것을 두려워했다. 그래서 스스로 나라를 떠나, 조카가 자라서 결혼하고 다음 대를 이을 왕자를 낳을 때까지 나라 밖 이곳저곳을 떠돌아다니기로 마음먹었다.

여행길에 오른 리쿠르고스는 가장 먼저 크레테에 다다랐다. 그곳에서 그는 정부 체제를 연구하며 정계의 유명한 인물들과 가까이 사귀었다. 또한 고국으로 돌아가면 채택하려고 크레테의 여러 법과 제도 가운데 높이 평가할 만한 것과 쓸모없는 것을 가려냈다.

크레테 사람 가운데 현자이자 정치가로 인정받던 탈레스라는 사람이 있었다. 리쿠르고스는 그에게 우정을 느껴 스파르타로 와달라고 설득했다. 탈레스는 스파르타에서 한낱 떠돌이 서정 시인에 지나지 않는 듯 행세했지만 실은 세상에서 가장 능력 있는 법률가의 한 사람이었다. 그의 시는 형식의 조화와 균형을 중시하며 은근한 질서를 전달하는 언어로 이루어졌고 듣는 사람들의 정서에 깊은 영향을 미쳤다. 사람들은 그의 시를 듣고 마음이 온화해졌다. 그들의 개인적인 욕심이나 악의는 아름다움을 향한 열정으로 바뀌어 다시 새롭게 단합할 수 있었다. 그러므로 탈레스는 진정 리쿠르고스의 교육 제도에 대한 길을 닦아놓았다고 할 수 있다.

리쿠르고스는 크레테에서 배를 타고 소아시아로 갔다. 사람들 말에 따르면 그는 검소와 절제의 생활 방식을 가진 크레테인과, 사치와 호방한 생활 방식을 가진 이오니아인을 비교하러 갔다고 한다. 이는 마치 의사가 건강한 신체와 병든 환자의 신체를 견주는 것과 같았다.

리쿠르고스는 이곳에서 호메로스의 시를 처음으로 접했다. 그것은 아마 크레오필루스의 자손들이 보존해 오고 있었을 것이다. 호메로스의 시에는 쾌락과 유희의 생활 방식에 대한 찬미와 함께, 인간이 추구해야 할 가치 있는 교훈이나 정치적 본보기도 담겨 있었다. 리쿠르고스는 감탄하며 고국으로 가지고 가기 위해 시의 원본을 베끼고 순서대로 정리했다. 그때만 해도 호메로스의 시는 헬라스인들 사이에서 큰 명성을 얻지는 못했으며, 알음알음 단편적으로 퍼져 나갈 뿐이었다. 호메로스의 시를 최초로 세상에 알려 유명하게 만든 사람은 리쿠르고스였다.

아이귑토스로 간 리쿠르고스는 아이귑토스인들이 군인과 일반인을 엄격히 분리한 것을 보고 매우 깊은 인상을 받았다. 그는 이 제도를 스파르타에도 적용해 국가의 계급을 체계화함으로써, 스파르타를 품격과 아름다움을 가진 나라로 만들었다. 이와 같은 이야기는 헬라스의 저서 가운데에도 남아 있다. 하지만 리쿠르고스가 이베리아와 아프리카 등지로 여행했다는 것과, 인디아 여행에서 알몸 수도사들과 만났다는 것은 스파르타인 히파르쿠스의 아들 아리스토크라테스의 저서에만 있는 이야기다.

한편 많은 스파르타 사람들은 나라를 떠난 리쿠르고스를 무척 그리워했다. 그들은 거듭 사람을 보내 리쿠르고스에게 고국으로 돌아오라는 뜻을 전했다. 그때 스파르타의 왕들은 칭호와 명예를 제외하고는 일반 대중보다 더 나은 점이 하나도 없었다. 오직 리쿠르고스만이 지도자적 자질로 사람들을 이끌어 줄 실력을 가진 사람이었다. 심지어 스파르타의 왕들까지도 리쿠르고스가 돌아오기를 바라고 있었다. 그가 있으면 대중도 난폭한 행동을 하지 않았기 때문이다.

이런 상황에서 리쿠르고스는 마침내 고국으로 돌아왔다. 그는 곧바로 국가 체제를 개선하기 위해 전면적인 개혁을 시작했다. 그는 현명한 의사가 몸이 쇠약해져 온갖 질병에 걸린 환자를 치료하듯 개혁을 단행해야 했다. 현명한 의사는 환자에게 약을 주어 체질을 완전히 다르게 바꾸고, 이에 맞는 새로운 식이 요법을 권할 것이다. 마찬가지로 리쿠르고스는 사소하고 단편적인 몇 가지 법률로는 현재 상태의 스파르타를 구제할 수 없다고 생각했다.

리쿠르고스는 아폴론에게서 신탁을 받기 위해 델포이로 가서 제물을 바쳤다. 그리고 바로 그곳에서 그 유명한 신탁을 받는다. 아폴론 신전의 여사제 피티아가 말하기를, 리쿠르고스는 신이 사랑하는 인간이라기보다는 차라리 신에 가까운 인간이라는 것이다. 또 신이 그의 뜻을 받아들였으니 그가 정한 법은 세상에서 가장 유익한 법률이 될 것이며, 그 법률을 지키는 나라는 세상에서 가장 큰 명성을 얻게 되리라고 했다.

신탁을 듣고 용기를 얻은 리쿠르고스는 귀족들을 자기편으로 만들어, 함께 개혁을 단행해 나가자고 권유했다. 그는 먼저 아주 가까운 친구들에게 은밀히 계획을 털어놓고 의논했다. 그리고 조금씩 많은 사람들에게 도움을 청해 이 개혁에 참여시켰다.

마침내 개혁을 실행할 기회가 왔다. 리쿠르고스는 반대파를 위협하기 위해, 개혁의 중심 인물 30명에게 아침 일찍 무장을 하고 시장으로 나오라고 명령했다. 헤르미푸스는 이들 가운데 가장 유명한 20명을 기록으로 남겨놓았다. 그 가운데서 리쿠르고스가 가장 신임하고, 실제로 법을 제정하는 데 누구보다 큰 도움이 된 사람은 아르티미아데스였다.

한바탕 소동이 시작되자 카릴라우스 왕은 시민들이 반란을 일으킨 것이라 여기고, 서둘러 브레이즌 하우스의 미네르바 신전 안으로 몸을 피했다. 리쿠르고스가 왕을 설득하고 해치지 않는다는 맹세를 한 다음에야 왕은 밖으로 나와 리쿠르고스의 개혁에 참여했다. 그처럼 왕은 천성이 온화하고 순했다. 그와 함께 왕위에 있었던 아르켈라우스는 카릴라우스의 성품을 칭찬하는 사람들에게 이렇게 말했다.

"악한 자들에게조차 잔인해지지 못하는 카릴라우스인데, 훌륭한 사람들에게는 어떻겠는가."

리쿠르고스의 여러 개혁 가운데 첫 번째로 실시한 가장 중요한 일은 원로원 제도를 마련한 것이었다. 원로원은 국가의 중요한 문제에 대해 왕과 같은 권한을 지닌 기관이었다. 플라톤은 원로원이 왕이 가진 전제성을 완화하며 공화국의 안녕과 평화를 유지하는 역할을 한다고 말했다. 실제로 그 무렵 공화국의 정치는 허공에 떠 있었다. 그래서 왕의 세력이 강해지면 독재정치로 기울다가 대중의 세력이 강해지면 민주정치로 치우치기를 거듭했다. 그러므로 원로원 의원 28명은 늘 중간에 서서, 왕권을 침해하려는 저항 세력이 나타나면 왕의 편이 되어주고, 한편으로는 왕권이 지나치게 커지는 것을 견제하기 위해 민주정치를 강화했다. 말하자면 원로원을 무게중심으로 균형을 잡아 가장 확고한 질서와 안정을 이룰 수 있게 한 것이다.

아리스토텔레스에 따르면, 리쿠르고스의 개혁에 가담한 30명 가운데 두 사람이 빠져나갔으므로 원로가 28명이 되었다고 한다. 그러나 스파이루스는 원로원은 처음부터 28명이었다고 한다. 아마도 28이 신비스런 숫자이기 때문인지도 모른다. 28은 7을 네 번 곱한 수이며 6 다음으로 오는 첫 번째 완전한 수이다. 하지만 나는 원로의 수를 28로 정한 까닭은 원로원 30명 가운데 두 왕도 들어 있기 때문이라고 생각한다.

리쿠르고스는 이 통치 방법에 매우 열성적이었다. 그래서 그는 이 일에 대해 델포이에서 신탁을 받으려고 무척 애썼다. 사람들은 이 신탁을 '레트라'라 불렀는데 내용은 다음과 같다. "헬라스의 제우스와 아테나에게 성전을 지어 바친 다음 사람들을 '트리베스'와 '오베스'로 나누고, 지도자까지 포함한 30명으로 구성된 원로원 회의를 열어라. 그리고 이따금 돌아오는 철마다 바비카와 크나키온 사이에서 '아펠라제인'을 하고 그곳에서 투표하게 하라. 그러면 민중은 최후의 판정과 결정을 얻게 될 것이다."

이상의 신탁 내용 가운데 '트리베스'와 '오베스'란 시민을 나누는 부족 단위를 뜻한다. 또 지도자는 왕을 가리킨다. '아펠라제인'은 소집한다는 뜻으로 수호신 아폴론의 이름에서 따온 말이다. 또 아리스토텔레스에 따르면, 바비카와 크나키온은 다리와 강을 뜻하는 말로 오늘날에는 '오이노우스'라 부른다.

그 무렵에는 마땅한 장소가 없었으므로 바비카와 크나키온 사이에서 회의를 열었다. 리쿠르고스는 조각상이나 그림, 연단과 천장의 온갖 꾸밈 같은 것은 회의에 도움이 되지 않을 뿐만 아니라 오히려 시선을 빼앗아 주의를 산만하게 만든다고 생각했다. 그때 다른 헬라스 국가들의 회의장이 그러한 장식으로 꾸며져 있었던 것이다.

이 회의에 모인 시민들은 실질적으로 발언권이 없었다. 오직 왕과 원로들이 내놓은 안건에 대해 찬성과 반대만을 표시할 수 있었다. 그러나 후세에 오면서 이 제도는 여러 번 고쳐졌다. 특히 폴리도루스와 테오폼푸스 왕은 '레트라', 즉 대법전에 다음과 같은 구절을 덧붙였다. '만약 민중이 잘못된 안건에 찬성할 경우, 왕과 원로원은 이 결정을 취소할 수 있는 권한을 갖는다.'

다시 말해 모든 정치에서 시민의 결정을 거부하고 시민을 의회의 방해자로 깎아내린 것이다. 두 왕의 농간으로 이러한 법안은 레트라의 다른 부분과 똑같은 권위를 지니게 되었다. 이런 사실은 티르타이우스의 시에도 나타난다.

> 아폴론으로부터 신탁을 들은 그들은
> 하나 빠짐없이 델포이에서 조국까지
> 그 신탁을 가지고 달려왔다네.
> 하늘이 정하신 왕들이여, 이 스파르타를 사랑하시어
> 이 나라 의회를 첫째로 세우셨나니,
> 그 다음은 원로이며 맨 마지막이 민중이라네.
> 신성한 '레트라'에 우리 모두 순종하리라.

리쿠르고스는 정치권력을 분산해 시민과 왕의 조화를 이루는 개혁을 해나 갔다. 그러나 후세 사람들은 소수 독재자들의 세력이 강해져 군주가 폭력을 마구 휘두르는 것을 보고 왕의 입에 재갈을 물리기로 했다. 그리하여 시민들은 리쿠르고스가 죽은 지 130년 만에 에포로스 제도를 만들었고, 이 제도는 테오폼푸스 왕 때 처음으로 시행되었다. 에포로스는 행정 감독관이었다. 이 권한을 임명받은 첫 에포로스는 엘라투스와 그의 동료들이었다.

어느 날 왕비는 선조들에게서 물려받은 왕의 권한을 자식들에게 조금밖에 물려줄 수 없게 되었다며 남편에게 비난을 퍼부었다. 그러자 테오폼푸스 왕은 이렇게 대답했다.

"그렇지 않소. 왕의 권력은 더욱 커진 것이오. 왜냐하면 이제부터 왕권이 더욱 오래갈 것이기 때문이오."

사실 왕의 권한이 적당한 수준으로 제한되면서 스파르타의 왕들은 적들의 시기나 여러 위험에서 벗어날 수 있었다. 그들은 적어도 이웃한 아르고스나 메세네의 왕이 맞은 재난은 결코 당하지 않았다. 이 왕들은 왕권을 너무 철저하게 고수한 나머지 대중의 요구를 무시하다가, 마침내 모든 것을 잃고 왕좌에서 쫓겨난 것이다.

스파르타와 같은 종족이며 이웃 나라인 아르고스와 메세네의 민중과 왕의 갈등이나 잘못된 정치를 본 사람이라면, 리쿠르고스가 얼마나 현명하며 선견 지명이 있었는지 잘 알 수 있으리라. 처음 세워질 때 세 나라는 여러 면에서 비슷했으며, 오히려 메세네인이나 아르고스인이 스파르타보다 유리한 점을 많이 갖고 있었다. 처음 영토를 정할 때도 이 두 국가는 스파르타보다 운이 좋은 듯 보였다.

그러나 그 행운은 그리 오래가지 않았다. 왕들의 폭력적이고 위압적인 행동은 곧 민중의 반란을 불러일으켰다. 기존 질서는 혼란에 빠지고 제도와 조직은 완전히 무너지고 말았다. 이러한 일들에 비한다면 스파르타인들은 진정 신의 축복을 받은 민족임이 분명하다. 현명하며 지혜로운 법 제정자는 스파르타의 정치에 균형과 질서를 가져다주었다. 이 이야기에 대해서는 뒤에서 다시 다루려 한다.

리쿠르고스가 실시한 두 번째 개혁은 토지를 새로 나누는 일이었다. 이는 그가 실천에 옮긴 개혁 가운데 가장 위험부담이 큰 일이었다. 그 무렵 스파르타의 토지 소유는 더없이 불평등했다. 궁핍하고 땅도 없는 사람들이 국가경제를 떠맡다시피 한 데 비해, 소수의 사람들이 나라 안 모든 토지를 차지하고 있었다.

리쿠르고스는 빈곤과 차별에서 일어나는 방만, 시기, 범죄, 사치 등 모든 무서운 병폐들을 뿌리째 없애려고 했다. 그는 부자들을 설득해 토지를 모두 거두어들여 새롭게 골고루 나누어 주기로 했다. 그리하여 부자들도 다른 사람과 같은 지위와 생활을 누리게 하며, 스스로의 용기와 덕으로 명예를 얻도록 했다. 스파르타에서는 경제적인 여건이 아니라, 오직 개인의 용기와 품위 있는 행동에서 오는 믿음만이 사람을 평가하는 유일한 잣대가 되었다.

부자들이 이 제안에 찬성하자 리쿠르고스는 바로 일을 실행했다. 그는 먼저 페이오이키 지방의 토지를 3만 개 구역으로 나누고, 스파르타 수도에 속한 토지는 9000조각으로 나누었다. 이 땅을 도시에 사는 스파르타인에게 나누어주고 나머지 땅은 시골의 시민들에게 나누어주었다. 어떤 역사가에 따르면, 리쿠르고스는 이 땅을 6000개 구역으로 나누었을 뿐이며 나중에 폴리도루스 왕이 3000개 구역을 추가로 나누었다고 한다. 그러나 또 다른 역사가들은 9000개 구역의 반은 리쿠르고스가, 나머지 반은 폴리도루스가 나눈 것이라 주장하기도 한다.

한 가구당 받는 토지에서 1년에 거둬들이는 곡식 양은 가장이 70메딤노스

($^{1메딤노스}_{는 52.5리터}$), 아내가 20메딤노스, 그리고 적당한 기름과 포도주를 만들어 낼 수 있도록 배정했다. 리쿠르고스는 이쯤의 식량이면 시민들이 살아가기에 충분하다고 여겼다.

토지개혁을 마친 리쿠르고스가 여행길에 시골을 지나가니 때마침 갓 익은 곡식을 수확하는 가을걷이철이었다. 똑같은 분량의 곡식단들이 나란히 쌓여 있는 것이 보였다. 그는 웃으면서, 라코니아 사람들이 유산을 똑같이 나눠받은 형제들 같아 보인다고 주위에 말했다.

그러나 리쿠르고스는 여기에 만족하지 않았다. 그는 모든 불평등을 완전히 뿌리뽑기 위해 돈도 재분배하기로 결심했다. 하지만 이 일을 드러내놓고 추진하면 사람들이 순순히 돈을 내놓을 리가 없었다. 리쿠르고스는 우회적 방법으로 그들의 탐욕을 꺾어놓았다.

그는 먼저 모든 금화와 은화를 없애고 구리 동전만 쓴다고 선포했다. 구리돈은 크고 무거운데다가 그다지 가치는 없었다. 그래서 10므나($^{1므나는}_{드라크메}^{100}$)의 돈을 보관하려면 큰 주머니가 필요했다. 또 운반이라도 하려면 커다란 황소가 끄는 수레가 있어야 했다. 마침내 사람들은 번거롭기만 한 돈을 기피하게 되었으며, 범죄가 차츰 사라졌다. 숨길 수도 없었으며, 갖고 있다고 해서 사람들이 부러워하는 것도 아니었다. 잘라서 가지고 다니려 해도 가치가 없으니 누가 이 쓸모없는 것을 애써 훔치거나 뇌물로 받고 싶어하겠는가. 또 사기를 칠 필요도 없었고, 강도 짓을 해서 빼앗을 필요도 없어졌다. 더구나 사람들 말에 따르면, 리쿠르고스는 이 동전을 만들 때 구리를 벌겋게 달군 뒤 차갑게 식힌 식초를 부어서 굳히게 했다. 이렇게 하면 깨뜨리거나 녹여서 다른 물건으로 가공할 수도 없었다. 망가진 구리 동전은 쓸모없는 애물단지였다.

그다음 리쿠르고스는 생활에 필요가 없는 사치스러운 예술을 모두 추방한다고 선포했다. 그러나 이러한 선포를 내리지 않아도 대부분의 예술은 금과 은의 운명을 따라 사라지게 될 것이었다. 스파르타 동전은 헬라스의 다른 나라로 운반할 수도 없고, 해외로 가지고 나간다 해도 통용되기는커녕 외국인들의 비웃음만 살 뿐이기 때문이었다.

그러므로 이제는 외국의 작은 사치품조차 구입할 수 없게 되었다. 상인들도 라코니아 항구에 배를 들이지 않았고, 교사·점술가·조각가·매춘부·금은 세공사들도 돈이 없는 스파르타에는 들어오지 않았다. 사치는 차츰 설 땅을 잃어

마침내 스파르타에서 흔적도 없이 사라져 버리고 말았다.

부자들은 재산을 사람들에게 자랑할 길이 없어졌다. 오직 집 안에만 쌓아두고 구경하는 일밖에는 아무짝에도 쓸모가 없었다. 그래서 사람들은 일상에 꼭 필요한 생활용품을 만드는 데 뛰어난 예술가가 되었다. 침상이나 의자, 책상 등을 만들 때는 뛰어난 솜씨를 발휘했는데, 특히 컵을 만드는 기술이 매우 뛰어났다. 크리티아스가 전하는 바에 따르면, 원정 나갈 때 가지고 다니던 컵은 병사들 사이에서 평판이 좋았다고 한다. 병사들은 어쩔 수 없이 더러운 물을 마셔야 했는데, 이 컵은 물 색깔이 보이지 않도록 진한 색으로 칠해져 있고 또 안이 진흙으로 만들어져 불순물들을 흡수해 깨끗한 물만 남도록 고안되었다. 시민들은 이 또한 법률 제정자 리쿠르고스 덕분이라고 생각했다. 리쿠르고스는 쓸데없는 물건을 만들어야 하는 예술가들을 해방해 생활필수품을 아름답게 만드는 일에 솜씨를 발휘하도록 했다.

리쿠르고스가 실시한 세 번째 개혁 정책은 사치와 재물에 대한 욕심을 없애기 위한 마지막 결정타였다. 리쿠르고스는 사람들이 모두 한곳에 모여 함께 식사를 하고, 똑같은 빵과 고기를 먹도록 정했다. 집에서 호화로운 침상에만 누워서 음식 장사꾼이나 요리사가 차려주는 것만 먹으며 인생을 낭비하는 일이 없도록 하기 위해서였다. 리쿠르고스는 온몸 구석구석을 살찌우는 생활은 몸뿐 아니라 정신까지 병들게 한다고 생각했다. 탐욕과 과식으로 시달린 몸은 나른한 잠과 따뜻한 목욕물, 그리고 게으름을 끊임없이 요구한다. 어떤 의미로 그들은 언제나 누군가 옆에 붙어 돌봐주지 않으면 안 되는 병자라고도 할 수 있다.

사실 이것은 위대한 일이었다. 함께 식사하고 생활 속의 검약을 실천하면서 부(富)는 더 이상 부러움의 대상이 아니었다. 그러나 더 위대한 일은 테오프라스투스의 말대로, 단순히 부자의 재물을 없앤 게 아니라 부 자체의 의미를 없애버린 것이었다. 부자와 가난한 사람이 한 식탁에 앉아 함께 식사를 했으므로 사치스런 음식을 많이 준비하거나 먹을 수도 없었다. 그러므로 서로 과시하거나 탐내는 일이 완전히 사라졌다. '재물의 신인 하데스가 눈이 멀어 마치 무감각한 통나무처럼 누워 있다'라는 일반적인 속담은 스파르타만을 꼭 집어 말하는 것처럼 보였다. 이 나라에서 재물의 신 하데스는 눈만 먼 게 아니라, 마치 벽에 걸린 그림처럼 움직일 수도 없고 생명력도 잃어버렸다.

스파르타인들은 집에서 먼저 배를 채우고 공동 식사에 나올 수도 없었다. 모두 서로를 자세히 지켜보다가, 공동 음식을 잘 먹지 않는 사람이 있으면 자제심이 없다거나 공동생활에 서투른 겁쟁이라면서 비난을 해댔기 때문이다.

부자들은 이 정책을 만든 리쿠르고스에게 원한을 품었다. 마침내 리쿠르고스에게 반대하는 사람들이 한데 뭉쳐 그를 비난하며 불만을 터뜨렸고 돌을 집어던지기도 했다. 리쿠르고스는 광장에서 몸을 피해야 했다. 그는 운 좋게 사람들을 따돌리고 먼저 신전에 다다라 그 안에 몸을 숨겼다. 그러나 달음박질 잘하는 알칸드로스라는 젊은이가 그의 뒤를 바짝 쫓아왔다. 이 젊은이는 그리 나쁜 마음을 품지는 않았지만 성질이 급하고 격정적이었다. 몸을 돌려 뒤를 돌아본 순간 알칸드로스가 막대기로 내리치는 바람에 리쿠르고스는 그만 한쪽 눈을 잃고 말았다.

하지만 리쿠르고스는 이 상처에도 용기를 잃지 않았다. 그는 오히려 태연히 그 자리에 멈춰 서서 피범벅이 된 눈을 시민들에게 보여주었다. 이 광경을 본 사람들은 잘못을 뉘우치고 알칸드로스를 붙잡아 리쿠르고스에게 넘겨주었다. 그리고 알칸드로스의 행동에 불같이 화를 내며 리쿠르고스를 집까지 바래다주었다. 그는 집까지 부축해 준 사람들에게 감사를 표시하고 모두 돌려보냈다. 그는 알칸드로스를 집 안으로 들였지만 벌을 주거나 꾸짖지 않았다. 다만 집 안의 모든 하인을 쉬게 하고 알칸드로스에게 식탁 시중을 들라고 명령했다. 알칸드로스는 그저 묵묵히 시키는 대로 했다.

알칸드로스는 리쿠르고스와 함께 그의 집에 살면서 그를 가까이에서 자세히 지켜보게 되었다. 리쿠르고스의 온화함과 성숙한 정신세계, 절제 있는 생활 방식, 부지런함을 보며 알칸드로스는 깊은 경외감을 느꼈다. 풀려나 집으로 돌아간 그는 친구나 친척들에게 리쿠르고스처럼 따뜻하고 어진 사람은 세상에 없다고 말했다. 이리하여 알칸드로스는 리쿠르고스를 통해 거칠고 사나운 청년에서 겸손하고 자제력 있는 사람으로 다시 태어났다.

리쿠르고스는 이 사고를 기억하기 위해서 아테나에게 신전을 지어 바치고 오프틸레리스라 이름 지었다. 이 지방의 도리아 사람들은 눈을 '오프틸로이'라고 불렀기 때문이다. 그러나 디오스코리데스 등 몇몇 역사가들은 리쿠르고스가 눈을 얻어맞아 다치기는 했지만 눈을 잃은 것은 아니었다고 한다. 단지 눈의 상처가 나은 것에 대해 감사하는 마음으로 아테나 여신에게 신전을 바쳤다는 것이다. 아무튼 이 불상사가 일어난 뒤부터 스파르타인들은 공적인 회의에 참석할 때 절대로 지팡이를 지닐 수 없게 되었다.

다시 공동 식사 이야기로 돌아가자. 헬라스에서는 공동 식사를 여러 이름으로 불렀다. 크레테인들은 오직 남자들만 참석한다고 해서 '안드레이아'라고 했다. 스파르타인들은 '피디티아'라고 불렀는데, 이 말은 친절과 우정을 뜻하는 '필리아'에서 *l*을 *d*로 바꾸어 만든 말이라고 한다. 함께 먹고 마시면서 친구를 만들고 우정을 다지는 기회를 가지므로 붙여진 이름이다. 아니면 검약을 의미하는 '페이도'라는 말에서 비롯된 것일 수도 있다. 또한 어떤 사람이 말했듯이, 식사라는 뜻을 가진 '에도데'의 파생어인 '에디티아'의 첫 부분에 음을 덧붙여 만든 말일 수도 있다.

공동 식사에는 보통 15명쯤 모였다. 이 식사에 참석하는 사람들은 다달이 곡식 1메딤노스, 포도주 8갤런, 치즈 5파운드, 무화과 2.5파운드, 그리고 고기와 생선 등을 살 돈을 조금씩 내놓았다. 이 밖에도 제사를 지낸 뒤에 남은 일부와 사냥한 짐승의 일부를 공동 식당으로 보냈다. 그러므로 제사나 사냥 때문에 식사 시간에 늦은 사람은 집에서 밥을 먹어도 괜찮지만, 그 밖의 사람들은 반드시 공동 식당으로 와서 식사를 해야만 했다.

사람들은 아주 오랫동안 공동 식사를 엄격하게 지켜왔다. 아기스 왕의 일화에서 이 엄격함을 충분히 짐작할 수 있다. 아기스 왕은 아테나이와 싸워 이기고 돌아온 뒤, 아내와 집에서 식사를 하고 싶어 공동 식당에서 자기 몫을 가져오도록 명령했지만 거절되었다. 그는 크게 화가 나서 다음 날, 전쟁에서 승리했을 때 마땅히 올려야 하는 제사를 올리지 않았다. 그러자 사람들은 왕에게 벌금을 물렸다.

스파르타 아이들은 마치 예절을 가르치는 학교에 다니는 것처럼 공동 식당으로 나가곤 했다. 아이들은 정치 경험이 많은 국가 원로들의 논의를 들으며 정치적 지식을 쌓았다. 또 상대에게 불쾌감을 주지 않는 범위 안에서 유쾌한 농담을 주고받으며 즐겁게 대화하는 법을 배웠다. 그들은 놀림을 받더라도 화내지 않는 습관을 들였으며, 야유를 받고도 태연했다. 그러나 농담을 듣고 불쾌해하는 사람에게는 더 아무 말도 건네지 않았다. 그리고 그 가운데 가장 나이가 많은 사람은 문으로 들어오는 한 명 한 명에게 문 쪽을 가리키며 이렇게 말하는 것이 관습이었다.

"어떤 말도 저 문을 통해 밖으로 새어나가지 못할 것이오."

함께 공동 식사를 할 새로운 사람을 뽑을 때는 다음과 같은 투표 방법을 이용했다. 모임에 참석한 사람들은 모두 작은 빵 조각을 들고 있다가 시종이 그릇을 머리에 이고 돌면 그릇에 그것을 던져넣었다. 이때 찬성하는 사람은 그냥 빵을 넣고, 반대하는 사람은 빵을 찌그러뜨려 넣었다. 찌그러진 빵이 하나라도 나오면 새로운 사람은 공동 식사에 낄 수 없었다. 다 함께 모여 식사를 할 수 있으려면 한 사람도 반대해서는 안 된다고 생각했기 때문이다. 빵 조각을 넣은 그릇은 '카디쿠스'라 불렀다.

공동 식당에서 나오는 '검은 수프'는 맛있기로 유명했다. 노인들이 수프 속 고기를 젊은이들에게 양보하고, 그 국물만 따로 마실 정도였다.

이 수프의 맛이 어찌나 유명했는지 폰투스의 왕은 스파르타 요리사를 불러 검은 수프를 만들도록 명령했다. 하지만 한입 먹자마자 왕은 그 고약한 맛에 질려버렸다. 그러자 요리사가 왕에게 말했다.

"왕이시여, 이 수프의 맛을 제대로 느끼려면 에우로타스 강에서 목욕을 하셔야 합니다."

스파르타의 공동 식사 모임에 참석한 사람들은 적당히 포도주를 마신 다음 횃불도 없이 저마다 집으로 돌아가곤 했다. 스파르타 사람들에게는 어떤 경우에도 횃불을 들고 다니는 것이 금지되어 있었다. 여느 때 어둠에 익숙한 습관을 길러두면 언제나 담대하게 걸어다닐 수 있기 때문이다. 스파르타의 공동 식사는 이런 규칙들을 바탕으로 행해졌다.

한편 리쿠르고스는 스파르타의 모든 법을 문자로 기록하지 않으려 했다. 이는 '레트라'의 첫 번째 조항이기도 했다. 그는 국가의 번영과 시민의 덕성을 기르기 위해 꼭 필요한 원리들을 제도와 교육 속에 심어놓으면, 사람들의 마음속에 새겨져 확실히 이어질 것이라 생각했다. 행동의 원리들이 교육으로 시민들 사이에 굳게 뿌리박힌다면 강요보다 더 강력한 힘을 가진, 시민들의 자율적인 실천이 나라를 이끌어 가게 될 것이다.

그 밖에 금전 계약 같은 하찮은 문제들은 경우에 따라 조금씩 법이 바뀔 수 있으므로, 확실한 법률이나 침해할 수 없는 조항을 군이 정하지 않는 것이 최선이었다. 시대와 상황에 따라 변하는 관습이나 방식은 기록으로 속박할 게 아니라, 차라리 교양 있고 건전한 사고방식을 가진 사람들이 적절히 결정하도록 하는 편이 좋았다. 리쿠르고스는 보통 때 알맞은 교육으로 법률의 목적이 자연스럽게 실천될 수 있도록 했다.

'레트라' 두 번째 조항은 사치와 낭비를 경계하는 것이다. 이 조항에는 모든 집의 천장을 도끼로만 다듬고 문은 톱으로만 만들라는 규정이 있다. 나중에 에파메이논다스는 자신의 식탁에 대해 다음과 같은 말을 했다.

"검소한 식사를 하다 보면 반란을 꾀할 마음의 여유조차 없다."

말 그대로 스파르타의 소박하고 간결한 집에는 사치와 낭비가 발붙일 공간이 없었다. 그렇게 소박하고 초라한 집 안을 은다리가 달린 침대나 자줏빛 융단, 황금으로 만든 술잔 등으로 치장하는 괴상한 취향을 가진 이는 한 사람도 없을 것이다. 틀림없이 집에 어울리는 침대를 고를 것이고, 그 침대에 맞는 수수한 이불과 가구들을 고를 것이다. 리쿠르고스는 이 점을 이용했다.

사람들은 이런 생활로 검소가 몸에 배었다. 한번은 스파르타의 레오티키스 왕이 코린토스에 손님으로 가서 식사를 하게 되었다. 그때 왕은 천장에 정교하게 꾸며진 값비싼 판자가 붙어 있는 것을 보고, 코린토스의 나무는 저런 모양으로 자라느냐고 물었다고 한다.

레트라 세 번째 조항은 한 나라와 여러 번 전쟁하는 것을 금한다. 똑같은 상대와 거듭 싸우다 보면 스파르타의 전술을 오히려 가르쳐주게 될 위험이 컸기 때문이다. 후세의 아게실라우스 왕은 이런 점에서 많은 비난을 받았다. 왕은 처음에는 상대도 되지 않았던 테바이와 자주 전쟁을 벌였다. 그러다가 어느 사이엔가 테바이가 스파르타와 실력을 겨룰 만큼 강해진 것이다. 테바이와 싸운 전투에서 부상을 입은 아게실라우스 왕을 보고 안타르키다스 장군이 말했다.

"전쟁을 하고 싶어하지도 않고, 또 할 줄도 몰랐던 테바이인을 공격해서 전쟁을 가르쳐 주시더니 이제 그 값을 톡톡히 치르시는군요."

리쿠르고스는 이 모든 원칙과 법령들이 신으로부터 받은 성스러운 계시라고 여겨 이를 레트라라 불렀다.

리쿠르고스는 법을 제정하는 데 가장 중요한 사업이 교육이라고 생각했다. 그는 젊은이들을 훌륭하게 교육하기 위해 결혼을 통제하고 임신과 출산에 대해서도 관심을 기울였다. 그러므로 아리스토텔레스의 기록은 틀린 것이다. 리쿠르고스는 스파르타 여자들이 정숙하고 단정한 몸가짐을 갖도록 온갖 노력을 기울였지만 끝내 여자들을 내버려둘 수밖에 없었다는 게 아리스토텔레스의 주장이었다. 왜냐하면 남편들이 전쟁에 나가 오랫동안 집을 비우는 동안 아내는 집안의 주인이라도 된 듯 자유를 누렸고, 남편들은 이러한 아내를 지나치게 존중했기 때문이라고 했다.

리쿠르고스는 남달리 여자들의 신체 단련에 관심을 쏟았다. 그는 여자들에게도 달리기, 레슬링, 원반던지기, 창던지기 따위로 몸을 단련하도록 했다. 튼튼한 여자의 몸에서 태어난 아기가 건강하게 잘 자란다고 믿었기 때문이다. 또 신체가 단련된 여성은 출산할 때도 진통을 잘 견뎌 순산할 수 있다고 생각했다. 그는 여자들의 지나친 연약함, 앞에 나서는 것에 대한 두려움, 수동적인 여성스러운 태도를 버리도록 했다. 그래서 그는 남자들과 마찬가지로 젊은 여자들에게 벗은 채로 행진하도록 명령했다. 또 축제가 열릴 때는 춤도 추고 노래도 부르게 하면서 그녀들을 남자들에게 뒤지지 않도록 단련시켰다. 남자들이 못난 행동을 하면 여자들은 그들을 야유하며 질책하기도 했다. 반대로 용감한 행동을 한 남자에게는 여자들이 함께 용기를 찬미하는 노래를 지어서 불러주었다. 이것은 명예에 대한 열정을 청년들 가슴에 심는 강한 자극이 되었다.

처녀들에게 둘러싸여서 유명해진 용감한 남자는 의기양양하게 사람들 사이를 걸어나갔다. 그러나 여자들의 신랄한 농담을 듣는 것은 남자들에게는 공식적으로 징벌을 받는 것보다 더 수치스러운 일이었다. 도시의 모든 시민뿐 아니라 왕과 원로들까지 그 광경을 지켜보며 야유를 듣고 있었기 때문이다.

젊은 처녀들은 많은 사람들 앞에서 벌거벗는 일을 전혀 부끄러워하지 않았다. 그녀들은 정숙했고, 부도덕한 생각을 하지 않았기 때문이다. 리쿠르고스는 젊은 여인들에게 소박한 습관과 건강에 대한 관심을 가르쳤다. 또한 그녀들로 하여금 열등한 존재가 아니라 덕과 명예를 갖춘 존재로서 고귀한 자존심을 느낄 수 있도록 했다.

그래서 스파르타의 여인들은 레오니다스의 아내 고르고처럼 생각하고 말하게 되었을 것이다. 그것은 다음과 같은 이야기이다. 외국에서 온 한 부인이 고르고에게 말했다.

"이 세상에서 남자를 지배할 수 있는 여자는 스파르타 여자뿐이네요."

그러자 고르고가 대답했다.

"물론이지요. 진정한 남자를 낳을 수 있는 여자는 스파르타 여자들뿐이니까요."

처녀들이 행렬을 하거나 벗은 채로 춤과 운동경기에 모습을 드러내는 일은 결혼의 동기가 되었다. 플라톤의 말처럼, 이것저것 재지 않고 그저 사랑의 감정에 따라 젊은이들은 서로에게 이끌렸다.

리쿠르고스는 이 밖에도 결혼을 더욱 장려하려고 미혼인 젊은이들에게 법적인 불이익을 주었다. 그는 결혼하지 않고 혼자 지내는 사람들은 젊은 남녀들이 알몸으로 참가하는 축제인 김노파이디아를 구경할 수 없도록 했다. 또 추운 겨울에 벌거벗고 광장을 돌며 법률을 어기면 이렇게 된다는 노래를 불러야 했다. 이뿐만 아니라 젊은 사람에게서 마땅히 받아야 할 존경과 대우도 받을 수 없었다.

데르킬리다스는 널리 알려진 장군이었지만 결혼하지 않았으므로, 그의 지위와 명성에 비해 크게 존경받지 못했다. 어느 날 한 젊은이가 데르킬리다스가 오는 것을 보고도 자리를 양보하지 않고는 이렇게 말했다.

"장군께서는 저에게 자리를 양보해 줄 아이를 낳으셨습니까?"

스파르타의 결혼은 신부를 납치해서 아내로 삼는 식으로 이루어졌다. 그러나 아직 어린 소녀가 아니라 성숙한 처녀만을 데리고 갔다. 신부를 강제로 데려온 뒤에는 신부의 시종이 와서 그녀의 머리를 짧게 깎고, 남자 옷과 샌들을 신겨 어두운 방에 혼자 남겨둔다. 신부는 술 한 모금도 마시지 않고 소동도 일으키지 않은 채 침착하게 기다린다. 그러면 여느 때와 마찬가지로 공동 식사를 마치고 돌아온 신랑이 정중히 그녀가 있는 방 안으로 들어온다. 신랑은 신부의 옷을 풀고 그녀를 안아 올려 침대로 간다. 잠시 신부와 머무른 신랑은 평상시와 다름없이 단정히 옷을 입고 방으로 돌아가 친구들과 함께 잔다.

그 뒤로도 신랑은 이렇게 친구들과 함께 시간을 보내다가 밤에 몰래 신부가 있는 곳으로 찾아가 만난다. 신랑은 두려움과 부끄러움에 다른 사람이 눈치채지 못하게 신부를 찾아가고, 신부 또한 신랑을 만날 적당한 기회를 잡으려고 모든 지혜를 짜내어 그를 돕는다. 신랑과 신부는 꽤 오랫동안 이런 식으로 지내야만 했다. 심지어 어떤 사람들은 아내가 아기를 여럿 낳을 때까지도 얼굴한 번 제대로 본 적이 없었다고 한다. 그러나 이렇게 어려운 만남은 오히려 사람들에게 자제심과 통제력을 길러주는 이로운 훈련이 되었다. 또 건강하게 아이를 많이 낳을 수 있을 뿐 아니라, 신혼 같은 기분으로 싱그러운 사랑을 이어갈 수 있었다. 그들은 서로에게 싫증나는 일 없이 떨어져 있는 상대를 그리워하게 되는 것이다.

이처럼 결혼을 순결하며 존엄한 것으로 만든 리쿠르고스는 쓸데없는 질투심을 없애기 위해 노력을 기울였다. 이를 위해 모든 가정에서 음란한 무질서를 몰아내고, 남편이 존경하는 다른 남자에게 자신의 아내를 보내 자식을 얻는 것을 허락했다. 리쿠르고스는 아내를 하나의 소유물로 여겨 가두어 놓고서 전쟁과 살상을 저지르는 남자들을 비난했다. 좋은 자손을 얻기 위해 노력하는 일이 명예로운 남자의 도리라 여겼다. 또 젊은 아내를 가진 늙은 남자가 마음에 드는 청년과 자기 아내 사이에 낳은 아기를 자신의 자식으로 인정하게 했다. 반대로 정숙하고 아이들에 대한 애정이 깊은 부인을 보고 사랑에 빠진 남자들 또한 남편의 양해를 구해 가까이할 수 있었다. 이는 좋은 열매를 얻기 위해 비옥한 토양에 씨를 뿌리는 것과 같은 이치였다.

그는 아이들을 단지 부모의 자식이 아니라 국가를 이끌어갈 자원으로 여겼다. 그래서 리쿠르고스는 현재 결혼한 사람들의 아기뿐 아니라 보다 혈통 좋은 사람들에게 아기를 얻는 것을 중요하게 생각했다. 그가 보기에 다른 민족의 법은 너무 어리석고 부조리하게 느껴졌다. 사람들은 자신의 말이나 개를 위해 빚을 얻어서라도 좋은 혈통의 종자를 사들인다. 그런데도 자신의 아내는 집 안에 가두어 놓고 감시하며 자기 아이만 낳도록 하는 것이다. 그것은 좋은 혈통을 타고난 아이들이 이로운 아이가 되는 데 비해, 나쁜 혈통을 타고난 아이들은 그들을 보살펴주고 돌보아준 사람들에게 해를 입힌다는 사실을 깨닫지 못하는 것과 같다. 그래서 바보이거나 병에 걸린 남자들도 자신의 아기만 낳으라고 아내에게 강요한다.

그러나 이와 같은 규정들은 자연의 원리와 사회적 규범에 따른 것이므로, 후세 사람들이 스파르타 여인들에게 추잡한 방종을 즐겼다는 비난을 한 것과는 거리가 멀었다. 스파르타 사람들에게는 간통이라는 개념 자체가 없었다. 이에 대해서는 고대 스파르타에 살던 게라다스의 재미있는 일화가 전해져 온다. 어느 날 한 외국인이 그에게 스파르타는 간통을 저지른 사람에게 어떤 벌을 내리느냐고 물었다. 그러자 게라다스가 이렇게 대답했다.

"스파르타에는 그런 짓을 하는 사람이 없소."

"만에 하나, 있다면 어떻게 됩니까?"

"만에 하나 그런 일을 한 사람이 있다면 그는 에우로타스 강물을 모두 마실 수 있는 커다란 소를 벌금으로 내야 합니다."

외국인은 깜짝 놀라서 물었다.

"아니, 그렇게 큰 소가 대체 어디 있소?"

게라다스는 대답했다.

"그러니 스파르타에 간음하는 사람이 있기나 하겠소?"

이상이 스파르타의 결혼에 대해 전해지는 이야기이다.

스파르타에서 아버지는 아기를 마음대로 키울 권한이 없었다. 그들은 아기가 태어나면 먼저 레스케라고 부르는 곳에 안고 가야만 했다. 그곳에서는 아이에 대한 권리를 가진 부족의 연장자들이 아이들을 검사하고 판정을 내렸다. 그들은 아이들을 잘 살핀 뒤 아이가 튼튼하면 키우라고 명령하고, 9000조각의 땅 가운데 하나를 배당해 주었다. 그러나 아이가 아프거나 지나치게 연약하면 타이게투스 산 아포테타이라 불리는 곳에 갖다 버리라고 명령했다. 그곳은 산 아래에 있는 험준한 바위틈이었다. 몸이 성치 못한 아이들을 키우는 일은 아이를 위해서도 국가의 이익을 위해서도 좋지 않다고 판단했기 때문이다.

스파르타의 여인들은 갓 태어난 아기의 온몸에 물이 아니라 포도주를 부어 건강함을 시험했다. 간질병에 걸렸거나 허약한 아기는 포도주로 씻으면 경련을 일으키고 원기를 잃어버리는데, 몸에 이상 없는 아기는 더욱 건강해지기 때문이다.

유모도 섬세하게 주의를 기울여 아기들을 돌보았다. 유모는 절대 아기를 천으로 감싸지 않았다. 아기들은 팔다리를 마음껏 놀리며 자라났고, 가리는 음식 없이 아무거나 잘 먹는 습관을 들여갔다. 또 어둠 속에 홀로 남겨져도 두려움을 느끼지 않았으며, 보채거나 투정부리며 우는 일도 없었다. 그래서 다른 나라 사람들이 아기를 훌륭히 키우기 위해 스파르타 유모를 고용하기도 했다. 실제로 알키비아데스의 유모도 스파르타 출신이었다.

플라톤 말에 따르면 페리클레스는 조피루스에게 알키비아데스의 교육을 맡겼다고 한다. 조피루스는 그저 평범한 노예일 뿐이었다.

그러나 리쿠르고스는 아이들을 가정교사에게 맡기지 않았다. 그는 스파르타의 아이들이 고용된 교사나 시종에게서 교육받지 못하도록 했다. 또 부모라고 해서 마음대로 아이를 키우거나 가르칠 수 없었다. 리쿠르고스는 아이들이 일곱 살이 되면 모아서 소년 단체를 조직했다. 아이들은 함께 살며 소년단에서 규율을 익히고 훈련을 받으며 놀고 배웠다. 그리고 가장 포용력이 크고 용기 있는 행동을 보여주는 아이를 소년단의 우두머리로 삼았다. 아이들은 언제나 그를 주시하며 그의 명령에 따랐고, 그가 벌을 내리면 순종하며 참아냈다. 이러한 훈련으로 아이들은 자발적인 복종을 배워나갔다.

어른들은 또한 아이들이 노는 것을 자세히 지켜보았다. 때때로 싸움이나 논쟁이 일어나면 아이들이 저마다 어떤 성격을 지녔는지 알아내는 기회로 삼았다. 또 위험한 상대를 만났을 때 그들 가운데 누가 대담하며, 경쟁에서 상대를 피하지 않는지 살폈다.

어른들은 일상생활에서 아이들에게 읽기와 쓰기를 가르쳤다. 그 밖에 명령에 충실히 따르는 것, 인내심을 기르는 것, 싸움에서 이기는 방법들을 가르쳐주었다. 아이들이 자라남에 따라 교육은 차츰 엄격해졌다. 아이들은 머리를 짧게 깎고 맨발로 다니며, 벌거벗은 채 노는 데 익숙해졌다.

열두 살이 지나면 속옷을 못 입게 했고, 외투 한 벌만으로 1년을 보내야 했다. 스파르타 아이들은 몸이 건조해 까칠까칠해져도 목욕을 하거나 기름을 바르는 일은 사치라 여겼다. 이와 같은 사치는 1년 중 가장 특별한 날에만 허용되었다. 잠을 잘 때는 조를 나누어 골풀로 만든 잠자리에서 함께 잤다. 이 잠자리는 에우로타스 강변에서 자라는 갈대 끝을 맨손으로 잘라 만든 것이었다. 겨울이 되면 골풀에다 리코폰이라는 풀을 넣어 따뜻하게 했다.

나이가 이쯤되면 모든 아이는 앞날이 유망한 소년으로서, 자신을 아껴주며 돌봐주는 동료와 사귀었다. 노인들은 아이들에게 큰 관심을 갖고 자주 경기장에 나와 아이들이 힘과 지혜를 겨루는 것을 지켜보았다. 어떤 의미에서 노인들은 소년들의 아버지요 선생이요 통솔자였다. 그들은 깊은 관심과 진지한 자세로 소년들을 가르쳤다. 언제 어디서나 소년들에게 젊은이의 진정한 의무에 대해 일깨워주고, 실수를 한 소년들에게 벌을 주어 잘못을 고쳐주기도 했다.

또한 스파르타에서 가장 훌륭하고 성실한 젊은이가 소년들의 감독관이 되었다. 감독관은 소년들을 몇 개 반으로 나누고 각 반의 대장을 뽑았다. 대장으로는 그 반에서 가장 영리하고 용기 있는 소년을 뽑았는데 그를 에이렌이라 불렀다. 에이렌은 보통 스무 살 즈음으로 다른 소년들보다 나이가 두 살 이상 많았다. 또 에이렌 가운데 가장 나이가 많은 젊은이를 멜레이렌이라 부르고 성인으로 인정했다. 에이렌은 싸움을 할 때는 소년들을 지휘했으며, 집 안에서 식사할 때는 소년들에게 시중을 들게 했다. 그는 소년들 가운데 건장한 아이들에게 나무를 해오게 하고, 어린아이들에게는 산나물을 캐오도록 했다. 그러면 아이들은 채소밭이나 공동 식당에서 훔쳐오기도 했다. 만약 훔치다가 들키기라도 하면 도둑질이 서툴다는 이유로 가차없이 채찍으로 맞았다. 아이들은 음식이라면 닥치는 대로 훔쳤다. 그리고 조는 사람이나 경계가 느슨한 사람들을 노려서 훔쳐낼 방법을 연구했다. 도둑질을 하다 붙잡힌 아이들은 얻어맞거나 굶어야 했다. 그들은 스스로의 힘으로 어려움을 이겨 내기 위해 어쩔 수 없이 대담한 도둑질을 하며 담력과 힘을 키워갔다.

음식을 적게 준 것은 키를 크게 하는 데 매우 효과적이었다. 스파르타인들은 아이들이 음식을 너무 많이 먹어 몸이 둔해지는 일이 없도록 주의를 기울였다. 지나친 영양은 아이들을 뚱뚱하게 만들고 행동을 무겁게 하는 법이다. 그러나 절제된 식사 습관을 익힌 아이들은 키가 크고 몸이 유연했다. 또한 아름다운 몸매를 만들기 위해서도 음식을 조절해야 했다. 마르고 가는 체격은 자연에 더 가까운 형태이므로 건강하다. 지나치게 뚱뚱한 사람은 몸이 무거워 날렵하게 움직일 수 없다. 마찬가지로 운동하며 신체를 단련한 여자들은 작고 가볍지만 균형이 잘 잡힌 아름다운 아이를 낳는다. 그러나 그 까닭에 대해서는 많은 과학자들의 연구 과제로 남겨두기로 한다.

다시 소년들의 도둑질 이야기로 돌아가자. 스파르타 아이들은 도둑질을 할 때 몹시 진지했다. 심지어 어떤 아이는 새끼 여우를 옷 속에 감춰 훔쳐오기도 했다. 그 아이는 여우가 달아나기 위해 발톱으로 자신의 내장을 다 찢을 만큼 발악해도 참으며 내보내지 않으려다가 마침내 죽고 말았다는 이야기도 있다. 오늘날 라케다이몬에서 행해지는 여러 일들로 미루어 볼 때 이 이야기도 꽤 믿을 만하다. 나 또한 아르테미스 오르티아 제단 아래에서 죽을 만큼 매를 맞으면서도 참고 견디는 아이들을 보았기 때문이다.

아이들은 저녁을 먹은 다음 대장인 에이렌과 함께 시간을 보냈다. 그는 아이들에게 노래를 시키기도 하고 오래 생각해야 하는 질문을 던지기도 했다. 예를 들면 "스파르타에서 가장 훌륭한 사람은 누구인가?", "가장 훌륭한 사람은 어떻게 행동하는가?" 하는 질문이다.

이런 질문에 대해 아이들은 깊이 생각해야 했다. 그래서 아이들은 훌륭한 것에 대한 판단력을 기르고 시민들을 탐구하듯이 관찰하는 습관을 붙이게 되었다. 누가 가장 덕망 있으며 누가 가장 명예롭지 못하냐는 질문에 바로 대답하지 못하면, 우둔하며 명예에 대한 열정이 없는 아이로 낙인찍혔기 때문이다.

아이들은 주어진 질문에 곧장 간결하게 대답해야 했다. 그리고 자신이 말한 대답에 대해 합리적인 이유를 댈 수 있어야 했다. 그렇게 하지 못하거나 어리석은 대답을 한 아이들은 손가락을 깨물리는 벌을 받았다. 때때로 원로들이나 감독관은 에이렌과 아이들이 토론하는 모습을 지켜보았다. 그들은 에이렌이 잘못된 판단으로 부당하게 벌을 주거나 실수하지 않는지를 살폈다. 하지만 원로들은 아이들이 지켜보는 앞에서 에이렌을 혼내지는 않았다. 원로들은 토론이 끝나고 아이들이 모두 나간 다음 에이렌을 따로 불러, 필요 이상 가혹하게 했다거나 반대로 너무 가볍게 넘어간 행동에 대해 하나하나 평가를 내렸다.

소년들이 받는 명예와 수치는 후견인도 함께 나누어 받았다. 한번은 한 소년이 싸움을 하다가 엄살을 부리며 큰 소리로 운 일이 있었다. 그 소년의 후견인들 가운데 한 명은 판사로부터 벌금형을 받았다. 이러한 판결을 스파르타 사람들은 마땅하게 여겼다. 또한 스파르타인들 사이에는 소년들끼리 사랑하는 등 자유로운 애정이 인정되었다. 동성애가 너무도 당연시되어 가장 품위 있는 부인들조차 소녀에게 애정을 고백할 수 있었다. 그러나 사랑 때문에 질투하는 일은 없었다. 여러 사람이 동시에 한 사람을 사랑하게 되면 오히려 그들 사이에는 우정이 싹텄다. 그들은 자신들이 사랑하는 사람이 훌륭한 일을 이룰 수 있도록 힘을 모아 도왔다.

스파르타인들은 아이들에게 아름답고 우아한 문장을 가르쳤다. 짧고 간결한 한마디 속에 자신의 깊고 다양한 생각을 담도록 했다. 리쿠르고스는 돈의 가치는 떨어뜨렸지만, 말에는 풍부하고 유용한 내용을 많이 담아 대화하도록 명령한 것이다. 스파르타 아이들은 평소에는 침묵을 지키는 방법을 터득했고, 질문을 받을 때는 짧은 말로 자기 생각을 충분히 나타낼 수 있었다. 마치 게으르고 불안정한 사람이 아이를 여럿 낳을 수 없듯이, 이랬다 저랬다 엉뚱한 말을 질질 끄는 사람은 참다운 의미의 말을 할 수 없는 것과 같았다.

어느 아테나이 사람이 스파르타 사람의 단검을 보고, 이렇게 짧은 칼이라면 마술사가 쉽게 삼킬 수 있겠다며 비웃었다. 그러자 아기스 왕이 말했다.

"스파르타의 단검이야말로 적을 죽일 수 있소."

스파르타 단검이 짧고 날카롭듯 그들의 말도 사람들 정곡을 찌르는 것이었다. 스파르타인들은 말을 듣는 사람들이 어떤 생각을 하는지 잘 파악하고 있었기 때문이다.

리쿠르고스에 대한 기록들이 믿을 만한 것이라면, 그 또한 간결하며 깊은 의미가 담긴 말을 했던 사람이다. 몇 가지 일화로 그의 격언들을 살펴보자.

어느 사람이 리쿠르고스에게 스파르타를 민주정치로 바꿔야 한다고 주장했다. 그러자 리쿠르고스는 이렇게 말했다.

"자네 집 안에서 먼저 민주정치를 실천해 보게나."

또 한번은 그가 신에게 제물을 바칠 때의 일이다. 어떤 사람이 어째서 신에게 그렇게 값싸고 하찮은 물건을 바치는지 물었다. 리쿠르고스의 대답은 이랬다.

"어떠한 경우라도 신을 존경하고 섬기는 마음을 잊지 않기 위해서요."

또 시민들과 리쿠르고스의 문답이 담긴 편지가 남아 있다. 그 편지에서 누가 적의 침략을 막아내는 가장 좋은 방법이 무엇인지 물었다. 그가 대답했다.

"탐욕을 부리지 않고, 상대에 대한 자만을 버리는 것입니다."

또 적의 침입을 막기 위해 스파르타에 성벽을 둘러쌓아야 하는지 묻자, 그는 이러한 대답을 보냈다.

"벽돌이 아니라 용기 있는 사람들이 튼튼한 성벽을 쌓을 기반이오."

그러나 이런 편지들이 믿을 만한 것인지는 쉽게 판단할 수 없다.

다음에 소개할 일화는 스파르타인들이 얼마나 불필요한 말을 싫어했는지 잘 보여준다. 어떤 사람이 레오니다스 왕에게 중요한 일에 대해 유익한 의견을 내놓았지만 이미 때가 늦은 뒤였다. 그러자 레오니다스는 말했다.

"자네는 그 좋은 의견을 필요한 때에 적절히 이용하지 않았네."

카릴라우스 왕은 리쿠르고스에게 왜 이렇게 법령을 적게 만드느냐고 물었다. 리쿠르고스는 조카 카릴라우스에게 말했다.

"말을 아끼는 사람은 많은 법이 필요 없다네."

어느 날 철학자 헤카타이오스가 공동 식사에 초대받은 적이 있었다. 그는 식사를 하며 아무 말도 하지 않았다. 몇몇 사람이 이를 비난했을 때, 옆에 있던 아르키다미다스가 입을 열었다.

"진정 말할 줄 아는 사람은 말할 때를 알고 있는 법이오."

스파르타인이 우아하면서도 간결한 말로 정곡을 찌르는 것은 다음의 일화에서도 엿볼 수 있다. 데마라투스에게는 적절한 시기에 말을 꺼내지 못하고 엉뚱한 때에 질문을 하는 친구가 있었다. 그는 때때로 스파르타에서 가장 훌륭한 사람은 누구인지 묻곤 했다. 그러면 데마라투스는 말했다.

"당신과 가장 닮지 않은 사람이 가장 훌륭한 사람이오."

아기스 왕이 참석한 자리에서 한 사람이, 엘레아 사람들은 올림피아 경기를 공정하고 명예롭게 치른다며 계속 자랑을 늘어놓았다. 그러자 아기스 왕이 되물었다.

"4년에 한 번, 오직 하루만 공정하게 행동하는 게 뭐 그리 대단한 일인가?"

또 한번은 어떤 이방인이 테오폼푸스에게 호감을 보이며 다가왔다. 그는 스파르타 사람들을 칭찬하며, 고향 사람들은 자기를 스파르타광이라고 부른다며 아첨했다. 그러자 테오폼푸스 왕이 말했다.

"나라면 애국자라는 말을 듣는 게 더 명예롭겠소."

아테나이의 한 연설가가 스파르타 사람들은 뭘 배우려는 생각이 없는 무식한 사람들이라는 주장을 한 적이 있었다. 그러자 파우사니아스의 아들 플레이스토아낙스가 이렇게 말했다.

"그렇소. 헬라스 사람들 가운데 당신들의 나쁜 점을 배우지 않은 사람은 우리뿐이니까요."

또 어떤 사람이 아르키다미다스 왕에게 스파르타 인구가 얼마나 되느냐고 물었을 때, 왕은 말했다.

"적을 막아내기에는 충분한 숫자요."

스파르타인의 농담으로 우리는 그들의 성격을 엿볼 수 있다. 그들은 농담이라도 함부로 던지지 않으며 말 속에는 반드시 중요한 의미가 숨어 있어, 듣는이로 하여금 한 번 더 생각케 하는 힘이 있었다.

예를 들면 이런 사람도 있다. 꾀꼬리 울음소리를 흉내 내는 신기한 사람이 있으니 들으러 가자는 권유를 받은 스파르타 사람은 이렇게 대답했다.

"나는 진짜 꾀꼬리 소리를 들은 적이 있네."

또 다른 예로, 어떤 무덤 위에 다음과 같은 글귀가 씌어 있었다.

폭정의 타오르는 불길을 끄기 위해,

여기 셀리누스 들판에서 죽어간 사람들이 있으니.

이 글귀를 본 사람이 혀를 차며 말했다.

"이 사람이 죽은 것은 너무도 마땅하다. 폭정의 불길을 완전히 태워 없애버려야 했을 테니까."

또 어떤 청년이 친구에게 죽을 때까지 싸우는 싸움닭을 주겠다는 약속을 했다. 그러자 친구가 말했다.

"아닐세, 상대를 죽일 때까지 싸우는 놈을 주게나."

또 다른 사람은 젊은이들이 차지하고 편하게 앉아 있는 모습을 보고 말했다.

"연장자에게 양보할 수 없는 저런 자리에는 앉기도 싫다."

스파르타인들의 말은 하나의 격언처럼 간결하고 명쾌하다. 스파르타인들이 운동을 사랑한다지만, 그보다는 오히려 지혜와 재치를 더 사랑하는 민족이라고 하는 것이 옳다.

스파르타인들은 말을 중요하게 여기는 한편 시와 음악에 대한 교육에도 엄청난 열성을 가졌다. 그들의 시는 젊은이들의 마음을 사로잡아 열정에 눈뜨게 하고, 더 높은 곳으로 나아가고 싶다는 욕망을 솟아오르게 하는 생명력을 지녔다. 이러한 시들은 단순하고 꾸밈이 없었다. 스파르타의 시는 대부분 조국을 위해 용감히 싸우다 죽은 사람들에 대한 찬미이거나, 비겁한 겁쟁이들을 비웃는 것이었다. 용사들은 조국을 위해 목숨 바친 영광에 찬 행운아라 노래했으나, 겁쟁이들은 세상에서 가장 비참한 못난이로 그렸다.

용기에 대한 사람들의 긍지를 찬미하는 노래는 나이에 따라 다르게 만들어졌다. 엄숙한 제사에는 세 파트로 나누어진 합창단원들이 차례대로 노래를 부른다. 첫 번째는 노년반이, 두 번째는 청년반이, 세 번째는 소년반이 노래를 이어받아 부르게 되어 있다. 먼저 노인들은 이렇게 시작했다.

우리도 한때는 용감한 젊은이였다네.

그러면 젊은이들은 노인들에게 화답하여 이렇게 노래했다.

우리가 바로 용감한 젊은이! 원한다면 어느 누구든 덤벼라.

마지막으로 소년들이 노래를 받아 불렀다.

이제부터 우리들도 점점 강해지리라.

오늘날까지 전해오는 스파르타의 시들을 다시 한 번 자세히 살펴보면 다음과 같은 특징을 지녔다. 스파르타인들은 피리 소리에 맞춰 전쟁터로 나아갔다. 테르판드로스와 핀다로스가 음악과 용기는 서로 힘을 북돋워 주는 관계라고 말한 까닭을 쉽게 짐작할 수 있을 것이다. 테르판드로스는 스파르타에 대해 이렇게 노래했다.

젊은이들의 대담한 창과
무사이(뮤즈)의 맑은 목소리가 어우러지는
이곳에 한가득 정의가 넘치네.

핀다로스도 이처럼 읊었다.

원로들의 지혜로운 정치와
젊은이들의 용감한 싸움과 더불어
음악과 춤이 숭고해지는
수많은 축제의 밤들이여!

두 시인 모두 스파르타인이 매우 음악을 사랑할 뿐 아니라 전투적인 민족이라고 표현하고 있다. 스파르타의 한 시인도 이런 노래를 불렀다.

굳세고 날카로운 칼날이 하프 선율과 하나를 이루네.

전쟁을 할 때도 왕은 먼저 음악의 신 무사이에게 제사를 드렸다. 이 제사는 전쟁에 나가는 젊은이들이 평소에 배운 용기로 자세를 가다듬고, 빛나는 공적을 세울 결심을 하도록 돕기 위함이었다.

또한 전쟁을 시작할 때는 젊은 병사들을 위해 엄격한 규율을 조금 느슨하게 풀어주었다. 머리를 기르거나 꾸미는 것이 허용되었고, 금으로 만든 값비싼 무기와 화려한 옷을 입을 수도 있었다. 마치 콧김을 뿜으며 달려가는 경주마처럼 위풍당당하게 차려입은 젊은 전사들을 보면 사람들은 매우 대견스럽게 생각했다. 스파르타 젊은이들은 어른이 되면 정성껏 머리를 손질하고 출정할 날만을 기다렸다. 그들은 소년 시절에 들은, 머리털은 아름다운 얼굴을 더욱 아름답게 해주고 추한 얼굴은 더욱 무섭게 만든다는 리쿠르고스의 이야기를 기억하고 있었다.

전쟁 중에는 신체 훈련도 심하게 시키지 않았으며, 기름지고 영양가 있는 식사를 할 수 있도록 배려해 주었다. 또한 상관들도 너그러워져 심한 벌을 내리지 않았다. 그래서 젊은이들은 좀 더 자유롭게 행동할 수 있었다. 스파르타 젊은이들에게 전쟁이란 힘겨운 싸움이기보다는 오히려 평소의 고된 훈련에 대한 보상 휴가와 같았다.

전쟁이 본격적으로 시작되어 병사들이 전투 태세를 갖추고 적군이 눈앞에 보이기 시작하면, 왕은 제물로 양 한 마리를 바치고 제사를 드렸다. 병사들은 머리에 화관을 쓰고, 피리 연주자는 카스토르 신에게 바치는 찬가를 연주했다. 동시에 왕이 몸소 공격을 알리는 진군가의 운을 떼고, 온 군대는 피리 소리에 맞추어 조금도 흐트러짐 없이 전진했다. 병사들의 마음은 음악으로 인해 평온해지고, 당당하게 위험을 향해 달려갔다. 이러한 모습은 장엄하면서도 무시무시한 느낌을 주었다.

스파르타 병사들은 지나친 두려움이나 성급한 열정에 사로잡혀 행동하지 않았다. 마치 성스러운 신이 그들을 인도하고 수행하는 것처럼 신념과 희망으로 가득 차 앞으로 나아갔다.

올림피아 경기에서 우승 월계관을 받은 사람은 언제나 왕의 옆에서 진군할 수 있었다. 그래서 스파르타 모든 젊은이는 올림피아 경기에 출전하지 않으면 큰돈을 주겠다는 유혹도 뿌리쳤다.

한 스파르타인이 올림피아 경기에 나갔고, 치열하게 적수들을 물리쳤다. 그러자 한 관중이 그에게 물었다.

"스파르타 양반, 그렇게 열심히 싸워서 대체 무엇을 얻었소?"

그러자 그 젊은이가 대답했다.

"나는 이제 스파르타 왕 바로 곁에서 싸울 수 있게 되었소."

스파르타인들은 전쟁터에서 적군을 쳐부수면 승리가 확실해질 때까지만 싸우다가, 그 뒤에는 나팔을 불어 군대를 물렀다. 모든 저항을 포기한 채 무기를 버리고 달아나는 자들을 공격하는 것은 헬라스인답지 못하다고 생각했기 때문이다.

이와 같은 일은 품위를 지키는 행동이기도 했지만, 사람 심리를 이용한 전술이기도 했다. 스파르타인들은 끝까지 저항하는 사람만 죽인다는 사실이 퍼지면서, 적군들은 대항하면 죽지만 항복하면 산다고 믿게 된 것이다. 달아나는 것이 목숨을 구하는 가장 좋은 길이라고 생각하게 되면 적군의 사기는 떨어지기 마련이다.

궤변철학자 히피아스는 리쿠르고스가 전략이 뛰어나며 전투 경험이 많은 지휘관이었다고 한다. 필로스테파누스는 처음으로 기병대를 '울라모스'라 부르는 50명 단위로 나눈 사람이 리쿠르고스라고 주장했다. 그러나 데메트리오스 팔레레우스는 이 주장에 반대했다. 그는 리쿠르고스가 세운 법률 가운데 올림피아 경기 동안에 전쟁을 멈추자는 휴전 조약을 지적하면서, 리쿠르고스는 인자하고 평화를 사랑한 사람이었다고 전했다.

하지만 헤르미푸스의 기록은 올림피아 휴전 조약에 대해 다른 이야기를 전한다. 이 조약은 이피토스가 모두 만들었다고 한다. 리쿠르고스는 처음에 이 조약에 아무런 관심이 없었고 굳이 이피토스를 돕지 않았다. 그는 우연한 기회에 참여하게 된 것이다. 하루는 기념행사가 있어 리쿠르고스는 군중에 섞여 구경하고 있었다. 바로 그때 그의 등 뒤에서 이상한 목소리가 들려왔다. 그것은 왜 동족들을 민족적 제전인 올림피아에 참여시키려 하지 않느냐는 비난의 소리였다. 깜짝 놀란 리쿠르고스가 뒤를 돌아봤지만 거기에는 아무도 없었다. 마침내 그는 그 소리를 신의 목소리라 믿고 바로 이피토스에게 다가갔다. 두 사람은 함께 올림피아 제전의 기반을 다져 올림피아을 더욱 유명하고 성대한 경기로 만들었다.

스파르타의 교육에 대한 이야기로 되돌아가 보자. 스파르타 젊은이들이 어린 시절부터 받아온 훈련은 성년이 되어서도 이어졌다. 어느 누구도 자기 마음대로 살 수 없었다. 도시 자체가 하나의 커다란 군대 같은 생활을 했으며,

정해진 계획적인 생활과 공공의 임무가 있었다. 사람들은 자신의 몸을 자기 소유가 아니라 조국의 공유물이라고 여겼다. 그래서 그들은 누가 가르쳐 주지 않아도 스스로 소년들이 훈련받는 곳으로 가서 감독하고, 유익한 것들을 알려주었다. 또 그들도 자신보다 나이와 학식이 많은 사람들에게서 가르침을 받았다.

리쿠르고스는 시민들에게 많은 여가를 주었다. 이것은 시민에게 기쁨과 행복을 베풀어 준 가장 커다란 자비였다. 리쿠르고스는 시민들이 천하고 계산적인 상업이나 기술을 배우지 못하도록 했다. 부는 스파르타 사람들에게 선망이나 존경의 대상이 될 수 없을 뿐 아니라, 돈을 모으거나 다루는 일도 매우 어려웠으므로 사람들은 돈을 벌기 위해 굳이 애쓸 필요가 없었다. 더구나 헬롯인들이 농사를 지어 해마다 일정한 양의 곡식을 스파르타인들에게 바치고 있었다. 스파르타인들은 아무 걱정 없이 배우고 가르치는 일에 시간을 쏟았다.

어떤 스파르타 사람이 아테나이에 머물고 있을 때의 이야기이다. 이 사람은 우연히 법정이 열리는 것을 구경했다. 그리고 게으르게 지냈다는 이유로 벌을 받고 낙담한 사람을 보았다. 친구들은 그를 동정하고 판결에 대해 불같이 화를 내며 그를 집으로 데려갔다. 그 사정을 알게 된 스파르타 사람은 깜짝 놀라며, 자유를 위해 벌을 받은 사람이 누구인지 한번 보고 싶다고 옆에 있던 사람들에게 말했다. 이처럼 스파르타 사람들은 기술을 사용하거나 여가도 없이 돈을 버는 것은 노예들이나 하는 일로 여겼다.

금과 은이 사라짐과 함께 사람들 사이에서 모든 법적 소송이 자취를 감추었다. 스파르타 사람들에게는 더 이상 탐욕과 가난이 존재하지 않았다. 풍족함은 스파르타 사람들의 요구를 충족해 주었고, 평등과 검약은 안락함을 안겨주었다. 그러므로 전쟁터에 나가 있을 때를 제외하고는 대부분의 시간을 노래나 축제, 사냥, 운동경기에 참여하거나 토론장에 나가 여가를 즐기며 보냈다.

그러나 30세가 안 된 사람들은 장터에 나갈 수 없었다. 필요한 물건이 있으면 친척이나 후원자에게 부탁해 사들였다. 30세가 넘은 사람에게도 장터에 자주 드나들며 시간을 낭비하는 것은 부끄러운 일이었다. 온종일 체육관이나 '레스케스'라 부르는 담화 장소에 가서 이야기를 나누는 것은 성인으로서 존경받을 일이었다. 그곳에 모여서도 돈을 버는 이야기나 시장에 대한 이야기를 나누지 않았다. 보편적 화제로 삼는 것은 온화한 농담 섞인 훈계와 충고로 서로의 잘못된 행동을 바로잡아 주는 일이었다. 옳은 일을 한 사람의 행동은 칭찬했고, 나쁜 행동에 대해서는 비난하며 사람들의 가치 있는 행동을 판별했다.

사실 리쿠르고스도 엄격하거나 딱딱한 사람은 아니었다. 소시비우스 말에 따르면, 웃음의 신의 작은 조각상을 만들어 세워놓은 사람도 바로 리쿠르고스라고 한다. 식사나 흥겨운 잔치 중에 농담이 적절히 섞인다면 힘든 생활에 유쾌함을 더해주는 동반자가 된다고 생각했다. 리쿠르고스는 생활 속에 웃음을 주는 농담을 자주 했다고 한다.

또 그는 시민이 마을로부터 홀로 떨어져 사는 것을 내버려 두지 않았다. 마치 꿀벌이 여왕벌 둘레에 모여 공동생활을 해나가듯 스파르타의 시민들도 지휘자 둘레에 굳게 뭉치도록 했던 것이다. 그리고 스파르타의 국익을 위해 모든 열정과 애국심을 바치는 습관이 몸에 배도록 훈련했다.

스파르타인의 간결한 이야기 속에서도 우리는 이와 비슷한 그들의 기질을 발견할 수 있다. 그 몇 가지 이야기는 다음과 같다.

파이다레투스는 자기가 용사 300명에 뽑히지 못했을 때, 자기보다 더 훌륭한 용사가 300명이나 있다고 기뻐하며 얼굴 가득 웃음을 지었다고 한다.

또 폴리크라티다스는 사절단 대표로 다른 사람들과 함께 페르시아 왕을 찾아갔다. 페르시아 왕은 그들에게 개인 자격으로 온 것이냐, 공인 자격으로 온 것이냐 물었다. 그러자 폴리크라티다스가 대답했다.

"만약 우리가 성공한다면 나라를 대표해서 온 것이고, 실패한다면 개인 자격으로 온 것이오."

또 언젠가 아르길레오니스라는 여자가 암피폴리스에서 온 사람들에게, 자기 아들 브라시다스가 스파르타 사람답게 용감히 싸우다 죽었는지 물어보았다. 이 말에 암피폴리스 사람들은 브라시다스를 찬미하면서, 스파르타에 그토록 훌륭한 용사는 또다시 없을 것이라 대답했다. 그러자 브라시다스의 어머니가 말했다.

"여러분, 그런 말씀 하지 마세요. 브라시다스가 용감하고 착한 남자인 것은 사실이지만, 우리 스파르타에는 브라시다스보다 더욱 훌륭한 용사들이 많으니까요."

앞에서 말한 것처럼, 원로원은 처음에 리쿠르고스에게 도움을 주었던 사람들 가운데 그가 직접 임명한 이들로 구성되었다. 그리고 그들이 죽어서 결원이 생기면, 60세가 넘은 사람들 가운데 덕망 있고 훌륭한 사람들을 골라 임명하도록 한다는 규정을 만들었다. 그래서 이 원로가 되기 위한 경쟁은 모든 경합 가운데에서도 가장 치열했으며, 그것은 곧 격렬한 쟁탈전으로까지 이어졌다.

단순히 발이 빠른 사람이나 힘이 센 사람을 뽑는 것과는 달리, 가장 어질고 현명한 사람을 임명하는 일은 결코 쉽지 않았다. 평생 국익을 위해 훌륭한 업적을 쌓아야 하며, 원로가 되고 나서도 신임하기에 모자람이 없는 사람을 뽑아야 했기 때문이다. 원로가 된 사람은 국가 최고 권력을 맡아 모든 시민의 생명과 이익을 좌우하며, 국가의 중대사에 대한 권한을 행사할 수 있었다.

원로 선거 방법은 다음처럼 진행되었다. 시민들을 한곳에 모두 불러 모으고, 선거 기록을 맡은 몇 명을 선거장 근처 건물에 가둔다. 그들은 밖을 볼 수 없으며, 밖에 있는 사람들도 그들을 볼 수 없다. 그들은 오직 밖에서 들리는 시민들의 환호성만 들을 수 있었다. 그러고 나서 원로 후보자들은 제비를 뽑아 결정된 순서대로 시민들 앞을 조용히 지나간다. 그러면 사람들이 환호를 보내는 것이다. 이때 건물 안에 갇힌 기록자들은 한 사람씩 지나갈 때마다 환호성의 크기를 기록해 마지막에 발표한다. 물론 그들은 어느 후보자가 언제 지나갔는지는 알 수 없고 오직 첫 번째, 두 번째, 세 번째 하는 식으로 순서만 기억할 뿐이다. 이때 가장 많은 환호를 받은 사람이 정식으로 원로원의 일원이 된다.

선출된 원로는 머리에 화환을 받아 쓰고, 행렬을 이끌고 신전으로 가서 신에게 감사 기도를 올린다. 이때 많은 젊은이들이 뒤에서 칭송하며 그를 따라가고, 여인들은 당선자의 덕성을 칭찬하며 평생 행복을 기원하는 노래를 부른다. 당선자가 도시 안을 행진할 때, 그의 친척과 친구들은 성대한 음식을 대접하며 말한다.

"그대를 존경하는 스파르타의 마음입니다."

그러나 당선자는 그 자리에서 음식을 받지 않고 모든 행진이 끝난 뒤 공동 식당으로 간다. 여기에서도 특별한 행사 없이 여느 때처럼 식사를 한다. 다만 한 사람분의 식사가 더 나올 뿐이다. 당선자는 그 음식을 따로 특별히 담아둔다. 그리고 식사가 끝난 뒤 친척 여인들이 공동 식당 문 앞으로 다가오면, 그는 가장 존경하는 여인을 불러 음식을 건네며 말한다.

"제가 받은 최고의 상을 가장 존경하는 당신에게 드립니다."

주위의 다른 여인들은 모두 음식을 받은 여인을 무척 부러워했다.

한편 리쿠르고스는 시민들의 장례에 대해서도 여러 훌륭한 규정들을 만들었다. 그는 모든 미신을 없애버리고, 시신을 마을 안에 묻거나 신전 근처에 무덤을 만드는 것을 허락했다. 사람들이 어린 시절부터 그런 광경을 자주 봄으로써 익숙해지도록 했다. 그렇게 해서 사람들은 죽음에 대해 겁을 먹지 않고, 시신을 만지거나 무덤 근처를 지나가면 귀신이 붙는다는 미신도 믿지 않게 되었다.

또 리쿠르고스는 죽은 사람을 묻을 때 아무것도 함께 넣지 못하게 했다. 시신은 붉은색 옷과 올리브 잎으로 감싸서 묻게 했다. 또 싸움터에서 죽은 사람이나 사제였다 죽은 여자를 제외하고는 무덤에 이름을 새기는 일도 금지했다. 상을 치르는 기간도 짧게 11일로 정했다. 그리고 12일째 되는 날에는 데메테르(케레스) 신에게 제사를 드리고 모든 슬픔을 거두어야 했다.

리쿠르고스는 모든 일을 중요하게 다루었으며, 있는 그대로 내버려 두지 않았다. 그는 사람들에게 필요한 모든 관습에 대한 찬미나, 악에 대한 비난을 하며 관습에 대한 평가를 내렸다. 그리고 여러 규정을 마련해 좋은 풍습은 살리고 나쁜 일은 줄이거나 없앴다. 이렇게 올바른 풍습을 실천한 사람들은 어린아이들을 덕으로 이끌고, 미덕을 실천하는 길로 안내해 주어야 했다.

다른 나라의 나쁜 관습이나 야만적인 생활이 스파르타로 들어오지 못하도록 리쿠르고스는 마음대로 외국에 나가는 것도 금지했다. 뿐만 아니라 별다른 이유 없이 스파르타에 머물고 있는 외국인들도 모두 추방했다. 그들이 스파르타 제도를 본떠서 자기 나라를 올바르게 만들까봐 염려해서가 아니라, 스파르타 시민들 사이에 나쁜 습관이 퍼지지 않게 하려는 의도에서였다. 외국 사람들이 새로 들어오면 낯선 말도 함께 들어오는 법이다. 이러한 말들은 새로운 판단 기준을 낳는다. 새로운 기준을 주장하는 사람들이 생겨나면 마침내 나라의 조화를 깨뜨리게 마련이다. 리쿠르고스는 전염병을 예방하듯, 외국의 나쁜 습관에 물들지 않도록 나라를 보호하는 데 주의를 기울였다.

어떤 사람들은 그가 만든 법률이 용기 있는 병사를 기르는 데는 유용하지만, 모든 사람에게 충분히 공정하지는 않다고 주장한다. 동시에 그들은 리쿠르고스의 부정과 탐욕을 지적하고 있지만, 이에 대한 증거는 어디에서도 찾아볼 수 없다. 그러나 만일 아리스토텔레스가 말한 대로 크리프테이아라는 법이 리쿠르고스가 제정한 것이었다면, 리쿠르고스는 비난받아 마땅하다.

때때로 장군들은 크리프테이아 법에 따라, 가장 유능한 청년들에게 단검과 식량을 주고 비밀리에 다른 나라 안에 들어가도록 했다. 청년들은 낮에는 눈에 띄지 않는 외진 곳에 숨어 지내다가 밤이 되면 거리로 나왔다. 그리고 길에서 만나는 헬롯인들을 모두 죽여버리는 것이 이 법의 내용이었다. 뿐만 아니라 청년들은 가끔 낮에도 밭으로 나가, 일하고 있는 사람들을 습격해 죽이기도 했다.

또 《펠로폰네소스 전쟁사》를 쓴 투키디데스의 기록에도 이와 비슷한 이야기가 나온다. 스파르타 사람들은 헬롯인들 사이에서 유능한 용사를 뽑아 영예의 화관을 수여했다고 한다. 그리고 이들은 자유인이 되어 명예롭게 여러 신전을 참배했다. 하지만 이 행사가 끝난 뒤 이들은 모두 감쪽같이 사라졌다. 그 수가 2000명에 이른다고 하지만 오늘날까지 그 헬롯인들이 어떻게 죽었는지에 대한 기록을 찾아볼 수 없다. 아리스토텔레스는 스파르타의 행정관이 취임할 때도 헬롯인들과 싸울 것을 선서하는 의식을 행했다고 설명했다. 이러한 종교적인 선서는 죄책감 없이 헬롯인을 학살하기 위함이었다.

스파르타인들은 이 밖에도 헬롯인들을 학대하기 일쑤였다. 헬롯인은 참으로 가혹한 대우를 받았다.

예를 들어 헬롯인에게 억지로 술을 먹이고 광장에 끌고 나가, 아이들에게 술에 취하면 이렇게 되니 조심하라며 보여주었다. 또 우스꽝스런 노래를 부르고 저질스런 춤을 추게 하며, 자유인의 고귀한 행동을 하지 못하도록 강요했다. 나중에 테바이인이 스파르타를 공격했을 때 붙잡은 헬롯인들에게 테르판드로스나 알크만, 스펜돈 등의 노래를 부르게 했다. 그들은 온갖 수단을 써서 헬롯인들에게 노래를 시키려고 했지만, 헬롯인들은 이렇게 말했다.

"스파르타의 주인님들이 싫어하십니다."

스파르타는 자유인은 세상에서 가장 자유롭고 노예는 세상에서 가장 비참하다는 말이 참으로 통하는 곳이었다.

그러나 처음부터 스파르타 사람들이 헬롯 사람들을 잔인하게 대한 것은 아니라고 말하는 이들도 있다. 그들은 대지진이 일어난 뒤부터 그런 일을 벌인 것이라고 한다. 그때 헬롯인들은 메세니아 사람들과 공모해 폭동을 일으키고 스파르타 국토를 쑥대밭으로 만들었다. 그들은 스파르타에 가장 커다란 위험을 가져다준 존재였다.

하지만 리쿠르고스의 온화한 성격과 행동으로 볼 때, 그토록 야만적이고 사악한 일을 명령했다는 것은 좀처럼 믿기 어려운 사실이다. 리쿠르고스는 그렇게 불쾌한 일을 명예롭게 여기지 않았으며, 신탁 또한 그의 온유한 성격에 대해 증명해준다.

리쿠르고스가 세운 모든 중요한 제도와 법률의 기본 원리들은 사람들의 정신 속에 뿌리내렸고, 새로운 풍습들도 자연스럽게 몸에 익혔다. 그의 공화국은 이제 확고한 바탕 위에서 성장하고 발전해 갈 수 있게 되었다. 세상의 창조주가 맨 처음 생명이 움직이고 삼라만상이 운행하기 시작하는 것을 보고 기뻐했듯이, 리쿠르고스도 질서 있게 시행되는 정치제도를 보면서 기뻐하며 그것이 오래도록 변함없이 이어지기를 기원했다.

그래서 그는 특별 회의를 열어 모든 시민을 모아놓고 말했다.

"이제 모든 일이 국가의 행복과 번영을 위해 합리적으로 수립되었소. 그러나 가장 크고 중요한 일은 신에게 물어보는 것이니 나는 델포이로 가서 신탁을 듣고 올 것이오. 그러니 여러분은 내가 돌아올 때까지 제정된 법을 고치지 말고, 잘 시행하고 있어주기 바라오. 나는 델포이에서 돌아오자마자 모든 것을 신의 뜻대로 행할 것이오."

모든 사람이 그의 제안을 찬성하고 지지했다. 리쿠르고스는 두 왕과 원로들 그리고 모든 평민에게서 법을 지키겠다는 약속을 받고 델포이로 길을 떠났다.

신전에 닿은 리쿠르고스는 아폴론 신에게 제사를 드리고, 자기가 정한 법률이 과연 나라의 번영과 행복을 위해 모자람이 없는지 물었다. 그러자 리쿠르고스가 만든 법은 매우 훌륭하며, 이 법을 잘 지킨다면 스파르타의 명성이 대대손손 영원하리라는 신탁이 내려왔다. 리쿠르고스는 이 신탁을 적어 스파르타로 보냈다. 그리고 아폴론 신에게 다시 한 번 제사를 올린 뒤 친구와 아들에게 작별 인사를 했다. 그는 스파르타인들이 한 약속을 영원히 지켜줄 것을 당부하며, 살려고 생각하면 살 수도 있는 나이지만 삶을 마치려 생각한다면 지금이 가장 적당한 때인 듯하여 이곳에서 마지막 삶을 정리하려 한다고 말했다.

리쿠르고스는 정치가의 의무로서 죽음조차도 국가에 기여해야 한다고 생각했다. 그리고 죽는 순간에도 덕망과 실천이 하나가 된 사람의 본보기를 보이며, 음식을 끊고 조용히 생을 마감했다. 이 죽음은 리쿠르고스 자신에게, 평생 훌륭한 업적을 쌓아온 인생에서 가장 큰 행복을 누리며 떠난다는 의미였을 것이다. 또 스파르타 시민들은 그의 죽음으로써, 그가 만든 제도를 끝까지 지키겠다는 약속을 엄숙히 지켜가게 되었다.

그의 죽음은 헛되지 않았다. 스파르타는 리쿠르고스의 법률을 500년 동안 그대로 따랐다. 그리고 모든 헬라스 국가 가운데 가장 강력한 나라가 되었다. 아르키다모스의 아들 아기스 왕에 이르기까지 14명이 재위한 500년 동안, 리쿠르고스의 법률에는 어떠한 수정이나 추가가 없었다. 에포로스 제도가 정치제도와 법률의 힘을 더욱 강화했기 때문이다. 이것은 시민들의 이익을 위해 만들어진 제도였는데, 오히려 귀족들의 정치를 더욱 공고히 해주었다.

그런데 아기스가 왕위에 있을 때, 리산드로스라는 사람이 전쟁에서 돌아오면서 스파르타에 처음으로 금과 은을 가지고 들어왔다. 이때 부에 대한 욕망을 불러일으키는 금, 은과 함께 탐욕과 악도 들어왔다. 리산드로스 자신은 돈 때문에 부패하지 않았다. 하지만 스파르타에는 탐욕과 재물이 넘치게 되었고, 사람들은 곧 사치와 욕심에 눈이 멀어버렸다. 이것이 마침내 리쿠르고스의 법률과 명령을 무너뜨리는 원인이 되고 말았다.

리쿠르고스의 법률이 지배하는 동안, 스파르타는 한 나라의 정치적 수도라기보다 한 현명한 지도자가 이끄는 군대와 같았다. 그들은 헤라클레스가 사자 가죽과 몽둥이를 들고 온 세계를 돌아다니며 무법자와 악당들에게 벌을 주던 것처럼, 평범한 지팡이를 들고 거친 옷을 걸친 채 헬라스의 모든 국가 위에 당당하게 군림했다.

스파르타인들은 부당한 독재와 군주정치를 뿌리뽑으며, 전쟁을 중재하고 내란을 진압했다. 그리고 병사 한 사람도 움직이지 않고 사절 한 명만을 보내는 것만으로도 곳곳에서 승리를 거두었다. 스파르타는 마치 여왕벌을 중심으로 질서 있게 움직이는 꿀벌들처럼, 한 지도자의 명령을 받으며 질서를 만들어 간 나라였다. 이 정도로 스파르타에는 도덕적인 법과 정의가 존재했던 것이다.

어떤 사람이 테오폼푸스 왕에게 "스파르타가 이토록 오랫동안 세력을 유지할 수 있었던 것은 모두 왕들이 훌륭한 통치를 한 덕분"이라 말하자 테오폼푸스 왕은 "아니오, 그것은 시민들의 자발적인 복종 덕분이오"라고 대답했다. 그의 말을 들어서 "스파르타인들은 지배당할 줄만 알고 지배할 줄은 모른다"고 하는 사람들을 나는 이해할 수 없다.

스파르타 사람들은 통치할 줄 모르는 지도자의 말에 억지로 복종하지 않았기 때문이다. 복종이란 지도자가 사람들에게 가르치는 교훈과 같다. 사람들은 진정한 지도자에게 스스로 그의 부하가 되어 복종하는 법이다. 마치 말을 훈련하는 최고의 기술이 온순하게 길들이는 것이듯, 정치의 최고 기술은 자발적으로 복종하고 싶도록 사람 마음을 움직이는 것이다.

스파르타 지도자들은 단순히 자발적인 복종을 얻었을 뿐 아니라 그들의 부하가 되고 싶다는 열망을 불러일으켰다.

헬라스 다른 나라들이 스파르타에 사절을 보내 돈이나 군함, 군대가 아니라 오로지 지도자 한 명만을 요구했을 정도였다. 그리하여 파견된 지도자를 그들은 존경과 충성으로 극진히 모셨다. 그들은 진심으로 스파르타 지도자들에게 복종하며 명령에 따르고 싶어했다. 길리푸스는 시킬리아로 가서 장군이 되었고, 브라시다스는 칼키디케로 건너갔으며, 리산드로스와 칼리크라티다스와 아게실라우스 등은 아시아로 가서 그곳에 사는 헬라스 민족을 지도해 주었다. 모셔간 나라에서는 이들을 호민관이나 평화관이라고 부르며 우러러보았다. 주변 헬라스 민족들의 관심은 언제나 스파르타에 쏠려 있었다. 스파르타는 현명한 지도자가 세운 정부와 훌륭한 생활 습관으로 헬라스에서 완벽한 본보기가 되었다.

스파르타 사람들은 헬라스인의 훌륭한 스승이었다. 이 점에 대해서는 스트라토니쿠스가 남긴 말이 있다. 그는 자신이 법률을 만든다면 먼저 아테나이 사람들에게 제사를 맡기고, 엘레아 사람들에게 올림피아 경기를 주재하게 할 것이며, 둘 다 신통치 않을 때에는 스파르타 사람들에게 이들에 대한 징벌의 법을 세우라고 명령할 것이라고 말한 바 있다.

소크라테스의 제자인 안티스테네스도 스파르타와 싸워서 이기고 돌아온 테바이 사람들을 보며, "스승을 흠씬 때리고 즐거워하는 어린 학생들과 다를 바가 없다"고 한탄했다.

그러나 스파르타가 헬라스 다른 여러 나라들을 지배하는 것은 리쿠르고스의 의도가 아니었다. 그는 국가의 행복이란 개인의 행복과 마찬가지로, 덕을 실천하고 나라 안에서 조화와 화합을 이룰 때 얻을 수 있는 것이라고 생각했다. 리쿠르고스는 국민들이 나라 안에서 자유를 마음껏 누리고, 독립적인 생활을 하면서 평온하게 살아가는 것을 목표로 삼았다. 플라톤, 디오게네스, 제논 같은 철학자들은 리쿠르고스의 정치관을 본보기로 받아들였다. 리쿠르고스는 비록 책이나 이론을 남기지는 않았지만, 스스로의 행동으로 누구도 흉내 낼 수 없는 정치체제를 세운 작가인 것이다. 철학자들이 논하는 것은 현실에 맞지 않는다고 생각하는 사람들에게, 스파르타라는 나라 전체가 지혜를 사랑한다는 사실을 실천으로 보여주었다. 리쿠르고스야말로 스파르타에 완벽한 이상 국가의 표본을 세움으로써, 헬라스 모든 통치자 사이에 독보적인 존재가 된 것이다.

리쿠르고스가 죽은 뒤, 아리스토텔레스는 스파르타에서 마땅히 받아야 할 존경을 받지 못하는 가장 존엄한 인간이 바로 그라고 했다. 그러나 스파르타에는 리쿠르고스를 위한 신전이 지어져 있고, 사람들은 해마다 신에게 바치듯 그에게도 제사를 드린다.

리쿠르고스의 주검을 스파르타로 옮겨 묻은 뒤 갑자기 번개가 떨어지더니 무덤이 사라져 버렸다. 이런 신비로운 일은 에우리피데스와 리쿠르고스 오직 두 사람에게만 일어났으며, 다른 유명한 사람에게는 좀처럼 일어나지 않는 희귀한 사건이었다. 에우리피데스는 마케도니아에 있는 아레투사에 묻혔다가 번개를 맞아 사라졌다. 사람들은 신들에게서 사랑받는 가장 경건한 이들에게 일어날 법한 일이 에우리피데스에게 일어난 것은, 그가 신들에게서 사랑받았다는 증거라고 한다.

어떤 사람들은 리쿠르고스가 엘리스에서 죽었다고 주장한다. 티마이오스와 아리스토크세누스는 그가 크레테에서 죽었다고 했다. 그리고 크레테 사람들은 페르가미아(페르가모스) 지방의 외국인 거리 옆에 있는 무덤을 리쿠르고스 무덤이라고 한다.

리쿠르고스에게는 안티오루스라는 아들이 하나 있었다. 그러나 안티오루스가 자식 없이 죽었기 때문에 그의 집안은 대가 끊기고 말았다. 하지만 리쿠르고스의 친구들과 친척들은 그를 위해 해마다 제사를 올렸다. 이날을 '리쿠르기데스'라 부른다.

한편 히파르코스의 아들 아리스토크라디스는 리쿠르고스가 크레테에서 죽었을 때, 그를 대접해 준 친구들이 그의 시신을 화장해서 재를 바다에 뿌려주었다고 한다. 자신의 주검이 조국으로 돌아가면 혹시라도 제정된 법을 고치지 않고 잘 수행하겠다는 스파르타의 약속이 제대로 지켜지지 않을까 염려해, 리쿠르고스가 죽기 전에 친구들에게 특별히 부탁했다는 것이다.

이로써 리쿠르고스에 대한 이야기를 맺도록 한다.

누마 폼필리우스(NUMA POMPILIUS)

누마 왕이 살던 시대에 대해서는 이런저런 의견들이 많았다. 로마 귀족 집안들 족보를 살펴보면 누마 폼필리우스에 이르기까지 거의 올바르게 거슬러 올라간다. 그 가운데는 매우 정확하게 연대를 적은 저술도 있다. 하지만 역사가 클로디우스는 《연대학 비판》이라는 책에서 로마의 옛 기록은 갈리아인이 침략해 왔을 때 모두 불타버렸으며, 남아 있는 것들은 후세 사람들이 고귀한 혈통을 이어받았다고 주장하는 권력자들 비위를 맞추려 조작한 것이라고 주장한다.

누마는 학자이자 피타고라스의 친구였다고 전해지지만 이에 반대하는 견해들도 있다. 누마가 헬라스어나 학문을 배운 흔적이 어디에도 보이지 않기 때문이다. 아마 누마는 학문적 재능을 타고났거나, 피타고라스보다 더 훌륭한 동방의 스승을 만났을 것이다. 또한 누마와 피타고라스는 한 시대에 산 것도 아니다. 피타고라스는 누마 왕 뒤 적어도 다섯 세대가 지난 다음 사람이라고 한다.

한편 피타고라스라는 이름을 가진 또 다른 사람이 있었다는 이야기도 있다. 이 사람은 스파르타 출신으로, 누마 왕 3년에 열린 제13회 올림피아 제전에서 우승했다. 그 뒤 그는 이탈리아를 여행하다가 누마와 친해졌으며, 나라의 헌법 제정에 도움을 주었다. 이런 이유로 로마 헌법에는 스파르타의 법과 풍습이 많이 스며들었다. 누마는 사비니 부족 후손이었으며 사비니 부족들의 땅은 스파르타 식민지였기 때문이다.

그러므로 누마의 연대를 정확히 알기는 쉽지 않다. 특히 올림피아 경기 우승자들의 기록만으로 연대를 정하는 것은 불확실하다. 올림피아에 대한 기록은 후세에 엘리스 사람인 히피아스가 작성한 것이라 신뢰성이 떨어지기 때문이다. 나는 내가 들은 이야기 가운데 적당한 부분부터 누마 이야기를 써 나아갈 것이다.

로마가 세워진 지 37년째 되던 해, 오늘날 노나이 카프로티아이라 불리는 7월 14일의 일이다. 그즈음 로마를 지배하던 로물루스는 염소의 늪이라 부르는 곳에서 제사를 지내고 있었다. 원로들과 로마 시민들이 이 제사에 함께 참여했다. 그때 갑자기 하늘이 어두워지더니 먹구름이 몰려오고, 사나운 비바람이 휘몰아쳤다. 시민들은 놀라 뿔뿔이 흩어져 버렸다. 이윽고 회오리바람에 휩쓸려 로물루스는 순식간에 모습을 감추었다. 그 뒤로 사람들은 로물루스가 살았는지 죽었는지 알 수 없었고 그 주검도 찾지를 못했다.

그러자 의혹의 화살이 귀족들에게 쏟아졌다. 시민들 사이에서는 이상한 소문이 떠돌았다. 귀족들이 왕정에 지치고 로물루스의 교만함에 화가 나서, 나라의 권력을 자신들 손아귀에 넣기 위해 로물루스를 죽였다는 것이었다. 당황한 귀족들은 민중의 의혹을 돌리려고 로물루스를 신격화했다. 즉 로물루스는 죽은 게 아니라 바람을 타고 하늘로 올라갔다는 것이다. 그리고 프로클루스는 로물루스가 갑옷을 입고 승천하며 자신을 퀴리누스라고 부르라 명령하는 것을 똑똑히 보고 들었다고 맹세했다.

로물루스의 죽음에 대한 의문이 사라지자 이번에는 새로운 왕을 정하는 문제로 또 다른 분쟁이 일어났다. 본디의 로마인들과 새로운 이주민들의 생각이 서로 다른 데다가, 귀족들도 여러 파벌로 갈라져 있었기 때문이다. 게다가 원로들까지 서로 질투와 경쟁심을 불태웠다. 모두 왕이 필요하다는 사실에는 뜻을 함께했지만, 어느 부족 출신 누구를 뽑아야 할지에 대해서는 도무지 의견들이 맞지 않았다.

로물루스와 함께 도시를 세웠으며 사비니인들에게 땅과 집을 나누어 주었던 로마인들은, 사비니인들에게 은혜를 베풀었더니 도리어 지배를 하려고 한다면서 몹시 분노했다. 사비니인들 또한 타티우스 왕이 죽은 뒤 로물루스 혼자서 왕 노릇을 했으니, 이제는 자기들 가운데서 왕을 정해야 한다고 맞받았다. 사비니인들은 결코 로마인보다 힘이 약해서 로마와 합친 게 아니며, 로마를 부강하게 만드는 데 누구 못지않게 많은 공을 세웠다는 것이다. 또한 사비니인들이 연합해 인구를 늘려주었기에 오늘날 로마가 그토록 이름을 날리는 것이라는 주장을 했다.

이 때문에 두 부족 사이에 분열이 일어났다. 귀족들은 명령권을 가진 사람이 없는 데다가 질서까지 무너지면 나라 전체가 혼란스러워질 것이라고 염려했다. 그래서 원로 150명이 낮에 여섯 시간, 밤에 여섯 시간씩 돌아가며 왕의 휘장을 지니고, 신들에게 관례대로 제사를 올렸으며 정무를 보도록 했다. 이렇게 시간을 똑같이 나눈 것은 원로들 사이에서 경쟁심을 없애는 것은 물론, 일반 시민들의 질투 또한 막기 위함이었다. 시민들은 왕위에 올랐던 사람이 일정한 기간이 지나면 다시 평범한 시민으로 돌아오는 것을 볼 수 있었다. 이러한 정부 형태에 로마인들은 '인테르레그눔'이라 이름 붙였다.

이처럼 공평한 방식으로 나라를 다스렸지만 귀족들을 바라보는 시민들 의심의 눈길은 여전히 사라지지 않았다. 귀족들은 마치 자신들 손아래 모든 통치권을 두려고 정부 형태를 귀족정치로 바꾸려는 것 같다는 의심을 받았다. 또한 왕을 정하는 일은 추진하지도 않을 것이라는 추측까지 생겨났다. 마침내 두 부족은 서로가 상대편 부족 안에서 왕을 정하기로 결정했다. 로마인들은 사비니 부족 안에서 한 사람을 정하고, 사비니인들은 로마인들 가운데 한 사람을 왕으로 정하기로 한 것이다. 사람들은 이것이 모든 분열을 끝낼 수 있는 가장 좋은 방법이라고 여겼다. 두 왕은 한편에 대해서는 자신을 선택해준 것에 고마워할 것이며, 다른 한편에 대해서는 자신의 동족으로서 애정을 느낄 것이기 때문이다.

사비니인들은 왕위 선택권을 본토박이 로마인들에게 모두 맡겼다. 로마인들 또한 사비니인들이 뽑은 로마의 왕을 모시느니, 차라리 스스로 선택한 사비니 출신의 왕을 받아들이는 것이 나으리라는 마음을 가졌다. 회의가 열리고 나서 누마 폼필리우스가 왕이 되었다. 그는 사비니 부족 사람으로, 모든 면에서 뛰어난 재능이 있기에 꽤 이름이 알려져 있었다. 사실 누마는 로마 시에 살고 있지 않았다. 그러나 그의 이름을 들은 사비니인들은 흔쾌히 누마를 왕으로 받아들였고, 누마를 선택한 로마인들보다 오히려 더 뜨겁게 환영했다.

누마가 왕으로 선출되었다는 사실은 곧 백성들에게 선포되었다. 그리고 두 부족의 대표들은 누마를 찾아가 정부의 결정을 받아달라고 청했다. 누마는 사비니인들 사이에서 유명한 쿠레스라는 곳에 살고 있었다. 이곳은 로마인들과 사비니인들이 연합한 뒤에 퀴리테스라 불리기도 했다.

누마는 폼필리우스 집안의 4형제 가운데 막내로, 4월 21일에 태어났다. 공교롭게도 이날은 바로 로물루스가 로마를 세운 날이었다. 누마는 매우 지혜롭고 덕이 높았으며 웬만한 일에는 화를 내지 않았다. 게다가 타고난 좋은 품성을 엄격한 생활과 철학으로 더욱 고귀하게 갈고닦았다. 단지 저속한 감정을 쫓아버리는 데 끝나는 것이 아니라, 주로 야만인들이 갖는 분노나 성급한 성질마저 모두 없애려고 애썼다. 누마는 진정한 용기란 이성으로써 자기 감정을 다스리는 것이라 생각했다.

그는 자신의 집에서도 모든 사치와 안락한 생활 방식을 없애버렸다. 그래서 이방인들과 동족들은 모두 누마를 참다운 재판관이며 상담자라고 여겼다. 누마는 혼자 있을 때에도 쾌락에 빠지거나 유혹에 흔들리지 않았다. 오직 영원한 신을 경배하며, 신성한 힘과 자연에 대한 명상에 몰두했다. 이러한 누마의 성품이 알려지자, 로물루스와 함께 로마의 왕이었던 타티우스는 누마에게 자신의 외동딸을 주어 사위로 삼았다. 그러나 누마는 왕의 사위가 된 뒤에도 장인과 함께 로마에서 살지 않고, 사비니인들과 함께 살며 나이 많은 아버지를 모셨다. 아내 타티아도 결혼하기 전에 아버지와 함께 누리던 화려한 생활을 잊고 남편과의 조용한 삶에 잘 적응했다. 타티아는 결혼한 지 13년 만에 세상을 떠났다.

누마는 복잡한 도시를 벗어나 자주 시골에 가곤 했다. 그는 인적 드문 시골 들판이나 언덕 위를 홀로 거닐며 시간을 보냈다. 그의 이러한 습관은 여신에 대한 소문까지 낳았다. 누마가 사람들을 피해 혼자 생활하는 것은 우울증 때문이 아니라 신들에게 기쁨을 맛보는 것이며, 여신 에게리아와 사랑하게 되어 천상의 결혼까지 허락받았다는 내용이었다. 사람들은 누마가 신의 축복은 물론 천상의 지혜까지 얻었다며 부러워했다.

이런 이야기는 다른 신화들과 비슷한 면이 있다. 프리기아 사람들은 이러한 신화를 믿고 지금까지도 아티스에 대해서 말한다. 비티니아 사람들이 헤로도토스에 대해서, 아르카디아 사람들이 엔디미온에 대해서 이야기하는 것도 그와 같다. 신의 사랑과 은총을 입은 사람들은 그 밖에도 많다. 하지만 만약 신이 동물이 아닌 인간을 사랑한다면, 특별히 선한 자와 함께 있으면서 현명한 영혼과 대화를 한다고 해서 전혀 믿지 못할 이야기라 단정할 수는 없다. 신이나 또는 악마라도 감각적인 육체의 사랑을 할 수 있으며, 인간의 아름다운 모습에서 뜨거운 사랑을 느낄 수도 있는 것이다.

사실 아이귑토스 사람들은 신과 인간 사이를 뚜렷하게 구별하지 않았다. 신령한 영혼이 여자의 마음속으로 들어가 아기를 잉태할 수는 있지만, 남자들이 육체를 통해서 신성과 성교를 하거나 그 외의 어떤 식으로든 신과 육체관계를 갖는 것은 불가능하다고 생각했다. 하지만 그것은 한편에서 일어나는 일은 다른 한편에서도 반드시 일어날 수 있다는 사실을 모르는 것이다. 결합은 일방적이 아니라 상호적으로 이루어진다. 그러므로 신들이 갖고 있는 인간에 대한 애정이 인간들의 덕성을 수양하게 해준다는 의미를 담은 이야기라고 생각하는 편이 더 좋으리라.

따라서 포르바스나 히아킨토스나 아드메토스가 아폴로와 사랑을 했다는 이야기를 허무맹랑한 것이라고만 할 수는 없다. 특히 시키온 사람인 히폴리투스가 아폴로의 총애를 받았다는 이유로, 피티아는 그가 시키온에서 키르하로 항해할 때마다 시를 읊으며 신의 기쁨과 애정을 노래했다고 한다.

> 사랑스러운 히폴리투스, 다시 바다를 건너네.
> 그의 귀중한 생명이 돛대에 달렸다네.

또한 판은 핀다로스와 그의 시를 사랑했고, 무사이는 헤시오도스와 아르킬로코스가 죽은 뒤에 영예를 주었으며, 소포클레스는 살아 있을 때 아이스쿨라피우스 신과 늘 동행했다는 이야기도 있다. 이에 대한 증거는 아직도 많이 남아 있다. 특히 소포클레스가 태어났을 때는 아이스쿨라피우스가 찾아왔으며, 죽었을 때는 다른 신이 장례식을 치러주었다는 전설도 있다.

우리가 이런 전설을 조금이라도 믿는다면 잘레우쿠스, 미노스, 조로아스터(자라투스트라), 누마 등이 법을 제정할 때에 하늘의 축복과 은혜를 받았다는 것을 어찌 의심하겠는가? 신들이 중요한 섭리를 갖고 이러한 사람들이 회의나 토론을 할 때 도와주고, 영감을 주거나 갈 길을 이끌어 준다고 믿는 편이 오히려 합리적일 것이다. 아마 더욱 기분이 좋아지면 시인이나 음악가들을 찾아올지도 모른다. 하지만 여기에 대해서는 다른 견해가 많을 것이다. 바킬리데스의 말대로 "길은 넓기" 때문이다.

그러므로 리쿠르고스나 누마 또는 다른 유명한 법률 제정가들이 민중의 반대와 고집을 꺾고 새로운 개혁을 시도하기 위해서, 마치 신의 계시라도 받은 듯 거짓말을 했다는 이야기를 나쁘게만 생각할 것은 아니다. 그들의 거짓말은 분명히 민중을 이해시키는 유리한 방편의 하나였을 것이다.

로마에서 온 대표자들이 누마를 찾아와 왕이 되어달라고 청했을 때 누마의 나이는 마흔이었다. 대표자들은 프로쿨루스와 벨레시우스였다. 사실 많은 사람들은 둘 가운데 한 명이 새로운 왕으로 뽑히리라 기대했다. 로마인들은 프로쿨루스를, 사비니인들은 벨레시우스를 새로운 왕으로 선출하고자 했기 때문이다.

두 사람은 누마가 기뻐하며 마땅히 받아들일 것이라 생각했다. 그러나 그들의 예상은 완전히 빗나갔다. 일생을 평화롭게 살아오던 사람을, 전쟁 속에서 태어나고 자란 로마의 왕위를 받아들이도록 설득하는 것은 그리 쉬운 일이 아니었다. 두 대표자는 온갖 말로 간곡히 누마에게 왕이 되기를 간청했다. 그러나 누마는 그의 아버지와 친척이 있는 자리에서 이렇게 말했다.

"모든 인간에게 있어 생활 방식을 갑자기 바꾼다는 것은 매우 위험한 일입니다. 더욱이 아무 부족함도 느끼지 않고 만족하며 살던 사람이 왜 갑자기 몸에 밴 생활을 버리겠습니까? 만일 지금 생활에 부족함이나 불만을 느낀다 하더라도 앞으로 어떤 일이 닥칠지 모르는 생활보다는 낫다고 생각합니다. 특히 로마를 다스린다는 것은 더욱 어려운 일입니다. 처음 왕권을 잡은 로물루스만 보더라도 자기와 함께 왕위에 있던 타티우스를 죽였다는 의심을 받았고, 이번에는 원로들이 로물루스를 암살했다는 의혹을 피할 수 없었습니다. 하지만 로물루스는 신의 아들이며, 신이 보낸 유모가 키워서 기적적으로 생명을 구했다고 합니다. 그러나 나는 한낱 인간의 아들일 뿐이며, 평범한 음식을 먹고 평범한 교육을 받으며 자랐습니다. 사람들이 칭찬하는 나의 미덕 또한 좋은 왕이 되기에는 부적당할 뿐입니다. 나는 한가한 시간들을 즐기며 소득이 없는 일을 생각합니다. 또한 전쟁을 싫어하고 평화를 사랑하며, 사람들과 사귀더라도 단순히 우정을 나누기 위해서 만납니다. 그렇지 않을 때는 오로지 밭을 갈고 소를 먹이는 일을 기쁨으로 여깁니다. 나는 신을 경배하는 일로 시간을 보내며, 정의를 사랑하고 폭력과 전쟁을 피하라고 사람들에게 이야기합니다. 그러므로 나 같은 사람이 로마의 왕이 된다면 아마 세상의 웃음거리가 될 것입니다."

이러한 누마의 간곡한 거절을 듣고도 로마 대표자들은 자신들의 뜻을 거두지 않았다. 로마인 모두가 당신을 원하고 있으니 로마를 내란과 분열에 빠지지 않도록 도와달라며 간청했다. 두 부족이 모두 찬성하는 사람은 누마밖에 없었기 때문이다.

마침내 옆에 앉아 그 상황을 지켜보던 누마의 아버지와 친척인 마르키우스가 누마를 설득했다. 두 사람은 누마에게 이토록 고귀한 신의 선물을 거부하지 말라고 충고했다.

"너는 지금 가진 것에 만족해 부귀영화를 더 바라지 않고, 벌써 가치 있는 명예를 지녔기에 왕위조차 반갑지 않을 것이다. 그러나 왕이 되어 백성을 다스리는 것 자체가 신에게 봉사하는 일이다. 신은 지금 너의 정의감과 지혜를 사용하기 위해 너를 부르시고 있다. 그러니 그러한 재능을 썩혀서는 안 된다. 이제 더는 피하지 말고 생각을 바꾸어라. 왕이 되는 일은, 현명한 사람에게는 위대하고 훌륭한 업적을 마음껏 펼칠 수 있는 벌판에 서는 것이다. 신에게 제사를 올리는 사람들의 마음을 겸허하게 만들 수도 있을 것이다. 권위를 가진 자만이 백성들에게 커다란 영향을 줄 수 있는 법이다. 타티우스는 비록 이방인이지만 사랑을 받았고, 로물루스는 신과 같은 존경을 받으며 사람들 기억 속에 살아 있다. 언제나 승리해 온 로마 시민들이 이제는 전쟁에 싫증을 내고, 이제껏 얻은 승리와 전리품만으로도 만족하게 될지 누가 알겠느냐? 그러면 백성들은 질서와 안정이 있는 나라로 이끌어 주는 왕, 평화를 사랑하면서도 정의감이 넘치는 왕을 원할지도 모르는 일이다. 로마인들이 전쟁에 미쳐서 더 나아질 수 없게 된다고 해도, 중용을 지키는 사람이 왕위에 오르면 사나운 마음을 다른 쪽으로 돌릴 수 있을 것이다. 또한 너로 인해 로마인의 조국과 너의 고향 사비니 민족이 서로 우정을 나누고 선의의 동맹을 굳힌다면 그 또한 좋은 일이 아니냐?"

전하는 말에 따르면, 아버지의 이러한 논리적인 설득과 함께 상서로운 징조도 나타났다고 한다. 또 로마의 사절들이 가져온 전갈이 무엇인지를 알아챈 동료들도 누마에게 왕위를 받아들여 부디 두 민족 사이의 화목과 평화를 이루는 데 힘써 달라고 간절히 부탁했다.

마침내 누마는 청을 받아들이기로 결심하고 신들에게 제사를 바친 뒤 로마로 떠났다. 로마의 원로원과 민중은 열렬히 그를 환영했다. 축복을 비는 여인들의 즐거운 환성이 울려퍼지고 모든 신전마다 제사를 올렸다. 온 백성은 새로운 왕이 아니라 새로운 왕국이 탄생한 듯 기뻐했다. 일행이 포룸(광장)에 닿자 '인테르렉스(섭정왕)'였던 스푸리우스 베티우스가 투표를 시작했다. 그리고 만장일치로 누마가 왕으로 승인되었다.

왕권을 나타내는 옷과 모든 상징이 누마에게 넘겨졌을 때, 누마는 잠시 기다려 달라 청하며 먼저 신에게 물어 확답을 듣고 싶다고 말했다.

그리고 예언자와 사제들을 데리고 카피톨리움 위로 올라갔다. 그 무렵 로마인들은 이곳을 타르페이아 언덕이라 불렀다. 그곳에서 예언자들의 우두머리가 누마로 하여금 머리를 남쪽을 바라보고 서게 했다. 그리고 예언자는 누마 뒤에 서서 오른손을 누마의 머리 위에 올리고 기도를 드렸다. 예언자는 기도를 하면서 눈으로는 주위를 둘러보며 어떤 상서로운 징조가 나타나는지 살폈다. 포룸에 모여 있던 사람들도 말없이 신의 징조를 기다리며 서 있었다.

마침내 상서로운 새가 날아왔다. 그러자 누마는 국왕의 옷을 입고 언덕에서 그를 기다리고 있는 시민들에게 내려왔다. 백성들은 크게 환호하고 갈채를 보내며, 그 누구보다 성스럽고 신의 사랑을 받는 그를 맞이했다.

누마가 왕이 되어 처음 한 일은, 로물루스가 늘 곁에 두고 있던 호위병 300명을 해산한 것이다. 누마는 자신을 믿어주는 시민들을 의심하고 싶지 않았고, 또한 자신을 믿지 않는 백성이라면 다스리고 싶지 않았기 때문이다. 그다음으로 유피테르와 마르스를 섬기는 사제 말고 세 번째 사제를 정해 로물루스를 섬기도록 명령했다. 그리고 이 세 번째 사제를 '플라멘 퀴리날리스'라 불렀다. 나이 든 제사장들은 플라멘이라 불렀는데, 이것은 그들이 쓰는 두건인 '필레우스'에서 유래한 말이다. 그즈음 라틴어에는 많은 헬라스어가 섞여 쓰였다. 예를 들어 로마에서는 왕의 외투를 '라이나'라고 불렀는데, 주바의 말을 들어보면 헬라스어로는 '클라이나'라 불렀다고 한다. 또 부모가 모두 살아 있으면서도 유피테르 신전에서 신을 섬기는 어린 소년들을 '카밀루스'라 불렀는데, 이것 또한 헬라스의 헤르메스(메르쿠리우스)를 여러 신의 사자이므로 '카드밀루스'라고도 불렀던 데서 나온 말이다.

이렇듯 백성들의 사랑과 지지를 받게 된 누마는 호전적인 국가를 부드럽고 온순하게 만들려고, 곧바로 여러 큰 계획을 실행에 옮겼다. 플라톤의 표현에 따르면 그 무렵 로마는 "열기로 불타오르는" 도시였다. 로마는 처음부터 대담하고 호전적인 기질이 있던 도시였다. 더구나 곳곳에서 대범하고 용감한 나라들의 도전이 이어졌으므로, 로마는 이웃 나라들과의 전쟁과 분쟁 속에서 차츰 더 강대해졌다. 그리고 되풀이되는 투쟁의 위험 속에서 오히려 새로운 힘을 얻곤 했다. 마치 망치로 두들기면 두들길수록 더욱 튼튼하게 박히는 말뚝과도 같았다.

이런 황폐하고 불안정한 로마의 시민들을 교화해 평화로 이끌어 가는 건 결코 쉬운 일이 아니었다. 누마는 종교적인 행사를 치름으로써 로마인들의 완고한 정신을 유순하고 평화롭게 만들고자 했다. 누마는 자주 신에게 제사를 드리며 종교적인 행렬이나 춤 등을 섞었다. 또한 엄숙한 종교 행사에 세련되고 재미있는 오락을 곁들여서 로마인들의 난폭한 기질을 완화하려고 했다. 그리고 때로는 로마인들에게 종교적인 경외심을 안겨주기도 했다. 이상한 영혼의 모습이 나타났다든가, 무시무시한 목소리를 들었다든가 하는 이야기를 퍼뜨림으로써 종교적이고 초자연적인 두려움을 갖게 해 호전적인 로마인들의 기질을 누그러뜨렸다.

누마가 쓴 지혜로운 방법들을 살펴보면, 누마와 피타고라스가 친분을 맺고 있었다는 것도 믿을 만한 이야기로 여겨진다. 신들에게 바친 제사와 신에 대한 두 사람의 사색이나 대화는 피타고라스 철학에도, 누마의 정책에도 많은 영향과 도움을 주었다. 또한 누마가 행한 표면적인 장엄함이나 규정들은 피타고라스 의견에서 영향을 받았다고 한다. 전하는 이야기로 피타고라스는 솔개를 훈련해 자신의 어깨 위에 앉게 하거나 솔개를 불러들이기도 했고, 올림피아 경기 중에 모여든 군중 사이를 걸어다니며 황금으로 만든 자신의 다리를 내보이기도 했다. 이 밖에도 피타고라스는 독특한 재주를 이런저런 방법으로 과시했다. 그러므로 플리우스 사람 티몬은 피타고라스에 대해 이러한 시를 지었다.

요술쟁이 재주와 엄숙한 말씨로
대중의 마음을 사로잡은 마술사

누마의 경우도 앞에서 말했듯이, 숲 속에 사는 여신이나 무사이와의 은밀하고도 친근한 관계에 대해 소문을 퍼뜨렸다. 그리고 누마는 자신이 하는 예언은 거의 무사이가 가르쳐준 것이라고 주장했다. 또한 로마 수호신을 침묵의 신 타키타로 지정했다. 이 또한 피타고라스의 침묵을 본받아 그를 존경하는 마음에서 영향을 받은 것이라 여겨진다.

우상에 대한 누마의 규정들도 피타고라스 철학과 마치 형제처럼 닮아 있다. 피타고라스는 존재에 대한 첫 번째 원리로서 초월적인 감각과 감성을 내세웠는데, 이는 보이지도 들리지도 않으며 오직 추상적인 지각이나 학문에 의해서만 이해될 수 있는 것이라고 주장했다. 누마는 로마인들에게 사람이나 동물 형상으로 신의 조각상을 만들어 숭배하는 것을 금지했다. 그래서 무려 170년 동안이나 로마의 신전이나 사원에는 어떤 신상도 세워지지 않았고, 순수하게 보전되었다. 누마는 그렇게 천한 사물을 최고의 존재인 신과 비슷하게 여기는 것은 불경한 행위라고 생각했다. 오직 순수한 정신적 행위로만 신에게 다가갈 수 있다고 여겼다.

누마가 드리는 제사 또한 피타고라스가 드리는 의식과 일치했다. 둘 모두 제사를 드릴 때 짐승의 피 대신 밀가루와 포도주 그리고 비싸지 않은 제물들을 바쳤다.

누마와 피타고라스의 관계를 짐작케 하는 또 다른 증거들이 있다. 그 가운데 하나는 로마 시민권을 가진 사람들 명부에 피타고라스의 이름을 기록해 둔 것이다. 또한 고대 희극 작가이며 피타고라스의 학생이었던 에피카르무스가 안테노르에게 바친 저서에는, 누마 왕이 네 아들 가운데 하나를 피타고라스의 아들 이름과 같은 마메르쿠스라고 불렀다는 기록이 있다. 이 아들은 뒷날 아이밀리라는 귀족 집안의 조상이 되었다. 이 이름은 누마가 우아한 태도로 웅변을 잘하는 그에게 '아이물로스'라는 애칭을 붙여준 데서 유래한다.

나는 또한 로마에 갔을 때 많은 로마인들에게서 다음과 같은 이야기를 들었다. 어느 날 동상 두 개를 세우라는 신탁이 내렸다고 한다. 하나는 헬라스에서 가장 현명한 사람의 것으로, 다른 하나는 누구보다 용감한 사람의 것으로 동상을 세우라는 신탁이었다. 사람들은 그에 따라 청동상을 두 개 세웠다. 하나는 알키비아데스의 것이고, 다른 하나는 바로 피타고라스의 동상이었다. 물론 이 이야기에는 반대 의견이 많다. 하지만 이 이야기는 여기서 그냥 지나칠 것이다. 장황하게 논거를 늘어놓아 독자가 믿게 만드는 일은 유치한 행동이 될 테니 말이다.

또 누마는 폰티피케스라는 사제 제도를 처음 만들었다. 그리고 누마 왕 자신이 첫 번째 제사장이 되었다. 제사장을 이르는 폰티피케스라는 이름은 권능 있다는 뜻을 가진 '포텐스'라는 말에서 비롯되었다. 이것은 신을 섬기고 신에게 봉사하는 제사장들은 다른 모든 일에서도 권위와 명령권을 가지고 있다는 뜻이다.

그러나 또 다른 주장에 따르면, 폰티피케스라는 명칭은 '불가능한 경우는 예외'라는 뜻을 가진 단어라고 한다. 제사장들은 자신의 힘이 미치는 데까지 가능한 한 모든 일을 수행해야 하지만, 만약 제사장의 힘으로도 어쩔 수 없는 상황이 생기면 제사를 지내지 않더라도 이를 비난하는 일이 부당하다는 것이다.

또 다른 이야기는 가장 많은 사람들에게 알려졌으면서도 실은 가장 엉터리라고 할 수 있다. 폰티피케스라는 명칭이 '폰템'이라는 단어에서 생겨났다는 것이다. 폰템은 다리라는 뜻으로, 폰티피케스는 '다리를 만드는 사람'이라는 뜻이다. 이는 가장 오래되고 신성한 제사를 다리 옆에서 지냈던 일에서 유래한다. 또한 다른 신성하고 공적인 업무들과 마찬가지로, 다리를 고치고 보존하는 일도 제사장들이 맡아 했다.

로마인들에게 있어서 나무다리를 쓰러뜨리거나 망가뜨리는 일은 불법적이면서 신성을 모독하는 행위였다. 그 시대의 나무다리는 신탁에 복종해 못이나 쇠붙이를 전혀 쓰지 않고 오직 나무만으로 만들었다. 그러므로 돌다리는 이로부터 아주 오랜 뒤에, 아이밀리우스가 재정관으로 있을 때에 처음 만들어진 것이다. 사실 나무다리 또한 누마 왕 시대가 아니라, 누마의 외손자 앙쿠스 마르키우스가 왕으로 있을 때 완공되었다.

폰티펙스 막시무스, 즉 대제사장의 임무는 신의 뜻을 해석하고, 예언을 내리며, 신성한 의식을 주관하는 일 세 가지였다. 또한 대제사장은 공적인 의식에서 지켜야 할 규칙을 정하는 것은 물론 개인적인 제사를 감독하기도 했다. 그들은 기존 관습에서 너무 많이 어긋나지 않도록 지도하며, 사람들에게 예배나 제사를 드릴 때의 방법 등을 가르쳐 주었다.

또 베스타 여신의 신녀들을 관리하는 일도 제사장의 임무였다. 신을 섬길 처녀들을 뽑아 영원히 꺼지지 않는 성화를 지키게 하는 제도는 누마 왕이 처음 시작한 일이다. 아마도 누마는 순수하고 깨끗한 불은 순결한 처녀들 손에 맡겨야 한다고 생각한 것 같다. 아이를 낳지 않은 처녀는 타오르면서도 아무것도 생산하지 않는 불과 닮았기 때문이다. 이와 달리 성화가 있는 헬라스의 모든 나라와 아테나이, 델포이에서는 결혼 생활을 해본 과부들에게 영원히 꺼지지 않는 성화를 지키고 관리하는 책임을 맡겼다.

한편 어떤 뜻밖의 상황으로 우연히 이 성화가 꺼지는 일도 있었다. 예를 들어 아테나이가 폭군 아리스티온의 지배를 받고 있었을 때 성화는 타오르지 않았다. 또한 페르시아군이 델포이 성전을 불태웠을 때, 미트리다테스 왕과의 전쟁과 로마의 내란이 일어났을 때도 로마의 성화는 꺼져버렸다. 특히 로마의 내전이 있었을 때는 성화만 꺼진 것이 아니라 제단까지 쓰러져 사람들을 크게 놀라게 했다.

이렇게 성화가 꺼졌을 때에는 다른 불씨를 옮겨 붙이지 않고 햇빛을 이용해 신성한 불씨를 새롭게 만들어야 했다. 먼저 직각이등변삼각형의 빗면을 파서 오목거울을 만들었다. 이 거울을 햇빛에 비추어 곳곳으로 반사되는 광선을 한 점에 모아, 그 초점에 메마른 물질을 놓았다. 그러면 물질이 빛 에너지를 얻어 곧 불을 일으켰다. 이렇게 하여 태양으로부터 새로운 불을 얻어냈다.

어떤 사람들은 베스타 신녀들이 영원한 성화를 지키는 일만 했다고 주장하지만, 또 어떤 사람들은 신녀 자신들 말고는 아무도 모르는 성스러운 비밀을 지키는 일을 했다고도 주장한다. 나는 이 가운데 사람들에게 들려주어도 된다고 받아들여진 이야기들을 이 책 〈카밀루스〉 편에 기술해 두었다.

누마 왕이 이처럼 성스러운 임무를 맡긴 첫 번째 처녀는 게가니아와 베레니아였고, 카눌레이아와 타르페이아가 그 뒤를 이었다. 그 뒤 세르비우스가 2명을 추가해, 이들의 숫자가 오늘날까지 그대로 이어져 왔다. 그의 명령으로 이 신녀들은 30년 동안 순결을 지킨다는 규율에 서약했다. 처음 10년은 일을 배우고, 다음 10년은 임무를 수행하며, 마지막 10년은 어린 처녀들을 가르쳐야 하는 것이다. 30년의 임무를 모두 마치면 신전을 떠나 자신이 원하는 생활을 할 수 있었고 결혼할 수도 있었다. 그러나 이미 그러한 생활에 익숙해졌으므로 결혼을 한 여자는 매우 적었다. 또 결혼한 경우에도 후회와 실의에 빠져 남은 생애를 불행하게 보내야만 했다. 그래서 많은 처녀들은 종교적인 경외심을 가지고 순명하면서, 늙어 죽을 때까지 엄격한 규율 속에서 처녀로 살았다.

누마는 제약받는 생활에 대한 보상으로 신녀들에게 커다란 특권을 주었다. 신녀들은 아버지가 살아 있는 동안에도 유언을 남길 수 있었다. 또한 후견인이나 보호자 없이도 자신의 일을 마음대로 결정할 수 있었다. 이러한 권리는 대부분 아이를 셋 이상 가진 부인에게 주어지는 것이었다. 신녀들이 멀리 나갈 경우 막대기 다발에 도끼날을 끼운 권위의 표지를 가지고 다녔다. 그리고 우연히 거리에서 그녀들을 만난 사형수는 목숨을 건질 수 있었다. 단, 그 죄수는 일부러 그런 게 아니라 우연히 만났다는 맹세를 해야만 했다. 그러나 신녀가 타고 가는 가마를 밀친 사람은 무조건 사형을 당했다.

신녀들이 가벼운 잘못을 저지른 경우에는 태형을 받았다. 때로는 대제사장이 몸소 죄지은 신녀를 어두운 곳으로 데리고 가서 장막을 친 뒤, 옷을 모두 벗기고 매질했다. 또 순결 서약을 깨뜨리고 처녀성을 잃은 여자는 콜리네(콜리나) 성문 옆 땅에 산 채로 묻었다. 이 성벽 근처에 오래된 작은 둔덕들이 있었는데, 그 둔덕 아래에 작은 지하실을 만들고 안으로 들어가는 문을 내었다. 그리고 그 지하실 안에는 침대와 등잔, 또 수행을 하며 먹을 빵과 물, 우유, 올리브 기름 등 식량을 조금 준비해 두었다. 가장 신성한 종교의식에 헌신했던 몸이 굶주려 죽었다는 비참한 비난을 듣지 않게 하기 위한 배려였다.

죄를 지은 신녀는 가마에 태우고 그 위에 덮개를 씌운 뒤 끈으로 꽁꽁 묶어 아무 소리도 새어나오지 않도록 한다. 그리고 가마를 들고 포룸을 지나간다. 거기 있는 모든 사람은 침묵을 지키며 길을 내어주거나, 깊은 슬픔에 잠겨 말없이 따라가기도 했다. 이보다 더 무서운 날은 없었으며, 로마가 이보다 더 커다란 슬픔에 빠지는 날도 없었다. 마침내 가마가 목적지에 닿으면 덮개를 묶은 끈을 푼다. 대제사장은 두 손을 하늘을 향해 들고 비밀스러운 기도를 올린 다음, 얼굴을 가린 죄인을 가마에서 끌어내어 지하실로 통하는 사다리를 타고 내려가게 한다. 그녀가 다 내려가면 사다리를 올린다. 그리고 위에서 엄청난 양의 흙을 떨어뜨려 지하실을 막아버리고, 편평하게 덮어 다른 곳과 구별할 수 없도록 만든다. 서약을 지키지 않고 순결을 잃은 처녀들은 이런 식으로 생매장되었다.

성화를 모셔둔 베스타 신전을 처음 지은 사람은 누마였다. 베스타 신전의 모양이 둥근 것은 우주 전체의 모습을 본뜬 것이다. 피타고라스 학파에서는 우주의 중심에 불이 있다 믿었고, 이것을 베스타 및 만물의 기본 단위라 불렀다. 피타고라스 학파는 지구가 고정되어 있으며 하늘의 중심이라는 생각을 믿지 않았다. 지구는 불을 중심으로 원을 그리면서 돌고 있으며, 우주에서 가장 중요한 존재가 아니라고 주장했다. 플라톤 또한 만년에 이르러 이러한 생각을 했다. 지구는 이차적인 존재이며, 우주의 중심에 있는 좀 더 고귀하고 지배적인 존재에 속해 있다고 보았다.

대제사장은 사람들에게 장례 의식을 지도하는 일도 했다. 누마는 백성들에게 매장은 단순히 시신을 묻는 일이 아니라 지하의 신들에게 예의를 갖추는 일이라고 가르쳤다. 우리가 살아 있을 때 한 일들 대부분이 지하의 신 손으로 옮겨가기 때문이다. 따라서 절차에 맞게 의식을 다해 숭고하게 치르도록 명령했다. 특히 그 가운데서도 리비티나 여신을 숭배했다. 리비티나는 장례식에서 행해지는 모든 의식을 주관하는 여신이었다. 리비티나가 프로세르피를 뜻하는지, 아니면 학식 있는 로마 학자들의 생각처럼 베누스를 뜻하는지는 분명치 않으나 이 여신이 죽음과 탄생을 주관한다는 것만은 분명하다.

누마는 또한 죽은 자의 나이에 따라 상복 입는 기간을 정했다. 세 살 이하의 아이를 위해서는 상복을 입지 않았으며, 열 살 미만인 때에는 살아온 햇수만큼의 달수만 상복을 입게 했다. 하지만 어떤 사람이든 열 달을 넘길 수는 없었다. 상복을 입은 동안 남편을 잃은 부인은 재혼할 수 없었다. 그런데도 그 기간 안에 개가하고자 하는 여자는 누마의 법에 따라 새끼를 밴 암소를 제물로 바쳐 제사를 드려야 했다.

누마는 이 밖에도 여러 제사장 제도를 마련했다. 그 가운데 살리이와 페키알레스 제도를 설명하려 한다. 이것은 그들의 종교적이고 겸허한 성품을 나타낸다. 페키알레스는 평화의 수호자들로, 이 명칭은 그들이 맡은 직무에서 유래한 듯하다. 이 평화의 감독자들은 대화와 중재로써 모든 분쟁을 멈추게 했으며, 도저히 타협할 가망이 없다고 판단하기 전까지는 무기를 들고 싸우는 일을 허락하지 않았다. 헬라스인들에게 있어서 평화란 완력에 의해서가 아니라 대화로써 분쟁을 푸는 것을 뜻한다.

로마의 페키알레스는 잘못을 저지르는 나라로 파견되어 올바른 행동을 하도록 설득하는 임무를 맡았다. 그러나 자신들의 청을 상대편 나라가 거절하면 페키알레스는 신들에게 증인이 되어달라고 호소했다. 그리고 그 나라를 공격하는 것이 정의롭지 못하다면 자기들과 조국에 큰 재앙을 내려도 좋다고 맹세한 뒤 전쟁을 시작했다. 페키알레스의 뜻을 어기거나, 그의 승인 없이 왕이든 군인이든 무기를 드는 것은 불법이었다. 전쟁은 오직 페키알레스만이 시작할 수 있었다. 지휘관은 페키알레스가 먼저 정당한 싸움이라고 결정하고 나서야, 전쟁을 어떻게 이끌까 하는 방법에 대해 생각하는 것이다.

갈리아인들이 로마인들에게 가한 살육과 파괴도 이 신성한 종교 규정을 지키지 않은 것에 대한 징벌이었다고 믿어진다. 이 야만인들이 클루시움을 포위하고 있을 때였다. 로마의 파비우스 암부스투스는 평화 협상 사절로서 적진으로 파견되었다. 그러나 갈리아인들로부터 거절을 당한 파비우스는 사절로서 자기 임무는 끝났다고 생각했다. 단단히 화가 난 파비우스는 경솔하게도 클루시움의 편에 서서, 갈리아군 가운데 가장 용감한 자와 일대일로 싸우겠다는 도전장을 냈다. 파비우스는 상대를 쓰러뜨리고 무기를 차지했다. 하지만 파비우스가 한 행동을 들은 갈리아인들이 로마에 사절을 보내 그를 비난했다. 파비우스가 페키알레스의 허가 없이 휴전 조약을 어기고 평화를 깨뜨렸기 때문이다.

마침내 원로원에서는 이를 두고 토의가 벌어졌다. 페키알레스는 파비우스를 갈리아인들에게 넘겨줄 것을 청원했다. 하지만 파비우스는 원로원의 결정에 따르지 않고 백성들 사이에 숨어버렸다. 얼마 안 있어 갈리아인들은 이 일을 핑계로 로마에 쳐들어와, 카피톨리움을 제외한 모든 것을 파괴하고 로마를 점령했다. 이것에 대한 자세한 이야기는 〈카밀루스〉 편에 실어두었다.

살리이라고 부르는 제사장의 기원은 다음과 같다. 누마가 왕위에 오른 지 8년째 되던 해, 무시무시한 전염병이 이탈리아 전역을 덮쳐 로마는 커다란 혼란에 빠졌다. 모든 시민이 고통과 절망으로 신음하고 있을 때, 하늘에서 청동으로 만든 방패가 내려와 누마의 손에 들어왔다. 누마는 이 방패에 관련된 놀라운 이야기를 털어놓았다. 에게리아와 무사이가 전하기를, 이 방패는 로마를 치료하고 구원하기 위해 하늘에서 보내준 것이라고 했다. 그러므로 이 방패를 안전하게 지키기 위해서는 이 방패와 똑같이 생긴 방패를 열한 개나 만들어야 한다고 말했다. 혹시 도둑이 훔쳐가려 해도 어느 것이 진짜인지 알 수 없도록 하려는 것이었다.

또한 누마는 방패가 떨어진 곳과 그 근처의 땅을 무사이에게 바쳐, 여신들이 찾아올 수 있게 하라는 명령을 받았다고 말했다. 누마 왕은 그곳에서 여신들과 거닐며 이야기를 나누었다. 또한 그곳을 흐르는 샘물은 베스타의 처녀들에게 바쳤다. 그리고 신녀들에게 날마다 그곳의 성수를 길어다가 성전 내부를 닦도록 했다. 그렇게 하자 곧 전염병이 누그러지며 누마의 말이 진실임이 증명되었다.

누마는 장인들에게 방패를 보여주며 똑같은 것을 만들라고 했다. 장인들 대부분은 만들 엄두도 내지 못하고 머뭇거렸지만, 베투리우스 마무리우스라는 뛰어난 장인은 진짜와 구분이 안 되는 위조 방패를 만들어 내는 데 성공했다. 어찌나 똑같이 만들었는지 누마 왕조차도 무엇이 진짜인지 가려내지 못할 정도였다. 누마는 진짜를 포함한 열두 개의 방패를 지키는 일을 바로 살리이 제사장들에게 맡겼다.

어떤 사람들은 살리이라는 이름이 살리우스라는 춤꾼에서 유래한 것이라고 한다. 살리우스는 사모트라키아 또는 만티네아 출신인데 무기를 들고 춤추는 방법을 가르쳤다고 한다. 그러나 사실 이 이름은 해마다 3월에 살리이 제사장들이 몸소 방패를 들고 다니며 춤추는 것에서 나온 것이라 보는 게 가장 정확하다. 이 행사 때 제사장들은 짧은 자주색 외투를 입고 놋쇠로 꾸민 넓은 허리띠를 둘렀으며, 청동 투구를 썼다. 그들은 손에 단검을 들고 방패를 두드리면서 거리를 돌며 춤을 추었다. 이 춤의 특징은 다리를 멋지게 움직이면서, 빠르고 정교한 리듬에 맞춰 힘차게 뛰어오르며 위치를 바꾸는 것이다.

방패는 '앙킬리아'라고 불렀다. 그 모양새가 보통 방패들처럼 완전히 둥근 모양이 아니라 파도처럼 구불구불한 모양으로 둘레가 깎여 있으며, 튀어나온 부분들이 서로 밀접하게 보이면서 방패 모양을 곡선으로 떨어지도록 만들어놓았기 때문이다. '앙킬리아'라는 단어가 팔꿈치를 뜻하는 '앙콘'이라는 단어에서 나온 것일지도 모른다. 살리이가 이 방패를 팔꿈치에 걸고 다녔기 때문이다. 헬라스어에서 유래를 찾는 일에 열성적이었던 주바는 그렇게 기록해 두었다. 하지만 그렇게 따진다면 하늘에서 내려왔기에 '아네카텐'에서 유래했을 수도 있고, 병을 치료한다는 뜻의 '아케시스'에서 왔을 수도 있다. 그리고 끔찍한 재앙을 멈추게 하는 뜻을 지닌 헬라스어에서 그 기원을 찾는다면 여러 설명들이 가능할 것이다.

살리이는 이 춤을 출 때, 정교한 솜씨로 방패를 만들어 낸 마무리우스를 칭찬하기 위해 노래 가사에 그의 이름을 집어넣었다. 그러나 어떤 이들은 사람들이 부른 것은 마무리우스의 이름이 아니라, 옛날을 기억한다는 뜻의 '베테렘 메모리암'이라는 말이었다고도 한다.

누마 폼필리우스(NUMA POMPILIUS) 173

이렇게 제사장 제도를 정한 다음 누마는 베스타 신전 근처에 레기아라는 왕궁을 세웠다. 누마는 많은 시간을 이 왕궁에서 지내면서 종교적인 일들을 처리하고 사제들에게 지시를 내리며, 혼자만의 명상 시간을 갖기도 했다. 누마는 퀴리누스 언덕 위에 궁전을 하나 더 갖고 있었다. 그 궁전이 있었던 장소는 오늘까지 전해져 내려온다.

누마는 모든 공식 행사나 장엄한 의식이 있을 때는 미리 전령을 보내 모든 시민에게 행사에 참가하라고 알려주었다. 그 무렵 피타고라스 학파 사람들은 건성으로 신을 섬기거나 마음 없이 하는 기도를 허락하지 않았다. 그들은 시민들에게 집에서 곧장 달려나와 마음을 하나로 모아 임무를 다하라고 명령했다.

이와 마찬가지로 누마는 시민들이 종교 행사를 그저 심심풀이로 생각하는 것을 원하지 않았다. 그래서 다른 중요한 일이 있어도 모두 미루어 두고 오직 종교에 몰두해야 한다고 생각했다. 그러므로 종교의식을 거행할 때는 거리에서 들리는 소음이나 잡음, 울음소리와 물건을 파는 고함이나 무엇을 만드는 시끄러운 소리를 절대로 금지했다. 이러한 풍습의 흔적은 지금까지 남아 있다. 집정관이 신의 계시를 알리거나 의식을 드릴 때 '호크 아게'라 외치는 것이 바로 그것이다. 이 말은 '지금 일을 하라'는 뜻으로, 행사에 참가한 사람들을 의식에 집중시켜 행사를 정돈했다.

그가 만든 여러 법령 가운데에는 피타고라스 학파와 비슷한 것이 매우 많다. '일용할 양식을 깔고 앉지 말라, 불쏘시개로 불을 휘젓지 말라, 여행 갈 때에는 뒤돌아보지 말라, 하늘의 신에게는 홀수의 제물을 드리고 땅의 신에게는 짝수의 제물을 드려야 한다'는 것 등이다. 이러한 규율이 갖는 저마다의 의미는 쉽게 알 수 없다.

마찬가지로 누마가 세운 규율 가운데 어떤 것들은 분명한 의미를 알 수 없다. 예를 들어 '가지를 치지 않은 포도로 만든 술을 신에게 드리지 말라, 밀가루를 쓰지 않은 제물은 바치지 말라, 신에게 경배를 드릴 때는 한 바퀴 돌아라, 기도가 끝나면 자리에 앉으라'고 한 것 등이다. 처음의 두 가지 규율은 땅을 다스려 열매를 수확하는 일을 종교의식의 일부로 가르치려는 듯하다. 그리고 기도를 올리는 사람을 한 바퀴 돌게 하는 것은 지구가 도는 것을 본뜬 것이라고 하는 사람도 있다. 그러나 모든 신전이 동쪽으로 향해 있으므로, 경배를 드리려고 신전으로 들어서는 사람이 태양을 등지지 않도록 하기 위해서 생긴 규율이라 생각한다. 그러므로 태양을 향해 몸을 돌렸다가 다시 신전이 있는 쪽으로 돌아 원을 그리는 것이다. 이렇게 한 바퀴 몸을 돌리는 행동으로 태양과 신 모두에게 기도 드렸음을 나타냈다.

어쩌면 이런 행동은 아이귑토스의 바퀴처럼 어떤 신비스런 의미를 담고 있는지도 모른다. 인간의 운명은 늘 정해져 있지 않으며, 신이 정하는 방향에 따라 우리의 운명과 처지도 변할 수밖에 없다. 그러므로 운명을 마땅한 것으로 받아들이고 신의 뜻대로 살아가야 한다는 뜻이 담겨 있을 것이다. 기도를 마치고 자리에 앉는 것은 기도를 들은 신이 그들에게 축복을 내려준다는 표시로 삼은 것이다. 그와 함께 신의 축복을 확실히 믿는다는 자세이기도 했다. 또한 예배의 다음 순서를 기다리며 잠시 자리에 앉아 쉬려는 목적도 있었다. 이런 규칙은 신에게 소원을 들어달라고 건성으로 기도하는 것을 막고, 예배에 충실하게 전념할 수 있는 시간과 여유를 갖게 하려는 것이었다.

이처럼 종교적 훈련으로 마침내 로마는 순종적인 기질로 바뀌었다. 로마인들은 누마 왕에 대해 깊은 존경심을 품은 나머지, 그가 하는 말이라면 아무리 터무니없더라도 의심하지 않았다. 누마 왕이 하는 일은 무엇이든 믿었으며, 마침내 누마 왕은 무엇이든 할 수 있다고 생각하기에 이르렀다.

이에 대해 전해오는 이야기 하나가 있다. 한번은 누마 왕이 많은 시민들을 연회에 초대했는데 그릇은 낡고 초라한 데다가 음식도 변변치 못했다. 손님들이 불만을 참고 모두 자리에 앉아 막 식사를 하려고 할 때, 누마가 자리에서 일어나 언제나 자신과 함께하는 여신이 지금 막 이 자리에 들어오셨다고 말했다. 그러자 갑자기 식탁 위에 금잔과 금그릇이 놓이고 온갖 산해진미가 풍성히 쌓였다는 것이다.

또 누마와 유피테르 신이 대화를 나누었다는 전설도 있다. 이것은 다른 모든 신기한 이야기 가운데서도 가장 믿을 수 없는 이야기이다. 아직 아벤티누스 언덕까지 로마의 성벽이 닿아 있지 않은 시절이었다. 피쿠스와 파우누스라는 두 신이 그곳 숲의 서늘한 계곡에서 지내고 있었다. 여러 점들로 미루어 보건대 이들은 사티로스나 판과 같은 존재였을 것이다. 오로지 다른 점이 있다면 약초나 마술에 대한 기술을 써서 장난을 치며 이탈리아를 돌아다녔다는 것이다. 이것은 마치 헬라스인들이 말하는, 이다 산에 사는 다크틸로이가 마술을 부리며 이탈리아를 돌아다녔다는 것과 비슷하다.

누마는 그들이 늘 마시는 샘물에 포도주와 꿀을 섞어놓아 반신들을 사로잡았다. 덫에 걸렸다는 사실을 알게 된 반신들은 여러 가지로 모습을 바꾸며 온갖 무서운 괴물로 변했다. 그러나 도저히 달아날 수 없음을 깨닫자, 누마에게 많은 비밀과 미래에 일어날 일들에 대해 알려주며 풀어달라고 애원했다. 그리고 특별히 번개와 천둥을 막는 주문도 알려주었다. 그것은 양파와 머리털, 송사리를 가지고 하는 주문으로 오늘날에도 쓰이고 있다.

어떤 사람은 누마에게 그 주문을 가르쳐 준 인물은 반신들이 아니라, 그들이 요술을 부려 하늘에서 데려온 유피테르였다고 한다. 유피테르는 하늘에서 불려온 것이 화가 나서, 만약 천둥과 번개를 피하고 싶다면 "머리로 하라" 이렇게 말했다.

누마가 고개를 갸웃거리며 되물었다.

"양파의 머리를 가지고 하는 것입니까?"

"사람의 머리다."

유피테르가 대답했다.

그는 이 대답 속에 숨겨진 잔인한 처방을 피해보려고 다시 물었다.

"사람의 머리카락으로 주문을 하란 말입니까?"

그러자 유피테르가 말했다.

"아니다. 살아 있는 것으로다."

누마는 얼른 그 말을 받았다.

"송사리군요!"

에게리아 여신이 미리 가르쳐 준 대로 대답한 것이다. 유피테르는 노여움이 풀려서 하늘로 돌아갔다. 그 뒤 이 문답이 있던 장소를 일리키움이라 불렀다. 누마가 알아낸 방식은 번개를 막을 때 효력을 나타냈다.

이 전설은 조금 우스꽝스럽기는 하지만, 사람들이 신을 어떻게 생각했는지 잘 알려준다. 누마의 생각은 오로지 신에게 집중되어 있었다. 한번은 "적군이 쳐들어온다"는 말을 듣자 누마가 미소를 지으며 이렇게 대답했을 정도였다.

"그래서 제사를 드리고 있다."

누마는 피데스와 테르미누스의 신전을 처음으로 세웠다. 그리고 가장 엄숙한 맹세를 할 때에는 피데스 신의 이름을 부르도록 가르쳤다. 그래서 로마인들은 오늘날까지도 그 이름을 쓰고 있다.

테르미누스는 땅의 경계에 대한 신이었으므로 공적으로든 사적으로든 영토가 나뉘는 경계선 위에서 제사를 드렸다. 오늘날에는 살아 있는 제물을 바치지만 예전에는 피를 흘리지 않는 제물을 바쳤다. 테르미누스는 평화를 사랑하는 정의의 신이므로 살생을 하지 않고 정결한 제사를 드려야 한다고 누마가 가르쳤기 때문이다.

사실 누마는 땅의 경계선을 처음으로 정한 사람이었다. 로물루스는 자기 땅에 경계선을 정함으로써 자신이 남의 땅을 얼마나 빼앗았는지 나타내기를 꺼렸다. 그는 경계선은 그것을 지키려고 하는 자에게는 방어의 수단이지만, 이를 어기고 땅을 빼앗으려는 자에게는 자신의 부정을 드러내는 증거가 될 뿐이라고 생각했다. 사실 로마의 영토는 처음에는 매우 작았으며 대부분은 뒷날 로물루스가 무력으로 얻어낸 것이다.

누마는 이 땅을 모두 가난한 시민들에게 나누어 주었다. 이는 먹고살기 위해 어쩔 수 없이 죄를 지을 수도 있는 그들을 비참한 가난에서 구제하기 위함이었다. 그리고 농사를 장려함으로써 그들의 마음이 땅처럼 순화되기를 바랐다.

땅을 경작하는 농부의 생활만큼 평화를 사랑하게 하는 일은 없다. 전쟁에 나가서 자신을 지키기 위해 싸울 용맹성이 아직 그들에게 남아 있기는 했지만, 농부 생활을 하며 로마인들은 이웃 사람의 농토를 불의와 탐욕으로 빼앗으려는 마음을 없앴다. 누마는 농사를 통해 로마인들의 마음속에 평화와 사랑이 깃들기를 바랐고, 그 일을 경제적인 이익보다는 인격을 닦고 기르는 수단으로 여겼다. 그는 모든 땅을 여러 조각으로 나누어 '파구스'라 이름 붙이고, 각 구역마다 감독관을 두었다. 누마는 때때로 몸소 이 땅들을 둘러보며 자신의 큰 즐거움으로 삼았다. 그리고 모든 시민의 평소 행실을 판단하기도 했다. 많은 농작물을 거둔 사람에게는 칭찬과 상을 내리고, 농사에 소홀한 사람에게는 게으름을 비난하고 더 나은 미래를 준비하도록 이끌어 주었다.

누마가 행한 정책 가운데 가장 칭송받는 것은 사람들을 직업에 따라 나누어 조합을 결성한 일이다. 앞에서도 말했듯이 로마는 서로 다른 두 민족이 합해져 만들어진 도시다. 그래서 내부 분열이 일어날 수밖에 없었으며 늘 다툼이 끊이지 않았다. 두 민족 간의 차이와 불화는 좀처럼 뿌리뽑히지 않았고, 충돌과 피 흘리는 싸움은 끊일 날이 없었다.

누마는 딱딱하게 굳은 커다란 물질들은 혼합하기 어렵지만, 그것을 잘게 부수어 가루로 만들면 쉽게 섞인다는 사실을 떠올렸다. 그래서 시민들을 작은 단위로 나누어 커다란 부족 간의 분열을 없애버렸다. 누마는 시민들을 직업별로 나눠 음악가, 금세공인, 목수, 염색공, 제화공, 운송인, 놋그릇 세공인, 옹기장이 등의 조합을 만들었다. 그리고 이 밖의 직업을 가진 사람들도 모두 모아 하나의 조합으로 만들었다.

조합들은 저마다 직업별 수호신을 정하고 일정한 의식을 드리도록 했다. 이러한 방법을 통해 로마에서는 처음으로 우리는 사비니인이니 로마 사람이니, 우리는 타티우스 백성이니 로물루스 백성이니 말하던 폐단이 없어지게 되었다. 이 새로운 구분법이 모든 로마 시민을 조화롭게 융합한 것이다.

또 커다란 칭송을 받은 누마의 정책 가운데 하나는, 부모가 자식을 노예로 팔 수 있다는 종래의 법을 고친 것이다. 그는 부모의 동의와 승낙 아래 결혼한 아들을 노예로 팔 수 없다는 규정을 덧붙였다. 남편이 자유인인 줄 알고 결혼을 한 여자가, 나중에 남편이 노예임을 알게 된다면 정말 억울한 일이라 생각했기 때문이다.

누마는 또 달력법도 개정했다. 완전히 정확하지는 않았지만, 어느 정도 과학적인 관측을 바탕으로 만든 것이다. 로물루스 시대에는 불규칙적인 달(月)의 움직임을 바탕으로 달을 나누었다. 그리하여 어떤 달은 20일, 어떤 달은 35일, 어떤 달은 그보다 더 많은 날로 이루어졌다. 그때 사람들은 달의 움직임과 해의 움직임이 일치하지 않는다는 사실을 알지 못한 채 단지 1년이 360일로 이루어졌다는 한 가지 원칙만을 지켜 오직 360일을 채우는 것에만 관심을 기울였다.

누마는 달을 기준으로 한 태음력은 1년이 354일, 해를 기준으로 한 태양력은 365일이므로 그 차이가 11일임을 계산해 냈다. 이 차이를 없애기 위해 2년마다 2월 다음에 11의 두 배수인 22일을 가진 달을 끼워 넣었다. 그리고 이 윤달을 메르케디누스라 불렀다. 하지만 이러한 누마의 개정은 불균등했기 때문에 뒤에 또다시 고쳐야만 했다.

그는 달의 순서도 바꿨다. 로물루스 시대에 첫 번째 달이었던 마르티우스를 세 번째 달로 옮겼다. 그리고 열한 번째 달이었던 야누아리우스를 첫 번째 달로 옮겼다. 또한 가장 마지막인 열두 번째 달이었던 페브루아리우스를 두 번째 달로 옮겼다.

처음에는 1년에 열 달밖에 없었던 것을 누마 왕이 야누아리우스와 페브루아리우스를 더해 열두 달로 만들었다고 주장하는 사람도 많다. 사실 헬라스를 제외한 나라에서는 1년이 세 개의 달로 이루어진 곳도 있었다. 헬라스에서도 아르카디아에서는 넉 달로 나누었고, 아카르나니아에서는 여섯 달로 나누었다. 아이귑토스에서는 1년에 한 달밖에 없었지만 나중에 넉 달로 나누었다. 그러므로 아이귑토스는 다른 어떤 고대 국가들보다 더 오래된 나라임을 알 수 있다. 아이귑토스의 연대기를 보면 연수를 달로 헤아리고 있기 때문이다.

로마인은 1년을 열두 달이 아닌 열 달로 나누었다. 그 사실은 마지막 달의 이름으로 알 수 있다. '데켐베르'는 마지막 달의 이름으로 열 번째 달을 뜻한다. 마찬가지로 마르티우스가 첫 번째 달이라는 사실도 달의 순서를 보면 분명히 알 수 있다. 이 달로부터 다섯 번째 달을 5월인 '퀸틸리스', 여섯 번째 달은 6월인 '섹시틸리스' 등의 순서로 불렀기 때문이다. 만약 야누아리우스와 페브루아리우스를 마르티우스의 앞에 놓았다면, 퀸틸리스는 이름상으로는 5월이지만 사실은 일곱 번째 달이 되는 것이다.

군신 마르스에게 바친 달인 마르티우스를 로물루스가 첫 번째 달로 삼았다는 것은 지극히 마땅한 일이다. 그리고 아프릴리스는 아프로디테의 이름에서 유래한 달로 두 번째 달이다. 아프로디테에게 바쳐진 이 달의 초하룻날에 여자들은 상록수로 만든 관을 머리에 두르고 목욕을 하러 갔다. 하지만 또 다른 주장에 따르면 아프릴리스가 아프로디테에서 나온 것이 아니라, '아페리오'라는 라틴어에서 나온 이름이라고 한다. 이것은 꽃봉오리가 열리고 피어나는 봄철이라는 의미를 가진 단어라고 한다. 아프릴리스 다음에 오는 달의 이름은 마이아에서 나온 마이우스이다. 마이아는 메르쿠리우스의 어머니로 이 달은 그녀에게 바쳐진 달이다. 그다음 달은 유니우스인데 이것은 유노에서 이름을 따온 것이다. 하지만 어떤 사람은 두 달의 이름이 젊음과 늙음을 뜻하는 단어에서 나온 것이라고 주장한다. 로마에서는 노인을 '마요레스', 젊은이를 '유니오레스'라 불렀으므로 각각의 달이 이 단어들에서 유래했다는 것이다. 이 밖의 나머지 달에 대해서는 순서대로 이름을 붙였다. 그리하여 다섯 번째 달부터 퀸틸리스, 섹시틸리스, 셉템베르, 옥토베르, 노벰베르 그리고 데켐베르가 되었다.

나중에 퀸틸리스는 폼페이와 싸워 이긴 율리우스 카이사르의 이름을 따서 율리우스라는 이름으로 바뀌었다. 또 섹스틸리스도 카이사르의 후계자이자 제 2의 카이사르라는 칭호를 받은 아우구스투스의 이름으로 바뀌었다. 도미티아 누스도 두 사람을 흉내 내어, 셉템베르와 옥토베르에 자신의 이름을 붙여 게르 마니쿠스와 도미티아누스라고 고쳐 불렀다. 그러나 도미티아누스가 살해되고 난 뒤 이 달들은 다시 본디 이름으로 돌아갔다. 마지막의 두 달 셉템베르와 옥 토베르만은 처음부터 오늘날까지 아무런 변화도 거치지 않고 그 이름을 간직 하고 있다.

누마가 추가한 두 달 가운데 페브루아리우스는 깨끗이 정화한다는 뜻에서 붙여진 이름이다. 이 달에는 돌아가신 조상들을 위해 루페르칼리아라는 행사 를 벌이는데, 이 행사는 여러 면에서 정화 의식과 비슷하다. 또 첫 번째 달 야 누아리우스의 이름은 야누스에서 온 것이다. 누마가 마르스의 이름을 딴 마르 티우스를 야누아리우스 뒤에 둔 것은, 무력보다 어진 정치를 더욱 중히 여긴다 는 것을 보여주고 싶었기 때문인 듯하다.

야누스가 아주 오랜 옛날에 신이었는지 왕이었는지는 확실하지 않다. 그는 정치와 사교를 사랑하여, 짐승이나 다름없던 사람들을 교화했다고 한다. 이런 까닭으로 사람들은 야누스를 두 얼굴을 가졌던 인물로 표현한다. 양면을 가진 야누스의 얼굴은 그 무렵 인류의, 짐승 같은 방식과 야누스가 가져다준 인간 다운 방식이라는 두 가지 삶의 모습을 상징한다.

로마에 있는 야누스 신전은 문이 두 개이다. 이 신전을 전쟁의 문이라고 부 른다. 전쟁이 일어났을 때 열고, 평화를 되찾으면 닫았기 때문이다. 그러나 그 문이 닫혀 있던 때는 드물었다. 로마 제국이 차츰 강대해지면서 주위를 둘러 싸고 있던 야만족들이 로마에 도전해 왔으므로 로마는 끊임없이 전쟁에 휩쓸 려들 수밖에 없었다. 카이사르 아우구스투스 시대에는 그가 안토니우스를 정 복한 다음 잠시 성문이 닫혔다. 또한 그 이전에 마르쿠스 아틸리우스와 티투스 만리우스 두 사람이 집정관으로 있었을 때 잠시 닫혀 있었다. 하지만 머지않아 전쟁이 일어났으므로 또다시 열렸다.

그러나 누마가 왕위에 앉아 있던 43년 동안, 그 문은 단 하루도 열린 적 없 이 굳게 닫혀 있었다. 그만큼 누마 왕의 시대는 평화로웠으며 로마를 비롯한 모든 나라에서 전쟁을 찾아볼 수 없었다.

누마 왕의 선량함과 정의심에 로마인들만이 순화되고 매료된 것은 아니었다.

마치 로마로부터 평화의 바람이 불어오듯, 이웃 부족들의 마음도 변화를 겪었다. 모든 부족이 기꺼이 법과 평화를 지키고, 조용히 밭을 갈며 신을 섬겼다. 이렇게 해서 이탈리아 곳곳에서 즐거운 명절과 축제가 열리고 여러 나라 사람들이 서로 평화롭게 오갔다. 이는 누마 왕의 지혜의 샘에서 선과 정의를 사랑하는 마음이 넘쳐났기 때문이다. 또한 누마 왕이 지닌 온유한 영혼이 마치 평화의 바람처럼 곳곳으로 번져나갔던 것이다. 시인들이 지은 아래와 같은 시도 그즈음 상황을 표현하기에는 부족할 정도였다.

　　방패에는 검붉은 거미가 줄을 치고
　　날카롭던 창검과 시퍼렇게 날선 칼은 녹슬고
　　청동의 사나운 나팔 소리 더는 들리지 않으니
　　눈꺼풀은 달콤한 잠을 빼앗기지 않으리라.

누마가 살아 있는 동안 전쟁이나 내란의 움직임이 있었다는 기록은 하나도 없다. 또 왕을 미워해 왕위를 빼앗으려는 사람도 없었다. 왕을 보호해 주는 신들을 두려워했기 때문인지 아니면 왕의 덕을 흠모했기 때문인지, 또는 순결한 사람들을 보호하는 성스러운 은총 때문인지 알 수는 없지만, 특히 누마 왕의 시대는 플라톤이 한 말에 대한 살아 있는 증거이며 표본이 되었다. 이 시대보다 훨씬 뒤에 태어난 철학자 플라톤은 국가에 대해 다음과 같은 말을 남겼다.

"신의 은총으로 철학자의 지혜와 왕의 권세를 한 몸에 갖춘 사람이 덕을 기르며 악을 다스릴 때, 비로소 인간은 사악함을 버리고 잘못을 바로잡을 수 있다. 현명한 사람이야말로 진정 축복받은 사람이다. 그러나 현명한 사람의 입에서 흘러나오는 말을 들을 수 있는 사람 또한 축복받은 사람이다."

아마도 이렇게 현명한 사람은 백성들에게 어떤 위협이나 강요를 할 필요가 없을 것이다. 왕의 덕으로 빛나는 생활을 보기만 해도 백성들은 저절로 덕과 정의심을 갖추게 될 것이기 때문이다. 또한 정의와 겸양이 뒷받침된 서로 간의 조화와 선의 속에서 축복의 삶을 누리게 된다. 바로 이것이야말로 모든 국가들이 추구하는 최고의 복지이다. 백성들의 마음에 이런 생각을 불어넣을 수 있는 진정한 지도자가 바로 누마 왕이었다. 누마 왕은 그 누구보다도 이러한 진리를 분명히 깨달은 사람이었다.

누마의 자식들이나 아내에 대해서는 역사가들마다 의견이 다르다. 어떤 사람은 누마에게는 아내 타티아와 외동딸 폼필리아밖에 없었다고 한다. 그러나 또 다른 사람의 말로는 그가 폼폰, 피누스, 칼푸스, 마메르쿠스라는 네 아들을 두었고 여기에서 새로운 네 집안 폼포니아, 피나리아, 칼푸르니아, 마메르키아 (또는 아에밀리아)가 생겨났다고 한다. 이러한 까닭에 이들 집안에는 렉스 또는 왕의 별칭이 붙게 되었다.

그러나 다른 역사가들은 이러한 족보가 오직 집안의 비위를 맞추려 지어낸 아첨에 지나지 않는다고 비난한다. 또 폼필리아는 타티아의 딸이 아니라, 누마가 왕이 된 뒤에 두 번째로 맞아들인 아내 루크레티아의 딸이라고도 한다. 그러나 폼필리아가 마르키우스의 아들과 결혼했다는 설에는 모든 역사학자들의 의견이 같다.

마르키우스는 누마가 왕위를 받도록 설득했을 뿐만 아니라 누마를 따라 로마에 와서 원로가 되기도 했다. 그리고 누마가 죽은 뒤에는 왕위를 놓고 툴루스 호스틸리우스와 경쟁했으나, 선거에서 지고 절망한 나머지 식음을 전폐하다가 스스로 목숨을 끊었다고 전해진다. 그의 아들 마르키우스는 폼필리아와 결혼해 계속 로마에서 살았다. 그리고 아들 앙쿠스 마르키우스를 낳았고, 그 아들이 툴루스 호스틸리우스 뒤를 이어 왕국을 이어받았다. 누마 왕이 죽었을 때 앙쿠스 마르키우스는 다섯 살이었다.

누마 왕은 여든을 조금 넘긴 나이에 죽음을 맞았다. 역사가 피소의 기록에 따르면, 갑작스러운 질병이나 사고가 아닌 노환에 의한 죽음이었다고 한다.

그의 장례식은 한평생 누린 모든 영광의 절정을 이루었다. 로마와 동맹을 맺은 나라와 이웃 나라에서 화환과 예물을 갖고 와 의식에 참가했다. 그뿐 아니라 원로들이 직접 누마의 시신이 든 관을 운반했다. 그 뒤를 제사장들이 따르고, 이어서 장례 행렬이 엄숙하게 줄을 이었다. 여자와 어린아이들까지 참여한 일반 민중은, 늙은 왕이 죽은 게 아니라 마치 가장 사랑하던 사람이 한창 나이에 죽은 것처럼 큰 소리로 슬프게 곡을 했다.

누마의 시신은 화장하지 않고 돌관 두 개에 넣어 야니쿨룸 언덕에 묻었다. 관 하나에는 누마의 시신이 들어 있고, 다른 하나에는 그가 저술한 신앙 서적들이 담겼다. 그는 헬라스 입법자의 말에 따라, 살아 있는 동안 사제들에게 그 책들의 내용을 가르쳐줌으로써 그들의 정신 속에 완전히 심어주었다. 그러므로 죽은 뒤에는 시신과 함께 묻어달라고 했던 것이다. 신성하고 비밀스러운 가르침을 생명이 없는 문자로만 적어두는 것은 아무런 의미도 없다고 생각했기 때문이다.

마찬가지 이유로 피타고라스 학파 사람들도 그들의 학설을 글로 적어두지 않았으며, 그것을 기억하고 몸에 익힐 수 있을 만한 사람들에게만 전수해 주었다고 한다. 기하학에 대한 깊은 이치를 부적당한 사람에게 알려주면 하늘이 큰 재앙을 내려 사악함과 불경을 저지르게 된다고 여겼다. 피타고라스와 누마가 서로 가까운 사이였음을 주장하는 사람들이 이렇게 비슷한 점을 근거로 내미는 일도 쉽게 이해할 수 있다.

로마 역사가 발레리우스의 말에 따르면, 종교 서적 12권과 헬라스 철학 서적 12권이 누마와 함께 관 속으로 들어갔다고 한다. 그로부터 약 400년이 지나 푸블리우스 코르넬리우스와 마르쿠스 바이비우스가 집정관으로 있을 때, 큰 비가 내려 그 석관이 드러났다. 그런데 그 뚜껑을 열어보니 시신이 들어 있던 관은 텅 비었고, 다른 하나에는 책이 들어 있었다. 그것을 세심히 읽어본 페틸리우스는 그 책 내용을 세상에 알리지 않는 편이 모든 면에서 좋을 것이라고 원로원에 보고했으며, 코미티움으로 가져가 모조리 태워버렸다.

의롭고 훌륭한 인물은 세상을 떠난 뒤 칭송받는다. 하지만 사람들의 추도는 오래지 않아 사라지고, 심하면 살아 있는 동안 사라져 버리기도 한다. 그러나 누마 왕의 위대함은 그 뒤를 이은 왕들의 불운으로 더욱더 두드러졌다. 누마의 뒤를 이은 왕은 5명이었다. 그 가운데 마지막 왕은 외국으로 쫓겨가 죽었고, 나머지 넷 가운데 천수를 다한 사람은 하나도 없었다. 3명은 반역 음모에 휘말려 살해되었다.

누마의 바로 다음 왕인 툴루스 호스틸리우스는 누마의 덕을 비웃고, 신에 대한 그의 헌신을 남자답지 못하다며 비웃었다. 또한 언제나 시민들을 전쟁에 나가 싸우게 만들더니 마침내 무서운 병에 걸려 미신에 매달리게 되었다. 그것은 누마의 신앙과는 완전히 달랐다. 그는 다른 신하들에게도 이러한 미신을 믿으라며 닦달하다가 끝내 벼락을 맞아 타 죽었다고 한다.

리쿠르고스와 누마의 비교

이제까지 리쿠르고스와 누마의 삶을 살펴보았다. 쉬운 일은 아니지만 두 사람이 가진 공통점과 차이점을 비교해 보려 한다.

누마와 리쿠르고스의 공통점은 아래와 같다. 두 사람 모두 인내심, 자제력, 신앙심 그리고 정치적 수완, 교육 능력, 교화 능력이 뛰어났다. 그러나 이 둘의 다른 점을 살펴보면 누마는 왕위를 원하지 않았으나 사람들의 끊임없는 요청에 따라 마침내 받아들였고, 리쿠르고스는 왕위를 얻었으나 스스로 포기했다는 점이다. 누마는 평민에 지나지 않았고 로마인도 아니었지만 로마인들 추대로 왕이 되었으며, 리쿠르고스는 왕자로 태어나 스스로 평민이 되었다. 정의심을 인정받아 왕위에 오르는 것은 명예로운 일이다. 하지만 왕위보다 정의를 택한다는 것은 더욱 명예롭다. 누마는 왕으로 추대될 만큼 덕을 인정받았고, 리쿠르고스는 왕위를 가볍게 포기할 만큼 위대했다.

악기의 음을 바로잡는 조율사처럼 리쿠르고스는 긴장이 풀려 느슨해진 스파르타를 팽팽하게 당겼고, 누마는 음정이 높고 날카로웠던 로마를 느슨하게 풀었다.

사실 리쿠르고스 쪽이 더 어려운 일을 해낸 것이라 볼 수도 있다. 그는 시민들에게 갑옷을 벗고 칼을 버리라고 설득한 게 아니라 금과 은, 값비싼 가구와 호화로운 식탁을 버리도록 했기 때문이다. 전쟁을 멈추고 축제와 의식을 벌이자는 것에 비해, 잔치와 축배를 포기하고 고된 군사훈련을 받도록 가르치는 일은 더더욱 어려운 법이다. 그러므로 누마는 백성들의 사랑과 존경을 받으며 나라를 다스릴 수 있었다. 반대로 리쿠르고스는 심한 비난을 받았으며 생명의 위협까지 느끼는 가운데 가스스로 성공을 이루어낼 수 있었다. 인자하고 온유한 누마의 성품은 불같이 과격하던 로마인들을 온순하게 다스려, 평화와 법률을 존중하는 시민으로 바꾸었다. 리쿠르고스가 헬롯인들을 가혹하고 잔인하게 다루는 것을 법으로 인정한 사실을 볼 때, 누마야말로 인간적이고 문명화된 헬라스의 왕다운 모습을 갖추었다고 할 수 있다.

누마는 가을걷이가 끝난 뒤 사투르날리아 명절 때 노예들에게 자유인의 권리를 부여하고, 주인과 나란히 식탁에 앉아 향연을 열도록 했다. 이러한 풍속은 누마가 시작한 것이라고 하는데, 1년 동안 기른 곡식을 거두느라 함께 수고한 사람들에게 마음껏 즐길 수 있는 자리를 마련해 주려는 뜻이었다. 어떤 이들은 이 명절에 대해, 사투르누스 시대의 주인과 노예 구별 없이 모든 사람들이 똑같은 권리를 누리며 평등하게 살았던 전통이 전해 내려온 것이라는 해석을 한다. 그 시대에는 노예와 주인이라는 개념 없이 모두가 똑같이 한 민족이라고 여겼기 때문이다. 누마와 리쿠르고스 둘 다 국민들에게 절제와 검소를 가르침을 목표로 삼았다. 거기에 누마는 정의를, 리쿠르고스는 용기라는 덕목을 더했다. 물론 이런 차이는 두 나라 국민들이 지녔던 습관과 기질이 매우 달랐기 때문이기도 하다. 누마가 전쟁을 피한 것은 비겁해서가 아니라 정의를 사랑했기 때문이며, 리쿠르고스가 전쟁을 권한 것은 다른 나라를 침략하기 위해서가 아니라 침략을 막아내기 위함이었다. 두 사람 모두 시민들의 욕구가 지나침을 억누르고 부족한 부분은 강화하기 위해 엄청난 개혁을 단행했다.

민주적이고 평화적인 개혁을 누마는 펼쳤다. 그는 금세공인, 음악가, 구두 수선공 등 직업별로 공동체를 구분해 여러 민족의 공화국을 탄생시켰다. 그에 비해 리쿠르고스의 제도는 매우 귀족적이고 엄격했다. 천하고 힘든 일들은 노예나 타국인들에게 시키고, 시민들에게는 전쟁 말고는 아무것도 하지 못하도록 했다. 시민들은 전쟁 기술, 방패와 무기로써 지휘자 명령에 복종하는 것, 적을 정복하는 일밖에 모르는 사람들이 되었다. 백성들을 완전히 구속하고 모든 생활에서 규율을 지키게 하려고 돈벌이나 장사에도 손을 대지 못하게 했다. 심지어 음식을 장만하고 식탁을 차리는 일까지도 노예나 헬롯인들에게 맡겨버렸다.

누마는 이런 계급 구분을 두지 않았으며, 군인들이 무력으로 약탈하는 행위를 금지했다. 그러나 그 밖의 돈을 버는 일이라면 어떤 수단을 쓰든지 자유롭게 놔두었다. 부의 불균등 또한 굳이 없애려 하지 않았다. 부자들이 지나치게 돈을 모으는 일이나, 로마의 심각한 빈곤 문제에도 관심을 두지 않았다. 리쿠르고스가 탐욕에서 생겨난 폐해로 큰 재앙이 일어날 것을 경계하는 정책들을 편 것처럼, 누마는 절제를 미덕으로 삼아 탐욕을 억누르고자 했다.

토지 재분배 문제를 살펴보면, 그것을 실시한 리쿠르고스나 실시하지 않은 누마나 모두 잘못한 점은 없다고 생각한다. 토지 재분배로 이루어진 평등은 스파르타의 바탕이 될 수 있었다. 하지만 로마에서는 토지 분배가 이루어진 지 얼마 되지 않았기에 굳이 제도를 고치거나 새롭게 나눌 필요가 없었다.

결혼 제도와 자식 문제에 있어서는 두 사람 모두 질투를 뿌리 뽑는 데 올바른 정책을 펼쳤다. 그러나 실행하는 방법은 서로 달랐다. 로마에서는 자식을 많이 둔 가장은 자식이 없는 이웃 가장이 찾아와서 아내를 요구하면 일정 기간동안 아내를 내줄 수 있었다. 자신의 사정으로 아내를 그냥 주거나 아니면 나중에 되찾을 수도 있었다. 그에 비해 스파르타의 남편들은 자기 아내를 통해 자식을 얻고 싶어하는 남자를 받아들였지만, 여전히 아내와 한집에 살며 처음의 결혼 관계를 그대로 유지했다. 뿐만 아니라 훌륭한 아이를 낳을 만한 건강한 친구를 집으로 초대해 자신의 아내와 사귀게 했다.

이러한 두 나라 풍습 사이에는 다른 점이 있다. 이 풍습은 스파르타인들이 아내에 대해 무관심한 듯하지만, 많은 사람들에게 분노와 질투를 일으키는 원인이 되었다. 로마는 그러한 질투심을 법적 절차라는 장막에 점잖게 숨기고 있었지만, 아내를 공유하는 것이 얼마나 견디기 힘든 일인지 보여준다.

젊은 여자에 대한 누마의 법은 여성을 존중하는 합리적인 것이었다. 그러나 리쿠르고스의 법은 지나치게 엄격해 많은 시인들의 비난을 받았다. 시인 이비쿠스는 스파르타 여자를 '포이노메리데스', 즉 '벌거벗은 허벅다리'라 표현했으며, 에우리피데스는 남자처럼 거칠게 생활하는 여인의 모습으로 그렸다.

스파르타 여인들은 집 밖으로 나와 젊은 남자들과 어울려,
흰 허벅다리를 드러내고 옷자락을 휘날리며 돌아다니네.

사실 스파르타 여인들이 그 무렵 입었던 옷은 옆구리 끝까지 바느질을 하지

않았기에, 걸어다닐 때면 바람에 날려서 허벅다리가 드러나 보였다. 시인 소포클레스는 이런 모습을 정확히 표현했다.

> 그때 젊은 스파르타 아가씨 헤르미오네
> 따로 걸친 외투도 없이
> 자유로이 드러난 흰 허벅다리 주위로는
> 하늘하늘 치맛자락이 춤을 추네.

스파르타 여자들은 아주 대담하고 괄괄해서 남편에게도 거침없이 행동했다. 그리고 넘치는 힘을 이용해 집안의 주인이 되어 절대적 지위를 차지하더니, 나중에는 공적이고 중대한 문제에 대해서도 자유롭게 의견을 내놓았다.

그러나 누마가 다스리는 로마에서는 부인들이 남편들에게서 극진한 존경과 우대를 받았다. 이는 로물루스 시대부터 시작되었는데, 로물루스가 강제로 여자들을 납치해 온 일에 대한 하나의 보상이었다. 그런데도 여자들은 매우 정숙한 태도를 보였다. 남편을 존경하고 공손하게 대하며, 겸손과 정숙과 침묵의 미덕을 몸에 익혀 나갔다. 술은 한 방울도 입에 대지 않았고, 꼭 필요한 말이 있어도 남편이 없는 자리에서는 말을 삼갔다. 한번은 어떤 여자가 법정에서 자기 변호를 하자, 원로원은 나라에 무슨 변이 생기려는 징조라 여겨 신탁을 받은 일까지 있었다.

로마 여자들이 거의 순종적이고 겸손했다는 사실은, 나쁜 행실을 저지른 여자 이름을 따로 기록으로 남겨둔 것을 보면 더 잘 알 수 있다. 헬라스 역사가들은 가족 친지를 죽인 사람, 형제간 싸움에서 칼을 먼저 뽑아 든 사람, 부모를 죽인 사람들 이름을 기록하고 있다. 마찬가지로 로마에서도 처음으로 아내와 이혼한 스푸리우스 카르빌리우스를, 로마 창건 이래 230년 만에 처음 있는 일이라는 평가와 함께 기록해 두었다. 또 타르퀴니우스 수페르부스가 재위하던 시절, 피나리우스의 아내인 탈라이아는 처음으로 시어머니 게가니아와 다툰 사람이라고 기록되어 있다. 그만큼 로마의 결혼에 관련된 제도는 누마에 의해 질서 있고 엄격하게 지켜졌다.

처녀의 교육과 결혼에 대해서 리쿠르고스는, 여자들이 완전히 성숙하고 활기에 가득 차서 자연스럽게 결혼하고 싶은 욕구가 생겼을 때 하도록 했다. 그는 자연이 정한 순리에 따라 부부 관계를 가지면 사랑과 애정이 생기지만, 미성숙한 소녀가 강제로 결혼한다면 두려움과 싫증을 느낄 뿐이라고 여겼다. 또 결혼의 목적인 출산도 성숙한 여인이 고통을 더 잘 이겨낼 수 있으리라 판단했다.

이와 달리 로마인들은 열두 살 때 딸을 혼인시켰으며, 이보다 더 어린 경우도 있었다. 그렇게 해야 몸과 마음이 순결한 상태로 남편에게 맡겨진다고 생각했다. 리쿠르고스가 아이를 낳는 일에 중요한 의미를 두었음에 비해 누마는 행복한 부부 관계에 더 큰 의미를 두었다.

한편 청년 교육에 있어서는 리쿠르고스의 정책이 누마보다 뛰어났다고 할 수 있다. 리쿠르고스는 아이들을 모아서 부대를 만들고 훈련과 연습, 식사와 운동 등을 공동생활 속에서 규칙적으로 하게 했다. 그에 비해 누마는 청년들의 교육을 전적으로 아버지의 희망에 따르도록 했다. 아버지는 자신의 바람대로 아들을 배를 만들거나 고치는 사람으로, 놋그릇 세공인으로, 또 음악가로 키울 수 있었다. 누마는 처음부터 똑같은 목적으로 모든 청년을 훈련하고 가르쳐야 한다고 생각하지 않았다. 마치 평소에는 저마다 일에 몰두했던 사람들이 우연히 한 배를 탔다고 할 때, 오로지 그 배가 위험에 처했을 때에만 서로 협력하는 것과 같다.

다른 평범한 입법자라면 능력과 지식이 부족해서라고 비난할 수도 있을 것이다. 그러나 누마는 현명한 사람이었으며, 이제 막 탄생한 새로운 나라를 다스리는 왕이었기에 어떤 정책을 펴도 반대하는 사람이 없었을 것이다. 그런데도 누마는 청년들 교육에 간섭하지 않았다.

아이나 젊은이들에 대한 교육을 강화해 어린 시절부터 덕을 기르며 성격을 형성하는 것은 매우 중요한 일이다. 리쿠르고스의 법률이 오랫동안 이어진 것도 바로 이런 까닭 때문이다. 리쿠르고스가 젊은이들 마음속에 자신이 제정한 법의 정신과 애국심을 심어주지 않았더라면, 그의 법이 500년 넘도록 유지되지는 않았을 것이다. 실제로 스파르타 역사에서는 그의 법률과 정신의 엄청난 영향이 곳곳에서 우러나온다.

이와 달리 누마가 제창했던 평화와 우호는 그의 죽음과 함께 사라졌다. 누마가 살아 있을 때에는 굳게 닫혀 있던 전쟁의 문이, 그가 죽자 활짝 열린 듯 이탈리아 전역에 살육이 흘러넘쳤다. 누마의 훌륭하고 정의로운 정책도, 그것을 종합하고 이어 갈 만한 교육이 제대로 이루어지지 않았기에 오래가지 못했다.

물론 이렇게 말하는 사람이 있을지도 모른다.

"로마는 오히려 전쟁 덕분에 발달하고 진보하지 않았는가?"

남에게 해를 끼치지 않고 자족하며 평화롭게 사는 것 대신, 부유함과 사치와 권세를 누리는 일이 행복이라고 믿는 시대라면 이 질문에 답하기가 어려울 것이다.

로마는 누마의 정책을 버린 뒤에 훨씬 부강해졌고, 스파르타는 리쿠르고스의 정책을 버린 뒤에 본디 헬라스 전역에서 가장 강대했던 위치에서 추락해 매우 천시받게 되었다. 이러한 사실은 리쿠르고스의 정책이 더 우수했음을 뒷받침한다.

하지만 누마는 한낱 외국인이었음에도 로마인들의 간청으로 로마의 왕이 되었다. 이는 그가 참으로 뛰어난 인물이었음을 보여준다. 더욱이 왕위에 오른 뒤에는 모든 개혁을 권위가 아닌 설득과 권유로 이끌어 나갔다. 한 번도 화합을 이루어 보지 못했던 혼란의 도시 로마를, 무력이나 폭력을 쓰지 않고 오직 지혜와 정의만으로 융합했다는 사실은 실로 위대한 업적이 아닐 수 없다.

솔론(SOLON)

문법학자 디디무스가 아스클레피아데스에게 보낸 편지를 보면, 그는 필로클레스 말을 인용하며 솔론의 아버지 이름은 에우포리온이었다고 전한다. 이는 이제껏 솔론에 대해 말했던 다른 학자들의 생각과는 조금 다르다. 역사가들은 일반적으로 솔론이 엑세케스티데스의 아들이라는 데 의견을 모았다. 엑세케스티데스는 재산이나 권력으로는 아테나이에서 중류계급 정도였으나, 집안으로는 아테나이 왕족이었다.

폰투스의 헤라클레이데스가 남긴 기록을 보면, 솔론의 어머니는 페이시스트라토스 어머니와 사촌 관계라고 한다. 또 페이시스트라토스와 솔론은 어렸을 때부터 가깝게 지냈는데, 솔론이 그의 뛰어난 재능과 미모를 매우 사랑했다. 그들은 뒤에 정치적으로 의견이 달라졌을 때도 서로 적대하지 않았으며, 어릴 적 우정을 생각해 '타다 남은 재 속에 아직도 강한 불꽃이 타고 있다'며 서로의 애정을 드러내기도 했다.

페이시스트라토스는 아카데메이아에 사랑의 신 조각상을 만들어 바쳤으며, 신성한 횃불을 들고 경주하는 사람들은 이곳에서 불을 붙였다.

역사가 헤르미푸스 기록에 따르면, 솔론의 아버지는 매우 너그러운 사람으로 재산을 모두 남에게 나누어 주어 늘 집안 형편이 어려웠으며, 사람들 도움을 받으려 하지 않았다고 한다. 따라서 솔론은 어릴 때부터 남에게 베풀기를 좋아했다. 청년이 되어서도 다른 사람 도움을 받지 않으려고 홀로 장사를 시작했다. 그러나 그가 이곳저곳을 두루 여행한 것은 돈을 벌기 위해서가 아니라 지식과 경험을 얻기 위해서였다고 한다. 이렇듯 솔론은 학문에 대한 열정이 남달라 늙어서도 배움의 자세를 잃지 않았다.

　　나이는 하루하루 늘어가지만
　　배움의 길은 나날이 새로워라.

　솔론 자신이 이렇게 노래하고 있는 것을 보아도, 그가 노년에 이를 때까지 배움의 길을 포기하지 않았음을 알 수 있다. 이와 달리 재산은 그리 중요하게 여기지 않았다. 그는 다음과 같은 것을 가졌다면 모두 부유한 사람들이라고 말했다.

　　손바닥만 한 금과 은,
　　말과 노새 몇 마리, 밀밭 조금,
　　불편하지 않을 만큼 옷과 음식, 그리고 신발,
　　아내와 아이들,
　　신성하여라. 건강한 젊음이여.

　또 다른 시에서는 이렇게 읊었다.

　　재물을 갖고 싶지만
　　부정한 방법으로 얻기는 싫다네.
　　그렇게 쌓은 재산에는
　　언젠가 재앙이 반드시 따르리.

　정직하고 올바른 정치인이라도 너무 지나치게 사치를 탐하지 않는다면, 필요한 만큼의 재물에 관심을 보이는 것은 마땅한 일이다. 그 시대에는 헤시오도스가 말했듯이 노동은 누구에게나 부끄러운 일이 아니었으며, 직업도 위아래 구별이 전혀 없었다. 그 가운데서도 무역은 다른 나라 왕들과 사귈 수 있고 견문을 넓히는 기회가 되었기에, 사람들은 이를 매우 명예로운 일로 여겼다.

상인들 가운데에는 대도시를 세운 사람들도 적지 않았다. 예를 들면 로다누스 강 유역에 사는 갈리아인들로부터 많은 사랑을 받는 프로티스는 마실리아 시를 세웠다. 철학자 탈레스와 수학자 히포크라테스도 무역상이었으며, 플라톤은 아이귑토스에 기름을 가지고 가서 팔아 여비로 썼다.

솔론의 생활이 사치스러웠고, 그의 시가 세속적 쾌락을 노래하는 까닭도 그가 상인이었기 때문인 듯하다. 무역에는 언제나 수많은 위험이 뒤따르므로 보상을 위한 쾌락과 향락을 즐기기 마련이다. 그러나 솔론이 자신을 부자보다는 가난한 사람들에 속한다고 여긴 것은 아래 시에서도 엿볼 수 있다.

천한 사람은 풍족하게 살고
선한 사람은 가난하게 사네.
우리가 가진 덕을
부자들 금과 바꾸지 않으리.
덕은 누구도 빼앗아갈 수 없지만
재물은 이 손에서 저 손으로 떠돈다네.

솔론은 한가로운 시간을 즐기려 시를 쓰기 시작했지만 뒤에는 도덕적인 내용이나 철학적인 뜻을 시에 담았고, 정치적 사건들을 다루기도 했다. 그것은 한 사람의 역사가로서가 아니라 자기 자신에 대한 위안을 위해, 때로는 아테나이 사람들에게 올바른 길을 안내하기 위해서였다.

어떤 사람은 솔론이 긴 서사시 형식으로 법률을 쓰려 했다면서, 그 글의 앞부분을 보여준다.

기도하자, 거룩하신 제우스께
우리의 법에 축복과 행운을 보내달라고.

현명한 철학자들처럼 솔론은 윤리와 도덕의 정치를 중요시해 이에 조예가 깊었다. 그러나 과학에 대해서는 단순하고 낡은 지식을 가졌던 것으로 보이며, 다음 시에서도 그런 점이 느껴진다.

눈과 우박은 구름에서 내려오고
번개가 치면 천둥이 뒤따른다.
바람이 세게 불면 파도가 거세지고
바람이 없으면 바다 또한 잔잔하리.

그 무렵 자연현상까지 제대로 파악한 철학자는 오직 탈레스뿐이었으며, 다른 사람들은 모두 나라를 다스릴 때 태평천하를 이루어야 한다는 정치철학만을 갖고 있었다.

그 시대 현인들은 델포이에서 모임을 가졌으며, 그 뒤 페리안드로스 왕이 주선한 향연으로 코린토스에서 만났다. 이때 왕으로부터 발솥을 선물로 받았지만 거절함으로써 그들의 명성이 더욱 널리 알려진 일이 있었다. 그 이야기는 다음과 같다.

코스 섬에 사는 한 어부가 바다에 그물을 치고 있을 때였다. 밀레투스에서 온 나그네가 다가오더니 그물 안에 든 것을 보지도 않고 사겠다고 했다. 그런데 그물을 끌어올리고 보니 뜻밖에도 금으로 만든 발솥이 걸려 있었다. 이 솥은 헬레네가 트로이에서 배를 타고 오다가 신탁에 따라 그곳에 빠뜨린 것이었다. 이 금솥 때문에 나그네와 어부는 실랑이를 벌였고, 나중에는 양쪽 도시의 전쟁으로까지 번졌다. 그래서 신탁을 받았더니, 그 솥은 그 시대의 가장 현명한 사람에게 주어야 한다고 적혀 있었다.

코스 섬 사람들은 맨 먼저 그 보물을 탈레스에게 보냈다. 그러나 탈레스는 비아스가 자기보다 더 현명한 사람이라며 그 솥을 비아스에게 보냈다. 그런데 비아스도 자기보다 현명한 다른 사람에게 보냈고, 여러 사람을 돌고 돌아 솥은 마침내 탈레스에게 되돌아왔다. 탈레스는 그것을 테바이로 보내 아폴론에게 바쳤다. 한편 그것은 발솥이 아니라 크로이소스 왕이 보낸 술잔이라고도 하고, 바티클레스의 접시였다고도 전해진다.

그때 철학자들 사이에는 다음 같은 이야기가 전해지고 있었다.

어느 날 아나카르시스가 아테나이로 솔론을 찾아왔다. 외국에서 온 그는 자기를 소개하며 서로 친하게 지내고 싶다고 했다. 솔론은 고향에서 벗을 사귀는 게 가장 좋다고 대꾸했다. 그러자 아나카르시스가 말했다.

"당신은 지금 고향에 계시니 저와 가까이 지내면 되지 않겠습니까."

솔론은 그의 재치 있는 말을 듣고 반가워하며 자신의 집에 머물게 한 뒤 정중히 대접했다고 한다.

그때 솔론은 정치적인 업무와 법률에 대한 책을 펴내고 있었다. 아나카르시스는 법률은 거미줄 같아서, 약한 놈이 거미줄에 걸리면 꼼짝 못하지만, 힘이 세고 재물을 가진 놈이 걸리면 줄을 찢고 달아나기 마련이라며 비웃었다. 이 말에 솔론은, 자신이 법률을 만드는 까닭은 법률을 위반하는 것보다 지키는 게 유리하다는 사실을 가르쳐 주기 위해서라고 말했다. 그러나 결과적으로 솔론보다는 아나카르시스의 말이 옳았다. 또 어느 날 회의에 참석했던 아나카르시스는, 헬라스에서 정치에 대한 논의는 현명한 사람들이 맡는 데 그 결정은 무식한 사람들이 맡는다는 점에 크게 놀랐다.

전하는 기록들을 보면, 솔론이 밀레투스에 있는 탈레스를 찾아갔던 일도 있었다. 솔론이 탈레스에게, 왜 결혼해서 아이를 가지려 하지 않느냐고 물었지만 탈레스는 아무런 대답도 하지 않았다. 그리고 며칠 뒤 탈레스는 사람을 시켜, 열흘 전에 아테나이에서 왔다고 거짓말을 하게 했다. 마땅히 솔론은 그에게 고향인 아테나이 소식을 물었다. 그 사람은 탈레스가 미리 시킨 대로 이렇게 말했다.

"별다른 일은 없었습니다만 한 젊은이 장례식이 있어서 구경을 했지요. 시민들 말에 따르면 아주 덕망 높으신 분의 아드님이라고 하는데, 그분은 오랫동안 외국에 나가서 돌아오지 않았다고 하더군요."

"저런, 그거 안됐군. 그래, 그 사람 이름은 뭐라고 하던가요?"

"아, 이름을 듣긴 했는데 그만 잊어버렸습니다. 아무튼 현인이면서 이름 높으신 분이라고 했는데……."

이렇게 묻고 대답하는 동안에 솔론은 그 죽은 사람이 혹시 자기 아들은 아닌가 싶어 걱정이 되었다. 그래서 솔론의 아들이라고 하지 않더냐고 물었더니 그가 그렇다고 말했다. 이 말을 들은 솔론은 자신의 머리를 쥐어뜯으며 통곡했다. 그러자 탈레스가 다가와 그의 손을 잡으며 말했다.

"그래서 제가 아내를 얻지 않는 것입니다. 선생처럼 침착한 분도 이처럼 가슴 아파하시니 말입니다. 하지만 지금 들으신 이야기는 제가 꾸민 것이니 이제 그만 슬픔을 거두십시오."

필요한 물건인데도 잃어버릴까봐 두려워서 처음부터 갖지 않는다는 것은 이치에 맞지 않으며, 어리석은 일이기도 하다. 그런 생각으로 산다면 재물이나 명예나 지식도 마침내 그것이 없어질까 두려워 갖지 말아야 할 것이다. 그리고 무엇보다 소중하고 귀한 미덕도 병이나 독약으로 인해 끝내 잃게 되는 것을 우리는 곧잘 보게 된다. 탈레스가 결혼하지 않아서 가정 생활의 걱정은 하지 않는다고 해도 친구나 친척, 그리고 조국에 대한 걱정과 두려움까지 없앨 수는 없다. 하지만 이런 탈레스도 나중에는 누이의 아들 키비스투스를 양자로 삼았다.

인간은 영혼 속에 사랑의 샘을 가지고 있어서, 생각하고 느끼고 기억하는 것처럼 반드시 다른 사람을 사랑하게 된다. 만약 어떤 사람이 그의 가족을 사랑할 수 없다고 해도 또 다른 누군가를 반드시 사랑하게 되고, 그들 때문에 여러 걱정도 하게 된다. 그래서 결혼해 자식을 낳는 일을 비난하던 사람들이, 자신의 종이나 첩의 아이가 병이 났거나 죽었을 때 더욱 가슴 아파하는 모습을 볼 수 있다. 그뿐 아니라 어떤 사람은 개나 말을 잃고 심한 슬픔에 빠지기도 한다.

사람이 운명에 흔들리는 이유는 사랑 때문이 아니라 약한 마음 때문이다. 그래서 그들은 앞으로 잃어버릴 가능성과 그로 인한 괴로움을 두려워해, 마음껏 사랑할 수 없게 된다. 그러나 재산을 잃을까봐 두려워서 가난하게 살고, 사랑하는 사람을 잃을까봐 두려워 사람을 사랑하지 못하며, 자식이 죽을까봐 두려워 자식을 낳지 않는다는 것은 매우 어리석은 일이다.

한편 살라미스 섬이 어느 나라 영토인가 하는 문제로 아테나이와 메가라는 오랫동안 싸움을 했다. 하지만 아테나이 사람들은 전쟁으로는 결론이 나지 않으리라는 것을 깨닫고, 전쟁을 멈추기 위한 법을 만들기로 했다. 그래서 앞으로 살라미스 섬을 되찾아야 한다고 주장하는 자는 그 누구를 떠나 사형에 처한다는 법을 정했다. 솔론은 이것을 불명예스러운 일이라며 분개했다. 그리고 수천 명 청년들이 자신처럼 메가라와 싸우기를 원하면서도 법 때문에 꼼짝 못한다는 것을 알고서 한 가지 꾀를 생각해 냈다.

솔론은 가족들을 시켜 자신이 정신병에 걸렸다는 소문을 내고, 일부러 미친 척하고 다녔다. 이 소문이 온 도시에 퍼지자 그는 시를 지어 외운 뒤, 괴상한 모자를 쓰고 사람들이 많이 모이는 광장으로 나갔다. 그러고는 연설대에 올라가서 마치 즉석에서 읊듯이 시를 낭송했다.

아름다운 살라미스에서 소식을 가져왔소.
내 노래로 그곳 소식을 전하리.

'살라미스'라 이름 붙인 이 시는 100행으로 이루어졌으며 아름다운 시어들로 씌어 있었다. 솔론이 시 낭송을 마치자 사람들은 모두 칭찬했다. 이때 페이시스트라토스가 나서서 솔론의 말을 받아들이자고 사람들을 설득했다. 사람들은 모두 그의 말에 찬성했다. 마침내 아테나이는 그 법을 취소했으며, 솔론의 지휘에 따라 전쟁을 시작했다.

솔론이 페이시스트라토스와 함께 배를 타고 콜리아스로 가보니 때마침 여자들이 데메테르 여신에게 제사를 드리고 있었다. 솔론은 자기 부하를 탈주병처럼 꾸며 살라미스로 보내, 메가라 사람들에게 자신이 아테나이에서 달아난 사람이며 자기를 따라오면 아테나이 여자들을 잡을 수 있다고 말하도록 했다. 메가라 사람들은 그의 말을 믿고 사람들을 배에 태워 보냈다.

메가라 사람들이 탄 배가 살라미스 섬을 떠나는 것을 본 솔론은, 데메테르에게 제사를 드리고 있던 여자들을 해안에서 멀리 떨어진 안전한 곳으로 피신시켰다. 그리고 아직 수염이 나지 않은 어린 청년들을 여자로 변장시킨 뒤, 메가라인들이 뭍에 올라 가까이 올 때까지 바닷가에서 춤추며 놀고 있으라고 명령했다. 메가라 사람들은 그들이 여자인 줄 알고 맨손으로 붙잡으려 덤벼들었다가 모두 칼에 찔려 죽었다. 그리고 아테나이군은 곧바로 살라미스로 가서 그 섬을 쉽게 점령할 수 있었다.

그러나 또 다른 역사가는 살라미스 섬 점령에 대해 다른 이야기를 전한다. 솔론은 먼저 아폴론으로부터 아래와 같은 신탁을 받았다.

아름다운 아소피아 언덕 위에 서쪽으로 누워
영원히 잠든 영웅들에게 제사를 올려라.
그들이 그 땅의 참된 주인이리니.

이 신탁에 따라 솔론은 한밤에 배를 타고 섬으로 가서 페리페무스와 키크레우스라는 두 영웅에게 제물을 바친 뒤, 아테나이 지원병 500명을 모집했다. 그리고 이들이 살라미스 섬을 점령하면 아테나이 정부에서 최고의 지위를 주겠다는 법령도 함께 내렸다. 그들은 낚싯배 여러 척에 나누어 타고 노 서른 개짜리 군용선 호위를 받으며 살라미스의 한 만에 닻을 내렸다. 메가라 사람들은 분명치 않은 이 소문을 듣고 상황을 살피기 위해 먼저 배 한 척을 보냈다. 솔론은 이 배를 빼앗아 메가라인들을 잡아두고 대신 아테나이인들을 그 배에 태워 몰래 섬에 오르도록 명령하는 한편, 자신은 따로 군대를 이끌고 육로로 메가라 사람들을 추격했다. 그리고 육지에서 싸움이 한창인 틈을 타 배로 섬에 숨어 들어간 아테나이 사람들이 불시에 배에서 쏟아져 나와 메가라인들의 도시를 점령했다.

그 뒤 살라미스를 공격한 기념으로 열리는 행사를 보면 이 이야기가 사실이었음을 알 수 있다. 이 행사는 아테나이 배 한 척이 살라미스 섬으로 소리 없이 다가가며 시작된다. 배에 탄 사람들은 함성을 지르며 배에서 뛰어내려, 스키라디온(스카라디움)으로 달려가 육지로 오는 병사들과 만난다. 지금도 살라미스 근처에는 그때 솔론이 마르스에게 바친 신전이 서 있다. 솔론이 메가라군을 쳐부수고, 포로로 잡은 병사들을 풀어준 승리의 기념으로 세웠던 것이다.

그러나 그 뒤에도 메가라인들이 끊임없이 싸움을 걸어와 서로 많은 피해를 입었으므로, 나중에는 라케다이몬 사람들의 중재를 받기로 했다.

이때 솔론은 호메로스가 쓴 《일리아드》의 시구 두 행을 선박 목록에 적어둠으로써 재판을 유리하게 만들었다고 한다.

아약스는 살라미스에서 열두 척 배를 이끌고
아테나이군이 싸우고 있는 전쟁터로 달려왔다.

또 솔론은 재판관들 앞에서 다음처럼 말했다. 아약스(아이아스)의 두 아들 필라이우스와 에우리사케스가 아테나이 시민권을 얻은 뒤 살라미스 섬을 아테나이에 주었으며, 저마다 아티카와 멜리타(멜리테)로 이주해 들어왔다는 것이다. 그리고 그 섬의 무덤이 모두 서쪽을 바라보는데 이는 메가라식이 아니라 아테나이식이라고 했다. 그러나 메가라의 헤레아스는 메가라인들 무덤도 서쪽을 바라보게 만든다며 그의 말을 부정했다. 그리고 아테나이인은 관 하나에 시신 한 구를 넣어 묻지만, 메가라인은 관 하나에 시신 두세 구를 함께 묻는 풍습이 있다고 말했다.

하지만 솔론은 이 섬을 '이오니아인의 살라미스'라고 부른 델포이 신탁까지 들면서 살라미스가 아테나이 것임을 주장했다. 이 사건은 크리톨라이다스, 아몸파레투스, 히프시키다스, 아낙실로스, 클레오메네스 등 다섯 스파르타인에 의해 마침내 아테나이 땅으로 판결이 났다. 이 사건으로 솔론의 명성과 세력은 더욱 높아졌다.

한편 아테나이 공화국은 집정관(아르콘)이 킬론을 죽인 사건 때문에 분란의 소용돌이에 휩싸였다. 사건은 그 무렵 집정관이었던 메가클레스가 아테나 신전에 숨어 있던 킬론을 비롯한 반역자들에게, 신전에서 나와 공정한 재판을 받으라고 설득한 일로부터 시작된다. 그들은 메가클레스의 설득에 따라 여신 신상에 실을 매어 그 한쪽 끝을 잡고 법정으로 내려왔다. 그러나 복수의 여신 푸리아 신전 가까이에 이르렀을 때 갑자기 실이 끊어져 버렸다. 메가클레스와 동료 집정관들은 아테나 여신의 보호가 끊긴 것으로 여기고 그들을 붙잡아 제단 옆에서 돌로 때려 죽였다. 오직 집정관의 아내들에게 가서 살려달라고 애걸한 자들만이 목숨을 건질 수 있었다. 이런 일이 있은 뒤, 사람들은 신전을 더럽혔으므로 재앙이 닥칠 것이라며 두려워했다.

한편 킬론의 무리 가운데 살아남은 이들은 다시 힘을 길러 메가클레스 자손들에게 복수를 계속했다. 이 분쟁은 매우 심해져서 마침내 시민들도 두 파로 갈라졌다. 솔론은 이 사태를 수습하기 위해 시민 300명에게 재판을 하도록 했다. 그래서 플라의 미론이라는 사람이 재판관이 되어 킬론 무리를 유죄로 판결했다. 그들 가운데 현재 살아 있는 자는 나라 밖으로 쫓아내고 죽은 사람은 무덤을 파헤쳐 시신을 국경 밖으로 내다버리게 했다.

그러나 이런 혼란을 틈타 메가라인들이 아티카로 습격해 들어와, 아테나이는 다시 니사이아와 살라미스를 빼앗기고 말았다. 뿐만 아니라 미신적인 재앙이나 이상한 현상들이 여기저기서 나타났으며, 사제들이 바친 제물에 귀신이 들었다는 소문도 생겨났다.

아테나이 사람들은 제사를 지내야 한다 생각하고 크레테 섬의 파이스토스 사람 에피메니데스를 모셔왔다. 에피메니데스는 헬라스의 일곱 현인에 속할 만큼 어진 인물이었다. 그는 신의 사랑을 받고 있으며 신의 계시를 알아내는 힘이 있다고 알려졌다. 그리고 사람들은 그를 쿠리테스가 다시 살아난 인물이라고 믿기도 했다.

에피메니데스는 아테나이에 와서 솔론과 가까워졌고, 그가 법을 만드는 데도 큰 힘이 되어주었다. 그는 또 시민의 예배 형식을 합리적으로 고치고 장례식을 간소하게 했으며, 특히 과부들이 당하고 있던 가혹하고 야만적인 차별들을 없앴다. 무엇보다 가장 큰 공덕은 신전을 지어 신에게 제사를 드리고 도시를 깨끗이 정화해, 시민들에게 순종과 협동의 정신을 가르친 일이다.

언젠가 그는 아테나이 근처에 있는 무니키아라는 항구를 보며 이렇게 말했다.

"사람이란 앞일에 대해서는 장님과 같소. 아테나이 사람들이 만약 이곳에서 얼마나 큰 불행이 생길지를 안다면, 이곳을 갉아먹어서라도 없애버릴 텐데 말이오."

탈레스도 이와 비슷한 예언을 한 적이 있다. 그는 친구들에게 자신이 죽으면 밀레투스에 있는 어떤 우묵하고 초라한 곳에 묻어달라고 하며, 앞으로 그 지방에 도시가 들어서고 그 자리가 광장이 되리라고 말했다는 것이다. 에피메니데스는 아테나이 사람들로부터 큰 존경을 받았다. 하지만 그는 아테나이가 그에게 준 많은 재산과 특권을 받지 않은 채, 신의 나무라 불리는 올리브 나뭇가지 하나만을 가지고 크레테로 돌아갔다.

킬론의 반란이 끝나고 사람들이 질서를 잡아갈 즈음, 이번에는 오래전부터 이어지던 파벌끼리의 정권 싸움이 일어났다. 지역마다 파벌이 만들어져 산간 지방에 사는 사람들은 민주정치를, 평지에서는 과두정치를, 바닷가에 사는 사람들은 혼합정치를 주장하며 저마다 세력을 다투었다. 게다가 빈부 차이가 매우 심해져서 아테나이는 몹시 위험한 지경에 이르렀다. 이 같은 혼란에서 벗어나는 길은 절대적 권력뿐이었다.

사람들 대부분은 부자들에게 진 빚 때문에 경작한 수확량의 6분의 1을 바쳤고, 자기 몸을 저당잡힌 사람들은 노예가 되거나 다른 나라에 팔려가기도 했다. 많은 사람들이 노예가 되지 않으려고 외국으로 달아나거나 자식을 파는 일까지 벌어졌다. 그러나 그들 가운데 몇몇 용감한 자들은 노예가 된 사람들을 해방하고 토지 분배를 다시 해야 한다고 주장하며, 이러한 요구를 실행해 줄 지도자를 찾기 시작했다. 한마디로 그들은 지금의 정치 구조를 완전히 개혁할 정치가를 바랐던 것이다.

이처럼 나라가 혼란스러울 때 어느 파벌에도 가담하지 않았던 사람은 오직 솔론뿐이었다. 그래서 아테나이 사람들은 솔론을 찾아가 공화국을 구하고 충돌을 조정해 달라고 요청했다. 레스보스의 역사가 파니아스 말에 따르면, 그때 솔론은 나라를 구하기 위해 빈민들에게는 땅을 나누어 주고, 부자들에게는 빚을 돌려받을 수 있도록 해주겠다며 양쪽 모두에게 약속했다고 한다. 그는 부자의 횡포와 빈자의 탐욕을 보며 정치에 나서지 않으려 했으나, 필롬브로투스 뒤를 이어 집정관으로 선출되었다.

부자들은 솔론의 부유함 때문에, 가난한 사람들은 그의 정의감 때문에 저마다 솔론이 자기들 편이라 믿었다. 그는 "모두가 평등하면 전쟁은 일어나지 않는다" 말했으며, 이는 부자와 빈민 모두에게 호감을 주었다. 부자들은 그 말을 재산은 그 사람의 가치와 공로에 따라 공평하게 분배되어야 한다는 뜻으로 해석하고, 가난한 사람들은 재산을 모두 똑같이 나누어 가져야 한다는 말로 생각한 것이다. 따라서 양편 모두 솔론에게 희망을 걸었으며, 그가 정권을 쥐고 자유로운 정치를 하도록 그를 지지했다.

솔론은 아폴론으로부터 다음 같은 신탁을 받았다.

그대가 키를 잡아 배를 조종하여라.
혼란스런 아테나이는 그대를 따라 뭉치리.

가까운 친구들은 전제군주라는 이름을 들을까봐 왕위를 거절하는 솔론을 설득하려 애썼다. 그들은 덕으로써 국민들을 다스린다면 어진 왕이 될 것이라고 솔론에게 말했다. 그리고 에우보이아인들 추대로 왕위에 올랐던 툰논다스, 미틸레네 왕으로 추대된 피타쿠스 같은 사람들 예를 들며 왕이 되기를 권유했다. 그러나 솔론의 마음은 쉽사리 움직이지 않았다. 그는 친구들에게 전제군주는 좋은 자리이긴 하지만 한번 거기에 앉으면 떠날 수가 없게 된다고 말하며 다시 한 번 왕위를 거절했다. 또 그가 포쿠스에게 준 시에는 아래 같은 구절이 있다.

폭군의 권세를 휘두르지 않았고
내 이름을 더럽히지도 않았으니
나는 후회하지 않노라.
이것이 가장 순수한 명예이므로.

이 시를 보면 아테나이의 법을 만들기 전에도 이미 그의 명성이 드높았음을 알 수 있다.

그가 왕이 되기를 거절했을 때 친구들이 비난하자, 다음과 같은 시로 그들에게 말했다.

> 솔론은 지혜롭지도 똑똑하지도 않소.
> 하늘이 주신 복도 받지 않고
> 그물을 던져 큰 고기가 걸려도
> 끌어올리지 못하고 가슴만 떨리니
> 지혜도 없고 용기도 없소.
> 오직 하루라도 아테나이 왕으로 지내는 것은
> 영광스러운 일이겠지만
> 다음 날은 구렁에 빠져들어
> 집안까지 망치게 될 것이오.

그는 이렇듯 왕위를 단호히 사양하고 조용히 정치를 돌보았다. 권력자들에게 비굴한 태도를 보이지 않았고, 대중에게 굳이 인기를 끌려고 애쓰지도 않았다. 그는 옛 제도의 좋은 점은 그대로 두고, 좋지 않은 부분들은 새롭게 고쳤다. 온순한 사람들은 설득으로, 완강한 사람들은 힘으로 다스렸다. 그는 아테나이를 '하나로 뭉치는 권력과 정의로써' 자신의 법률을 만들었으며, 뒷날 '모든 사람이 받아들일 수 있는 가장 좋은 법'을 만들었다고 자부할 수 있게끔 한 것이다.

아테나이 사람들은 거칠고 강한 말 대신 부드럽고 멋진 이름 붙이기를 좋아했다. 예를 들면 매춘부를 동반자로, 세금을 기여금으로, 점령지의 수비대를 경비대로, 감옥을 안방이라고 불렀다. 이는 아마도 솔론이 빚을 탕감하는 일을 '무거운 짐 덜어주기'라고 이름 지은 데서 비롯된 것으로 보인다.

솔론이 규정한 최초의 법은 남아 있는 모든 사람의 빚을 면제하고, 사람 몸을 저당으로 돈을 꾸어주는 것을 막는 내용이었다. 그는 도량을 크게 하고 돈의 가치를 높였다. 그전에는 73드라크메가 1파운드였는데 그것을 100드라크메로 고쳤기에, 화폐의 수는 같아도 가치가 적은 돈을 주게 되었다. 그래서 빚을 갚는 데 유리해지고, 빚을 받는 쪽에서도 손해를 보지 않게 되었다.

역사가들 대부분은 '무거운 짐 덜어주기'가 빚을 완전히 없앤 훌륭한 조치라고 해석했으며, 솔론의 시 가운데서도 자신의 이러한 정책에 대해 쓴 것을 찾아볼 수 있다.

> 온 땅을 덮고 있던 빚을 나의 손으로 없애버리니,
> 이제 노예로 얽매였던 대지는 자유를 되찾았네.

또 이런 시를 지어 읊기도 했다.

> 머나먼 이국 땅을 돌아다니며
> 제 나라 말조차 잊은 사람들.
> 제 나라 안에 있으면서도
> 노예의 운명에 매인 사람들.

솔론은 이러한 사람들을 자유인으로 해방했다고 노래했다.

그는 이런 일을 계획하는 동안 적지 않은 괴로움을 겪기도 했다. 솔론이 빚 탕감을 실행하려고 깊은 생각에 빠져 있을 때였다. 그는 토지를 소유하는 일에 대해서는 간섭할 생각이 없으며 오직 빚에서 벗어나게 해줄 것이라며 가장 친한 친구들, 코논과 클레이니아스, 히포니쿠스에게 이야기했다. 이 말을 들은 친구들은 재빨리 큰돈을 빌려 넓은 땅을 사들였고, 법령이 발표되자 땅을 손에 넣은 채 빚을 갚지 않았다. 이 일 때문에 솔론은 국민들 신임을 크게 잃고 말았다. 모두 솔론이 그들과 공모했다고 여긴 것이다. 그러나 솔론은 법에 따라 자기가 빌려준 빚 5탈란톤(탈란톤은 60므나 또는 6000드라크메)을 면제해 줌으로써 국민들 의혹을 풀었다. 어떤 사람들은 그 액수가 15탈란톤이었다 하며, 로도스 사람 폴리젤루스도 그렇게 주장했다. 그 뒤부터 솔론의 친구들은 한동안 사기꾼이라는 뜻의 '크레오 코피타이'라 불리며 사람들의 비난을 받았다.

그러나 이 같은 솔론의 정책은 끝내 어느 편의 호응도 얻지 못했다. 부자는 그들의 채권을 잃어버렸고, 가난한 자는 토지를 나눠받지 못했기 때문이다.

스파르타의 리쿠르고스는 헤라클레스 11대 손이었기에 오랫동안 라케다이몬에 군림했다. 그는 굉장한 명망과 권력을 가지고 있었으며, 국가를 건설하는

데 그것을 유감없이 이용할 수 있었다. 그래서 그는 설득보다 무력을 써서 그의 공화국을 가장 평등하고 질서 있게 이끌어 나갈 수 있었다. 그러나 솔론은 중산층 시민 출신이었으므로 도저히 리쿠르고스만큼 권력을 가질 수 없었으며, 시민들 지지와 인기에 의존할 수밖에 없었다. 그런데 그나마 믿던 사람들로부터 반감을 사게 되자 그는 용기를 잃고 좌절했다.

> 한때는 나를 훌륭하다며 괜스레 부추기기만 하더니
> 이제는 내가 배반자인 듯 차가운 눈으로 바라보는구나.
> 마치 친구가 아닌 적을 바라보는 듯하여라.

그는 이렇게 말하며 자기 처지를 비관했다. 또 만약 다른 사람이 자신과 같은 권력을 쥐고 있었다면 다음처럼 되었으리라고 했다.

> 동요하는 법을 멈추게 하지 않고
> 모든 이익을 몽땅 챙겼으리라.

그러나 오래지 않아 사람들은 솔론의 정책이 옳았음을 깨닫고, '세이삭테이아'라는 이름의 제사를 올렸다. 그리고 새로운 정치를 적용하고 공화국 법률을 제정하기 위한 지도자로 솔론을 선출했다. 솔론은 법정, 평의회를 비롯한 권한을 가지게 되었으며 인원, 회합의 날짜, 이것들을 위해 갖추어야 할 자격 등 모든 것을 결정했다. 또 현재의 제도를 없애거나 유지할 수 있는 권한도 가졌다.

솔론은 먼저 드라콘 법률 가운데 살인죄를 제외한 나머지 무겁고 가혹한 형벌을 모두 없앴다. 종전에 쓰던 드라콘 법은 거의 모든 죄에 대해 사형을 내렸는데 게을러서 사형을 받은 이도 있었고, 채소나 과일을 훔친 사람도 사람을 죽인 죄인과 똑같은 형벌을 받아야만 했다. 이 때문에 데마데스는 드라콘 법을 가리켜 잉크가 아니라 피로 쓴 법률이라며 비웃었을 정도였다. 드라콘 자신도 왜 모든 범죄에 사형을 규정했느냐는 물음에, 가벼운 죄는 그 형벌로 마땅하지만 무거운 범죄에는 사형보다 더 무거운 벌이 없어서 어쩔 수 없이 그렇게 만들었다고 대답했다 한다.

솔론은 또 평민들도 정치적 발언을 할 수 있도록 관직을 주기 위해 시민들의 재산을 조사했다. 그래서 1년에 500메딤노스의 수입이 있는 자를 '펜타코시오메딤노스'라 하여 제1급에 두었고, 말 한 필을 가지고 있거나 300메딤노스 수확이 있는 자를 '히페이스' 또는 '기사'라 하여 제2급으로 삼았으며, 200메딤노스 수확을 거두는 자인 '제우기타이'는 제3급으로 삼았다. 그리고 그 밖의 평범한 자들은 '테테스'라 해 관직에 오를 수는 없으나 공동 집회에 출석하는 자격, 배심원이 되는 자격을 갖게 했다.

이 자격은 처음에는 대단한 게 아니었지만 뒤에는 커다란 특권으로 인정되었다. 나라 안 모든 분쟁을 재판에서 해결하게 되었으며, 그 판결을 배심원이 내리게 되었기 때문이다. 솔론은 본디 집정관이 판결을 내렸던 사건들도 모두 재판소에서 소송하도록 규정했는데, 재판소 권위를 높이기 위해 일부러 법률 조항을 모호하게 만들었다. 그래서 법조문만 가지고는 분쟁을 해결할 수 없었으므로 재판의 중요성이 더욱 커졌다. 이 부분에 대해 솔론은 다음처럼 썼다.

> 나는 평민들에게 필요한 힘을 주고
> 귀족들의 권세도 그대로 보호하였으니
> 서로를 폭력으로부터 지켜주었으며
> 어느 쪽에도 부당한 승리를 허락치 않았다.

솔론은 또 평민들을 보호하기 위해, 그들이 당한 가해행위를 고발할 수 있게 했다. 어떤 사람이 맞아서 상처를 입거나 그 밖에 다른 폭행을 당했을 때 해를 입힌 사람을 고소해 재판할 수 있도록 했으며, 당사자가 아니라도 범인을 고발할 수 있도록 했다. 피해자를 대신해 범인을 고발할 수 있게 한 것은, 시민들이 고통을 나눔으로써 서로를 아끼도록 하기 위함이었다.

솔론의 이러한 생각은 다음 일화에서도 알 수 있다.

가장 살기 좋은 도시가 어떤 곳이냐고 누군가 물었다. 그러자 그는 이렇게 말했다. "피해를 당하지 않은 사람들도 피해를 입은 사람과 똑같이 범인을 벌줄 수 있는 도시가 가장 살기 좋은 곳입니다."

그는 또 해마다 집정관을 지낸 사람들을 모아 아레오파고스 회의를 조직하고, 자신도 그 회원이 되었다. 그리고 빚에서 해방된 사람들이 차츰 횡포를 부리거나 불손해지는 것을 보고, 네 부족에서 저마다 100명씩 뽑아 제2의 회의

(하원)를 구성했다. 이 회의는 모든 사건을 배심원들에게 가기 전에 심사하는 곳으로, 이 예심을 통과하지 않은 사건은 민중의 전체 회의에 내놓을 수 없게 했다. 이렇게 되자 아레오파고스 회의는 법률의 감사나 보호 역할을 맡게 되었다. 마치 닻으로 배를 안정시켜 파도에 밀려가지 않도록 하는 것처럼, 두 회의는 국민들을 보호함과 동시에 견제하며 국가를 지키는 역할을 했다.

솔론의 법률 제13의 8조에는 다음처럼 씌어 있다.

"솔론이 집정관에 취임하기 전에 공식적인 권위를 박탈당했던 자는 모두 그 권리를 다시 찾게 된다. 그러나 왕이나 아레오파고스로부터 살인을 선고받은 자, 정부에 대한 음모로 유죄선고를 받은 자, 이 법률이 공포되었을 때 외국에 피해 있던 자는 권리를 되찾을 수 없다."

이로써 아레오파고스 회의가 솔론이 집정관에 취임하기 이전부터 있었다는 사실도 알 수 있다.

그가 세운 법률 가운데 내란에 대한 것은 좀 독특하다. 내란이 있을 때 어느 편에도 가담하지 않고 중립을 지킨 사람은 시민권을 박탈한다는 규정이 바로 그것이다. 나라가 겪는 괴로움을 외면하는 일은 비겁한 행동이라고 생각했기 때문이다. 또 그는 옳은 일을 하는 사람들 편이 되어 도움을 주어야 한다고 했으며, 어느 편이 이기는가를 지켜보며 몸을 숨기거나 위험을 피하는 행동은 옳지 못하다고 여겼다.

또 유산을 상속받을 여자가 결혼했는데 그 남편이 성적 불구자였을 경우에는, 남편 친척 가운데 다른 남자와 다시 결혼해 자식을 낳을 수 있다는 법을 만들었다. 물론 자식을 낳을 능력이 없는 남자가 여자의 재산을 탐내 결혼했을 때에는 법에 따라 벌을 받았으며, 아내로 하여금 다른 남자와 결혼해 아이를 낳게 함으로써 정신적으로도 벌을 받도록 했다. 그 아이는 같은 집안의 자손이 되므로 유산을 상속받을 수도 있다.

솔론의 법에는 신랑과 신부를 한방에 가두어 놓고 모과나무 열매를 함께 먹게 한 것도 있었으며, 재산 상속자인 여자를 아내로 얻은 남편은 다달이 세 번 이상 아내와 함께 있도록 한 것도 있었다. 자식을 낳지 못한다 하더라도 만날 기회를 가지는 것이 아내를 즐겁게 하는 최소한의 예의이며, 오해가 생기지 않게 해 부부 싸움도 막을 수 있도록 한 것이다.

또 결혼할 때 신부가 지참금을 가져가지 못하도록 하고 옷 세 벌과 살림살이 조금만 마련하도록 한 것은, 결혼은 돈으로 사고파는 게 아니라 남녀가 함께 살며 아이를 낳고 서로 사랑을 하는 것이라 여겼기 때문이다.

시라쿠사 왕인 디오니시우스는 그의 어머니가 나이 어린 청년과 결혼하려고 했을 때, 자기가 독재자로서 나라의 법을 어기기는 했지만 자연의 법을 깨뜨리는 이 같은 결혼은 절대 인정할 수 없다며 반대했다. 그러나 나이 든 남자가 젊은 여자를 아내로 맞는 일에 대해서는, 소포클레스의 대사처럼 "당신은 이제 새로운 여자를 얻을 나이가 되었군요" 말하며 인정했다고 한다. 하지만 돈 많고 나이 많은 여자와 살며 암탉처럼 살이 찐 젊은 남자에 대해서는 끝까지 인정하지 않았다.

솔론의 법 가운데에는 죽은 사람을 비난하지 못하도록 한 규정도 있었다. 그는 죽은 사람을 신성하게 보아야 한다고 생각했으며, 이미 이 세상을 떠난 사람을 욕하지 않는 게 도리이고, 미움을 오래도록 갖고 있는 것은 산 사람에게도 좋지 않다고 했다. 마찬가지로 그는 신전이나 재판소나 경기장 등에서 살아 있는 사람에 대해 나쁜 말로 욕하는 것을 금지하는 규정을 두었다. 이를 어기는 자는 욕한 상대에게 3드라크메, 나라에 2드라크메를 바치도록 했다. 노여움을 참을 수 없다는 것은 교양이 없고 성미가 사나움을 나타내므로, 몇몇 사람을 처벌해 본보기를 보였다.

그는 또 유서와 유언에 대한 법을 만들어 많은 이로부터 칭송받았다. 그 이전에는 죽은 사람의 재산이나 집은 모두 가족들이 상속받도록 되어 있었다. 그는 이 법을, 자식이 없을 때에는 자기가 원하는 사람에게 재산을 줄 수 있도록 고쳤다. 이는 혈연보다 우정을, 강제적인 것보다 자율을 중요시한 것이다. 그러나 주술적인 힘을 빌리거나, 폭력에 의해 강제로 쓴 유서일 때에는 이 법이 적용되지 않았다.

그는 또한 여자가 여행을 하거나, 상복을 입거나, 제사를 드리는 일에 대해서도 법을 제정했다. 여자는 여행 갈 때 옷을 세 벌만 가지고 가야 했으며 음식은 1오볼루스(무게단위로 0.7그램, 화폐 단위로 6분의 1드라크메), 바구니는 1큐빗(페퀴스 : 손끝에서 팔꿈치까지의 길이로, 약 45센티)이 넘으면 안 되었고, 밤에 외출할 때는 횃불을 마차 앞에 달도록 했다. 그리고 장례 때 여자가 옷을 풀어헤치고 통곡하거나, 돈을 주고 사람을 사서 울게 하는 풍속도 금지했다. 또 묘에 소를 잡아 바치는 일, 시체와 함께 세 벌 이상의 옷을 묻는 일, 장사 지낼 때 말고는 남의 무덤에 가는 일도 금지했다. 이런 일들은 오늘날에도 법으로 막고 있는데, 죽음을 슬퍼하는 일이 지나치면 사람을 나약하게 만든다 여겼기 때문이다.

아티카는 여러 나라에서 찾아드는 사람들로 들끓었지만, 땅은 거의 메말라서 그곳에서 생산되는 농작물의 양이 적었다. 싣고 돌아올 만한 생산물이 갈수록 줄어들자 다른 나라 배들도 왕래가 뜸해졌다. 그래서 솔론은 상공업을 장려하고 무역에 힘쓰기 위한 법을 만들었다. 이 법은 자식들에게 무엇이든 한 가지씩 기술을 가르치도록 한 것으로, 이를 지키지 않은 아버지는 아들이 굳이 부양하지 않아도 되었다.

리쿠르고스 말에 따르면 스파르타에는 외국인이 전혀 없었고, 에우리피데스 말을 인용한다면 "기름지고 지금 인구의 곱절이 살아도 될 만큼 넓은 땅"이 있었다. 그러므로 농사일은 농노들에게 맡기고, 시민들은 일하지 않고 무예만을 익힐 수 있었다. 그러나 아테나이에서는 법률만으로는 국민들 생활 방식을 뜯어고칠 수 없었다. 솔론은 나라의 땅이 농민들 생활을 넉넉하게 해주지 못하는 상태였기에, 일하지 않는 사람들까지 먹여 살릴 힘은 없다는 것을 잘 알고 있었다. 그는 아테나이 실정에 맞춰 기술을 존중하는 한편, 일하지 않는 사람들을 처벌하도록 법을 고쳤다.

이보다 더 가혹한 조처는 사생아는 아버지를 먹여 살릴 의무가 없다고 한 법이었다. 정식으로 결혼하지 않은 사람은 자식을 낳기 위해서가 아니라 쾌락을 위해 여자와 함께 살았다고 여겼기 때문이다. 그래서 자식을 낳은 것 자체가 부끄러운 일이므로 자식이 부양하지 않는다 해도 할 말이 없는 것이다.

여자에 대한 솔론의 법에는 매우 이상한 것이 많다. 예를 들어 누구든 자기 아내가 간통하는 현장을 목격했을 때는 정부를 죽이는 일이 허락되었지만, 자유민인 여자를 강간한 사람은 100드라크메의 벌금만을 내도록 했을 뿐이다. 그리고 만약 그가 설득을 통해 관계를 가졌으면 20드라크메를 물렸다. 이것은 몸을 파는 여인일 경우, 그러니까 '동반자'일 때에는 해당되지 않았다. 이러한 여인들은 돈을 내는 사람이면 누구에게나 몸을 맡겼기 때문이다. 더 나아가 누구도 누이나 딸을 사고 팔 수 없었으나 처녀가 아닐 경우에는 예외였다.

그러나 똑같은 죄를 때로는 가차 없이 엄하게 처벌했다가 때로는 가볍게 하찮은 벌금으로 처벌하는 것은, 그 무렵 도시에 돈이 아주 귀해서 벌금형이 매우 무거운 형벌에 속하지 않는다면 불합리한 일이다. 그런데 그 시대에는 제물의 가격이 매우 비싸서 양 한 마리와 곡물 1메딤노스가 똑같이 1드라크메였고, 이스트미아 경기에서 우승한 사람은 100드라크메를, 올림피아 경기에서 우승한 사람은 500드라크메를 받았다. 또 늑대 한 마리를 잡으면 5드라크메, 새끼 늑대 한 마리를 잡으면 1드라크메를 주었다고 한다.

팔레론의 데메트리오스 말에 따르면 5드라크메로는 황소 한 마리, 1드라크메로는 양 한 마리를 살 수 있었다고 한다. 솔론의 법률 제16조를 보면, 제물로 쓰는 짐승의 가격이 보통 짐승보다 비쌌다는 사실도 알 수 있다. 하지만 오늘날에 비하면 그리 비싼 것은 아니었다.

아테나이 사람들이 오래전부터 부지런히 늑대를 죽였던 까닭은 그들의 땅이 농업보다 목축에 알맞은 환경이었기 때문이다. 기록에는 아테나이 종족 이름이 이온의 아들들에게서 따온 게 아니라 직업에 따라 지어졌다고 한다. 군인은 호플리테스, 공인은 에르가데이스, 농부는 겔레온테스, 목축을 하는 사람은 아이기코레이스라 불렸다.

본디 아테나이에서는 강이나 호수나 샘이 아주 귀했으므로 우물을 파서 물을 얻었다. 솔론은 이에 대해 1펄롱(길이단위로 약 201미터) 거리에 하나씩 우물을 두어 공동으로 쓰는 법을 만들었다. 그리고 여기서 멀리 떨어진 사람은 저마다 우물을 파서 쓰도록 했으며, 만약 물이 나오지 않을 때는 이웃집에서 하루에 두 번 4갤런 물통을 채울 만큼만 얻을 수 있게 했다. 어려운 사정에 처한 사람을 도와주기는 하지만, 게으름은 막아야 한다는 생각에서 그 이상의 물은 줄 수 없게 했던 것이다.

솔론은 또한 나무를 심는 일에 대해서도 법을 정했다. 남의 땅에서부터 5푸스(약 30센티미터) 안에 나무를 심어서는 안 되며, 또 뿌리를 멀리 뻗는 올리브와 무화과 나무는 9푸스 안에 심을 수 없도록 했다. 그리고 도랑이나 홈을 팔 때는 남의 땅에서 멀리 떨어진 곳에 거리를 두고 파야만 했고, 꿀벌을 기르는 경우에 다른 사람의 벌통에서 300피트 안에는 자신의 벌통을 놓을 수 없게 했다.

솔론은 기름만 외국으로 수출할 수 있게 했으며, 그 밖에 다른 물건은 수출을 금지했다. 법을 어기고 외국에 물건을 판 사람은 100드라크메 벌금을 내거나, 집정관의 무서운 저주를 받아야 했다. 그는 짐승으로부터 피해를 입는 일에 대한 법도 만들었는데, 사람을 문 개의 주인은 3큐빗 길이 통나무를 개의 목에 씌워 물린 사람에게 주어야 했다.

또 이민법을 보면, 태어난 도시에서 영원히 추방되었거나 장사를 하기 위해 모든 가족을 아테나이로 데리고 온 사람들만을 시민으로 인정했다. 이 법은 이민을 막기 위해서라기보다, 강제로 추방된 사람이나 자발적으로 아테나이로 들어온 사람이라야 완전히 아테나이에 뿌리를 내리고 더 충실한 시민이 될 수 있다고 여겼기 때문이다.

법 가운데 또 하나 색다른 것은 프리타네이온에서 식사를 하도록 한 일이다. 그러나 너무 자주 이 식사에 참가하는 것은 금지했으며 초대에 아예 응하지 않는 사람에게는 벌을 주었는데, 전자는 너무 욕심이 많고 후자는 국가를 경멸하는 사람이라고 여겼기 때문이다.

솔론은 이러한 법을 100년 동안 시행하라고 명령했다. 이 법령은 '악소네스'라 부르는 세모난 나무판자에 쓰고, 돌릴 수 있도록 축을 매달아 함 속에 보관했다. 그 일부는 아직도 프리타네이온에 남아 있는데, 아리스토텔레스는 이것을 '쿠르베이스'라고 일컬었으며, 시인 크라티누스의 시 가운데에도 이 이름이 나온다.

솔론과 드라콘은 뛰어난 영웅
그들의 쿠르베이스는 오늘도 빛나네.

이 '쿠르베이스'에는 일반법률뿐 아니라 제사와 종교의식에 대한 내용도 들어 있다. 의원들은 솔론의 명령에 따라 모두 이 법을 지키기로 맹세했으며, 만약 이를 어길 때에는 자기 몸 크기만 한 황금을 델포이 신전에 바쳐야만 했다.

솔론은 또 한 달 길이가 일정하지 않고 달과 해가 뜨고 지는 것도 맞지 않아, 낮에 달이 해를 가리며 지나가는 일이 생기자 그런 날을 '묵은 날이자 새로운 날'이라 이름 지었다. 그리고 해와 달이 합쳐지기 전을 묵은 달, 그 뒤를 새 달이라고 정했다. 솔론은 호메로스의 시에 나오는, '묵은 달이 지나고 새 달이 시작될 때'라는 구절의 뜻을 제대로 해석한 것이다.

그는 초승달부터 날짜를 세도록 했고, 20일이 지난 뒤 30일까지는 달이 차츰 작아지므로 날짜를 거꾸로 세었다.

이러한 모든 법을 시행하자 날마다 사람들이 솔론을 찾아와 그가 만든 법을 칭찬하거나 비난했으며, 이런저런 질문을 하거나 법을 고쳐달라는 요청을 하기도 했다. 그러나 솔론은 그런 사람들의 말을 하나하나 들어준다면 오히려 새로 만든 법을 해칠 것이며 번거로움과 비난을 감당하지 못하리라 생각해, "큰일은 모든 사람을 만족시킬 수는 없다" 사람들에게 이야기한 뒤 여행을 핑계 삼아 10년 동안 휴가를 얻었다. 그만큼 시간이 지나가면 사람들이 새로운 법에 익숙해져 있으리라 생각한 것이다.

여행을 떠난 그가 맨 처음 다다른 곳은 아이귑토스였다. 그의 시에서도 말한 것처럼, 그는 '닐루스 강 어귀 카노푸스의 기슭에 머물며 헬리오폴리스의 프세노피스와 사이스의 손키스 같은 유명한 성직자들과 여러 이야기를 나눴다. 플라톤의 기록을 보면, 그는 이 두 사람에게서 아틀란티스 이야기를 듣고 이에 대한 시를 지었다고 한다.

아이귑토스를 떠난 그는 키프로스 섬으로 갔다. 그는 테세우스 아들 데모폰이 세운 작은 도시에서 필로키프로스 왕의 특별한 대접을 받았다. 그런데 이 도시는 클라리우스 강을 끼고 높은 곳에 자리 잡고 있어서, 적을 막기에는 유리했지만 교통이 몹시 불편했다. 그래서 솔론은 그 아래에 펼쳐진 아름다운 평야로 도읍을 옮기면 좀 더 좋은 도시가 되리라고 왕에게 권하고, 스스로 사람들을 모아 새로운 도시를 세웠다. 왕은 솔론의 공로를 고맙게 여겨 이 도시 이름을 솔로이(솔리)라 지었다. 솔론은 그 도시 건설에 대한 시를 지어 필로키프로스 왕에게 바치고 섬을 떠났다.

> 그대여, 오래도록 이곳 솔로이 왕좌에 앉아
> 영원한 영광을 누리시오.
> 나는 이제 바람을 타고 떠나니
> 당신의 행복한 섬은 아프로디테께 기원하여
> 나의 배에 순풍을 불어주시오.
> 신이시여, 이곳에 은혜와 명예를 주시고
> 나를 사랑하는 조국으로 무사히 이끌어주소서.

솔론과 크로이소스의 만남은 지어낸 이야기라고 생각하는 역사가들도 있다. 그러나 이 유명한 일화는 솔론의 넓은 마음과 지혜를 보여주는 이야기로, 그를 이해하는 데 중요한 자료가 된다.

솔론은 크로이소스의 초대를 받아 사르디스로 갔다. 산속에서만 살아온 사람이 처음 바다를 본 뒤 강을 보고도 바다라고 여기듯, 솔론도 처음 크로이소스 궁전에 들어갔을 때는 그런 기분이었다. 그는 궁전에 있는 신하들이 화려한 옷을 입고 수많은 호위병을 거느리며 으스대는 모습을 보고 그들을 왕이라고 착각했다. 그러나 곧 진짜 왕에게 안내되어 가까이 갔더니, 왕은 휘황찬란한 옷을 입고 온통 패물과 금으로 치장을 하고 있어서 눈이 부실 지경이었다. 하지만 솔론은 왕에게 어떤 찬사도 보내지 않았다. 그가 크게 놀라리라 짐작했던 왕은 솔론의 그러한 태도를 보고 자신을 경멸하는 것이라 여겼다. 왕은 그를 안내해 성 안의 온갖 화려한 보물들을 구경시켜 주었다. 그런데 그럴 필요가 없었다. 솔론은 이미 크로이소스 왕의 모습을 보고 그의 성품을 짐작할 수 있었다. 솔론이 구경을 마치고 다시 제자리로 돌아왔을 때 크로이소스는 자신보다 더 행복한 사람을 본 적이 있느냐고 물었다. 솔론은 조금도 망설이지 않고 그렇다 대답하며, 그는 바로 자기 나라의 텔루스라는 사람이라고 말했다. 텔루스는 정직하게 살았으며 훌륭한 아들들을 남겼고, 그가 원했던 삶을 살았으며 게다가 나라를 위해 용감하게 싸우다가 죽음을 맞았다고 했다.

이야기가 끝나자 크로이소스는 솔론을 이상하고 불쾌한 사람이라고 생각했다. 금은이 얼마나 많은지를 놓고 행복을 셈하지도 않을 뿐더러, 눈앞에 펼쳐진 자신의 권능을 보고도 평범한 평민의 삶과 죽음을 존경한다고 말했기 때문이다.

그럼에도 그는 또다시 텔루스 다음으로 자신보다 행복한 사람을 아느냐고 물었다. 솔론은 어머니에 대한 효심과 서로 우애가 누구보다 깊은 클레오비스와 비톤 형제가 있다고 대답했다. 그들은 어머니가 타고 있던 수레를 끄는 소들이 너무 느리게 걷자 자신들이 직접 멍에를 끌어 어머니를 헤라 여신 신전으로 모시고 갔다. 그 어머니는 모든 사람에게 축하를 받았으며 아들들을 매우 자랑스러워했다. 그리고 제물을 바친 뒤에 누웠다가 다시는 일어나지 못했지만, 아무런 고통 없는 편안한 죽음을 맞았다고 했다.

이 말을 듣고 크로이소스는 벌컥 화를 냈다.

"그러면 나는 행복한 사람이 아니란 말이오?"

솔론은 왕의 비위를 건드리지도 않고 아첨하지도 않으며 이렇게 대답했다.

"리디아의 왕이시여, 저희 헬라스 사람들은 특별한 신의 은총을 받고 있지는 않지만 서민답게 살아가기 위한 지혜를 갖고 있습니다. 사람 인생이란 늘 변화무쌍하고 앞날을 예측할 수 없음을 알기에, 오늘 하루 행복을 자랑하지 않고 다른 이의 행복을 시기하지도 않습니다."

하지만 크로이소스는 이러한 충고를 받아들이지 않았으므로, 솔론은 그곳을 떠났다.

우화 작가인 아이소푸스도 그때 크로이소스 초대를 받아 함께 있었는데, 솔론에게 조심스럽게 충고했다.

"솔론 선생, 왕과 이야기할 때는 되도록 짧게 말하거나 아니면 좋아할 말만 골라서 해야 한답니다."

그러자 솔론이 그에게 말했다.

"그렇지 않습니다. 짧게 말을 하거나 아니면 도리에 맞는 말을 해야 하는 겁니다."

이런 일이 있고 나서 시간이 지난 뒤 크로이소스는 키루스와의 전쟁에서 패해 도읍을 빼앗기고, 자신은 잡혀 산 채로 불에 타 죽는 처지가 되었다. 그때 그는 장작더미 속에서, 처형을 지켜보기 위해 모인 모든 페르시아인과 키루스를 향해 솔론이라는 이름을 간절하게 외치며 통곡했다. 이 광경을 보고 놀란 키루스는 잠시 멈추라 한 뒤 도대체 솔론이 누구인지, 신인지 사람인지 그에게 물었다.

크로이소스가 울부짖었다.

"솔론은 헬라스의 현명한 철학자요. 나는 내 궁전의 화려함을 자랑하려고 그를 초대했소. 그의 말처럼 행복이란 손에 넣었을 때의 기쁨보다 잃어버렸을 때 불행이 더 큰 법이오. 그 행복이 내게 있을 동안에는 화려하지만 실속 없는 소문들뿐이었는데, 이제 그것을 잃고 나니 무서운 고통과 돌이킬 수 없는 불행만 남았소. 그러나 그전에 솔론은 내 불행을 미리 알고, 인간은 그의 마지막을 보고 나서야 행복한 사람인지 아닌지를 알 수 있다고 일러주었소. 하지만 어리석은 나는 오히려 그 충고를 무시했지요."

키루스는 이 말을 듣고 솔론의 현명함에 크게 감탄해 크로이소스를 살려주었다. 솔론의 말 한마디가 크로이소스 왕의 목숨을 구했던 것이다.

한편 솔론이 외국을 여행하는 동안 아테나이에서는 파벌 싸움이 벌어졌다. 리쿠르고스가 평지에 사는 사람들을, 알크마이온의 아들 메가클레스는 바닷가 사람들을, 그리고 페이시스트라토스는 가난한 테티스를 지원하며 산에 사는 사람들을 이끌고 있었다. 새로운 법이 있었는데도 그들은 권력을 잡기 위해 싸움을 계속했다. 이럴 무렵 솔론이 여행을 마치고 고국인 아테나이로 돌아왔다.

그는 국민들의 환영을 받았지만 이미 나이가 많아 사람들 앞에서 연설을 할 수 없었고, 굳이 하려고 하지도 않았다. 오직 여러 당파의 지도자들을 만나 그들이 화해하게끔 끊임없이 애썼다. 그의 의견에 가장 귀 기울이는 듯한 사람은 페이시스트라토스였다. 그는 말재주가 있어서 사람들을 즐겁게 해주었고 가난한 사람들을 온순하게 다스려 온 터라 착실하고 조심성 있는 사람, 평등을 사랑하는 사람, 혼란을 만드는 것들과 맞서는 용감한 사람으로서 많은 이의 신뢰를 얻었다. 그러나 이 모두가 그의 지나친 야망에서 나온 것임을 알게 된 솔론은, 그의 좋은 점을 이용해 올바른 생각을 갖도록 설득했다. 솔론은 그가 지나친 욕망을 없애고 독재정치의 야망만 버린다면 훌륭한 인물이 될 것이라고 확신했다.

그 무렵 테스피스가 연극을 공연해 사람들에게 즐거운 구경거리를 제공하고 있었다. 솔론은 연극이 끝난 뒤 테스피스에게 이토록 많은 사람들 앞에서 이렇게 거짓말을 마구 해도 부끄럽지 않느냐고 물었다. 이에 테스피스는 연극에서는 거짓말을 해도 나쁠 게 없다고 말했다. 그러자 솔론은 지팡이로 땅을 내리치며 탄식했다.

"이런 일을 연극이라 해서 인정해 준다면, 언젠가는 진실한 일에도 그런 거짓들이 나타나게 될 것이오."

어느 날 페이시스트라토스는 시민들을 선동하기 위해 일부러 몸에 상처를 내고는, 반대파에게 이런 봉변을 당했다고 거짓 소문을 퍼뜨렸다. 군중이 이 말을 듣고 페이시스트라토스를 동정하자 솔론은 그의 곁으로 가서 이렇게 말했다.

"히포크라테스의 아들이여, 그것은 호메로스의 오디세우스를 흉내 낸 고약한 짓이오. 그대는 지금 제 나라 사람들을 속이기 위해 이런 짓을 하고 있지만, 적어도 오디세우스의 속임수는 적을 속이기 위함이었소."

또 사람들이 집회를 열고 그를 보호하기 위혜 호위병 50명을 붙여야 한다는 의견을 내놓자, 솔론은 이에 반대했다. 그가 한 말은 아래와 같은 시들에 씌어 있다.

　　그대들은 교활한 자 말에 귀 기울이고 있구나.
　　그대들 저마다는 여우처럼 영리하지만,
　　서로 모이면 뭉치지 못하는 모래와 같구나.

　그러나 빈민들이 그의 말을 도무지 알아듣지 못하고 계속해서 페이시스트
라토스에게 지지를 보내자, 솔론은 자신이 그 누구보다 현명하며 용감했다고
말한 뒤 그 자리를 떠났다. 스스로 무엇을 위해 행동하는지도 모르는 사람들보
다는 현명하고, 이유는 알지만 두려워서 꼼짝하지 않는 사람들보다는 용기가
있다는 뜻이었다.
　마침내 사람들은 페이시스트라토스를 위해 호위병을 세웠으며, 그의 뜻대
로 군대를 모아 아크로폴리스를 점령했다. 온 시내는 발칵 뒤집혔다. 메가클
레스도 가족을 데리고 달아나자, 솔론은 광장에 나가 연설했다. 그는 시민들
의 경솔함과 어리석음을 비판하는 한편, 자유를 지키기 위해 용기를 내야 한
다며 사람들을 설득했다. 독재정치는 그것이 싹트기 전에는 막기 쉽지만, 이
미 독재정치가 성장한 뒤 쓰러뜨리기는 어렵다고 했다. 그러나 그 어려운 일을
해내는 것이야말로 참으로 위대하고도 영광스러운 일이라며 설득했다. 하지만
사람들은 페이시스트라토스가 두려워서 감히 누구도 솔론의 말을 따르지 못
했다.
　솔론은 매우 실망한 채 집으로 돌아와 무장을 하고, '나라와 법을 지키
며 내가 할 수 있는 일은 다했다' 이렇게 써서 문 앞에 붙였다. 그러고는 친구
들이 피신하라고 권하는 것도 듣지 않고 아테나이 사람들을 훈계하는 시를
썼다.

　　그대들이 어리석어 이런 괴로움을 당했으니
　　모든 것을 자기 탓으로 돌려 결코 하늘과 운명을 원망하지 마라.
　　폭군에게 성을 내준 것은 바로 그대들이었으니
　　이제는 자유를 잃은 노예가 될 수밖에 없으리.

어려운 상황에서도 옳은 말을 하는 솔론을 보고 많은 사람들은 그가 곧 독재자에게 죽임을 당할 것이라며, 뭘 믿고 그렇게 대담한 행동을 하느냐고 물었다. 그러자 솔론은 그들에게 말했다.

"내 늙은 나이를 믿소."

그러나 페이시스트라토스는 권력을 잡은 뒤에도 여전히 솔론을 존경하며, 그에게 여러 일들을 의논하기도 했다. 페이시스트라토스가 솔론의 법을 거의 그대로 시행했으므로 솔론도 그의 상담을 잘 들어주었으며, 조언과 칭찬 또한 아끼지 않았다.

페이시스트라토스는 솔론의 법에 몇 가지를 덧붙이기도 했다. 그 가운데에는 전쟁에서 다친 사람의 생활을 정부에서 도와주도록 한 것이 있는데, 이 또한 이미 오래전에 솔론이 만들어 놓았던 것을 보충한 규정이었다.

솔론은 아이귑토스를 여행하면서 들었던 아틀란티스 섬의 역사에 대해 방대한 책을 쓰려고 했지만, 끝까지 쓰지 못하고 도중에 그만두었다. 플라톤은 그가 책을 쓸 시간이 모자라서 일을 끝마치지 못했다고 했지만 아래 시를 보면, 시간이 모자라기보다는 나이가 많고 일의 규모와 양이 너무나도 커 감당해 내지 못했던 것으로 보인다.

나이는 하루하루 늘어가지만
배움의 길은 나날이 새롭구나.

그러나 지금도 나에게는 모든 사람이 좋아하는
아름다움과 술과 음악이 있구나.

그래서 플라톤은 솔론이 끝내지 못한 아틀란티스 섬에 대한 이야기를, 마치 상속인이 없어서 자신이 저택을 물려받게 된 듯한 마음으로 이어서 쓰기 시작한다. 하지만 너무 늦게 시작한 탓에 완성을 보지 못한 채 그도 세상을 떠났다. 플라톤이 이어서 써놓은 글들을 읽다 보면 미처 쓰지 못한 부분에 대한 그의 안타까움이 느껴진다. 아테나이 여러 신전 가운데 제우스 신전만이 완성되지 못했던 것처럼, 플라톤의 뛰어난 작품 가운데 오직 이 아틀란티스에 대한 글만이 미완성 상태로 전해진다.

헤라클레이데스 기록을 보면, 솔론은 페이시스트라토스가 왕이 된 뒤에도 오랫동안 살아 있었다고 한다. 그러나 에페수스의 파니아스에 따르면 2년을 채 못 살았다고 한다. 페이시스트라토스가 정권을 손에 쥔 것은 코미아스가 집정 관으로 있던 시절인데, 파니아스에 따르면 솔론은 코미아스의 후임자 헤게스 트라토스가 집정관으로 있던 때에 죽었다. 솔론의 시체를 화장해 그 재를 살라미스 섬 주위에 뿌렸다는 이야기는 전설적이고 또 있을 법하지 않지만 믿을 만한 많은 작가들이 그렇게 기록했으며, 그 가운데 아리스토텔레스도 있다.

포플리콜라(POPLICOLA)

솔론과 견줄 만한 인물로 꼽히는 포플리콜라의 본디 이름은 푸블리우스 발레리우스이다. 포플리콜라는 그의 공적을 기리기 위해 로마 사람들이 붙여준 별칭이다. 로마 건국 초기에 로마인과 사비니인의 분쟁을 조정해, 두 민족을 통합하는 데 큰 공헌을 세운 발레리우스는 포플리콜라의 선조이다. 발레리우스는 두 나라 왕이 평화 협정을 맺는 데 중요한 역할을 했다.

이러한 내력을 가진 푸블리우스 발레리우스는 군주정치 아래에서도 뛰어난 웅변과 재력으로 좋은 평판을 얻었다. 그는 언제나 정의의 편에 서서 담대하면서도 올바른 연설을 했으며, 가난한 사람들에게 아낌없이 친절을 베풀었다. 그러므로 공화정이 들어서기만 하면 그가 우두머리가 되는 일은 시간문제였다.

그즈음 로마는 타르퀴니우스 수페르부스가 정당하지 못한 방법으로 왕좌에 앉아, 법률도 무시한 채 포학무도한 독재정치를 펼치고 있었다. 사람들은 그를 미워했다. 그런데다 루크레티아가 타르퀴니우스 왕에게 겁탈당하고 스스로 목숨을 끊는 사건까지 벌어지자 이를 반란의 기회로 잡았다. 루키우스 브루투스는 이 일을 계기로 혁명을 일으키려 했다. 그는 가장 먼저 발레리우스에게 도움을 청했으며, 그의 열렬한 지지를 받아 마침내 왕을 폐위했다.

백성들이 왕을 대신해 한 사람에게 나랏일을 맡길 것이라 짐작한 발레리우스는 오랫동안 침묵을 지켰다. 혁명을 일으킨 브루투스가 지도자 자리에 오르는 것이 마땅하다고 생각했기 때문이다. 그러나 타르퀴니우스 폭정에 시달렸던 백성들은 군주제라는 말조차 넌더리가 났기에 권력을 둘로 나누는 게 좋으리라 생각하고 집정관 둘을 뽑았다. 발레리우스는 자신이 브루투스와 함께 선출되기를 바랐지만 그 기대는 빗나가고 말았다. 브루투스의 노력에도 불구하고 루크레티아의 남편인 타르퀴니우스 콜라티누스가 발레리우스 대신 집정관으로 뽑힌 것이다. 발레리우스에 비하면 그는 뛰어난 인물이 아니었다. 그러나 그즈음 권력을 잡고 있던 사람들은 쫓겨난 왕족들이 나라 안팎에서 여러 세력을 끌어모아 타르퀴니우스가 재집권하게 될까봐 두려웠다. 그래서 왕족들에게 증오심을 품고 있었기에, 그들 앞에 결코 무릎 꿇을 것 같지 않은 콜라티누스를 집정관으로 선출한 것이다.

발레리우스는 자신이 오만한 폭군 타르퀴니우스에게 직접 피해를 입지 않았다는 이유 하나로 애국심마저 의심받는 것이 무척 괴로웠다. 그는 마침내 원로원 의원직을 내놓은 뒤 재판의 변호도 거절한 채 모든 공직에서 물러났다. 그러자 많은 사람들은 발레리우스가 화가 난 나머지 왕의 편으로 돌아서서 불안정한 로마의 정권을 위협하지 않을까 걱정했다. 이미 브루투스는 몇몇 사람들을 의심하고 있었으므로, 원로원 의원들도 정식으로 제사를 올려 이들을 시험해 보기로 결정했다. 정해진 날짜에 발레리우스는 광장에 나와 누구보다도 먼저 선서를 했다. 선왕인 타르퀴니우스에게는 절대 굴복하거나 타협하지 않을 것이며, 자유를 위해 끝까지 싸우겠다는 맹세였다. 발레리우스의 말에 원로원은 매우 흡족해 했고, 두 집정관도 커다란 힘을 얻었다. 발레리우스의 맹세는 곧 행동으로 증명되었다.

얼마 뒤 타르퀴니우스가 사신을 통해 편지를 보내왔다. 그는 과거의 모든 오만을 버리고 오로지 정당한 권리만을 요구하겠다는, 겉보기에는 꽤 그럴싸한 제안을 내놓았다. 두 집정관은 이런 타르퀴니우스의 제안을 모든 시민과 의논하는 편이 좋겠다고 생각했다. 하지만 발레리우스는 그런 의견에 강경하게 맞섰다. 폭군 아래에서 시달려 온 힘없는 백성들은 전쟁을 독재정치보다 더 두려워하므로, 타르퀴니우스에게 재집권의 빌미를 줄 수도 있다고 주장했던 것이다.

그다음에도 타르퀴니우스는 또 사신을 보내왔다. 왕위도 전쟁도 모두 포기하겠으니 오직 자신과 가족, 친구가 비록 추방되었을망정 생활을 이어갈 수 있게 재산을 돌려달라는 것이었다. 집정관 콜라티누스를 비롯한 여러 사람들은 그 요청을 들어줄 뜻을 보였다. 그러자 끈질기고 성급한 브루투스는 곧바로 공회장으로 달려와 동료 집정관 콜라티누스를 반역자라 비난하며, 폐위된 폭군에게 자금을 대주어 전쟁과 독재정치를 불러일으키려 한다고 꾸짖었다. 그리고 이 일을 국민투표에 부치는 것조차 위험하기 짝이 없다고 주장했다.

콜라티누스는 이 문제를 해결하기 위해 시민 회의를 열었다. 시민들이 모였을 때 카이우스 미누키우스가 처음으로 연설을 했다. 그는 브루투스의 주장을 지지하며, 만일 로마에 그런 돈이 있다면 그 돈으로 폭군에게 맞서야지 무엇 때문에 폭군을 도우려 하느냐고 자신의 뜻을 밝혔다. 로마 시민들은 전쟁을 무릅쓰고 그토록 원하던 자유를 얻었는데, 이제 와서 돈 때문에 그 자유를 깨뜨릴 수는 없다고 했다. 그리고 타르퀴니우스 재산을 모두 몰수하자는 결정을 내렸다.

사실 타르퀴니우스는 재산에 그다지 관심이 없었다. 그는 오로지 민심을 알아보고, 반역을 일으킬 만한 상황인가를 살피기 위해 사신을 보내왔던 터였다. 그러므로 그가 보내온 사신들은 재산을 보호한다는 둥 해외로 보낸다는 둥 이런저런 핑계를 대며, 로마에 머무른 뒤 기회를 엿보고 있었다. 그러는 가운데 타르퀴니우스는 마침내 로마에서 이름난 두 집안을 자기편으로 만들었다. 하나는 원로원 의원이 3명 있는 아퀼레우스 집안이고, 다른 하나는 원로원 의원이 2명 있는 비텔리우스 집안이었다. 이 사람들은 모두 외가 쪽으로 콜라티누스 조카뻘이었다.

브루투스는 비텔리우스 집안의 딸과 혼인해 두 집안은 각별한 사이였으며, 그는 많은 자식들을 거느리고 있었다. 그 가운데 청년이 된 두 아들은 비텔리우스 집안 사람들과 매우 가깝게 지냈다. 비텔리우스 집안 사람들은 이 두 젊은이를 충동질해, 아버지의 잔인함과 어리석음을 본받지 않으려면 머지않아 왕위를 되찾게 될 타르퀴니우스 왕가와 결탁해야 한다고 설득했다. 잔인함이란 브루투스가 가혹하게 나쁜 사람들을 처단하는 것을 뜻하며, 어리석음이란 브루투스가 폭군으로부터 자신의 생명을 지키기 위해 쓴 가면을 가리킨다.

이처럼 브루투스의 아들들을 설득한 다음 아퀼레우스 가문과도 내통하게 되자, 모든 공모자는 한곳에 모여 무시무시한 맹세를 하기로 결정했다. 그 맹세는 제물로 죽인 사람의 피를 맛보고 한 사람씩 그 창자를 만지는 것이었다. 이러한 의식을 거행하기 위해 그들은 아퀼레우스의 저택에 모였다. 물론 인적이 드물고 어두운 장소를 택했다. 그런데 우연히 빈디키우스라는 시종이 그곳에 숨어 있었다. 미리 반역의 김새를 알아차리고 의도적으로 그런 것은 아니었다. 그저 무심코 그 방에 들어갔는데, 갑자기 일행이 들이닥치는 바람에 들킬 것이 두려워 급한 김에 상자 뒤에 숨어버렸던 것이다.

빈디키우스는 뜻하지 않게 그들이 하는 행동을 처음부터 끝까지 지켜보며 그들의 결의를 엿들을 수 있었다. 공모자들은 두 집정관을 암살하기로 결의했으며, 그 뜻을 알리는 편지를 아퀼레우스 집에 머물고 있던 타르퀴니우스의 사신들에게 전했다. 그들은 그곳에 머물며 여전히 음모를 꾀하고 있었던 것이다.

일행이 방 밖으로 나가자 빈디키우스는 몰래 그곳을 빠져나왔다. 그는 자신이 들은 사실을 누구에게 알려야 할지 도무지 알 수 없었다. 입에 담기에도 끔찍할 만큼 무시무시한 일이었다. 이 일을 브루투스에게 전하자니 그의 아들들이 관련되어 있고, 콜라티누스에게 전하자니 그의 조카들이 관련되어 있었다. 이처럼 중대한 비밀을 털어놓을 만한 사람은 로마에 오직 한 사람도 없었다. 하지만 그러한 무서운 음모를 알고도 잠자코 있을 수는 없었다. 그는 오랫동안 고민하다가 발레리우스를 찾아갔다. 발레리우스는 상냥하고 친절하며, 대문을 활짝 열어두고 누구나 반갑게 맞아주었고, 가난한 사람의 부탁이나 면담을 뿌리치는 일이 없었기 때문이다.

빈디키우스는 발레리우스에게 자신이 보고 들은 내용을 모두 털어놓았다. 발레리우스는 아내와 동생 마르쿠스와 함께 있었다. 빈디키우스의 이야기를 들은 발레리우스는 몹시 충격을 받고 두려움에 휩싸였다. 그는 빈디키우스를 돌려보내지 않고 방 안에 가두어 놓은 다음 아내에게 문을 단단히 지키라고 일렀다. 그리고 동생을 시켜 시골에 있는 타르퀴니우스 왕가를 포위하고, 가능하면 편지를 빼앗고 모든 사람을 엄중히 감시하도록 했다.

발레리우스는 많은 동료와 하인들을 이끌고 아퀼레우스 집으로 찾아갔다. 예상외로 집 안에는 아무도 없었다. 발레리우스 일행은 타르퀴니우스의 사신들이 있던 방을 박차고 들어가 책상 위에 놓여 있는 편지를 손에 넣었다. 그러는 사이 서둘러 집으로 돌아온 아퀼레우스 집안 사람들은, 현관에서 발레리우스 일행과 치고받으며 편지를 되찾으려고 했다. 그렇게 한참 실랑이를 벌인 끝에 마침내 발레리우스 일행은 아퀼레우스 집안 사람들을 모두 붙잡아 공회장으로 데리고 갔다.

한편 타르퀴니우스 왕가에서도 비슷한 사태가 벌어졌다. 마르쿠스는 마침내 하인들이 몰래 바구니 속에 숨겨서 가지고 나가려 했던 다른 편지 몇 통을 찾아냈고, 집 안을 샅샅이 뒤져 왕의 무리를 붙잡아 공회장으로 끌고 갔다.

두 집정관이 소란을 가라앉힌 다음, 발레리우스의 지시로 빈디키우스가 불려왔다. 죄와 편지 내용이 낱낱이 밝혀지자, 붙잡힌 사람들은 아무런 변명도 못하고 묵묵히 고개만 숙였다. 몇몇은 브루투스를 동정해 그의 아들들을 추방하자는 제안을 내놓았고, 콜라티누스는 눈물을 흘렸으며, 발레리우스는 그저 침묵을 지킬 뿐이었다. 이러한 분위기는 모반인들에게 자비의 희망을 품게 해주었다. 그러나 브루투스는 두 아들 이름을 차례대로 부르며 말했다.

"티투스, 티베리우스. 그래, 어떤 변명도 할 수 없느냐?"

그가 세 번이나 똑같이 물었지만 그들은 아무런 대답이 없었다. 브루투스는 몹시 화가 나 수행원들을 돌아보며 소리쳤다.

"내 할 일은 이제 끝났네. 나머지는 자네들이 알아서 하게."

수행원들은 곧바로 두 청년에게 달려들어 옷을 벗기고 손을 뒤로 묶은 채 닥치는 대로 매질했다. 다른 사람들은 그 처참한 광경을 차마 보지 못하고 고개를 돌렸다. 그러나 브루투스는 수행원들이 아들들을 쓰러뜨리고 도끼로 목을 자를 때까지 눈 하나 깜짝하지 않고 그 모습을 지켜보았다. 브루투스는 나머지 죄인들에 대해서는 동료 집정관인 콜라티누스에게 처리하라며 모두 맡기고 그 자리를 떠났다.

우리는 그의 행동에 대해 높이 칭송할 수도, 강경하게 비난할 수도 없다. 그의 고결한 성품이 슬픔을 뛰어넘을 수 있도록 했는지, 아니면 너무도 큰 슬픔에 빠져 고통을 느끼지 못하는 무감각 상태에 빠져버렸는지 우리로서는 알 수 없기 때문이다. 하지만 어느 쪽에 속하든 그것은 보통 사람이라면 할 수 없는 행동이다. 그것은 신의 행동 아니면 짐승의 행동이라 할 수 있다. 그러나 우리로서는 이와 같이 위대한 사람의 행동을 비판해서 그의 성품을 불신하는 것보다, 그의 명성이 이러한 비판을 없애게 내버려 두는 편이 좋은 일이다. 로마인들은 로물루스가 로마를 창건한 것보다, 브루투스가 이처럼 정치의 기틀을 확립하고 튼튼하게 다진 것을 더 위대하다고 생각한다.

브루투스가 자리를 떠나자 전율과 경악의 침묵이 오랫동안 공회장 안에 흘렀다. 아퀼레우스 형제는 콜라티누스의 우유부단함에 용기를 얻어 자신들을 변호할 시간을 달라고 요구했다. 또 빈디키우스는 자기 집 종이니 돌려달라고 했다. 콜라티누스는 이 요청을 허락하고 집회를 해산하려 했다. 그러나 발레리우스는 군중에 에워싸여 있던 빈디키우스를 보내줄 수 없다고 말했고, 시민들 또한 반역자들을 처벌하지 않고 그대로 돌려보내서는 안 된다며 외쳤다. 마침내 발레리우스는 아퀼레우스 형제들을 가로막고 브루투스를 소리쳐 불렀다. 그리고 콜라티누스의 부당한 행위를 비난하며, 콜라티누스는 자신의 동료인 브루투스 자식들이 처형되는 것은 가만히 내버려두었으면서 반역자이자 공공의 적인 이들은 그냥 사면해 주려 한다고 외쳤다.

콜라티누스는 매우 화가 나서 형리들에게 빈디키우스를 잡아오라고 명령했다. 형리들은 군중을 헤치고 빈디키우스를 잡기 위해 그를 감싸고 있던 사람들을 마구 때렸다. 순식간에 사람들 사이에서 소란이 일어났다. 발레리우스의 친구들이 달려와 형리들을 막아서고 빈디키우스를 보호하자 사람들은 더 큰 소리로 브루투스를 불렀다.

마침내 브루투스가 공회장으로 돌아왔다. 그리고 주위가 조용해지자 말하기를, 두 아들에 대해서는 아버지로서 자신이 충분한 심판을 내렸으나 다른 모반자들에 대해서는 시민들의 자유로운 투표에 따라 결정해 주기를 바라며, 누구든 앞으로 나와 변호해도 좋다고 했다.

그러나 연설은 필요없었다. 시민들은 만장일치로 그들을 사형하라고 요구했다. 모반자들이 모두 사형되자 비로소 사건은 끝이 났다.

콜라티누스는 전부터 의심받고 있었다. 그는 왕가의 친척이었으며, 그의 성은 듣기만 해도 고개를 설레설레 저을 만큼 싫은 타르퀴니우스였기 때문이다. 이번 사건으로 콜라티누스는 자신이 시민들의 신임을 완전히 잃었다는 사실을 깨닫고, 집정관직을 내놓은 다음 조용히 로마를 떠났다. 그리고 다시 한 번 선거가 치러졌으며, 발레리우스는 그의 열성에 대한 보상으로 영예롭게 집정관이 되었다.

발레리우스는 빈디키우스의 공로를 생각해 로마 시민권을 주고, 원하는 일족의 일원이 된 뒤 투표권을 행사할 수 있는 특권을 주었다. 빈디키우스는 최초로 해방 노예가 되었다. 다른 해방 노예들이 아피우스로부터 투표권을 부여받게 된 것은 그로부터 많은 세월이 흐른 뒤의 일이다. 아피우스는 노예를 해방해 줌으로써 민심을 얻으려 했다. 그래서 오늘날에도 빈디키우스의 이름을 따서, 완전한 노예 해방을 '빈딕타'라 부른다.

이 일이 있은 뒤 로마 사람들은 타르퀴니우스 왕의 재산을 마구 약탈했으며, 그런 그들을 막는 사람은 아무도 없었다. 왕의 본가는 물론 그 별장의 토대마저 무너졌다. 왕은 마르스 평원에서 가장 비옥한 땅을 가지고 있었다. 그러나 이제 이 땅은 군신 마르스에게 바쳐야만 했다. 마침 그때는 수확철이라 갓 베어낸 곡식단이 들판에 놓여 있었다. 사람들은 이미 이 땅은 신에게 바쳤으니 탈곡을 하거나 음식을 만들어 먹는 일은 신을 모독하는 행위라고 생각해, 그 땅에서 난 곡식을 모두 베어 강에 던져버렸다. 마침내 땅 위에는 아무것도 남지 않게 되었고, 이 땅은 황무지가 되어 마르스에게 바쳐졌다.

많은 양의 곡식이 강물에 던져지자 끝내 강물도 그것들을 흘려보낼 수 없을 정도가 되었다. 처음에 무거운 것들이 강바닥에 가라앉고, 나머지도 그곳을 지나가지 못하고 뒤엉켜 그 위에 차곡차곡 쌓였다. 거기에 강물에 실려온 흙모래와 쓰레기가 덮여 강한 물살에도 견딜 만큼 단단한 덩어리가 되어갔다. 강물에 떠밀려 온 것들이 잇따라 그 위에 쌓이고, 상류에서 떠내려 온 것 대부분이 이곳에서 굳어져 마침내 섬 하나가 만들어졌다. 이것이 오늘날 도시 맞은편에 있는 신성한 섬이다. 사람들은 이곳에 아름다운 신전과 산책로를 만들고, '두 다리 사이의 섬'이라는 뜻을 가진 '인테르 두오스 폰테스'라 이름 붙였다.

어떤 역사가는 이 섬이 타르퀴니우스의 땅을 마르스에게 바쳤을 때 생긴 게 아니라, 나중에 타르퀴니아라는 베스타의 여자 신관이 땅을 시민들에게 기부했을 때 생긴 것이라고 한다. 타르퀴니아는 불의 여신을 섬기는 사제였는데 이 일로 매우 존경을 받게 되었으며, 여자로서는 유일하게 법정에서 증언할 수 있었다. 또 사람들이 투표를 해 그녀가 결혼을 해도 좋다고 허락했으나 그녀는 평생 결혼하지 않았다. 이것이 이 섬을 둘러싸고 전해 내려오는 전설이다.

타르퀴니우스는 왕위를 되찾으려던 계획이 꺾이자 에트루리아로 갔다. 에트루리아인들은 타르퀴니우스를 크게 환영해 그에게 군사를 빌려주었다. 타르퀴니우스는 대군을 이끌고 로마로 떠났다. 이에 로마의 두 집정관은 군대를 이끌고 출전해 아르시아 숲과 아이수비아 풀밭의 신성한 장소에 진을 쳤다. 마침내 전투가 시작되고, 타르퀴니우스의 아들 아룬스와 로마 집정관 브루투스가 결투를 벌였다. 그들은 전쟁터에서 적과 싸우다 우연히 만난 게 아니라, 증오와 분노로 서로에게 말을 달려 돌진해 왔다. 브루투스는 폭군이자 조국의 원수를 처단하기 위해, 아룬스는 아버지의 복수를 하기 위해 말을 달렸다. 그들은 이성이 아닌 분노에 몸을 맡겼다. 자신들의 몸을 아낌없이 바쳐 치열히 싸우다가 동시에 서로의 가슴을 찌르고 전사했다. 이렇게 무시무시하게 시작된 전투 또한 사납게 끝이 났다. 서로 똑같이 피해를 입었으며, 거센 태풍이 싸움터에 불어닥쳐서야 겨우 갈라졌다.

발레리우스는 전투 결과를 파악할 수 없어서 무척 걱정스러웠다. 병사들은 자기편 시체를 보고 사기를 잃었다가 적군 시체를 보고 다시 용기를 얻었다. 양측 사상자 수를 헤아릴 수가 없었고, 양쪽이 서로 똑같이 전사한 듯 보였다. 양쪽 군대는 상대편 손해를 가늠해 본 뒤 자기편이 이겼다고 생각하기보다는, 가까이 널려 있는 아군 시체를 보고 자신들이 졌다고 확신했던 것이다.

밤이 조용히 찾아왔다. 종일토록 싸운 병사들이 지친 몸으로 자리에 누웠을 때, 갑자기 숲이 흔들리는 듯하더니 하늘에서 커다란 목소리가 들려왔다. 그 목소리는 이 전쟁에서 에트루리아 병사가 한 명 더 죽었다고 알렸다. 그것은 의심할 나위도 없이 신의 목소리였다. 로마군이 환호하며 기쁨의 고함을 질러 대는 동안 에트루리아군은 두려움에 떨며 곳곳으로 흩어졌다. 로마군은 적진을 습격해 남아 있는 병사 5000여 명을 포로로 잡고 진영을 차지했다. 에트루리아 측 전사자를 세어본 결과, 그 수가 1만 1300명으로 로마 측 전사자보다 딱한 사람 더 많았다.

이 전쟁은 2월 끝무렵에 일어난 것으로 알려졌다. 발레리우스는 승리를 자축하며 네 마리 말이 끄는 전차를 타고 로마로 돌아왔다. 이런 식으로 개선 행진을 한 집정관은 그가 처음이었다. 그 광경이 너무도 호화로워서 그것을 보고 불쾌히 여긴 사람들도 있었고, 열광에 찬 환호성을 지르는 사람도 있었다. 그뿐 아니라 이러한 행사는 오랜 세월 확고부동한 관행으로 남아 서로 경쟁적으로 행해질 정도였다.

또 발레리우스는 동료 집정관이었던 브루투스의 장례식을 매우 성대히 치러주고, 직접 추도 연설을 해 국민들에게서 큰 박수를 받았다. 이때 발레리우스가 한 연설이 관례가 되어, 그 뒤 위대한 인물이 죽고 나면 그 시대 명사가 추도문을 읽게 되었다. 그러므로 이 풍속은 헬라스보다 로마에서 먼저 시작된 것이다. 그러나 아낙시메네스는 헬라스의 솔론이 그보다 먼저라고 주장했다.

그런데 얼마 지나지 않아 발레리우스는 시민들 반감을 사게 되었다. 민중이

'자유의 아버지'라 부르던 브루투스는 자기 홀로 집정관을 하는 게 아니라, 동료가 없어지면 곧 다른 사람을 다시 뽑도록 했다. 하지만 발레리우스는 브루투스가 죽은 뒤에도 새로운 집정관을 뽑지 않았다. 시민들 사이에서 "발레리우스는 모든 권력을 독점했으므로, 브루투스의 뒤를 이은 집정관이 아니라 타르퀴니우스 뒤를 이은 독재자다. 또한 입으로만 브루투스를 칭찬하며 실제 행동은 타르퀴니우스를 따르고 있다"는 불만이 터져 나왔다.

실제로 발레리우스의 저택은 벨리아 언덕에 자리 잡고서 공회장을 내려다보고 있었다. 타르퀴니우스보다 더 으리으리한 집이었으며 언덕을 올라가는 일도 힘들었다. 그가 위용을 갖추고 높은 집에서 당당하게 내려오는 모습은 마치 왕처럼 보였다.

하지만 발레리우스는 많은 시민들을 다스리는 일을 맡은 사람에게, 아첨을 물리치고 바른말을 듣는 일이 얼마나 중요한지 몸소 보여주었다. 친구들이 발레리우스에게 그가 사람들에게서 어떤 평가를 받고 있는지 알려주었을 때 그는 변명을 하거나 화를 내지 않았다. 오히려 늦은 시간이었음에도 일꾼들을 불러 하룻밤 사이에 자기 집을 흔적조차 남기지 않고 완전히 허물어뜨렸다.

다음 날 아침 로마 사람들은 이 사실을 알고 매우 놀랐으며 여기저기 모여서 발레리우스의 큰 도량을 칭찬했다. 자신들의 허무맹랑한 질투심 때문에 그토록 웅장하고 아름다웠던 집이 하루아침에 사라져버린 것을, 마치 사람이 죽었을 때처럼 슬퍼할 정도였다. 살 곳이 없어진 발레리우스는 친구 집에서 신세를 졌다. 그러나 이를 안타까워한 시민들이 그에게 새 집을 지어주었다. 오늘날 그 자리에는 비카포타 신전이 서 있다.

발레리우스는 백성들이 자기 자신과 집정관이라는 직분을 두려워하지 않고 친숙함을 느끼게 하기로 마음먹었다. 그래서 그는 호위병들이 들고 다니는 '카스케스' 장대 끝의 도끼를 빼고, 백성들이 모인 자리에 나갈 때는 그 장대의 끝을 숙이도록 해서 시민들이 바로 공화국의 근본이라는 정치적 체제를 더욱 탄탄히 다지도록 했다.

집정관들은 오늘날까지도 이러한 관습을 지키고 있다. 그러나 국민들에 대한 이러한 겸손은 국민들의 반감을 없애기 위한 것이었을 뿐, 그는 실제로 자기 권력까지 축소하지는 않았다. 형식적인 권위를 포기하는 대신 더 많은 실권을 확보해 나갔다. 사람들은 진심으로 그를 존경하고 따랐으며, 그에게 '포플리콜라'라는 이름을 붙여주었다. 포플리콜라란 '시민을 사랑하는 사람'이라는 뜻이다. 시간이 흐르면서 사람들은 그의 본디 이름을 대신해 아예 포플리콜라라 부르게 되었다. 나 또한 지금 그의 생애를 다루고 있는 만큼 이제부터 그를 포플리콜라라 부르기로 한다.

포플리콜라는 어떤 사람이든 원하기만 한다면 집정관으로 출마할 수 있도록 했다. 그러나 그는 동료 집정관이 임명되기 전에 미리 여러 훌륭한 정책을 만들어 나갔다. 앞으로 동료 집정관으로 누가 뽑힐지 알 수 없었고, 그 사람의 식견이 모자라거나 어리석은 시기심으로 개혁에 맞설 수도 있었기 때문이다.

먼저 그는 원로원 빈자리를 채웠다. 여러 의원이 몇 해 전에 이미 타르퀴니우스의 손에 죽었거나 얼마 전에 벌어진 전쟁에서 목숨을 잃었기 때문이다. 새로 의원으로 임명된 수는 164명을 넘었다.

다음으로 그는 여러 법령을 만들어 국민의 권리를 크게 키웠다. 첫째, 집정관 판결에 이의가 있는 사람은 국민들에게 호소할 수 있으며, 둘째, 국민의 동의 없이 불공정한 방법으로 관직을 얻은 사람은 사형에 처했다. 그리고 셋째, 가난한 자들의 세금을 깎아 그들이 생업에 전념할 수 있도록 도와주었다.

또 평소 집정관에게 불복종하는 죄에 대한 법률도 만들었다. 이 법률 또한 귀족보다는 일반 시민에게 유리하도록 만들었다. 집정관에게 불복종한 죄에 대한 벌금은 소 5마리와 양 2마리로 정했다. 소는 1마리에 100오볼로스였고, 양은 1마리에 10오볼로스였다. 그 무렵 로마인들은 화폐를 쓰지 않았기에 가축이 재산의 척도였다. 그래서 오늘날까지도 로마인들은 재산을 '페쿨리아'라고 한다. 그 어원은 가축 떼를 뜻하는 '페쿠스'이다. 그리고 그들은 처음 화폐를 만들 때에도 소, 양, 돼지의 모습을 새겨넣었다. 또 아이들의 이름도 쉴리누스, 부불쿠스, 카프라리아, 포르킬리아 등으로 지었다. 이것은 염소를 '카프라', 돼지를 '포르쿠스'라 부른 것에서 유래했다.

발레리우스는 민중에 대해서 그들을 우대하는 온건한 법을 제정했지만, 극악한 범죄에 대해서는 가차없이 잔혹한 형벌을 내렸다. 독재자가 되고자 음모를 꾸미는 사람이 있다면 누구든지 재판 없이도 그를 처형할 수 있도록 보장해주었다. 그렇게 살인한 자는 죽은 사람이 저지른 죄에 대한 증거만 댈 수 있으면 사형을 면할 수 있었다. 엄청난 음모를 꾸미는 사람은 사람들 눈을 피할 수 없다. 아무리 몰래 진행한다 해도 언젠가는 반드시 꼬리를 밟히기 마련이다. 하지만 그 음모를 누군가가 알아챘다고 해도, 이미 그들의 계획이 커져버리면 재판을 받기도 전에 일을 끝낼 수도 있기 때문이다. 그러므로 음모자의 세력이 지나치게 커지기 전에 그를 죽이도록 법으로 인정해 주었던 것이다.

또 국고에 대한 법률도 많은 사람들 칭찬을 받았다. 시민들은 전쟁에 필요한 비용을 자기 재산에서 세금으로 바쳐야만 했다. 포플리콜라는 그 세금 사용에 관여하지 않았으며, 가까운 친구들 또한 그 돈의 사용에 개입하지 않기를 바랐다. 또 이러한 시민의 공금을 한 개인의 집에 맡겨두는 것도 탐탁치 않게 여겼다. 그래서 그는 사투르누스 신전을 국고로 정하고 모은 세금을 그곳에 두었다. 이 신전은 오늘날까지도 국고로 쓰인다. 그리고 시민들이 직접 임명한 두 젊은이에게 국고를 지키도록 했다. 처음 재정관으로 임명된 사람은 푸블리우스 벤투리우스와 마르쿠스 미누키우스였으며, 큰돈을 국고에 거두어들였다. 세금 장부에 기록된 사람 수는 13만 명쯤이었는데, 과부와 고아에게는 세금을 면제해 주었다.

이 모든 일을 마무리 지은 다음 포플리콜라는 루크레티아의 아버지 루크레티우스를 동료 집정관으로 임명하고, 자신보다 연장자인 그에게 상석을 양보했으며, 집정관 표지인 파스케스를 주었다. 집정관 가운데 연장자가 파스케스를 사용하는 관례는 이때부터 시작해 오늘날까지 이어진다. 그런데 며칠 지나지 않아 루크레티우스가 세상을 떠나자, 다시 선거를 치러 마침내 마르쿠스 호라티우스가 그 뒤를 잇게 되었다. 그는 평생 포플리콜라의 동료 집정관으로 근무했다.

타르퀴니우스가 에트루리아인들의 힘을 빌려 또 한 번 전쟁을 일으킬 준비를 하고 있을 때 아주 이상한 일이 일어났다. 타르퀴니우스는 왕으로 군림하고 있을 때 유피테르 카피톨리움을 세웠는데, 신전이 거의 완성되어 갈 즈음 무슨 까닭인지 흙으로 전차 모양을 만들어 지붕에 얹어놓으려고 했다. 그래서 그는 베이에 사는 에트루리아 기술자들을 불러와 흙으로 전차 모형을 빚으라 명령했다. 그런데 그로부터 얼마 지나지 않아 타르퀴니우스는 왕위에서 쫓겨났고, 에트루리아 기술자들은 그 전차를 아궁이에 던져버렸다. 보통 흙은 불 속에서 말라 쪼그라드는데, 어찌된 일인지 이 진흙 전차는 도리어 더욱 커지고 단단해져서, 나중에는 아궁이를 허물고 나서야 겨우 꺼낼 수 있었다. 예언자들은 이 진흙 전차는 신이 내린 것으로, 손에 넣는 사람은 커다란 행운과 권력을 거머

쥐게 될 것이라고 했다. 그래서 베이인들은 그것을 기적이라 여기며 로마인들에게 건네주지 않기로 결심하고, 전차는 타르퀴니우스의 것이지 그를 내쫓은 로마인들 것이 아니라고 말했다.

그로부터 며칠 뒤 베이 시에서 경마 대회가 열렸다. 경기는 여느 때처럼 진행되었다. 승리를 거둔 전차의 마부가 머리에 화환을 쓰고 말들을 천천히 몰면서 대운동장을 나서려 할 때였다. 갑자기 말들이 아무런 이유도 없이 겁을 내더니, 마부를 태운 채 전속력으로 로마로 달려갔다. 아무리 채찍질을 하고 소리를 질러도 말들은 막무가내였다. 마침내 말들은 유피테르 카피톨리움까지 달려가서, 오늘날 라투메나 문이라 부르는 곳에 마부를 내동댕이쳤다. 이 예사롭지 않은 사건에 놀란 베이인들은 진흙 전차를 로마에 넘겨주었다.

유피테르 카피톨리움은 데마라투스의 아들 타르퀴니우스가 사비니족과의 전쟁 중에 바치겠다고 맹세해 지어진 신전이다. 그러나 그 신전을 지은 이는 그의 아들인지 손자인지 확실치 않은 타르퀴니우스 수페르부스였다. 하지만 이 왕은 봉헌식을 올리지 못하고 쫓겨나고 말았다. 이윽고 신전이 완성되고 장식을 마치자 포플리콜라는 봉헌식을 자신이 올리고 싶어했다. 그러나 많은 귀족들이 포플리콜라가 그러한 영광을 누리게 되는 것을 시기했다. 사실 포플리콜라가 입법자로서, 장군으로서 이룬 공적들을 놓고 보면 마땅히 그 일은 그에게 돌아가야 할 영예였다. 하지만 귀족들은 이 영예만은 그의 업적과는 다른 차원의 문제라 생각하고, 끝내 호라티우스를 꾀어 신전을 헌납하는 권리를 주장하게 했다.

때마침 포플리콜라는 군사상 피치 못할 사정으로 로마를 떠나게 되었다. 그 사이를 틈타 귀족들은 이 일을 투표에 부쳐, 호라티우스로 하여금 유피테르 신전 봉헌식을 올리도록 했다. 포플리콜라가 그 자리에 있었다면 그가 투표에서 이길 게 틀림없다고 생각했기 때문이다. 어떤 사람이 전하는 바에 따르면, 두 집정관이 제비를 뽑은 결과 포플리콜라는 군대를 이끌고 전쟁터로 떠났고, 호라티우스는 신전 봉헌식을 올리게 되었다고 한다. 하지만 봉헌식 때에 일어난 사건으로 미루어 생각할 때, 제비를 뽑아 두 집정관이 합의를 본 것 같지는 않다.

9월 15일, 우리식으로 따지면 보름날, 모든 사람이 유피테르 신전에 모인 가운데 장내가 조용해지기를 기다려 봉헌식을 거행하고 있었다. 호라티우스는 관례에 따라 신전 문을 잡고 정해진 봉헌 문장들을 읽어 내려갔다. 그때 포플리콜라의 동생 마르쿠스가 봉헌식이 시작되기 훨씬 전부터 문 곁에 서서 적당한 기회를 엿보고 있다가 이렇게 외쳤다.

"집정관님, 아드님이 방금 진영에서 병으로 죽었다고 합니다."

갑자기 뜻밖의 소식을 들은 사람들은 모두 슬퍼했다. 그러나 호라티우스는 꿈쩍도 하지 않고 침착하게 말했다.

"그 애의 주검은 잠시 진영 한쪽에 뉘어놓으시오. 나는 지금 장례를 치를 수 없으니까."

그러고 나서 그는 봉헌식을 끝까지 마쳤다. 물론 호라티우스의 아들이 죽었다는 소식은 마르쿠스가 그를 방해하려고 지어낸 거짓말이었다. 호라티우스는 그것이 거짓말임을 알아챈 것이든, 아니면 그 말을 믿으면서도 흔들리지 않은 것이든 침착한 성품을 보여줌으로써 세상 사람들을 놀라게 했다.

두 번째 신전을 헌납할 때도 이상한 일들이 일어났다. 타르퀴니우스가 짓고 호라티우스가 봉헌한 첫 번째 신전은 내란이 일어났을 때 불에 타 사라졌다. 두 번째 신전은 술라가 세웠지만, 그가 완공 전에 죽는 바람에 봉헌의 영광은 카툴루스에게 돌아갔다. 이 신전은 비텔리우스 시대에 시민들 반란으로 불타버렸다. 세 번째 신전은 베스파시아누스가 지었다. 그는 평생 운이 따라주었던 사람인지라 신전의 완성을 볼 수 있었고, 그가 살아 있던 동안에는 신전이 무사히 지켜졌다. 이 신전은 베스파시아누스가 죽고 나서 얼마 뒤 파괴되었지만, 신전을 채 헌납하기도 전에 죽은 술라에 비한다면 그는 정말 운이 좋은 사람이었다! 베스파시아누스가 죽은 뒤 얼마 지나지 않아 신전은 불에 타버렸다. 오늘날 남아 있는 네 번째 신전은 도미티아누스가 세워서 헌납한 것이다.

타르퀴니우스는 신전 기초 공사에만 4만 파운드의 은을 썼다. 그러나 오늘날 로마에서는 그 신전을 금으로 꾸밀 만큼 많은 돈을 가진 사람을 찾을 수 없다. 그 비용은 1만 2000탈란톤을 훌쩍 뛰어넘기 때문이다. 이 신전 기둥은 펜텔리콘 산 대리석을 깎아 만든 것으로, 내가 그것을 아테나이에서 보았을 때는 너비와 길이의 조화가 완벽했다. 하지만 로마에 가져가 다시 깎는 과정에서 기둥이 너무 가늘어져 예전의 조화를 더는 찾아볼 수 없게 되었다. 그러나 이 신전에 들어간 엄청난 비용을 보고 놀라는 사람은, 도미티아누스 저택 현관이든 복도든 화장실이든 첩의 방이든 어느 한 군데만 보더라도, 에피카르무스가 사치스러운 사람에 대해 쓴 문장을 저절로 읊고 싶어질 것이다.

천성이 너그러워서가 아니라, 써버리는 것을 즐기는 병 때문이리.

그리고 도미티아누스는 경건하거나 존경스러운 사람이 아니라, 건물을 짓는 욕망을 가지고 있으며, 손에 닿는 모든 것을 금으로 바꾸었다는 미다스 왕처럼 건물 모든 것을 금으로 만들고자 하는 병에 걸린 사람이라 말하고 싶어질 것이다. 이 이야기는 그만하기로 하자.

타르퀴니우스는 자기 아들이 브루투스와 치열한 싸움을 벌이다가 죽은 뒤에 클루시움으로 달아나 라르스 포르센나에게 도움을 요청했다. 그는 이탈리아에서 가장 큰 세력을 가진 왕으로서 훌륭하고 인정 많은 사람이었다. 포르센나는 타르퀴니우스에게 도움을 약속하고, 바로 로마에 사절을 보내 타르퀴니우스를 다시 왕으로 받아들이라고 요구했다. 로마인들이 이 요구를 거절하자 포르센나는 전쟁을 선포한 뒤 공격 날짜와 장소를 정하고는 대군을 이끌고 진격해 왔다.

로마인들은 포플리콜라가 부재중이었으나 그를 다시 집정관으로 뽑았고, 그의 동료 집정관으로는 티투스 루크레티우스를 뽑았다. 포플리콜라는 일단 로마로 돌아왔다. 그는 포르센나를 쉽게 이길 수 있다 생각하고, 적이 바로 곁에까지 다가왔는데도 새로 시글리우리아 시를 건설하기 시작했다. 엄청난 자금을 쏟아부어 성벽을 쌓아올리고, 일꾼 700명을 이주시켜 전쟁이 일어나도 아무런 걱정 없이 이길 수 있다는 듯 행동했다. 그러나 결과는 참혹해서 포르센나의 격렬한 공격에 수비대는 어쩔 수 없이 로마로 후퇴했다. 곧바로 포르센나 병사들이 로마로 들이닥쳤다. 포플리콜라가 기운차게 성문을 박차고 나가 아군을 도와 포르센나를 막아내려고 했으나, 티베리스 강가에서 물밀듯이 밀려오는 적의 대군과 싸우다 심한 부상을 입고 쓰러져 후송되었다. 그의 동료 집정관 루크레티우스도 다쳤으므로 로마 군사들은 사기를 잃고 앞다투어 시내로 달아나 가까스로 목숨을 건졌다.

적이 티베리스 강에 놓인 나무다리를 건너 밀어닥칠 듯한 기세로 쳐들어오자, 로마의 운명은 바람 앞 등불과도 같았다. 하지만 로마에서는 헤르미니우스, 라르티우스와 버금가는 장수인 호라티우스 코클레스가 함께 다리 앞에 서 있었다. 호라티우스 코클레스라는 이름을 얻은 것은 그가 전쟁에서 한쪽 눈을 잃었기 때문이다. 그러나 어떤 사람은 코가 너무 낮아서, 양쪽 눈이 가깝다 못해 한데 붙은 것 같아 외눈박이처럼 보이기에 붙여진 별명이라고도 한다. 어느쪽 말이 진실이건, 키클롭스라고 짓는다는 것이 발음을 잘못해서 코클레스라 부르게 된 것이다.

코클레스가 다리 앞에 서서 적군을 막고 있는 동안 나머지 두 장군은 뒤에서 다리를 끊었다. 그러자 코클레스는 무기를 버리고 강으로 뛰어들어 헤엄쳐 건너갔다. 엉덩이에 적이 던진 창을 맞은 채로. 그의 용기에 탄복한 포플리콜라는 곧바로 모든 로마인의 하루치 식량을 그에게 선물하고, 또 그가 하루 동안 경작할 수 있는 만큼 토지를 주기로 약속했다. 그리고 청동으로 조각상을 만들어 불카누스 신전에 세우도록 했다. 그때 입은 상처 때문에 한쪽 다리를 절게 된 그를 존경하고 위로하기 위해서였다.

포르센나가 로마에 쳐들어왔을 때 로마인들은 심각한 식량난에 허덕이고 있었다. 엎친 데 덮친 격으로 또 다른 에트루리아 군대가 로마 영토를 침략해 왔다. 세 번째로 집정관이 된 포플리콜라는 더는 방어만 하고 있을 수 없다고 생각해 군대를 이끌고 성 밖으로 나갔다. 그리고 에트루리아군을 쳐부수어 5000명을 죽이니 그들은 물러가고 말았다.

무키우스에 대해서는 이런저런 이야기들이 전해 내려오고 있으나, 가장 믿을 만한 이야기를 적어보도록 하겠다. 그는 여러모로 뛰어난 인물이었는데 무엇보다 전쟁에서 용맹하기로 이름나 있었다. 그는 적왕 포르센나를 암살하기로 결심해 에트루리아인처럼 차려입고 그들 언어를 쓰며 적진으로 숨어들었다. 그리고 이리저리 돌아다닌 끝에 왕이 앉아 있는 높은 단에 이르렀지만, 여러 귀족 가운데 누가 왕인지 가려낼 수가 없었다. 그렇다고 누가 왕이냐고 물어볼 수도 없는 노릇이었다. 그래서 검을 뽑아 들고 자기 생각에 왕이다 싶은 사람을 베어버린 뒤 붙잡혀서 심문을 당했다.

포르센나 왕은 마침 제사를 드리기 위해 마련해 두었던 불이 이글거리는 화로를 가져오도록 명령했다. 무키우스의 오른손을 화롯불에 집어넣고 손이 타들어가도록 했지만 무키우스는 포르센나 왕을 똑바로 마주 본 채 얼굴빛 하나 변하지 않았다. 포르센나 왕은 탄복하며 그를 풀어주고, 빼앗았던 칼을 되돌려주었다. 무키우스는 왼손으로 칼을 받았다. 이 때문에 그를 왼손잡이라는 뜻의

'스카이볼라'라 부르게 되었다. 무키우스는 포르센나의 위엄에 무릎 꿇지 않았지만, 그의 덕 있는 성품에는 고개를 숙이고 말았다. 때문에 그는 아무리 모진 고문을 당해도 결코 말하지 않았을 군사기밀을 털어놓았다.

"나와 같은 생각을 가진 로마 결사대 300명이 이 진영 안에 잠복한 채 호시탐탐 기회를 노리고 있습니다. 그리고 제비를 뽑은 결과 내가 처음으로 시도하게 되었습니다. 비록 실패로 돌아갔지만 하나도 유감스럽지 않습니다. 당신은 너무도 용감하고 훌륭해, 로마인의 적이 아니라 친구가 되기에 충분하기 때문입니다."

포르센나는 이 말을 믿고 로마와의 화해를 생각해 보았다. 그것은 잠입해 있는 로마인 300명이 두려워서가 아니라 그들의 기상과 용기에 감탄했기 때문이리라. 무키우스는 모든 기록에 무키우스 스카이볼라로 남아 있다. 그러나 오직 산돈의 아들 아테노도루스가 카이사르의 누이 옥타비아에게 헌사한 책에는 포스투무스라는 이름으로 기록되어 있다.

포플리콜라 자신도 포르센나를 위험한 적으로 여기기보다는 로마에 이로운 동맹국이 될 수 있다고 생각했다. 그래서 그에게 로마와 타르퀴니우스 사이에서 중재를 맡아달라고 부탁했다. 그리고 타르퀴니우스를 재판대에 세워, 그가 극악한 왕이었으며 때문에 왕위를 박탈당한 것은 마땅한 일이었음을 입증해 달라고 했다. 그러나 타르퀴니우스는 거만한 태도로 누구도 자신을 재판할 수 없으며, 포르센나는 자신과 동맹을 맺었음에도 이제 와서 마음 바꿔 자신을 저버리려고 한다며 그의 중재에는 더더욱 따를 수 없다고 말했다.

포르센나가 이 말을 듣고 분개해 타르퀴니우스를 증오하고 있던 차에, 그의 아들 아룬스 또한 로마 측 주장을 따르자고 했으므로 마침내 마음이 움직였다. 그래서 포르센나는 전쟁을 끝내는 조건으로, 로마가 빼앗은 에트루리아 땅과 붙잡은 포로들, 그리고 그들의 탈영병들을 돌려달라고 했다. 로마인들은 그 평화 협정을 지키겠다는 약속으로 로마 귀족 집안 아들 10명과, 포플리콜라의 딸 발레리아를 포함한 처녀 10명을 볼모로 보냈다. 이 조건에 포르센나도 로마를 믿고 전쟁을 멈추었다.

어느 날 인질로 끌려간 로마 처녀들이 초승달 모양으로 구부러진 조용하고 잔잔한 강에서 목욕을 하고 있을 때였다. 주위를 둘러보니 파수병도 행인도 없었기에, 처녀들은 갑자기 용기가 생겨 물살을 가르고 로마로 달아나고 싶은 마음이 일어났다. 어떤 이의 이야기로는 그 가운데 클로일리아라는 처녀가 말을 타고 앞장서며, 친구들이 헤엄쳐서 따라오도록 용기를 북돋워 주었다고 한다.

그들은 강을 무사히 건너 곧 포플리콜라에게 갔다. 그러나 그는 감동하거나 기뻐하기는커녕 처녀들의 대담한 행동 때문에 자신이 포르센나와의 약속을 저버리게 되고, 로마인들이 변절자라는 불명예스러운 욕을 듣게 될지도 모른다며 처녀들을 되돌려 보냈다.

이러한 사정을 전해 들은 타르퀴니우스 무리는 몰래 숨어 있다가, 에트루리아로 돌아가려 강을 건너는 처녀들을 습격했다. 호송병들과 타르퀴니우스 무리가 난투극을 벌이는 동안 포플리콜라의 딸 발레리아는 시녀들 도움으로 겨우 달아났다. 다른 처녀들은 싸움판 한가운데에 놓이게 되었다. 그런데 마침 이 소식을 듣고 재빨리 달려온 포르센나의 아들 아룬스가 적들을 쫓아버리고 그녀들을 구해주었다.

처녀들이 다시 돌아오자 포르센나는 누가 처음 이 일을 주동했는지를 물었다. 그것이 클로일리아라는 것을 듣자 그는 얼굴 가득 웃음을 띠며 멋진 말 한 마리를 가져오라 명령하고, 그것을 클로일리아에게 선물했다.

포르센나는 로마와 화해한 뒤 로마에 여러 너그러운 행동들을 보여주었다. 특히 오로지 무기만 든 채로 군대를 물렸으며, 참호 속에 가득한 식량과 군수품은 로마인들을 위해 그대로 두고 갔다. 그러므로 오늘날 공매를 붙이기 전에 포르센나 재산이라 선언하는 것은 그의 은혜에 대한 경의를 오래도록 기억하기 위해서이다. 원로원 옆에는 청동으로 만든 그의 조상이 서 있는데 단순하면서도 고풍스러운 분위기를 풍긴다.

그다음으로 사비니족이 로마를 침략해 왔고, 포플리콜라의 동생 마르쿠스 발레리우스와 포스투미우스 투베르투스가 집정관으로 선출되었다. 마르쿠스는 포플리콜라 의견에 따라 일을 처리해 두 번의 전투에서 큰 승리를 거두었다. 특히 두 번째 전투에서는 로마 병사를 한 명도 잃지 않고 1만 3000명에 이르는 적을 몰살했다. 이 승리에 대한 보답으로 로마는 그에게 팔라티움 언덕 위에 커다란 저택을 지어주었다. 그리고 다른 모든 집의 문은 안쪽으로 열리게 되어 있는데 그 집 문만은 밖으로 열리도록 지었다. 이는 사람들이 그를 존경한다는 것을 나타내기 위해 길을 양보한다는 의미였다. 이처럼 언제나 길을 양보함으로써 모두 그에게 존경의 뜻을 표시한 것이다.

하지만 헬라스 문들은 예전에 모두 밖으로 열리게 되어 있었다고 한다. 그 증거로 헬라스 희극을 보면, 외출하려는 사람이 먼저 밖에 서 있는 사람들에게 노크하는 장면이 있다. 이것은 거리를 지나가는 사람이나 문 앞에 서 있는 사람이 밖으로 열리는 문에 부딪히지 않도록 하기 위함이다.

이듬해에 다시 포플리콜라는 네 번째로 집정관이 되었다. 사비니족과 라티움족 연합군이 쳐들어올 기세로 로마를 위협하고 있을 때였다.

게다가 그 무렵 미신적인 두려움이 로마 시내 전체에 퍼져 있었다. 아기를 가진 여자들이 허약한 아기를 낳거나 달이 차지 않은 아기를 낳았기 때문이다. 이에 포플리콜라는 시빌라 예언집의 충고에 따라 지하계 신 플루톤에게 제물을 바치고 아폴로 신탁에 따라 여러 운동경기를 다시 실시했다. 그리하여 어두웠던 시민의 마음을 밝고 희망차게 만들었다. 시민을 단결시키는 일이 곧 로마를 지켜내는 것이었다.

그즈음 사비니족에는 아피우스 클라우수스라는 사람이 있었다. 그는 엄청난 재산가에 힘도 셌고, 덕망 높으며 웅변술도 뛰어났다. 하지만 모든 위대한 인물이 그렇듯이 그 또한 주위에 질투하는 사람들이 많았다. 더구나 그는 전쟁을 멈춰야 한다고 주장했으므로 정적들은 이를 핑계 삼아 클라우수스를 비난했다.

그가 로마 편을 들어, 스스로 왕이 된 다음 조국을 로마의 노예로 만들어버릴 속셈이라는 소문이 퍼졌다. 대중이 이런 소문을 철석같이 믿어버리고, 전쟁을 일으키려는 수많은 국수주의자들의 미움을 한 몸에 받게 되자 클라우수스는 법정에 서기가 두려웠다. 그러나 자신을 지지해 준 친구나 친척의 도움으로 그는 끝까지 전쟁을 반대하며 고집을 꺾지 않았다. 이러한 사정으로 인해 사비니족은 전쟁을 늦추고 있었다.

이 사실을 알게 된 포플리콜라는 클라우수스를 돕는 게 좋겠다고 여겨 사신을 보내 그의 뜻을 전했다.

"포플리콜라는 귀공이 명예와 정의를 존중하는 분이므로 부당한 대접을 받으셔도 백성들에게 복수하지 않으리라 생각하고 계십니다. 만일 귀공이 백성들의 미움을 피해 안전을 도모하기 원하신다면, 우리 로마는 정성을 다해 당신의 인격과 지위에 걸맞은 대우를 해드릴 것이며, 그것을 로마의 영광으로 생각할 것입니다."

이 말을 들은 클라우수스는 깊이 생각해 본 끝에, 이러한 상황에서는 어쩔 도리가 없다는 결론을 내리고 믿을 수 있는 여러 동지를 모아 포플리콜라 제안에 따르자고 설득했다. 그리고 이들 또한 다른 많은 사람들을 설득해, 사비니에서 가장 온화하고 착실한 가족 5000명을 이끌고 로마로 이주해 왔다.

이들이 온다는 소식을 전해 들은 포플리콜라는 온갖 예우를 갖추어 정중하게 맞이했다. 그리고 그들을 곧바로 로마 시민으로 인정하고 시민권을 주었으며, 한 사람당 아니오 강가의 땅을 2에이커씩 나누어 주었다. 그리고 클라우수스에게는 25에이커의 땅을 주고 원로원 의원에 임명했다. 그는 이 참정권을 이용해 로마에서 가장 높은 지위까지 올라 높은 권세를 누렸으며, 그의 후손인 클라우수스 집안은 로마 역사상 가장 빛나는 가문이 되었다.

사비니족의 분쟁은 클라우수스가 일행을 이끌고 로마로 오면서 일단 마무리된 셈이었다. 그러나 사비니의 전쟁 선동가들은 그들이 로마에서 평화롭게 정착하는 것을 가만히 보고 있을 수만은 없었다. 그들은 또한 클라우수스가 본국에 있는 동안 전쟁을 반대해 사람들을 선동할 수 없었는데, 이제 조국의 적이 되어 그 세력을 강화하려 한다며 분노했다. 그래서 사비니족은 대군을 이끌고 와서 피데나이에 진을 치고, 복병 2000명을 로마 근처 밀림과 골짜기에 숨겨놓았다. 그리고 날이 새기를 기다려, 소수의 기병만을 보내 주민들을 약탈하고 돌아오게 함으로써 로마군을 유인하려 들었다. 이들은 도시로 접근하는 동안 공격을 받을 때마다 차츰 뒤로 물러나라는 명령을 받았다. 이런 수법을 써서 적을 덫으로 끌어들일 속셈이었던 것이다.

하지만 같은 날 포플리콜라는 적의 탈영병들로부터 이 계획을 듣고 재빨리 부대마다 적절한 임무를 내렸다. 포플리콜라의 사위 포스투미우스 발부스는 병사 3000명을 이끌고 언덕 위로 올라가서 바로 그 아래 숨어 있는 복병들의 움직임을 샅샅이 살폈다. 그리고 그의 동료 집정관 루크레티우스는 가장 재빠르고 우수한 부대를 이끌고 성안에 준비하고 있다가, 약탈하러 오는 적의 기마병들을 맡았다. 포플리콜라는 또 다른 부대를 지휘해 적군을 포위했다.

새벽녘에 짙은 안개가 피어오르자 포스투미우스는 산꼭대기로부터 복병들을 향해 일제히 함성을 지르며 돌진했다. 이와 동시에 루크레티우스는 적의 기마대를 공격하고, 포플리콜라는 적의 본부를 공략했다. 마침내 사비니군 진영이 곳곳에서 맥없이 무너져 내렸고, 무기를 버리고 달아나는 병사들은 로마군 손에 죽었다. 사비니군의 알량한 희망은 곧 파멸로 변했다. 이들은 서로 다른 쪽에 있는 부대는 안전하리라 생각하고 쉽게 싸움을 포기한 채 달아났다. 본진영은 복병대 쪽으로, 복병대는 본진영 쪽으로 달아나다가 중간에서 맞부딪혀, 서로의 뒤에서 쫓아오는 로마군에 포위되었다. 그러나 근처에 피데나이 시가 사비니인들에게 피란처를 제공해 더러는 살아남을 수 있었다. 특히 본진영에 있던 사람들이 많이 살아남았다. 피데나이까지 가지 못한 사람들은 벌판에서 죽거나 포로가 되었다.

로마인들은 보통 큰 승리를 거두면 신의 보살핌 덕분이라 여겼지만, 이번만큼은 한 장군에게 그 공로가 있음을 인정했다. 그때 싸운 사람들의 증언을 들어보면, 포플리콜라가 병사들에게 찔러 죽이라고 몰아준 적군들은 거의 절름발이가 되어 있거나 한쪽 눈을 잃은 상태였다고 한다. 그래서 병사들은 그저 손발이 묶인 사람을 죽이는 것이나 다름없었다. 로마 백성들은 전리품과 포로를 얻어 더 많은 부를 쌓게 되었다.

포플리콜라는 개선식을 올리고, 자기 다음의 집정관들에게 국가를 맡기고는 숨을 거두었다. 고귀한 인물들이 받을 수 있는 최고의 명예를 얻고 삶을 마친 것이다. 하지만 민중은 그가 살아 있는 동안 받은 존경이 그가 이룩한 업적에 비해 부족했다며 감사의 마음을 담아 정성껏 장례식을 치렀다. 그리고 시민 모두가 1콰드란스의 조의금을 내기로 결정했으며, 여인들도 서로 뜻을 모아 1년 동안 상복을 입기로 했다. 참으로 부러운 명예가 아닐 수 없다.

그는 로마 시민 뜻에 따라 로마 시내에 있는 벨리아라는 곳에 묻혔는데, 그의 후손들에게도 이곳에 묻힐 수 있는 특권이 주어졌다. 그러나 포플리콜라 말고 여기에 묻힌 사람은 없다. 다만 그의 집안 사람이 죽으면 그 시신을 담은 관을 그곳으로 가져가 잠시 내려놓고, 횃불을 관 밑에 댔다가 곧 치웠다. 이때 횃불은 그 사람에게 내려진 특권을 상징하며, 이를 치우는 것은 그가 그 영예로부터 물러남을 의미했다. 그러고 나면 관은 밖으로 옮겨졌다.

솔론과 포플리콜라의 비교

이 두 사람의 비교에는 이제까지 다른 비교에서는 볼 수 없었던 특별한 점이 있다. 바로 뒷사람이 앞사람을 본뜬 한편 앞사람은 뒷사람의 증인이었다는 점이다. 다시 말해 포플리콜라가 솔론을 본받고 솔론은 포플리콜라의 증인이 된다. 솔론이 크로이소스에게 텔루스가 얼마나 행복한 사람인가에 대해 긴 시를 지어준 적이 있는데, 그것은 오히려 포플리콜라에게 더 잘 들어맞는 이야기가 아닐까? 왜냐하면 덕행과 영광스런 죽음으로 가장 행복한 사람이라 칭송받던 텔루스도 정치적인 명성까지는 얻지 못했기 때문이다. 솔론 또한 텔루스를 선한 사람이라 칭송은 하지 않았다. 그의 자식이나 관직에 대해서도 언급하지 않았지만 포플리콜라의 일생은 로마에서 가장 훌륭한 것이었다. 그는 위대한 권세와 미덕으로 로마 시민들 칭송을 받으며 큰 영광을 누렸다.

죽은 지 600년이 지난 오늘날까지도 포플리콜라, 메살라, 발레리우스 등 로마에서 이름난 집안들조차 그의 후손임을 자랑스러워한다. 뿐만 아니라 텔루스는 용감한 군인으로 진지를 지키다가 적의 손에 죽고 말았지만, 포플리콜라는 운 좋게 적들을 죽이고, 집정관이면서도 장군으로 앞장서 나라를 승리로 이끌었다. 사람들의 존경을 받으면서 개선식을 올리고, 솔론이 간절히 바라던 영예로운 죽음을 맞이할 수 있었다. 솔론이 밈네르무스에게 준 시에는 인생의 짧음에 대해 읊은 구절이 있다.

내 이 세상을 떠나가는 날
사람들 비탄과 설움 받을 수 있다면.

이렇게 행복한 죽음을 맞이한 사람이 바로 포플리콜라였다. 포플리콜라가
죽었을 때 친구나 가족뿐 아니라 로마 시 전체가 그의 죽음을 슬퍼하며 눈물
을 흘렸다. 로마 여인들은 아버지나 아들을 잃은 것처럼 상복을 입었다.
솔론의 시에는 이런 구절이 있다.

재물을 얻고 싶지만
부정한 방법으로 얻기는 싫어라.

포플리콜라는 부정한 방법으로 재물을 얻지 않았다. 그는 돈을 잘 다루었으
며, 가난한 사람들에게도 은혜를 베풀었다. 그러므로 솔론이 가장 현명한 사람
이었다면 포플리콜라는 가장 행복한 사람이었다. 그는 솔론이 가장 크고도 완
벽한 행복이라 여기며 바랐던 것을 평생토록 누리다 간 사람이었기 때문이다.
솔론이 포플리콜라의 명예를 더욱 드높이는 데 이바지했다면 포플리콜라도
정치면에서 솔론에게 기여한 바가 있었다. 포플리콜라는 솔론이 공화정을 확
립한 사람이라고 찬양하며, 그를 본받아 집정관의 지나친 권세와 위엄을 줄여
나갔다. 또한 솔론의 법을 참고 삼아 모든 이에게 이롭고 부당하지 않은 법을
만들었다. 실제로 포플리콜라가 만든 법 가운데에는 솔론의 규정을 그대로 옮
겨온 것들도 있었다. 예를 들면 국민들에게 통치자를 뽑을 권리를 주고, 법원
판결에 불복하는 피고는 국민에게 상소할 수 있도록 한 것이다.
포플리콜라는 솔론이 채택한 양원제 대신 원로원 수를 거의 두 배로 늘렸
다. 그가 재정관을 따로 임명한 것도 비슷한 이유였다. 집정관이 청렴한 경우에
는 보다 더 중요한 일을 보도록 배려한 것이지만, 만일 부정한 사람이 정치와
재정을 함께 손에 쥐게 되는 경우 옳지 못한 유혹에 넘어가는 일을 막기 위함
이었다.
독재정치를 싫어하는 마음은 포플리콜라가 더 강했다. 솔론은 독재정치를
법으로 막고 어기는 자에게는 재판을 받게 해서 벌을 주었는데, 포플리콜라는
재판을 받기 전일지라도 누구나 그런 자를 죽일 수 있음을 인정했다.

솔론은 한때 왕이 되기에 충분한 조건에 놓여 있었고 국민들 또한 그것을 바랐지만, 그는 단호히 거절하는 게 정당하다고 생각했다. 이와 달리 포플리콜라는 먼저 군주의 지배권을 차지한 다음 그것을 민주적으로 고쳤다. 그는 독재자의 권력을 행사하지 않았다. 자신에게 주어진 특권을 마음대로 쓰지 않고 시민들에게 권력을 나누어 주었다는 점, 이는 솔론에 뒤지지 않을 만큼 훌륭한 행동이다. 하지만 솔론이 포플리콜라보다 먼저 민중을 꿰뚫어 본 듯하다.

"민중이란 지나친 자유도, 지나친 억압도 주어지지 않을 때 지도자를 가장 잘 따른다."

솔론은 또 국민들 빚을 면제해 주어 시민으로서의 권리와 자유를 되찾도록 했다. 법이 있어도 가난한 사람들이 빚에 얽매여 자기 권리를 빼앗긴다면 소용없는 일이기 때문이다. 국민 모두가 자유롭게 행동하는 것처럼 보이는 나라도, 사실 알고 보면 많은 사람들이 노예와 다름없는 처지인 경우가 수두룩하다. 법정이나 공직 사회 및 공식 토론 장소에서 그들은 부자들 손에 놀아나는 일이 많기 때문이다. 보통 채무를 무효화하면 폭동이 일어나게 마련이지만, 솔론은 현명하고 적절한 조치로 보기 드문 성공을 거두었다. 솔론의 정책은 위험하지만 효력이 강한 약처럼 폭동을 잠재웠고, 오히려 지속되어 왔던 내란의 조짐마저 없앴다. 이는 솔론 개인 능력과 덕성이 이루어 낸 결과라고 할 수 있다.

솔론의 정치 생활은 포플리콜라보다 훨씬 화려하게 시작되었다. 그는 이렇다 할 본보기가 없었고, 권력을 함께 나누는 동지의 도움도 없이 혼자 힘으로 독창적이고 중요한 개혁을 이루어냈다. 그에 비하면 포플리콜라는 행복한 말년을 보낼 수 있었다. 솔론은 죽기 전에 자신이 세운 공화국이 무너지는 모습을 보아야만 했다. 하지만 포플리콜라의 공화정은 그가 죽고 나서도 내란이 일어나기 전까지 이어졌다.

솔론은 법을 제정하고 그것을 나무판자 위에 기록해 두었지만 지지자는 한 명도 없었다. 그가 아테나이를 떠나 외국으로 가버리자 그 법은 그만 방치되고 말았다. 그러나 포플리콜라는 여러 번 집정관을 지내며 정부의 기틀을 다져나가는 데 힘을 쏟아, 여러 제도를 확립했다.

또 솔론은 페이시스트라토스의 계략을 미리 알고 있었으면서도 그것을 막지 못해, 오랜 시간 그가 공들여 일으켰던 공화정은 힘없이 무너져 내리고 말았다. 하지만 포플리콜라는 오랫동안 내려오던 뿌리 깊은 왕정제를 무너뜨리고 공화제를 정착시켰다. 포플리콜라는 솔론과 마찬가지로 덕성을 갖추고 있었지만, 개혁을 성공적으로 완수하게 하는 행운과 권력 또한 거머쥐고 있었다.

군사적 성공에 있어서, 플라타이아의 다이마쿠스 같은 사람은 솔론이 메가라인과 전쟁을 치렀다는 것조차 인정하지 않는다. 하지만 포플리콜라가 전쟁터에 나가 지휘관이자 군인으로서 로마를 승리로 이끌었다는 것은 누구나 인정하는 사실이다.

정치적인 면에서도 마찬가지이다. 솔론은 미친 사람 흉내를 내며 살라미스 문제를 해결하려고 했지만, 포플리콜라는 위험을 무릅쓰고 정면으로 타르퀴니우스 왕에게 맞섰다. 그리고 무력으로 타르퀴니우스 무리를 몰아낸 뒤 반란을 꾸미는 자들을 적발해 죽였다. 또한 타르퀴니우스를 로마에서 영원히 추방하고 재산을 몰수해 그 무리가 다시는 로마에 발붙이지 못하게 했다. 포플리콜라는 용기가 필요한 때에는 과감히 행동으로 옮겼으며, 평화적인 협상과 설득이 필요한 때에는 능숙한 솜씨를 발휘해 무시무시한 강적 포르센나 왕과도 우의를 맺었다.

어떤 사람들은 이렇게 주장할지도 모르겠다. 솔론은 잃어버렸던 땅 살라미스를 되찾아 아테나이인들에게 돌려주었지만, 포플리콜라는 로마인이 점령하고 있던 땅마저 내주지 않았느냐고 말이다. 그러나 이러한 행동에 대해서는 그때그때의 사정을 잘 헤아려 판단해야 한다. 현명한 정치가는 정확한 판단을 내리며 상황에 알맞은 행동을 한다. 그래서 때로는 전체를 살리기 위해 부분을 버리고, 큰 이익을 얻기 위해 작은 이익을 버릴 수도 있다.

포플리콜라는 시기적절하게 점령지에서 철수함으로써, 로마 시가 안전하다는 것만으로도 감사해하는 시민들에게 전리품을 안겨주었다. 그리고 상대 나라로 하여금 결론을 내리도록 양보해 줌으로써 승리를 얻었다. 거기에 한 가지 더 얻은 게 있다면, 포르센나가 전쟁을 끝내고 자기 진영의 군수품들을 남겨둔 채 돌아감으로써 로마 집정관의 고귀한 성품에 경의를 나타낸 것이었으리라.

테미스토클레스(THEMISTOCLES)

테미스토클레스 집안은 그 명성에 비해 알려진 바가 거의 없다. 아버지 네오클레스는 아테나이 중산층 시민으로 프레아리아에 살았으며, 레온티스 부족 사람이었다. 그의 어머니는 외부인인데, 다음의 시 한 구절이 이를 말해 준다.

> 나는 트라키아에서 태어난 아브로토논
> 고귀한 헬라스 가문 출신은 아니지만.
> 헬라스 귀족들이여, 마음껏 비웃어라.
> 하지만 나는 테미스토클레스를 낳았노라.

파니아스에 따르면 그의 어머니는 트라키아 출신이 아니라 카리아 사람이었으며, 이름도 아브로토논이 아니라 에우테르페였다고 한다. 또 네안테스는 카리아에 있는 할리카르나소스가 그녀의 고향이라고 한다. 이처럼 한쪽 부모만이 아테나이 시민이거나 서자로 태어난 사람이라면 누구나 날마다 연무장에 나가야만 했다. 연무장은 성문 밖에 있던 레슬링장으로 헤라클레스 소유지였다. 헤라클레스는 결코 신이 아니었다. 그의 어머니가 인간이었으므로 그 또한 인간의 아들이었다.

그곳에서 테미스토클레스는 귀족 청년 몇 사람을 불러내 함께 운동하며 놀기를 권유했다. 귀족과 평민 사이에 존재하는 차별, 아테나이인과 비아테나이인 사이의 보이지 않는 구별을 없애보려는 그의 노력이었다. 리코메데스 집안에 그의 친척뻘 되는 사람이 있었던 것은 믿을 만한 사실이다. 리코메데스 가문 소유였던 플라 성전이 야만인들에 의해 불에 타 버려졌을 때, 테미스토클레스가 이 성전을 다시 세우고 그림과 아름다운 장식물로 꾸몄다는 이야기가 시모니데스 기록에 나오기 때문이다.

테미스토클레스는 젊은 시절 용맹하고 성격이 급했다. 이해력이 남달리 빠르고 날카로웠으며, 위대한 업적과 활동에 대해 불타오르는 열망을 갖고 있었다. 이는 모든 역사가가 똑같이 인정하고 있다. 휴일이나 여가 시간도 다른 소년들처럼 빈둥빈둥 놀며 게을리 보내지 않았다. 늘 연설이나 낭독법을 익혔고, 그것을 몸소 응용해 보기도 했다. 연설 주제는 학우들을 공격하는 내용도 있었으며, 변호하는 것도 있었다. 그를 가르친 스승은 언제나 입버릇처럼 그에게 말하곤 했다.

"너는 절대 작은 인물로 그치지 않을 게다. 좋은 인물이 되건 나쁜 인물이 되건 세상에 크게 이름을 날리는 사람이 될 것이다."

테미스토클레스는 예절이나 우아한 소양을 익히는 데는 그다지 관심 없었지만, 지혜나 처세술이나 국가 정책에 대해 배울 때는 엄청난 열성을 보였다. 마치 그런 일을 하기 위해 태어난 사람 같았다.

한번은 어느 모임에서 사람들이 우아한 예술을 즐기며 대화를 나누고 있었다. 테미스토클레스는 세련된 교양을 갖추고 음악을 즐기는 고상한 동료들 앞에서 예술에 대한 자신의 무지를 변호해야만 했다. 그는 조금도 부끄러워하지 않으며 당당히 입을 열고, 자신은 분명 하프를 켤 줄 모르지만 아주 조그마한 마을이라도 자기 손에 맡겨지기만 한다면 틀림없이 찬란한 대도시로 만들어 보이리라 자신했다.

그런데도 스테심브로투스는 테미스토클레스가 아낙사고라스의 제자였으며, 또 멜리수스 밑에서 물리학을 연구했다고 적고 있다. 하지만 연대를 따져보았을 때 이는 틀린 이야기이다. 테미스토클레스보다 훨씬 어렸던 페리클레스가 사모스 섬에 쳐들어왔을 때, 이를 막아냈던 사람이 멜리수스였기 때문이다. 또 아낙사고라스는 페리클레스와 친했다. 따라서 테미스토클레스가 프레아리아 사람 므네시필루스를 숭배했다는 말이 오히려 더 믿을 만하다.

므네시필루스는 수사학자나 물리학자가 아니라 지략이라 부르던 것을 가르치던 사람이었다. 지략이란 정치적 술수와 실용적 지식을 뜻하는데, 솔론에서 시작되었으며 철학의 하나로 여겨졌다. 하지만 그 계승자들이 이 학문을 재판소 법정 선언이나 법률 문장과 혼동해 사용했으며, 지략의 실용적인 부분을 단순한 화술이나 언어유희로 변질시켜버렸기에 사람들은 그들을 궤변론자라고 불렀다. 테미스토클레스는 정치에 몸담고 나서야 므네시필루스를 존경하며 그의 가르침을 구했다.

테미스토클레스가 청년 시절에 한 행동들을 보면, 너무도 자유분방해 다른 사람들과 조화를 이루지 못할 정도였다. 타고난 성향에 자신을 맡기고 이성이나 절제를 잊어버린 채 느닷없이 일을 저지르기 일쑤였다. 그의 성격은 곧잘 당돌하고 과격한 행동으로 치달았다. 뒷날 자신의 단점을 깨닫고 품성이 다듬어지면서 그는 아무리 다루기 힘든 억센 말이라도 적절히 조련한다면 명마가 될 수 있다는 이야기를 남기기도 했다.

그가 아버지로부터 버림받았다거나, 어머니가 아들의 나쁜 평판을 한탄한 나머지 스스로 목숨을 끊고 말았다는 이야기는 아무래도 거짓으로 보인다. 확실히 이 이야기들은 테미스토클레스 명예를 떨어뜨리려는 중상모략에 지나지 않는다. 또 다른 주장에 따르면, 테미스토클레스의 아버지는 아들이 정계에 발을 들여놓는 것을 포기하게 하려고 그를 바닷가에 데리고 갔다. 아버지는 변덕스러운 민중에게 버림받은 지도자가 어떤 취급을 받게 되는지 알려주기 위해, 아무렇게나 버려진 채 반쯤 가라앉아 있는 낡은 배를 가리켰다.

그러나 테미스토클레스의 가슴속에는 정치에 대한 열렬한 흥미와 출세에 대한 강한 열망이 타오르고 있었다. 이런 야망이 어릴 때부터 그의 가슴 깊이 새겨져 있었다는 점은 논쟁의 여지가 없다. 그는 처음부터 최고의 지위를 얻기 위해서, 아테나이 권력자들에게 미움 받는 일을 두려워하지 않았다. 특히 리시마쿠스의 아들 아리스티데스와는 늘 싸웠다. 둘의 강한 적대감은 매우 유치한 이유에서 비롯되었다.

케오스 섬 출신 철학자 아리스톤의 말로는, 두 사람 모두 스테실라우스라는 미소년을 사랑했기 때문이라고 한다. 그 뒤 두 사람은 내내 부딪치며 정치적인 적이 되었다. 그러나 무엇보다도 둘의 생활 방식과 태도 차이가 적대감을 더욱 더 고조했을 것이다. 아리스티데스는 성품이 온화하며 고귀했다. 일할 때에는 자기 명예와 인기를 위해서가 아니라 국가의 최고 이익을 추구하며 공명한 정책을 실행했다. 그래서 테미스토클레스가 자신의 영향력을 높이기 위해 민심을 들쑤시고 온갖 계획을 세워 수많은 개혁을 일으키려 하자, 격렬히 반대하며 그의 세력 확장을 방해했다.

테미스토클레스가 얼마나 공명심에 마음을 빼앗기고 위대한 업적에 가슴을 불태웠는지는 마라톤에서 치른 페르시아와의 전쟁 때 일로 충분히 짐작할 수 있다. 사람들이 전쟁에서 승리한 밀티아데스 장군의 훌륭한 지도력을 칭송하는 것을 본 테미스토클레스는, 어린 나이임에도 홀로 고민을 거듭했다. 밤마다 잠 못 이루고 언제나 나오던 연회에도 모습을 보이지 않았다. 사람들은 그의 변화를 이상히 여겨 그 이유를 물었다. 그러자 그는 밀티아데스 장군이 승전하는 것을 상상하기만 하면 잠을 이룰 수 없다고 말했다.

세상 사람들이 마라톤 전투를 보고 전쟁이 승리로 끝나간다고 생각했을 때, 테미스토클레스는 이것이 더 큰 전쟁의 서막에 지나지 않는다고 여겼다. 그는 어릴 때부터 그 전쟁을 내다보고, 헬라스 전체를 위해서 언제라도 싸울 수 있도록 미리 준비를 시작했다. 그리고 바로 일어나 출전할 수 있도록 아테나이에서 충분한 훈련을 받았다.

그 첫 준비로 그는 아테나이인이 라우리움 은광에서 얻은 수익을 서로 나눠 가졌던 일을 중지했다. 그리고 이제부터는 그것으로 군함을 제조해 아이기나 사람들과의 전쟁을 준비해야 한다고 시민들을 설득했다. 아이기나 부족은 헬라스에서 가장 막강한 함대를 갖고 바다에서 세력을 떨치고 있었다.

테미스토클레스가 다리우스나 페르시아군을 막으려고 했다면 사람들은 이상하게 여겼을 것이다. 그들 생각으로는 페르시아는 거리가 너무 멀어 도저히 공격해 올 것 같지 않았기 때문이다. 그러나 아테나이인들은 아이기나인에 대해서는 은근히 경쟁심을 갖고 있었다. 테미스토클레스는 이를 적절히 이용해서 시민들 찬성을 얻어내 군대를 정비해 두었다. 이렇게 모은 은으로 전함 100척을 만들어 나중에 페르시아의 크세르크세스와 싸울 때 썼다.

그 뒤 테미스토클레스는 서서히 아테나이 시민의 관심을 바다로 돌렸다. 그에게는 아테나이인들은 육지에서는 이웃 나라에 맞설 수 없지만, 해군을 제대로 갖춘다면 페르시아군을 무찌를 수 있을 뿐 아니라 헬라스 전체를 호령할 수 있다는 강한 신념이 있었다.

이렇게 해서 테미스토클레스는 플라톤 말대로, 땅 위의 육군을 바다 위의 수군으로 만들었다. 그를 비난하는 자들은 그가 아테나이 군인들에게서 창과 방패를 빼앗고 노와 배를 떠맡기는 치욕을 주었다고 했다. 스테심브로투스에 따르면, 테미스토클레스는 민회에서 밀티아데스의 반대를 누르고 그의 정책을 통과시켰다고 한다. 그 과정에서 정치적 순수성이 더럽혀지고 권력의 균형이 무너졌는지도 모른다. 그러나 결정적으로 헬라스의 안전을 지켜준 것은 수군이 었다.

위기에 처한 아테나이를 다시 일어서게 한 것이 군함이었다는 사실에 대해 증거가 많이 남아 있는 것은 아니지만, 크세르크세스의 일화가 이를 충분히 증명한다. 크세르크세스 왕의 지상군은 땅에서는 건재했으나, 해전에서 아테나이 수군에게 패하자 더는 헬라스군에 맞서지 못할 거라 판단해 그대로 달아나 버렸다. 그가 후퇴하면서 마르도니우스 부대를 뒤에 남겨둔 것은 그들을 이용해 헬라스 주도권을 다시 잡고자 한 것이 아니라 오직 헬라스군의 추격을 막기 위해서였다.

어떤 이야기에 따르면, 테미스토클레스가 은을 얻는 데 온 힘을 기울였던 것은 좀 더 자유롭게 쓰고 싶었기 때문이라고 한다. 그는 자주 제단에 제물을 바쳤고, 외국 손님을 초대해 성대한 연회를 열었기에 많은 수입이 필요했다. 또한 그는 구두쇠이며 천박한 탐욕가여서 사람들이 선물로 보내온 식료품마저 내다 팔기도 했다.

언젠가 그는 말 사육사 필리데스에게 종자 한 마리를 달라고 했다가 거절당한 일이 있었다. 그러자 그는 필리데스의 말을 목마로 만들어버리겠다고 으름장을 놓았다. 이것은 말 사육사 집안 사람들 사이에 분쟁을 일으켜 서로 소송을 걸도록 하겠다는 뜻을 암시한 일화이다.

테미스토클레스는 언제 어디서나 사람들 눈에 띄려고 노력했다. 그가 아직 세상에 이름도 알려지지 않았을 무렵, 아테나이에서 인기 있는 하프의 명수, 헤르미오네 사람 에피클레스를 집으로 초대해 하프를 연주하게 한 일이 있었다. 자신의 집에 손님을 늘리고 주변을 활기차게 하려는 생각 때문이었다.

또 올림피아 경기에 갈 때는 거상(巨商) 키몬보다 사치스러운 옷차림과 마구, 호화로운 천막 등을 준비해 그를 앞지르려고 했다. 그러나 헬라스 사람들은 이를 좋게 보지 않았다. 사람들은 명문 집안 귀공자에게나 어울릴 만한 사치를 그처럼 이름도 없는 가난한 사람이 하는 것은 불손한 행동이며, 감당해 낼 재산도 없는 주제에 어울리지 않는 짓을 한다고 그를 비난했다.

한 연극 경연 대회에서 테미스토클레스가 경비를 후원한 작품이 우승한 적이 있었다. 사람들은 이를 매우 부러워했다. 그는 기념으로 서판을 한 장 꺼내와 다음처럼 새기도록 했다.

프레아리아의 테미스토클레스가 후원하고
프리니코스가 각본을 썼지.
아데이만투스가 연출을 하였네.

테미스토클레스는 시민들 사이에서 인망이 높았다. 그는 모든 시민 이름을 외워서 어떤 이와 마주치면 그 사람 이름을 반갑게 부르며 인사했다. 언제나 상인들 사이에서 중재를 맡아 공평한 판결을 내렸다. 그가 군대 사령관으로 있었을 때의 일이다. 한번은 케오스의 시인 시모니데스가 자신한테 이롭게 사정을 봐달라고 그에게 몰래 부탁을 해왔다. 그러나 테미스토클레스는 가락의 운율을 깨뜨린다면 좋은 시인이 될 수 없는 것과 마찬가지로, 누군가의 사정을 위해 법을 왜곡한다면 자신 또한 좋은 관리가 될 수 없다고 말했다.

또 시모니데스가 코린토스인들이 도시 미관에 지나치게 신경을 쓴다며 비난했을 때, 테미스토클레스는 코린토스 같은 훌륭한 도시의 주민을 욕하는 것은 생각이 짧다는 증거라고 말했다. 그러고는 용모도 보잘것없으면서 자기 초상화를 수도 없이 그려달라고 하는 시모니데스를 어리석은 사람이라며 비웃었다.

테미스토클레스는 점차 대중의 인기를 모아 세력을 키워나갔다. 마침내 그의 정당이 아리스티데스 당을 제압하고, 도편추방제를 이용해 아리스티데스를 국외로 쫓아내는 데 성공했다.

페르시아 왕이 다시 헬라스를 침공할 기미가 보이자, 아테나이 시민들은 누구를 지휘관으로 삼을 것인지 의논했다. 이 위험한 임무에 겁을 먹은 많은 사람들은 모두 지휘권을 마다했다. 그러던 참에 에피키데스라는 유명한 연설가가 지휘관이 되고자 자청했다. 그는 에우페미데스의 아들로 연설은 잘했지만, 용기가 부족하고 뇌물을 좋아하는 황금의 노예였다. 그가 후보로 나간다면 선동적인 연설로 많은 표를 얻어 지휘관이 될 게 거의 확실했다. 하지만 테미스토클레스는 지휘권이 에피키데스 손에 들어간다면 모든 게 끝장이라고 여겨서는 그에게 뇌물을 보내 그가 야심을 버리고 선거를 포기하게 만들었다.

한편 페르시아 왕은 아테나이에 사신과 통역관을 보내, 복종의 뜻으로 도시의 흙과 물을 보낼 것을 요구했다. 테미스토클레스는 시민 동의를 얻어 그 통역관을 체포한 뒤 죽였다. 그의 죄명은 야만인의 명령을 그대로 헬라스어로 옮겼다는 것이었다. 이는 젤레아 사람 아르트미아스를 처형한 일과 함께 세상의 칭송을 받은 사건 가운데 하나였다. 아르트미아스는 페르시아 왕에게서 받은 금을 헬라스인들에게 나누어주며 매수하다가 적발되었다. 그는 죄인이 되었으며, 그 후손에 이르기까지 시민권과 선거권을 잃고 말았다.

하지만 누가 뭐라고 해도 테미스토클레스의 가장 중요한 공적은 페르시아와의 전쟁을 앞두고 헬라스 내전을 끝내고 분쟁을 가라앉힌 것이다. 이로 말미암아 도시국가 사이의 적대감을 잠시 뒤로 미뤄둘 수 있었다. 이 위대한 업적에는 아르카디아 사람 킬레온이 큰 도움을 주었다.

마침내 아테나이군 지휘권을 거머쥔 테미스토클레스는 곧장 시민들 권유대로 전함에 올랐다. 그리고 헬라스에서 멀리 떨어진 곳에 있는 페르시아군과 벌일 전쟁에 대해 이웃 나라들에게 설명했다. 그러나 많은 사람들이 그의 전략에 반대했으므로 하는 수 없이 아테나이군과 라케다이몬인을 이끌고 템페로 진군해 테살리아를 방어하려고 했다. 아직 페르시아가 테살리아에 전쟁을 선포하지는 않았지만, 템페가 위험에 처하는 일이므로 도울 권한이 있었다. 그러나 이들은 전투 한 번 제대로 치르지 못한 채 허무하게 철수해야 했고, 테살리아뿐만 아니라 보이오티아 또한 다시 크세르크세스 손아귀에 들어갈 위험에 빠졌다. 그제야 아테나이인들은 테미스토클레스의 해상 전투 전략에 귀 기울이기 시작했다. 사람들은 그에게 커다란 전함 여러 척을 주고, 아르테미시움 해협으로 출항해 자신들을 지켜달라고 부탁했다.

드디어 모든 군함이 집결했다. 헬라스군은 라케다이몬 사람 에우리비아데스를 사령관으로 추대했다. 하지만 아테나이인은 다른 나라의 지휘를 받으려 하지 않았다. 자신들 군함이 다른 나라 군함을 모두 합한 것보다도 수가 더 많기 때문이다.

그러나 테미스토클레스는 내분을 걱정해 에우리비아데스에게 지휘권을 양보했다. 그는 아테나이인들을 다독이며 만약 이 전쟁에서 아테나이군이 용감하게 싸운다면 그때는 반드시 그에 걸맞은 보상을 받을 것이라 약속했다. 테미스토클레스의 온건한 자세는 그가 헬라스를 구원할 지도자 자질을 갖추었다는 사실을 보여주었다. 그로써 아테나이인은 적보다 훨씬 용맹할 뿐만 아니라 지혜도 다른 동맹군보다 훌륭하다는 명예를 얻을 수 있었다.

페르시아 대함대가 아페타이로 오자, 에우리비아데스는 해협 어귀로 밀려오는 적의 숫자를 보고 경악했다. 더구나 눈앞에 보이는 것 말고도 200척의 페르시아 함대가 에우보이아 섬 뒤로 돌아오고 있다는 보고를 듣고는, 곧바로 헬라스 영역 안으로 후퇴했다. 그들은 펠로폰네소스에 있는 지상군과 수군의 지원을 받기로 결심했다. 해전에서는 도저히 페르시아 대군을 이겨낼 수 없다고 판단했기 때문이다.

그런데 에우보이아인들은 헬라스군에게서 버림받으면 자신들은 적군 손안에 떨어져 위험해지리라 판단했다. 그들은 사자 펠라곤을 테미스토클레스에게 몰래 보내 엄청난 금액을 제시하며 자신들을 지켜달라고 애원했다. 헤로도토스 기록에 따르면 테미스토클레스는 이 돈을 받아서 다시 에우리비아데스 손에 넘겨주었다고 한다.

이때 테미스토클레스에게 가장 거세게 반대한 사람은 아르키텔레스였다. 그는 배의 선장으로, 선원들에게 임금을 지불할 돈이 없었기에 아테나이로 돌아갈 궁리를 하고 있었다. 테미스토클레스는 돈을 받지 못한 선원들의 노여움을 부추겨 배를 부수고 선장의 저녁 식사마저 빼앗았다. 순간 아르키텔레스는 넋을 잃고 바라보다가 불같이 화를 냈다. 테미스토클레스는 곧 빵과 고기를 담은 바구니 밑에 은화 1탈란톤과 편지를 넣어 그에게 보냈다. 편지에는 이 음식으로 저녁을 먹고 은화로 내일 아침 선원들 품삯을 지급할 것과, 만일 이를 어기면 적에게서 금품을 받았다는 사실을 아테나이인들에게 알리겠다고 적었다. 이것이 레스보스 사람 파니아스가 전하는 이야기이다.

아르테미시움 해협에서 헬라스와 페르시아가 벌인 전투는 그리 중대한 사건은 아니다. 하지만 이 실전 경험은 헬라스군에 소중한 이익을 남겼다. 실전과 진정한 위기를 통해 많은 진실을 발견했기 때문이다. 즉 군함의 숫자도, 아름다운 배의 장식도, 함성도, 야만적인 승전곡마저도 적과 뒤엉켜 싸우려는 결의를 다진 자에게는 결코 공포의 대상이 될 수 없음을 깨달았다. 그렇게 눈에 보이는 것은 모두 무시한 채 과감하게 맞붙어 싸우면 되는 것이다.

핀다로스는 이 전투를 목격한 사람인 듯하다. 그는 아르테미시움 해전 결과를 아래와 같은 노래로 표현했다.

여기 아테나이 아들들이
오늘도 흔들리지 않는 자유의 주춧돌을 세웠노라.

누가 뭐라 해도 승리는 용기를 북돋우는 일이었다. 아르테미시움은 헤스티아이아 시의 북쪽에 위치한 에우보이아 해협에 있다. 또 맞은편 해안에는 필로크테테스 영역인 올리존 시가 있다. 그곳에는 '동녘의 성전'이라 불리는 아르테미스(디아나)를 모시는 작은 신전이 있다. 숲 속에 자리 잡은 이 신전은 새하얀 대리석 둥근 기둥으로 둘러싸였는데, 그 기둥을 손으로 비비면 사프란 꽃물이 들고 그 향기가 스며든다고 한다. 그 기둥 가운데 하나에는 다음처럼 시 한 구절이 새겨져 있다.

아테나이 아들들이 아시아에서 온 숱한 민족과
저 바다 위에서 싸웠나니.
이 둥근 기둥을 세워 디아나 여신에게
우리의 승리에 대한 감사를 바치노라.

이 해안에는 오늘날까지도 오래된 유적이 남아 있다. 이곳 바닷가에 있는 커다란 모래언덕을 파보면, 그 속에서 검은 재와 무언가를 태운 흔적이 나온다. 이는 그 무렵 군함 파편과 시신을 태운 것으로 추정된다.

테르모필라이(테르모필레)에서는 지상군이 패하고 레오니다스 왕이 전사했다. 크세르크세스 왕이 헬라스로 들어오는 육로를 길목마다 점령하고 있다는 소식이, 아르테미시움에 있는 헬라스 연합군에 전해졌다. 이 소식을 들은 연합군은 헬라스 후방으로 돌아가기로 했다. 그때 아테나이군이 후미를 맡았는데, 위험한 최전선에서 마지막까지 명예롭게 싸우는 동안 그들의 사기는 갈수록 드높아졌다.

테미스토클레스는 해안을 따라 순항하며 적군 함대가 상륙하기에 편리한 항만과 지점들을 눈여겨 보았다. 그리고 적군이 상륙하거나 배를 정박할 만한 곳을 발견하는 대로 그 주변에 있는 돌에 커다란 글자를 새겨넣었다. 더 나아가 그 근처에 큰 돌을 세워놓고 이런 문구를 새겼다.

"이오니아 사람이여, 할 수 있다면 메디아인을 버리고 헬라스 쪽으로 오라. 헬라스인이야말로 고귀한 민족이며, 올바른 역사를 써 내려갈 위대한 선조가 될 것이다. 지금도 우리는 이 고귀한 민족의 자유를 위해 목숨 걸고 싸우고 있다. 만일 원조가 불가능하다면 조금이라도 페르시아군을 방해하고 교란하라."

테미스토클레스는 이 문구를 이용해 이오니아인이 반란을 일으키도록 만들고, 페르시아군으로 하여금 이들의 성실성을 의심하도록 부추겨 큰 분란을 일으키고자 했다.

그때 크세르크세스 왕은 이미 도리스를 지나 포키스 지방을 침략하고, 포키스의 모든 도시를 불태우며 파괴를 일삼았다. 하지만 헬라스군은 구원군을 보내지 않았다. 테미스토클레스는 아테나이군이 먼저 아르테미시움으로 함대를 끌고 가 공격한 것처럼, 적군이 아티카로 몰려오기 전에 미리 보이오티아로 가서 페르시아군을 막아야 한다며 연합군을 열심히 설득했다. 그러나 연합군은 그의 요청을 무시한 채 펠로폰네소스를 지키기 위해 이스트무스 지방 협곡으로 후퇴하는 데에만 정신을 쏟았다. 그리고 그 좁다란 협곡 해안에 큰 장벽을 쌓기로 결의했다.

아테나이인은 연합군에게 배신당한 것에 분개했고, 동시에 아테나이 시가 무너지는 것을 보며 탄식해야 했다. 단독으로 페르시아 대군을 무찌르는 것은 생각조차 할 수 없었다. 남아 있는 오직 하나의 방책은 도시를 버리고 군함에 의지하는 것이었다. 그러나 민중은 이 계획에 찬성할 수 없었다. 그들에겐 전쟁에서 승리를 거두는 일은 전혀 의미가 없었다. 신전을 버리고 선조의 묘와 비석을 적에게 짓밟히도록 내버려 둔다면, 두 번 다시 이 도시를 구원할 수 없으리라 생각했기 때문이다.

이런 위기에서 테미스토클레스는 어떤 조리 있는 설명으로도 시민들을 설득할 수 없음을 깨달았다. 그는 신탁을 이용하기로 하고, 연극에나 나올 법한 괴이한 계략을 짰다. 아테나(미네르바) 신전 깊은 곳에는 신을 위해 봉사하는 뱀이 살고 있었는데 그즈음 통 모습이 보이지 않았다. 음식을 가져다 놓아도 먹은 흔적이 없었으므로 사제는 뱀이 사라졌음을 민중에게 알렸다. 그리고 테미스토클레스에게 미리 부탁받은 대로, 여신은 이미 도시를 떠나 먼저 바다로 나갔다고 알렸다.

테미스토클레스는 몇 번이나 "나무 벽에 의지하라" 이런 신탁이 내려왔다고 말하며, 나무 벽은 배를 뜻하는 것이라고 설명했다. 또 신탁 가운데 살라미스 섬 이름은 비극적인 불행의 섬이라는 뜻이 아니라 '성전'을 이르는 말이며, 이 성이 나중에 헬라스인에게 커다란 행복을 가져오게 되리라고 말했다.

그리하여 사람들은 테미스토클레스의 의견에 따르게 되었다. 그는 시민들에게 이 소식을 알렸다. 그리고 도시는 '아테나이의 여신' 아테나에게 맡겨둘 것, 무기를 들 수 있는 나이인 사람은 모두 배에 탈 것, 저마다 아내와 아이와 노예를 안전한 곳으로 피란시켜 둘 것을 명령했다.

드디어 이 안건이 결정되었으므로 아테나이인 대부분은 부모와 처자식을 트로이젠으로 이주시켰다. 트로이젠 사람들은 이들을 매우 친절하게 대해주었다. 그들은 이 피란민들을 공공재산으로 부양하도록 정하고 개인에게 하루 2오볼로스씩 지급했다. 또 아이들에게 어디서나 마음대로 과일을 따 먹을 수 있게 허락했으며, 학비까지 내주었다. 이를 제안한 사람은 니카고라스였다.

그 무렵 아테나이에는 국고가 남아 있지 않았다. 그에 대한 아리스토텔레스 이야기에 따르면, 아레오파고스 협의회가 출정하는 병사들에게 8드라크메씩 나누어 주고 함대를 꾸미는 데 많은 돈을 들였기 때문이라고 한다. 그러나 클레이데무스는 이 또한 테미스토클레스 전략의 하나였다고 한다. 아테나이 함대가 페이라이우스 항으로 들어가는 길에 고르곤의 머리가 새겨진 방패를 잃어버렸다. 테미스토클레스는 이것을 찾는다는 핑계로 배 안을 샅샅이 뒤지다가 사람들 짐 속에 숨겨진 금을 발견하고 압수해서 군비로 써버렸다. 그로 인해 병사들과 선박 제조자들은 항해하는 데 충분한 식료품을 확보할 수 있었다.

아테나이 모든 시민이 배에 오르는 모습은 매우 애달프고도 슬픈 광경이었다. 이미 부모와 처자를 멀리 피란 보낸 그들은 눈물도 흘리지 못한 채 살라미스 섬으로 배를 돌렸다. 그들을 더욱 슬프게 만든 것은, 움직일 기력조차 없는 수많은 노인들을 아테나이에 그대로 남겨둔 일이다.

가축들도 왠지 모르게 슬퍼 보였다. 이제까지 길러준 주인을 따라가고 싶었는지, 가축들은 거리를 이리저리 뛰어다니며 큰 소리로 울부짖었다. 그 가운데 페리클레스의 아버지인 크산티푸스가 기르던 개가 홀로 남겨지는 것을 참지 못해 바다로 뛰어들어 배 쪽으로 헤엄쳐 갔다는데, 살라미스에 닿았는지는 알 수 없다. 아마도 중간에 힘이 빠져 죽었으리라. 오늘날도 그 장소를 '퀴노스세마(개의 무덤)'라 부르는 것은 이 일에서 비롯한다.

이런 위급한 상황에서 테미스토클레스는 수많은 공적을 쌓았다. 하지만 그런 그에게도 아리스티데스를 다시 불러들이는 것은 어려운 일이었다. 전쟁 전 아리스티데스는 테미스토클레스가 이끄는 당파 때문에 독재자가 되려는 음모를 꾸몄다는 누명을 쓰고 추방되었다. 그러나 지금 시민들은 그가 없는 사실을 안타까워할 뿐만 아니라, 그가 복수심에 페르시아 편이 되어 헬라스를 멸망시킬까봐 불안에 떨었다. 이런 시민들의 마음을 알아챈 테미스토클레스는, 추방된 뒤 어느 정도 시간이 지난 사람들의 귀국을 허가한다는 법안을 통과시켰다. 그리고 돌아온 사람들에게 헬라스의 승리를 위해 다른 시민들과 함께 논의하고 행동하는 것을 도우라고 명령했다.

에우리비아데스는 스파르타 세력 덕분에 모든 헬라스 함대의 총사령관이 됐지만, 그에게는 위기에 대처할 만한 용기가 없었다. 그래서 이스트무스 해협으로 돌아와 육군이 머물고 있는 곳 부근 맞은편에 닻을 내리려 했다. 테미스토클레스는 이를 반대했다. 이것이 바로 역사상 유명한 말을 남긴 그 장면이다. 에우리비아데스가 테미스토클레스의 저돌적인 성미를 누르려고, 올림피아 경기에서 자신보다 먼저 출발하는 사람은 채찍으로 맞을 것이라고 말하자, 테미스토클레스가 말했다.

"뒤로 처지는 사람은 왕관을 쓸 수 없소."

에우리비아데스가 지팡이를 휘두르며 진짜로 때리려는 몸짓을 하자 테미스토클레스는 조금도 당황하지 않고 차분하게 이야기했다.

"때리시오. 그러나 이 말만은 들어주시오."

그 침착함에 놀란 에우리비아데스는 손을 멈추고 그의 말에 귀를 기울였다. 테미스토클레스는 에우리비아데스가 살라미스 섬에 남아 있어야 한다며 다시 한 번 설득했다. 그러자 옆에 서 있던 누군가가 집을 버리고 국토를 떠나라고 권하는 것은 옳지 않다고 말했다. 이에 테미스토클레스가 대답했다.

"그렇소. 비천한 남자여, 우리는 집도 성루도 모두 버렸소. 그런 생명도 정신도 없는 무생물 따위에 집착해 노예가 되려는 비열한 자는 이미 틀려먹었기 때문이오. 그러나 두고 보시오. 우리 아테나이야말로 헬라스 전체에서 가장 큰 도시가 될 것이니. 그것은 바로 이 군함 200척으로 이루어진 도시요. 만약 그대들이 부탁한다면 지금이라도 그대들을 보호해 줄 수 있소. 그러나 그대들이 예전에 했던 것처럼 또다시 우리를 버리고 달아나 배신한다면, 모든 헬라스는 머지않아 알게 될 것이오. 아테나이인이 그대들이 잃어버린 아름다운 국토와 자유로운 큰 도시를 얻었다는 소식을."

테미스토클레스의 말을 듣고, 에우리비아데스는 만일 자신들이 후퇴해 버리면 아테나이군이 헬라스군과의 연합을 깨버리리라는 것을 깨달았다. 그때 한 에트루리아 사람이 반론을 제기하자 테미스토클레스는 이렇게 말했다.

"까마귀 같은 그대들이 전쟁을 아는가? 그대들에게 검은 있어도 그것을 휘두를 기력 따위는 없는 것 같군."

또 이런 이야기도 있다. 테미스토클레스가 갑판 위에서 이러한 논의를 하고 있을 때, 올빼미 한 마리가 군함 오른쪽으로부터 날아와 돛대 위에 앉았다. 이 길조가 헬라스군을 고무하여 테미스토클레스의 의견에 찬성하도록 만들었기 때문에, 모두 바로 전투 준비에 박차를 가했다.

아티카 연안 팔레룸 항에 다다른 적의 함대는 큰 배와 작은 배가 멀리 해안까지 가릴 만큼 많았다. 그리고 왕이 직접 육군을 지휘해 바닷가에 닻을 내리는 모습을 보자, 헬라스군은 또다시 두려움에 휩싸여 테미스토클레스가 당부한 책략을 잊어버렸다. 함께 있던 펠로폰네소스인들은 또다시 이스트무스 해협 쪽을 흘깃거렸고, 후퇴를 반대하는 사람에게는 몹시 화를 냈다. 그들은 밤을 틈타 달아나기로 결심하고 뱃길 안내인에게 미리 항로까지 일러두었다.

테미스토클레스는 헬라스군이 바다 비좁은 뱃길로 좁혀져 오는 지형적 이점을 포기한 채 저마다 자기 나라로 달아나려는 것을 보고 큰 걱정에 빠졌다. 그는 깊이 생각한 끝에 계책 하나를 떠올려 시킨누스에게 그것을 실행토록 했다. 시킨누스는 페르시아인 포로였지만 테미스토클레스에게 깊이 감복한 사람이었다. 테미스토클레스는 시킨누스를 비밀리에 크세르크세스에게로 보냈다. 페르시아 진영으로 간 시킨누스는 왕에게 곡물을 바치고 테미스토클레스의 말을 전했다. 여기에 있는 헬라스 함대가 자기들 나라로 후퇴하려 하니 곧장 그들의 퇴로를 끊고, 그들이 육군과 멀리 떨어져 혼란에 빠져 있을 때 덮쳐 해상에서 전멸시키라는 전언이었다.

페르시아 왕 크세르크세스는 이 말을 듣고 매우 기뻐하며, 테미스토클레스가 자신에게 호의를 갖고 있는 줄로 착각했다. 그는 곧 모든 함장에게 군함

200척을 서둘러 출정시켜, 모든 섬 사이를 포위하고 해협의 뱃길을 완전히 막으라는 명령을 내렸다. 그리고 헬라스 군함은 단 한 척도 빠져나가지 못하도록 유격 함대까지 따로 만들어 추격할 준비를 시켰다.

이러한 움직임이 시작되자 리시마쿠스의 아들 아리스티데스가 이를 가장 먼저 알아차리고 테미스토클레스 근거지로 찾아왔다. 그는 앞에서 말했듯이 테미스토클레스 때문에 나라 밖으로 추방된 적이 있던 사람이었다. 그가 찾아온 것은 우정 때문이 아니라 오로지 적에게 포위된 사실을 알려주기 위함이었다. 아리스티데스의 남자다운 성품을 익히 알고 있던 테미스토클레스는 그의 방문에 깊은 감동을 받았다. 그는 자신이 시킨누스에게 시킨 일을 모두 털어놓았다. 그리고 아리스티데스라면 반드시 헬라스인들에게서 신임을 받을 것이므로 그들의 믿음을 이용해 헬라스군의 후퇴를 막고, 해협에서 페르시아군과 싸울 때 힘을 보태달라고 부탁했다.

아리스티데스는 테미스토클레스의 작전에 찬탄했다. 그는 다른 사령관과 함장들을 일일이 찾아다니면서 곧바로 페르시아군을 물리쳐버리자고 격려했다. 그러나 헬라스 연합군은 아직 싸울 준비가 되어 있지 않았다. 그사이 파나이티오스는 페르시아에서 탈출한 테노스의 군함 한 척을 끌고 왔다. 그 군함 함장은 아직도 의심을 버리지 못하고 망설이는 사람들에게 이미 퇴로가 모두 막혔다고 알렸다. 이 소식을 듣자 그들은 다시금 분노가 치밀어 전의를 불태웠다.

크세르크세스 왕은 날이 밝기를 기다리며 함대와 전장 상황을 살피기 위해 높은 곳으로 올라갔다. 파노데무스 기록에 따르면 왕이 머물렀던 자리는 헤라클레스 신전 위의 절벽으로, 아티카 해안과 살라미스 섬 사이에 좁은 바닷길을 두고 떨어져 있다고 한다. 아케스토도루스의 기록에는 메가라 국경의 뿔이라고 부르는 언덕 위라고 한다. 그곳에서 왕은 황금으로 만든 옥좌에 앉아, 곁에 서기를 두고 전황을 하나하나 기록하도록 했다.

테미스토클레스는 사령관선에 오르기 전에 바닷가에서 제사를 드리고 있었다. 이때 포로 세 사람이 끌려왔다. 빼어난 용모에 아름다운 옷을 입고 금으로 치장한 그들은 아르타우크테스와 산타우케의 아들들이었다. 산타우케는 크세르크세스 왕의 누이였다. 예언자 에우프란티데스가 이 세 사람을 바라본 순간 제단에 올린 제물에서 커다란 불기둥이 솟구쳐올랐다. 바로 그때 누군가가 오른쪽에서 재채기를 했다. 이것은 좋은 징조였다.

에우리프란티데스는 테미스토클레스 손을 잡고서 이 세 사람을 제물로 바치게 해달라며 애원했다. 디오니소스는 인간을 제물로 받는 신이므로, 그렇게 해야만 헬라스인들을 위험에서 구하고 전쟁에서 승리를 거둘 수 있다는 것이었다. 이 기묘하고도 참혹한 점패에 테미스토클레스는 심한 갈등을 느꼈다. 그러나 민중은 본디 위급하고 생명이 걸린 중대한 상황에 빠지면, 이치에 맞는 방법보다는 엉뚱하고 도의에 어긋나는 수단으로 구원을 청하는 법이다. 그들은 한목소리로 디오니소스 이름을 외치고, 포로들을 제단으로 끌고 가서 예언자가 지시한 대로 제사의식을 진행하라고 강요했다. 이것은 레스보스 사람이며 역사에 정통한 철학자 파니아스가 전하는 이야기이다.

페르시아 함대 수에 대해서는 시인 아이스킬로스가 정확한 사실을 바탕으로 그의 비극 시집 《페르시아 사람들》에 이렇게 적었다.

> 그날 크세르크세스가 보낸 것은
> 전함 1천 척과 가장 빠른 배 2백 척.
> 모든 사람은 이를 알게 되리라.

아테나이군의 배는 180척으로 전함마다 18명이 탔는데, 그 가운데 4명은 궁수였고 나머지는 중무장한 전사들이었다.

테미스토클레스는 기지를 발휘해 아군에게 좀 더 유리한 전투 장소를 미리 정해두었으며, 현명하게 가장 좋은 때를 노려 공격했다. 그는 거센 바람이 불고 해안에 강한 파도가 쳐 물살이 사나워질 때까지 뱃머리를 페르시아군에게 돌리거나 싸움을 걸지 말라고 단단히 일렀다. 높은 파도는 선체가 낮고 밑이 평평한 헬라스 전함에 어떠한 영향도 끼치지 못했다.

이와 달리 페르시아 함대는 크나큰 어려움에 부딪혔다. 페르시아 군함은 뱃고물과 갑판이 높은 데다가 무겁기까지 해 파도가 높고 물살이 센 곳에서는 조종하기 힘들었다. 특히 배가 자꾸만 옆으로 돌아가, 배의 측면을 노린 헬라스군의 급습에 심각한 피해를 입었다. 테미스토클레스는 가장 훌륭한 본보기였으므로 헬라스군은 그의 지시에 따라 마치 한 몸처럼 잘 움직였다.

페르시아군 제독 아리아메데스는 크세르크세스 왕의 동생들 가운데서도 가장 뛰어난 용사였다. 그는 가장 큰 배를 타고 돌진해 테미스토클레스가 타고 있는 배 위로 창과 화살을 소나기처럼 퍼부었다. 페르시아 배는 마치 성벽처럼 높아 테미스토클레스는 쉽사리 반격할 수 없었다. 이때 데켈레이아 사람 아메이니아스와 페디아 사람 소클레스가 함께 배를 몰고 쳐들어가 아리아메데스의 배를 정면으로 들이받았다. 두 배는 황동으로 만든 앞부분이 서로 찔린 채 맞물려 꼼짝할 수 없었다. 그러자 아리아메네스는 칼을 뽑아들며 적의 배로 뛰어들었고 두 사람은 그를 창으로 찔러 바다에 던져버렸다. 뒷날 그 시체가 부서진 배 조각들과 함께 바다에 떠다니는 것을 왕비 아르테미시아가 발견해 크세르크세스 왕에게 가져갔다고 한다.

전하는 바로는, 전투가 최고조에 이르렀을 때 엘레우시스 평원에서 하늘 높이 불기둥이 솟구쳤다고 한다. 바다에 인접한 트리아시아 평원을 진동하는 듯한 커다란 소리였다. 마치 많은 사람들이 신비스런 디오니소스 신 제사를 지낼 때 행렬을 지어 몰려오는 소리 같았다. 그 울림이 시작되는 장소에서 안개가 일어 바다를 뒤덮고 밀려오더니 마침내 함대를 둘러쌌다.

또 갑옷을 입은 전사의 혼령이 나타나 아이기나 섬에서 헬라스 함대 앞쪽으로 손을 내미는 모습을 봤다는 사람도 있다. 사람들은 그것을 헬라스인이 전쟁 전에 기도를 올리고 가호를 빌었던, 아이아키다이의 영웅들이 혼령이 되어 나타난 것이라 여겼다.

가장 처음으로 적의 군함을 빼앗은 사람은 리코메데스라는 아테나이 함장이었다. 그는 적의 깃발을 떼어내 월계관을 쓴 아폴론에게 바쳤다. 해협이 좁아 페르시아 함대는 전투에 온힘을 쏟을 수 없었고, 심지어 자기편끼리 충돌하기도 했다. 이를 이용해 헬라스군은 페르시아군과 당당하게 겨룰 수 있었다. 그들은 날이 저물 때까지 격렬히 싸워 페르시아군을 몰아냈다. 헬라스군의 명예로운 승리는 시모니데스 말처럼, 헬라스와 모든 야만국 그리고 해상에 있어서도 "다시 찾아볼 수 없는 가장 영광스러운 승리"였다.

이 해전이 끝나자 패배에 분개한 크세르크세스 왕은 흙과 돌덩어리를 산처럼 모아 바다에 던져 해협을 메워버렸다. 그리고 둑을 쌓아 그것을 타고 넘어 육군을 곧바로 살라미스 섬으로 진격시키려 마음먹었다.

이에 대해 테미스토클레스는 아리스티데스의 마음을 떠보려 했다. 함대를 이끌고 헬레스폰투스로 돌아가서 페르시아군이 거기에 만든 다리를 무너뜨려 그들의 퇴로를 막고, 유럽에 들어와 있는 아시아 군대들을 포로로 삼을 생각이라며 그의 의견을 물었다.

아리스티데스는 그 계획에 반대했다.

"지금까지 우리는 사치와 환락에 빠져 전쟁을 심심풀이쯤으로 생각해 온 페르시아군과 싸웠소. 그러나 퇴로까지 막아 막다른 골목으로 몰아버린다면 그들도 더는 황금 양산 아래 편히 앉아 전쟁을 구경만 하지는 않을 것이오. 궁지에 몰린 쥐는 무슨 짓을 할지 모르는 법이지. 대군을 가진 그들이 지금까지의 태만한 실수들을 바로잡고 온갖 방법을 궁리해 결사적으로 싸우려들 테니 다리를 파괴하는 것은 우리에게 이로울 게 없소. 오히려 할 수 있다면 다리를 하나 더 놓아 그들을 빨리 달아나게 하는 편이 더 나을 것이오."

테미스토클레스가 말했다.

"그렇다면 우리의 힘과 지혜를 합해 가능한 한 빨리 페르시아 왕을 몰아냅시다."

테미스토클레스는 포로들 가운데 아르나케스라는 페르시아 신관을 골라 크세르크세스에게 돌아가서 말을 전하도록 했다.

"승리를 거둔 헬라스군은 헬레스폰투스로 가서 아시아로 통하는 다리를 파괴하기로 결정했습니다. 하지만 테미스토클레스는 폐하의 안위를 걱정해 하루빨리 이 소식을 전하라며 저를 풀어주었습니다. 또 페르시아군이 다리를 건너는 동안 그는 헬라스 연합군을 지체하도록 시간을 끌어서 폐하를 돕겠다고 했습니다."

크세르크세스 왕은 이 말을 듣자마자 소스라치게 놀라 전속력으로 헬라스에서 물러났다. 뒤에 일어난 플라타이아 전투를 보면, 테미스토클레스와 아리스티데스의 판단이 옳았다는 것을 확실히 알 수 있다. 크세르크세스군이 남기고 간 마르도니우스의 군대는 그 수가 매우 적었지만, 헬라스군은 몇 번이나 전멸의 위기를 넘긴 끝에야 가까스로 승리했기 때문이다.

헤로도토스 기록에 따르면, 모든 헬라스 도시 가운데 전쟁에 가장 헌신한 도시는 아이기나였다. 개인으로는 테미스토클레스가 꼽혔다. 사람들은 시기하고 못마땅해하면서도 그를 꼽을 수밖에 없었다. 드디어 전쟁에 승리하고 펠로폰네소스로 돌아왔을 때, 누가 가장 큰 공헌자인가를 결정하기 위해 장군들은 제단 위에서 투표를 했다. 모두 첫 번째로는 자신을 뽑고 두 번째로 테미스토클레스를 뽑았다.

라케다이몬 사람들은 테미스토클레스를 스파르타로 초대해 에우리비아데스에게는 용맹의 상패를, 테미스토클레스에게는 지혜와 덕행의 상패를 수여했다. 시민들은 테미스토클레스에게 올리브 나뭇잎으로 만든 관을 씌우고 스파르타에서 가장 좋은 전차를 바쳤다. 그들은 그를 전차에 태우고 젊은이 300명에게 시중을 들게 해 국경까지 배웅했다.

그 뒤 올림피아 경기가 열렸을 때도 테미스토클레스가 경기장에 들어서자, 관중은 승부를 다투는 선수들에게는 눈길 한 번 주지 않고 오로지 테미스토클레스의 모습만 온종일 바라보았다. 그리고 외국인들에게 그에 대해 알려주고 환호하며 박수를 보냈다. 테미스토클레스는 몹시 기뻐하며 헬라스를 위해 최선을 다한 고생의 열매를 이 자리에서 모두 거두었다고 친구에게 고백하기도 했다.

테미스토클레스가 천성적으로 명예를 중요하게 여겼던 것은, 그를 따라다니는 수많은 일화로도 알 수 있다. 아테나이 해군사령관으로 뽑혀 취임했을 때에, 그는 사무에 대해서 어떤 결정도 내리지 않고 일부러 모든 일을 출항하는 날까지 미뤄두었다. 그리고 마지막에 산처럼 쌓인 일들을 한꺼번에 처리해 버림으로써, 그가 얼마나 능력이 뛰어나고 영향력 있는 사람인가를 드러내 보였다.

언젠가 그는 바닷가에 떠밀려 온 시체에서 금반지와 목걸이를 발견한 적이 있었다. 그는 함께 있던 친구에게 그것을 가리키면서 "이봐, 저걸 주워가게나. 자네는 테미스토클레스가 아니니까 말이야" 내뱉고 앞으로 걸어갔다.

또 안티파테스라는 말끔한 젊은이는 이제까지 테미스토클레스를 꺼려오다가, 그가 높은 명성을 얻자 비위를 맞추러 찾아왔다. 테미스토클레스는 이런 말로 비꼬았다.

"이보게, 시간이 우리 두 사람에게 아주 좋은 교훈을 주었구먼."

테미스토클레스는 아테나이인이 자신을 존경하거나 찬미하지 않고 버즘나무처럼 여긴다고 생각했다. 사람들은 날씨가 궂을 때 버즘나무 밑으로 피했다가, 날씨가 좋아지면 바로 그 잎을 뽑거나 가지를 자르기 때문이었다.

언젠가 세리포스 사람이 그에게, 오늘날 당신이 누리는 명성은 아테나이의 위대함 덕분이지 당신 혼자의 힘으로 얻은 것이 아니라고 말했다. 그러자 테미스토클레스가 말했다.

"당신 말이 맞소. 내가 세리포스인이었다면 이런 명성은 얻을 수 없었을 것이오. 그러나 당신이 아테나이인이었어도 이런 명성을 얻지는 못했을 것이오."

또 어느 장군이 자신은 아테나이인을 위해 큰 공을 세운 사람이라고 거드름을 피우며, 자신의 공적을 테미스토클레스 공적과 비교했다. 테미스토클레스는 그에게 한 가지 우화를 들려주었다.

"옛날에 축제 다음 날이 축제일을 비웃었네. '축제일에는 모든 사람이 축제 준비하느라 바쁘고 힘들지만, 내가 나타나면 모두 한가롭게 모여 준비해 놓았던 음식을 먹을 수 있다. 그러니 내가 더 훌륭하다.' 그러자 축제일이 대답했지. '네 말이 옳다. 그러나 내가 없었다면 너도 없었을 것이다.'"

장군이 맞는 말이라는 듯 고개를 끄덕이자 테미스토클레스가 말했다.

"마찬가지네. 만일 어제의 테미스토클레스가 없었다면, 장군이 어떻게 지금 여기에 있을 수 있겠나?"

테미스토클레스에게는 어린 아들이 하나 있었다. 그는 고집이 세고 제멋대로였는데, 어머니는 아이를 너무 귀여워해 그런 응석을 모두 받아주었다. 나중에는 어머니를 통해 아버지마저 자기 말에 따르게 만들었으므로 테미스토클레스는 자기 아들이 헬라스에서 가장 큰 세력을 가졌다고 말했다. 헬라스는 아테나이인이 다스리고 아테나이인은 자신이 지배하는데, 자신을 꼼짝 못하게 하는 아내가 아들 말이라면 뭐든 들어주기 때문이라는 것이다.

그는 무엇이든지 기발한 것을 좋아했다. 자신의 소유지를 팔 때 사람들에게 옆집에 훌륭하신 분들이 살고 있으므로, 이 땅을 사면 좋은 이웃도 함께 갖게 되는 것이라 널리 알렸다. 또 그의 딸이 동시에 두 사람에게 청혼받았을 때도 그는 인간성이 메마른 재산가 대신 재산은 없어도 성품이 좋은 쪽을 선택했다. 돈 없는 사람이 사람 없는 돈보다 낫다는 게 그 이유였다.

페르시아와 전쟁이 끝난 뒤 테미스토클레스는 아테나이의 재건과 성벽을 다시 쌓는 일을 시작했다. 테오폼푸스는 테미스토클레스가 스파르타 장관들을 돈으로 매수한 뒤 이 일을 추진했다고 기록했다. 하지만 많은 역사가들은 테미스토클레스가 그들을 속였다고 말한다.

테미스토클레스는 사자라는 명분으로 스파르타에 갔다. 스파르타인은 아테나이인이 성벽을 다시 쌓는 것에 항의했다. 폴리아르쿠스도 항의하려고 일부러 아이기나 섬에서 스파르타까지 찾아왔다. 그러나 테미스토클레스는 그런 사실이 없다며 온갖 말로 부인했다. 그리고 정 의심스러우면 아테나이로 사람을 보내 직접 확인해 보라고 말했다. 그는 이런 식으로 성벽을 지을 시간을 벌 생각이었다. 그리고 스파르타에서 보낸 사자들을 자신의 안전을 위해 인질로 잡아 아테나이에 가둬버렸다. 라케다이몬 사람들은 마침내 진실을 알게 되었지만, 볼모로 잡힌 사자들을 되돌려 받기 위해 화를 억누르며 테미스토클레스를 무사히 돌려보낼 수밖에 없었다.

다음으로 테미스토클레스는 페이라이우스에 항구를 짓기 시작했다. 그곳이 항구에 알맞은 지형임을 알아차린 그는 온 도시를 곧바로 바다와 이어지게 연결하고자 했다. 그리고 항구 주변에 큰 도시를 세워 아테나이 사람들의 관심을 바다로 돌리려 했다. 하지만 이는 아테나이 옛 왕들 정책에 반대되는 것이었다. 고대 왕들은 신하와 민중으로 하여금 바다를 멀리하고 육지에서 땅을 경작하는 일에 온 힘을 쏟도록 했다. 그래서 왕들은 지혜의 신 아테나와 바다의 신 포세이돈이 아테나이 지배권을 두고 싸웠지만, 아테나 여신이 재판관 앞에서 올리브나무를 자라게 해 승리했다는 전설을 사람들에게 퍼뜨렸다.

하지만 테미스토클레스는 희극 시인 아리스토파네스 말처럼 도시와 항구를 하나로 묶은 정도가 아니라, 아테나이 시가 페이라이우스 항에 전적으로 의존하도록 만들었다. 이는 귀족들의 힘이 시민들에게 옮겨가는 계기가 되었다. 배를 타고 나가는 선장과 갑판장, 키잡이 등 일반 시민들에게 실권이 돌아가면서 그들의 세력이 커졌기 때문이다. 아테나이인들은 바다를 가까이 하면서부터 민주 정부를 원하기 시작했다. 그래서 후세의 폭군들은 바다를 향해 세운 공회당을 허물고 육지를 바라보도록 다시 지었다. 바다에 터전을 둔 사람들은 민주주의를 원하지만, 농사를 지으며 사는 사람들은 독재정치에 대한 반감이 훨씬 덜하다고 여겼기 때문이다.

그러나 테미스토클레스는 아테나이를 바다의 주인으로 만들고자 하는 열망을 품고 있었다. 페르시아 왕 크세르크세스가 전쟁에 패해 물러난 뒤, 헬라스 함대는 파가사이 항에 들어와 겨울을 보냈다. 이때 테미스토클레스는 아테나이 시민들 앞에서 연설했는데, 자신에게 시민 모두의 이익과 안전을 크게 키울 비책이 있지만 공식적인 자리에서는 발표하기가 어렵다고 말했다. 그러자 시민들은 그에게 먼저 아리스티데스에게 이야기해 그가 찬성한다면 그 계획을 실행하라고 했다.

테미스토클레스는 아리스티데스에게 파가사이 항에 모여 있는 헬라스 함대를 모조리 불태워 없애는 것이 그 비책이라 밝혔다. 아리스티데스는 시민 앞에 나타나 테미스토클레스의 계획에 대해 '그보다 더 유익한 방법도, 더 악랄한 방법도 없다'고 말했다. 그 말을 들은 아테나이 시민들은 테미스토클레스에게 그 계획을 그만두라고 했다.

암픽티온 동맹 회의에서 라케다이몬 사람들은 페르시아 전쟁에 참가하지 않은 나라들을 이 동맹에서 제외해야 한다고 주장했다. 테미스토클레스는 그들의 주장대로 테살리아, 아르고스, 테바이가 이 동맹에서 제외된다면 라케다이몬인이 회의를 장악해 안건이나 제안을 자신들에게 유리하게 끌고 갈 것을 걱정했다. 페르시아 전쟁에 참가한 도시들은 31개뿐이었고, 그것도 거의 매우 작은 나라들이었기 때문이다. 참전하지 않은 나라들을 모두 제외시킨다면 헬라스 전체 회의가 두세 강대국의 손아귀에 떨어져버릴 게 분명했다. 테미스토클레스는 회의에 참가한 다른 나라마다 사람을 보내 라케다이몬의 의견에 반대하도록 설득했다. 라케다이몬 사람들은 이 일을 몹시 불쾌하게 여겼고, 키몬이라는 사람을 지지하고 후원해 테미스토클레스와 정치적으로 맞서게 했다.

테미스토클레스는 여러 섬들을 돌아다니며 금품을 요구했는데, 이 일로 동맹국들은 불만을 품었다. 헤로도토스에 따르면, 테미스토클레스는 안드로스 섬 주민들에게 금을 내놓으라고 하면서 자신은 '설득'과 '필요'의 두 여신을 모시고 왔다고 말했다. 그러자 주민들은 자신들에게도 위대한 두 여신이 있는데 그들은 '가난'과 '불가능'이라며 한 푼도 낼 수 없다고 답했다.

로도스 섬 시인 티모크레온은 테미스토클레스를 격렬하게 비난하는 시를 썼다. 그는 테미스토클레스가 금을 받고 추방자들의 귀국을 허락해 주면서, 친구인 자신은 외국에 버리고 뒤도 돌아보지 않는다고 했다.

티모크레온의 시는 아래와 같다.

파우사니아스를 칭찬하는 것도 좋고
크산티푸스를 노래하는 것도 좋으며
레오티키데스를 칭송해도 좋다.
하지만 내가 찬양하는 사람은 오직 아리스티데스.
거룩한 도시 아테나이가 낳은 가장 선량한 이로다.
테미스토클레스는 배신과 반역 그리고 속임수로

라토나의 분노를 사고 더러운 대가를 받았노라.
고향으로 돌아가길 원하는 친구를 저버리고
더러운 뇌물과 은화 3탈란톤을 차지했으니,
누구는 다시 본국으로 부르고
누구는 고국에서 몰아내며
또 누구는 사형에 처하고
언제나 자기 이익만 채웠도다.
이스트미아 경기가 열렸을 때에도
사람들은 고기를 먹으며 그를 조롱했고,
이렇게 기도드리더라.
내년에는 다른 사람이 이 잔치를 베풀게 하소서.

티모크레온은 재판을 받고 추방된 뒤에도 더욱 가혹하고 맹렬하게 테미스토클레스를 비방하는 노래를 불렀다.

저 멀리 계신 시와 노래의 여신이여,
이 노래는 올바른 말로 된 것이니
모든 헬라스인에게 널리 전해주소서

전하는 말로는, 티모크레온은 전쟁 때 페르시아와 내통했던 일이 들통나 아테나이에서 추방되었는데, 테미스토클레스도 티모크레온에게 벌을 내려야 한다는 측에 찬성했다고 한다. 그 앙갚음이었는지 테미스토클레스가 페르시아인과 함께 음모를 꾸몄다고 고발되었을 때, 티모크레온은 그의 이름을 제목으로 이런 시를 지었다.

이제 페르시아의 친구는 티모크레온 하나가 아님을 알았네.
페르시아의 금 찾아 배신자 된 이가 더 있으니,
그들은 꼬리를 잡힌 나 말고 꼬리 잘린 여우들이라네.

아테나이인들은 테미스토클레스에 대한 나쁜 소문들에 차츰 귀를 기울이기 시작했다. 평판이 나빠질까 우려한 테미스토클레스는 자기가 세운 옛 공적을 싫증 날 만큼 거듭 끄집어내 사람들에게 호소했다. 하지만 그럴수록 사람들은 그에게 더 염증을 느꼈다. 그는 자신을 비난하는 사람들에게 "한 사람에게서 자꾸 은혜를 입으니 질려버렸소?" 이렇게 말하기도 했다.

테미스토클레스가 가장 사람들의 미움을 샀던 일은 아르테미스 여신 신전을 짓고 '가장 지혜로운 여신'이라는 이름을 붙인 것이다. 그가 헬라스 전체에서 가장 지혜로운 사람인양 행세하며 자랑한다고 여긴 아테나이인들은 이를 몹시 못마땅해했다. 테미스토클레스는 아르테미스 신전을 멜리타에 있는 자기 집 옆에 세웠는데, 오늘날 이곳은 집행관들이 사형수들의 시체나 사형에 쓴 밧줄과 옷을 버리는 장소가 되었다. '가장 지혜로운 여신' 신전에는 테미스토클레스를 영웅으로 표현한 작은 조각상이 오늘날에도 놓여 있다.

끝내 아테나이인들은 테미스토클레스를 추방했다. 사람들은 그가 가진 명예와 영광을 꺾기 위해 도편추방제를 이용했다. 세력이 너무 크거나 지나치게 위대해서 다른 사람들과 평등하게 여겨질 수 없는 사람을 민주정치를 위해 몰아낼 때 쓰던 수단이 바로 도편추방제였다. 이는 범죄자를 벌하기 위한 것이라기보단 들끓는 시기심을 가라앉히는 데 주로 이용되었다. 시민들은 명성이 자자한 사람을 끌어내리고 그들이 불명예스럽게 쫓겨나는 것을 보면서 후련해하며 마음을 가라앉혔다.

아테나이에서 추방된 테미스토클레스는 아르고스로 갔다. 때마침 파우사니아스의 매국사건이 일어나자 아그라울레 출신인 알크마이온의 아들 레오보테스가 반역죄로 테미스토클레스를 고소했다. 스파르타인들이 이 고소를 지지했고, 테미스토클레스의 적들은 그를 파멸시킬 좋은 기회라 여겼다.

파우사니아스는 반역을 계획하고 있었다. 그는 테미스토클레스와 무척 친했지만, 처음에는 그에게 이 사실을 숨겼다. 하지만 테미스토클레스가 아테나이에서 쫓겨나 고생하는 모습을 본 파우사니아스는 그를 찾아가 자신의 계획을 털어놓으며 도움을 청했다. 파우사니아스는 페르시아 왕으로부터 받은 편지 여러 통을 보여주고, 헬라스인은 은혜도 모르는 배은망덕한 자들이라며 그의 분노를 자극하려고 했다. 하지만 테미스토클레스는 단박에 이 제안을 거절했다. 그리고 이 일을 누구에게도 말하지 않았다. 그는 이런 모반계획이 터무니없고 무분별하다고 여겼고, 굳이 자신이 알리지 않더라도 조만간 사람들에게 들키거나 파우사니아스 스스로 계획을 포기하리라 생각했다.

마침내 파우사니아스는 모반을 꾀했던 일이 드러나 처형되었다. 그가 죽은 뒤 이 일과 관련된 편지와 문서들이 발견되었는데 거기에는 테미스토클레스가 의심받을 만한 내용도 있었다. 라케다이몬 사람들은 고함을 질러대며 그를 비난했고, 아테나이에서 그를 시기하던 자들은 앞다퉈 고발했다. 사람들의 의심은 순식간에 테미스토클레스에게 쏠렸다. 그러나 추방되어 외국에 있던 테미스토클레스는 직접 법정에 나갈 수 없었다. 그는 자신을 변호하는 편지를 써서 아테나이로 보냈고 이를 위해 지난날 자기가 받았던 비난을 이용했다. 자신은 늘 지배욕에 불타던 인간이며 지배를 받는 일에 대해서는 생각조차 해본 적 없는 사람인데, 어찌 파우사니아스가 시키는 대로 야만스러운 적국에 고개를 숙이고 조국을 노예로 팔아넘기겠느냐는 내용이었다.

그러나 민중은 고발자들의 날조된 거짓말에 마음이 기울어, 헬라스 민회에서 심문하기 위해 사람을 보내 테미스토클레스를 붙잡아오게 했다.

하지만 일찌감치 이 소식을 들은 테미스토클레스는 코르키라 섬으로 달아나버렸다. 코르키라는 테미스토클레스와 인연이 깊었다. 예전에 이 섬과 코린토스인과의 분쟁이 있었을 때, 테미스토클레스가 재판관으로 가서 코린토스인들에게 20탈란톤을 내게 하고 섬을 공동 이민지로 삼아 모두가 같은 권한을 갖도록 중재했기 때문이다.

테미스토클레스는 코르키라 섬에서 에피루스로 갔다가 다시 몰로시아로 달아났다. 아테나이인과 라케다이몬인들이 계속 그를 뒤쫓아 왔으므로 하늘에 운을 맡기고 정한 마지막 피난처였다.

몰로시아 왕 아드메투스는 예전에 아테나이에 어떤 일을 요구한 적이 있었다. 그러나 그 무렵 권세가 하늘을 찌를 듯 높았던 테미스토클레스는 이를 오만불손하게 거절해 버렸다. 모욕감을 느낀 왕은 기회가 오면 반드시 테미스토클레스에게 복수하리라 단단히 벼르고 있었다. 테미스토클레스 또한 이런 왕의 생각을 알고 있었지만, 이미 오래된 일이었으며, 뒤를 바짝 쫓아온 추격자들과 본국 사람들의 들끓는 분노가 더 두려웠기 때문에 아드메투스를 찾아가기로 마음먹었다. 그는 아드메투스의 어린 아들을 품에 안고 벽난로 앞에 엎드려 왕에게 간청했다. 몰로시아에는 이렇게 하는 사람의 요청을 절대 거절할 수 없는 풍습이 있었다. 어떤 사람은 몰로시아 왕비 프티아가 이 탄원 방법을 테미스토클레스에게 가르쳐주었으며 일부러 벽난로 옆에 어린 아들을 데려다 놓았다고 한다. 또 어떤 이는 아드메투스 왕이 종교를 핑계로 테미스토클레스를 넘겨주지 않기 위해 한패가 되어 연극을 꾸몄다고도 한다.

이때 아카르나이의 에피크라테스라는 사람이 테미스토클레스 가족을 남몰래 아테나이에서 데리고 나가 그의 본거지로 보냈다. 그 때문에 에피크라테스는 뒷날 키몬에게서 사형선고를 받고 처형되었다. 이는 스테심브로투스의 기록이다. 그런데 이 역사가가 이 사건을 깜빡 잊었는지, 아니면 테미스토클레스가 가족에게 그다지 신경 쓰지 않았기 때문인지 그 뒤부터 가족 이야기는 나오지 않는다.

테미스토클레스는 시킬리아 섬으로 건너갔다. 그러고는 독재자 히에론에게 헬라스 전체의 왕이 되게 해주겠다고 약속하며, 그의 딸을 아내로 맞이하고 싶다고 간청했다. 그러나 히에론이 이 청을 거절했으므로 그는 아시아로 떠났다고 한다. 하지만 이것은 믿기 어려운 이야기이다.

테오프라스투스가 《군주 열전》에 적은 것을 보면, 히에론 왕이 올림피아 경기에 경주마를 출전시키고 화려한 막사를 설치했을 때, 테미스토클레스가 연설로 독재자의 천막을 쓰러뜨리고 그 말의 출전을 막아야 한다며 헬라스 사람들을 부추겼다고 되어 있기 때문이다.

투키디데스 기록에 따르면, 테미스토클레스는 육로를 지나 에게 해로 가서 피드나 항에서 배를 탔지만, 사람들은 아무도 그가 누구인지 몰랐다. 그런데 폭풍우가 몰아쳐 배는 마침 아테나이군이 공격 중이던 낙소스 근해로 떠밀려갔다. 아테나이군에 발각될까 두려웠던 테미스토클레스는 그때 처음으로 선장과 뱃길 안내인 앞에서 자신의 이름을 밝혔다. 그는 간청하는 동시에 위협했다. 만약 해변에 배를 댄다면 아테나이 병사들에게 그들이 자신의 정체를 알고도 뇌물을 받고 태운 것이라 말하겠다고 으름장을 놓았다. 선장은 어쩔 수 없이 배를 버렸고, 그는 아시아 해에서 내려 달아났다.

테미스토클레스 재산 대부분은 그의 친구들이 비밀리에 그가 있는 소아시아로 보내주었다. 그 밖에 정부에 압수된 액수를 테오프라스투스는 80탈란톤이었다 하고, 테오폼푸스는 100탈란톤이었다고 한다. 테미스토클레스는 국가 업무에 종사하기 전에는 3탈란톤조차 없던 사람이었다.

테미스토클레스는 키메에 닿았다. 그는 바닷가에 자신을 노리는 자가 있음을 눈치챘다. 그중에서도 에르고텔레스와 피토도루스 두 사람이 가장 심했다. 그들은 돈을 벌기 위해서는 수단과 방법을 가리지 않는 사람들이었다. 페르시아 왕이 테미스토클레스에게 200탈란톤의 현상금을 내걸었기에, 사람들은 그를 붙잡으려고 혈안이 되어 있었다.

위험을 느낀 테미스토클레스는 아이올리아의 작은 도시 아이가이로 달아났다. 거기에는 그를 숨겨준 집주인 니코게네스 말고는 테미스토클레스를 아는 사람이 한 명도 없었다. 니코게네스는 아이올리아에서 제일가는 부자로 아시아 유력자들 사이에서도 존경받는 인물이었다. 그의 저택 안에서 테미스토클레스가 며칠 동안 숨어 지내던 때였다. 어느 날 밤 제단에 공물을 바치고 저녁 식사를 하려던 참에, 니코게네스 자녀의 경호원인 올비우스가 갑자기 발작적인 황홀 상태에 빠져 목소리를 높여 이렇게 읊었다.

밤이 말하리라.
밤은 그대를 가르치리라.
밤이 그대에게 승리를 주리라.

이 시를 듣고 나서 테미스토클레스는 잠이 들었다. 그날 밤 꿈에 큰 뱀 한 마리가 그의 배를 감고 있다가 머리 쪽으로 기어 올라왔다. 그리고 얼굴에 올라오는구나 생각한 순간, 뱀은 순식간에 독수리로 변해 커다란 날개를 펼치더니 그를 들어올려 멀리 날아갔다. 이윽고 전령이 쓰는 황금 지팡이가 나타나자 독수리는 그를 지팡이 위에 안전하게 내려주었다. 꿈에서 깬 그는 모든 공포와 불안에서 벗어날 수 있었다.

떠나기로 마음먹은 테미스토클레스는 자신을 숨겨주었던 니코게네스에게 고마움을 담아 인사했다. 니코게네스는 그에게 안전하게 아이올리아를 벗어날 수 있는 방법을 알려주었다.

많은 야만국들, 특히 페르시아인들은 질투가 심하고 잔인하며 의심이 많아서 여자를 매우 엄하게 다뤘다. 그들은 아내뿐만 아니라 돈으로 산 여종이나 노예들까지도 다른 사람들 눈에 띄지 않도록 했고, 집 안에 있을 때에도 여자들이 있는 방은 자물쇠를 채웠다. 밖에 나갈 때는 장막으로 가린 수레에 태워 데리고 다녔다. 니코게네스는 두꺼운 천으로 가린 마차를 한 대 준비해 테미스토클레스를 그 안에 태웠다. 그리고 누군가가 묻거든 이오니아에서 온 헬라스 여인을 페르시아 궁정에 있는 귀족에게 데리고 가는 길이라 말하라고 마부와 하인들에게 단단히 일렀다.

람프사쿠스 사람인 투키디데스와 카론은 이때 크세르크세스 왕은 이미 죽은 뒤였고, 테미스토클레스가 만난 것은 그의 아들이었다고 한다. 그러나 에포로스, 데이논, 클레이타르쿠스, 헤라클레이데스 및 대부분의 역사가들은 테미스토클레스가 크세르크세스 왕을 방문했다고 말한다. 투키디데스의 이야기가 연대표와 가장 잘 맞아떨어지기는 하지만, 그 연대표가 절대적이라고는 단정할 수 없다.

테미스토클레스는 위험을 무릅쓰고 페르시아 최고 대사인 아르타바누스를 찾아가 부탁했다. 자신은 한낱 헬라스인이지만, 페르시아 왕이 깊이 우려하고 있는 중대 사건에 대해 왕에게 말씀을 올리고 싶다고 청한 것이다. 아르타바누스가 말했다.

"여행자여, 인간들은 저마다 다양한 풍습에 따라 다르게 살아가오. 옳고 그른 것이 나라마다 모두 다르며, 자신들의 고유한 원칙을 지키는 것은 누구에게나 매우 중요한 일이오. 헬라스에서는 무엇보다 자유와 평등을 제일로 여긴다 들었소. 하지만 페르시아에서 가장 귀중한 원칙은 왕을 숭배하고, 우주를 보호하시는 신과 같이 섬기는 일이오. 당신이 우리 법에 따라 왕좌 아래 엎드려 왕께 복종을 맹세한다면 알현을 허락할 것이오. 그러나 이에 따를 수 없다면, 대신 왕께 아뢸 사람을 구해야 하오. 왕 앞에 엎드려 절하지 않는 자에게는 절대로 알현을 허락할 수 없소."

테미스토클레스는 이 말을 듣고 답했다.

"아르타바누스여, 나는 왕의 영광과 권세를 더해드리려 온 사람입니다. 페르시아 제국을 이토록 위대하게 만드신 신을 위해 국왕의 풍습에 따를 뿐만 아니라, 더 많은 사람들이 왕을 경배하도록 돕고자 합니다. 부디 제가 왕께 말씀을 아뢸 수 있게 길을 열어주시기 바랍니다."

아르타바누스가 물었다.

"그렇다면 이렇게 찾아온 그대가 누구라고 고해야 하오? 비천한 신분처럼 보이지는 않소만."

그러자 테미스토클레스가 말했다.

"어느 누구도 왕보다 먼저 그것을 알 수는 없습니다."

이는 파니아스가 전하는 기록이다.

에라토스테네스는 《부(富)에 대하여》에서, 테미스토클레스가 아르타바누스를 만나 왕의 알현을 부탁할 수 있었던 것은 아르타바누스를 경호하던 에레트리아 여자가 중간에서 도와주었기 때문이라는 설명을 덧붙였다.

테미스토클레스는 마침내 페르시아 왕 앞으로 안내받았다. 그는 무릎을 꿇고 엎드려 절을 올렸다. 그리고 입을 다문 채 조용히 일어섰다. 왕은 통역관에게 명령해 그의 이름을 물었다. 그러자 그가 입을 열었다.

"왕이시여, 저는 아테나이 사람 테미스토클레스입니다. 지금은 헬라스에서 쫓겨난 몸입니다. 예전 전쟁에서 페르시아에 많은 해를 끼쳤사오나, 앞으로 제가 페르시아를 위해 기여할 공덕은 그보다 훨씬 클 것입니다. 헬라스군의 추격에서 저를 구해주신다면 왕께 충성을 다하겠습니다. 페르시아에 대한 저의 충성이 의심되신다면, 저에 대한 헬라스인들의 적의를 그 증거로 삼으십시오. 원컨대 노여워 마시고 전하의 인덕을 천하에 널리 알리는 기회로 여겨 은총을 베풀어 주시기 바랍니다. 저를 구해주신다면 전하의 숭배자를 살리시는 것이고, 저를 내치신다면 헬라스의 적을 죽이는 것과 같을 것입니다."

테미스토클레스는 또 니코게네스 집에서 꾼 꿈과 신에게 받은 여러 계시들에 대해 이야기했다. 도도나에 있는 제우스 신전에서 받은 신탁은 '제우스 신과 똑같은 이름을 가진 사람을 찾아가라'는 내용이었다. 테미스토클레스는 페르시아 왕이 제우스 신처럼 위대하며 둘 다 똑같은 제왕의 이름을 가졌다고 여겨 이곳에 왔다고 했다. 그러므로 자신의 간청이 곧 제우스의 뜻이라고도 말했다.

왕은 테미스토클레스 말에 귀 기울이고 그 기상과 용기에 감탄했지만, 곧바로 대답하지는 않았다. 그러나 신하들과 따로 이야기를 나누는 동안, 왕은 이 최고의 행운을 기쁘게 여기고 자신의 운에 감사했다. 그리고 아리마니오스 신에게 기도하기를, 다른 적국들도 헬라스인들처럼 가장 용감한 자를 욕보이고 추방해 버리기 바란다고 말했다. 왕은 신에게 공물을 바치고 곧이어 성대한 향연을 베풀었다. 그날 밤 왕은 너무나 기쁜 나머지 자다가 세 번이나 깨서 큰 소리로 외쳤다.

"나는 아테나이 사람 테미스토클레스를 얻었다!"

아침이 밝자 왕은 궁정 대신들을 불러모으고 테미스토클레스를 어전으로 데려오게 했다. 테미스토클레스는 아무런 기대도 하지 않았다. 경호병이 그의 이름을 듣자마자 태도가 거칠어지면서 그에게 욕설을 퍼부었기 때문이다. 어전에는 이미 왕과 많은 신하들이 나와 엄숙히 그를 기다리고 있었다.

테미스토클레스가 왕좌 앞으로 나아갈 때 천인대장 록사네스는 자신의 앞을 지나가는 그에게 속삭이듯 말했다.

"이 헬라스의 교활한 뱀 같으니, 대왕의 은총으로 용케 여기까지 왔구나."

그러나 테미스토클레스가 왕좌 아래에서 엎드려 절하자 왕은 그의 인사를 받으며 부드러운 목소리로 자신이 그에게 200탈란톤을 빚졌다고 말했다. 누구든 테미스토클레스를 잡아오는 사람에게 200탈란톤을 주겠다고 했는데, 이렇게 본인이 스스로 찾아왔으니 현상금을 그에게 주는 게 마땅하다는 것이었다. 또 이보다 더 많은 재물을 하사하겠다 약속하며, 헬라스에 대해 무엇이라도 좋으니 한번 이야기해 보라고 말했다.

이에 테미스토클레스가 말하기를, 사람이 하는 말은 화려하게 수놓은 페르시아 양탄자와 같아서 펼쳤을 때는 그 무늬가 훤히 드러나 보이지만, 말려 있을 때는 감춰지거나 왜곡되는 법이라며, 자신에게 시간의 여유가 필요하다고 했다. 왕은 그의 비유를 무척 마음에 들어 하며 원하는 만큼 넉넉히 시간을 가지도록 허락했다. 테미스토클레스는 1년이 필요하다고 말했다.

약속했던 1년이 지나자 테미스토클레스는 통역관 없이 왕과 대화할 수 있을 만큼 페르시아어가 유창해졌다. 처음에 페르시아인들은 그가 왕에게 헬라스에 대한 이야기만 할 것이라 생각했다. 하지만 그즈음 정치에 엄청난 변화가 생기고 왕의 신임을 받던 신하들이 쫓겨나는 일까지 생기자, 사람들은 이 일에 테미스토클레스가 관여한 것으로 여겨 그를 미워했다. 그들은 테미스토클레스가 왕에게 자신들의 이야기까지 이러쿵저러쿵 떠들어댔을 것이라 상상했다.

사실 테미스토클레스가 받았던 영예는 외국인으로서는 전례가 없던 것이었다. 왕은 틈만 나면 그를 불러들여 함께 시간을 보냈고, 때때로 함께 사냥을 나가기도 했다. 그는 왕족 모임에도 초대받았고, 심지어 황태후 거처 출입까지 허락받아 왕의 어머니와도 가깝게 지냈다. 또 왕은 명령을 내려 그가 페르시아 사제 계급인 마고스의 비밀 의식에 대해 배울 수 있도록 해주었다.

테미스토클레스가 페르시아에서 지내던 때의 일이다. 스파르타 사람 데마라투스는 왕에게서 어떤 요구도 들어주겠다는 허락을 받았다. 그는 왕관을 위엄 있게 머리에 얹고서 가마를 타고 사르디스 거리를 위풍당당하게 행군하고 싶다고 청했다. 그러자 왕의 친척 미트로파우스테스가 데마라투스의 머리에 손을 얹고 비웃으며 말했다.

"이자의 머리는 왕관을 쓸 만한 머리가 아니다. 만약 네게 천둥과 번개를 쥐여준들 제우스 신이 될 수는 없지 않느냐."

왕도 크게 화내며 그를 물러가게 했다. 그리고 절대로 그를 용서하지 않겠다 결심하고, 그를 위한 어떤 탄원도 전혀 받아들이지 않았다. 그러나 테미스토클레스가 왕의 분노를 달래자 마침내 그를 용서해 주었다.

페르시아는 후대에 이르기까지 헬라스와 정치적으로 매우 친밀하게 지냈다. 페르시아 왕들은 헬라스에서 중요한 손님을 초청할 때면 늘 테미스토클레스보다 더 나은 대우를 해주겠다고 약속했다.

역사가들 기록에는 테미스토클레스가 페르시아를 크게 번영시켜 많은 사람들에게 존경을 받았다고 한다. 또 그는 멋진 식탁을 받게 되자 자녀들을 둘러보며 이렇게 말했다.

"아이들아, 내가 지난날 몰락하지 않았더라면 이런 좋은 날은 오지 않았을 것이다."

역사가 대부분은 그가 마그네시아, 람프사쿠스, 미우스 세 도시를 하사받아 거기에서 나오는 빵과 포도주와 고기를 마음껏 얻었다고 한다. 키지쿠스 사람 네안테스와 파니아스는 테미스토클레스가 페르코테와 팔라이스케프시스, 두 도시를 더 받아 그곳에서 침구와 의복도 얻었다고 했다.

테미스토클레스가 헬라스의 움직임을 살피러 해안지방으로 내려갔을 때였다. 상(上)프리기아 총독이자 페르시아 사람인 에픽시에스는 그를 암살하기 위해 오래전부터 피시디아 사람 여럿을 자객으로 고용해 훈련시켰다. 그는 테미스토클레스가 '사자의 머리'라 부르는 작은 마을에 올 때를 노려 습격하려고, 미리 자객들을 그곳에 숨겨두었다. 그러나 테미스토클레스가 낮잠을 자고 있을 때 신들의 어머니 딘디메네가 꿈에 나타나 이렇게 알려주었다.

"테미스토클레스, 사자 머리를 경계해라. 그 어금니에 물리지 않도록 조심하라. 이 충고의 대가로 너의 딸 므네시프톨레마를 우리에게 무녀로 다오."

잠에서 깬 테미스토클레스는 큰 불안감에 휩싸였다. 그는 여신에게 감사 기도를 올리고, 가던 길을 벗어나 다른 길로 돌아 문제의 장소를 피해갔다. 밤이 되자 그는 들판에서 하룻밤을 보낼 준비를 했다.

그런데 그의 짐을 나르던 말 한 마리가 그날 낮에 강을 건너다 넘어져 야영 도구가 모두 젖고 말았다. 하인들은 젖은 담요를 말리려고 넓게 펴서 나무에 걸어두었다. 그날 밤 어둠을 틈타 피시디아 자객들이 칼을 들고 야영지로 숨어들었다. 하지만 달빛이 흐려 잘 보이지 않았으므로, 그들은 널어놓은 담요를 테미스토클레스가 잠든 천막으로 착각했다. 그들이 가까이 가서 천막을 들추는 순간, 그곳에서 보초를 서고 있던 하인들이 자객들을 덮쳐 붙잡았다. 이리하여 테미스토클레스는 위험에서 벗어날 수 있었다. 그는 꿈에 나타난 여신을 기념하기 위해 마그네시아에 딘디메네 신전을 지었다. 그리고 그의 딸 므네시프톨레마를 무녀로 바쳤다.

또 테미스토클레스가 사르디스로 갔을 때 일이다. 그는 한가한 시간에 곳곳의 신전을 참배하고 건물, 장식, 갖가지 제물들을 둘러보고 있었다. 그러다가 신들의 어머니에게 제사를 지내는 신전에서 2큐빗쯤 높이의 황동으로 만들어진 여인상 하나에 눈길이 멈췄다. 물 나르는 여인이라 부르던 그 상은, 그가 아테나이에서 수도 공사의 감독으로 일했을 때 물을 버리거나 훔친 자에게서 거둔 벌금으로 제작해 신전에 바친 것이었다.

이 입상을 다른 나라에 빼앗긴 게 억울했는지, 아니면 그가 페르시아에서 누리고 있는 권력이 얼마나 막강한가를 아테나이인들에게 보여주고 싶었는지는 모르지만, 테미스토클레스는 사르디스 총독에게 그 입상을 아테나이로 돌려보내라고 부탁했다. 그러나 총독은 몹시 화가 나서 이 일을 왕에게 고하겠다고 말했다. 크게 놀란 테미스토클레스는 총독의 아내와 시녀들을 찾아가 돈을 쥐어 주며, 총독의 기분을 풀어달라고 부탁했다. 그 뒤로 그는 페르시아 관리들의 질투를 사는 게 두려워 말과 행동을 더욱 신중히 했다. 그리고 테오폼푸스가 기록했듯이, 테미스토클레스는 아시아 여행을 그만두고 마그네시아에 정착해 조용히 살아갔다. 마그네시아에서는 많은 사람에게서 사랑과 값진 선물을 받았으며, 페르시아 대귀족과 똑같이 존경받으며 오래도록 매우 안락한 나날을 보냈다. 그즈음 왕은 아시아 근처의 사건 때문에 바빠서 헬라스를 돌아볼 여유가 없었다.

그러던 차에 아이귑토스가 아테나이 후원을 받고 반란을 일으켰다. 키몬이 지휘하는 헬라스 함대가 키프로스 및 킬리키아까지 진격해 오자, 페르시아 왕은 헬라스를 공격해 그들의 세력 확장을 막기로 결심했다. 마침내 군대가 움직이고 지휘관들이 임명되는 과정에서 마그네시아에 있는 테미스토클레스에게도 전갈이 왔다. 예전의 맹세에 따라 헬라스 정벌 임무를 맡으라는 것이었다.

테미스토클레스는 아테나이인에 대한 원망이 이미 사그라져 있었다. 그리고 그 전쟁에서 받을 영예와 권능을 떠올려 보아도 전혀 흥분되지 않았다. 헬라스에 놀랄 만한 공적을 쌓고 있던 키몬이 있어서 페르시아가 목적을 이룰 수 없을 것이라 생각했기 때문일까? 아니, 그보다 그는 지난날의 영광을 더럽히고 싶지 않았으며 그가 거둔 승전보들을 잃고 싶지 않았다. 그래서 자신이 일생 동안 이루어 놓은 명성에 어울리는 죽음을 맞고자 결심하고 마음을 다잡았다.

테미스토클레스는 신들에게 제사를 올리고 친구들을 초대해 향연을 벌였다. 그리고 그들 손을 일일이 잡고 이별을 고한 뒤 황소의 피를 마셨다. 이는 곧잘 자살에 쓰이던 방법이었다. 그러나 다른 이야기에 따르면, 더 효과가 빠른 독약을 마셨다고도 한다. 테미스토클레스는 마그네시아에서 65세의 나이로 생애를 마쳤다. 그는 생애 대부분을 정치와 전쟁으로 보냈다.

페르시아 왕은 테미스토클레스가 죽은 이유와 그 방법을 전해 듣고 그를 깊이 존경했다. 그리고 그의 친구와 친척들에게 여전히 은혜를 베풀었다.

테미스토클레스는 알로페카이 사람 리산드로스의 딸 아르키페를 아내로 맞아 다섯 아이를 낳았다. 네오클레스, 디오클레스, 아르케프톨리스, 폴리에우크투스, 클레오판투스였다. 클레오판투스는 말 타는 솜씨가 뛰어났지만 별다른 특색은 없는 인물이었다고 플라톤은 말한다. 먼저 태어난 네오클레스는 어렸을 때 말에 물려 죽었고, 디오클레스는 할아버지 리산드로스의 양아들이 되었다.

테미스토클레스는 또한 두 번째 아내에게서 딸 여럿을 두었다. 므네시프톨레마는 이복동생인 아르케프톨리스와 결혼했고, 이탈리아는 키오스 섬 사람 판토이데스와, 시바리스는 아테나이 사람 니코메데스와 결혼했다. 테미스토클레스가 죽고 난 뒤 조카 프라시클레스는 마그네시아로 가서 또 다른 그의 딸 니코마케와 결혼하고, 막내 아시아를 맡아 키웠다.

마그네시아 사람들은 위대한 테미스토클레스 기념비를 시장 한복판에 세웠다. 아테나이인이 테미스토클레스의 무덤에서 유골을 훔쳐내 곳곳에 던져버렸다는 안도키데스의 기록은 돌아볼 가치도 없는 거짓이다. 이 이야기는 귀족들이 평민들에 대해 분노하게끔 그가 일부러 꾸며낸 것이기 때문이다. 지형학자 디오도루스가 《무덤기에 대하여》에, 상상력을 덧붙여 이렇게 썼다. 육지가 알키무스 곶보다 더 활처럼 휘어지는 페이라이우스 항을 돌아, 파도가 잦아드는 안쪽에 널찍한 석판을 깔았는데, 그 위에 테미스토클레스의 무덤이 있고 제단을 방패막이로 세워두었다는 것이다. 희극 시인 플라톤은 그 말을 믿고 이런 시를 노래했다.

바다의 끝, 젖은 물가
테미스토클레스 기념비 세워져
그의 고향을 바라보고 있네.
상인들은 짐을 실어 나르고
배들은 들어오고 나가는데,
아테나이 정복한 그 모습 바라보는
아름다운 무덤 하나 있어라.

많은 명예와 특권이 마그네시아에 사는 테미스토클레스 자손에게 돌아갔으며 오늘날까지도 이어지고 있다. 나는 철학자 암모니우스의 사학에서 공부할 때 테미스토클레스라는 이름을 가진 아테나이 사람과 친분을 맺고 있었는데, 그 또한 이런 특권을 누리고 있었다.

카밀루스(MARCUS FURIUS CAMILLUS)

　푸리우스 카밀루스는 여러 위대한 업적들을 세웠는데, 그의 삶에는 한 가지 이상한 사실이 있다. 그는 전쟁에서 여러 차례 큰 승리를 거둔 유능한 장군이었으며, 다섯 번이나 독재관으로 임명되어, 네 번이나 개선식을 치러 로마 제2의 창건자라 불렸지만 단 한 번도 집정관이 되지 못했다는 점이다. 그 까닭은 로마의 정치적 사정에서 찾을 수 있다. 그 무렵 민중은 원로원과 뜻이 맞지 않아 집정관 선출을 반대하고, 그 대신 군사위원회 구성을 제안했다. 군사위원회 호민관들은 집정관과 마찬가지 권한을 가졌지만, 인원이 많아져 권력이 분산되었기에 시민들의 미움을 덜 받았다. 집정관 2명 대신 호민관 6명이 정치를 맡게 됨으로써 과두정치에 불만을 품은 사람들에게는 위안이 되었다.

　그 무렵 카밀루스의 권세와 명예는 절정에 올라 있었다. 원로원은 기회가 있을 때마다 그를 집정관으로 뽑으려 했지만, 그는 국민의 불만을 무시하면서까지 그 자리에 오르기를 원치 않았다. 여러 관직에 임명되었을 때도 늘 다른 이들과 권력을 나누었고 함께 일을 처리했지만, 언제나 모든 영광은 그에게 돌아갔다. 지배자 위치에서도 그는 자신을 절제할 줄 알았고, 판단력과 지혜가 다른 사람보다 훨씬 뛰어났기 때문이다.

　그즈음 푸리우스 집안은 그리 이름이 알려지지 않았는데 카밀루스가 아이퀴인, 볼스키인과의 전쟁에서 승리하면서 처음으로 가문의 이름을 빛냈다. 이 전쟁들에서 그는 포스투미우스 투베르투스 장군 아래서 싸웠다. 카밀루스는 말을 타고 군대 맨 앞에서 돌격하다가 허벅다리에 적의 창을 맞았지만, 그것을 뽑아버리고 그대로 적을 공격해 무찔렀다. 전쟁이 끝난 뒤 그는 여러 영예를 얻었으며, 명예와 권위가 상당히 보장되는 검열관으로 임명되었다. 검열관으로 일하는 동안 그는 훌륭한 업적을 쌓았다. 그것은 바로 결혼하지 않은 남성들을 설득해 미망이 된 여인들과 결혼하도록 한 일이었다. 그때는 전쟁들이 많아 과부도 많았기 때문이다. 또 어쩔 수 없이 추진했던 일은, 그때까지 세금을 내지 않았던 고아들에게서 세금을 거둔 것이었다. 이어지는 전쟁 때문에 엄청난 비용이 필요했으며, 특히 베이 시를 포위하기 위해서는 이러한 조치를 내릴 수밖에 없었다. 어떤 사람들은 베이 시민을 베이엔타니라고도 불렀다.

베이는 에트루리아 수도로, 로마에 버금가는 많은 무기와 군대를 갖고 있었다. 주민들의 생활은 고상하고 호화로웠으며, 로마와는 여러 차례 전쟁을 벌이면서 영광과 권세를 다투었다. 그 무렵 베이는 큰 전투에서 로마에 거듭 패한 뒤 높고 튼튼한 성을 쌓고 성안에 무기와 식량 모든 군수물자를 충분히 장만해 둠으로써, 장기간에 걸친 포위에도 끄떡없이 버텼다.

시간이 지날수록 성을 포위하고 있던 로마군의 고충은 커져갔다. 로마군은 언제나 여름철에만 잠시 전쟁을 하고 겨울은 로마에서 지냈는데, 이때 처음으로 적국에서 7년 동안이나 여름·겨울 할 것 없이 전쟁을 치렀던 것이다. 마침내 로마 장군들은 전쟁을 너무나 오래 끈다는 비난을 받고 지휘권을 빼앗겼다. 그리고 새로 임명된 장군들이 전쟁터로 파견됐다. 그 가운데에는 두 번째로 호민관에 임명된 카밀루스도 있었다. 그러나 그는 베이 시 포위전에는 몸소 참가하지 않고 팔레리이인, 카페나인과 싸우는 임무를 맡았다. 이 두 도시는 로마군이 베이 시에서 싸우는 동안 내내 로마 영토를 침범해 말썽을 일으켰는데, 카밀루스가 크게 활약해 이들을 물리쳤다.

로마군이 베이 시에서 한창 전쟁을 치를 무렵 알바누스 호수에서 이상한 일이 일어났다. 도무지 이유를 설명할 수 없는 현상이며, 과학적 근거도 없었으므로 사람들은 몹시 두려워했다. 때는 가을이었는데, 여름에도 특별히 비가 많이 오거나 습한 남풍이 불지 않았기에 이탈리아 곳곳 강과 호수, 시내들은 아예 바싹 말라버렸거나 물이 조금 고여 있을 뿐이었다. 지역 특유의 찌는 듯한 더위 때문에 큰 강들도 수위가 크게 낮아져 매우 얕게 흘렀다. 알바누스 호수는 높은 언덕으로 둘러싸여 있을 뿐, 그곳으로 흘러드는 물줄기가 없었다. 그런데 갑자기 눈에 띄도록 물이 차츰 불어나더니 호수 주위를 둘러싼 산허리를 지나 마침내 산꼭대기까지 차올랐다. 이로 인한 별다른 피해는 없었지만, 신령한 힘 때문이 아니고서는 도무지 있을 수 없을 법한 일이었다.

처음에는 호수 근처에서 양이나 소를 치던 목동들만 기이하게 여겼다. 그러나 물이 자꾸 불어나 호수를 가두고 있던 산지를 넘고, 그 아래에 있는 밭과 포도원으로 쏟아져 내리면서 바다로 흘러가는 것을 보자, 로마인뿐만 아니라 이탈리아에 사는 모든 사람이 이상한 징조라고 생각했다. 이 일은 베이를 포위하고 있던 로마 군대에서도 큰 이야깃거리가 되어 베이 사람들 귀에까지 들어갔다.

성을 오랫동안 포위하다 보니 로마군과 베이군은 자주 접촉했다. 이때 어느 로마 병사가 자신과 친해진 베이 사람에게 이 이야기를 털어놓았다. 이 베이인은 신탁에 정통한 데다가 남다른 예지력을 지니고 있었다. 그는 호수가 흘러넘쳤다는 말을 듣자 무척 기뻐하며 이제는 로마군이 아무리 포위를 해도 소용없다고 말했다. 그러자 로마 병사는 그 일뿐 아니라 더 기묘한 징조들이 로마에서 일어나고 있으며, 나라가 곧 망하리라 믿는 로마 시민들은 목숨을 건질 궁리만 하고 있다고 말했다. 이 말을 들은 베이 사람은 로마 병사로부터 더 많은 비밀들을 듣게 되리라 기대해 그와 다시 만나기로 약속했다. 하지만 로마 병사는 그를 성문에서 멀리 떨어진 곳까지 꾀어낸 뒤, 미리 숨어 있던 다른 병사들과 합세해 그를 포로로 잡아 장군 앞으로 끌고 갔다.

이렇게 되자 베이 사람은 빠져나갈 도리가 없음을 깨닫고 베이에서 비밀스럽게 전해 내려오는 신탁을 털어놓았다. 알바누스 호수 물이 바다로 흘러들어가는 한, 베이 시는 절대로 함락되지 않는다는 내용이었다.

이 소식을 전해 들은 로마 원로원은 델포이 신전으로 사절을 보내 아폴론의 신탁을 받기로 결정했다. 리키니우스 코수스, 발레리우스 포티투스, 파비우스 암부스투스 등 가장 유명한 사람들이 사절단으로 임명되었다. 일행은 배를 타고 델포이에 닿아 신탁을 받고 무사히 돌아왔다. 신탁은 라티움 축전과 관련된 운동제 때 예전부터 소홀히 해온 행사가 있었다고 지적했다. 또한 알바누스 호수 물이 바다로 흘러들어 가지 못하게 하고 될 수 있으면 본디 물줄기를 찾으라고 했으며, 그렇게 할 수 없다면 도랑을 많이 파서 물이 평야에 골고루 스며들게 하라고 지시했다. 신탁을 받은 사제들은 서둘러 제사를 드리고, 시민들은 바다로 흐르는 물길을 돌리기 위해 바삐 움직였다.

전쟁이 시작된 지 10년째 되던 해에 원로원은 다른 장군들을 모두 소환하고 카밀루스를 독재관으로 임명했다. 카밀루스는 코르넬리우스 스키피오를 기병 대장으로 삼고, 이 전쟁에서 승리하면 큰 축제를 벌일 것이며, 로마 사람들이 '마테르 마투타'라 부르는 여신에게 신전을 지어 바치겠다고 맹세했다.

제사를 드리는 방식을 볼 때 이 여신은 아마 헬라스의 레우코테아를 가리키는 듯하다. 제의 중에 여종들을 신전 깊숙이 데리고 들어간 다음 때려서 내쫓고, 자기 자식 대신 다른 사람의 아이를 품에 안기 때문이다. 이는 남편의 첩 때문에 고생한 이노 이야기나, 술의 신 바쿠스를 키우는 모습을 흉내 낸 것으로 보인다.

기도를 마친 카밀루스는 팔리스카 영토로 진군해 그들의 군대를 격파했으며, 팔레리이를 도우러 왔던 카페나군도 물리쳤다. 그다음 베이 시를 포위했다. 이 도시는 정면에서 공격하기 어려웠으므로 땅 밑에 굴을 팠다. 성 부근의 땅은 흙이 부드러워 쉽게 팔 수 있었다. 기대대로 일이 진행될 조짐이 보이자 카밀루스는 성 밖에서 공격을 감행해 적의 주의를 성벽 쪽으로 돌렸다. 그동안 다른 병사들은 땅굴을 통해 성안으로 들어가 베이 시내에서 가장 크고 신성한 유노 신전까지 다다를 수 있었다.

때마침 그곳에서는 베이 왕이 제물을 바치고 있었다. 제물로 잡은 짐승의 창자를 살펴보던 점술가가 외치기를, 이 제물을 먼저 올리는 편이 이번 전쟁에서 승리하리라고 선언했다. 이 소리를 듣자마자 땅속에 있던 로마군이 일제히 바닥을 밀어 올리며 솟아나와 무기를 휘둘렀다. 베이인들이 놀라 달아나자 로마군은 제물의 창자를 카밀루스에게 가지고 갔다. 그러나 이 이야기는 꾸며낸 것일 가능성이 높다.

급습으로 도시를 점령한 로마군은 어마어마한 전리품을 얻었다. 성루에 서서 그 광경을 바라보던 카밀루스는 동정의 눈물을 흘렸다. 그는 곁에 있던 사람들로부터 축하의 말을 듣자 두 손을 하늘 높이 치켜들고 기도를 올리며 말했다.

"거룩하신 유피테르 신이시여, 선악을 판단하시는 모든 신이시여, 로마군이 무도한 적의를 가진 이 도시를 점령한 것은 대의명분에 따른 일이며 정당한 일임을 아실 것입니다. 그러나 만일 이 승리로 저희가 벌을 받아야 한다면 그것

을 로마 시나 군대가 아닌 저에게 내려주시고, 되도록 가볍게 하시기를 바라나
이다."

기도를 마친 그는 로마인 관례에 따라 오른쪽으로 돌아서다가 그만 넘어지
고 말았다. 함께 있던 사람들은 놀라서 어쩔 줄 몰랐다. 그러나 그는 다시 일어
나더니, 자신의 기도대로 커다란 행운의 대가로 조그만 불행을 받은 것이라 설
명했다.

도시를 점령한 뒤에 카밀루스는 미리 맹세한 대로 유노의 신상을 로마에 옮
기기로 결정했다. 그는 신상을 옮길 사람들을 모아놓고 유노에게 제사를 올리
며, 여신께서 그들의 제물을 거두시고 로마의 다른 신들과 더불어 그들을 지켜
주시기를 기원했다. 그러자 신상이 낮은 목소리로, 준비가 되었으며 기꺼이 그
러겠노라 대답했다고 한다.

하지만 리비우스에 따르면, 카밀루스가 신상에 손을 대고 기도를 올리며 간
청한 건 사실이지만, "신께서 준비가 되셨으며 기꺼이 함께 가시겠다 합니다"
말한 것은 곁에 있던 사람들이라고 한다.

어쨌든 기적을 믿는 사람들은 로마에 찾아온 행운이 자신들의 주장을 증명
한다고 말한다. 신의 힘이 함께하지 않았다면, 그리고 신이 이따금 그 위대한
모습을 드러내지 않았다면 작고 초라하게 시작한 로마가 그토록 커다란 영광
과 권세의 정점에 결코 설 수 없었으리라는 것이다. 그뿐 아니라 이와 비슷한
여러 신기한 일들이 고대 역사가들에 의해 전해진다. 예를 들어 신상이 땀을
흘렸다든가, 한숨을 쉬었다든가 또는 옆을 돌아보며 눈을 감았다는 등의 이야
기이다.

오늘날에도 신비한 이야기를 접했을 때 무조건 부정할 수 없는 경우가 많다.
본디 인간은 나약한 존재이므로 이러한 일을 너무 쉽게 믿는 것도, 또는 절대
믿지 않는 것도 똑같이 위험한 일이다. 전자는 광신으로 치우칠 우려가 있으며,
후자는 신을 믿지 않는 결과를 낳을 수 있기 때문이다. 그러므로 극단으로 치
우치지 않고 중용을 지키는 것이 가장 좋은 방법이다.

그런데 카밀루스는 로마와 견줄 만한 도시, 로마의 포위 공격을 10년이나 버
틴 도시를 점령한 눈부신 업적이 너무나 자랑스러웠는지, 아니면 주위 사람들
의 칭송이 쏟아진 탓에 우쭐해졌는지 여느 때의 냉철한 판단력을 잃어버렸다.

그는 지나치게 성대한 개선식을 올렸다. 특히 백마 네 필이 이끄는 호화로운

전차를 타고 로마 시내를 돌았는데, 이제껏 어느 장군도 그렇게 한 적이 없었다. 이러한 마차는 오직 신들의 왕이며 아버지인 유피테르만 누릴 수 있는 영광이라 여겼기 때문이다. 이 일은 그렇게 화려한 광경에 익숙지 않던 시민들의 반감을 샀다.

게다가 그는 로마 시민들 거주지 문제로 그들과 또 한 번 충돌했다. 호민관들은 민중과 원로원을 둘로 나누어 그 가운데 절반은 로마에 머물고, 나머지 반은 새로 얻은 도시로 이주하자고 제안했다. 그렇게 하면 영토가 두 배로 넓어지며 두 개의 커다란 도시를 얻게 되어 식민지들을 유지하는 데에도 도움이 되리라 생각했다. 인구도 많고 살기 어렵던 시민들은 이 제안에 적극 찬성하고, 빨리 투표로 결정하자고 소리쳤다. 그러나 원로원과 유력한 귀족들은 호민관의 정책이 로마를 무너뜨릴 수 있다고 반대하며, 카밀루스에게 달려가 도움을 청했다. 논란이 두려웠던 카밀루스는 법안을 연기하기 위해 갖가지 핑계로 일을 벌였다. 그러자 사람들 관심이 다른 데로 쏠리며 자연히 시민들의 주장은 묵살되고 말았다.

시민들이 카밀루스를 미워하게 된 가장 큰 이유는, 그가 전리품에 대해 10분의 1씩 세금을 요구했기 때문이다. 시민들이 비난하는 것도 무리가 아니었다. 카밀루스는 분명 베이 시를 점령하러 갈 때, 승리하면 전리품에서 10분의 1을 아폴로에게 바치겠다고 맹세했다. 그런데 막상 도시를 함락하자, 병사들의 원망을 받기 싫었는지 아니면 맹세를 잊었는지 그는 병사들이 마음대로 약탈해 사욕을 채우도록 내버려두었다. 그리고 나중에 독재관 지위에서 물러난 다음에야 이 일을 원로원에 알렸다. 그러자 사제들 또한 카밀루스가 맹세를 지키지 않아서 신들이 노했다고 말했다. 마침내 원로원은 어떻게 해서든지 제물을 거두어들이기로 결정했다. 하지만 이제 와서 전리품을 다시 거둘 수는 없으니, 조금이라도 전리품을 얻은 사람은 사실대로 신고하고 그 10분의 1을 나라에 바치라고 명령했다. 그러나 전쟁터에 나갔던 사람들은 대부분 무척 가난했으므로, 고생해서 겨우 손에 넣은 전리품을 이미 다 써버린 뒤였다. 시민들은 카밀루스를 맹렬히 비난했다. 카밀루스는 내세울 만한 핑계가 없어, 병사들이 도시를 약탈할 때 자신이 잠시 그 맹세를 잊었다는 궁색한 변명을 늘어놓았다. 사람들은 카밀루스가 적에게 얻은 전리품에서 10분의 1을 신에게 바치겠다고 맹세하더니, 시민들 재산에서 10분의 1을 빼앗는다며 불만을 터뜨렸다.

그러나 마침내 모든 사람이 요구된 만큼 세금을 냈고, 이것이 다 모아지면 황금으로 그릇을 만들어 델포이에 보내기로 결정했다. 하지만 로마 시에 있는 황금만으로는 모자랐으므로, 원로들은 어디서 금을 구해올 것인가를 의논했다. 그때 로마의 부인들이 저마다 갖고 있던 금 패물을 모아 왔다. 그 황금의 무게는 8탈란톤이나 되었다. 원로원은 부인들 성의에 보답하기 위해 여자들 장례식에서도 추도문을 읽을 수 있게 했다. 여자의 장례식에서는 추도사를 읽지 않는 것이 그때까지의 로마 풍습이었다. 그런 뒤 가장 덕망 높은 시민 셋을 사절로 뽑아 성대하게 장비를 갖춘 군함에 신에게 바칠 물건을 싣고 델포이로 보냈다.

바닷길은 물결이 잔잔하거나 사납거나 위험하기는 마찬가지라고 하는데, 이들은 그때 죽을 고비를 넘겼다. 아이올리아 섬 근처에서 바다가 잔잔해졌을 무렵, 리파리아인의 배가 이들을 해적으로 오인해 공격했다. 사절단은 간곡히 애원해 가까스로 목숨을 건졌지만, 그들의 항구로 끌려가 해적 취급을 받았다. 배에 실었던 물품들은 모두 경매 처분될 위기에 처했다. 그때 티메시테오스 장군이 용기 있게 나서서 리파리아 사람들을 설득해 사절들을 풀어주었다. 또 그는 자기 군함 몇 척을 동원해 그들을 델포이까지 안전하게 호위했으며 헌납식에도 참석했다. 이 은혜에 대한 보답으로 로마에서는 그에게 특별한 영예를 내렸다.

호민관들은 또다시 도시 분할과 이주 문제를 들고 나왔다. 그런데 때마침 팔레리이인과 전쟁이 터지자 원로원과 귀족들은 자신들 마음에 맞는 사람들을 요직에 앉힐 수 있었다. 카밀루스는 다른 다섯 사람과 함께 호민관에 임명되는 기회를 얻었다. 때가 때인 만큼 전쟁 경험이 많으면서도 권세 있고 명망 높은 사람을 장군으로 삼아야 했기 때문이다.

민중 투표로 임명된 카밀루스는 군대를 이끌고 팔레리이인들 영토로 침입해 그들의 도시 팔레리이를 포위했다. 이 도시는 성벽이 높고 견고할 뿐 아니라 여러 물자를 비롯한 전쟁준비를 완벽히 갖추었기 때문에 함락하기 위해서는 적지 않은 시간과 노력이 필요할 터였다. 카밀루스는 이미 이러한 사실을 알고 있었다. 그러나 그는 오히려 더 많은 시간이 걸리기를 바랐다. 그동안은 병사들이 전쟁을 치르느라 로마에 돌아갈 수 없으므로, 호민관들이 내분을 일으킬 수 없으리라 판단했던 것이다. 이웃 나라를 공격함으로써 내분의 요소를 없애려는 속셈이었다.

팔레리이인은 자신들의 방어력이 강하다는 것만을 믿고, 포위된 뒤에도 크게 걱정하지 않았다. 성벽을 지키는 병사들을 제외한 다른 사람들은 보통 때와 다름없는 차림으로 거리를 돌아다녔으며, 아이들도 여느 때처럼 학교에 보냈다. 때로는 선생들이 아이들을 데리고 소풍을 갔으며, 가끔씩 산책이나 운동을 위해 성 밖으로 나가기도 했다. 이곳 사람들은 헬라스인들처럼 어릴 때부터 아이들을 학교로 보내 공동생활을 하게 하고, 한 선생이 여러 아이를 맡아서 돌보았다. 이는 아이들에게 사회성을 길러주기 위함이었다.

그런데 어느 학교 선생이 팔레리이인을 배신하려고 날마다 아이들을 데리고 성 밖으로 나갔다. 처음에는 성 가까이에서 맴돌다가 차츰 멀리까지 나감으로써, 아이들로 하여금 성 밖에 나가도 아무 위험이 없다는 생각을 갖게 했다.

마침내 그는 아이들을 모두 데리고 나와 로마군 진영까지 와서 카밀루스에게 데려다 달라고 했다. 카밀루스 앞으로 안내된 그는 자신이 이 아이들의 선생임을 밝히고, 자신은 선생의 의무를 버리고서라도 카밀루스에게 호의를 바치고 싶으며, 이 아이들을 미끼로 팔레리이 시 전체를 넘겨주겠다고 말했다.

카밀루스는 이 간악한 행동에 큰 충격을 받았다. 그는 옆에 있는 사람들을 돌아보며 전쟁이란 참으로 참혹한 것이며, 많은 폭력과 불의가 행해지지만 아무리 전쟁 중이라도 사람으로서 마땅히 지켜야 할 도리가 있고, 아무리 승리하고 싶어도 비열한 방법으로 이뤄서는 안 된다고 말했다. 위대한 장군은 자기 힘으로 승리를 얻지, 다른 사람의 비열한 행동을 이용하지 않는다는 것이다.

그는 부하에게 명령을 내려 그 선생의 옷을 찢어버리고 손을 뒤로 묶었다. 그리고 아이들에게는 몽둥이와 채찍을 주어, 그것으로 반역자를 벌하며 성안으로 몰고 돌아가도록 했다.

팔레리이인들은 뒤늦게 학교 선생의 반역 행위를 알게 되었고, 온 시내에 슬픔이 넘쳐흘렀다. 남녀노소 할 것 없이 모두 이성을 잃고 성벽이나 성문으로 달려가서 우왕좌왕하고 있는데, 아이들이 벌거벗은 채 꽁꽁 묶인 선생에게 욕과 매질을 하며 돌아오고 있었다. 아이들은 카밀루스가 그들의 생명의 은인이자 아버지이자 신이라고 말했다. 아이들의 부모들뿐만 아니라 이 소리를 들은 모든 사람이 카밀루스의 정의심에 찬탄을 금치 못했다. 그들은 곧장 카밀루스에게 사절을 보내 항복했고, 카밀루스는 그 사절들을 다시 로마로 보냈다.

팔레리이 사절들은 원로원에서, 승리보다 정의를 중요시하는 로마인들은 팔레리이인들에게 자유보다 패배를 더 원하도록 만들었다고 말했다. 그리고 이것은 로마인들보다 힘이 약해서가 아니라 그들의 덕에 감복했기 때문이라고 했다.

원로원은 모든 일을 카밀루스에게 맡겼다. 카밀루스는 팔레리이로부터 전쟁에 대한 배상을 돈으로 받고, 팔레리이인들과 평화조약을 맺은 다음 군대를 철수했다.

그러나 전부터 팔레리이 시를 약탈하려고 노리던 병사들은 빈손으로 로마에 돌아오게 되자 앙심을 품었다. 그들은 카밀루스는 민중을 미워하고 가난한 이들에게 이익이 돌아가는 것을 아까워하는 사람이라며 비난했다. 또한 호민관들이 다시 이민에 대한 법안을 들고 나와 투표에 부치자 했을 때, 카밀루스는 비난받을 것을 두려워하지 않고 당당히 반대해 호민관들 미움을 샀다. 그 미움이 어찌나 컸던지, 그들은 나중에 카밀루스 집안에 불행(그의 두 아들 가운데 하나가 병으로 죽었다)이 생겼을 때도 조금도 동정하지 않았다.

카밀루스는 본디 다정다감한 사람이라 이러한 불행을 당하자, 매우 상심해 집 안에만 머물며 가족들과 함께 울음으로 세월을 보냈다. 그러는 동안 카밀루스를 미워하던 사람들은 그를 몰아낼 음모를 꾸몄다.

루키우스 아풀레이우스라는 사람이, 에트루리아 전쟁에서 전리품 횡령을 죄목으로 카밀루스를 고발했다. 전리품 가운데 청동으로 만든 문짝을 그의 개인 재산으로 만들었다는 것이다. 시민들은 매우 분개해 그를 벌하려고 했다.

카밀루스는 친구와 동료들을 모아놓고, 자신이 죄 없이 모욕을 당해 웃음거리가 되는 일을 막아달라며 사정했다. 그의 많은 친구들이 여러 가지로 의논하더니 그가 유죄선고를 받는 것을 막을 힘은 없으나, 벌금형이 내려지면 액수가 얼마든 도와주겠다고 대답했다. 카밀루스는 참을 수 없는 분노를 느껴 로마를 떠나 망명하기로 결심했다.

그는 가족에게 작별 인사를 하고 집을 나와 로마 시의 문으로 걸어갔다. 그는 문에서 멈춰 서서 유피테르 신전을 향해 두 팔을 올리고 신들에게 기도했다. 만일 자신이 아무 죄 없이 민중의 오해와 횡포로 쫓겨나는 것이라면 로마 사람들로 하여금 빨리 잘못을 뉘우치게 하고, 언젠가 그들이 카밀루스의 도움을 필요로 하여 그가 돌아오기를 간절히 바라게 될 때, 그것을 온 세상이 알게 해달라는 내용이었다.

카밀루스는 아킬레우스처럼 자기 나라 사람들을 원망하며 조국을 떠났다. 그를 변호해 줄 사람이 아무도 없었기에, 그는 결석재판으로 1만 5000아스의 벌금형을 받았다. 이것을 은으로 환산하면 1500드라크메였다. 그 시대 로마 돈의 단위는 아스였는데, 10아스는 1드라크메에 해당했다.

카밀루스가 로마를 떠나면서 올린 기도는 곧 응답을 받았다. 그가 당한 억울한 일에 대해 하늘이 무서운 보복을 내린 것이다. 무서운 징벌이 로마를 덮쳐 굴욕, 파멸, 위험이 넘쳐흘렀다. 다만 그것이 우연이었는지, 은혜를 원수로 갚은 사람들을 벌하려는 신의 뜻이었는지는 알 길이 없다.

재앙이 다가오는 첫 징조는 감찰관 율리우스의 죽음이었다. 로마인은 감찰관을 매우 존중해 거의 신처럼 여겼기 때문이다. 두 번째 징조는 카밀루스가 망명하기 직전, 마르쿠스 카이디키우스라는 사람이 호민관들에게 보고한 중대한 내용이었다. 그는 크게 이름 있지도 않고 원로원 의원도 아니었지만, 강인하며 훌륭한 사람이었다. 그는 다음처럼 말했다. 전날 밤에 그가 '새로운 길'이라는 거리를 걸어가는데 뒤에서 누가 자기 이름을 부르기에 돌아보았더니, 아무런 모습도 보이지 않는데 사람 목소리보다 더 우렁찬 소리가 들려왔다는 것이다.

"마르쿠스 카이디키우스, 아침 일찍 관리들에게 가서 알려라. 이제 곧 갈리아족이 쳐들어온다."

호민관들은 이 보고를 듣고 그를 비웃었다. 그리고 얼마 뒤 카밀루스는 로마를 떠났다.

갈리아인은 켈토이족 후손으로, 인구가 늘어나서 땅이 부족해지자 고향을 떠나 새로이 살 곳을 찾고 있었다. 젊고 호전적인 무사 수만 명이 큰 부대를 이루었고, 그만큼이나 많은 아이들과 부녀자들을 동반했다. 그들은 중간에서 두 무리로 나뉘어, 하나는 리파이아 산맥을 넘어서 북해에 이르러 유럽에서 가장 먼 지방에 정착했고, 다른 한 무리는 피레나이(피레네) 산맥과 알프스(알페스) 산맥 사이에 자리 잡아 오랫동안 세노네스족과 켈토리이족에 이웃해 살았다.

갈리아인들은 이탈리아에서 처음으로 들여온 포도주를 맛보고는 그 맛에 흠뻑 빠져버렸다. 그들은 기뻐 날뛰며 미친 듯이 무기를 집어들고 가족과 함께 알프스로 달려왔다. 오직 좋은 과일이 나는 땅을 찾아 달려온 것이며, 포도주가 나지 않는 다른 모든 지방은 쓸모없는 곳이라 여겼다.

갈리아인들이 처음 이탈리아로 오는 데 도움을 준 사람은 에트루리아인 아
룬스였다. 그는 결코 천성이 나쁜 사람은 아니었지만, 다음과 같은 불행을 겪
은 게 그 원인이었다. 그는 로마에서 가장 재산이 많고 미모도 뛰어난 고아 루
쿠모의 후견인이었다. 이 소년은 어릴 때부터 아룬스 집에서 살아왔으며, 어른
이 된 뒤에도 그 집을 떠나려 하지 않았다. 사실 루쿠모는 아룬스의 아내와 오
랫동안 불륜 관계를 맺고 있었다. 둘은 서로 사랑하는 사이였다.

그런데 두 사람의 열정이 너무 뜨거워서 그만둘 수도, 둘의 관계를 더는 감
출 수도 없게 되어버렸다. 루쿠모는 아룬스의 아내를 자기 여자로 삼겠다고 선
언했다. 아룬스는 법에 호소했으나, 돈과 친구가 많은 루쿠모에게 져서 고향을
떠나야만 했다. 마침 포도가 나는 땅을 찾는 갈리아인들에 대한 이야기를 들
은 아룬스는 그들을 찾아가, 그들의 군대에게 이탈리아로 가는 길을 안내해 주
었다.

갑자기 쳐들어온 갈리아인들은 순식간에 알프스로부터 이탈리아 반도 양쪽
바다에 걸친 지방들을 손에 넣었다. 이 지방은 옛날 에트루리아 영토였다고 하
는데, 지명으로 보아도 그 사실을 입증할 수 있다. 이곳 위쪽에 있는 바다는 아
드리아 해로, 에트루리아 도시 이름을 따서 불렀다. 그리고 아래쪽 바다는 에
트루리아 해로 부르고 있다. 이 지방에는 과일 나무가 풍성하고 가축을 기르
기에 적당한 넓은 목초지도 많았으며, 물줄기도 고루 퍼져 있었다. 18개의 크고
아름다운 도시는 장사를 하기에 더없이 알맞고, 시민들 모두가 여유 있는 생활
을 누렸다. 갈리아인들은 이 도시를 침략해 에트루리아 사람들을 몰아내고 자
기들 도시로 만들었다. 하지만 이는 아주 오래전의 일이다.

이때 갈리아인들은 에트루리아 도시 클루시움으로 진군해 그곳을 포위했다.
클루시움 주민들은 로마에 구원을 요청하며, 갈리아인에게 편지와 사절단을
보내 회유해 달라고 부탁했다. 그리하여 로마에서는 파비우스 집안 사람 셋을
갈리아인에게 보냈다. 이들은 로마에서 매우 유명하며 사람들의 존경을 받고
있었다. 이들을 맞이한 갈리아인들은 로마라는 이름을 존중해 사절단을 후하
게 대접한 뒤, 클루시움의 포위를 풀고 회담을 시작했다. 로마 사절단이 갈리아
인들에게 클루시움 사람들이 무슨 잘못을 했기에 공격했느냐고 묻자, 갈리아
왕 브렌누스가 웃음을 터뜨리며 말했다.

"클루시움 사람들의 잘못은 너무 넓은 영토를 차지한 것이오. 더 좁은 땅에서도 충분히 먹고 살 수 있으면서도, 인구 많고 사정 딱한 우리에게 조금도 나누어주려 하지 않았소. 로마인들도 예전에는 알바, 피데나이, 아르데아 사람들로부터, 지금은 베이, 카페나, 팔레리이, 볼스키 사람들로부터 푸대접을 받지 않았소? 그들은 자기들이 가진 것을 당신들에게 양보하지 않았으므로 전쟁을 치렀고, 당신들은 그들을 노예로 삼거나 재물을 약탈하거나 도시를 파괴해 버렸소. 하지만 그것은 절대 부당한 일도, 잔혹한 일도 아니오. 로마는 그저 모든 법 가운데서 가장 오래된 법을 지켰을 뿐이오. 그 법이란 하늘에서부터 짐승에 이르기까지 모두가 따르는 본질이라 할 수 있으니, 바로 강한 자가 약한 자보다 더 많은 것을 가져야 한다는 법이오. 지금 클루시움 사람들은 그 법에 따라 포위된 것이니 가엾게 여길 것 없소. 그러니 로마인은 우리에게 짓밟힌 나라를 결코 동정하라고 가르치지 않는 편이 좋을 것이오."

이 말을 들은 로마 사절단은 브렌누스가 순순히 협조하지 않을 것임을 깨달았다. 로마인들은 클루시움 시내로 들어가 시민들 용기를 북돋아 주며, 함께 갈리아인을 공격하자고 부추겼다.

이윽고 클루시움 사람들의 반격이 시작되고 성 밖에서는 치열한 전투가 벌어졌다. 파비우스 집안 사람인 퀸투스 암부스투스가 말을 달려 쳐들어오는 적장과 맞붙었다. 처음에는 서로 맹렬하게 싸우느라 갑옷의 번쩍임에 눈이 부셔 브렌누스는 상대가 누구인지 알지 못했다. 그러나 적을 죽여 말에서 떨어뜨리고 무기를 빼앗으려는 순간, 브렌누스는 그가 로마의 사절임을 알아보았다. 그는 전장 한가운데서 소리 높여 하늘에 계신 신들에게, 휴전을 성립하러 온 사람이 적이 되어 싸우는 것은 분명 만국 공통의 법을 유린한 게 아니냐고 외쳤다.

브렌누스는 곧바로 싸움을 멈추고 클루시움 사람들을 돌아가게 한 다음, 군대를 돌려 로마로 떠났다. 하지만 로마인 잘못을 핑계로 전쟁을 일으키는 것처럼 보이기 싫어서, 전령을 보내 파비우스 사람을 처단할 테니 넘겨달라고 요구했다. 그리고 천천히 로마로 전진해 나아갔다.

로마에서는 원로원이 소집되었다. 많은 사람들이 파비우스를 비난했으며, 그중에서도 페키알레스라는 사제들은 그 한 사람 때문에 로마 전체가 죄를 짊어질 이유가 없으니 그를 넘겨주라고 주장했다.

이 페키알레스는 로마 역대 왕 가운데 가장 온유하고 공정한 왕이었던 누마 폼필리우스가 만든 사제 계급으로, 전쟁을 하는 것이 옳은가 그른가를 결정 짓는 일을 맡아왔다. 원로원은 이 문제를 시민들에게 물었다. 페키알레스들이 계속해서 파비우스를 비난했지만 시민들은 그들의 말을 무시하고 비웃더니, 마침내는 파비우스와 그 형제들을 호민관으로 임명했다.

갈리아인은 이 소식을 듣자 격분해 서둘러 로마로 진군해 나아갔다. 수많은 갈리아 군사들의 번쩍거리는 무기는 지나는 곳마다 사람들 가슴을 졸이게 만들었다. 사람들은 그들이 자신들의 영토를 망가뜨리고 도시도 빼앗으리라 생각했다. 그러나 갈리아인들은 아무런 해도 끼치지 않았으며, 곡물 낟알 하나조차 건드리지 않은 채 도시를 지나갔다. 그들은 우렁찬 목소리로 우리는 로마를 치러가는 길이며, 로마만을 적으로 생각하므로 다른 나라 사람들은 모두 우방이라고 외쳤다.

갈리아인들이 이렇듯 밀물같이 쳐들어오자 호민관들은 로마 시민들을 지휘해 전투 준비를 갖추었다. 그 인원이 4만 명이나 되어서 숫자로는 밀리지 않았지만, 그들 대부분은 무기를 처음 만져보는 사람들이었다. 이것만으로도 불리한데 그들은 종교적인 절차마저 소홀히 했다. 전쟁 때면 으레 올리던 제사도 드리지 않았으며 예언가들에게 신탁을 구하지도 않았다.

지휘자 수가 많은 것도 큰 혼란을 일으켰다. 이제까지는 이렇게 중대한 전쟁이 아니어도 장군 한 사람이 전체를 지휘했으며, 그를 독재관이라 불렀다. 위기에 처했을 때 한 사람의 책임 있는 통솔 아래 전체가 질서 정연하게 움직이는 게 무엇보다 중요한 일임을 알고 있었다. 하지만 카밀루스가 억울하게 쫓겨나는 것을 지켜본 장군들은 시민들에게 아첨하며 인기 끌기에만 정신이 팔렸을 뿐, 누구 하나 독재관을 맡으려 하지 않았기에 사태는 더욱 악화되었다.

로마군은 도시에서 11마일쯤 떨어진 알리아 강가에서 밤을 지내게 되었다. 그 강은 티베리스 강과 합류하는 지점에서 그다지 멀지 않았다. 이때 갑작스러운 갈리아군의 공격을 받은 로마군은 서투른 작전과 훈련 부족으로 크게 지고 말았다. 갈리아군은 로마군 왼쪽 날개에 해당하는 부대를 강 속에 몰아넣어 전멸시켰다. 남은 오른쪽 날개 부대는 그나마 피해가 적었다. 적이 들판에서 언덕으로 올라오기 전에 가까스로 후퇴할 수 있었기 때문이다. 많은 살육 끝에 지쳐버린 적들의 손아귀에서 살아남은 로마 병사들은 혼비백산해 베이 시로 달아났다. 그들은 로마가 이제 완전히 망해버렸다 여기며 절망했다.

전쟁이 일어난 때는 하지 무렵 음력 15일이었는데, 옛날 파비우스 가문에 큰 재난이 내린 날과 같은 날이었다. 오래전 그날, 파비우스 집안 사람 300명이 에트루리아 사람들에게 살해되었던 것이다. 하지만 이 패전으로 그날의 비극은 잊히고 사람들은 이 강의 이름을 따서 알리아의 날이라고 부르게 되었다.

어떤 날을 흉일로 하고 어떤 날을 길일로 할지에 대한 헤시오도스와 헤라클레이투스의 견해에 대해서는 이미 다른 글에서 자세히 살펴보았다. 지금 여기에서 몇 가지 예를 드는 것도 좋으리라.

보이오티아인들은 히포드로미오스의 달, 아테나이인들이 헤카톰바이온이라 부르고 있던 달 제5일에 두 번이나 대승을 거두어 헬라스의 자유를 공고히 했다. 레우크트라에서 스파르타군을 정복한 일과, 그보다 200년 전에 케레수스에서 라타미아스가 이끄는 테살리아군을 정복한 일이 바로 그것이다.

페르시아군은 보에드로미온 달 제6일에 마라톤에서 헬라스군에 패했으며, 제3일에는 플라타이아와 미칼레 두 곳에서 패했다. 또 같은 달 제25일에는 아르벨라에서 패했다. 아테나이군이 카브리아스의 지휘로 낙소스 해전에서 승리를 거둔 것도 같은 달 보름날이었으며, 살라미스 해전에서 승리를 거둔 것도 같은 달 제20일이었다는 것은 이미 나의 책 《나날들에 대하여》에서 설명했다.

타르겔리온은 야만인에게 매우 불운한 달로 기억된다. 이달에 알렉산드로스는 그라니쿠스에서 페르시아 왕을 굴복시켰고, 티몰레온이 시킬리아에서 카르타고군을 격파한 것도 같은 달 제27일이었다. 또 에포로스, 칼리스테네스, 다마스테스, 필라르쿠스 등의 기록에 따르면 트로이가 함락된 것도 바로 같은 달, 같은 날짜에 벌어진 일이다.

그와 달리 메타게이트니온은 헬라스에 불길한 달인 듯싶다. 이달 제7일에 헬라스군이 크라논에서 안티파트로스군에 섬멸되었으며, 그보다 오래전 카이로네이아에서 필리포스군에 패한 것도 이달에 일어난 일이다. 그리고 같은 해, 같은 달, 같은 날에 아르키다무스는 군대를 이끌고 이탈리아로 갔다가 전멸되었다. 카르타고인들은 이달 제21일을 1년 가운데 가장 불길한 날로 여긴다.

또 신비 의식이 행해지던 시기에 테바이가 두 번째로 알렉산드로스에게 패하고, 그 뒤 아테나이에 마케도니아군이 주둔한 것은 이아쿠스 신비 의식을 행한 날인 보에드로미온 달 제20일이었다. 그리고 카이피오가 지휘한 로마군이 아르메니아군과 티그라네스군을 격파한 것도 같은 날이었다. 아탈루스 왕과 폼페이우스는 바로 그들의 생일에 죽었다.

이처럼 같은 날짜에 흉한 일과 길한 일을 함께 겪은 사람들의 예를 들자면 끝이 없다. 그러나 로마인들은 이러한 날을 특히 불길한 날로 여겼으며, 미신이 더욱 심해지면서 달마다 또 다른 두 날을 흉일로 보았다. 이 문제에 대해서는 《로마에 대한 문제들》에서 자세히 다루었다.

만일 갈리아군이 알리아 전투에서 패해 달아나는 로마군을 추격했다면 로마는 완전히 무너졌을 것이며, 로마 시민들을 전멸시킬 수도 있었을 것이다. 로마 시민들은 겨우 살아서 도망쳐 온 병사들의 말을 듣고 두려움에 벌벌 떨었다. 그런데 갈리아인은 자신들이 거둔 승리의 가치를 알지 못하고 진영에 흩어진 전리품들을 차지하느라 정신이 없었다.

그러는 동안 로마에 머물러 있던 다른 나라 사람들은 기회를 틈타 달아났고, 로마 시민들은 전의를 회복하고 방비할 수 있는 시간을 갖게 되었다. 그들은 오랫동안 포위되어도 견딜 수 있도록, 다른 모든 지역을 포기하고 오로지 카피톨리움만 사수하기로 결심했다. 그들은 카피톨리움에 성벽을 높이 쌓고 무기를 갖추는 등 방어를 튼튼히 했다. 그리고 맨 먼저 신성한 기물을 신전으로 옮기고, 베스타 처녀들에게 성화와 중요한 물건들을 가지고 도시 밖으로 피난케 했다.

어떤 기록에 따르면, 베스타 처녀들이 가지고 간 것은 성화뿐이라고 한다. 예전에 누마 왕은 그들로 하여금 불을 섬기도록 했다. 불은 자연 만물 가운데 가장 생동적이며, 언제나 움직임을 동반한다. 다른 어떤 물질도 그 속에 불기운이 없으면 축 늘어져 죽은 듯하며, 생명의 정기인 불이 있어야 비로소 찬란한 생기를 띠고 움직이게 된다. 그래서 지혜가 풍부하고 학식이 깊었던 누마 왕은 불을 신성시하고, 만물에 질서를 부여하는 영원한 힘의 상징으로 삼아 지키라는 명령을 내렸던 것이다.

어떤 이야기에 따르면 헬라스와 마찬가지로 유피테르 성전 앞에 성화가 놓여 있고, 신전 가장 은밀한 곳에는 베스타 처녀들 말고는 누구도 볼 수 없는 신령한 기물이 보존되어 있었다. 일반적으로 널리 알려진 속설에는 그곳에 아이네아스가 이탈리아로 올 때 트로이에서 가져온 팔라스 여신 신상(팔라디움)이 있었다고 한다. 또 다른 기록에 따르면 사모트라키아인 신상이 있었는데, 그것은 다르다누스가 트로이 시를 세운 뒤에 그곳 사람으로 하여금 섬기도록 했고, 트로이가 망한 뒤 아이네아스가 훔쳐왔다고 한다.

이 일에 대해서 누구보다도 잘 안다고 자신하는 사람들 말에 따르면, 이 성전 안에는 커다란 항아리가 두 개 있었다. 하나는 뚜껑이 열려 있으며 안이 비어 있고, 다른 하나는 무엇인가가 가득 담긴 채 밀봉되었는데, 그 속에 무엇이 들어 있는지는 오직 베스타 처녀만이 알고 있었다. 하지만 어떤 이들은 그렇지 않다고도 말한다. 이런 헛소문은 갈리아인들과 전쟁 때, 이 성전의 베스타 처녀들이 신령한 기물을 항아리 두 개에 넣고 퀴리누스 성전 아래 땅속에 묻었던 일이 잘못 전해졌다는 것이다. 그 자리는 오늘날까지 '돌리올라', 즉 항아리라 부른다.

사실이 어떻든 베스타 처녀들은 가장 신성하게 여기는 물건을 갖고 티베리스 강을 따라 피신했다. 그때 마침 루키우스 알비우스라는 평민이 아내와 어린 자식과 살림살이를 조금 싣고 피란을 가고 있었다. 그는 베스타 처녀들이 지친 모습으로 가슴에 신상을 감추고 걸어가는 걸 보고, 처자와 살림살이를 수레에서 내리게 한 뒤 그들을 태워서 무사히 헬라스까지 데려다 주었다. 이처럼 위태로운 상황에서도 알비우스가 보여준 깊은 신앙심과 경건함은 기록으로 남길 만하다.

그러나 다른 사제들과, 한때 집정관을 지냈으며 개선식 영광도 누렸던 나이든 원로원 의원들은 차마 로마를 떠날 수 없었다. 그들은 최고 제사장인 폰티펙스 막시무스 지위에 올라 있던 파비우스의 말에 따라, 나라를 위해 스스로를 제물로 바치기로 결심했다. 그들은 제의(祭衣)나 관복을 갖추어 입고 신들에게 경건히 기도 드린 다음, 광장에 놓인 자신들의 상아 의자에 바른 자세로 앉아 운명을 기다렸다.

전투가 시작된 지 사흘째 되던 날, 브렌누스가 도시를 공격하기 위해 군대를 이끌고 나타났다. 그는 성문이 활짝 열린 채 성벽 위에 보초병조차 서 있지 않은 것을 보고 어안이 벙벙했다. 그는 로마인들이 이렇게 일찌감치 성을 포기했으리라고는 생각지 못했다. 혹시 로마군 계략이 아닐까 의심이 들 정도였다. 그러나 곧 실상을 파악한 브렌누스는 콜리네 문으로 들어가 마침내 로마를 점령했다. 로마가 창건된 지 360년이 채 지나지 않은 때였다. 하지만 이 시대 연대는 매우 불확실해서 어디까지 믿어야 할지 의심스럽다.

로마가 함락되었다는 소식은 멀리 헬라스까지 퍼졌다. 폰투스의 헤라클레이데스가 쓴 《영혼에 대하여》라는 책을 보면, 북쪽 지방 히페르보레이에 사는 사람들이 먼바다로 군대를 이끌고 가서 헬라스인의 이민 도시인 로마를 점령했다는 소문이 서쪽에서부터 들려왔다고 전한다. 헤라클레이데스는 미덥지 않은 전설을 즐겼던 사람이므로, 로마가 함락되었다는 이야기를 듣고 거기에다 '히베르보레이'니 '먼바다'니 하는 괜한 수식어를 덧붙인 듯하다.

철학자 아리스토텔레스는 로마가 갈리아인에게 점령되었다는 말은 정확하게 들은 것 같으나, 그는 로마를 구한 사람이 루키우스라고 기록했다. 그러나 카밀루스의 성은 루키우스가 아니라 마르쿠스이다. 그러니 이는 추측일 뿐이다.

브렌누스는 로마를 점령한 뒤, 카피톨리움을 엄중히 감시하도록 명령하고 자신은 광장으로 내려갔다. 그는 로마 시민들이 침묵 속에 앉아 있는 모습을 보고 깜짝 놀랐다. 적들이 다가가는데도 누구도 일어나거나 달아나지 않았다. 사람들은 얼굴빛 하나 달라지지 않고 태연히 앉아 있었다. 원로들은 두려움 없는 평온한 모습으로 자신의 지위를 나타내는 지팡이를 잡은 채 말없이 서로 마주보고 있을 뿐이었다.

갈리아인들은 너무 놀라 광장 가까이에 다가가지도 못했다. 그들은 이 낯선 광경에 신비하고 성스러운 힘마저 느꼈다. 마침내 한 병사가 용감하게 마르쿠스 파피리우스에게 다가가 그의 턱을 만지고 긴 수염을 쓰다듬었다. 파피리우스는 잡고 있던 지팡이로 그의 머리를 세게 내리쳤다. 그러자 그 병사는 칼을 뽑아 파피리우스에게 휘둘렀다. 이를 시작으로 다른 병사들도 로마인들에게 달려들어 눈에 보이는 대로 죽였다. 일방적인 학살이었다.

그로부터 여러 날 동안 집집마다 약탈과 방화가 끊이지 않았다. 카피톨리움을 지키고 있던 사람들이 항복하기는커녕 오히려 반격한 것에 대한 화풀이로, 갈리아인들은 로마 시에 엄청난 피해를 입혔다. 그들은 잡히는 대로 남녀노소 가리지 않고 모조리 죽여버렸다.

카피톨리움이 좀처럼 함락되지 않아, 포위 공격이 오랫동안 이어지자 갈리아군은 식량이 부족해졌다. 그들은 병력을 둘로 나누어 일부는 왕과 함께 남아 카피톨리움을 감시하고, 나머지는 흩어져 로마 영토 여기저기를 돌아다니며 약탈과 파괴를 저질렀다. 이들은 승리감에 도취되어 겁도 없이 날뛰었다.

그 가운데 가장 규모가 크고 훈련이 잘된 부대는 아르데아로 향했다. 그곳에는 로마를 떠나온 카밀루스가 바깥출입을 삼간 채 홀로 조용히 살고 있었다. 그러나 그는 적의 눈에 띄지 않기를 바라기보다 로마를 쑥대밭으로 만든 갈리아인들에게 복수하기를 원했다. 카밀루스는 아르데아 사람들이 인원은 충분하지만 장군들이 전쟁 경험이 적어서 나약하고, 젊은이들은 바른 지도자를 얻지 못해 자신감이 없다는 것을 깨달았다. 그는 아르데아 젊은이들에게 호소했다. 로마군에 불행이 닥친 것은 갈리아인이 용맹해서가 아니라, 로마군의 어설픈 전술 때문이라고 주장했다. 또 위험을 무릅쓰고서라도 파괴를 일삼는 야만인 무리를 물리치는 것은 훌륭한 일이며, 용기와 자신감을 갖고 싸운다면 아무런 피해 없이 크게 승리할 수 있는 기회라고도 했다.

젊은이들은 그 말에 고개를 끄덕였다. 카밀루스는 그다음 아르데아 정치가들을 설득해, 전쟁에 나갈 수 있는 젊은이들을 무장시켜 성벽 안에 숨게 했다. 적이 가까이 올 때까지 들키지 않기 위해서였다. 갈리아군은 인근 마을들을 약탈한 뒤, 노획물을 잔뜩 쌓아두고 긴장을 푼 채 아무렇게나 노숙을 하고 있었다. 그들은 밤늦게까지 술을 마시며 떠들어대다가 이윽고 모두 곯아떨어졌다.

카밀루스는 밤이 되자 아르데아군을 이끌고 소리 죽여 이동했다. 마침내 진군 나팔 소리가 울리자 아르데아 병사들은 함성을 지르며 곳곳에서 공격해 들어갔다. 술에 취해 곤히 잠들어 있던 갈리아 병사들은 미처 정신을 차리지 못하고 허둥거렸다. 그 가운데 제대로 몸을 가누고 맞싸우려는 병사들도 이따금 있었지만 채 일어서기 전에 목숨을 잃었고, 거의 술과 잠에서 깨어나지 못해 무기도 쥐어보지 못한 채 죽임을 당했다. 어둠을 틈타 가까스로 달아난 자들도 다음 날 기마대에 붙잡혀 모조리 죽고 말았다.

승리의 소식이 퍼지자 이웃 여러 도시 젊은이들이 무기를 들고 카밀루스에게 몰려와 합세했다. 알리아 전투에서 패한 뒤 베이로 달아난 로마인들은 자신들의 운명을 한탄했다.

"아, 우리 로마가 카밀루스 같은 유능한 장군을 잃은 것이야말로 천벌이로구나! 그의 공으로 지금 아르데아는 저렇듯 영광을 얻었는데, 그와 같은 위인이 태어나 자란 도시는 완전히 멸망해 버렸다. 우리는 지금 마땅한 지도자가 없어서 낯선 도시에 틀어박혀 이렇게 시간만 보내며, 온 이탈리아 땅이 적의 손에 유린되는 것을 그저 바라보고만 있다. 자, 이대로 있을 게 아니라 아르데아에 사람을 보내서 우리 장군이 돌아오기를 청하자. 만약 응하지 않으면 우리 모두 무기를 들고 그에게 가자. 그는 이제 추방된 자가 아니며 우리는 그의 동포가 아니다. 우리나라는 이미 적의 손안에 들어가고 없으니 말이다."

모두가 이 의견에 찬성하자, 베이에 있던 로마인들은 카밀루스에게 사람을 보내 자신들의 장군이 되어주기를 청했다. 하지만 카밀루스는 카피톨리움에 있는 사람들로부터 정식으로 승낙을 받기 전에는 자신이 지휘할 수 없다고 답했다. 그들이 아직 로마를 대표하고 있으므로 그들의 명령이라면 기꺼이 복종하겠으나, 만일 그들이 찬성하지 않는다면 주제넘게 나서고 싶지 않다는 것이었다. 로마 사신은 카밀루스의 겸손하고 정의로운 태도에 감탄했으나, 그의 뜻을 카피톨리움까지 전달할 길이 없었다. 적군이 여전히 로마를 포위하고 있었으므로 전령이 도시 안에 있는 신전까지 들어가기란 불가능에 가까웠다.

로마 병사들 가운데 폰티우스 코미니우스라는 젊은이가 이 위험한 임무를 자청했다. 그는 중류 계급이었는데 명예를 열망했다. 폰티우스는 카피톨리움을 지키고 있는 부대에 전할 편지를 가지고 가지 않았다. 적에게 붙잡힐 경우, 카밀루스의 계획이 들킬까 염려해서였다. 그는 허름한 옷 속에 코르크를 숨기고 길을 떠났다. 낮에 이동하던 그는 로마 시가 가까워지면서 밤에 움직였다.

로마 가까이 이르자 다리를 지키고 있는 갈리아군이 보였다. 그는 옷을 벗어 젖지 않도록 머리에 동여매고, 코르크에 의지해 마을 쪽으로 헤엄쳐갔다. 그리고 조심스레 갈리아군의 눈과 귀를 피해 가장 조용한 카르멘탈 문으로 다가갔다. 그곳은 카피톨리움으로 가는 언덕에서 매우 험한 곳이었다. 그는 울퉁불퉁한 바위를 딛고 언덕을 기어올라 마침내 로마 수비대가 있는 곳에 이르렀다. 그리고 자신의 이름과 신분을 밝히고 장군들에게 안내되었다.

곧바로 원로원이 소집되었다. 젊은이는 카밀루스의 승리 소식을 보고하고 군인들의 결의에 대해 설명했다. 그리고 로마 시 바깥에 있는 시민들은 카밀루스만 따르려 한다는 사실을 전하며, 그의 지휘권을 승인해 줄 것을 강력히 요청했다. 원로원은 이 말을 듣고 신중히 의논하더니 카밀루스를 독재관으로 임명하기로 했다. 폰티우스는 왔던 길로 다시 빠져나가 원로원의 결정을 밖에 있는 로마 시민들에게 전했다. 모두 이 소식에 환성을 올리며 기뻐했다.

카밀루스가 돌아왔을 때는 이미 병력 2만 명이 모여 있었으며, 그를 따라온 이웃의 여러 동맹군들도 상당수였다. 이렇게 두 번째로 독재관에 임명된 카밀루스는 베이로 가서 군 지휘권을 잡았으며, 우호 관계에 있는 도시들로부터 병사들을 더 모집하고 적을 공격할 준비를 갖추어 나갔다.

한편 로마에서는 몇몇 갈리아 병사들이 우연히 폰티우스가 한밤에 카피톨리움으로 올라간 곳 근처를 지나가다가, 누군가가 바위를 타고 올라간 흔적을 발견했다. 절벽에는 나무와 풀이 군데군데 부러져 있었고 흙과 모래도 떨어져 있었다. 갈리아 병사들은 곧장 왕에게 이 사실을 보고했다. 왕은 그 자리에서는 아무 말도 하지 않았다. 그러나 밤이 되자 갈리아군 가운데 가장 날쌔고 산을 잘 타는 병사들을 모아 이렇게 말했다.

"우리는 절대로 오를 수 없다고 생각한 저 절벽을, 적들이 오를 수 있다고 알려주었다. 처음부터 순조로웠던 이 전쟁을 여기서 포기하고, 마지막 근거지를 공략할 길을 적이 스스로 알려주었는데도 난공불락이라며 단념해 버린다면 매우 수치스러운 일이 아닐 수 없다. 한 사람이 쉽게 올라간 길이니, 한 사람씩 여러 명이 오르는 것도 어려울 리 없다. 오히려 서로에게 용기와 격려가 될 것이다. 너희 각자에게는 어울리는 명예와 포상을 줄 터이니 가서 마음껏 공을 세우도록 하라."

왕이 말을 마치자 병사들은 앞다투어 그 일을 하겠다고 나섰으며, 자정 무렵에는 이미 많은 병사들이 소리 없이 바위를 기어오르고 있었다. 벼랑은 가파르고 험했으나 그래도 익숙해지면서 요령이 생겼으며, 예상했던 것보다 훨씬 오르기 쉬웠다. 맨 먼저 올라간 사람은 다른 사람이 오기를 기다렸다가, 잠들어 있는 파수병을 공격할 수 있는 곳까지 다다랐다. 아무도 그들이 올라오는 것을 눈치채지 못했고, 개도 짖지 않았다.

그런데 유노 신전에는 제물로 바치려고 기르는 거위가 있었다. 평소에는 거위에게 모이를 잘 주었지만, 지금은 사람 먹을 것도 모자란 형편이라 제대로 먹이지 못한 상태였다. 가뜩이나 예민하고 겁이 많은 동물인 데다 굶주림 때문에 잠들지 못하고 있던 터에, 갈리아 병사들이 기어 올라오는 소리를 듣자 거위들은 꽥꽥거리며 소란을 피우기 시작했다. 그 소리를 들은 로마 병사들이 잠에서 깨어났고, 갈리아 병사들도 발각된 것을 깨닫고 사납게 덤벼들었다. 로마 병사들은 다급한 나머지 손에 잡히는 대로 무기를 들고 나와 닥치는 대로 적에게 달려들어 싸웠다.

카밀루스(MARCUS FURIUS CAMILLUS) 293

누구보다도 먼저 달려나온 사람은 만리우스였다. 예전에 집정관을 지낸 적도 있는 그는 강건하고 의기 또한 충천했다. 두 적병이 한꺼번에 그에게 덤벼들자 그는 한 적병의 오른팔을 칼로 잘라버리고, 다른 적병의 얼굴에 일격을 가해 절벽 아래로 떨어뜨렸다. 그러고 나서 달려온 지원병들과 함께 성벽 위로 올라서서 나머지 적들을 밀어뜨렸다. 성벽 위까지 올라와 만리우스와 용맹하게 맞설 정도의 용기를 보인 적병은 거의 없었다.

위기를 벗어난 로마군은 다음 날 아침 일찍 직무를 게을리한 파수대장을 절벽 아래로 밀어뜨리고, 만리우스의 공을 표창하기로 결정했다. 실질적인 이익보다는 명예를 높여주는 의미였다. 한 사람이 하루치의 식량, 즉 밀 반 파운드와 포도주 4분의 1코틸레(1코틸레는 약)씩 바친 것에 지나지 않았기 때문이다.

그 뒤 갈리아군 위세는 날이 갈수록 기울었다. 카밀루스가 두려워 식량이 모자라도 함부로 약탈할 수 없었으며, 아무렇게나 쌓아둔 시체들 때문에 질병이 돌았다. 폐허로 가득한 도시에는 잿더미가 쌓이고, 그것이 바람에 날려 병사들 건강을 해쳤다. 무엇보다도 흐린 날씨가 많은 산악 지대였던 조국과 아주 기후가 다른 로마의 가을을 맞다 보니, 자연환경 변화에 적응하기 힘들었다. 게다가 7개월씩이나 카피톨리움 앞에서 진을 치고 있자니 그 지루함과 피곤함도 이루 말할 수 없었다. 거기에 날마다 죽는 사람이 늘었으므로 이들을 일일이 땅에 묻을 수조차 없었다.

포위된 쪽의 사정 또한 전혀 나아지지 않았다. 굶주림은 여전히 이어졌고, 카밀루스는 무엇을 하고 있는지 통 소식이 닿지 않아 사람들은 심한 무력감에 빠졌다. 갈리아군이 도시를 철저히 경계하고 있었기 때문에 도저히 연락할 길이 없었던 것이다.

서로 이러한 어려움에 처해 있었으므로 종전 이야기가 오가는 것은 자연스러운 일이었다. 처음에는 양편 장군들끼리 논의하다가, 나중에는 로마 대표자 술피키우스와 갈리아 왕 브렌누스가 만나 의논하게 되었다. 협상 결과 로마는 갈리아에 금 1000파운드를 지불하기로 하고, 갈리아군은 그것을 받는 즉시 로마에서 철수하기로 했다. 조약에 따를 것을 맹세한 로마군이 약속한 금을 가지고 왔다. 갈리아인들은 처음에는 몰래 저울눈을 속이더니, 나중에는 아예 저울대를 마구 흔들어대어 로마인들의 분노를 샀다. 로마 대표들이 항의하자 브렌누스는 얼굴 가득 비웃음을 띠며 허리에 찼던 칼과 허리띠를 끌러 저울에 던졌다.

"무슨 짓을 하는 거요?"

술피키우스가 묻자 브렌누스가 대답했다.

"뭘 하자는 것이겠소? 패배한 자의 설움이지!"

이 말을 들은 어떤 로마 사람은 분통을 터뜨리며, 차라리 황금을 가지고 신전으로 돌아가 포위를 이겨내자고 했다. 그러나 나머지 사람들은 이쯤의 모욕은 감수해야 한다, 배상금을 지불하기로 한 것부터가 모욕을 각오한 일이니 얼마를 더 지불한들 어떠냐, 명예는 이미 잃었으며 어쩔 수 없는 일이니 그냥 참자고 말했다.

이렇게 로마인과 갈리아인이 서로 말다툼을 벌일 때, 카밀루스가 군대를 이끌고 성문 앞까지 다가왔다. 그는 안에서 일어나는 일을 전해 들은 뒤, 병사들에게 질서를 지켜 천천히 따라오라고 명령했다. 그리고 자신은 정예부대를 데리고 협상 중인 로마인에게 서둘러 달려갔다. 사람들은 길을 열어주며 침묵과 존경으로 하나뿐인 그들의 독재관을 맞았다. 카밀루스는 저울대 위 금을 내려놓게 한 뒤, 갈리아인들에게 저울만 가지고 어서 물러가라고 했다. 그리고 로마인들은 금이 아니라 철로써 이 나라를 지켜왔다고 말했다.

브렌누스는 이런 식으로 협상을 깨뜨리는 것은 옳지 못하다며 따졌다. 이에 카밀루스는 이 협상은 합법적인 것이 아니므로 효력도, 지켜야 할 의무도 없다고 대꾸했다. 그는 자기가 로마 독재관이므로, 갈리아인은 협정을 맺을 권리가 없는 사람을 상대로 시간을 낭비한 것이라 말했다. 또한 로마와 제대로 된 협약을 맺기 원한다면 새로운 조건을 제시해야 하며, 지금부터는 용서하나 처벌에 대한 모든 권한이 자기에게 있다고 선언했다.

이 말에 격분한 브렌누스는 곧바로 칼을 뽑아들었다. 카밀루스도 재빨리 무기를 들고 맞섰지만, 실내라서 장소가 좁고 장애물이 많아 제대로 싸울 수가 없었다. 브렌누스는 하는 수 없이 분을 참으며 부하들을 데리고 돌아갔다. 그리고 밤이 되자 모든 군대를 이끌고 로마에서 8마일쯤 떨어진 가비니아 길 위에 진을 쳤다.

날이 밝자 카밀루스는 용기를 되찾은 로마군을 이끌고 갈리아군을 덮쳤다. 오랫동안 격렬한 전투를 벌인 끝에 로마군은 갈리아군을 무찌르고 그들의 진지를 점령했다. 로마 병사들은 달아나는 갈리아군을 끝까지 쫓아가 죽였다. 갈리아군은 뿔뿔이 흩어져 달아나다가 이웃 나라 사람들에게 잡혀 모두 죽임을 당하고 말았다.

이렇게 로마는 이상하게 점령되었다가 더욱 이상하게 구제되었다. 갈리아군이 일곱 달 동안 로마를 점령하고 있었으므로 그들이 처음 진군해 온 날이 7월 15일이었으며, 쫓겨간 날은 이듬해 2월 15일이었다. 카밀루스는 멸망해 가는 나라를 구한 장군이며 로마의 탈환자로서 당당히 개선했다. 나라 밖으로 달아났던 사람들도 아내와 자식들을 데리고 로마로 돌아왔다. 성안에 포위되어 고통받던 사람들은 서로 얼싸안으며 기쁨의 눈물을 흘렸다. 하나같이 이게 꿈인지 생시인지 믿을 수 없다는 표정이었다. 사제와 성직자들이 은밀한 장소에 묻어두었거나, 피란갈 때 가지고 갔던 신성한 물건들을 모두 제자리에 돌려놓았다. 이를 본 시민들은 마치 진짜 신들이 로마로 살아 돌아온 듯 기뻐했다.

카밀루스는 신들에게 제사를 올린 뒤, 사제들 지시대로 도시를 정화하고 신전을 보수했다. 또 마르쿠스 카이디키우스가 갈리아군 침입에 대한 예언의 목소리를 들었던 장소를 찾아 그곳에 '아이우스 로쿠티우스', 즉 소리의 신전을 새로 세웠다.

파괴된 신전들을 다시 일으켜 세우는 것은 참으로 어려운 일이었다. 하지만 카밀루스의 열성과 사제들 노력으로 신전은 어느 정도 복구될 수 있었다. 하지만 완전히 파괴된 도시는 새로 만들다시피 해야 할 형편이었으므로, 시민들은 모두 기가 질려버렸다. 모든 것을 다 잃어버린 사람들은 도시 재건을 늦추기를 바랐다. 너무나 큰 불행을 당한 바로 뒤라 휴식이 필요했으며, 도시를 새로 짓는 데 필요한 돈이나 힘도 남아 있지 않았다.

시민들 사이에서 다시 베이 시로 옮겨 가자는 의견이 힘을 얻기 시작했다. 그곳으로 가면 곧바로 들어가 살 수 있는 집이 있고 물자도 풍부하다는 것이었다. 이 일로 선동 정치가들은 시민의 환심을 얻기 위한 연설을 하며 카밀루스를 비난했다. 카밀루스가 자기 명예를 위해 시민들을 가고 싶어하는 곳으로 가지 못하게 막고, 폐허가 된 이곳에서 노숙시키며 잿더미 속에서 도시를 만들어 내라고 억지를 부린다고 했다. 그리고 카밀루스의 그런 행동은 그가 장군 자리에 만족하지 못해 로마 창건자 로물루스의 지위를 탐내는 것이라고 주장했다.

이러한 소동이 끊이지 않자, 내란이 일어날 것을 걱정한 원로원은 카밀루스에게 1년의 임기를 마저 채워달라고 요청했다. 그러나 여태까지 6개월 넘게 독재관 자리에 앉았던 사람은 없었다. 원로원은 시민들의 흥분을 가라앉히려 최선을 다해 그들을 어르고 설득했다. 만약 로마를 버리고 다른 도시로 옮겨 간다면 선조들의 분묘는 어찌할 것이며, 로물루스나 누마 같은 위대한 왕들이 물려준 성전과 토지를 어찌 버릴 수 있느냐며 시민들에게 호소했다. 뿐만 아니라 카피톨리움 주춧돌을 놓을 자리를 팠을 때, 그 아래에서 갓 베어진 인간의 머리가 나왔는데, 성직자들은 이것이야말로 로마가 당당히 이탈리아의 수도가 되리라는 계시라고 주장했다. 또한 그들은 베스타 처녀들이 다시 피운 성화를 버리고 다른 도시로 이주하고 나면, 로마는 이방인 소굴이 되거나 양들이 한가로이 풀이나 뜯어먹는 들판이 될 터인데, 이 얼마나 부끄럽고 수치스러운 일이냐며 시민들을 설득했다.

그들은 개인적인 대화나 공적인 연설을 할 때마다 늘 이처럼 말했지만, 막상 일반 시민들의 고통스러운 생활을 볼 때면 마음이 약해졌다. 시민들은 자신들이 바다에서 조난되었다 살아남은 뱃사람들처럼 아무것도 가진 것 없이 목숨만 겨우 건진 형편이며, 이런 사람들에게 맨몸으로 폐허가 된 도시를 재건하라는 건 가혹한 처사라고 했다. 또 자기들을 다른 도시로 이주하게 해달라며 눈물로 애원했다.

카밀루스는 이 일을 공개적으로 의논해야 한다 생각하고, 투표에 앞서 로마를 수호하자는 내용의 길고 간곡한 연설을 했다. 그러고 나서 맨 먼저 투표할 권리를 가진 루키우스 루크레티우스에게 의견을 말해보라고 했다. 루키우스가 연단에 올라가 막 입을 열려는 순간, 우연히 부대를 이끌고 근처를 지나가던 백인대장 한 사람이 군기수에게 큰 소리로 명령했다.

"깃발을 그곳에 세워라. 여기에 자리를 잡는 게 가장 좋겠다."

이 외침은 회의장 안까지 들렸다. 루크레티우스는 결정하려는 순간에 들려온 이 말을 신의 계시라 생각해 그대로 따르겠다고 말했다. 마음을 정하지 못하던 사람들 또한 그 의견에 따라 투표했다.

놀랍게도 이 일로 시민들의 마음은 완전히 바뀌었다. 로마인들은 서로 격려하며 힘을 모아 재건에 나섰다. 누군가의 지시나 계획에 따라 시행된 게 아니었으므로, 시민들은 가장 가깝거나 마음에 드는 곳을 골라 스스로 일을 시작했다. 도시 재건은 빠르게 이루어져, 로마 시내는 좁고 구불구불한 골목길과 다닥다닥 붙은 집들로 채워져갔다. 이렇게 도시를 둘러싸는 성벽과 집들이 모양을 갖추는 데는 1년도 채 걸리지 않았다.

카밀루스는 몇몇 사람에게 신전을 복원하고 새로 경계를 그으라는 명령을 내렸다. 그들이 팔라티움에 이르러 군신 마르스 신전을 둘러보았을 때, 그것 또한 다른 건물들처럼 갈리아인들 손에 불타고 주춧돌만 겨우 남아 있었다.

잔해들을 샅샅이 조사하며 깨끗이 정리하던 사람들은 잿더미 속에 깊이 파묻혀 있던 지팡이 하나를 발견했다. 그것은 한쪽 끝이 구부러져 '리투우스'라고 불렸으며, 오래전 미래를 예언하는 능력이 있던 로물루스가 새들이 날아가는 모습을 보고 점을 칠 때 이 지팡이를 이용해 하늘을 갈랐다고 한다. 그가 홀연히 자취를 감추고 난 뒤 사제들이 사람 손이 닿지 않는 곳에 잘 보존해 둔 것이었다. 사람들은 다른 물건은 모두 타버렸는데 오직 이 지팡이만 무사한 것은 로마가 대대손손 번성하리라는 계시라 여겨, 로마의 미래에 희망을 가졌다.

하지만 도시 재건이 채 끝나기도 전에 또다시 전쟁이 일어났다. 아이퀴인, 볼스키인, 라티움인들이 한꺼번에 로마로 쳐들어 온 것이다. 에트루리아인들도 로마와 동맹을 맺고 있던 수트리움을 포위했다. 마르키우스 고원 근처에 진을 치고 로마군을 지휘하던 담당 호민관들은 라티움군에게 포위되어 진지를 빼앗길 위기에 처하자 로마에 구원을 요청했다. 그래서 카밀루스는 세 번째로 독재관에 임명되었다.

이 전쟁에 대한 이야기는 두 가지다. 그 가운데 좀 더 전설적인 이야기는 다음과 같다. 무슨 이유에서인지 알 수 없지만, 라티움 사람들은 로마 처녀들을 아내로 삼겠으니 보내라는 요구를 해왔다. 로마인들은 아직 전쟁 후유증에서 벗어나지 못한 터라 전쟁을 하기 두려웠지만, 또 한편으로는 라티움인들이 여자들을 인질로 삼아 더 큰 것을 요구하려는 속셈이라고 생각해 어느 쪽으로도 결정을 내리지 못하고 있었다.

이때 투툴라 또는 필로티스라는 이름의 한 여종이 호민관들을 찾아와 말했다. 자기와 몇몇 예쁜 여종들을 귀한 집안 딸처럼 꾸며 적에게 보내면, 다음 일은 자기들이 알아서 처리하겠다는 것이었다. 이 의견을 받아들인 호민관들은 그녀와 몇몇 여종들을 값진 옷과 보석들로 치장한 뒤, 로마 시 근처에 진을 치고 있던 라티움인들에게 넘겼다. 밤이 깊어지자 여자들은 잠들어 있는 적군들의 무기를 몰래 훔쳐내 숨겼다. 그동안 투툴라, 또는 필로티스라는 여자는 무화과나무 위로 올라가서 두꺼운 털옷을 펼쳐 라티움군이 볼 수 없도록 횃대 뒤를 가리고, 횃불을 밝혀 로마 시에 신호를 보냈다. 이 신호는 그녀와 호민관들 사이에 미리 약속되었던 것으로, 다른 시민들은 전혀 모르는 일이었다.

그래서 병사들은 영문도 모른 채 등에 떠밀려 성문을 빠져나왔다. 서로 이름을 부르며 대장들의 재촉에 따라 가까스로 대열을 맞춘 병사들은 라티움군을 공격했다. 이때 라티움군은 깊이 잠들어 있었으므로, 로마인들은 쉽게 진지를 빼앗고 적을 무찌를 수 있었다. 이것은 퀸틸리스 달 7일에 있었던 일로, 오늘날에도 7월 7일이면 그때 일을 기념하는 행사를 연다.

행사 때는 먼저 사람들이 무리 지어 성문으로 달려나오면서 저마다 카이우스, 마르쿠스, 루키우스 같은 흔한 이름을 큰 소리로 부른다. 이것은 로마군이 황급히 성문을 나서며 서로 이름을 부르던 일을 흉내 낸 것이다. 그런 다음 아름답게 치장한 여종들이 나타나 이리저리 뛰어다니며 누구를 만나든지 웃으며 희롱한다. 그러다가 자기들끼리 전투하는 흉내를 내는데, 이는 과거에 라티움군과 싸울 때 자신들이 가담했음을 나타낸다. 그다음에는 무화과나무 아래에 앉아서 다함께 먹고 마시며 여흥을 즐긴다.

이날을 '노나이 카프로티나이'라고 한다. 이것은 그 옛날 여종이 무화과나무 위에 올라가서 횃불로 신호를 보냈던 일을 기념해 지은 이름으로 추측된다. 로마어로 무화과나무는 '카프리피쿠스'라 부른다.

한편 다른 이야기에 따르면, 이 행사는 전적으로 로물루스가 사라진 날을 기념하는 것이라고 한다. 바로 이날 로물루스가 제사를 드리고 있을 때, 갑자기 날이 어두워지고 폭풍이 몰아닥치자 사라져 버렸다고 전해지기 때문이다. 어떤 사람들은 이를 일식이라 주장하기도 한다. 그래서 이날을 '노나이 카프로티나이'라 부르게 되었는데 이것은 염소(카프라)에서 따온 말이라고 한다. 로물루스가 염소늪 옆에서 민중에게 선동 연설을 하고 있을 때 사라졌다는 사실은 그의 전기에도 기록해 둔 바 있다.

역사가들 거의가 이 전쟁을 다음처럼 기록한다. 세 번째로 독재관이 된 카밀루스는 호민관들이 이끄는 군대가 라티움인과 볼스키인 연합군에 포위되었다는 소식을 듣고 나이 어린 소년들과 노인들까지 동원해 군대를 조직했다. 그는 적의 눈을 피하기 위해 마르키우스 고원을 돌아 적 뒤쪽에 군대를 배치하고,

횃불을 올려 포위된 아군에게 그의 도착을 알렸다. 포위된 군사들은 용기를 얻고 진지에서 나와 적을 공격할 준비를 했다. 그러나 라티움인과 볼스키인 연합군은 앞뒤에 적이 있는 것을 알아채고, 나무로 단단히 방벽을 친 뒤 본국에서 지원군이 올 때까지 기다리기로 마음먹었다. 그리고 에트루리아 사람들의 도움도 기대하고 있었다.

그 사정을 꿰뚫어 본 카밀루스는 군대가 포위될까 걱정해 적의 지원군이 오기 전에 서둘러 적을 공격하기로 결심했다. 그는 적의 방어벽이 나무로 만들어졌다는 점과 해 뜰 무렵 산으로부터 강풍이 불어온다는 것을 이용해 화공을 펼치기로 하고 준비를 단단히 갖추게 했다. 날이 밝아오자 몇 부대를 적의 진지 앞으로 보내 화살을 쏘며 시끄럽게 고함을 치게 하고, 자신은 화공 준비를 갖춘 부대를 이끌고 바람이 부는 쪽에 숨었다.

마침내 전투가 시작되고, 해가 뜨면서 강한 바람이 일었다. 카밀루스가 공격 신호를 보내자 불화살이 새처럼 날아 촘촘한 나무 방벽에 가득 꽂혔다. 삽시간에 불길이 치솟아 오르고 적진은 불바다가 되었다. 라티움인들은 불을 끌 만한 장비가 없었으므로 솟아오르는 불길에 둘러싸여 발만 동동 구르다가 어쩔 수 없이 밖으로 밀려나왔다. 하지만 밖에는 로마군이 기다리고 있었다. 라티움군은 창과 화살에 맞아 죽거나 진영 안에 있다가 불에 타 죽었다. 로마군은 불을 끄고 안으로 들어가 남아 있는 물건들을 약탈해 갔다.

승리한 카밀루스는 아들 루키우스에게 포로와 전리품들을 지키게 하고 자신은 적국으로 쳐들어갔다. 그는 아이퀴인의 수도를 함락하고 볼스키인들을 정복한 뒤, 곧 군대를 이끌고 수트리움으로 떠났다. 그는 수트리움 시가 아직 에트루리아군에 포위된 줄 알고 수트리움 시민들을 도와주러 간 것이다.

하지만 이미 시민들은 에트루리아인에게 항복하고 도시에서 쫓겨나는 중이었다. 옷만 겨우 걸친 채 아무것도 가진 것 없이 아내와 자식 손을 잡고 쫓겨나는 수트리움 사람들을 보자 카밀루스는 마음이 아팠다. 로마 병사들도 이 처참한 광경을 보고 눈물을 흘렸다. 카밀루스는 복수를 결심하고 그날 곧장 수트리움으로 갔다. 적군이 부유한 도시를 점령한 뒤, 승리를 거둔 기쁨에 취해 파수병도 세우지 않고 흥청망청하며 있을 것으로 짐작했기 때문이다.

참으로 카밀루스의 예상은 빗나가지 않았다. 로마군은 적의 눈에 띄지 않고 들판을 지나갈 수 있었고, 보초 없는 성문 여러 개를 점령했다. 적군은 모두 민가에 흩어져 먹고 마시기에 여념이 없었다. 그래서 로마군이 도시를 장악했다는 사실을 듣고도 너무 취하고 배가 부른 나머지 달아날 생각조차 못하고, 그대로 방 안에서 뒹굴다가 칼에 맞아 죽거나 제 발로 기어나와 항복했다.

이렇게 해서 수트리움은 하루 동안 두 번 점령되었고, 아침에 이긴 군대는 저녁에 패했으며, 쫓겨난 자들은 카밀루스 덕에 다시 제 집으로 돌아갈 수 있었다.

전공을 세운 카밀루스는 로마로 개선했다. 지난 두 번의 승리에서보다도 더 높은 영광과 존경을 받았다. 그의 승리는 모두 운이 좋아서 얻어진 것이라 비꼬던 사람들도 이번만은 그의 뛰어남을 인정할 수밖에 없었다.

그의 영광을 가장 많이 시기하고 비난했던 사람은 마르쿠스 만리우스였다. 그는 갈리아군이 어둠을 틈타 카피톨리움을 공격했을 때 처음으로 적병을 절벽 밑으로 던져버린 사람이라 카피톨리누스라고도 불렸다. 그는 로마의 일인자가 되고 싶었으나 카밀루스의 막강한 권력과 명성을 도저히 이길 수가 없었다. 그래서 독재자들이 곧잘 쓰는 수법을 이용해 수많은 민중을 선동했으며, 특히 빚에 시달리는 사람들의 마음을 얻으려고 했다.

그는 자신과 친한 몇몇 채권자에게 부탁해 채무자들의 짐을 덜어주고, 때에 따라서는 관리들에게 압력을 가해 채무자들에 대한 법 집행을 막아주기도 했다. 돈 문제로 고민하던 사람들이 금세 마르쿠스 주위에 모여들었다. 그들이 법정에서 심한 소란을 일으켰으므로 많은 시민들은 불안에 휩싸였다. 이러한 무질서를 바로잡기 위해 독재관으로 임명된 퀸투우스 카피톨리누스가 만리우스를 체포해 감옥에 집어넣었다. 그러자 그를 따르던 사람들은 나라에 큰 난리라도 일어난 듯 곧바로 상복으로 갈아입고 광장에 모여 큰 소리로 시위했다. 원로원은 일이 더 커질 것을 염려해 만리우스를 석방했지만, 풀려난 만리우스는 뉘우치기는커녕 오히려 더욱 거칠게 굴었다. 시민들은 패가 갈렸고, 로마 시내는 곧 무슨 일이라도 터질 것처럼 술렁였다. 마침내 카밀루스가 다시 호민관에 임명되었다.

카밀루스는 만리우스를 고발했다. 하지만 만리우스에 대한 재판이 일어난 장소는 고발자에게 매우 불리한 곳이었다. 바로 만리우스가 갈리아군과 싸워 공을 세웠던 카피톨리움이 법정인 포룸을 똑바로 내려다보고 있었기 때문이다. 만리우스는 팔을 들어 카피톨리움을 가리키며, 눈물로 그날의 전투에 대한 이야기를 쏟아놓았다. 사람들은 동정의 눈물을 흘렸고, 법관들은 당황해 거듭 휴정을 선언했다. 만리우스는 분명히 불법을 저질렀으니 그것을 없던 일로 되돌릴 수도 없고, 법대로 집행을 하려니 그가 큰 공을 세운 장소가 바로 눈앞에 보여 판결을 내리기가 쉽지 않았다.

이 사실을 깨달은 카밀루스는 법정을 성문 밖에 있는 페텔리아 숲 속으로 옮겼다. 그곳에서는 카피톨리움이 보이지 않았으므로 고발자들이 고발 내용을 침착하게 진술할 수 있었고, 재판관들도 예전의 공에 대한 기억이 흐려져 공정히 재판을 진행할 수 있었다.

만리우스는 마침내 유죄판결을 받고 카피톨리움으로 끌려가 절벽 위에서 떼밀려 떨어졌다. 자신의 일생에서 가장 영광스러운 공을 세웠던 자리에서 비참한 최후를 맞이한 것이다. 로마인들은 그의 집을 허물고 그 자리에 유노 모네타 여신 신전을 세운 뒤, 어떤 귀족도 카피톨리누스 언덕 위에 집을 짓지 못하도록 법령을 정했다.

카밀루스는 여섯 번째로 호민관에 임명되자 이를 온갖 말로 사양했다. 이미 나이가 많이 든 데다가 계속된 성공과 영광이 가져오는 질투가 두려웠던 듯싶다. 하지만 그가 내세운 가장 큰 이유는 건강이 좋지 않다는 것이었다. 실제로 그는 병을 앓았다. 그러나 사람들은 그의 사퇴를 받아들이지 않았다. 말을 타고 출정하기를 바라는 게 아니라 군사 문제에 대한 상의와 감독을 요청하는 것이라고 호소했다. 그는 할 수 없이 호민관 직분을 수락했다.

그 무렵 프라이네스테인과 볼스키인들이 큰 부대를 이끌고 로마의 동맹국들을 괴롭히고 있었다. 카밀루스는 곧 동료 루키우스 푸리우스와 함께 군대를 지휘해 출정했다. 그는 적 가까이에 진을 치고, 전쟁을 오래 끌며 자신의 병이 나아지기를 기다렸다.

하지만 그의 동료 루키우스 푸리우스는 공을 세워 이름을 떨치고 싶어 안달이 난 나머지 부하들을 부추겨 하루빨리 전투를 시작하려고 했다. 카밀루스는 질투심 때문에 젊은 병사들에게 공을 세울 기회를 주기 싫어하는 것으로 비칠까 염려되어, 할 수 없이 루키우스에게 군대를 지휘해서 싸우도록 허락했다. 그리고 자기는 건강상 이유로 나머지 병력과 함께 진영에 남아 있기로 했다.

하지만 루키우스가 무모하게 밀고 들어가다 패했다는 소식을 듣자, 카밀루스는 더 참지 못하고 남아 있던 군사들과 함께 적군을 향해 달려나갔다. 그는 자기 진영 어귀에서 쫓겨오는 아군들과 마주쳤다. 카밀루스는 그들을 헤치고 나아가서, 추격해 오는 적군과 맞섰다. 그러자 쫓겨 들어온 군사들도 되돌아 서서 카밀루스를 따라갔다. 군사들은 서로 격려하며 카밀루스를 중심으로 뭉쳤다. 그러는 사이 추격해 오던 적군도 말을 돌려 돌아갔다. 카밀루스는 다음 날 병사들을 지휘해 격렬한 전투를 치른 끝에 적군을 무찔렀고, 달아나는 적을 쫓아 그들의 진지마저 점령해 몰살했다.

얼마 뒤 사트리아가 에트루리아군에 점령되어, 그곳에 이주해 살던 로마 시민들이 모두 학살되었다는 슬픈 소식이 들려왔다. 카밀루스는 젊고 용맹스러운 전사들만 뽑아, 사트리아에 주둔하고 있던 에트루리아군을 급습했다. 수많은 적군이 카밀루스 손에 죽거나 쫓겨 달아났다.

그는 많은 전리품을 싣고 로마로 돌아왔다. 늙고 쇠약하더라도 역전의 용장은 여전하다는 사실을 증명했고, 성급히 공을 세우려는 젊은 장군들 대신 병까지 걸린 그를, 본인의 의사까지 꺾어가며 출정시킨 사람들이 결국 옳았음을 보여주었다.

얼마 뒤 투스쿨룸 시민들이 반란을 일으켰다는 소식이 들려왔을 때, 원로원은 또다시 카밀루스에게 동료 호민관과 함께 진압하기를 요청했다. 카밀루스는 출정을 원하는 동료 호민관을 제쳐두고 뜻밖에도 루키우스 푸리우스를 택했다. 그는 얼마 전 카밀루스의 의견을 저버리고 성급하게 군대를 이끌고 나가 패주한 장본인이었다. 그런데도 카밀루스가 그를 선택한 것은 지난번 실책을 덮어주고 치욕을 씻을 기회를 주려는 마음에서였다.

투스쿨룸 시민들은 카밀루스가 진압하러 온다는 소식을 듣고 재빨리 태도를 바꾸었다. 그들은 보통 때와 마찬가지처럼 보이려고 사람들을 내보내 밭일을 하거나 가축을 돌보게 했다. 투스쿨룸 들판의 풍경은 여느 때와 다른 것이 하나도 없었다. 카밀루스가 투스쿨룸 시에 들어가니 성문은 활짝 열려 있고 아이들은 학교에서 공부를 하고 있었다. 상인들도 장사에 여념이 없었으며, 시민들은 평상복을 입고 광장을 돌아다니고 있었다. 투스쿨룸 관리들은 이리저리 바쁘게 쏘다니며 로마군 숙소를 준비했다. 이것에 속을 카밀루스가 아니었지만 그들이 마음을 바꾼 것을 보자 동정심이 생겼다. 그는 시민들에게 로마에 대표를 보내 원로원의 용서를 받으라고 명했다. 카밀루스는 대표들과 함께 로마에 돌아온 뒤 그들이 용서받도록 힘써 주었고, 투스쿨룸 시민들에게 로마 시민과 같은 권리를 누리게 했다. 이것이 그가 여섯 번째로 호민관이 되어 남긴 중요한 업적이었다.

그 뒤 리키니우스 스톨로가 큰 반란을 일으키며 원로원과 마찰을 빚었다. 그는 두 집정관 가운데 한 사람은 평민이어야지, 둘 다 귀족이면 안 된다며 시민들을 선동했다. 때문에 호민관은 모두 선출되었으나 집정관 선거는 평민들에 의해 계속 지연되고 있었다.

집권자 없이 이대로 지내면 더욱 혼란이 심해질 것이므로, 원로원은 서둘러 카밀루스를 네 번째로 독재관에 임명했다. 하지만 카밀루스 자신도 그 자리를 썩 내켜하지 않았다. 여러 전쟁에서 치열한 전투를 함께 치른 전우들과 대립하고 싶지 않았기 때문이다. 그는 정치에 몸담은 세월보다 병사들과 함께 싸움터에서 보낸 세월이 더 길었다. 그럼에도 귀족들이 카밀루스를 임용한 것은, 잘되면 평민의 소동을 진압하는 것이고, 잘못돼도 카밀루스에게 모든 책임을 떠넘길 수 있으리라는 계산에 따른 것이었다.

그럼에도 카밀루스는 어려운 상황을 해결하기 위해 노력했다. 그는 호민관들이 법안을 발의하려는 날짜에 맞춰 시민 동원령을 내렸다. 그날 모든 시민을 군신 마르스 광장에 모이게 하고 포룸에 가지 못하도록 명령한 것이다. 그는 이 소집에 응하지 않는 자에게는 많은 벌금을 부과하겠다고 선언했다. 그러나 호민관들은 카밀루스가 시민의 투표권을 빼앗는 이 같은 일을 고집한다면 그에게 은화 5만 드라크메의 벌금형을 내리겠다며 맞섰다.

상황이 이렇게 돌아가자 카밀루스는 며칠 동안 집 안에만 틀어박혀 있다가 마침내 병을 핑계로 독재관 자리를 내놓았다. 만일 일이 잘못되어 다시 형을 받고 추방된다면, 일생 동안 대공적을 세운 사람으로서 노년의 수치라 생각했기 때문이다. 그렇다고 무조건 억압하기에는 국민들 세력이 너무 강한데다가 난폭하기까지 했으므로, 자신의 힘으로는 불가능하다고 여겨 단념한 것이다.

할 수 없이 원로원은 다른 사람을 독재관으로 세웠다. 그러나 새 독재관은 반란의 장본인인 리키니우스 스톨로를 자신의 기마대장으로 임명하고, 귀족들이 통탄할 법안을 통과시켰다. 그 법률에 따르면 아무도 500유게룸(1유게룸은 8분의 5에이커 또는 2530제곱미터) 이상의 토지를 소유할 수 없었다. 이 일로 스톨로는 매우 중요한 인물이 되었다. 그러나 얼마 뒤 그는 자기가 만든 법이 허용하는 것보다 더 많은 토지를 소유하고 있는 게 발각되어, 자기가 만든 법에 따라 처벌받았다.

로마에는 여전히 집정관을 선출하는 어려운 문제가 남아 있었다. 이 문제야말로 평민과 귀족이 서로 갈등을 일으킨 가장 큰 원인이었다. 그때 갈리아군이 아드리아 해안 지방으로부터 또다시 로마로 습격해 온다는 소식이 들려왔다. 또한 잇따라 피해 소식이 들려왔는데, 갈리아군이 로마로 오는 길목을 가로막고 약탈을 해서 미처 로마까지 피해 올 수 없었던 시민들이 산속으로 뿔뿔이 흩어졌다는 것이었다.

이 무서운 소식은 로마의 내분을 누그러뜨렸다. 원로원과 시민들은 한마음이 되어 카밀루스를 다섯 번째로 독재관에 임명했다. 이때 그의 나이는 이미 여든에 가까웠지만, 조국이 위기에 처한 것을 보자 주저하지 않고 곧장 군대를 모아 출전을 서둘렀다.

카밀루스는 갈리아군의 검이 매우 날카롭다는 사실을 오랜 전투 경험으로 알고 있었다. 그들은 그 검을 상대의 목이나 어깨에 무지막지하게 휘둘렀다. 카밀루스는 병사들에게 미끄럽고 반들거리는 투구를 만들어 쓰게 했다. 칼로 투구를 내리치면 칼이 부러지거나 미끄러지게 하려는 것이었다. 또 나무 방패만으로는 적의 검을 막아내기에 충분치 않았기에 방패에 놋쇠로 테를 두르게 했다. 그러고는 긴 창을 나누어주고, 그것을 휘둘러 적의 칼을 떨어뜨리거나 막아내도록 지시했다.

갈리아군은 넘칠 만큼 많은 재물을 약탈하고서 로마 시에서 가까운 아니오 강가에 진을 쳤다. 카밀루스는 군대를 이끌고 나가 깊숙한 골짜기에 주력군을 배치했다. 그는 적은 수의 병사들만 눈에 띄게 함으로써 마치 갈리아군이 무서워 골짜기로 숨어든 것처럼 보이게 하는 전략을 세웠다. 그런 생각을 더욱 굳히게끔 그는 적군이 그 지방을 약탈하는 것을 일부러 내버려두었다. 그러면서 진지를 강화하고 때를 기다렸다.

마침내 적들은 무질서하게 흩어져 약탈을 하거나 막사에 남아 밤낮으로 흥청망청 먹고 마셔댔다. 카밀루스는 새벽에 가볍게 무장한 부대를 보내 적을 진지에서 끌어내어 대열이 흐트러지도록 하고, 해가 뜰 무렵 주력부대를 이끌고 나가 저지대에서 모든 공격 준비를 끝마쳤다. 갈리아군이 미처 예상하지 못한 대군이 의기충천해 나타난 것이다.

로마군이 적극적으로 공격해 오자 갈리아군은 기가 꺾였다. 아직 진용을 갖추기도 전에 가벼운 무장을 한 부대가 휘젓고 들어오는 바람에 갈리아군은 대오를 잃어버렸다. 그런데다가 카밀루스의 대군이 나타나자 진형을 정비할 틈도 없이 우왕좌왕하며 닥치는 대로 싸울 수밖에 없었다. 로마군은 긴 창을 휘두르며 튼튼하고 매끈한 투구로 갈리아군의 검을 막아냈다. 그래서 무른 쇠로 만든 갈리아군의 검은 모두 구부러졌으며, 그들의 방패는 로마군의 긴 창이 꽂히는 바람에 쓸모가 없어졌다. 갈리아군은 망가진 무기를 버리고, 방패에 꽂힌 창을 뽑아 싸우려고 했다. 그러나 그사이에 로마군이 검을 뽑아들고 달려들었다. 앞줄에 섰던 적은 거의 몰살되었고 나머지는 산산이 흩어져 평원으로 달아났다. 카밀루스가 미리 언덕에 수비대를 보내놓았기 때문에 갈리아군은 산으로 숨어들 수도 없었다. 그들은 지나친 자신감으로 진지도 제대로 마련해 두지 않았기에, 마구잡이로 달아나다가 추격해 오는 로마군에게 죽임을 당했다.

이 전투는 로마가 함락된 지 13년 만에 벌어진 일이었다. 이때부터 로마 사람들은 갈리아인에 대한 두려움을 벗어버리고 그들을 만만히 보게 되었다. 예전의 전쟁에서 갈리아인들이 승리했던 것은 로마군이 질병으로 약해졌을 뿐 아니라 운도 따라주었기 때문이지, 그들이 용맹스러워서 그런 것은 아니라는 생각을 하게 되었다. 그러나 그전에는 다른 전쟁에서는 출정이 면제된 사제들이라 할지라도 갈리아인이 쳐들어왔을 때는 반드시 출정해야 한다는 법령까지 만들었을 만큼 갈리아인을 두려워했다.

이것이 카밀루스 일생의 마지막 군사적 업적이었다. 그 뒤에 벨리트라이 시와 전쟁이 벌어졌을 때는 싸우지도 않고 쉽사리 항복을 받아냈기 때문이다. 하지만 그의 일생에서 가장 큰 정치적 사건은 그 뒤에 일어났다. 전쟁에서 이기고 의기양양해진 시민들은 이전보다 더 다루기 어려웠다. 그들은 지금의 법을 무시하고 두 집정관 가운데 한 사람은 평민 출신에서 뽑자고 주장했다. 이러한 주장에 강력히 반대하는 원로원은 카밀루스가 독재관직에서 물러나는 것을 막았다. 귀족들은 그의 막강한 힘으로 자기들의 특권을 유지할 수 있으리라 생각했다.

그러던 어느 날 카밀루스가 포룸에 앉아 공무를 보고 있을 때, 호민관이 보낸 관리가 그에게 당장 일어나 따라오라는 명령을 내렸다. 심지어 그는 카밀루스를 억지로 끌어내리고 그의 몸에 손까지 댔다. 그 때문에 전례 없는 큰 소동이 포룸을 가득 채웠다. 카밀루스 측근들은 관리를 몰아내려고 하고, 밖에 모인 군중은 카밀루스를 끌고 나오라며 고함을 질렀다.

카밀루스는 몹시 당황했지만 자신의 직무를 포기하지 않은 채 원로원 의원들을 불러 모았다. 그는 원로원으로 들어가기 전에 신들에게 이 사태를 원만하게 해결해 주시기를 간절히 바라며, 오늘의 혼란이 잘 마무리되면 '화합의 신전'을 지어 바치겠다고 맹세했다. 열띤 토론 끝에 원로원이 양보해 마침내 두 집정관 가운데 한 명을 평민 출신에서 뽑기로 결정했다.

독재관 카밀루스가 이 결정을 선포하자, 민중은 크게 기뻐하며 원로원과 화해했다. 사람들은 박수와 환호를 보내며 카밀루스를 집까지 배웅했다. 다음 날 시민들은 모두 모여 카밀루스가 신에게 맹세한 대로 '화합의 신전'을 개혁이 이루어진 장소인 포룸과 마주보는 자리에 세우기로 했다. 그리고 사흘 동안 열었던 라티움 축제를 나흘로 늘리고, 모든 시민은 축제 기간 동안 신들에게 감사하는 마음으로 머리를 꽃으로 꾸미고 다니기로 했다.

카밀루스의 사회로 집정관 선거가 열린 결과 귀족 출신으로는 마르쿠스 아이밀리우스가, 평민 출신으로는 루키우스 섹스티우스가 뽑혔다. 루키우스는 최초 평민 집정관이었다. 이것이 카밀루스가 겪은 마지막 정치적 사건이었다.

다음 해 로마에 전염병이 돌아 많은 사람들이 죽어갔다. 카밀루스도 그 병으로 세상을 떠났다. 그는 나이가 많았고, 업적도 많이 쌓았으니 눈 감을 때 별다른 아쉬움은 없었으리라. 로마인들은 그해에 전염병으로 죽은 다른 많은 사람들을 합친 것보다 카밀루스 한 사람의 죽음을 더 깊이 애도했다.

페리클레스(PERICLES)

언젠가 카이사르가 로마에 사는 부유한 외국인들이 강아지나 원숭이를 품에 안고 다니며 귀여워하는 것을 보고는, 그 나라 여자들은 아이를 낳지 못하느냐고 물었다. 마땅히 사람에게 쏟아야 할 애정을 뭇짐승들에게 헛되이 쓰는 것을 꾸짖은, 군주다운 일침이었다. 그와 마찬가지로 인간 영혼에 새겨진 지식에 대한 욕구를 가치 있는 일에 쏟지 않고, 쓸데없는 일에 낭비하는 사람 또한 비난받아 마땅하다.

우리는 외부 사물을 수동적으로 받아들이므로, 이로운 것들뿐 아니라 무익한 것들에도 어느 정도 마음이 끌릴 수밖에 없다. 하지만 누구든지 확고한 의지만 있다면 자기가 옳다고 여기는 일에 마음을 집중할 수 있다. 우리는 늘 최상을 추구해야 하며, 원하는 일에 정신을 쏟는 동시에 노력으로 그에 따른 바람직한 결과를 얻어내야 한다. 아름다운 작품이 우리 눈을 즐겁게 하고 행복을 느끼게 하듯이, 우리가 하는 모든 행위는 삶을 기쁘게 하면서도 실질적으로 쓸모 있어야 한다.

이런 일은 미덕을 행함과 같아서, 사람들을 감동시켜 본받고자 하는 욕구를 불러일으킨다. 하지만 쓸모 있는 행위라 해서 모두 그렇게 여겨지지는 않는다. 완성된 작품을 좋아하면서도 그것을 만든 사람은 인정하지 않는 일이 흔하기 때문이다. 사람들이 향수나 염색된 옷감은 좋아하면서 향수 만드는 사람이나 염색공을 업신여기는 게 바로 그 한 예이다. 실제로 이스메니아스가 피리를 기가 막히게 잘 분다는 이야기를 들었을 때 안티스테네스는 이렇게 말했다.

"아마도 그자는 별 볼 일 없는 사람일 것이오. 그렇지 않고서야 피리나 잘 부는 명인이 됐을 리 없잖소?"

또 마케도니아 왕 필리포스는 어느 연회에서 하프를 훌륭하게 연주한 그의 아들을 호되게 꾸짖었다.

"너는 그토록 연주를 잘한 게 부끄럽지도 않느냐!"

무릇, 왕족처럼 고귀한 신분이라면 품위에 어긋나는 일이며, 여유가 있을 때 다른 이들의 연주를 듣거나 후원하는 것만으로도 무사이 여신들에게 존경을 표하기에는 충분하다고 여긴 것이리라.

이처럼 작은 재주에 헛된 노력을 기울이는 사람은 그 자신이 훌륭한 재목이 못 된다는 사실을 증명하는 것이 아닌가. 고귀한 젊은이라면 피사에 있는 유피테르 조각상을 보고 페이디아스처럼 되고 싶어하거나, 아르고스의 유노 조각상을 보고 폴리클레이토스처럼 되기를 원하지 않는다. 또한 시를 즐기더라도 아나크레온, 필레타스, 아르킬로코스 같은 이가 되려고 하지도 않는다. 누군가의 작품이 기쁨을 준다고 해서 반드시 그 사람을 존경하는 것은 아니기 때문이다. 따라서 본받고 싶은 욕구를 불러일으키지 못하는 작품은 사람들에게 아무런 도움이 되지 않는다.

그와 달리 덕성은 사람들에게 감동을 주는 것은 물론, 그런 행동을 한 사람을 본받으려는 욕구까지 불러일으킨다. 재산은 단순히 즐기고 싶은 대상물이지만, 미덕은 직접 실천하고 싶은 의지를 만들어내는 목표물이다. 우리는 가치 있는 행동을 직접 보거나 역사책에서 읽었을 때 자신도 그렇게 행동하려고 노력한다. 그래서 우리는 시간과 노력을 들여가며 유명한 사람들 삶을 글로 남긴다.

이번에는 페리클레스와 파비우스 막시무스를 논하기로 한다. 이 두 사람은 모두 한니발과 싸웠으며, 똑같이 성격이 온후하고 강직했다. 특히 둘의 훌륭한 점은 국민과 동료들의 비난과 몰이해를 이겨내고 나라에 커다란 공헌을 했다는 것이다. 이제 이들의 삶이 우리가 앞서 말한 목적을 이룰 수 있을 만한 이야기인지 살펴보자.

페리클레스는 아카만티스 부족 사람으로 콜라르고스에서 태어났으며, 친가와 외가가 모두 아테나이에서 으뜸가는 명문이었다. 그의 아버지 크산티포스는 미칼레에서 페르시아 대군을 무찔렀으며, 어머니 아가리스테는 클레이스테네스의 손녀였다.

클레이스테네스는 페이시스트라토스의 두 아들을 아테나이에서 내쫓고 그들의 포악한 독재정치를 끝낸 뒤, 새 법을 제정하고 모범적인 정부 체제를 이룩해 국민들에게 평화를 준 사람이었다.

페리클레스 어머니는 커다란 사자를 낳는 태몽을 꾼 뒤에 그를 낳았다. 그의 몸은 균형이 잘 잡혔으나 머리만은 유난히 길었다. 그의 초상화나 조각상을 보면 거의 투구를 쓴 모습인데, 이것은 그의 약점을 덮어주려는 장인들의 마음에서 비롯된 듯하다. 아테나이 시인들은 그를 '알뿌리머리'라고 불렀으며, 희극작가 크라티누스는 〈케이로네스〉라는 극에 아래와 같이 썼다.

파벌 싸움 벌이는 늙은 크로노스 왕이
폭군과 사랑에 빠졌으니
모든 올림푸스(올림포스) 신들이 그를 가리켜
운명을 좌우하는 높은 머리라 불렀다.

그리고 〈네메시스〉, 즉 복수의 여신이라는 극에서는 이렇게 말했다.

오라, 모든 신의 왕이며 머리이신 제우스여.

텔레클레이데스도 궁지에 몰린 페리클레스가 당혹스러워하며 생각에 잠긴 모습을 아래처럼 표현했다.

고민에 싸여 그의 머리 한없이 무거워지면서
문득 그 커다란 머리로부터
쏟아져 나오는 게 있었으니
국가의 큰 골칫거리가 되더라.

그리고 에우폴리스도 〈데모이〉라는 극에서, 지옥에서 불려온 선동정치가들에게 차례로 질문을 하다가 마지막으로 페리클레스가 나타나자 이렇게 외쳤다.

모든 이의 머리가 저 한 사람 속에 들어 있도다.

많은 역사가들의 기록을 보면 페리클레스는 다몬으로부터 음악을 배웠다고
한다. 그러나 아리스토텔레스는 그가 피토클레이데스 밑에서 음악 공부를 했
다고 한다. 다몬은 소피스트였는데, 음악을 가르친 것은 세상의 눈을 속이기
위한 수단에 지나지 않았고 실제로는 페리클레스에게 정치술을 가르쳤다. 하지
만 아테나이 사람들은 다몬에게 속지 않고 도편추방제로 그에게 10년 추방형
을 내렸다. 그를 독재정치를 일으킬 위험인물로 여겼기 때문이다. 시인들은 그
를 비웃었고, 플라톤 극에는 누군가가 다몬에게 이렇게 묻는 장면이 나온다.

그대는 페리클레스를 가르친 스승이니
내가 묻는 말에 대답해 주시오.

페리클레스는 또 엘레아 사람 제논에게서 철학을 배웠는데, 제논은 파르메
니데스와 같은 방법으로 자연과학을 탐구했다. 그는 특히 토론 기술을 열심히
연구한 사람이었다. 플리우스 사람 티몬은 이를 아래처럼 묘사했다.

모든 사람 말문을 막아버리는 제논의 힘센 혀에는
양쪽으로 날이 서 있었노라.

한편 페리클레스에게 가장 이로운 영향을 준 사람이 있었으니, 그는 클라조
메나이의 아낙사고라스였다. 그는 페리클레스에게 신중함과 위엄을 심어주었
고, 지고한 목표와 고매한 인품을 갖도록 가르쳤다. 그 무렵 사람들은 아낙사
고라스를 지성인이라고 불렀는데 그가 뛰어난 과학 지식을 가져서만은 아니었
다. 그 무렵 철학자들은 세상 모든 일이 운이나 우연, 필연이나 의무에 따라 일
어난다고 여겼다. 이와 달리 아낙사고라스는 철학자로서는 처음으로, 천지만물
의 복합적인 작용이 오로지 순수이성의 법칙에 따른다고 주장했기 때문이다.
페리클레스는 아낙사고라스를 매우 존경해 이 같은 문제에 큰 관심을 갖게
되었다. 그리하여 그의 정신은 숭고해졌고 웅변은 저속함에서 벗어나 고상해졌
다. 또 연설 가운데 어떤 일이 일어나도 그는 침착함을 잃지 않았으며, 목소리

한 번 떨리는 법이 없었다. 그가 연설할 때마다 듣는 이들은 모두 감동에 휩싸이곤 했다. 한번은 그가 급한 볼일이 있어 시장에 온종일 나가 있었는데, 어떤 막돼먹은 자가 그에게 심한 욕설을 퍼부었다. 그러나 그는 아랑곳하지 않았으며 저녁이 되자 아무 일도 없었다는 듯 집으로 향했다. 그 무뢰한은 그를 따라오며 끝까지 욕설을 내뱉었다. 페리클레스가 집 앞까지 왔을 때는 이미 날이 저물어 있었다. 그는 하인에게 횃불을 밝혀 그 사람을 그의 집까지 바래다주도록 했다.

시인 이온은 페리클레스가 매우 교만하고 남을 멸시했다고 평했으나, 키몬은 그가 매우 정중하고 세련된 사람이었다고 칭찬했다. 그러나 이온은 위대한 사람을 보면 비난하지 않고는 못 견디는 사람이었으므로 그의 의견에 귀 기울일 필요는 없다. 제논은 페리클레스의 고매한 성품에 대해 인기를 끌려는 수단일 뿐이라고 비난하는 사람들을 보고, 본인들도 할 수 있다면 그런 수단으로 인기를 끌어보라고 말했다. 페리클레스를 흉내 내는 것만으로도 시간이 지날수록 자기도 모르는 사이에 고매한 성품을 익히게 될 것이라고 생각했기 때문이다.

아낙사고라스와의 친분이 페리클레스에게 가져다준 이점은 이뿐만이 아니다. 그는 원인을 알 수 없는 놀라운 일을 보고 무턱대고 흥분하거나 미신에 의지하는 행위를 어리석은 것으로 보게 되었다. 과학적 지식은 불확실한 미신을 몰아내고 그 대신 바람직한 소망과 신에 대한 경외심을 길러준다.

여기에 대해서는 다음 같은 이야기가 전해진다. 언젠가 시골 농장에서 페리클레스에게 뿔이 하나뿐인 숫양 머리를 가져온 사람이 있었다. 예언자 람폰은 양의 이마 한가운데에 단단한 뿔이 하나 나 있는 것을 보고, 지금 아테나이 정계는 투키디데스파와 페리클레스파로 나누어져 있는데, 이 신기한 짐승을 가진 편이 정부의 주도권을 쥐게 되리라 예언했다.

아낙사고라스는 양의 머리를 쪼개 보았다. 그런데 양의 뇌가 머리 전체에 가득 차 있지 않고 뿔이 있는 쪽에 달걀 모양으로 뭉쳐 있었다. 이를 본 사람들은 아낙사고라스에게 감탄했다. 얼마 뒤 투키디데스가 실각해 정부 주도권이 페리클레스 손에 쥐어지자, 람폰도 그에 못지않은 칭찬을 받았다.

이 사건의 원인을 알아낸 과학자나 결말을 밝힌 예언자는 모두 옳았다. 한 사람은 뿔이 그렇게 생겨난 원인을 알아냈고, 또 한 사람은 그렇게 된 의미를 정확히 알려준 것이었다. 때때로 놀라운 일의 원인을 굳이 알아내는 것은 그 일의 깊은 뜻을 훼손하는 것이라고 말하는 사람들이 있다. 하지만 그렇게 말하는 사람은 신의 손길이 닿은 일은 물론, 인간의 재주로 해낸 일까지 설명하지 못하게 막는 셈이다. 예를 들어 종이 울리거나 봉화가 타오르거나 해시계에 그림자가 지는 것 등은 저마다 원인이 있으면서도 어떤 뜻을 알리는 신호가 된다. 하지만 이 문제는 다른 기회에 논하도록 하자.

페리클레스는 젊은 시절에는 국민들 앞에 나서는 것을 두려워했다. 자신이 전제군주였던 페이시스트라토스와 비슷하게 생겼다는 말을 들었기 때문이다. 페이시스트라토스를 기억하는 노인들은 페리클레스의 부드러운 목소리와 유창한 말투를 들으면서 어쩌면 저토록 닮았나 하고 놀라곤 했다. 그는 부자였고 귀족 출신인 데다 친구들도 모두 권문세가 출신이어서 위험인물로 지목되어 추방될까봐 늘 노심초사했다. 이런 이유로 정치는 멀리했지만 전쟁에 나가면 용감한 군인이 되었다.

아리스티데스가 죽고 테미스토클레스가 추방되고 키몬이 멀리 출정해 헬라스를 비우게 되자, 페리클레스는 정치에 관여하게 되었다. 그는 소수의 귀족들에게서 등을 돌리고 다수의 가난한 사람들을 위한 정책을 펼쳤다. 그는 전제군주가 되려 한다는 의심을 받는 걸 두려워했다. 또한 키몬이 귀족 편에 서서 유력한 사람들의 지지를 받은 것과는 달리 자신은 대중 편에 서서 안전을 도모하고, 아울러 키몬에게 맞설 수 있는 강력한 세력을 키워나갔다.

그는 곧장 자신의 생활 방식도 바로잡았다. 정무를 보는 장소인 포럼이나 의사회 말고는 아무 데도 다니지 않았고, 친구들 초대에도 응하지 않았다. 친구 집을 방문하는 일도 없었으며 어떤 형태로도 친구들과 교류하지 않았다. 오직 한 번, 친척 에우리프톨레무스의 결혼식에 참석했지만 이때도 신에게 술을 따르는 예식까지만 하고 곧 자리를 떴다.

친구들과 만나면 위엄을 지키기가 힘들다. 가까운 사람들 앞에서 엄숙한 얼굴을 하고 있기란 매우 어려운 일이다. 이와 달리 진정한 미덕은 매우 가까이서 보아야 가장 잘 드러나며, 또한 진정으로 어진 사람의 삶에 대해 가까운 친구들보다 멀리 있는 대중이 더 존경심을 가질 수는 없는 법이다.

한편 페리클레스는 대중과 너무 가까워지는 것과 그들이 자신에게 싫증을 느끼게 될 것을 걱정해 사람들 앞에 자주 나서지 않았다. 연설도 많이 하지 않았고 모임에도 가끔 빠졌다. 크리톨라우스 말에 따르면, 페리클레스는 군선 살라미니아 호처럼 처신했다고 한다. 즉 위급한 때에만 나타나고, 다른 일들은 친구나 다른 사람에게 대신 연설을 시켰다. 이런 일을 도맡아 해준 친구로 에피알테스가 있었다. 그는 아레오파고스 회의의 권력을 무너뜨리고, 플라톤 말을 빌리자면 "시민들의 잔에 희석되지 않은 자유를 넘치게" 따라주었다. 하지만 자유란 지나치면 길들지 않은 망아지처럼 제멋대로 뛰어다니게 마련이다. 한 희극 시인은 아래처럼 이야기했다.

> 굴레를 벗은 말처럼
> 모든 울타리를 뛰어넘어
> 에우보이아를 물어뜯더니,
> 많은 섬들 사이로 사납게 내리더라.

페리클레스는 자신의 생활과 고매한 정신에 어울리는 방식으로 연설하기 위해서 아낙사고라스로부터 물려받은 과학적 지식을 활용했다. 그는 뜨거운 철을 찬물에 담가 단련하듯 웅변술을 갈고닦았다. 그는 본디 웅변에 소질이 있었으며, 특히 플라톤이 말하듯이 "고상한 지성과 절대적 진리의 힘"을 이용하는 데 있어 그 누구보다도 뛰어났다. 그 밖에도 웅변에 도움이 되는 것은 모두 끌어다 썼으니, 웅변술에 대해서는 단연 으뜸이었다. 그가 올림피아라는 별명을 갖게 된 까닭을 여기에 두는 사람들도 있다. 그러나 어떤 이들은 그가 아테나이에 아름다운 건물을 많이 지었기 때문이라 하고, 또 어떤 사람은 그가 정치가이자 군인으로서 큰 역량을 발휘했기 때문이라고도 한다. 이런 이유들 때문에 올림피아라는 별칭이 생겼다고 보는 게 좋을 것이다.

하지만 그 시대 연극에서 이따금 그를 겨냥해 혹평을 하기도 했는데, 거의 재미삼아 한 것이지만 때로는 심각한 경우도 있었다. 회의 연설에 있어서는 그를 가리켜 '천둥 번개'라고 하거나 '혀끝으로 무시무시한 벼락을 내린다'고 하기도 했다. 이처럼 모두 그의 웅변술에 초점을 맞추고 있다.

멜레시아스의 아들 투키디데스가 페리클레스의 웅변술에 대해 다음처럼 익살을 부린 일화가 기록에 남아 있다. 투키디데스는 높은 귀족이었고 페리클레스에게는 가장 부담스러운 정적이었다. 어느 날 스파르타 왕 아르키다모스가 투키디데스에게 물었다.

"그대와 페리클레스가 레슬링 시합을 하면 누가 이기겠는가?"

그가 대답했다.

"내가 경기에서 정정당당하게 그를 쓰러뜨리더라도 그는 넘어진 적이 없다고 주장해, 구경꾼들로 하여금 눈으로 뻔히 보고도 그 말을 믿게 할 것입니다."

페리클레스는 이러한 뛰어난 재능을 가졌지만, 말할 때는 매우 조심했다. 그는 연단에 오르기 전이면 언제나 기도를 드렸다. 연설 도중 오직 한 마디라도 실수하지 않게 해달라는 내용이었다. 그는 법령을 제외하고는 어떠한 저술도 남기지 않았다. 오직 간단한 명언이 몇 개 전해질 뿐이다. 그 가운데 하나는 아이기아를 "페이라이우스의 눈엣가시"라 하고 "이미 펠로폰네소스로부터 전쟁이 다가오는 것을 보았다"는 것이다.

이런 예도 있다. 언젠가 동료 장군 소포클레스와 함께 배를 타러 갈 때였다. 소포클레스가 길가에 서 있던 아름다운 소년을 보고 칭찬을 늘어놓자 페리클레스는 이렇게 말했다.

"소포클레스, 장군은 두 손뿐 아니라 두 눈도 깨끗이 해야 하네."

스테심브로투스 기록에 따르면, 그는 사모스에서 전사한 사람들의 장례식에서 희생자들이 신과 같은 불멸의 존재가 되었다고 주장했다. 우리는 신들을 볼 수 없지만, 그들이 우리에게 내려주는 축복과 은혜로 말미암아 신들을 불멸의 존재라고 결론 짓는데, 나라를 위해 목숨을 바친 사람들도 신들과 마찬가지라고 했다.

투키디데스는 페리클레스의 정치를 가리켜, 이름만 민주정치지 사실은 귀족정치라고 묘사했다. 오직 한 사람 손에 모든 일이 달려 있다는 것이다. 그러나 다른 사람들은 정반대로 기술한다. 페리클레스는 국민에게 처음으로 식민지를 나누어주었으며 공공사업에 몸담게 해 보수를 잘 받도록 했지만, 그 결과 정직하고 부지런했던 사람들이 낭비를 일삼고 생활 방식이 해이해졌다는 것이다. 이렇게 된 이유가 무엇인지 실제 사실을 살펴보자.

앞서 말했듯이, 페리클레스는 처음에 키몬에게 맞서며 민심을 달래야만 했다. 그런데 키몬은 꽤 큰 부자였고, 재산을 풀어 가난한 사람들에게 날마다 식사를 제공하고 노인들에게 옷을 나누어 주었으며 자기 땅 울타리를 허물어 누구든지 들어와 과일을 따먹을 수 있도록 했다.

아리스토텔레스 말에 따르면, 페리클레스는 재산으로는 키몬을 이길 수 없었으므로 오이아 출신인 다모니데스 의견에 따라, 공금이 국민에게 고루 돌아가도록 하는 정책을 썼다고 한다. 그는 연주회를 열었고, 여러 공공사업에 많은 사람들을 채용해 보수를 주었으며, 또 부조금을 나누어 줌으로써 쉽게 민심을 얻었다.

이윽고 그는 국민의 힘을 얻어 아레오파고스 회의에 맞섰다. 그는 이 회의 회원이 아니었으며 집정관이나 테스모테타이(사법담당관)나 폴레마르코스(군사담당관) 또는 수석 집정관(에모니모스)으로 뽑힌 적도 없었다. 이러한 공직은 추첨으로 임명되는 것이며, 그 직책을 잘 수행해야만 아레오파고스 일원이 될 수 있었다.

페리클레스는 어느 정도 기반을 다진 뒤, 심복인 에피알테스를 시켜 이 회의에 타격을 주었다. 그는 결정권을 거의 다 빼앗고, 키몬을 국민들 적으로 몰아 추방했다. 키몬은 재산이나 문벌에 있어 아테나이 어느 누구에게도 뒤지지 않았다. 또한 야만인들과 여러 번 싸워 영광스러운 승리를 거둠으로써 국민들에게 전리품을 듬뿍 안겨주었지만, 그 또한 어쩔 수 없었다. 그만큼 대중의 신임은 페리클레스에게 쏠려 있었다.

도편추방제로 쫓겨난 사람은 10년 동안 외국에 나가 살아야만 했다. 키몬이 추방되어 있는 동안 라케다이몬 대군이 타나그라 지방을 공격했다. 아테나이군은 곧장 싸우러 나갔다. 키몬은 형기를 모두 채우지 않은 채 아테나이로 돌아와 조국의 부대와 함께 싸웠다. 그는 자신이 라코니아 지방에 지나친 애정을 가지고 있다는 혐의를 벗고자 했다. 하지만 페리클레스 무리는 또다시 그를 나라 밖으로 추방했다.

페리클레스는 다른 어떤 사람보다도 용감무쌍하게 싸워야만 했다. 라코니아와 내통하고 있다고 비난받았던 키몬 측근들은 거의 모두 전사했다. 또한 아테나이군은 접경지대에서 벌어진 전투에서 패배했다. 여름철이 되어 라케다이몬 군의 공격이 더욱 심해질 것을 생각하자 아테나이인들은 키몬에 대한 생각이 간절해졌다. 그를 내쫓은 걸 후회하는 사람들이 늘어났다. 그것을 안 페리클레스는 대중의 소원을 들어주기로 마음먹고 키몬이 돌아올 수 있도록 조치를 취했다. 키몬이 돌아오자 곧바로 두 국가 사이에 평화협정이 맺어졌다. 스파르타는 페리클레스 및 그 밖의 평민 지도자들과는 사이가 나빴지만, 키몬에게 호감을 가지고 있었기 때문이다.

하지만 어떤 이야기에 따르면, 페리클레스가 키몬에게 귀국을 제의하기 전에 키몬의 누이인 엘피니케와 은밀한 협약을 맺었다고 한다. 그 내용은 키몬으로 하여금 배 200척을 이끌고 나가 페르시아군 점령지를 침략하도록 유도하고, 페리클레스는 아테나이 군대를 맡아 실질적인 권력을 쥐겠다는 것이었다. 그전에 키몬이 반역죄 혐의를 받고 재판에 선 일이 있었다. 이때 페리클레스는 평민들이 뽑은 위원회의 일원이었는데, 그를 찾아와 선처를 부탁한 사람이 엘피니케였다는 이야기도 있다. 그때 페리클레스는 미소 지으며 말했다.

"엘피니케, 어려운 걸음을 하셨군요."

페리클레스는 위원회 일원으로서 재판정에서 적어도 한 번은 발언해야 했다. 그는 고발자들 가운데 가장 온화한 태도로 키몬을 꾸짖고는 그 자리를 떠났다.

이러한 일들을 볼 때, 페리클레스가 친구이자 동료인 에피알테스의 높은 인기를 시기해 죽이도록 지시했다는, 이도메네우스의 주장은 믿기 어려우며 분명한 중상모략이다. 이도메네우스는 근거도 불분명한 사실들을 긁어모아 이런 이야기를 짜맞춘 셈이다. 페리클레스 또한 인간인지라 결점이나 잘못이 아주 없었을 리는 만무하다. 하지만 그는 명예를 무엇보다 중시했고, 그런 야만적인 행동은 결코 허락하지 않을 사람이었다. 아리스토텔레스에 따르면 에피알테스는 대중들의 권리를 신장하는 문제라면 타협을 모르는 사람이었다. 그는 평민들에게 해를 끼치는 사람을 가차없이 처단했으므로, 귀족들에게는 매우 위협적인 존재였다. 그래서 그들은 기회를 엿보다가 타나그라 사람 아리스토디쿠스를 시켜 에피알테스를 암살했다.

키몬은 키프로스 섬에서 아테나이군을 지휘하던 중 그곳에서 전사했다. 이제 페리클레스는 아테나이 시에서 정치적으로 가장 중요한 인물이 되었다. 귀족들은 그의 세력을 견제하기 위해 누군가가 나타나 주기를 바랐다. 그들은 마침내 알로페케 출신 투키디데스를 그의 정적으로 내세웠다. 투키디데스는 키몬만 한 전공을 세운 적은 없지만 화술이 뛰어나고 정치 감각이 남달랐다. 투키디데스는 페리클레스와 정책 대결을 벌임으로써 순식간에 페리클레스와 비슷한 세력으로 뛰어올랐다.

투키디데스는 능력 있는 사람들이 대중 속에 묻혀 그 역량을 제대로 발휘하

지 못하는 것을 안타깝게 여겼다. 그는 그러한 사람들을 모아 세력을 키워나
갔다.

처음부터 평민과 귀족 사이에는 보이지 않는 틈이 있었다. 그러던 차에 페리
클레스와 투키디데스가 거리낌 없이 세력 싸움을 벌이자 그 골은 더욱 깊어졌
고, 끝내 다수파와 소수파로 갈라서는 결과를 낳고 말았다.

페리클레스는 민심을 자신에게로 돌리기 위해 국민들 긴장을 풀어주고 모
든 사람에게 기쁨을 줄 수 있는 정책을 펼쳤다. 그는 많은 볼거리와 경기, 향연,
가두 행진을 끊임없이 열었다. 어린아이를 달래듯 국민들을 즐겁게 해준 것이
다. 또한 해마다 군함 60척을 항해하게 만들어서 많은 사람들에게 일자리를 마
련해주었다. 여기에 채용된 사람들은 여덟 달 동안 보수를 받으며 항해 기술을
배울 수 있었다. 그뿐 아니라 케르소네소스로 1000명, 낙소스로 500명, 아드로
스로 250명, 비살타이의 트라키아족에게 1000명을 이주시키고 토지를 나누어
주었다. 또 투리이라고 부르던, 이탈리아 시바리스 시에도 아테나이 국민들을
이주시켰다. 페리클레스는 이러한 정책으로, 불평 불만을 일삼는 사람들은 국
내에서 없애고 생계가 어려운 사람들을 도왔다.

또한 페리클레스는 수많은 신전과 공공건물을 지어 아테나이를 아름답고
살기 좋게 꾸몄다. 그래서 다른 나라에서 찾아온 사람들은 누구나 찬탄을 아
끼지 않았다. 이러한 수많은 신전들을 보면, 헬라스의 영광과 권세가 근거 있는
이야기임을 알 수 있다.

그러나 페리클레스 반대파 사람들은 이 사업을 비난했다. 그들은 아테나이
가 헬라스 전체에서 공동으로 모은 기금을 델로스 섬에서 가져와 페리클레스
가 보관한 것부터가 잘못된 일이라고 주장했다.

"페리클레스가 스스로 내세우는 이 일에 대한 변명, 즉 공동 기금을 델로스
에 그냥 두면 페르시아군에게 빼앗길 위험이 있으므로 아테나이로 가져와 보
관해야 한다는 이유는 말이 되지 않는다. 헬라스 전체에서 거둔 전쟁 분담금
으로 아테나이에 황금을 입히고 치장하고, 허영심 강한 여자처럼 값진 대리석
으로 조상과 신전들을 세우는 데 1000탈란톤의 엄청난 대금을 함부로 쓰는 것
을 보고 헬라스 국가들이 격분하고 있다. 이런 모습은 모든 헬라스 사람에게
심한 모욕감을 주는 동시에, 마치 아테나이가 독재자 한 사람 밑에서 움직이는
듯이 보인다."

이에 대해 페리클레스는 아테나이가 동맹국들에게 그 어떤 빚도 지고 있지 않다고 반박했다.

"아테나이가 페르시아군을 막아주고 있는 한 전쟁 기금을 어떻게 쓰든지 연합국은 상관할 것 없다. 그들은 말이나 군인, 배 가운데 그 어느 것도 제공하지 않고 돈만 냈다. 따라서 아테나이가 이 돈을 어떻게 썼는지 보고해야 할 의무는 없다. 돈은 낸 사람 게 아니라 그 값어치만큼 일해준 사람 것이다. 전쟁에 필요한 모든 것을 갖추고 헬라스 안전을 보장하는 한, 아테나이는 그 돈을 자유롭게 쓸 권리가 있다. 그러므로 남은 돈으로 건물을 지어 영광을 영원히 남기며, 또 이런 공사를 함으로써 모든 사람에게 일을 줄 수 있다. 이것이야말로 아테나이가 아름답고 윤택해지는 길이다."

그 무렵 젊고 힘센 사람은 외국에 나가 군무에 몸담았고 공동 전쟁 기금에서 나오는 보수를 받았다. 특별한 기술이 없는 국내 일반 대중도 소득이 필요했지만, 일하지 않고 돈을 받을 수는 없었다. 그래서 페리클레스는 대규모 건축 공사를 시작했고, 원하는 사람에게 여러 기술을 배우도록 했다. 그래서 본국에 남아 있는 사람들도 먼바다에서 나라를 지키거나 배를 타는 사람들처럼 공공 기금에서 보수를 받을 수 있었다.

공사에 쓰일 재료는 돌과 청동, 상아와 황금, 흑단과 사이프러스 나무 등이었다. 이 재료를 다루려면 목수와 거푸집 만드는 사람, 대장장이와 석공, 염색공과 황금을 연마해 모형을 만들어내는 사람, 상아를 장식하는 사람, 수놓는 사람 등 저마다 일에 맞는 기술자들이 필요했다. 또 그것을 운반하기 위해서 바다에서는 무역상을 비롯해 뱃사람과 선장, 키잡이들이, 땅에서는 수레 만드는 사람, 말을 사육하는 사람, 수레 모는 사람, 줄을 만들고 천을 제작하는 사람, 신발 만드는 사람, 길을 닦는 사람과 광부들도 필요했다. 기술자들은 저마다 마치 부하들을 지휘하는 장군처럼 특별한 기술이 없는 사람들을 거느리고 하나의 공동체를 이루었다. 나이와 신분에 관계없이 모든 사람에게 일이 돌아갔으며 소득이 골고루 나눠졌다.

사업이 진척되어 감에 따라 아름답고 웅장한 건물들이 서서히 윤곽을 드러냈다. 일하는 사람들이 설계도보다 더 아름답게 만들기 위해 온갖 정성을 다했기 때문이다. 무엇보다 놀라운 사실은 그 일을 아주 짧은 시간에 이루어 냈다는 점이다. 수십 년에 걸쳐 지어진 것처럼 보이는 건물도, 페리클레스 한 사람이 이름을 떨치던 짧은 세월 동안 완성되었다. 그러나 화가 아가타르쿠스가 자신이 얼마나 짧은 시일 안에 그림을 완성했는지 자랑하는 것을 듣고, 제욱시스가 이렇게 말했다는 이야기가 있다.

"나는 그림을 천천히 그리지요."

이 말은 단시일 내에 쉽게 만든 작품은 지속적인 아름다움과 섬세함이 모자란다는 뜻이다. 그러므로 많은 시간과 노력을 들여야 오랜 세월이 흘러도 변하지 않는다고 생각했다. 이러한 관점에서 볼 때 페리클레스의 사업은 더욱 놀랍다. 이 건축물들은 짧은 시간 안에 지어졌으나 길고 긴 생명력을 가졌기 때문이다. 그것들은 우아하고 고풍스러웠으며, 오늘날까지도 변함없이 생생한 활력이 넘친다. 그 작품들은 갓 피어난 꽃봉오리처럼 싱그러우며 그 어디에서도 시간의 흔적을 찾아볼 수 없다. 아마도 영원한 생명력과 시들 줄 모르는 기상을 품고 있기 때문이리라.

이 사업 전체를 감독한 사람은 페이디아스였으며, 그 밖에도 칼리크라테스와 익티누스 같은 뛰어난 실력의 건축가와 기술자들이 있었다. 이들은 엘레우시스에 파르테논 신전을 지었다. 이곳에서는 신비로운 의식이 치러지곤 한다. 이 신전 공사를 처음 시작한 사람은 코로이보스였는데, 그는 돌기둥을 세우고 들보를 얹고 난 뒤 죽었다. 그다음에는 크시페테 사람 메타게네스가 그 위에 돌을새김한 들보를 얹고 줄기둥을 올렸다. 콜라르고스 사람 크세노클레스는 신전의 둥근 지붕을 씌웠으며, 칼리크라테스가 성벽을 세웠다. 페리클레스가 국민들에게 이 성벽의 필요성을 주장하던 자리에는 소크라테스도 참석했다고 전해진다. 크라티누스는 공사가 그토록 오래 걸린 것에 대해 아래처럼 풍자했다.

페리클레스는 일하지 않고 말로만 건물을 짓고 있다네.

음악당으로 쓰이던 오데움 안에는 많은 좌석과 기둥이 있고, 바깥 지붕 모양은 중심에서 사방으로 경사지게 내려왔다. 이것은 페리클레스 지시에 따라 페르시아 왕의 막사를 본뜬 것이다. 크라티누스는 그의 희곡 〈트라키아의 여인〉에서 오데움에 대해 이렇게 적었다.

커다란 머리의 제우스 페리클레스
도편추방을 당하는 날
머리 대신 차라리
오데움을 씌워드렸더라면.

무언가 남다른 일로 이름을 떨치고 싶었던 페리클레스는 정령을 선포했다. 파나테나이아에서 해마다 음악 경연 대회를 열도록 한 것이다. 그리고 자신이 심사위원이 되어 출연자들이 부를 노래, 플루트, 하프 등을 연주하는 순서와 방법을 정했다. 그 뒤 음악 경연 대회는 언제나 이 음악당에서 열렸다.

아크로폴리스의 정문인 프로필라이아는 므네시클레스가 총책임을 맡아 5년 만에 완성했다. 공사 중에 신기한 사건이 일어났는데, 이 일을 겪은 뒤 페리클레스는 여신이 이 공사를 돌보고 있음을 알게 되었다. 어느 날 인부들 가운데 가장 날쌔고 일 잘하는 사람이 발을 헛디뎌 높은 곳에서 떨어졌는데, 매우 심하게 다쳐 의사들이 모두 포기할 정도였다. 페리클레스가 이 일로 근심하는데, 아테나 여신이 그의 꿈에 나타나 치료 방법을 가르쳐 주었다. 여신이 시키는 대로 하니 다친 인부는 곧 씻은 듯이 나았다. 이 일이 있은 뒤 그는 청동으로 아테나 여신상을 만들어 '치유자'라 이름 짓고 제단 근처 성채 위에 세웠는데, 오늘날 남아 있지 않다.

금으로 된 그 조상은 페이디아스가 만들었으며, 받침대에 그 이름이 새겨져 있다. 페이디아스는 거의 모든 일을 맡아 지휘하며 기술자들을 감독했는데, 이는 그가 페리클레스와 각별한 사이였기 때문이다. 이 때문에 많은 사람들이 페이디아스를 시기했고, 그의 후원자는 어이없는 소문까지 지어내 퍼뜨렸다. 그의 말로는, 아테나이의 부인들이 공사를 구경하러 오는 것을 핑계 삼아 페리클레스와 부적절한 만남을 갖곤 했는데, 이는 모두 페이디아스가 눈감아 주었기 때문에 가능한 일이라고 했다.

이런 소문이 돌자 극작가들은 이 일을 크게 부풀려, 페리클레스가 그의 친구이자 군 부관이었던 메니푸스의 아내와 사랑하는 사이라고 비방했다. 또 페리클레스가 친구 피릴람페스를 시켜 공작을 기르게 한 것도, 여자 친구들에게 선물로 주기 위해서라며 공격하기도 했다.

비꼬기를 좋아하는 사람들은 자기보다 나은 사람을 시기하여 대중에게 미움을 사도록 중상모략하는 일이 많다. 타소스 사람 스테심브로투스조차 페리클레스가 자기 며느리와 내통한다는 해괴망측한 거짓말을 지어냈으니 말이다. 오래전 일들은 세월이 흐르면서 희미해지므로 진실을 밝히기란 여간 힘든 일이 아니다. 그 시대 사람들이 쓴 기록이 남아 있다 해도 시기, 악의, 아첨, 호의 등 개인적인 감정에 의해 사실을 왜곡해 놓았기 때문이다.

한번은 투키디데스파 웅변가들이 나서서, 페리클레스가 공금을 함부로 쓰고 나라 재정을 고갈시킨다고 비난했다. 페리클레스는 광장에 모인 사람들에게, 자신이 많은 돈을 썼다고 생각하느냐고 물었다. 군중은 한목소리로 그렇다고 외쳤다. 그러자 그가 말했다.

"그러면 공금이 아니라 내 개인 재산으로 부담하겠소. 그 대신 건축물들에는 내 이름을 새기겠소."

이 말을 들은 군중은 그의 도량에 감탄했는지 아니면 대규모 공사를 실시하는 영광을 함께 누리고 싶어서였는지, 국고의 돈을 얼마든지 쓰더라도 상관하지 않겠다고 외쳤다.

사태가 더욱 험악해져서 마침내 페리클레스와 투키디데스 가운데 한 사람이 도편추방제로 쫓겨날 위기에 처했을 때, 그는 투키디데스를 추방하는 데 성공했을 뿐 아니라 그 조직까지 무너뜨렸다. 그리하여 그와 대립할 만한 반대파는 모두 사라지고, 정치는 페리클레스 한 사람을 중심으로 통일되었다. 그는 아테나이의 재정과 군사 및 섬들과 바다에 관련된 모든 일, 헬라스를 비롯한 다른 나라와 동맹을 맺는 데서 오는 막강한 권력을 홀로 행사했다.

이때부터 그는 예전과 달리 전처럼 국민들 앞에서 고분고분하지 않았다. 바람의 방향처럼 수시로 변하는 국민들 요구에 순순히 양보하지 않았고, 그들의 기분을 살피려 들지도 않았다. 그는 이제껏 느슨했던 민주주의를 버리고 엄격한 귀족정치와 군주정치로 체제를 바꾸었다. 하지만 이것은 국가 전체를 위한 결정이었다. 그는 정책을 시행할 때마다 국민에게 설명해 대부분 흔쾌히 찬성을 얻어냈다. 때로는 일부 국민이 심하게 반대하기도 했지만, 힘으로 밀어붙였다. 어디까지나 국민 전체 이익과 행복을 위한 것이기에 어쩔 수 없었다. 이는 마치 노련한 의사가 고질병에 걸린 환자를 치료할 때 환자가 원하는 대로 적당히 치료하기도 하지만, 때로는 아주 쓴 약을 주어 질병을 고치는 것과 마찬가지이다.

아테나이처럼 드넓은 지배권을 가진 나라 국민에게는 온갖 폐단이 있는 법이다. 그것을 다스리는 일은 페리클레스였기에 가능했다. 그는 국민들의 지나친 자신감을 억누르기 위해 두려움을 주기도 하고, 의기소침해 있을 때는 격려하며 희망을 심어주기도 했다. 페리클레스는 플라톤 말처럼, 웅변술이란 인간 영혼을 다스리는 기술이므로 악기의 현을 다루듯 인간의 감정을 섬세하게 다스려야 성공한다는 것을 보여주었다.

권력의 비결이 웅변술에만 있던 것은 아니다. 투키디데스 말처럼 청렴결백한 생활 태도와 자신감 있는 성격도 페리클레스가 국민의 지지를 얻는 데 한몫했다. 그는 부정부패로 손을 더럽힌 적이 없었고 돈 앞에서도 늘 초연했다. 그의 주위 사람들은 모두 이 사실을 알고 있었다. 그는 아테나이를 그 누구도 상상하지 못할 만큼 아름답고 부강하게 만들었으며, 자손 대대로 왕권을 물려주는 왕이나 절대군주보다 더 강대한 세력을 갖고 있었다. 그러나 그는 아버지에게서 물려받은 재산을 단 1드라크메도 늘리지 않았다.

역사가 투키디데스 말고도 여러 희극 시인은 그의 권력이 엄청나게 컸음을 암시했다. 비꼬기 좋아하는 시인들은, 대중민주주의와 조화를 이루기에는 그가 너무 막강해졌다고 비평했다. 그리고 그에게 전제군주가 되지 않겠다는 서약을 요구했다. 한편 텔레클레이데스에 따르면, 아테나이인들은 아래 같은 것들을 페리클레스에게 주었다.

> 도시의 조세와 함께 온 도시 모두,
> 원하면 쌓거나 허물 수 있는 성벽,
> 전쟁이냐 평화냐 결정할 권리,
> 영원한 부와 그 이상의 것들까지 모두

그런데 이것은 그가 좋은 평판을 받고 있을 때에만 이루어졌던 일이 아니다. 그가 엘피알테스, 레오크라테스, 미로니데스, 키몬, 톨미데스, 투키디데스 등, 쟁쟁한 인물들 가운데에서 선두를 지키고 있던 40년 내내 한결같이 일어난 일들이었다. 특히 그는 투키디데스가 도편추방제로 실각하고 추방된 뒤에는, 보통 임기가 1년인 관직을 15년 동안 계속 맡았다. 그 오랜 세월 동안 그는 뇌물로 인한 한 치의 오점도 남기지 않았다.

그러면서도 페리클레스는 자기 재산을 돌보는 일을 소홀히 하지 않았다. 부모에게서 물려받은 재산을 낭비하지 않도록 힘썼다. 하지만 늘 나랏일로 바쁜 탓에 일일이 살림을 살필 여유가 없었다. 그래서 그는 쉽고도 정확한 방법을 썼다. 한 해 동안 생산되는 모든 수확물을 한꺼번에 팔아 큰돈을 마련하고, 집안 살림에 필요한 물품은 그때그때 조금씩만 시장에서 샀다.

　페리클레스 자식들은 나이가 들어가면서 이런 방식에 불만을 가졌다. 그날 필요한 물건에 대해서만 까다로운 규정에 따라 지출이 허용되다 보니, 유복한 명문 집안임에도 여유 있는 생활을 할 수 없다며 불평했다. 이런 불만에도 불구하고 집안 모든 살림은 그의 하인 에반겔로스가 도맡아 관리했다. 타고난 재능을 갖추었는지 아니면 페리클레스에게서 훈련받은 것인지, 그는 가정 경제를 꾸려나가는 데 뛰어난 능력을 보였다.

　이 점에 있어서 페리클레스는 스승 아낙사고라스와 아주 달랐다. 철학자인 아낙사고라스는 위대한 영감을 받자 미련없이 자기 집을 버리고 떠났다. 그의 가산은 허물어지고 집 마당에서는 뭇짐승이 풀을 뜯어먹을 정도였다. 그러나 명상을 즐기는 철학자 생활과, 활동이 왕성한 정치가의 생활은 엄연히 다르다. 철학자는 오로지 추상적이고 관념적인 생각으로 가득 차서 재물에 무관심하다. 그와 달리 정치가는 덕망으로써 인간의 욕구를 채워주기에 여념이 없으며, 재물을 생필품보다 더 고귀한 것이라고 생각한다. 실제로 페리클레스는 자신의 재물로 가난한 사람들에게 많은 도움을 주었다.

　다음 같은 일화가 있다. 페리클레스가 나랏일로 한창 바쁠 때, 이미 늙은이가 되어 돌봐줄 사람도 없는 아낙사고라스가 머리에 헝겊을 뒤집어쓴 채 스스로 굶어 죽으려 한다는 소식을 들었다. 큰 충격을 받은 페리클레스는 스승을 찾아가 설득하고 애원했다. 그는 스승의 비참한 운명보다 정치적 조언자를 잃게 될 자기 운명을 더욱 한탄했다. 그러자 아낙사고라스가 뒤집어썼던 천을 벗어 던지며 말했다.

　"페리클레스, 등잔불이 필요하다면 기름을 넣어야 하는 법이네."

　한편 라케다이몬 사람들은 아테나이의 번영을 시기하며 못마땅해했다. 하지만 페리클레스는 이에 아랑곳 않고 국민을 더욱 격려하고, 위대한 사업을 할 수 있다는 자부심을 심어주려고 새로운 법령을 제안했다. 에우로페(유럽)에 살든 아시아에 살든, 큰 도시에 살든 작은 도시에 살든, 모든 헬라스 사람이 아테나이에서 열리는 회의에 대표자를 보내도록 하는 법안이었다. 그래서 페르시아군이 불태워 없앤 헬라스 신전들을 다시 세우는 것, 헬라스를 구해달라며 신에게 제물을 맹세했던 여러 약속을 지키는 방법, 모든 사람이 안심하고 바다에서 평화롭게 항해하고 교역할 수 있도록 하는 법안에 대해 함께 의논하자고 제안했다.

이 회의를 소집하기 위해 50세 이상 시민 20명을 뽑아 나라마다 파견했다. 그 가운데 5명은 아시아에 있는 이오니아·도리아 지방과 레스보스·로도스 섬으로 갔고, 다른 5명은 헬레스폰투스·트라키아를 거쳐 비잔티움으로 갔으며, 또 다른 5명은 보이오티아·포키스·펠로폰네소스를 거쳐 로크리스와 그 부근을 지나 아카르나니아와 암브라키아까지 갔다. 그리고 나머지 5명은 에우보이아·오이타이아를 거쳐 말리아 만을 지나 프티아의 아카이아인들과 테살리아인들에게로 갔다. 그들은 여러 지역을 돌아다니며 헬라스 전체의 평화와 협동을 위해 회의에 참가하도록 설득했다.

하지만 이러한 노력에도 끝내 회의는 열리지 못했다. 어떤 사람은 라케다이몬이 펠로폰네소스를 비롯한 다른 나라들을 매수해 계획이 진행되는 것을 막았다고 한다. 그런데도 이 이야기를 기록하는 것은 페리클레스의 고매한 사상과 웅대한 정신을 보여주기 위함이다.

페리클레스는 전쟁에 있어서 매우 조심스러웠다. 결과를 예측할 수 없거나 위험한 전투에는 절대로 나서지 않았다. 다른 장군이 무리한 모험을 감행해 운좋게 성공을 거두면 모두 칭찬하며 치켜세웠지만, 페리클레스만은 조금도 그 영광을 부러워하지 않았다. 그는 늘 시민들에게 이렇게 말했다.

"내 힘닿는 한, 국민 단 한 사람도 헛되이 희생되지 않게 할 것이다."

톨마이우스의 아들 톨미데스가 전쟁에서 공을 세우고는 의기양양해져 보이오티아를 침공하려 했다. 가장 용감하고 진취적인 병사 1000명이 그의 뒤를 따랐다. 페리클레스는 이 일을 막으려고 대중 앞에서 연설했다. 그때 그는 이런 유명한 말을 남겼다.

"나의 충고를 듣지 않겠다면, 가장 현명한 조언자인 시간에게 물어보는 것은 어떻습니까."

이 연설은 그때에는 효과를 거두지 못했다. 하지만 며칠 뒤 톨미데스와 용감한 병사들이 코로네아 부근에서 벌어진 전투에서 패해 모두 죽었다는 소식이 전해지자 페리클레스는 사람들로부터 현명한 애국자라는 존경과 찬탄을 받게 되었다.

페리클레스가 이끈 군사작전 가운데 가장 성공적인 것은 케르소네소스와의 전쟁이었다. 이 승리는 그 지역에 사는 헬라스 사람들을 구원한 것이었다. 그는 그곳에 1000명을 이주시켜 활력을 불어넣었고, 여러 도시의 군사력을 강화했으며, 반도가 대륙과 이어지는 지협에 성벽을 쌓아 트라키아인의 침입을 막아냈다. 그리고 약탈을 일삼는 사나운 야만인들과 이웃한 까닭에 끊이지 않던 전쟁과 작은 국경 분쟁을 끝맺었다.

그러나 그가 무엇보다 큰 존경과 명성을 얻게 된 것은 메가라 항구 페가이를 떠나 펠로폰네소스 반도 주변을 점령한 일이었다. 그는 군선 100척을 이끌고 과거 톨미데스가 한 것처럼 해안 지방을 초토화했으며, 병사들을 이끌고 내륙 깊숙이 침입해 들어갔다. 주민들은 모두 성안에 틀어박힌 채 두려워했는데 시키온 사람들만은 감히 그에게 대항했다. 네메아에 다다른 페리클레스는 시키온 사람들과 전투를 벌여 이들을 정복하고 전승기념비를 세웠다.

그다음 그는 동맹군인 아카이아의 지원을 받아 코린토스 만을 가로질러 건넜다. 아켈루스 강을 지나 해안을 따라 항해해 아카르나니아를 공략하고 오이네아다이인들을 성으로 몰아넣은 뒤, 그 지방을 약탈하고 전리품을 모아 아테나이로 돌아왔다. 그가 지휘한 군대는 부상자 하나 없이 적을 제압하고 아테나이에 큰 이익을 가져왔다.

그런 다음 그는 함대를 거느리고 에우크세이노스 해(흑해)로 들어가, 그곳에 있는 헬라스인들의 도시를 돕고 주민들을 보호했다. 또한 대군으로 이 지방 야만인과 그 괴수들을 압박함으로써 해상권을 완전히 장악했다. 그는 시노페에 라마코스가 지휘하는 군선 13척과 군대를 보내 독재자 티메실레오스를 내쫓은 다음, 아테나이에서 지원자 600명을 받아 시노페로 이주시키고 티메실레오스 일파가 소유했던 집과 땅을 사람들에게 나누어 주었다.

하지만 페리클레스는 아테나이 시민들의 충동적인 요구는 들어주지 않았다. 아테나이 시민들이 막강해진 군사력으로 의기양양해져서 아이귑토스와 페르시아를 공격하자고 했을 때 그는 반대했다. 시킬리아를 공격하자고 부추기는 사람들도 있었고, 심지어 에트루리아와 카르타고를 정복하자는 의견까지 나왔다. 거듭된 승리로 아테나이 위세가 절정에 이르렀던 것을 생각해 보면 시민들의 이런 요구가 무리는 아니었다.

하지만 페리클레스는 다른 나라와 분쟁을 일으키는 지나친 행동을 허락하지 않았다. 그 대신 아테나이 영토를 보전하고 더욱 튼튼히 하는 데 힘썼다.

그는 라케다이몬 사람들 세력을 누르는 것을 무엇보다 급한 일로 여겼으며, 그들에 대해 아주 심한 적개심을 갖고 있었다. 이러한 생각은 신성 전쟁을 통해 잘 드러난다. 이 전쟁에서 라케다이몬 사람들은 델포이에 군대를 보내 포카이아인들을 몰아내고, 그 땅을 델포이 사람들에게 돌려주었다. 그러나 라케다이몬 사람들이 철수하자마자 페리클레스가 군대를 이끌고 가서, 다시 신전을 포카이아인들에게 넘겨주었다. 그리고 라케다이몬 사람들이 델포이인들에게 전해 받은 신탁을 신전에 서 있는 청동 늑대 이마에 새기고 간 것을 보고, 페리클레스는 포카이아인들이 아테나이인들에게 내린 신탁을 늑대의 오른쪽 허리에 새겨넣었다.

페리클레스가 아테나이 세력을 헬라스 안에 제한해 둔 게 현명했다는 사실은 그 뒤에 일어난 사태를 보면 잘 알 수 있다. 먼저 에우보이아가 반란을 일으켰으므로, 그는 군대를 지휘해 그 섬을 진압해야만 했다. 그리고 얼마 지나지 않아 메가라인들이 아테나이와 동맹을 깨고, 라케다이몬 왕 플레이스토아낙스 지휘 아래 국경 부근까지 침범해 왔다는 소식이 들려왔다. 페리클레스는 서둘러 에우보이아에서 군대를 철수해 이 새로운 침략자들과 맞서야 했다. 그러나 수적으로 우세하고 전쟁 경험이 풍부한 적군과 선뜻 맞붙지는 않았다. 페리클레스는 아직 어리고 전쟁 경험이 적은 플레이스토아낙스가 군사 위원인 클레안드리데스 말에 전적으로 따른다는 사실을 알아냈다. 페리클레스는 클레안드리데스의 성실성을 시험했다. 뇌물을 받은 그는 플레이스토아낙스를 설득해 바로 동맹군을 이끌고 아티카에서 철수했다.

군대가 그냥 돌아와서 해산해 버리자, 라케다이몬 스파르타 사람들은 몹시 화가 나서 자기 나라 왕에게 무거운 벌금을 내게 했다. 왕은 엄청난 액수의 벌금을 지불할 돈이 없어 라케다이몬을 떠났다. 이미 나라 밖으로 달아난 클레안드리데스에게는 사형이 선고되었다. 클레안드리데스는 시킬리아에서 아테나이군을 쳐부순 길리푸스의 아버지였다. 그런데 돈에 대한 욕심이 이 집안 유전인지, 길리푸스 또한 전쟁에서 큰 공을 세운 다음 뇌물을 받은 죄로 스파르타에서 쫓겨났다. 이 사람에 대해서는 리산드로스 편에서 더 자세히 다루겠다.

페리클레스는 전쟁에 쓴 비용을 국민들에게 보고했다. 그중에는 '필요한 목적을 위하여'라는 미심쩍은 항목에 10탈란톤을 썼다는 내용이 있었다. 그러나 국민들은 이에 대해 아무것도 묻지 않고 통과시켰다. 철학자 테오프라스투스를 비롯한 몇몇 역사가에 따르면 페리클레스는 해마다 스파르타에 10탈란톤을 보냈으며, 이것으로 스파르타 관리들을 매수해 전쟁을 미루었다고 한다. 이 돈으로 평화를 샀다기보다 전쟁 준비를 갖출 시간을 충분히 번 것이다.

다시 반란군에 주목한 페리클레스는 곧 범선 50척과 병사 5000명을 이끌고 에우보이아로 출정해 여러 도시를 정복했다. 그리고 칼키스 시에서 히포보타이들을 쫓아냈다. 그들은 말을 소유한 자들로, 칼키스에서 가장 세력이 강하고 부유한 자들이었다. 그는 또한 헤스티아이아 주민을 모두 내쫓은 다음 거기에 아테나이인들을 이주시켰다.

그 뒤 아테나이와 라케다이몬은 30년 동안 휴전 조약을 맺었다. 그러고 나서 페리클레스는 밀레투스와의 전쟁을 멈추라는 명령을 어긴 사모스 섬으로 출정했다. 사람들은 이 전쟁이 밀레투스 출신인 아스파시아를 기쁘게 해주기 위한 것이라고 했다. 여기에서 아스파시아가 얼마나 뛰어난 여자였는가에 대해 잠깐 이야기하고 넘어가겠다. 아스파시아는 그 시대 최고 정치가들을 마음대로 움직이던 여자였으며, 철학자들 또한 그녀 말에 귀 기울였다고 한다. 그녀는 밀레투스 사람으로 아버지가 악시오쿠스라는 사실만 확인될 뿐이다.

아스파시아는 헬라스에서 가장 권세 있는 사람들만 골라서 상대했는데, 이는 옛날 이오니아 여인 타르겔리아를 흉내 낸 것이라고 한다. 타르겔리아는 뛰어난 미인으로 매력적이었고, 머리 또한 총명했다. 많은 헬라스 사람들이 타르겔리아를 사모했는데, 그녀는 그들로 하여금 조국을 저버리고 페르시아의 이익을 도모하도록 만들었다. 그 애인들은 모두 권세와 지위가 높았으므로, 헬라스의 많은 도시에 페르시아 세력이 스며들게 되었다.

어떤 이야기에는, 페리클레스는 오직 아스파시아의 지혜와 정치적 수완만을 사랑했을 뿐이라고 한다. 소크라테스도 친구들과 함께 그녀를 자주 찾았으며, 자기 아내와 함께 만나러 오는 사람들도 있었다. 아스파시아가 창녀들을 집 안에 두고서 손님들을 맞는, 결코 명예롭다고는 할 수 없는 직업을 가지고 있었음에도 말이다.

아이스키네스 기록에 따르면, 출생도 성품도 내세울 것 없는 리시클레스라는 양 장수는 페리클레스가 죽은 뒤 아스파시아와 함께 살았다는 이유만으로, 아테나이에서 가장 유명한 사람이 되었다고 한다.

플라톤의 대화록 《메네크세누스》에는, 많은 아테나이 사람들이 수사학에 대한 토론을 하기 위해 그녀에게 모여들었다는 내용을 싣고 있다. 그런데 페리클레스는 그녀의 지혜보다 그녀 자체를 사랑한 것으로 보인다. 페리클레스의 아내는 친척이자 전남편인 히포니쿠스와의 사이에서 낳은 칼리아스라는 아들이 있었다. 그녀는 페리클레스와 결혼한 뒤에 크산티푸스와 파랄루스라는 두 아들을 두었지만, 나중에 사이가 나빠져 그와 헤어지고 다른 남편을 얻었다. 페리클레스는 아스파시아와 결혼해 그녀를 극진히 사랑했다. 그는 날마다 집에서 나갈 때와 들어올 때 그녀에게 키스를 해주었다.

아스파시아는 그 시대 희극 속에 새로운 옴팔레, 데이아네이라 또는 헤라(유노)라는 이름으로 나타난다. 크라티누스는 자기 시에서 아스파시아를 창녀라고 비난했다.

그에게 악의 선물로 유노가 나타났네.
부끄러움도 모르는 그녀 이름은 아스파시아.

두 사람 사이에는 아들이 하나 있었다. 에우폴리스가 쓴 〈시가지〉라는 극에서 페리클레스가 아들의 안부를 묻자, 미로니데스는 이렇게 말했다.

살아 있습니다. 명이 긴 사람이지만
창녀인 어머니를 둔 수치심으로
이름도 제대로 가지지 못했지요.

아스파시아가 매우 유명했으므로, 페르시아 왕위를 놓고 아르타크세르크세스와 싸움을 벌였던 키루스는 사랑하는 후궁 밀토에게 아스파시아라는 이름을 붙여주었다. 이 여자는 포카이아 태생으로 헤르모티무스의 딸이었는데, 키루스가 전사한 뒤 왕의 사랑을 받아 큰 세도를 떨쳤다. 이 이야기는 모두 내 기억에서 나온 것으로, 기록해 둘 만한 가치가 있다고 생각해 여기에 적는다.

한편 사람들은 페리클레스가 사모스로 쳐들어간 것은 아스파시아의 간청 때문이라고 비난했다. 밀레투스와 사모스는 프리에네 시를 서로 차지하려고 전쟁을 벌였는데, 여기에서 승리한 사모스는 아테나이의 중재를 받아들이지 않았다. 그래서 페리클레스는 사모스의 독재 정부를 무너뜨리고, 주요 인물 50명과 그 자녀 50명을 볼모로 잡아 렘노스 섬에 가두어버렸다.

이들은 페리클레스에게 한 사람에 1탈란톤씩 낼 테니 자신들을 풀어달라고 요청했고, 민주 정권을 세우는 데 반대하는 자들도 많은 돈을 내겠다고 제의해 왔다. 그 밖에 사모스인에게 호의를 가지고 있던 페르시아 장군 피수트네스도 황금 1만 장을 보내며 너그럽게 처리해 줄 것을 부탁했다. 그러나 페리클레스는 이 제안들을 모두 거절했다. 그는 이미 결정했던 대로 사모스 문제를 처리하고, 사모스에 민주 정부를 세운 뒤 아테나이로 돌아왔다.

하지만 피수트네스는 렘노스에 갇혀 있던 사람들을 몰래 구해주고, 사모스 사람들에게 전쟁 비용을 마련해 주었다. 사모스인들은 곧장 반기를 들었다. 그리하여 페리클레스는 다시 함대를 거느리고 사모스 정벌에 나섰다. 사모스인들은 순순히 항복하지 않고, 오히려 해상 지배권을 빼앗기 위해 아테나이에 대항해 왔다. 트라키아 섬 근처에서 벌어진 해전에서 페리클레스는 배 44척으로 70척이나 되는 적의 함대를 격파하고 크게 승리했다.

이 전쟁을 승리로 이끈 페리클레스는 사모스 항구를 점령하고 시민들을 성안에 몰아넣은 뒤 완전히 포위했다. 사모스인들이 여기저기서 포위를 뚫고 나와 싸웠지만, 아테나이로부터 더 많은 증원군이 도착하자 철저히 봉쇄되어 꼼짝할 수 없게 되었다.

페리클레스는 60척의 함대를 이끌고 메디테라네우스 해(지중해)로 나아갔다. 역사가 대부분은 사모스를 구원하러 오는 포이니키아 함대와 싸우기 위함이었다고 하지만, 스테심브로투스는 키프로스를 치기 위한 것이었다고 기록했다. 그러나 페리클레스의 진짜 목적이 무엇이었든 이 싸움은 실패로 돌아가고 말았다.

그 무렵 사모스의 장군은 철학자 이타게네스의 아들 멜리수스였다. 그는 페리클레스가 아테나이로 돌아간 다음 시민들을 부추겨서 아테나이군을 공격했다. 사모스에 남아 있던 아테나이 장군들은 경험이 적어 제대로 싸워보지도 못하고 멜리수스 군대에 참패했다. 이로써 사모스군은 해상권을 장악하고 전보다 더 많은 전리품을 얻게 되었다. 아리스토텔레스에 따르면, 페리클레스도 예전에 해상에서 멜리수스에게 패배한 일이 있었다고 한다.

사모스인들은 포로로 잡은 아테나이인들의 이마에 올빼미 모양 낙인을 찍었다. 이는 아테나이인들이 그들을 포로로 잡아 '사마이나' 낙인을 찍었던 일에 대한 복수였다. '사마이나'는 낮고 평평하게 생긴 배의 한 종류로 많은 짐을 싣고도 빨리 달릴 수 있었다. '사마이나'라는 이름은 사모스의 유명한 전제군주인 폴리클라테스 명령으로 처음 만들어졌기에 붙여졌다. 아리스토파네스는 그의 시에서 사모스인들의 이마에 깊이 찍힌 낙인에 대해 말하고 있다.

사모스인은 글이 새겨진 족속,
아마도 학식이 깊을 것이리라.

페리클레스는 사모스에 두고 온 군대가 패전했다는 소식을 듣고 서둘러 군대를 이끌고 되돌아왔다. 그가 멜리수스 군대를 격파하자 적군들은 정신없이 도시 안으로 달아나 버렸다. 그는 사모스 시 주변에 진지를 구축하고, 시간을 끌어서 그들과 싸우지 않고 항복을 받아내려고 했다. 전투가 벌어져 자국민이 희생되는 것을 원치 않았기 때문이다.

하지만 시간이 흘러갈수록 아테나이군은 초조해졌다. 병사들은 빨리 싸우고 싶어 조바심을 냈고, 그것을 억제하기란 쉬운 일이 아니었다. 그래서 페리클레스는 부대를 여덟 개로 나누어 제비를 뽑게 한 다음, 하얀 콩을 뽑은 부대는 잘 쉬고 잘 먹게 하고 나머지 일곱 부대는 전투에 임하게 했다. 이때부터 사람들은 즐겁게 편히 쉴 수 있는 날을 '하얀 날'이라고 부르게 되었다.

역사가 에포로스의 기록을 보면, 페리클레스는 공성기라는 새로운 무기를 이 전쟁에서 사용했다. 이 무기를 발명한 사람은 아르테몬이라는 기사였는데, 그는 절름발이여서 언제나 가마를 타고 다니며 감독을 했다. 그래서 그는 페리포레투스, 즉 이리저리 움직이는 사람이라는 별명을 가지고 있었다.

그러나 폰투스의 헤라클레이데스는 아나크레온 시를 인용하면서 이를 반박했다. 그는 아나크레온 시를 읽다 보면, 아르테몬 페리포레투스는 사모스 전쟁이 일어나기 여러 세대 전 사람임을 알 수 있다고 주장했다. 그의 말에 따르면 페리포레투스는 집에만 틀어박혀 사는 겁쟁이였으며, 머리에 혹시 무엇이 떨어질까봐 시종 두 사람에게 늘 청동 방패를 들어 자기 머리 위를 가리게 했다고 한다. 또 어쩔 수 없이 외출해야 할 때는 가마를 타고 다녔는데, 그것을 거의 땅에 닿을 만큼 낮게 들도록 했다. 이런 까닭으로 페리포레투스라는 별명을 얻게 되었다는 것이다.

한편 포위된 지 아홉 달 만에 사모스인들은 항복했다. 페리클레스는 성벽을 허물고 그들의 군함을 빼앗은 다음 무거운 벌금을 내렸다. 사모스인들은 일부는 곧바로 지불하고 나머지는 정기적으로 바치겠다고 하면서 볼모를 내주었다. 사모스의 두리스는 이때 일어난 사건을 소재로 비극을 써서, 아테나이 사람들이 얼마나 무자비하고 잔인했는지 비난했다. 그러나 투키디데스, 에포로스, 아리스토텔레스 등의 기록에는 그런 이야기가 없는 것으로 보아 그의 기록은 진실이 아닌 듯하다.

두리스의 기록에 따르면, 페리클레스가 이끄는 아테나이군이 사모스군 장군과 병사들을 밀레투스 시 광장으로 끌고 가서 열흘 동안 기둥에 묶어두었다가, 반죽음에 이르자 몽둥이로 머리를 때려 죽이고는 시체를 묻지도 않고 길바닥에 내팽개쳐 버렸다고 한다. 사모스 사람인 두리스는 아테나이에 대한 증오심 때문에 이런 글을 썼으리라. 그는 아테나이에 대한 미움을 세상 사람들에게 알리기 위해, 조국의 불행을 더욱 비극적으로 부풀려 기록한 게 틀림없다.

페리클레스는 사모스를 정복하고 아테나이로 돌아와 전사자들의 장례를 성대히 치렀다. 그리고 관례에 따라 추모 연설을 했는데, 그것으로 큰 칭송을 받았다. 연설을 마치고 연단에서 내려오자, 마치 운동경기에서 우승한 선수를 환영하듯 여자들이 몰려와 리본을 단 꽃화관을 머리에 얹어주었다. 그때 키몬의 동생 엘피니케가 그의 곁으로 다가와 이렇게 비꼬았다.

"정말 엄청난 공을 세우셨군요. 꽃다발을 받으실 만해요. 제 오라버니처럼 페르시아나 포이니키아 같은 적들과 싸운 것도 아니고, 우리와 운명을 함께하는 같은 민족의 도시를 멸망시키느라 훌륭한 시민들을 많이 죽였으니까요."

엘피니케 말이 끝나자 페리클레스는 조용히 웃으며 아르킬로코스의 시로 대답을 대신했다.

나이 든 여인은 향수를 진하게 뿌리지 않는다.

이온이 전하는 바에 따르면, 페리클레스는 사모스인들을 정복한 일을 매우 자랑스러워했다고 한다. 아가멤논은 야만인 도시를 점령하는 데 10년이 걸렸는데, 페리클레스는 아홉 달 만에 이오니아에서 가장 강력하고 첫째가는 도시를 점령했기 때문이다. 또한 페리클레스가 이 승리의 영광을 모두 자신에게 돌리는 데는 이유가 있었다. 투키디데스가 말했듯이, 이 전쟁은 승부를 점치기가 매우 어려웠으며 양쪽 다 많은 위험을 안고 있었는데, 아테나이인이 승리함으로써 해상권을 완전히 장악할 수 있었기 때문이다.

이런 일이 있은 뒤 펠로폰네소스 전쟁이 일어날 기미가 보였다. 페리클레스는 이제 곧 펠로폰네소스인들이 아테나이로 쳐들어올 것이니, 코린토스의 공격을 받고 있는 코르키라에 동맹을 요청하자고 시민들을 설득했다. 민중은 이 제안을 흔쾌히 수락해 지원군을 보내기로 했다. 페리클레스는 키몬의 아들 라케다이모니우스를 장군으로 임명하고, 겨우 군선 10척만을 코르키라로 파견했다. 이것은 라케다이모니우스를 모욕하려고 일부러 한 짓이나 다름없었다. 키몬 일족은 라케다이몬 사람들과 가까운 사이였기 때문이다. 라케다이모니우스는 내키지 않았지만, 거절하거나 항의했다가는 라케다이몬 사람들과 내통하고 있다는 의심을 받을까 걱정해 억지로 출발을 서둘렀다.

페리클레스는 모든 수단을 동원해 계속 키몬 집안을 방해해 왔다. 키몬의 아들 이름이 라케다이모니우스(라케다이몬 남자), 테살루스(테살리아 남자), 엘레우스(엘레이아 남자)라는 것을 지적하며 이름부터가 외국인이요, 그들의 어머니 또한 아르카디아 사람인 것으로 보아 순수 아테나이 시민이 아니라고 주장했다.

페리클레스는 배를 고작 10척만 보냈다는 이유로 많은 비난을 받았다. 코르키라에는 너무도 초라한 원조를 제공했고, 적들에게는 이로써 아테나이와 전쟁을 시작할 훌륭한 핑계를 만들어 주었기 때문이다. 그는 시간이 흐른 뒤 더 많은 증원군을 코르키라로 보냈지만, 이 군대는 싸움이 모두 끝난 뒤에야 도착했다. 코린토스 사람들은 이러한 상황에 격분해 스파르타 의회에서 아테나이인들의 행동을 규탄했다. 이에 메가라인들도 동참해, 아테나이 사람들 통제 아래 있는 시장이나 항구에서 자신들이 쫓겨나고 있으며, 이것은 헬라스 종족의 오래된 권리와 공통된 특권에 어긋나는 일이라고 말했다. 아이기나 사람들 또한 부당한 대우를 받고 있다는 생각에 분노했으나 드러내놓고 아테나이인들을 비난할 용기는 없었으므로, 비밀리에 스파르타로 가서 이러한 사실을 호소했다.

마침 이때 포티다이아가 반란을 일으켰다. 포티다이아는 코린토스 식민지였지만 아테나이가 점령하고 있었다. 포티다이아는 아테나이에 포위되어 있었는데, 이 사건은 전쟁을 재촉한 원인이 되었다.

라케다이몬 왕 아르키다모스는 아테나이에 사신을 보내, 모든 분쟁을 중재하고 동맹국들의 불만을 달래서 문제를 해결하려고 노력했다. 이때 아테나이가 만일 메가라인들을 내쫓기로 한 결정을 취소하고 평화협정을 맺었다면, 아마도 전쟁은 일어나지 않았으리라. 하지만 페리클레스는 메가라인들에게 양보할 필요가 없다며 스파르타 왕의 제안을 거절하고, 메가라인들과 싸움을 계속하도록 아테나이 시민들을 부추겼다. 마침내 전쟁은 일어났고, 페리클레스는 잘못된 판단으로 전쟁을 일으켰다는 비난을 면치 못하게 되었다.

전해지는 기록에 따르면, 라케다이몬 사절단이 이 문제로 아테나이에 왔을 때, 페리클레스는 메가라인들을 쫓아내기로 한 법령을 새긴 석판을 뜯어내는 것은 법으로 금지되어 있다고 말했다. 이 말에 사절단 가운데 한 사람인 폴리알케스가 이렇게 말했다.

"그러면 그것을 뜯어내지 말고 뒤로 돌려놓으시오. 그렇게 하면 안 된다는 법령은 없을 테니까요."

현명한 대답이었으나 페리클레스의 마음을 돌리기에는 역부족이었다. 페리클레스는 메가라인들에게 사사로운 감정이 있었던 듯하다. 그는 메가라인들이 접경 지대의 신성한 토지를 함부로 사용했다고 비방했지만, 이것은 겉으로 드러난 이유일 뿐이다.

페리클레스는 사신 한 명을 메가라로 보내며, 그에게 그곳에서 곧장 스파르타로 가서 메가라인들 행동을 규탄하자는 제안서를 보여주라고 지시했다. 페리클레스는 이 제안서를 공정하고 조리 있게 작성했다. 그러나 이것을 들고 사절로 간 안테모크리투스는 돌아오지 못했는데, 아테나이 사람들은 그가 메가라인들 손에 죽었다고 생각했다. 그래서 카리누스의 제안으로 아테나이는 '메가라와 휴전이나 종전 없이 끝까지 싸울 것', '아티카에서 눈에 띄는 메가라인은 무조건 사형할 것', '모든 장군은 연례 선서 때 1년에 두 번씩 메가라를 침략하기로 맹세할 것', '안테모크리투스를 트리아시아 평원으로 나가는 문, 즉 오늘날 디필론이라고 부르는 이중문 곁에 묻을 것'을 결정했다.

그러나 메가라인들은 안테모크리투스를 죽인 일이 없다고 반박했다. 그리고 아리스토파네스의 〈아카르니아 사람들〉이라는 시를 인용해, 모든 일이 페리클레스와 아스파시아가 꾸며낸 일이라고 주장했다.

아테나이의 젊은 주정꾼들이
메가라 고급 창녀 시마이타를 훔쳐갔다네.
메가라 사람들은 몹시 화가 나서
아스파시아가 기르던 창녀 둘을 훔쳐왔지.

이 시비가 어떻게 시작된 것인지 정확히 단언하기는 어렵다. 하지만 모든 책임은 고집스럽게 법령을 취소하지 않은 페리클레스에게 돌아갔다. 그러나 어떤 역사가들은 페리클레스의 그런 태도를 현명했다 평가하고, 메가라인들이 평화를 제안한 일은 오직 그를 시험해 본 것에 지나지 않았다고 한다. 그러므로 그가 양보했다면, 그것이 오히려 자신의 약점을 드러내는 결과만을 낳았으리라고 적고 있다.

또 다른 이야기에 따르면, 페리클레스가 라케다이몬 사절단들을 소홀히 대접한 것은 자기 힘을 과시하고 싶어서였다고 한다. 많은 사람들은 다음과 같은 이유를 들어 페리클레스를 부정적으로 평가한다.

조각가 페이디아스는 아테나이 수호신 아테나 여신의 조각상을 만들고 있었다. 이 사람은 페리클레스와 매우 가까운 친구라는 이유로 많은 사람들의 시기를 받았다. 이들은 페리클레스에 대한 국민들의 지지도를 시험해 보기 위해, 페이디아스와 함께 일하던 메논을 매수했다. 그리고 그에게 페이디아스가 금을 횡령했다는 내용의 청원서를 가지고 광장에 나와 국민에게 호소하도록 했다. 국민들은 메논의 말을 믿고 페이디아스를 재판정에 세웠다. 하지만 페이디아스는 조각상을 만들 때, 페리클레스 충고에 따라 금으로 된 부분을 언제든지 떼어낼 수 있도록 해두었다. 그래서 페리클레스는 고발자들에게 아테나 조각상에서 금은을 떼어내 저울에 달아보라고 요구했다. 마침내 페이디아스는 무죄로 판명되었다.

하지만 사람들은 여전히 페이디아스의 뛰어난 재주를 시기하고 그를 미워했다. 특히 아테나가 들고 있는 방패에 새겨넣은 아마조네스족과의 전투 장면이 그랬다. 그는 두 손으로 돌을 쳐들고 있는 대머리 늙은 전사를 자기와 비슷하게 새겼다. 또 아마조네스족과 싸우고 있는 사람은, 창을 든 손으로 얼굴을 가리고 있기는 했지만 누가 봐도 페리클레스 모습이었다. 이것 때문에 페이디아스는 감옥에 갇혔고, 끝내 그 안에서 병으로 죽고 말았다.

하지만 어떤 설에는 적들이 페이디아스에게 일부러 독약을 먹이고, 마치 페리클레스가 죽인 것처럼 꾸며냈다는 이야기도 있다. 그 뒤 페이디아스를 고발했던 메논에게는 글리콘의 제안에 따라 세금이 면제되는 특권이 주어졌고, 장군들이 그의 신변을 보호해 주었다.

바로 그 무렵 아스파시아도 신을 모독했다는 죄로 고발되었다. 고발한 사람은 희극 작가 헤르미푸스였는데, 아스파시아가 노예 아닌 여자들을 자기 집에 창녀로 두고 페리클레스와 관계하게 했다고 폭로했다. 디오페이테스도 나서서 종교를 소홀히 하는 자는 그 누구를 떠나 처벌해야 한다는 법령을 내놓았다. 이것은 자연과학 철학자인 아낙사고라스를 벌함으로써 결국 페리클레스를 노리는 것이었다.

민중이 이처럼 여러 비방과 중상모략에 귀 기울이고 있을 때, 드라콘티데스는 또다시 중대한 법령을 제안했다. 페리클레스에게 지금까지 국가 공금을 쓴 내역을 낱낱이 적어 제출하라는 것이었다. 그리고 이것을 다시 아크로폴리스에 모여 심의하고, 투표로 판결하자고 했다. 하그논에 의해 이 제안은 부결되었으나 마침내 배심원 1500명 앞에서 페리클레스는 공금 사용, 직권 남용, 뇌물 수납 등의 부정 사실에 대해 추궁당하게 되었다.

아이스키네스가 전하는 바에 따르면, 아스파시아 재판 때 페리클레스는 법정에서 눈물을 흘리며 재판관들에게 간청해 겨우 그녀를 석방시켰다고 한다. 또 아낙사고라스가 고발될 것을 염려해 재판이 열리기 전에 그를 몰래 외국으로 도피시켰다. 페이디아스의 일로 국민들 신뢰를 잃은 것을 깨달은 그는 탄핵되는 것이 두려워 전쟁을 일으켰다. 그 무렵 아테나이에는 전운이 감돌았는데 페리클레스가 거기에 불을 댕긴 것이다. 전쟁이 터지면 자신에게 쏟아지는 온갖 비난들을 잠재울 수 있고, 다시 한 번 힘을 과시해 공적을 세우면 실추된 명예를 회복할 수도 있다는 생각 때문이었다.

이런 이유들 때문에 그가 아테나이 사람들로 하여금 라케다이몬인들에게 그 어떤 양보도 하지 못하게 막은 듯하다. 그러나 무엇이 진실인지는 알 수 없다.

　라케다이몬 사람들은 페리클레스만 쫓아내면 아테나이를 쉽게 다룰 수 있으리라 믿었다. 역사가 투키디데스에 따르면, 페리클레스의 어머니는 저주받은 집안 출신이었다. 그의 할아버지 메가클레스가 집정관으로 있던 때 신전에서 나오는 키론과 그를 따르는 무리를 잔혹하게 죽여버렸기 때문에 그때부터 집안에 저주가 씌었다는 것이다. 그래서 라케다이몬 사람들은 "저 저주받은 놈을 쫓아내라"며 아테나이 시민들을 부추겼다. 하지만 결과는 그들의 뜻과는 정반대였다. 시민들은 페리클레스가 적이 가장 미워하고 두려워하는 사람이라 여겨 더욱 존경하고 믿게 되었다.

　페리클레스는 아르키다모스가 거느린 펠로폰네소스군이 아티카로 침입해 오기 전 국민들을 모아놓고, 만약 아르키다모스 군대가 아테나이의 모든 것을 짓밟고 자신의 집과 땅만을 남겨두어 자신과 내통하는 것처럼 꾸미거나, 자기 정적으로부터 규탄받을 만한 근거를 남긴다면, 자기 집과 땅을 모두 나라에 바치겠다고 말했다.

　아르키다모스 왕과 그 동맹국들은 펠로폰네소스와 보이오티아의 대군을 거느리고 아티카로 쳐들어왔다. 그들은 아테나이 영토로 침략해 들어와 온 마을을 쑥대밭으로 만들고, 아테나이 시에서 가까운 아카르나이까지 와서 진을 쳤다. 이렇게 되면 아테나이군이 분해서 가만히 있지 못하고 뛰쳐나와 싸우리라 여겼다.

　그러나 페리클레스는 6만 명이나 되는 적과 정면으로 싸운다는 것은 아테나이의 운명을 거는 무모한 짓이라고 생각했다. 그는 싸우러 나가자고 흥분하는 사람들에게, 나무는 베어도 곧 다시 자라지만 사람은 한 번 죽으면 다시 살아날 수 없다고 설득하면서 그들의 분노를 가라앉혔다.

　그는 자기 판단과 다른 행동을 강요당할까봐 민회도 소집하지 않았다. 그는 폭풍을 만난 노련한 선장이 공포에 휩싸인 승객들의 눈물과 애원을 뿌리치며 자기 경험과 실력을 믿고 돛과 키를 굳건히 잡은 것처럼 행동했다. 아테나이 성문을 굳게 닫은 채 곳곳에 군대를 배치하고, 곳곳에서 쏟아지는 불평 소리에 귀를 막은 채 자신의 판단을 고집했다.

　수많은 동료들이 적을 공격하라 요구했고, 정적들은 온갖 욕설을 퍼부으면서 그를 위협했으며, 그를 비방하는 노래와 모욕적인 비웃음이 거리를 가득 메웠다. 모든 시민이 하나같이 적에게 모든 것을 맡기는 그의 무책임한 태도를 비난했다.

페리클레스 반대편에 가담한 클레온 또한 국민들의 비난을 기회로 삼아, 페리클레스를 공격함으로써 자신의 지위를 높이는 발판으로 삼으려 했다. 헤르미푸스의 시는 이 사실을 잘 보여준다.

사티로스 왕이여,
그대는 창을 휘두르기 겁나서
언제나 혀만 휘두르고 있는가?
그대가 텔레스처럼
움츠리는 꼴은 차마 눈뜨고 볼 수가 없어라.

그대가 오로지 분해서 이만 갈고 있을 때
대담한 클레온은
시퍼렇게 날이 선 칼을 날마다 숫돌에 갈아
그대의 가슴을 찌를 것이다.

하지만 페리클레스는 이런 끈질긴 욕설과 비난에도 움직이지 않고 소나기처럼 쏟아지는 치욕과 증오를 묵묵히 견뎠다. 그는 군함 100척을 파견해 펠로폰네소스를 공격했다. 그리고 자신은 아테나이 시민들을 철저히 통제했다. 그러는 동안 펠로폰네소스 군대는 철수하기 시작했다. 페리클레스는 전쟁으로 많은 피해를 입은 민중을 위로하기 위해 국고에서 보조금을 지급했다. 또 아이기나 섬 주민을 모두 몰아내고, 제비뽑기로 그 땅을 아테나이 사람들에게 나누어주었다.

아테나이인들은 적이 입은 손해를 생각하면서 어느 정도 위안을 받았다. 아테나이 함대는 펠로폰네소스 반도를 돌며 많은 도시를 파괴하고 넓은 지역을 장악했다. 육지에서는 페리클레스가 메가라를 침략해 철저히 짓밟았다. 이로써 뚜렷하게 드러난 사실은, 펠로폰네소스군이 육지에서 아테나이에 큰 피해를 입혔으나, 그들 또한 바다에서 아테나이로부터 많은 피해를 입었다는 점이다. 페리클레스가 처음에 예상했던 대로, 적은 전쟁을 오래 끌지 못하고 곧 물러날 기세였다. 하지만 하늘의 힘은 인간이 이겨낼 수 없는 법이다.

아테나이 시내에 전염병이 돌아 꽃 같은 젊은 생명들이 죽어갔다. 몸과 마음에 깊은 고통을 겪은 아테나이 사람들은 페리클레스를 공격하기 시작했다. 죽을병에 걸린 환자가 제정신을 잃고 의사를 공격하듯이 그들은 페리클레스에게 달려들었다. 시민들은 페리클레스를 미워하는 사람들의 말을 그대로 믿고, 질병을 퍼뜨린 원인이 페리클레스에게 있다고 여겼다. 시원한 시골에서 살던 사람들을 더운 여름에 모두 도시로 몰고 와, 좁고 더러운 집에서 가축처럼 우글우글 살게 하면서 하는 일 없이 지내게 했으므로 병이 생겼다고 항의했다. 시민들은 페리클레스가 그렇게 서로 병을 옮기게 해놓고서, 아무런 구제책도 찾으려 하지 않는다며 분통을 터뜨렸다.

페리클레스는 시민들의 고통을 덜어주고 적에게 피해를 주기 위해, 배 150척에 보병과 기병들을 태우고 출정을 서둘렀다. 아테나이의 위력을 보임으로써 시민들에게는 새로운 희망을, 적에게는 두려움을 주기 위해서였다.

150척이나 되는 배마다 병사들이 가득 타고, 페리클레스도 배에 올랐다. 그런데 난데없이 일식 현상이 일어나 순식간에 온 하늘이 캄캄해졌다. 사람들은 이를 불길한 징조로 여기고 모두 겁을 집어먹었다. 키잡이도 무서워서 어찌할 바를 모르고 당황하자, 페리클레스는 자기 외투를 벗어 그 사람의 눈을 가리고 이것이 무서운 징조냐고 물었다. 키잡이의 아니라는 대답에 페리클레스가 말했다.

"그렇다면 이 일과 일식의 차이점이 무엇이냐? 일식은 다만 내 외투보다 더 큰 무엇으로 해를 잠시 가린 것뿐이다."

페리클레스의 이 말은 철학자들의 논의 주제가 되었다. 페리클레스는 함대를 이끌고 무사히 출정했으나, 많은 군함과 군사를 준비한 데 비해 결과는 좋지 않았다. 그는 성스러운 도시 에피다우루스를 포위하고 함락하려 했으나 전염병으로 많은 군사를 잃었을 뿐 아니라 군대와 접촉한 다른 많은 사람들도 병이 옮아 죽어갔다.

아테나이인들은 그를 매우 못마땅하게 여겼다. 페리클레스는 다시 아테나이 사람들을 달래려고 온갖 노력을 다했다. 하지만 그들은 이제 페리클레스를 믿지 않았다. 시민들은 페리클레스 신임투표에서 반대표를 던져 군사 지휘권을 뺏고 벌금형을 내렸다. 그 벌금은 최소 15탈란톤에서 최대 50탈란톤 사이로 추정된다. 이도메네우스에 따르면 페리클레스를 고발한 사람은 클레온이었고, 테오프라스투스는 고발자가 심미아스이며, 폰투스의 헤라클레이데스에 따르면 그를 고발한 사람이 라크라테이데스라고 한다.

그는 곧 자신의 지위를 회복했다. 벌이 한 번 침을 쏘고 나면 그만이듯이, 민중의 분노도 한 번 폭발함으로써 사라졌다. 하지만 그의 개인 생활은 결코 행복하지 못했다. 전염병으로 많은 친구들을 잃었고 집안에도 불화가 일어났다.

맏아들 크산티푸스는 낭비가 심했다. 그는 에필리쿠스의 손녀인 티산드로스의 딸과 결혼했는데, 그녀 또한 사치를 즐기고 돈을 물 쓰듯 썼다. 크산티푸스는 돈을 조금씩밖에 주지 않는 아버지의 인색함을 더는 참을 수 없었다. 그는 아버지의 부탁이라는 거짓말로 친구로부터 큰돈을 빌렸다. 페리클레스는 나중에 아들의 친구가 돈을 갚으라고 하자, 돈을 갚기는커녕 그를 고소해버렸다.

이에 화가 난 크산티푸스는 아버지의 생활 방식을 욕하고, 아버지가 궤변철학자들과 토론하던 일을 떠벌리고 다니며 비웃기까지 했다. 예를 들면 5종 경기에서 선수가 무심코 창을 던졌는데 페르살루스의 에피티무스라는 사람이 이에 맞아 죽은 일이 있었다. 이때 페리클레스가 궤변철학자들과 모여서 살인을 한 것은 엄밀히 따져서 창인가, 그것을 던진 사람인가, 운동경기를 진행했던 위원회인가를 놓고 하루 내내 심각하게 토론했다는 것이다. 또 스테심브로투스의 기록에 따르면, 크산티푸스는 아버지가 자신의 아내와 정을 통했다는 이야기까지 퍼뜨리고 다녔다고 한다. 크산티푸스는 나중에 전염병으로 죽을 때까지 아버지와의 갈등을 풀지 않고 원수처럼 지냈다.

이때 페리클레스는 전염병으로 많은 누이와 친척들마저 잃은 상태였다. 게다가 그의 국정 운영에 큰 힘이 되어주던 동료나 측근들도 이미 세상을 떠났다. 이런 잇따른 불행에도 그는 용기를 잃지 않았다. 눈물을 보이며 슬퍼하지 않았고 어느 누구의 장례식에도 참석하지 않았다. 그러나 정식 결혼에서 얻은 막내아들 파랄루스가 죽자 끝내 큰 충격을 받고 말았다. 그는 자기 자신을 잃고 무너지지 않으려고 안간힘을 썼지만, 장례식 때 아들 시신에 화환을 놓다가 그만 치밀어 오르는 슬픔과 설움을 참지 못하고 비통하게 울었다. 그가 그런 모습을 보인 것은 처음이었다.

아테나이 시민들은 그의 정치력과 지휘력을 대신할 만한 역량을 갖춘 사람을 찾으려 애썼다. 그러나 어느 누구도 그를 대신할 수 없었다. 그래서 슬픔에 잠겨 쓸쓸하게 집 안에 틀어박혀 있는 페리클레스에게 다시 정무와 군사를 통괄하도록 하는 수밖에 없었다. 알키비아데스를 비롯한 친구들의 간절한 설득으로, 페리클레스는 마침내 다시 대중 앞에 설 수 있었다. 시민들은 진심으로 고마워하며, 은혜도 모르고 그를 괴롭혔던 지난날의 잘못을 사과했다.

다시 정치를 맡고 장군 자리에 오른 그는 먼저 예전에 자신이 만들었던, 서자에 대한 법률을 폐지하자고 요청했다. 페리클레스 자신이 대를 이을 상속자가 없어 혈통이 완전히 끊길 위기에 놓여 있었기 때문이다.

이 법률에는 다음 같은 사연이 있었다. 페리클레스는 자신의 세력이 절정에 이르고 정실에게서 얻은 아들이 있었을 때, 부모가 모두 아테나이 사람이어야만 아테나이 시민이 될 수 있다는 법률을 내놓았다. 그런데 그 뒤 이집트 왕이 4만 메딤노스의 밀을 선물로 보내, 아테나이 시민들에게 나누어주라고 한 일이 있었다. 그러자 이 법이 생기기 전에는 시민권이 문제되지 않았던 사람들에 대해 시민 자격이 있는지 없는지를 가려달라는 소송이 빗발쳤다. 시민권이 없는 사람을 가려내 밀을 조금이라도 더 많이 받으려는 시민권자들의 치졸한 속셈이었다. 그 결과 5000명에 가까운 사람들이 사생아라는 판결을 받고 노예로 팔려갔으며, 1만 4040명만이 아테나이 시민 자격을 지킬 수 있었다.

이렇게 많은 사람들을 희생하면서 시행한 법을, 이것을 만들었던 장본인을 위해 없애버리는 것은 사실 앞뒤가 맞지 않는 일이었다. 그러나 시민들은 페리클레스가 겪는 지금의 불행으로, 지난날 오만했던 벌을 충분히 받은 것이라고 여겼다. 시민들은 그를 측은히 여겨 그 요청대로 서자를 호적에 올리고 그의 성을 붙이는 일을 허락했다. 이 아들은 나중에 아르기누사이 해전에서 펠로폰네소스군을 물리쳤으나, 그 뒤 동료들과 함께 사형당하고 말았다.

그 무렵 페리클레스는 병에 걸려 자리에 눕게 되었다. 생명에는 지장이 없었지만, 그 병은 여러 증세를 보이면서 서서히 몸을 쇠약하게 만들었다. 그의 총명한 정신과 해박한 과학적 지식도 병 때문에 조금씩 둔해졌다.

테오프라스투스는 그의 책 《윤리학》에서 사람 성격이 병으로 달라지는가, 즉 덕성이 신체 건강에 따라 좌우되는가에 대한 문제를 논하며 페리클레스의 예를 들었다.

페리클레스가 병을 앓을 때 한 친구가 문병을 갔다. 그런데 모든 자연현상을 과학적으로 해석하던 그가 목에 부적을 걸고 있었던 것이다. 친구는 그가 이처럼 어리석은 짓을 하고 있는 사실을 보고 병이 심각하다는 것을 알았다.

페리클레스가 병석에 누워 죽음을 기다리고 있을 때, 아테나이 명사들과 그의 친구들이 찾아왔다. 그들은 페리클레스의 고매한 성품과 권세에 대한 이야기를 나누었다. 또 그가 적을 무찌르고 세운 기념비가 무려 아홉 개나 된다고 말하며 그의 공적들을 칭송했다. 그들은 페리클레스가 이미 의식이 흐려져 말을 알아들을 수 없다고 여기고 안타까움에 마음 아파했다. 그런데 갑자기 페리클레스가 말하기를, 자신이 거둔 승리 가운데 절반은 운이 좋아서 얻은 것이고, 또 그 정도 공은 다른 장군들도 모두 세운 것들인데 그토록 칭송하고 기념하다니 놀라울 따름이라고 했다. 그리고 그가 한 일 가운데 가장 훌륭한 업적은 따로 있다고 덧붙였다.

"아테나이 시민들 가운데 나 때문에 상복을 입게 된 사람이 하나도 없었다는 게 내가 이룬 가장 큰 업적이오."

페리클레스는 성품이 어질고 온유해서, 심한 정치적 위기에 처했을 때나 개인적으로 욕설을 들었을 때도 도무지 흔들림이 없었다. 그는 다른 사람을 시기하거나 미움에 사로잡혀 일을 그르친 적이 없었으며, 권력의 정점에 있으면서도 언제나 적을 친구로 만들기 위해 노력했다.

그는 아무리 자신을 미워하는 사람이라도 나중에는 친구가 될 수 있다고 말했다. 이것을 보면 그의 별명이 왜 '올림피아'라 지어졌는지 알 수 있다. 페리클레스는 큰 권력을 가지고 있으면서도 늘 조용하고 깨끗한 생활을 해왔다. 그는 신과도 같은 존재였다. 우리가 생각하는 신은 모든 선한 일을 지어내고 인간에게 해로운 일은 전혀 하지 않으면서, 인간과 세상 만물을 다스리는 존재이다.

무지한 시인들이 흔히 신은 우리를 마음대로 다스린다고 읊는 것은 잘못된 생각이다. 그들은 신이 계신 곳을 안전하고 아늑한 나라로 생각하고, 그곳에는 바람도 비도 없고 마냥 따뜻한 날씨에 언제까지나 잔잔한 빛이 넘쳐흐른다고 표현한다. 그러면서도 신들이 분노와 시기 같은 감정들에 사로잡히는 것처럼 묘사하는데, 한낱 인간도 뛰어난 지각을 갖추게 되면 사사로운 감정에 좌우되지 않는 법이다.

페리클레스가 세상을 떠나자 아테나이 시민들은 큰 충격을 받고 몹시 안타까워했다. 페리클레스의 권세 때문에 자기들이 그늘에 가려 빛을 내지 못한다고 투덜거리던 사람들도, 그가 세상을 떠난 뒤 수많은 정치가와 웅변가들의 비루한 역량을 겪고 나서야 페리클레스만한 인물이 없음을 깨달았다. 교만한 듯했지만 그처럼 성실하고 온유한 사람이 없었고, 허세를 부리는 듯했지만 사실은 진실하고 정직한 사람이었음을 알게 된 것이다.

그가 살아 있는 동안 사람들은 그의 정치를 전제니 독재니 비난했지만, 그의 절대권력이 진정으로 아테나이를 지키기 위함이었다는 사실이 드러났다. 그가 죽은 뒤 곧이어 심한 부정부패들이 아테나이를 뒤덮었기 때문이다. 페리클레스는 이런 일을 미리 막고 뿌리 뽑기 위해, 사람들의 비난을 참아내면서까지 단호한 정치를 고수했다.

파비우스 막시무스(FABIUS MAXIMUS)

페리클레스 인생에서 기억할 만한 업적들은 모두 살펴보았다.

이제부터 화제를 파비우스 삶의 이야기로 옮겨보기로 한다.

몇몇 작가들에 따르면 어느 님프가, 또 다른 이들은 그 지방에 살던 한 이탈리아 여인이 티베리스 강가에서 헤라클레스와 연을 맺어 아이를 낳았는데, 그가 바로 파비우스였다. 파비이(파비우스) 집안은 로마에서 가장 크고 이름 높은 집안의 하나였다. 이 가문 사람들은 아주 옛부터 함정을 파서 짐승을 잡는 방법을 최초로 사용했기 때문에 처음에는 포디이라 불렸다. 오늘날까지도 라틴어로 구덩이를 '포사', 판다라는 뜻의 동사를 '포데레'라 하는데, 이 두 단어가 시간이 흐르면서 변해 파비우스가 된 것이다.

이 집안에서는 위대한 인물이 많이 나왔으며, 그 가운데 가장 뛰어난 사람은 단연 룰루스였다. 로마 사람들은 그의 위대함을 높여 막시무스라고 이름 붙였다. 이제 이야기하려는 파비우스 막시무스는 바로 이 룰루스의 4대 후손이다.

파비우스는 윗입술에 난 작은 사마귀 때문에 베루코수스라는 별칭을 얻었다. 오비쿨라, 곧 새끼 양이라는 뜻의 별명도 있었는데, 어릴 때 말이 느리고 성격이 지나치게 순했기 때문이다. 그는 차분하고 조용했으며 아이들과 놀이를 할 때에도 매우 소극적이었으며, 공부할 때는 다른 아이들에 비해 훨씬 더디고 힘들게 배웠다. 친구들과 어울릴 때는 고분고분 하자는 대로 잘 따랐으므로 사람들은 그의 겉모습만 보고 어리석으며 바보스럽다고 여겼다. 그래서 그의 영혼 깊은 곳에 자리한 위대함과 사자 같은 용맹함을 알아보는 이는 거의 없었다. 하지만 시간이 지나 사회에 발을 들여놓으면서, 파비우스의 본디 모습이 드디어 빛을 내기 시작했다. 사람들은 그의 조심성은 침착함에서 나오며 말과 행동이 느린 것은 신중한 까닭이고, 기백이 없어 보이며 쉽게 움직이지 않는 것은 굳고 확실한 믿음 때문임을 알게 되었다.

그즈음 로마는 강대하고 부유한 만큼 많은 적들의 시기와 위협을 받고 있었다. 파비우스는 자신의 몸을 자연이 주신 무기로 생각해 열심히 단련했다. 또 민중의 마음을 움직이기 위해 웅변 실력도 갈고닦으며 자기 생활신조나 타고난 성격에 걸맞은 연설을 할 수 있도록 노력했다. 그는 연설할 때 인기를 끌기 위한 미사여구나 쓸모없는 수식어를 사용하지 않았으며, 투키디데스처럼 깊은 의미가 담긴 격언들을 사용했다. 그는 늘 간결하면서도 진지하고 무게 있는 연설로 사람들 마음을 사로잡았다. 그의 연설 가운데는 집정관을 지낼 때 사랑하는 아들을 잃고 장례식에서 했던 추도사가 오늘날까지도 남아 있다. 파비우스는 집정관을 다섯 번 지냈다. 처음 집정관 자리에 올랐을 때는 리구리아를 정벌하고 개선식을 올리는 영광을 얻었다. 큰 피해를 입은 리구리아인들은 로마군을 피해 알프스 산으로 달아났으며, 두 번 다시 이웃 나라를 약탈하지 않았다.

그 뒤 한니발이 카르타고 군대를 이끌고 이탈리아를 침략해 왔다. 트레비아에서 큰 승리를 거둔 한니발은 에트루리아를 거쳐 로마로 오는 길에 모든 도시를 짓밟고 파괴했다. 로마 시내는 공포와 절망으로 가득 찼다. 이제껏 본 적 없는 여러 무서운 징조가 로마 곳곳에서 나타났다. 벼락이 떨어지는 건 예삿일이었고, 방패들이 아무 까닭 없이 피로 붉게 물들거나, 화살 맞은 과녁에서 피가 흘러나왔다. 안티움에서는 거둬들인 옥수수 열매마다 피가 가득찼고, 하늘에서는 불덩이가 우박처럼 쏟아졌다. 팔레리아족이 사는 곳에서는 하늘이 둘로 갈라지고 나무 판자들이 떨어졌는데, 그 가운데 하나에 '군신 마르스가 무기를 휘두르다' 이렇게 적혀 있었다.

이런 기이한 일들에도 불구하고 집정관 플라미니우스는 조금도 동요하지 않았다. 그는 본디 성격이 급한 편이었다. 더구나 갈리아군이 쳐들어왔을 때, 그는 원로원과 동료들 만류를 뿌리치고 갈리아군과 싸웠다. 그때 예상치 못한 승리를 거둔 다음부터 그의 불 같은 성향은 더 강해졌다.

파비우스 또한 이런 징조에 흔들리지 않았던 사람 가운데 하나였다. 많은 시민들이 이런저런 불길한 징조들에 겁을 먹고 이를 한니발 능력이라 말하며 너무나 두려워했지만, 파비우스는 그렇게 믿기에는 석연치 않은 점이 너무 많다고 생각했다. 한니발 군대는 규모가 작고 군자금과 군량이 모자랐지만, 여러 번의 전쟁 경험 덕분에 훈련과 사기에 있어서는 거의 완벽했다. 파비우스는 이런 군대와 섣불리 전투를 벌이기보다는 동맹국들에게 지원군을 보내고 이웃 나라들과 굳게 뭉치는 편이 더 현명하다고 생각했다. 적의 군대가 지금은 승승장구하고 있지만, 조만간 식량과 자금이 떨어지리라는 판단에서였다. 활활 타오르는 등불도 기름이 떨어지면 저절로 꺼지듯, 적들도 그렇게 될 터이므로 그때까지 기다리는 게 가장 좋은 방법이었다.

하지만 플라미니우스는 파비우스 의견을 듣지 않았다. 그는 적군이 로마로 몰려오는 것을 가만히 앉아 보고만 있을 수는 없으며, 과거 카밀루스가 그랬던 것처럼 로마 시내에서 전투가 벌어지게 해서는 안 된다고 주장했다. 그는 군사 호민관들에게 명령해 군대를 지휘해 나가도록 하고, 자신도 직접 싸우기 위해 말에 올라탔다. 그런데 플라미니우스가 올라탄 말이 아무 이유도 없이 갑자기 놀라 날뛰어 그를 땅에 떨어뜨렸다. 하지만 플라미니우스는 조금도 개의치 않고 처음과 같은 기세로 한니발을 치러 나갔다.

그때 한니발 군대는 에트루리아에 있는 트라메누스 호수 부근에 진을 치고 있었다. 두 군대가 만나 한창 맞붙어 싸우고 있을 때, 갑자기 강한 지진이 일어났다. 이 지진으로 지축이 흔들려 여러 도시가 무너지고, 강의 흐름이 바뀌었으며, 산까지 무너져 내렸다. 하지만 전투가 얼마나 치열했던지 병사들은 이런 사실을 까맣게 모른 채 맹렬하게 싸웠다. 이 전투에서 플라미니우스는 적에게 둘러싸여서도 투항하지 않았다. 그는 명예롭게 싸우다 전사하고 만다. 로마에서 가장 용감한 병사들이 끝까지 그의 곁을 지키다가 목숨을 잃었다. 가까스로 살아남은 병사들은 달아나기 바빴고, 도중에 잡혀 죽은 사람들도 많았다. 이 싸움에서 죽은 사람은 1만 5000명, 포로 수도 그에 못지않았다.

플라미니우스의 마지막 모습을 본 한니발은 그의 용기에 감탄해 예의를 갖춰 정중히 장사를 지내주려고 했다. 하지만 수많은 전사자들 속에서 끝끝내 그의 시체를 찾아내지 못했다.

트레비아 전투는 로마의 패배였지만, 보고서를 쓴 장군이나 그것을 가지고 온 전령은 어느 쪽이 이겼는지 모른다고 거짓말을 했다. 양쪽 군대가 서로 이 겼다고 우겨댔기에, 확실히 알 수 없었다는 것이다. 하지만 법무관 폼포니우스 는 시민들이 모인 자리에서 사실을 밝혔다.

"로마 시민들이여, 우리는 이번 전투에서 크게 패해 군대는 전멸하고 집정관 플라미니우스는 전사했습니다. 그러니 우리는 로마의 안전을 위해 새로운 길을 찾아야 합니다."

이 말에 사람들은 강풍에 휩쓸린 바다처럼 큰 혼란에 빠졌다. 그들은 패배 의 충격과 눈앞에 닥친 위험에 너무 놀라 생각하는 것도 잊어버린 채 우왕좌 왕했다.

하지만 사람들은 곧 정신을 가다듬고, 독재관을 뽑아 나라의 앞날을 맡기고 그를 중심으로 합심해 위기를 극복해내야 한다고 생각했다. 그리고 중책을 맡 을 사람은 지혜와 용기를 두루 갖춘 인물이어야 한다는 데 의견을 모았다. 그 들은 만장일치로 파비우스 막시무스를 독재관으로 뽑았다. 그의 역량과 품성 이 중요한 책무를 맡기에 충분하다고 여겼기 때문이다. 또 경론(硬論)을 실천하 기에 늦은 나이도 아니거니와 충분한 체력도 갖추었고, 지나친 용기를 억제할 수 있는 분별력까지 갖춘 인물이었다.

독재관이 된 파비우스는 가장 먼저 마르쿠스 미누키우스를 기병대장으로 임 명했다. 그리고 자신도 말을 타고 전투에 임할 수 있게 해달라고 원로원에 요 청했다. 그때까지 로마법은 독재관이 직접 말을 타고 전투에 참여하는 것을 금 지하고 있었다. 그 이유는 두 가지였는데, 첫째는 보병대를 주력부대로 여겼으 므로 총사령관은 늘 그들과 함께 있어야 하기 때문이며, 두 번째로는 독재관 의 권력이 아무리 강해도 민중과 원로원이 그 위에 있음을 상기시키기 위함이 었다.

하지만 파비우스는 자신의 권위를 높여서라도 병사들이 더욱 일사불란하게 명령에 복종하길 원했고, 민중도 자신의 뜻을 잘 따라주기를 바랐다. 그는 일 부러 호위병 24명을 거느리고 다녔다. 또 한 집정관이 그의 집을 방문하기를 원 했을 때는 사람을 보내어 다음과 같은 말을 전하게 했다. 먼저 데리고 온 호위 병을 모두 물리고 권위를 상징하는 파스케스를 버린 뒤 일반 시민으로서 자기 앞에 오라는 것이었다.

파비우스가 독재관이 되어 가장 먼저 한 집무는 종교의례를 올린 것이었다. 그는 트레비아 전투에서 로마군이 패한 것은 군사력이 모자라서가 아니라 장군이 종교의식을 소홀히 한 결과라는 사실을 알리고 싶었다. 이는 미신을 장려하는 게 아니라 종교의 힘으로 병사들 사기를 북돋우고, 신이 로마 편이라는 희망과 믿음을 심어주기 위함이었다. 나라의 운명을 점치는 《시빌라 예언집》에는 이미 그때 로마가 겪었던 패전과 불행한 사건들이 나와 있었다고 한다. 하지만 그 내용은 책을 직접 본 관리들 말고는 누구도 알 수 없다.

독재관은 국민들을 한자리에 모이게 했다. 그리고 한 해 동안 생산된 모든 염소와 양과 소, 그러니까 이탈리아 땅 모든 산과 평야, 강과 들판에서 돌아오는 봄에 태어날 새끼들을 모두 제물로 바치겠다고 선언했다. 또한 333세스테르티우스, 333데나리우스와 3분의 1 데나리우스로 음악제를 열 것을 신에게 맹세했다. 이 액수를 우리 돈으로 환산하면 8만 3583드라크메 2오볼로스 정도이다. 이렇게 수치를 분명하게 정한 것이 무슨 특별한 의미가 있는지는 알 수 없다. 오직 '3'이라는 숫자가 완전함을 상징하고 있음을 짐작할 수는 있다. 그 무렵 로마인들은 3이 완전함을 뜻하는 숫자로 매우 가치 있다고 여겼다. 이것은 첫 번째 홀수이며, 그 속에는 다른 숫자들이 갖고 있는 모든 원리를 빠짐없이 지녔기 때문이다.

파비우스는 국민들에게 신에 의지하라고 가르침으로써 앞날에 대한 희망을 갖게 했다. 그러나 그 자신은 스스로의 용기와 지혜에만 의지했으니, 신은 오직 용맹스럽고 세심한 자에게 승리와 행운을 내린다고 믿었기 때문이다.

이렇듯 준비가 갖추어지자 그는 한니발과 싸우러 나갔다. 하지만 그는 곧바로 싸우지 않고 시간을 끌었다. 적의 군대를 지치게 하고 식량이 떨어지게 한 뒤 칠 계획이었다. 파비우스는 한니발 군대가 섣불리 다가올 수 없는 높은 산 위에 진지를 정했다. 적이 움직이지 않으면 그도 잠자코 있었다. 하지만 때때로 적이 움직이면 그는 높은 곳에서 내려와 자신의 모습을 보이되, 싸움에 휘말릴 만큼 간격을 좁히지는 않았다. 그러면서도 언제든지 공격할 듯이 적당한 거리를 유지해서 적군은 이래저래 마음을 놓지 못한 채 끊임없이 경계 태세를 갖춰야만 했다.

이렇게 시간을 끄는 동안 파비우스의 장병들은 그를 용기 없는 장군이라고 여기기 시작했다. 적군들도 거의 그런 생각을 갖게 되었다. 그러나 한니발은 그의 교묘한 전술을 꿰뚫어 보았다. 그는 파비우스를 빨리 싸움에 끌어들이지 않으면, 우수한 무기도 제대로 써 보지 못한 채 병력과 군량 부족에 시달리다 끝내 패할 것임을 깨달았다. 그래서 그는 온갖 계략과 기술을 동원해 파비우스를 전투로 끌어내고자 안간힘을 썼다.

한니발의 여러 계책과 도발에도 파비우스의 판단력과 신념에는 조금도 변화가 없었다. 하지만 로마 군인과 장군들에게는 매우 큰 효과를 가져왔다. 특히 기병대장 미누키우스가 가장 심하게 동요했다. 미누키우스는 대담하고 자신만만한 성격이었으며, 앞뒤 가리지 않고 행동하는 사람이었다. 그는 병사들을 부추기면서 파비우스를 비난했다. 그러자 병사들도 파비우스를 한니발의 하인이라고 조롱하며, 미누키우스야말로 로마군을 지휘할 자격이 있는 사람이라고 생각했다.

미누키우스는 더욱 들떠 파비우스 진영을 손가락질하며, 독재관이 온 이탈리아가 짓밟히고 불타는 것을 구경하려고 좋은 자리만 골라 진을 치고 있다며 비웃었다. 그러면서 때때로 동료 장군들에게, 파비우스가 산꼭대기마다 군대를 끌고 다니는 까닭은 땅 위에서 모든 희망을 버리고 마침내 병사들을 하늘로 데리고 올라가려는 것인지, 아니면 한니발 눈에 띄지 않게 구름과 안개 속에 군대를 감추려는 것인지 물어보곤 했다.

파비우스와 가까운 사람들은 이런 말을 그에게 전하며, 빨리 전투를 시작해 이러한 모욕을 씻어야 한다고 설득했다.

하지만 그는 이렇게 말했다.

"만약 그렇게 한다면 나는 지금보다 더 어리석고 비겁한 사람이 되는 것이오. 나라를 위해 몸을 사리는 일은 수치가 아니오. 그러나 사람들의 그릇된 비난이나 공격 때문에 뜻을 굽히는 것은 독재관이라는 중요 직책을 맡고 있는 사람이 할 일이 아니오. 내가 지휘하는 사람들이 그릇된 일을 하려 할 때 나는 그것을 막아야 하오. 그러지 않으면 백성들은 적의 노예로 전락하고 말 것이오."

그 뒤 머지않아 한니발은 실수를 저질렀다. 그는 좋은 풀밭에서 말들을 쉬게 하고 병사들에게도 휴식을 주기 위해, 길 안내자들을 불러 카시눔으로 가자고 말했다. 그런데 한니발의 발음이 좋지 않아서 잘못 알아들은 길 안내자들은 한니발의 군대를 카실리눔으로 이끌고 갔다.

로마인들이 불투르누스 강이라고 부르는 로트로누스 강이 이 마을 가운데를 흘렀다. 이곳은 온 주위가 산으로 둘러싸였고, 골짜기 하나는 바다로 뻗어 있었다. 바닥은 발이 푹푹 빠지는 늪지대였으며, 바다로 통하는 해안은 파도가 거칠어서 배를 댈 수도 없었다.

한니발 군대가 이 골짜기로 내려가는 동안, 이곳 지형에 밝은 파비우스는 한니발 군대를 앞질러 가서 기다렸다가 그들을 공격하기로 했다. 파비우스는 병사 4000명을 보내어 좁은 퇴로를 막고, 나머지 부대를 작은 언덕 몇 개에 적절히 배치했다. 그리고 일부는 한니발군의 뒤쪽 끝을 습격하도록 했다. 이 작전은 예상대로 큰 성공을 거두었다. 적군 800명을 죽여 혼란에 빠뜨린 것이다. 그제야 한니발은 자기 잘못으로 위험에 빠졌다는 사실을 깨달았다. 그는 길 안내자들을 잡아 기둥에 못 박아 죽였다. 그러나 로마군이 이미 유리한 위치를 차지했으므로 빠져나갈 길이 없었다. 카르타고 군사들은 모두 두려움과 절망에 휩싸였다.

이때 한니발은 한 가지 묘안을 생각해 냈다. 그는 진지 안에 있는 소 2000마리의 뿔에 마른 나무를 매달았다. 이윽고 밤이 되기를 기다려 거기에 불을 붙인 다음, 로마군 진지와 이어진 좁은 길로 소들을 몰았다. 그리고 병사들에게 천천히 그 뒤를 따르게 했다. 소들은 처음에는 횃불을 머리에 달고 천천히 걸어갔는데, 이것은 마치 어둠을 틈타 진군하는 군대처럼 보였다. 그러나 뿔까지 불에 타들어가자 소들은 머리를 뒤흔들며 미친 듯이 이리저리 뛰어다녔다. 불꽃이 나무들에 옮겨 붙으며 주위는 순식간에 온통 불바다가 되어버렸다.

높은 곳에서 보초를 서고 있던 로마 병사는 이 광경을 보고 겁에 질렸다. 엄청나게 많은 군사가 횃불을 들고 곳곳에서 달려들어 자신들을 에워싸는 듯 보였던 것이다. 로마군은 제자리를 지키지 못하고 산 위에 있는 진지로 달아났다. 이때를 틈타 한니발 군대는 고지를 모조리 점령하고 전리품까지 챙겨 무사히 탈출할 수 있었다.

파비우스는 날이 밝기 전에 한니발의 계획을 알아차렸다. 놀란 소 몇 마리가 로마군 진지로 들어왔던 것이다. 그러나 그는 어둠 속에 있을지도 모를 복병을 염려해 밤새도록 군사들을 진지 안에 머무르게 했다.

날이 새자 파비우스는 적을 뒤쫓아, 산속에서 몇 차례 작은 전투를 벌여 적을 혼란에 빠뜨렸다. 한니발은 마침내 산악 전투 경험이 많은 이베리아(에스파냐) 부대를 내보냈다. 이들은 무장이 가벼워서 동작이 빨랐으므로 중무장한 로마군은 도저히 당해낼 수가 없었다. 로마군은 엄청난 손실을 입었고 끝내 파비우스 부대는 추격을 포기해야만 했다. 이 싸움으로 파비우스 평판은 더욱 나빠져, 비웃음과 경멸이 온통 그에게 쏟아졌다. 한니발보다 더 훌륭한 전술을 써서 이기려고 싸움을 피하더니, 전술에 있어서도 한니발을 따르지 못하고 결국 패했다는 극심한 비난을 받게 된 것이다.

게다가 한니발은 파비우스에 대한 불평을 더욱 부추길 속셈으로, 군대를 끌고 파비우스 소유지 주변으로 왔다. 그리고 근처의 모든 것을 파괴하고 약탈하며 돌아다녔다. 그러면서도 일부러 파비우스 땅이나 재산은 감시병까지 두고서 보호하게 했다.

이 사실이 로마에 알려지자, 모든 일은 한니발이 바라던 대로 돌아갔다. 파비우스에 대한 비난은 걷잡을 수 없이 심해졌다. 평민회는 온갖 비난을 그에게 퍼부었다. 특히 미누키우스 친척인 메틸리우스의 선동은 극에 이르렀다. 그는 파비우스를 싫어하지는 않았으나 미누키우스를 치켜세우기 위해 더욱 심하게 그를 공격했다.

파비우스는 원로원에서도 비난받았는데, 이는 그가 한니발과 맺은 포로 교환 협정 때문이었다. 협정 내용에 따르면, 양편에서 일대일로 포로를 교환하다가 어느 한쪽 포로가 남으면 한 사람당 250드라크메씩을 주고 데려와야 했다. 그렇게 교환을 하다 보니 한니발이 붙잡은 포로가 240명 더 많았다. 원로원은 한 푼도 줄 수 없다고 말하고, 비겁해서 포로로 잡힌 자들의 몸값을 내기로 한 파비우스를 로마에 해를 끼치는 사람이라고 비난했다.

파비우스는 시민들의 불만과 동료들 비난을 모두 참아냈다. 그러나 돈이 없다는 이유로 한니발과의 협정을 어겨 자기 병사들을 포기해서는 안 된다고 생각했다. 그는 아들을 로마로 보내 자신의 재산을 모두 처분하게 했다. 그리고 그 돈을 한니발에게 보내고 포로들을 찾아왔다. 이렇게 해서 돌아온 포로들은 몹시 고마워하며 나중에 자기 몸값을 갚게 해달라고 청했지만, 파비우스는 한 푼도 받지 않았다.

그 뒤 파비우스는 사제들의 부름을 받고 독재관 직책에 정해진 제사를 올리기 위해 로마로 돌아가야 했다. 그는 지휘권을 미누키우스에게 넘겨주며, 자기가 없는 동안에 절대로 한니발과 전투를 벌이지 말라고 명령했다. 하지만 새겨들을 미누키우스가 아니었다. 그는 파비우스가 채 떠나기도 전에 공격계획을 세웠다. 미누키우스는 한니발 군대가 약탈하러 나가는 것을 보고, 남아 있던 적군을 공격해 큰 성공을 거두었다. 허겁지겁 진지로 달아난 적들은 로마군이 한꺼번에 공격해오지 않을까 조마조마해했다. 이 사실을 안 한니발이 흩어진 군사들을 진지로 불러모으자 미누키우스는 곧바로 철수했다.

안전하게 진영으로 돌아온 미누키우스는 성공에 대한 자부심으로 가득 찼고, 병사들에게도 무모한 용기를 불어넣었다. 곧 이 일에 대한 한껏 부풀려진 소식이 로마에 전해졌다. 이 소식을 들은 파비우스는 미누키우스의 승리가 그의 패배보다 더 걱정스럽다고 말했다. 그러나 대중은 기쁨에 넘쳐 포룸으로 모여들었다. 호민관 메틸리우스는 미누키우스를 칭송하는 한편, 파비우스는 태만하고 비겁할 뿐만 아니라 반역자라고까지 몰아세웠다. 또한 이름 높은 다른 지도자들까지도 싸잡아 비난하며, 그들이 처음부터 전쟁을 시작한 까닭은 민중을 짓밟기 위해서였다고 주장했다. 그들이 이 도시를 절대적인 권력을 가진 독재관 손에 맡겼고, 파비우스가 일부러 싸움을 늦추었으므로 한니발이 리비아(아프리카)로부터 지원군을 맞이할 시간을 얻었으며, 그가 곧 이탈리아를 정복할 것이라 말했다.

이어서 파비우스가 의견을 말하러 나왔다. 그러나 호민관의 비난에 대해서는 어떤 변명도 하지 않았다. 오직 제사와 신성한 의식을 가능한 한 서둘러 마친 다음 군대로 돌아가서 명령을 어긴 미누키우스를 처벌하겠다고 말했다. 그러자 사람들은 미누키우스에게 닥친 위험을 깨닫고 몹시 소란스러워졌다. 독재관에게는 재판 없이도 부하를 감옥에 가두거나 사형할 수 있는 권한이 있었기 때문이다. 파비우스는 여느 때 온화한 사람이지만, 한번 화가 나면 쉽게 용서하지 않는다는 것을 시민들은 잘 알고 있었다.

사람들은 파비우스가 두려워 감히 입을 열지 못했다. 하지만 호민관 메틸리우스는 자신의 특권을 믿고 다시 연단에 올랐다(호민관은 독재관이 선출되어도 그 힘을 잃지 않는 유일한 관직이었다. 나머지 관직은 모두 폐지되었다). 그는 미누키우스를 이대로 저버리지 말라고 사람들에게 강력히 호소했다. 만리우스 토르쿠아투스처럼, 용감히 싸워 승리하고 돌아온 아들을 오로지 명령을 어겼다는 이유로 단두대의 이슬로 사라지게 하는 일이 다시는 없어야 한다고 그들을 설득했다. 그는 또 파비우스를 독재관 자리에서 물러나게 하고, 그 자리에 나라를 구할 의지와 능력이 있는 사람을 앉혀야 한다고 호소했다.

이 연설은 많은 사람들 마음을 움직였지만, 감히 파비우스를 해임할 수는 없었다. 대신 그들은 미누키우스에게 독재관과 똑같은 권한을 주어 전쟁을 지휘할 수 있도록 결정했다. 이것은 그때까지 로마에서는 한 번도 없던 일이었다. 그러나 얼마 뒤 칸나이 전투에서 패한 다음, 독재관 한 사람을 더 뽑은 일이 있었다. 독재관 마르쿠스 유니우스가 전쟁터에 가 있고, 많은 원로원 의원들이 죽어서 자리가 비었을 때였다. 그때 독재관으로 뽑힌 사람은 파비우스 부테오였다. 그러나 그는 원로원 빈자리가 다시 채워지자 자신의 호위병들을 해산하고, 대중 속으로 들어가 평범한 시민이 되었다.

시민들은 미누키우스에게 권력을 주어 파비우스와 맞먹는 지위로 높임으로써 파비우스에게 치욕을 주었다고 생각했다. 하지만 이는 파비우스 성격을 잘못 판단한 것이었다. 그는 시민들의 어리석은 행동에도 전혀 동요하지 않았다.

철학자 디오게네스는 "사람들이 선생님을 비웃고 있습니다" 말한 사람에게, "그러나 나는 비웃음을 받고 있지 않네"라고 말했다. 비웃음 당한 뒤 마음이 흔들리는 사람은 진짜 조롱을 받는 것이다. 파비우스는 마음을 잘 다스려 말 없이 참았다. 이로써 그는 정당하고 선한 사람에게 수치란 있을 수 없다는 철학적 금언이 참이라는 사실을 다시 한 번 증명해 보였다.

하지만 파비우스에게도 여전히 걱정은 남아 있었다. 그는 무모하고 야심에 찬 미누키우스에게 큰 권력을 쥐어준 국민들의 어리석음에 안타까워했다. 성급한 미누키우스가 이 소식을 듣고 섣불리 군대를 움직이는 큰 잘못을 저지를까 우려해 파비우스는 서둘러 로마를 떠나 전쟁터로 달려갔다. 미누키우스는 손에 넣은 권력에 들떠 매우 오만해져 있었다. 그는 공동 지휘권에 만족하지 않고 교대로 하루씩 군대를 지휘하자고 파비우스에게 요구했다. 하지만 파비우스는 군대를 둘로 나누는 편이 더 낫다고 생각해 자신은 1군단, 4군단을 거느리고 미누키우스에게는 2군단, 3군단을 지휘하도록 했다. 동맹군과 남은 병력도 똑같이 둘로 나누었다.

미누키우스는 자신이 나라 최고 권력을 가진 독재관과 군지휘권을 똑같이 나누어 가졌다는 사실을 매우 자랑스러워하고 의기양양해했다. 그는 파비우스가 자기 때문에 위신이 깎인 것을 통쾌하게 여겼다. 파비우스는 미누키우스에게, 싸울 상대는 자신이 아니라 한니발이라는 사실을 명심하라고 충고했다. 그리고 만약 자신과 다투고자 한다면, 승리를 얻은 장군으로서 국민들 존경을 받는 사람이 국민의 비난을 듣는 사람보다 그들의 생존과 안전을 소홀히 했다는 말을 듣지 않도록 조심하라 일렀다.

하지만 젊은 미누키우스는 이러한 충고를 늙은이의 질투라고 무시하고 곧바로 자기 부대를 이끌고 나가 다른 곳에 진을 쳤다. 한니발은 이러한 상황을 파악하고 로마군의 움직임을 살피며 기회를 노렸다.

로마군과 카르타고군 사이에는 언덕이 하나 있었다. 그곳은 점령하기 만만치 않았지만, 먼저 손에 넣는다면 전략상 아주 유리한 위치였다. 그리고 이 언덕을 둘러싼 벌판은 언뜻 보기에는 평탄해 보이지만 눈에 잘 띄지 않는 도랑과 홈들이 곳곳에 있어 병사들이 매복하기에도 알맞았다. 한니발은 마음만 먹으면 이 지역을 손안에 넣을 수 있었지만 일부러 내버려두었다. 그리고 로마군을 유인하기 위한 미끼로 삼았다.

마침 이러한 때 로마군이 둘로 갈라졌으니 한니발에게는 기다리던 기회가 온 것이었다. 그는 어둠을 틈타 벌판에 있는 도랑과 홈 속에 복병을 숨겨두었다. 그리고 어슴푸레 새벽이 밝아오자 부대를 보내 일부러 미누키우스 눈에 띄도록 언덕으로 올라가서 도발하라고 명령했다. 한니발의 생각대로 미누키우스는 미끼를 덥썩 물었다. 처음에는 정찰대 몇 명만 내보내더니 나중에는 기병대까지 나왔다. 이윽고 한니발이 직접 군대를 이끌고, 도발하러 보냈던 병사들을 도우려는 것처럼 언덕으로 나아가자 마침내 미누키우스는 자기 군대를 모두 이끌고 진지 밖으로 나왔다. 카르타고군은 언덕 위에서 돌진해 오는 로마군에게 화살을 마구 쏘아댔다. 하지만 미누키우스는 굴하지 않고 진군해 마침내 언덕 아래에 다다랐다. 그 순간 한니발이 신호를 보내자 벌판에 숨어 있던 군사들이 함성을 지르며 뛰어나와 미누키우스군의 뒤를 에워쌌다. 로마군은 꼼짝없이 포위되었고, 혼란과 공포에 휩싸여 갈팡질팡했다. 갑작스러운 상황에 기가 꺾인 미누키우스는 이리저리 다급한 눈길로 장군들을 돌아보았으나 너나 할 것 없이 모두 달아나기에 정신없었다. 하지만 후퇴조차도 여의치 않았다. 기세등등해진 누미디아 기마대는 벌판을 달리며 달아나는 로마병사들을 닥치는 대로 죽였다.

파비우스는 로마군이 처한 위기를 조심스럽게 지켜보고 있었다. 그는 위험한 일이 일어나리라 짐작했기에 부하들에게 명령해 전투태세를 갖추고 있었다.

파비우스는 전령이 상황을 보고할 때까지 기다리지 않고 진영에서 나와 산마루턱에서 전투가 펼쳐지는 모습을 직접 살펴보았다. 미누키우스 군대가 포위되어 혼란에 빠진 것과 로마 병사들의 절규로, 그들이 반격을 하기보다 후퇴하고 있다는 사실을 깨달았다. 그는 허벅다리를 내리치며 깊은 신음을 내뱉고, 옆에 있던 사람들에게 말했다.

"아, 저런! 미누키우스가 파멸을 자초했구나. 내 예상보다는 빠르지만 저런 작전을 쓴 것치고는 오래 버틴 셈이지."

그는 이렇게 탄식하더니 깃발을 앞세우고 모든 군사에게 출격 명령을 내렸다.

"우리는 미누키우스 군대를 구하러 출정한다. 그는 나라를 사랑하는 용감한 군인이다. 적을 몰아내려고 너무 서두른 나머지 실수를 했지만, 지금은 그것을 탓하고 있을 때가 아니다."

파비우스는 군대를 이끌고 벌판으로 나아갔다. 로마군의 뒤를 쫓던 누미디아군은 갑자기 뒤에서 대군이 나타나자 겁을 먹고 뿔뿔이 흩어졌다. 파비우스는 누미디아군을 뒤쫓아 그들을 모조리 죽이고 순식간에 전장을 장악했다. 살아남은 누미디아군은 적에게 포위당할까봐 두려워 허겁지겁 달아났다. 한니발은 전세가 역전되었음을 금세 알아차렸다. 파비우스는 나이가 의심될 만큼 선두에 서서 맹렬히 싸우고 있었다. 이윽고 파비우스가 미누키우스 군대와 합세하기 위해 언덕으로 돌아가자, 한니발은 자기 군사들도 미누키우스 군대처럼 적에게 포위될까 우려해 스스로 군대를 거두어 진지로 후퇴했다. 이렇게 해서 로마군은 가까스로 위기를 벗어날 수 있었다. 전하는 말에 따르면, 한니발은 군대를 거두면서 이런 농담을 했다고 한다.

"내가 전에 말하지 않았소. 그렇게 오랫동안 산꼭대기에 걸려 있던 검은 구름이 언젠가는 무서운 태풍을 몰고 내려올 거라고 말이오."

전투가 끝난 다음, 파비우스는 전리품들을 모으고 미누키우스 부대와 함께 진지로 돌아왔다. 그는 자기 자랑을 하지도, 미누키우스를 비난하지도 않았다. 미누키우스는 자기 군대를 한데 모아놓고 이렇게 연설했다.

"여러분, 큰일을 하면서 한 번도 실수를 안 한다는 건 인간의 힘으로는 불가능한 일이오. 하지만 현명한 사람은 실패를 교훈 삼아 앞으로 나아갈 힘을 얻는 것이오. 나는 오늘 운이 나빴던 게 아니라 오히려 운이 좋았다고 생각하며 이 일에 감사하고 있소. 이 일로 나는 남을 지휘할 능력이 없는 사람이거니와, 도리어 다른 사람의 지휘를 받아야 한다는 사실을 깨달았소. 우리 모두를 지휘하실 분은 파비우스 독재관, 오직 한 분뿐이오. 나는 쓸데없는 명예욕에 눈이 멀어 그분께 맞서고자 했던 잘못을 깊이 반성하고 있소. 하지만 여러분은 한 가지만은 내 명령을 들어야 할 터이니, 그분께 감사드리라는 게 바로 그것이오. 앞으로 모든 일에 있어서 나는 늘 솔선해서 독재관의 명령에 복종할 것이오."

미누키우스는 연설을 끝낸 뒤 로마를 상징하는 독수리 깃발을 앞세우고 병사들에게 자기를 따라오라는 명령을 내렸다. 미누키우스 부대가 파비우스와 그 병사들이 있는 곳에 이르자, 파비우스군은 눈이 휘둥그레져 떨떠름한 표정으로 그들을 쳐다봤다. 미누키우스가 또 무슨 일을 벌이지는 않을까 걱정스러운 눈치였다. 하지만 미누키우스는 들고 있던 군기를 바닥에 내려놓고 파비우스에게 "아버지!" 하고 큰 소리로 불렀다. 미누키우스 병사들도 파비우스 병사들에게 '보호자'라고 불렀다. 이는 해방 노예들이 자신에게 자유를 준 사람들을 부르던 말이었다. 이윽고 주위가 조용해지자 미누키우스가 다시 입을 열었다.

"위대한 독재관이시여, 당신은 오늘 두 번의 승리를 거두셨습니다. 한 번은 용맹함과 통찰력으로 한니발을 정복해 우리 목숨을 구해주셨고, 또 한 번은 지혜와 은혜로 동료를 정복해 우리에게 지켜야 할 본분을 알려주셨습니다. 한니발에게 패한 것은 수치스러운 일이지만, 당신에게 패한 일은 은총이며 영광입니다. 더 좋은 말이 떠오르지 않아 당신을 그저 아버지라 불렀지만, 저를 낳아주신 은혜도 장군께서 제게 베풀어주신 은혜에는 미치지 못합니다. 저를 낳으신 아버지가 주신 것은 저 한 사람의 목숨이지만, 장군께서 주신 것은 저뿐 아니라 모든 병사의 목숨입니다."

말을 마친 미누키우스는 파비우스에게 달려가 품에 안겼다. 양쪽 병사들도 모두 서로 얼싸안고 함께 기쁨의 눈물을 흘렸다.

얼마 뒤 파비우스는 독재관 자리를 내놓았고, 새로운 집정관들이 선출되었다. 그들은 파비우스의 정책을 존중해 어떤 경우에라도 한니발과 정면승부를 벌이지 않았다. 오직 침략당한 동맹국들을 지원하고, 다른 나라들도 한니발과 내통하지 않도록 동맹관계를 강화했을 뿐이었다.

한편 새로 뽑힌 집정관 가운데 테렌티우스 바로라는 사람이 있었다. 그는 출신이 미천했지만, 대담한 성격으로 대중들의 큰 인기를 얻고 있었다. 하지만 늘 오만하고 성급해 모든 일을 싸움으로 결정지으려 했고, 무지함과 야심으로 로마 전체를 위험에 몰아넣을 만한 인물이었다. 그는 대중 앞에서 연설할 때마다 파비우스처럼 우유부단한 사람이 장군으로 있는 한 로마에는 전쟁이 그칠 날이 없으리라 말했다. 그리고 자신이라면 전쟁터에 나가자마자 바로 적을 쳐부수고 온 이탈리아를 해방할 거라고 주장했다.

그의 말을 듣고 모인 병사들의 수는 8만 8000명에 달했다. 이는 로마에서 일찍이 구경도 못한 대군이었다. 군중들이 자신감에 가득 찰수록, 파비우스를 비롯한 현명하고 연륜 있는 사람들은 불안을 느꼈다. 젊은 로마 청년들을 이렇게 많이 잃는다면, 로마는 다시는 일어설 수 없다는 생각에 파비우스는 잠을 이룰 수가 없었다.

그들은 고심 끝에 또 다른 집정관인 파울루스 아이밀리우스를 찾아가 이 일을 의논했다. 파울루스는 전쟁 경험이 많았지만, 예전에 국민들로부터 벌금형을 받았던 탓에 대중을 두려워하는 사람이었다. 파비우스는 그를 격려해 바로의 무모한 행동을 제지하도록 설득했다. 로마를 지키기 위해서는 한니발을 막는 것 못지않게 테렌티우스 바로를 말리는 일이 중요하다고 강조했다. 바로는 자신의 강점을 알고 있으므로 무턱대고 싸우려 들 것이고, 한니발은 자신의 약점을 잘 알고 있기에 철저한 준비와 교활한 계책으로 싸울 태세를 갖출 것이라 했다. 그는 또 이렇게 말했다.

"한니발에 대해서는 바로보다는 내 말을 믿는 게 좋을 것이오. 우리가 1년 동안만 전투를 피하고 내버려두면 한니발 군대는 식량과 자금부족으로 스스로 자멸하거나 반드시 물러날 것이오. 지금은 그가 승승장구하면서 이탈리아 곳곳을 휩쓸고 다니는 것처럼 보이지만 실제로 그에게 항복한 나라는 하나도 없소. 또 자기 나라에서 데려온 병력도 처음의 3분의 1도 남지 않았소."

파비우스의 말을 듣고 파울루스가 말했다.

"파비우스 장군. 나 하나만 생각하자면 또다시 동료들 심판을 받기보다 차라리 적의 창에 찔려 죽는 길을 택할 것이오. 하지만 지금은 로마가 위태로우니 누가 뭐라 하던 당신 말에 따르리다."

이렇게 결심을 굳힌 파울루스는 곧장 바로가 있는 진지로 갔다.

하지만 바로는 파울루스를 끈질기게 설득해 오히려 그의 의지를 꺾어놓았다. 바로는 파울루스와 자신이 하루씩 번갈아가며 군을 지휘하기로 결정했다. 그리고 자기가 지휘하는 날, 군대를 이끌고 칸나이 마을에서 가까운 아우피두스 강가에 진을 쳤다. 강 맞은편에는 한니발 군대가 주둔하고 있었다. 날이 밝자마자 바로는 전투의 시작을 알리는 붉은 윗옷을 내걸고 싸움을 걸었다.

한니발군은 바로의 용기에 크게 놀라고 엄청난 수의 로마군을 보고 질려버렸다. 한니발은 병사에게 무장하라는 명령을 내린 뒤 몇몇 장수를 데리고 높은 지대로 올라가 적을 내려다보았다. 로마군은 대열을 정돈하고 있었다. 한니발과 동등한 지위에 있던 기스코 장군이 한니발에게 적의 숫자가 놀랍다고 말했다. 그러자 한니발이 정색하며 물었다.

"기스코, 그보다 더 놀라운 게 있는데 당신은 눈치 못챘소?"

기스코가 그것이 무엇이냐고 묻자 한니발이 말했다.

"저렇게 병사가 많아도 그 속에 기스코라는 이름을 가진 자는 한 명도 없다는 것이오."

이 뜻하지 않은 농담에 주위는 한바탕 웃음을 터뜨렸다. 언덕을 내려오면서 만난 다른 장군들도 이 이야기를 듣고 웃었다. 이렇게 장군들이 모두 웃는 얼굴로 기분 좋게 돌아오는 것을 본 병사들은 그 까닭을 로마군이 보잘것없기 때문이라 여겼고, 군의 사기는 하늘을 찌를 듯 올라갔다.

이 전투에서 한니발은 이중 전략을 세웠다. 첫째, 지리적 위치를 이용해서 그의 병사들이 강풍을 등지고 싸우도록 했다. 강한 바람에 모래와 먼지가 카르타고군 등 뒤에서 불어오면, 마주 서 있는 로마군이 얼굴을 들지 못하고 혼란스러워하리라는 계산에서였다.

둘째, 군대를 배치할 때 강한 부대를 좌우 양끝에 두고, 약한 부대는 중간에 두어 다른 부대들보다 조금 앞에 내세웠다. 중앙 부대가 로마의 공격에 밀려나면, 양쪽에 선 부대가 자연스럽게 가운데를 에워서 쳐들어오며 로마군을 포위하도록 만든 것이다. 전투가 벌어지자 한니발의 계획대로 중앙이 무너지면서 로마군이 가운데로 들어서게 되었다. 양쪽 끝에 한니발의 강한 군사들이 초승달 모양으로 대열을 맞추어 들이닥쳤다. 로마군은 마침내 포위당해 모조리 죽임을 당했다.

이렇게 엄청난 피해를 당한 것은 로마 기병대 책임이라고 말하는 사람들도 있다. 그 경위는 이렇다.

파울루스의 말이 상처를 입어 그가 말에서 떨어졌는데, 뒤따라오던 장군들마다 그를 보호하려고 말에서 내렸다. 지휘관들이 모두 말에서 내리는 것을 본 기병대는 이것을 명령으로 생각해 모두 말에서 내린 채로 적과 싸웠다. 멀리서 이 광경을 바라본 한니발은 이렇게 말했다.

"손발이 묶인 적과 싸우는 것보다 훨씬 쉽구나."

자세한 내용은 전쟁의 세부 역사에 기록되어 있으니 참고하기 바란다.

집정관 바로는 얼마 남지 않은 병사들을 이끌고 베누시아로 달아났다. 그리고 파울루스는 적과 싸우다가 창으로 어깨가 꿰뚫린 채 바위 위에 쓰러져, 적의 손에 죽기만을 기다렸다. 그는 얼굴이 엉망인 데다 온몸이 피로 물들어 있어서, 동료들조차 그를 알아보지 못한 채 그냥 지나쳐 갔다. 마침내 귀족 출신 전사 코르넬리우스 렌툴루스가 그를 알아보고 말에서 내려 그를 자기 말에 태우려 했다. 렌툴루스는 훌륭한 지휘관을 잃어서는 안 되는 때이니 어서 돌아가 목숨을 구해야 한다고 간곡하게 설득했다. 그러나 파울루스는 그의 청을 완강히 거절했다. 그는 눈물을 흘리며 자신을 그냥 두고 어서 떠나라고 애원하며, 렌툴루스 손을 잡고 이렇게 말했다.

"렌툴루스, 파비우스 막시우스를 만나거든 이렇게 전해주시오. 나 파울루스 아이밀리우스는 마지막까지 그의 지시에 따랐고, 서로 약속한 바를 조금도 어기지 않았지만 처음에는 바로에게, 그리고 다음에는 한니발에게 졌다고 말이오."

이렇게 당부하고 렌툴루스를 보낸 그는 달려드는 적의 칼에 스스로 몸을 던져 죽고 말았다. 이 전투에서 로마군 전사자는 5만 명, 포로가 된 병사는 4000명, 전투가 끝난 다음에 붙잡힌 병사는 1만 명이나 되었다.

한니발이 이처럼 큰 승리를 거두자, 그의 동료들은 달아나는 적을 뒤쫓아 곧장 로마로 쳐들어가야 한다고 주장했다. 그러면 닷새 뒤에는 로마 카피톨리움에서 축배를 들 수 있으리라 자신했다. 하지만 무슨 이유에서인지 한니발은 이들의 권유를 받아들이지 않았다. 어쩌면 초자연적인 힘이 그의 진군을 가로막았는지도 모를 일이다. 이때 카르타고 사람인 바르카가 한니발에게 이렇게 불평했다.

"장군께서는 승리하는 법은 알아도, 그 승리를 이용할 줄은 모르시는군요."

그러나 이 전투가 끝난 다음, 한니발의 위상은 완전히 달라졌다. 이제까지는 단 하나의 도시나 항구도 점령하지 못하고, 마치 도둑 무리처럼 약탈해서 물자를 얻어야만 했던 카르타고군 앞에 이탈리아 전체가 엎드리게 된 것이다. 강하고 큰 나라들까지도 스스로 카르타고에 항복해 왔으며, 로마 다음가는 큰 도시 카푸아도 손에 넣을 수 있었다.

에우리피데스는 "역경을 당했을 때 비로소 진정한 친구를 알아볼 수 있다" 했는데, 이는 훌륭한 장군에게도 적용된다. 파비우스를 비겁하고 나태하다 비난하던 사람들도 이번 전투로써 그의 지혜와 판단력을 인정하게 되었다. 어느 점쟁이가 아무도 믿지 않는 예언을 하곤 했는데, 그 예언이 모두 사실로 나타나는 걸 본 사람들이 그에게 신령한 통찰력이 있다고 여기는 식이었다.

로마인들은 파비우스에게 마지막 희망을 걸었다. 그의 지혜야말로 모든 사람이 의지할 수 있는 신성한 제단이요, 신전이라고 생각했다. 옛날 갈리아군과 싸웠을 때처럼, 파비우스가 로마를 위험에서 구해주리라고 믿었다. 로마가 평화로울 때 파비우스는 지나치게 조심하는 겁쟁이라고 평가받았다. 그러나 모두가 설움과 슬픔에 잠겨 있던 그때, 오로지 파비우스만이 온화한 표정으로 거리를 다니며 울부짖는 사람들을 달래주고, 원로원을 소집해 나랏일을 맡아보는 사람들에게 용기를 북돋워 주었다. 로마 사람들은 모두 파비우스를 정신적 지주로 여기며 따랐다.

파비우스는 로마 시 각 문마다 파수병을 두어, 공포에 싸인 시민들이 다른 도시로 달아나지 못하게 막았다. 그리고 전쟁에서 죽은 사람들을 위해 입는 상복도 30일 동안만 입게 하고, 제사도 남모르게 집 안에서만 지내도록 했다.

마침 이 기간은 케레스 여신에 대한 축제도 있었다. 기쁜 마음으로 열어야 하는 이 축제를, 온 시민이 슬픔에 잠긴 상태에서 지낼 수는 없다고 생각한 파비우스는 이 또한 중지했다. 신들은 사람들이 즐거운 마음으로 숭배의 뜻을 바칠 때 가장 반기기 때문이다. 그러나 신의 노여움을 달래고 재앙을 피하기 위한 의식들은 제관들이 시키는 대로 모두 신중하게 치렀다. 또한 신탁을 받기 위해 자신의 친척인 파비우스 픽토르를 델포이로 보냈다. 이때 베스타 처녀 둘이 규칙을 어기고 순결을 잃은 사실을 알게 되어, 한 명은 관례에 따라 산 채로 묻고 다른 한 명은 스스로 목숨을 끊게 했다.

무엇보다도 존경받아 마땅한 일은, 달아났던 집정관 바로가 다시 돌아왔을 때 로마 사람들이 보여준 너그럽고도 침착한 태도였다. 끔찍한 불행을 겪고 굴욕을 당한 채 실의에 빠져 돌아온 바로를, 원로원 의원들을 비롯해 모든 시민이 성문까지 나가 따뜻하게 맞아준 것이다. 파비우스와 원로원 지도자들은 시민들에게 잠시 조용히 해달라고 청한 뒤 "그토록 큰 재앙을 당하고도 절망하지 않고 나라를 구하기 위해, 나랏일을 돌보기 위해 돌아왔다"며 오히려 그를 칭송했다.

한편 로마 사람들은 한니발이 전투가 끝난 뒤 이탈리아 다른 지방으로 갔다는 말을 듣고 안도의 한숨을 내쉬었다. 그리고 용기와 기운을 되찾아 군대를 파견할 준비를 서둘렀다. 장군들 가운데 가장 명성이 높고 존경받는 이는 파비우스 막시무스와 클라우디우스 마르켈루스였는데, 두 사람 성격은 서로 정반대였다.

마르켈루스는 마르켈루스 편에 적었듯이 진취적이고 활동적이었으며, 호메로스 작품에 나오는 장수처럼 맹렬하게 싸우기를 즐겼다. 한니발과 맞먹는 대담함과 용기가 그의 전술이었다. 이와 달리 파비우스는 적군을 바싹 추격해도 절대로 정면 대결은 벌이지 않았다. 그러면서도 끊임없이 상대를 지치게 해, 스스로 자멸하게끔 만들었다. 역사가인 포세이도니우스가 말하기를, 파비우스는 로마의 방패이고 마르켈루스는 로마의 칼이라고 했다. 파비우스의 침착함과 마르켈루스의 용맹함이 한데 어울려 로마를 구할 수 있었다는 것이다.

마르켈루스는 거친 파도처럼 적의 군대를 공격해 그들을 약하게 만들었지만, 파비우스는 고요한 강물처럼 조용히 파고들어 적을 허물어뜨렸다. 한니발은 마르켈루스와의 싸움에 지치고, 싸우지 않는 파비우스를 두려워하게 되었다.

한니발은 거의 모든 싸움을 이 둘을 상대로 했다. 두 사람은 법무관과 집정관, 집정관 대행을 지냈으며 저마다 다섯 번 집정관직에 올랐다. 마르켈루스는 다섯 번째로 집정관에 올랐을 때, 한니발의 계략에 빠져 목숨을 잃고 말았다.

하지만 한니발은 어떤 계략과 전술로도 파비우스를 꺾을 수 없었다. 오직 한 번, 파비우스가 계략에 빠질 뻔한 적이 있었는데, 경위는 이렇다. 한니발은 메타폰툼 시에서 보낸 것처럼 꾸며낸 편지를 파비우스에게 보냈다. 군대를 이끌고 메타폰툼으로 오면 항복할 것이니 어서 오기를 기다린다는 내용이었다. 이 편지를 본 파비우스는 매우 기뻐하며 군대 일부를 이끌고 메타폰툼으로 가기로 결심했다. 하지만 가는 길에 새가 날아가는 것을 보고 점을 쳤는데, 좋지 못한 점괘가 나오자 군대를 돌려 되돌아왔다. 나중에 알고 보니 이 일은 한니발이 꾸민 것으로, 메타폰툼 성 길목에서 매복한 채 기다리고 있다가 파비우스군대를 공격하려는 계략이었다. 이렇게 위험에서 벗어난 일은 파비우스가 신중해서라기보다 하늘의 도움이었다고 생각해야 할 것이다.

파비우스는 동맹국들을 공정하고 부드러운 태도로 대했다. 동맹국들이 반란을 일으킨 때에도 그들을 달래고 설득할 뿐, 강력한 조치를 취하지 않았다. 한번은 마르시아 출신 한 병사가 다른 병사들을 모아 반란을 의논하다가 파비우스에게 들킨 적이 있었다. 파비우스는 그에게 화를 내기는커녕 자신이 그동안 그를 제대로 평가해 주지 않았다는 점을 인정했다. 그리고 이것은 공에 따라서가 아니라 개인 감정에 따라 상벌을 내린 지휘관들 잘못이기는 하지만, 앞으로는 부족한 게 있을 때 자신을 찾아와 말하지 않는다면 그것은 그 병사의 잘못으로 삼을 것이라 말했다. 그러고 나서 파비우스는 그에게 군마 한 필과 많은 상을 주었다. 그 뒤로 그는 누구보다도 충성스럽고 열정적인 병사가 되었다.

파비우스는 늘 이렇게 생각했다. 말이나 개를 훈련하는 사람들은 채찍이나 몽둥이가 아닌 사랑으로 짐승의 고집과 사나운 성질을 꺾는다. 또 농부는 야생으로 자라는 무화과나무와 배나무, 올리브나무를 가져다가 정성껏 돌봐서 튼실한 열매를 맺게 한다. 짐승과 작물도 이렇게 다루는데, 하물며 사람을 어찌 잔혹하고 매몰차게 대할 수 있단 말인가. 그러니 사람을 다스리는 장군은 더 온유하고 공정하게 부하들을 대해야 한다는 게 그의 생각이자 의지였다.

또 한번은 루카니아 출신 병사 하나가 곧잘 자리를 비우고, 때때로 밤에 몰래 진영 밖으로 나간다는 보고가 들어왔다. 파비우스는 그 병사의 평소 태도가 어떠냐고 물었다. 사람들은 그가 보기 드물게 훌륭한 병사라고 말하며 그가 세운 공을 칭찬했다. 파비우스는 사람을 시켜 그 병사가 군 규칙을 어기게 된 까닭을 조사했다. 알고 보니 그 병사에게 사랑하는 처녀가 있어서, 그녀를 만나기 위해 밤마다 몰래 진영을 빠져나갔던 것이었다. 파비우스는 병사 몇 명을 보내 그 처녀를 찾아 데려오게 한 뒤 자신의 막사에 숨겨두었다. 그런 다음 루카니아 병사를 불러 말했다.

"자네가 진영을 자주 빠져나간다는 사실을 알고 있다. 이것은 로마군 규율을 어긴 것이다. 그러나 네가 용감한 병사로서 많은 전공을 세웠다는 사실 또한 알고 있다. 그래서 너의 죄를 기꺼이 용서해 주겠는데, 그 대신 앞으로 너의 행동을 감시하고 책임질 사람을 붙이기로 했다."

파비우스는 그 자리에서 병사의 애인을 불러내어 서로 손을 잡게 하고서 다시 병사에게 말했다.

"이 여인이 앞으로 책임지고 자네를 감시할 것이다. 그러니 그동안 자네가 한밤에 탈영한 까닭이 사랑 때문인지 아니면 다른 나쁜 일을 하기 위함이었는지 지금부터 자네가 하는 행동에 따라 밝혀질 것이다."

한편 로마가 배신으로 빼앗긴 타렌툼 시를 파비우스가 되찾은 데는 다음 같은 이야기가 전해진다. 파비우스 군대 안에는 타렌툼 출신 젊은이가 있었는데, 그 젊은이에게는 오빠 말이라면 무조건 믿고 따르는 누이동생이 하나 있었다. 그런데 타렌툼 시를 점령하고 있는 한니발군의 수비대장이 이 누이동생을 사랑하게 되었다. 젊은이는 수비대장과 누이의 관계를 이용해 타렌툼 시를 되찾기로 마음먹고 계획을 세웠다. 그는 자기 작전을 파비우스에게 알리고, 탈주병으로 위장해 타렌툼에 있는 누이동생 집으로 갔다. 그러나 며칠을 기다려도 그 수비대장은 찾아오지 않았다. 누이동생은 그들의 관계를 오빠에게 감추고 싶었던 것이다. 그러자 젊은이가 먼저 말을 꺼냈다.

"내가 로마 부대에 있을 때 네가 수비대장과 친하다는 말을 들었다. 그는 어떤 사람이냐? 소문에는 무척 용감하다고 하던데, 이처럼 혼란스러운 때 어느 나라 사람이면 어떻겠느냐? 어쩔 수 없는 게 사람 마음이니 부끄러워할 것 없다. 정의가 통하지 않는 이런 시대에는 권력 있는 사람과 사귀는 게 오히려 행운이지."

누이는 이 말을 듣고 수비대장을 불러내어 오빠에게 소개했다. 그는 수비대장을 반갑게 맞이했고, 누이동생은 애인과 더욱 가까워졌다. 젊은이는 브루티아 사람인 그가 오로지 돈을 벌기 위해 전쟁에 참가했을 뿐이라는 사실을 알아내고 그를 설득했다. 마침내 수비대장은 파비우스가 많은 상금을 내릴 것이라는 말을 믿고 타렌툼 시를 로마군에 내주기로 약속했다.

이 일에 대해 다른 이야기를 전하는 사람들도 있다. 그 여자는 타렌툼 사람이 아니고 수비대장과 같은 브루티아 사람으로, 파비우스의 첩이었다는 것이다. 그런데 그녀와 고향이 같은 데다 전부터 알고 지내던 사람이 수비대장으로 오자, 파비우스는 그녀를 몰래 보내 수비대장에게 뇌물을 주고서 자기편으로 끌어들였다고 한다.

파비우스는 이런 작전을 진행하는 동안 한니발이 눈치채지 못하게 하려고 레기움에 있는 로마 군대에, 브루티아 땅을 약탈하고 카울로니아를 습격해 혼란을 일으키라고 명령했다. 그때 레기움에는 군사 8000명이 있었는데, 그들 대부분은 탈영병이거나 마르켈루스가 시킬리아에서 데려온 오합지졸들이었다. 이 군대를 잃더라도 로마에는 그다지 손해가 없었기 때문에, 파비우스는 이를 미끼로 한니발을 타렌툼에서 멀리 꾀어내려고 했다. 그의 예상대로 한니발은 군대를 이끌고 카울로니아로 이동했다.

그로부터 6일째 되던 날 파비우스는 타렌툼 시를 포위했다. 앞서 말했듯이, 그동안 브루티아 사람과 의논을 끝낸 타렌툼 출신 젊은이가 그를 찾아왔다. 젊은이는 수비대장과 합의한 대로 모든 준비가 끝났는지 하나하나 점검하고, 파비우스에게 모든 상황을 보고했다. 그러나 파비우스는 두 사람 계략에만 전적으로 의존할 수는 없었다. 그래서 열어주기로 약속한 성문으로 군대를 보내 기다리게 하는 한편, 나머지 군사들에게 다른 방향에서 먼저 공격하라고 지시했다. 명령이 떨어지자마자 군사들은 함성을 지르며 타렌툼 시를 공격했다. 그리고 그들을 막으려고 타렌툼군이 달려간 동안, 파비우스는 브루티아 수비대장의 신호로 무사히 성안으로 들어가 시를 점령했다.

하지만 이때 파비우스는 지나친 야심이 생기고 말았다. 그는 적군의 배신으로 성을 점령한 게 아니라 자신의 뛰어난 용기와 현명한 작전으로 도시를 되찾은 것처럼 보이기 위해, 자신을 도와준 수비대장을 죽여버렸다. 하지만 기대와는 달리 약속을 어기고 잔인한 짓을 했다는 비난을 받게 되었다.

로마군은 많은 타렌툼 사람을 죽이고 3만 명을 노예로 삼았으며, 도시를 약탈해 3000탈란톤의 수입을 얻었다. 그들이 타렌툼에서 얻은 물건들을 싣고 있을 때, 물품 목록을 적던 장교가 타렌툼의 신들은 어떻게 해야 하느냐고 파비우스에게 물었다.

신을 그린 그림이나 조각상을 그렇게 부른 것이다. 이에 파비우스가 말했다. "성난 신들은 타렌툼에 남겨두도록 하라."

그는 커다란 헤라클레스 조각상만은 로마로 옮겨가서 카피톨리움 안에 세우고, 그 옆에 말을 탄 자신의 청동상을 나란히 세웠다. 이런 일들로 그는 좋지 못한 평판을 받게 되었다. 심지어 마르켈루스의 놀랍도록 온화하고 너그러운 기질은 파비우스와 비교되어 더욱 존경받았는데, 이에 대해서는 마르켈루스 편에서 다룬다.

한니발은 타렌툼을 구하러 서둘러 왔다가 이미 도시가 점령된 것을 보고 이렇게 말했다.

"로마에도 한니발이 있었구나. 우리가 타렌툼을 빼앗은 것과 똑같은 방법으로 그것을 되찾았으니 말이야."

그러고는 가까이 있는 동료들에게만 겨우 들릴 만큼 작은 목소리로, 이탈리아를 손에 넣기 어려울 거라는 생각은 오래전부터 했지만, 이제는 아주 단념할 수밖에 없겠다고 말했다.

이 전투의 성공을 기념하기 위해 로마는 파비우스의 첫 번째 승리 때보다 더 크고 호화로운 두 번째 개선식을 열었다. 그는 마치 노련한 레슬링 선수가 상대가 지치기를 기다려 잡혔던 몸을 빼내고 상대를 쓰러뜨리듯이, 한니발의 모든 술책에서 벗어나 그에게 큰 타격을 주었다. 사실 한니발 군대는 잇따른 전쟁에 지치고, 다른 한편으로는 온갖 전리품으로 사치와 향락에 빠져 군기가 몹시 해이해진 상태였다.

예전에 한니발이 타렌툼을 공격했을 때 마르쿠스 리비우스라는 사람이 타렌툼 지휘관으로 있었다. 그는 로마군이 이 도시를 되찾을 때까지 성안으로 후퇴해 성을 지키고 있었다. 그는 모든 영광을 한 몸에 받는 파비우스를 시기했다. 그래서 원로원을 찾아가 타렌툼을 다시 찾은 것은 파비우스가 훌륭한 작전을 펼쳐서가 아니라, 자신이 끝까지 저항하며 버텼기 때문이라고 주장했다. 그때 파비우스는 웃으며 이렇게 말했다.

"옳은 말입니다. 당신이 타렌툼을 빼앗기지 않았더라면 내가 다시 찾지도 못했을 테니까요."

로마 사람들은 파비우스에게 많은 영광을 안겨주었다. 그 가운데 하나가 이듬해에 파비우스의 아들을 집정관으로 선출한 일이었다.

아들이 집정관으로 취임한 지 얼마 안 되었을 때였다. 그가 몸소 걸어다니며 군사 문제를 처리하고 있는데, 아버지 파비우스가 말을 타고 많은 군중을 헤치며 그에게 다가오고 있었다. 파비우스는 노쇠해서 그랬는지 아니면 아들을 시험하려고 그랬는지 말을 탄 채로 왔다. 아들은 멀리서 그것을 보고 호위병을 시켜 아버지에게 말하기를, 집정관에게 볼일이 있거든 말에서 내려 걸어오라고 했다.

사람들은 이 말을 듣고 모두 놀라며 못마땅해했다. 지위가 높은 아버지에게 어찌 저리 무례할까 생각하며, 모두 파비우스 얼굴만 쳐다보았다. 하지만 파비우스는 곧바로 말에서 내려 아들에게 걸어오더니, 그를 끌어안고 이렇게 말했다.

"네 생각과 행동이 정말 훌륭하구나. 네가 지금 얼마나 높은 자리에 있는지도 아주 잘 알고 있어. 우리 조상들이 바로 이런 정신으로 로마를 위대하게 만들었다. 부모와 자식보다 나라의 영광을 더 존중하는 정신 말이다."

실제로 파비우스의 증조부는 로마에서 가장 큰 명예와 권력을 가졌던 사람으로 다섯 번이나 집정관을 지냈고, 전쟁에서 여러 차례 큰 승리를 거두어 화려한 개선식을 올렸던 인물이다. 그러나 그는 아들이 집정관일 때 부관으로 출정했으며, 아들이 네 마리 말이 끄는 전차를 타고 개선할 때는 다른 수행원들과 함께 뒤를 따라갔다. 그 자신이 로마에서 가장 뛰어난 인물이며, 집정관을 아들로 둔 사람으로서 완전한 권력을 손에 쥐고 있었으나, 나라의 법과 제도에 복종했던 것이다.

파비우스의 훌륭한 행동은 이것뿐이 아니었다. 그는 불행히도 아들이 먼저 죽자, 현명한 아버지답게 슬픔을 참고 견뎠다. 유명한 사람 장례식에서는 가장 가까운 친척이 추도 연설을 하는 게 로마 전통이었는데, 파비우스는 직접 아들의 영결사를 했으며 뒷날 그 내용을 글로 남겼다.

한편 이베리아로 파견된 코르넬리우스 스키피오는 여러 전투에서 카르타고군을 무찌르고, 엄청난 자원을 가진 많은 도시를 점령했다. 그는 로마의 영광을 곳곳에 떨치고 로마로 돌아왔다. 시민들은 그를 뜨겁게 환영하고 다음 해에 집정관으로 선출했다.

국민들이 자기에게 큰 기대를 가지고 있음을 안 스키피오는 이탈리아에서 한니발과 싸우는 일은 시시하다고 하면서, 전쟁 무대를 아프리카로 옮겨 카르타고를 직접 공격해야 한다고 주장했다. 한니발로 하여금 남의 땅을 침략하는 것을 그만두고 자기 나라나 지키게 하려는 뜻이었다. 스키피오는 이 계획을 실행하려고 각 방면에서 자신의 모든 영향력을 총동원하려 했다.

하지만 파비우스는 이 계획에 강력히 반대했다. 그는 스키피오가 자신의 젊은 피만 믿고 흥분해 나라를 위태롭게 만든다고 말했다. 그리고 스키피오 계획이 채택되는 것을 막기 위해 온갖 수단을 다 썼다. 그 결과 원로원을 설득하는

데는 성공했지만, 민중은 그가 스키피오의 명성을 시기해 방해한다고 생각했다. 스키피오가 빛나는 승리를 거두어 이탈리아에서 한니발을 몰아내는 영광을 차지하면, 파비우스 자신은 오랫동안 전쟁을 끌고도 승리를 거두지 못한 비겁하고 게으른 장군으로 평가받을까봐 두려워한다는 것이었다.

파비우스가 처음에 스키피오의 계획이 위험하다 생각하고 반대한 까닭은 그의 조심성과 분별력 때문이었다. 하지만 나중에는 스키피오의 인기가 날이 갈수록 높아지자, 시기심과 경쟁심 때문에 더 맹렬하게 반대했던 듯하다. 심지어 그는 스키피오 친구인 크라수스를 찾아가서 스키피오에게 지휘권을 주지 말라 부탁하고, 크라수스에게 직접 군대를 거느리고 카르타고로 가라고 설득했다. 그는 스키피오에게 군자금이 들어가는 것도 막았다. 때문에 스키피오는 그를 적극 지지하던 에트루리아 여러 도시를 돌아다니며 스스로 돈을 마련할 수밖에 없었다. 하지만 파비우스의 이런 노력은 허사로 돌아갔다. 크라수스는 싸움을 좋아하지 않을 뿐더러, 스키피오와 대립할 생각이 없었으므로 지휘관 자리를 거절했다. 그는 폰티펙스 막시무스(최고 제사장)로서 종교적 의무 수행을 위해 이탈리아에 머물러야만 했다.

파비우스는 다른 방법을 시도할 수밖에 없었다. 그는 로마 젊은이들이 스키피오 군대에 들어가는 것을 막으려고, 원로원과 민회를 찾아다니며 스키피오를 비난했다. 스키피오는 한니발을 무서워할 뿐 아니라, 젊은이들을 꾀어내 이탈리아의 모든 군대를 나라 밖으로 끌고 나가려 한다는 것이었다. 이렇게 되면 무방비 상태로 남겨진 젊은이들의 가족과 로마 시는 적의 손에 그대로 넘어갈 것이라고 파비우스는 주장했다.

이런 말에 두려움을 느낀 로마 사람들은, 스키피오에게 시킬리아에 있던 병력만 데려가도록 허락했다. 더불어 이베리아에서 싸우며 그에게 충성했던 병사들 가운데 300명을 뽑아 출정하라고 했다. 파비우스가 이처럼 행동한 이유는 조심성이 많았기 때문이다.

그러나 스키피오가 아프리카로 건너간 뒤, 곧 큰 승리를 거두었다는 소식이 로마에 들려왔다. 스키피오는 그 증거로 많은 전리품과 함께 누미디아 왕을 포로로 붙잡아서 로마에 보내왔다. 그는 많은 적병들을 죽이고 적의 진지 두 곳을 불태웠으며 그들의 말과 무기를 모조리 없애버렸다. 그러자 카르타고에서는 한니발에게 서둘러 사자를 보내, 끝나지 않을 이탈리아 원정은 그만두고 하루

빨리 조국을 구하러 돌아오라고 전했다.

로마 사람들은 스키피오의 눈부신 활약을 보고 모두 그를 칭찬했다. 하지만 파비우스는 빨리 스키피오를 불러들이고 다른 사람을 대신 보내야 한다고 주장했다. 그 이유로 오래된 속담을 들먹거리며, 운명의 여신은 변덕이 심해서 한 사람을 오래 감싸주지 않는다고 말했다. 시민들은 이 말에 몹시 불쾌해했다. 사람들은 파비우스가 투덜거리고 악의 있는 사람이며, 나이가 들어서 용기를 잃고 겁이 많아진데다 특히 한니발을 두려워한다고 여겼다.

마침내 한니발이 군대를 배에 태우고 이탈리아에서 떠나자 사람들은 모두 기뻐했다. 그러나 파비우스는 여전히 못마땅해하며, 자신의 두려움과 불길한 예감을 털어놓았다. 그는 이제야말로 로마가 위기에 빠졌다고 주장했다. 또 이제 한니발이 고국으로 돌아가 기량을 발휘하면 지금보다 더 어마어마한 적이 되리라고 말했다. 로마의 많은 독재관들, 집정관들, 장군들의 식지 않은 피가 묻은 적군의 칼과 스키피오가 맞서 싸워야 하니, 로마의 운명은 바람 앞 등불과 같다고도 했다. 이 말을 들은 시민들은 두려움에 휩싸였다. 전쟁은 아프리카로 옮겨갔지만, 공포는 로마에 차츰 더 가까워지고 있다고 생각했다.

그러나 오래지 않아 스키피오는 한니발의 군대를 완전히 격파하고 카르타고를 정복했다. 그는 로마에 꿈에도 생각지 못한 기쁨을 안겨주었다. 사람들은 그의 공을 소리 높여 칭송했다.

"태풍에 쓰러졌던 나라를 다시 세웠다."

하지만 파비우스 막시무스는 이 전쟁이 끝나는 것도, 한니발이 최후를 맞이하는 것도, 로마 공화국이 재건되는 기쁨도 누리지 못한 채 세상을 떠나고 말았다. 한니발이 이탈리아를 떠날 무렵, 그는 병으로 자리에 누워 다시는 일어나지 못했다.

에파메이논다스라는 사람이 죽은 뒤, 테바이 사람들이 그의 집안이 너무 가난해서 남은 재산이라고는 쇠동전 한 닢뿐인 것을 보고 나랏돈으로 장례를 치러주었다는 이야기가 있다. 파비우스는 그 정도로 가난하지는 않았으나, 모든 시민이 장례 비용으로 작은 동전 하나씩을 보냈다. 파비우스를 나라의 아버지로 존경한다는 뜻에서 자신들의 정성을 보이고 싶었던 것이다. 파비우스는 살았을 때와 같은 영광을 받으며 자신의 마지막을 장식하게 되었다.

페리클레스와 파비우스 막시무스의 비교

앞서 페리클레스와 파비우스의 생애를 살펴보았다. 둘 모두 뛰어난 역량을 가진 군인이며 정치가였다. 먼저 전쟁에서 세운 위업으로부터 비교해 본다. 페리클레스 시대 아테나이는 이미 큰 세력과 번영을 누리고 있었다. 따라서 페리클레스가 모든 타락과 재난을 아테나이에서 몰아낸 일은 평범한 성공이라고 말할 수 있겠다. 이와 달리 가장 불행하고 어려운 시대에 로마의 운명을 짊어진 파비우스는 쓰러져 가는 공화국을 다시 일으켜 세워야만 했다. 비록 국가의 안정과 번영을 이룰 수는 없었지만, 침울한 상태에 놓여 있던 국민 정신을 어느 정도 이끌어올릴 수 있었다.

페리클레스는 키몬의 성과, 미로니데스와 레오크라테스의 승리, 톨미데스 수많은 공적들 덕분에 영토를 늘리거나 국가를 방어해야 하는 임무보다는 국민들에게 여러 행사와 축제를 즐길 기회를 마련해 주었다. 하지만 파비우스는 로마군의 후퇴와 패배, 집정관과 장군들의 죽음, 호수·들판·숲에 흩어진 병사들 시체, 피로 물든 강을 바라보면서, 굳센 의지와 신념으로 로마를 위험에서 구하고, 절망으로 쓰러진 국민들을 일으켜 세우리라 결심했다.

온갖 불행에 시달리다 슬기로운 지도자의 말을 따르는 국민들보다 번영에 들떠서 오만해진 국민들을 다스리는 일이 더 어려운 법이다. 바로 그런 상황에 처했던 것이 페리클레스 시대의 아테나이였으며, 여기에서 그의 뛰어난 업적을 읽을 수 있다. 또 다른 한편 로마에 닥친 온갖 시련에도 동요치 않고 뜻한 바대로 정책을 밀고 나간 파비우스 또한 강한 정신력과 위대함을 보여주었다.

페리클레스가 사모스를 점령한 일, 파비우스가 타렌툼을 되찾은 일, 페리클레스가 에우보이아를 정복한 일. 파비우스가 캄파니아를 빼앗은 일. 서로 견줄 만한 일이다. 그러나 캄파니아 지방 정벌 가운데 카푸아 시를 되찾은 사람은 집정관 풀비우스와 아피우스였다. 파비우스는 첫 번째 전투 말고는 정면공격을 한 적이 없다. 그러나 페리클레스는 바다와 육지에서 아홉 번이나 대승을 거두었다. 하지만 파비우스가 한니발 손에서 미누키우스를 구출함으로써 로마군을 위기에서 지켜낸 업적은 페리클레스에게서는 찾아볼 수 없는 일이다. 여기서 파비우스의 용기와 지혜, 그리고 인간미를 느낄 수 있다.

파비우스는 한니발의 불붙은 소를 이용한 계략에 속아넘어갔지만, 페리클레스는 이런 실수를 한 적이 없었다. 그때 파비우스는 어쩌다 들어선 산골에서 적을 포위했으나 한밤에 모두 놓쳐버렸다. 날이 샌 다음에는 머뭇대다가 도리어 패배하고야 만다.

현재뿐만 아니라 미래에 대해서도 올바른 판단을 내릴 줄 알아야 훌륭한 장군이라면, 페리클레스는 참으로 위대하다고 할 수 있다. 펠로폰네소스 전쟁에서 과욕을 부리면 아테나이 국력이 약해지리라는 그의 예측은 맞아떨어졌다. 그러나 스키피오가 카르타고로 출정한다면 로마가 망하리라고 말한 파비우스의 예언은 맞지 않았다. 스키피오가 이룬 승리는 행운의 여신 덕분이 아니라 적을 압도한 그의 뛰어난 전술과 용기 덕분이었다. 따라서 조국의 불행이 페리클레스가 옳았음을 입증했으나, 파비우스는 조국의 승리가 그의 예언이 틀렸음을 증명했다.

불행을 정확히 예측하면서도 제대로 대처하지 못한 일이나, 자신감이 없어 승리의 기회를 놓쳐버린 것은 모두 비난받아 마땅하다. 두 실책의 공통점은 판단력과 경험 부족에서 비롯됐다는 것이다. 두 사람의 군사적 능력에 대해서는 이쯤 해두자.

정치적으로 살펴보면, 펠로폰네소스 전쟁은 페리클레스 명예에 큰 타격을 주었다. 그가 라케다이몬 사람들에게 조금도 양보하지 않아서 일어난 전쟁이었기 때문이다. 파비우스도 카르타고 사람들에게 양보한 것은 아니었지만, 그는 로마를 보호하기 위해서 끝까지 어려움을 견뎌냈다. 그러나 파비우스가 미누키우스에게 보여준 너그러운 태도는, 키몬이나 투키디데스를 도편추방제를 이용해 몰아냈던 페리클레스 행동과 아주 좋은 대조를 이룬다.

사실 페리클레스 권력은 파비우스보다 크고 막강했다. 그래서 다른 장군들이 무모한 행동으로 나라에 해를 끼치는 것을 막아낼 수 있었다. 오직 톨미데스 장군만이 그의 반대를 무시하고 보이오티아를 공격했다가 전사했다. 페리클레스 영향력은 매우 컸기에 다른 장군들은 모두 그의 말에 따랐다. 그러나 파비우스는 자기 군대를 지휘하는 데 있어 어떤 실수도 저지르지 않았음에도, 다른 장군들 행동을 통제할 만한 힘은 부족했다. 이러한 장군들의 실수는 온 로마에 커다란 불행으로 이어졌는데, 만약 파비우스에게도 아테나이에서의 페리클레스 같은 권력이 있었다면 로마는 패배를 되풀이하지 않았을지도 모른다.

재물에 대한 두 사람의 너그러운 마음씨는 그들 행동으로 충분히 알 수 있다. 페리클레스는 뇌물을 받은 일이 한 번도 없었으며, 파비우스는 자신의 재산까지 털어(비록 6탈란톤을 넘지 않는 액수였지만) 포로가 된 부하들을 구해냈다. 페리클레스가 헬라스 동맹국들과 왕들이 보내온 선물을 모두 받기만 했어도 엄청난 부자가 되었을 것이다. 그만한 부자가 될 기회를 갖기도 어렵지만, 그런 기회를 눈앞에 두고 페리클레스만큼 초연하기도 어려우리라.

페리클레스에게서 또 한 가지 공적을 찾는다면, 오늘날의 아름다운 아테나이를 만든 성대한 건축 공사이다. 화려함이나 구조는 물론 웅장함이나 비용에 있어서도 로마에는 이를 따를 만한 게 없다. 카이사르 시대까지 지어진 로마의 건축물들을 모두 합친다 해도 페리클레스가 집권했을 때 세워진 건축물들에는 그 모양이나 아름다움에 있어서 견줄 수 없으리라.

알키비아데스(ALCIBIADES)

알키비아데스 집안은 영웅 아이아스의 아들 에우리사케스로부터 시작된 듯하다. 어머니 쪽은 알크마이온 후손으로 알려지며, 알키비아데스 어머니 데이노마케는 메가클레스의 딸이다. 아버지 클레이니아스는 몸소 만든 군선을 타고 아르테미시움에서 용감하게 싸웠던 장수라 하며, 뒤에 코로네아에서 보이오티아군과 싸우다가 전사했다고 한다. 그 뒤 친척인 크산티푸스의 두 아들 페리클레스와 아리프론이 후견인으로서 알키비아데스를 돌봐준다.

사람들은 알키비아데스가 소크라테스와 가까이 지냈던 까닭에 세상에 널리 알려졌다고 하는데, 어떤 면에서는 마땅한 말이다. 예를 들면 니키아스, 데모스테네스, 라마쿠스, 포르미오, 트라시불루스, 테라메네스 같은 이들은 그들을 낳은 어머니가 누구였는지 도무지 알 수 없다. 하지만 알키비아데스에 대해서는 라케다이몬 사람인 유모는 아미클라이며, 가정교사는 조피루스였다는 것까지 알려졌진다. 안티스테네스, 플라톤이 말했다.

알키비아데스는 어려서부터 용모가 아주 뛰어났다. 그의 외모는 소년, 청년, 장년 모든 단계를 밟을 때마다 꽃처럼 환하게 피어나 보는 이의 마음을 홀딱 반하게 만들었다. 진정 아름다운 것은 늦가을에도 아름답다는 에우리피데스의 말은 알키비아데스처럼 빼어난 인물을 두고 한 말이리라.

알키비아데스는 말을 할 때마다 혀를 조금 굴리는 버릇이 있었는데, 이런 결점마저 그에게는 매력이 되어 많은 사람들의 호감을 샀다. 아리스토파네스는 테오루스를 테올루스라고 부르기도 했는데, 그것은 'r'을 'l'처럼 소리낸 알키비아데스 말버릇을 흉내 낸 것이다. 또 아르키푸스는 알키비아데스 아들을 비웃을 때 그의 말버릇에 대해 이렇게 비꼬았다.

그는 어슬렁어슬렁 걷는다.
아버지를 흉내 내어
옷자락을 땅에 질질 끌고 다니는가 하면,
괜히 실없이 고갤 수그리고는
혀짤배기소리를 하는구나.

알키비아데스 성격은 눈에 띄게 변화하며 모순된 모습을 보였다. 그것은 그가 손댄 거대한 사업과 파란만장한 운명으로 비추어 볼 때, 충분히 이해되는 일이다. 타고난 그의 열정 가운데 가장 강했던 것은 바로 경쟁심과 명예욕이었다. 이는 소년 시절 이야기를 보아도 잘 알 수 있다.

알키비아데스가 레슬링을 하며 놀 때였다. 그는 상대편 아이에게 밀려서 쓰러지자, 자기에게 달려드는 상대의 팔을 입으로 덥석 물려고 했다. 깜짝 놀란 상대 아이가 팔을 피하며 외쳤다.

"알키비아데스, 너 지금 계집애처럼 물려고 했지?"

그러자 알키비아데스가 재빨리 되받아쳤다.

"무슨 소리, 사자처럼 물려고 했어."

또 한번은 골목에서 공기놀이를 할 때였다. 알키비아데스 순서가 되었을 때 짐을 가득 실은 수레가 다가왔다. 그는 마부에게 멈추라고 소리쳤다. 수레가 지나가는 길 위에 공깃돌을 던져야 했기 때문이다. 그러나 마부는 들은 체도 안 하고 계속 말을 몰았다. 아이들은 모두 길가로 비켜섰다. 그런데 알키비아데스가 달려오는 마차 앞에 갑자기 몸을 던져 길에 눕더니 "갈테면 가봐요!" 외쳤다. 마부는 깜짝 놀라 말을 세웠고, 아이들은 겁을 먹은 채 알키비아데스를 구하려고 달려갔다. 학교에 다닐 때 알키비아데스는 선생님 말을 고분고분 잘 듣는 편이었다. 하지만 피리를 부는 것만은 쓸데없을 뿐 아니라 자유인이 할 일이 아니라며 거부했다. 하프나 리라 같은 현악기를 연주할 때는 괜찮지만, 피리를 불 때는 얼굴이 일그러지므로 친구 얼굴이라도 잘 알아볼 수 없다는 게 그 이유였다. 또 리라를 연주할 때는 노래도 함께 부를 수 있지만, 피리는 입을 막고 있으므로 그럴 수 없다며 말했다.

"제대로 말도 못하는 테바이 아이들은 피리를 불어도 상관없다. 그러나 우리 아테나이 사람들은 피리를 내던진 아테나를 수호신으로 생각했고, 피리장이 마르시아스를 죽인 아폴론을 섬겨왔다."

이렇게 농담 반 진담 반으로 이야기하고 나서 알키비아데스는 피리 배우기를 그만두었다. 그리고 친구들에게도 피리를 불지 말라고 설득했다. 그가 피리 부는 일을 멀리하고 그것을 배우는 사람들을 비웃었기 때문에, 언제부턴가 아테나이에서는 피리가 차츰 자취를 감추었다.

안티폰이 추문들을 기록해 놓은 연대기에는 알키비아데스에 대한 다음 같은 이야기가 있다. 알키비아데스가 소년일 때의 일이다. 어느 날 그는 몰래 집을 빠져나와 데모크라테스 집에 숨었다. 후견인이었던 안티폰은 '알키비아데스 실종'이라는 광고를 내고 대대적으로 수색 조사를 벌이려고 했다. 그러나 페리클레스는 그를 말리면서 이렇게 말했다.

"그가 죽었다면 시체를 일찍 찾을 수는 있겠지만, 그가 죽지 않았다면 평생 수치스러운 일이 될 것이오."

또 안티폰은 알키비아데스가 시비르투스 체육관에서 자기 하인을 몽둥이로 때려죽인 일을 기록했다. 그러나 이런 이야기들은 알키비아데스를 미워해 그의 명예를 떨어뜨리려고 지어낸 것이므로 믿을 만한 게 못 된다.

그즈음 많은 명사들이 알키비아데스에게 다가와, 그의 젊은이다운 기상에 감탄하며 아첨하는 일이 많았다. 그러나 소크라테스만은 그렇게 하지 않았다. 소크라테스가 알키비아데스를 아낀 것은 그가 외모뿐 아니라 마음씨와 재주 또한 아름답고 뛰어났기 때문이었다. 소크라테스는 그러한 아름다운 소질이 알키비아데스의 잘생긴 겉모습과 더불어 찬란히 빛나고 있음을 알아보았다. 그리고 알키비아데스가 지나친 부와 명성 때문에 화려한 꽃처럼 금세 시들어버리지 않을까 걱정했다. 또한 알키비아데스 주위에 모여들어 아첨을 일삼고 바른말은 한 마디도 하지 않으면서, 그저 그의 마음만 사로잡으려 하는 아테나이 시민들과 동맹국 사람들 그리고 외국인들 때문에 걱정에 휩싸였다. 그래서 기꺼이 알키비아데스를 지키겠노라 다짐했다. 그토록 좋은 열매가 채 익기도 전에 바닥에 떨어져 말라죽도록 그냥 내버려 둘 수는 없다고 여긴 것이다.

알키비아데스는 어릴 때부터 그의 응석을 받아주고 그를 기쁘게 하려는 사람들에게 둘러싸여 있었기 때문에 바람직한 충고나 비난을 들을 기회가 없었다. 그럼에도 타고난 훌륭한 자질 덕분에 알키비아데스는 소크라테스의 참된 애정과 인간적 가치를 알아보고는, 부유하면서 듣기 좋은 말만 해대는 명사들을 멀리하고 소크라테스를 우러러 섬겼다.

곧 둘은 매우 가까워졌다. 소크라테스는 알키비아데스가 나쁜 길로 들어서게 될까봐 늘 불안해했으나, 알키비아데스는 언제나 소크라테스 말에 귀를 기울였다. 그는 쾌락 따위를 좇으며 나약해지지 않았고 자만심과 허영심을 늘 경계해야 한다는 소크라테스 말을 따랐다.

알키비아데스는 소크라테스의 말과 행동이 신처럼 고귀하다고 여겼다. 그가 하는 일들은 젊은이들을 훈련하고 교육하기 위한 하나의 신성한 도구이며, 신들의 배려와 다름없다고 생각했기 때문이다. 그는 소크라테스를 진심으로 존경하며 그와 비교해 보잘것없는 자신을 낮추는 법을 배웠다. 소크라테스 덕성 앞에서 초라해지는 자신의 모습을 부끄럽게 느끼기도 했다. 알키비아데스는 자기도 모르는 사이에 사랑의 반영, 즉 플라톤의 '사랑에 대한 보답으로서의 사랑'을 마음 깊이 새기게 되었다. 그는 소크라테스와 함께 식사와 운동을 하고, 같은 천막에서 잠을 잤다.

한편으로 알키비아데스는 자신을 따르는 다른 모든 사람에게는, 소크라테스를 고발했던 아니투스를 대하듯 무뚝뚝하고 거친 태도를 보였다.

아니투스는 안테미온의 아들로, 알키비아데스를 사모해 몹시 마음을 태웠다. 어느 날 아니투스는 친구들을 대접하는 자리에 알키비아데스도 초대했다. 하지만 알키비아데스는 초대에 응하지 않았다. 그러고 나서 알키비아데스는 다른 친구들 여럿과 집에서 술을 마신 뒤 잔뜩 취한 채 아니투스 집으로 갔다. 그가 아니투스의 방문 앞에서 안을 들여다보니 금잔, 은잔 등이 많이 있었다. 그는 하인들에게 저기 있는 그릇들 가운데 절반을 자기 집으로 가져가라고 명령했다. 그리고 자신은 방 안으로 들어가지 않고 집으로 돌아가버렸다. 아니투스의 손님들은 몹시 화가 나 알키비아데스의 건방지고 무례한 태도를 비난했다. 그러나 아니투스는 그들을 돌아보며 이렇게 말했다.

"그렇게 화낼 것 없소. 자기 몫을 알아서 챙긴 것뿐이오. 모두 가져갈 수 있었는데도 그는 반만 가져가지 않았소?"

알키비아데스는 자신 때문에 애태우는 사람들에게 거의 이런 태도를 보였다. 하지만 그 가운데 한 외국인만은 예외였다. 그 외국인은 가진 게 많지 않았지만 전 재산을 팔아 얻은 돈 100스타테르(1스타테르는 4드라크메에 해당하는 은화)를 알키비아데스에게 바치며 받아달라고 간청했다. 알키비아데스는 웃으며 그 돈을 기쁘게 받고 그를 저녁 식사에 초대했다. 식사가 끝난 뒤 알키비아데스는 받았던 돈을 외국인에게 돌려주며, 내일 국유지 경작권 입찰이 있으니 다른 농부들보다 비싼 가격을 불러 무조건 낙찰받으라고 말했다.

가난한 외국인은 미안하지만 그 부탁을 받아들일 수 없다고 했다. 그러려면 수 탈란톤이 필요했기 때문이었다. 그러나 알키비아데스는 시키는 대로 하지 않으면 채찍질을 하겠다고 협박했다.

그 무렵 알키비아데스는 우연한 일로 도급 농부들에게 좋지 않은 감정을 갖고 있었고, 그래서 이런 행동을 했다. 외국인은 할 수 없이 다음 날 아침 시장에 나가 다른 사람들보다 높은 가격인 1탈란톤으로 입찰했다. 그러자 도급 농부들은 화를 내며 수군거리다가 남자에게 보증인이 없으리라 여기고 보증인이 누구냐고 그를 다그쳤다. 외국인은 어쩔 줄 몰라 하며 물러서려 했다. 그때 이것을 멀리서 지켜보던 알키비아데스가 관리들에게 외쳤다.

"내 이름을 적으시오. 그는 내 친구니 내가 보증을 서겠소."

이 말을 들은 도급 농부들은 곤란해 했다. 그들은 해마다 농사를 지어 얻은 이득으로 지난해 경매 때 진 빚을 갚아왔다. 그런데 입찰이 이렇게 되면 그들은 또 빚을 지게 된다. 그들은 외국인에게 돈을 줄 테니 입찰을 포기하라고 부탁했다. 그러자 알키비아데스는 1탈란톤 이하로는 받지 못하게 했다. 1탈란톤이 지불되자 알키비아데스는 외국인에게 입찰을 포기하도록 했다. 결국 그는 돈한 푼 없던 외국인을 도와줬던 것이다.

이토록 많은 경쟁자들이 있었으나 소크라테스의 사랑은 알키비아데스를 완전히 독점하다시피 했다. 그의 말이 훌륭한 자질을 타고난 알키비아데스의 마음을 사로잡고 감동시켜 눈물 흘리게 했기 때문이다. 그러나 알키비아데스도 때로는 온갖 쾌락을 동원해 그를 유혹하는 자들에게 넘어가서 몰래 소크라테스 곁을 빠져나오기도 했다. 그럴 때면 소크라테스는 노예를 잃은 사람처럼 알키비아데스를 찾으러 다녔다. 그럼에도 알키비아데스는 소크라테스만을 두려워하고 존경했으며, 다른 모든 사람은 경멸했다. 이를 두고 스토아학파의 클레안테스는, 소크라테스는 알키비아데스 귀만 잡고 조롱하고 있으며, 다른 친구들은 그의 모든 몸을 차지하고 있다며 비웃었다.

투키디데스 기록을 보면 알키비아데스는 쉽게 쾌락에 빠져드는 성격이었던 듯하다. 그래서 사람들은 아직 나이 어린 알키비아데스의 명예심과 허영심을 이용했다. 그들은 알키비아데스에게 정치에 일찍 몸담을수록 다른 장군이나 정치인들은 물론, 페리클레스보다도 더 높은 명성과 권위를 가질 수 있다고 부추겼다.

하지만 불에 달아 물러진 쇠가 찬물에 들어가면 다시 단단해지고 그 입자가 더욱 촘촘하게 뭉치듯, 알키비아데스는 허영과 자만심으로 가득한 상태에서 소크라테스와 만날 때마다 대화를 통해서 억제되고 겸손하며 조심스러워졌다. 알키비아데스는 소크라테스가 충고할 때마다 자신이 얼마나 결점이 많고 덕성이 모자라는 인간인지 깨달았다.

소년기를 벗어날 무렵 알키비아데스가 어느 날 학교 선생에게 호메로스의 책을 빌려달라고 했다. 선생이 호메로스의 책은 한 권도 가지고 있지 않다고 말하자, 알키비아데스는 그를 주먹으로 때리고 가버렸다. 다른 선생은 몸소 고친 호메로스 책을 갖고 있다고 했다.

그러자 알키비아데스가 말했다.

"아니, 호메로스의 책까지 고칠 수 있는 분이 어째서 어린아이들에게 읽기와 쓰기를 가르치고 있습니까? 청년들도 가르쳐야죠."

하루는 알키비아데스가 페리클레스를 만나려고 그의 집까지 찾아간 적이 있었다. 그때 페리클레스는 민회에 제출할 보고서를 어떻게 써야 할지 생각하고 있어서 그를 만나줄 시간이 없다고 했다. 그러자 알키비아데스는 돌아서면서 이렇게 혼잣말했다.

"보고서를 작성하지 않아도 될 방법을 연구하는 편이 차라리 나을 텐데."

젊은 시절에 그는 포티다이아 전투에 나갔다. 그때 그는 소크라테스와 한 천막에서 지내며 함께 싸웠고, 격렬한 전투가 닥쳤을 때 두 사람 모두 공적을 세웠다. 그러나 알키비아데스가 부상을 입어 쓰러지자, 소크라테스가 곁에 서서 그를 보호했다. 눈부신 활약 끝에 소크라테스는 알키비아데스뿐 아니라 그의 갑옷과 무기까지 구해냈다. 공정한 논의를 거쳐 소크라테스는 상을 받게 되었다. 하지만 장군들은 알키비아데스 명성을 듣고 어떻게 해서든 그에게 상을 돌리려고 했다. 이를 눈치챈 소크라테스는 알키비아데스의 명예를 더하기 위해 스스로 증인으로 나섰다. 그리고 그에게 월계관과 갑옷을 상으로 내려줄 것을 간청했다.

그리고 얼마 뒤 델리움 전투에서 생긴 일이다. 아테나이군은 패해 후퇴하고 있었다. 알키비아데스는 말이 있었으나 소크라테스는 동료 병사들과 함께 걸어서 후퇴하고 있었다. 이것을 본 알키비아데스는 말을 탄 채 소크라테스 곁에 바짝 달라붙어 그를 보호했다. 적이 수많은 아군 병사들을 쓰러뜨리며 뒤쫓아오고 있었으나 아랑곳하지 않았다. 그 덕분에 소크라테스는 적의 눈에 띄지 않고 몸을 피할 수 있었다. 이것은 한참 뒤의 일이다.

한편 알키비아데스는 칼리아스의 아버지 히포니쿠스를 주먹으로 때린 일이 있었다. 히포니쿠스는 부유하고 집안이 좋아서 권세와 명성이 높은 사람이었다. 그런 사람을 때린 이유는 화가 나서도, 싸우다가 그런 것도 아니었다. 단지 친구들과 내기를 하고 재미로 한 행동이었다. 이 일은 온 도시에 알려졌고, 사람들은 그의 무례하고 버릇없는 행동을 비난했다.

일이 심각해지자 알키비아데스는 히포니쿠스 집을 찾아가 문을 두드렸다. 그리고 방에 들어가서 옷을 벗더니, 히포니쿠스에게 분이 풀릴 때까지 자기를 채찍으로 때리라고 했다. 하지만 히포니쿠스는 그를 너그럽게 용서했고, 나중에 딸 히파레테를 주어 사위로 맞아들였다.

다른 기록에 따르면, 지참금 10탈란톤을 주고 히파레테를 알키비아데스와 결혼시킨 사람은 히포니쿠스의 아들 칼리아스였다고 한다. 그 뒤 히파레테가 아이를 낳았을 때 알키비아데스는 10탈란톤을 더 받아냈는데, 아이가 태어나면 그렇게 하기로 약속되어 있었다고 한다. 한편 칼리아스는 재산을 빼앗으려는 알키비아데스의 음모가 두려운 나머지, 민회에 나가 자신이 직계 상속자 없이 죽을 경우 재산과 집을 시민들에게 바치겠다고 말했다.

히파레테는 온순하고 사랑스러운 여자였다. 그러나 남편인 알키비아데스가 아테나이 여인들뿐만 아니라 다른 나라 여자들과도 바람을 피우고 다니는 걸 보고, 집을 나와 오빠 집으로 갔다. 하지만 알키비아데스는 아랑곳하지 않고 방탕한 생활을 이어 갔다. 아내는 참다못해 이혼을 하려고 했다. 이혼 서류는 본인이 직접 재판관에게 제출해야 하므로 그녀는 법정으로 나갔다. 그때 알키비아데스가 갑자기 나타나 억지로 그녀를 끌고 집에 데려왔다. 아무도 알키비아데스를 말리지 않았고, 그녀를 구하려 하지도 않았다. 끝내 히파레테는 다시 알키비아데스와 살아야만 했다. 그로부터 얼마 뒤 알키비아데스가 에페수스에 나가 있는 동안 히파레테는 죽고 말았다.

알키비아데스가 아내를 재판정에서 끌고 나온 행동이 불법은 아니었다. 실제로 법에서 이혼을 청구한 아내가 법정에 직접 나가도록 정한 이유는, 남편을 만나서 화해할 기회를 주려 했기 때문이다.

알키비아데스에게는 무척 잘생기고 큰 개가 있었는데, 그 개의 값은 무려 70 므나였다. 이 개는 특히 꼬리가 아름다웠는데 어느 날, 알키비아데스는 그것을 잘라버렸다. 깜짝 놀란 친구들은 아테나이 사람들이 그런 행동을 비난할 것이라고 걱정했다. 알키비아데스는 웃으며 대답했다.

"그게 바로 내가 바라던 거야. 아테나이 사람들이 이 이야기를 퍼뜨리느라 나에 대해 더 나쁜 소문을 퍼뜨리지는 않을 테니까."

알키비아데스가 처음으로 공적인 자리에 나선 것은 나라를 위해 헌금을 하기 위해서였으며, 미리 의도한 일은 아니었다. 어느 날 그는 우연히 민회 옆을 지나다가 많은 사람들이 웅성거리고 있는 것을 보았다. 그는 앞에 서 있던 남자에게 소란스러운 이유를 물었다. 그 남자는 사람들이 헌금을 내느라 그렇다고 대답했다. 이 말을 들은 알키비아데스는 자신도 헌금을 좀 해볼까 하는 마음으로 인파를 헤치고 나가 헌금을 했다. 이것을 본 많은 사람들이 박수갈채를 보내자 그는 기분이 좋아졌다. 그 바람에 알키비아데스는 옷 속에 메추리를 품고 있다는 사실을 잊어버렸고 메추리는 달아나 버렸다. 그러자 아테나이 사람들은 더욱 환호성을 올렸고, 여러 사람이 메추리를 잡으려고 쫓아다녔다. 메추리를 잡아 알키비아데스에게 넘겨준 이는 안티오코스라는 뱃사람이었다. 이 일로 인해 두 사람은 가까운 사이가 되었다.

알키비아데스는 정치인이 될 수 있는 유리한 조건을 많이 갖고 있었다. 그는 이름난 집안에서 부자로 태어났고, 전쟁에서 공을 세운 적도 있으며, 주변에는 많은 친구와 친척들이 있었다. 하지만 그는 웅변술로 대중의 마음을 사로잡고 싶어했다.

그가 설득력 있는 연설가였다는 사실은 희극 작가들도 인정한다. 가장 위대한 웅변가였던 데모스테네스도 메이디아스를 비난하는 연설에서, 알키비아데스는 놀랄 만큼 뛰어난 웅변술을 가진 데다 여러 재능을 타고났다고 했다. 만일 우리가 철학자들 가운데 가장 다재다능하고 학식 있는 테오프라스투스의 말을 믿는다면, 알키비아데스는 그때그때 가장 필요한 게 무엇인지를 알아내고 이해하는 능력이 누구보다 뛰어났다. 그는 적당한 주장뿐 아니라 그 주장에 알맞은 어휘와 표현을 찾는 데까지 신경을 썼는데, 어휘와 표현이 매우 풍부한 사람은 아니었기에 연설 도중 이따금 말이 막히곤 했다. 그럴 때면 그는 입을 다문 채 잠시 가만히 있다가 생각을 가다듬으며 조심스럽게 말을 이어갔다.

알키비아데스가 경기용으로 기르던 말에 대한 평판은 경기용 수레와 함께 세상에 널리 알려져 있었다. 왕이건 시민이건 간에, 아무도 올림피아 경기에 말 네 필이 이끄는 마차를 일곱 대나 내보내는 사람은 없었기 때문이다. 투키디데스에 따르면 우승, 2등, 4등을, 에우리피데스에 따르면 3등까지도 알키비아데스가 모두 거머쥐었다고 한다. 그토록 빛나는 영광과 명예는 그 말고는 누구도 누린 적이 없었다. 에우리피데스는 다음 같은 시를 써서 알키비아데스의 승리와 영광을 찬양했다.

나는 클레이니아스 아들을 위해 찬양 노래하여라.
그는 전차 경주에서
1등, 2등, 3등을 모두 차지했네.
온갖 영광을 누렸지.
헬라스 그 누구도 해내지 못한
아름다운 승리를 거두었다네.
영광의 월계관을 혼자 모두 받은 그
참으로 빛나는 영광이어라.

헬라스 모든 나라가 앞다투어 축하해 준 덕분에 알키비아데스의 승리는 더욱 빛났다. 에페수스 사람들은 화려하게 꾸민 천막을 보내와 그의 막사로 쓰게 했다. 키오스 사람들은 말의 사료와 제물로 쓸 짐승들을 잔뜩 보냈으며, 레스보스 사람들은 잔치를 위한 포도주와 많은 식료품들을 선물로 보내왔다. 그런데 이러한 선물 공세와 동시에 그에 대한 심한 비난이 떠돌았다. 알키비아데스의 잘못인지 아니면 그를 시기하는 사람들이 꾸며낸 일인지, 근거도 없는 중상모략인지는 알 수 없다.

그 소문 가운데 이런 이야기가 있었다. 알키비아데스에게는 아테나이 시민인 디오메데스라는 친구가 있었다. 그는 매우 지체 높은 사람이었고, 알키비아데스와 마찬가지로 올림피아 경기에서 승리하려는 꿈을 갖고 있었다. 그는 아르고스 시의 전차와 말이 좋다는 이야기를 듣고 알키비아데스에게 그 마차를 살 수 있게 도와달라고 부탁했다. 알키비아데스는 아르고스에서도 인기가 좋고, 친구들도 많이 사귀고 있었기 때문이다. 그러나 알키비아데스는 마차를 사서 자기 이름으로 경기에 내보냈다. 디오메데스는 몹시 화가 나서 알키비아데스의 비행을 비난하더니 마침내는 소송까지 걸었다. 이소크라테스가 알키비아데스의 아들을 변호한 〈전차에 대하여〉라는 재판 연설에서 이 사건을 언급하고 있다. 하지만 이 글에 따르면 고소인은 디오메데스가 아닌 티시아스였다.

알키비아데스는 아주 젊었을 때 정치에 발을 들여놓았지만, 그 시대의 쟁쟁한 정치인들을 누르고 이름을 떨쳤다. 그의 가장 큰 경쟁자는 에라시트라투스의 아들인 파이악스와, 니케라투스의 아들 니키아스였다. 니키아스는 이미 나이도 많고 명장군으로 세상에 이름을 떨쳤다. 또 파이악스는 명문 출신이면서 알키비아데스와 마찬가지로 신진 정치가였다. 하지만 그는 연설을 비롯한 여러 면에서 알키비아데스에게 뒤떨어지는 편이었다. 그는 여러 사람들 앞에서 연설하기보다는 개인적으로 만나 설득하는 데 재주가 있었다. 희극 작가 에우폴리스는 파이악스에 대해 아래처럼 적고 있다.

대화할 때는 그렇게 훌륭하게 잘하면서
연설 때에는 꿀 먹은 벙어리와 마찬가지니.

알키비아데스와 파이악스를 공격하기 위해 썼던 글이나 그 밖의 자료들 속에서 우리는, 알키비아데스가 아테나이 시 소유인 화려한 금은 식기들을 마치자기 사유물처럼 날마다 식탁에서 사용했다는 이유로 비난받았다는 사실을 알 수 있다.

그 무렵 아테나이 페이리토스에 히페르볼루스라는 사람이 살고 있었다. 투키디데스 또한 그를 쓸모없는 인간이라 했으며, 그는 많은 희극 작가들에게 비웃음거리를 제공했다. 하지만 히페르볼루스는 사람들이 자기에게 욕을 해도 아랑곳하지 않았다. 이런 그를 용기 있고 대담하다고 생각하는 사람들도 가끔 있었으나, 사실 그는 뻔뻔하고 어리석었다. 히페르볼루스를 좋아하는 사람은 없었다. 그러나 권세 있는 사람을 비난하고 그 명성에 먹칠하고 싶어하는 사람들은 그를 매우 잘 이용했다. 이 무렵 히페르볼루스는 민중을 부추겨 도편추방을 준비하고 있었다. 도편추방제는 명성과 영향력이 지나쳐 미움을 사는 사람들을 쓰러뜨리고 추방하기 위한 것으로, 두려움보다는 시기심을 가라앉히기 위한 제도였다.

이 투표로 추방 위기에 놓일 사람은 니키아스, 파이악스, 알키비아데스 셋 가운데 하나일 게 분명했다. 하지만 알키비아데스는 당파를 하나로 합친 뒤, 도리어 히페르볼루스에게 죄를 뒤집어씌워 그를 추방했다.

히페르볼루스는 생각지도 못했던 추방에 몹시 어리둥절했다. 그때까지만 해도 자신 같은 천민이 도편추방제로 쫓겨난 예가 없었기 때문이다. 희극 작가 플라톤은 히페르볼루스에 대해 이렇게 썼다.

> 그는 그런 벌을 받을 만한 사람이기는 하였으나
> 도편재판이 그런 자를 위하여 만들어진 것은 아니었다네.

이 문제에 대해서는 다른 곳에 좀 더 자세히 기술해 두었다.

알키비아데스는 니키아스가 아테나이 시민에게서는 물론, 아테나이의 적국으로부터도 존경받고 있다는 사실에 대해 몹시 불평했다. 거기에는 이유가 있었다. 사실 스파르타 사람들이 아테나이에 왔을 때 이들을 보호한 사람은 알키비아데스였고, 필로스 전쟁에서 포로가 된 스파르타인들을 돌봐준 사람도 알키비아데스였다. 그런데 그들은 평화가 이루어지고 포로들이 풀려난 게 엉뚱하게도 모두 니키아스 공이었다고 생각해 그를 우러러보았다. 게다가 헬라스에서는 전쟁을 시작한 사람은 페리클레스이고 휴전을 한 사람은 니키아스라고 하여, '니키아스의 평화'라는 말까지 떠돌았다.

알키비아데스는 이런 사실이 너무나 억울하고 질투가 나서, 끝내 스파르타와 맺은 평화조약을 깨뜨리려는 결심을 한다.

그는 아르고스 사람들이 스파르타를 미워하고 두려워한다는 점을 이용해서, 그들에게 아테나이와 동맹을 맺으면 아테나이는 아르고스를 지지할 것이라고 약속했다. 그리고 아르고스 민중 지도자들에게 사신을 보내어, 아테나이 사람들은 스파르타와 평화조약을 맺은 사실을 후회하고 있으며 이 조약을 깨뜨리는 것은 이제 시간문제라고 전했다.

이런 가운데 라케다이몬은 보이오티아와 동맹을 맺었다. 게다가 그들은 파낙투스 성벽을 원형대로 돌려주겠다는 협정을 깨고, 성벽을 완전히 파괴한 다음에야 아테나이에 돌려주었다.

이 때문에 아테나이 사람들이 크게 분노하자, 알키비아데스는 기회를 놓치지 않고 시민들을 부추기면서 니키아스를 공격했다. 그의 말에 따르면 니키아스는 군사령관으로 있었으면서도 스팍테리아 섬에 갇힌 포로들을 잡지 않았다. 뿐만 아니라 라케다이몬 호의를 얻기 위해, 다른 장군이 잡았던 포로까지 풀어주어 집으로 돌려보냈다. 그런데 그는 라케다이몬 사람들과 가까우면서도 그들이 보이오티아 및 코린토스와 개별 동맹 맺는 것을 막지 않았다. 라케다이몬 사람들 미움을 살 것을 두려워해, 오히려 아테나이가 헬라스 어느 나라와도 동맹을 맺지 못하도록 방해했다.

이렇게 빗발치는 공격을 받고 니키아스가 괴로워하고 있을 때, 다행스럽게도 라케다이몬에서 사절단이 왔다. 사절단은 두 나라가 평등한 조약으로 화해를 맺자는 제안을 했다. 그리고 서로 양보할 수 있는 조건이라면 어떠한 제의에도 응할 수 있는 전권을 위임받고 왔다는 말을 했다. 원로원은 이 말을 듣고 기뻐하며, 다음 날 시민들 앞에 나가 회의를 열기로 했다. 일이 이렇게 되자 알키비아데스는 걱정이 되었다. 그는 회의가 열리기 전에 스파르타 사절단을 비밀리에 만났다. 알키비아데스가 그들에게 말했다.

"스파르타에서 오신 여러분, 대체 어떻게 된 일입니까? 이 도시의 원로원은 여러분에게 늘 친절하지만, 민회는 건방지고 야망만 크다는 것을 모르십니까? 당신들께서 전권을 위임받고 여기에 왔다는 말을 한다면, 민회에 모인 사람들은 당신들에게 폭력을 휘둘러서라도 무리한 양보를 받아내려고 할 것입니다. 그러니 봉변을 당하기 전에 아테나이 사람들과의 교섭을 적절히 하시고, 전권을 위임받지 않았다는 태도로 현명한 해결책을 찾는 게 좋을 것입니다. 나도 라케다이몬의 친구로서 최선을 다해 돕겠습니다."

말을 마친 알키비아데스는 자신의 말을 믿게 하기 위해 그들 앞에서 선서를 했다. 이렇게 해서 알키비아데스는 사절단들에게 약속을 받아내고 니키아스와 완전히 단절시켰다. 스파르타 사절단은 알키비아데스를 철석같이 믿었고, 그의 지혜와 판단에 감탄해 보통 사람이 아니라고 생각했다.

다음 날 시민들이 모인 자리에 사절단이 나타났다. 알키비아데스는 그들에게 어떤 자격으로 왔느냐고 정중하게 물었다. 사절단은 그와 약속한 대로, 전권을 위임받고 온 것은 아니라고 대답했다. 그러자 알키비아데스는 갑자기 그들에게 배신이라도 당한 것처럼 거칠게 비난을 퍼부었다. 그들은 신의가 없으며 변덕스럽고, 정직하게 협상에 임하려고 온 게 아니라며 마구 공격해댔다. 이 광경을 본 원로원은 깜짝 놀랐고, 그 자리에 모인 시민들은 몹시 흥분했다. 한편 니키아스는 모든 일이 자기를 궁지에 몰아넣기 위해 꾸며진 음모라는 사실도 모르고, 사절단 마음이 변한 것에 당황해 고개를 숙였다.

이렇게 해서 라케다이몬 사절단을 내쫓은 알키비아데스는 장군으로 임명되었다. 그는 임명받은 즉시 펠로폰네소스 반도의 아르고스, 엘리스, 만티네아 등과 동맹을 맺었다.

이러한 알키비아데스의 정책에 찬성하는 사람은 아무도 없었지만 그 효과는 엄청났다. 이 일을 계기로 펠로폰네소스 반도에 있는 모든 나라가 하나로 뭉쳐 라케다이몬에 맞서게 되었다. 펠로폰네소스 연합군은 만티네아에서 라케다이몬군과 싸웠다. 만티네아를 격전지로 삼은 까닭은 전쟁에 따르는 위험에서 아테나이를 멀리 떼어놓기 위함이었다. 라케다이몬은 이 전쟁에서 승리했지만 그리 큰 이득을 얻지는 못했다. 그러나 만일 패배했다면 라케다이몬은 존립 자체가 어려웠을 것이다.

이 전쟁이 끝난 뒤, 아르고스에서는 '천인당(千人黨)'이라는 강력한 부대가 정부를 뒤엎으려고 반란을 일으켰다. 그들은 라케다이몬 도움을 얻어 정부를 무너뜨렸다. 그러나 시민들이 무기를 들고 일어나자 알키비아데스는 군대를 이끌고 가서 그들을 도와주었다. 이로써 민중의 승리는 더욱 확실해졌다.

알키비아데스는 아르고스 시민들에게 바다에까지 이르는 긴 성을 쌓도록 했다. 그럼으로써 아르고스 시를 아테나이의 해상 지배에 동의케 하려고 했던 것이다. 알키비아데스는 공사를 북돋우기 위해 아테나이에서 목수와 석공들을 보내주었다. 이처럼 공사에 대한 열의를 보여주자 아르고스인들은 그에게 호감을 갖게 되었다. 이렇게 알키비아데스는 자기 세력을 늘려나갔다.

그는 파트라이인에게도 바다에까지 이르는 긴 성을 쌓아 도시와 바다를 잇게 했다. 그러자 누군가가 파트라이 사람들에게, 그러면 아테나이가 파트라이를 삼킬 거라고 했다. 그 말을 들은 알키비아데스는 이렇게 대답했다.

"그럴지도 모릅니다. 그러나 천천히 발끝부터 삼킬 것입니다. 하지만 라케다이몬 사람들이라면 머리부터 한 입에 꿀꺽 삼킬 겁니다."

그럼에도 알키비아데스는 아테나이 시민들에게 바다에서만이 아니라 육지에서도 국력을 떨쳐야 한다고 주장했다. 그리고 아그라울로스 신전에서 젊은이들이 주기적으로 하는 선서를 행동으로 옮겨야 한다고 지적했다. 그 선서란 밀, 보리, 포도, 올리브나무들이 자라는 곳을 국경으로 삼겠다는 것이었다. 이는 수확을 거둘 수 있는 땅은 모두 아테나이 것으로 삼아야 한다는 의미였다.

알키비아데스는 정치와 웅변에서 뛰어난 능력을 보였으나 정신적으로는 몹시 나약한 생활 태도를 보였다. 사치스러운 잔치를 벌여 돈을 흥청망청 쓰는가 하면 여자처럼 빨간 망토를 질질 끌며 광장을 활보했다. 또 삼단 범선을 타고 출전할 때는 갑판의 딱딱한 널빤지 위에는 절대로 눕지 않았다. 그는 갑판 앞부분을 떼어내고 푹신한 침대를 가죽끈으로 매달아 잠을 잤다. 그리고 황금 칠을 한 방패에는 벼락 몽둥이를 든 에로스의 모습을 새겨넣었는데, 그것은 집안 대대로 내려오는 문장을 상징했다. 이런 알키비아데스의 행동은 아테나이 병사들 비위를 뒤틀리게 했다. 그의 안하무인격인 태도는 독재자와 마찬가지였다. 다음에 나오는 아리스토파네스의 말은 그때 시민들 생각을 잘 대변해 준다.

그를 좋아하기도 하지만 미워하기도 하네.
그러나 그는 또한 아테나이에 없어서는 안 될 사람.

아리스토파네스는 더욱더 심하게 풍자하기도 했다.

마땅히 시내에서는 새끼 사자를 기르지 않아야 한다.
그러나 한번 기르게 된다면, 그 비위를 거슬러서는 안 된다.

나라에 바친 헌금, 시민들을 위한 잔치, 너그러운 도량, 강건한 웅변술, 훌륭한 집안, 잘생긴 외모와 튼튼한 체력, 거기에 전쟁에서 세운 공적까지 갖춘 알키비아데스에게 아테나이인들은 푹 빠져버렸다. 시민들은 그가 무슨 잘못을 해도 너그러이 덮고 용서했다. 그들은 알키비아데스가 저지르는 잘못들이 나이가 젊고 명예욕이 강하기 때문에 생긴 것이라 가볍게 여기고 눈감아주었다.

알키비아데스는 자기 집에 화가 아가타르쿠스를 가두어 놓고 방 안을 그림으로 꾸미라고 명령했다. 며칠이 지나 방 안 가득 벽화가 완성되자, 그는 아가타르쿠스에게 돈을 주어 돌려보냈다. 마차 경기에서 타우레아가 코러스를 후원해 그와 우승을 다투려 하자, 이기고 싶다는 생각이 앞서 상대를 때리기도 했다. 또 그는 멜로스인 포로 가운데서 여자를 골라 아이를 얻은 뒤 자기가 맡아서 키웠다. 이를 본 사람들은 알키비아데스가 인정이 많은 사람이라 여겼다. 하지만 그때 알키비아데스가 항복한 멜로스 섬 청년들을 모두 죽인 일은, 비록 그것이 민회의 결정에 따른 것일지라도 결코 책임을 피할 수는 없을 것이다.

화가 아리스토폰은 네메아라는 여자가 알키비아데스를 안고 있는 모습을 그렸는데, 이 그림을 구경하려고 날마다 인산인해를 이루었다. 하지만 나이 들고 지각 있는 사람들은 이를 불쾌하게 생각하며, 알키비아데스가 독재자처럼 행동한다고 분개했다. 그 그림을 보고 시인 아르케스트라투스는 만약 헬라스에 알키비아데스 같은 사람이 둘이었다면 정말 큰일 날 뻔했다며 날카로운 일침을 날렸다.

한번은 시민들 앞에서 연설을 마친 알키비아데스가 친구들과 함께 의기양양하게 집으로 돌아가고 있을 때였다. 평소 그를 미워하던 티몬이 다가와 알키비아데스의 손을 잡으며 말했다.

"계속 그렇게만 해주게. 자네가 좀 더 크면 나중엔 모든 사람을 결딴내겠구먼."

이 말을 들은 사람들은 더러는 웃고, 몇몇은 티몬을 욕하기도 했다. 하지만 이 말을 마음에 새긴 사람들도 적지 않았다. 알키비아데스 성격이 여러 가지로 모순이 많았기에, 그에 대한 사람들의 평가도 저마다 달라질 수밖에 없었다.

아테나이인들은 페리클레스가 살아 있을 때부터 시킬리아 섬을 손안에 넣고 싶어 했다. 페리클레스가 죽은 뒤에도 이 욕심은 그대로였다. 아테나이인들은 시킬리아 여러 도시가 시라쿠사의 압제를 받자 이를 핑계로 작은 규모의 군대를 보냈다. 이는 본격적으로 시킬리아 원정으로 나아갈 길을 트기 위함이었다.

사람들의 이런 야망을 부채질해 불을 붙인 게 바로 알키비아데스였다. 그는 이렇게 야금야금 소규모 부대를 보낼 일이 아니라 한꺼번에 대함대를 편성해 시킬리아를 정복해야 한다고 시민들에게 주장했다. 그는 이 주장으로 아테나이 사람들 가슴속에 큰 희망을 불어넣었으며, 자신의 가슴속에는 그보다 더 큰 야망을 품었다. 사실 시킬리아를 정복하는 일은 그에게 더 큰 목적을 위한 출발점에 지나지 않았다. 다른 시민들과 달리, 그의 최종 목표는 시킬리아 정복이 아니었다.

니키아스는 시라쿠사와 싸워서 이기기 어렵다고 생각해 시민들에게 시킬리아를 점령하려는 일을 그만두라고 설득했다. 그러나 알키비아데스는 이미 시킬리아를 넘어 멀리 카르타고와 리비아까지 넘보고 있었다. 그는 이 지방들을 손안에 넣은 다음, 이탈리아와 펠로폰네소스를 포위하려는 계획까지 세웠다. 그에게 시킬리아는 한낱 군사기지에 지나지 않았다.

알키비아데스는 젊은이들 마음을 사로잡아 그들의 야심에 불을 질렀다. 청년들은 희망에 들떠 전쟁에 참전했던 선배들 무용담에 귀를 기울였다. 그들은 공회당이나 운동장에 모이면 시킬리아와 카르타고, 리비아를 땅바닥에 그리고는 열띤 토론을 벌였다.

하지만 소크라테스와 점성가 메톤은 이 전쟁이 아테나이에 이로울 게 없다고 생각했다. 소크라테스는 자신의 수호신에게 계시를 받았고, 메톤의 점술도 불길한 결과를 얻었다. 메톤은 자기가 알아낸 미래가 너무도 두려운 나머지 미친 사람 행세를 하며 자기 집에 불을 지르려고 했다.

그러나 메톤은 미친 시늉을 한 게 아니라 정말로 자기 집에 불을 지르고 다음 날 민중 앞에 나타났다는 이야기도 있다. 그는 자신이 불행한 재난을 당했으니, 아들의 출정만큼은 면제해 달라고 사정했다고 한다. 어느 쪽이 진실이든 간에 메톤은 감쪽같이 시민들을 속이고 원하는 바를 얻어냈다.

니키아스는 내키지 않았지만 원정대 장군으로 임명되었다. 알키비아데스와 함께 출전해야 했기에 그는 더욱 그 자리를 꺼렸다. 하지만 아테나이인들은 알키비아데스의 무모하고 저돌적인 면을 니키아스의 신중함이 보완한다면 전쟁을 순조롭게 이끌어 갈 수 있을 거라 생각했다.

세 번째 장군인 라마코스는 나이가 많았지만, 그 또한 싸움에서라면 알키비아데스 못지않게 저돌적이었으므로 장군으로 선출됐다.

셋이 모여 군비와 물자 조달 방법을 의논하고 있을 때, 니키아스는 다시 반대 의견을 내며 전쟁을 멈추려고 애썼다. 하지만 알키비아데스가 니키아스 의견에 반박해 민중 앞에서 승리를 거두었다. 그 뒤 웅변가 데모스트라투스가 병력과 전쟁 전반에 대한 모든 권리를 장군들에게 위임한다는 내용의 법 초안을 작성했다.

민회는 이를 모두 승인했다. 마침내 출전 준비를 모두 갖추었을 때 몇 가지 불길한 징조가 나타났다. 그때는 공교롭게도 아도니스 제사가 거행되고 있었다. 여자들은 시체처럼 꾸민 인형을 안고 머리를 풀어헤친 채, 구슬픈 노래를 부르면서 거리를 돌아다니며 장사 지내는 시늉을 하고 있었다. 그뿐 아니라 하룻밤 사이에 헤르메스 조각상들이 부서지고 헤르메스 신의 얼굴 부분이 특히 심하게 망가져 있었다. 사람들은 몹시 불안해했다. 심지어 평소에 이런 관습을 무시했던 사람들까지 동요했다.

그래서 이런 여러 징조가 시라쿠사를 식민지로 삼고 있던 코린토스 사람들이 아테나이의 시킬리아 원정을 미루거나 막기 위해 꾸민 짓이라는 소문이 돌았다. 또 다른 주장에 따르면, 이 훼손 사건은 무서운 일이 일어날 전조가 아니라, 형편없는 젊은이들이 술에 취해 벌인 짓이라고도 했다. 대중은 벌어진 사건을 분노와 공포 속에서 바라보았으며, 대담하고 위험한 음모에 대한 암시라고 여겼다. 그래서 원로원과 민회는 며칠 사이에 거듭 모여서, 모든 의심스러운 상황을 낱낱이 파헤치고자 애썼다.

이렇게 조사하는 동안 안드로클레스가 노예 몇 명과 외국인들을 데리고 민중 앞에 나왔다. 그는 알키비아데스와 그 친구들이 신의 조각상을 부수고, 술자리에서는 거하게 취해 신성한 제사를 흉내 내며 신들을 모욕했다고 고발했다. 그의 말에 따르면 테오도루스가 전령 역할을 했고, 폴리티온이 횃불을 들었으며, 알키비아데스는 제사장 흉내를 냈고 나머지 친구들은 입회자 노릇을 했다는 것이었다. 이것은 키몬의 아들 테살루스가 알키비아데스를 고발한 고소장 속에 기록되어 있다. 테살루스는 알키비아데스가 엘레우시스의 두 신, 데메테르(케레스)와 페르세포네를 모독한 죄를 저질렀다고 주장했다.

사람들은 알키비아데스에게 분노를 터뜨렸다. 더군다나 오래전부터 그에게 악의를 품고 있던 안드로클레스가 사람들의 분노에 부채질을 했다. 사람들의 비난이 거세지자, 알키비아데스도 불안해했다.

하지만 그는 시킬리아로 떠나기 위해 군선에서 기다리는 군사들이 자기에게 호감을 갖고 지지하고 있음을 알고 다시 용기를 얻었다. 아르고스와 만티네아는 알키비아데스를 위해 지원군을 1000명이나 보내왔다. 그들은 분명한 목소리로, 그들이 바다를 건너 그토록 먼 곳으로 원정을 나서려는 것은 오직 알키비아데스를 위해서이며, 만약 알키비아데스가 물러나면 자기들도 모두 돌아가겠다고 밝혔다. 기운을 되찾은 알키비아데스는 눈앞의 기회를 이용해 자신의 위치를 공고히 다지고자 했다. 그는 호출된 날짜에 자신을 변호하기 위해 법정으로 나갔다.

그러자 반대파들은 크게 실망했다. 민중이 알키비아데스를 대신할 만한 인물이 없다는 이유로 재판에서 그에게 유리한 판결을 내릴 게 분명했기 때문이다. 그래서 그들은 몇몇 웅변가들을 민중 앞에 내세웠다. 그 웅변가들은 드러내놓고 알키비아데스의 적으로 알려지진 않았다. 그러나 대놓고 그를 적대하는 사람들 못지않게 알키비아데스를 미워하고 있었다. 웅변가들 주장에 따르면, 이미 세 장군이 임명되었고 엄청난 병력에 대한 전권이 그들에게 주어진 상황이었다. 나아가 아군과 동맹군 병사들 또한 모두 집결해 있었다. 이런 때에 재판을 벌이겠다며 제비뽑기로 배심원을 선출하고 물시계로 변론시간을 재는 등 여러 일로 출정 시기를 놓치는 것은 말도 안 되는 일이라고 했다. 그들은 또 이렇게 덧붙였다.

"먼저 출항하도록 놓아두고 행운을 빌어줍시다. 전쟁이 끝나면 그때 자기변호 기회를 주어도 늦지 않습니다. 법은 그때도 지금과 똑같을 테니까요."

하지만 왜 재판을 늦추려는지 그 속셈을 모를 알키비아데스가 아니었다. 그는 대군을 이끄는 장군으로서, 이런 식으로 재판을 끝맺지 못한 채 근거 없는 비난과 중상을 뒤에 남기고 출항할 수는 없다고 했다. 그러면서 만약 무죄를 입증하지 못하면 사형을 달게 받을 것이며, 무죄가 입증된다면 가벼운 마음으로 적을 물리칠 수 있으니 전쟁에 나가기 전에 재판을 받게 해달라고 요청했다.

하지만 알키비아데스 말은 민중의 마음을 움직이지 못했고, 바로 출정하라는 명령이 내려졌다. 알키비아데스는 어쩔 수 없이 두 장군과 함께 배에 올랐다. 그들은 군선 140척과 중보병 5100명, 궁병 1300명, 투석병과 경보병, 그리고 필요한 군수물자들을 배에 싣고 전쟁의 닻을 올렸다.

이탈리아에 닿은 그들은 먼저 레기움을 차지했다. 이곳에서 알키비아데스는 전쟁을 어떻게 이끌어 나갈 것인지에 대해 이야기했다. 니키아스는 그 의견에 반대했으나 라마코스가 찬성했으므로 알키비아데스는 시킬리아로 배를 띄워 카타나를 점령했다. 이때 알키비아데스는 아테나이로 돌아와 법정에 나오라는 소환장을 받았다. 때문에 그는 더 성과를 거둘 수 없었다.

사실 알키비아데스가 아테나이를 떠나기 전에는 몇몇 노예와 외국인들만이 그를 유죄라고 여겼다. 하지만 그가 전장에 나가 있는 동안, 그를 몰아내려는 적들의 공격은 더욱 맹렬해졌다. 그들은 헤르메스 조각상 파괴 사건과 성스러운 예식 모독 사건을 연결시키어, 이 모든 게 혁명을 일으켜 나라를 차지하려는 알키비아데스의 음모라고 주장했다. 이 말에 넘어간 민중은 사건에 관련된 사람들을 재판도 하지 않고 모두 감옥에 가두었다. 그러고는 그토록 무거운 죄를 지은 알키비아데스를 바로 잡아넣지 않은 데 대해 새삼스럽게 분개했다. 흥분한 민중은 알키비아데스 친구들은 물론, 그를 알고 있는 사람들까지 모두 잡아들여 죄를 뒤집어씌우고 처벌했다.

역사가 투키디데스는 그의 책에서 알키비아데스를 고발한 사람들 이름을 밝히지 않았다. 그러나 다른 이들 기록을 보면, 디오클레이데스와 테우크루스가 알키비아데스를 규탄했다고 한다. 희극 시인 프리니코스의 시에는 이런 구절이 있다.

헤르메스님, 발 디딜 곳을 조심하세요.
잘못해서 어쩌다 넘어지기라도 한다면
새로운 디오클레이데스가 나타나
비열한 중상모략으로 생사람을 잡을 테니까요.

이 시의 다른 구절에서 헤르메스는 아래처럼 답했다.

그럼, 조심해야지.
테우크루스 같은 자에게
고발한 대가로 상을 주어서는 안 되니까.

사실 그를 고발했던 사람들이 제시한 증거 가운데 확실한 것은 하나도 없었다. 재판관이 한 고발자에게 조각상을 깨뜨린 사람이 누군지 어떻게 알았느냐고 물었다. 그는 달빛이 밝아서 범인 얼굴을 보았다고 말했지만, 사건이 있었던 날은 그믐이라 달이 뜨지 않았다. 생각 있는 사람들은 이렇게 앞뒤가 맞지 않는 고발자의 증언을 듣고, 모두 이 사건 소송을 그만두는 게 옳다고 말했다. 하지만 그 중상모략을 철석같이 믿고 있던 민중은 그들의 말을 들으려 하지 않았다. 그들은 이 사건으로 기소된 사람들을 모두 감금했다.

체포되어 감옥에 갇힌 사람들 가운데 웅변가 안도키데스도 있었다. 헬라니쿠스가 쓴 역사책에 따르면, 그는 오디세우스 후손으로 귀족적인 성격을 갖고 있었다. 안도키데스는 민중을 싫어하는 과두정치파로 알려져 있는데, 헤르메스 조각상 파괴 혐의를 피할 수 없었다. 그의 집 근처에 아이게이스 부족이 섬기는 큰 헤르메스 조각상이 있었는데, 그것만이 오로지 파괴되지 않고 남아 있었기 때문이다. 그래서 오늘날까지 이 조각상을 '안도키데스의 헤르메스'라 부른다.

안도키데스는 감옥에 있는 동안 같은 죄목으로 들어온 티마이오스와 가까워졌다. 티마이오스는 안도키데스보다 나이도 적고 지위도 낮았지만, 지혜와 용기는 그보다 뛰어났다. 그는 안도키데스를 포함한 몇 사람이 죄를 자백해야 한다고 설득했는데 그 논리는 이러했다.

안도키데스가 죄를 자백한다면 정상참작으로 민회의 결정에 따라 무사히 풀려날 수도 있다. 하지만 재판을 받게 된다면 그처럼 이름 있는 사람들에게 시민들의 분노가 더 많이 쏠릴 게 뻔하므로 불리한 판결을 받을 가능성이 크다. 누명을 쓰고 명예롭지 못한 죽임을 당할 바에는 차라리 죄를 뒤집어쓰고 목숨을 건지는 편이 옳다. 또 그는 이름 없는 몇 사람을 희생하더라도, 뛰어난 인재들을 살리는 게 더 현명한 판단이라고 말했다.

안도키데스는 티마이오스의 말을 받아들였다. 그는 자신과 몇 사람들 죄를 자백했고, 민회 결의에 따라 용서받았다. 하지만 그가 거짓으로 고발한 사람들은 모두 사형에 처해졌고 외국으로 달아난 자들만 겨우 목숨을 건졌다. 안도키데스는 시민들이 자신의 말을 믿게끔 하려고 자기 집 하인들까지 범인으로 몰았다.

그러나 민중의 분노는 가라앉지 않았다. 헤르메스 조각상 파괴 사건이 일단락되자, 시민들 분노는 알키비아데스에게 쏟아졌다. 마침내 알키비아데스를 소환하기 위해 군선 살리미니아 호가 파견됐다. 알키비아데스를 체포하는 임무를 맡은 사람들에게는 다음 같은 명령이 내려졌다. 알키비아데스에게 폭력을 쓰거나 절대로 그의 몸에 손을 대서는 안 된다는 것, 함께 본국으로 돌아가 재판으로 누명을 벗으라고 최대한 정중하게 설득하라는 것이다.

이렇듯 세심하게 마음을 쓴 까닭은, 혹시라도 그가 적지에 있는 아테나이군을 이끌고 반란을 일으킬까 걱정해서였다. 전장에서 적과 싸우고 있는 알키비아데스는 마음만 먹으면 얼마든지 군대를 거느리고 돌아와 아테나이를 무력으로 점령할 수도 있다. 그가 충분히 그럴 수 있는 사람임을 시민들도 잘 알고 있었다.

알키비아데스가 아테나이로 소환되자 지휘관을 잃어버린 병사들은 완전히 풀이 꺾였다. 게다가 전쟁을 원치 않던 니키아스의 우유부단한 지휘를 받게 되자 병사들 사기는 하루아침에 바닥으로 떨어졌다. 그들은 전쟁이 뚜렷한 성과 없이 그저 오랫동안 질질 끌게 되리라고 생각했다. 용감하고 경험 많은 장군인 라마코스도 있었지만, 그는 가난한 데다가 성격마저 조급했기 때문에 병사들에게서 권위와 존경을 받지 못했다.

살라미니아 호를 타고 아테나이로 떠난 알키비아데스는 가던 길에 메시나 시가 아테나이에 투항하는 일을 막았다. 메시나에는 자신들 도시를 아테나이에 넘겨주려고 음모를 꾸민 무리가 있었는데, 이 사실을 안 알키비아데스가 시라쿠사 사람들에게 그 계략을 밝혀 음모를 꺾은 것이다.

이윽고 배가 투리이에 다다르자 알키비아데스는 배에서 내려 그대로 자취를 감추어버렸다. 어떤 사람이 그를 알아보고 물었다.

"알키비아데스, 당신은 자기 나라 사람들도 믿지 못하오?"

알키비아데스가 말했다.

"다른 일이라면 무엇이든 믿을 수 있소. 하지만 내 목숨에 대한 일이라면 내 어머니도 믿을 수 없소. 어머니라 해도 흑백을 가리지 못해 잘못 투표할지 누가 압니까?"

마침내 아테나이인들은 알키비아데스 없이 결석재판을 진행해 그에게 사형 판결을 내렸다. 뒤에 이 소식을 들은 알키비아데스는 이렇게 말했다.

"내가 이렇게 무사히 살아 있음을 알려줘야겠군."

알키비아데스에 대한 고발장 내용은 아래와 같다.

나, 키몬의 아들 테살루스는 클레이니아스의 아들 알키비아데스를 고발한다. 알키비아데스는 데메테르와 페르세포네, 두 신을 다음처럼 모독했다. 그는 자기 집에서 두 신의 형상을 꾸며놓고 신성한 제사 의식을 우스꽝스럽게 흉내 냈다. 그때 그는 자신을 제사장, 폴리티온을 횃불 드는 사제, 테오도루스를 전령이라 일컫고 그 밖의 사람들을 입회자 또는 초심자라고 했다. 이 것은 에우몰피다이 집안과, 전령 역을 맡는 케리케스 집안, 그리고 엘레우시스 신전 사제들의 여러 율법을 깨뜨린 행동이다.

재판은 알키비아데스 본인이 없는 가운데 이루어졌고, 유죄판결과 함께 그의 모든 재산이 몰수되었다. 또한 남녀 사제들이 그를 저주하도록 하는 벌이 내려졌다. 하지만 아그라울로스 신전 사제로 있던, 메논의 딸 테아노는 신을 섬기는 일은 기도하기 위함이지 저주하기 위한 게 아니라며 이 명령을 받아들이지 않았다.

이토록 무서운 판결이 내려질 때, 알키비아데스는 아르고스에 머물고 있었다. 그는 투리이를 떠나 펠로폰네소스로 갔지만, 그곳도 아테나이인들 습격을 받을 위험이 많았다. 그는 자기 조국 아테나이에 대해 희망을 버렸다. 고향으로 돌아갈 수 없게 된 그는 스파르타에 사자를 보내 망명을 요청했다. 그리고 자기가 스파르타에 입힌 손해를 갚기 위해 충성을 다할 것을 약속했다. 다행히 스파르타인들은 그의 요구를 들어주었고, 스파르타로 간 그는 큰 환영을 받았다.

알키비아데스는 스파르타에 닿자마자 한 가지 중요한 성과를 거두었다. 그때 스파르타는 시라쿠사에 원군을 보내지 않고 자꾸만 미루고 있었다. 알키비아데스는 이런 스파르타를 설득해 길리푸스를 지휘관으로 삼은 뒤 이들을 시킬리아에 파견케 함으로써 아테나이군을 철저하게 무찔렀다. 그러고 나서 아테나이 본토 사람들에게 선전포고를 하게 했다. 그리고 세 번째이자 가장 중요한 일은 스파르타로 하여금 데켈레이아를 점령케 해 요새로 만든 것이다. 다른 무엇보다 이 일이 그의 고국 아테나이에 가장 심한 타격이었다.

이렇게 하여 알키비아데스는 스파르타에서 큰 명성을 얻을 수 있었다. 사생활에 대한 평판도 매우 좋았다. 그는 스파르타 생활 습관을 그대로 몸에 익혀 사람들을 놀라게 했으며 곧 그들의 마음을 얻었다. 그는 머리를 짧게 깎고 찬물로 목욕을 했으며 거친 빵을 즐기고, 검은 수프를 맛있게 먹었다. 사람들은 이런 변화를 보고 그가 예전에 집에 요리사를 두고 향수로 몸을 가꾸며, 밀레투스에서 가져온 값비싼 외투를 입었다는 말을 믿지 않게 되었다.

알키비아데스의 뛰어난 천성 가운데 하나는 사람 마음을 사로잡는 특별한 능력이었다. 그는 다른 사람 습관이나 생활방식에 동화되어 적응하기 위해서 카멜레온보다 더 빨리 변신할 수 있었다. 더군다나 카멜레온은 모든 색으로 변하지만 흰색으로만은 변할 수 없다고 하는데, 알키비아데스는 어떤 일이든 똑같이 모방할 수 있는 재주가 있었다.

때문에 그는 스파르타에 머무는 동안 그곳 사람들처럼 운동을 즐기며 검소한 생활을 했고, 언제나 무뚝뚝한 얼굴을 하고 있었다. 그러나 이오니아에 있을 때는 호화롭고 쾌활한 사람이 되었고, 트라키아에 가서는 술독에 빠져 있었으며, 테살리아에 있을 때는 말 타기를 즐겼다. 또 페르시아 총독 티사페르네스와 함께 있는 동안에는 페르시아인도 울고 갈 정도로 화려하고 방탕한 생활을 했다.

이 방식에서 저 방식으로 그토록 쉽게 생활은 자주 바뀌었지만, 그의 참된 성격까지 달라지는 것은 아니었다. 알키비아데스는 그저 천성이 시키는 대로 행동했을 뿐이다. 그는 자기 고집을 내세워 상대를 불쾌하게 만들 생각이 없었으므로, 가는 곳마다 모습을 바꾸어 사람들 호감을 사려고 했던 것이다. 스파르타인들은 그의 겉모습만 보고 이렇게 말했다.

"저 사람은 아킬레우스 아들이 아니라 바로 아킬레우스야."

사람들은 그를 리쿠르고스가 직접 보살핀 스파르타 사람처럼 여겼다. 하지만 그가 하는 행동들을 자세히 살펴봤다면 그들은 다음처럼 말했을 것이다.

"여전히 옛날과 다름없이 여자로군."

스파르타 왕 아기스가 출정으로 자리를 비웠을 때 알키비아데스가 왕비 티마이아를 유혹했기 때문이다. 그는 티마이아에게 임신까지 시켜 아들을 낳았다. 왕비는 이 사실을 숨기려 들지도 않았다. 그녀는 아기를 공식적인 자리에서는 레오티키데스라고 불렀으나, 친구들이나 시녀들에게는 아기 이름이 알키비아데스라고 귀띔했다. 그만큼 왕비는 알키비아데스에 대한 애정이 깊었다. 그러나 알키비아데스는 왕비와 관계를 맺은 건 쾌락 때문이 아니라 자기 아들을 스파르타 왕으로 만들고 싶어서였다고 농담처럼 말했다.

이 사실을 알고 있는 스파르타 사람들은 이 일을 아기스 왕에게 일러바쳤다. 왕은 날짜를 세어보더니 그 사실을 믿게 되었다. 열 달 전 스파르타에 대지진이 일어났을 때, 깜짝 놀란 왕이 왕비의 침실을 뛰쳐나간 뒤로 그녀와 동침한 적이 없었기 때문이다. 아기스 왕은 그 뒤에 태어난 왕자 레오티키데스를 자기 아들로 인정할 수 없었다. 그래서 레오티키데스는 왕위를 잇지 못했다.

알키비아데스가 투리이에서 행방을 감춘 지 2년이 지났다. 시킬리아 전투에서 아테나이가 패배하자 키오스, 레스보스, 키지쿠스 세 도시는 맹주인 아테나이에 반기를 들 것인지 논의하려고 스파르타에 사절단을 보냈다. 레스보스의 요구는 보이오티아인들이, 키지쿠스를 위해서는 페르시아인 파르나바조스가 스파르타와 교섭 중간역할을 맡았다. 스파르타는 알키비아데스의 설득을 받아들여 키오스를 먼저 돕기로 결정했다. 알키비아데스는 직접 함대를 이끌고 바다로 나가 이오니아 전체가 아테나이에 맞서 반란을 일으키게 함과 동시에 스파르타 여러 장군과 힘을 합쳐 아테나이에 큰 타격을 입혔다.

한편 스파르타 왕 아기스는 왕비의 일로 그를 몹시 미워했다. 그는 모든 전공과 영광이 알키비아데스에게 돌아가는 것을 가만히 두고 볼 수가 없었다. 스파르타의 승리가 알키비아데스 덕분이라는 소문이 이미 자자했기 때문이다. 알키비아데스 명성 때문에 그들에 가려진 스파르타의 세력 있는 야심가들도 모두 그를 시기했고, 그에게 중압감을 느꼈다. 마침내 권력을 쥔 세력가들은 스파르타 고관들을 설득해 '알키비아데스를 사형하라'는 명령을 이오니아에 내리는 데 성공한다.

알키비아데스는 이러한 일들을 모두 몰래 전해 듣고 있었다. 때문에 그는 스파르타인들에게 협력하면서도, 그들 손아귀에 잡히지 않도록 이리저리 잘 피해 다녔다. 그는 페르시아 왕이 스파르타에 사절로 보낸 티사페르네스를 찾아가 보호를 요청했고, 곧 그의 가장 측근이 되었다. 본디 티사페르네스는 음험하고 야만적인 장군으로 건달들과 어울리기를 좋아했는데, 이런 그도 알키비아데스의 빠른 적응력과 빈틈없는 지략에는 탄복하고 말았다. 사실 알키비아데스를 두려워하거나 시기하던 사람들도 막상 그를 직접 만나 겪어보면 누구나 그의 매력에 빠져들 수밖에 없었다.

그 누구보다 헬라스인을 싫어하던 티사페르네스도 알키비아데스의 수려한 외모와 뛰어난 말솜씨에 완전히 사로잡혀버렸다. 그는 자신이 받은 어떤 찬사보다도 더 많은 말들로 알키비아데스를 칭송했다. 그는 자기가 가진 정원들 가운데서도 가장 맑은 물과 부드러운 풀, 섬세하고 아름답게 꾸며진 정자가 갖춰진 정원을 '알키비아데스 정원'이라고 부르게 했다. 그때부터 사람들은 모두 그 정원을 그렇게 불렀다.

알키비아데스는 더는 스파르타를 믿을 수 없다고 판단해 그곳을 떠났지만, 여전히 아기스 왕이 자신에게 해코지할까봐 두려웠다. 그는 스파르타와 함께 아테나이를 정복하려던 계획을 버리고, 티사페르네스 앞에서 스파르타를 헐뜯으며 비난했다. 그러면서 스파르타에 너무 많이 원조하거나, 아테나이를 정복하기 위해 힘을 합치지 말라고 티사페르네스를 설득했다. 적당히 함께 싸우는 척하다가 스파르타가 식량 부족으로 힘들어지고, 아테나이와 스파르타가 서로 싸우다 지칠 때를 기다려 양쪽을 한꺼번에 공격하자는 것이었다.

이 말에 티사페르네스는 단번에 설득되었다. 그는 알키비아데스 계략에 감탄하며 그 말을 따르기로 했다. 티사페르네스가 알키비아데스에게 맥을 못 춘다는 소문이 퍼지자 스파르타와 헬라스 사람들은 알키비아데스를 존경하게 되었다. 이 무렵, 위기에 빠진 아테나이 시민들은 그에게 사형을 선고했던 일을 후회하고 있었다. 알키비아데스 또한 아테나이가 완전히 망해버린다면, 스파르타의 미움을 받고 있는 자신이 영영 그들 손아귀에서 빠져나갈 수 없게 될까봐 걱정했다.

그 때 아테나이 병력 대부분은 사모스 섬에 모여 있었다. 아테나이는 강력한 해군 함대를 주력으로 아테나이를 배반한 동맹국들 가운데 몇몇을 다시 되찾기도 하면서 그들 움직임을 지켜보고 있었다. 이 무렵 아테나이는 많이 약해지기는 했지만 아직도 해상에서는 적과 싸울 만한 힘을 갖고 있었다. 아테나이인들이 가장 두려워하는 적은 페르시아의 티사페르네스와, 언제 쳐들어올지 모르는 포이니키아 함대 150척이었다. 3단 돛단배로 이루어진 이 거대한 함대가 나타나는 날이면 아테나이의 운명이 어찌 될지는 불을 보듯 뻔했다.

이런 사정을 잘 알고 있던 알키비아데스는 사모스 섬에 있던 아테나이 장군들에게 비밀리에 사자를 보내 다음 같은 말을 전했다. 자신은 티사페르네스를 아테나이 편으로 만들 수 있지만, 이는 민중의 환심을 사기 위함이나 그들을 용서했기 때문이 아니라고 했다. 다만 귀족들이 용기를 내어 민중의 무법 행위를 막고 아테나이를 위기에서 구하려 일어난다면, 자신은 기꺼이 협력할 마음이 있다고 말했다.

이 말을 전해 들은 아테나이 귀족들은 모두 알키비아데스의 뜻에 마음이 기울었다. 하지만 장군들 가운데 오직 한 사람, 데이라데스 출신 프리니코스만은 알키비아데스 제안에 반대했다. 그는 알키비아데스의 관심이 아테나이에 어떤 정권이 서느냐에 있는 게 아니라 오로지 그가 아테나이로 돌아올 수 있는 길을 찾는 데 있다고 말했다. 또 민중을 비난하고 귀족들 환심을 사려는 속셈이라고 알키비아데스를 비난했다.

하지만 그의 주장은 받아들여지지 않았다. 프리니코스는 이제 알키비아데스의 적으로 여겨졌다. 그는 자신의 처지가 불리해지자 스파르타 함대 사령관 아스티오쿠스에게 사람을 보내, 알키비아데스는 겉과 속이 달라 언제 배신할지 모르니 감시를 게을리하지 말고 조심하라는 말을 전했다. 그러나 프리니코스는 이 편지를 받은 사람이 알키비아데스 손안에 있다는 것을 미처 알지 못했다. 아스티오쿠스는 티사페르네스를 몹시 두려워했고 그가 알키비아데스를 매우 아낀다는 사실을 알고 있었다. 아스티오쿠스는 티사페르네스에게 잘보이기 위해 프리니코스의 일을 모두 털어놓았고, 알키비아데스는 곧 사모스 섬에 사람을 보내 프리니코스를 반역죄로 고발했다.

사모스에 있던 아테나이 사람들은 이 소식을 듣고 분개했다. 모든 아테나이인이 프리니코스를 비난하며 적대시했다. 궁지에 몰린 프리니코스는 더 큰 재난으로 상황을 역전하고 이들에게 복수하고자 했다. 그는 다시 아스티오쿠스에게 사람을 보내 그의 배신을 비난하는 한편, 마음을 돌린다면 아테나이 함대와 사모스 진영을 넘겨주겠다고 약속했다. 하지만 아스티오쿠스는 이 편지 내용마저도 알키비아데스에게 알려주었고, 알키비아데스는 이 일을 아테나이에 폭로했다. 이 사실을 알게 된 프리니코스는 알키비아데스가 다시 반역죄로 자신을 고발할 것을 염려해 선수를 쳤다. 그는 적이 공격을 준비하고 있다면서, 방어를 튼튼히 하고 배에 올라 싸울 준비를 하도록 아테나이인들을 설득하고 나섰다. 아테나이인들이 그의 말에 따라 한창 전투준비를 하고 있을 때 알키비아데스로부터 편지가 왔다. 프리니코스가 함대와 진영을 스파르타에 넘기려 한 배신자이므로 조심하라는 경고였다. 하지만 아테나이군은 이 편지가 프리니코스를 모함하고 이간질하려는 알키비아데스의 거짓말이라고 여겨 그 내용을 믿지 않았다.

그러나 얼마 뒤, 프리니코스가 광장에서 수비대원인 헤르몬 칼에 찔려 죽었을 때야 사람들은 그의 배신을 알게 되었다. 아테나이인들은 그제야 재판을 열어 프리니코스에게 반역죄를 선고했다. 그리고 헤르몬과 그 동료들에게 명예와 화환을 수여했다.

이렇게 해서 사모스 섬에서 알키비아데스 파가 지지를 얻게 되었다. 그들은 페이산드로스를 아테나이에 파견했다. 그의 임무는 아테나이 정치체제를 뒤집고 귀족들을 부추겨 민주정치를 끝장내는 것이었다. 그들은 이렇게 되어야 알키비아데스가 티사페르네스를 아테나이 편으로 끌어들일 수 있다고 말했다. 이것이 아테나이 지배권을 장악한 몇몇 귀족의 명분이자 변명이었다.

하지만 막상 정권이 바뀌고 5천인회(실제로는 400명이었다)가 결성되자 그들은 알키비아데스를 잊어버리고 전쟁에도 그다지 관심을 두지 않았다. 새로운 체제에 익숙해지지 않은 시민들을 믿지 못했기 때문이기도 했지만, 늘 과두정치를 지지해 온 스파르타인들이 아테나이에 새로 수립된 귀족정치에 호감을 보여 보다 너그럽게 대하리라 기대해 굳이 전쟁을 벌일 필요가 없다고 여겼기 때문이다.

아테나이에 있던 민주파 사람들은 두려움에 입을 다물고 있을 수밖에 없었다. 5천인회에 정면으로 맞섰다가 죽임을 당한 사람들이 적지 않았기 때문이다.

사모스 섬에 있던 군 지휘관들은 이 소식을 듣고 몹시 분개해 곧바로 군대를 이끌고 아테나이 외항인 페이라이우스로 쳐들어가려고 했다. 그들은 사람을 보내 알키비아데스를 데려와 장군으로 임명하고, 그에게 군대를 이끌고 5천인회의 정치를 아테나이에서 몰아내라는 명령을 내렸다.

알키비아데스의 행동은 장군다웠다. 만약 다른 사람이 대중의 호의로 그토록 커다란 권력을 거머쥐었다면 그들 비위를 맞추는 데만 정신없었을 것이다. 알키비아데스가 고향도 없이 떠돌던 처지에서 많은 군사를 다스리는 지위에까지 오른 것은 오로지 대중 덕분이었다. 하지만 그는 결코 가볍게 행동하지 않았다. 알키비아데스는 민중의 흥분을 가라앉히고, 그들이 치명적 실수를 저지르지 않도록 막아야 한다고 생각했다. 의심의 여지없이 그는 아테나이의 구원자였다. 만일 이때 그들이 아테나이로 배를 몰고 쳐들어갔더라면 이오니아 모든 지방·헬레스폰투스·에게 해 모든 섬이 그대로 적의 손에 넘어갔을 게 틀림없고, 아테나이는 내란으로 한 민족끼리 싸우는 비극을 맞았을 것이다.

이러한 화를 미리 막을 수 있었던 데는 알키비아데스 공이 컸다. 그는 흥분한 사람들의 어리석은 생각을 지적하고, 그들이 어떤 위험에 처해 있는지 차분히 설명했다. 그뿐 아니라 그들 하나하나를 붙잡고 사모스 섬을 떠나서는 안 된다고 간곡하게 호소했다.

이때 알키비아데스를 도와준 사람은 스테이리아 출신 트라시불루스였는데, 그는 언제나 알키비아데스를 따라다니며 큰 소리로 사람들을 설득했다. 전하는 말에 따르면 그는 아테나이에서 목소리가 가장 큰 사람이었다.

알키비아데스의 두 번째 공적은 다음과 같다. 그 무렵 스파르타인은 페르시아 왕이 파견한 포이니키아 함대의 도착을 기다리고 있었다. 그러나 알키비아데스는 이 함대를 아테나이 편으로 돌리거나, 적어도 스파르타 쪽으로 넘어가는 것만은 막아야 한다고 주장했다. 그는 서둘러 배를 타고 나갔다. 문제의 포이니키아 함대는 이미 아스펜두스 바다 위에 모습을 나타냈다. 하지만 티사페르네스는 이 함대를 더는 다가오지 못하게 막음으로써 스파르타인에게 큰 타격을 주었다.

알키비아데스는 포이니키아 함대를 양군, 특히 스파르타 측으로부터 빼앗아 다른 곳으로 돌리는 책임을 맡았다. 그는 페르시아인 티사페르네스에게 건의해 헬라스인들끼리 싸움을 붙임으로써 끝내 모두를 망하게 하려는 페르시아의 정책을 무너뜨려야겠다고 생각했다. 포이니키아 함대처럼 막강한 해군력이 어느 한편에 붙는다면 다른 한편의 제해권은 완전히 뿌리 뽑힐 게 분명했기 때문이다.

그 뒤 알키비아데스를 지지하는 사람들은, 평민들의 민주정치에 찬성하는 사람들과 힘을 합해 400인 정권을 무너뜨렸다. 아테나이 사람들은 이제 알키비아데스가 돌아오기를 희망해 그에게 귀국을 요청했다. 그러나 알키비아데스는 민중의 동정과 감상만 믿고 돌아갈 수는 없다고 생각하고, 영예와 공적을 세울 결심을 했다.

그러한 뜻을 품은 알키비아데스는 몇 척 안 되는 군선을 이끌고 사모스 섬을 떠나 크니두스와 코스 섬 근처를 항해했다. 그러다가 스파르타 장군 민다루스가 모든 군대를 이끌고 헬레스폰투스로 가고 있으며, 아테나이군이 이를 뒤쫓고 있다는 소식을 들었다. 그는 아테나이군을 돕기 위해 서둘러 배를 돌렸다.

군선 18척을 이끌고 북쪽으로 항해해 도착해 보니 양쪽 군대의 싸움이 막바지에 이르러 있었다. 승패는 쉽게 가려지지 않았다. 양쪽 함대는 아비도스 섬 근처에서 맞붙어 치열한 접전을 벌이며 새벽을 맞고 있었다. 알키비아데스 함대가 나타나자 이들은 순간 착각에 빠졌다. 적군은 알키비아데스를 자기 편이라 생각해 용기를 얻었고, 오히려 아테나이군이 겁을 내며 당황해 벌벌 떨었다.

그러나 알키비아데스가 아테나이 깃발을 뱃머리에 올리고 적에게 달려들자 상황은 순식간에 뒤바뀌고 말았다. 알키비아데스는 스파르타군 함대를 공격해 해안까지 밀어붙여 그들의 배를 산산이 부숴버렸다. 바다에 빠진 스파르타군은 헤엄쳐 가까스로 달아났다. 그때 페르시아 장군인 파르나바주스가 군선을 이끌고 나타났지만, 싸움의 결과는 이미 불 보듯 뻔했다. 마침내 아테나이군은 적의 군선 30척을 빼앗고 잃었던 자기편 배도 모두 되찾음으로써 승리의 기념비를 세울 수 있었다.

빛나는 승리에 힘입어 알키비아데스는 빨리 이 공적을 널리 알리고 싶었다. 그는 페르시아 군정관 티사페르네스에게 자랑하기 위해, 많은 선물과 공물을 준비하고서 위풍당당하게 그를 찾아갔다. 하지만 그는 뜻밖의 대접을 받았다. 티사페르네스가 스파르타 사람들의 의심과 왕의 미움을 풀기 위해 알키비아데스를 체포했던 것이다. 그는 알키비아데스를 사모스 섬에 감금했다. 이렇게 하면 알키비아데스와 내통해 스파르타를 배신했다는 중상모략이 사실무근으로 판명되리라고 여겼던 것이다.

하지만 알키비아데스는 갇힌 지 30일 만에 사모스 섬에서 도망쳐 나왔다. 그는 말 한 필을 구해 클라조메나이로 빠져나온 뒤, 앙갚음하려는 마음에 티사페르네스가 자신의 탈출을 도와서 달아날 수 있었다는 소문을 퍼뜨렸다. 이로써 티사페르네스 체면은 엉망진창이 되었다. 그 뒤 알키비아데스는 헬레스폰투스에 있는 아테나이 함대로 갔으며, 스파르타 제독 민다루스와 파르나바주스가 키지쿠스에 있다는 소식을 들었다. 그는 병사들을 선동했다. 이제부터는 땅과 바다뿐만 아니라 성벽 안에서까지 싸워야 한다고 선언하며, 어떤 수를 써서라도 이겨야지, 그러지 못한다면 보수를 받을 수 없을 거라고 경고했다.

그런 뒤 알키비아데스는 병사들을 배에 태우고 프로콘네수스로 떠났다. 그리고 적이 눈치채지 못하도록, 가는 길에 만나는 배들을 모두 붙잡아서 달아나지 못하게 항구에 묶어두고 감시하라고 명령했다.

마침 천둥 번개가 울리면서 폭우가 쏟아졌다. 먹구름이 잔뜩 끼면서 하늘은 금세 어두워졌고 그것은 알키비아데스의 계획을 숨기는 데 도움이 됐다. 하지만 이러한 기후 변화는 적의 눈만 가린 것은 아니었다. 알키비아데스가 갑자기 나타나서 모두 배에 올라 키지쿠스로 출격하라고 명령했을 때, 아테나이군에도 이미 전의를 잃은 병사들이 많았던 것이다.

잠시 뒤 구름이 조금씩 비켜나면서 찬란한 햇빛이 드러나자, 키지쿠스 항구 앞 바다에 펠로폰네소스군 함대가 떠 있는 게 보였다. 알키비아데스는 자신들의 엄청난 함대를 보고 적군이 육지로 달아날지 모른다고 염려해, 여러 배 함장들에게 최대한 속력을 줄이고 조용히 뒤따르라고 명령했다. 그리고 그는 군함 40척을 따로 이끌고 적을 유인하기 위해 먼저 접근했다.

적은 아테나이 함대 규모가 40척밖에 안 되는 것을 얕보며 성급히 공격해 왔다. 이것을 본 알키비아데스 함대도 곧장 적의 함대로 돌진해 들어갔다. 곧 치열한 전투가 벌어졌다. 하지만 싸우는 도중에 뒤에서 대기하고 있던 나머지 아테나이 함대가 적의 함대를 향해 쳐들어가자, 적은 겁을 먹고 모조리 육지로 달아나버렸다. 알키비아데스는 다시 쾌속선 20척을 이끌고 전장 한가운데로 달려들어 적을 쳐부쉈다. 그들을 구하려고 달려온 민다루스와 파르나바주스도 여지없이 격퇴되고 말았다. 민다루스는 용감히 싸우다가 전사했고, 파르나바주스는 가까스로 몸을 피해 달아났다.

이 전투에서 아테나이군은 많은 적을 죽이고 수많은 무기와 적 군함들을 손에 넣었다. 그들은 또 파르나바주스가 버리고 간 키지쿠스 시를 점령하고, 섬에 있던 펠로폰네소스 수비대를 전멸시켰다. 그렇게 하여 아테나이군은 헬레스폰투스를 장악했을 뿐 아니라 모든 바다에서 스파르타군을 몰아냈다. 아테나이군은 스파르타군이 본국의 감독관들에게 보낸 문서 몇 통을 가로챘는데, 거기에는 스파르타 사람 특유의 간결한 문체로 다음 같이 적혀 있었다.

배를 모두 잃었음.
민다루스는 전사.
병사들은 모두 굶어 죽을 지경에 이르렀음.
더 이상 방법이 없음.

큰 승리를 거두자 알키비아데스 군대는 한없이 의기양양해졌다. 패배를 모르는 자신들이 여러 번 패전한 다른 아테나이 군대와 똑같은 대접을 받을 순 없다며 노골적으로 교만하게 굴었다. 얼마 전 아테나이 장군 트라실루스가 에페수스와의 싸움에서 졌을 때, 에페수스 사람들이 청동으로 기념비를 만들어 아테나이 사람들의 치욕을 새겨 넣었던 적이 있었다. 알키비아데스의 병사들은 이 일을 비웃으며, 트라실루스 병사들과 함께 훈련하거나 같은 진영을 쓰는 일조차 거부했다.

그러던 가운데 보병과 기병을 주력으로 한 파르나바주스의 군대가 아비도스를 침공하고 있던 트라실루스군을 공격했다. 알키비아데스는 트라실루스를 구하기 위해 부대를 이끌고 달려갔다. 두 부대는 힘을 합쳐 파르나바주스군을 물리치고 달아나는 적을 해질 무렵까지 추격했다. 두 장군의 병사들은 서로 전우가 되어 함께 기뻐하며 진영으로 돌아왔다.

다음 날 알키비아데스는 승리를 기념하는 전승비를 세웠다. 그러고 나서 파르나바주스 영내를 약탈했지만 저항하는 사람은 아무도 없었다. 알키비아데스는 신전의 남녀 사제들까지 모조리 포로로 잡았으나 몸값을 요구하지 않고 그냥 돌려보냈다.

그런 다음 알키비아데스는 아테나이를 배반하고 스파르타의 통치를 받아들인 칼케돈 시를 공격하기로 마음먹었다. 그는 칼케돈 시민들이 가축과 식량을 아테나이와 우호적으로 지내오던 비티니아로 옮기고 있다는 소식을 들었다. 알키비아데스는 비티니아 국경까지 군대를 끌고 가서 전령을 보내 그들의 행동을 질책했다. 그러자 겁이 난 비티니아인들은 칼케돈인들이 보내온 물자들을 알키비아데스에게 바치고 아테나이와 동맹을 맺었다.

알키비아데스는 칼케돈을 완전히 포위하고, 바다까지 이르는 방벽을 쌓아 봉쇄하려고 했다. 그러자 파르나바주스가 이 포위망을 뚫기 위해 군대를 이끌고 쳐들어왔다. 이와 함께 스파르타로부터 파견된 칼케돈의 히포크라테스도 군사를 모아 아테나이군을 공격해 왔다. 알키비아데스는 양쪽 군대와 동시에 맞서기 위해 전열을 가다듬었다. 그러고는 파르나바주스를 격파하고 히포크라테스를 죽였으며 많은 군사들을 몰아냈다.

그 뒤 알키비아데스는 군자금을 거두기 위해 몸소 배를 타고 헬레스폰투스를 돌았다. 그러고 나서 셀림브리아 시를 빼앗기 위해 전투를 벌였으나, 너무

서두른 나머지 큰 실수를 저질러 위험에 부딪히고 말았다.

사건의 경위는 이랬다. 셀림브리아 성안에 있던 내통하는 자들은 밤에 몰래 성문을 연 뒤 횃불을 올려 알키비아데스에게 신호를 보내기로 되어 있었다. 그런데 그 가운데 한 사람이 변심하고 말았다. 음모가 드러날까봐 겁이 난 다른 사람들은 약속보다 일찍 신호를 보냈다. 알키비아데스는 아직 공격 준비가 덜 되어 있는 상태에서 횃불이 타오르는 것을 보고, 먼저 30명만 이끌고 성으로 달려가며 나머지 병사들에게 최대한 서둘러서 따라붙으라고 명령했다.

약속대로 성문은 활짝 열려 있었다. 알키비아데스는 병사 30명과 뒤쫓아온 경무장병 20명을 이끌고 성안으로 들어갔다. 그런데 셀림브리아군이 단단히 무장한 채 거리를 내려오고 있었다. 그들과 정면으로 맞서 싸우다가는 도저히 살아날 가망이 없어 보였다. 하지만 그날까지 패배를 모르고 싸워왔던 그가 적에게 등을 보이고 달아난다는 것도 수치스러운 일이었다.

알키비아데스는 병사를 시켜 나팔을 불도록 해 주위를 조용하게 만든 다음, 셀림브리아군이 아테나이군에 무기를 겨누어서는 안 된다고 큰 소리로 외쳤다. 이 소리를 들은 셀림브리아군은 알키비아데스의 군사가 이미 모두 성안에 들어와 숨어 있다고 지레짐작해 싸울 의지를 잃어버렸다. 그러나 평화적으로 일을 수습하려던 사람들은 용기를 얻었다.

셀림브리아군이 서로 어찌해야 좋을지 의논하는 동안 알키비아데스의 나머지 병력이 도착해 도시를 완전히 포위했다. 셀림브리아가 자신들과 화해하기를 바란다는 사실을 알아차린 알키비아데스는, 트라키아 병사들이 셀림브리아 시내를 약탈할까봐 걱정되었다. 아테나이군에는 알키비아데스에게 이끌려 모여든 야만인들이 많았다. 그래서 그는 트라키아 병사들을 모두 성 밖으로 나가 있으라 명령하고, 셀림브리아 사람들 간청에 따라 시민들에게 아무런 피해도 입히지 않았다. 그는 일정 금액의 돈만을 받고 수비대를 남겨놓은 뒤 그곳을 떠났다.

한편 칼케돈을 포위하고 있던 장군들은 파르나바주스와 협정을 맺었다. 그 조약 내용은 칼케돈 시와 파르나바주스로부터 배상금을 받을 것, 칼케돈 사람들은 다시 아테나이에 복종할 것, 파르나바주스는 이 지역을 파괴하지 말 것, 그리고 페르시아 왕에게 보내는 아테나이 사절단의 안전을 보장할 것 등이었다. 파르나바주스는 알키비아데스가 셀림브리아에서 돌아오자, 그에게도 이 조약에 선서를 하라고 요구했다. 그러나 알키비아데스는 파르나바주스가 먼저 선서를 해야 자기도 하겠다면서 고집을 부렸다. 마침내 알키비아데스 주장대로 양쪽이 조약에 선서를 하고 나자, 알키비아데스는 아테나이에 반기를 든 비잔티움을 치기 위해 다시 길을 떠났다.

그는 비잔티움에 다다라 곧 도시를 포위했다. 성안에 있던 아낙실라우스와 리쿠르고스를 비롯한 몇몇 사람이 시민의 재산과 생명을 보호해 준다면 도시를 내주겠다면서 협상안을 제시했다. 그러나 알키비아데스는 급한 일이 생겨서 갑자기 이오니아로 떠나게 되었다는 소문을 퍼뜨렸다. 그러고는 온 함대를 이끌고 떠난 뒤 밤이 깊어지자 몰래 다시 돌아왔다. 알키비아데스는 중장비 보병들과 함께 배에서 내려 소리 없이 성벽 아래로 숨어들었다. 그런 다음 성안에 있는 내통자의 신호를 기다렸다.

한편 나머지 아테나이 함대는 요란하게 환호성을 지르며 항구로 밀어닥쳤다. 뜻하지 않은 공격을 받은 비잔티움 사람들은 크게 겁을 먹고, 항구로 들어오는 배를 막아내려고 모두 정신없이 달려나갔다. 그 틈을 타서 알키비아데스군은 성을 치고 들어갔다. 하지만 전혀 싸우지 않고 성을 손에 넣은 것은 아니었다.

비잔티움을 지키던 펠로폰네소스인, 메가라인, 보이오티아인 등의 군대는 배에서 내린 아테나이군을 공격하여 다시 배로 몰아넣었다. 그리고 숨어 있던 알키비아데스군이 성안으로 쳐들어갔다는 소식을 전해 듣자, 대열을 정비한 뒤 곧바로 성으로 밀고 들어갔다. 곧 시내에서 치열한 전투가 벌어졌다. 알키비아데스가 오른쪽 날개를 맡고 테라메네스가 왼쪽 날개를 지휘해, 격렬한 싸움을 벌인 끝에 승리를 거두고 300명을 포로로 잡았다.

전투가 끝난 뒤에는 단 한 명의 비잔티움 시민도 살해되거나 추방되지 않았다. 그것이 바로 도시를 넘긴 사람들과의 합의 조건이었다. 나중에 아낙실라우스가 스파르타에서 반역죄로 기소되었을 때 그는 자신이 무엇 하나 부끄러운 행동을 한 적이 없으며 자기 행동이 정당했음을 증명할 수 있다고 밝혔다. 그의 진술에 따르면 그 자신은 라케다이몬 사람이 아니라 비잔티움 사람이고, 위기에 빠진 것은 스파르타가 아니라 비잔티움이었다. 따라서 비잔티움의 위기를 그냥 두고볼 수만은 없었다. 그때 비잔티움은 적이 포위하고 있어서 식량을 성안으로 들일 수 없는 상황인 데다 성안에 있던 식량들마저 펠로폰네소스인들과 보이오티아인들이 모조리 먹어치웠으므로 비잔티움 사람들은 여자고 아이고 할 것 없이 굶주리고 있었다. 그러므로 그는 결코 나라를 팔아넘긴 게 아니라 전쟁의 공포에서 구해낸 것뿐이며, 그렇게 함으로써 라케다이몬 사람들의 훌륭한 정신을 본받은 것이다. 라케다이몬 사람들은 자신의 나라를 섬기는 게 가장 고귀하고 정의로운 일이라고 여겼기 때문이다.

라케다이몬 사람들은 이 말을 듣고 감탄하여 그를 무죄로 석방했다.

알키비아데스의 가슴속에서는 고국에 대한 그리움이 깊어갔다. 그리고 많은 승리를 거둔 자신의 모습을 아테나이인들에게 보여주고 싶었다. 마침내 그는 아테나이로 돛을 올렸다. 그를 뒤따르는 모든 배는 수많은 방패와 전리품으로 꾸몄다. 적으로부터 빼앗은 군함의 깃발과 온갖 장식품은 200여 개에 이르렀다.

알키비아데스의 후손이라고 자처하는 사모스인 두리스는 이렇게 덧붙였다. 피티아 경기의 우승자 크리소고누스가 부는 피리 소리에 맞춰 모든 배가 노를 젓고, 비극 배우 칼리피데스가 가락을 맞추었다. 두 사람은 장화를 신고 발까지 내려오는 긴 자주색 옷을 입었으며, 무대에 올라갈 때처럼 짙은 화장을 하고 있었다. 배는 마치 놀러 나가는 것처럼 자줏빛 돛을 올리고 항구에 들어왔다.

그러나 이 이야기는 과장된 듯하다. 테오폼푸스, 에포로스, 크세노폰 등의 기록에는 이 같은 내용이 없을 뿐더러, 오랫동안 망명 생활을 한 사람이 이처럼 호화롭고 교만스러운 행동을 했다는 것도 이치에 맞지 않는다.

사실 알키비아데스는 마음 졸이며 아테나이로 돌아왔다. 배가 항구에 닿은 뒤에도 그는 내리지 않고 여전히 갑판 위에 서 있었다. 이윽고 사촌 에우리프톨레무스가 친구와 친척들을 데리고 마중 나온 것을 보고서야 그는 조심스럽게 배에서 내렸다.

마침내 그가 아테나이 땅을 밟자, 마중 나온 시민들은 다른 장군은 본 체도 하지 않고 환성을 올리며 알키비아데스를 둘러쌌다. 사람들은 알키비아데스를 따라 걸으며 그를 호위했고, 가까이 다가갈 수 있었던 사람은 그의 머리에 화관을 씌워주었다. 멀리 있던 사람들은 그의 모습을 우러러보았고, 나이 먹은 사람들은 젊은이들에게 그를 가리키며 '저분이 바로 알키비아데스다' 알려주었다.

지난날 겪었던 고생 때문인지 아테나이 시민들은 눈앞에 있는 이 행복을 보며 기뻐하면서도 서러운 눈물을 쏟아냈다. 사람들은 그때 알키비아데스에게 시킬리아 원정을 맡겼더라면 시킬리아에서 그토록 처참한 패배를 당하지 않았을 것이며, 그들이 가졌던 다른 기대들도 무너지지 않았으리라 생각했다. 바로 어제까지만 해도 아테나이는 해상권을 잃어버렸고 땅에서도 겨우 성이나 지키고 있으며, 정치 싸움으로 시내는 늘 시끄러웠다. 이렇게 무참히 눌려 수렁에 빠진 아테나이를 알키비아데스가 건져냈다. 그는 함대를 이끌며 바다의 세력을 모두 회복하고 육지에서도 적과 싸워 많은 승리를 거두었다.

알키비아데스의 추방령을 풀어주고, 아테나이로 다시 돌아올 수 있도록 해준 사람은 칼라이스크루스의 아들 크리티아스였다. 그는 이 일을 시 한 편으로 남겨두었다.

나는 법령을 제안해 그대를 돌아오게 했다.
그대가 조국에 돌아온 것은 다른 사람이 아닌 나 덕분이다.

알키비아데스가 아테나이로 돌아오자 시민들은 곧 민회로 모여들었다. 알키비아데스는 연단에 서서 자기가 이제껏 겪은 온갖 고생을 눈물을 머금은 채 호소했다. 그렇다고 해서 그가 거칠면서 기나긴 말로 시민들을 원망하고 비난한 건 아니었다. 오히려 그는 모든 불행이 일어났던 까닭은 자신의 운이 나빴던 탓이며, 어릴 적부터 따라다니는 질투 많은 신령들의 농간이었다고 말했다. 그리고 그는 아테나이 앞날이 더욱 빛날 것이라며 시민들 마음에 희망의 불꽃을 지피고 용기를 심어주었다.

시민들은 그의 머리에 황금으로 만든 관을 얹어주고, 땅과 바다에서의 모든 군사권을 갖는 대장군으로 임명했다. 몰수했던 그의 재산을 돌려주었으며, 민회의 결의로 그에게 내려졌던 사제 집안 에우몰피다이와 케리케스의 저주를 거두어들였다. 모든 사제가 저주하는 기도를 취소했으나 오로지 한 사람, 사제장 테오도루스만은 알키비아데스가 조금이라도 나라에 죄를 짓지 않았다면 자신은 처음부터 그를 저주하지 않았을 것이라며 취소하기를 거절했다.

알키비아데스는 시민들 환영을 받으며 영광의 나날을 보내고 있었다. 그러나 어떤 이들은 그가 귀국한 날짜가 불길하다며 걱정하기도 했다. 그가 항구에 내린 날은 아크로폴리스에 모신 아테나 여신의 옷과 장식을 벗겨 깨끗이 하는 날이었다. 그래서 이날에는 사람들이 여신이 벗은 모습을 보지 못하도록 천으로 덮어 가렸다. 이 행사는 타르켈리온 달 25일에 이루어졌는데, 아테나이 사람들은 이날을 1년 가운데 가장 불길한 날이라고 생각해 중요한 일을 하지 않고, 밖에도 잘 나가지 않았다. 그런데 하필이면 이때 알키비아데스가 돌아온 것이었다. 그렇기 때문에 사람들은 여신이 은혜와 자비로 알키비아데스를 맞아주지 않고, 얼굴을 숨겨 그를 외면했다고 여겼다.

그럼에도 모든 일은 알키비아데스가 뜻한 대로 진행되었다. 그는 군함 100척에 병사들을 싣고 서둘러 출격 준비를 갖추었다. 그런데 한 가지 큰 야망이 그의 마음을 사로잡아 알키비아데스는 엘레우시스 제사가 끝날 때까지 아테나이에 그대로 머물게 되었다. 그 무렵 데켈레이아에는 이미 스파르타가 요새를 구축해 엘레우시스로 가는 길목을 막고 있었다. 그래서 엘레우시스로 가는 제전 행렬은 해로를 이용해야 했기에 다채로운 행사 준비를 많이 갖추지 못했다. 이아쿠스 신을 모시고 장엄한 행렬을 이루며 갈 때의 관례였던 제사와 합창, 무용, 그 밖에 성스러운 의식들도 마지못해 생략되었다. 알키비아데스는 자신이 제전 행렬을 호위해 무사히 육로로 이동함으로써 엘레우시스 제사를 성공적으로 치러낸다면, 신들에게 영광을 돌리는 동시에 자기 명성도 드높아지리라 생각했다. 만일 스파르타 왕 아기스가 제전 행렬을 무사히 통과시켜준다면 위신을 잃게 되고, 그가 공격해 온다면 알키비아데스 자신은 신의 제전을 지키기 위한 성스러운 전투를 벌일 수 있다. 그것도 모든 아테나이 시민이 지켜보는 앞에서! 그 어느 쪽도 알키비아데스에게는 득이 되는 일이었다. 시민들은 알키비아데스의 용맹한 모습을 본 산증인이 될 터였다.

그는 이 계획을 에우몰피다이와 케리케스 집안 사제들에게 털어놓고 마침내 승낙을 받았다. 그리고 엘레우시스로 가는 길에 미리 보초병들을 보내놓았다. 날이 밝자 알키비아데스는 전위대를 앞세우고 사제와 사제장 그리고 초신자들에게 뒤를 따르게 한 뒤, 중장병들에게 행렬을 둘러싸 호위하도록 했다. 행렬은 엄숙하고도 질서정연하게, 한 치의 헝클어짐도 없이 앞으로 나아갔다. 알키비아데스가 장군으로서 연출해 낸 이 광경은 참으로 엄숙하고 신성해 보였다. 그 자리에 있던 사람들이 '제사장 알키비아데스'라고 불렀을 정도였다. 아테나이인들은 알키비아데스가 장군과 제사장, 두 역할을 모두 훌륭하게 해냈다며 칭찬을 아끼지 않았다.

엘레우시스에 다다른 뒤 아테나이로 돌아올 때까지, 행렬은 어떠한 공격도 받지 않았다. 이 일로 알키비아데스는 자신감에 넘쳤고, 그의 군대 또한 알키비아데스가 지휘하는 한 자신들에게 감히 맞설 적이 없다고 생각해 병사들의 사기는 하늘을 찌를 듯 높아졌다.

알키비아데스는 무엇보다 가난하고 신분이 낮은 사람들에게서 많은 사랑을 받았다. 그들은 알키비아데스에게 자신들을 통치해 달라고 스스럼없이 요구했다. 그 가운데 어떤 사람들은 법이든 정치든 마음에 들지 않는 것은 모두 없애버리고 감히 누구도 시기할 수 없는 높은 지위에 오르라며 그를 찾아와 권고하기도 했다.

정작 알키비아데스 본인이 이런 독재 지배에 대해 어떤 생각을 갖고 있었는지는 알 수 없다. 그러나 아테나이 유력자들은 그가 독재정치를 하게 될까봐 몹시 우려했다. 그들은 하루라도 빨리 알키비아데스를 출전케 하려고 조바심을 냈고, 그래서 장군을 뽑는 일이나 군에 대한 모든 문제를 알키비아데스가 원하는 대로 결의했다.

이리하여 그는 군선 100척을 거느리고 안드로스 섬으로 쳐들어가 그곳에 배치되어 있던 스파르타군을 쳐부쉈다. 하지만 그는 군이 시를 점령하지는 않았다. 이 일은 나중에 정적들이 알키비아데스를 공격하는 빌미를 제공했다.

만약 자기의 명성과 영광 때문에 파멸한 사람이 있다면 그가 바로 알키비아데스일 것이다. 그의 뛰어난 지략과 배짱은 너무나도 유명하고 수많은 성공을 거둘 수 있었던 밑바탕이었지만, 실패할 때에는 마치 고의로 그렇게 일을 그르친 것처럼 의심받았기 때문이다. 사람들은 그가 마음만 먹으면 무엇이든 할 수 있다고 믿어 의심치 않았다. 그래서 알키비아데스가 출전한 날부터 사람들은 이오니아 전체와 키오스 섬까지 정복했다는 소식을 언제쯤 듣게 될지 무척 고대했다. 그 누구도 실패에 대해서는 도무지 생각하지 않았으므로, 계획대로 일이 척척 풀리지 않으면 사람들은 오히려 신경질을 부렸다.

하지만 강적인 페르시아와 싸우기에 아테나이는 자금과 물자가 부족했다. 알키비아데스는 병사들의 봉급과 식량을 마련하기 위해 곧잘 군대를 비우고 돌아다녀야만 했다. 그러나 시민들은 이러한 사정을 전혀 알지 못했다. 그리고 알키비아데스가 이런 이유로 잠시 자리를 비운 동안, 끝내 큰 사건이 벌어지고 말았다.

그 무렵 라케다이몬 함대 사령관이던 리산드로스는 키루스로부터 엄청난 자금을 공급받아 병사들 급료를 일당 3오볼로스에서 4오볼로스로 올려주었다. 하지만 알키비아데스는 부하들에게 급료 3오볼로스도 주기 힘들 만큼 사정이 어려웠으므로, 군자금을 마련하기 위해 카리아로 갔다. 그는 자기가 자리를 비우는 동안 함대 지휘를 안티오코스에게 맡겼다. 안티오코스는 항해술이 뛰어난 장군이었지만, 성격이 조급하고 무모한 사람이었다. 알키비아데스는 떠나면서 적이 공격해 오더라도 절대 싸우지 말라는 엄명을 내렸다. 그러나 교만함에 젖어 적을 얕보고 있던 안티오코스는 알키비아데스 명령을 어기고, 자신의 배와 또 다른 군함에 병사들을 태우고 에페수스로 진격했다.

그러고는 바닷가에 정박해 있던 적의 함대 앞을 왔다 갔다 하며 차마 입에 담을 수 없는 욕설을 퍼부어 그들을 도발했다. 이에 화가 난 리산드로스는 배 몇 척을 내보내 안티오코스를 추격했다. 하지만 아테나이 주력부대가 나서는 광경을 보고 자신도 전 함대를 이끌고 출격했다. 리산드로스는 아테나이군을 격파하고 안티오코스를 죽였다. 또 많은 군선과 병사들을 손에 넣고 승리를 자축하는 기념비를 세웠다. 이 소식을 들은 알키비아데스는 황급히 사모스 섬으로 돌아와 남은 군대를 이끌고 리산드로스에게 싸움을 걸었지만, 그는 이미 얻은 승리에 만족해 굳이 응하지 않았다.

한편 아테나이군 진영에는 알키비아데스를 눈엣가시처럼 여기는 사람들이 있었는데 그 가운데 트라손의 아들 트라시불루스는 이 일을 기회 삼아 사람들을 선동하고 나섰다. 그는 아테나이로 건너가 알키비아데스를 고발하고, 아테나이인들의 지지를 얻기 위해 민회에 나가 연설했다. 트라시불루스는 알키비아데스가 전쟁에 지고 함대를 모두 잃은 것은 그가 장군직을 소홀히 하고 권력에 취해 자주 부대를 비웠기 때문이라고 했다. 또 적군이 호시탐탐 아군 함대를 노리고 있음에도 한가롭게 기생들과 술이나 마시며 되먹지 못한 측근에게 지휘권을 모두 맡겨 이런 결과를 초래했다고 말했다.

알키비아데스의 정적들은 이에 덧붙여, 그가 아테나이에서 살기 싫어지거나 살지 못하게 될 때를 대비해 트라키아 땅 비산테 근처에 자신의 은신처로 쓰기 위한 성채를 지었다고 주장했다.

아테나이 사람들은 이 말을 그대로 믿고 분개했다. 그들은 알키비아데스를 노골적으로 비난하며 그 대신 다른 사람을 장군으로 뽑았다. 이 소식을 듣고 겁을 먹은 알키비아데스는 아테나이군에서 깨끗이 물러났다. 그리고 용병들을 모아 새로운 군대를 만들어 트라키아 민족과 전쟁을 벌여 그들을 정복했다. 알키비아데스는 많은 전리품을 얻었고, 그것들을 팔아 마련한 돈을 아테나이로부터 자기 이웃 나라들의 안전을 지키는 데 썼다.

한편 아테나이 시민들이 새로 임명한 티데우스, 메난드로스, 아데이만투스 등의 장군들은 아테나이에 남은 모든 함대를 이끌고 아이고스타모이에 집결해 있었다. 그들은 아침마다 람프사쿠스 부근에 진을 치고 있는 리산드로스를 도발하다가는 곧바로 돌아와 빈둥거리며 하루하루를 의미 없이 보내고 있었다. 그들은 적을 완전히 깔보았고, 규율이나 정비도 없이 허술해진 군대를 그냥 내버려두었다.

그 근처에 있던 알키비아데스는 이런 사정을 알자 도저히 모르는 척할 수가 없었다. 그는 말을 타고 아테나이 장군들을 찾아가 그들을 꾸짖었다. 항구와 도시가 없어 물자보급이 어려운 곳에 정박지를 정한 것부터가 잘못된 선택이며, 병사들이 육지에 올라와 마음대로 돌아다니게 내버려두는 것도 문제라고 지적했다. 람프사쿠스에 머물고 있는 적 함대는 장군 한 사람 명령에 일사불란하게 움직이도록 고도로 훈련된 병사들이었기 때문이다. 그는 이런 상태로 적과 싸우는 것은 달걀로 바위를 치는 격이라며 함대를 세스토스로 옮겨 정비하라고 장군들에게 충고했다.

하지만 아테나이 장군들은 그의 말을 무시해 버렸다. 심지어 티데우스는 거만한 태도로, 지금 군대를 지휘하는 사람은 알키비아데스가 아닌 자신들이니 물러가라고 말하며 비웃었다. 알키비아데스는 그들 사이에 음모가 있음을 눈치챘지만 물러나는 수밖에는 어쩔 도리가 없었다. 그는 진영 밖까지 자신을 배웅해준 병사에게 말했다.

"장군들이 나를 모욕하지만 않았다면 나는 반드시 며칠 안으로 라케다이몬을 그들과 한판 벌이게 하거나, 아테나이가 스스로 함대를 버리고 달아나도록 만들었을 것이다."

이 말을 단순한 허풍으로 생각한 사람들도 있었지만, 알키비아데스에게는 트라키아인 용병들로 이루어진 강력한 군대가 있었으므로 그가 마음먹었다면 정말로 그리 되었으리라 여기는 사람들도 많았다.

그리고 그 뒤에 일어난 일들은 알키비아데스가 얼마나 정확하게 아테나이군이 범한 잘못들을 꼬집었는지를 낱낱이 보여준다. 리산드로스는 불시에 아테나이군을 기습했다. 허를 찔린 아테나이 장군들은 군선 8척만을 이끌고 겨우 도망쳤다. 200척에 가까운 나머지 함선은 모두 리산드로스 손아귀에 떨어졌다. 그는 포로로 잡은 아테나이 병사 3000명을 모조리 죽여버렸다.

그 여세를 몰아 리산드로스는 아테나이 시를 정복해 군함을 하나도 남김없이 불사르고, 도시를 파괴했다.

정세가 이렇게 되고 보니 육지와 바다 모두에서 활약하고 있던 알키비아데스마저도 라케다이몬인이 두려워졌다. 그는 군대를 모두 이끌고 비티니아로 물러났다. 그는 미리 재물과 보석들을 몰래 그곳으로 보내놓기도 했고, 자신이 떠날 때 직접 가지고 가기도 했다. 하지만 그가 챙긴 재산보다 훨씬 많은 전리품이 그가 살던 성채에 그대로 남아 있었다. 꾸려 가지고 간 재물과 보석도 비티니아에서 트라키아인들의 습격을 받아 상당수를 잃었다. 그래서 그는 페르시아의 아르타크세르크세스 왕을 찾아가 보호를 요청하기로 했다. 자신의 세력이 테미스토클레스보다 못하지 않을 뿐 아니라 찾아가는 명분도 훨씬 떳떳했으므로, 왕이 도와주리라 믿었던 것이다. 테미스토클레스처럼 조국에 복수를 하려는 게 아니라, 조국을 구하기 위해 스파르타를 상대로 페르시아를 도왔고, 군대를 빌려달라고만 청하려 했기에 별다른 무리가 없으리라 여겼다. 그는 파르나바주스에게 가면 페르시아 왕에게 잘 안내해 줄 것이라 생각하고, 먼저 프리기아로 가서 파르나바주스를 찾았다. 그리고 그곳에서 얼마 동안 묵으며 후한 대접을 받았다.

한편 아테나이 사람들은 동맹의 지배권을 박탈당한 처지라 시민들의 실망이 이만저만 아니었다. 이미 자기들 영토를 잃은 데다가 리산드로스에게 자유마저 뺏긴 것이다. 그들은 리산드로스가 아테나이 시에 30인 참주 독재정권을 세우자 절망의 늪에 빠져버렸다. 시민들은 과거의 잘못과 어리석은 행동을 깨닫고, 알키비아데스에게 용서받을 수 없는 짓을 두 번이나 저질렀음을 후회했다. 알키비아데스 부하가 배 몇 척을 잃었다고 해서 아무 잘못도 없는 그에게 가혹한 벌을 주었기에 가장 용감하고 훌륭한 장군을 잃었고, 마침내 이런 슬픔과 수치까지 당하게 된 것이었다.

하지만 그토록 처참한 지경에서도 시민들은 알키비아데스가 어딘가에 살아 있다면 아직 희망이 있다고 생각했다. 알키비아데스는 망명객으로 떠돌고 있을 때도, 자신이 처한 위치에서 아테나이를 위해 성실하게 최선을 다한 사람이었기 때문이다. 그러므로 이제라도 힘만 있다면 분명히 라케다이몬의 승리와 30인의 압제를 그냥 보고만 있지 않으리라고 믿었다.

이런 민중의 생각이 어렴풋한 희망만은 아니었다. 참주 30인이 알키비아데스의 행동을 지켜보며 두려움에 떨었던 것을 보아도 짐작할 수 있는 일이다.

그리고 이때 크리티아스라는 사람은 리산드로스에게, 라케다이몬이 아테나이의 민주적인 색채를 완전히 없애버리지 않고는 결코 헬라스를 지배할 수 없으며, 만일 아테나이인들이 고분고분 따른다고 해도 알키비아데스가 가만히 있지 않을 것이라고 충고했다.

리산드로스가 크리티아스 충고에 겨우 귀를 기울이게 된 것은, 스파르타 본국 정부로부터 '알키비아데스를 없애라'는 밀서를 받았기 때문이다. 이는 스파르타 정부가 알키비아데스의 역량과 지략, 대담한 추진력을 두려워해서 내려진 명령이었다. 아니면 알키비아데스에게 혼쭐이 난 아기스 왕의 원수를 갚으려는 의도였는지도 모른다.

리산드로스는 알키비아데스를 없애라는 밀서를 파르나바주스에게 보냈다. 파르나바주스는 그의 형제인 마가이우스와 숙부 수사미트레스에게 이 일을 부탁했다.

그 무렵 알키비아데스는 프리기아의 한 마을에서 티만드라라는 여인과 함께 살고 있었다. 어느 날 밤 그는 티만드라의 옷을 입고 있는 자신에게 그녀가 다가와서 머리를 빗겨주고 화장을 해주는 꿈을 꾸었다. 다른 이야기에 따르면, 마가이우스에게 목이 잘리고 몸이 태워지는 꿈이었다고도 한다.

알키비아데스를 암살하기 위해 찾아온 자객들은 감히 집 안에 들어설 용기가 없어서, 먼저 집을 포위하고 불을 질렀다. 알키비아데스는 불길이 치솟는 것을 보고 이불과 옷가지들을 덮어 불이 번지는 걸 막았다. 그리고 칼을 휘두르며 불속을 뚫고 밖으로 나왔다. 페르시아 자객들은 이 모습을 보고 모두 뒤로 물러나 흩어졌다. 누구 하나 그와 칼로 맞붙어 싸우려 들지 않고 그저 멀리 떨어진 곳에서 그에게 창을 던지고 화살을 쏘아댔다. 마침내 그 화살에 맞아 알키비아데스는 쓰러지고 말았다. 할 일을 끝낸 자객들은 곧바로 프리기아를 떠났다.

알키비아데스가 숨지자 티만드라는 시체를 안아서 자기 옷으로 덮어주고, 정성을 다해 장례를 치렀다. 티만드라는 유명한 작부 라이스의 어머니라고 하며 코린토스 사람으로 알려졌으나, 사실은 시킬리아 작은 도시 히카라에서 포로로 잡혀온 여자였다.

　알키비아데스 죽음에 대해 이와는 다른 의견도 있다. 알키비아데스가 죽은 이유가 본인에게 있었다는 것이다. 알키비아데스는 어느 지체 높은 집안의 소녀를 납치해서 데리고 살았는데, 이에 격분한 소녀의 친척들이 한밤에 집으로 쳐들어가 불을 지르고, 밖으로 뛰쳐나오는 그를 화살로 쏴 죽였다고 한다.

코리올라누스(CORIOLANUS)

　　로마 귀족 마르키우스 가문에서는 뛰어난 인물들이 많이 나왔다. 누마왕 외손자이자, 툴루스 호스틸리우스에 이어 왕이 된 안쿠스 마르키우스도 그 하나이다. 로마에 깨끗한 물을 넉넉히 공급한 푸블리우스 마르키우스와 킨투스 마르키우스도 이 집안 사람들이다. 두 번이나 집정관에 뽑히고, 그 뒤 누구도 이 직책에 두 번 임명될 수 없다는 법률을 제정케 한 켄소리누스 또한 이 가문 출신이다.

　　이제부터 쓰려 하는 카이우스 마르키우스 코리올라누스는 홀어머니 아래 자란 사람이다. 그러나 그 점이 출세를 가로막거나, 덕을 갖추는 데 걸림이 되지는 않았다. 이는 악인들이 자신의 타락을 어린 시절 불행 탓으로 돌리는 게 핑계일 뿐이라는 사실을 잘 보여준다. 또한 제아무리 고결하게 타고났어도 훈련하지 않으면 빛을 낼 수 없다는 예를 보여주고 있다. 아무리 기름진 땅이라도 제대로 돌보지 않으면 좋은 열매를 거둘 수 없음과 마찬가지이다. 용맹스러운 코리올리누스는 한 번 계획한 일은 끝까지 밀고 나가는 추진력이 있어서 훌륭한 업적을 많이 남겼지만, 한편으로는 과격하고 야심이 지나쳐 동료들과 잘 지내는 데 어려움도 있었다. 그는 쾌락과 재물에는 그리 관심이 없어서, 사람들은 그를 절제 인내 정의를 지닌 사람이라며 칭송했다. 그러나 지나치게 엄격해 오직 한 번의 실수도 허락하지 않는 그를 두려워하는 이들도 많았다.

　　그즈음 로마에서는 무공을 가장 존중했다. 그들은 무용(武勇)과 미덕을 같은 단어로 보았으며, 이 말들은 뛰어난 사람을 일컫는 보통명사가 되었다.

마르키우스는 어릴 때부터 전쟁놀이를 즐겼고 무기도 곧잘 다뤘다. 그러나 사실 무기란 그것을 자유롭게 휘두를 체력이 없으면 그다지 쓸모가 없는, 단순한 물건일 뿐이다. 마르키우스는 그 사실을 깨닫고 신체를 단련하기 위해 노력했다. 그의 몸은 재빠를 뿐 아니라 어느 누구와 맞붙어 싸우더라도 지치는 일이 없었다. 운동경기에서도 그를 상대했던 사람들은, 자신들이 진 이유는 기술이 부족해서가 아니라 마르키우스의 지칠 줄 모르는 강인한 체력 때문이라고 변명을 했다.

마르키우스는 아직 소년이었을 때 처음으로 전쟁에 나갔다. 로마 왕이었다가 추방된 타르퀴니우스가 여러 전투에서 잇따라 패한 뒤 모든 것을 걸고 이른바 최후의 일격을 날릴 때였다. 타르퀴니우스 군대는 거의 라티움 사람들로 이루어졌으며, 다른 이탈리아 여러 민족도 합세해 있었다. 그들은 타르퀴니우스를 지지해서라기보다는 나날이 세력을 넓혀나가는 로마 세력을 막기 위해 이 싸움에 참가했다. 두 대군들이 서로 맞부딪쳐 결전을 벌이는 동안 전세는 거듭 뒤집혔다. 그러던 가운데 마르키우스는 옆에서 싸우던 동료 병사가 쓰러져가는 것을 보자 그는 얼른 달려가 그 병사에게 달려드는 적을 죽였다.

싸움이 로마의 승리로 돌아가자, 장군은 마르키우스의 용감한 행동을 칭찬이며 떡갈나무 가지로 만든 관을 씌워주었다. 이것은 전우나 시민의 생명을 구한 전사를 찬양하는 로마의 관습이었다.

그렇다면 왜 관을 떡갈나무로 만들었을까? 여기에는 여러 이유가 있다. 첫째, '떡갈나무 열매를 먹는 사람'이라는 신탁으로 널리 알려진 아르카디아 사람들을 기념하기 위해 떡갈나무에 특별한 의미를 준 것이었다. 둘째, 전쟁터에서 떡갈나무를 구하기가 쉬워서였다. 셋째, 떡갈나무가 도시의 수호신인 유피테르에게 바쳐진 나무였기 때문이기도 하리라.

떡갈나무는 야생으로 자라는 나무 가운데 가장 흔하며, 아름다운 열매를 맺을 뿐만 아니라 단단하기도 으뜸간다. 옛사람들은 떡갈나무 열매인 도토리를 식량으로 먹었고, 나무 속에서 꿀을 찾아내 마시기도 했다. 또 나무에 붙어서 자라는 가지는 새와 짐승을 유인하는 덫 역할을 했으므로 동물들의 맛있는 고기를 먹을 수도 있었다.

전하는 바에 따르면, 이 전쟁 가운데 쌍둥이 신 카스토르와 폴룩스가 나타났다고 한다. 이들은 전쟁이 끝난 뒤 말을 타고 나타나서 공회당에 모인 시민들에게 승리 소식을 알려주었다. 사람들은 그들이 나타났던 샘가에 신전을 세우고, 그날의 승리를 기념해 7월 15일을 디오스쿠리(쌍둥이 형제)에게 제사를 드리는 날로 정했다.

나이에 비해 너무 일찍 유명해지면 오히려 삶에 대한 열정을 잃어버리는 사람이 있다고 한다. 하지만 그것은 공명심이 약한 사람들 이야기이다. 진실한 열정과 명예욕을 가진 사람은 세찬 바람을 맞아 빠르게 움직이는 배처럼 오로지 영예의 길로 치달린다. 이런 사람은 명예를 지금껏 해온 일에 대한 보상으로 여기지 않고, 앞으로 할 일에 대한 약속이라고 생각한다. 그리고 이미 그가 얻은 명예를 욕되게 하지 않으려 온 노력을 할 뿐 아니라, 앞으로 더 큰 공적을 쌓기 위해 애쓴다.

마르키우스는 스스로 발전하기 위해 늘 노력하는 사람이었다. 그는 자기 역량을 새로이 보여주기 위해, 공훈에 공훈을 더하고 전리품에 전리품을 더해 나아갔다. 그 무렵 크고 작은 전투 가운데 마르키우스가 월계관과 상을 받지 않은 싸움이 없을 정도였다. 그래서 여러 장군 사이에 이로운 경쟁의식을 심어주기도 했다. 장군들은 그와 겨루어 지고 나서도 그에게 존경을 표시했고, 마침내는 그의 용맹을 칭찬하게 마련이었다.

다른 이들은 자기 이름을 떨치려고 싸웠지만, 마르키우스는 홀어머니를 기쁘게 해드리려고 싸웠다. 영광의 관을 머리에 쓴 그의 모습을 보고 어머니가 기쁨의 눈물을 흘리며 안아주는 것이야말로 그의 인생에서 가장 큰 명예이자 행복이었다.

에파메이논다스도 자신이 레우크트라 전투에서 승리한 소식을 부모님이 살아 계신 동안 전할 수 있었던 게 생애 가장 큰 행복이었다고 말했다. 그는 아버지 어머니 모두 살아 있었으므로, 기쁨을 함께 나눌 수 있어서 더욱 행운이었다. 그러나 마르키우스는 홀어머니밖에 안 계셨으므로, 아버지께 드릴 애정까지 모두 어머니에게 쏟았다. 그는 어머니 뜻에 따라 아내를 맞이했으며, 자식이 생긴 뒤에도 어머니를 모시고 살았다.

그가 아주 큰 세력과 권위를 얻었을 때, 로마에서는 귀족과 평민 사이에 다툼이 일어나 갈수록 사이가 벌어지고 있었다. 평민들이 빚 때문에 귀족들로부터 무서운 학대를 받고 이를 항의했으나, 원로원은 부유한 귀족들 편이었다. 채

권자들이 기한 안에 빚을 못 갚으면 압류와 경매로 얼마 남지 않은 재산까지 모조리 빼앗았다. 그리고 더는 착취당할 수조차 없을 만큼 빈궁 상태에 있는 사람들을 가차없이 감금했다.

사비니인들과 전쟁을 할 때였다. 부유한 채권자들은 빚을 진 평민들에게 전쟁에 나가면 너그럽게 봐주겠다는 약속을 했고, 집정관 마르쿠스 발레리우스도 원로원 명령에 따라 이를 보증했다. 그러나 평민들이 용감히 싸워 적을 무찌르고 돌아왔는데도 대우는 조금도 나아지지 않았다. 원로원도 예전 약속을 잊은 듯 시치미를 뗐다. 평민들이 여전히 노예처럼 끌려가고, 그들 물건을 빼앗겨도 모르는 척 내버려 두었다. 이 때문에 도시 곳곳에서는 싸움과 폭동이 일어났고, 이와 같은 혼란을 눈치챈 적들이 쳐들어와 약탈을 일삼았다.

이렇게 되자 정부는 무기를 쥘 수 있는 나이의 남자를 모두 소집하는 공고를 냈다. 그러나 누구 한 사람 그에 응하지 않았다. 귀족들은 모두 당황했고, 정부 요인들은 이 문제에 어떤 조치를 취해야 할지 격렬하게 토론했다. 어떤 사람들은 정부의 지나친 간섭을 억제하고 엄한 법률을 완화해야 한다고 주장했다. 하지만 다른 사람들은 이에 반대했으며, 마르키우스도 그 가운데 하나였다. 그는 경제적 어려움은 논쟁의 요점이 될 수 없으며, 법에 맞서 들고일어나려는 평민들 시위를 하루빨리 진압하는 게 현명한 방법이라고 주장했다.

원로원에서 사태를 수습하기 위해 거듭 회의를 열었지만 어떤 해결책도 나오지 않았다. 평민들은 자기네들이 도저히 구제될 희망이 없다고 생각했다. 그리하여 어느 날 갑자기 한곳에 모두 모이더니 한꺼번에 로마 시를 떠나서 아니오 강가에 있는, 지금은 성스러운 언덕이라고 불리는 작은 산에 들어가 자리를 잡았다. 그들은 반란을 일으키거나 폭력을 쓰지 않았다. 오직 행진하면서 이렇게 외쳤다.

"우리는 끊임없는 귀족들의 참혹한 횡포에 못 이겨 로마 시를 떠났다. 이탈리아는 물과 공기와 뼈를 묻을 땅쯤은 줄 것이다. 하지만 로마는 우리에게 귀족들을 위해 싸우다가 다치고 죽을 일밖에는 해준 게 없다."

사태가 심각함을 깨달은 원로원은 의원 가운데 가장 온화하고, 민중의 호감을 많이 받은 사람들 몇을 보내 그들과 협상하도록 했다. 대표인 메네니우스 아그리파는 간곡한 말로 화해를 구한 뒤 원로원의 처지를 설명했다. 그리고 널리 알려진 우화로 연설을 끝맺었다.

"옛날에 사람의 모든 기관이 배(腹)에 반란을 일으켰소. 배는 하는 일 없이 한가운데에서 놀면서, 다른 신체들에게 일을 시켜 음식만 받아먹는다는 것이었소. 그러자 배는 그들의 어리석음을 비웃었소. 자신은 모든 영양을 혼자 받기는 하지만, 그것을 다시 신체 모든 부분에 골고루 나눠준다는 것이오. 여러분! 여러분과 원로원 사이도 바로 이렇소. 원로원은 모든 건의와 계획을 소화해서 다시 여러분에게 적당한 이익으로 나눠주는 일을 하는 것이오."

그 뒤 얼마 동안 재타협안을 두고 양쪽에서 의견 대립이 이어지다가 시민들은 마침내 원로원과 화해하기로 결정했다. 이는 원로원이 평민들 요구를 들어주었기에 가능했다. 평민들 요구대로 해마다 평민 다섯 사람을 뽑아 호민관을 구성함으로써 평민의 권익을 지키게 한 것이다. 이렇게 해서 최초의 호민관이 된 다섯 사람 가운데에는, 평민들이 로마 시를 빠져나갈 때 앞장섰던 유니우스 브루투스와 시킨니우스 벨루투스가 있었다. 로마 시가 다시 하나로 합쳐지자 평민들은 소집령에 따라 무기를 들고 전쟁터에 나갔다.

한편 마르키우스는 귀족들이 민중 뜻에 따라 한발 물러선 일을 불쾌하게 여겼다. 그는 다른 귀족들도 자기와 같은 생각을 하고 있음을 알았다. 그래서 그는 귀족들에게 "우리 귀족들도 평민들 못지않은 애국심을 가졌다는 사실을 보여주고, 전쟁에서 평민보다 뛰어난 공적을 보여야 한다" 호소했다.

그 무렵 로마는 볼스키와 싸우고 있었다. 로마 집정관 코미니우스가 볼스키 수도 코리올리를 포위했을 때, 볼스키인들은 나라 안 모든 병력을 할 수 있는 한 그러모았다. 그리고 군대를 둘로 나누어 한쪽은 포위된 도시 앞쪽에서 로마군과 맞붙고, 다른 한쪽은 뒤에서 공격하는 작전을 세웠다.

이처럼 불리한 상황을 피하기 위해 코미니우스는 군대를 둘로 나누었다. 그 가운데 반은 스스로 이끌어 바깥에서 쳐들어오는 적을 치고, 나머지 반은 로마에서 가장 용감한 사람으로 알려진 티투스 라르티우스에게 맡겨 성을 계속 포위하게 했다.

코리올리 성안에 있던 볼스키군은 포위군 숫자가 적은 사실을 알고서 밖으로 나와 공격했으며, 로마군은 참호 속으로 숨어들었다. 바로 이때 마르키우스가 얼마 되지 않는 병력을 이끌고 달려와 볼스키의 선봉 부대를 물리쳤다. 그리고 로마군에게 함께 싸우자고 크게 외쳤다. 그는 카토가 전사의 모범이라고 칭송할 만큼 힘과 용기와 체력이 뛰어났고, 목소리도 우렁찼다. 마르키우스가 이끄는 정예부대는 볼스키에 대한 공격을 멈추지 않았다.

곳곳에서 달려온 많은 군사들이 마르키우스를 중심으로 뭉치자, 적들은 힘한 번 제대로 써보지 못한 채 뿔뿔이 흩어져 달아나기 바빴다. 마르키우스는 그들을 뒤쫓아 성문까지 몰아냈다. 하지만 로마군은 성벽 위에서 빗발처럼 쏟아지는 화살과 창 때문에 추격을 멈춰야만 했다. 성안에는 완전무장한 적군들이 우글거리고 있어서, 그곳으로는 들어갈 엄두도 낼 수 없는 상황이었다. 그것을 본 마르키우스는 자리를 지키고 서서 성안으로 쳐들어가자고 병사들을 부추기며 격려했다. 운명의 여신이 성문을 연 것은 달아나는 적을 위해서가 아니라 우리를 맞이하기 위함이라고 외친 것이다.

이 말을 듣고 몇몇 용감한 부하들이 그를 따랐다. 마르키우스는 이들의 호위를 받으며 성안으로 들어섰다. 처음에는 아무도 감히 이들을 막으려 들지 않았다. 그러나 병력이 얼마 안 되는 것을 보고 갑자기 적들이 달려들었다. 마르키우스는 적과 아군이 뒤섞인 아수라장 속에서도 힘과 용기를 다해 자신에게 덤비는 적들을 모조리 물리쳤다. 적군 절반이 넘게 시내 안쪽으로 달아나고, 남은 자들은 무기를 버리고 항복했다. 이처럼 마르키우스 활약 덕분에 뒤에 남은 라르티우스는 로마 병사들을 거느리고 유유히 성안으로 들어갈 수 있었다.

코리올리가 함락되자 많은 병사들이 약탈을 일삼았다. 이를 본 마르키우스는 몹시 화를 내며 그들을 꾸짖었다. 집정관과 시민들이 목숨을 걸고 볼스키 사람들과 싸우고 있는데, 거리를 돌아다니며 전리품이나 거두는 것은 수치스러운 일이라고 호통을 쳤다. 하지만 그의 말에 귀 기울이는 병사는 그리 많지 않았다. 그는 병사들을 이끌고 집정관 부대가 진격한 길을 따라 서둘러 다른 전쟁터로 떠났다. 전투가 끝나기 전에 도착해 코미니우스 부대와 함께 싸우기를 원했기 때문이다.

그 무렵 로마 사람들은 전투 시작 전에, 전우 서너 명 앞에서 말로 유산 상속인을 지명하는 절차가 있었다. 마르키우스가 도착했을 때 로마 병사들은 때마침 이 절차를 밟고 있었다.

그들은 마르키우스가 몇 안 되는 병사들을 이끌고 온몸이 피와 땀으로 범벅이 되어 나타난 것을 보고 패배해 달아난 것으로 여기고는 크게 놀랐다. 그러나 마르키우스가 웃음 띤 얼굴로 집정관에게 달려가 손을 내밀며 코리올리를 함락한 일을 알리자, 코미니우스는 그를 끌어안았다. 그 모습을 본 병사들은 그제야 마음을 놓았다. 가까이 있는 병사들은 승리 소식을 직접 들었고, 조금 떨어진 곳에 있던 병사들은 분위기를 보고 알아차렸다. 병사들은 새롭게 용기를 얻어 승리의 여세를 몰아 나아가자고 소리쳤다.

마르키우스는 코미니우스에게 볼스키군이 군대를 어떻게 배치했으며, 정예부대는 어디쯤에 두었는지 물었다. 코미니우스는 몹시 호전적이며 누구에게도 굴복할 줄 모르는 안티움인 병사들이 중앙에 진을 치고 있는 듯하다고 말했다. 그러자 마르키우스가 이렇게 이야기했다.

"우리 부대를 그자들과 맞서게 해 주십시오."

마르키우스 용기에 감탄한 코미니우스는 그의 요구를 받아들였다. 전투가 시작되자 마르키우스는 목숨 걸고 뛰쳐나가 자신에게 달려드는 볼스키 병사들을 단번에 무너뜨렸다. 그가 칼을 휘두를 때마다 적의 시체들이 쌓이고, 군대가 나아갈 길이 열렸다. 그러나 오래지 않아 양옆에서 여러 적군 부대가 나타나 반격했다. 코미니우스는 마르키우스를 구하기 위해 서둘러 정예부대를 뽑아 보냈다.

싸움은 마르키우스를 중심으로 점차 열기를 더해갔고, 죽거나 다치는 병사들 숫자는 헤아릴 수 없을 지경이었다. 하지만 로마군이 계속 돌격을 감행해 용감하게 달려들자 적들은 겁을 먹고 후퇴하기 시작했다. 달아나는 적을 따라잡으려던 마르키우스는 이미 너무 많은 피를 흘려 몸을 움직이기조차 힘들었다. 병사들은 마르키우스에게 진영으로 돌아가서 휴식을 취하라고 권했다. 그러나 그는 "승리는 지치는 법이 없다" 말하며 끝까지 병사들과 함께 달아나는 적을 뒤쫓았다. 마침내 남아 있던 볼스키군도 모두 쓰러졌고, 포로가 된 사람 수가 죽은 이보다 더 많았다.

다음 날 마르키우스가 병사들과 함께 집정관 막사로 오자, 코미니우스는 이번 승리에 대해 신에게 감사를 드렸다. 그리고 전장에서 자신이 직접 보거나 라르티우스에게 전해들은, 마르키우스의 용기와 업적을 높이 칭송했다. 그리고는 전리품의 10분의 1을, 다른 사람들이 나누어 갖기 전에 가장 먼저 가지라고 그에게 말했다. 뿐만 아니라 아름다운 장식과 마구를 갖춘 말 한 필을 상으로 주었다. 모든 병사는 그의 뛰어난 공적에 걸맞은 상이 내려지는 것을 보고 모두 박수와 환호를 보냈다. 하지만 마르키우스는 감사의 말을 한 뒤, 명예는 돈으로 값어치를 따질 수 없다며 이 모든 재물을 사양했다. 그리고 군이 상을 주고 싶다면 다른 병사들과 똑같이 받고 싶다고 했다. 그는 이어서 이렇게 말했다.

"저는 꼭 받고 싶은 게 하나 있습니다. 볼스키 사람 가운데 저와 가까운 친구가 하나 있는데, 지금은 포로가 되어 노예 처지로 전락할 위기에 처해 있습니다. 그 친구가 노예로 팔려가는 불행을 제 힘으로 막을 수 있도록 해주시기 바랍니다."

이야기를 마치자 모든 사람은 그에게 더 큰 박수갈채를 보냈다. 그의 사심 없는 고결한 생각이 많은 이들을 감동시킨 것이다. 마르키우스가 혼자 특별한 영광을 누리자 은근히 시기하던 사람들도, 그가 누구보다 높이 평가받을 자격이 있음을 깨달았다. 또 그들은 마르키우스가 세운 어떤 공보다도 그의 덕에 더 큰 매력을 느꼈다. 재물을 옳게 쓰는 일은 무기를 잘 쓰는 일보다 어렵다. 하지만 재물을 바라지 않는 것은 재물을 옳게 쓰는 일보다 더욱더 어려우며 고귀하다.

칭찬과 갈채의 소리가 가라앉자 코미니우스가 조용히 이야기를 꺼냈다.

"전우들이여, 받기를 원하지 않는 이에게 억지로 선물을 주는 것은 예의가 아니오. 그러니 우리는 그가 차마 거절할 수 없는 것을 하나 선물하기로 합시다. 다름이 아니라, 코리올리에서 그의 활약을 잊지 않겠다는 뜻으로 코리올라누스라는 이름을 선물하자는 것이오."

이렇게 해서 마르키우스는 세 번째 이름을 갖게 되었다. 카이우스는 그의 개인적인 이름이요, 마르키우스는 집안 공통된 이름이다. 로마에서는 보통 성장한 뒤의 업적, 신체적 특징, 인품에 따라 세 번째 이름이 붙여지곤 했다.

헬라스 사람들도 개인 공적을 기념해 세 번째 이름을 지어주는 풍습이 있었다. 예를 들어 공훈을 기리는 의미로 붙여진 이름에는 소테르(수호자), 칼리니쿠스(승리자) 등이 있고 외모 때문에 붙여진 이름에는 푸스코(뚱뚱보), 그리푸스(매부리코) 등이 있으며 인품이나 장점 때문에 붙여진 이름으로는 에우에르게테스(어진 사람), 필라델푸스(박애자) 등이 있다. 바투스 2세 왕의 칭호 에우다이몬(행운아)도 이렇게 얻어진 이름이다. 또 어떤 왕은 웃음거리로 별칭이 붙여지기도 했는데 안티고누스가 도손(약속만 하는 자), 프톨레마이오스가 라티루스(콩)라는 이름을 갖게 된 것도 이런 이유에서였다.

로마 사람들은 특히 이런 이름들을 많이 가지고 있었다. 명문인 메텔루스 집안 어느 사람은 칼의 상처를 숨기기 위해 머리에 오랫동안 붕대를 감고 다닌 탓에 디아데미투스(관을 쓰고 다니는 사람)라고 불렸다. 또 어떤 사람은 그의 아버지가 죽은 지 며칠 되지도 않아서 아버지의 명복을 빌기 위해 격투 대회를 열어 켈레르(날쌘 사람)라 불렸다.

오늘날에도 태어날 때 생긴 어떤 일 때문에 이름 붙여진 사람이 적지 않다. 아버지가 집을 비우고 있는 동안 낳은 아이를 프로쿨루스(멀다), 아버지가 죽은 뒤에 낳은 아이는 포스투무스(후)라고 이름 지었으며, 쌍둥이를 낳았는데 한 아이가 죽었을 때는 살아 있는 아기를 보피스쿠스(외톨이)라는 이름으로 부른다.

로마에서는 특히 신체 특징으로 이름 짓는 일이 많았다. 술라(여드름이 난 사람), 니게르(살결이 검은 사람), 루푸스(붉은 머리) 같은 이름뿐 아니라 카이쿠스(장님), 클라우두스(절름발이)도 그렇게 지어진 이름이다. 로마 사람들은 이런 이름을 자연스럽게 부르도록 함으로써, 육체적 결함을 부끄러운 일로 여기지 않으려는 현명한 생각을 갖고 있었다.

볼스키와 전쟁이 끝나자마자 평민들 사이에서는 또다시 다툼이 시작되었다. 하지만 뚜렷이 내세울 만한 불평불만은 없었다. 지난번 다툼에서 일어난 좋지 못한 결과의 책임을 귀족들에게 물어, 그들을 공격할 핑계로 삼고자 이리저리 불평만 해댈 뿐이었다. 농토 대부분은 경작하지 않아 황무지가 되었고, 전쟁 때문에 외국으로부터 식량을 들여올 길도 모두 막힌 상태였다. 먹을 만한 곡식이 없었으며, 곡식이 있다하더라도 그것을 살 돈이 없는 형편이었다. 선동가들은 귀족들을 비방해, 그들이 민중에 대한 원한을 갚으려고 일부러 굶겨 죽이려 한다는 소문을 퍼뜨리고 다녔다.

이럴 때 마침 벨리트라이 시에서 사절단이 찾아와, 자신들 도시를 로마 사람들에게 개방하겠으니 그곳에서 살 이주민을 보내달라는 말을 전했다. 그 도시는 최근 전염병이 퍼져 살아남은 시민이 전체 인구 가운데 10분의 1도 안 되었으므로, 인구를 채우기 위해 이런 요청을 했다. 현명한 사람들은 이 벨리트라이 사람들 요구가 현재 사정에서 볼 때 가장 좋은 방법이라고 여겼다. 식량 부족에 시달리는 로마 인구를 줄여야만 했고, 또한 과격하게 질서를 어지럽히는 사람들을 내보냄으로써 나라 안의 걱정과 소란을 그치게 할 필요도 있었다.

집정관들은 벨리트라이 요청을 받아들여 불순분자들을 가려내 이민 보내기로 결정했다. 그리고 나머지 시민들에게는 볼스키를 공격하기 위한 전쟁준비를 명령했다. 이 정책은 부자와 가난한 사람, 평민과 귀족이 모두 함께 전쟁 속에서 운명을 같이한다면 그들을 화해와 우정으로 이끌 수 있으리라는 생각에서 나왔다.

하지만 평민을 대표하는 호민관 시킨니우스와 브루투스 두 사람은 이 계획에 반대하고 나섰다. 그들은 집정관들이 세상에서 가장 잔인하고 야만적인 행위를, 이민이라는 듣기 좋은 이름으로 자행하려 든다고 비난했다. 그리고 시민들을 질병이 가득하고 시체가 나뒹구는 나라에 보내는 일은, 죽음의 신 앞에 몸을 내맡기도록 하는 것이나 다름없다고 주장했다. 더구나 이런 식으로 사람들을 죽게 하는 것도 모자라, 전쟁까지 일으켜 온갖 비참한 일을 한꺼번에 겪게 만든다고 흥분했다. 그러면서 이는 부자의 노예가 되기를 거부한 민중에게 앙갚음하려는 의도가 틀림없다며 사람들을 이러한 선동 연설에 민중은 몹시 흥분했으며, 아무도 전쟁에 나가려 들지 않았다. 뿐만 아니라 자신들을 이민 보내려는 일에 대해서도 반감을 가졌다.

원로원은 어찌해야 좋을지 몰라 당황했다. 이제 정계 주요 인물이 된 마르키우스는 민중을 선동한 사람들과 맞서면서 귀족들 견해를 지지하고 나섰다. 그러면서 제비뽑기로 이민을 결정하고, 그 결과에 따르지 않으면 무거운 벌금을 내릴 것이라고 선포했다. 이리하여 사람들을 벨리트라이로 보내는 이민 계획은 예정대로 실시될 수 있었다. 하지만 민중은 볼스키와의 전투에 출전하는 일만은 한사코 거부했다.

마르키우스는 자기 부하가 된 평민들과 그의 설득에 응한 몇몇 귀족들로 군대를 이루어 안티움족 영토를 침입했다. 그리고 그곳에서 상당한 양의 곡식을 얻고 많은 전리품을 모았다. 다른 이들은 약탈한 물건들을 자기 소유로 삼았지만 마르키우스는 그 어느 것도 자기 몫으로 챙기지 않았다. 값비싼 전리품들을 가지고 돌아오는 병사들을 본 시민들은 전쟁터에 나가지 않은 자기들 고집을 후회하면서, 부자가 된 사람들에게 질투를 느꼈다. 그리고 더불어 마르키우스에게 반감을 가졌다. 그가 평민을 희생시키면서 자신의 권력과 명성을 얻는 데만 신경 쓴다고 생각했기 때문이다.

그 뒤 머지않아 마르키우스는 집정관 후보로 나섰다. 그는 여러모로 가장 뛰어난 사람이었다. 민중도 그가 나라를 위해 애썼다는 사실을 잘 알고 있었기에 무턱대고 반대하지는 않았다. 아니, 오히려 그동안 마르키우스를 공격했던 일을 뉘우치고 그를 두둔하기까지 했다.

로마인들은 관직에 입후보하면 속옷을 입지 않은 토가 차림으로 포룸에 나와 시민들에게 인사하고 표를 부탁하는 게 관례였다. 그렇게 옷을 입는 것은 검소함을 나타내기 위함이었다. 또한 전쟁에서 입은 영광의 상처들을 보임으로써 불굴의 정신을 상징하기도 했다. 뇌물을 주고받는 일은 전혀 없었고 선거 과정도 순수하고 깨끗했다. 하지만 세월이 흐르면서 선거가 돈으로 이루어지는 부패가 나타났다. 그 뒤 뇌물 수수는 법정과 군대까지 파고들었다. 용사들도, 의지가 강한 사람들도 돈과 금품에는 무릎을 꿇었다. 마침내 뇌물 수수는 공화국을 독재국가로 변질시키는 결과를 낳았다. 그러므로 국민의 자유를 최초로 파괴한 자는 가장 처음 뇌물을 준 자라는 말은 마땅하다.

로마에서 성행한 이러한 폐해와 악습은 처음부터 눈에 띈 게 아니라, 아무도 의식하지 못할 만큼 은밀하게 숨어들었다. 맨 처음 시민에게 뇌물을 준 사람이 누구였는지, 가장 처음 법정을 부패시킨 사람이 누구였는지는 알려져 있지 않다. 하지만 아테나이에서는 안테미온의 아들 아니투스가 재판관에게 돈을 건넨 최초의 인물이라고 전해온다. 그는 펠로폰네소스 전쟁이 끝날 즈음에 아테나이에서 필로스 요새를 적에게 넘겨준 일이 드러나, 이를 무마하고자 판사들에게 뇌물을 주었다. 하지만 그 무렵 로마는 아직 청렴결백한 인물들이 정권을 지배하고 있었다.

마르키우스는 다른 입후보자들이 했던 대로, 17년간 치른 수많은 전쟁에서 얻은 상처들을 사람들 앞에 드러내 보였다. 민중은 그 공적의 증거를 보고 모두 놀라며, 그를 집정관으로 뽑아야 한다고 입을 모았다.

하지만 정작 선거 날이 되어 마르키우스가 원로원 의원들의 화려한 행렬을 이끌고 공회당에 나타났을 때, 모든 귀족이 그에게 관심을 드러내며 호응하는 것을 본 민중은 갑자기 그에게 질투와 분노를 느꼈다. 귀족들 세력을 등에 업은 자가 집정관이 되면, 그나마 자신들에게 남아 있는 조금의 자유까지 송두리째 빼앗길까봐 두려움을 느꼈던 것이다.

끝내 그들은 마르키우스를 집정관으로 뽑지 않았다. 원로원 의원들은 마르키우스가 아닌 다른 사람이 집정관에 당선되자 마치 자기들이 모욕을 당한 듯이 괴로워했다. 마르키우스 자신도 배신을 당했다는 생각에 격분했다. 그는 본디 강한 기질과 과격한 투쟁이 용기 있는 일이라고 여기는 사람 가운데 하나였다. 그는 정치가에게 차분함과 성실함이 그 무엇보다도 중요하다는 것을 알지 못했다. 플라톤 말처럼, 정치가는 사람들 속에서 고집을 부리지 않아야 고독해지지 않는다는 사실을 명심해야 했다.

하지만 마르키우스는 자신의 행동 때문에 시민들로부터 외면당한다는 사실을 도무지 몰랐다. 그는 천성이 단순해 자기에게 반대하는 자를 쳐부수는 것이 용기라고 생각했다. 시민들의 원한을 폭발시킨 원인이 자신의 약한 의지에 있음을 알지 못했던 것이다. 로마 귀족 청년들은 그의 권력에 마음이 뺏겨 언제나 마르키우스에게 듣기 좋은 말만 해주었다. 마르키우스가 집정관에 오르지 못했을 때에도, 귀족 젊은이들은 그의 뒤를 따라다니며 동정과 위로의 말을 해주었다. 하지만 이처럼 맹목적인 충성은 마르키우스의 노여움을 더욱 부채질해 결과적으로 그에게 더 큰 해를 끼쳤을 뿐이다.

이렇게 한창 어수선한 상황일 때에 많은 곡식이 로마에 들어왔다. 이탈리아에서 사들인 것도 있었지만, 대부분은 시라쿠사를 지배하던 겔로가 선물로 보내온 것이었다. 사람들은 이 식량으로 최악의 궁핍한 생활을 벗어날 수 있었다. 또한 이로써 귀족과 평민 사이 다툼도 해결되리라 생각하며 기뻐했다. 곧 이 곡식을 처리하는 문제로 회의가 소집되었다. 민중은 그 결과를 기다리며 희망적인 말을 나누고 있었다. 이제는 물가도 내려갈 테고, 선물로 받은 곡식은 무료로 분배되리라는 희망을 품고서 그들은 원로원 주위에 떼지어 기다리고 있었다.

사실 원로원 몇몇 의원은 시민들 희망대로 선물받은 곡식을 무료로 나눠주자고 제안했다. 그러나 마르키우스는 자리를 박차고 일어나 대중을 편든 의원들을 격렬하게 비난했다. 또한 그들은 평민 꽁무니나 따라다니며 아첨하려는 자들이며, 귀족에 대한 반역자라고 주장했다.

마르키우스의 말에 따르면 원로원이 민중에게 그런 은혜를 베푸는 것은 그들의 오만과 횡포를 더욱 부채질하는 짓일 뿐이었다. 평민들에게 호민관처럼 높은 지위를 허락하는 바람에 그들이 이처럼 두려움없이 마음대로 날뛰게 되었고, 원로원이 자꾸만 요구를 들어주면서 마침내 시민들을 국가에 해를 끼치는 존재로 만들어버렸다. 그러나 억제책은 시행되지 않아, 그들은 국가에 엄청난 영향력을 행사하게 되었으며 이제는 법을 무시하고 집정관 말도 듣지 않는다. 그런데도 그저 여기 모여 또다시 민중에게 곡식을 무료로 나눠줄 법령이나 결정하면서 마치 헬라스의 가장 민주적인 정권인 양 대처한다면, 민중의 오만은 더욱 자라나다 못해 끝내 나라를 파멸로 이끌어 갈 거라고 말했다.

그는 말을 이었다.

"징집을 거부하고, 나라를 배신하고 등졌으며, 원로원에 대한 비방을 퍼뜨린 시민들에게 이런 보상을 받을 자격이 있다고는 생각지 않습니다. 오히려 그들은 원로원 의원들이 민중을 두려워한다고 여겨 자만에 빠질 것입니다. 더는 누구의 말에도 복종하지 않으며 끊임없이 폭동과 소란을 일으킬 것입니다. 그러니 정신 나간 게 아니라면 그렇게 해서는 안 됩니다. 우리에게 지혜와 결단력이 있다면 오히려 호민관직을 다시 빼앗아야 할 것입니다. 호민관 제도는 집정관 제도를 무력하게 만들고 도시를 분열시켰습니다. 이 도시는 전처럼 하나가 아니라 둘로 나뉘었고, 이대로는 재결합 가능성이 전혀 없습니다."

마르키우스는 이러한 내용의 연설로 귀족 젊은이들과 많은 부자들을 자기편으로 끌어들였다. 그들은 마르키우스가 어떠한 권력과 아첨에도 굴하지 않는 유일한 인물이라고 떠들어댔다. 하지만 나이 든 사람들은 그의 주장이 어떤 결과를 불러오게 될지 내다보고 반대의 뜻을 나타냈다. 회의 결과는 좋지 못했다. 그 자리에 있던 호민관들은 마르키우스가 연설을 끝내자 밖으로 뛰쳐나갔고, 모여 있던 시민들에게 평민들이 모두 힘을 합쳐야 살 수 있다고 외쳤다.

곧 민회가 열리고 심상치 않은 공기가 온 도시를 가득 채웠다. 마르키우스가 연설한 내용이 알려지자 시민들은 몹시 흥분해 들고 일어났다. 당장이라도 원로원으로 쳐들어갈 기세였다. 호민관들은 모든 책임이 마르키우스 한 사람에게 있을 뿐이라며 민중을 달랬다. 그리고 그에게 대표를 보내, 민중 앞에 나와 해명하라고 요구했다. 그러나 마르키우스는 소환장을 갖고 온 대표들을 무시하고 상대도 하지 않았다. 이번에는 호민관들이 그를 강제로 끌어내리려고 했다. 주위에 있던 귀족들은 마르키우스를 보호하려고 호민관들을 밀쳐내고 보안대원들을 때렸다. 공회당은 삽시간에 아수라장으로 변했다. 이렇게 싸우는 동안 날이 저물어 싸움은 잠시 멈췄다.

그러나 이튿날 아침부터 흥분한 민중이 곳곳에서 몰려드는 것을 보고 집정관들은 다시 원로원 회의를 소집했다. 그들은 시가지 전체에서 폭동이 일어날까봐 겁이 났다. 집정관들은 합리적인 제안과 적절한 결의로 성난 민중을 누그러뜨릴 방법을 촉구했다. 그리고 지금은 고집을 부려 버틸 때가 아니며, 사려 깊고 너그러운 대책이 필요하다고 의원들을 설득했다. 이 말에 원로원 의원들은 거의 찬성의 뜻을 나타냈다.

집정관들은 민중을 달래기 위해 조심스럽게 그들 앞으로 나갔다. 그들은 최선을 다해 민중을 설득했다. 원로원에 대한 민중의 비난과 불평에 부드러운 말로 답하고, 그들의 과격한 행동을 나무랄 때에도 온화한 말을 썼으며, 그들 주장을 받아들이겠다고 말했다. 곡식에 대해서도 절대로 이중 가격을 쓰지 않겠다고 약속했다.

집정관들의 말이 끝나자 평민들 분노가 가라앉고 어느새 조용해졌다. 호민관들은 자리에서 일어나, 원로원이 생각을 바꾸었으니 민중도 원로원의 정당하고 공평한 제안을 받아들이겠다고 말했다. 그 대신 마르키우스에게 다음과 같은 혐의에 답변하라고 했다. 첫째는 호민관 제도를 없애라고 원로원을 부추겨 민중의 권리를 빼앗으려 한 사실, 둘째는 이에 대한 답변을 요구할 때 소환에 응하지 않은 사실, 셋째는 보안대원을 구타하고 모욕해 반란을 일으킨 사실이었다. 이러한 질문은 마르키우스를 굴복하게 하거나, 아니면 그와 민중 사이를 갈라놓으려는 속셈에서 나온 것이었다.

마르키우스는 이러한 사항을 해명하기 위해 연단에 올라갔다. 민중은 찬물을 끼얹은 듯 조용해지며 마르키우스 말에 귀 기울였다. 그러나 그들이 기대한 것과는 달리 마르키우스는 사과의 말은커녕 호되게 민중을 꾸짖었으며, 얼굴 표정이나 말투에서 무시와 경멸의 태도가 고스란히 나타났다. 시민들은 분노로 얼굴이 달아올랐다.

이때 호민관 가운데 가장 과격한 인물이었던 시킨니우스가 잠시 다른 호민관들과 모여 이 일을 몰래 의논하더니 갑자기 군중 앞에 나와 엄숙하게 마르키우스를 사형에 처하기로 결정했다고 선언했다. 그리고 보안대원들에게 그를 당장 타르페이아 바위로 끌고 가 절벽에서 던져버리라고 명령했다. 보안대원들이 명령을 수행하기 위해 마르키우스 몸에 손을 대자 많은 사람들, 심지어는 평민들까지도 겁을 먹고 움츠러들었다.

충격에 휩싸인 귀족들은 고함을 지르며 그를 구하려고 달려들었다. 그들 가운데 몇 사람은 그의 체포를 막기 위해 마르키우스를 에워쌌다. 다른 이들은 격하게 손을 흔들며 이런 극단적인 폭행을 멈추라는 몸짓을 하기도 했다. 무질서와 혼란 속에서 소리를 질러봤자 아무런 소용도 없었기 때문이다.

마침내 호민관들의 동료와 측근들은 피를 흘리지 않고는 마르키우스를 끌어낼 수 없다는 사실을 깨달았다. 그래서 호민관들에게 그들이 내린 가혹한 형벌을 철회하라고 설득했다. 또한 충동적인 폭력을 삼가고, 정당한 방법인 총투표로 결정하자고 간곡히 요청했다. 이 말을 들은 시킨니우스는 잠시 생각하다가 귀족들에게, 시민들이 마르키우스를 처벌하려고 하는데 시민의 손에서 강제로 그를 구출하려는 까닭이 무엇이냐고 따졌다.

그러자 귀족들이 되물었다.

"그렇다면 로마에서 가장 뛰어난 인물을 재판도 없이 야만적인 방법으로 끌어다 죽이려는 저의가 무엇이오?"

다시 시킨니우스가 외쳤다.

"알겠소. 민중과 다툼을 일으킬 만한 명목부터 없애주겠소. 재판받을 기회를 달라는 그대들의 요구를 민중이 받아들이겠다니 말이오."

그러고는 마르키우스를 돌아보고 말했다.

"마르키우스, 그대는 돌아오는 제3 공회일에 시민들 앞에서 자신의 무죄를 증명하시오. 시민들은 그대의 진술을 듣고 투표로써 당신을 판결할 것이오."

귀족들은 잠시나마 시간 여유를 갖게 된 것을 다행으로 여기며, 먼저 마르키우스를 안전하게 집으로 바래다주었다. 그런데 재판이 열리기까지 며칠 사이에 안티움과 전쟁을 하게 되었다. 귀족들은 이 전쟁을 오래 끌면 민중의 분노가 좀 가라앉아 유순해지리라고 희망을 걸었다.

하지만 귀족들의 기대와는 달리 안티움과 휴전은 빠르게 이루어졌다. 그리하여 로마 군대가 되돌아오자 귀족들은 당황할 수밖에 없었다. 그들은 마르키우스를 구하고 호민관들의 선동을 억누르기 위해 거듭 회의를 열며 방법을 궁리했다. 민중의 요구에 가장 적대적이라고 알려져 있던 아피우스 클라우디우스는 다음처럼 엄숙히 선언했다. 귀족을 처단하는 권리를 민중에게 준다면 원로원은 완전히 무너질 것이며, 이는 원로원 스스로 나라를 배반하는 일이 될 것이라는 경고였다.

하지만 민중을 지지하는 나이 많은 의원들은 그의 의견에 반대했다. 그런 권한을 민중에게 준다 해도, 몇몇 의원 상상처럼 그들이 귀족들에게 참혹한 행동을 하지는 않을 것이라고 주장했다. 도리어 민중에게 그런 권력을 내려준다면 그들이 지금보다 훨씬 온화하고 너그러워질 것이라고 말했다. 시민들이 그런 특권을 군이 가지려 하는 것은 원로원을 경멸해서가 아니라, 원로원으로부터 경멸당한다고 여기기 때문이라고 그들은 생각했다. 그러므로 재판 권한을 주면 시민들의 분노도 자연히 풀릴 것이라며 사람들을 설득했다.

마르키우스는 원로원이 둘로 갈라져 한편은 자기를 지지하고, 다른 한편은 민중에 대한 두려움으로 고통과 불안에 싸여 있는 것을 보고 스스로 호민관을 찾아갔다. 그는 호민관들에게 자기 죄목이 무엇이며, 민중 앞에서 무엇을 변명하라고 강요하는지 그들 속내를 알고 싶다고 말했다. 호민관들은 그가 국가 찬탈을 기도했으니 탄핵받아 마땅하며, 독재정권을 세우려고 한 죄과를 자백하라고 말했다. 마르키우스는 그들의 말을 듣자 지금이라도 당장 민중 앞에서 자신을 변론하겠다고 했다. 또 그 어떤 형태의 재판도 거부하지 않을 것이며, 무슨 결정이든지 달게 받아들이겠다고 했다.

그는 말을 이어나갔다.

"오직 지금 그대들이 말한 죄목으로만 나를 고소하시오. 다른 이상한 죄목을 내세워 원로원을 기만하는 일이 더는 없도록 하시오."

호민관들은 그렇게 하겠다고 약속했다. 이윽고 재판이 열렸다. 그런데 민중이 모이자 호민관은 이전과는 달리, 투표를 켄투리아 제도에 따라서 하지 않고 종족별로 하겠다며 억지 주장을 내세웠다. 이런 방법으로 투표를 하면 명예나 정의에 무관심한 빈민들은, 나라를 위해 많은 공을 세운 사람이라 할지라도 유죄를 선고할 게 불 보듯 뻔했다.

호민관들은 마르키우스를 반역죄로 기소하려 했지만 아무런 단서도 찾을 수 없었다. 그러자 죄목을 바꾸어 원로원에서 곡식의 시장가격을 낮추는 일에 그가 반대했던 것과, 호민관 제도를 없애자고 주장했던 일을 끄집어내어 그를 몰아세웠다. 그리고 그가 안티움에 쳐들어갔을 때 얻은 전리품을 국고로 들여오지 않고 부하들에게 마음대로 나눠주었던 일을 들먹이며 새로운 죄목으로 덧붙였다. 이 일은 마르키우스도 도무지 예상하지 못했기에 다른 죄목 이상으로 그를 당황케 했다. 그는 이 새로운 문제를 해명하기 위해 전투에서 함께 싸웠던 병사들의 공적을 늘어놓기 시작했다. 그러자 전쟁에 나가지 않았던 많은 사람들이 일제히 고함을 지르며 그의 말을 가로막았다.

마침내 사람들 대부분은 그에게 유죄판결을 내렸다. 마르키우스는 나라에서 영원히 추방되는 형벌을 받았다. 민중은 마치 큰 전쟁에서 승리를 거둔 것처럼 기뻐했고, 원로원 의원들은 슬픔과 실망의 빛을 감추지 못했다. 평민에게 이토록 큰 권력을 줌으로써 무모한 힘을 행사하게 만든 것을 보고 그들은 후회에 빠져들었다. 그 무렵에는 귀족과 평민의 옷에 구별이 없었지만 이날만큼은 얼굴에 웃음을 띤 사람은 평민이요, 슬픔에 젖어 있는 사람은 귀족이라는 사실을 한눈에 알아볼 수 있었다.

하지만 정작 마르키우스는 아무렇지도 않다는 표정이었다. 그 어디에도 굴욕을 당한 기색은 전혀 보이지 않았다. 그의 친구들 모두가 걱정하며 안타까워했지만, 정작 마르키우스 자신은 본인의 불행에 대해 조금도 마음이 흔들리지 않았다. 하지만 그것은 마음이 평온해서도 아니고, 자기 행동을 반성하여 판결을 달게 받아들였기 때문도 아니었다. 겉으로 드러내지는 않았지만 마르키우스 마음속 깊은 곳에서는 엄청난 분노의 불길이 타올랐다. 냉정한 그의 태도가 큰 울분의 증후임을 눈치챈 사람은 아무도 없었다. 말하자면 고통에 불이 붙어 노여움으로 변할 때는 이미 좌절감이나 나약함이 사라지고 마는 것과도 같다. 열병에 걸린 사람의 정신이 갑자기 긴장되었다가 팽창하는 것과 같은 이치이다. 마르키우스가 이때 마음에 품고 있던 생각은 곧이어 행동으로 나타났다.

그는 집에 돌아가 슬픔으로 통곡하고 있는 아내와 어머니를 붙잡고 이 불행을 부디 잘 이겨내 달라고 부탁했다. 그러고는 곧장 귀족들 호위를 받으며 성문으로 갔다. 그는 아무것도 몸에 지니지 않고 요구하지도 않은 채, 부하 서너 명만 데리고 길을 떠났다.

며칠 동안 그는 어느 시골 마을에 머무르면서 분노에 사로잡힌 채 온갖 계획에 골몰해 있었다. 그는 오로지 로마에 어떻게 복수할까 궁리했다. 그리고 마침내 가장 가까운 이웃 나라로 하여금 로마를 상대로 맹렬한 전쟁을 일으키도록 해야겠다는 결심을 했다.

그는 먼저 이웃 나라 볼스키로 떠났다. 볼스키는 지난번 전쟁에서 큰 패배를 당했으므로 로마에 원한을 가지고 있는데다가, 군대와 재물에 있어서도 막강하다는 사실을 마르키우스는 잘 알고 있었다.

안티움에는 툴루스 아우피디우스라는 사람이 있었는데, 그는 재산도 많지만 용기와 가문에 있어서 그 누구에게도 뒤지지 않는 인물이었다. 그는 볼스키인들 사이에서 국왕이나 다름없는 존경과 특권을 누렸다. 마르키우스는 툴루스가 그 어떤 로마 사람보다 자기를 미워한다는 사실을 알고 있었다. 여태까지의 전투에서 몇 번이나 두 사람이 맞붙어 싸웠기에, 나라끼리 원수일 뿐 아니라 개인적으로도 적개심이 짙게 깔려 있었던 것이다.

마르키우스는 툴루스가 너그러운 성격을 지녔지만, 로마에 복수할 기회만 주어진다면 그 어느 볼스키인보다 적극적으로 나서리라는 것을 잘 알았다. 아래 시에는 그 무렵 마르키우스 행동이 잘 표현되어 있다.

분노와 싸우는 것은 너무나 힘겹다.
목숨을 바쳐서라도 그 일을 하기 때문이다.

오디세우스처럼 변장한 모습으로,
살아 있는 적의 도시로 들어선다.

해질 무렵 그는 안티움에 다다랐다. 거리에서 사람들을 만났지만 누구도 그를 알아보지 못했다. 그는 곧바로 툴루스 집으로 숨어들어가 부엌 아궁이 앞에 얼굴을 감싸고 앉아 있었다. 집안사람들은 그를 보고 깜짝 놀랐으나, 그의 풍채에서 나오는 위엄에 눌려 아무도 감히 그에게 누구냐고 물어보지 못했다. 그들은 저녁을 먹고 있던 툴루스에게 가서 이 일을 알렸다.

툴루스는 자리에서 일어나 그에게 다가가, 어디서 온 누구이며 무슨 일로 찾아왔느냐고 물었다. 그제야 마르키우스는 얼굴을 드러내고 천천히 입을 열었다.

"툴루스 장군, 나를 알아보지 못하오? 아니면 알면서도 당신의 눈을 의심하고 있소? 그렇다면 스스로 정체를 밝히겠소. 나는 카이우스 마르키우스, 즉 볼스키 사람들에게 커다란 폐를 끼쳤던 장본인이오. 아마 코리올라누스라는 이름을 들으면 내가 볼스키의 원수임을 잘 알 수 있을 것이오. 이 이름은 이제 내 몸에 착 들러붙어 좀처럼 떼어낼 수가 없소. 그러나 나는 그 이름을 제외한 모든 것을 민중의 질투와 귀족들 배신으로 모조리 빼앗겼소. 나는 내 나라에서 추방되어 이곳까지 오게 되었소. 하지만 내가 장군을 찾아온 것은 나를 보호해 달라는 부탁을 하기 위해서가 아니오. 죽음이 두려웠다면 내가 왜 하필

이곳에 찾아왔겠소? 나는 복수하기 위해 온 것이오. 당신에게 내 목숨을 맡기고, 나를 추방한 자들에게 복수를 하려고 하오. 그러니 툴루스 장군, 당신 적을 치려 한다면 여기 있는 나를 이용하시오. 그렇게 해서 나 한 사람의 불행을 볼스키 사람들 전체의 행복으로 바꾸시오. 나는 장군의 적으로서 싸웠던 것보다 장군을 위해 더 큰 승리를 거둘 것이오. 적의 비밀을 아는 사람이 모르는 사람보다 더 유리한 법이니까 말이오. 그러나 만약 장군이 이제 전쟁을 더 할 생각이 없다면 차라리 나를 죽여주기 바라오. 과거에 장군의 적수였던 내가 이제 와서 충성을 보인다 해도, 그다지 이용 가치도 없는 사람을 오래 살려두는 것은 장군에게 쓸데없는 일일 것이오."

이 말을 들은 툴루스는 매우 기뻐하며 그의 손을 잡고서 말했다.

"마르키우스 장군, 용기를 내시오. 당신은 우리에게 커다란 선물이오. 그러니 이제부터는 볼스키 사람이 베풀 온갖 행복을 기대해도 좋을 것이오."

툴루스는 곧 정성을 다해 마르키우스를 대접했다. 그리고 며칠 동안 두 사람은 전쟁에 대해 은밀한 의논을 거듭했다.

한편 로마 시내에는 마르키우스의 유죄판결이 있은 다음부터 심상치 않은 공기가 떠돌았다. 마르키우스를 추방한 시민들과 원로원 사이 갈등이 더욱 깊어져 분위기는 날이 갈수록 험악해졌다. 또 예언자와 사제, 심지어 개인들까지도 날이 갈수록 이상한 징조를 곳곳에서 보게 되었다. 그 가운데에는 이런 일도 있었다.

티투스 라티누스라는 평범한 시민이 있었다. 그는 인품이 얌전하고 후덕해 미신 같은 것에는 흔들리지 않으며 또 어떤 일이든 과장하지 않는 진실한 사람이었다. 그런데 하루는 이 사람이 허둥대며 다음 같은 이야기를 했다. 꿈에서 유피테르로 보이는 유령을 만났는데, 그 유령이 자기에게 원로원에 가서 "내 제삿날 행렬 맨 앞에 선 사람의 춤이 언짢고 불길하기 짝이 없구나" 전하라고 명령했다는 것이다.

그는 처음에는 별일 아니라 여기고 이 꿈을 마음에 두지 않았다. 그러나 두 번 세 번 거듭 똑같은 꿈을 꾸는 동안 건강하던 그의 아들이 갑자기 죽고, 자기 손발도 아무 이유 없이 마비되고 말았다. 그제야 그는 불길한 징조를 느껴 들것에 실려서 원로원까지 갔다. 그리고 그가 계속해서 꾸었던 꿈 이야기를 자세히 전했다. 그러자 돌연 마비 증세가 씻은 듯이 나아 제 발로 걸어서 집에 돌아갈 수 있었다.

크게 놀란 원로원은 곧 이 사건을 조사했다. 그리고 다음 같은 일이 있었음이 밝혀졌다. 라티누스의 꿈이 암시한 일은 이러했다.

어느 노예가 중대한 죄를 저지른 일이 있었다. 주인은 다른 노예들을 시켜 공회당을 돌며 이 노예를 매질하게 했다. 죄를 지은 노예는 어찌나 심하게 맞았는지 살을 파고드는 아픔을 못 이겨 고함을 지르며 몸을 비비 꼬다가 끝내 죽고 말았다. 그런데 마침 유피테르 제사 행렬이 그의 뒤를 따라가게 되었다. 행렬 가운데 섞여 있던 사람들은 그 비참한 모습을 보고 몹시 언짢아했지만, 말리는 사람은 아무도 없었다. 그들은 그저 참혹한 벌을 주는 주인을 나무라는 말을 중얼거리며 증오감을 드러낼 뿐이었다.

그즈음 로마인들은 노예들을 다정하게 보살펴주었고, 주인도 노예와 한데 어울려 궂은 일, 좋은 일을 함께했기 때문이다. 자연히 노예와 주인 사이는 아주 가까웠다. 죄를 지은 노예에 대한 가장 심한 형벌은, 수레 받침대를 메고 동네 안을 돌아다니게 하는 정도였다. 이런 형벌로 그 노예의 얼굴을 알림으로써 신용을 잃게 하려는 것이었다. 이런 벌을 받은 노예를 '푸르키페르'라 불렀는데, 이것은 받침대를 라틴어로 '푸르카'라고 한 데서 나온 말이다.

원로원은 처음 라티누스의 꿈 이야기를 들었을 때, 신의 마음을 어지럽히는 춤을 춘 사람이 누군지 곰곰이 생각해 보았다. 그러다가 행렬에 참가했던 몇 사람이 그때의 일을 기억해냈다. 그들은 가엾은 노예가 거리에서 매를 맞으며 끌려다니다 죽었다는 사실을 원로원에 알렸다. 원로원은 그 노예를 죽인 주인을 처벌하기로 결정하고, 제사 행렬과 제전을 다시 열기로 했다.

이 일로 미루어 보면 제사에 대한 여러 형식을 정한 누마가, 신성한 예배를 드릴 때 전령을 앞세워 사람들로 하여금 길을 비키도록 했던 일은 참으로 현명했던 것 같다. 이 전령은 앞장서서 "너의 일에 전념하라!" 외쳤는데, 이것은 그들이 신성한 일을 하고 있다는 사실을 깨닫게 하는 한편, 모든 세속적인 생각에 방해받지 않고 신성한 제사에 집중하도록 한 것이었다. 다시 말해 사람은 어느 정도 제약을 받아야 신성한 일을 제대로 할 수 있다는, 누마의 깊은 생각을 보여주는 것이라 할 수 있겠다.

로마인들은 이러한 사고뿐만 아니라 아주 사소한 문제만 생겨도 제사, 행렬, 체육대회를 다시 하는 게 관례로 되어 있었다. 신상을 모신 수레를 끄는 말이 넘어진다거나, 마부가 고삐를 왼손으로 잡았을 때도 행사는 처음부터 다시 거행되었다. 그래서 제사 중에 무슨 실수나 착오가 있을 때, 또 무슨 사건이 일어났을 때 같은 제사를 30번 넘게 되풀이한 적도 있었다. 그들은 제사를 드릴 때 일어난 사고나 실수는 무언가 잘못이 있었으므로 생긴 것이라고 여겼기 때문이다. 이처럼 로마인들은 제사에 경건함과 세심한 주의를 기울였다.

한편 안티움에서는 마르키우스와 툴루스가 볼스키 주요 인물들과 비밀스럽게 토론을 하고 있었다. 그들은 로마인의 내분을 틈타 로마를 습격하기로 결정했다. 하지만 이미 볼스키와 로마 사이에는 2년 동안의 휴전협정이 맺어져 있었기에, 둘의 의견에 따르기를 망설이는 사람이 많았다. 그런데 때마침 로마인들이 그들에게 좋은 기회를 만들어주었다.

로마에서 운동경기가 한창 펼쳐지고 있을 때였는데, 로마인들이 운동경기를 구경하러 와 있던 볼스키인들에게 그날 해가 지기 전에 로마에서 물러가라고 했던 것이다. 이 일은 로마가 안티움에게 휴전협정을 깰 빌미를 먼저 제공한 것이나 다름없었다. 어떤 사람은 이것이 마르키우스가 집정관들에게 사람을 보내어 꾸민 계략이었다고도 한다. 볼스키인들이 경기 중에 로마를 습격해 불을 지르려 하니 얼른 볼스키인들을 몰아내라고 거짓으로 알렸다는 것이다.

이 일로 볼스키 사람들은 로마인에 큰 반감을 갖게 되었다. 툴루스는 이 사실을 더욱 과장하여 발표해 국민들 분노를 부채질했다. 그리고 로마에 사절단을 보내, 지난번 전쟁에서 볼스키 사람으로부터 빼앗아 간 영토와 도시들을 도로 내놓으라고 요구했다. 로마인들은 이 말을 전해 듣고 몹시 분개하며, 먼저 무기를 든 자는 볼스키 사람이지만, 나중에 무기를 거두어들일 사람은 로마인일 거라고 맞받아쳤다. 이 회답을 들은 툴루스는 볼스키 사람들을 모두 소집해 민회를 열고 전쟁을 벌이기로 결정했다. 툴루스는 사람들에게 옛날의 원한은 깨끗이 잊어버리고, 친구이자 동맹자로서 마르키우스를 받아들이자고 제안했다. 그리고 덧붙이기를, 그가 가져다줄 이익은 그가 적이었을 때 끼친 손해를 보상하고도 남을 것이라고 말했다.

마르키우스는 툴루스의 말이 끝나자 자리에서 일어나 볼스키인들 앞에서 열변을 토했다. 사람들은 그의 말을 듣고 그가 전쟁에서뿐만 아니라 연설에도 뛰어나며, 드높은 용기와 재주를 가진 사람임을 알고 모두 감탄했다. 그들은 마르키우스를 툴루스와 함께 대장으로 임명하고, 그 두 사람에게 전쟁에 대한 모든 권한을 맡겼다.

마르키우스는 볼스키가 전쟁 준비에 너무 많은 시일을 들여 공격 시기를 놓칠까봐 걱정스러웠다. 그는 다른 준비를 행정관과 시장에게 모두 맡기고, 자신은 가장 용감한 지원병들로만 군대를 조직해서 로마에 쳐들어갔다. 그 결과 너무나 많은 전리품을 얻어서, 진영에서 모두 써버릴 수도, 안티움으로 모두 가져갈 수도 없을 정도였다.

하지만 마르키우스가 얻은 산더미 같은 전리품도, 그가 마음 내키는 대로 짓밟은 로마 영토도 그의 계획에 비하면 아주 작은 성과에 지나지 않았다. 그의 목적은 로마 민중으로 하여금 귀족들을 시기하고 의심하게 만들어, 그들의 관계를 완전히 벌려놓는 데 있었다. 그래서 그는 군인들을 보내 로마 시민들의 모든 농토와 재산을 약탈하고 파괴하는 한편, 귀족의 농장과 토지는 손끝 하나 건드리지 못하게 했다.

이렇게 해서 귀족과 민중 사이에 더욱 심한 비난과 다툼이 일어났다. 원로원은 마르키우스에 대한 억울한 판결 때문에 이런 결과가 생겼다며 평민들을 비난했고, 평민들은 귀족들이 원한과 복수심 때문에 일부러 마르키우스를 시켜 전쟁을 일으켰다고 의심했다. 또한 시민들이 전쟁터에서 싸우는 동안, 귀족들은 마르키우스에게 자신들의 재산을 지켜달라고 부탁하고서 편히 앉아 구경만 했다며 욕설을 퍼부었다. 게다가 귀족들은 전쟁 중임에도 토지와 재산에 아무런 피해도 입지 않았다고 흥분했다. 마르키우스가 로마를 습격해 공을 세우면서 전세는 볼스키군에게 유리해졌다.

볼스키 사람들은 차츰 두려움이 없어져 많은 로마군을 물리쳤다. 마르키우스는 별 피해 없이 볼스키군을 이끌고 무사히 돌아올 수 있었다.

볼스키에서는 시민들이 앞다투어 전쟁에 참가하겠다고 모여들었다. 그런데 병력이 지나치게 많았으므로 일부분은 볼스키에 남겨 도시를 지키게 하고, 나머지 군사들을 이끌고 다시 로마 진격에 나서기로 작전을 세웠다. 마르키우스는 툴루스에게 어느 부대를 지휘할 것인지 마음대로 선택하라고 했다. 툴루스는 마르키우스가 용맹함에 있어서 자기에게 뒤지지 않을 뿐만 아니라, 전쟁을 할 때마다 행운이 따르는 사람이라는 것을 잘 알고 있었다. 그러므로 전쟁은 마르키우스에게 맡기고, 자기는 국내에서 도시를 지키며 전쟁 물자를 지원하겠다고 했다.

그리하여 마르키우스는 더욱 강력해진 군대를 이끌고 로마 식민지인 키르케이로 돌진해 갔다. 그러나 이 도시가 곧바로 항복해 오자 주민들에게 아무런 피해도 주지 않고 군대를 돌렸다. 그리고 그곳을 지나 라티움 지방으로 들어가 마음대로 약탈을 일삼았다.

그는 이곳에서 로마 원정군과 맞붙으리라 예상했다. 라티움과 로마는 동맹 관계였고, 실제로 라티움 사람들은 거듭 로마로 전령을 보내 도움을 요청했다. 하지만 로마 시민들은 전쟁을 할 뜻이 없었다. 집정관들 또한 임기가 얼마 남지 않았으므로 굳이 전쟁의 위험을 떠안으려 하지 않았다. 그래서 라티움 사절들은 아무런 보람도 없이 되돌아오고 말았다.

이런 상황에서 마르키우스는 여러 도시를 마음대로 공격했다. 그 가운데 저항의 기색을 보인 톨레라움, 라비키, 페둠, 볼라 등에서는 건물을 부수고 재물을 빼앗았으며 주민들을 사로잡아 노예로 삼았다. 그러나 항복하는 도시는 특별히 배려하여, 달리 시민들에게 피해가 가지 않도록 영토에서 가능한 멀리 떨어진 곳에 진영을 치고 절대 약탈하지 않았다.

마침내 그는 로마에서 12마일도 채 떨어져 있지 않은 도시 볼라이를 점령했다. 마르키우스가 지휘하는 볼스키군은 수없이 많은 재물을 빼앗고 성년 남자 대부분을 죽였다. 이 소식이 퍼지자 볼스키에 남아 수비를 맡았던 사람들도 모두 무기를 들고 마르키우스에게 달려왔다. 그들은 마르키우스만이 유일한 지도자라고 소리치며 그에게 합류했다. 그의 명성은 온 이탈리아를 떠들썩하게 했다. 이렇게 해서 마침내 오직 한 사람의 전향이 두 나라 운명의 방향을 크게 뒤흔들었던 것이다.

한편 로마는 혼란의 소용돌이 속에서 휘청거렸다. 시민은 전쟁할 의욕을 잃었고, 서로에 대한 비난과 공격으로 하루하루를 보냈다. 그 무렵 라비니움 시가 포위되었다는 소식이 들려왔다. 라비니움은 아이네아스가 세운 최초의 도시로, 로마 수호신들의 초상과 보물이 보존되어 있어서 로마의 요람이며 성지처럼 여겨지는 곳이었다. 이러한 라비니움 시가 포위되었다는 소식은 로마 사람들에게 커다란 충격을 주었고, 이제껏 지니고 있던 생각에 큰 변화를 일으켰다.

민중은 마르키우스에게 내린 추방 명령을 취소하고, 그를 로마로 돌아오게 하자고 요청했다. 그런데 이 결의를 심의하기 위해 모인 원로원 의원들은 도리어 이를 반대하고 민중이 올린 제안을 거부했다. 민중이 희망하는 일에 무조건 반대하기 위해서였거나, 아니면 마르키우스가 민중의 환영 속에 귀국하는 모습을 보고 싶지 않아서였는지도 모른다. 또는 민중에게서만 배척을 받았으면서도 모든 계급을 적대시하여, 로마 전체를 전쟁의 소용돌이에 휘말리게 한 마르키우스가 못마땅했을 수도 있다. 여러 이유 가운데 무엇이 마르키우스를 소환하자는 안건을 부결시켰는지는 확실히 말하기 어렵다. 원로원이 이 같은 결정을 내리자, 평민들은 투표도 할 수 없었으므로 어찌 해볼 도리가 없었다.

이 소문을 들은 마르키우스는 더욱 분노했다. 그는 곧 라비니움 포위를 풀고 로마로 달려가, 바로 5마일 앞 '클루일리아이 구덩이'란 곳에 진을 쳤다. 그가 이렇게 빨리 눈앞에까지 쳐들어온 것을 보고 로마 시민들은 공포와 혼란에 빠져들었지만, 그들 내부의 분열은 일단 멈추게 되었다. 그 상황에서는 이미 집정관이든 원로원 의원들이든 마르키우스를 불러들이자는 의견에 감히 반대할 수조차 없었기 때문이다.

부녀자들은 정신없이 거리를 헤매고, 노인들은 눈물 지으며 신전에 나가 기도를 드렸다. 온 시민이 자기 몸 하나 피할 용기와 분별력까지 잃어버린 모습을 보고, 원로원 의원들은 마르키우스를 불러 화해하라고 했던 평민들의 제안이 옳았음을 깨달았다. 그들은 마르키우스를 달래야 할 중요한 때에, 도리어 그와 싸움을 시작한 일은 중대한 잘못이었다며 자책했다.

그리하여 원로원, 평민 집정관이 만장일치로 마르키우스에게 사람을 보내 귀국을 종용했다. 그리고 전쟁의 공포와 피해로부터 시민들을 구해달라고 간청했다. 원로원은 마르키우스에게 가는 사절을 모두 그의 친척이나 친구들 가운데에서 뽑았다. 그들은 마르키우스가 이들을 반갑게 맞아주리라고 기대했던 것이다. 하지만 그들의 기대는 크게 빗나가고 말았다.

사절단이 적의 진지에 안내되어 들어갔을 때, 그들은 볼스키 사람들 가운데 앉아 있는 오만한 표정의 마르키우스를 발견했다. 그들은 공손한 태도로 자신들이 파견된 이유를 설명했다. 그러자 마르키우스는 거만한 태도로 자기가 로마인들에게서 받은 학대를 신랄하게 늘어놓고 사절단들의 말마다 토를 달며 비꼬았다. 그러면서 지난번 전쟁에서 로마가 빼앗아 간 볼스키의 도시와 영토를 도로 내놓고, 로마에 있는 볼스키인을 라티움인과 똑같이 대할 것을 요구했다. 그리고 두 나라가 공평하고 정당한 조건으로 이 문제를 해결하지 않으면 영원한 평화를 보장할 수 없다고 말했다. 마르키우스는 그들에게 30일의 여유를 주고, 그동안 결정을 내려 회답을 보내라고 했다.

로마 사절들이 돌아간 뒤 마르키우스는 군사를 거두어 로마 영토에서 물러 났다. 그런데 오래전부터 그의 명성과 인기를 시기하던 볼스키 사람들은, 이 일을 빌미로 마르키우스를 공격하기 시작했다.

그들 가운데는 툴루스도 끼여 있었다. 마르키우스에게 개인적 원한이 있어서가 아니라 인간적인 약점 때문이었다. 그는 자기 명성이 오로지 마르키우스 때문에 완전히 빛을 잃었다는 것, 그리고 볼스키 사람들이 자신을 무시하고 있다는 사실에 분노했다. 볼스키인들은 마르키우스만이 가장 위대한 지도자이고, 다른 사람들은 마르키우스가 나누어주는 지휘권에 고마워하고 만족해야 한다고 여겼다.

바로 이런 이유에서 비밀리에 불평과 불만의 씨앗이 볼스키 전체에 뿌려진 것이다. 불만이 있는 사람들은 서로 모여 울분을 터뜨렸다. 그들은 마르키우스가 어떤 도시나 무기를 적에게 넘긴 것은 아니지만, 로마에서 철수한 일 자체가 실질적인 반역 행위라고 비난했다. 또한 모든 게 결정되는 중요한 전투에서 귀한 시간과 기회를 적에게 준 일도 그에 못지않은 실수라고 했다. 마르키우스는 30일의 시간을 로마에 주었는데, 그동안 적들이 방어 준비를 갖춰서 전세가 뒤바뀔지도 모른다는 것이었다.

하지만 마르키우스는 그 30일 동안 단 한 시간도 헛되이 보내지 않았다. 그는 로마 여러 동맹국을 공격하고 짓밟았으며, 가장 영토가 넓고 인구가 많은 일곱 도시를 빼앗았다. 로마는 감히 동맹국들을 도우려 나서지 못했다. 마치 감각이 없고 온몸이 마비된 사람처럼 전쟁에 나서기를 망설이고만 있었다. 30일이 지나자 마르키우스는 또다시 전군을 이끌고 로마 가까이 갔다.

로마에서는 서둘러 사절을 마르키우스에게 보내, 노여움을 풀고 볼스키군을 철수시키면 양쪽 모두 이로울 수 있도록 하겠다고 제안했다. 로마 사람들이 두려움에 항복하는 일은 없겠지만, 요구한다면 무기를 버리고 화해하겠다고 말했다. 마르키우스는 이 제안에 다음과 같은 회답을 보냈다. 지금은 로마군이 그렇게 도도하게 굴 상황이 아니며, 고분고분하게 예전에 제시한 조건을 앞으로 3일 안에 수락할 것을 요구했다. 만약 그러지 않고 다른 쓸데없는 제안을 가지고 그의 진영으로 걸어 들어온다면 그 누구를 떠나 무사하지 못할 것이라고 경고했다.

사절 일행이 돌아와 원로원에 마르키우스의 뜻을 전하자, 로마는 폭풍우처럼 몰아닥치는 위기를 느꼈다. 막다른 골목에 다다른 그들은 최후의 수단에 매달릴 수밖에 없었다. 마침내 성직자, 사제, 새들의 동향을 보고 점을 치는 점술가들이 행사 때 입는 제복을 입고 마르키우스에게 가게 되었다. 그들의 임무는 전과 다르지 않았다. 로마인과 볼스키인의 전쟁을 멈추고 휴전 조건을 협의하는 일이었다.

마르키우스는 이 사절단을 진영으로 맞이하긴 했지만 한 치의 양보도 하지 않았다. 그는 자기가 한 말이 하나뿐인 평화의 조건이니 그것을 받아들일지, 아니면 전쟁을 계속할지 선택하라고 했다. 한 가닥 희망마저 물거품이 되자 사제들은 아무것도 얻지 못한 채 로마로 되돌아왔다.

로마인들은 시내 성벽 수비를 튼튼히 하며 마르키우스를 막아내기 위한 준비를 서둘렀다. 그들은 시간과 운명에 모든 희망을 걸었다. 자신들을 구할 그 어떠한 방법도 더는 찾을 수 없었던 것이다. 나라 안에는 오직 혼란과 공포만이 떠돌았다.

그런데 이때 호메로스 시에서나 있을 법한 믿을 수 없는 일이 일어났다. 호메로스는 여러 시에서 이런 글을 읊었다.

푸른 눈의 여신이 그의 마음속에 지혜를 주셨도다.

또 다른 곳에서는 이렇게 표현했다.

그러나 어떤 신께서 내 마음을 돌려 놓으셨다니,
사람들이 하는 말뜻을 깨닫도록 하셨다.

그리고 또다시 이렇게 나타나 있다.

이는 나 스스로 생각한 것이었거나,
아니면 신께서 명령하신 것이었으리라.

세상 사람들은 이런 시를 터무니없다고 여겼으며, 인간의 신중한 생각과 자유의사를 흐리게 한다고 무시하기도 했다. 그러나 호메로스의 시는 결코 그렇지 않았다. 그의 시에서는 조리 있고 가능성 있는 일을 모두 인간이 한 일이라고 표현했다. 이것은 아래 시구에서도 충분히 찾아볼 수 있다.

> 그러나 나는 내 위대한 영혼에 비춰 보며 의논했다.

또 하나의 시구는 이렇게 표현하고 있다.

> 그는 말했다. 심한 고통에 휩싸인 아킬레우스는
> 그의 가슴속에서 두 갈래로 나뉜 목적을 해결했다.

그리고 세 번째 시구에서도 공통점을 찾을 수 있다.

> 그러나 그녀의 애걸에도
> 벨레로폰의 굳고 곧은 마음은 움직이지 않았네.

사람들은 이상하고 신기한 행동을 할 때 그것이 신의 계시에 따라 움직인다고 여긴다. 신은 인간의 뜻을 꺾지 않고 인간이 나아갈 방향을 일러주며, 인간의 마음속에 새로운 힘을 만들어 주는 게 아니라 인간이 본디 가지고 있는 힘을 북돋아준다. 인간 행위는 어디까지나 본인의 생각에 따라 자율적으로 이루어지지만 그 행위의 원인과 자신감은 신이 주는 것이다. 우리가 신의 영향을 완전히 부정하는 게 아니라면, 인간의 행위는 신의 도움을 받아 이루어진다는 점을 잘 알 수 있을 것이다. 그것은 물론 신이 우리의 손과 발을 직접 잡아 움직여준다는 의미는 아니다. 신이 우리 마음에 생각과 지혜를 줌으로써, 우리에게 옳은 일을 행하고 그릇된 일을 뿌리치게 하는 능력을 준다는 의미이다.

한편 혼란이 이어지던 로마에서는 부녀자들이 날마다 신전에 나가 기도를 드렸다. 특히 카피톨리움에는 로마에서 가장 신분이 높은 귀부인들이 많이 모였다. 그들 가운데에는 보통 때는 물론 전시에도 로마를 위해 큰일을 한 포플리콜라의 누이 발레리아도 있었다. 내가 포플리콜라 편에 썼듯 포플리콜라는 이미 세상을 떠났지만, 발레리아는 여전히 로마에서 많은 존경과 명성을 얻고 있었다.

발레리아 부인은 신으로부터 앞에서 말한 바와 같은 영감을 받고, 로마의 앞날을 구원할 좋은 방법을 생각해 냈다. 그녀는 희망을 갖고 기운을 내서, 다른 부인들과 함께 한달음에 마르키우스 어머니 볼룸니아의 집을 찾아갔다. 집 안으로 들어간 여인들은 어린 손자를 무릎에 앉히고 며느리와 이야기를 나누던 볼룸니아를 보았다. 일행을 대표한 발레리아가 가까이 다가가 이렇게 말을 꺼냈다.

"볼룸니아 님, 베르길리아 님. 이렇게 찾아온 까닭은 우리가 모두 똑같은 여자이기 때문입니다. 우리는 결코 원로원 지시나 집정관들 명령이나 관리들 부탁으로 온 게 아닙니다. 아마 신께서 우리의 기도를 불쌍히 여기셔서 댁을 찾아가도록 해주신 것 같습니다. 그래서 우리뿐만 아니라 로마 시민 모두를 구할 수 있도록 말이지요. 두 분이 우리의 부탁을 들어주신다면 사비니 여자들이 아버지와 남편의 마음을 움직여 평화를 되찾았던 일보다 더 큰 영광을 얻게 될 것입니다. 우리와 함께 마르키우스 장군을 찾아가 주십시오. 그리고 우리와 함께 탄원해 주세요. 조국을 위해 참되고 공정한 증언을 해주세요. 지금 이 나라는 마르키우스 장군 때문에 너무도 큰 고통을 받고 있습니다. 하지만 시민들은 분노했을망정 두 분께 어떠한 해도 입히지 않았고 그럴 생각조차 하지 않았습니다. 게다가 장군에게 공정한 대접을 받지 못할 처지에 놓여 있음에도 우리가 두 분을 마르키우스 장군이 있는 곳까지 무사히 모셔다 드리려 한다는 사실을 기억해 주십시오."

발레리아가 하는 말에 다른 여인들도 모두 고개를 끄덕이며 간청했다. 이 이야기에 볼룸니아가 답했다.

"여러분, 나와 베르길리아도 여러분과 같은 고통을 겪고 있어요. 우리는 우리 나름대로 슬픔에 빠져 있습니다. 마르키우스는 명예와 공훈을 잃어버렸습니다. 지금 그 아이는 적에게 붙잡혀 있는 것과 다름없습니다. 그러나 그보다 더 슬픈 것은, 로마가 우리 같은 사람에게까지 이 일을 부탁해야 할 만큼 약해졌다는 사실입니다. 마르키우스가 우리 말을 얼마만큼 들어줄지 그건 나도 알 수 없어요. 그 애는 지금 어미나 아내나 자식보다 더 사랑하던 조국을 적으로 생각하고 있으니 말이에요. 그래도 우리의 도움이 필요하다면 기꺼이 돕겠어요.

우리를 마르키우스한테 데리고 가주세요. 가서도 별 도리가 없다면 아들 발밑에 엎드려 로마를 위해 탄원하다가 죽으렵니다."

말을 마치고 볼룸니아는 며느리 베르길리아와 손자들 손을 잡고 여인들과 함께 볼스키군 진영으로 걸어갔다.

볼스키군은 연민과 감동으로 아무 말도 못한 채 그들의 가련한 모습을 바라보았다. 마침 마르키우스는 지휘관들과 함께 단상에 앉아 있었다. 그는 여인들이 몰려오는 것을 보고 처음에는 수상히 여겼다. 그러다가 맨 앞에 선 어머니를 발견하자 다른 때처럼 위엄 있는 태도를 지키려고 애썼으나 가슴 가득 차오르는 벅찬 감정까지 숨길 수는 없었다. 그는 눈앞 광경에 혼란스러워졌고 차마 가만히 앉아 있을 수 없었다. 마르키우스는 급히 단상에서 뛰어내려가 어머니에게 절을 올리고 끌어안았다. 그 다음 아내와 자식들도 껴안았다. 그는 가족들을 어루만지는 손길도, 흐르는 눈물도 참아내지 못했다. 또한 북받쳐 오르는 격정도 억누를 길이 없었다.

마르키우스는 어느 정도 마음이 가라앉고 나서야 어머니가 자신에게 무엇인가 말하고 싶어한다는 것을 깨달았다. 그래서 볼스키인 장군들을 곁으로 불러 함께 어머니 이야기를 들었다.

"아들아, 우리가 입은 옷이나 야윈 몸을 보면 네가 추방된 뒤로 어떤 생활을 해왔는지 짐작할 수 있을 게다. 네 앞에 있는 우리는 누구보다도 불행한 여인들이다. 우리가 가장 기뻐해야 할 이 순간이 운명의 장난으로 가장 두렵고 비참하게 되어버렸구나. 내 아들인 네가, 베르길리아 남편인 네가 조국의 수도를 포위한 모습을 보고 있단다. 다른 사람들은 불행 속에서도 신에게 기도를 드리며 위로와 구원을 구할 수 있지만, 우리는 그런 기도조차 드릴 수 없는 처지가 되어버렸단다. 나는 우리나라가 이기고 너도 무사하라는 기도를 드릴 수가 없다. 너를 위해 기도드리는 일은 로마를 저주하는 것과 다름없으니 말이다. 그래서 네 아내와 자식들은 나라를 잃거나 그렇지 않으면 너를 잃어야 하는 슬픈 처지에 놓여 있다.

나는 이 전쟁이 끝날 때까지 기다리며 살고 싶지 않구나. 내가 너를 설득해 갈등과 적대감을 우정과 화합으로 바꿀 수 없다면, 네가 두 나라의 은인이 되기보다 끝내 한 나라의 파괴자가 되겠다면 널 낳아준 이 어미를 짓밟지 않고서는 로마로 들어갈 수 없다. 내 나라 사람들이 내 자식을 이기고 기뻐하거나,

내가 낳은 자식이 조국을 정복하고 기뻐하는 것을 살아서 보고 싶지 않기 때문이다.

만일 내가 너에게 볼스키 사람들을 배반하고 조국을 구하라고 부탁한다면 네가 난처한 처지가 될 것임을 나도 잘 안다. 그러나 동포에게 빈곤을 가져다주는 것은 야비한 짓이고, 우리를 믿는 사람들을 배반하는 것은 옳지 못한 행위이다. 하지만 우리는 오직 재앙을 막아달라는 것이다. 볼스키나 우리 어느 한쪽만 이기거나 지지 않도록, 두 나라가 함께 살아나기를 바랄 뿐이다. 이 일은 볼스키 쪽에 더 큰 영광과 명예가 될 것이다. 지금 볼스키군 전세가 유리한 만큼 누가 보더라도 너그러움을 베푼 것이라고 여길 테니, 그보다 더 영광스럽고 명예로운 일이 어디 있겠느냐. 만일 그런 영광을 얻게 된다면 두 나라 모두 너에게 고마워할 것이다. 하지만 그렇지 못할 때는, 너는 두 나라 국민들 비난을 한 몸에 받게 될 것이다.

전쟁의 결과란 늘 알 수 없는 법이지만 이번 전쟁에서 확실한 게 하나 있다. 로마를 이기면 너는 조국을 멸망시킨 원수가 되고, 볼스키가 지면 너를 아끼고 도와주신 이들의 은혜를 배반하는 것이 된다. 그리고 이것들은 모두 너 한 사람의 원한과 분노 때문에 생긴 일이라는 것이다."

어머니가 말하는 동안 마르키우스는 묵묵히 듣고만 있었다. 어머니는 이야기를 마친 뒤에도 마르키우스가 입을 열지 않자 다시 말을 이어나갔다.

"아들아, 왜 아무 말도 없느냐? 분노에 모든 것을 양보하는 것은 훌륭한 일이고, 이런 중대한 일로 애원하는 어미 말에 따르는 것은 부끄러운 일이냐? 지난날 받았던 학대를 기억하는 것은 위대한 사람에게 어울리고, 부모에게서 받은 은혜를 잊지 않고 명예와 존경으로 보답하는 것은 선하고 위대한 사람에게 어울리지 않느냐? 고마움을 모르는 사람을 그토록 무자비하게 벌했던 너라면, 그 누구보다 은혜를 소중히 여겨야 옳다. 너는 이미 네 나라에 벌을 주었다. 그러나 이 어미의 은혜에는 감사할 줄 모르는구나. 너에게 아직 신을 두려워하는 마음이 조금이라도 남아 있다면 부디 내 청을 들어주리라 믿는다. 그리고 말로는 안 된다면 이렇게라도 하는 수밖에 없구나."

이 말과 함께 그녀는 아들 발밑에 엎드렸다. 마르키우스 아내와 자식들도 이를 보고 똑같이 따라했다.

"오, 어머니, 이게 웬일이십니까?"

마르키우스는 소리치며 어머니를 부축해 일으키고는 그녀의 손을 힘주어 잡으며 말했다.

"어머니께서 이기셨습니다. 그러나 어머니의 승리는 로마를 위해서는 다행스러운 일이지만 저에게는 파멸입니다. 그 무엇에도 지지 않던 어머니의 아들을 마침내 보기 좋게 꺾어놓으셨습니다. 저는 이제 물러가겠습니다."

그는 잠시 어머니와 아내와 이야기를 나눈 다음 그들을 로마로 돌려보냈다. 가족들이 돌아가기를 원했기 때문이다. 그리고 날이 밝자 병사들을 이끌고 볼스키로 돌아왔다. 이 일에 대해 볼스키 병사들은 마르키우스의 행동을 비난하기도 했지만, 평화를 바라는 사람들은 그의 행동이 옳았다고 생각했다.

또 어떤 이는 그의 행동에 불만을 느끼면서도, 누구라도 그런 일을 겪는다면 어쩔 수 없었을 것이라며 너그럽게 여기기도 했다. 그래서 아무도 그의 지휘를 거부하지 않고 순순히 따랐다. 그들은 마르키우스의 철수가 볼스키를 배반했다기보다는, 어머니의 탄원으로 마음이 흔들렸기 때문이라고 생각했다. 그의 명령에 거역하는 사람이 하나도 없었던 까닭은 그의 권력에 억눌려서가 아니라, 모두 그의 덕망을 존경했기 때문이다.

전쟁이 끝나자 로마 사람들은 자신들이 그동안 얼마나 큰 공포와 절망 속에 살아왔던가를 알 수 있었다. 볼스키군이 철수한다는 소식을 듣자마자 모든 신전의 문이 일제히 활짝 열렸고, 시민들은 마치 전쟁에서 승리라도 한 듯 기뻐하며 머리에 화환을 얹고 신에게 제물을 올렸다. 로마의 기쁨은 원로원과 시민 모두가 여인들에게 내린 영예, 그리고 애정 어린 친절에서 가장 잘 드러났다. 그들은 나라를 위해 크게 애쓴 여인들에게 감사의 말을 전했다. 그리고 존경을 표시하는 뜻에서 어떤 소원이라도 들어주겠다고 말했다. 그러자 여인들은 여신의 신전을 짓겠다고 하면서, 건설 비용은 자기들이 낼 테니 신전 유지비만 나라에서 부담해 달라고 했다.

원로원은 여인들의 공공심에 크게 감동해, 신전을 국비로 짓고 신상까지 만들어주기로 했다. 그러자 여인들은 자기들끼리 조금씩 돈을 모아서 신상을 또 하나 세우기로 했다. 로마 사람들이 전하는 말에 따르면, 그것을 안치할 때 신상이 다음처럼 말했다고 한다.

"여인들이여, 그대들의 선물은 반드시 신의 축복을 받을지니라."

우리로서는 믿기 어려운 이야기이지만, 로마인들은 이 신의 말소리가 두 번이나 되풀이되었다고 한다. 조각상이 땀을 흘렸다거나 눈물을 흘렸다거나 또는 핏빛 이슬로 덮여 있었다는 말은 믿을 만하다. 나무나 돌에 습기가 많아 곰팡이가 생기고, 외부 공기 때문에 여러 빛깔이 겉에 나타나는 일도 가끔 있지 않은가? 그러니 그런 현상을 보고 신이 앞으로의 일을 미리 알려준다고 생각하는 것도 무리는 아니다.

또한 조각상이 갈라지는 바람에 신음을 하거나 앓는 소리를 내는 듯이 느껴질 수도 있다. 그러나 무생물인 조각상이 분명한 목소리를 내서 말을 했다는 것은 도무지 불가능한 일이다. 발음기관이 없는 이상 인간의 영혼이나 신이 말을 할 수는 없기 때문이다. 하지만 이와 같은 이야기에는 이런저런 증거가 많으므로 우리로서는 믿을 수밖에 없다. 이는 마치 실제로 겪지 않은 일들을 꿈에서 보고 들었다고 상상하듯, 어떤 감각적 착오에서 나온 것이라고 생각할 수밖에 없다.

그러나 믿음이 깊은 사람들은 이런 일들을 신의 놀라운 계시이며, 자신들 믿음의 증거라고 여긴다. 신의 성격, 행동, 지식과 힘은 우리 인간으로서는 상상할 수 없을 만큼 신기한 것이기 때문이다. 그러기에 우리가 불가능하다고 생각하는 일들을 신은 해낸다. 헤라클레이토스의 말처럼, 우리가 신앙이 약한 탓으로 신에 대해 충분히 알지 못하기 때문인지도 모른다.

한편 마르키우스가 군대를 되돌려 안티움으로 돌아오자, 오래전부터 그를 미워하고 시기하던 툴루스는 그를 없앨 음모를 꾸몄다. 이때를 놓치면 다시는 기회를 잡을 수 없으리라 여겼기 때문이다. 툴루스는 마르키우스를 싫어하는 사람들을 모아 그를 장군 자리에서 밀어내기 위한 계략을 세웠다. 그리고 마르키우스에게 사령관직을 내려놓고 볼스키인들 앞에서 그가 한 일들을 보고하라고 요구했다.

마르키우스는 자기가 지위를 잃게 되면 장군직을 그대로 가진 툴루스가 볼스키 사람들에게 큰 세력을 행사할까봐 걱정스러웠다. 그래서 안티움 시민들의 의견을 묻고 그들이 원한다면 언제라도 기꺼이 사령관직을 내놓겠노라고 말했다. 그리고 사령관으로서 한 행동에 대한 해명은 언제라도 할 수 있으며, 시민들이 원한다면 당장에라도 집회에 응하겠다고 말했다.

곧 집회가 열렸다. 시민들이 모이자 선동 연설가들은 어리석은 군중 사이를 돌아다니며 마르키우스에게 좋지 않은 말들을 퍼뜨렸다. 그러자 마르키우스가 일어나 그런 말들에 해명을 시작했다. 연설이 시작되자 난폭한 사람들조차 모두 조용해지면서 그의 말을 한 마디도 방해하지 않았다. 그를 존경하는 안티움 귀족들이나 평화에 만족하고 있던 사람들은, 마르키우스 연설을 끝까지 잘 듣고 올바른 판단을 하자고 했다.

이것을 보고 툴루스는 마르키우스의 연설이 끝나면 상황이 어떻게 변할지 두려워졌다. 마르키우스는 뛰어난 웅변가였을 뿐 아니라 볼스키 사람들을 위해 쌓은 공이 많았으므로, 어떤 비난으로도 시민들 결정을 절대로 뒤엎을 수 없을 것 같았다. 최근의 행동 때문에 그가 받는 비난에도 불구하고 그에 대한 사람들의 존경은 여전했다. 사실 이번에 그가 받게 된 비난도 그의 공이 너무 큰 데서 비롯된 것이었다.

음모에 가담한 자들은 더는 머뭇거릴 수 없다고 판단했다. 이윽고 가장 대담한 자들이 나섰다. 그들은 반역자의 변명에 귀 기울이지 말고 지금 곧 그를 장군의 자리에서 쫓아내야 한다고 외치며 마르키우스에게 달려들었다. 그리고 누구 하나 막을 겨를도 없이 그 자리에서 그를 죽여버리고 말았다.

볼스키 사람들은 그의 죽음을 몹시 안타까워했다. 도시마다 그의 죽음을 슬퍼하며 사람들이 모여든 것만 보아도 알 수 있었다. 볼스키 사람들은 성대한 의식으로 그의 장례를 치렀으며, 큰 무덤을 만들어 전리품으로 장식했다.

한편 마르키우스의 죽음을 전해 들은 로마는 어떤 슬픔이나 존경도 나타내지 않았다. 오직 여인들 요청에 따라 열 달 동안 상복을 입는 것이 허락되었다. 이는 로마 관례상 부모나 형제가 죽었을 때에만 허락되는 일이었으며, 내가 누마 편에 적었듯이 가장 긴 애도 기간이었다.

마르키우스가 죽고 난 뒤 볼스키 사람들은 곧 그가 얼마나 위대한 사람이었는지를 깨닫게 되었다. 그 뒤 볼스키 사람들은 동맹국인 아이퀴 사람들과 동맹군 사령관직에 대한 일로 갈등을 빚었다. 그들은 모든 군대를 모아 로마에 출정했지만 크게 패배해 많은 피해를 입었고, 툴루스를 비롯한 뛰어난 젊은이들을 잃고 말았다. 항복한 볼스키 사람들은 매우 불평등한 조건으로 평화조약을 맺었다가, 마침내 로마 식민지가 됨으로써 그들 발밑에 굴복하고 말았다.

알키비아데스와 코리올라누스의 비교

　우리는 이제껏 알키비아데스와 코리올라누스의 기억할 만한 가치가 있는 업적을 살펴보았다. 그 둘은 군사적 공적에서 어느 한쪽이 더 뛰어나다고 말하기 어려울 만큼 훌륭했다. 두 사람 모두 병사로서는 대담성과 용기가, 지휘관으로서는 전략과 통찰력이 빛났다. 다만 알키비아데스가 땅과 바다에서 이어진 여러 전투에서 성공하고 승리했으므로 그를 더 유능한 장군으로 보는 사람도 있다. 그들은 저마다 자기 나라에서 지휘권을 잡았을 때에는 나라의 운명을 크게 나아지게 했다. 또 국외로 추방되었을 때에는 조국을 철저히 파괴했다는 사실에서 공통점을 찾을 수 있다.

　아테나이 현명한 사람들이 알키비아데스를 멸시하고 싫어했던 까닭은 그가 정치 생활을 할 때, 민중의 환심을 사기 위해 비열한 아첨과 저속한 유혹을 일삼았기 때문이다. 그리고 마르키우스는 그의 자부심과 귀족적인 태도와 더불어 정치 생활에서 보여준 교만 때문에 로마 시민의 미움을 받았다.

　이러한 둘의 태도는 모두 옳지 못한 것이었다. 그럼에도 민중 환심을 사기 위해 아첨하는 사람이 무례하게 구는 이보다는 낫다. 민중 앞에 머리를 숙임으로써 권력을 얻는 것도 수치스럽지만, 공포와 힘과 억압으로 권력을 지키는 일은 수치스러울 뿐만 아니라 정의롭지 못하기 때문이다.

　마르키우스는 마음이 단순 고지식한 사람이었으며, 알키비아데스는 부도덕하고 간사한 정치가였다. 특히 알키비아데스는 역사가 투키디데스 말처럼, 악의적인 속임수를 써서 라케다이몬 사절단을 기만하고 두 나라 사이의 평화를 가로막았다. 그가 마르키우스보다 더 비난받는 이유는 바로 이 때문이다. 그러나 알키비아데스 책략이 아테나이를 다시금 전쟁의 소용돌이에 몰아넣은 씨앗이 되기는 했지만, 이 때문에 아르고스와 만티네아의 동맹이 이루어지고 아테나이가 놀랄 만큼 유리한 위치에 놓이게 되었다는 점 또한 잊어서는 안 되리라 생각한다.

한편 마르키우스도 운동경기를 보러 온 볼스키인에 대한 거짓말을 지어내 퍼뜨려서 로마와 볼스키 사이의 전쟁을 일으켰다고 디오니시우스는 기록했다. 마르키우스는 동기 자체가 옳지 않았으므로 더 비열하고 악한 자라는 평가를 받는다. 그는 알키비아데스처럼 정치적인 질투나 투쟁, 또는 경쟁 때문에 그런 일을 저지른 게 아니었다. 비극 시인 디온이 말했듯이 그는 전혀 이로울 것 없는 분노, 오로지 자기 분노를 풀기 위해 이탈리아를 비극에 빠뜨리고 수많은 도시를 피로 물들였다.

물론 알키비아데스도 분노 때문에 조국에 큰 피해를 끼친 것은 사실이지만, 시민들이 뉘우치는 것을 보고는 곧 마음을 풀고 그들에게 되돌아갔다. 게다가 두 번째 쫓겨난 뒤에도 그는 아테나이 장군들이 저지른 실수에 기뻐하지 않았으며 그들의 어리석고 위험한 계획을 모른 체하지 않았다. 알키비아데스가 한 행동은 아리스티데스가 테미스토클레스에게 했던 행동과 비슷하다. 아리스티데스는 이로써 높은 칭송을 받았고, 알키비아데스 또한 적대적인 아테나이 장군들을 찾아가 어떻게 해야 이길 수 있는지 충고를 아끼지 않았다.

이와 달리 마르키우스는 일부 시민들이 자신에게 피해를 입혔을 뿐 귀족들은 오히려 그와 함께 고통을 겪고 괴로움을 나누었음에도, 로마 전체에 피해를 주었다. 또 그의 분노와 원한을 달래고자 찾아간 사람들 간청까지 번번이 거절하고, 고집스레 조국을 파괴할 생각만 하고 있었다. 그가 조국에 대해 참혹하고도 무서운 전쟁을 감행한 것은 로마를 완전히 파괴해 버리려는 의도였지, 로마로 다시 돌아가야겠다는 계획은 아니었다.

그런데 이와 관련해 두 사람 처지에는 뚜렷한 차이가 있었다. 알키비아데스가 다시 아테나이로 돌아온 것은 자신에 대해 음모를 꾸미고 있던 스파르타 사람들에 대한 두려움과 미움 때문이었지만, 마르키우스는 볼스키인들로부터 극진한 대접을 받고 있었으므로 그들을 저버릴 수 없었다. 볼스키군 지휘권을 잡고 그들 지지를 받았던 마르키우스는 라케다이몬 사람들에게 이용당한 알키비아데스와는 다른 사정에 놓여 있었기 때문이다. 알키비아데스는 계속 이곳저곳으로 옮겨 다녀야 했다. 때문에 마침내 제 발로 티사페르네스의 품으로 들어갈 수밖에 없었다. 그러나 그가 애써 티사페르네스 호감을 사려고 한 것은 언젠가 조국으로 돌아가기 위해, 조국의 도시를 파괴에서 지켜내기 위함이었으리라 생각해 볼 수 있다. 금전 문제에 대한 기록들을 찾아보면, 알키비아데스는 뇌물을 자주 받아 호화롭고 사치스러운 생활을 했다는 비난을 받는다. 하지만 마르키우스는 자신의 공적에 대해 내려진 상도 거부했다. 그가 민중의 빚을 면제하자는 데 맞섰던 이유도, 자신의 이익을 챙기기 위해서가 아니라 민중의 오만함을 억누르기 위함이었다.

철학자 아리스토텔레스의 죽음을 전해 들은 안티파트로스는 친구에게 보낸 편지에서, '그분은 여러 장점을 갖추고 있었으며, 특히 남을 끌어들이는 힘이 뛰어났다'고 말했다. 그런데 마르키우스에게는 바로 이런 힘이 모자랐다. 그래서 그의 은혜를 받고 있던 사람들조차 그를 달갑게 여기지 않았다. 그는 플라톤이 말한, '고독의 친구'인 자존심과 고집을 내세웠으므로 좋은 목적으로 일을 하면서도 뭇사람들 미움을 받을 수밖에 없었다.

이와 달리 알키비아데스는 누구와도 친하게 지내는 재주가 있었다. 그래서 사람들은 그가 성공하면 모두 기뻐하고, 실패했을 때에도 너그러이 받아들여 주었다. 또한 조국에 큰 해를 입혔으면서도 번번이 장군 자리에 오를 수 있었다. 하지만 마르키우스는 많은 전승과 공훈을 세운 다음, 마땅한 자격을 갖추고 집정관 후보로 나섰지만 당선되지 못했다.

다시 말해 한 사람은 동포에게 해를 끼치고도 그다지 미움 받지 않았지만 다른 한 사람은 존경 받으면서도 사랑은 받지 못했던 것이다.

여기서 또 하나 기억해야 할 것이 있다. 마르키우스가 장군으로서 거둔 성공은 조국을 위해서가 아니라 순전히 조국의 적을 위해서였다는 점이다. 하지만 알키비아데스는 한낱 병사로서나 한 장군으로서나 끝까지 아테나이를 위해 몸을 아끼지 않았다.

알키비아데스는 자기 나라에 있을 때 정적을 눌렀기에, 비방하는 자들은 그가 없을 때에만 그를 공격할 수 있었다. 마르키우스는 로마에서 추방되고 볼스키에서 살해되었다. 부당한 죽음이긴 했지만 마르키우스 자신의 행동이 빌미를 제공하기도 했다. 그는 평화조약을 번번이 거절하다가 마침내 어머니와 아내의 애원으로 전쟁을 포기한다. 만일 그가 자신을 정당하게 평가해 준 이들을 존중했다면 철수하기 전에 자신을 믿어준 사람들 동의를 구해야 마땅했으리라.

만일 그가 전쟁을 시작함도, 그만둔 것도 자기 분노 때문이었다면 어머니 말을 듣고 나라를 구할 게 아니라, 조국을 구함으로써 어머니를 살리는 편이 훨씬 더 고귀한 선택이었을 것이다. 어머니나 아내도 그가 포위했던 로마의 한 부분이었기 때문이다. 사절단의 공식 제안과 사제들 기도는 거들떠보지 않다가 어머니 말만 듣고 군대를 철수시킨 것은, 어머니에 대한 존경이라기보다는 오히려 로마에 대한 모욕이었다. 이는 로마를 한 국가로 생각해서 구한 게 아니라 한 여자의 눈물을 보고 구한 셈이 되기 때문이다. 그가 로마에 베푼 은혜는 어느 쪽에서 보아도 이치에 맞지 않고 무례한 일로 비칠 뿐이다.

이 모든 일의 원인은 마르키우스의 사교적이지 못하고 교만하며 고집스러운 성격에 있었다. 이런 성격의 사람들 눈에는 많은 사람들이 못마땅해 보인다. 또한 그 성격이 명예욕과 결합하면 화를 잘 내는 무자비한 사람이 된다.

사람들은 평판에 그리 신경 쓰지 않는다 하면서도 다른 이들 말에 무척 신경 쓴다. 그리고 좋은 평을 듣지 못하면 화를 낸다. 메텔루스, 아리스티데스, 에파메이논다스도 모두 평판에 무관심했는데 그것은 세상이 자신에게 무엇을 주든 빼앗든 전혀 개의치 않았기 때문이다. 때문에 그들은 몇 차례나 추방되거나 선거에서 떨어졌어도, 법정에서 유죄판결을 받아도 조국에 대해 앙심을 품지는 않았다. 그리고 민중이 자신들에게 내린 처벌을 후회하고 다시 불렀을 때에는 곧바로 돌아와 민중과 화해했다. 대중의 평가에 크게 귀 기울이지 않는다면, 그들이 나쁜 평가를 해도 쉽사리 복수할 생각을 하지 않는다. 영예로운 자리에 앉혀주지 않는다고 앙심을 품는 것은, 오직 영예를 얻으려고 하는 탐욕에서 나오는 행동이기 때문이다.

알키비아데스는 존경을 받으면 기뻐했고, 자기를 알아주지 않으면 불쾌함을 감추지 않았다. 그래서 그는 늘 사람들을 자기편으로 끌어들이려고 노력했다. 그러나 마르키우스는 지나친 교만 때문에, 그에게 명예와 지위를 줄 힘을 가진 사람들 비위를 맞추지 않았다. 그럼에도 야심에 가득 찬 나머지 관심 받지 못할 때에는 크게 상처받고 화를 냈다. 이런 커다란 결점이 있었지만 다른 여러 점에서 그는 훌륭했다. 마르키우스의 절제와 금욕과 성실은 헬라스에서 가장 훌륭하고 고결한 사람과 견줄 만하다. 그러므로 전혀 꼼꼼하지 않고 인간사 모든 일에도 관심 없는 알키비아데스와는 비교가 될 수 없다.

티몰레온(TIMOLEON)

처음 나는 다른 사람을 위해 이 전기를 쓰기 시작했다. 하지만 계속 써 나아가는 동안 이 일은 어느덧 나의 기쁨이 되었으며, 이제는 나 자신을 위해 쓴다. 위인들이 가진 미덕은 인생을 비추는 거울이자, 내 생활을 돌아보고 어떻게 살아가야 하는지를 알려주는 지침이 되었다. 나는 날마다 위인들과 함께 지내는 것처럼 느끼며 나를 찾아오는 손님들을 대하듯, 하나하나 차례대로 그들을 맞았다. 위인들과 가까이하면서 생생한 감동을 느끼고, 그들의 행동에서 가장 중요하고 훌륭한 점을 골라 몸에 익히게 된 것이다. 마음을 갈고닦는 데 이보다 더 큰 기쁨이 있을까? 우리 됨됨이를 기르는 데 이보다 가치 있는 방법이 있을까?

데모크리투스는 우리를 둘러싼 영혼 가운데 우리에게 호의를 보이는 좋은 영혼들에게 기도드려야 한다고 말했다. 그리고 우리를 도울 만한 영혼을 찾되, 불운한 일들을 가져오는 영혼은 절대로 피해야 하리라 말했다. 하지만 그의 주장은 철학 속에 미신을 끌어들인 데 지나지 않는다.

내가 역사를 연구하면서 이 전기를 쓰는 이유는, 위인들의 선량하면서도 귀중한 영향을 받아들이고 오랫동안 잊지 않기 위함이다. 영웅들의 훌륭한 삶을 여기에 옮김으로써 우리가 저속한 세상에서 만날지도 모르는, 오염되고 천하며 야비하고 해로운 인생에서 벗어나려는 것이다.

이제부터 살펴볼 티몰레온과 아이밀리우스 파울루스, 둘은 바로 우리가 찾는 그런 위인들이다. 이들은 치밀하게 계획을 세우고 큰 성공을 거둔 사람들로 널리 알려졌다. 그것이 행운 덕분이었는지, 아니면 그들의 지혜 덕분이었는지 의문으로 남겨진 점도 비슷하다.

티몰레온이 시킬리아에 파견되기 전, 시라쿠사는 큰 혼란에 빠져 있었다. 디온은 독재자 디오니시우스를 추방한 뒤 배신자들 손에 죽임을 당했고, 시라쿠사 해방을 위해 디온과 협력했던 사람들도 서로 분열되어 있었다. 도시의 통치자는 자주 바뀌었으며, 잇따른 내전으로 국토는 폐허가 되어버렸다. 시라쿠사 정권은 거의 버려진 상태나 다름없었다. 시킬리아 다른 지방들도 오랫동안 이어진 전쟁으로 사람이 살 수 없을 만큼 황폐해져버렸다. 겨우 제 모습을 지키고 있던 도시들도 거의 야만족 손아귀에 들어가거나 사병들에게 점령되었다. 이들은 정부를 손아귀에 넣고 시킬리아를 마음대로 휘두르려 했다.

이렇게 상황이 혼란스러워지자 기회를 엿보던 디오니시우스는 추방된 지 10년 만에 군대를 이끌고 시라쿠사로 돌아왔다. 그는 그때 통치자였던 니사이우스를 쫓아내고 다시 왕에 올랐다. 그는 강력한 독재자였으나 몇몇 인물 주도로 자리에서 쫓겨나 추방되었다가 다시 그들의 왕이 된 것이다. 디오니시우스는 그간의 고통을 보상이라도 받으려는 듯 더욱 난폭하고 잔인하게 굴었다. 나날이 사나워지는 폭군 아래 민중은 매우 고통스러웠다. 마침내 더는 견딜 수 없었던 시민들 일부가 레온티니 시 통치자인 히케테스에게 달려가 보호를 요청했다. 그는 폭군들보다 나을 게 없는 사람이었지만, 시민들은 달리 구원을 청할 곳이 없었다. 히케테스는 시라쿠사 출신이었고 디오니시우스와 맞서 싸울 만한 군대도 갖고 있었으므로, 사람들은 그를 믿고 의지할 수밖에 없었다.

그즈음 카르타고 대함대가 시킬리아 바다에 나타나 섬 주위를 돌며 호시탐탐 침략할 기회만을 노리고 있었다. 이 함대를 보고 놀란 시킬리아인들은 헬라스에 사절단을 보내 코린토스에 원조를 요청하기로 했다. 코린토스는 시라쿠사와 가까운 사이였을 뿐 아니라 늘 자유를 사랑하고 독재를 싫어하는 모습을 보였다. 또 그들은 영토 확장을 위해서가 아닌, 오직 헬라스 전체의 자유를 위해 여러 차례 싸워온 나라였다. 때문에 시킬리아인들은 다른 누구보다도 코린토스를 믿었다.

하지만 히케테스는 시라쿠사 사람들을 독재자로부터 해방하기 위함이 아니라 오히려 그들을 굴복시키고 자기 도시 레온티니 땅을 넓히기 위해 군사를 일으켰다. 그는 이미 비밀리에 카르타고인들과 내통을 하고 있었다. 겉으로는 시라쿠사 사람들을 지지하는 척하면서, 뒤로는 카르타고군과 짜고 펠로폰네소스 반도로 가는 시라쿠사 사절단에 몰래 자기 부하를 끼워 보냈다. 그는 코린토스가 어지러운 헬라스 사정 때문에 시라쿠사의 원조를 거절하리라 예상했다. 그래서 카르타고와 몰래 협의해 그들을 자기편으로 끌어들이고, 시라쿠사의 반란군을 이용해 디오니시우스를 내쫓은 뒤 시라쿠사를 점령하기로 마음먹었다. 하지만 이 속셈은 얼마 지나지 않아 드러나고 말았다.

시라쿠사 사절단이 도착해 도움을 요청하자, 코린토스 사람들은 필요한 도움을 주기로 합의했다. 코린토스인들은 자기 나라에서 이주해 간 사람들이 살고 있는 도시들에 관심이 많았다. 그 가운데에서도 시라쿠사는 특별했기 때문이다. 그들은 마침 평화와 여유를 즐길 때라 자기 나라에는 별다른 위험이나 재난이 없으리라 판단하고 시라쿠사에 지원군을 보내기로 결정했다. 그들이 지원군을 이끌 지휘관을 뽑기 위해 추천을 받고 있을 때, 군중 가운데서 누군가가 티모데무스의 아들 티몰레온 이름을 크게 외쳤다. 하지만 정작 티몰레온은 정치에서 물러나 있던 터라 그런 일을 맡을 생각이 추호도 없었을뿐더러 군을 지휘하고 싶다는 내색을 보인 적도 없었다. 이는 마치 신이 어떤 사람 마음을 움직여 그의 이름을 부르도록 한 거나 같았다. 아니면 행운의 여신이 은총을 베풀어 그를 장군으로 뽑아주었으리라. 이렇게 그는 운명처럼 장군 자리에 올랐다. 그러자 곧 커다란 성공을 거두어 그의 높고 고상한 인품을 온 세상에 드러내게 되었다.

티몰레온은 명문 집안에서 태어났다. 아버지 티모데무스도, 어머니 데마리스테도 모두 권세 높은 집안 출신이었다. 티몰레온은 애국심이 깊었으며 온유한 성격이었다. 또 악인이나 폭군을 미워하는 정의로운 사람이기도 했다. 그는 전쟁에 능해서 젊었을 때는 침착함으로 여러 전투에서 승리를 거두었다. 나이가 들어서는 젊은이 못지않은 용기를 보여주었다.

그에게는 티모파네스라는 형이 하나 있었다. 그는 아우와 성품이 매우 달라 어리석고 경솔했다. 그리고 늘 나쁜 친구들이나 외국인 용병들과 어울려 다니더니 마침내 왕이 되겠다는 헛된 꿈까지 꾸었다. 그는 전쟁에 나갔을 때 무모하게 적을 공격하며, 위험을 무릅쓰고 적진 한가운데로 곧잘 뛰어들곤 했다. 그것을 본 시민들은 그를 용감하고 씩씩한 군인이라 여겨 장군 자리에 앉혔다.

이렇게 된 데에는 티몰레온의 도움이 컸다. 티몰레온은 되도록 형의 잘못을 감싸려 애썼다. 또 형이 조금이라도 칭찬받을 일이 생기면 그의 장점을 크게 드러내기 위해 노력을 했다.

언젠가 코린토스가 아르고스와 클레오나이, 두 나라를 상대로 싸운 적이 있었다. 그때 티몰레온은 한낱 보병이었는데, 어느 순간 기병대를 지휘하던 형 티모파네스에게 큰 위험이 닥친 것을 알았다. 그의 말이 다쳐 쓰러져서 티모파네스가 적 한복판에 내동댕이쳐진 것이다. 그의 부하들은 너무 놀란 나머지 뿔뿔이 흩어져 달아나버렸고 남은 부하들도 힘겹게 적에게 겨우 맞서고 있었다.

이것을 본 티몰레온은 형을 구하기 위해 부리나케 달려가, 자기 방패로 쓰러져 있는 티모파네스를 가려주었다. 쏟아지는 창과 칼에 마구 찔리면서도 마침내 그는 적을 물리치고 형 목숨을 구할 수 있었다.

코린토스인들은 예전에 동맹국에게 도시를 빼앗기기도 했다. 그래서 다시는 그런 괴로운 경험을 하지 않으려고, 시의 수비를 위해 용병 400명을 두고 티모파네스에게 지휘를 맡겼다. 그런데 티모파네스는 명예와 정의 대신 이를 이용해서 모든 권력을 움켜쥐려는 음모를 꾸몄다. 그는 자신의 계획에 걸림돌이 될 만한 많은 저명인사들을 죄인으로 몰아 재판도 없이 사형했으며, 스스로를 코린토스의 독재자라 불렀다. 티몰레온은 형의 이런 죄를 슬퍼하며 깊은 고민에 휩싸였다. 그는 처음에는 형을 타일렀다. 옳지 못한 야심을 버리고 코린토스 사람들에게 용서를 구하라고 말했던 것이다. 하지만 형은 비웃으며 이 충고를 듣지 않았다.

티몰레온은 방법을 바꿔, 형의 처남인 아이스킬로스와 자신의 친구인 점술가를 데리고 또다시 형을 찾아갔다. 그 점술가 이름은 테오폼푸스에 따르면 사티루스라 하고, 에포로스와 티마이오스에 따르면 오르타고라스라고도 한다. 세 사람은 티모파네스를 둘러싸고 앉아, 이제라도 이성을 찾고 헛된 야망을 버리라고 간청하며 그의 마음을 되돌리려 애썼다. 티모파네스는 처음에는 그들의 말을 비웃더니 갑자기 소리를 지르며 화를 냈다. 티몰레온은 그 자리에서 물러나와 얼굴을 가리고 울었다. 이때 남아 있던 두 사람이 칼을 뽑아 티모파네스를 죽였다.

이 일이 세상에 알려지자, 코린토스인 가운데 온화하고 너그러운 이들은 티몰레온의 천성이 어질고 생각이 깊다며 칭찬을 아끼지 않았다. 티몰레온은 가족에 대한 사랑이 깊었지만 혈육의 정보다 애국심이 더 강했고, 사사로운 이익보다는 정의를 더 사랑했다. 전쟁에서는 자신의 목숨을 걸고 형을 구했던 티몰레온이지만, 형이 비열한 방법으로 권력을 잡고 코린토스인들을 노예로 만들려고 들자 그를 죽이고 나라를 구한 것이다.

그러나 권력 앞에 머리 숙이던 사람들은 겉으로 티모파네스 죽음을 기뻐하는 척하면서, 뒤로는 티몰레온이 인류를 저버렸다며 헐뜯었다. 티몰레온은 이런 말이 들려오자 심한 우울증에 빠졌다.

게다가 그의 어머니가 형의 죽음을 슬퍼한 나머지 티몰레온을 저주하고 있다는 사실을 알게 되었다. 그는 어머니께 용서받고자 찾아갔다. 하지만 어머니는 티몰레온 얼굴을 보는 일조차 끔찍하다며 문도 열어주지 않았다. 그는 마음이 갈기갈기 찢어지는 듯한 아픔을 느끼며 누구에게서도 위로받지 못하는 자기 신세를 한탄했다. 티몰레온은 절망과 슬픔을 못 이겨 굶어 죽을 결심까지 했다. 하지만 그의 친구들이 가만 놔둘 리 없었다. 거듭 애원하고 타이르는 친구들 때문에 그는 세상과 떨어져 홀로 살아가기로 마음먹었다. 그리고 모든 공직에서 물러나 코린토스 안에 발조차 들여놓는 일 없이, 한없이 괴로운 마음으로 산과 들을 헤맸다.

인간이란 판단력이나 목적이 철학을 바탕에 두어 굳건하지 않으면 다른 이의 가벼운 칭찬이나 비난에 갈대처럼 쉽게 흔들리게 마련이다. 행동 자체가 정당해야 함은 물론, 행동의 뒷받침이 되는 동기도 떳떳해야 한다. 만약 그렇지 못하면 좋게 보이던 것들도 나중에는 신통치 않은 것으로 변하고, 마음이 약해져서 자기가 한 행동을 후회하게 된다. 마치 탐스러운 음식들도 필요 이상으로 잔뜩 먹고 나면 그 어떤 미식가라도 메스꺼움을 느끼는 것과 같다.

이렇게 마음에 후회가 생기면 고결한 행동도 천하게 변하고 만다. 좋은 생각들도 뒷받침되는 것이 없으면 금세 마음속에서 사라져버리기 때문이다. 그러나 지식과 이성에 뿌리를 박은 결심은, 비록 행동이 실패로 돌아간다 해도 변치 않는다. 그리고 만일 결과가 좋지 않아도 후회하지 않는다.

그러므로 레오스테네스의 계획에 늘 용감하게 반대하던 포키온은, 아테나이 시민들이 그 계획의 성공을 기뻐하며 신에게 제사를 올리는 것을 보고 레오스테네스가 해낸 일이 자신이 한 일이었다면 좋았을 것이라 말하고, 그럼에도 자신은 지금도 그의 의견에 반대할 수밖에 없다고 밝혔다.

플라톤 친구인 로크리스의 아리스티데스는, 대(大)디오니시우스가 그의 딸을 아내로 달라고 했을 때 이렇게 말했다.

"나는 내 딸이 폭군 궁전에서 왕비 노릇을 하기보다는 무덤 속에 시체로 들어가는 게 더 낫다고 생각하오."

이 모욕적인 대답에 불같이 화가 난 디오니시우스는 그 뒤 아리스티데스의 아들들을 죽이고, 비아냥거리는 투로 딸을 자기에게 주는 문제에 대해 아직도 같은 생각이냐고 다시 한 번 물었다. 그러자 아리스티데스는 이 슬픔과 분노를 견디기는 어렵지만 자신이 했던 말을 바꿀 마음은 없다고 말했다.

이러한 말은 분명 보통 사람이 할 수 있는 것이 아니다. 이는 숭고하고 완성된 덕성에서만 비로소 나올 수 있는 대답들이다.

그런데 티몰레온은 죽은 형에 대한 슬픔 때문이었는지 어머니에 대한 아픔 때문이었는지, 고민과 좌절로 20년 가까이 그 어디에도 모습을 드러내지 않았다. 갈기갈기 찢긴 그의 마음이 치유되지 않았기 때문이다. 그러던 그가 장군으로 지명되었고, 민중은 기쁨으로 그를 맞이하려 했다. 그가 장군으로 뽑혔을 때, 코린토스에서 가장 덕망 높았던 텔레클레이데스는 그를 찾아가 이렇게 이야기했다.

"만일 그대가 이 전쟁에서 승리를 거둔다면, 사람들은 그대가 폭군 손아귀에서 자신들을 구해냈다고 칭찬할 것이오. 그러나 만약 그러지 못하면 형을 죽인 사람이라고 그대를 욕할 것이오."

티몰레온은 폭군을 몰아낼 뜻을 세우고 출정 준비를 서둘렀다. 그런데 그가 함께 갈 군사들을 모집할 무렵, 히케테스가 보낸 반역의 내용이 든 편지가 코린토스인에게 전해졌다.

히케테스는 코린토스로 사절을 보내놓고도 거리낌 없이 카르타고군과 손을 잡았다. 그는 디오니시우스를 쫓아내고 스스로 시라쿠사의 통치자가 될 계획을 세웠다. 그런데 만일 이 일이 성공하기 전에 코린토스로부터 군대가 달려온다면 기회를 잃을까봐, 코린토스로 사절을 보내 그들의 출발을 미리 막으려 들었던 것이다. 편지 내용은 이러했다.

'군대를 시킬리아로 보내 쓸데없는 수고와 비용을 치를 것 없다. 코린토스군 배를 막기 위해 카르타고군 대함대가 출동할 계획이니 도착하기도 어려울 것이다. 그래서 나는 더 기다리지 못하고 어쩔 수 없이 카르타고군과 힘을 모아

디오니시우스를 칠 것이다.'

이 편지 내용을 듣자, 이제껏 전쟁에 대해 무관심했던 사람들까지도 히케테스에 대한 분노로 흥분했다. 그들은 티몰레온의 출정 준비를 도와 하루라도 빨리 떠날 수 있도록 힘을 써주었다.

모든 함대가 준비를 갖추고 병사들도 모두 모였을 때의 일이다. 페르세포네 여신을 섬기는 성녀가 꿈을 꾸었다. 꿈속에서 여신과 여신의 어머니 데메테르가 여행 차림으로 그들 앞에 나타나, 티몰레온과 함께 시킬리아로 간다고 말했다는 것이다. 코린토스 사람들은 이 말을 듣고 신을 모실 배를 따로 한 척 만들었다. 그리고 그 두 신의 이름을 따서 배 이름을 '여신들의 갤리선'이라고 지었다.

한편 티몰레온은 전쟁에 나가기 전에 델포이 아폴론 신전에 제물을 올리고, 신탁 받는 곳으로 가다가 이상한 일을 겪었다. 신전 안에 걸려 있던 승리의 관과 리본이 바람에 날려 떨어지더니 그의 머리 위에 얹혔다. 마치 아폴론이 미리 승리의 관을 씌워주며 잘 싸우고 돌아오라고 격려해 주는 듯했다.

티몰레온은 코린토스 군함 7척, 코르키라 배 2척, 레우카디아 배 1척을 이끌고 한밤에 떠나 잔잔한 바다 위에서 돛을 올렸다. 그가 큰 바다에 이르렀을 때, 갑자기 하늘이 열리며 찬란한 빛이 한 줄기 내려와 티몰레온이 타고 있는 배 주위를 감돌았다. 이윽고 그 빛은 제사 때 쓰는 횃불 모양으로 바뀌더니 함대가 나아갈 방향으로 앞장서서 달리기 시작했다. 그들은 이 불빛을 따라 순조롭게 이탈리아에 다다랐다. 점을 보는 사제들은 이 현상이 성녀들이 본 꿈과 연관된 것으로, 하늘의 빛은 전쟁에 함께 따라온 두 여신이 내려준 것이라고 설명했다. 시킬리아 섬은 시인들이 상상하듯이 페르세포네 여신에게는 신성한 곳이다. 예부터 시인들은 페르세포네 여신이 지옥의 신 하데스에게 잡혀가서 결혼했을 때 시킬리아 섬을 결혼 선물로 받았으며, 그 뒤 시킬리아는 페르세포네의 성지가 되었다고 전한다.

이렇게 떠날 때부터 신의 축복이 거듭 나타나는 것을 보고 병사들은 큰 용기를 갖게 되었다. 그들은 전속력으로 바다를 건너 이탈리아 해안을 돌았다. 그러나 이때 시킬리아로부터 전해진 소식에 티몰레온은 당황했고 병사들은 실망을 금치 못했다. 히케테스가 이미 디오니시우스를 쳐부수고 시라쿠사 여러 지방을 손에 넣었다는 것이었다. 또 디오니시우스가 겨우 달아난 섬이 포위되어 그는 독 안에 든 쥐 신세가 되었다고 했다.

한편 카르타고군은 히케테스와의 협정에 의해 티몰레온이 시킬리아에 발을 들여놓지 못하도록 막고 있었다. 티몰레온이 이대로 그냥 물러선다면 히케테스와 카르타고군은 시킬리아 섬을 나눠 가질 생각이었다.

이런 계획을 실행하려고 카르타고군은 전함 20척을 레기움으로 보냈다. 이 배에는 히케테스가 티몰레온에게 보내는 사절단이 있었다. 그들은 그럴듯하게 꾸민 거짓말이 담긴 편지를 전하려 했다. 사절들은 티몰레온에게, 직접 시라쿠사로 와서 히케테스와 모든 일을 의논해 자기들 일을 도우라고 했다. 또 이미 전쟁은 끝났으며 만일 코린토스군이 무리하게 뭍에 오르려 한다면 끝까지 막아낼 것이므로, 군대와 함대를 지금 당장 코린토스로 되돌려 보내는 게 좋을 것이라고 전했다.

레기움에 도착해 사절단을 만난 코린토스군은 멀지 않은 곳에서 카르타고 함대가 닻을 내리는 모습을 보고 모욕과 분노를 느끼면서도, 한편으로는 시킬리아 섬 사람들을 걱정했다. 그들은 이제 히케테스의 배신과 카르타고의 야망에 희생될 게 틀림없었다. 그러나 코린토스로서는 그들 눈앞에 버티고 있는, 자신들보다 두 배나 많은 카르타고 함대를 꺾는다는 것은 불가능한 일이었다. 시라쿠사에서 히케테스가 이끄는 군대를 격파하는 일 또한 불가능했다.

사태가 이렇게 되자 티몰레온은 히케테스 사절단과 카르타고 함대 장군들을 만났다. 그는 되도록 온순한 말투로 어쨌든 요구하는 대로 따를 생각이며, 오직 코린토스로 돌아가기 전에 교섭 내용을 레기움 시민들이 모인 자리에서 엄숙히 공개하고 싶다고 말했다. 레기움은 헬라스 도시이면서 카르타고와 코린토스 모두의 우방이었기 때문이다. 티몰레온은 모두에게 우호적인 레기움 시민을 증인으로 삼아 협정을 더욱 확실히 하고 싶다고 말했다. 그렇게 해야만 자기들도 안전하게 보내주겠다는 그들의 제안을 믿을 수 있다는 말이었다.

티몰레온의 제안은 사실 히케테스와 카르타고 관심을 다른 곳으로 돌린 뒤, 그 틈을 이용해 빠져나갈 기회를 얻기 위해서였다. 레기움 주요 인사들도 티몰레온 계략을 몰래 도왔다. 시킬리아 여러 도시국가는 코린토스의 지배를 받기 원했고, 카르타고처럼 야만적인 나라를 우방으로 삼게 될까봐 두려워했기 때문이다.

예정대로 레기움에서 민회가 열렸다. 성문이 모두 닫혀서 시민들은 다른 일을 보러 갈 수 없었다. 대회가 시작되자 군중 앞으로 여러 사람이 나와 차례로 연설했다. 그러나 하나같이 해결 방법이 없는 이야기들뿐이었다. 이렇게 시간을 끄는 동안 코린토스 함대는 항구를 벗어나고 있었다. 카르타고 장군들은 티몰레온이 자리에 앉아 금세라도 연설을 할 것처럼 준비하고 있었으므로 아무런 의심도 하지 않았다. 마침내 함대가 모두 항구를 벗어났고 티몰레온의 배만 남아 있다는 비밀 연락이 그에게 전해졌다. 연단 주위에 있던 레기움인들이 그를 가려준 덕분에 티몰레온은 눈치를 살피다가 슬쩍 군중 사이로 빠져나갔다. 항구로 달려간 티몰레온은 안전하게 배에 올랐다. 그리고 전속력으로 달려서 먼저 떠난 배들을 쫓아 탈출에 성공했다.

코린토스 함대가 다다른 곳은 시킬리아 타우로메니움으로, 오래전부터 코린토스 사람들을 초대해 온 우호적인 도시였다. 이곳 지배자인 안드로마쿠스는 코린토스군을 친절하게 맞아들였다.

안드로마쿠스는 역사가 티마이오스의 아버지인데, 그 무렵 시킬리아 여러 통치자 가운데에서도 가장 뛰어난 인물로 알려졌다. 그는 법과 정의로 시민을 다스렸으며, 모든 독재자에 대해 반감을 드러내는 인물이었다. 그는 티몰레온에게 자기 영지에서 군대를 모아 전쟁의 근거지로 삼도록 허가해 주었으며, 시민들에게도 코린토스군과 협력, 시킬리아를 해방하기 위해 다함께 힘쓰자고 말했다.

한편 레기움에 있던 카르타고군은 민회가 모두 끝난 다음에야 티몰레온이 자신들을 속이고 달아난 사실을 깨달았다. 그들은 티몰레온을 저주하며 이를 갈았다. 카르타고군이 속았다고 투덜대는 것을 본 레기움 시민들은 조소를 금할 수가 없었다. 속임수에 능하기로 유명한 포이니키아 사람들이 오히려 속임수에 넘어갔기 때문이었다.

카르타고군은 곧 배 한 척에 사절을 태워 타우로메니움으로 보냈다. 이 사절은 도착하자마자 안드로마쿠스에게 달려가 몹시 무례한 태도로 협박했다. 그들은 코린토스인들을 도시에서 당장 쫓아내라고 호통치면서 손바닥을 내밀어 뒤집어 보였다. 이렇게 쉽게 이 도시를 뒤엎어버릴 수 있다는 뜻이었다. 안드로마쿠스는 사절의 거만한 태도를 보고 한바탕 크게 웃더니 자기 손을 내밀었다가 엎어 보였다. 그리고 타고 온 군함이 뒤집히는 꼴을 보고 싶지 않다면 배를 돌려 떠나라고 경고했다.

히케테스는 티몰레온이 무사히 돌아왔다는 소식을 듣고 더럭 겁이 났다. 그는 카르타고에 사절을 보내, 빨리 대함대를 출동시켜 섬 주변을 감시하고 방어해 달라는 뜻을 전했다. 상황이 이렇게 되자 시라쿠사 사람들은 완전히 절망에 빠져버렸다. 카르타고군이 항구를 손에 넣었고, 히케테스가 시를 점령했으며, 디오니시우스는 여전히 성에서 버티고 있었기 때문이다. 한편 티몰레온과 1000명 남짓한 병사들은 타우로메니움 작은 도시에 별 희망도 없이 머물러 있었다. 티몰레온의 빈약한 군대는 급료조차 주지 못해 허덕였고, 준비한 식량도 얼마 남지 않은 상태였다.

시라쿠사 사람들은 티몰레온이 시킬리아에 있다는 것은 말뿐이고, 그 근처를 맴돌며 가까스로 버티고 있다고 생각했다. 시킬리아 다른 도시들도 그를 믿지 못했다. 티몰레온 군대는 모두 지쳐 있었고, 시킬리아인들은 군대를 이끌고 와서 구해주겠다던 다른 장군들에게 여러 번 속은 경험이 있었기 때문이다. 아테나이의 칼리푸스와 라케다이몬의 파락스도 이들을 구해준다고 했으나 모두 말뿐이었다. 두 사람이 처음 시킬리아로 왔을 때에는 시민들의 자유를 위해 폭군과 싸우겠노라 큰소리쳤다. 하지만 마침내 그들 자신이 더욱 포악한 독재자가 되었던 것이다. 그들 때문에 시킬리아에서는 폭군 통치가 전성기를 이루었고, 노예로 지내다가 죽은 사람이 자유를 누리며 사는 사람보다 차라리 더 행복하다는 말이 나올 지경이었다.

그래서 시라쿠사 사람들은 코린토스 장군도 그들에 비해 나을 게 없으리라 여겼다. 겉으로 희망을 보여주며 친절한 약속을 하는 것도 새 통치자에게 순종하게 만들려는 허울 좋은 핑계로 생각했다. 그들의 행동 모두가 자기들을 부추기는 거짓 약속에 지나지 않는다고 여겼기 때문이다. 그래서 그들은 티몰레온의 말을 의심하고 한 걸음 뒤로 물러섰다. 그의 여러 제안도 거절했다. 오직 아드라눔 시민들만이 티몰레온의 의견에 호응했다.

아드라눔은 시킬리아 섬에서 숭배하는 아드라누스에게 바쳐진 조그만 마을로 그 무렵 이 도시에서는 내분이 일어나고 있었다. 한 당파는 히케테스와 카르타고 원조를 받아야 한다고 주장했고, 다른 당파는 티몰레온의 도움을 원했다. 뜻밖에도 두 군대는 동시에 아드라눔에 다다랐다. 히케테스가 거느린 군대는 5000명을 헤아리는 대군이었으나 티몰레온의 군사는 1200명에 지나지 않았다.

티몰레온은 얼마 안 되는 군사를 거느리고 아드라눔에서 42마일쯤 떨어진 타우로메니움으로 떠났다. 첫날 그들은 충분히 쉬어가며 행군했다. 그러나 다음 날부터는 걸음을 재촉해 험한 길을 여러 군데 지나며, 저녁이 될 때까지 꾸준히 앞으로 나아갔다. 한편 히케테스가 아드라눔 가까이에 진을 치고 있다는 소식이 들렸다. 티몰레온 부하들은 병사들을 잠시 쉬게 하고 밥을 먹이자고 했다. 그리고 나면 새로운 기운과 용기가 솟아 적과 더 힘차게 싸울 수 있으리라고 말했다.

하지만 티몰레온 생각은 달랐다. 그는 장군들의 건의를 물리치고 되도록 빨리 이동해 적을 습격하도록 명령했다. 지금쯤 적도 행군을 마치고 천막을 치거나 식사 준비를 하느라 정신이 없을 것이며, 이 틈을 타서 느닷없이 공격하면 적들이 몹시 놀라 뿔뿔이 흩어져 쉽게 이길 수 있으리라는 것이었다.

말을 마친 티몰레온은 방패를 들고 먼저 앞장섰다. 그의 용맹한 모습을 본 병사들도 똑같이 용기를 내어 그의 뒤를 따랐다. 적과의 거리는 겨우 30펄롱 남짓이었고, 티몰레온 군대는 이 거리를 빠르게 좁힌 뒤 적 진영을 덮쳤다. 갑작스런 공격을 당한 적들은 저항 한 번 못해보고 정신없이 달아났다. 300명이 조금 넘는 적군들을 죽였고, 그 갑절이 되는 병사를 사로잡았다. 히케테스군의 진지와 군사물자도 완전히 몰수했다.

아드라눔 시는 성문을 활짝 열고 티몰레온을 맞았다. 시민들은 그에 대한 존경심을 보이며 완전히 항복했다. 그러고는 그에게 그동안 도시 안에서 있었던 기이한 일들을 자세히 말해주었다. 싸움이 막 시작되었을 때 갑자기 시내에 있던 신전 문들이 저절로 열리더니 신상이 들고 있던 창끝이 떨리고, 조각상 얼굴에서 땀이 흘러내렸다는 이야기였다.

이 불가사의한 징조는 이번 전투의 승리를 시민들에게 알려준 것은 물론, 이 전투 뒤에 일어날 모든 일을 축복하는 것으로 여겨졌다. 곧이어 몇몇 도시가 잇따라 티몰레온에게 협력할 뜻을 알려왔기 때문이다. 그 가운데 카타나의 참주인 마메르쿠스는 유능한 전사이자 부유한 사람이기도 했는데, 그마저도 티몰레온에게 충성을 맹세했다.

무엇보다도 중요한 사건은, 디오니시우스가 자신이 점령했던 시라쿠사 성을 티몰레온에게 바치겠다는 뜻을 전해온 것이었다. 이길 희망도 없고 식량마저 바닥이 나자, 대군을 거느리고도 그토록 수치스런 패배를 한 히케테스를 경멸하고 티몰레온을 높이 존경하게 된 것이었다. 티몰레온은 뜻밖의 행운을 기뻐하며 기꺼이 수락했다. 그러고는 코린토스 장군 에우클레이데스와 텔레마쿠스에게 군사 400명을 주어, 디오니시우스 성으로 보내 점령한 뒤 계속 관리토록 했다. 하지만 적이 아직 길을 막고 있었으므로 한꺼번에 군대를 보내지 못하고 조금씩 무리를 지어 몰래 들어가도록 했다. 그들은 요새와 디오니시우스 궁전, 그리고 그가 전쟁을 계속하기 위해 모아두었던 군수품들을 모두 인수했다. 거기에는 매우 많은 말과 온갖 무기, 셀 수 없을 만큼의 화살과 창검, 7만 명분 갑옷이 오랫동안 보관되어 있었고, 여기에 병사 2000명도 있었다. 디오니시우스는 이 모두를 자신의 성과 함께 티몰레온에게 넘겨주었다.

디오니시우스는 부하 몇 사람과 함께 보물을 가득 실은 배를 타고 히케테스 눈을 피해 몰래 티몰레온 진영으로 들어왔다. 그는 눈에 띄지 않게 초라한 시민의 옷을 입고 티몰레온을 찾아왔다. 그리고 그 뒤 배 한 척과 얼마 되지 않는 돈을 받아서 코린토스로 옮겨졌다. 그는 부강한 나라에서 태어나 신분에 걸맞은 최고급 교육을 받으며 자라났다. 하지만 부왕이 서거한 뒤, 지금까지 10년 동안 전례 없이 심한 전제군주국을 유지해 왔다. 그리고 디온의 원정 뒤 12년 동안 온갖 고생을 겪었고, 그 가운데서 여러 행운을 만나기도 했다. 그는 그동안 남들에게 입혔던 고통보다 더 큰 벌을 살아오면서 충분히 받았다. 앞날이 창창한 아들들의 죽음을 보아야 했고, 꽃 같은 딸들을 납치당했으며, 누이와 아내가 눈앞에서 병졸들에게 능욕당한 뒤 살해되어 강물에 던져지는 것까지도 지켜볼 수밖에 없었다.

디오니시우스가 코린토스에 닿자 모든 헬라스 사람은 이 유명한 폭군의 얼굴을 궁금해했다. 그 가운데는 그의 패망을 속 시원히 여기며 그에게 모욕을 퍼부으려는 사람들도 있었다. 하지만 시민들 대부분은 그의 파란만장한 일생에 대한 관심과 함께, 그가 겪은 비극들에 동정심을 조금 느끼고 있었다. 보이지 않는 신이, 그 섭리로 한 인간의 삶을 어떻게 약하게 만들었는지를 직접 눈으로 확인하고 싶었던 것이다.

어제까지만 해도 화려하고 찬란했던 왕이 오늘은 코린토스에서 생선 시장을 기웃거리고, 향수 가게 앞에 앉아서 쉬거나 싸구려 주점에서 물 탄 포도주를 마셨다. 거리 여자들과 하찮은 일로 다투기도 하고, 극단 여가수에게 노래를 가르치느라 음악의 운율과 화성법에 대해 토론을 벌였다. 그 무렵 사람들에게는 세상 여러 일 가운데 이보다 더 신기한 구경거리는 없었다.

디오니시우스의 이런 행동들에 대해 사람들은 이런저런 해석을 내렸다. 어떤 사람들은 그가 본디 게으르고 심술궂어서 그런 생활을 한다고 했다. 하지만 다른 사람들은 그가 다시 일어설 기회를 엿보며 그럴싸한 연극을 한다고 했다. 위험한 인물로 비치지 않기 위해 사람들의 경멸을 사려고 의도적으로 어리석고 무례한 모습을 보이는 것이라고 여겼던 것이다. 사실 그는 이러한 의심을 피하기 위해 일부러 바보처럼 굴거나 풀이 죽은 체하기도 했다.

하지만 디오니시우스가 사람들 조롱에 비굴하지 않고 재치 있게 대응한 기록도 남아 있다. 그것을 보면 디오니시우스가 자신의 달라진 운명에 비열할 만큼 적응하려고만 했던 것 같지는 않다. 그가 시라쿠사와 마찬가지로 코린토스 식민지였던 레우카스에 가 있을 때의 일이다. 그는 그동안의 폭군정치에 대한 자기 잘못을 솔직히 고백하면서, 수치스러운 일을 한 어떤 젊은이 이야기에 자신을 비유했다. 그런 사람은 형제들과는 잘 지낼 수 있지만 아버지를 만나기는 부끄러워 피한다고 하면서, 자기도 그와 마찬가지라고 말했다. 코린토스로 가기는 두려우니, 마치 어머니 같은 레우카스 섬에서 마음 편히 살고 싶다는 뜻이었다.

코린토스에 있던 어떤 외국인은 그가 권세를 갖고 있을 때에 철학자들과 사귀면서 모임을 가졌던 일을 비웃었다. 외국인은 플라톤과의 고상하고 유식한 대화에서 대체 무엇을 배웠느냐고 물었다. 디오니시우스는 이렇게 되물었다.

"내가 이렇게 고통을 잘 견디며 사는 것을 보고도 플라톤에게서 아무것도 배운 게 없다 생각하시오?"

또 음악가 아리스토크세누스와 몇몇 사람이 그에게 플라톤의 단점이 무엇이며, 그 원인은 어디에 있느냐고 물었을 때 그는 이렇게 말했다.

"권력이 강한 사람이 겪는 가장 큰 불행은, 친구라 여기는 사람들조차도 진실을 이야기해 주지 않는다는 것이오. 나 자신도 그런 무리 때문에 플라톤과는 가까이 지낼 수 없었다오."

자기 재치를 과시하고 싶었던 한 사내가 디오니시우스 앞에 와서 외투자락을 뒤집은 적이 있었다. 그 무렵에는 무기를 갖고 있지 않다는 것을 보여주기 위해 외투 자락을 뒤집는 관습이 있었다. 디오니시우스는 폭군으로 있던 때 암살을 피하기 위해 자신을 만나러 오는 모든 이에게 이처럼 행동하게 했는데,

이를 이용해서 디오니시우스를 비웃은 것이었다. 그러자 디오니시우스는 그 사내에게 이렇게 말했다.

"여기서 나갈 때도 한 번 더 외투 자락을 뒤집어 보여주시오. 그래야 당신이 아무것도 훔쳐가지 않았음을 알 수 있을 테니까."

또 마케도니아 왕 필리포스는 디오니시우스와 술자리를 함께하다가, 그의 아버지가 지었다는 시와 희곡을 비웃었다. 그는 디오니시우스 앞에서, 당신 아버지는 나랏일을 하느라 바쁜 와중에도 어찌 그리 좋은 작품들을 쓸 틈이 있었냐며 과장스럽고 우스꽝스러운 몸짓으로 놀란 체했다. 그러자 이에 대한 디오니시우스의 말은 지혜로웠다.

"당신이나 나처럼 저 잘난 맛에 사는 사람들이 지금처럼 술이나 마시며 허송하는 시간에 쓰신 것입니다."

플라톤은 디오니시우스가 코린토스에 오기 전에 이미 세상을 떠났으므로, 이곳에서는 서로 만날 기회가 없었다. 그러나 시노페 사람 디오게네스는 거리에서 디오니시우스를 만났을 때 이렇게 애매하게 인사했다.

"아니, 디오니시우스. 당신과는 너무나도 어울리지 않는 생활을 하시는군요."

이 말에 디오니시우스도 걸음을 멈추며 인사를 받았다.

"고맙습니다. 제 처지를 동정해 주시는군요."

그러자 디오게네스는 정색하며 차갑게 말했다.

"동정이라니요? 내 말을 잘못 알아들으셨군요. 그대처럼 인간 같지 않은 사람은 당신 아버지처럼 독재자의 궁전에서 쓸쓸히 늙어 죽어야 마땅한데, 우리와 함께 청빈한 생활을 즐기시니 도무지 어울리지 않는단 말이오."

디오니시우스가 이처럼 남달리 불행을 타고났다면, 티몰레온이 누린 행운 또한 그에 못지않게 이상한 것이었다. 티몰레온은 시킬리아에 오른 지 50일도 채 되지 않아서 시라쿠사 성의 주인이 되었고, 전투나 별다른 손해 없이 디오니시우스를 펠로폰네소스로 추방할 수 있었다. 그의 성공에 용기를 얻은 코린토스인들은 보병 2000명과 기병 200기를 더 보내기로 했다. 이들 군대는 투리이에 닿은 다음 바다를 건너 시킬리아로 가고자 했으나, 카르타고 대함대가 철통같이 포위하고 있었기에 투리이에 그대로 머물러야만 했다. 코린토스군은 호시탐탐 시킬리아로 갈 기회를 엿보는 한편, 그동안에 한 가지 훌륭한 일을 해냈다. 그들이 머무는 동안 투리이 사람들은 브루티이군과 싸우려고 출정했고,

주둔하던 코린토스군에게 자기네 도시를 지켜달라고 부탁했던 것이다. 투리이 사람들이 전쟁을 치르는 동안, 코린토스군은 그 도시를 마치 자기 나라처럼 잘 보호해 주었다.

한편 히케테스는 여전히 시라쿠사 시를 빈틈없이 포위하고, 시내에 있는 코린토스인에게 식량과 군수품이 전달되지 못하도록 막고 있었다. 히케테스는 외국인 두 사람을 불러들여, 아드라눔으로 가서 티몰레온을 암살하라는 명령을 내렸다. 티몰레온은 여느 때에도 호위대를 거느리고 다니지 않았다. 특히 그즈음에는 자신이 신의 가호를 받고 있다 믿으며, 시민들을 만나거나 거리를 나다니는 데 아무런 불안이나 의심을 갖지 않았다.

아드라눔에 온 히케테스의 자객들은 마침 티몰레온이 신전에서 제물을 드리려 한다는 소식을 들었다. 그들은 외투 속에 단도를 숨기고 곧바로 신전으로 들어가, 수많은 사람들을 헤치고 티몰레온이 있는 제단 가까이까지 다가갔다. 그러고는 그에게 와락 달려들려는 순간, 갑자기 어떤 사람이 나타나 긴 칼로 자객 한 사람의 이마를 힘껏 내리쳤다. 칼을 맞은 자객은 그 자리에서 쓰러졌다. 칼을 내리친 사나이는 피 묻은 칼을 든 채 군중 사이를 헤치고 높은 절벽 위로 몸을 피했다. 남아 있던 또 한 자객은 제단 앞으로 달려가 티몰레온을 붙들고, 자기들 죄를 모조리 자백할 테니 제발 목숨만 살려달라며 애원했다. 티몰레온이 그러겠노라 약속하자, 그는 살해된 자와 자신이 히케테스의 명을 받아 티몰레온을 암살할 목적으로 파견되었다고 털어놓았다.

이러는 동안 절벽으로 달아났던 사내가 사람들에게 붙들려 왔다. 그는 자기에게는 아무런 죄가 없다고 고래고래 소리 지르며, 자신은 얼마 전 레온티니 시에서 살해된 아버지의 원수를 갚았을 뿐이라고 말했다. 마침 그 사건을 기억하고 있던 사람들이 있어서 곧 그의 말이 사실임이 밝혀졌다. 사람들은 묘하게 얽힌 운명에 놀라지 않을 수 없었다. 운명이란, 어떤 하나의 사건을 수단으로 다른 사건을 일으킨다. 또 아주 먼 곳으로부터 모든 요소를 이끌고 와, 별다른 연관도 없어 보이는 지금의 일에 결합한다. 그리고 그것들을 하나의 원인과 결과로 엮어나간다.

어쨌든 그가 티몰레온을 암살하려던 자객들을 처치했으므로 코린토스 사람들은 그의 공을 칭찬하고, 그에게 10므나 상금을 주었다. 그는 자신의 원수를 갚는 동시에 티몰레온을 구해냈다. 이는 그가 오랫동안 품어온 원한을 성급하게 풀지 않고, 운명이 이끄는 때를 기다렸다가 마침 티몰레온을 위해 칼을 꺼냈으므로 받을 수 있었던 영광이었다.

이 사건으로 티몰레온의 행운을 목격한 사람들은 미래에 대해 큰 희망으로 부풀었다. 민중은 모두 티몰레온이야말로 시킬리아 원수를 갚고 자기들을 구해줄 사람이며, 하늘에서 보낸 사람이라 생각하고 더욱 존경했다.

한편 히케테스는 암살 계획이 실패로 돌아간 것으로도 모자라, 많은 사람들이 자기를 배반하고 티몰레온에게 가는 것을 보았다. 그는 자신의 소극적 태도를 후회했다. 많은 병력을 가지고 있었음에도 제대로 지휘하지 못했던 것이다. 티몰레온과의 싸움에 증원부대를 몰래 투입한 자신이 몹시 원망스러웠다.

생각을 바꾼 그는 소심한 태도를 버리고 카르타고 장군 마고에게 모든 함대를 보내달라고 요청했다. 마고는 곧 군함 150척을 이끌고 달려와 항구를 점령하고, 그곳에 보병 6000명을 풀었다. 엄청난 군사가 시라쿠사에 진을 치자, 사람들은 이제 시라쿠사가 야만족에게 정복되는 최후의 날이 왔다고 생각했다. 과거에도 카르타고는 시라쿠사와 여러 번 전쟁을 벌였지만 시라쿠사를 점령하지는 못했다. 그러나 이제 히케테스가 모든 방법을 써서 시내를 차지했으므로, 시라쿠사는 마치 야만인 군대의 진영 가운데 묶인 것처럼 되어버렸다.

성을 지키던 코린토스군은 크나큰 어려움과 위험에 빠졌다. 항구가 완전히 막혔으므로 군량과 군수품은 금세 바닥났다. 때때로 적들이 성 앞까지 다가와 싸움을 걸었으므로 밤낮으로 긴장해야만 했고, 병력을 몇 개로 나누어 여러 형태의 공격에 대비해야 했다.

티몰레온은 위태로운 처지에 있는 그들을 구하기 위해 카타나에서 작은 어선을 준비했다. 그리고 군량과 군수품을 실어 시라쿠사로 보냈다. 이 배들은 주로 날씨가 궂을 때, 적 군함들이 풍랑으로 흩어진 틈새를 뚫고 몰래 들어갔다. 마고와 히케테스는 이런 사실을 알아내고 코린토스군에 물자 수송을 해주는 카타나를 치기로 했다. 그들은 가장 강한 부대를 거느리고 시라쿠사를 떠났다.

이때 포위된 코린토스군 사령관이었던 네온은, 남아 있는 포위군의 감시가 소홀한 틈을 타서 갑자기 성에서 나와 공격했다. 그들은 많은 적을 죽이고 나머지는 모조리 쫓아낸 다음, 아크라디나라는 곳을 손에 넣었다. 몇 마을이 모여서 이루어진 아크라디나는, 시라쿠사 도시들 가운데 가장 강하고 공격하기 어려운 곳이었다. 그리하여 곡식과 돈을 충분히 손에 넣은 네온은 다시 요새로 돌아가지 않았고, 오히려 아크라디나 주위에 방벽을 쌓고 성벽과 연결해 두 곳 모두를 방어했다.

한편 마고와 히케테스는 카타나에 다다를 무렵에 시라쿠사로부터 보고를 받고, 아크라디나가 함락되었다는 사실을 알았다. 그들은 끝내 빼앗으러 갔던 카타나는 공격도 못 해본 채, 이미 점령했던 도시마저 잃어버리고 허겁지겁 아크라디나로 돌아와야만 했다.

네온의 이러한 성공이 앞을 내다볼 줄 아는 능력과 용기 때문이었는지, 아니면 그저 운이 좋았기 때문인지는 판단하기 어렵다. 하지만 그 뒤 잇따른 사건들은 운이 좋았다고 말할 수밖에 없다.

투리이에 있던 코린토스군은 한노군 지휘를 받고 있었다. 한노군은 그들을 기다리며 정박하고 있던 카르타고 함대가 두려워서였는지 아니면 며칠 동안 몰아치는 폭풍우 때문이었는지, 브루티이 영토를 지나 육로로 진군하기로 결정했다. 그들은 이 야만인의 땅을 때로는 무력으로, 때로는 설득으로 무사히 지나 레기움 시까지 행군했다. 그러는 동안에도 바다에서는 여전히 풍랑이 거셌다.

이곳에서 한노는 코린토스군이 위험을 무릅쓰고 배를 띄우지는 않을 것이라고 생각했다. 그러므로 가만히 앉아서 기다릴 게 아니라 적을 속여 함정에 빠뜨리려는 계략을 짜냈다. 그는 이 전략에 따라, 모든 병사에게 머리에 화환을 쓰고 카르타고군이 하는 행동을 흉내 내라고 명령했다. 한노는 마치 승리하고 돌아오는 배처럼 군함들을 방패로 아름답게 꾸민 다음 시라쿠사로 향했다. 그들은 환호성을 지르고 떠들썩하게 웃으며 잰걸음으로 성 아래를 지나갔다. 그러면서 시킬리아로 건너오는 코린토스 원군과 싸워 승리했으며 적들을 사로잡았다고 소리쳤다.

그들이 이런 연극을 하는 동안 레기움에 닿은 코린토스군은 바다에서 적의 함대가 모두 사라진 것을 보았다. 해안에는 아무도 없었고 바람조차 불지 않았다. 바다는 평온한 항해를 허락하는 듯 잔잔했다. 코린토스군은 부근에서 작은 어선들을 구해서 타고, 보기 드문 고요 속에서 시킬리아를 향해 배를 저어 바다를 건넜다. 그들은 말들도 배에 묶어 배와 나란히 헤엄치도록 했다.

코린토스군이 모두 안전하게 시킬리아에 오르자 티몰레온은 그들을 반갑게 맞이했다. 그러고는 이 증원부대 도움을 받아 곧바로 메시나를 점령했다. 그 뒤 티몰레온은 다시 병력을 정비해 시라쿠사로 떠났다. 이때 이끌고 갔던 군사는 4000명이 채 되지 않았는데, 그는 현재 전투력보다 잇따른 행운을 더 믿으며 행동한 것이다.

한편 마고는 티몰레온이 오고 있다는 소식에 불안해했다. 게다가 다음 같은 이유로 더욱 걱정스러웠다. 시라쿠사 주위에는 맑은 물이 바다로 흘러들어가는 샘과 호수가 많았는데, 이런 곳에는 장어가 들끓어서 고기잡이를 즐기는 사람들에게는 좋은 낚시터가 되었다.

전쟁 때 맞붙어 싸우기는 했지만 양쪽 군인들은 모두 같은 헬라스인들인지라, 휴전 중에는 곧잘 이곳에 나와 고기를 잡고는 했다. 삯을 받고 전쟁에 나간 용병들이었으므로 서로에 대한 원한은 없었던 것이다. 따라서 전투에서는 목숨 걸고 싸웠지만, 평화로울 때는 서로 만나 사이좋게 웃고 노는 일이 예사였다. 이 무렵에도 그들은 장어 낚시를 하며 이야기를 나누고 있었다. 어떤 군인은 시라쿠사 부근 바다가 아름답다 하고, 어떤 군인은 그곳 땅과 집들이 잘 정리되어 있다는 이야기를 하고 있었다. 그때 한 코린토스 병사가 일어서더니 다른 사람들을 돌아보며 이렇게 말했다.

"당신들도 헬라스인이면서 왜 이처럼 크고 아름다운 도시를 야만족에게 넘겨주지 못해 안달입니까? 야비하고 잔인한 카르타고인들을 우리나라에 들어오도록 부추기는 싸움을 벌이니 말이오. 오히려 당신들은 시킬리아 같은 섬이 더 많아서 헬라스의 방패가 되어주기를 바라야 할 텐데 말이오. 저 야만족들이 군대를 모아 온 것이 히케테스더러 대대로 왕 노릇을 해먹으라고 그런 것 같소? 정말 히케테스에게 왕다운 생각이 있었다면, 제 조상을 내쫓고 적군을 불러들이지는 않았을 것이오. 먼저 티몰레온이나 코린토스의 다른 장군들 동의를 얻고, 거기에 알맞은 모든 예를 행함으로써 떳떳하게 지휘권을 가졌을 거란 말이오. 그가 만약 티몰레온을 달래고 코린토스와 휴전했더라면 지금쯤 명예와 권력을 누리고 있을 거요."

히케테스에게 고용된 헬라스 용병들 사이에서 이 이야기가 떠돌았다. 마고는 그렇지 않아도 돌아가기 위한 적당한 핑계를 찾고 있었는데, 이런 이야기까지 나오자 잘못하다가는 반란이 일어날지도 모른다는 걱정이 들었다. 히케테스가 마고에게 남아달라고 간청하면서 아군이 적군보다 훨씬 강하다고 설명했지만, 마고는 수적으로 우세할지라도 티몰레온 군대가 가진 행운과 용기는 도저히 당해낼 수 없다며 곧 돛을 올리고 아프리카로 떠나버렸다. 이리하여 그는 큰 수치만 안은 채, 다 얻었다고 믿었던 시킬리아를 눈앞에서 포기하고 말았다.

마고가 떠난 다음 날, 티몰레온군은 전투 태세를 갖추고 시내로 몰려들어갔다. 그리고 마고가 군대를 거느리고 달아났다는 소문과 함께 항구가 텅 비어 있는 것을 두 눈으로 확인했다. 티몰레온은 마고의 비겁함을 비웃으며, 카르타고군이 어디로 달아났는지 알려주는 자에게는 상금을 준다는 포고문을 붙였다.

하지만 히케테스는 마고가 떠난 뒤에도 홀로 버티고 선 채 시가지에서 물러가지 않았다. 그래서 티몰레온은 병력을 셋으로 나누었다. 가장 공격하기 힘든 아나푸스 강 연안은 자기가 맡고, 코린토스 장군 아시아스가 거느리는 부대는 아크라디나 쪽을 공격하도록 지시했다. 그리고 코린토스로부터 마지막 증원부대를 데리고 온 디나르쿠스와 데이마레투스에게는 에피폴라이라는 구역을 공격하라고 명령했다.

세 곳에서 한꺼번에 공격하자 히케테스군은 더는 견디지 못하고 달아났다. 이처럼 빼앗겼던 도시를 되찾은 일은 바로 장군들의 현명함과 용기의 결과였다. 그러나 이 전투에서 단 한 사람도 죽거나 다치지 않았다는 사실은, 티몰레온을 보살피는 행운의 여신이 도와준 것이라고밖에 말할 수 없다. 전쟁의 승리를 전해 들은 사람들은 그의 공적도 공적이려니와 그에게 내려진 행운에 감탄을 금치 못했다.

이 전투 소식은 온 시킬리아 섬과 이탈리아 곳곳으로 퍼져나가 많은 사람들을 놀라게 했고, 멀리 헬라스에까지 이르렀다. 한편 코린토스 시에서는 군대가 시킬리아에 무사히 다다랐는지조차도 확실하지 않아 걱정하고 있었다. 그런데 바로 그때 아군의 승리 소식이 전해졌다. 티몰레온의 계획이 순조롭게 진행된 데다가 행운까지 더해져 빛나는 승리를 거둘 수 있었던 것이다.

시라쿠사 성을 손에 넣은 티몰레온은 디온이 저질렀던 실수를 되풀이하지 않기 위해 노력했다. 성은 아름답고 화려했지만 그렇다고 그대로 놓아둘 생각은 없었다. 디온은 시민들을 믿지 않았으므로 파멸당했으나 티몰레온은 그와 달랐다. 그는 시라쿠사인들에게, 역대 폭군들 성을 송두리째 없애버리려 하니 누구든지 곡괭이나 그 밖의 도구들을 가지고 나와 성을 허물어뜨리라고 선포했다. 이에 시민들은 적극 호응해 그 말에 따랐다.

구름처럼 모여든 시민들은 이날의 선포를 진정한 자유의 시작이라고 여겼다. 그리고 성뿐만 아니라 폭군을 떠오르게 하는 것이라면 궁전과 무덤까지도 모조리 헐어버렸다. 그리고 그 자리에 법정을 지어 정의를 지키도록 했고, 폭정을 무너뜨려 민주정치의 새로운 희망을 심었다.

막상 도시를 점령하기는 했지만 남아 있는 시민은 얼마 되지 않았고, 그나마도 궁핍한 사정에 놓여 있었다. 더러는 전쟁과 폭동으로 목숨을 잃었고, 살아남은 사람들도 잔인한 정치를 피해 떠나버렸으므로 도시는 적막했다. 시라쿠사 공회당은 오랫동안 돌보지 않은 목장처럼 잡초들로 무성했고, 마부들은 이곳에서 말이 풀을 뜯는 동안 풀숲에 누워 있었다.

이런 사정은 다른 도시들도 마찬가지였다. 시킬리아 몇몇 도시를 제외하고는 시내 한복판에 노루와 산돼지들이 돌아다니고, 한가한 사람들은 근교나 성곽 주변에서 사냥을 하기도 했다. 또 시골로 이주해 성채나 요새에 살고 있던 사람들은 아무도 도시로 돌아오려고 하지 않았다. 그들은 이제 회의나 연설이라는 말만 들어도 몸서리를 쳤다. 폭군 대부분이 그러한 활동으로 배출된 까닭이었다.

이런 상황을 알게 된 티몰레온은 남아 있던 시라쿠사인들과 함께 시라쿠사 시내를 되살릴 방법을 궁리했다. 의논 끝에 티몰레온은 코린토스에 편지를 보내, 헬라스로부터 이민을 보내달라고 요청하기로 했다. 그렇게라도 하지 않으면 도시는 온통 황무지가 될 테고, 또 아프리카로부터 대군이 쳐들어와 또다시 전쟁에 휘말릴 우려도 있었다. 그 무렵 카르타고에서 들려온 소식에 따르면 마고는 스스로 목숨을 끊었으며, 그가 원정을 제대로 이끌지 못한 것에 분노한 카르타고인들은 그의 시체를 십자가에 매달았고, 이듬해 여름 다시 시킬리아를 공격하려고 대군을 모으고 있었기 때문이다.

시라쿠사 사절단은 이민을 요청하는 티몰레온 편지를 갖고 코린토스에 도착했다. 그들은 가엾은 처지에 놓인 도시를 한 번만 더 도와달라고 간청했다. 코린토스인들에게는 이 기회를 이용해 시라쿠사를 자기 것으로 만들려는 욕심은 없었다. 그들은 먼저 신성한 행사와 종교적 모임에 전령을 보냈다. 그리고는 시라쿠사가 마침내 폭군을 몰아냈고, 이제는 충분한 자유를 누리며 국토를 분배받을 사람들을 기다린다는 사실을 알렸다.

그들은 또 시라쿠사 피란민들이 많이 가 있던 소아시아와 여러 섬에도 사람을 보냈다. 그리고 코린토스로 오기만 하면 자기들이 배와 호송을 책임질 테니, 모두 시라쿠사로 되돌아가라고 권유했다. 이처럼 너그러운 행동으로 코린토스는 많은 찬사를 받았다. 그들은 시라쿠사의 폭군을 내몰았고, 야만족으로부터 구한 나라를 정당한 소유자에게 고스란히 되돌려주었기 때문이다.

이리하여 추방되었던 시민들이 코린토스에 모였지만 여전히 그 수는 터무니없이 적었다. 그들은 코린토스 시민과 다른 헬라스 시민들에게도 이주권을 달라고 간청했다. 그리하여 이주민이 1만 명쯤 모이자, 시라쿠사로 배를 띄웠다.

또 이탈리아와 시킬리아에 사는 사람들도 티몰레온을 존경해 모여들었는데, 그들만 해도 6만 명이나 되었다. 티몰레온은 이들에게 저마다 땅을 나눠주고, 전에 살던 시민들에게는 집을 되찾아주었다. 그런 다음 남은 집들을 팔아 1000탈란톤을 거두었다. 어려운 나라 재정을 보충하고 앞으로 닥칠 전쟁에 대비하고자 그는 신전 조각상들까지 팔기로 하고 회의를 소집해서 조각상들을 경매에 부쳤다. 이때 시라쿠사인들은 옛 왕이었던 겔로의 조각상만은 팔지 않기로 했는데, 겔로는 히메라 강에서 카르타고군과 싸워 커다란 승리를 거둔 왕이었기 때문이다.

시라쿠사는 이렇게 곳곳에서 모여든 많은 사람들 힘으로 다시금 튼튼하고 활기 넘치는 도시로 되살아났다. 티몰레온은 이 일이 끝나자 다른 도시들도 해방함으로써 온 시킬리아에서 폭군을 몰아내기로 마음먹었다. 그는 이 목표를 이루기 위해 가장 먼저, 독재정치를 펼치던 히케테스를 찾아갔다. 그러고는 히케테스가 카르타고와 맺었던 동맹을 깨뜨리고 곳곳에 세워져 있던 그의 성을 헐어버린 뒤, 히케테스를 레온티니의 평범한 시민으로 만들어버렸다.

레프티네스 또한 아폴로니아를 비롯한 작은 도시들을 다스리는 독재자였다. 티몰레온은 아폴로니아로 쳐들어갔다. 레프티네스는 잠시 맞섰지만 힘이 모자란다는 사실을 깨닫고 곧 항복했다. 티몰레온은 레프티네스를 죽이지 않고 코린토스로 쫓아보냈다. 시킬리아 독재자들이 코린토스에서 유랑인이라는 천한 신세로 살아가는 모습이 다른 헬라스 사람들에게 더 좋은 본보기가 되리라 여겼기 때문이다.

그다음 티몰레온은 새 헌법 제정에 참여하기 위해 시라쿠사로 돌아왔다. 코린토스에서 온 케팔루스와 디오니시우스가 여러 법률 만드는 일을 돕고 있었다. 티몰레온은 시라쿠사에 머무는 동안에도 자신의 용병들을 한가하게 놀리지 않고, 될 수 있는 대로 많은 적을 쳐서 그 전리품으로 병사들 주머니를 채워주려 했다. 그래서 그는 데이나르쿠스와 데마레투스를 시켜, 시킬리아 섬들 가운데 카르타고가 장악한 지역들을 공격하게 했다. 그 결과 그들은 야만족 지배로부터 여러 도시를 해방했고, 군대는 많은 보수와 전리품을 얻었으며, 앞으로의 전쟁을 위한 군사 비용까지 마련할 수 있었다.

그러는 동안 카르타고 대군은 배 200척에 군사 7만 명을 태우고 릴리바이움에 도착했다. 그 밖에도 배 1000척에 온갖 무기와 네 마리 말이 끄는 전차, 많은 곡식들을 싣고 있었다. 그들은 이제 소극적인 태도를 버리고 본격적으로 시킬리아의 헬라스군을 몰아낼 작정이었다. 7만 병력이면 혹 시킬리아에 와 있는 헬라스인들이 하나로 똘똘 뭉친다 해도 충분히 정복할 수 있을 만큼 대단한 숫자였다.

카르타고군은 자기들이 지배하던 땅들이 티몰레온에게 모두 짓밟히고 있다는 소식을 듣고 격분했다. 그들은 곧 하스드루발과 하밀카르를 장군으로 세워 코린토스를 공격했다. 시라쿠사는 적군 숫자가 너무나 많은 것을 보고 하나같이 공포에 떨었다. 그래서 수많은 시민이 있었지만 그 가운데 무기를 들고 나온 사람은 고작 3000명에 지나지 않았다. 더구나 4000명이나 되던 외국인 용병들도 싸우러 가는 길에 겁이 나서 1000명이나 달아나버리고 말았다. 그들은 티몰레온이 제정신이 아니라고 주장했다. 5000명도 안 되는 보병과 기병 1000기 정도만으로 7만 명이나 되는 적군을 상대하려 할 뿐만 아니라 8일 동안이나 행군해야 닿을 수 있는 먼 곳으로 군대를 옮기려 했기 때문이다. 싸우다 져서 달아나려 해도 피할 곳이 없고, 죽어도 묻힐 데도 없는, 그런 곳이었다.

하지만 티몰레온은 비겁해서 어차피 싸우지도 못할 자들이 미리 달아난 것을 보며 오히려 다행이라고 여겼다. 그래서 나머지 군사들의 용기를 북돋우며 카르타고군이 집결한 크리메수스 강으로 나아갔다.

그는 적군 진지를 살펴보기 위해 군대를 이끌고 고개 위로 올라갔다. 그런데 거기서 미나리를 노새에 싣고 내려오던 사람들과 맞부딪쳤다. 이를 보고 병사들은 모두 불길한 징조라고 여겼다. 헬라스인들은 죽은 사람 무덤에 미나리를 엮어서 놓아두는 풍속이 있는 데다가, 위독한 환자를 가리켜 '미나리를 받을 때가 된 사람'이라고 불렀기 때문이다. 티몰레온은 이런 미신 때문에 겁을 내는 병사들에게, 전투도 시작하기 전에 자신이 신으로부터 승리의 관을 받았다는 이야기를 해주어서 그들을 안심시켰다. 그리고 코린토스인들이 이스트미아 경기에서 우승한 사람에게 미나리로 만든 관을 씌워주는 것처럼, 이것은 조국 코린토스와 관계 깊은 식물이라고 이야기했다. 오늘날 네메아 운동경기에서도 그런 풍습이 있으며, 미나리 대신 소나무를 쓴 것은 요즘의 일이라는 말도 덧붙였다.

티몰레온은 이야기를 마친 다음 미나리 한 다발로 관을 만들어서 머리에 썼다. 그러자 부하 장병들도 모두 미나리 관을 만들어 머리에 썼다. 바로 그때 그들은 독수리 두 마리가 그들 쪽으로 날아오는 것을 보았다. 한 마리는 발톱으로 뱀을 움켜쥐고 있었고, 다른 한 마리는 자신의 용기를 큰 소리로 우짖어 나타내며 날아오고 있었다. 점을 치는 사람들은 이를 보고 모두에게 무릎을 꿇으라고 한 다음 신에게 기도를 드렸다.

그때는 타르겔리온 달 하순으로 하지가 코앞인 초여름이었다. 강에서는 짙은 안개가 피어올라 주변 평지를 가리고 있었다. 적의 진영은 눈에 보이지 않았고, 군대 움직임은 소리로만 짐작할 수 있었다. 적의 대군은 멀리서 움직이며 떠들었으므로 알아듣기 힘든 소음만 들려올 뿐이었다. 코린토스군은 산마루에 이르자 방패를 놓고 잠시 쉬었다. 해가 떠오르면서 안개가 산으로 몰려가더니 구름이 되어 산꼭대기에 걸리고, 그 아래로 크리메수스 강이 보였다. 그러자 비로소 산 아래 땅이 환히 드러나면서, 크리메수스 강을 건너는 적군 행렬이 똑똑히 보였다.

적군은 네 마리 말이 끄는 전차들을 앞세운 채 강을 건너왔고, 보병 1만 명이 방패를 든 채 그 뒤를 따랐다. 그들이 입은 화려한 갑옷과 대열 형태로 보아 카르타고 정규군이 틀림없었다. 그리고 그들 뒤로는 외국인 연합부대가 무질서하게 강을 건너고 있었다. 티몰레온은 적군이 한꺼번에 강을 건널 수가 없어서 더러는 건너오고 더러는 건너오지 못한 상태임을 알아채고 병사들에게 지시했다. 즉 상대할 적의 수효를 이쪽에서 마음대로 결정할 수 있다는 것이었다.

티몰레온은 강을 건너느라 적의 대열이 틀어지고, 이미 건너온 군대와 아직 건너오지 못한 군대로 나누어져 있을 때 그들을 공격하기로 결정했다. 그는 데마레투스에게 기병대를 이끌고 가서 카르타고군을 기습하라고 명령했다. 그러고는 평지로 내려가 부대 왼쪽, 오른쪽 날개를 서로 다른 시킬리아군으로 짰다. 또한 외국인 용병을 몇 명씩 배치한 시라쿠사 출신 부대와 가장 강한 용병들은 중앙에 배치했다.

때를 기다리며 기병들을 지켜보던 티몰레온은 적군 앞에서 오락가락하는 전차 부대 때문에 그의 기병들이 카르타고군에 선뜻 접근하지 못하는 것을 보았다. 기병들은 대열을 유지하기 위해서 끊임없이 말머리를 돌려야 했고, 다시 방향을 바로잡았을 때 재빨리 공격해야 하는 어려움이 있었다.

마침내 티몰레온은 앞장서서 적진으로 뛰어들어, 강을 건너오는 적군을 차례차례 물리쳤다. 그는 병사들에게 두려워하지 말고 자신의 뒤를 따르라 소리쳤는데, 그 소리가 어찌나 우렁찬지 사람이 낸 목소리 같지 않았다. 신이 그와 함께 소리를 지른 것처럼 생각될 정도였다. 병사들은 이 소리를 듣자 한꺼번에 달려들며 함성을 내질렀다. 티몰레온은 기병대에 신호를 보내, 전차가 달리는 곳을 피해 적 보병대 옆쪽을 습격하라고 명령을 내렸다. 그리고 맨 앞에 선 카르타고 정규군을 공격하기 위해 병사를 시켜 돌격 나팔을 불게 했다.

카르타고군도 단호히 맞섰다. 그들은 무쇠 갑옷과 청동 투구를 쓰고 큰 방패를 들고 있었으므로 헬라스군의 창을 손쉽게 뿌리쳤다. 하지만 정면으로 맞붙었을 때 승패 여부는 기술이 많이 필요한 칼로 판가름나게 된다. 칼로 결판을 내야 할 만큼 전투가 진행되었을 때, 갑자기 산마루에 걸려 있던 안개구름이 몰려오더니 우박을 내리고 폭풍우를 일으켰다. 천둥과 번개도 쉴 새 없이 내리쳤다. 헬라스군은 이 비바람을 등으로 막고 있었으나, 카르타고군은 정면으로 받았기에 도저히 눈을 뜰 수 없었다. 쏟아지는 비바람과 잇달아 번쩍이는 번개로 적군은 몹시 불리한 위치에 놓였다.

전쟁 경험이 모자란 데다 이러한 어려움을 처음 겪는 카르타고군은 어리둥절할 수밖에 없었다. 게다가 갑옷에 비와 우박이 쏟아져 부딪치는 소리 때문에 상관들 명령도 제대로 들리지 않았다. 또한 중무장한 갑옷 속으로 물이 스며들어 싸울 때 불편한 것은 말할 필요도 없었다. 가볍게 무장한 헬라스군이 날쎄게 움직이는 데 비해 카르타고군은 질척거리는 땅에 넘어지면 무거운 갑옷 때문에 금세 일어서지 못했다.

갑자기 쏟아진 비로 크리메수스 강물이 삽시간에 불어나자 전쟁터는 온통 물바다가 되고 말았다. 강 양쪽 평지에는 산허리에서 내리뻗은 작은 골짜기와 낮은 지대가 이어졌다. 그런데 불어난 빗물이 곳곳에 급한 물살을 만들어냈고, 평야는 일정한 수로 없이 조그마한 개울과 급류로 가득 찼다. 그 가운데에 있던 카르타고군은 물살이 빨라지자 이리저리 휩쓸리며 갈팡질팡했다. 사나운 태풍과 헬라스군의 공격으로 카르타고 선봉대 400명은 모두 세찬 물살에 휩쓸려 죽었고, 이를 본 나머지 병사들은 겁에 질려 뿔뿔이 흩어졌다. 그러나 그들 대부분도 들판까지 쫓기다가 칼에 맞아 죽었고, 계속해서 강을 건너던 자기네 군사들과 서로 뒤엉키는 바람에 사나운 물살에 빠져 죽은 병사들도 많았다. 산으로 달아난 적군들도 기다리고 있던 헬라스군에 퇴로가 막힌 채 공격을 받아 모두 죽고 말았다.

이 싸움에서 숨진 사람들 수는 헤아릴 수 없을 만큼 많았는데, 그 가운데에는 카르타고 시민이 3000명이나 포함되어 있었다. 그들은 재산이나 문벌에서도 뛰어난 사람들이었기 때문에 그 손해와 고통이 실로 엄청났다. 카르타고 어느 기록을 보아도, 오직 한 번의 싸움에서 그토록 많은 카르타고인이 죽은 일은 없었다. 예전까지는 전쟁에 나갈 때 주로 리비아나 이베리아, 누미디아 사람 등 용병을 고용해 썼으므로 패배했을 때에도 자기들 쪽 손해나 희생이 그다지 없었다.

헬라스인들은 전리품을 보고 전사자들 지위와 신분을 알 수 있었다. 전리품을 모았을 때 청동이나 철로 만든 것은 거의 찾아볼 수 없었고, 금과 은으로 만들어진 귀한 물건들이 많았다. 카르타고군 포로도 매우 많았는데, 병사들은 포로들을 몰래 빼내어 다른 나라에 노예로 팔기도 했다. 그들을 제외한 포로들만도 5000명이나 되었고, 그들은 모두 국내로 이송되어 국가 재산이 되었다. 빼앗은 전차도 200대나 되었다.

이제 티몰레온 막사는 영광스럽고 웅장해졌다. 막사 주위에는 온갖 귀중한 전리품들이 산더미처럼 쌓였는데, 정교한 조각을 새겨넣은 아름다운 갑옷만 1000벌이고 방패는 1만 개나 될 정도였다. 이긴 편 숫자가 적어 그 많은 전리품을 모두 거둘 수 없었던 데다가 값지고 훌륭한 물건이 너무 많아서, 그들은 전투가 끝난 지 사흘 뒤에야 비로소 승리의 기념비를 세울 수 있었다.

티몰레온은 이 영광스러운 승리를 알리는 편지와 함께 전리품 가운데 가장 좋은 갑옷과 방패를 골라 코린토스로 보냈다. 코린토스는 헬라스 모든 도시 가운데, 자기 동족들에게서 빼앗은 불행한 전리품으로 성안을 꾸미지 않은 유일한 도시가 되었다. 사람들은 모두 야만족에게서 빼앗은 물건으로 카르타고 신전을 장식하게 된 것을 기뻐했고, 전리품마다 정복자의 정의와 불굴의 정신을 나타낸 내용을 새겨넣었다. 그리고 코린토스인들과 티몰레온이 시킬리아의 헬라스인들을 독재에서 벗어나게 해 준 것을 신께 감사드린다는 글도 함께 새겨넣었다.

승리를 거둔 티몰레온은 군대 일부를 카르타고 영토 여러 곳에 그대로 남겨두어 그곳에서 마음대로 약탈할 수 있게 했다. 그다음 남은 부대를 이끌고 시라쿠사로 돌아왔다. 그는 전투가 벌어지기도 전에 비겁하게 달아났던 용병 1000명에게 해가 저물기 전까지 시킬리아를 떠나라고 명령했다. 용병들은 그들을 보호해 주겠다는 브루티이인들 약속을 믿고 이탈리아로 건너갔다. 하지만 브루티이인들은 약속을 어기고, 추방되어 온 사람들을 모두 죽였다. 배반자들은 신의 이름으로 벌을 받은 것이다.

그런데 카타나 참주인 마메르쿠스와 히케테스는 티몰레온의 승리에 질투가 났는지, 아니면 그가 자기들 같은 참주들에게 협력하지 않을 게 두려워서였는지 다시 카르타고와 동맹을 맺었다. 그리고 카르타고에게 시킬리아에서 완전히 철수하기를 바라지 않는다면 자신들에게 군대와 지휘자를 보내달라고 요청했다.

이 요청으로 한노의 아들 기스코를 대장으로 한 함대 70척과 헬라스 용병들이 파견되었다. 헬라스인이 돈을 받고 카르타고군 용병이 된 것은 이때가 처음이었다. 카르타고 사람들은 헬라스인이 전쟁을 가장 잘한다고 생각해서 그들을 채용한 것이다. 카르타고인은 이렇게 모은 병력을 메세나 지방에 모두 집결했다.

싸움터에 나선 헬라스 용병들은 카르타고 지원을 받아 티몰레온의 용병 400명을 무찔렀다. 그리고 또다시 카르타고 영토에 있는 히에타이 지방에 복병을 숨겨두었다가, 레우카디아 사람인 에우티무스가 거느린 용병들을 전멸시켰다. 그러나 이 일은 티몰레온의 행운을 더욱 키운 결과가 된다. 본디 이 용병들은 예전에 포키스 사람인 필로멜루스와 오노마르쿠스와 함께 델포이 신전을 약탈했던 자들이었기 때문이다. 그 사건으로 저주를 받은 그들은 세상 사람들의 미움을 받으면서 펠로폰네소스 반도를 떠돌아다니고 있었다. 티몰레온은 사람이 부족한 터라 어쩔 수 없이 시킬리아 공격 때 이들을 끌어들였다.

그들은 시킬리아에서 티몰레온의 지휘를 따르며 모든 싸움에서 뛰어난 활약을 보여주었다. 그러다가 큰 위험이 모두 사라진 뒤 다른 부대를 방어하기 위해 파견했는데, 바로 이들이 적에게 전멸당한 것이다. 군대가 모두 당한 게 아니라 악한 자들만 당한 것을 보면, 마치 복수의 신이 티몰레온의 행운에 양보해 일부러 선한 자를 제외한 것 같았다. 이처럼 티몰레온의 행운은 그가 성공을 거두었을 때뿐만 아니라 패배했을 때까지도 뚜렷하게 드러났다.

시라쿠사 사람들은 독재자들의 모욕적인 호통과 비웃음을 가장 못마땅하게 여겼다. 시와 비극을 쓰는 재주를 자랑스러워했던 마메르쿠스는 용병들 전리품을 신전에 드릴 때, 그 승리를 뽐내며 이렇게 시를 썼다.

> 상아와 황금과 호박이 박혀 있는 이 자줏빛 방패,
> 우리는 다 낡아빠진 방패를 들고 싸워 빼앗았노라.

그 뒤 티몰레온은 칼라우리아 지방을 정벌하러 나갔는데, 그가 자리를 비운 동안 히케테스는 시라쿠사를 공격해서 아주 큰 피해를 입힌 다음 전리품을 가득 싣고 돌아갔다. 돌아가는 길에 히케테스는 보란 듯이 칼라우리아 시 성 밑을 지나며, 얼마 안 되는 군대를 거느리고 있던 티몰레온을 모욕했다. 티몰레온은 그들이 지나가도록 가만히 두었다가 곧 기병과 보병들을 이끌고 추격했다. 이 소식을 들은 히케테스는 다미리아스 강을 건넌 뒤 강둑에 멈춰 서서 방어할 준비를 했다. 물살이 빨라 강을 건너기 쉽지 않았고, 양쪽 둑이 가팔라 티몰레온군이 공격하기가 쉽지 않으리라 여겼기 때문이다.

그런데 티몰레온의 장군들 사이에 다툼이 생겨 전투가 조금 늦어졌다. 장군들은 모두 자기가 가장 먼저 강을 건너가 적과 싸우겠다고 옥신각신한 것이다. 티몰레온은 앞장설 사람을 제비뽑기로 결정하기로 하고, 장군들 반지를 모아 자기 외투 주머니에 넣고 몇 번 흔든 다음 하나를 뽑았다. 그가 뽑은 반지에는 공교롭게도 전승 기념비가 새겨져 있었다. 이 반지를 본 병사들은 환호성을 지르며 반지 주인인 장군을 앞장서게 하고, 전속력으로 강을 건너 적군에게 달려들었다. 이들을 뒤따라 나머지 군사들도 모두 강을 건넜다. 이 과감한 공격을 적들은 도저히 당해낼 수 없었다. 곧 이곳에는 적군 시체 1000구가 남겨졌다.

그로부터 얼마 되지 않아 티몰레온은 레온티니 시를 습격해 히케테스와 그의 아들 에우폴레무스, 그리고 기병대장 에우티무스를 포로로 잡았다. 이들은 병사들에게 포박당한 채 티몰레온 앞으로 끌려왔다. 히케테스와 그 아들은 독재와 반역이라는 죄명으로 사형되었다. 에우티무스는 보기 드물게 용맹한 장수였으나 예전에 코린토스인들을 모욕했던 죄로 처형되었다. 그가 레온티니 시민들에게 연설하는 도중에 코린토스군 공격에 대해 '코린토스 여인들이 집에서 나온 것과 마찬가지라 걱정할 필요조차 없다' 비웃었다는 것이다.

이를 보면 사람들은 심한 행동보다는 심한 말 때문에, 또 몸을 다치는 것보다 모욕당하는 일에 더 분노한다는 사실을 알 수 있다. 전투에서 적이 공격하거나 방어 행위를 하는 일은 마땅하게 생각하고 받아들이지만, 말이나 몸짓으로 모욕하며 비웃는 것은 지나친 증오나 저열함에서 나오는 행동이라고 여긴다.

티몰레온이 시라쿠사로 돌아왔을 때 사람들은 히케테스 가족들을 끌고 나와 처형했다. 이 일은 티몰레온이 평생 해온 일들 가운데 가장 잔인하고 가혹한 것이었다. 만일 그가 한마디만 했어도 이 가엾은 여인들은 목숨을 건질 수 있었으리라. 하지만 그는 일부러 못 본 척 내버려두어, 10년 전 디오니시우스를 추방했던 디온의 원한을 풀게 했다. 디온의 아내 아레테와 동생 아레스토마케, 그리고 집안의 어린아이들까지 모두 산 채로 바다에 던져 죽게 만든 사람이 바로 히케테스였기 때문이다. 이 이야기는 디온 편에 자세히 나온다.

레온티니를 점령한 뒤, 티몰레온은 마메르쿠스를 치기 위해 카타나로 갔다. 마메르쿠스는 아볼루스 강 부근에서 이들을 맞아 싸움을 벌였으나, 크게 져서 병사 2000명을 잃고 달아나고 말았다. 그 가운데 가장 피해가 컸던 것은 기스코가 그들을 돕기 위해 보내준 포이니키아 부대 소속 병사들이었다.

쓰디쓴 패배를 맛본 카르타고인들은 곧 티몰레온에게 화해를 청해 왔다. 이윽고 몇 가지 조건으로 휴전이 이루어졌다. 카르타고인은 리쿠스 강 건너편 땅 안쪽에서만 살 것, 원하는 사람은 가족과 재산을 가지고 시라쿠사로 이주해서 살 것, 여러 독재자들과 동맹 관계를 모두 끊을 것 등이 그 조건들이었다. 카르타고의 지원마저 끊기자 절망한 마메르쿠스는 루카니아 사람들로 군대를 모아 다시 티몰레온과 시라쿠사에 맞서기 위해, 뒷날을 기약하며 이탈리아로 떠났다. 하지만 가는 길에 그를 따르던 자들이 뱃머리를 돌려 시라쿠사로 가더니 그를 배신하고 티몰레온에게 카타나 시를 넘겨주었다. 겨우 빠져나온 마메르쿠스는 메세나의 독재자인 히포에게로 달아났다.

이윽고 티몰레온이 바다와 육지, 양쪽에서 메세나를 포위해 들어가자 히포는 두려움을 느끼고 재빨리 달아나려 했다. 하지만 그가 배를 타고 막 떠나려

할 때 메세나 시민들이 달려들어 그를 붙잡았다. 분노한 시민들 손아귀에 잡힌 히포는 어린아이들까지 다 모여 있는 극장으로 끌려가 심한 고문을 당한 끝에 죽고 말았다.

한편 마메르쿠스는 시라쿠사에서 재판을 받되, 티몰레온은 전혀 재판에 간섭하지 않는다는 조건으로 항복해왔다. 시라쿠사로 끌려간 그는 민중 앞에서 자기를 변호하기 위해 오래전부터 준비해 온 연설을 시작했다. 하지만 분노한 시민들은 그를 도무지 용서할 기색 없이 야유와 고함을 지르며 연설을 방해했다. 절망한 그는 윗옷을 벗어던지고 있는 힘을 다해 극장을 가로질러 뛰어갔다. 돌계단에 머리를 부딪쳐 스스로 목숨을 끊으려 한 것이었다. 하지만 그마저 뜻대로 이루어지지 않았다. 끝내 마메르쿠스는 사람들에게 붙들렸고, 해적과 똑같은 취급을 받으며 비참하게 사형되고 말았다.

이렇게 해서 티몰레온은 헬라스 전체에서 독재정치를 뿌리 뽑고, 끊임없이 이어지던 전쟁에 마침표를 찍었다. 그가 처음 나타났을 때 온갖 재난으로 황무지나 다름없었던 시라쿠사 섬은 티몰레온의 노력으로 날이 갈수록 활기차게 발전해나갔다. 섬을 팽개치고 다른 나라로 떠났던 사람들도 살기 좋은 도시라는 소식을 듣고 모두 되돌아왔다.

아테나이 전쟁 뒤 카르타고에게 파괴되었던 아크라가스와 겔라 같은 큰 도시들에도 다시 사람들이 모여들었다. 아크라가스는 메겔루스와 페리스투스 두 사람이 엘레아에서 이끌고 온 이민자들에 의해, 겔라는 고르구스가 케오스에서 이끌고 온 새로운 이민자들과 피란 가 있던 옛 시민들에 의해 재건되었다.

티몰레온은 이들에게 평화와 안전을 주었을 뿐 아니라, 물자까지 공급하며 그들의 재건을 도왔다. 사람들은 도시를 처음 일으킨 사람을 대하듯 티몰레온에게 감사하며 큰 존경을 보냈다. 전쟁을 마무리 짓는 일, 법률을 새로 만드는 일, 지방을 식민지로 만드는 일, 정치를 올바로 세우는 일까지, 모두 티몰레온이 없으면 완성할 수 없었다. 모든 시킬리아 사람이 그를 존경했다. 티몰레온은 마치 위대한 건축가가 건물을 모두 지은 다음에 아름답게 꾸며 신과 인간을 모두 기쁘게 하는 것처럼, 제정된 정책이나 법률을 세밀하게 손질하곤 했다.

그 무렵 헬라스에서 위대한 업적을 남긴 사람으로는 티모테우스, 아게실라우스, 펠로피다스 그리고 티몰레온이 존경했던 에파메이논다스 등이 있었다. 하지만 이들의 빛나는 영광은 더러는 흐려지고, 때로는 비난의 대상이 되기도 했다. 그러나 티몰레온의 업적은 그의 형을 죽일 수밖에 없었던 비극적인 사건 말고는, 역사가 티마이오스가 소포클레스에 대해 썼던 다음 시에 그대로 비추어도 될 만큼 뛰어났다.

아아, 신들이여! 어떤 베누스나 어떤 신의 은총이
여기 이 사람의 솜씨에 힘을 더해 주셨는가.

안티마쿠스의 시나 디오니시우스의 그림처럼 콜로폰 사람들 작품에는 생명과 힘이 담겨 있지만, 그 표현에는 기교를 부린 흔적이 보인다. 이와 달리 니코마쿠스의 그림과 호메로스 시에는 전체적인 강함과 아름다움 말고도 신의 힘을 빌린 듯한 독특한 매력이 있다.

티몰레온의 승리도 이와 마찬가지이다. 에파메이논다스나 아게실라우스의 공적이 치열한 노력과 땀의 결과로 이루어진 것이라면, 티몰레온의 공적은 영광스럽고 고상할 뿐 아니라 아주 자연스럽다. 그러므로 티몰레온의 승리에는 실력은 물론 그 이상의 신비롭고도 놀라운 힘이 깃들어 있음을 알 수 있다. 그럼에도 티몰레온 자신은 이러한 성공을 모두 행운으로 돌렸다. 그가 코린토스에 있는 친구에게 보낸 편지에서 볼 수 있듯이, 시라쿠사 민중에게 연설을 할 때 그는 언제나 신에게 감사드렸다. 신은 스스로 시킬리아를 구할 뜻을 가지고 있었으며, 그 구원의 영광을 자기에게 내려주신 것이라고 굳게 믿었던 것이다.

티몰레온은 자기를 보살펴준 행운의 신을 위해 집 안에 신전을 짓고 제물을 바쳤으며, 자기 집도 그 신에게 바쳤다. 이 집은 시라쿠사 사람들이 그의 업적에 대한 고마움을 기리기 위해, 나라 안에서 가장 아름다운 땅과 함께 티몰레온에게 바친 것이었다. 그는 아내와 자식들을 코린토스에서 불러들여 시라쿠사에서 조용한 생활을 즐기며 함께 살았다. 그는 헬라스의 시끄러운 세력 다툼에 끌려들어가거나 민중의 시기를 받는 일이 싫었고, 그래서 코린토스로 돌아가지 않는 쪽을 택했다. 또한 국내 정치 파벌 싸움에도 절대 끼어들지 않았다. 그는 자신의 힘으로 얻은 축복을 조용히 누리는 현명한 길을 선택했다. 그러한 축복 가운데에서도 가장 큰 것은, 자신의 힘으로 지켜낸 도시의 번영과 평화로운 민중의 삶을 지켜볼 수 있다는 점이었다.

그러나 시인 시모니데스가 말하듯이 모든 종달새가 머리에 볏이 돋아나는 것처럼, 모든 민주정치에는 그 누구든 비난하는 사람이 나타나게 마련이다. 시라쿠사에서도 마찬가지였다. 선동 연설가 라피스티우스와 데마이네투스가 나서서 티몰레온을 공격한 것이다.

라피스티우스는 어떤 소송 사건에 티몰레온을 끌어들여 증인으로 나서라고 요구했다. 이 요구에 화가 난 시민들은 라피스티우스를 비난하며 재판을 방해하려 들었다. 그러나 티몰레온은 그런 민중을 달래며, 그동안 많은 고통을 참고 여러 위험을 이겨냈던 것은 정당한 법률 앞에서 누구나 재판 받을 수 있도록 하기 위함이었다고 말했다.

또 데마이네투스는 민회에서, 티몰레온은 장군으로서의 자질이 모자란다고 공격했다. 그리고 청중이 가득한 자리에서 티몰레온이 장군으로 있을 때 저지른 죄가 있다고 주장하면서, 자신이 그가 적과 내통한 증거를 갖고 있다고 말했다. 그때도 티몰레온은 자신은 모든 시라쿠사 사람이 자유롭게 말할 자유를 갖게 해달라고 신께 기도드렸고, 지금 그 기도를 들어주신 신께 감사드린다고 말했다.

티몰레온은 그 시대 헬라스 모든 사람 가운데 가장 크고 뛰어난 업적을 이루어냈으며, 헬라스인끼리의 싸움을 멈추고 그 힘을 야만족에게 기울이자던 철학자들의 연설을 직접 실천했다. 또 고대부터 헬라스를 괴롭히던 내란과 재난에서 국민을 구해냄으로써 더는 피를 흘리지 않도록 만들었다. 그는 오로지 용기와 지혜로 야만족과 독재자를 몰아냈고, 헬라스인과 그 동맹국에는 너그럽고 정의로운 태도를 보여주었다. 그리고 동족의 눈물과 슬픔을 자아내지 않고도 승전비들을 세웠을 뿐만 아니라, 8년이 채 안 되는 기간 동안 시킬리아를 완전히 되찾아 시민들에게 돌려줌으로써 계속되던 재난을 없애주었다.

티몰레온은 나이 들면서 앞이 잘 보이지 않다가 나중에는 눈이 아주 멀고 말았다. 이는 벌을 받은 것도, 어떤 사고를 당한 것도 아니었다. 아마도 유전적으로 어떤 원인이 있었던 것 같다. 그들의 조상이나 가까운 친척 가운데에도 나이가 많이 든 뒤 눈이 먼 사람이 적지 않았다고 한다.

역사가 아티니스 기록에 따르면, 히포와 마메르쿠스에 맞서 싸움을 벌일 때 이미 그의 눈이 희뿌옇게 되어 시력이 좋지 않았고 누가 봐도 장님이 되어간다는 사실을 눈치챌 수 있었다고 한다. 그러나 그는 불완전한 시력을 가지고도 포위망을 풀지 않으며, 폭군들을 물리칠 때까지 싸움을 이어 나갔다. 그가 시라쿠사로 돌아왔을 때 세상은 이미 평화를 되찾고 있었다. 마침내 그는 군사령관 자리에서 물러나고 싶다고 시민들에게 요청했다.

티몰레온이 그러한 불행을 슬퍼하지 않고 의연하게 참아낸 것은 그리 놀랄 일이 아니다. 장님이 된 뒤에도 그에게 쏟은 시라쿠사 시민들의 크나큰 존경과 사랑이야말로 더 놀라운 일이리라. 시민들은 곧잘 그를 찾아와 위로해 주었으며, 멀리 다른 나라에서 찾아온 손님이 있으면 그를 티몰레온에게 데려와 인사를 드리게 했다. 시민들은 그가 헬라스로 돌아간다면 마땅히 큰 환영을 받을 터인데도, 자신들 속에 머물러 살고 있음을 큰 기쁨으로 여기며 고마워했다.

시라쿠사 사람들은 티몰레온의 명예를 더욱 높이기 위해 여러 일을 했는데, 그 가운데에서도 가장 두드러진 것은 그들이 언제 어떤 나라와 전쟁을 벌이게 되더라도 반드시 코린토스인을 장군으로 삼아야 한다는 법령을 만든 일이었다.

민회를 열 때에도 시민들은 티몰레온에 대한 존경과 사랑을 잊지 않았다. 그들은 그다지 중요하지 않은 일들은 자기들끼리 의논해서 결정했지만, 조금이라도 중대한 사건이나 곤란한 일은 반드시 그의 의견을 물었다. 이럴 때마다 티몰레온은 가마를 타고 회의장에 왔는데, 민중은 모두 입을 모아 티몰레온 이름을 외치며 인사했다. 그러면 티몰레온은 답례를 하고 민중의 환호가 잠잠해질 때까지 기다렸다가, 안건을 듣고 자신의 의견을 밝혔다. 그런 다음 시민들 투표가 끝나면 다시 가마를 타고 집으로 돌아갔다. 시민들은 돌아가는 그를 환호성으로 배웅한 뒤에 다시 남아 회의를 이어갔다. 이때 하는 회의는 그가 없어도 처리할 수 있는 하찮은 문제들이었다.

이처럼 티몰레온은 나라의 아버지로서 존경과 호의를 받으며 오래 살았다. 그러나 노쇠한 몸은 가벼운 병을 이기지 못하고 마침내 그는 세상을 떠났다.

시라쿠사 시민들은 며칠 동안 장례 준비를 했고, 나라 안은 물론 나라 밖에서도 장례에 참석하기 위해 사람들이 몰려왔다. 시민들은 그의 관을 온갖 전리품으로 화려하게 꾸몄으며, 장정들을 뽑아 이를 옮기게 했다.

이들 행렬은 지난날 폭군 디오니시우스 성채였다가 티몰레온에 의해 파괴되었던 넓은 광장을 지나갔다. 남녀 수천 명은 모두 머리에 화환을 얹고 깨끗한 옷을 입고서 행렬 뒤를 따라갔다. 그들의 울음소리와 눈물, 죽은 사람에 대한 찬사는 결코 겉치레가 아니라, 가슴속에서 밀려나오는 슬픔과 사랑이 깃든 애절한 추모임을 뚜렷이 알 수 있었다.

이윽고 관이 장작더미 위에 올려졌을 때, 시라쿠사에서 가장 목소리가 우렁찬 데메트리우스가 다음 같은 고별사를 낭독했다.

"시라쿠사 모든 시민이 국비 200므나를 들여 티몰레온 국장을 치르도록 특별 법령을 제정했으므로, 이제 장례를 거행합니다. 우리는 영원토록 그분을 기억하고 업적을 기념하기 위해 음악, 경마, 전차 경주 등 여러 운동경기를 해마다 열어 우승자를 표창하기로 결의했습니다. 이는 그분이 여러 폭군을 몰아내고 야만족을 정복했으며, 황폐한 우리 도시를 다시 일으켜 세우고, 시킬리아에 사는 헬라스인들에게 자신의 권리로써 살 수 있는 법률을 세워주셨기 때문입니다."

그들은 티몰레온을 공회당에 묻고 둘레에 큰 기둥을 세웠다. 그리고 그 자리에 젊은이들을 위한 체육관을 만들어 '티몰레온테움'이라 불렀다. 그 뒤 시킬리아인들은 그가 세운 정치제도와 법률을 지키며 오래도록 번영을 누렸다.

아이밀리우스 파울루스(AEMILIUS PAULUS)

아이밀리우스 집안이 로마에서 가장 오래된 귀족 집안이었음은 모든 역사가 기록에서 거의 일치하는 내용이다. 피타고라스가 누마 왕의 제자임을 기록한 사람들 말을 빌리면, 이 집안 시조 마메르쿠스는 피타고라스의 아들이며, 그의 연설이 너무나 부드러워 아이밀리우스라 불렸다고 한다. 용맹함으로 이름을 떨친 이 집안 출신들은 행운까지 타고났다고 할 수 있다.

칸나이 전투에서 전사한 루키우스 파울루스는 뛰어난 용기와 신중함을 보여준 사람이었다. 그는 전쟁을 시작하려는 동료들에게 반대하다가 마지못해 전투에 참여한다. 그러나 전투가 한창 치열할 때 동료들이 자신을 위험한 곳에 내버려 두고 달아나자 혼자서 적과 끝까지 싸우다가 장렬히 죽음을 맞는다. 그에게는 아이밀리아라는 딸이 있었는데, 그녀는 스키피오 장군과 결혼해서 아들을 하나 낳는다. 그가 바로 이제 이야기하려는 아이밀리우스 파울루스이다.

파울루스가 태어난 시대에는 용기와 지혜로 이름 높은 사람들이 많았다. 그 무렵 사람들은 명예를 얻기 위해 공부했는데, 파울루스는 이런 것에는 마음을 쓰지 않았다. 그는 굳이 사람들의 호감을 사려 하지 않았으며, 남을 설득하기 위한 웅변술에도 관심을 두지 않았다. 민중에게 비위를 맞추기 위해 허리를 굽혀 인사하거나 음식 대접을 하는 사람들도 많았지만, 그와는 거리가 먼 이야기였다. 능력이 모자라서가 아니라 용기와 바른 마음으로 훨씬 생명력 있는 영광을 얻으려 했다. 바로 이러한 미덕 때문에 파울루스는 그 시대 많은 사람들 가운데서 가장 뛰어난 인물이 될 수 있었다.

그가 맨 처음 얻은 지위는 공공 건축물, 시장, 도로 등을 관리하는 조영관이 었는데 그는 경쟁자 12명이나 물리치고 이 자리에 앉았다. 그 12명은 뒤에 모두 집정관에 올랐을 만큼 훌륭한 인물이었다고 한다.

그 뒤 그는 점술원 사제에 임명되어 새가 나는 모습과 하늘의 변화를 보면서 앞일을 예측하는 일을 했다. 그는 이 자리에 있으면서 로마의 전통과 종교를 철저히 연구했다. 이 때문에 그때까지 단순한 명예직에 지나지 않았던 그 직책을 가장 존경받는 자리로 만들었다. '종교는 신을 섬기는 학문'이라 했던 어느 철학자의 말을 직접 증명해 보인 것이다.

모든 제사는 그의 감독에 따라 신중하고 격식에 맞게 치루어졌다. 그는 엄격한 관례에 따라 제사를 드리는 데에 온 정신을 쏟았다. 아무리 하찮은 것이라도 의례상 있는 일을 뺀 적이 없었으며, 다른 것을 덧붙이지도 않았다. 하찮은 일에 너무 신경 쓴다고 동료들이 나무랄 때면, 신은 너그러워서 사람의 실수를 용서해 주겠지만, 하찮은 일이라고 얕보고 소홀히 한다면 나라에 위험한 일이 될 수 있다고 말했다. 나라를 어지럽히는 사람들이 처음에는 아주 작은 실수에서 비롯되지만 나중에는 중요한 일까지도 게을리하게 되는 것처럼, 하찮은 것부터 조심해야 한다는 것이었다.

파울루스는 종교적인 일 못지않게 군사 훈련에도 엄격했다. 그는 로마군 훈련 방법을 받아들여 철저히 지켜 나아갔다. 그리고 장군의 위엄은 부하들의 아부나 비난에 흔들려서는 안 된다고 하면서, 부하나 민중의 환심을 사는 데 급급하지 말라고 했다. 그 무렵 장군들 사이에서는 병사들에게 달콤한 말로 아첨하며 출세하는 일이 흔했다. 그러나 파울루스는 출세를 위해 부하들 비위를 맞추는 일이 없었다. 그는 마치 사제가 제사 의식을 일러줄 때처럼 엄격하게 군사 규율을 가르쳤으며, 조금이라도 명령을 어기거나 따르지 않는 병사들에게는 엄한 벌을 내렸다. 그는 전쟁에서 승리하는 것은 시민들의 훈련과 규율이 만들어 내는 마땅한 결과라고 여겼다.

로마가 안티오코스 대왕과 전쟁할 때 경험이 많은 장군들은 모두 전쟁터에 나가 있었다. 그즈음 유럽 서쪽에서도 전쟁이 일어나, 아이밀리우스는 집정관 대우 자격으로 이베리아에 파견되었다. 집정관 대우들은 보통 호위병 6명을 거느렸는데, 그는 특별히 12명의 호위를 받았다. 그는 이 전투에서 두 차례나 아만족을 정복해 적 3만 명을 무찔렀다.

이러한 성공은 오로지 그의 뛰어난 지혜와 실력으로 이룬 것이다. 그는 주로 지형과 강의 흐름을 이용한 뛰어난 작전으로 아주 쉽게 승리를 거둘 수 있었다. 이렇게 그는 도시 250개를 모두 굴복시키고 그 지방의 평화를 이룩했다. 그는 많은 전리품을 얻을 수 있었지만 돈 한 푼도 챙기지 않고 맨몸으로 로마에 돌아왔다. 그는 돈을 모으는 데 관심이 그다지 없었으며, 가지고 있는 것도 아낌없이 쓰는 편이었다. 그래서 그가 죽었을 때 아내의 재혼 지참금도 모자랄 정도였다.

아이밀리우스의 첫 번째 아내는 집정관을 지냈던 마소의 딸 파피리아였다. 아이밀리우스는 파피리아와 꽤 오랫동안 살다가 이혼을 하고 말았다. 그녀는 아이밀리우스와의 사이에서 두 아들을 낳았는데, 그들이 바로 그 유명한 스키피오와 파비우스 막시무스이다. 파울루스가 무엇 때문에 이혼을 했는지는 잘 알려지지 않았지만, 아내와 이혼한 다른 로마인들 이야기를 살펴보면 그 이유를 짐작할 수 있다.

어떤 로마인이 이혼한 사람에게 물었다.

"부인이 정숙하지 않아서요? 아름답지 않아서? 아니면 자식을 못 낳았소?"

그러자 이혼한 로마인은 자신의 신발을 앞으로 내밀며 말했다.

"이 신발은 멋지지 않소? 새것 아니오? 그러나 이것이 내 발 어디를 아프게 하는지 다른 사람들은 아무도 모른단 말이오. 뚜렷한 허물이 있어도 이혼하지 않는 부부가 있는가 하면, 남들은 알 수 없는 성격과 습관 차이가 쌓이고 쌓여 이혼하는 부부들도 있는 법이오."

아이밀리우스는 파피리아와 이혼한 뒤 두 번째 아내를 맞았다. 그리고 전처가 낳은 두 아들은 로마에서 가장 귀하고 훌륭한 가문에 양자로 보냈다. 큰아들은 다섯 번이나 집정관을 지냈던 파비우스 막시무스 가문에 양자로 들어갔고, 둘째 아들은 스키피오 아프리카누스 집안 양자가 되어 스키피오라는 이름을 갖게 되었다. 아이밀리우스는 두 번째 아내에게서 다시 두 아들을 얻었다. 아이밀리우스의 딸 하나는 카토의 아들과 결혼하고, 또 하나는 아일리우스 투베로와 결혼했다. 아이밀리우스의 사위가 된 투베로는 가난을 슬기롭게 이겨낸 훌륭한 인물이었다. 아일리우스 집안은 친척 16명이 작은 오두막집에 모두 모여 처자들을 거느리며 함께 살았는데, 그들의 생활 밑천이라고는 오로지 농장 하나뿐이었다. 투베로와 결혼한 아이밀리우스의 딸도 그 가운데 한 식구가 되었다. 집정관을 두 번이나 지내고 개선식을 두 차례나 가진 아버지를 두고 있었지만, 그녀는 남편의 가난을 조금도 부끄럽게 여기지 않았고 오히려 남편의 청빈을 자랑스럽게 여겼다. 요즈음 형제나 친척들이 넓은 땅을 산이나 강, 담으로 구분해 놓고 서로 욕심을 부려 싸움이 그치지 않는 것과는 아주 달랐다. 그러므로 역사는 배움을 통해 좀 더 나은 삶을 살려는 사람들에게 좋은 본보기들을 보여준다.

아이밀리우스는 집정관에 뽑힌 뒤 알프스 기슭에 사는, 일부에서는 리구스 티네인이라 불리는 리구리아인을 정벌하러 떠났다. 그들은 용감하고 호전적인 민족이었는데, 로마와 가까이 지낸 덕택에 전술에도 능숙했다. 리구리아인들은 알프스 산맥에 둘러싸인 이탈리아 반도 가장자리, 그리고 에트루리아 해가 출렁이고 리비아 해안을 바라보는 지역을 점령하고 있었으며, 갈리아인과 이베리아인들과도 섞여 살고 있었다. 그리고 바다에 뜻을 두어, 작은 배에 몸을 싣고 약탈을 일삼으며 헤라클레스 기둥(지브롤터)에까지 세력을 뻗치고 있었다.

아이밀리우스가 정벌하러 오자 그들은 4만 대군을 거느리고 맞섰다. 아이밀리우스가 거느린 군사는 8000명도 되지 않았으므로, 그들은 한 사람당 5명의 적들과 싸워야 했다. 그러나 아이밀리우스는 불리한 형세를 무릅쓰고 적을 물리친 다음, 추격을 계속해 마침내 그들을 궁지에 몰아넣었다. 이렇게 해서 아이밀리우스 군대는 너그러운 조건을 제시하고 리구리아인들과 휴전협정을 맺었다. 로마의 정책은 리구리아인을 완전히 뿌리 뽑는 것이 아니라, 갈리아인의 끊임없는 습격에 대비해 완충지대로 만들려는 것이었기 때문이다.

그들은 아이밀리우스를 믿고 모든 도시와 배를 내주었다. 아이밀리우스는 도시는 전혀 손대지 않았으며, 성벽만 헐어버리고 나머지는 고스란히 그들에게 돌려주었다. 그러나 배는 모두 빼앗았으며 노를 여섯 개 이상 사용하는 배들은 다 없애버렸다. 그리고 땅과 바다에서 그들에게 잡힌 포로들은 로마인, 외국인 가리지 않고 모두 풀어주었다. 이것은 그가 집정관으로 있을 때 거둔 가장 훌륭한 업적이다.

그 뒤 아이밀리우스는 다시 집정관이 되고 싶다는 마음을 드러냈고, 한번은 후보로 나서기까지 했지만 끝내 뽑히지 못했다. 그는 은퇴한 뒤에는 종교적인 일과 자식을 돌보는 일에만 힘을 썼다. 그리고 자식들에게 자기가 받았던 로마 교육은 물론 헬라스 학문에 대해서도 자세히 가르쳤으며 문법학자, 철학자, 수사학자들을 구해 아이들을 가르치게 했다. 조각과 그림 선생도 구했고, 심지어 말이나 개 조련사와 운동경기 코치들도 모두 헬라스에서 초청했다. 바깥일이 바쁘지 않을 때는 늘 아이들 곁에서 공부를 도와주고 운동경기도 함께하는 등 로마에서 가장 자상한 아버지의 모습을 보여주었다.

그 무렵 로마는 마케도니아 왕 페르세우스와 전쟁을 하고 있었다. 그런데 로마 장군들이 비겁하고 어리석은 행동으로 우스꽝스럽고 불명예스러운 패배를 거듭하자 원성이 자자했다. 고작 얼마 전만 해도 로마군은 안티오코스 대왕을 소아시아 땅에서 밀어내 타우루스 산맥 너머 시리아에 가두어 놓았으며, 1만 5000탈란톤의 배상금을 받고 휴전을 허락했다. 그 뒤에는 마케도니아 왕 필리포스를 테살리아에서 정복하고 헬라스를 해방했으며, 그 어느 왕보다도 용맹하고 강력한 한니발까지도 꺾었던 로마였다. 하지만 페르세우스는 패배하고 달아났던 자기 아버지의 군사들까지 끌어모아 맞서 싸운 끝에 로마에 큰 수치를 안겨주었다. 필리포스 왕이 싸움에서 진 뒤, 마케도니아군이 이를 갈고 훈련해 힘을 키운 것을 로마 사람들은 알지 못했던 것이다. 이러한 사정을 설명하기 위해 처음부터 간단히 이야기하려 한다.

알렉산드로스 대왕의 장군이었던 안티고노스가 마케도니아 국왕 자리를 물려받았다. 그의 아들은 데메트리우스(2대)고, 데메트리우스의 아들은 보통 고나타스라 부르는 안티고노스(3대)이며, 고나타스의 아들은 할아버지 이름과 같은 데메트리우스(4대)이다. 이 데메트리우스는 왕위에 오른 지 얼마 안 되어 아들 필리포스를 남기고 세상을 떠났다. 이때 마케도니아 귀족들은 어린 왕자가 성년이 되기 전에 혼란이 일어날 것을 염려해, 죽은 왕의 사촌인 안티고노스를 필리포스의 어머니와 결혼시켰다.

처음에는 단순히 정치를 대신하도록 안티고노스에게 장군 칭호를 주었으나, 점차 경험이 쌓여 온화하면서도 백성들에게 이롭도록 나라를 잘 다스리는 것을 보고서 왕으로 추대되었다. 아마도 그는 약속은 잘했지만 제대로 지키지는 않았었는지, 도손이라는 별칭을 얻었다.

그 뒤를 이어 왕위에 오른 사람이 바로 필리포스였다. 그는 아직 나이가 어렸지만 국민들은 그 어떤 왕보다도 그에게 커다란 희망을 가졌다. 필리포스 왕은 마케도니아의 영광을 되찾고, 나아가 로마의 세력을 꺾을 수 있으리라는 민중의 기대를 한 몸에 받았다. 하지만 스코투사 전투에서 티누스 플라미니우스가 이끄는 로마군에 패배함으로써 필리포스의 이런 결의는 맥없이 꺾여버렸다. 그는 그 자신뿐만 아니라 모든 것을 로마군이 하자는 대로 따라야 했지만, 얼마 안 되는 공물을 바치고 휴전을 얻은 것을 그나마 다행으로 여겨야 했다.

그는 처음에는 아무런 생각 없이 그의 나라를 정복자들이 하자는 대로 내맡겼지만, 차츰 정신을 가다듬으면서 더는 이런 노예 같은 생활을 계속할 수 없다고 생각했다. 또 자기 왕국을 남에게 맡기는 것은 아무런 용기도, 생각도 없는 비겁한 인간이나 하는 짓이라는 사실을 깨달았다.

필리포스는 비밀리에 로마와의 전쟁을 준비했다. 이를 위해 그는 중요한 도로와 해안에 있는 도시들을 일부러 황폐해지도록 내버려두어 적들이 관심을 갖지 않도록 했다. 대신 바다에서 멀리 떨어진 모든 전초기지와 요새와 도시에 무기와 돈을 충분히 저장했으며, 병사들을 모아 전쟁에 대비한 훈련을 시켰다. 무기 창고에는 3만 명이 쓸 수 있는 무기가 있었고, 곡식 창고와 요새 곳곳에는 식량 800만 메딤노스가 저장되어 있었다. 10년 동안 용병 1만 명을 고용, 유지할 수 있는 충분한 자금도 모았다. 이렇게 열심히 준비를 했지만, 필리포스는 끝내 전쟁을 해보지도 못한 채 죽고 말았다. 그는 어느 간악한 자의 거짓말에 속아 자신이 죄 없는 아들 데메트리우스를 죽였다는 사실을 알게 되었고, 그 슬픔과 죄책감에 시달리다 결국 세상을 떠난 것이었다.

남은 아들 페르세우스는 왕위와 더불어 로마에 대한 아버지의 원한도 함께 물려받았다. 그러나 그는 소심하고 비열한 성격으로, 아버지의 뜻을 이룰 만한 인물이 못 되었다. 그의 이런 성격은 온갖 결점으로 나타났는데, 그 가운데서도 탐욕이 가장 두드러졌다.

어떤 사람은 그가 왕의 적자가 아니었다고 전한다. 아르고스 출신인 그나타이나라는 여자가 그의 친어머니인데, 자신이 낳은 아이를 필리포스 왕비에게 주었다는 것이다. 왕비는 이 아기를 왕의 아들이라고 속였다. 그리고 이것이 페르세우스가 아버지를 부추겨 데메트리우스를 죽이도록 속임수를 썼던 이유였는지도 모른다. 적자인 데메트리우스가 살아 있으면 자신이 사생아라는 사실이 들통날 수도 있기에 두려웠던 것이다.

출생이 천하고 성격도 비열했지만, 페르세우스에게는 강력한 왕권이 있었다. 그는 이 권력을 가지고 로마와 전쟁을 시작했다. 이 기나긴 지루한 전쟁 동안,

그는 집정관 자리에 있는 여러 로마 장군을 물리치기도 했고, 더러는 사로잡기도 했다.

페르세우스는 처음 마케도니아에 쳐들어왔던 푸블리우스 리키니우스를 격파해 로마군 2500명을 죽이고 600명을 포로로 잡았다. 또 오레우스 항구 앞에 있던 적 함대를 습격해 군함 20척을 얻었고, 식량을 가득 실은 나머지 배들을 가라앉혔으며 대형 군함 4척을 빼앗았다.

다음으로 로마 집정관 호스틸리우스가 마케도니아에 침입해 오자 그는 엘리미아이 근처에서 로마군을 무찌르고 여세를 몰아 테살리아를 다시 공격했다. 로마군은 두려워하며 감히 맞서지 못했다. 페르세우스는 로마 따위는 자신들의 상대도 되지 않는다는 것을 보여주기 위해 다르다니아 사람들에게 싸움을 걸었다. 이 전투에서 마케도니아군은 야만족 1만 명을 죽이고 많은 전리품을 빼앗아 돌아갔다.

이스테르 강 부근에 사는 바스테르나이라 불리는 갈리아족은 호전적이고 말을 잘 타는 것으로 유명했다. 페르세우스는 이들과 내통하면서 일리리아 족 왕 켄티우스를 선동해 로마와의 전쟁에 가담하게 만들었다. 전하는 말에 따르면, 이들은 돈을 받고 갈리아 남부 지방을 거쳐 아드리아 해안을 지나 이탈리아를 습격하기로 약속했다고 한다.

이 소식을 들은 로마는 그제야 위기를 실감했다. 시민들은 개인적인 정이나 간청에 의해 장군을 뽑을 게 아니라, 위기를 헤쳐 나갈 지혜와 능력이 있는 사람을 장군으로 임명해야 한다는 사실을 깨달았다. 그렇게 해서 뽑힌 사람이 바로 아이밀리우스 파울루스였다.

처음에 그는 그런 큰일을 맡고 싶지 않다며 집정관 자리를 한사코 사양했다. 하지만 날마다 그의 집에 사람들이 몰려들어 선거장에 나가기를 간청하자 마침내 그 요청을 받아들였다. 간청에 못 이겨 후보자가 되기는 했지만, 그는 집정관 지위를 얻으려는 생각보다 전쟁에 나가 시민들에게 승리와 명예를 안겨주려는 마음이 더 컸다.

민중은 만장일치로 아이밀리우스를 집정관 자리에 앉혔다. 그리고 제비뽑기로 임지를 결정하는 관례를 무시하고, 곧바로 아이밀리우스에게 마케도니아와의 전쟁을 맡긴다는 정령을 내렸다.

그는 페르세우스의 마케도니아군을 정벌하기 위한 장군으로 임명되어 민중의 환호를 받으며 집으로 돌아왔다. 그런데 집에 와 보니 어린 딸 테르티아가 서럽게 울고 있었다. 그는 딸을 안고 왜 우느냐고 물었다. 테르티아는 아버지의 목을 끌어안고 입을 맞추며 말했다.

"아버지, 페르세우스가 죽었어요."

페르세우스는 집에서 기르던 강아지 이름이었다. 딸의 이야기를 듣고 아밀리우스가 말했다.

"일이 잘될 징조로구나. 아가야, 좋은 징조이니 받아들이자꾸나."

이것은 키케로가 쓴 《점술에 대하여》에 실린 이야기이다.

그 무렵 로마에서는 집정관으로 뽑힌 사람은 민중에게 감사 연설을 하는 관례가 있었다. 아이밀리우스도 이 관례에 따라 민회를 열어 연설했다. 그는 처음 집정관 선거 때는 그 자신이 명예로운 지위를 바랐으므로 간청했었지만, 두 번째인 지금은 시민들이 그를 원했기에 집정관이 된 것이므로 굳이 감사의 말을 할 필요가 없다고 말했다. 그는 만일 다른 사람이 이 자리에 올라 전쟁에 나서기를 바란다면 지금 당장이라도 기꺼이 물러나겠지만, 자신에게 이 일을 맡기기를 원한다면 시민들은 장군으로서의 자신의 행동에 간섭하거나 비난하지 말아야 한다고도 했다. 그는 시민들이 오직 전쟁을 하는 데 필요한 것들을 말 없이 제공해 주기만을 바랄 뿐이며, 만약 시민들이 지휘관을 지휘하려고 한다면 원정은 지금까지 겪었던 것보다 더 큰 웃음거리가 되고 말뿐이라며 연설을 마쳤다.

이 연설을 들은 시민들은 그에게 존경과 함께 큰 기대를 가졌다. 또 단순히 시민들에게 아첨해서 지휘관이 되려는 사람이 아니라, 민중 앞에 진실을 당당히 이야기할 줄 아는 지혜와 용기를 가진 인물을 지휘관으로 뽑은 것을 깨닫고는 매우 기뻐했다. 로마인들은 이처럼 고결하고 용맹한 덕에 복종하기를 마다하지 않았으므로 다른 나라들을 거듭 정복해 세계를 지배할 수 있었던 것이다.

이윽고 출정한 아이밀리우스가 마침 바다가 잔잔해 빠른 시간 안에 무사히 진지에 닿을 수 있었던 것은 신의 축복이었다. 그러나 전쟁에서 거둔 승리는 아이밀리우스의 지혜롭고 과감한 작전, 군사들의 용기와 신념이 어우러져 이루어낸 결과였다. 그의 빛나는 공훈은, 적어도 다른 장군들처럼 행운만으로 얻어진 것은 아니었다. 물론 페르세우스의 탐욕이 마케도니아인들의 의욕을 꺾은 것이 승리의 큰 원인이었다고 한다면, 이는 아이밀리우스에게 행운이었다고 말할 수 있다.

페르세우스의 요청에 따라 바스테르나이로부터 기병 1만 기와, 기병이 패할 경우를 대비해 그 자리를 메울 수 있는 같은 수의 보병이 도착해 마케도니아군과 힘을 합쳤다. 이들은 모두 직업군인이라 농사나 항해술, 짐승을 기르는 방법은 알지 못했고 오로지 적과 전쟁하는 기술밖에는 없었다.

그들은 큰 체구와 철저한 훈련으로 무장되어 있었으므로 상대인 로마군을 얕보았다. 실제로 이들의 자신만만한 말이나 행동은 로마군이 겁에 질릴 만했다. 마케도니아군은 로마군이 두려움에 떠는 모습을 보며 용기를 얻었다.

페르세우스 또한 부하들을 격려하며 사기를 불어넣었다. 그러나 장군 한 사람당 금화 1000스타테르의 보수를 주어야 한다는 요구가 나오자, 그는 액수가 너무 큰 데 놀라 화를 내며 이 조건을 거절했다. 마침내 그는 바스테르나이 원군의 도움을 받지 못하게 되고 말았다. 페르세우스는 로마군과 싸우는 군인이 아니라, 적과 싸우는 데 드는 전쟁 비용까지 계산하는 재무 관리인처럼 인색하게 굴었던 것이다.

페르세우스는 적을 보고 배웠어야만 했다. 그때 로마군은 넉넉한 물자는 물론 군사 10만 명을 거느리고 공격할 기회를 엿보고 있었다. 이처럼 막대한 군대를 맞아서 결전을 벌이려는 판국에, 그는 금돈 주머니나 계산하며 그것을 만지는 것조차 두려워 벌벌 떨고 있었다. 이런 인색한 짓은 리디아인이나 포이니키아인이라면 몰라도, 적어도 필리포스나 알렉산드로스의 정신을 이어받은 사람으로서는 할 일이 아니었다.

위의 왕들은 '돈으로 나라를 살 수는 있지만 나라로 돈을 얻을 수는 없다'는 생각으로 세계를 정복한 인물들이었다. 헬라스 도시들을 빼앗은 것은 필리포스가 아니라 필리포스의 돈이었다는 격언까지 생길 정도였다.

또 알렉산드로스는 인디아를 정복하러 갈 때, 부하들이 페르시아에서 얻은 전리품을 싣고 가느라 진군이 늦어지자 먼저 자신의 수레를 불태워버린 뒤, 부하들의 수레들도 모두 태운 다음 가벼운 걸음으로 진군을 계속하게 했다.

그에 비해 페르세우스는 많은 재산을 가지고 있었지만, 그것을 아끼려다가 끝내 자기 자신은 물론 가족과 나라까지 잃고 말았다. 그는 많은 부하들과 함께 로마의 포로가 되었고, 그렇게 아낀 재산은 모두 로마에 바친 셈이 되어버렸다.

페르세우스는 자신을 도와주기 위해 달려온 갈리아인들을 배신하고 쫓아보냈다. 그리고 300탈란톤을 미끼로 일리리아 왕 겐티우스를 전쟁에 가담시킨 다음, 겐티우스 사신들 앞에서 돈을 세어 밀봉하게 했다. 돈이 자기 손에 들어왔다고 생각한 겐티우스는 사악하고도 비겁한 짓을 저질렀다. 즉 자신들에게 온 로마 사절단을 잡아 감옥에 가둔 것이다. 이로써 겐티우스는 로마와 자연히 적이 되었다. 페르세우스는 이제 겐티우스가 로마의 적이 되었으므로 돈을 보내지 않아도 전쟁에 나설 수밖에 없으리라 생각하고, 이미 보냈던 300탈란톤을 이 불쌍한 왕으로부터 도로 빼앗았다. 그리고 로마에서 군대를 이끌고 온 루키우스 아니키우스가, 겐티우스와 그 가족들을 붙잡아 가는 것을 알고도 도와주지 않았다.

아이밀리우스는 이런 사정을 알고 나서 마음속으로 페르세우스를 몹시 경멸했다. 그러나 막상 그의 엄청난 군대를 보고는 놀라지 않을 수 없었다. 기병 4000기와 완전무장한 정규군 6만 명으로 이루어진 군대는 보기만 해도 위압감을 느낄 정도였다. 마케도니아군은 바닷가에서 가까운 올림푸스 산기슭에 진을 쳤는데, 어느 쪽에서도 공격하기 힘든 지형에 자리 잡고 있었다. 게다가 사방을 나무 울타리로 둘러쳐 방비를 철저히 했다. 그들은 시간만 오래 끌면 로마군이 저절로 지쳐 떨어져 나가리라 생각하며 안심하고 있었다.

아이밀리우스가 가능한 온갖 공격 방법을 구상하는 동안, 그의 군대는 몹시 규율이 흐트러져 있었다. 훈련이 제대로 되어 있지 못한 까닭에 장군이 할 일까지 간섭하며 온갖 터무니없는 작전까지 제안하는 등 일개 병사들마저 건방진 태도를 보였던 것이다. 아이밀리우스는 그들을 엄하게 꾸짖었다. 그리고 다른 사람 일까지 참견하지 말고, 무기를 잘 준비하고 있다가 명령이 떨어지면 로마군답게 용감히 싸우기나 하라고 일렀다. 또한 밤에 보초를 서는 병사들에게 창을 가지고 있지 못하게 했다. 자기를 지킬 무기가 없으므로 졸음을 참으며 경계를 더욱 철저히 하리라는 생각에서였다.

병사들을 가장 괴롭힌 문제는 물이 모자란다는 사실이었다. 바닷가 근처에 있는 샘 하나에서만 물이 아주 조금씩 솟아나올 뿐이었다. 아이밀리우스는 올림푸스 산에 울창한 숲이 있는 것을 보고 땅 밑에 물줄기가 있으리라고 생각했다. 그래서 산기슭을 따라 많은 구멍과 우물을 파게 했다. 그러자 예측대로 깨끗한 물이 솟아나와 구멍들을 가득 채웠다. 산의 압력에 억눌려 있다가 공간이 생기자 흘러나온 것이다.

어떤 이들은 샘이 흐르는 곳에는 숨겨진 큰 못 저수지가 밖으로 드러날 때에 물이 흘러나온다는 사실을 부정한다. 이와 달리 어떤 사람들은 샘이 형성되어 주변 물질이 액화됨으로써 비로소 물이 존재하게 되며, 이러한 변화는 축축한 기체가 서로 바짝 눌려서 액체로 변할 때 냉기에 의해 생긴다고 한다. 이것은 마치 여자 유방에 미리 젖이 가득 들어 있는 게 아니라 그 속에 있는 양분이 젖으로 변화되어 나오는 것처럼, 샘이 가득 찬 차가운 땅도 그 속에 지하수를 숨기고 있거나 깊은 물줄기가 되어 솟아나오는 물이 들어 있는 게 아니라, 압력에 의해 지하에 있는 수분과 공기가 만나 물로 바뀐다. 이렇듯 땅을 파면 그 압력에 의해 물이 나온다. 그리고 여자의 유방을 빨면 젖이 나오듯이, 기체가 냉각되어 액체가 되면 더 많은 물이 생겨난다. 따라서 땅을 파지 않고 그대로 내버려 두면, 수분이 생겨날 움직임이 없어서 당연히 물도 나오지 않는다.

이 같은 주장은 논란을 불러온다. 즉 똑같은 이치로 말하자면 다음과 같다. 살아 있는 동물 안에는 피가 있는 것이 아니라, 상처가 났을 때 몸에서 무엇인가가 공기에 의해 만들어져 흐르는 피로 바뀌어 그 상처 주위에 모이는 것이다. 하지만 이러한 이론이 틀렸다는 점은, 광맥을 찾아서 땅을 파는 사람들이 흔히 깊은 땅속에서 강을 만나는 경우로 증명된다. 땅에 갑자기 상처를 낸 것이 원인이라면 물은 조금씩 천천히 고일 텐데, 실제로는 바위를 판 곳에서 많은 양의 물이 한꺼번에 터져 나올 때가 있으며, 그러다가 갑자기 뚝 그친다. 하지만 이 이야기는 이쯤에서 그만두기로 하자.

한편 아이밀리우스는 며칠 동안 잠자코 있었다. 대군을 바로 앞에 두고도 이렇게 조용히 기다리고 있었던 일은 일찍이 한 번도 없었다. 아이밀리우스는 산을 샅샅이 조사해 보고 아직 방비가 되어 있지 않은 통로를 하나 발견했다. 그곳은 아폴론 신전과 페트라를 지나 페르하이바이를 거쳐서 오르는 길이었다. 그는 군사 회의를 소집하고 이 문제를 상의했다. 이 길이 절벽이라고 해서 두려워할 것이 아니라, 오히려 절벽이기에 적이 감시하지 않는 곳이므로 희망이 있다는 것이 아이밀리우스의 생각이었다.

회의에 참석했던 사람들 가운데에는 나시카라는 별명을 가진 스키피오라는 사람이 있었다. 그는 스키피오 아프리카누스의 양아들로 뒷날 원로원에서 세력을 휘두른 사람이다. 그는 이야기를 듣고 가장 먼저 나서더니 부대를 지휘해 그 길로 돌아가서 적을 무찌르겠다고 자원했다. 다음으로는 아이밀리우스의 큰아들 파비우스 막시무스가 자원하고 나섰다. 아이밀리우스는 몹시 기뻐하며 그들에게 필요한 병력을 주었다.

그러나 이들의 병사 수가 그렇게 많지는 않았던 것 같다. 나시카가 이 정벌에 대해 어느 왕에게 적어 보낸 편지에 따르면, 이때 군대는 이탈리아인이 3000명이고 좌우에 배치된 주력부대가 5000명이었다고 한다. 그 밖에도 기병 120기, 트라키아군과 크레테군 혼성 부대 200명이 더 있었다고 한다.

나시카는 바다를 향해 행군해 가다가 헤라클레스 신전 옆에 진을 치고, 마치 거기서부터 배를 타고 떠나 적의 뒤쪽을 포위할 듯이 행동했다. 날이 어두워지자 나시카는 장군들에게 작전 계획을 설명했다. 그는 바다를 등지고 밤새 행군을 계속하다가, 아폴론 신전 가까이에 이르자 병사들을 쉬게 했다.

올림푸스 산은 높이가 10스타디온(1스타디온은 / 약 178미터)도 넘었다. 이 사실은 이 산 높이를 쟀던 사람 글에도 나타나 있다.

올림푸스 산 높이는
아폴론 신전에서부터
수직으로 10스타디온 96푸스.
이곳에 도착한 사람은 에우멜루스의 아들 크세나고라스.
아폴론 신이여, 그대의 순례자에게 축복을 내리소서.

많은 기하학자들은 산 높이나 바다 깊이가 10스타디온을 넘을 수는 없다고 주장하지만, 크세나고라스는 이 산의 높이를 막연히 추측한 게 아니라 측량기구를 사용해 분명히 계산했다.

나시카는 이곳에서 하룻밤을 지냈다. 그런데 로마군에서 탈영한 크레테 병사 하나가 페르세우스에게 가서 로마군 작전을 모두 알려주었다. 하지만 페르세우스가 내려다보니 아이밀리우스군은 전혀 움직임이 없었으므로 크레테 병사 말을 믿지 않았다. 그는 밀론에게 용병 1만 명과 마케도니아 병사 2000명을 주어 서둘러 적이 공격해 올 길을 막으라고 명령했다.

역사가 폴리비우스 기록에 따르면, 로마군은 적들이 잠들어 있을 때 공격을 감행했다고 한다. 하지만 나시카 말에 따르면, 산꼭대기에서 치열한 전투가 벌어졌으며, 나시카 자신도 트라키아 용병들을 창으로 찔러 죽였다고 한다. 마침내 적은 물러갔다. 밀론은 무기를 잡을 사이도 없이 옷도 채 입지 못한 채 수치스럽게 달아났다. 나시카는 아무런 방해도 받지 않고 병사들과 함께 적을 쫓아 산 아래 평지까지 이르렀다. 밀려오는 로마군을 본 페르세우스는 진지를 버리고 황급히 달아났다.

이런 일이 있은 뒤 페르세우스는 급히 진지를 먼 곳으로 옮겼다. 그는 파드나 앞에서 그야말로 목숨을 건 전투를 벌이거나, 군대를 여러 도시에 분산한 뒤 흩어져 추격해 오는 로마군을 각개격파하는 방법 가운데 하나를 택해야만 했다. 만약 로마군이 자기 나라까지 쫓아와 들이닥치는 날에는 엄청난 사태가 벌어질 것이 분명했다.

하지만 페르세우스의 친구들은 병력 면에서는 자기들이 우세하며, 왕이 직접 지휘를 맡는다면 병사들은 자기 가족들을 지키기 위해서라도 목숨을 걸고 싸울 것이라 말했다. 이들의 말을 귀담아들은 페르세우스는 용기를 얻어 다시 진지를 마련하고 싸울 준비를 갖추었다. 그리고 병사들에게 로마군이 공격해오면 끝까지 물러서지 말고 싸우라는 명령을 내렸다.

그곳 지형은 보병들이 밀집대형을 이루고 싸우기에 알맞았고, 조그만 산 여럿이 서로 이어져 있어 척후병들이 전진이나 퇴각을 하기에도 적절했다. 게다가 들판 양쪽에는 아이손 강과 레우쿠스 강이 흐르고 있었다. 두 강은 그리 깊지는 않았지만, 여름이 거의 끝나갈 무렵이라 로마군이 전투를 치르기에는 다소 불리하게 보였다.

아이밀리우스는 나시카 군대와 합친 뒤 전투태세를 갖추고 적을 향해 나아갔다. 그러나 적군의 엄청난 숫자를 보고는 깜짝 놀라 그 자리에 멈추어버렸다. 혈기 넘치는 젊은 부하들이 그에게 다가와 빨리 진군해 적과 싸우자고 부추겼지만, 아이밀리우스는 미소 띤 얼굴로 이렇게 말했다.

"내가 만약 여러분 나이였다면 그렇게 했을 거요. 하지만 여러 차례 전투를 치르며 나는 어떤 때 사람들이 패배하는지 잘 알게 되었소. 긴 행군으로 몹시 지쳐 있는 군대를, 이미 진을 치고 모든 준비를 갖춘 적과 싸우게 하는 것은 매우 무모하고 위험한 일이라오."

아이밀리우스는 가장 앞에 선 부대를 금세라도 싸울 것처럼 행동하게 하고,

후방에 있는 군사들에게는 참호를 파고 진지를 만들라고 명령했다. 이렇게 적들이 알아차리지 못하도록 군대를 조금씩 뒤로 움직여 마침내는 모두 진지 안으로 거두어들였다.

밤이 되어 식사를 마친 병사들이 모두 잠들려고 할 때쯤, 하늘에 떠 있던 둥근 달이 갑자기 빛을 잃고 희미해지더니 온갖 빛깔로 변하다가 마침내 사라지고 말았다. 로마군은 관습대로 햇불을 높이 들어올리고 놋그릇을 두드리면서 달빛이 다시 살아나기를 빌었다. 그러나 마케도니아 병사들은 모두 공포와 절망에 휩싸인 채 이는 자신들의 왕이 죽을 징조라며 수군거렸다.

아이밀리우스는 달이 지구 그늘에 잠시 가려지는 월식의 이치를 잘 알고 있었으므로 이를 조금도 이상하게 여기지 않았다. 회전하는 달이 일정한 때가 되면 지구 그림자 속에 들어가 잠시 빛을 잃지만, 그 그림자에서 벗어나면 달은 다시 햇빛을 받아 빛을 내는 것이다.

그러나 본디 신앙이 두텁고 제사와 점술에 조예가 깊었던 아이밀리우스는 곧 암송아지 열한 마리를 제물로 바쳤다. 그리고 새벽이 되기를 기다렸다가 다시 황소 스무 마리를 헤라클레스에게 바쳤으나 좋은 징조는 나타나지 않았다. 마침내 스물한 마리째 제물과 함께, 먼저 공격하지 않는다면 승리할 수 있다는 예언을 들을 수 있었다. 아이밀리우스는 황소 백 마리를 제물로 제사를 올리고 운동경기를 열어 감사드리겠다고 맹세한 다음, 병사들에게 전투 준비를 명령했다. 그는 해가 서쪽으로 기울기를 기다렸는데, 이는 아침나절에 햇빛이 아군을 비추기 때문에 병사들 눈이 부실 것을 염려했기 때문이었다.

어떤 기록에는, 해가 질 때까지 막사에서 기다리던 아이밀리우스가 저녁이 가까워지자 작전을 써서 적이 먼저 싸움을 걸어오도록 했다고 한다. 말 한 마리를 일부러 고삐를 풀어서 내쫓고, 말을 잡으러 나가는 것처럼 그 뒤에 로마군 몇 명을 따르게 해적을 유인했다는 것이다.

하지만 다른 기록에는 말먹이를 운반하던 로마군 짐마차가 트라키아군의 습격을 받았다고 한다. 그들을 구하기 위해 리구리아인 700명이 나가 싸웠는데, 이 사건이 발단이 되어 양쪽 군에서 저마다 지원부대가 나오면서 본격적인 싸움이 벌어진 것이다.

아이밀리우스는 마치 배를 모는 키잡이처럼 적군의 움직임과 흐름을 살피고는 곧 커다란 폭풍우가 닥쳐오리라 예상했다. 그는 막사에서 나와 부대마다 돌아다니며 병사들을 격려했다.

그러는 동안 앞에 나가 싸우던 나시카 부대는 큰 전투가 닥쳤다는 사실을 알게 되었다. 가장 먼저 나타난 적은 트라키아 부대였다. 나시카에 따르면, 트라키아 병사들의 모습은 무시무시했다고 한다. 그들은 체격이 크고 검은 옷을 입었으며, 희고 번쩍이는 방패를 치켜들었다. 두 다리에는 정강이받이를 하고, 오른쪽 어깨 위로는 무거운 창을 휘두르고 있었다.

트라키아 부대에 이어 파이오니아군이 섞인 혼성 용병들이 나타났다. 그 다음으로는 한창 나이의 마케도니아 정예병들이 보였는데, 그들은 모두 붉은 옷 위에 금빛 찬란한 갑옷을 입고 있었다.

이들 여러 부대가 저마다 대열을 갖추며 모여들자, 적 진영에서 '청동 방패'라 불리는 밀집대형 부대가 모습을 드러냈다. 온 들판은 햇빛을 받아 번쩍이는 창검으로 뒤덮였고, 병사들이 내지르는 고함이 산을 뒤흔들었다.

적들이 어찌나 과감하고도 빠르게 공격해 왔는지, 가장 먼저 죽은 적병이 로마군 진영에서 겨우 2펄롱밖에 안 되는 곳에 쓰러졌을 정도였다.

전투가 시작되자 아이밀리우스는 맨 앞에 나서서 전투를 지켜보았다. 그런데 마케도니아군이 긴 창끝을 로마군 방패에 가까이 들이대고 있었으므로, 로마군은 칼을 들고 그들에게 다가설 수가 없었다. 다른 마케도니아 군사들은 어깨에 메고 있던 방패를 내려 자기들 앞에 일렬로 세우고, 상관의 명령에 따라 일사불란하게 긴 창을 한꺼번에 내밀어 로마군 방패를 들이받았다. 그들이 가진 방패 벽의 힘과 강력한 공격을 본 아이밀리우스는 놀라움과 공포에 사로잡혔다. 그는 전쟁이 끝난 뒤에도 이때 본 광경과 느낌에 대해 이야기하곤 했다. 하지만 전투가 벌어지고 있을 때는 아무 걱정도 없는 듯한 얼굴로 갑옷과 투구도 없이 말을 타고 돌아다니며 병사들을 격려했다.

폴리비우스 기록을 보면, 마케도니아 왕은 전투가 벌어지자 겁이 났는지, 갑자기 헤라클레스에게 제물을 바쳐야 한다는 핑계를 대며 피드나로 달아나버렸다. 그러나 신은 비겁한 자의 제물을 달가워하지 않았고, 그의 기도도 들어주지 않았다. 한 번도 활을 쏘지 않은 사람이 과녁을 맞히거나, 맞서 싸우지 않는 자가 승리를 거두거나, 노력하지 않은 자가 성공하거나, 나약한 자가 번영하는 일은 절대로 신이 허락지 않는 법이다. 이와 달리 아이밀리우스는 칼을 빼들고 승리를 빌었으며, 맹렬히 싸우며 신의 도움을 간청했다. 그러므로 헤라클레스도 아이밀리우스의 기도를 받아주었으리라.

　포세이도니우스는 페르세우스에 대한 책을 여러 권 썼는데, 그는 자기 책에서 페르세우스의 이런 비겁한 행동을 감쌌다. 페르세우스가 싸움터를 떠난 것은 겁을 먹었거나 제사를 드린다는 핑계가 아니라, 그 전날 말에게 넓적다리를 걷어차여 크게 다쳤기 때문이라는 것이다. 그는 신하들이 말리는 데에도 불구하고 갑옷도 입지 않은 채 용감하게 말을 타고 싸움터로 나갔다. 빗발치는 화살 가운데 하나가 그의 왼쪽 옆구리에 깊이 박혔는데, 그 상처가 오랫동안 검게 남아 있었다는 것이다. 하지만 이것은 포세이도니우스가 페르세우스를 변호하기 위해 쓴 글일 뿐이다.

　로마군은 도저히 마케도니아군의 밀집대형을 뚫을 수가 없었다. 그래서 펠리그니아 부대 지휘관인 살로비우스는 자기 부대 군기를 뽑아 일부러 적군들 속에 내던졌다. 그 무렵 이탈리아 모든 나라에서는 군기를 버리거나 잃어버리는 일을 매우 수치스럽게 여겼다. 자신들의 군기가 적들 한가운데에 내던져진 것을 본 펠리그리아군은 모두 목숨 걸고 적에게 달려들었고 곧 치열한 살육전이 벌어졌다. 적의 긴 창을 칼로 쳐내고 방패로 적을 밀어뜨리며 군기를 도로 빼앗으려고 있는 힘을 다해 싸웠다.

　그러나 마케도니아군도 만만치 않았다. 그들이 휘두르는 긴 창은 로마군 갑옷까지 한꺼번에 꿰뚫어버렸다. 어떤 방패와 갑옷으로도 그들의 막강한 무기를 당해낼 수가 없었다. 펠리그니아군과 마루키니군은 마치 성난 짐승처럼 격렬하게 마케도니아군에 달려들었으나, 모두 죽임을 당해 땅바닥에 내동댕이쳐졌다.

　맨 앞에 섰던 펠리그니아 부대가 전멸되자 뒤따르던 부대들도 모두 물러설 수밖에 없었다. 하지만 완전히 져서 달아난 게 아니라 올로크루스 산까지 후퇴했을 뿐이었다. 포세이도니우스 기록을 보면, 아이밀리우스는 몇몇 부하가 달아나버리고 나머지 병사들도 밀집대형에 겁을 먹어 싸우려 하지 않는 것을 보고는 자기 옷을 찢으며 분개했다고 한다. 마케도니아 병사들이 달려드는 로마군을 막아내는 모습은 마치 견고한 성처럼 빈틈없고 위압적이었다.

　하지만 땅이 고르지 않은 데다 대열이 너무 긴 까닭에, 난공불락처럼 보였던 마케도니아군 밀집대형도 여기저기 틈이 생기고 있었다. 이는 맹렬히 밀고 나가는 병사들과 머뭇거리는 병사들 사이의 대열이 흐트러지기 때문에 생기는 것으로 큰 규모의 군대에서는 곧잘 있는 일이다.

아이밀리우스는 이 기회를 놓치지 않고 병력을 작은 규모로 나누어 적군의 벌어진 틈을 공략하라고 명령했다. 적군 전체를 상대로 하나의 전투를 벌일 게 아니라, 여러 작은 부분들로 나눠 따로따로 전투를 펼치라고 지시한 것이다. 아이밀리우스의 명령이 부관들을 통해 병사들에게 전해지자 병사들은 재빨리 적의 빈틈을 찾아 파고들어 공격함으로써 적 대열을 흐트러뜨렸다. 그리고 갈팡질팡하는 적의 옆구리와 등 뒤를 공격해 이리저리 흩어지도록 만들었다. 이렇듯 로마군이 한 몸처럼 움직이며 치밀하게 공격하자 적군 대열은 곧 허물어졌다.

밀집대형이 무너지자 일대일이나 조그만 규모로 싸우게 된 마케도니아군은 크고 든든한 방패를 가진 로마군을 제대로 공격할 수가 없었다. 게다가 마케도니아군이 들고 있던 작은 방패로는 로마군의 무거운 칼과 내리치는 힘을 도저히 견뎌낼 수 없었다. 마침내 그들은 뿔뿔이 흩어져 달아나기 시작했다.

전투는 몹시 치열했다. 이 와중에 카토의 아들이며 아이밀리우스의 사위인 마르쿠스는 용감하게 싸우다가 그만 칼을 떨어뜨리고 말았다. 그는 명예를 가장 절대적인 것으로 여기는 가정에서 자랐으므로, 귀한 자신의 무기를 적에게 빼앗긴다면 평생 마음의 짐이 되리라고 생각했다. 그는 싸움터를 돌아다니며 동료 병사들을 붙잡고 칼을 찾는 일을 도와달라고 부탁했다. 이렇게 많은 병사들이 모이자 그들은 용맹하게 적군 속으로 뛰어들었다.

격렬한 싸움으로 적들을 물리치며 그들은 마침내 적 진지를 점령했다. 그리고 산처럼 쌓인 무기와 시체들 속에서 마르쿠스의 칼을 찾아냈다. 그들은 함성을 지르며 더 힘차게 공격해 끝까지 맞섰던 적 정예부대 3000명을 죽이고, 달아나는 자들도 쫓아가 전멸시켰다. 들판과 언덕은 시체로 뒤덮였고, 레우쿠스 강은 싸움이 끝난 다음 날 로마군이 건너갈 때까지 피로 붉게 물들어 있었다.

이 전투에서 전사한 적의 수는 2만 5000명이나 되었다. 포세이도니우스 기록에 따르면 로마 군전사자는 100명이라 하며, 나시카 말로는 80명이라고 한다.

이 싸움은 매우 크고 치열했던 데 비해 놀라울 만큼 빨리 승부가 났다. 전투는 오후 3시쯤 시작되었는데, 4시도 채 안 되어 로마군 승리로 끝났다. 로마 병사들은 달아나는 적들을 쫓아 15마일쯤 갔다가, 밤이 깊어지자 진지로 돌아왔다. 그들은 횃불을 들고 마중 나온 병사들의 환영을 받으며 돌아와 담쟁이덩

아이밀리우스 파울루스(AEMILIUS PAULUS) 501

굴과 월계수로 막사를 꾸몄다.

그러나 이런 승리에도 불구하고 아이밀리우스는 깊은 슬픔에 잠겨 있었다. 그의 두 아들이 이 전쟁에 참가했는데 막내아들 스키피오가 행방불명되었기 때문이다. 아이밀리우스는 용기와 지혜가 뛰어난 막내아들을 무척 사랑했다. 그는 아직 나이가 어려 경험이 짧았지만 공을 세우려는 마음이 유달리 컸던 아들이 적군 속에 너무 깊이 뛰어들었다가 죽었으리라 생각했다.

그의 슬픔이 진영 안에 알려지자, 병사들은 저녁 식사를 멈추고 모두 자리에서 일어나 횃불을 들고 곳곳으로 흩어져 스키피오를 찾으러 다녔다. 어떤 병사는 진영 안을 뛰어다니며 샅샅이 살피고, 더러는 시체들을 뒤지기도 했다.

막사에는 근심이 가득 차고, 들판에는 스키피오의 이름을 부르는 소리가 메아리쳤다. 스키피오는 처음부터 모두의 존경을 받았기 때문이었다. 그는 지도자로서, 조언자로서 자질을 타고났으며, 그의 친척들 가운데서도 그와 견줄 만한 사람이 없었다.

밤이 깊어지면서 병사들이 거의 포기하다시피 하고 있을 때, 스키피오가 동료 두셋과 함께 진지로 돌아왔다. 그는 온몸에 적의 피를 뒤집어쓰고 있었다. 알고 보니 혈통 좋은 사냥개처럼 승리의 쾌감을 주체하지 못하고 끝까지 적을 추격한 탓이었다. 이 소년이 바로 뒷날 카르타고와 누만티아를 정복하고, 그 시대 로마에서 권세와 명성을 가장 크게 떨친 스키피오이다.

이렇듯 운명의 여신은 아이밀리우스의 승리에 대해 조금도 시기와 질투를 보이지 않았다. 이날만큼은 모두가 아무런 걱정 없이 승리의 기쁨을 마음껏 즐겼다.

한편 페르세우스는 피드나에서 펠라로 달아났다. 그때까지도 그의 기병대는 아무런 피해도 입지 않고 무사히 남아 있었다. 하지만 뒤이어 도착한 보병부대가 그들을 겁쟁이, 배신자들이라고 욕하며 싸움을 걸었다. 그들은 기병들을 말에서 끌어내려 마구 때리기까지 했다. 이런 소동에 겁을 먹은 페르세우스는 큰길에서 벗어나 인적이 드문 오솔길로 들어섰다.

그는 신분을 감추기 위해 왕의 자줏빛 옷을 벗어 안장 앞에 걸쳐놓고, 왕관도 벗어 손에 들었다. 그리고 동료들과 이야기하며 걸어가려고 말에서 내려 말을 끌고 갔다. 하지만 왕과 동행하던 사람들은 풀어진 구두끈을 매는 척하거나, 말에게 물을 먹여야겠다거나, 목이 말라 물을 마시겠다고 핑계를 대며 하나둘 뒤처졌다.

마침내 그들은 모두 왕을 버리고 달아나버렸다. 추격해 오는 로마군도 무섭지만, 왕의 포악한 성품을 잘 알고 있는지라 그가 무슨 잔혹한 짓을 벌이지 않을까 두려워했기 때문이다. 왕은 싸움에 져서 마음이 어지러운 나머지, 패배의 책임을 부하들에게 뒤집어씌워 울분을 풀려고 했다.

밤이 되어 펠라에 닿았을 때, 페르세우스의 재무관인 에우크투스와 에울라이우스 두 사람이 왕을 찾아왔다. 그들은 이번 패배의 원인은 때를 잘못 맞춘 왕에게 있다고 솔직하게 조언했다. 그 말을 들은 왕은 크게 노해 그 자리에서 두 사람을 단검으로 찔러 죽였다. 이 일이 있은 뒤 부하들은 겁에 질려 모두 달아나버렸고, 남은 사람은 크레테인 에반드로스, 아이톨리아인 아르케다무스, 보이오티아인 네온뿐이었다. 하지만 이들이 남은 까닭은 왕을 위해서가 아니라 그의 돈에 욕심이 났기 때문이다. 왕은 많은 재물을 갖고 있었고, 그 가운데에서 크레테인에게 잔과 술항아리와 접시 등 50탈란톤에 해당하는 재물을 나누어주었다.

하지만 암피폴리스를 거쳐 갈레프수스에 이르러 패배와 로마군의 추격에 대한 공포가 차츰 가라앉자 왕은 다시 인색한 마음이 솟아났다.

페르세우스는 알렉산드로스 대왕의 황금 잔을 얼떨결에 크레테인들에게 주었다고 속상해하며, 그 잔을 가진 사람들을 불렀다. 그리고 돈을 줄 테니 황금 잔을 돌려달라고 눈물을 흘리며 사정했다. 그러나 페르세우스가 어떤 인물인지 잘 알고 있던 사람들은 그의 행동이 크레테인들을 속이려는 수작임을 짐작했다. 물론 그의 말을 믿고 잔을 돌려준 사람들은 한 푼도 받지 못한 채 물건만 빼앗겨버렸다. 왕은 이렇게 부하들을 속여 물건을 되찾고 친구들에게까지 거짓말을 해 돈 30탈란톤을 받아냈다. 그 뒤 그는 배를 타고 사모트라키아로 향했고, 거기에서 다시 디오스쿠리 신전으로 가서 보호를 요청했다.

마케도니아 사람들은 자신들의 왕에게 매우 충성스러웠다. 하지만 일이 이렇게 되고 나자 이제는 나라의 버팀목이 무너졌으며, 그와 더불어 다른 모든 것도 함께 무너져버렸다고 생각했다. 그들은 아이밀리우스에게 항복했고, 이틀 뒤에는 그를 마케도니아의 지도자로 받들었다. 이를 보면 전쟁에서 일어난 모든 일이 아이밀리우스의 행운이었다고도 말할 수 있다. 아이밀리우스가 암피폴리스에서 제사를 올렸을 때 일어난 징조도 인간이 만들어낸 일이라고 보기는 어렵다. 그가 제사를 지내고 성례를 드리려 할 때, 갑자기 벼락이 제단으로 떨어져 제물을 불태운 것을 보면 정말로 신의 뜻이 나타났다 여겨지기도 한다.

하지만 이보다 더 신기한 점은 이 승전 소식이 믿을 수 없을 만큼 빠르게 세상에 퍼졌다는 사실이다. 피드나에서 페르세우스를 물리친 지 나흘째 되는 날, 로마 시민들은 시내에서 열린 경마대회를 구경하고 있었다. 그런데 난데없이 아이밀리우스가 페르세우스를 크게 이기고 마케도니아 전체를 정복했다는 소문이 순식간에 경기장 입구에서부터 온 시민들 사이로 퍼졌다. 이 소문은 로마 시내를 온통 환호로 뒤흔들어놓았다. 그러나 나중에 사람들은 그것이 뜬소문이었음을 깨달았다. 사람들이 저마다 마음대로 꾸며낸 이야기였던 것이다. 그런데 며칠 뒤 그 소문이 사실이었다는 것이 알려지자 사람들은 모두 놀라움을 금치 못했다.

전설에 따르면, 이탈리아 사그라 강가에서 있었던 전쟁 소식도 그날로 펠로폰네소스에 전해졌고, 미칼레에서 있었던 페르시아군과의 전쟁 소식도 그날로 플라타이아에 전해졌다고 한다. 또 라티움군을 이끌고 쳐들어온 타르퀴니우스를 로마군이 쳐부쉈을 때도, 키가 크고 잘생긴 두 젊은이가 나타나 소식을 전했다. 사람들은 이 두 젊은이를 쌍둥이 신 디오스쿠리(카스토르와 폴리데우케스)라고 여겼다. 그들은 공회당에 있는 샘물 옆에서 말을 씻기고 있었다. 그들과 가장 처음 이야기를 나눈 사람이 전쟁에서 이겼다는 소식을 듣고 깜짝 놀랐다. 그러자 젊은이들은 조용히 웃으며 그 사람의 수염을 손으로 쓰다듬었는데, 그 손이 닿자 검은 수염이 금세 누렇게 변했다. 이를 보고서야 그는 젊은이들의 말을 믿을 수 있었다. 그때부터 그는 아헤노바르부스, 즉 구리수염이라는 별칭으로 불렸다.

이 무렵 일어난 사건들을 보면, 위의 이야기를 보다 쉽게 믿을 수 있을 것이다. 안토니우스가 도미티아누스에게 반란을 일으켜 머잖아 게르마니아에 큰 전쟁이 벌어지리라는 소문이 돌았다. 로마는 당황했고 어떤 일이 벌어질지 아무도 예측할 수 없는 상황이었다. 그때 갑자기 안토니우스가 전사하고 그의 군대가 모두 뿔뿔이 흩어졌다는 소문이 로마에 전해졌다. 이 소문은 의심스러운 점이 전혀 없었으므로 많은 고관들까지도 이를 믿고 신께 제사를 지냈다. 그리고 그 소식을 처음 퍼뜨린 사람을 찾으려 했지만 도저히 찾을 수가 없었다. 한 사람씩 조사를 해나갈수록 확실한 근거는 사라졌고, 그 소문에 대해 믿을 만한 근거가 전혀 나오지 않자 사람들은 곧 그 일을 잊어버렸다.

그러나 도미티아누스가 군대를 이끌고 전쟁터에 나가던 중, 그에게 승리를 전하러 온 전령을 만났다. 그가 승리한 날짜는 로마에 그 소문이 퍼졌던 날짜와 똑같았다. 무려 2500마일이나 떨어진 먼 곳까지 그날로 바로 전해진 것이었다. 그 무렵 사람 가운데 이 사실을 모르는 이는 아무도 없었다.

한편 아이밀리우스의 명령으로 해군 사령관 크나이우스 옥타비우스는 함대를 이끌고 사모트라키아 섬에 닻을 내렸다. 하지만 그는 신을 존경하는 뜻에서 신전에 있던 페르세우스를 해치지 않고 그가 섬에서 달아나지 못하도록 지키고만 있었다.

이를 본 페르세우스는 크레테 사람 오로안데스를 매수해 작은 배를 구해 섬에서 빠져나갈 계획을 세웠다. 오로안데스는 그에게서 받은 재물을 미리 배에 실어두고는, 다음 날 밤 가족과 시종들을 데리고 데메테르 신전 맞은편에 있는 항구로 오라고 페르세우스에게 말했다. 그러나 그는 크레테 사람답게 약속을 어기고 날이 저물자마자 홀로 배를 타고 떠나버렸다.

이 사실을 모르고 있던 페르세우스는 벽에 난 조그마한 창을 통해 탈출해야 하는 자신의 신세를 몹시 슬퍼했다. 살면서 도망이나 고생이라고는 전혀 해본 적 없는 그의 아내와 자식들도 같은 마음이었다. 바닷가에 닿아 배를 찾아 헤매던 페르세우스는 어떤 사람으로부터 크레테인이 배를 몰고 먼바다로 나가는 것을 보았다는 말을 들었다. 그는 어느 때보다도 비통한 신음을 내뱉었다.

이미 날은 밝아오고 있었다. 좌절한 페르세우스는 급히 성벽으로 되돌아오다가 로마군에게 들키고 말았지만, 붙잡히기 전에 겨우 성안으로 달아날 수 있었다. 그는 아이들을 아끼던 신하인 이온에게 맡겼었는데, 이온은 어느새 배신자가 되어 있었다. 짐승도 새끼가 붙잡히면 찾아오는 법이므로, 이온은 로마군이 그의 아이들을 붙잡고 있으면 페르세우스가 제발로 찾아와 항복하리라 생각했다.

페르세우스는 나시카가 자기를 도와주리라 믿고 그를 찾아갔지만 그는 거기에 없었다. 페르세우스는 자기 운명을 한탄하며 마침내 옥타비우스에게 항복했다. 여기서 그는 탐욕보다 더 천한 집념을 보였다. 그것은 목숨에 대한 집념이었다. 운명의 여신은 아무리 죄 많은 운명을 타고난 사람이라도 다른 이들에게 동정받을 만한 위안 하나는 남겨주게 마련이다. 하지만 페르세우스는 그의 비천한 마음 때문에 마지막 남은 위로마저도 받을 수 없게 되었다.

페르세우스는 아이밀리우스를 만나게 해달라고 애원했다. 아이밀리우스는 큰 불행을 당한 왕의 슬픔을 진심으로 가슴 아파하며 부하들과 함께 그를 맞았다. 페르세우스는 그를 보자 비굴하게 땅에 엎드리더니 그의 다리를 붙잡고 눈물을 흘리며 살려달라고 애원했다. 이 초라한 모습을 본 아이밀리우스는 슬픈 얼굴로 말했다.

"가엾은 분, 운명의 탓으로 돌릴 수도 있을 텐데 어찌 그 기회마저 저버리는 것이오? 이런 모습을 보면 당신의 불행이 당연한 것이라 생각되고, 지금 처지가 불행하다기보다 지난날 영광이 과분하다 여기게 될 것이오. 당신은 지금 로마의 적답게 행동해야 할 텐데 오히려 이렇게 초라한 모습을 보여, 나의 승리까지 가치 없게 만들고 있소. 어떤 괴로움에 처해도 용기 있게 행동하는 사람은 적에게서도 존경을 받는 법이오. 그러나 로마인은 아무리 큰 권력을 가지고 있다 해도 비굴한 사람은 경멸합니다."

그러면서 그는 손을 내밀어 페르세우스를 부축해 일으켜 투베로에게 인도했다. 그리고 가족과 젊은 장군들을 막사로 불렀다. 아이밀리우스는 운명과 세상사에 대해 이야기했다.

"인간이 행운을 누릴 만한 자격이 있다고 자신만만해하거나, 국가와 도시 또는 왕국을 정복했다고 우쭐대는 것이 과연 마땅한 행동일까? 예를 들어 행운이 주는 승리라는 것 또한 불확실한 인간의 일들 가운데 하나이며 영원히 이어질 수 없는 것이 아닐까? 운명의 뒤바뀜을 목격한 군인은 인간의 나약함을 깨닫고 그 무엇도 영원하거나 안전하지 않다는 것을 배워야만 한다. 우리가 어떻게 자만할 수 있겠는가? 남을 정복하고 나면 운명이 매우 두려운 존재임을 새삼스럽게 느끼게 되는 법이네. 만물이 얼마나 빨리 변하며 저마다 운명이 돌고 돈다는 것을 깨닫게 되면 가장 기쁜 순간에도 슬퍼지기 마련이네. 최고의 권세를 자랑하던 알렉산드로스 대왕의 후계자가 한 시간 만에 짓밟히는 것을 보았을 때, 또 한때 수천 수만 병사들 호위를 받던 왕이 어느새 적으로부터 양식을 받아먹는 처지가 된 것을 봤을 때 우리라고 해서 이 권력을 영원토록 누리리라 자신할 수 있을까? 그러니 헛된 자만과 어리석은 자부심을 버리고 겸손한 태도로 미래를 대비하자. 신께서 우리의 행운에 반해 내리실지도 모르는 것에 늘 준비하도록 하자."

전하는 바에 따르면 아이밀리우스의 가르침을 듣고 젊은 장교들과 병사들은 교만한 마음과 헛된 자부심을 누그러뜨렸다고 한다.

그 뒤 아이밀리우스는 군사들을 병영에 돌려보내 쉬게 하고, 자신은 헬라스 곳곳을 돌아다니며 두루 은혜를 베풀어 영예를 드높였다. 그는 가는 곳마다 민중의 슬픔을 덜어주고, 정치를 바로잡고, 페르세우스에게서 빼앗은 곡식과 기름 등을 나누어주었다. 페르세우스가 저장해 두었던 재물이 어찌나 많은지 원하는 곳마다 다 나누어준 뒤에도 남을 정도였다.

아이밀리우스는 델포이에 페르세우스 왕의 황금 조각상을 세우려 했던 커다란 흰색 대리석받침 기둥이 있다는 것을 알게 되었다. 그는 싸움에서 진 사람은 이긴 사람에게 자리를 내주는 것이 마땅하다며, 페르세우스 대신 자기의 조각상을 세우라고 명령했다. 그는 올림피아에서는 페이디아스가 호메로스의 유피테르 신 초상을 조각했다는 유명한 말을 했다고 한다.

로마에서 의원 10명이 오자, 아이밀리우스는 마케도니아 사람들에게 그들의 영토를 돌려주고 그대로 살게 했다. 또한 시민들에게 자유와 독립을 주었으며, 로마에 세금 100탈란톤을 내게 했다. 그러나 이 세금은 마케도니아 왕정 시대에 왕에게 바쳤던 세금의 절반밖에 안 되는 금액이었다. 그는 또 여러 경기와 경연을 열고 큰 제사와 잔치를 베풀어 신에게 영광을 돌렸다. 그리고 그 모든 비용은 왕의 보물에서 아낌없이 썼다.

아이밀리우스는 잔치를 베풀 때 저마다의 공적과 지위에 따라 자리를 정했고, 오락 행사를 할 때도 정성을 다했다. 헬라스 사람들은 아이밀리우스가 하찮은 일들까지 질서 있게 하는 것을 보고 모두 놀라워했다. 전쟁이라는 큰일을 해낸 사람이 세밀한 일까지 꼼꼼하게 처리하는 것을 보고 감탄했던 것이다. 아이밀리우스는 자신이 많은 사람들의 관심 대상이 되었음을 깨닫고 기뻐했다. 그리고 그의 열성에 감동한 사람들에게 말하기를, 잔치를 여는 것이나 전쟁을 지휘하는 것은 똑같은 정신으로 해야 하며, 다만 전쟁에서는 적군에게 두려움을 주어야 하고, 잔치에서는 손님에게 기쁨을 주어야 한다는 사실이 다를 뿐이라고 했다.

그러나 사람들이 아이밀리우스를 칭찬했던 가장 큰 이유는 무엇보다도 그의 너그러움과 아량 때문이었다. 페르세우스의 창고에서 수많은 금은보화가 나왔지만 아이밀리우스는 그것들을 거들떠보지도 않고 모두 재무관에게 주어 국고에 넣었다. 다만 학문을 좋아하는 아들들에게 그 많은 전리품 가운데 책만을 골라 가지도록 허락해 주었을 뿐이다.

전쟁에서 공을 세운 사람들에게 상을 줄 때도 사위인 아이밀리우스 투베로에게는 5파운드 무게의 은잔 하나를 주었을 뿐이다. 투베로는 조그마한 농장에서 친척 16명들과 근근이 살아가던 사람이었는데, 태어나 처음으로 집 안에서 은잔을 써보게 되었다. 그때까지 집안사람들이나 아내는 한 번도 금이나 은으로 된 그릇을 써본 일이 없었다.

모든 일이 이렇게 정리된 다음, 아이밀리우스는 마케도니아인들에게 자유를 존중하고 법을 준수하며 다 같이 화목하게 살라고 타일렀다. 그러고는 병사들을 이끌고 에피루스로 떠났다. 아이밀리우스를 따라 페르세우스 정벌에 나갔던 병사들에게, 로마 원로원이 에페루스 도시들을 쳐서 거기서 나오는 전리품을 모두 가지라는 명령을 내렸기 때문이다.

아이밀리우스는 도시를 불시에 습격해 단번에 결판을 내리려고 생각했다. 그래서 도시마다 대표 10명을 뽑아, 공격하기로 정한 날에 각 가정과 신전에 있는 금은을 가져오게 하라고 명령했다. 그리고 이 명령을 전하러 가는 사람들에게 군대를 주어, 재물을 조사하고 거두는 사람인 양 가장하게 했다. 그들은 이런 작전을 써서 삽시간에 도시를 습격했다. 이렇게 해서 한 시간 만에 15만 명을 노예로 잡고 70개 도시를 약탈했다. 그러나 이러한 파괴를 거쳐 얻은 것은 병사 한 사람당 겨우 11드라크메밖에 되지 않았다. 엄청난 파괴와 약탈에도 불구하고 거기서 얻은 소득이 변변치 않은 것을 보고 세상 사람들은 많이 놀라워했다.

아이밀리우스는 그의 어진 성격과 어긋나는 이런 만행을 저지른 뒤, 오리쿰으로 갔다가 거기서 다시 이탈리아로 건너갔다. 그는 마케도니아 왕이 쓰던 배를 타고 티베리스 강을 거슬러 올라갔다. 그가 탔던 배는 열여섯 줄로 앉아 노를 젓게 되어 있었고, 온갖 무기와 승리의 왕관과 진홍색 천으로 장식되어 있었다.

배가 로마에 가까워지자 시민들이 모두 나와 구경했다. 그들은 노를 저으며 강을 거슬러 올라가는 배를 바라보면서 곧 성대하게 치러질 개선식에 큰 기대를 가졌다. 그러나 페르세우스 왕의 보물을 탐냈던 병사들은 기대와 달리 충분한 보수를 받지 못했다고 생각해 보란 듯이 불만을 드러냈다. 그들은 아이밀리우스가 가혹하고 독재적인 지휘자라고 불평하며 개선식을 하는 것도 달갑지 않게 생각했다.

아이밀리우스의 정적이면서 그의 지휘를 받았던 세르비우스 갈바는 병사들의 이런 마음을 눈치채고, 개선식을 할 필요가 없다면서 병사들을 선동해 그들의 분노를 부추겼다. 그리고 병사들에게 갖가지 중상모략을 퍼뜨림으로써 그들을 더욱 분노하게 만들었다. 뿐만 아니라 그는 평민 호민관들에게, 오늘은 네 시간밖에 남지 않아서 아이밀리우스에 대해 고발하기에는 시간이 모자라니 내일까지 늦춰 달라고 말했다. 그러자 호민관들은 할 말이 있다면 지금 이 자리에서 하라고 세르비우스 갈바에게 명령했다.

그러자 갈바는 온갖 장황한 비난의 말을 늘어놓으며 아이밀리우스를 공격했다. 갈바가 시간 가는 줄도 모르고 떠들어대는 사이에 밤이 되자, 호민관들은 먼저 민회를 해산했다. 그러나 병사들은 갈바의 연설에 더욱 흥분한 나머지 그의 주위로 모여들어 음모를 꾸미고, 다음 날 아침 일찍 호민관들이 집회를 열기로 했던 카피톨리움을 가득 메웠다.

날이 밝자 그들은 곧 투표를 했는데, 첫 번째 부족부터 개선식 반대표를 냈다. 이 소문은 시민들과 원로원 사이로 퍼져나갔다. 많은 사람들이 아이밀리우스가 이렇게 모욕적인 대우를 받아야 하는 것을 개탄했으나, 그저 말뿐이었다.

원로원 의장은 지금 진행되고 있는 일은 몹시 부끄럽다며, 병사들의 불손한 행동을 억제해야 한다고 펄쩍 뛰었다. 그러지 않으면 그들은 개선식을 가로막을 것이며, 나아가 걷잡을 수 없는 무정부 상태가 될 것이라고 염려했다.

원로원 의원들은 군중을 헤치고 카피톨리움으로 올라갔다. 그들은 사람들에게 할 말이 있으니 잠시 투표를 멈춰 달라고 호민관들에게 요구했다. 일단 투표를 멈추고 장내가 조용해지자 마르쿠스 세르빌리우스가 일어났다. 그는 집정관이었으며, 홀로 적 23명과 맞서 모조리 쓰러뜨린 경력을 가진 사람이었다. 그는 그 자리에 모인 군중 앞에서 조용히 입을 열었다.

"나는 아이밀리우스 파울루스가 얼마나 훌륭한 장군인지를, 지금 이 자리에 질서 없이 모여 있는 무리를 보고서야 깨달았소. 저 비열하고 복종할 줄 모르는 병사들을 이끌고도 그토록 위대한 승리를 거두었으니 말이오. 일리리아와 리구리아를 정벌한 것을 영광으로 생각하던 여러분이, 마케도니아 왕을 사로잡고 필리포스와 알렉산드로스의 모든 명예를 빼앗아온 위대한 일은 왜 구경도 안 하려는지 알 수가 없소. 승리의 소문만 듣고도 신께 감사 제물을 올리던 여러분이 지금은 그 위대한 승리를 거둔 장군을 보는 것조차 꺼려하며, 마땅히 함께 나누어야 할 기쁨을 멀리하려는 것은 도대체 무슨 까닭이오? 아마 여러분은 장군의 영광이 너무 커서 두려워하거나, 포로로 잡혀온 원수들을 동정하는 것 같소. 여러분이 개선식을 반대하는 이유가 장군을 시기해서가 아니라, 마케도니아 왕을 불쌍히 여기는 마음 때문이라면 차라리 낫겠소. 여러분이 이처럼 어리석은 행동을 하고 있으니, 전쟁의 상처 하나 없이 집 안에서 몸이나 사리고 있던 사람들이 장군에 대해 함부로 비판하며 떠들어대는 것이오. 장군이 용맹스러운지 아닌지는 우리처럼 상처를 입어본 사람들만이 감히 판단할 수 있소."

세르빌리우스는 이렇게 말하고 나서 윗옷을 벗어 가슴의 상처를 드러냈다. 그리고 뒤로 돌아서 남에게 보여서는 안 될 곳도 몇 군데 드러내고는 갈바에게 말했다.

"그대는 내 상처를 보고 비웃을지도 모르겠소. 그러나 나는 시민들에게 이런 상처를 보일 수 있다는 것을 큰 영광으로 생각하오. 이 상처들은 시민들을 지키려고 밤낮으로 전쟁터에서 말을 달리며 얻은 상처니까 말이오. 그대는 어서 투표를 마무리하시오. 나는 누가 비겁한 자인지, 누가 감사할 줄 모르는 자인지, 또 누가 자기의 장군을 저버리고 선동자들 아부에 넘어가는지 이 두 눈으로 똑똑히 지켜볼 것이오."

그의 말은 병사들 마음을 돌려놓았다. 그래서 그들은 아이밀리우스 개선식에 한결같이 찬성표를 던졌다.

아이밀리우스의 개선식을 위해 사람들은 키르쿠스라고 불리는 원형극장과 포룸 주변, 행렬을 볼 수 있는 모든 장소에 관람대를 세웠다. 시민들은 모두 흰 옷을 입고 모여들었다. 신전 문은 남김없이 활짝 열렸고, 꽃다발과 향불 연기가 온 시내에 가득했다. 길은 말끔히 청소되었고, 말을 탄 관리들이 군중 질서를 잡으며 행렬을 위해 길을 터놓았다.

개선식은 사흘에 걸쳐 이어졌다. 첫날에는 약탈해 온 동상, 조각, 그림, 커다란 조형물 등만 구경하는 데도 하루가 모자랄 정도였다. 이 물품들은 250대나 되는 전차에 실려 시내를 돌았다. 다음 날에는 마케도니아군 무기와 갑옷 가운데 가장 훌륭하고 값진 것만 골라 실은 수레가 행렬을 이루었다. 수레 위에는 새로 닦아 눈부신 빛을 내며 번쩍이는 무기들이 높이 쌓여 있었다. 방패 위에는 투구가, 정강이받이 위에는 가슴받이가 걸려 있었고, 크레테와 트라키아 방패와 함께 화살통과 마구들이 쌓여 있었으며, 그 사이로 마케도니아의 긴 창과 칼이 보였다. 수레가 흔들리면서 무기들이 부딪쳐 철컹거렸다. 비록 적에게서 빼앗아온 것이기는 했지만 보기만 해도 소름이 끼칠 정도였다.

갑옷과 무기를 실은 수레 뒤에는 병사 3000명이 3탈란톤씩 은돈을 가득 담은 상자 750개를 날랐는데, 네 사람이 하나씩 들고 걸어갔다. 그리고 그들을 뒤따라 은잔들이 운반되었는데, 모두 엄청나게 큰 데다 잔마다 아름답고 정교한 무늬들이 새겨져 있었다.

마지막 날은 아침이 밝자마자 나팔수들이 앞장을 섰다. 그들이 부는 곡은 행진의 흥을 돋우는 곡이 아니라 로마군이 적을 공격하면서 사기를 북돋우기 위해 쓰는 음조였다. 나팔수들이 지나간 다음에는 아름답게 꾸민 긴 옷을 걸친 젊은이들이, 제물로 바칠 살진 소 120마리를 끌고 왔다. 소뿔은 금빛으로 칠해져 있었고 머리는 꽃으로 꾸며져 있었다. 그리고 이와 함께 금은 그릇에 술을 가득 담아 든 소년들이 걸어왔다. 그 뒤에는 3탈란톤의 금화가 가득 담긴 그릇을 든 사람들이 따랐는데, 상자의 수는 여든에서 3개가 모자랐다.

다음으로는 아이밀리우스의 명령으로 만들어진 잔이 뒤를 이었는데, 이 잔은 10탈란톤의 금으로 만들어 온갖 보석으로 꾸민 것이었다. 그리고 안티고노스와 셀레우코스의 술잔, 테리클레스 지방의 잔, 페르세우스의 황금 접시 등이 차례로 구경꾼들 앞을 지나갔다. 그다음에는 페르세우스의 전차가 따랐다. 전차 위에는 왕의 갑옷과 그가 쓰던 왕관이 올려져 있었다. 좀 뒤떨어져서 포로가 된 왕의 아이들이 끌려오고, 바로 뒤에는 시종들과 가정교사들 행렬이 따랐다. 이들은 군중을 향해 살려달라고 빌면서 아이들에게도 그렇게 하라고 시켰다.

페르세우스 왕에게는 왕자 둘과 공주 하나가 있었는데, 모두 너무 어려서 자기들에게 닥친 불행을 미처 깨닫지 못했다. 그것이 보는 사람들의 마음을 더욱 애처롭게 만들었다. 사람들은 눈물을 흘리며 어린아이들의 뒷모습에서 차마 눈을 떼지 못했다. 거의 모든 사람이 아이들이 다 지나갈 때까지 기쁨과 슬픔이 뒤섞인 이 광경을 지켜보고 있었다. 모든 로마 사람의 눈길이 아이들에게 쏠려 있었으므로 페르세우스는 거의 주목을 끌지도 못했다.

페르세우스 왕은 검은 옷을 입고 장화를 신은 채 그의 아이들과 신하들 뒤를 따라 걸었다. 그는 이 어처구니없는 불행에 정신이 나간 사람 같았다. 그 뒤를 따르는 친지들도 차마 볼 수 없을 만큼 처량한 모습이었다. 그들은 슬픔에 가득 찬 얼굴로 페르세우스의 뒷모습을 지켜보고 있었다. 그러나 그들이 우는 것은 자신들 운명 때문이 아니라, 왕의 마지막 모습 때문이라는 것을 구경꾼들은 잘 알 수 있었다.

페르세우스는 행렬이 시작되기 전에 아이밀리우스에게 사람을 보내, 제발 자신을 행렬에 내보내지 말아달라고 간청했다. 그러나 아이밀리우스는 페르세우스의 비겁한 태도와 목숨에 대한 애착을 비웃으며 대답했다.

"선택은 언제나 그의 손에 있었으니, 지금이라도 원한다면 그렇게 하라."

치욕을 당하고 싶지 않다면 스스로 목숨을 끊으라는 뜻이었다. 그러나 겁이 많은 페르세우스는 그럴 용기조차 없었다. 비겁한 그는 마침내 전리품의 일부가 되어버렸다.

페르세우스 뒤에는 금관 400개가 따랐다. 헬라스 여러 도시에서 보낸 대표들이 아이밀리우스의 전승을 기념하는 뜻으로 가져온 것이었다. 그리고 바로 뒤에 아이밀리우스가 아름답게 치장한 전차를 타고 등장했다. 그는 자줏빛 옷에 금줄을 늘어뜨리고, 오른손에 월계수 가지를 들고 있었다. 하지만 권력을 나타내는 이런 상징이 없다 해도 본디 그는 그만한 가치를 지닌 사람이었다. 그리고 그의 장군들도 월계수관을 머리에 쓰고 질서 있게 아이밀리우스의 전차를 뒤따랐다. 장군들은 노래를 부르기도 하고 그의 공을 찬양하기도 했다. 모든 사람이 아이밀리우스를 칭송했으며, 그를 시기하는 사람은 단 한 명도 없었다.

하지만 행복이 절정에 이르면 그것을 줄이는 것이 신의 섭리인 듯하다. 이 세상 사람들 그 누구도 재난을 완전히 피할 수는 없는 법이다. 호메로스가 말했듯이, 운명의 신이 좋은 일과 궂은 일을 똑같이 내려주신 사람들이야말로 정말로 축복받은 것으로 생각해야 할 것이다.

아이밀리우스에게는 아들이 넷 있었는데, 처음 아내에게서 얻은 두 아들은 저마다 스키피오와 파비우스 집안에 양자로 들어갔다. 그리고 두 번째 부인에게서 낳은 두 아들은 아이밀리우스와 함께 살고 있었다. 그런데 그 가운데 한 아이가 개선식을 올리기 닷새 전에 열네 살 나이로 죽었고, 열두 살인 작은아이도 개선식이 끝난 지 사흘 뒤에 죽었다. 로마 사람들은 가혹한 운명의 섭리에 몸서리를 치며 그의 슬픔을 함께 나누었다. 운명의 신은 기쁨에 넘친 이 집안에 뛰어들어, 승리와 개선의 노래 속에 눈물과 비애를 섞어놓았다.

그러나 아이밀리우스는 용기란 마케도니아군을 쳐부수는 데만 필요한 것이 아니라 불행을 견디는 데도 필요하다는 것을 잘 알고 있었다. 그는 자신이 불행보다는 행운을 더 많이 가졌다고 생각해, 자기 개인 슬픔을 나라의 영광으로 감추려고 했다. 그는 큰아들 장례를 치른 뒤 곧 개선식을 거행했고, 개선식이 끝난 다음 또 작은아들이 죽자 시민들을 모아놓고 연설했다. 그는 위로받아야 할 사람은 자신이 아니라 바로 그의 불행을 함께 슬퍼해주는 사람들이라고 했다. 그리고 자신은 예전부터 인간사에 대해서는 아무것도 두려워하지 않았지만, 믿을 수 없고 변덕스러운 운명의 여신만은 언제나 두려워했다고 말했다. 이번 전쟁을 치르는 동안 신이 부드러운 바람처럼 순조롭게 그가 하는 모든 일이 이루어지도록 하는 것을 보고, 곧 불운한 일이 닥치거나 처지가 뒤바뀔 것임을 미리 짐작했다는 것이다. 그가 이어서 말했다.

"나는 브룬디시움을 떠난 지 하루 만에 이오니아 해를 건너 코르키라에 도착했고, 닷새 만에 델포이에서 제사를 드렸으며, 다시 닷새 만에 마케도니아에 도착했소. 그리고 제사를 지낸 다음 곧 전투를 시작해 겨우 보름 만에 영광스러운 승리를 거두었소. 나는 이토록 큰 행운이 오래 이어지리라고는 생각하지 않았소. 모든 일이 내게만 유리하게 돌아가고 적의 위협이 전혀 없었기 때문이오. 내 운명이 곧 뒤바뀌리라 걱정하기 시작한 것은, 적의 대군을 무찌르고 전리품들과 함께 왕까지 포로로 잡아 배에 태웠을 때였소. 그런데 우리는 모두 무사히 돌아왔고, 온 나라는 기쁨과 찬사로 가득했소. 그러나 운명의 신이 큰 은혜를 베푼 다음에는 반드시 그에 따른 대가를 요구할 것임을 잘 알고 있었기에, 여전히 걱정은 사라지지 않았소. 그리고 기어이 내 집안에 이런 커다란 불행이 생기고 말았소. 개선식을 하는 동안 나는 두 아들을 잇따라 무덤으로 보낸 것이오. 그러나 이제는 더 불행이 찾아올까봐 두려워하지 않소. 오히려 마음이 놓이오. 내 성공에 대한 값은 이제 충분히 치렀으니 말이오. 인간의 운명은 정복자도 희생자와 마찬가지로 하루 앞을 알 수 없다는 것을 여신은 보여주었소. 나에게 정복당한 페르세우스에게는 아직도 자식들이 남아 있지만, 나는 자식들을 모두 잃었다는 것만 다를 뿐이오."

아이밀리우스 파울루스(AEMILIUS PAULUS) 513

사람들은 그의 이야기를 진지하게 들었다. 아이밀리우스는 자신의 마음을 진실하게 사람들에게 이야기했던 것이다. 특히 그는 페르세우스의 신세를 가엾이 여겨 진심으로 도와주고 싶어했다. 하지만 그가 할 수 있었던 일은, 카르케르라고 부르는 일반 감옥에서 그를 꺼내 좀 더 나은 감옥으로 옮겨준 것이 전부였다.

역사가들 기록에 따르면, 페르세우스는 갇혀 있는 동안 식음을 전폐해 스스로 굶어 죽었다고 전해진다. 그러나 그의 죽음에 대해 다음 같이 독특한 이야기를 전하는 사람들도 있다. 그를 감시하던 병사들이 어떤 이유에서인지 그에게 원한을 품고 괴롭혔는데, 나중에는 자려고만 하면 깨워 잠을 자지 못하게 했다는 것이다. 이렇게 해서 그는 끝내 피로를 이기지 못하고 지쳐서 죽었다. 그의 두 아들도 페르세우스가 죽은 뒤 얼마 지나지 않아 죽었다. 셋째아들인 알렉산드로스는 공예에 뛰어난 솜씨를 보인 데다 로마 말도 잘해서 관청의 서기로 일했다.

아이밀리우스가 마케도니아를 정복한 일은 로마인들에게 엄청난 이익을 가져다주었다. 그가 얼마나 많은 금과 은을 국고에 들여놓았는가 하면, 안토니우스와 아우구스투스 카이사르가 처음 전쟁을 벌일 때 집정관을 맡았던 히르티우스와 파우사 시대까지 시민들은 전혀 세금을 내지 않아도 될 정도였다. 또 놀라운 점은, 아이밀리우스가 시민들에게 특별한 사랑과 존경을 받으면서도 늘 귀족들과 한편이었다는 것이다. 그는 대중의 환심을 사기 위한 말이나 행동은 전혀 하지 않았다. 나중에 이러한 이유로 스키피오 아프리카누스는 아피우스의 공격을 받았다.

그 무렵 로마의 중요한 인물이었던 이 두 사람은 나란히 감찰관 후보로 나섰는데, 스키피오는 원로원과 귀족의 지지를 받고 있었고 아피우스는 민중의 절대적인 지지를 얻고 있었다. 그런데 아피우스는 스키피오가 신분이 비천하지만 토론에는 아주 익숙한 자들에게 둘러싸여 공회당에 나타나는 것을 보았다. 아피우스는 스키피오가 이런 오합지졸들을 모아, 어떠한 안건이든지 그들이 바라는 대로 통과시키려 한다고 생각해 큰 소리로 외쳤다.

"오, 아이밀리우스 파울루스. 당신이 땅속에서라도 이 일을 보신다면 통곡할 것이오. 당신 아들 스키피오는 거리의 선동자들과 리키니우스 필로니쿠스의 힘을 등에 업고 감찰관이 되겠다고 나섰소."

그러나 스키피오는 늘 민중의 권리를 더 크게 하기 위해 노력했으므로 인기를 얻고 있었다. 그의 아버지 아이밀리우스도 비록 귀족 편에 속해 있기는 했지만, 민중에게서 큰 사랑을 받았다. 민중이 아이밀리우스를 지목해 감찰관 자리에 앉힌 것을 보아도 충분히 짐작할 수 있다. 감찰관 신분은 가장 신성한 자리였고, 사람들 사생활까지도 단속할 수 있는 큰 권력을 가지고 있었다. 또 행실이 단정하지 못하면 원로원 의원이라도 쫓아낼 수 있었고, 원로원 의장을 임명할 수도 있었으며, 행실이 좋지 못한 청년들의 말을 빼앗아 벌을 줄 수 있는 권한도 있었다. 감찰관은 또 모든 사람의 재산을 조사하고 인구를 등록하는 일도 맡아 했다.

아이밀리우스는 이미 네 번이나 원로원 의원을 지낸 적이 있는 아이밀리우스 레피두스를 원로원 의장으로 임명했다. 그리고 무능한 의원 셋은 관직에서 물러나게 했다. 그는 동료 감찰관이었던 마르키우스 필리푸스와 함께 기사들에 대해서는 너그러운 태도를 보여주었다.

아이밀리우스는 이렇게 크고 중요한 업무에 시달리다가 병을 얻어 자리에 눕게 되었다. 처음에는 병세가 위독한 것 같더니, 얼마 지난 뒤에 차츰 나아져서 생명에는 위험이 없다는 것을 알았다. 그러나 그는 이미 늙고 쇠약해져 있었으므로 병을 고치기는 힘들었다. 의사의 권유에 따라 그는 이탈리아 남부에 있는 파이스툼으로 갔다. 그리고 그 바닷가 가까이 평화로운 별장에서 오랫동안 머물며 한가로운 생활을 했다. 그러는 동안 로마 시민들은 그를 그리워했다. 그래서 극장에서 그가 돌아오기를 기도하기도 하고, 그를 만나고 싶어하는 간절한 마음을 표현하기도 했다. 이런 소문을 들은 아이밀리우스는 종교의식에 참석해야 할 날도 되었고 건강도 충분히 회복되었다고 생각했으므로 로마에 돌아왔다. 그는 제사에 참석해 다른 제관들 그리고 그의 귀환을 축하하는 시민들과 함께 향을 돌리고 제사를 드렸다.

다음 날 그는 병이 나은 것에 감사하며 신께 기도를 드리고 집으로 돌아왔다. 그리고 쉬려고 누웠다가 자기도 모르는 사이에 혼수상태에 빠져들어 사흘 뒤, 인생의 행복에 필요한 것은 무엇 하나 탐낸 일 없이 평온한 얼굴로 삶을 마쳤다.

장례식은 그의 높은 인격에 걸맞게 치러졌다. 금이니 상아니 하는 값비싼 물건으로 꾸며졌다는 것이 아니라, 온 시민은 물론 적국의 사람들까지 그에 대한 사랑과 존경을 보낸 정성 어린 장례식이었다는 뜻이다. 로마에 와 있던 이베리아, 리구리아, 마케도니아 사람들까지 모두 그의 장례식에 나왔고, 그 가운데 젊고 힘이 센 사람들이 그의 영구를 메었다. 또 나이 든 사람들은 그 뒤를 따르며, 아이밀리우스는 나라의 은인이며 보호자였다고 소리 높여 찬양했다. 아이밀리우스는 적국을 정복했을 때에도 너그럽고 따뜻한 마음으로 적국의 시민들을 다스렸으며, 그 뒤에도 그들을 가족이나 친척처럼 돌봐주었기 때문이었다.

그가 남긴 유산은 겨우 37만 세스테르티우스였는데, 그 재산은 법정 공동 상속인인 두 아들에게 물려주었다. 그러나 작은아들 스키피오는 자신이 양자로 있는 집안이 부유하다며, 자기 몫을 형에게 양보했다.

아이밀리우스 파울루스의 생애와 품성은 이러했다.

티몰레온과 아이밀리우스 파울루스의 비교

이 두 사람은 성격상 뚜렷한 차이점이 그리 없다. 전쟁의 공훈에 있어서도 실정은 비슷하다. 아이밀리우스는 마케도니아인과 싸웠고 티몰레온은 카르타고인과 싸웠는데, 둘은 모두 큰 승리를 거두었다.

아이밀리우스는 마케도니아를 무찌르고 안티고노스의 왕통을 7대에서 끊어버렸으며, 티몰레온은 시킬리아에서 독재자들을 몰아내고 자유를 되찾아 주었으므로 둘 가운데 공적이 누가 더 낫다고 말하기는 힘들다. 그러나 아이밀리우스는 적의 세력이 가장 강할 때 적을 무찔렀지만, 티몰레온이 공격했던 디오니시우스는 이미 궁지에 몰려 아무 힘도 쓸 수 없을 때였으므로 아이밀리우스에게 더 큰 영광을 돌릴 수 있겠다.

그렇지만 티몰레온을 두둔하자면, 그는 오합지졸을 이끌고도 많은 독재자들을 끌어내리고 거대한 카르타고 군대를 무찔렀다. 그의 군대는 아이밀리우스 병사들처럼 훈련이 잘되고 명령에 복종할 줄 알며 전쟁 경험을 많이 겪은 병사들이 아니라, 무질서한 직업군인으로서 원정에 나서면 자기 이익 챙기기에만 바빴다. 수준이 다른 군대로 같은 승리를 거두었을 때는, 적은 수의 병력으로 적을 무찌른 장군에게 더 큰 존경을 보내야 하리라.

아이밀리우스와 티몰레온은 한결같이 청렴결백한 인물로 찬사를 받았다. 그러나 아이밀리우스는 어렸을 때부터 법과 관습에 따라 나라의 풍조를 익혀왔으므로 티몰레온보다 좀 더 유리한 조건에 있었다. 하지만 티몰레온은 그런 조건의 도움 없이 스스로 노력해 익힌 것이므로 타고난 본성이 맑고 깨끗했다고 할 수 있다. 그 시대 로마 사람들은 누구나 질서를 지키고 명령에 복종하며, 법과 여론을 존중했다. 하지만 디온 말고는 시킬리아의 모든 헬라스 장군들은 뇌물로 나라의 온갖 문제들을 처리해나가고 있었다. 그 디온마저 스스로 왕이 될 야망을 품고 스파르타 같은 왕국을 꿈꾸고 있다는 의심을 받았다.

티마이오스의 기록을 보면 길리푸스는 탐욕적인 사람으로, 군사령관을 지낼 때 받은 뇌물이 들통나서 시라쿠사인들에 의해 고국으로 추방되었다고 한다. 또 다른 역사가들은, 스파르타의 파락스와 아테나이의 칼리푸스가 시킬리아 왕이 되기 위해 법과 협정을 위반했다고 기록한다. 그러면 감히 이 같은 생각을 품고 있던 그들은 진실로 어떤 인물이었으며, 무슨 힘을 가지고 있었던가? 파락스는 디오니시우스가 시라쿠사에서 쫓겨나 떠돌아다닐 때 그를 따르던 자였고, 칼리푸스는 디온 밑에 고용되어 있던 보병대장에 지나지 않았다. 그러나 티몰레온은 시라쿠사인들 간청으로 그들의 대장이 되기 위해 건너온 사람이었던 만큼, 권력을 잡으려고 애쓸 필요가 없었다. 그는 시킬리아의 모든 폭군들을 물리친 뒤 깨끗이 자리에서 물러났다.

우리가 존경할 만한 점은, 아이밀리우스가 마케도니아처럼 넓고 부유한 나라를 정복하고도 단 한 푼도 갖지 않았고, 왕의 보물에 손대거나 거들떠보지도 않았으며, 그럼에도 다른 사람들에게는 재물을 넉넉하게 나누어주었다는 사실이다. 그러나 이 말은 좋은 집과 땅을 선물받았던 티몰레온을 비난하려는 뜻으로 하는 말은 아니다. 티몰레온이 상을 받은 것은 결코 부끄러운 일이 아니었기 때문이다. 하지만 그가 그것을 거절했다면 명예는 더 빛났으리라. 물론 그렇게 한다는 것은 마땅히 받아도 좋은 것을 거절하는 행동이니만큼 보편적 인간 이상의 덕이 필요한 일이다.

건강한 신체는 추위도 더위도 잘 견디듯이, 고결한 정신은 세력이 높을 때도 자만하지 않고 운이 나쁠 때도 비굴해지지 않는다. 그렇게 볼 때 아이밀리우스의 덕은 완전에 가까웠다고 생각할 수 있다. 그는 두 아들을 한꺼번에 잃는 불행을 당하고도 큰 승리를 거두었을 때에 못지않은 의지력과 위엄을 보여주었기 때문이다.

그러나 티몰레온은 그의 형을 의로운 생각으로 죽였음에도 20년 동안이나 후회와 괴로움에서 헤어나지 못하고 세상 사람들을 멀리했다. 사악한 행동을 보고 몸서리치며 물러서는 것은 마땅하지만, 세상 사람들 비난을 일일이 생각하며 두려워하는 행동은 온순하고 다정하기는 하되 위대하다고는 할 수 없다.

펠로피다스(PELOPIDAS)

　어떤 사람이 전장에서 용감무쌍하게 싸우는 병사들을 칭찬하자 카토는 용기를 존중하는 것과 생명을 아끼지 않는 것은 전혀 다르다고 말했다. 그의 말은 옳다.

　안티고노스 왕 부하 가운데 건강이 좋지 않아 병이 들었는데도 매우 용감한 병사가 있었다. 왕은 그 병사에게 얼굴빛이 나쁜 이유를 물어보았다. 그러자 그는 원인 모를 병에 걸려서 그렇다고 털어놓았다. 왕은 곧바로 궁정 의사들을 불러서, 만약 나을 수 있는 병이라면 가장 훌륭한 약을 써서 치료해 반드시 고쳐주라고 명령했다. 마침내 그 병사는 완전히 회복되었다. 그런데 이 병사는 병이 낫자, 예전과 달리 전장에서 몸을 사렸다. 왕은 이를 괘씸히 여겨, 병사를 불러 어찌 그럴 수 있느냐고 크게 꾸짖자 그는 자신의 속마음을 숨기지 않고 이렇게 대답했다.

　"폐하께서 삶에 대한 애착을 느낄 수 없었던 비참한 상태에서 저를 구해주셨기 때문에 제가 더는 용감히 싸우지 못하는 것입니다."

　이와 같은 생각으로, 어느 시바리스인은 스파르타 사람들에 대해 이런 말을 했다.

　"그들이 전쟁에서 죽음을 각오하고 싸우는 것은 대단한 일이 아니다. 왜냐하면 그들은 죽음과 같은 노역에 시달리며 비참하게 살고 있기 때문에 죽음도 두려워하지 않는 것이다."

호화롭고 방탕한 생활을 하던 시바리스인들 눈에, 명예와 영광에 대한 애착으로 죽음까지 무릅쓰는 스파르타인들이 삶을 거부하는 것처럼 보인 것은 당연한 일이다. 그러나 실제로 스파르타인들이 죽음을 두려워하지 않은 이유는 삶 뿐만 아니라 죽음도 기꺼이 받아들이는 그들의 용기 때문이었음을 다음 시에서 잘 알 수 있다.

> 그들이 영웅다운 피를 흘린 것은
> 삶과 죽음 자체를 원해서가 아니라
> 그들의 목적, 그들의 마지막 외침은
> 오로지 삶과 죽음을 명예롭게 지키는 것뿐이어라.

우리가 비겁하게 살려 하지만 않는다면 죽음을 피하려는 것도 나쁘다고는 말할 수 없다. 또한 기꺼이 죽으려는 것이 목숨을 지나치게 가벼이 여기는 데서 나오는 것이라면 좋은 일이라 할 수 없지 않을까.

시인 호메로스는 전쟁터로 나아가는 용감한 영웅들을 언제나 화려하게 무장시켜 보냈다고 한다. 또한 헬라스 법률제정자들도 전쟁 중에 방패를 버린 병사는 엄하게 벌했지만, 창이나 칼을 내던진 병사는 벌하지 않았다고 한다. 이는 자기 몸을 지키는 일이 남을 공격하는 일보다 더 중요함을 보여준다. 이러한 점은 도시 통치자나 군사령관에게는 반드시 필요한 진리이다. 그것은 이피크라테스가 말했듯 경무장병은 손, 기마병은 발, 보병은 가슴, 장군이 머리라고 한다면, 그런 위치에 있는 사람들이 위험한 곳에 갈 때에는 혼자만 위험한 게 아니라 그에게 의지하는 모든 병사가 위험해진다. 그러므로 한 사람의 목숨을 아끼는 일은 모든 사람의 생명을 지켜내는 것과 같다.

그런데 큰 인물이었던 칼리크라티다스는 점술가가 점괘가 좋게 나오지 않아 위험한 상황에 빠질 수 있으니 조심하라고 말했을 때, 스파르타에서 자기 하나쯤 없어진다고 무슨 상관이 있겠느냐고 대꾸했다.

만약 칼리크라티다스가 한낱 병사로 전투에 참가했다면 단순히 한 사람일 따름이나, 장군으로 나왔다면 상황은 달라진다. 모든 병사의 목숨이 그에게 달려 있기 때문이다. 그리고 그가 죽음으로써 다른 많은 병사들이 피해를 보게 되므로 그런 생각은 옳지 않다.

늙은 안티고노스 대답이 더 훌륭했다. 안티고노스가 안드로스 섬 근처에서 싸움을 준비하고 있을 때 한 병사가 적의 배들이 더 많다는 사실을 알려왔다. 그러자 안티고노스가 물었다.

"그렇다면 너는 나를 배 몇 척으로 셈할 작정이냐?"

안티고노스는 노련하고 용감한 지도자 한 사람이 배들의 숫자보다 더 중요하다는 사실을 병사들에게 깨닫게 해주었던 것이다. 또 사령관으로서 그는 다른 모든 사람들의 안전을 지키기 위해 자신의 목숨을 지키는 것이 첫째가는 의무임을 부하들에게 일깨워 주었다.

티모테우스의 말도 옳았다. 카레스가 아테나이 시민들에게 그가 입은 상처와 창에 뚫린 그의 방패를 자랑하자 티모테우스 장군은 그를 비웃었다.

"나는 사모스를 포위하고 있을 때 내 옆으로 날아오는 창을 보고 매우 부끄럽게 여겼소. 그것은 그토록 큰 군대를 이끌고 있는 장군이 지나치게 혈기 넘치는 행동으로 병사들 목숨을 위태롭게 하고 있다는 생각에서였소."

장군으로서 결정적 순간에는 생명의 위험을 무릅쓰고 싸워야 하는 것이 마땅한 일이리라. 이런 때라면 '장군은 늙어서 노인이 될 때까지 살아야 한다'는 말 따위는 아랑곳하지 않고 싸워야만 한다. 하지만 위험을 견디고 싸웠는데도 얻은 게 적을 뿐 아니라 목숨을 잃어 더 큰 손실을 입게 된다면, 그 누구도 목숨을 걸고 전쟁을 수행하는 사령관을 바라지 않으리라.

펠로피다스와 마르켈루스는 위대한 인물이었지만 경솔하게 행동하다 목숨을 잃었다. 그러나 그들은 전장에서 분명 용기 있는 장군들이었다. 나라를 위해 강적과 맞서 싸우면서 뛰어난 작전으로 공을 세워 세상에 이름을 떨쳤다. 한 사람은 일찍이 싸움에 져본 일 없는 한니발을 꺾었고, 또 한 사람은 바다와 육지에서 패권을 잡고 있던 라케다이몬을 물리쳤다. 하지만 훌륭한 인물이 가장 필요한 순간에 그들은 지나친 모험을 하다가 목숨을 잃고 말았다. 내가 두 사람 사이를 비교하기로 한 것은 이런 닮은 점이 있었기 때문이다.

히포클루스 아들 펠로피다스는 에파메이논다스처럼 명예로운 테바이 집안에서 태어났다. 젊은 나이에 많은 재산을 물려받은 그는, 자신은 재산의 주인이지 노예가 아니라며 자기 유산으로 가난하지만 선량한 사람들을 도와주었다.

아리스토텔레스 말처럼, 어떤 사람들은 너무나 마음이 좁아 재물을 쓸 줄 모르거나, 또 허영심 때문에 잘못 쓰는 때가 많다. 낭비가 심한 자는 쾌락의 노예가 되고 인색한 자는 자기 욕심의 노예가 되는 것이다. 펠로피다스는 자기 욕심의 노예가 되기를 거부했으며, 쾌락의 노예가 되는 것을 물리쳤던 인물이다.

다른 모든 이들은 펠로피다스의 도움을 고맙게 받아들였지만, 오직 에파메이논다스만은 재산을 나눠주겠다고 해도 굳이 사양했다. 그러자 펠로피다스는 그의 고집을 본받아 그처럼 헌 옷을 걸치고 변변찮은 음식을 먹으며 고생을 참아냈다. 또한 나중에 싸움터에 나가서도 후퇴하지 않고 용감하게 싸웠다. 에우리피데스의 작품에서 카파네우스가 "큰 부자였지만 그렇다고 해서 조금도 뽐내지 않았다"고 했듯이, 그는 테바이에서 가장 가난한 사람보다 조금이라도 더 사치스런 생활을 하는 일을 수치로 여겼다.

본디 가난을 타고난 에파메이논다스는 그것을 벗삼아 독신으로 살았기에 가난을 쉽게 견뎌낼 수 있었다. 그러나 펠로피다스는 결혼을 하여 자식들도 두었다. 그는 나라를 위해 돈과 시간을 모두 바쳤으므로 재산이 차츰 줄어들었다. 그의 친구들은 그가 대수롭지 않게 여기는 돈이 살아가는 데 얼마나 필요한 것인지 거듭 경고했다. 그러자 그는 곁에 있던, 장님에다 다리까지 저는 사람을 가리키며 말했다.

"물론 돈이 필요하지. 여기 있는 니코데무스라면 말야."

펠로피다스와 에파메이논다스는 둘 다 청렴했으며, 모든 분야에서 뛰어난 재능을 가지고 있었다. 그러면서도 펠로피다스는 신체 단련하기를 좋아했고, 반면에 에파메이논다스는 학문을 즐겼다. 여유가 생기면 한 사람은 사냥과 운동으로 시간을 보냈고, 또 한 사람은 철학 강의를 듣고 토론하는 데 시간을 보내곤 했다.

둘의 우정은 남달랐다. 그 어떤 위기를 만나도 둘의 우정은 변함없었다. 아리스티데스와 테미스토클레스, 키몬과 페리클레스, 니키아스와 알키비아데스, 이들의 관계는 정치적 변화가 생길 때마다 서로 앙숙이 되어 의심하고 시기했다. 그러나 펠로피다스와 에파메이논다스는 그렇지 않았다. 서로 함정에 빠뜨리거나 미워하지 않았으며, 정치나 군사 관계에서도 참된 동지였다. 그들 우정이 깊었던 것은 둘 다 자신의 명예나 이익을 위해 행동하지 않았고, 나라의 부강과 영광을 위해 힘쓰며 서로의 성공을 자기 것으로 여기고 기뻐하는 덕을 갖추고 있었기 때문이다.

세상 사람들은 둘의 깊은 우정이 만티네아 전쟁 때 시작되었다고 말한다. 이즈음 그들은 테바이 동맹국 라케다이몬에서 보낸 증원부대에 함께 참가해 싸웠다. 그런데 이 전투에서 라케다이몬 부대의 한쪽 날개가 힘없이 무너지면서 많은 병사들이 달아나는 일이 생겼다. 하지만 두 사람은 맹렬한 적의 공격에 맞서 싸웠다. 힘든 전투였지만 두 사람은 힘을 합쳐 끝까지 버텼다.

펠로피다스가 가슴에 일곱 군데나 상처를 입고 적군과 아군이 뒤섞여 있는 시체 더미 위에 쓰러지자, 에파메이논다스는 펠로피다스의 상태가 절망적이라는 것을 알면서도 그를 방어하며 목숨을 걸고 수많은 적군과 맞서 홀로 싸웠다. 펠로피다스를 내버려 두고 가느니 차라리 죽겠다고 결심한 것이다. 그 또한 창에 가슴이 찔리고 칼에 팔이 베어 몸을 가누기가 힘들었다. 이때 마침 반대편 날개에서 스파르타 왕 아게시폴리스가 달려와서 둘의 목숨을 구해주었다.

이 일이 있은 뒤로 스파르타는 겉으로는 테바이의 우방인 체하면서, 속으로는 테바이인들의 의지와 힘을 시기하며 의심스러운 눈길로 바라보았다. 특히 그들은 이스메니아스와 안드로클레이데스가 이끌고 있는 당을 매우 싫어했다. 이 당에는 펠로피다스도 속해 있었는데, 민주적이고 혁명적인 이념을 가지고 있다고 생각하여 스파르타인들은 테바이인을 경계하고 있었다.

귀족당에 속하는 아르키아스와 레온티다스 그리고 필리포스 등은, 대군을 거느리고 테바이를 지나던 스파르타인 포이비다스를 자기들 편으로 끌어들여 먼저 카드메이아를 기습하도록 했다. 이는 반대당을 몰아내고 귀족 정권을 세우려는 목적에서였다. 이 제안을 승낙한 포이비다스는 때마침 테스모포리아, 곧 데메테르 제전을 지내고 있던 테바이를 갑자기 공격하여, 이스메니아스를 체포해서 스파르타로 이송했다. 그리고 나서 얼마 뒤 그를 죽여버렸다.

또한 펠로피다스, 페레니쿠스, 안드로클레이데스 등 많은 애국자들을 정치범으로 몰아 널리 공포했다. 그러나 에파메이논다스만은 그냥 내버려 두었다. 에파메이논다스는 철학에만 몰두하여 실권이 없는 데다 가난하여 아무 힘도 없는 인물일 거라고 생각했기 때문에 나라 안에 머물도록 허락했다.

라케다이몬인들은 포이비다스를 군사령관직에서 쫓아낸 뒤, 10만 드라크메의 벌금을 물렸다. 하지만 군대는 그대로 카드메이아에 주둔시켰다. 그런데 이것은 마치 폭행한 사람은 처벌하면서 폭행 그 자체는 옳다고 인정하는 꼴이 되어버렸다. 테바이인들은 자신들의 정권이 무너지자 아르키아스와 레온티다스에게 복종해 왔다. 게다가 두 사람을 스파르타인 병사들이 호위하고 있는 것을 보자 그들의 억압에서 벗어날 희망마저 잃어버렸다. 스파르타로부터 바다와 육지의 세력을 빼앗기 전에는, 그들의 가혹한 정치에서 벗어날 방법은 도무지 없는 것처럼 보였다.

그런데 레온티다스와 그의 무리는 망명자들이 아테나이에 살면서 민중에게 사랑받고, 상류사회 인사들에게서는 존경받는 사실을 알고는 그들을 해치려는 계획을 세웠다. 그들은 먼저 자객을 보내 안드로클레이데스를 죽였다. 그러나 다른 사람들에 대한 암살 계획은 실패로 돌아갔다.

그뿐만 아니라 라케다이몬은 아테나이에 편지를 보내, 테바이로부터 망명자들을 절대로 받아들이지 말 것이며, 여러 동맹국 전체가 정치범으로 몰아낸 자들이므로 그들을 국경 밖으로 추방하라 경고했다.

하지만 천성이 친절한 아테나이 사람들은 과거에 자기들이 정권을 되찾을 때 테바이로부터 큰 도움을 받은 적도 있어 테바이인들의 은혜에 보답하기로 했다. 아테나이인들이 독재자를 쓰러뜨리기 위해 무장한 채 테바이를 지나갈 때, 테바이는 그 군대를 해치지 말라는 법령을 선포했다. 이런 이유로 아테나이인들은 망명자들을 해치지 않았다.

펠로피다스는 망명자들 가운데 가장 나이가 어렸지만 망명자들을 개별적으로 만나 격려했고, 다 함께 모인 자리에서는 이런 말을 한 적도 있다. 외국 수비대가 나라 곳곳에 주둔해 있고 동포들은 노예나 다름없는 신세가 되어버렸는데도 자기 목숨이 아까워 남의 눈치나 보며 지내는 것은 부끄러운 일이며 죄악이다. 언제까지나 아테나이 힘만 믿고 민중을 움직일 수 있는 웅변가들에게 굽실거리고 아부할 수만은 없다. 이는 수치스럽고 신을 두려워하지 않는 행동이다. 그러므로 트라시불루스의 용기와 애국심을 본받아, 그가 아테나이 독재자를 물리쳤듯이 자신들도 테바이의 자유를 찾아야 한다고 주장한 것이다.

펠로피다스는 동지들이 찬성하자, 곧바로 테바이에 남아 있는 동지들에게 자신들 계획을 비밀리에 알렸다. 그들도 이 계획에 협력하기로 약속하고 하나하나 계획을 진행해 나갔다. 그 가운데 테바이의 유명인사이자 지도자인 카론이 자기 집을 동지들의 모임 장소로 내놓았다. 한편 필리다스는 술책을 써서 장군 아르키아스와 필리포스의 비서관이 되어 적의 기밀을 빼내겠다고 제안했다.

이즈음 에파메이논다스는 젊은이들과 많은 모임을 가지며 그들에게 애국심을 불어넣고 있었다. 그는 경기장에서 젊은이들에게 스파르타인들과 씨름으로 겨루어 보게 했다. 그리고 테바이 젊은이들이 이기면 오히려, 체력으로는 스파르타 사람을 이기면서도 그들에게 비굴하게 복종한다면 더욱 부끄러운 일이라고 꾸짖었다.

드디어 거사할 날이 결정되고 계획이 세워졌다. 망명자들은 시내로 들어가는 가장 위험한 임무를 몇몇 젊은이들에게 맡기고, 다른 사람들은 페레니쿠스와 함께 아티카에 있는 트리아시아 평야에 머무르기로 했다. 그리고 만일 시내로 들어간 젊은이들이 적의 기습을 받아 거사가 잘못될 경우에는 남아 있는 사람들이 그 젊은이들 가족의 생계를 책임지기로 약속했다.

이 일을 맡겠다고 가장 먼저 나선 젊은이는 펠로피다스였다. 그 뒤를 이어 멜론, 다모클레이데스, 테오폼푸스 등이 나섰다. 그들은 모두 명문 집안 출신들이었으며, 서로 우애가 깊을 뿐 아니라 명예와 용기에서도 상대에게 지지 않으려 했다.

결사대는 모두 12명으로 조직되었다. 그들은 뒤에 남은 사람들에게 작별인사를 하고 카론에게 사람을 보냈다. 그리고 짧은 윗옷 차림에 사냥할 때 쓰는 그물 달린 막대기를 들고 사냥개를 앞세운 채로 길을 떠났다. 도중에 사람들을 만나더라도, 들판에서 짐승을 쫓는 사냥꾼처럼 보이도록 하여 의심받지 않기 위해서였다.

먼저 카론을 찾아온 사람이 동지들이 가까이 오고 있음을 알렸다. 카론은 위험한 상황임을 알면서도 결심을 바꾸지 않았다. 그는 무엇보다도 명예를 존중하는 사람답게 그들을 자기 집 안으로 맞아들였다.

그 집에 와 있던 히포스테니다스는 애국자이며 망명자의 친구인데, 그는 막상 큰일을 맞닥뜨리자 두려워하는 눈치였다. 그는 일이 진행되는 과정을 지켜보면서, 그들이 스파르타 정권을 무너뜨리려는 것을 깨닫고 의아해했다. 그는 나쁜 사람은 아니었으나 거사를 하기에는 아직 시간이 이르다고 생각했다. 사실 그는 거사를 치르기엔 아직 결의가 부족한 사람이기도 했다. 그래서 그는 몰래 집으로 돌아가서 멜론과 펠로피다스에게 사람을 보내어, 아직은 때가 이르니 다시 좋은 기회를 기다리라고 전하려 했다. 그래서 클리돈을 서둘러 집으로 돌려보냈다.

집으로 돌아온 클리돈은 말을 끌어내며 말안장을 가져오라고 아내에게 말했다. 그런데 이상하게도 안장이 보이지 않았다. 그의 아내가 이웃 사람에게 빌려준 것이다. 이 일로 부부는 서로 욕설을 퍼부으며 다투었다. 말다툼이 심해지자 부인은 목소리를 높여, 이런 심부름을 시킨 사람이나 가겠다는 사람이나 틀림없이 좋지 않은 일을 당하게 될 거라는 저주의 말까지 하게 되었다. 클리돈은 결국 온종일 옥신각신하다가 심부름을 하지 않고 다른 볼일을 보러 갔다. 모든 일이 불길한 징조라 여겨졌기 때문이다. 이로 인해 하마터면 영광스럽고 위대한 계획이 기회를 놓칠 뻔했다.

펠로피다스와 그의 동지들은 시골 사람처럼 차려입고 저마다 흩어져 해가 지기 전에 시내로 숨어들어 갔다. 그날은 찬바람이 세차게 불고 눈까지 휘날렸기 때문에 집 밖으로 나오는 사람들이 없어서, 눈에 띌 염려는 거의 없었다. 일행은 동지들을 만나 곧바로 카론의 집으로 갔다. 카론의 집에는 망명했던 사람들까지 모두 48명이 모여 있었다. 또 적의 기밀을 빼내려고 들어간 필리다스는 그날 아르키아스 일행을 잔치에 초대했다. 필리다스는 적들에게 연회를 베풀어 마음껏 놀고 마시게 했다. 그들이 술에 취하면 음모자들에게 그들을 넘겨주려 한 것이다.

그런데 아르키아스가 미처 술에 취하기도 전에 망명자들이 시내에 몰래 숨어 들었다는 소식이 들려왔다. 그러나 아직은 확실한 증거가 없이 다만 소문일 뿐이었다.

필리다스가 화제를 돌리려 하자, 아르키아스는 그의 호위병 하나를 카론의 집으로 보내 그에게 곧바로 출두 명령을 전하게 했다.

해는 이미 저물어 가고 있었다. 펠로피다스를 비롯해 집 안에 있던 사람들은 가슴받이를 입고 허리에 칼을 차고서, 언제라도 싸울 수 있도록 만반의 준비를 갖추고 있었다. 이때 갑자기 문 두드리는 소리가 났다. 한 사람이 달려나가 하인에게 어떻게 된 일이냐고 묻자, 하인은 아르키아스가 보낸 호위병의 말을 전했다. 그는 적들이 카론에게 출두 명령을 내린 사실을 다른 동지들에게 알렸다.

그들은 모두 어찌할 바를 몰라 허둥거렸다. 곧 모든 음모가 드러나 행동을 시작하기도 전에 모두 죽음을 당할 수도 있었다. 그러나 적들의 의심을 덜어주기 위해서라도 아르키아스의 명령대로 출두하는 게 좋겠다는 카론의 의견을 따르기로 했다.

카론은 매우 망설였다. 그는 어떠한 위험에 맞닥뜨려도 두려워하지 않는 용감한 인물이었다. 하지만 동료들에게 배반자로 의심을 받고, 자기 한 사람 때문에 많은 용사들이 떼죽음을 당할까봐 너무나 두려웠다. 그래서 출두 명령을 받아들여 집을 떠나기 전에 여자들 방에서 아들을 데리고 나왔다. 같은 또래 아이들 가운데에서도 눈에 띄게 건강하고 귀여운 아이였다. 그는 아들을 펠로피다스 손에 쥐어주면서, 만일 자신이 조금이라도 속이거나 배반했다고 생각되면 곧바로 이 아이를 적으로 생각하고 동정 따위는 베풀지 말라고 당부했다.

동지들은 카론의 진심어린 말을 듣고 모두 눈물을 흘렸다. 그러면서도 모두 카론을 나무랐다. 큰 어려움 앞에서 그를 의심하거나 비난할 사람은 동지들 가운데 그 누구도 없었다. 그들은 아들까지 이 일에 끌어들여 피해를 당하게 해서는 안 된다고 부탁했다. 오히려 어린아이를 위험이 적은 곳으로 보내, 뒷날 조국과 카론의 동지들을 위해 복수할 기회를 주어야 한다고 충고했다.

하지만 카론은 아들을 다른 곳에 보내지 않겠다고 했다. 그는 아들이 자신의 아버지와 수많은 용감한 동지들과 함께 죽는다면 이것이야말로 가장 의미 있는 삶이 되지 않겠느냐며 반문했다. 그러고 나서 카론은 동지들의 성공을 빌면서 밖으로 나갔다.

카론이 적의 문 앞에 이르자, 아르키아스가 필리다스와 함께 그를 맞이했다.

"방금 들어온 소식이오. 어떤 자들이 시내로 몰래 숨어들어 왔는데, 시민들 가운데에도 그들과 내통한 자들이 있다 하오."

카론은 처음에는 당황했으나 곧 시내로 돌아온 어떤 자들이란 도대체 누구를 말하는 것이며 그들이 지금 어느 집에 머물고 있는지 물었다.

아르키아스가 아무 말도 못하고 우물쭈물하자, 카론은 그가 사건의 진실을 알지 못하고 있음을 짐작했다. 이 계획에 참여한 사람으로부터 정보가 흘러들어 간 것은 아님이 확실해졌다.

"아무런 근거도 없는 소문에 마음 쓰지 마십시오. 하지만 문제가 생기지 않도록 저희가 조사해 보겠습니다. 이런 때에는 어떤 작은 보고라도 소홀히 해서는 안 되니까요."

옆에 서 있던 필리다스도 카론에게 그렇게 하라고 말했다. 필리다스는 아르키아스를 다시 안으로 데려가 술을 권한 다음, 이제 곧 여자들이 나올 거라며 그의 흥을 돋우었다.

카론이 집으로 돌아왔을 때, 기다리고 있던 동지들은 이미 목숨을 걸고 싸울 준비를 하고 있었다. 카론은 펠로피다스와 그의 동지들에게 사실을 이야기했다. 그리고 집안 사람들에게는 아르키아스가 다른 일로 자기를 불렀다고 이야기를 둘러댔다.

이 시련이 겨우 지나가자 운명의 신은 또 다른 시련을 안겨주었다. 아테나이 최고 사제인 아르키아스가 같은 이름의 아르키아스에게 편지를 보내온 것이다. 그는 손님으로 초대를 받은 적도 있고 둘은 친구이기도 했다. 그 편지에는 이 음모에 대해 막연한 추측이 아니라, 아주 자세한 부분들까지 적혀 있었다. 그 편지를 가지고 온 사람은 이미 술이 거나하게 취한 아르키아스에게 안내되어 편지를 전하며 말했다.

"이 편지를 쓰신 분은 매우 긴급한 일이라며 각하께서 곧바로 읽어주시기를 바라고 있습니다."

그러자 아르키아스가 웃으면서 대답했다.

"그렇게 급한 일이라면 내일……"

아르키아스는 편지를 받아 베개 밑에 넣고 필리다스와 이야기를 계속 나누었다. 이때 그가 했던 이 말은 오늘날까지 속담이 되어 헬라스 사람들 사이에서 널리 쓰이고 있다.

모든 방해물이 사라지자 젊은이들은 '이제야말로 때가 왔다'며 두 패로 나누어 출발했다. 펠로피다스와 다모클레이데스가 거느린 한 패는 레온티다스와 히파테스를 습격하기로 했다. 둘은 서로 가까이 살고 있었다.

그리고 카론과 멜론이 이끄는 나머지 한 패는 아르키아스와 필리포스를 습격했다. 그들은 가슴받이 위에 여자 치마를 걸치고, 전나무와 소나무 가지로 엮은 모자로 얼굴을 가리고는 연회장으로 들어갔다.

그들이 적의 문 앞에 나타나자 손님들은 오랫동안 기다리던 여자들이 마침내 온 줄 알고 모두 박수를 치며 환호성을 질러댔다. 그러나 그들은 방 안을 이리저리 둘러보면서 흥에 겨워하는 사람들을 하나하나 조심스럽게 살펴본 다음 칼을 빼들었다. 그러고는 곧바로 아르키아스와 필리포스에게 달려들었다.

필리다스가 다른 손님들에게 가만히 앉아 있으라 설득했다. 자신들의 장군을 구하려고 허겁지겁 일어선 사람들도 이미 술에 잔뜩 취해 있는 상태였다. 그러므로 이들은 비틀거리며 자신의 몸도 제대로 가누지 못하는 자들을 쉽게 처치해 버렸다.

반면 펠로피다스 무리의 일은 이보다 어려웠다. 매우 용맹한 장군 레온티다스는 술을 마시지 않았을 뿐더러 문을 잠근 채로 잠들어 있었다. 잠시 문을 두드렸으나 아무 반응이 없었다. 마침내 하인 하나가 겨우 그 소리를 듣고 나와 빗장을 풀었다. 이들은 재빨리 하인을 죽이고 침실로 발걸음을 옮겼다.

레온티다스는 갑자기 밖이 소란해지고 사람들이 급하게 뛰는 소리가 들리자 사태가 심상치 않음을 알아차리고 침대에서 뛰어내려 단도를 빼어 들었다. 만일 그가 불을 껐다면 침입자들끼리 어둠 속에서 치고받으며 서로 쓰러뜨리게 할 수 있었을 텐데, 등불을 미처 끄지 못한 채 침입자들을 맞았다.

환하게 밝혀진 침실 문 앞에 서서, 레온티다스는 맨 먼저 들어온 케피소도루스를 단칼에 찔러 죽였다. 이어서 펠로피다스가 덤벼들었다. 아주 좁은 통로에서 케피소도루스의 시체를 넘나들며 치열한 싸움이 벌어졌다.

마침내 펠로피다스가 먼저 레온티다스를 찔러 죽이자, 일행은 곧 똑같은 방법으로 히파테스 집 안에 침입했다. 히파테스는 이미 사태를 눈치채고 이웃집에 몸을 숨겼으나 이들은 그를 찾아내어 죽였다.

이들은 멜론의 무리와 다시 합쳤다. 그러고는 아티카에 남아 있던 망명자들에게 빨리 오라는 편지를 보냈다. 그리고 시민들을 소집해 자유를 쟁취하자고 호소했다. 그들은 공회당 복도를 장식한 전리품들 속에서 무기를 꺼낸 뒤, 가까운 무기 상점을 부수고 들어가 자신들을 도우려 모여든 사람들을 무장시켰다. 그 사이에 에파메이논다스와 고르기다스가 무장한 사람들을 데리고 합류했다. 그들 가운데는 젊은이들도 많았고 가장 영향력 강한 연장자들도 있었다.

시내 전체가 큰 혼란에 빠졌다. 집집마다 불이 환하게 켜졌고, 주위는 이리저리 뛰어다니는 사람들로 북적거렸다. 시민들은 아직 무슨 일이 일어났는지 그 정체를 분명히 알지 못한 채 날이 밝기만을 기다리고 있었다.

이때 주둔해 있던 스파르타군은 1500명이나 되었다. 수많은 사람들이 부대로 달려가 보호를 요청했으나, 군대는 곧바로 시내로 들어오지 않았다. 그들은 외침 소리와 햇불, 곳곳에서 몰려드는 사람들 무리에 놀라 카드메이아 진영 안에만 머물러 있었다.

날이 밝자 아테나이에서 무장한 망명지사들이 달려왔다. 그들은 곧바로 민회를 열었다. 에파메이논다스와 고르기다스는 펠로피다스와 그 동지들을 시민들에게 소개했고, 제관들은 조국과 신들을 위해 싸워야 한다고 호소했다. 모여 있던 군중은 이들이 나타나자 모두 일어나 은인이라 부르며 환호성을 보냈다.

멜론, 카론과 함께 보이오티아 사령관으로 뽑힌 펠로피다스는 스파르타군이 지키는 카드메이아를 포위하고, 이곳저곳에서 총공격을 펼쳤다. 본국 스파르타에서 증원부대가 오기 전에 카드메이아를 다시 찾기 위해서였다. 펠로피다스는 수비대를 쫓아내는 데만 겨우 성공했다. 수비대가 굴복하고 스파르타로 돌아가는 길에, 거대한 병력을 이끌고 테바이로 진격해 오는 클레옴브로투스를 메가라에서 만났기 때문이다. 시민들은 테바이 총독으로 와 있던 셋 가운데 헤리피다스와 아르키수스를 사형에 처하고, 리사노리다스는 많은 벌금을 내게 한 뒤 펠로폰네소스로 추방했다.

헬라스인들은 이 사건을 가리켜 트라시불루스 사건의 '자매' 사건이라 부른다. 주동자들의 용기와 모험, 그리고 매우 운이 좋았던 점에 있어서 트라시불루스 사건과 비슷한 부분이 많기 때문이다. 그다지 많지 않은 수에다 힘도 미약한 군대였으나 오직 대담성만으로 적을 무찌른 것이다. 이 사건이 특히 뜻깊은 것은, 그 뒤로 많은 변화를 불러일으켰기 때문이다.

스파르타 세력에 마침표를 찍은 이 전쟁은 어느 날 밤 시작되었다. 펠로피다스는 견고한 요새나 주둔지, 또는 성채를 습격한 게 아니었다. 그는 열두 사람 가운데 하나로서 한 개인의 집에 와서, 진실을 말하는 데 은유를 써도 괜찮다면, 도저히 무너뜨릴 수 없으리라 여겨지던 스파르타의 강철 같은 압제 사슬을 한 번에 부숴버리기 시작했다.

이 일이 있은 뒤 스파르타는 대군을 이끌고 보이오티아를 침입했다. 크게 놀란 아테나이 사람들은 이제는 테바이의 동맹국임을 파기한다는 성명을 내고, 보이오티아를 위해 힘쓰는 사람들을 고발하거나 벌금형을 물려 추방했다. 이로써 테바이의 사정은 아주 위태로워졌으며, 그 어느 나라도 도움을 주려 하지 않았다. 그러자 장군이 된 펠로피다스는 동료 고르기다스와 함께 아테나이와 스파르타를 이간하는 술책을 쓰기로 했다.

그 무렵 스파르타의 전쟁 영웅으로 알려진 장군 스포드리아스는 테스피아이에 머물면서 자수해 오는 테바이의 배반자들을 보호하고 있었다. 그는 전장에서는 용맹스러웠으나 신중하지 못한 사람으로, 터무니없는 야심을 가지고 있었다. 펠로피다스와 그의 동료들은 자기들 친구인 어느 상인을 시켜 스포드리아스에게 그럴듯한 제안을 했다. 그처럼 재능이 뛰어난 장군이야말로 위대한 공적을 세워야 하며, 스파르타에게는 아테나이를 빼앗는 것보다 더 중요한 일은 없으니 방비가 허술한 아테나이를 공격해 페이라이우스를 빼앗는 게 좋겠다는 것이었다. 테바이인들은 아테나이인을 배신자로 여기며 증오하고 있으므로, 군대를 보낼 리가 없다고 안심시켰다.

이 간계에 넘어간 스포드리아스는 군대를 이끌고 한밤에 아테나이 영토로 침입해 엘레우시스까지 나아갔다. 그러나 기습 계획이 탄로나자 병사들은 겁을 먹고는 싸우려 하지 않았다. 그는 스파르타를 위험한 전쟁에만 몰아넣은 뒤 마침내 테스피아이로 되돌아오고 말았다.

그러자 아테나이는 다시 테바이와 굳게 동맹을 맺고 모든 바다에서 세력을 장악하려는 열망으로, 수군을 가진 여러 나라에 사신을 보냈다. 그리하여 스파르타에 맞설 뜻을 가진 나라들을 모으고자 했다.

이즈음 테바이인들과 테바이에 와 있는 스파르타인들 사이에서는 잦은 충돌이 일어났다. 이 충돌들은 전투라고까지는 할 수 없었으나, 테바이인들을 훈련시켜 전쟁하는 방법을 터득하게 해주었다. 충돌이 심해짐에 따라 조직과 훈련을 강화해 실전에서 사기를 드높이고 북돋웠으며, 경험과 용기를 쌓아갔다.

스파르타 왕 아게실라우스가 테바이에서 부상을 입고 돌아오자 안탈키다스는 이렇게 말했다.

"싸울 뜻이 없었던 테바이인들에게 직접 전술을 가르쳐 주셨으니 이는 당연한 결과가 아니고 무엇이겠습니까?"

그러나 사실은 아게실라우스가 그들에게 전쟁을 가르쳐 준 게 아니라, 테바이 장군들이 기회 있을 때마다 적을 공격하도록 병정들을 훈련시켰던 것이다. 그들 가운데 가장 공이 큰 사람은 펠로피다스였다. 그는 처음 장군으로 임명된 해부터 줄곧 신성대(神聖隊) 사령관과 테바이 총사령관으로 일했다.

펠로피다스는 플라타이아와 테스피아이 근처 전투에서 스파르타인을 쫓아냈고, 카드메이아를 기습한 포이비다스의 목숨을 빼앗았다. 그리고 타나그라에서는 스파르타 부대를 상당수 격파했고, 지휘관인 판토이데스도 죽였다.

테바이인들은 이런 작은 전투들에서 시작하여 점점 자신감을 얻어갔으나 스파르타군의 사기는 여전히 꺾지 못했다. 테바이군은 이제까지 전투다운 전투는 해본 적이 없으며, 급습을 통한 조그마한 이익들만을 얻었기 때문이다. 때로는 공격하고 때로는 후퇴하여, 적을 지치게 하는 정도에 지나지 않았던 것이다.

하지만 테기라 전투는 레우크트라 전투의 전초전이 되었는데, 이 전투는 펠로피다스라는 이름을 위대하게 만들어 주었다. 그는 어느 장군의 도움도 빌리지 않고 스스로 작전을 짜서 혼자서 적을 완전히 소탕했던 것이다. 펠로피다스는 오랫동안 오르코메누스인의 도시에 일격을 가할 기회만을 노리고 있었다. 그곳은 스파르타군 편에 서서, 방어용으로 병력 2개 대대를 원조받아 주둔시키고 있었다. 그 수비대가 로크리스로 이동했다는 정보를 접하자 펠로피다스는 방비를 하지 않을 것으로 예상하고 오르코메누스 시를 습격하려고, 신성대와 소수의 기병을 이끌고 행동을 개시했다.

그러나 그들이 도시 가까이 이르자, 수비대 증원부대가 스파르타로부터 행군해 오고 있었다. 그는 산기슭을 오른쪽으로 돌아서 테기라를 거쳐 후퇴하기로 했다. 빠져나올 수 있는 길이라고는 그것밖에 없었다. 그 이유는 멜라스 강이 크게 넘쳐 배가 지나다닐 수 없는 늪지대나 웅덩이가 되어 있었으므로, 모든 평야를 지나갈 수 없었기 때문이었다. 그 늪지대 아래에는 테기라의 아폴론 신전이 있었다. 그 신전은 페르시아 전쟁 무렵까지만 해도 크게 번성하여, 에케크라테스가 사제로 있던 곳이었다. 전설에 따르면, 가까이 있는 산은 아폴론이 태어난 곳이라 하여 델로스라 불렸다 한다.

멜라스 강은 델로스에서 다시 계곡을 흘러내려 갔다. 신전 뒤쪽에는 샘물이 두 군데 솟아나고 있었는데, 물맛이 좋은 데다 늘 깨끗한 샘물이 넘쳐흘러 샘 하나는 '종려나무', 또 하나는 '올리브나무'라 불렸다. 아폴론의 어머니 헤라가 해산을 한 곳은 두 나무 사이가 아니라, 바로 이 두 샘물 사이였다. 헤라가 갑자기 멧돼지를 만나서 놀란 곳도 이 샘 가까이에 있는 프토움이라고 한다. 또한 티티오스와 피톤에 대한 전설도 아폴론의 출생과 깊이 관련되어 있다고 전해오고 있다. 그러나 이에 대해 자세한 증거는 들지 않기로 한다. 대대로 내려오는 전설에 따르면, 아폴론은 헤라클레스나 디오니소스와는 많이 달랐다. 그들은 인간으로 태어났으나 덕을 베푼 뒤에, 지상에서의 고달픈 육신을 벗어버리고 신이 되었다고 전해온다. 하지만 가장 오래된 기록을 보면, 아폴론은 어머니 배에서 나온 적이 없는 영원불변한 신이라고 한다.

한편 테기라 쪽으로 후퇴하고 있을 즈음 테바이군은 로크리스에서 진군해 오는 스파르타군과 마주쳤다. 그때 그들이 산골짜기 험한 길로 오는 것을 본 병사 하나가 펠로피다스에게 달려가서 이렇게 말했다.

"적의 손아귀에 들고 말았습니다."

그러자 펠로피다스가 되물었다.

"그게 무슨 소리냐? 적이 우리 손아귀에 든 것이지."

펠로피다스는 선두에 있던 기병대에 곧바로 적을 공격하게 했다. 그리고 보병 300명을 모아 밀집대형으로 만들었다. 이렇게 하면 적들이 어느 쪽으로 공격해 와도 적들 사이를 뚫고 나아갈 수 있으리라 생각했다.

이때 스파르타군 병력은 2개 중대였다. 이 부대는 에포로스 기록에 따르면 500명, 칼리스테네스에 따르면 700명, 그리고 폴리비우스에 따르면 900명이었다고 한다. 그들의 지휘관 고르골레온과 테오폼푸스는 자신만만하게 테바이군 쪽으로 진격해 왔다.

테바이군의 공격은 맹렬했다. 펠로피다스는 달려드는 적장 둘을 죽였다. 그리고 곧이어 달려든 적군들도 잇따라 쓰러뜨렸다. 겁을 집어먹고 사기가 꺾인 적은 마치 자기들 사이를 지나가라는 듯, 양쪽으로 물러서서 테바이군에게 길 가운데를 비워주었다. 펠로피다스가 트인 길을 빠져나가며 끝까지 저항하는 적들을 죽이고, 더 깊숙이 들어가 진지를 지키고 있는 적들까지 공격해 처절하게 마구 죽이자 나머지는 모두 달아나 버렸다.

펠로피다스는 가까운 곳에 사는 오르코메누스 사람들과, 스파르타에서 보내올지도 모를 지원군을 두려워하여 적들을 오래 쫓아가지는 않았다. 그러나 적의 한가운데를 뚫고 나아가며 적군을 무찌른 것은 큰 성공이었다. 그는 전승비를 세운 뒤 적군 전사자의 갑옷 등을 거두어 의기양양하게 자기 나라로 돌아갔다. 그때까지 스파르타인들은, 헬라스인이나 야만인들과 싸운 전쟁에서 자신들보다 적은 소수 부대에게 한 번도 진 적이 없었다. 뿐만 아니라 병사들의 수가 비슷했을 때에도 패한 적이 없었다. 따라서 헬라스인들은 아무도 그들을 당해낼 수 없다고 생각했다.

스파르타의 용맹함은 싸우기도 전에 상대를 스스로 물러나게 했으며, 같은 병력으로는 도저히 당해내지 못한다는 하나의 신화를 창조해 냈다. 그리하여 스파르타군을 상대로 하면 싸워보기도 전에 이미 패배한 것처럼 모두 겁을 집어먹었다. 이 전투로써 헬라스 모든 나라는 한 가지 사실을 깨닫게 되었다. 그것은 어느 나라든지 수치를 두려워하고, 나라와 자신의 명예를 위해 목숨을 아끼지 않으며, 위험보다는 치욕을 피하는 젊은이들이 있다면 전쟁에서 이길 수 있다는 것이었다.

전쟁을 승리로 이끄는 데 큰 힘이 된 신성대는 고르기다스가 처음으로 훈련시켜 아성 카드메이아를 지키게 했다. 그래서 속칭 '도시' 군단이라고도 불렸는데, 그때 인원은 300명이었다. 아성의 경비를 위해 국가가 군량미와 훈련에 필요한 모든 물자를 댔다. 또 어떤 기록에 따르면, 이 신성대는 개인적으로 친밀한 동지들로 이루어졌다고도 한다. 호메로스의 작품에 나오는 네스토르는 헬라스군에게 다음과 같이 호소했다고 한다.

부족은 부족끼리, 씨족은 씨족끼리 도우라.

그러나 팜메네스는 이를 두고 장군으로서 잘한 일은 아니라고 말했다. 그는 이런 말을 할 게 아니라 서로 아끼는 동지들끼리 힘을 합해 싸워야 한다고 말했다. 팜메네스의 이 말은 오늘날까지도 널리 알려져 있다. 사람은 위급해지면 종족이나 종파를 쉽게 잊기 때문이라는 것이다. 하지만 서로 아끼며 존중하는 사이라면 싸움터에서도 서로에게 비겁한 인간으로 비치지 않으려 노력하리라. 그러므로 서로를 기꺼이 도우려 위험을 무릅쓰고 나아가리라. 사랑하는 사람이 자신과 함께 있지 않아도, 그 자리에 있는 다른 사람보다 더 그를 생각하는 것은 마땅한 일이다. 이런 예로, 적이 자신을 죽이려 하자 제발 가슴을 찔러달라고 애원했다는 이야기도 전한다.

"등에 상처를 입고 죽어가는 모습을 내 사랑하는 친구들에게 보이기 부끄럽소."

헤라클레스가 너무나 소중하게 여겼던 이올라우스는 많은 전투에서 그를 도와주었다. 아리스토텔레스에 따르면, 그 시대에 사랑하는 이들은 이올라우스의 무덤을 찾아가 그 앞에서 맹세했다고 한다. 그러므로 이 군단을 신성대라 불렀다는 것은 놀라운 일이 아니다. 플라톤은 이렇게 서로를 사랑하는 동지는 '하늘이 내려주신' 친구들이라고 말한 적이 있다.

이 신성대는 카이로네아 전투가 벌어질 때까지 한 번도 패한 적이 없었다고 한다. 언젠가 마케도니아 필리포스 왕이 전투가 끝난 뒤 전사자들을 보기 위해 싸움터에 나간 적이 있었다. 그때 그는 신성대 300명 모두가 한 무더기로 죽어 있는 것을 보고 이상히 여겨 그 이유를 물었다. 그리고 그들이 서로 우정을 맹세한 동지들로 구성된 신성대라는 이야기를 듣고는 눈물을 터뜨리면서 말했다.

"이런 사람들이 어찌 남부끄러운 짓을 하겠소? 그렇게 의심하는 자가 있다면 그는 반드시 참혹하게 죽게 될 것이오."

테바이 사람들 사이에 이 같은 애정이 싹트게 된 것은 라이우스에게서 비롯된 것으로, 이는 시인들도 인정한다. 테바이 입법자들은 국민의 거친 기상을 청년 시절부터 부드럽게 다듬기 위해 노력했다. 예컨대 엄숙한 행사에서나 가벼운 행사에서나 다 함께 피리 불기를 공적인 의식이나 놀이에 끼워 넣고, 운동경기에서 우정을 크게 중요시한 것도 젊은이들 성품을 좋게 하기 위함이었다. 또 아레스와 아프로디테의 딸인 하르모니아 여신을 그들 수호신으로 삼은 것도 이러한 목적에서였다. 그들은 호전적인 마음이 예술과 조화를 이루면, 세상 모든 일을 자연스럽게 이끌어 갈 수 있다고 생각했다.

고르기다스는 이 신성대를 맨 앞줄에 분산 배치했다. 이렇게 하자 그들의 용기가 의심스러울 만큼 잘 드러나지 않았음은 물론, 약한 병사들과 뒤섞여 싸울 의지마저 잃고 말았다. 그러나 펠로피다스는 신성대가 테기라에서 용감하게 싸우는 것을 본 뒤로는 그들을 흩어져서 싸우게 하지 않았다. 그는 그들을 한 부대로 모아 가장 치열한 전투 때마다 투입했다.

전차를 끄는 말들은 혼자 달릴 때보다 여럿이 달릴 때 더 빨리 달린다. 이는 바람을 가르기 쉬워서가 아니라, 함께 달리면 서로 경쟁심이 생겨 더 강해지기 때문이다. 그러므로 펠로피다스는 용감한 병사들도 한데 모으면 서로 용맹함을 겨루게 되리라 생각했던 것이다.

라케다이몬은 헬라스의 다른 모든 나라와 평화조약을 맺은 다음 그 힘을 모아 오로지 테바이만을 상대로 전쟁을 시작했다. 클레옴브로투스 왕이 보병 1만 명과 기병 1000기를 이끌고 보이오티아 땅을 밟았을 때, 테바이는 이 지구 상에서 곧 사라질 것처럼 보였다. 보이오티아인에게 그토록 커다란 공포는 처음이었다.

펠로피다스가 집을 떠나 싸움터로 가려 하자, 그의 아내는 먼 곳까지 따라나와 몸조심하라며 눈물을 흘렸다. 그런 아내를 바라보며 펠로피다스는 단호하게 말했다.

"부인, 내가 병졸이라면 나 혼자만을 위해 몸을 돌보라고 말할 수 있겠지만,

장군에게는 남의 목숨을 구하라고 말해야 하지 않겠소?"

펠로피다스가 진영에 도착해 보니 장군들은 전투를 벌이자는 쪽과 좀 더 기다리자는 쪽으로 나뉘어 있었다. 그는 곧바로 전투를 벌이자는 에파메이논다스의 의견에 동의했다. 펠로피다스는 비록 테바이 사령관이 아닌 신성대의 지휘관이었지만 나라를 위해 충성을 다했다. 마침내 그들은 적과 싸우기로 결정을 내렸다.

그들은 레우크트라에서 스파르타군과 마주하고 진을 쳤다. 그런데 어느 날 펠로피다스는 이상한 꿈을 꾸어 몹시 마음이 불안했다.

레우크트라 들판에는 스케다수스라는 사람의 딸들 무덤이 있었는데, 그 딸들은 이 지역 이름을 따서 '레우크트리다이'라 불리고 있었다. 그 딸들은 어떤 스파르타인들에게 유린을 당한 뒤 죽어 그곳에 묻혔는데, 그녀들의 아버지는 이 악랄한 짓에 대해 라케다이몬으로부터 만족스러운 위로를 받지 못하자, 스파르타인들에게 비통한 저주를 퍼붓고는 딸들 무덤 앞에서 스스로 목숨을 끊고 말았다.

이때부터 수많은 예언과 신탁은 스파르타인들에게 '레우크트라에서의 신의 복수를 조심하라' 충고했다. 그러나 많은 사람들은 그 뜻을 정확하게 이해할 수 없었다. 스파르타 해안 작은 동네에도 레우크트론이라 부르는 곳이 있고, 아르카디아에도 메갈로폴리스 시 가까운 곳에 똑같은 이름을 가진 지방이 있었으므로 어느 곳을 말하는지 확실치 않았기 때문이다. 게다가 이 사건은 너무나 오래전 일이었기에 사람들은 거의 이 저주를 잊고 있었다.

어느 날 펠로피다스는 막사에서 자다가, 처녀들이 자기들 무덤 주위에서 울면서 스파르타를 저주하는 꿈을 꾸었다. 또 꿈속에서 처녀들의 아버지 스케다수스가 그에게, 적을 이기고 싶거든 밤색머리 처녀를 내 딸들에게 제물로 바치라고 명령했다.

잠에서 깨어난 그는 스케다수스의 요구를 따르는 게 인간으로서 너무 잔인한 짓이라 생각했으나, 예언자들과 지휘관들에게 자기 꿈 이야기를 했다. 그들 가운데 어떤 이들은 꿈에서 시키는 대로 하는 게 좋겠다고 주장했다. 이런 주장을 하는 사람들은 옛날 크레온의 아들 메노이케우스, 헤라클레스의 딸 마카리아, 스파르타인에게 죽임을 당한 뒤 어떤 신탁에 따라 그 나라 왕실에서 그 사람의 가죽을 보관하고 있다는 철학자 페레키데스, 신탁의 뜻에 따라 헬라스 전체를 위해 자기 몸을 제물로 바친 레오니다스, 살라미스 해전 직전에 디오니소스에게 사람을 제물로 바쳤다는 테미스토클레스 등을 예로 들었다. 그들은 예언을 따르면 싸움에서 이길 수 있음을 보여주는 본보기가 되었다.

아게실라우스 또한 아가멤논이 싸웠던 곳에서 출항해 적진으로 나아갔는데, 아울리스에서 꿈에 그의 딸을 제물로 바치라는 예언을 들었다. 하지만 그는 마음이 약해서 도저히 그렇게 할 수 없었는데, 이 때문에 페르시아 원정에 실패했다는 것이다.

하지만 이런 의견에 반대하는 사람들은 그런 야만적이고 불경한 행동은 그 어떤 신이라 해도 달가워하지 않을 것이라 주장했다. 이 세계를 다스리는 것은 전설에 나오는 괴물이나 거인들이 아니라 바로 여러 신들과 인간의 아버지인데, 그런 신이 인간의 피와 살을 원한다고 믿는 것은 어리석은 망상일 뿐이라는 것이다. 또한 만일 그러한 신이 있다 해도 그는 힘이 약해 자신들을 도와주지 못할 테니 무시해 버리라고 말했다. 그토록 잔인한 욕망은 약하고 타락한 마음에서 일어나기 때문이다.

사령관들은 계속 의논을 했지만 쉽게 결정을 내리지 못했다. 그때 갑자기 무리에서 떨어진 어린 암망아지 한 마리가 진영 안으로 뛰어들어 그들이 서 있는 곳으로 왔다. 말은 윤기 있는 밤색 털을 가졌고 그 모습도 의젓했다. 모두 말을 바라보았다. 어떤 이들은 그 멋진 모습에, 또 어떤 이들은 그 씩씩한 기질과 우렁찬 소리에 감탄했다. 점술가 테오크리투스가 펠로피다스에게 큰 소리로 말했다.

"보시오. 제물이 지금 우리 앞에 제 발로 걸어들어 와 있소. 다른 처녀를 생각하지 맙시다. 신께서 보낸 이 망아지를 제물로 바치시오."

사람들은 그의 말을 듣고 곧바로 암망아지를 데리고 처녀들 무덤 앞으로 갔다. 그리고 꿈에서 본 대로 엄숙한 의식과 기도를 올린 뒤에 기쁜 마음으로 암망아지를 제물로 바쳤다. 제사가 끝난 뒤 그들은 병사들에게 펠로피다스의 꿈 이야기를 전하고 제사를 드리게 된 이유도 알렸다.

전투가 시작되자 에파메이논다스는 주력부대를 비스듬히 왼쪽으로 이끌었다. 스파르타군을 다른 헬라스군들로부터 가능한 한 멀리 떨어지도록 하려고, 스파르타군 오른편에 끼어들어 간 것이다. 이는 종대로 서서 스파르타군을 공격하려는 작전이었다. 적은 이를 눈치채고 대열을 바꿔, 오른편을 옆으로 넓혀서 원형 진을 만들어 에파메이논다스군을 포위했다. 바로 그때 펠로피다스는 신성대 300명을 거느리고 그들에게 돌격했다. 적이 전투태세를 바꾸려고 움직이는 혼란한 틈을 이용했던 것이다. 그러자 클레옴브로투스는 오른편으로 나아갈 수도, 다시 본디대로 돌아갈 수도 없게 되었다.

그러나 스파르타군은 모든 인류 가운데 가장 숙련되고 가장 실전 경험이 많은 군대였으므로 좀처럼 흐트러지거나 혼란에 빠지지 않았다. 그들에게는 대열을 바꾸는 것이 흔한 일이었다. 병사들은 저마다 곁에 있는 사람을 옆이나 뒤에서 지켜주게 하여, 어떤 위험도 막아내며 질서 있게 싸웠다. 하지만 에파메이논다스가 지휘하는 테바이군이 다른 부대보다 훨씬 앞서 공격을 시작했고, 펠로피다스 군대는 믿을 수 없는 속도와 대담함으로 덮쳐왔으므로, 용기와 훈련도 아무 소용없이 스파르타군은 무수한 사상자를 내며 일찍이 겪어보지 못한 참패를 당했다. 펠로피다스는 한 작은 부대의 대장에 지나지 않았으나 이번의 대승리로 사령관이었던 에파메이논다스와 동등한 영광을 누렸다.

다음으로 펠로피다스는 에파메이논다스와 함께 사령관이 되어 펠로폰네소스 반도로 쳐들어갔다. 헬라스 여러 나라들을 라케다이몬과의 동맹으로부터 이탈하게 한 뒤, 테바이와 동맹 관계를 다시 맺게 하려는 목적에서였다. 그 결과 엘리스, 아르고스, 아르카디아 등은 모두 테바이를 따르기로 결정했고, 라코니아의 일부도 그 제안을 받아들였다.

섣달이 며칠 남지 않은 겨울이었는데, 새해에는 새로 뽑힌 장군들에게 관직을 물려주게 되어 있었다. 만일 이를 어기면 사형에 처한다는 법률이 정해져 있었다. 장군들은 법도 법이지만 추위를 피하기 위해서라도 군대를 이끌고 고향으로 돌아가고 싶었다. 그러나 펠로피다스는 에파메이논다스와 그 나라 사람들을 격려하며 에우로타스 강을 건너, 도시들을 공략하여 해안을 정복했다.

이 군대는 헬라스 여러 나라가 보낸 7만 명으로 이루어져 있었고, 테바이인은 그들의 12분의 1쯤 되었다. 하지만 이 두 장군의 명성이 널리 알려져 있어서, 동맹군들은 공식 투표나 법제정을 요구하지 않고 기꺼이 그들의 지휘에 따랐다. 보호자가 필요한 사람이 자기를 보호해 줄 만한 사람에게 스스로 복종한다는 가장 근본적이고 첫째가는 원리에 따른 것이다. 선원들이 바다가 잔잔하거나 항구에 배를 정박할 때에는 선장을 무시하기도 하지만, 바다가 험해져서 위험이 닥치면 선장에게 의지하게 되는 것과 같은 이치이다. 그렇듯이 아르고스, 엘리스, 아르카디아 사람들은 평화로울 때에는 테바이인과 지휘권을 두고 다투었지만, 전쟁이나 위험한 상황에 맞닥뜨리게 되면 한마음으로 기꺼이 테바이 장군들에게 복종했다.

이 싸움에서 그들은 아르카디아 전체를 하나의 나라로 통합하여 힘을 모음으로써 메세니아에 들어와 있던 스파르타인들을 내쫓았다. 그리고 다른 곳으로 망명해 있던 메세니아인들을 불러모아 옛 수도 이토메에 통일국가를 건설하게 했다. 이 일이 마무리되자 군대는 자기 나라로 돌아가려 했다. 그런데 코린토스 지협을 지날 때 앞길을 막는 아테나이군과 싸움이 일어나 켄크레아이에서 그들을 물리쳤다.

다른 헬라스 국가들은 테바이가 전쟁에서 잇따라 승리하자 그들의 용기에 감탄을 금치 못했다. 그러나 테바이 국민들은 이 승리를 그다지 달가워하지 않았다. 오히려 두 장군이 돌아오자마자 그들을 재판에 부치고 사형을 요구했다. 이유인즉 그들은 정월 안으로 자기 지위에서 물러나게 되었는데, 넉 달이 지나도록 돌아오지 않고 메세니아, 라코니아, 아르카디아 등으로 원정을 다녀왔다는 것이다.

펠로피다스가 먼저 재판을 받았으므로 더 큰 위험을 겪었다. 하지만 재판 결과 두 사람 모두 무죄로 풀려났다. 에파메이논다스는 정치적 갈등에서 당하는 모욕에는 무관심한 것이 좋다고 여겼으므로, 법정에 불려나와 비난을 받으면서도 끝까지 잘 참아냈다. 그런데 펠로피다스는 성격이 급한 데다가 친구들이 복수하라고 부추기는 바람에 대갚음할 기회를 노리게 되었다.

연설가 메네클레이다스는 펠로피다스와 멜론 등과 함께 카론의 집에 모여 뜻을 이룬 동지 가운데 한 사람이었다. 그러나 뜻을 이룬 뒤에 다른 동지들처럼 높은 지위에 오르지 못하자 그는 나쁜 생각을 품었다. 그는 천부적인 웅변술을 악용하여, 재판이 끝났는데도 자기보다 성공한 사람들에 대한 공격을 늦추지 않았다. 그리하여 그는 에파메이논다스의 자리를 빼앗고, 그가 오랫동안 정치 생활을 할 수 없게 만들었다. 하지만 시민들의 지지를 얻고 있는 펠로피다스는 아무리 공격해도 끄떡없자, 그와 카론을 서로 싸우게 하려고 계획했다. 공격 대상이 다른 누구보다 못하다는 식의 증명을 해보려는 것으로, 이것은 남을 중상하기 좋아하는 자들이 자신보다 훌륭한 사람을 공격할 때 쓰는 방법이었다.

메네클레이다스는 연설에서 사람들에게 카론의 칭찬만 늘어놓고, 그의 전술과 승리만을 칭송했다. 카론이 거느린 기병대가 레우크트라 전투 전에 플라타이아에서 승리를 거두었는데, 메네클레이다스는 이 승리의 기념물을 만들 것을 제안했다.

또 키지쿠스 사람인 화가 안드로키데스가 테바이로 와서 전쟁 그림을 그리다가 중단한 채 떠난 일이 있었다. 메네클레이다스는 시민들에게 그 그림에 카론의 이름을 넣은 뒤 신전에 바치자고 설득했다. 물론 그의 목적은 에파메이논다스와 펠로피다스의 영광을 덮어버리려는 데 있었다. 그는 기껏해야 스파르타인 게란다스와 병사 40여 명을 무찔렀던, 그다지 유명하지도 않은 조그만 전투를 여러 중요한 전투보다 위에 올려놓으려 했던 것이다.

펠로피다스는 이 제의가 위법이라고 고발했다. 그는 개인에게 명예를 주는 것은 테바이 관습에 맞지 않으니, 승리의 영광을 국가에 돌리는 것이 마땅하다고 말했다. 그리고 펠로피다스는 이 재판 내내 카론을 온갖 말로 칭찬하는 동시에, 메네클레이다스가 자기를 시기하여 중상한 것임을 증명해 보였다. 그 결과 메네클레이다스는 거액의 벌금형에 처해졌다. 그러나 뒷날 벌금을 내지 못하게 되자 그는 정부를 뒤엎으려 했었다고 한다. 이것으로 우리는 펠로피다스의 성품을 살펴볼 수 있다.

이즈음 페라이의 폭군 알렉산드로스는 테살리아의 여러 나라와 전쟁을 시작했다. 그는 지방 도시의 사절들을 테바이에 보내 지원군과 장군을 보내달라고 요청했다. 펠로피다스는 펠로폰네소스 지방의 일로 바쁜 에파메이논다스 대신 자기가 가겠다고 나섰다. 그는 재능과 전술을 한가롭게 놀리고 있기가 싫었고, 에파메이논다스가 가 있는 곳에는 다른 장군이 더는 필요치 않다고 생각했던 것이다. 군대를 거느리고 테살리아에 도착한 펠로피다스는 곧 라리사 지역을 되찾았다. 그리고 알렉산드로스가 굴복하고 그에게로 오자 그를 인자한 왕으로 만들어 보려고 애썼다.

그러나 알렉산드로스는 사납고 고집이 세며 난폭하여 그의 뜻대로 되지 않았다. 또 그의 무례한 태도와 탐욕스러운 생활에 대한 비난이 일자 펠로피다스는 화가 나서 그에게 가혹한 말들을 퍼부었다. 그러자 그는 호위병들을 데리고 몰래 달아나 버렸다. 하지만 펠로피다스는 테살리아인들을 전제군주의 폭정으로부터 벗어나게 한 뒤 마케도니아로 떠났다. 이곳에서는 프톨레마이오스가 마케도니아 왕 알렉산드로스와 싸우고 있었다. 전쟁을 하고 있던 양쪽 모두 펠로피다스에게 사절을 보내어 중재를 요청한 것이었다. 펠로피다스는 양편을 화해시킨 뒤 망명지사들도 불러들이고, 국왕의 동생 필리포스와 귀족 자제 30명을 인질로 잡아 테바이로 돌아왔다. 이 사건은 다른 헬라스인들에게 테바이인의 용맹과 정의로움을 널리 알리는 계기가 되었다.

이 필리포스는 뒷날 헬라스 전체를 정복하려 계획한 사람이었으나, 그때는 아직 어린 소년에 지나지 않았다. 그는 테바이에서 팜메네스의 집에 머물고 있었다. 어떤 이들은 에파메이논다스가 보여준 행동들이 그의 삶에 큰 영향을 끼쳤으리라 생각한다. 그가 전쟁을 하는 과정에서 에파메이논다스의 활동과 전략을 배웠을지 모르지만, 이는 그의 인격의 극히 사소한 일부분에 지나지 않았다. 평소에 에파메이논다스를 위대하게 만든 절제, 정의, 관용, 온화함은 필리포스의 천성으로도, 교육이나 훈련을 통해서도 따라가지 못했다.

얼마 뒤 다시 테살리아인들로부터, 페라이의 알렉산드로스가 도시마다 공격하고 다닌다는 소식이 들려왔다. 그러자 펠로피다스는 이스메니아스와 함께 사절 자격으로 알렉산드로스에게 갔는데, 싸움을 예상하지 못했기 때문에 군대를 이끌고 가지는 않았다. 그래서 만일 무슨 일이 생기면 테살리아인들의 도움을 받아야 할 상황이었다.

그즈음 마케도니아는 또다시 혼란에 빠졌다. 프톨레마이오스가 국왕을 죽이고 정부를 장악했기 때문이다. 그러자 국왕의 동료들이 펠로피다스에게 도움을 요청해 왔다. 펠로피다스는 이에 대해 조처를 취하려 했으나, 군대를 갖고 있지 않아서 어쩔 수 없이 테살리아에서 병사들을 모은 다음 프톨레마이오스를 치러 떠날 수밖에 없었다. 프톨레마이오스는 양쪽 군대가 맞서게 되자 많은 돈으로 테살리아 용병을 매수했다. 그리고 그들에게 펠로피다스에 대항하여 반란을 일으키도록 명령했다.

그러나 얼마 지나지 않아 프톨레마이오스는 '펠로피다스'라는 이름과 그 명성에 두려움을 느끼고 그에게 찾아와 무릎을 꿇고 용서를 빌었다. 그리고 자신이 정권을 잡은 것은 전왕의 동생에게 넘겨주기 위함이라고 말했다. 그런 다음 프톨레마이오스는 정권을 죽은 왕의 형제들에게 넘겨주는 데에 동의하고 테바이와 동맹을 맺었다. 그는 앞으로 테바이의 친구는 모두 자기 친구로, 테바이의 적은 자기 적으로 대하겠다고 맹세하면서 그의 아들 필로크세누스와 함께 볼모로 50명을 내주었다.

펠로피다스는 이들을 테바이로 보냈다. 그런데 그는 여전히 용병들의 배신에 분노하고 있었으므로 그들의 재산과 가족이 파르살루스에 있다는 소식을 듣고는 곧 파르살루스로 나아갔다. 그곳을 점령하면 용병들의 잘못을 충분히 벌할 수 있으리라 여겼기 때문이었다.

펠로피다스가 그 도시에 바로 들어서자 참주 알렉산드로스는 군대를 이끌고 성 밖에 나타났다. 펠로피다스와 그의 동료들은 알렉산드로스가 자기 죄를 변명하러 나온 것이라 생각하고 그를 만나러 나갔다. 그들은 알렉산드로스가 방탕하고 잔인하다는 사실은 이미 알고 있었으나, 테바이의 권위와 명성을 믿고 안심했던 것이다. 하지만 알렉산드로스는 그들 일행이 무장도 갖추지 않고 군대를 거느리지도 않은 채 온 것을 알고는, 곧바로 그들을 체포하고 파르살루스를 점령해 버렸다.

알렉산드로스의 행동에 크게 놀란 시민들은 두려움으로 떨었다. 그렇게 무섭고 대담한 불법행위를 저지른 사람이라면 누구도 살려두지 않을 터였고, 자포자기한 심정으로 사람들을 다루리라 생각하여 어찌할 바를 몰라 했다.

이 사건이 테바이인들에게 알려지자 그들은 분노하여 곧바로 군대를 보냈다. 이때 에파메이논다스는 불명예스러운 사건으로 자리에서 물러나 있었기 때문에 다른 장군이 군대를 이끌었다.

알렉산드로스는 펠로피다스를 페라이로 끌고 간 뒤, 그를 만나고 싶은 사람들은 누구라도 자유로이 만날 수 있도록 해주었다. 그는 펠로피다스가 기가 죽어서 비굴해지는 모습을 보고 싶어했다.

그러나 펠로피다스는 시민들이 찾아와 자기를 동정할 때, 자기에게 모욕적인 행동을 한 폭군은 곧 그 대가를 치르게 될 거라며 오히려 페라이 사람들을 위로해 주었다. 그리고 알렉산드로스에게 사람을 보내 죄 없는 불쌍한 시민들은 날마다 고문하고 죽이면서, 도망칠 기회만 있다면 도망쳐서 그에게 복수하려는 자신은 죽이지 않으니 이렇게 이치에 맞지 않는 행동이 어디 있느냐고 말을 전했다.

알렉산드로스는 그의 대담함과 기개에 놀랄 뿐이었다.

"그래, 펠로피다스가 죽기를 원한다고?"

알렉산드로스의 말을 전해 들고 펠로피다스가 다시 이렇게 대꾸했다.

"그래야 그대가 지금보다 더 신들에게 미움을 받아 하루라도 빨리 죽게 될 것 아니오."

이때부터 알렉산드로스는 펠로피다스의 면회를 모두 금지했다. 오직 이아손의 딸이며 알렉산드로스의 아내 테베만이 그를 만날 수 있었다. 그녀는 평소 펠로피다스의 용기와 고상한 행동을 감시병에게 전해 듣고 그와 이야기를 나누고 싶어졌다. 그녀는 처음 감옥에서 그를 보았을 때는 그의 위대한 성품을 알아보지 못했다. 다만 짧은 머리카락과 초라한 옷차림과 형편없는 음식들을 보고 그의 명성에 어울리지 않는 모진 대우를 받고 있다 생각하고 울기 시작했다. 이에 깜짝 놀란 펠로피다스는 그녀가 누구인지 알아차리게 되자 그녀 아버지 이름을 부르며 인사를 건넸다. 사실 그는 그녀의 아버지 이아손과 가까운 친구였다. 그녀가 먼저 말을 했다.

"당신 부인이 너무나 불쌍해요."

"저는 오히려 당신이 불쌍하군요. 당신은 보이지 않는 쇠사슬에 묶여 알렉산드로스의 못된 성품에 늘 맞추고 살아야 하니까요."

펠로피다스 말은 어느 정도 테베의 마음을 움직였다. 그녀는 이미 남편의 잔인함과 방탕함, 그리고 무엇보다 그녀의 막냇동생을 몹시 학대하는 일 때문에 남편을 증오하고 있었기 때문이다. 그때부터 테베는 몇 차례나 펠로피다스를 찾아와 자신이 받는 학대에 대해 마음을 터놓고 이야기했다. 이런 이야기를 하면 할수록 그녀의 분노와 증오는 점점 깊어만 갔다.

이즈음 테살리아로 파견된 테바이의 장군들은 아무 성과도 거두지 못한 채 되돌아오고 말았다. 전략이 부족해서였는지 아니면 운이 나빴는지, 그들은 불명예스러운 후퇴를 해야 했다. 테바이 정부는 그들에게 저마다 벌금을 1만 드라크메씩 물게 하고는, 에파메이논다스에게 다시 군대를 주어 공격하게 했다. 테살리아 사람들은 이 새로운 장군의 이름과 명성을 익히 들어 알고 있었기에 곧 삶의 희망과 활기를 되찾았다.

이에 비해 알렉산드로스 운명은 파멸로 치닫고 있었다. 그의 병사들은 두려움에 휩싸였다. 민중은 정권을 무너뜨리려는 의욕에 가득 찼고, 폭군이 스스로 죗값을 치르게 되었다며 마지막 희망을 걸었다.

그러나 에파메이논다스는 자기 명예보다도 친구 펠로피다스의 안전에 더 마음을 썼다. 그는 알렉산드로스가 위기에 몰리게 되면, 자포자기 상태에서 야수처럼 돌변해 펠로피다스를 무자비하게 죽이지나 않을까 걱정했다. 그래서 에파메이논다스는 전쟁을 극단까지 끌고 가지 않고 지연작전을 폈다. 폭군을 작은 지역으로 몰아 넣어 공격을 못할 지경까지 가면서도, 사납고 잔인한 그의 성미를 건드리지 않았다.

에파메이논다스는 알렉산드로스의 야만성과 더불어 그가 정의와 인간의 도리를 완전히 무시하고 있음을 잘 알고 있었다. 알렉산드로스는 산 사람을 땅에 묻기도 했으며, 사람에게 곰이나 멧돼지 가죽을 씌워 개에게 물어뜯게 하기도 하고, 화살을 쏘아대기도 하며 즐거워하는 사람이었다. 그는 일찍이 동맹을 맺은 두 도시 멜리보이아와 스코투사 시민들을 한곳에 모아놓고, 호위병들로 에워싼 뒤 모두 찔러 죽이기도 했다. 그뿐만이 아니었다. 큰아버지 폴리프론을 찌른 창에 승리의 관을 씌운 뒤 죽음의 신으로 모시며 그 앞에서 기도를 드리기도 했다. '티콘'이라는 이름도 붙여주었다.

언젠가 그는 에우리피데스의 비극 〈트로이의 여인들〉을 구경하다가 갑자기 극장 밖으로 빠져나와 배우에게 사람을 보내 이런 말을 하기도 했다. 그가 떠난 것은 배우의 연기가 마음에 안 들어서가 아니라, 이제껏 사람들을 죽이면서도 한 번도 가엾게 여긴 일이 없었는데 헤쿠바와 안드로마케가 슬퍼하는 장면을 보니 자신도 모르게 눈물이 나와 그 모습을 시민들에게 보이기가 부끄러워서라고 했던 것이다.

알렉산드로스는 원정군을 이끌고 오는 장군이 에파메이논다스라는 소식을 전해 듣고는 두려움에 떨며 사신을 보냈다. 마치 '비겁한 수탉처럼 날갯죽지를 늘어뜨린 채' 그는 어떤 조건이든 다 응할 터이니 동맹을 맺자고 요청했다. 그러나 에파메이논다스는 그를 테바이의 동맹자로 받아들일 것을 거절한 채 30일 동안만 휴전을 허락했다. 그리고 펠로피다스와 이스메니아스를 구해낸 뒤 그들과 함께 본국으로 돌아왔다.

아테나이와 스파르타가 도움을 청하기 위해 페르시아에 사신을 보내 동맹을 맺으려 한다는 소식이 들려오자, 테바이에서는 펠로피다스를 사절로 보냈다. 그의 이름을 떨치기에 너무나 좋은 기회였다. 그가 페르시아 여러 마을을 지날 때마다 사람들은 커다란 환호와 칭송을 보냈다. 스파르타군과 싸워서 또다시 승리를 거둔 그의 명성은 아시아에까지 퍼져나가고, 레우크트라에서 처음 승리한 뒤 새로운 공을 세운 사실이 이어서 외국에까지 전해졌기 때문이다.

그의 이름은 페르시아 지방 총독, 장군, 지휘관 할 것 없이 모든 사람들 입에 오르내렸다.

"바다와 육지에서 제왕으로 군림하던 라케다이몬을 정복한 사람이 바로 이 분입니다. 바로 어제까지만 해도 아게실라우스 명령을 따르며 우리 대왕을 상대로 수사와 엑바타나에서 싸웠던 그 스파르타를, 에우로타스 강가와 타이게투스 산맥으로 몰고 간 사람도 바로 이분입니다."

아르타크세르크세스 왕은 매우 기뻐하며 펠로피다스에게 큰 존경의 마음을 나타내고 그를 명예롭게 했다. 그는 헬라스에서 가장 위대한 인물이 자기를 만나러 온 사실을 자랑스러워했다. 아르타크세르크세스 왕 또한 아테나이에서 온 사절보다 더 조리 있게, 그리고 스파르타에서 온 사람보다 더 간결하게 말하는 그를 보고는 매우 놀랐다. 왕들이 으레 그렇듯이, 그 왕 또한 다른 사람들 앞에서 총애하는 태도를 감추지 않았다. 이런 사실은 다른 나라에서 온 사절들도 모두 인정했다. 헬라스인들 가운데 페르시아 왕이 가장 큰 영예를 내려준 사람은 스파르타인 안탈키다스였다. 왕은 자기가 쓰고 있던 화환에서 꽃 한 송이를 따서 향수에 적신 다음, 그에게 선물로 주면서 옷에 달고 있으라고 했다.

펠로피다스에게는 그런 친근한 태도를 보이지 않았으나 아주 많은 선물을 주면서, 그의 제안을 받아들였다. 펠로피다스가 요구한 내용은 헬라스 모든 나라의 독립을 보장할 것, 메세니아를 다시 독립시킬 것, 테바이가 오랜 우방임을 선언할 것 등 3개 조항이었다. 왕이 이 조건들을 기꺼이 승낙하자, 펠로피다스는 국왕의 우정과 호의를 맹세하는 것 말고는 선물을 모두 사양하고 귀국했다.

펠로피다스의 이런 행동은 앞서 갔던 다른 사절들을 모두 파면하는 평계로 이용되었다. 사절 티마고라스는 많은 선물을 받고 본국으로 돌아갔는데, 아테나이 사람들은 그가 선물을 받은 사실만으로도 충분한 죄가 된다며 그를 사형에 처했다. 왜냐하면 그는 수많은 금은보석 말고도 값진 침대는 물론, 헬라스에는 기술자가 없기라도 한 것처럼 침대를 만드는 노예까지 데리고 왔기 때문이다. 그리고 자기는 우유가 부족하기 때문에 병이 생겼다는 이유로 암소 80마리와 소를 기를 사람까지 데려왔다. 그리고 돌아올 때에 왕은 그를 바닷가까지 가마에 태워 보내면서, 가마꾼에게 4탈란톤의 돈을 주었다.

그러나 그가 아테나이인들에게서 미움을 받은 이유는 선물을 탐했기 때문만이 아니다. 짐을 메고 인부로 함께 따라간 에피크라테스는 민회에서 자기도 국왕에게서 선물을 받았다고 털어놓으며, 해마다 굳이 9명이나 되는 집정관을 뽑을 필요도 없이 가난한 사람 9명을 골라 페르시아 사절로 보내자고 제안했다. 그러면 국왕의 선물을 받아 틀림없이 부자가 될 거라는 것이다. 이에 민중은 크게 웃었다.

사실 아테나이인들이 이렇게 분노한 이유는 테바이의 사절이 큰 성공을 거두었기 때문이었다. 펠로피다스가 얻은 명성이 대단했으므로 페르시아 왕이 그의 말에 귀를 기울이는 것은 마땅한 일이었다. 그렇지만 아테나이인들은 거기까지 생각이 미치지 못했다. 펠로피다스가 메세니아를 다시 세우고 그 밖의 헬라스 국가들 자유를 쟁취하고 돌아오자, 수많은 사람들이 그를 위대한 인물로 추어올리며 온갖 미사여구로 그의 업적을 칭찬했던 것이다.

이때 페라이에 있던 알렉산드로스는 다시 본성을 드러내어 테살리아 여러 지방을 약탈하고, 프티오티스 아르카디아와 마그네시아에 수비대를 주둔시켰다. 아르카디아와 마그네시아 사람들은 힘을 합쳐 싸우다가 펠로피다스가 돌아왔다는 소식을 듣자, 테바이로 사람을 보내 도움을 요청했다. 그러자 테바이는 서슴지 않고 이를 받아들였다.

그런데 펠로피다스가 막 떠나려고 할 때, 갑자기 일식이 생겨 대낮인데도 온 주변이 어둠에 덮였다. 병사들은 이 기이한 현상을 보고 하나같이 겁에 질려 불길한 징조라 여겼다. 펠로피다스는 두려움에 빠진 부하들을 강제로 싸움터로 몰아넣는 것은 옳지 않다고 생각했다. 시민군 6000명의 목숨을 위태롭게 할 수는 없다고 여긴 것이다. 그는 자신과 행동을 함께하려는 기병 300기만 거느리고 테살리아를 떠났다. 시민들과 점술가들은 너무나 불길한 징조라며 그에게 가지 말라고 했다.

그러나 알렉산드로스를 무찌르겠다는 펠로피다스의 굳은 마음은 그들이 말릴수록 더 커져만 갔다. 전에 알렉산드로스에게 당한 피해를 복수하고자 하는 생각만 해도 속이 부글부글 끓어오른 것이다.

그즈음 스파르타인들은 시킬리아 섬의 참주 디오니시우스를 돕기 위해 장군들을 시킬리아로 보냈고, 아테나이인들은 알렉산드로스에게 황금을 받은 뒤 그를 은인이라 추어올리며 동상까지 세웠다. 펠로피다스는 압박 받는 민중의 편에 서서, 헬라스 모든 나라에 퍼져 있는 불법적인 폭력정치를 깨뜨릴 수 있는 곳은 오직 테바이뿐임을 널리 알리고 싶었다.

펠로피다스는 파르살루스에 도착하자마자 곧 군대를 만들어 알렉산드로스를 정벌하러 나섰다. 펠로피다스가 거느린 군대는 소수였다. 알렉산드로스는 자기 보병만으로도 테살리아군의 갑절이나 됨을 알고, 군대를 테티스 신전 가까운 곳에까지 가서 싸우게 했다. 폭군이 대군을 이끌고 온다는 보고를 받고 나서 펠로피다스는 이렇게 말했다.

"많을수록 좋다. 더 많은 적을 무찌를 수 있으니까."

양군 사이에는 키노스케팔라이 가까이에 가파르고 높은 산이 있어서, 서로 이곳을 차지하려 치열한 전투가 벌어졌다. 펠로피다스는 자기 기병대가 전력과 병력 수에 있어서 더 우세함을 알아차리고는 적의 기병대를 먼저 공격하라고 명령했다. 적의 기병대는 테바이군에 쫓겨서 벌판으로 흩어졌다. 그사이에 알렉산드로스는 산을 차지하고서, 뒤따라 올라오는 테살리아 보병대의 선두를 죽이고 후속 부대에 화살을 퍼부었다. 이 때문에 후속 부대는 아무 공격도 할 수 없었다.

펠로피다스는 기병들에게 추격을 멈추고 평지의 적을 공격하라고 지시했다. 그리고 자신도 서둘러 산으로 올라가, 보병대와 함께 방패를 들고 내달리며 싸웠다. 그는 앞장서서 열심히 적을 무찔렀다. 이 모습을 본 모든 병사들은 그의 용기에 힘을 얻어 더욱 맹렬히 싸웠다. 적은 두세 번 돌격에는 꺾이지 않았다. 그러나 기병대까지 추격을 그만두고 자기들 쪽으로 달려오는 것을 보고는, 대열을 갖추어 후퇴하려 했다.

펠로피다스가 산 위에서 내려다보니 적은 아직 후퇴하지는 않았지만 이미 큰 혼란에 빠져 어찌할 바를 모르고 있었다. 그는 이리저리 둘러보며 알렉산드로스를 찾았다. 적의 오른쪽에서 알렉산드로스가 용병들에게 지시를 내리고 있었다. 그를 보자 펠로피다스의 분노는 세찬 불길처럼 다시 타오르기 시작했다. 그는 도저히 참을 수가 없어서 앞뒤 가리지 않고, 총사령관이라는 무거운 책임도 잊은 채, 알렉산드로스에게 달려가 일대일로 맞서 싸우자고 제안했다. 하지만 감히 펠로피다스와 맞서 싸울 용기가 없었던 알렉산드로스는 뒤로 물러나 호위병들 속으로 몸을 감추었다.

용병대 선두에 섰던 자들은 펠로피다스 칼에 찔려 죽거나 달아나 버렸다. 그러나 뒤쪽에 있던 많은 병사들은 그에게 창을 던졌고 창은 펠로피다스 갑옷을 꿰뚫었으며 그는 가슴에 몇 군데나 상처를 입고 쓰러졌다.

그를 염려한 테살리아 병사가 언덕을 내려와 달려갔을 때 펠로피다스는 이미 시체가 되어 있었다. 이때 기병부대가 달려와 적을 물리쳤으며, 테바이군은 달아나는 적을 멀리까지 뒤쫓아 3000명이 넘는 적을 죽여 그 부근은 시체로 뒤덮였다.

이 전투에 참가한 테바이 병사들은 펠로피다스 죽음에 모두 울음을 참지 못했다. 병사들은 그를 아버지, 구원자, 스승이라 부르며 목놓아 울었다. 테살리아인과 동맹국들은 공식 포고령을 내렸다. 그들은 예부터 용감한 행동에 대해 바쳐온 그 이상의 영예를 그에게 보냈다. 그러나 그것만으로는 병사들의 슬픔을 달랠 수 없었다.

병사들은 어느 누구도 갑옷을 벗으려 하지 않았으며, 말고삐도 풀지 않고 다친 데도 감싸지 않은 채 그의 곁으로 몰려들었다. 그들은 펠로피다스가 아직 살아 있기라도 한 듯 전리품을 그의 주위에 쌓아올렸다. 그들은 말갈기와 자신들의 머리카락을 잘라 조의를 나타냈다. 그러고는 막사 안에 불도 피우지 않고 저녁도 먹지 않았다. 승리를 했음에도 그들은 눈물만 흘리며 허탈감에 빠져 지냈다. 방금 위대하고 영광스러운 승리를 쟁취한 사람들이라기보다는, 마치 폭군에게 정복되어 노예가 된 사람들처럼 비통해했다.

그의 죽음이 도시마다 전해지자 고관, 젊은이, 어린이, 사제 할 것 없이 모두들 승전기와 월계관과 황금 갑옷을 바치며 그의 주검을 맞이했다. 그리고 주검을 테바이로 옮기려고 하자, 테살리아 지도자들은 자신들 손으로 장사를 치르게 해달라고 간청하며 테바이인들을 찾아왔다.

"형제들이여, 이 커다란 불행을 맞닥뜨린 우리에게 영예로운 일을 허락하시어 위로해 주십시오. 이제 우리 테살리아 사람은 다시는 살아 계신 펠로피다스를 섬기며 그분께 영예를 바칠 수 없게 되었습니다. 그러나 만일 그분 시신을 모셔서 장례를 치르게 해주신다면, 그분의 죽음이 테바이보다도 테살리아에 더 큰 손실이었음을 세상에 널리 알리게 될 것입니다. 형제들은 오직 훌륭한 장군 하나를 잃었습니다. 하지만 우리는 뛰어난 장군과 함께 자유도 잃었습니다. 우리가 펠로피다스 장군을 다시 살려낼 수 없는 한, 다시는 그대의 나라에서 다른 장군을 보내달라고 감히 청할 수는 없을 테니까요."

테바이인들은 그들의 부탁을 받아들였다. 장례는 엄숙하게 치러졌다. 장례식의 영광이 황금과 상아, 자줏빛 의상에만 있다고 생각하지 않는 사람들에 따르면, 일찍이 보지 못한 성대한 장례식이었다.

알렉산드로스 대왕은 헤파이스티온이 죽었을 때, 말과 노새의 갈기를 잘라내고 도시 성벽을 헐어내어, 도시 전체가 슬픔에 빠져 애도하는 것처럼 보이게 했다. 하지만 그 장례는 폭군의 강요로 이루어졌으므로 추모를 받는 사람에 대해서는 질투심을, 추모를 강제로 명령한 사람에 대해서는 혐오감을 불러일으켰다. 사람들은 죽은 이에게 감사나 존경을 바치는 게 아니라, 천박한 허영심에 가득 찬 쓸데없는 낭비라며 비웃기만 했다.

그러나 한 공화국 시민이 아내도 아이들도 친척도 없는 낯선 땅에서 죽자, 여러 나라 사람들은 청하지 않았는데도 무수히 애도를 보내왔다. 그들은 서로 다투어 장례를 치르고 월계관을 바치고 싶어했다. 이처럼 여러 나라들이 애도의 표시로 보내온 화환에 둘러싸여 매장되었다는 사실은 가장 축복받은, 행복한 삶이었다고 할 수 있으리라.

아이소푸스가 말했듯이, 행복한 사람의 죽음은 슬프지 않으며 도리어 운명의 힘에 시달리지 않고 그 행복을 얻었으니 축복해 주어야 한다.

그러므로 올림피아 경기에서 승리한 디아고라스에게 스파르타 사람이 한 말은 옳았다. 디아고라스는 그의 아들들도, 또 그의 손자들도 올림피아 경기에서 승리해 월계관을 받는 것을 지켜보았는데, 그때 어느 스파르타인이 그를 포옹해 주며 이렇게 외쳤던 것이다.

"디아고라스, 이제 죽을 때가 되었네. 어차피 신이 되어 올림푸스로 올라갈 수 없다면 이것이 인간이 누릴 수 있는 가장 행복한 순간이 아닌가."

그러나 올림피아 경기와 피티아 경기에서 거둔 모든 승리를 합한다 해도 펠로피다스가 세운 공로에 견줄 수는 없다. 펠로피다스는 수많은 전투를 승리로 이끌었고, 사는 동안 내내 존경과 칭송을 받았으며, 보이오티아의 사령관 자리에 열세 번이나 올라 테살리아의 자유를 지키기 위해 폭군에 맞서 영광스럽게 싸웠기 때문이다.

펠로피다스에게 의지하던 여러 동맹국들은 그의 죽음으로 큰 슬픔에 잠겼으나 한편으로는 이익도 생겼다. 그가 죽었다는 소식을 듣자 테바이는 그 원수를 갚으려고, 말키타스와 디오게이톤 장군에게 보병 7000명과 기병 700기를 맡겨 알렉산드로스를 치게 했다. 그러자 많은 병사들을 잃고 군사력이 떨어진 알렉산드로스는 테살리아 여러 도시들을 다시 돌려주고, 마그네시아와 프티오티스에 있던 아카이아인들을 풀어주었으며, 테바이가 요구하는 대로 행동하겠다고 약속했다. 테바이는 이 정도에 만족하기로 했다.

그런데 얼마 뒤 알렉산드로스가 하늘의 벌을 받게 됨으로써 펠로피다스의 원한은 저절로 풀어졌다. 앞서도 말했듯이 알렉산드로스의 아내 테베는 펠로피다스가 했던 말을 잊지 않고 있었다. 무엇보다 남편의 경호가 아무리 삼엄해도 테베 자신만은 그 곁으로 가까이 갈 수 있었다. 남편의 변덕을 언제나 두려워하고 잔인함을 늘 미워하고 있던 테베는 티시포누스, 피톨라우스, 리코프론 등 오빠들과 함께 알렉산드로스를 암살할 계획을 세웠다.

모든 방마다 왕의 호위대가 잠도 자지 않고 지키고 있었다. 그러나 알렉산드로스 부부 침실은 위층에 있었다. 문에는 개를 매어놓고 지키게 했는데, 그 개는 자기 주인과 먹을 것을 주는 하인 부부 말고 모든 사람들에게 매우 사나웠다. 테베는 남편을 죽일 결심을 한 뒤 낮에 형제들을 가까운 방에 숨겨두었다. 밤이 되자 테베는 하인에게 남편이 깊이 잠들고 싶어한다며 개를 데리고 가게 했다. 그리고 오빠들이 올라올 때 발소리가 나지 않도록 계단에는 양털을 깔아놓았다.

칼을 찬 오빠들을 안내해 위층에 올라오자 테베는 그들에게 침실 문앞에서 기다리라 말하고, 자신은 안에 들어가 알렉산드로스 머리맡에 걸린 칼을 들고 나왔다. 그가 깊이 잠들었음을 보여주기 위해서였다. 그녀의 오빠들은 그 자리에 서서 잠시 우물쭈물 망설였다. 테베는 오빠들을 크게 꾸짖으며 알렉산드로스를 깨워서 모든 사실을 알리겠다고 으름장까지 놓았다. 오빠들은 부끄러움을 느꼈으나 여전히 두려운 마음을 안고서 마지못해 허락했고, 테베는 그들을 침대 옆으로 데리고 갔다. 그들은 침대 주위에서 알렉산드로스를 에워쌌다. 이때 오빠 하나가 알렉산드로스 발을 누르고, 다른 하나는 머리카락을 잡고서 그의 머리를 뒤로 끌어당겼으며, 나머지 하나가 가슴에 칼을 꽂았다.

이는 알렉산드로스 같은 폭군에게 어울리지 않는, 너무나 편안한 죽음이었는지도 모른다. 그러나 그는 자기 아내에게 살해된 최초의, 그리고 유일한 폭군이 되었다. 그의 몸은 죽은 뒤에도 페라이 시민들에 의해 이리저리 끌려다니며 무참하게 짓밟혔다. 그것은 살아 있는 동안 저지른 악행에 대한 대가였다.

마르켈루스(MARCELLUS)

포세이도니우스에 따르면, 다섯 번이나 로마 집정관을 지낸 마르쿠스 클라우디우스는 마르켈루스의 아들이었으며 그로부터 마르켈루스 가문이 시작되었다. 마르켈루스라는 이름은 전투를 잘한다는 뜻을 가지고 있다. 그는 오랜 전쟁 경험으로 군대를 지휘하는 데 능숙했으며, 몸이 건강하고 팔심도 셌다. 전쟁을 좋아했고, 싸움터에 나가기만 하면 언제나 으스대며 오만한 태도를 보였다. 그러나 그런 행동과는 달리 평소에는 겸손하고 남에게 친절했으며, 헬라스 학문과 예술을 숭배해 우수한 학자들을 마음 깊이 존경했다. 하지만 정작 자신은 너무나 할 일이 많아서 학문과 예술에 깊이 파고들지는 못했다.

젊어서나 늙어서나
전쟁에 온몸을 바치리.

호메로스가 노래한 것처럼, 로마 사람들에게 전쟁은 하늘이 내리는 명령이었다. 로마인들은 젊을 때는 시킬리아 섬에서 카르타고인들과 싸웠고, 중년에는 이탈리아를 방어하기 위해 갈리아인들과 싸웠으며, 노년에는 한니발이 거느린 카르타고군들과 싸웠다. 그리고 나이가 많이 들자 병사들 대부분이 군 면제를 원했지만, 용맹함과 고매한 정신을 갖춘 지휘관들은 여전히 전쟁터로 나아가 군을 지휘해야만 했다.

마르켈루스는 전투와 연관된 일이라면 어떠한 종류든지 뛰어난 재능을 보였다. 특히 일대일로 싸우는 데에는 더없이 능숙했다. 그는 그 어떤 도전에도 거절하는 법이 없었으며 싸우기만 하면 반드시 승리했다. 언젠가 마르켈루스가 시킬리아 섬에 있을 때 그의 형제인 오타킬리우스가 위급한 상황에 놓이자, 그는 쓰러진 오타킬리우스를 방패로 가린 뒤 덤벼드는 적의 무리들을 혼자 힘으로 모조리 죽이기도 했다. 그즈음 그는 아직 어린 나이였지만, 그 용기를 인정받아 장군들로부터 월계관과 많은 상찬을 받았다.

이런 그의 재능이 차츰 세상에 알려지자 사람들은 그를 곧 조영관으로 임명했다. 최고 사제들은 그를 복점관 자리에까지 앉히기에 이르렀다. 그곳에서는 새의 움직임을 살펴보고 앞날을 예언하는 일을 주로 했는데, 법률로 지정된 정직 가운데 하나였다.

조영관으로 있을 때, 마르켈루스는 원로원에다 한 사람을 고소한 적이 있었다. 그에게는 자기와 이름이 같은 아들이 하나 있었다. 아들은 한창 피어나는 꽃송이처럼 아름다운 얼굴을 지닌 소년이었으며, 예의 바르고 품행이 단정해 주위로부터 많은 칭찬을 받고 있었다. 그런데 마르켈루스 동료 가운데 매우 포악한 카피톨리누스라는 자가 이 소년을 추행하려 했던 것이다. 소년은 처음에는 자신의 힘으로 그를 뿌리쳤으나, 여러 차례에 걸쳐 거듭 괴로움을 당하자 아버지에게 이 사실을 알렸다. 마르켈루스는 몹시 화가 나서 카피톨리누스를 원로원에 고발했다. 그러나 카피톨리누스는 반성은커녕 오히려 민중 호민관 앞으로 나아가 온갖 변명과 잔꾀를 부리며 호소해 이 사건을 얼버무리려고 했다. 하지만 호민관으로부터 거절당하자, 이번에는 그런 짓을 한 적이 전혀 없다고 잡아떼기 시작했다.

원로원은 그 사실을 입증해 줄 증인이 아무도 없었으므로 소년을 불러들였다. 그러자 소년은 분을 참지 못해 얼굴이 빨개지고 마침내 눈물까지 보였다. 원로원은 소년의 울음을 보자, 더 이상 다른 증거가 필요없다고 판단해 카피톨리누스에게 벌금을 물렸다. 마르켈루스는 그 돈으로 은그릇을 만들어 신전에 바쳤다.

21년에 걸친 지루한 제1차 포에니 전쟁이 끝나는데 또다시 갈리아 전쟁이 시작되자, 로마는 괴로움에 빠졌다. 알프스 산맥 한 기슭에 사는 켈토이족인 인수브리아인들의 군대는 매우 강했다. 더군다나 가이사타이족 용병까지 새로 얻어 로마로 쳐들어오려 했다. 이 갈리아 전쟁이 포에니 전쟁과 동시에 일어나지 않은 것이 로마에는 기적과도 같은, 굉장히 다행스런 일이었다. 갈리아인들은 포에니 전쟁이 이어지는 동안에는 마치 전쟁에 이기는 쪽을 공격하겠다는 약속이라도 한 것처럼 가만히 구경하고 있다가 전쟁이 끝나자마자 곧바로 로마를 공격해 온 것이다.

로마인들은 오래전부터 갈리아군을 두려워했다. 로마에 가까운 국경지대에서 싸워야 했고, 예전에 갈리아인에게 로마를 빼앗긴 적도 있었으므로 다른 어떤 종족보다도 그들을 꺼렸다. 이는 법률에도 잘 나타나 있는데, 본디 최고 사제는 모든 전쟁에서 면제되지만 갈리아인과의 전쟁 때에는 반드시 싸우러 나가야 한다는 법이 있을 정도였다.

또한 로마인들의 두려움이 얼마나 컸는지는 전쟁을 준비하는 태도에서도 잘 알 수 있다. 로마에서는 일찍이 한꺼번에 이렇게까지 많은 군대를 무장시킨 일이 없었다. 그들은 신에게 승리를 빌기 위해 전례가 없는 제물을 바치기도 했다. 본디 로마인들은 야만스럽고 잔인한 종교의식을 싫어했다. 그들의 신앙은 가장 건전한 헬라스인에 가까웠다. 하지만 이 전쟁이 벌어졌을 때에는 《시빌라 예언집》에 전하는 바에 따라, 남녀 한 쌍의 헬라스인과 갈리아인을 '우(牛)시장'이라는 곳에 산 채로 묻었다. 그리고 이때 죽은 헬라스인과 갈리아인을 위해 해마다 11월에 종교의식을 행하며 제사를 드렸는데, 이 행사는 오늘날까지도 이어지고 있다.

로마군은 전쟁 초기에는 때때로 큰 승리를 거두기도 했지만, 처절한 패배를 당하기도 해서 결정적으로 전쟁의 승패를 판가름할 만한 성과가 나타나지 않았다. 그러나 플라미니우스와 푸리우스가 집정관이 되어 대군을 거느리고 인수브리아를 치러 나서기 전까지는, 전쟁의 운명을 결정지을 만한 뚜렷한 전투가 없었다.

그들이 전쟁터로 갔을 때 피케눔 지방을 흐르는 강물이 갑자기 핏빛으로 변하고, 아리미눔 시에는 한꺼번에 세 개의 달이 나타났다는 보고가 들어왔다. 그 보고를 전해 들은 복점관들은 모두 불길한 징조이며 이는 집정관 임명이 잘못되었기 때문이라고 주장했다. 그러자 원로원은 곧바로 진영에 편지를 보내, 두 집정관에게 되도록 빨리 로마로 돌아오라고 명령했다. 그리고 플라미니우스와 푸리우스에게 적에 대한 작전을 모두 그만두고 집정관직에서 물러나라는 명령을 전했다. 하지만 이 편지가 전해졌을 때, 플라미니우스는 이미 적군을 크게 무찌르며 국경 부근을 약탈하고 있던 중이어서 편지를 뜯어보지도 않았다.

플라미니우스가 많은 전리품을 싣고 로마로 돌아오자 시민들은 원로원의 명령을 무시하고 경멸했다고 비난하며 그의 승리를 환영하지도 않았다. 더구나 그들은 개선식조차도 허락하지 않으려 했다. 겨우 개선식을 마치자마자 민중은 곧바로 플라미니우스와 그 동료들을 관직에서 추방해 평민의 지위로 떨어뜨려 버렸다.

이처럼 로마에서는 모든 일을 종교에 의존하다시피 했다. 그래서 제아무리 큰 공을 세운 사람이라도 예언이나 조상 때부터 내려오는 의식을 소홀히 할 수는 없었다. 그들은 높은 지위에 있는 사람들도 마찬가지로 적을 무찌르는 일보다, 신에게 정성을 다하는 일이 나라를 위해 더 중요하다고 여겼다.

한 가지 예로 다음과 같은 이야기가 전해지고 있다. 용맹함과 미덕으로 사람들의 존경을 받는 티베리우스 셈프로니우스가 후임 집정관으로 스키피오 나시카와 카이우스 마르키우스를 지명했을 때의 일이다. 이 두 사람이 부임한 뒤 티베리우스는 종교의식에 대한 책을 읽고 있었다. 그런데 그는 책 속에서 지금까지 자기가 모르던 내용을 발견했다. 즉 집정관이 된 자가 앞날을 점치려 할 때에는 도시에서 떨어져 있는 집이나 천막을 빌려 그곳에서 조용히 지내야 하며, 어떤 징조가 보이기 전에 급한 볼일이 생겨 시내에 들어오게 된 경우에는 다시 교외로 나가서 처음 있던 장소는 버리고, 다른 집이나 천막을 빌려 이 의식을 다시 이어가야 한다는 것이었다.

하지만 이를 몰랐던 티베리우스는 같은 장소를 두 번 사용한 뒤 집정관들을 지명했던 것이다. 이 사실을 알게 된 원로원은 그냥 넘어가지 않고 곧바로 스키피오 나시카와 카이우스 마르키우스에게 이 일을 알렸다. 그들은 통보를 받자마자 임지를 떠나 지체 없이 로마로 돌아온 뒤 집정관 자리에서 물러났다. 그러나 이 일은 훨씬 나중에 일어난 것이다.

플라미니우스 사건과 거의 때를 같이해, 코르넬리우스 케테구스와 퀸투스 술피키우스가 사제직에서 쫓겨난 일이 있었다. 둘 다 민중으로부터 존경을 받고 있었지만, 종교의식을 잘못 행했다는 게 그 이유였다. 코르넬리우스는 제물로 바치는 동물의 내장을 제대로 쥐지 못했고, 퀸투스는 제물로 바칠 짐승을 죽일 때 실수로 모자를 땅에 떨어뜨렸기 때문이다.

또 독재관 미누키우스가 카이우스 플라미니우스를 기병대장으로 임명했을 때, 어디선가 생쥐 울음소리가 들렸다는 이유로 다른 사람을 대신 뽑은 일도 있었다. 로마인들은 이렇게 하찮은 일에까지 신경을 썼으나, 결코 미신에 빠진 적은 없었으며, 조상 대대로 내려오는 의식을 조금도 바꾸지 않고 그대로 지키기 위해 노력했다.

플라미니우스와 그의 동료가 집정관직에서 물러나자, 집정관 서리는 마르켈루스를 새 집정관으로 임명했다. 집정관이 된 마르켈루스는 크나이우스 코르넬리우스를 동료 집정관으로 지명했다. 이때는 갈리아인들이 휴전을 제의해 왔고, 원로원도 그 제의에 응할 생각이었다. 하지만 마르켈루스는 시민들을 설득해 전쟁을 계속하고자 했다

마르켈루스의 노력에도 갈리아인들과 휴전협정이 맺어졌지만, 가이사타이족이 곧 이것을 깨뜨려 버렸다. 그들은 알프스 산맥을 넘어와 인수브리아인들을 부추겨 다시 전쟁을 일으켰다. 3만 명에 이르는 가이사타이군은 더 많은 수의 인수브리아군과 합세해, 파두스 강 북쪽에 있는 도시 아케라이를 습격했다. 그리고 브리토마르투스가 이끄는 가이사타이군 1만 명이 파두스 강 일대를 마구 짓밟으며 약탈하고 다녔다.

이 보고를 받은 마르켈루스는 중장비 보병대와 기병대 3분의 1을 아케라이에 있는 동료에게 맡기고, 자신은 나머지 기병대와 정예병 600명을 거느리고 밤낮을 가리지 않는 강행군을 이어나갔다. 가는 도중에 그들은 클라스티디움 근처에서 드디어 가이사타이군 1만 명과 맞닥뜨렸다. 이 도시는 얼마 전에 로마 영토가 된 곳이었다. 하지만 여기서도 마르켈루스는 부하들에게 쉬면서 힘을 재충전할 시간을 주지 않았다. 그럴만한 시간적 여유가 없었다.

도시에 있던 갈리아군은 마르켈루스 보병대의 수가 적은 것을 알고는 우습게 보고 쳐들어왔다. 그들은 말타기에 아주 능숙했기 때문에 어느 누구도 당할자가 없을 거라 자신하고 있었으며, 수적으로도 마르켈루스군보다 훨씬 우세했으므로 기병대 같은 건 아예 눈에 들어오지도 않았다. 그들은 왕을 앞세우고 로마군을 한꺼번에 짓밟아 버리려는 듯이 맹위를 떨치며 밀물처럼 달려들었다.

마르켈루스는 자신이 이끄는 부대가 포위될 것을 우려해 병력을 곳곳으로 나눈 뒤 맞서 싸웠다. 그런데 그가 말 머리를 돌려 적군과 마주하려 할 때, 그

의 말이 그만 적의 위세와 외침소리에 놀라 뒷걸음질을 치며 달아나려 했다. 마르켈루스는 부하들의 사기를 꺾어서는 안 된다고 생각해 재빨리 고삐를 다 잡고 말 머리를 적군 쪽으로 돌리고, 태양을 우러러 기도드리는 듯한 몸짓을 해보였다. 자기 말이 적 앞에서 몸을 돌린 것은 적을 두려워해서가 아니라 태양을 바라보고 빌기 위함인 것처럼 보이기 위해서였다. 로마인들은 신에게 예배할 때 먼저 몸을 한 바퀴 돌리는 관습이 있었는데, 그는 이를 이용해 마치 일부러 그런 듯 행동한 것이다. 그는 적과 마주치자 가장 훌륭한 적군의 무기를 빼앗아 유피테르 페레트리우스 신에게 바치겠다는 맹세를 했다.

이때 갈리아족 왕은 마르켈루스를 발견했다. 왕은 마르켈루스가 차고 있는 휘장을 보고 그가 지휘관임을 짐작했다. 그는 곧바로 긴 창을 휘두르며 마르켈루스를 향해 공격해 들어왔다. 왕은 갈리아군 그 누구보다도 키가 훨씬 컸는데, 금은으로 장식한 갑옷이 마치 번갯불처럼 눈부시게 빛나고 있었다.

마르켈루스는 적군이 전투 대열을 갖추는 것을 보고 있다가 왕의 갑옷이야말로 적군이 가진 것 가운데서 가장 훌륭하고 아름다운 것이며, 유피테르에게 드리기로 맹세한 바로 그 물건이라고 생각했다. 그는 쏜살같이 말을 달려 왕의 가슴에 창을 내리꽂고는, 내닫는 말의 힘을 이용해 왕을 땅바닥에 내동댕이쳤다. 그는 두 번 세 번 왕을 더 내리쳐 죽인 다음, 말에서 뛰어내려 왕의 갑옷에 손을 대고 하늘을 우러러 말했다.

"크고 작은 전투와 전쟁에서 장군들의 공로와 행동을 살펴보시는 유피테르 페레트리우스 신이시여. 제 손으로 이자를 죽였습니다. 적의 장군이자 왕을 싸움터에서 죽인 세 번째 로마 장군이 된 것에 증인이 되어주소서. 저는 이 전투에서 얻은 첫 번째이자 가장 훌륭한 전리품을 당신께 바치겠나이다. 그러니 우리를 도우셔서 이 전쟁이 승리로 끝나도록 보살펴 주시옵소서."

로마 기병대는 기병과 보병을 합친 적의 대군을 무찔러 커다란 승리를 거두었다. 소수의 기병대가 그토록 엄청난 수의 적 대군을 물리친 것은 이제껏 없는 일이었다.

적을 거의 다 쓰러뜨린 뒤 전리품을 거둔 마르켈루스는, 동료 코르넬리우스의 군대와 함께 갈리아 도시 가운데 가장 인구가 많은 메디올라눔 시를 포위했다. 갈리아 사람들은 메디올라눔을 자신들의 중심 도시라 생각했으므로 도시를 지키기 위해 더욱 용감히 싸웠다. 로마군은 자신들이 포위를 하고 있는지 포위를 당하고 있는지도 알 수 없는 지경에 이르렀다. 그러나 마르켈루스가 도착하자 갈리아인들은 그들의 왕이 죽었으며 자기편이 크게 지고 있다는 사실을 듣고는 서둘러 후퇴해 버렸다. 메디올라눔 시를 빼앗기자 갈리아인들은 나머지 여러 도시들도 모두 스스로 로마에 바쳤으며, 자신들의 운명을 로마인들의 결정에 맡겼다. 로마는 공정한 조건으로 그들과의 휴전을 약속했다.

원로원 결정에 따라 마르켈루스만이 장엄하고 화려한 개선식을 치렀다. 가치있는 수많은 전리품들과 거인처럼 큰 체격을 가진 포로들은 개선식을 한껏 빛내주었다. 그 가운데서도 구경꾼들의 눈길을 사로잡은 것은, 마르켈루스 장군이 신에게 바치기로 맹세한 적국 왕의 갑옷을 직접 들고 나오는 모습이었다. 그는 기다란 참나무 밑둥을 잘라 만든 개선 나무에 국왕의 갑옷을 입히고 무기들을 주렁주렁 매달았다. 그는 이 개선 나무를 든 채로 전차에 올라 엄숙하게 행진했다. 마르켈루스는 가장 눈부시고 영예로운 승리자의 모습으로 성문을 들어섰다.

화려한 갑옷을 차려입은 병사들은 마르켈루스의 뒤를 따르며, 유피테르와 마르켈루스를 칭송하는 승리의 노래를 소리쳐 불렀다. 이윽고 행렬이 유피테르 페레트리우스 신전에 이르자 마르켈루스는 그 전리품을 신에게 바쳤다.

마르켈루스는 이처럼 호화로운 개선식을 올린 세 번째이자, 마지막 사람이었다. 첫 번째 개선식은 카이니움 국왕 아크론을 죽인 로물루스, 두 번째 개선식은 에트루리아 왕 톨룸니우스를 죽인 코르넬리우스 코수스, 그리고 바로 그 다음이 마르켈루스였다. 마르켈루스는 갈리아족 왕 브리토마르투스를 죽인 공로를 인정받아 개선식을 한 것이었다. 마르켈루스 뒤로는 이토록 성대한 개선식을 올린 사람이 아무도 없었다.

유피테르 페레트리우스는 전리품을 받은 신의 이름으로, 일설에 따르면 페레트리우스라는 말은 '운반차'를 뜻하는 헬라스어 페레트룸에서 나왔다고 한다. 즉 전리품을 페레트룸에 실어 신에게 바치는 데서 유래한 것으로 보인다. 그즈음은 라틴어 가운데 헬라스어가 많이 섞여 있었다. 또 다른 이야기에는 유피테르가 벼락을 던지는 신이므로 '때린다'는 뜻의 페리레란 말에서 온 것이라고도 한다. 하지만 많은 사람들은 이 단어가 전쟁터에서 적을 친다는 뜻에서 나왔다고 생각한다. 오늘날에도 로마군은 적군과 싸울 때 라틴어의 페리, 곧 '쳐부숴라!' 외친다.

사람들은 전리품을 '스폴리아'라 불렀으며, 그 가운데 특별한 전리품은 '스폴리아 오피마'라 불렀다. 누마 폼필리우스는 스폴리아 오피마를 세 등급으로 나누어 제1품은 유피테르 페레트리우스에게, 제2품은 마르스에게, 제3품은 퀴리누스에게 바치도록 정했다. 또 제1품에 대한 상금은 300아스, 제2품 상금은 200아스, 제3품 상금은 100아스로 정했다고 한다.

하지만 가장 일반적인 이야기에 따르면, 오피마라는 것은 지휘관이 전장에서 가장 먼저 맞선 적 대장을 죽이고 얻은 전리품만을 가리킨다.

이렇듯 전쟁에서 승리하자 로마인들은 기쁨에 들떠 있었다. 그들은 포로를 돌려주고 받은 돈으로 금 조각상을 만들어 델포이 아폴로 신전에 바치고 감사드렸다. 그리고 여러 동맹국들에게도 전리품을 골고루 넉넉하게 나누어 주었으며, 그들의 동맹국인 시라쿠사 왕 히에론에게도 많은 선물을 보냈다.

그 뒤 한니발이 이탈리아로 쳐들어온다는 소식이 들려오자, 마르켈루스는 곧바로 함대를 이끌고 시킬리아 섬으로 갔다. 로마 육군이 칸나이에서 크게 패해 수천 명이 죽었고, 몇몇 사람만 가까스로 카누시움으로 몸을 피해 죽음을 면했다는 소식을 듣자 로마 민심은 다시 흉흉해졌다. 이미 로마군 주력부대를 전멸시킨 한니발이, 승리한 군대를 이끌고 곧바로 로마로 들어올까봐 모두들 벌벌 떨고 있었다.

이때 마르켈루스는 함대에서 군사 1500명을 급파해 로마를 보호하게 한 다음, 원로원 명령에 따라 카누시움으로 나갔다. 그곳에 많은 로마 패잔병들이 모여 있었기 때문이다. 그는 패잔병들을 모아 성 밖으로 나와서 북방 지역을 약탈하는 적들을 막아냈다.

이즈음 로마의 많은 유능한 장군들은 이미 전쟁터에서 목숨을 잃은 뒤였다. 그리고 고결하고 지혜로운 파비우스 막시무스에 대해서 민중은 불만을 터뜨리고 있었다. 그가 패배할 것을 염려하여 지나치게 신중한 태도를 보이자 시민들은 그를 무능한 겁쟁이로 생각했다. 따라서 시민들은 그에게 더는 기대하지 않았다. 그가 위태로워진 나라를 방어하는 데는 명장이지만, 적을 먼저 공격하지는 못하리라 실망하고 있었다.

그래서 마르켈루스가 오자 시민들은 그에게 모든 희망을 걸었다. 그의 자신감 넘치는 대담한 행동이 파비우스의 신중함과 힘을 합하면, 반드시 승리하리라 여긴 것이다. 시민들은 두 장군을 때로는 동시에 집정관으로 임명하기도 하고, 때로는 한 사람은 집정관으로 또 한 사람은 부집정관으로 임명하기도 하면서 적군과 맞서 싸우게 했다.

그래서 파비우스는 로마의 방패요, 마르켈루스는 로마의 칼이라고, 포세이도니우스가 말했던 것이다. 한니발 자신도 파비우스는 스승으로서, 마르켈루스는 적으로서 두려워했다고 고백했다.

한니발 병사들 가운데는 승리에 도취되어 함부로 군대를 빠져나와 여기저기 다니며 약탈을 하는 자들이 나타나기 시작했다. 마르켈루스는 약탈을 하는 한니발의 부대들을 찾아내 기습하면서 서서히 적의 세력을 꺾어나갔다. 또 정세를 자기 쪽으로 유리하게 하려고 민심의 흐름을 따랐다.

네아폴리스 시민들의 마음은 로마 쪽으로 기울고 있었다. 그러나 놀라 시에서는 원로원이 제대로 민심을 살피지 못하여 서민계급이 한니발에게 의지하고 있었다.

놀라 시에 반티우스라는 사람이 살고 있었다. 그는 명문 출신으로서 뛰어난 용기로 이름이 높은 사람이었다. 그는 칸나이 전투에서 격전을 치르며 수많은 적을 무찔렀으나, 그만 창에 찔려 쓰러지고 말았다. 그래서 그는 마침내 한니발 앞에 끌려갔다. 그러나 한니발은 그에게 보상금도 요구하지 않고 그대로 풀어주었을 뿐만 아니라, 극진하게 손님 대접까지 해주면서 그의 용기를 칭찬했다. 한니발의 은혜에 감복한 반티우스는 그 뒤 한니발에 가장 충성하게 되었다. 그래서 그는 이곳 시민들을 선동하면서 로마에 맞서 싸우도록 설득하고 있었다.

마르켈루스는 이러한 반티우스를 사형에 처할 수가 없었다. 그는 일찍이 로마군 편에 서서 가장 큰 전투에 참가한 사람이었다. 마르켈루스는 반티우스가 명예욕이 많음을 알고서, 친절한 태도를 보이며 극진하게 대접하여 그를 자기 편으로 끌어들이려 했다. 마르켈루스는 친절한 태도와 노련한 말재주로 어느 누구라도 자기편으로 끌어들이는 능력이 있었다. 어느 날 반티우스가 마르켈루스에게 인사를 하자 그는 이름을 물었다. 이름을 몰라서가 아니라 말을 걸 기회를 만들고 싶었기 때문이었다.

"루키우스 반티우스입니다."

반티우스가 대답하자 마르켈루스는 놀라 기뻐하는 표정을 지으며 말했다.

"칸나이 전투에서 로마를 위해 싸웠던 그 이름 높은 용사가 바로 당신이군요? 집정관 파울루스 아이밀리우스를 끝까지 지키기 위해 날아오는 창을 몸소 막아준 그 반티우스 말입니다! 모든 사람들의 칭송을 받는 그 반티우스 맞습니까?"

반티우스는 그렇다고 대답하면서 그때 받은 상처를 보여주었다. 그러자 마르켈루스가 말을 이었다.

"그토록 로마를 사랑하는 많은 증거들을 갖고 있으면서 왜 당신은 내가 처음 이곳에 왔을 때 곧바로 와주지 않았소? 로마인들은 은혜를 모를 거라 생각했소? 아니면 적군까지도 존중하는 당신을 내가 제대로 대우하지 않을까 염려했던 것이오?"

마르켈루스는 그에게 말 한 필과 은화 500드라크메를 주며 존경의 뜻을 확실하게 보여주었다.

그 뒤로 반티우스는 마르켈루스의 가장 충성스러운 협조자가 되었다. 반티우스는 반란 음모를 꾸미는 자들을 찾아내는 데 온 힘을 기울였다. 로마에 반대하는 사람들이 뜻밖에도 많았기 때문에 그의 협조는 무척 많은 도움이 되었다. 반란자들은 로마군이 적을 공격하러 도시 밖으로 나갈 때를 틈타 군량과 무기 등을 빼앗으려고 음모를 꾸미고 있었다. 마르켈루스는 부하들을 시내에 배치하고, 군수품을 각 성문들 옆에 두고서 시민들은 가까이 오지 못하게했다. 그러므로 성 밖에서 볼 때에는 조금도 무장을 하지 않는 것처럼 보였다. 이 신중한 책략에 속은 한니발은 시내에 무슨 난동이라도 일어난 줄 알고, 전투 대열도 제대로 갖추지 않은 채 군대를 지휘해 시를 향해 진군했다.

이때 마르켈루스는 이미 열어놓은 가까운 성문에서 정예 기병대를 선두로 기습 공격을 했다. 그러자 다른 성문으로부터 보병 부대가 물밀 듯이 쏟아져 나왔다. 한니발은 전투 대열을 나누어 대항했지만, 또 다른 성문으로부터 나머지 로마군들이 뛰어나와 곳곳에서 공격을 퍼붓자 어찌할 바를 몰라 당황했다. 깜짝 놀란 그들은 혹시라도 뒤에서 또 다른 공격이 가해질까 염려하면서 용기를 잃은 채 가까스로 공격을 막아내는 데만 급급했다.

한니발 군대는 많은 피를 흘리고 수많은 사상자를 낸 뒤 자신들의 진영으로 후퇴했다. 그들이 로마군에게 등을 보이고 뒤돌아 선 것은 이번이 처음이었다.

이 전투에서 적의 사상자가 5000명을 넘었지만 로마군 사상자는 500명도 되지 않았다고 한다. 역사가 리비우스는 얼마나 큰 승리였는지 또 얼마나 많은 적군이 죽었는지에 대해서는 자세히 다루고 있지 않지만, 이 전투에서의 승리가 마르켈루스에게 큰 영광을 주고 패배의 경험으로 두려움에 떨고 있던 로마인들에게 미래에 대한 희망과 믿음을 굳게 해주었다고 말했다. 그 로마 사람들은 자신들이 상대하는 적이 결코 이길 수 없는 무적의 군대가 아니며, 적들도 얼마든지 질 수 있다는 사실을 깨달았다는 것이다.

그래서 그때 집정관 한 사람이 죽자, 로마 시민들은 그를 대신할 사람을 뽑기 위해 마르켈루스를 불러들였다. 그들은 선거관의 뜻을 거부한 채 마르켈루스가 도착할 때까지 선거를 미루며 기다렸다. 그리고 만장일치로 마르켈루스를 집정관 자리에 앉혔다. 그런데 집정관을 뽑을 때 천둥소리가 울리자 복점관은 그의 임명이 잘못된 것이라고 생각했다. 그러나 민중이 두려워 그 주장을 드러내 놓고 알리지는 못했다. 하지만 마르켈루스는 이 사실을 알게 되자 스스로 집정관직을 내놓고, 군대 지휘만을 맡겠다고 했다.

마르켈루스는 전직 집정관 자격으로 놀라의 진지로 돌아갔고, 카르타고와 협력한 사람들을 모두 벌주고 괴롭혔다. 다급히 한니발이 달려와 이에 맞서려 했으나 마르켈루스는 그와 정면으로 싸우려 하지 않았다. 그러다가 한니발이 로마군과 전투할 일이 없다고 생각해 물자를 약탈하러 나간 사이에, 갑자기 그들을 공격했다.

이 전투가 일어나기 전에 마르켈루스는 보병들에게 해상 전투에서 쓰는 긴 창을 지급하고, 기회를 보아 먼 거리에서 카르타고군에게 던질 수 있도록 틈틈이 훈련을 시켜두었다. 그즈음 카르타고 군대는 무거운 창을 들고 맞붙어 싸우는 데에만 익숙했을 뿐, 투창을 다뤄본 경험이 없었다. 그러므로 이날 로마군과 싸우게 된 자들은 수치스럽게도 모두 적에게 등을 보이고 달아나고 말았다.

이 전투에서 카르타고군은 5000명이나 전사했고 600명이 포로로 잡혔으며, 코끼리 가운데 4마리가 죽고 2마리를 빼앗겼다. 하지만 이보다 더 큰 사건이 이어서 일어났다. 그러한 패배를 맛본 지 사흘 만에 이베리아인, 누미디아인으로 이루어진 기병대 300기가 카르타고군을 저버린 채 로마군에 투항한 것이다.

이는 한니발이 처음 맞닥뜨린 재난이었다. 카르타고군은 다양한 민족으로 이루어졌으나, 한니발의 지휘 아래 늘 굳게 단결하는 것처럼 보였다. 로마로 넘어간 기병대는 이 전쟁에서 마르켈루스와 그의 후계자들에게 충성을 다했다.

이 영광을 입어 세 번째로 집정관이 된 마르켈루스는 시킬리아 섬으로 함대를 이끌고 나아갔다. 한니발이 이탈리아 본토에서 싸움에 이기는 것을 보고 힘을 얻은 카르타고인들이 섬을 점령하려 했던 것이다. 게다가 폭군 히에로니무스가 죽음을 당한 뒤 시라쿠사에서는 소요와 혼란이 이어지고 있었다. 시라쿠사의 정세는 매우 어지러웠다. 이런 이유로 로마에서는 아피우스에게 군대를 주어 그곳에 주둔시켜 두었다.

마르켈루스가 이 군대를 넘겨받았을 때, 많은 로마인들이 그의 앞에 엎드려 저마다 하소연을 해왔다. 그들은 칸나이 전투의 패잔병들이었다. 칸나이 전투에서 졌을 때 살아남은 로마군은 더러는 도망쳐서 목숨을 건졌고, 더러는 포로가 되었는데 그 수가 어찌나 많았는지, 남아 있는 로마인들만으로는 성벽을 지키기도 모자랐다.

하지만 자부심으로 가득한 로마인들은 석방금을 조금만 받고 포로를 풀어주겠다는 한니발의 제안을 거절했다. 원로원도 이를 금하여, 포로들로 하여금 차라리 적의 손에 죽거나 노예로 팔려가는 길을 선택하게 했다. 또 도망쳐 살아온 자들도 시킬리아에 보내, 한니발의 전쟁이 끝날 때까지 이탈리아 땅에 발을 들여놓지 말라고 명령했다.

바로 이런 사람들이 마르켈루스가 시킬리아에 닿자 한데 뭉쳐서 호소를 해온 것이다. 그들은 엎드려 탄식하며 명예로운 전쟁에 다시 나갈 수 있게 해달라고 눈물로서 간청했다. 그러고는 칸나이에서의 패배는 자신들이 비겁해서가 아니라 불운 탓이었으며, 앞으로 충성을 다 바쳐 이를 반드시 증명해 보이겠다고 맹세했다. 그는 이들을 가엾게 여겨 원로원에 청원을 보냈다. 보충병이 필요할 때 이들 로마인들 가운데서 모집하도록 허락해 달라고 했다. 많은 논쟁 끝에 원로원은 마침내 로마는 비겁한 병사의 복무를 필요로 하지 않는다고 선언했다. 그러나 마르켈루스 장군이 그들을 받아들이고자 한다면, 그렇게 하되, 어떠한 경우에도 그들의 용맹스러운 행동을 보상해 주기 위해 영예로운 월계관을 내리거나 다른 군사적 포상을 해서는 안 된다고 명령했다.

이 명령은 마르켈루스를 매우 불쾌하게 만들었다. 그래서 그는 시킬리아 전쟁이 끝난 뒤 로마로 돌아가자 원로원을 크게 비난했다. 그가 나라를 위해 많은 일을 했음에도 원로원은 그에게 수많은 불행한 동포들을 구할 수 있는 자유마저 허용하지 않았기 때문이었다.

이즈음 마르켈루스는 시라쿠사인 히포크라테스가 로마인에게 끼친 피해 때문에 매우 분노하고 있었다. 히포크라테스는 카르타고인에게 충성을 다하겠다는 증거를 보여준 다음 왕이 되려는 자신의 야망을 이루기 위해, 레온티니에 사는 많은 로마인들을 죽였던 것이다.

마르켈루스는 곧 레온티니를 포위한 뒤 무력으로 도시를 점령했다. 그는 시민들에게는 조금도 피해를 주지 않고 탈주병만 잡아 사형에 처했다. 하지만 히포크라테스는 마르켈루스가 레온티니의 남자들을 모두 죽였다는 거짓 보고를 시라쿠사에 보냈다. 이에 놀란 시민들이 혼란에 빠진 틈을 타서 히포크라테스는 재빨리 그 도시로 쳐들어가 지배자가 되었다.

이 소식을 듣고 마르켈루스는 군대를 이끌고 시라쿠사로 나아가 성벽 가까이 진을 쳤다. 그리고 사절을 보내 레온티니에서 있었던 일을 사실대로 시민들에게 밝히게 했다. 그러나 이미 히포크라테스가 권력을 잡고 있었으므로 이 해명은 아무런 소용이 없었다.

마르켈루스는 일이 이렇게 되자 육지와 바다 모두에서 공격하기로 결정했다. 육군은 아피우스가 맡고, 마루켈루스는 바다 쪽으로 밀고 들어갔다. 전함 60척에는 다섯 줄씩 노를 설치했으며, 모든 무기와 발사 장치를 충분히 갖추었다. 그리고 큰 배 8척을 쇠사슬로 이어 매고, 그 위로 거대한 다리를 만들어 얹은 뒤 그 위에 화살과 돌을 쏘아 던지는 기계를 설치했다. 마르켈루스는 이 정도면 성을 공격할 준비가 되었고, 또 자신이 이제까지 거둔 빛나는 업적들을 생각하여 자신만만하게 쳐들어갔다. 그러나 이 모든 것들은 아르키메데스가 제작한 기계 앞에서는 한낱 장난감에 불과했다.

사실 그는 히에론 왕이 간청하지 않았더라면 절대로 그것을 만들지 않았으리라. 추상적 이론만 내세우지 말고 그 이론을 바탕으로 구체적이고 쓸모 있는 물건을 만들어 보라는 왕의 명령 때문에, 그는 비로소 이 기계를 만들어 냈던 것이다.

기계를 처음 과학적으로 만들기 시작한 사람은 에우독소스와 아르키다스였다. 그들은 이해하기 어려운 이론에 대해서는 기계를 만들어 직접 해결하려 했다. 그리하여 기하학 이론을 적절히 이용하여 기계학 기술을 터득했고, 너무 복잡해서 말이나 그림으로 증명할 수 없는 결론들은 실험을 통해서 증명하는 방법으로 이 기계학 기술을 적용했다. 예를 들면 많은 기하학 문제들을 푸는 데 필요한 비례중항을 구하기 위해, 여러 개의 곡선과 직선을 사용한 특수한 기구를 만들었다.

하지만 플라톤은 이를 매우 못마땅하게 생각하여, 이들이 기하학을 순수이성의 영역을 떠나 감각의 영역으로 타락시켰다면서 화를 냈다. 그리고 낮은 수준의 노동을 필요로 하는 물건과 관련지음으로써 진정한 과학의 우수성을 없애버렸다고까지 비난했다. 이렇게 해서 기계학은 철학으로부터 멸시를 받으며, 병학의 하나로만 인식되었다.

그런데 아르키메데스는 그의 친척인 국왕 히에론에게 조금만 힘을 가하면 아무리 무거운 물건이라도 쉽게 움직일 수 있다고 말한 뒤, 그 실험 결과를 확신했다. 뿐만 아니라 만일 그가 지구가 아닌 다른 천체에 갈 수만 있다면 이 지구라도 움직일 수 있을 거라고 말하기까지 했다.

이 말에 놀란 히에론은 작은 기계로 거대하고 무거운 물체를 움직이는 실험을 해달라고 간청했다. 그러자 아르키메데스는 끌어내기만 하는 데에도 수많은 사람의 힘이 필요한 큰 배에 어떤 장치를 한 다음 사람과 짐을 가득 실어놓고, 자신은 멀리 떨어진 곳에 앉아 도르래 한 끝을 손에 쥐고 밧줄을 감았다. 큰 배는 마치 순풍에 돛을 단 듯 일직선으로 미끄럽게 움직여 끌어올려졌다. 이 광경을 본 국왕은 마침내 기술의 위대한 힘을 확신하게 되면서, 아르키메데스로 하여금 공격과 수비 어느 쪽으로도 쓸 수 있는 전투 기계를 만들게 했던 것이다.

그러나 그즈음에는 나라가 평온했으므로 이러한 전투 기계를 사용할 일이 없었다. 이런 기계를 언제라도 쓸 수 있게 미리 준비한 다음 그것을 다룰 수 있는 기술자들을 양성하기만 했다.

사실 로마군이 육지와 바다 양쪽에서 동시에 공격해 오자, 시라쿠사 시민들은 그 기계의 위력에는 아무도 대항할 수 없다고 생각해 두려움과 불안으로 몸을 떨었다. 그런데 이때 아르키메데스가 자신이 만든 전투 기계를 작동시켰다.

온갖 종류의 화살들과 거대한 돌 같은 발사 무기들이 로마군의 육군 부대로 날아가 무서운 굉음을 내며 땅으로 떨어졌다. 그 소리는 온 세상을 뒤흔들었다. 그 누구도 이에는 차마 대항하지 못했다. 로마군 대열은 뿔뿔이 흩어졌으며, 곳곳에 시체들이 쌓여 있어 마치 산처럼 보였다. 바다에서는 배들이 갈고리에 걸려 높이 떠올랐다가 그대로 물속에 곤두박질쳤다. 또한 누각에서 비죽이 튀어나온 커다란 기둥에서 뭔가 무거운 게 배 위로 던져져서, 이것에 맞은 사람들은 모두 물속에 빠져 죽었다. 어떤 배는 기중기 끝에서 내려온 손 같은 것에 한쪽 끝이 잡혀 곧게 세워졌다가 물속에 던져지기도 하고, 성안에서 조종하는 밧줄에 걸려 절벽이나 성벽에 부딪힌 병사들이 비참한 죽음을 당하기도 했다. 그뿐만이 아니었다. 여기저기에서 배들이 까마득하게 높이 매달렸다. 그 배에 탄 군사들은 모두 바닷속에 떨어질 때까지 빙글빙글 공중에서 휘둘리다가, 급기야는 바윗돌에 부딪치거나 바다로 곤두박질쳤다.

마르켈루스가 큰 배들을 연결하여 그 위에 설치한 성벽 공격용 설비는 모양이 악기처럼 생겨서 하프라고 불렸다. 그런데 이것을 성벽 가까이 싣고 가다가 10탈란톤 무게나 되는 큰 돌이 몇 번이나 위에서 떨어져, 이 설비들은 모두 망가지다 못해 날아가 버릴 지경에 이르렀다.

마르켈루스는 이 같은 공격을 도저히 당해낼 길이 없었다. 그는 어떻게 해야 좋을지 방법이 막연해지자 먼저 부하들 배를 안전한 거리로 후퇴시키고, 육군 부대에게도 후퇴 명령을 내렸다. 그리고 급하게 회의를 하여, 가능하다면 한밤에 성벽 바로 아래까지 들어가 보기로 결정했다. 아르키메데스가 기계로 여러 가지 물건을 던질 때 오로지 긴 줄만을 사용했기 때문에, 아주 가까이 다가간다면 물건들을 던져봤자 모두 머리 위로 지나가리라 생각한 것이다. 하지만 적들은 먼 거리뿐만 아니라 가까운 거리에 있는 적에게 창이나 화살을 던질 수 있는 기계도 가지고 있었다. 그들은 성벽에 나 있는 작은 구멍 안에 '전갈'이라 부르는 이 기계를 숨겨놓고, 적에게 기습 공격을 하기 위해 로마군이 가까이 오기만을 기다리고 있었다.

로마군은 발각되지 않은 줄로 착각하고 성을 공격했다. 그런데 느닷없이 바로 머리 위에서 돌들이 쏟아져 내리고, 성벽 여기저기에서 창들이 날아오기 시작했다. 그들은 어쩔 수 없이 도망치게 되었는데, 이번에는 먼 거리에 사용하는 창과 화살이 마치 소낙비처럼 위에서 쏟아져 내렸다.

이 공격을 받아 수많은 병사가 죽고, 가까스로 살아남은 자들은 서로 배를 부딪치며 도망가기에 정신없었다. 아르키메데스는 이 전투 기계들을 대부분 성벽 바로 뒤에 설치해 두었기 때문에, 로마군들 눈에 들키지 않은 채 이들에게 커다란 타격을 줄 수 있었다. 생각지도 않게 불쑥 튀어나와 자신들을 괴롭히는 이 불가사의한 힘에 기가 죽은 로마군들은, 마치 자신들이 사람이 아닌 신과 싸우고 있는 듯했다. 로마군은 보복할 방법이 없었다. 그러나 조금도 상처를 입지 않은 마르켈루스는 그의 측근과 기술자들을 돌아보며 의연하게 농담까지 했다.

"그 기하학자 거인이 바닷가에 앉아서 소꿉장난을 하는군. 우리 배를 마음대로 뒤집으며 장난을 친다고 우리가 싸움을 단념할 수는 없다. 손이 백 개나 달렸다는 옛이야기 속 거인이 나타나 창과 화살을 날린다 해도 이보다는 덜했을 것이네!"

사실 시라쿠사군은 아르키메데스 계획을 그대로 행동으로 옮기는 팔과 다리처럼, 모든 것이 그의 생각에 따라 일사불란하게 움직였다. 군대는 다른 무기들을 모두 버린 채 아르키메데스 기계만 믿고 안심했다. 로마군은 어찌나 겁에 질렸는지 성 위에 무슨 장대나 밧줄 하나만 보여도, 아르키메데스가 또 무슨 기계를 사용하나 보다 생각하고는 정신없이 달아날 정도였다. 마르켈루스는 하는 수 없이 공격을 단념하고 모든 것을 그저 시간에 맡기기로 했다.

아르키메데스가 발명한 기계는 세상 사람들을 놀라게 했다. 사람들은 그것이 인간의 힘으로는 얻을 수 없는 지혜라 생각했다. 그러나 아르키메데스 자신은 이 일에 대해 전혀 기록을 남겨놓지 않았다. 이는 아마도 그의 고상한 정신 때문이었으리라. 그는 기계공학 같은 모든 실용 기술들은 비도덕적이고 저속한 것이라 여겼으므로, 이 방면의 연구에 대한 책은 하나도 남기지 않았다. 그는 연구에 대한 열정과 기쁨을 오로지 명상에만 집중했다.

여러 사물들에 대한 학문적 연구가 아르키메데스 삶의 모든 분야에서 가장 뛰어난 것이라는 데에는 그 누구도 의심하지 않는다. 그는 아름다움과 위대함을 연구 중심 과제로 삼았다. 또 그것을 풀어내는 방법의 정확성과 독특한 증명 방법으로 그의 위대함은 더욱 두드러져 보였다. 모든 기하학 가운데 그가 내놓은 문제만큼 복잡하고 어려운 것은 없었다. 하지만 실제로는 그의 해설만큼 간단하고 쉬운 것도 없었다. 어떤 이는 이것이 그의 천재성 때문이라고 했다. 또 어떤 이는 이런 것이 얼핏 어렵지 않은 일로 보이나, 아르키메데스 자신은 이루 말할 수 없는 온갖 노력과 고심을 거듭했으리라고 말한다. 그 누구도 풀어내지 못하는 문제라 해도, 그가 해석한 내용만 보면 쉽게 결론에 이를 수 있다. 그리고 이런 간단한 방법이라면 누구라도 쉽게 풀 수 있으리라고 생각하게 된다.

그러므로 세상 사람들이 말하듯이, 그가 집 안에 있는 세이렌 여신에게 매혹당해서 때로는 먹는 것조차 잊고 자기 몸도 돌보지 않은 채 살았다는 이야기도 전혀 근거가 없는 말은 아닐 것이다. 그는 목욕탕에 들어가거나 몸에 향유를 바를 때에도 아궁이에 있는 재 위에 손가락으로 기하학적 도형들을 그리거나, 향유를 바른 몸 위에 선들을 그리곤 했다. 오로지 기하학에만 몰두했던 과학에 대한 그의 집착과 열정은 마치 신들린 사람과 같았다.

그는 수없이 발명했으며, 그것은 모두가 놀랄만한 것이었다. 그러나 그는 죽은 뒤의 명예를 바라지 않았으므로 이 기록들을 남겨놓지 않았다. 그는 친구와 친척들에게 자신이 죽거든 무덤 위에 원통을 세워 둥그런 구체를 넣은 다음, 겉에는 통 안에 들어 있는 구체의 입체 비율을 새겨달라고 유언을 남겼다.

아르키메데스는 이러한 인물이다. 이 무렵 시라쿠사 시는 아르키메데스의 무기가 있는 한 절대로 함락되지 않을 듯이 보였다.

마르켈루스는 시라쿠사를 포위하고 있는 동안 기회를 봐서 메가라 시를 공격했다. 메가라는 헬라스인들이 시킬리아에 와서 세운 가장 오래된 도시였다. 마르켈루스는 다시 아크릴라이에 있는 히포크라테스군의 진영을 점령하여, 성벽 울타리를 설치하고 있던 적군을 8000명 넘게 죽였다. 그는 시킬리아 섬 대부분을 공격해 많은 도시를 카르타고인 손아귀에서 빼앗고, 저항하는 자들을 모조리 무찔렀다.

그런데 포위 작전이 진행되는 동안 스파르타인 다미푸스라는 사람이 시라쿠사를 빠져나가려다 로마군에게 붙잡혔다. 시라쿠사인들이 보석금을 낼 테니 그를 풀어달라고 요구해 오자 양군 사이에는 여러 차례 협상이 이루어졌다. 마르켈루스는 이 문제를 시라쿠사인들과 협의하려고 여러 번 시내를 드나들게 되었다. 그런데 이 기회를 이용해 마르켈루스는 그곳의 누각 하나에 군대를 몰래 숨겨둘 수 있다는 사실을 알아냈다. 그 성벽은 기어오르기도 쉽고 수비도 허술해 보였다. 몇 차례 그곳에 가본 마르켈루스는 드디어 그 누각의 높이를 자세히 측정해 거기에 맞을 만한 사다리를 만들고는 침입할 기회를 엿보고 있었다.

이때 시라쿠사인들은 디아나 여신에게 제사를 드리느라 정신이 없었다. 그들은 술 마시고 노래하느라 그 밖의 다른 일은 미처 생각하지 못했다. 이 기회를 놓치지 않고 마르켈루스는 재빨리 누각을 점령한 뒤, 날이 밝기도 전에 성벽 위에 부하들을 배치했다. 그러고는 헥사필론으로 돌격했다. 뒤늦게 잠에서 깬 시민들이 요란한 소리에 놀라 나가보니, 마르켈루스는 이미 곳곳에서 병사들에게 나팔을 불게 하며 모든 시를 점령한 듯이 위세를 부리고 있었다. 오직 시내에서 가장 방어가 삼엄한 '아크라디나'만이 요새로 보호되어 있어서 점령당하지 않았다. 이곳은 네아폴리스와 티카 이 두 지역과 경계를 이루고 있었다.

마르켈루스는 날이 밝자 헥사필론을 지나 성안으로 들어갔다. 부하 장병들이 모두 나와 환성을 지르며 그를 맞아들였다. 마르켈루스는 높은 곳에 올라서서 눈 아래 펼쳐진 광활한 시가의 아름다움을 보고는 눈물을 흘렸다. 이제 부하들의 약탈이 시작되면 몇 시간 못 가서 이 아름다운 곳이 쑥대밭으로 변할 것을 생각하니 어쩐지 슬퍼졌던 것이다. 그러나 그의 장군들 가운데는 누구도 병사들의 약탈 행위를 저지하려고 하지 않았다. 그러기는커녕 이 도시에 불을 질러 완전히 잿더미로 만들자는 말까지 했다.

마르켈루스는 그럴 생각이 도무지 없었지만, 그들의 주장에 못 이겨서 할 수 없이 돈과 노예를 빼앗아도 좋다고 허락했다. 그렇지만 자유민에게 폭행을 가하거나, 시라쿠사 사람을 죽이거나 잡아서 노예로 만드는 일은 엄격하게 금했다.

온건하게 일을 처리했음에도 마르켈루스는 동정 어린 눈길로 시가를 바라보았다. 승리의 축복과 기쁨 속에서 엄청난 재산과 화려한 건물들이 한순간에 사라지는 것을 보자 그는 몹시 안타까웠다.

로마가 약탈한 전리품은 다음 해에 카르타고에서 얻은 것에 못지않았다. 얼마 지나지 않아 그들은 시라쿠사 시에서 점령하지 못했던 다른 곳까지 함락했고, 약탈 행위도 다시 시작되었다. 하지만 국왕의 창고에 있던 황금은 모두 로마 국고에 넣어 나라 재산으로 만들었다.

시라쿠사를 점령할 때 마르켈루스 마음을 무엇보다 괴롭힌 것은 아르키메데스의 죽음이었다. 그때 아르키메데스는 기하학의 어떤 도식을 푸는 일에 열중해 로마군의 침입이나 도시 점령에 대해 아무것도 모르고 있었다. 그가 한창 연구에 열중해 있을 때 한 로마군이 나타나 자기와 함께 마르켈루스에게 가자고 했다. 그러나 아르키메데스가 지금 풀고 있는 문제를 다 풀 때까지는 나갈 수 없다고 거절하자, 화가 난 병사는 곧바로 칼을 빼들고는 아르키메데스를 그 자리에서 찔러 죽였다고 한다.

또 다른 사람이 전하는 바에 따르면, 병사가 칼을 들고 죽이려 달려들자 아르키메데스는 문제를 모두 풀 때까지 좀 기다려 달라 요청하고 생각에 잠겨 있는 사이에 죽음을 당했다고도 한다. 어떤 사람은 그가 수학에 쓰는 여러 기구, 해시계, 구체, 사분의(四分儀) 등과 함께 마차에 실려 가는 길에, 병사들이 그가 가지고 있던 상자 속에 금이라도 있는 줄 알고 그것을 빼앗기 위해 그를 살해했다고 말하기도 한다.

아르키메데스의 죽음은 마르켈루스 마음을 몹시 안타깝고 애통하게 했다. 그는 아르키메데스를 죽인 병사를 마치 벌레를 보듯 혐오스럽게 바라보다 그대로 돌아섰다. 마르켈루스는 아르키메데스의 죽음을 슬퍼하며 그의 가족을 찾아 잘 돌보아 주었다. 이제까지 로마인들을, 싸움 잘하는 용감한 사람들이며 전쟁터에서는 언제나 무시무시한 적이라고만 생각하던 헬라스인들은 새삼 놀라워했다. 로마인들이 온화하고 인정이 많으며 예의가 바르다는 사실은 미처 몰랐던 것이다. 이렇듯 로마인들의 정의로운 마음을 헬라스인에게 보여준 사람은 마르켈루스가 처음이었다.

마르켈루스는 자신과 가까운 사람들뿐만 아니라, 여러 도시나 개인들에게도 매우 너그럽게 대했다. 엔나, 메가라, 시라쿠사 시민에 대해 준엄하고 가혹한 명령을 내렸을 때에도 그는 먼저 그런 강압적인 수단을 취하게 만든 여러 도시들에도 책임이 있음을 생각하게 했다. 그 가운데 한 가지 예만 들어보겠다. 그 무렵 시킬리아에 엔기온이라는 매우 오래된 도시가 있었다. 그리 큰 도시는 아니지만 '어머니들'이라 불리는 여신의 신전이 있는 꽤 유명한 곳이었다. 이 신전은 크레테인이 세웠다고 전해지고 있으며 메리오네스, 율리시스 등의 이름을 새긴 창과 투구 등이 보존되고 있다.

그곳 시민들은 열성적인 한니발 지지자들이었는데, 니키아스만은 로마와 가까이해야 한다고 주장했다. 그는 시민들이 모인 자리에서 한니발과 손잡는 일이 얼마나 무모한 것인지 열변을 토했다. 또 그의 반대파 사람들이 나라가 아닌 개인의 이익만을 위해 가벼이 행동한다고 공격했다. 니키아스의 웅변술과 권위를 두려워한 반대파 사람들은 그를 붙잡아 카르타고인에게 넘기기로 마음먹었다. 그러자 그들 계획을 눈치챈 니키아스는 탈출을 하려고 했으나 이미 정탐꾼이 따라다니고 있음을 알아차리고는, 일부러 엉뚱한 행동을 하면서 미친 척하고 다녔다. 그는 여신에 대해 함부로 말을 했으며, 부정한 말을 입에 담으면서 여신들을 경멸했다.

니키아스가 이러한 행동을 하는 것을 보고 반대파들은 그가 스스로 자기 무덤을 판다며 좋아했다. 그러고는 니키아스를 체포할 준비를 다 갖춘 다음 민회를 열었다. 니키아스는 여기서 시국 연설을 하다가 갑자기 바닥에 쓰러졌다. 사람들은 모두 놀라 한참 동안 그를 바라보았다. 이윽고 그는 다시 자리에서 일어나더니 떨리는 목소리로 말하기 시작했다. 그가 점점 날카롭고 힘차게 외쳐대자 사람들은 알 수 없는 공포에 휘감기고 있었다. 순간, 그는 느닷없이 겉옷을 벗어던지고 반나체가 되어 밖으로 달려나가면서, '어머니들'이 자신을 잡으려 쫓아온다고 외쳤다. 그 자리에 있던 사람들은 두려움 때문에 그를 붙들거나 말리지도 못하고 오히려 그가 지나갈 수 있도록 길을 비켜주었다. 그는 점점 신들린 사람처럼 알아들을 수 없는 말들을 하며 성문을 빠져나갔다.

처음부터 이 계획을 알고 있던 니키아스의 아내는 아이들을 데리고 미리 여신 신전에 엎드려 죄를 용서해 달라고 빌고 있다가, 남편을 찾아 헤매는 체하며 그의 뒤를 따라 도망쳤다. 그들은 아무 방해도 받지 않고 그곳을 빠져나가, 시라쿠사에 있는 마르켈루스에게로 무사히 도망쳐 왔다.

마르켈루스는 엔기온 사람들이 로마에 저항하는 일이 빈번해지자 반란자들을 모조리 잡아 사형에 처하려고 했다. 그러자 니키아스가 그를 붙잡고 울면서, 자신을 미워하던 고향 사람들을 살려달라고 간청했다. 이에 감동한 마르켈루스는 그들을 모두 풀어주고, 도시에도 아무런 피해를 끼치지 않았음은 물론 니키아스에게도 많은 땅과 선물들을 주었다고 한다. 이 이야기는 철학자 포세이도니우스에 의해 전해진다.

얼마 지나 마르켈루스는 나라 안 정세가 위급해지자 로마로 불려갔다. 그는 자기 승리를 빛내고 로마를 장식하기 위해 시라쿠사의 가장 아름다운 장식물들을 배에 잔뜩 싣고 왔다. 그것들은 로마가 일찍이 가져보기는커녕, 구경조차 한 적 없는 정교한 예술품들이었다. 로마인은 우아하고 품위 있는 예술품들에 대한 안목이나 취미가 없었다. 로마에는 야만족의 무기와 피로 얼룩진 전리품과 전쟁의 승리를 기념하는 물건으로 곳곳이 가득했는데, 이런 광경은 전쟁을 싫어하는 사람들과 사치스러운 사람들 눈에는 만족스럽거나 즐겁게 느껴지지 않았다.

에파메이논다스가 보이오티아 벌판을 '군신의 무대'라 부르고 크세노폰이 에페수스를 '전쟁 작업장'이라 부른 것처럼, 이 무렵 로마는 핀다로스의 말에 따르면 '전쟁을 즐기는 군신의 터전'이었다. 그러므로 마치 살아 있는 듯 착각을 불러일으킬 정도로 생생하고 우아하고 균형이 잘 잡힌, 헬라스의 아름다운 조각상으로 도시를 장식한 마르켈루스가 대중에게 인기가 높았던 것은 놀라운 일이 아니었다.

하지만 노인들은 오히려 파비우스 막시우스를 칭찬했다. 그는 타렌툼을 점령했을 때 그런 종류의 물품들은 아예 손도 대지 않은 채 황금과 값진 물건들만 빼앗아 오고, 신의 조각상은 그대로 남겨두었던 것이다. 그래서 다음과 같은 그의 말은 오늘날까지 전해지게 되었다.

"성난 신들은 타렌툼 사람들에게 그대로 남겨두자."

노인들은 마르켈루스를 비난하며, 그가 자기 승리와 개선 행렬을 빛내기 위해 사람들뿐만 아니라 신들까지 포로로 잡아와 외국 사람들로부터 원망을 사게 됐다고 목소리를 드높였다. 그리고 전쟁 아니면 농사밖에 모르는 로마인들에게 사치와 안락을 가르쳐 준다고 못마땅해했다. 에우리피데스가 헤라클레스에 대해 쓴 표현처럼, '다듬어지지 않아 거칠고 오로지 현실적인 일에만 능한' 로마 평민들에게 예술을 이야기하며 시간만 낭비하게 했다고 그를 내몰았다.

그러나 마르켈루스는 자신이 한 일을 무척 자랑스러워했다. 그는 거칠고 무식한 자기 나라 사람들에게, 우아하고 아름다운 헬라스 예술 작품을 감상하고 숭배하는 법을 가르쳐 준 것을 큰 영광으로 생각했다.

그를 시기하는 사람들이 로마에서 개선식을 올리는 것에 반대하자, 마르켈루스는 그 뜻을 받아들이기로 했다. 시킬리아 섬은 아직 완전히 평정된 상태가 아니었으므로 세 번씩이나 개선식을 올리는 것을 마땅히 질투하리라 여겼던 것이다. 마르켈루스는 알바누스 산에서 개선식을 올린 뒤에 짧은 개선 행렬로 로마에 입성했다. 이 간소한 개선식을 헬라스어로는 '에우아'라고 부르는데, 이 의식에서 장군은 전차도 타지 않고 월계관도 쓰지 않았다. 나팔대가 앞장서서 나팔을 불지도 않았으며 그는 샌들을 신고 머리에는 도금양(桃金孃) 나무로 만든 관을 쓰고 은은한 피리 소리를 들으며 군중 곁을 걸어갔는데, 사람들은 이 광경을 두려움이 아닌 친근하고 기쁜 마음으로 지켜보았다.

이런 것으로 추측해 보건대, 처음에는 정식 개선식과 약식 개선식의 구별이 공훈의 크고 작음에서 생겨난 것이 아님을 알 수 있다. 그것은 전쟁에서 공을 세운 위대함에 있다기보다는 그것을 성취하는 양식에 있었다.

큰 전쟁에서 많은 적을 죽이고 돌아온 군대는 손에 묻힌 피를 씻어내기 위해서라도, 풍습에 따라 무기와 병사들을 월계관으로 장식하고 위풍당당한 개선식을 행했을 것이다. 그러나 무력을 쓰지 않고 인정, 관대함, 설득과 같은 미덕을 주고받으며 협상으로 목적을 이룬 장군들은 축제처럼 약식 개선식을 치렀다. 피리는 평화의 상징이었으며, 도금양은 폭력과 전쟁을 가장 싫어하는 신 베누스가 좋아하는 나무라는 사실도 이를 뒷받침한다.

이런 약식 개선식을 오바티온이라고 부르는 이유를 알아보자. 흔히 개선식을 거행할 때 '에우아' 외친다고 해서 헬라스어 에우아스무스에서 유래되었다고 생각하지만, 이는 사실이 아니다. 정식 개선의 경우에도 '에우아'를 외치기 때문이다. 이 행사는 어떤 의미에서는 디오니소스를 위한 것이기도 한데, 이 신을 가리켜 에비우스 또는 트리암보스라고 부르는 것도 이와 관계가 있다고 여겼다. 그래서 헬라스인들이 이 말을 헬라스 말이라고 왜곡한 듯하지만 사실은 그렇지 않다. 정식 개선식에서는 사령관들이 황소를 제물로 바치고, 약식 개선식에서는 양을 제물로 바치는 것이 관례였는데, 여기서 양을 뜻하는 라틴어 '오비스'에서 오바티온이라 이름 붙인 것이다.

이상한 점은 스파르타 입법자가 정한 제물과 로마인들이 정한 제물이 아주 달랐다는 것이다. 스파르타에서는 설득이나 계략으로 목적을 이룬 장군은 소를, 전투로 목적을 이룬 장군은 수탉을 제물로 올렸다. 이는 스파르타인이 비록 호전적인 민족이었으나, 지혜로운 협상으로 얻은 승리가 무력으로 얻은 승리보다 인간적인 면에서는 더 낫다고 보았기 때문이리라.

마르켈루스가 네 번째로 집정관에 오르자 그의 반대파는 시라쿠사인들을 꾀어 로마로 사절단을 보냈다. 그러고는 마르켈루스가 협상 조건을 어기고 자신들을 잔인하고 부당하게 대하고 있다며 원로원에 호소하게 했다. 시라쿠사 사절단이 마르켈루스를 고소하면서 자기들의 고통을 원로원에 탄원하는 동안, 마르켈루스는 카피톨리움에서 제사를 지내고 있었다. 그런데 원로원에 있던 마르켈루스의 동료 집정관은, 자리에 없는 사람을 규탄하는 것은 불법이라고 마르켈루스를 변호하며 심의를 하지 못하게 했다.

마르켈루스는 이 소식을 듣고 곧바로 원로원에 들어가 집정관석에 앉아서 정무를 마친 다음, 재판을 받는 사람들이 서는 피고석에 앉더니 시라쿠사 사절단을 향해 자신에 대한 혐의 사실을 입증하라고 요구했다. 그러나 그들은 마르켈루스의 자신만만하고 믿음에 찬 행동을 보고 놀라서 그저 멍하니 서 있기만 했다. 집정관 관복을 입은 그의 모습은 갑옷을 입었을 때보다도 훨씬 더 날카롭고 위엄이 있어 보였다.

그럼에도 마르켈루스의 정적들이 시라쿠사 사절단을 부추기자 그들은 마르켈루스를 고발하기 시작했고, 그를 심판해 줄 것을 청하며 탄식과 함께 불만불평을 늘어놓았다. 자기들이 로마 동맹국이며 우방임에도, 적에게도 차마 입지 않을 피해를 마르켈루스에게 당했다는 것이다.

그러자 마르켈루스는 비록 그들이 로마에 큰 해를 끼쳤지만 포로가 된 적에게 마땅히 해야 할 일 말고는 어떤 처벌도 내리지 않았으며, 군대가 도시를 약탈했던 것은 여러 번 평화협상을 권유했는데도 그들이 이 제안을 거절했기 때문이라고 대답했다. 그들이 포로가 된 것은 그들 잘못이며, 참주들의 강제로 마지못해 전쟁에 휘말려든 게 아니라 오히려 전쟁을 할 생각으로 참주들을 내세웠다는 주장이었다.

양쪽 변론이 끝나자 관습에 따라 시라쿠사 사절단은 퇴장했다. 마르켈루스는 판결이 어떻게 내려지는가 봐달라고 동료 집정관에게 부탁하고 자신은 시라쿠사 사절단과 함께 퇴장했다. 그는 자기가 기소당한 사실에 조금도 마음이 흔들리지 않았으며, 고발을 두려워하거나 시라쿠사 사절들에게 분노하지도 않고 침착하게 판결이 내려지기를 기다렸다.

원로원 판결은 마르켈루스의 손을 들어주는 것으로 끝이 났다. 그러자 시라쿠사 사절들은 마르켈루스 앞에 엎드려 눈물로 용서를 빌었다. 또 그에게 앞으로 시라쿠사에 남아 있는 동포들을 불쌍히 여겨 큰 친절을 베풀어 준다면 그 은혜를 절대로 잊지 않겠다며 애원했다. 마르켈루스는 그들의 호소에 감동되어 대표자들과 화해하고 그 뒤 시라쿠사를 돕는 데 언제나 발 벗고 나섰다.

마르켈루스는 시라쿠사인들에게 자유와 법률과 남아 있는 재산을 돌려주자고 제안했고, 원로원은 이를 허락했다. 이 일로 시라쿠사인들은 마르켈루스에게 깊은 감사를 느꼈다. 그래서 그들은 만일 마르켈루스나 그의 자손이 시킬리아에 오게 되면, 언제나 머리에 꽃을 꽂고 환영하며 신에게 제사를 드려야 한다는 법까지 만들었다.

이 사건이 마무리되자, 마르켈루스는 한니발을 치려고 군대를 일으켰다. 그때 로마의 다른 집정관과 장군들은 한니발을 몹시 두려워하여 그와의 전투는 피하려고 했다. 그 누구도 감히 싸움터에서 한니발군과 정면으로 맞서려 하지 않았다.

그러나 마르켈루스는 그들과는 달랐다. 그는 시간을 끌면서 한니발이 지쳐 떨어지기를 기다리다가는, 이탈리아 전역이 먼저 파멸하게 될 거라고 생각했다. 그는 전쟁이 끝나기만을 기다리는 파비우스의 신중한 정책에 의존하면 로마가 망하는 것은 시간문제라고 결론을 내렸다. 파비우스의 이 같은 작전은, 마치 의사가 약 쓰기를 두려워하여 저절로 병이 낫기를 기다리다가 환자의 기력만 떨어뜨리는 것과 마찬가지라고 여겼다. 기다림은 나라의 병을 치료하는 데는 그다지 좋은 방법이 아니라는 것이다.

따라서 마르켈루스는 로마를 배신한 삼니움 여러 도시들을 먼저 점령했다. 그리고 거기서 많은 곡식과 황금을 빼앗고, 한니발이 수비병으로 주둔시켜 놓은 부대 3000명을 포로로 잡았다. 그 뒤 아풀리아에서 전직 집정관인 크나이우스 풀비우스가 군사 호민관 11명과 함께 전사하고, 부대 또한 같은 운명에 처했다는 보고를 듣고는 로마에 편지를 보냈다. 그는 시민들에게 용기를 잃지 말라고 다독였으며, 한니발의 기쁨을 빼앗기 위해 그가 이미 군사를 이끌고 나아가고 있다고 말했다.

편지가 낭독되자 로마 시민들은 불안한 마음으로 들었다. 리비우스의 기록에 따르면, 이때 시민들은 전보다 사기가 오르기는커녕 오히려 더 의기소침해졌다고 한다. 그것은 시민들에게는 마르켈루스가 풀비우스보다도 훨씬 가치 있는 인물이었는데 그를 잃게 될 위험이 크다고 여겼기 때문이다.

그는 편지 내용대로 루카니아로 나아갔다. 누미스트로에서 한니발과 싸우기 위함이었다. 적은 높은 언덕을 차지하고 있었다. 마르켈루스는 들판에 진을 치고 아침이 되기만을 기다렸다. 날이 밝자 그는 군대를 이끌고 먼저 적진으로 나아갔다. 한니발도 이 도전을 피하지 않았다. 세 시간 동안이나 격렬한 전투가 계속되다가 승패가 좀처럼 나지 않은 채 날이 저물어 전투가 중단되었다. 그들은 다음 날 새벽 다시 군대를 이끌고 나와 시체가 널린 곳에서 결전을 치르고 승부를 결정하려고 했다. 그런데 한니발이 갑자기 진영을 거두어 후퇴하고 말았다.

마르켈루스 군대는 전사한 적군 무기들을 거두고 아군 시체들은 모두 묻어준 다음에 적을 뒤쫓아가기 시작했다. 한니발은 여러 번 전략을 바꾸어 가며,

마르켈루스를 함정에 빠뜨리기 위해 복병을 숨겨놓기도 했으나 마르켈루스는 그 꾀에 넘어가지 않았다. 그는 수많은 복병들에게 들키지 않고 추격을 계속해 모든 전투에서 승리를 거두었다.

이즈음 로마에서는 선거일이 가까워지자 마르켈루스로 하여금 계속 한니발과 싸우도록 내버려 둔 채, 시킬리아로 나가 있는 집정관 한 사람만 불러들였다. 로마로 소환된 집정관에게 원로원은 퀸투스 풀비우스를 독재관으로 지명할 것을 요구했다. 이 독재관이란 직책은 원로원이나 민중에 의해서 선출되는 게 아니라, 집정관이 민회에서 지명하게 되어 있었다. 그들은 이렇게 지명된 독재관을 딕타토르라 불렀는데, 이것은 '지명하다, 판결하다'는 뜻의 디케레에서 비롯된 말이다.

그러나 어떤 이는, 딕타토르란 민중과도 의논하지 않고 자기 뜻대로 명령할 수 있는 만큼 법령이나 다름없다고 했다. 그래서 로마인의 법령을 뜻하는 에딕트가 그 어원이 되었다고도 한다. 로마인들은 행정 장관의 명령을 에딕트라고 불렀기 때문이다.

한편 시킬리아 섬에서 소환된 마르켈루스의 동료는 독재관으로 지명하고 싶은 사람이 따로 있었다. 그래서 그는 자기 의견을 강권에 따라 바꾸기 싫어서 배를 타고 시킬리아로 되돌아가 버렸다. 민중은 퀸투스 풀비우스를 독재관으로 선출하기로 결의했고, 원로원은 마르켈루스에게 특사를 보내어 퀸투스 풀비우스를 지명하라고 명령했다. 마르켈루스는 순순히 이 명령을 따르며 그를 독재관으로 선언했다. 그리고 자신은 전직 집정관으로서 다시 1년 동안 임무를 떠맡게 되었다.

마르켈루스는 파비우스 막시무스와 의논하여, 파비우스가 타렌툼 시를 공략하는 동안 자신은 한니발과 전투를 계속 벌여서 한니발이 타렌툼을 도우러 오지 못하도록 계획을 짰다. 마르켈루스는 한니발을 따라가 이리저리 유인하며 시간만 끌다가 카누시움 근처에서 드디어 그를 앞질러 나아갔다. 그러나 한니발은 여러 번 군대를 이동하면서 전투를 피했다. 마르켈루스는 그와 싸우기 위해 그 주변을 모두 찾아다녔다. 계속된 추격 끝에 마르켈루스는 마침내 그의 진지를 공격할 수 있었다. 이때에도 밤이 될 때까지 격렬한 전투가 계속되며 승패가 나지 않았다.

그다음 날 마르켈루스는 다시 군대를 정렬해 한니발에게 싸움을 걸었다. 어려움에 처한 한니발은 카르타고군을 한자리에 모아 최선을 다해 싸워달라고 호소했다.

"여러 장병들도 알고 있듯이 우리는 수많은 승리를 맛보았다. 그러나 지금 적을 물리치지 못한다면 우리는 더는 편히 쉬지 못할 테고, 끝내는 모든 자유를 잃게 될 것이다!"

마침내 양군이 맞붙어 치열한 전투가 벌어졌다. 그런데 마르켈루스 군대가 때를 제대로 맞추지 못했으므로 그에게 실패의 책임이 돌아가는 상황이 되었다. 오른쪽 날개가 심한 공격을 받게 되자 마르켈루스는 1개 군단을 최전선으로 내보냈다. 그런데 이런 행동이 도리어 여러 부대들의 배치를 어지럽게 만들어, 승리를 적에게 넘겨주게 되는 꼴이 되고 말았다. 이 전투에서 로마군 전사자는 2700명이나 되었다.

마르켈루스는 진영으로 돌아와 부하 장병들을 모아놓고, 저기에 많은 로마인들이 죽어 있지만 그 속에 진정한 로마인은 한 사람도 없다고 말했다. 병사들이 마르켈루스에게 용서를 빌자 그는 패배하는 것에 대해서는 절대로 용서란 있을 수 없다 말하고, 만일 이긴다면 그 자리에서 모두 용서해 주리라 약속했다. 그들은 오늘의 이 패배가 로마에 알려지기 전에 먼저 승리 소식을 전해주자며 다음 날 다시 싸우기로 맹세했다. 집회를 해산하면서 마르켈루스는 적에게 등을 보인 부대에는 밀 대신 말먹이로 쓰는 보리를 먹이라고 명령했다. 이러한 마르켈루스의 꾸지람은 부하들을 가슴 아프게 했다. 그들은 거의 모두가 부상을 당했지만, 자기들이 입은 몸의 상처보다도 마루켈루스의 말이 더 뼈에 사무치도록 그들을 괴롭혔다.

날이 밝아오자 로마군 진영 앞에는 전쟁 신호인 붉은 외투가 사령관 막사 위에 휘날렸다. 어제 치욕을 당한 부대가 스스로 선두에 섰고, 뒤이어 다른 부대들이 배치되었다. 이러한 정보를 전해 들은 한니발은 놀라지 않을 수 없었다.

"헤라클레스여! 행운도 불운도 받아들일 줄 모르는 저 인간을 어찌 해야 합니까? 오직 저 장군만은 이기면 이기는 대로 자신감을 갖고 덤비고, 지면 지는 대로 치욕을 씻기 위해 달려드니 이러다간 저자와 평생 싸워야 할 게 아닙니까?"

드디어 양군 사이에 격전이 벌어졌다. 하지만 시간이 지나도 좀처럼 승부가 나지 않자 한니발은 모든 부대를 최전선에 내세웠다. 그러자 코끼리 떼가 사정

없이 로마군 전열을 짓밟아 큰 혼란이 일어났다. 이때 호민관 플라비우스가 군기를 높이 들고 달려들었다. 그러고는 가장 먼저 덤벼드는 코끼리를 깃대 끝의 뾰족한 쇠로 찔러 되돌아가게 했다. 돌아선 코끼리가 다음 코끼리를 밀치자, 모든 코끼리들이 그 뒤를 이어 줄줄이 도망쳤다.

이를 본 마르켈루스는 기병대에, 도망치는 코끼리와 뿔뿔이 흩어진 적군들을 공격하라고 명령했다. 적군은 코끼리들이 도망가는 바람에 큰 혼란에 빠져 버렸다. 그 틈에 로마 기병대는 맹렬하게 돌진해 카르타고군을 그들 진영까지 몰고 갔다. 카르타고군에게 가장 큰 피해를 입힌 것은 부상당한 코끼리들이었다. 다친 코끼리들이 아군에게 덤벼들었던 것이다.

한니발군에서 전사자 8000명이 나왔고, 로마군 전사자도 3000명이나 되었다. 살아남은 병사들도 거의 부상당했다.

한니발은 한밤을 틈타 소리 없이 후퇴했다. 마르켈루스는 부상병들이 많아서 추격할 수가 없었기 때문에, 군대를 거느리고 천천히 캄파니아 쪽으로 이동했다. 그는 시누에사에서 부상병들을 치료하게 하며 여름을 보냈다.

마르켈루스로부터 멀리 떨어진 한니발은 더는 두려울 것이 없어지자 군사들을 이끌고 이탈리아 곳곳을 돌아다니며 약탈을 일삼았다. 이 때문에 마르켈루스는 로마에서 좋지 않은 평을 듣게 되었다. 그의 명성을 비난하려는 사람들은 때를 만난 듯이, 푸블리키우스 비불루스를 앞장세워 그를 공격했다. 이 사람은 영리하고 웅변에도 능하지만 기질은 사나운 호민관이었다.

"마르켈루스는 짧은 전쟁만을 치르고, 마치 씨름판에라도 나간 것처럼 온천에서 휴양을 즐기고 있소."

비불루스는 마르켈루스의 군대 지휘권을 빼앗기 위해 민중을 계속해서 부추겼다. 마르켈루스는 이 사실을 듣게 되자 군대를 부관들에게 맡기고, 자신에 대한 오해를 씻기 위해 서둘러 로마로 돌아왔다. 그러나 그가 돌아왔을 때에는 이미 그를 쫓아내기 위한 탄핵안이 만들어져 있었다. 시민들이 플라미니우스 광장에 모이는 날 비불루스가 나서서 그를 비난했다. 마르켈루스는 자신에 대해 간단한 해명만 했다.

그런데 로마 시민에서 가장 지위와 덕이 높은 사람들이 마르켈루스를 치켜세우는 연설을 했다. 로마 장군들 가운데에서 한니발이 두려워하는 사람은 마르켈루스 하나뿐이며, 한니발은 그와 싸우기를 싫어하고 다른 장군과 싸우고 싫어하는데도 마르켈루스를 비겁하다고 하는 로마 시민들은 적보다도 더 판단력이 없다는 것을 보여주는 거라는 주장이었다. 그러면서 마르켈루스는 죄가 없을 뿐 아니라 민중을 위해 용감히 싸우고 있다고 말했다. 연설이 끝나자 민중은 마르켈루스 손을 들어주었다. 그리고 그를 다섯 번째로 집정관 자리에 오르게 했다.

마르켈루스는 집정관에 취임하자 에트루리아의 반란 움직임을 가라앉히고, 여러 도시를 돌아다니면서 시민들의 혼란을 진정시켰다. 그러고는 일찍이 맹세한 대로 시킬리아 전쟁에서 가져온 전리품들을 '명예'와 '미덕' 두 신에게 바쳤다.

그런데 사제들이 한 신전에 두 신을 함께 모시는 것은 옳지 못하다고 반대하자 마르켈루스는 화가 났다. 더욱이 이상한 징조까지 나타났으므로 그는 신전 옆에 다시 새로운 신전 하나를 더 짓기 시작했다.

그 밖에도 마르켈루스를 위협하는 이상한 일들이 잇달아 일어났다. 몇몇 신전들이 벼락을 맞는가 하면 유피테르 신전에 있는 쥐가 황금을 갉았다느니, 소가 말을 했다느니, 코끼리 머리 모양을 한 아기가 태어났다느니 하는 기이한 소문들이 연이어 들려온 것이다. 물론 이런 일들에 대해서는 적당한 종교의식을 치렀지만, 신의 노여움이 가라앉은 듯한 징조는 보이지 않았다.

그래서 신에게 제물을 바치고 길흉을 점치는 사람들은 마르켈루스가 로마를 떠나서는 안 된다고 설득하며 그를 억지로 붙잡아 두었다. 그러나 그는 전쟁에 나가고 싶은 생각으로 가득 차 있었다. 그 누구도 한니발과 싸우려는 그의 의지를 꺾을 수는 없었다. 그는 밤마다 한니발과 싸우는 꿈을 꾸었다. 친구나 친척들에게 이야기하는 것도 그 내용뿐이었으며, 신에게 드리는 기도조차 한니발과 전쟁터에서 맞부닥뜨리게 해달라는 것뿐이었다. 벽이 높아 아무도 도망칠 수 없는 성안에 두 군대를 가두어 놓고 승부가 날 때까지 싸워보는 게 그의 가장 큰 소원이었다.

마르켈루스가 넘치는 명예를 얻지 못하고 판단력과 행동력에 있어 어느 장군들보다 뛰어나다는 사실을 입증하지 못했더라면, 세상 사람들은 그를 자기 나이에 맞지 않는 어리석은 야심가라고 평했을 것이다. 다섯 번째로 집정관 자리에 올랐을 때 그는 이미 60세가 넘은 노인이었기 때문이다.

하지만 그는 예언자들이 지정한 희생과 정화의식을 모두 치른 뒤에 마침내 동료 집정관과 함께 한니발과 싸우기 위해 나갈 수 있었다.

그는 온갖 수단으로 한니발을 끌어들이려고 했다. 그때 한니발은 반티아와 베누시아 두 도시 사이에 튼튼한 진영을 쌓고 있었다. 한니발은 도전을 피하고 있다가 로마군 한 부대가 로크로이 에피제피리오이 시로 나아가고 있다는 소문을 듣자, 페텔리아라는 작은 산 아래에 병사들을 잠복시켜 로마군 2500명을 죽였다. 이 보고를 들은 마르켈루스는 크게 화를 내며, 복수를 하기 위해 한니발군 가까이에 진을 쳤다.

두 진영 사이에는 울창한 숲으로 뒤덮인 언덕이 하나 있었다. 그리고 그 양쪽에는 주변을 살피기에 알맞은 비탈이 있고, 몇 갈래로 흘러내리는 샘물도 보였다. 이 지점은 전략상 매우 유리한 곳이었다. 그러므로 마르켈루스는 먼저 와 있던 한니발이 왜 이곳을 점령하지 않았는지 그 이유를 도무지 알 수 없었다.

사실 한니발은 이곳이 진영을 치기에도 좋지만 매복 공격을 하기에 더 좋다고 여겼다. 그래서 그런 목적으로 사용하기로 했던 것이다. 그는 숲 속과 바위 그늘에 활 쏘는 병사와 창을 가진 병사들을 숨겨두었다. 이곳은 누가 보더라도 전투에 꼭 필요한 지점이므로 한니발은 반드시 로마군이 오리라 확신했다.

한니발의 기대는 그대로 들어맞았다. 로마군 진영에서도 이 지점에 대한 논의가 있었다. 그곳을 점령해야 하는 이유, 그곳을 점령함으로써 로마군에게 돌아올 이익, 특히 그곳으로 군을 이동했을 때 어떻게 될 것인가, 또 그곳을 어떤 방법으로 점령할 것인가에 대해 모두가 사령관이 된 것처럼 서로 자신의 의견을 내놓았다.

그러자 마르켈루스는 자기가 직접 살펴볼 생각으로 점술가를 불렀다. 그리고 제물을 바치고 길흉을 판단하게 했다. 그런데 처음 제물로 잡은 짐승은 간에 머리가 달려 있지 않았고, 두 번째로 잡은 짐승은 유달리 간의 머리가 크고 장부 기관이 모두 좋았다. 마르켈루스는 첫 번째 제물의 불길한 징조를 두 번째 제물이 충분히 씻어주리라 믿었다. 하지만 점술가는 불안하다고 했다. 짐승 내장을 보고 점을 칠 때 불길한 징조 다음에 너무나 큰 행운이 나타나면, 그 갑작스런 변화가 더 의심스럽다는 것이다. 그러나 핀다로스가 시에서 읊었던 것처럼, 마르켈루스도 자신의 운명을 비껴갈 수는 없었다.

불길도, 무쇠로 만들어진 성벽도
운명을 거스르지는 못하리.

마르켈루스는 동료 집정관인 크리스피누스와, 군사 호민관인 자기 아들과 함께 기병 220기를 거느리고 그 지점을 살펴보기 위해 나갔다. 그 기병 가운데에는 로마인은 한 사람도 없었으며, 그가 그때까지 여러 차례 용기와 충성을 경험해 알고 있는 프레겔라이인 40명을 제외하고는 모두가 에트루리아인들이었다.

숲으로 둘러싸인 언덕 위에서는 한니발의 정찰병이 로마 진영을 한눈에 내려다보고 있었다. 로마군 진지가 단번에 그의 시야에 들어왔다. 정찰병의 신호를 받은 복병들은 마르켈루스가 가까이 올 때까지 꼼짝하지 않다가 한꺼번에 소리치며 일어나 마르켈루스를 에워쌌다. 그들은 창을 던지거나 창으로 찌르면서, 달아나는 자는 뒤쫓고 저항하는 자는 맹렬히 공격했다.

적군에게 대항하는 자는 프레겔라이인 40명뿐이었다. 에트루리아인들은 적이 습격하자마자 달아나 버렸으나 프레겔라이인들은 용감하게 두 집정관을 에워싸고 방어했다. 그런데도 크리스피누스는 창을 두 개나 맞자 말 머리를 돌려 도망쳤고, 마르켈루스는 옆구리를 긴 창에 찔린 채 쓰러지고 말았다.

이제까지 싸우고 있던 몇몇 프레겔라이인들은 살아남을 가망이 없는 마르켈루스를 그곳에 홀로 남겨둔 채, 그의 아들만을 부축해 진영으로 도망쳐 왔다. 이때 전사한 사람은 40명 남짓했고, 호위병 5명과 기병 18명은 포로로 잡혔다. 크리스피누스도 그날 입은 상처 때문에 며칠 뒤 세상을 떠났다. 한 전투에서 두 집정관을 잃은 불행은 로마인이 일찍이 경험하지 못한 끔찍한 일이었다.

다른 사람이 죽었을 때는 그리 대단하게 여기지 않던 한니발도, 마르켈루스가 죽었다는 소식을 전해 듣자 모든 일을 제쳐놓고 서둘러 그곳으로 달려갔다. 그러고는 마르켈루스의 시체 옆에 서서 자신의 승리도 잊은 채 한동안 그를 바라보며 침묵을 지켰다. 한니발은 자기를 끈질기게 괴롭혀 온 적이 쓰러졌는데도 전혀 기뻐하는 내색 없이 마르켈루스의 최후를 안타깝게 바라보았다. 한니발은 그의 유해에서 반지만을 뺀 뒤, 시체에 장군 옷을 입히고 정중히 예를 갖추어 화장하도록 명령했다.

그는 또 마르켈루스 유골을 은항아리에 담아 황금관으로 덮은 뒤, 그의 아들에게 보냈다. 그런데 그의 부하들이 유해를 운반하는 길에 누미디아인들과 맞닥뜨리게 되었다. 누미디아인들은 강제로 유해를 빼앗아 땅에 팽개쳐 버렸다. 이 이야기를 듣고 한니발은 이렇게 말했다.

"신의 뜻을 꺾을 수는 없구나."

그는 누미디아인들을 처벌했으나, 버려진 유골을 다시 유족에게 보내지는 못했다. 마르켈루스가 그렇게 죽은 것도, 무덤에도 묻히지 못한 채 땅 위에 뿌려진 것도 모두 그의 운명이라 여겼기 때문이다. 코르넬리우스 네포스와 발레리우스 막시무스는 이런 이야기를 기록으로 전한다. 그런데 리비우스와 아우구스투스 카이사르에 따르면, 그 뼈를 담은 항아리는 마침내 그의 아들에게 전해져서 장엄한 장례식을 치를 수 있었다고 한다.

로마인들은 그를 기리기 위해 수많은 기념비를 세웠고, 시킬리아인들은 카타나에 있는 큰 체육관에 그의 이름을 붙였다. 또 그가 시킬리아에서 가지고 온 조각상과 그림들은 사모트라키아에 있는 카베이로이 신전과 로도스 섬 린두스에 있는 아테나 신전에 보존되어 있다. 아테나 신전에는 마르켈루스 조각상이 세워졌고, 다음 같은 시가 새겨져 있다고 포세이도니우스는 기록했다.

오, 이방인이여! 그대는 한때 로마의 큰 별이었으며
유명한 가문 클라우디우스 마르켈루스의 후예,
집정관 자리에 일곱 번이나 오르며
나라를 위해 전쟁을 벌이고 적들을 물리쳤노라.

이 비문을 쓴 사람은 마르켈루스가 다섯 번이나 집정관에 오르고 두 번이나 전직 집정관으로서 속주를 다스린 일을 기록한 것이다. 그의 집안은 대대로 높은 영광을 누리면서, 아우구스투스 카이사르의 누이 옥타비아와 카이우스 마르켈루스 사이에서 태어난 아들 마르켈루스까지 이어졌다. 그 아들은 아우구스투스의 딸 율리아와 결혼한 뒤 조영관 자리에 있다가 삶을 마쳤다. 그의 어머니 옥타비아는 도서관을 세워 그를 기렸으며, 아우구스투스 카이사르는 극장을 세우기도 했다. 이 도서관과 극장은 모두 그의 이름을 따서 불렸다고 한다.

펠로피다스와 마르켈루스의 비교

지금까지 펠로피다스와 마르켈루스에 대해 역사가들이 기록한 사실 가운데 기억할 만한 것들을 살펴보았다. 두 사람은 모두 용감하고 성실했으며 담대했기 때문에 천성이나 품행에 있어서 서로 비슷한 점이 많았지만, 어떤 부분에서는 매우 달랐다. 마르켈루스가 자신이 점령한 도시에서 시민들을 죽인 것과 달리, 에파메이논다스와 펠로피다스는 일단 점령한 뒤에는 그 누구도 죽이거나 노예로 만들지 않았다. 테바이인이 오르코메누스에게 취했던 행동들도, 두 사람이 그곳에 있었다면 결코 일어나지 않았을 것이다.

전쟁에서 세운 공적으로 말하면, 마르켈루스가 갈리아인과 싸워서 얻은 공적이 훨씬 더 존경할 만하다. 많지 않은 수의 기병만으로 보병과 기병으로 무장한 수많은 적들을 무찔렀으며 적의 왕마저 죽였기 때문이다. 이는 역사에서 좀처럼 찾아볼 수 없는 일이다. 펠로피다스도 마음속으로는 그렇게 되기를 갈망했으나 끝내 뜻을 이루지는 못했다. 그는 공을 세우려다가 폭군에게 먼저 죽임을 당했다.

그러나 펠로피다스는 레우크트라와 테기라 전투에서 큰 공을 세웠다. 그는 망명자의 몸으로 수도에 몰래 들어가 테바이의 참주를 죽였다. 이는 비밀스럽게 이룬 그의 공로 가운데 가장 뛰어난 업적이었다. 마르켈루스의 기습이나 복병전도 그것에는 따라갈 수 없다. 이런 공적이야말로 비밀과 계략으로 이루어진 모든 공적 가운데 매우 보기 드물게 이루어진 것이라 말할 수 있다.

한니발은 로마인에게는 가장 무서운 적이었다. 이와 마찬가지로 테바이인에게 라케다이몬도 그런 존재였다. 라케다이몬인들이 레우크트라와 테기라의 두 전쟁에서 펠로피다스에게 져서 도망을 쳤던 일은 사실이다. 그러나 폴리비우스에 따르면 한니발은 마르켈루스에게 한 번도 진 적이 없으며, 스키피오가 나타날 때까지 모든 전투에서 승리했다고 한다. 한니발 군대가 마르켈루스에게 패배했다고 기록한 것은 로마 역사가 리비우스, 카이사르, 코르넬리우스 네포스 등과 헬라스 사람 유바 왕에 의해서이다. 어쨌든 그런 패배는 전쟁 결과에 큰 영향을 주지는 못했으며, 카르타고군은 전략상 이유 때문에 승리를 양보한 것으로 보인다.

전쟁에서 그렇게 많이 패하여 장군들이 죽고 로마 전체가 혼란에 빠졌음에도 로마인들이 무릎을 꿇지 않은 점은 참으로 감탄할 일이다. 로마인들로 하여금 한니발에 대한 두려움을 이기게 하고, 병사들 사기를 드높여, 끝까지 적과 싸우게 한 것은 오로지 마르켈루스의 힘이었다. 그는 되풀이되는 패배에 기가 꺾여 한니발 군대만 보면 도망치던 병사들에게 부끄러움을 느끼게 해주었다. 그리하여 병사들은 싸움에 지고도 죽지 않는 것은 수치라고 여겼다. 마르켈루스가 승리를 목표로 싸워야 하며, 승리하지 못할 때에는 비참함을 느끼도록 가르쳤기 때문이다.

펠로피다스는 자기가 지휘권을 잡고 참여한 전쟁에서는 한 번도 져본 일이 없었다. 또 마르켈루스는 그 누구보다 많은 승리를 거두었다. 그러므로 자주 이긴 마르켈루스나 져본 일이 없는 펠로피다스는 서로 비슷하다고 말할 수 있다.

마르켈루스는 시라쿠사를 함락했지만 펠로피다스는 스파르타를 점령하지 못하고 죽었다. 하지만 따지고 보면, 시킬리아를 빼앗는 일보다 군의 깃발을 스파르타 성벽까지 이르게 하는 게 더 어려운 일이다. 펠로피다스는 군대를 이끌고 에우로타스 강을 건너 처음으로 스파르타로 쳐들어갔던 것이다.

펠로피다스가 이룬 공적은 레우크트라 전쟁에 함께 참여한 에파메이논다스와 나누어야 한다. 그런 점에서 본다면, 마르켈루스 명예와 전쟁의 승리는 온전히 그 자신에게 돌려져야 한다. 그는 혼자서 시라쿠사를 공격했다. 또한 동료 도움 없이 갈리아군과 싸워 승리했다. 다른 장군들이 한니발과 싸우기를 머뭇거릴 때 그는 용기 있게 나서서 전쟁의 흐름을 바꾸어 놓았을 뿐만 아니라, 한니발을 공격하여 자신의 용맹함을 세상에 널리 보여주었다.

그러나 둘의 죽음은 그 어느 쪽도 칭찬할 것이 못된다. 그들의 죽음을 어리석은 최후라고 보는 이도 있다. 두 사람의 갑작스럽고 이상한 죽음은 나에게 고통과 아쉬움을 남긴다. 나는 한니발에게도 존경을 표한다. 그는 그토록 많은 전투를 치르면서도 한 번도 다친 적이 없었다. 크세노폰의 《키루스의 교육》에 나오는 크리산테스 또한 마찬가지이다. 칼을 뽑아 적을 치려는 순간, 후퇴 명령을 알리는 나팔 소리가 들려오자 그는 곧바로 무기를 거두고 겸손하게 물러났다. 이런 것에 비하면 두 영웅은 자신의 몸을 돌보지 않은 채 어리석게 죽음을 맞은 것이다. 그렇다고 두 영웅의 행동이 아주 이해할 수 없는 것은 아니다. 펠로피다스는 적에 대한 원한이 뼈에 사무쳐, 복수하고자 용기를 내어 한 일이기 때문이다.

장군이 해야 할 첫 번째 일은 승리를 거두고 목숨도 지키는 것이지만, 그다음은 에우리피데스가 말한 것처럼 "용감하고 명예롭게 죽어야" 하는 법이다. 명예로운 죽음이란 남에게 죽음을 당하는 게 아니라 스스로 죽음을 맞는 것이리라. 이것은 죽었다기보다는 훌륭한 행동을 한 것이라고 말할 수 있다.

펠로피다스가 싸운 참된 이유는 폭군을 죽이기 위해서였으므로, 그가 취한 행동은 전혀 쓸데없는 것만은 아니었다. 그는 자신의 뜻을 이루어 줄 승리가 눈앞에 보이자 적들에게 달려들었던 것이다. 대의를 위해 용기 있게 싸울 수 있는 영예로운 기회는 오직 이때뿐이라고 여겼기 때문이리라.

하지만 마르켈루스는 이와는 다르다. 그 전쟁에서 이겼다 해도 그의 이름을 빛낼 수 있는 상황이 되지 못했다. 그 싸움은 자기에게 이로울 게 없는 데다가 이성을 잃을 만큼 위험에 처하지 않았음에도, 그는 어리석게 위험 속으로 뛰어들었다. 부질없이 위험한 곳에 제 발로 들어가서 죽은 것이다. 집정관을 다섯 번이나 지내고 개선식을 세 번이나 올렸으면서도 하찮은 병사의 발아래 목숨을 놓아버렸다. 왕의 존경을 받는 사람이 프레겔라이 척후병들 사이에서, 이제까지 쌓은 모든 공을 이베리아인과 누미디아인 병사 손에 내맡긴 꼴이 되었다. 적군마저도 그 죽음을 안타깝게 여겨, 뜻밖에 얻은 적장의 죽음을 사람들 앞에 내세우기를 망설였다.

장군의 죽음은 한 사람만의 죽음이 아니기 때문에 이러한 그의 행동은 분명히 잘못되었다고 볼 수 있다. 이것은 그를 나쁘게 말하는 게 아니라, 모든 미덕을 버리고 함부로 목숨을 내던진 그의 지나친 용기를 탓하는 것일 뿐이다.

펠로피다스가 전사하자 동맹국들은 그의 장례식을 치러주었다. 그리고 마르켈루스는 적군이 장례를 치러주었다. 펠로피다스의 마지막이 부러움을 살만 했다면, 마르켈루스의 종말은 위대하다고 말할 수 있다. 마르켈루스 때문에 곤란을 겪은 적군이 그 용기를 존경하여, 친구가 친구에게 하는 것보다 더 거룩하고 정성스럽게 장례를 치러주었으니 말이다. 펠로피다스에게 동맹국들이 존경심을 가졌던 것은 그의 용맹함보다는 개인적 이익과 필요 때문이며, 한니발이 마르켈루스를 존경했던 것은 오로지 그의 인품 또한 존중을 했기 때문이다.

아리스티데스(ARISTIDES)

아리스티데스는 리시마쿠스의 아들로, 안티오키스 부족이며 알로페케 출신이었다. 그의 재산이 어느 만큼이었는지 이런저런 이야기들이 있다. 그 가운데 하나는 그가 몹시 가난했으며, 죽은 뒤에도 남은 두 딸이 가난 때문에 오랫동안 결혼을 하지 못하고 있었다는 것이다.

이 이야기를 지지하는 사람들이 많다. 그러나 팔레룸 사람 데메트리우스는 그의 책 《소크라테스》에서, 아리스티데스가 팔레룸에 땅을 가지고 있었으며 뒷날 그 땅에 묻혔다고 한다. 그는 아리스티데스가 부유한 사람이었다는 증거로 세 가지를 들고 있다. 첫 번째는 그가 집정관 에포니무스, 곧 행정을 관장하는 수석 집정관 자리에 있었다는 것이다. 이 직책은 재산으로 보았을 때 최상위 계층인 펜타코시오메딤노스, 즉 한 해에 500메딤노스가 넘는 수확을 거두는 사람들 가운데서만 제비로 뽑았다. 두 번째는 그가 도편추방을 당했다는 것인데, 가난한 사람들은 절대로 도편투표의 대상이 될 수 없었으며 대대로 부유하고 명예로운 집안 사람들만이 시민들의 질투와 두려움 때문에 도편투표에 부쳐졌다. 세 번째로 그가 연극경연에서 우승하고 디오니소스 신전에 이를 기념하는 세발솥을 바친 것이다. 오늘날까지 전해지는 이 세발솥에는 이렇게 새겨져 있었다.

'안티오키스 부족 우승. 아리스티데스 주최. 아르케스트라투스 극작 및 연출.'

세 번째는 그가 부유했다는 가장 확실한 증거처럼 보이지만 사실은 가장 미약한 증거이다. 잘 알고 있듯이 지독하게 가난한 집에서 태어나 평생을 가난하게 살았던 에파메이논다스나 철학자 플라톤도 용기 있게 큰 공연을 맡은 적이 있었는데, 에파메이논다스는 피리 연주, 플라톤은 소년들의 무용 공연을 주최했다. 그리고 그 비용을 플라톤은 시라쿠사의 디오니시우스 왕에게서 지원받았으며, 에파메이논다스는 펠로피다스에게서 후원받았다.

예의바른 사람들은 친구의 도움을 함부로 거절하지 않는다. 친구들에게 도움을 받아 재산을 늘리는 것은 부끄러운 일이겠지만, 자기 이익이 아니라 명예와 영광을 위한 도움이라면 기꺼이 받아들이는 게 옳은 일이다.

그러나 파나이티우스는 데메트리우스가 디오니소스 신전 술에 대해 쓴 기록은 잘못되었다고 주장했다. 페르시아 전쟁 때부터 펠로폰네소스 전쟁 끝무렵까지 열렸던 경연에서 우승한 사람들에 아리스티데스라는 이름이 두 번 나온다. 그들은 모두 리시마쿠스의 아들이 아니라 하나는 크세노필루스의 아들이고, 다른 하나는 훨씬 뒤 시대의 인물이다. 그 이름을 새긴 글씨체는 에우클레이데스가 수석 집정관을 지냈던 그 뒤의 것이며, 아르케스트라투스라는 연출가 이름은 페르시아 전쟁 무렵에는 보이지 않고, 펠로폰네소스 전쟁 시절 몇몇 연극에서만 가끔 찾아볼 수 있기에 짐작할 수 있다. 그러므로 파나이티우스의 주장이 옳은지 그른지 올바로 알기 위해서는 다시 한 번 세밀하게 살펴보아야 할 필요가 있다.

하지만 도편투표가 명문 출신이거나 웅변에 탁월한 사람, 또는 명성이 뛰어난 사람들이 대상이었던 것은 사실이다. 그 예로 페리클레스의 스승 다몬은 지혜가 남달리 뛰어나다고 해서 이 투표로 추방되었다.

이도메네우스의 말에 따르면, 아리스티데스가 집정관이 된 것은 제비뽑기에 의해서가 아니라 아테나이 시민 전체 선거에 의한 것이었다. 데메트리우스가 기록한 것처럼 그가 플라타이아 전투에서 큰 공을 세운 뒤였다면, 흔히 귀족들이 차지했던 이런 높은 지위에 앉을 수 있었을지도 모른다. 사실 데메트리우스는 아리스티데스뿐 아니라 소크라테스까지도 빈곤의 누명을 벗겨주려 애를 썼다. 그래서 그는 소크라테스가 자기 집을 가지고 있었던 일과, 크리톤에게 돈 70므나를 빌려주고 이자까지 받은 일도 기록했다.

아리스티데스는 독재자들을 몰아낸 뒤 민주 정권을 세운 클레이스테네스와 가까이 지냈으며, 그를 열렬히 지지했다. 그는 정치가 가운데에서는 라케다이몬의 리쿠르고스를 가장 뛰어난 인물로 생각했으며, 그에 뒤지지 않는 사람이 되리라 결심했다. 이렇듯 그는 귀족정치를 지지하며, 민중을 위해 나섰던 테미스토클레스와 언제나 맞섰다.

아리스티데스와 테미스토클레스는 어려서 놀이를 할 때나 진지하게 토론을 할 때도 늘 다투었는데, 이러한 대립 속에서 저마다 독특한 성격을 드러냈다. 두 사람의 천성이 뚜렷하게 모습을 드러냈던 것이다. 테미스토클레스는 무슨 수를 써서라도 자신의 생각을 저돌적으로 밀고 나갔지만, 아리스티데스는 성격이 곧은 데다가 공정했기 때문에 장난으로라도 속임수를 쓰면 참지 못했다.

카오스 사람 아리스톤에 따르면, 두 사람의 불화는 애정 문제에서 출발해 지독한 갈등으로 발전해 갔다. 둘이 케오스 출신의 미소년 스테실라우스를 똑같이 사랑하면서 생겨난 갈등이었다는 것이다. 두 사람 모두 그에게 사랑을 느껴 자신의 감정을 억제하지 못했다. 이 소년이 나이가 들어 아름다움을 잃고 난 뒤에도 그들은 서로를 적대시하며 늘 다투다가, 이것이 나중에 정치적인 대립으로까지 이어졌다는 것이다.

테미스토클레스가 정계에서 수많은 지지자들을 얻고 중요한 인물이 되었을 때, 모든 일을 정당하고 공정하게 처리한다면 아테나이를 잘 다스리는 지도자가 될 수 있을 거라 말했다. 테미스토클레스는 이 말을 듣고 이렇게 대답했다. "나를 지지하는 사람들이 다른 사람보다 많은 이익을 얻지 못한다면 나는 그런 자리에 서고 싶지 않소."

그러나 아리스티데스는 누구의 힘도 빌리지 않고 자기 신념대로 정치 생활을 해나갔다. 마치 정치가의 길이 자신의 천직인 것처럼 홀로 천천히 그 길을 걸어갔다. 무엇보다 그는 무리를 지어 나쁜 짓을 하거나 다른 사람에게 해를 끼쳐서 남의 마음을 언짢게 하는 것을 매우 싫어했다. 또 남의 힘을 빌려 권력을 얻으면 그들에게서 부정한 행동을 하도록 부추김을 당한다는 것을 알고 이를 조심했다. 그러므로 자기에게 도움이 되는 좋은 말과 행동을 보여주는 올바른 사람만을 중요하게 여겼다.

하지만 테미스토클레스가 그를 꺾으려고 온갖 정치적인 술책을 쓸 때에는 그도 같은 방법으로 맞설 수밖에 없었다. 그래서 테미스토클레스가 민중의 호감을 얻지 못하게 하려고 여러 수단을 쓰기도 했다. 그는 민중에게 조금 해를 끼치게 되더라도 걷잡을 수 없이 자라는 테미스토클레스의 세력을 막는 편이 더 낫다고 여겼다. 언젠가 테미스토클레스가 좋은 정책을 제안했을 때도 그는 오로지 반대를 위한 반대로 그에게 맞섰으며, 회의장을 나와 집으로 돌아오는 길에서까지도 분이 풀리지 않아 테미스토클레스와 자신을 바라트룸에 던져버려야 아테나이 정치를 바로 세울 수 있을 거라 말했다.

또 어느 때는 그가 제출했던 법안이 여러 반대에 부딪히면서도 마침내 통과될 듯이 보인 적이 있었다. 그러나 이 법안에 대해 민중이 투표를 해서 결정하려고 하자, 아리스티데스는 혹시 불리한 결과가 나오게 될까봐 스스로 그 법안을 취소해 버렸다. 또한 자신이 테미스토클레스에게 언제나 반대 의견으로 맞섰기 때문에, 여러 차례 다른 사람 이름으로 자기 대신 의견을 제출하기도 했다.

아리스티데스의 곧은 태도는 다른 정치인들의 변덕과 좋은 대조를 이룬다. 그는 존경을 받아도 우쭐해하지 않았으며, 불행에 빠졌을 때에도 차분하게 행동했다. 또 돈이나 명예를 얻기 위해 나라를 섬기는 것은 그릇된 일이며, 정치인은 오직 시민을 위해 희생해야 한다고 생각했다. 아이스킬로스가 암피아라우스를 두고 지은 시는 아리스티데스의 인격을 짐작하게 한다.

> 겉으로 보이기 위함이 아니라
> 마음으로부터 진정 정의롭고자 하니
> 고귀한 마음에 씨를 뿌려
> 위대한 생각을 거두어들였구나.

이 시가 극장에서 낭독되었을 때 청중은 모두 아리스티데스를 돌아보았다. 그가 이 시에서 말하는 사람과 가장 가까운 인물이었기 때문이다.

아리스티데스는 좋은 일에 대해서만 정의를 걸고 싸운 게 아니라 분노와 미움에 대해서도 물불을 가리지 않았다. 한번은 그가 법정에 선 일이 있었는데, 법관은 그의 말만 듣고 상대 진술은 듣지 않은 채 곧바로 판결을 내리려고 했다. 그러자 아리스티데스는 급히 일어나, 법 규정에 따라 상대의 말도 모두 들은 뒤 법대로 공정하게 판결을 내려달라고 주장했다.

또 언젠가 그는 둘의 싸움을 가운데에서 해결한 적이 있었다. 한 사람이 상대를 가리키면서, 저자가 아리스티데스를 여러 일들로 모욕한 적이 있다고 고

자질했다. 그러자 아리스티데스가 단호하게 말했다.

"나한테 그런 이야기는 할 필요가 없습니다. 상대가 당신에게 무슨 잘못을 했는지만 말하면 됩니다. 나는 당신에 대한 일을 해결하려는 것이지 내 일을 해결하려는 게 아닙니다."

이도메네우스가 전하는 바에 따르면 아리스티데스가 국고금 관리인으로 선출되었을 때, 그는 동료들뿐 아니라 선임 관리였던 테미스토클레스가 거액의 돈을 빼돌렸다는 사실을 밝혀냈다. 그리고 테미스토클레스를 이렇게 평했다.

"영리한 자이나 탐욕스럽다."

이 일 때문에 테미스토클레스는 아리스티데스를 정면으로 공격함으로써 많은 사람들을 자기편으로 만들었다. 그리고 결산서를 보더니 아리스티데스에게 공금 횡령죄를 뒤집어씌워 벌금형을 내렸다. 하지만 아테나이의 선량한 시민들과 주요 인사들은 이 일을 부당하다고 여겨 아리스티데스의 벌금을 면제해 주었으며, 그를 다시 국고금 관리인으로 임명했다.

그러자 아리스티데스는 이제껏 자신이 너무 엄격하게 일을 처리했다는 점을 뉘우친 듯이 감독을 느슨하게 하기 시작했다. 국고금을 훔쳤던 사람들은 이런 아리스티데스를 칭찬하며, 그를 다시 관리로 뽑자고 시민들을 설득했다. 그러나 막상 투표를 시작하려고 할 때 아리스티데스는 아테나이 시민들을 비난했다.

"내가 이 일을 성실하고 명예롭게 했을 때 여러분은 나에게 치욕을 주었소. 그런데 내가 도둑들이 국고금을 훔쳐가는 것을 가만히 내버려 두었더니 여러분은 이제 나를 훌륭한 시민이라며 칭찬하고 있소. 나는 지난날 받았던 비난보다 지금 받는 명예가 더 부끄럽소. 그리고 도둑들 비위를 맞추는 것이 나라의 재산을 성실하게 지키는 일보다 더 훌륭하다고 생각하는 여러분의 태도도 몹시 유감스럽게 생각하오."

이 말을 마친 그는 공금을 훔쳐간 도둑들을 모두 가려냈다. 그 자리에 모였던 사람들은 모두 입을 다물었으며, 훌륭한 시민들은 그에게 진정한 찬사를 보냈다.

한편 아테나이군이 사르디스 시에 불을 지른 데 대한 보복을 핑계로 헬라스 전체를 정복하려고 마음먹은 페르시아 왕 다리우스는, 다티스를 장군으로 임명하고 마라톤에 군대를 상륙시킨 다음 그 일대를 마구 짓밟기 시작했다.

아테나이는 장군 10명을 뽑아 전쟁에 내보냈는데 그 가운데 가장 이름을 떨친 사람은 밀티아데스였으며, 그 뒤를 이은 사람이 아리스티데스였다. 아리스티데스는 이 전쟁에서 주로 밀티아데스의 의견을 따랐지만, 싸움터에서는 그와 대등한 실력을 보여주었다. 그는 전쟁에 대해 밀티아데스의 의견을 따름으로써 승리를 거두는 데 큰 역할을 했다. 장군들은 날마다 번갈아가며 군대를 지휘했는데, 아리스티데스는 자기 차례가 되면 지휘권을 언제나 밀티아데스에게 넘겼다. 군을 잘 지휘하는 사람에게 군대를 맡기고 복종하는 것이 국가적으로 이로운 행동이며, 나라를 진심으로 위하는 길임을 잘 알았던 것이다.

그의 훌륭한 생각을 알게 된 장군들은 어리석은 경쟁을 삼가고 하나둘 밀티아데스에게 모든 지휘권을 넘겨주기 시작했다. 이처럼 밀티아데스의 힘이 강해지고 권력이 하나로 합쳐지자 군사력 또한 강대해졌으므로, 나중에는 장군들 모두가 지휘권을 내놓고 밀티아데스의 지휘를 따르게 되었다.

중앙군은 이 전쟁에서 가장 힘겨운 싸움을 하게 되었다. 이곳에는 레온티스족과 안티오키스족이 배치되어 있었으며, 이와 맞서는 페르시아군도 진을 치고 있었다. 레온티스족인 테미스토클레스와 안티오키스족인 아리스티데스는 어깨를 나란히 하고 치열하게 싸웠다. 마침내 아테나이군은 페르시아군을 무찔러 배로 쫓아낼 수 있었다. 그런데 페르시아군이 타고 있는 배가 파도 때문에 섬 쪽으로 가지 못하고 아티카 쪽으로 밀려가자 아테나이군은 그들이 무방비 상태에 있는 아티카를 점령하게 될까봐, 아홉 부족 군사들을 이끌고 그날로 아테나이로 달려갔다.

이때 아리스티데스는 자기 부족들과 함께 마라톤에 남아, 전쟁 포로와 전리품들을 지키는 임무를 맡게 되었다. 금은보석이 곳곳에 산처럼 쌓여 있고 온갖 귀중품들이 군함과 막사 안에 있었지만, 그는 자기는 물론 부하들도 그것에 전혀 손을 대지 못하게 했다. 그런데도 몇 사람이 몰래 그 전리품들을 훔쳤는데, 그들 가운데에는 엘레우시스 행사 때 횃불 드는 직책을 맡았던 칼리아스도 있었다. 그는 다른 사람들보다 머리가 유난히 길었으며, 늘 이상한 끈을 머리에 두르고 다녔다. 그래서인지 한번은 어느 페르시아 포로가 그가 왕인 줄 알고 그 앞에 엎드려 살려달라고 빌었다. 그러면서 그 포로는 애원하는 표시로 그의 오른손을 잡더니 금돈을 묻어둔 구덩이를 가르쳐 주었다. 그러나 잔인한 칼리아스는 금돈을 찾아낸 다음 비밀이 탄로나는 게 두려워 그를 죽여버렸다. 이 일로 인해 칼리아스 자손들을 락코 플루티라 불리게 되었는데, 락코는 구덩이, 플루티는 재물을 뜻하는 말이다. 이는 굴에서 금을 훔쳐낸 칼리아스를 조롱하기 위해 희극 작가들이 붙인 이름이었다.

얼마 뒤 아리스티데스는 수석 집정관으로 뽑혔다. 그러나 팔레룸의 데메트리우스 기록을 보면, 그가 집정관이 된 것은 죽기 얼마 전으로 플라타이아 전투가 끝난 뒤라고 한다. 하지만 아테나이 공식적인 기록에는, 플라타이아에서 마르도니우스가 패한 것은 크산티피데스가 집정관으로 있을 때였으며, 그 뒤 집정관에는 아리스티데스라는 이름은 보이지 않는다. 그리고 마라톤에서 승리를 거두었을 때에 집정관이었던 파니푸스 바로 다음에 아리스티데스라는 이름이 나와 있다.

그의 미덕 가운데서 사람들이 가장 칭찬했던 것은 정의로움이었다. 이는 일상생활에서 가장 널리 적용되는 것이기 때문에 민중 눈에 쉽게 띄었다. 그래서 아리스티데스는 가난한 집에서 태어났으면서도 왕이나 신에게 어울릴 법한 '정의로운 사람'이라는 칭호를 받았다. 그러나 왕이나 참주들은 어느 누구도 이런 칭호를 탐내지 않았다. 오히려 그들은 '도시점령자', '벼락왕', '정복자' 같은 이름을 자랑으로 삼거나, 때로는 '독수리', '솔개'라는 용맹한 이름으로 불리기를 원했다. 이런 자들은 정의보다는 폭력이나 힘으로 얻은 명성을 더 좋아했다.

하지만 그들이 존경하는 신들에게서는 세 가지 특성이 두드러진다. 그것은 영원, 권력, 덕성인데 이 가운데에서도 가장 거룩한 것은 덕성이다. 영원은 빈 공간이나 변하지 않는 모든 자연 요소들에도 존재하며, 권력은 지진이나 천둥, 태풍이나 홍수에도 있기 때문이다. 그러나 정의와 공정함은 이성과 지성을 두루 갖춘 신만이 가질 수 있다.

사람들이 신에게 두려움과 부러움, 존경을 함께 느끼는 까닭도 바로 이 세 가지 때문이다. 신을 부러워하는 것은 영원히 죽지 않는 영원성 때문이고, 두려워하는 것은 누구도 넘볼 수 없는 힘과 권력을 가지고 있기 때문이며, 존경하는 것은 정의심 때문이다.

사람들은 손에 넣을 수 없는 영생이나 권력을 탐내며 자기 것으로 만드려고 애쓴다. 그런데 신의 특성 가운데 하나이며 인간이 오로지 얻을 수 있는 덕성은 소홀히 하고 있으니 이 얼마나 어리석은 일인가. 그래서 권력을 가진 사람이 정의를 행하면 더욱 거룩해 보이고, 권력을 가진 사람이 부정을 행하면 사나운 짐승처럼 천박하게 보이는 것이다.

아리스티데스는 처음에는 시민들 존경을 받으며 '정의로운 사람'이라는 이름까지 얻었다. 하지만 뒷날 사람들에게 미움을 받게 된 것은 순전히 테미스토클레스가 민중들 사이에 나쁜 소문을 퍼뜨렸기 때문이다. 아리스티데스가 모든 사건을 도맡아 법정이 필요 없게 만들었으며, 호위병만 없을 뿐이지 사실상 아테나이 왕이나 다름없이 행동한다는 것이었다.

그 무렵 시민들은 마라톤에서의 승리로 몹시 교만해졌다. 그래서 자기들보다 명예가 높거나 성품이나 덕성에서 다른 사람이 자기보다 더 뛰어나다는 소리를 들으면 무조건 불쾌하게 여겼다. 그래서 그들은 모두 시내에 모여 아리스티데스에 대해 도편투표를 하기로 했다. 그러면서 그것은 독재정치에 대한 두려움이라며 자신들의 시기심을 그럴듯하게 포장했다.

도편투표는 본디 범죄를 벌하는 것이 아니라 한 사람의 권력이 너무 커지는 것을 누르기 위한 수단이었다. 그래서 이 투표는 세력이 너무 커져서 불안을 자아내는 사람을 내쫓기 위해 만든 안전장치였다. 이 투표에 부쳐진 사람은 10년 동안 다른 나라로 추방을 당해 그를 죽이려는 사람들의 적개심에 돌파구를 제공했다. 그러나 나중에 이 투표가 지위 낮은 사람에게까지 적용되자 히페르볼루스를 마지막으로 이 제도는 폐지되었다.

전하는 기록을 살펴보면 도편투표는 다음과 같은 이유 때문에 없어졌다. 그무렵 알키비아데스와 니키아스는 정치적으로 가장 큰 세력을 누리고 있었는데, 이들은 반대파에 속해 서로 대립하고 있었다. 시민들은 이 둘 가운데 하나를 도편투표로 추방시키려 했다. 그러자 이런 기미를 눈치챈 두 사람은 곧 하나로 뭉쳐, 자신들을 공격하는 데 앞장섰던 히페르볼루스를 도편투표에 내보냈다. 자신들이 도리어 당한 것을 뒤늦게 깨달은 시민들은 이 제도가 타락해 버렸다고 분개하면서 도편투표를 없애버렸다.

도편투표 방법은 다음과 같다. 먼저 한 사람씩 도자기 파편에다 추방하려는 사람 이름을 적는다. 그리고 공회당에 설치된 투표 장소에 그것을 던져넣는다. 그러면 집정관들은 그것들을 모두 한자리에 모아 파편 개수를 파악한다. 만약 투표자가 6000명이 안 되면 그 투표는 무효가 된다. 그다음 도편에 쓰여진 이름대로 나누어 가장 이름이 많이 나온 사람을 10년 동안 추방했다. 그러나 추방되더라도 자기 재산에 대한 권리는 잃지 않았다.

아리스티데스에 대한 도편투표가 벌어질 때 이런 일이 있었다. 사람들 모두 도편에 추방할 사람 이름을 적고 있었는데, 글자를 모르는 시골 사람 하나가 아리스티데스에게 와서 아리스티데스라는 이름을 좀 써달라며 자기 도편을 내밀었다. 아리스티데스는 깜짝 놀라며 그 사람이 당신에게 무슨 해를 끼쳤느냐고 물었다. 그러자 그 시골 사람이 대답했다.

"아뇨, 그런 일은 없었지요. 어떻게 생긴 사람인지도 모르는걸요. 하지만 어디서나 정의로운 사람이라고 떠들어대기에 그 소리가 너무 듣기 싫어서 그럽니다."

이 말을 들은 아리스티데스는 아무 말도 하지 않고 자기 이름을 도편에 써주었다. 이윽고 추방이 결정되어 아리스티데스가 아테나이를 떠날 때 그는 두 손을 치켜들고 아킬레우스가 했던 기도와는 반대로, 아리스티데스를 그리워해야 하는 운명이 아테나이에 찾아오지 않게 해달라고 빌었다.

그 뒤 3년이 지났다. 페르시아 왕 크세르크세스가 테살리아와 보이오티아를 거쳐 아티카에 쳐들어오자 아테나이 사람들은 도편추방을 없애고, 쫓겨난 사람을 다시 돌아오게 했다. 그들은 아리스티데스가 적군 편에 서서 많은 시민들을 선동해 나라를 배반하게 만들까봐 두려워했다. 그러나 그것은 아리스티데스의 사람됨을 제대로 모르는 것이었다.

그는 추방당했으면서도 끊임없이 헬라스의 자유를 위해 노력했다. 그리고 돌아온 다음에도 지난날의 숙적이자 이제 총사령관이 된 테미스토클레스를 도와 모든 일에 그의 힘이 되어주었으며 의논 상대가 되기도 했다. 또 국가 안전을 위해 테미스토클레스를 나라에서 가장 높은 지위에 올려놓았다.

에우리비아데스 등이 살라미스에서 후퇴하려고 할 때, 페르시아 함대가 밤에 출동해 섬을 완전히 점령한 일이 있었다. 그런데 헬라스군은 아무도 이 사실을 모르고 있었다. 그때 아리스티데스는 아이기나에서 배를 타고 기적적으로 이 포위망을 뚫고 들어와 테미스토클레스 막사를 찾아갔다. 그는 테미스토클레스를 조용히 밖으로 불러내 이렇게 말했다.

"테미스토클레스, 우리가 분별 있는 사람들이라면 누가 더 잘났는지 따위로 다투는 쓸데없는 싸움은 이제 그만둡시다. 우리는 아테나이를 위해 서로 도와야 합니다. 당신은 총사령관으로서 군대를 지휘하고 나는 당신을 도와 함께 나라를 구해야 합니다. 내가 이렇게 말하는 것은, 오직 당신만이 이 어려운 상황에서 벗어날 수 있도록 가장 좋은 전략을 세울 사람임을 잘 알고 있기 때문이오. 당신은 한시라도 빨리 이 해협에서 적과 대결해야 한다며 아군들을 설득하고 있었소. 그런데 동맹국 장군들이 당신의 전략을 반대하는 동안 적들은 이제 온 바다를 에워싸고 말았잖소. 이제 헬라스군은 어쩔 수 없이 결사적으로 싸워야만 되는 형편이오. 다른 길이 없잖소."

이 말을 듣고 테미스토클레스가 대답했다.

"아리스티데스, 당신이 이토록 넓은 도량을 보여주니 당신의 기대를 저버리지 않기 위해서라도 기꺼이 싸워서 이겨야겠군요. 나도 이 상황을 벗어나도록 최선을 다하겠소."

테미스토클레스는 아리스티데스에게 적을 물리칠 작전을 이야기해 주었다. 그리고 적과 바다에서 싸우는 길밖에는 도리가 없다는 것을 에우리비아데스에게 대신 알려달라는 부탁도 했다. 자기가 직접 말하는 것보다, 에우리비아데스 신임을 받고 있던 아리스티데스가 이야기하는 것이 더 효과적이리라 여겼기 때문이다.

그리하여 곧 장군들 회의가 열렸는데 코린토스 장군 클레오크리투스가 테미스토클레스 의견에 반대하고 나섰다. 그는 아리스티데스가 저렇게 잠자코 있는 것을 보면 이 의견에 반대하는 게 틀림없다고 했다. 그러자 아리스티데스는 큰 소리로 대답하기를, 테미스토클레스 의견이 잘못되었다고 생각했다면 자신은 침묵하고 있지 않았을 것이며 자기가 가만히 있었던 것은 그의 의견에 찬성하기 때문이라고 했다.

헬라스 장군들이 회의를 하고 있을 때 살라미스 앞쪽 해협에 있는 프시탈레이아라는 작은 섬에 적군들이 몰려왔다. 이 사실을 알게 된 아리스티데스는 아테나이군 가운데 가장 용감하고 애국심 강한 병사들을 뽑아 작은 배 한 척에 모두 태웠다. 프시탈레이아 섬으로 떠난 그들은 페르시아군과의 싸움에서 승리를 거두고 신분이 높은 자들을 포로로 잡았다. 그 가운데에는 페르시아 왕의 누이인 산다우케의 세 아들도 끼어 있었다. 아리스티데스는 이들을 테미스토클레스에게 보냈다. 포로들을 넘겨받은 테미스토클레스는 신탁을 받은 예언자 에우프란티데스의 명령대로 디오니소스 오메스테스 신에게 그들 삼형제를 제물로 바쳤다.

그 뒤 프시탈레이아 섬 둘레에 무장한 군대를 배치한 아리스티데스는 그곳에 오는 자가 아군이면 받아들이고 적군이면 한 사람도 빠짐없이 물리치라고 명령했다. 실제로 프시탈레이아 섬에 전승 기념비가 서 있는 것을 보면 두 함대의 가장 치열한 싸움이 바로 이 섬 근처에서 이루어졌던 것 같다.

전투가 끝난 다음 테미스토클레스는 아리스티데스의 속마음을 떠보기 위해, 이제까지 헬라스군이 거둔 결과는 좋았으나 아직 해야 할 큰일이 남아 있으며 되도록 빨리 헬레스폰투스로 가서 그곳에 걸려 있는 부교를 끊어버려 유럽에 아시아 세력을 가두어 놓아야 한다고 말했다.

그러자 아리스티데스는 그런 계획을 취소해 달라 부탁했고, 그보다는 하루 빨리 페르시아군을 헬라스 땅에서 쫓아내야 한다고 주장했다. 그들은 대군을 거느리고 있어 빠져나갈 길이 막히게 되면 죽을 각오로 싸움을 걸어올 것이기 때문이라 했다.

이 말을 들은 테미스토클레스는 포로 가운데 페르시아 왕의 시종이었던 아르나케스를 은밀히 불렀다. 그러고는 헬라스군이 다리를 끊어버리려고 헬레스폰투스로 가려는 것을, 자기가 페르시아 왕을 위해 못하게 했다는 말을 전하라고 했다.

이 말을 전해 들은 페르시아 왕 크세르크세스는 퇴로가 막힐까봐 겁이 나서 허겁지겁 헬레스폰투스로 갔다. 그러나 크세르크세스의 장군 마르도니우스는 30만 대군을 거느리고 뒤에 남았다. 그는 헬라스에게는 가공할 만한 적이었으며 자기 군대의 능력을 믿고 있었으므로, 군대를 이끌고 와서 헬라스군에게 자신만만하게 도전장을 보냈다.

"그대들은 배를 조종할 줄도 모르는 우리와 싸워 바다를 정복했소. 하지만 지금 눈앞에 보이는 테살리아와 보이오티아는 땅이 넓고 탁 트여서 용맹스러운 군사들이 말을 달리며 싸우기에 아주 좋을 것이오. 그러니 이곳에서 결판을 내도록 합시다."

한편 마르도니우스는 몰래 아테나이에 사람을 보냈다. 만일 아테나이가 이번 전쟁에 나가지 않는다면 도시를 재건하게 해주는 것은 물론 막대한 돈을 주어 헬라스의 주인이 되게 해주겠다는 뜻을 전했다.

이 소식을 듣고 불안해진 라케다이몬 사람들은 아테나이에 사절을 보내 아테나이 식량 사정이 좋지 않을 테니 부녀자들과 노인들을 스파르타로 보내라고 청했다. 만약을 대비해 인질로 삼으려는 것이었다. 그 무렵 아테나이 도시와 지방들은 모두 적군에게 점령되어 황폐해져 있었으며, 시민들은 굶주려 그 비참한 삶이 이루 말할 수 없을 정도였기 때문이다.

하지만 이러한 뜻을 전해 들은 아테나이 사람들은 아리스티데스의 의견을 따라 의연한 답변을 돌려보냈다. 적들이 모든 것을 돈으로 살 수 있다고 생각하는 것은 본디 그보다 가치 있는 것을 모르는 이들이기에 참을 수 있지만, 라케다이몬 사람들이 지금 아테나이가 처해 있는 가난과 고통만을 바라보고 아테나이인들이 얼마나 용기 있게 싸웠는지를 잊고서 음식을 얻어 헬라스를 위해 싸우라고 하는 것에는 몹시 화가 난다고 했다.

아리스티데스는 이 답변을 라케다이몬 사절들에게 전하면서, 아테나이 사람들이 헬라스의 자유와 바꿀 수 있을 만큼의 재물은 땅 위에도 땅 속에도 없다는 말을 스파르타로 돌아가 전하라고 했다. 그리고 마르도니우스의 말을 전하기 위해 왔던 사람에게는 하늘에 떠 있는 해를 가리키며 말했다.

"저 해가 하늘에서 돌고 있는 한 아테나이는 국토를 짓밟고 신전을 더럽힌 페르시아와 끝까지 싸울 것이다."

아리스티데스는 또 누구든 페르시아인과 화해를 주장하거나, 헬라스 동맹에서 벗어나 배신하려는 자에게는 저주가 있으리라고 했다.

마르도니우스가 다시 아티카로 침입해 오자 아테나이 사람들은 모두 살라미스 섬으로 피난을 갔다. 그때 라케다이몬에 사절로 파견된 아리스티데스는, 그들에게 성의가 부족해서 아테나이가 또다시 적 손아귀에 들어갔다며 규탄했다. 그리고 아직 남아 있는 헬라스 다른 지방들이라도 구해내야 하므로 빨리 군대를 보내달라고 요구했다.

그러나 마침 그때는 히아킨토스 제사였기 때문에 스파르타 에포로스, 곧 최고 행정관들은 이 말을 듣고도 낮에는 온종일 연회장을 돌아다니며 빈둥거렸다. 그러다가 밤이 되자 그들은 스파르타인 5000명을 뽑아 그들에게 노예 7명씩을 주고 아테나이 사절들 몰래 전쟁터로 떠나보냈다. 다음 날 아리스티데스가 이 사실을 모른 채 행정관들을 찾아와 항의하자 그들은 웃으면서 아리스티데스에게 지금 잠꼬대를 하고 있느냐면서, 스파르타군은 지금쯤 오레스테스의 무덤을 지나 낯선 자들을 향해 달려가고 있을 거라고 말했다. 스파르타 사람들은 페르시아인들을 '낯선 자들'이라 불렀다.

이 말을 들은 아리스티데스는 그들이 적을 속이지 않고 같은 편을 속인 것이 매우 유감스럽다고 말했다. 이 이야기는 이도메네우스와 그의 제자들이 전한 것이다. 그러나 아리스티데스 제안으로 보내진 사절단에는 그의 이름은 없으며, 키몬, 크산티푸스, 미로니데스만이 언급되어 있다.

아리스티데스는 전쟁 전권을 지휘하는 장군으로 임명되어 군사 8000명을 거느리고 플라타이아로 갔다. 그는 거기서 스파르타군을 이끌고 온, 헬라스군 총사령관 파우사니아스와 만났다. 나머지 헬라스 군대도 모두 이곳으로 모여들었다.

한편 페르시아군은 아소푸스 강 근처에 진을 쳤다. 그들은 병력 수가 어마어마할 정도로 많아 진지를 다 만들지 못했으므로, 사각형으로 담을 쌓고 그 안에 군량과 물자를 보관했는데, 사각형 담의 한 변 길이가 10펄롱이나 되었다.

그런데 엘리스 출신 예언자 티사메누스는 파우사니아스와 모든 헬라스 장군들에게 먼저 공격하지 않고 방어에만 힘쓴다면 승리하게 되리라고 말했다. 그리고 아리스티데스가 델포이에 사람을 보내 신탁을 물었더니 아테나이군이 제우스, 키타이론 산의 헤라, 판, 그리고 스프라기티데스라는 님프들에게 기도하고, 또 안드로크라테스, 레우콘, 페이산드로스, 다모크라테스, 히프시온, 아크타이온, 폴리이두스 등 영웅들에게 제사를 드리며, 엘레우시스의 데메테르와 페르세포네 두 여신의 벌판인 자기 나라 땅에서 싸운다면 반드시 이기리라는 답을 보내왔다.

아리스티데스는 이 신탁을 받고 당황하지 않을 수 없었다. 이 신탁에서 제사를 드리라고 한 여러 영웅들은 모두 플라타이아 시를 세운 사람들이었으며, 스프라기티데스라는 님프들의 동굴도 플라타이아 남쪽인 키타이론 산맥의 한 산꼭대기에, 해가 지는 쪽을 바라보고 있었다. 전설에 따르면 옛날 이 동굴 안에는 신탁을 내리는 장소가 있어서 이 지방에는 특히 신령의 힘을 받은 사람들이 많았으며, 그들은 님폴렙타이 즉 '신들린 사람'이라 불렀다.

그러므로 엘레우시스의 데메테르 벌판과 아테나이인의 땅에서 전쟁을 해야 승리한다는 신탁은, 플라타이아에서 아티카로 되돌아가 거기서 싸우라는 뜻이었는데, 결국 전쟁을 하지 말라는 말이나 마찬가지였다.

아리스티데스가 이 생각으로 고민하고 있을 때였다. 플라타이아 군대를 지휘하고 있던 아림네스투스 장군의 꿈에 제우스가 나타나 헬라스군이 어떻게 하기로 결정했는지를 물었다. 꿈속에서 그가 이렇게 대답했다.

"내일 엘레우시스로 군대를 거느리고 돌아가 아폴론 신탁대로 그곳에서 페르시아군과 싸우기로 했습니다."

그러자 제우스가 대답하기를, 신탁을 잘못 풀이했으며 지금 진을 치고 있는 플라타이아 근처를 열심히 찾아보면 반드시 신탁이 가리키는 곳을 찾게 될 것이라 했다.

아림네스투스는 잠에서 깨어났지만 꿈속의 일이 또렷이 기억에 남았다. 그는 플라타이아 시민들 가운데서 나이 많고 경험이 풍부한 사람을 불렀다. 그리고 그 사람에게서 키타이론 산 아래 히시아이 근처에 엘레우시스의 두 신, 곧 데메테르와 그의 딸 페르세포네를 모신 오래된 신전이 있다는 것을 알게 되었다. 아림네스투스는 곧 아리스티데스와 함께 그들이 알려준 신전을 찾아갔다. 그곳은 기병대를 갖춘 적에 대해 보병들을 밀집시켜 작전을 쓰기에 너무나 좋았다. 키타이론 산줄기는 신전 한편에 있는 평야까지 내리뻗어 있어서 기병들이 말을 타고 움직이기에는 적당하지 않았기 때문이다. 뿐만 아니라 가까운 곳에 안드로크라테스 사당이 울창한 숲에 둘러싸여 있었다. 그러자 플라타이아 사람들은 아폴론 신탁이 약속한 승리가 이루어지도록 하기 위해 아림네스투스의 제안에 따랐다. 아티카 쪽을 향해 있는 플라타이아 국경을 없애버리고, 그곳을 아티카와 합쳐, 신탁 지시대로 자기 나라 땅에서 싸울 수 있게 해준 것이다.

플라타이아인들의 이러한 열성과 너그러움이 깃든 고결한 행동은 오래도록 칭송을 받았다. 오랜 세월이 흐른 뒤 알렉산드로스 대왕도 아시아를 정복한 다음 플라타이아에 성벽을 다시 쌓아주었으며, 올림피아 대회에 전령을 보내 모두에게 이렇게 선언했다.

"나는 이 영광을 플라타이아 시민들에게 바치노라. 이는 페르시아 전쟁 때 자기네 영토를 아낌없이 헬라스에 내놓고, 헬라스 전체를 위해 싸운 그들의 도량과 용기 때문이니라."

한편 테게아군은 아테나이군과 전투대형 안에서 자리 문제로 다투게 되었다. 테게아군은 라케다이몬군이 오른쪽 날개를 맡았으니 자기들은 오랜 관습대로 왼쪽 날개를 맡아야겠다고 주장했다. 이 주장을 합리화하기 위해 그들은 조상들 공훈을 자랑했다. 아테나이 사람들이 이 요구에 몹시 화를 내자 아리스티데스가 앞으로 나와서 말했다.

"지금은 테게아인들과 집안이나 용기 문제를 내세워 다툴 때가 아닙니다. 스파르타 군사들이여, 그리고 모든 헬라스 군사들이여, 내 말을 잘 들으십시오. 우리는 어디에서 싸우느냐에 따라 있던 용기를 잃게 되는 것도, 없던 용기가 생기는 것도 아닙니다. 어디에서 싸우든 우리는 지금까지 수많은 전쟁에서 얻은 명예를 부끄럽게 하지 않을 것입니다. 우리는 동맹군들끼리 서로 다투려고 여기에 온 것이 아니라 적과 싸우기 위해 왔습니다. 조상을 자랑하기 위해서가 아니라 헬라스를 위해 용감하게 싸우는 용맹함을 보이기 위해 온 것입니다. 이번 전쟁은 도시들, 장군들, 병사들이 저마다 얼마나 헬라스 전체에 명예가 되는가를 보여주는 계기가 되어야 합니다."

그 자리에 있던 장군들은 모두 이 말을 듣고 아테나이 사람들의 요구를 받아들여 그들에게 왼쪽 날개 자리를 양보해 주었다.

헬라스의 운명이 바람 앞 등불처럼 위태로워지면서 아테나이의 처지도 더욱 위험해졌다. 명문 출신으로 커다란 재산을 가진 사람들 가운데는 전쟁으로 고통받는 이들이 점점 늘어갔다. 그들은 전쟁 때문에 가진 재산을 모두 잃었으며, 마침내 권력과 명예까지 잃게 되자 엉뚱한 사람들이 이름을 떨치고 존경을 받는 상황에 몹시 기분이 나빴다. 그래서 그들은 비밀리에 플라타이아에 있는 외딴집에 모여 아테나이 민중의 세력을 꺾어버리자는 음모를 꾸미면서, 만일 이 일이 실패하면 페르시아군에 나라를 팔아서라도 자기들의 안전을 지키자고 결의했다.

아리스티데스는 이런 음모가 진행되고 있다는 것과 많은 사람들이 가담하고 있다는 사실을 이미 눈치챘다. 그러나 지금처럼 위험한 상황에서 단호한 조치를 취해 대대적으로 일을 따진다면, 그 화가 어디까지 미칠지 알 수 없었으므로 음모를 꾸미는 자들을 모조리 잡아 처단하는 일은 현명하지 못하다고 판단했다. 그래서 먼저 음모자들 가운데 8명만을 붙잡았다.

아리스티데스는 그들 가운데 람프라 사람 아이스키네스와 아카르나이 사람 아게시아스는 몰래 진영을 빠져나가게 해주었다. 둘은 누구보다도 먼저 재판을 받아야 할 자들이었다. 이들을 놓쳐버리자 아리스티데스는 체포된 나머지 사람들도 모두 풀어주었다. 아직 잡히지 않은 사람들에게 스스로 죄를 뉘우칠 기회를 주기 위해서였다. 그는 또 그들에게 나라를 위해 이 전쟁에 충성을 다하는 자에게는 용서를 베풀 것이니, 이번 기회를 통해 배반하려던 의혹을 완전히 씻어내라고 넌지시 암시했다.

이 일이 있고 나서 마르도니우스는 헬라스군의 힘을 시험해 보려고 전투에 매우 뛰어난 기병대들을 모두 내보내 공격했다. 헬라스군은 메가라군 말고는 모두 키타이론 산기슭에 진을 치고 있었는데, 그곳은 바위가 많아 적을 공격하기에 불리한 곳이었다. 메가라군 3000명은 그보다는 넓은 곳에 진을 치고 있었으며, 밀물처럼 밀려들어 오는 페르시아 기병들 때문에 그들도 큰 어려움을 겪고 있었다. 그들은 급히 파우사니아스에게 사람을 보내 구원을 요청해 자기네들 힘만으로 페르시아군에 계속 맞서기는 어렵다고 알렸다.

소식을 들은 파우사니아스는 헬라스군을 돕기 위해 달려갔다. 하지만 이미 메가라군 진영은 페르시아군들이 쏘아대는 창과 화살로 뒤덮였으며, 병사들은 좁은 계곡으로 쫓겨 들어가 꼼짝 못하고 있었다. 이 광경을 본 파우사니아스는 어안이 벙벙했다. 그가 지휘하는 라케다이몬 밀집부대는 장비가 무거워 기동성이 매우 떨어졌으므로, 메가라군이 위기에 처한 것을 빤히 바라보면서도 그들을 구해낼 뾰족한 대책이 서지 않았기 때문이었다.

그래서 그는 주위에 있던 헬라스 장군들에게 메가라군을 구출하는 데 자원할 사람이 없느냐고 물었지만 모두들 망설이며 선뜻 나서는 이가 없었다. 그때 아리스티데스가 아테나이인의 명예를 위해 이 일을 맡겠다고 나섰다. 파우사니아스는 장군들 가운데 가장 용감한 올리피오도루스에게 정예병 300명과 활쏘는 병사들을 주어 출정시켰다.

이들이 재빨리 대열을 갖추어 적에게 돌격하자, 페르시아 기병대장 마시스티우스가 이들을 향해 말을 돌려 맞섰다. 그는 체격도 좋고 잘생겼으며, 힘도 센 매우 뛰어난 사람이었다. 곧 양쪽 군대 사이에 목숨을 내건 치열한 싸움이 벌어졌다.

그런데 어이없게도 자기가 탄 말이 화살을 맞는 바람에 마시스티우스는 그만 말에서 떨어지고 말았다. 땅바닥에 쓰러진 그는 무거운 갑옷 때문에 꼼짝하지 못했다. 그러는 동안에 아테나이 병사들이 그에게 몰려갔지만 마시스티우스를 쉽게 죽일 수는 없었다. 그의 머리와 가슴은 물론 팔과 다리까지 모두 금과 구리 갑옷이 감싸고 있어서 칼이 들어갈 틈이 없었던 것이다. 그러나 마침내 병사 하나가 투구 눈구멍으로 창을 내리꽂아 그를 죽이는 데 성공했다. 페르시아 병사들은 그의 시체를 내버려둔 채 모두 도망치고 말았다.

이 전투에서 헬라스군이 얻은 성과는 매우 컸다. 비록 적을 많이 죽이지는 못했지만 페르시아군의 슬퍼하는 모습을 보더라도 이 전쟁의 결과를 확연히 알 수 있었다. 페르시아 병사들은 누구나 할 것 없이 마시스티우스의 죽음을 슬퍼하며 자신의 머리카락과 말의 갈기를 잘라버렸으며, 그들의 통곡 소리가 평야를 가득 메웠다. 그들은 용맹함과 권위에 있어서 마시스티우스를 대장인 마르도니우스 다음가는 사람으로 여기고 있었던 터라 그의 죽음이 몹시 안타까웠던 것이다.

이 전투가 있은 뒤 양군은 오랫동안 움직임이 없었다. 방어하는 자는 이기고 공격하는 자는 패하리라 했던 예언자들 말 때문이었다. 하지만 마르도니우스는 군량이 며칠분밖에 남지 않은 데다가 헬라스군이 병력 지원을 받아 나날이 강대해져 갔으므로 이대로 가만히 지켜보고 있을 수만은 없었다. 그는 새벽에 아소푸스 강을 건너 불시에 헬라스군을 치기로 마음먹고 전날 밤 모든 장군들에게 이 작전을 미리 알려 적절한 준비를 갖추도록 했다.

그날 한밤에 말을 탄 병사 하나가 사람들 눈을 피해 헬라스군 진영에 다가오더니 아테나이의 아리스티데스 장군을 만나게 해달라고 요청했다. 아리스티데스 앞으로 안내된 그는 조용히 입을 열었다.

"나는 마케도니아 사람 알렉산드로스요. 그대들을 위해 위험을 무릅쓰고 이렇게 찾아온 것은, 당신들이 지금 뜻하지 않은 습격을 당할 위기에 놓여 있다는 걸 알리기 위해서요. 내일 아침에 마르도니우스가 공격해 올 것이오. 그도 이길 자신이 있어서가 아니라 식량이 부족해 어쩔 수 없이 공격하는 것이라오. 예언자들이 제사를 드리고 신탁을 받아도 모두 결과가 좋지 않다며 싸움을 말리는 통에 병사들은 이미 사기를 잃었소. 이제 마르도니우스에게 남은 방법은 두 가지뿐이오. 용기를 내어 운명을 시험해 보거나 아니면 가만히 앉아 있다가 굶어 죽는 것이오."

이야기를 마친 알렉산드로스는 아리스티데스에게, 이 이야기를 다른 사람들에게는 절대 알리지 말라며 간곡히 당부했다. 그러나 아리스티데스는 총사령관인 파우사니아스에게는 숨길 수 없다면서 대신 다른 사람들에게는 비밀로 하겠다고 약속했다. 그리고 만약 헬라스가 승리하게 되면 그때 모든 사람들에게 알렉산드로스 왕의 용기를 알리겠다고 말했다.

알렉산드로스가 말을 타고 돌아간 뒤, 아리스티데스는 서둘러 파우사니아스의 천막을 찾아갔다. 그는 알렉산드로스로부터 들은 이야기들을 자세히 전했다. 그리고 두 사람은 다른 장군들을 모두 불러 곧 전투가 시작될 것 같으니 싸울 준비를 갖추라고 명령했다.

헤로도토스의 기록에 따르면, 이때 파우사니아스는 아리스티데스에게 아테나이군 왼쪽 날개를 오른쪽 날개로 이동시켜 페르시아 정규군과 싸우게 하라고 제안했다. 아테나이군은 그들과 싸워 이겼던 일도 있으니 자신감이 남다를 테고, 그들의 전술에 대해서도 잘 알고 있기 때문이었다. 그리고 스파르타군은 왼쪽 날개를 맡아 페르시아군에 가담한 헬라스 부대와 싸우도록 했다.

다른 아테나이 장군들은 파우사니아스가 다른 전열은 그대로 두면서 자기들만 노예처럼 이리저리 옮겨 전투가 가장 심한 곳으로 보낸다며 불평을 늘어놓았다. 그러나 아리스티데스의 생각은 달랐다. 그는 오히려 장군들의 생각이 틀렸다고 꾸짖었다. 며칠 전만 해도 테게아인들과 싸울 때 왼쪽 날개를 맡겨달라 요청했고, 그대로 되자 좋아하던 그들이었다. 그런데 이번에는 라케다이몬군이 자진해서 오른쪽 날개를 양보하고 가장 큰 영광을 주려고 하는데도 싫다고 불평할 뿐 아니라, 같은 헬라스인을 죽이지 않고 야만족과 싸우게 된 것을 다행으로 여기고 기뻐하지 않는 까닭은 도대체 무엇이냐고 비난했다.

이 말에 마음을 돌린 아테나이 장군들은 라케다이몬군과 자리를 바꾸었다. 그리고 아리스티데스의 다음 말은 아테나이 병사들 사이에서 널리 퍼져나갔다.

"적은 마라톤 전투 때보다 더 용감하지도, 더 우수한 무기를 가지지도 않아서 쉽게 쳐들어올 용기가 없을 것이다. 그때와 똑같은 활과 화살을 갖고 있고, 체력도 변변치 못하며, 그저 값진 수를 놓은 옷에 금으로 장식한 갑옷을 걸쳤을 뿐이다. 하지만 우리는 그들과 같지 않다. 무기와 육체는 그때와 다르지 않지만 승리의 경험이 있으므로 전보다 더 큰 용기와 자신감이 있다. 우리는 다른 사람들처럼 오직 나라를 지키기 위해 싸우는 것이 아니다. 살라미스와 마라톤의 승리가 단순히 밀티아데스와 우연한 행운 덕분이 아니라, 아테나이 시민 전체의 용기 덕분이었다는 것을 세상 사람들에게 널리 알리기 위해 싸우는 것이다."

아테나이와 라케다이몬 양군은 이런 말들로 서로를 격려하며 급히 새로운 자리로 옮겼다. 그런데 페르시아군에 가담했던 테바이인이 탈주병으로부터 이 이야기를 전해 듣고는 마르도니우스에게 알렸다. 마르도니우스는 아테나이군이 두려워서였는지 아니면 스파르타군과 직접 싸우기를 원했는지 모르지만 곧 페르시아군을 오른쪽 날개로 옮겨, 헬라스군이 아테나이군과 맞붙도록 자리를 바꾸었다.

그러나 적들의 움직임을 본 파우사니아스는 다시 오른쪽 날개로 아테나이군을 옮겼고, 마르도니우스는 다시 처음처럼 왼쪽 날개로 페르시아군을 움직였다. 이렇게 서로 되풀이해 자리를 움직이는 동안 그날은 미처 전투도 해보지 못하고 날이 저물어 버렸다.

헬라스군은 회의를 열고 진영을 훨씬 뒤로 옮겨 먹을 물을 얻을 수 있는 지점을 차지하기로 했다. 근처 샘에는 적 기병대가 있어서 물을 길어올 수가 없었던 것이다.

밤이 깊어지자 장군들은 저마다 새로운 자리로 부대를 이끌고 갔다. 그런데 한곳에 모여 있기 싫었던 병사들은 마음대로 전선을 떠나 플라타이아 시내로 밀어닥쳤다. 그리고 여기저기 무질서하게 천막을 치는 바람에 큰 혼란이 일어났다. 그러는 동안 라케다이몬 병사들은 가장 나중으로 밀려나 다른 부대보다 뒤처지게 되었는데, 거기에는 이유가 있었다. 바로 아몸파레투스라는 열성적인 장군 때문이었다. 그는 오래전부터 싸움을 하고 싶어 몸이 근질근질했으나 번번이 전투가 연기되자 몹시 못마땅해했다. 게다가 계속 진지가 바뀌자 그만 짜증이 나서, 다시 진지를 옮긴다는 것은 비겁하게 도망가려는 것과 마찬가지이므로 자신은 이 자리에서 한 발자국도 움직이지 않고 끝까지 병사들과 함께 남아 마르도니우스와 싸우겠다고 외쳤다.

그가 단단히 마음먹고 그 자리에 버티고 서자 파우사니아스까지 달려와, 진지 이동은 헬라스군 전체 투표로 결정된 것이라며 그를 타일렀다. 그러자 아몸파레투스는 커다란 돌을 번쩍 들어 파우사니아스 앞에 내던지며 소리쳤다.

"이것은 빨리 전투를 벌이자는 뜻으로 던지는 나의 투표입니다. 헬라스 겁쟁이들이 두려움에 벌벌 떨며 한 결정이 뭐가 중요합니까?"

파우사니아스는 어찌 해야 좋을지 몰라 이미 출발한 아테나이군에 사람을 보내 아몸파레투스 부대를 데리고 갈 때까지 진군 속도를 늦추고 기다려 달라고 했다. 그리고 자기는 나머지 군사들을 플라타이아로 보내고 나서 아몸파레투스를 여러 방법들로 달래보았다.

그러는 사이에 날이 밝았다. 헬라스군이 진영에서 떠나는 것을 본 마르도니우스는 이 기회를 놓치지 않았다. 그는 곧 군대를 정비해 함성을 지르며 라케다이몬군에게 달려들었다. 그것은 싸움을 벌인다기보다 도망치는 헬라스군을 뒤쫓아 전멸시키려는 기세였다. 그리고 하마터면 실제로 그렇게 될 뻔했다. 파우사니아스는 마르도니우스군이 공격해 오는 모습을 보고 행군을 멈추게 했다. 그리고 저마다 전투대열에 서라는 명령을 내렸다. 그런데 아몸파레투스 일로 화가 나서였는지 아니면 갑작스런 공격을 받아 정신이 없었는지, 그는 나머지 헬라스군들에게 전투 시작 명령을 내리는 것을 잊어버렸다. 그래서 전투가 시작됐는데도 다른 헬라스군들은 제대로 대열을 갖추지 못했으며, 라케다이몬군이 공격당하고 있을 때야 비로소 흩어진 채로 우르르 달려갔을 뿐이었다.

전투가 벌어지는 동안, 파우사니아스는 신에게 제사를 드리느라 정신이 없었다. 그러나 아무리 제사를 드려도 도무지 승리할 징조가 보이지 않았다. 그러자 그는 라케다이몬군에게 방패를 앞세운 채 조용히 앉아 명령을 기다리며, 쳐들어오는 적을 절대 공격하지 말라고 일렀다. 적 기병이 점점 가까이 다가오고 화살이 빗발처럼 쏟아졌지만, 그래도 파우사니아스는 적들을 공격하지 말라고만 명령할 뿐이었다. 그렇게 공격 명령을 기다리는 동안 화살에 맞아 쓰러지는 병사들이 생겨났다.

이때 헬라스군 가운데 체격이 늠름하고 이목구비가 뚜렷하며 뛰어난 외모를 지닌 칼리크라테스라는 병사가 화살에 맞아 중상을 입었다. 그는 숨을 거두면서, 집을 떠날 때부터 헬라스를 위해 목숨 바치기로 결심한 몸이니 죽는 것은 슬프지 않으나 무기 한 번 써보지도 못하고 죽어야 한다는 것만은 분하다고 말했다.

병사들의 고통도 엄청났지만 그 모습을 지켜보는 것 또한 몹시 가혹한 일이었다. 덤벼드는 적에게 대항 한 번 못하고 신과 장군이 싸우라는 명령을 내리기만을 기다리며, 화살에 맞아 쓰러지면서도 끝까지 자기 자리를 지켜야만 했던 것이다.

전해지는 어떤 이야기를 보면 파우사니아스가 대열에서 조금 떨어진 곳에서 신에게 제사를 드릴 때, 리디아인 부대가 들이닥쳐 제물을 마구 빼앗아 던지며 방해했다고 한다. 파우사니아스와 함께 있던 사람들은 무기가 없었으므로 막대기와 채찍을 휘두르며 적과 싸웠다. 스파르타에서는 이 일을 기념하기 위해 젊은이를 제단으로 끌어다가 채찍으로 때린 다음 리디아인이 행진하는 의식을 오늘날까지 행하고 있다.

파우사니아스는 희생제물을 바치고 또 바쳐도 승리할 징조가 보이지 않자 신전을 쳐다보며 눈물을 흘렸다. 그는 두 손을 하늘 높이 치켜들고 키타이론 산의 헤라 여신과 이곳 플라타이아를 지키는 여러 신들에게 기도를 올렸다. 만일 신들이 헬라스군의 승리를 바라지 않는다면 모두 죽어버리기 전에 온 힘을 다해 맞서 싸우게 해달라는 내용이었다. 그래서 적들로 하여금 상대가 용감한 사람이었다는 것만이라도 알 수 있게 해달라는 기도였다. 파우사니아스가 이처럼 간절히 기도드리자 마침내 좋은 징조가 나타났다. 예언자들은 이제야말로 반드시 승리를 거두리라고 말했다.

마침내 모든 군대에 싸움을 시작하라는 명령이 내려졌다. 라케다이몬 부대는 궁지에 몰렸던 맹수가 갑자기 돌아서서 발톱을 드러내며 달려드는 것처럼 적에게 달려들었다. 페르시아군은 자기들이 맞설 상대가 목숨을 걸고 싸우려는 모습을 보고는 몹시 당황했다.

페르시아군은 방패를 앞세우고 라케다이몬군을 향해 활을 당겼으나 라케다이몬군은 일제히 방패를 쳐들고 전열을 굳히며 그대로 앞으로 나아갔다. 그들은 막아서는 적의 방패를 허물어뜨리며 페르시아 병사들의 얼굴과 가슴을 마구 창으로 찔러댔다. 페르시아 병사들은 여기저기에서 쓰러지면서도 용감히 맞서 싸웠다. 그들은 밀려들어 오는 창을 맨손으로 잡아 꺾어버리고 언월도와 도끼를 휘두르며 방패를 빼앗기도 했다.

한편 전투가 벌어진 줄 모르고 있던 아테나이군은 뒤처진 라케다이몬군이 오기만을 기다리고 있었다. 그런데 갑자기 싸우는 병사들의 고함 소리가 들려오더니 곧이어 파우사니아스가 보낸 전령이 달려와 싸움 상황을 보고했다. 아테나이군은 재빨리 라케다이몬군을 구하기 위해 달려갔으나, 그들이 전쟁터에 가까이 갔을 때 페르시아 편에 선 헬라스군들이 공격해 왔다. 아리스티데스는 군대를 앞질러 달려나가 신에게 기도드린 다음 그들을 향해, 하늘이 무서운 줄 안다면 헬라스를 위해 목숨 걸고 싸우는 군대를 도우러 가는 자신들의 앞길을 방해하지 말라며 당장 싸움을 멈추라고 외쳤다.

하지만 상대가 이 말을 들은 척도 안 하고 전투태세를 갖추는 것을 본 아리스티데스는 먼저 이들과 싸우기로 결정했다. 적 군대는 5만 명이나 되는 큰 규모였다. 그러나 곧 라케다이몬군에 밀려 페르시아군이 후퇴하는 것을 본 적들은 대부분 뒤로 물러나 도망치기 시작했다. 끝까지 저항하며 버틴 적은 테바이 군뿐이었다. 이 무렵 테바이에서 세력 있던 자들은 처음부터 페르시아 편이었으며, 평민들도 마찬가지였다. 평민들은 스스로 선택하지는 않았으나 세력가들의 명령에 따랐다.

이렇게 전투는 두 곳에서 동시에 벌어졌다.

먼저 라케다이몬군이 페르시아군을 무찔렀다. 이때 아림네스투스라는 스파르타 병사가 마르도니우스의 머리를 돌로 쳐서 죽였다. 이것은 암피아라우스 신전에서 내려온 신탁이 그대로 이루어진 것이었다.

싸우기 전에 마르도니우스는 리디아 병사를 암피아라우스 신전에 보내고, 카리아 사람 하나를 트로포니오스 동굴에 보내 신탁을 물었다. 카리아 사람은 예언자에게서 제 나라 말로 신탁을 받았다. 리디아 병사는 암피아라우스 신전 안에서 잠을 자다가 꿈을 꾸었는데, 꿈에서 신이 보낸 사자가 그의 베갯머리에 다가와 당장 이곳을 떠나라고 명령했다. 그가 이 명령을 따르지 않자, 어디선가 날아온 큰 돌에 머리를 맞아 죽는 꿈이었다. 이 꿈이 바로 트로포니오스 신탁 내용과 일치했던 것이다.

마르도니우스 장군이 죽자 페르시아군은 저마다 뿔뿔이 흩어져 나무로 만든 진영 안으로 도망쳐 들어갔다. 거의 그와 동시에 아테나이군은 자신들의 앞길을 막아섰던 테바이군을 쳐부수었으며, 테바이 귀족 300명도 그 싸움터에서 죽었다. 이때 전령이 와서 라케다이몬군이 페르시아군을 진지 속에 몰아넣고 포위했다는 소식을 알렸다. 아테나이군은 상대하던 헬라스군을 도망치게 내버려 두고 라케다이몬군을 구하고 페르시아군을 공격하기 위해 달려갔다.

라케다이몬군은 성을 공략해 본 경험이 없는지라 아직 공격 시도도 하지 못하고 있었다. 아테나이군은 라케다이몬군과 힘을 합쳐 적 진영을 무너뜨리고 진지를 빼앗은 뒤 수많은 적들을 죽였다. 페르시아군 30만 명 가운데 4만 명은 아르타바주스와 함께 도망쳐 버리고 나머지는 전멸당했다. 헬라스군 피해는 1360명뿐이었는데, 그 가운데는 아테나이인 52명, 라케다이몬인 91명, 테게아인 61명도 포함되어 있었다.

역사가 클레이데무스는 그 아테나이인 52명이 가장 용감하게 싸운 아이안티스 부족 사람들이었다고 전한다. 아이안티스인들은 델포이에서 받은 신탁에 따라 스프라기티데스 님프들에게 제물을 바치기로 하고, 그 비용을 국가에서 내주기로 했다.

헤로도토스는 아테나이, 라케다이몬, 테게아인들만 적과 싸우고 다른 헬라스 부대는 이 전투에 참가하지 않았다고 기록했으나, 그것은 아무리 생각해도 이해하기 힘들다. 전사자 수나 그곳에 세워진 무덤들을 보아도 헬라스 모두가 함께 승리를 거두었다는 사실이 분명하기 때문이다. 만일 세 도시만 싸우고 다른 도시는 전혀 싸움에 가담하지 않았다면 적어도 이런 글귀를 제단에 새겨두지는 않았으리라.

> 헬라스인들의 힘과 용기로
> 페르시아를 치고 자유를 되찾았으니
> 제우스 신께 이 승리를 감사드리며
> 여기에 제단을 세우노라.

이 전투는 아테나이 달력으로는 보에드로미온 달 제4일, 보이오티아 달력으로는 파네무스 달 제27일에 일어났다. 오늘날에도 플라타이아에서는 이날에 헬라스 전체 민족 회의를 열고, 플라타이아인들은 자유의 신 제우스에게 감사드리며 이 승리를 기념한다.

이렇게 날짜가 서로 맞지 않는 것은 그다지 이상한 일이라 할 수 없다. 천문학 연구가 활발해진 오늘날에는 그 정확도가 높아지기는 했지만, 초승달과 그 끔달 날을 정하는 방법은 여전히 지방마다 다르기 때문이다.

전투가 끝난 뒤, 아테나이 사람들은 이날의 영광을 라케다이몬 사람들에게 양보하지 않았으며 전승 기념탑을 세우는 일로도 서로 다투게 되었다. 자칫하면 이 일로 두 도시에 싸움이 벌어져 무기를 들 만큼 상황이 악화될 수도 있었다. 아리스티데스는 레오크라테스를 비롯한 장군들에게, 아테나이와 스파르타의 다툼을 헬라스 전체 판정에 맡기자고 설득했다.

그래서 모든 헬라스인들이 이 사건을 놓고 회의를 열었을 때 메가라인 테오게이톤은, 내란을 피하고자 한다면 전승의 영광은 스파르타도 아테나이도 아닌 다른 도시에게 주어야 마땅할 것이라고 말했다.

그러자 코린토스의 클레오크리투스가 일어섰다. 사람들은 그가 코린토스에게 그 영광을 주자고 말하리라 생각했다. 코린토스는 스파르타와 아테나이 다음으로 가장 용감하게 싸운 도시였기 때문이다. 하지만 그는 뜻밖에도 플라타이아 사람들에게 이 명예를 돌리는 것이 어떻겠느냐고 말했다. 그렇게 하면 어느 편에서도 반감을 품지 않을 것이며, 헬라스인들끼리의 불화도 깨끗이 씻을 수 있다는 것이었다.

그의 말이 끝나자 아테나이인을 대표해 아리스티데스가, 그리고 라케다이몬인을 대표해 파우사니아스가 이 의견에 찬성했다. 그들은 이 제안이 결정되자 플라타이아 사람들을 위해 전리품 가운데 80탈란톤을 따로 떼어주었다. 그리고 그 돈으로 아테나 여신의 신전을 재건하고, 여신의 조각상을 만들며, 여러 그림들로 신전을 아름답게 꾸미도록 했다. 이 그림은 오늘까지도 그대로 남아 있다. 그 뒤에 라케다이몬 사람들과 아테나이 사람들은 저마다 자신들의 돈을 들여 전승비를 세웠다.

신에게 제물을 드리는 의식에 대해서는 델포이에서 자유의 신 제우스에게 제단을 바치라는 신탁이 내려왔다.

다만 제사를 드리기 전에 나라 안에 있는 모든 불을 다 끄고, 그동안 야만인들이 들어와 있어서 불이 더럽혀졌으니 이것들을 모두 없앤 뒤에 델포이에 있는 깨끗한 불을 다시 옮겨 쓰라 했다. 새로운 불을 켜기 전에는 절대로 제단에 제물을 바쳐서는 안 된다는 것이다.

헬라스 모든 지도자들은 지역마다 돌아다니며 사람들에게 강제로 불을 끄도록 했다. 한편 플라타이아에서는 에우키다스라는 사람이 누구보다 빨리 신전에 가서 불을 가져오겠다 자청하고는 델포이로 달려갔다. 그는 몸을 깨끗이 하기 위해 성수를 뿌리고 월계관을 쓴 다음, 제단에서 새로운 불을 받았다. 그리고 다시 플라타이아를 향해 1000펄롱을 달려 해가 지기 전에 플라타이아 시에 도착했다. 그는 시민들에게 불을 건네주었으나 너무나 지친 나머지 그만 그 자리에 쓰러진 채 숨을 거두고 말았다.

플라타이아 사람들은 그의 훌륭한 행동을 칭송하며, 아르테미스 에우클레이아 신전에 그를 묻어주고 비석에 이런 글을 새겼다.

에우키다스, 하루 만에 델포이까지 뛰어갔다가
그날로 다시 돌아왔도다.

많은 사람들이 에우클레이아를 여신 아르테미스와 같은 인물로 보는데, 어떤 사람은 에우클레이아를 헤라클레스와 미르토의 딸이라고 한다. 미르토는 메노이티우스의 딸로 파르토클로스와는 자매이다. 파르토클로스는 평생을 처녀로 살았는데, 보이오티아와 로크리스 사람들은 그녀를 신으로 모셨다. 사람들은 광장마다 제단과 신상을 세우고 신랑 신부가 결혼 전에 반드시 그 제단에 제물을 바치게 했다.

그 뒤 아리스티데스는 헬라스인 전체 회의가 열렸을 때 이런 결의문을 제출했다. 헬라스 모든 도시는 해마다 대표와 사제를 플라타이아로 보낼 것, 4년마다 엘리우테리아, 즉 자유 제전을 개최할 것, 병사 1만 명과 기마 1000기와 군함 100척으로 헬라스 연합군을 구성해 야만족 침입에 대비하고 그 비용을 분담할 것, 그리고 플라타이아를 신들이 계신 성지로 삼아 헬라스 전체를 위한 제사를 지낼 것 등이다.

플라타이아 사람들은 아리스티데스의 제안에 찬성했으며 그곳에서 헬라스를 위해 싸우다가 쓰러진 모든 전사자들을 위해 해마다 제사를 올리기로 했다. 이 제사는 마이마크테리온 달 제16일에 나팔수가 맨 앞으로 나가 돌격 개시를 알리는 나팔을 부는 것으로 시작된다. 나팔수들 뒤에는 도금양 가지와 화환을 가득 실은 수레와 검은 황소, 죽은 자를 위해 뿌리는 포도주와 우유를 담은 항아리, 올리브 기름과 향유 병을 든 자유인 젊은이들이 따른다. 영령들이 자유를 위해 싸우다 죽었기 때문에 노예들은 이 제사에 참가할 수 없다.

그리고 맨 뒤에는 플라타이아의 집정관이 따라간다. 그는 평소에는 쇠붙이를 만져서는 안 되며 흰색 옷밖에 입을 수 없었지만, 이날만큼은 붉은 옷을 입고 한 손에는 공문서 보관소에 있던 항아리와 다른 한 손에는 칼을 높이 쳐들고서 시내를 행진한다.

행렬이 묘지에 이르면 집정관은 샘물을 길어 무덤 비석들을 하나하나 씻은 다음 그곳에 향유를 바른다. 그리고 불타는 장작더미 위에 황소를 죽여 올려놓고 제우스와 헤르메스 신에게 기도를 드린 다음, 헬라스를 지키다 죽은 용사들의 혼을 불러내 술과 음식을 바친다. 그런 다음 커다란 잔에 포도주와 물을 섞어 붓고, 다시 한 잔을 따라 자기가 마시면서 이렇게 말한다.

"헬라스 자유를 위해 목숨 바친 분들을 위해 이 잔을 듭니다."

이 제사 의식은 플라타이아 지방에서 오늘날까지도 행해지고 있다.

한편 전쟁이 끝나고 조국으로 돌아온 아테나이 사람들은 민주정치를 요구하기 시작했다. 아리스티데스는 이번 전쟁에서 보여준 민중의 용기를 보아 그들의 이런 요구가 마땅하다고 여겼다. 또 시민들은 여전히 무기를 갖고 있었으며 힘에 대한 자신감도 넘쳤기 때문에, 민주정치에 대한 그들의 강력한 요구를 함부로 무시할 수가 없었다. 그래서 그는 모든 시민들에게 참정권을 주고 모든 아테나이 시민 가운데서 집정관들을 뽑자는 내용의 제안을 내놓았다.

그 무렵 테미스토클레스가 민중에게 말하기를, 자신에게 계획이 하나 있으며 아테나이에 커다란 이익과 안전을 가져다주리라 믿긴 하지만 무엇인지 밝힐 수는 없다고 했다.

그러자 민중은 아리스티데스가 그 계획을 검토해 찬성한다면 자기들도 받아들이겠다고 했다. 테미스토클레스는 아리스티데스에게 그가 세운 비밀 계획을 털어놓았다. 그것은 바닷가에 머물러 있는 헬라스 군함들을 모조리 불태우자는 것이었는데, 그렇게 하면 아테나이가 헬라스에서 가장 강한 나라가 되어 헬라스 전체를 지배할 수 있게 된다는 이야기였다.

아리스티데스는 이 말을 듣고 시민들 앞에 나와 테미스토클레스의 계획에 대해서, 이보다 더 유익한 계획도 이보다 더 사악하고 정의롭지 못한 계획도 없을 거라고 말했다. 그러자 아테나이 시민들은 테미스토클레스에게 그 계획을 포기하라고 요구했다. 민중은 그만큼 정의를 사랑했으며, 아리스티데스를 믿었으므로 그의 생각이라면 무조건 따랐다.

그 뒤 아리스티데스는 키몬과 함께 장군으로 임명되어 다시 전쟁터에 나가게 되었다. 그곳에서 그는 파우사니아스와 스파르타 장군들이 동맹군들에게 오만하고 무례하게 행동하는 것을 보았다. 그러나 아리스티데스는 동맹군들에게 부드럽고 친절했으며, 또 그의 그런 행동이 키몬의 온유하고 정중한 성격과도 잘 맞았다. 그는 어느새 스파르타 장군들보다 더 높은 지도적 위치를 차지하게 되었으며, 그들이 자기 스스로 복종하도록 만들었다. 이것은 힘이나 권위로써가 아니라 예절과 지혜로 얻게 된 존경이었다.

아리스티데스의 정의감과 키몬의 따뜻한 성격은 다른 헬라스인들에게도 호감을 느끼게 했다. 그들의 태도는 파우사니아스의 탐욕이나 횡포와 비교되어 더욱 아테나이 사람들이 따르는 이유가 된 것이다.

이와 달리 파우사니아스는 동맹군 지휘관들에게 늘 무례하게 화를 냈으며,

병사들을 매질하거나 온종일 어깨에 닻을 얹는 벌을 주는 일도 예사였다. 심지어 말에게 먹일 짚이나 풀이나 샘물도 스파르타군이 먼저 사용하기 전에는 어느 누구도 손대지 못하도록, 그곳에 병사들을 세워 지키게까지 했다. 아리스티데스가 그런 일들을 나무라며 잘못을 지적할 때도, 파우사니아스는 눈살을 찌푸리며 이야기를 들으려 하지도 않았다.

이런 까닭으로 헬라스의 여러 장군들, 특히 키오스, 사모스, 레스보스에서 온 사람들은 아리스티데스에게 동맹군을 지휘해 달라고 부탁했다. 그들은 오래전부터 스파르타와 관계를 끊고 아테나이를 지지하는 사람들을 모두 결속시키기를 갈망하고 있었다. 그러자 아리스티데스는 그것이 정당하고 반드시 필요한 제안이라는 것은 인정하지만, 그 생각이 정말 진지하다는 사실을 행동으로 보여주어야 한다고 말했다.

이 말에 사모스인 울리아데스와 키오스인 안타고라스 등은 몰래 만나 서로 의논한 뒤, 비잔티움으로 가서 파우사니아스 군함을 포위하고 그들을 깨부수기로 결정했다.

파우사니아스는 이들이 몰려온 것을 보고, 그들이 공격한 것이 자신의 배가 아니라 그들의 나라였다는 것을 곧 알게 해주겠다고 협박했다.

그러나 장군들도 파우사니아스에게 지지 않고, 지금은 살려 보내주겠으니 예전에 플라타이아 전쟁에서 얻었던 행운을 고맙게 여기도록 하라고 말했다. 이제까지 파우사니아스가 만행을 저지르는데도 헬라스인이 벌을 주지 않았던 것은 플라타이아에서의 승리를 높이 평가했기 때문이었다.

이때 라케다이몬 사람들이 취한 행동은 그들의 넓은 도량을 잘 보여주었다. 그들은 자기 나라 장군들이 승리에 도취된 나머지 오만방자해졌다는 사실을 알고 부끄럽게 여겨, 헬라스군에 대한 지휘권을 깨끗이 내놓고 장군들을 불러들였다. 그들은 헬라스 전체를 지배하는 일보다, 옛 관습과 법을 성실하게 지키는 사람들을 뽑아서 본국을 잘 다스리는 것이 더 중요하다고 여겼던 것이다.

라케다이몬인이 모든 지휘권을 잡고 있을 때에도 헬라스인들은 전쟁을 치르기 위한 비용을 서로 나누어 내고 있었다. 헬라스 도시들은 지역마다 능력에 맞게 부담금을 정하기 위해 아리스티데스를 보내달라고 아테나이에 요청했다. 그래서 아리스티데스는 모든 도시들을 둘러보며 영토와 수입을 조사해, 그들이 얼마나 낼 수 있는지를 결정했다.

헬라스 전체가 아리스티데스 한 사람에게 모든 돈을 다 맡겨놓은 셈이었다. 그는 조사를 위해 모든 도시를 돌아다녔다. 그러고는 모든 도시가 다 만족하도록 액수를 정했는데, 나중에 그 직책을 내놓을 때는 맡기 전보다 더욱 가난해져 있었다. 그가 얼마나 금전에 대한 장부를 깨끗하고 올바르게 적었던지 관계된 모든 나라 사람들이 크게 만족할 정도였다.

옛사람들이 크로노스 시대, 모든 도시를 최고로 여겼던 것처럼 아테나이 동맹국들은 아리스티데스가 헬라스의 부담금을 정해주었던 때야말로 행운과 축복의 시기였다며 그를 찬양했다. 특히 그가 직책에서 물러나고 오래지 않아 부담금 액수가 두 배, 세 배로 뛰어오를 때마다 그런 생각은 더욱 간절했으리라.

아리스티데스가 정한 부담금은 460탈란톤이었는데, 페리클레스는 여기에 3분의 1을 더 보탰다. 투키디데스 기록에 따르면, 펠로폰네소스 전쟁이 시작되었을 때 아테나이는 동맹국들로부터 전쟁 비용으로 1년에 600탈란톤을 받았다고 한다. 그런데 페리클레스가 죽은 뒤, 선동가들은 그것을 조금씩 높여 마침내 1300탈란톤까지 올려놓았다. 전쟁이 오래갔거나 승패가 뒤바뀌었기 때문에 돈이 그렇게 많이 필요했던 것은 아니었다. 오히려 구제 사업이나 시민들을 상대로 한 공연 비용으로 쓰였거나 신전과 신상을 세우는 데 낭비한 것이었다.

그런데 아리스티데스가 공정한 부담금 책정으로 많은 사람들 칭찬을 받을 때에도 오직 테미스토클레스만은 이를 인정하지 않았다. 그는 사람이 아니라 돈주머니를 칭찬해야 한다며 빈정거렸다. 그러나 이렇게 기고만장한 테미스토클레스도 아리스티데스의 기지 넘치는 말에는 꼼짝못하고 당하기도 했다. 언젠가 테미스토클레스가 아리스티데스에게, 장군으로서 무엇보다 중요한 것은 적의 움직임을 남보다 먼저 꿰뚫어 보는 능력이라고 말한 적이 있었다. 그러자 아리스티데스가 이렇게 대답했다.

"물론 그것도 중요하지요. 하지만 그보다 테미스토클레스 장군에게 진정으로 중요한 것은 자신의 손을 더럽히지 않는 미덕입니다."

아리스티데스는 모든 헬라스인에게 페르시아와 싸우기 위한 동맹을 약속하라고 말했다. 그리고 자기도 아테나이를 대표해 선서한 다음 벌겋게 단 쇳덩어리를 바닷물에 던지며, 맹세를 지키지 않는 사람에게는 이러한 벌을 내려달라고 신에게 기도했다.

하지만 그 뒤 더욱 아테나이의 강력한 지배가 필요해지자 아리스티데스는 맹세를 어기는 죄는 모두 자기가 질 테니 나라를 위해 필요한 일은 무엇이든 해서 사태에 대처하라고 사람들에게 말했다.

테오프라스투스가 평가한 대로 아리스티데스는 사사로운 일에는 정의를 엄격하게 지켰지만, 공적인 일에서는 이따금 정의를 버리고 나라의 이익을 위해 행동하기도 했다. 그 예로 사모스 사람들이 동맹 규약을 어기고 연합국 공동 군자금을 델로스 섬에서 아테나이로 옮기는 일을 의논할 때, 아리스티데스는 그렇게 하는 것이 옳은 생각은 아니지만 아테나이를 위해서는 가장 좋은 방법이라고 말했다.

그러나 아리스티데스는 많은 나라들을 지배할 수 있는 위치까지 아테나이를 끌어올린 뒤에도 자신은 여전히 청빈하게 살았다. 그는 수많은 전쟁에서 승리했으면서도 가난뱅이로서의 명성에 만족했던 것 같다. 다음 일화에서 그의 이런 생각을 엿볼 수 있다.

아리스티데스의 친척인 칼리아스는 제전 때 횃불을 드는 사람이었는데, 언젠가 다른 사람에게 고소를 당한 적이 있었다. 그를 고소했던 자들은 기소 내용에 대해서는 적당한 선에서 마무리하고 재판관에게 이런 이야기를 늘어놓았다.

"모두가 알고 있는 것처럼 리시마쿠스의 아들 아리스티데스는 헬라스 전체에 두루 이름이 높은 분입니다. 그런데 그분이 저렇게 낡아 해진 옷을 입고 다니는 것을 보면 그 가족들이 어떤 생활을 하고 있는지 짐작할 수 있습니다. 밖에서도 저 정도로 다니는 것을 보면 집에서도 여러 가지로 궁색할 것이 뻔합니다. 사람들 앞에서 추위에 부들부들 떨고 있는 그분은, 혹시 집에서도 그날그날 끼니조차 없이 주린 배를 움켜쥐고 있는 게 아닐까요? 그런데 우리가 기소한 칼리아스는 아리스티데스의 사촌이라는 이유만으로 많은 도움을 받고 있으면서도, 그분과 그분 아내와 아이들이 고생하는 모습을 바라만 보고 있습니다. 이제까지 얼마나 아리스티데스를 이용해 왔는지, 또 그분이 재판관들 사이에서 세도를 펴고 있을 때 얼마나 많은 이득을 챙겼는지 모를 지경인데도 말입니다."

재판관들이 그들의 말을 듣고 서로 의논해 웅성대기 시작하자 칼리아스는 자기에게 불리한 판결을 내리려는 것을 눈치챘다. 그래서 아리스티데스를 법정에 불러서, 자기 진술에 대한 증인이 되어달라 부탁했다. 칼리아스의 주장에 따르면, 자신은 여러 번 아리스티데스에게 돈을 주면서 제발 받아달라고 애원했으나 아리스티데스는 그때마다 "자네가 재산을 자랑스럽게 생각하는 것만큼, 아니 그보다 더욱 나는 내 가난을 자랑스럽게 여긴다네" 대답하면서 거절했다. 또 아리스티데스는 "세상에 재물을 훌륭하게 쓰는 사람들은 많지만 고결한 정신으로 가난을 견디는 사람은 찾기 어려우며, 가난을 벗어나고자 하는 이들만이 가난을 부끄러워하는 법"이라고 말했다.

칼리아스가 이야기를 마치자, 아리스티데스는 그 말이 모두 사실이라고 증언해 주었다. 이 말을 들은 사람들은 모두 칼리아스 같은 부자보다는 아리스티데스처럼 가난한 사람이 되고 싶다면서 법정을 나섰다. 이것은 소크라테스의 제자인 아이스키네스가 전한 이야기이다.

플라톤은 아테나이에서 이름을 떨친 인물 가운데 아리스티데스만이 존경받을 만하다고 말했다. 테미스토클레스와 키몬, 페리클레스는 수많은 건물과 돈으로 아테나이 시를 아름답고 부유하게 만들었지만, 아리스티데스는 정치를 덕의 경지로까지 끌어올렸던 사람이기 때문이다.

아리스티데스는 테미스토클레스에 대한 태도에서도, 다른 사람을 대할 때와 마찬가지로 훌륭한 인격을 보여주었다. 모든 정치 활동에서 그는 테미스토클레스의 적이었으며, 그 때문에 도편추방까지 당했다. 그럼에도 뒷날 테미스토클레스가 시민들로부터 도편추방을 당하게 되었을 때 알크마이온, 키몬, 그 밖의 여러 사람들이 그를 추방하려고 온갖 비난을 퍼부었지만, 아리스티데스는 지난날 그에게 당한 일들을 잊은 듯 그를 공격하는 말을 한 마디도 하지 않았다. 그는 테미스토클레스가 영광스러운 자리에 올랐을 때 그를 시기하지 않았던 것처럼, 그에게 불행이 닥쳐왔을 때도 그의 마음을 아프지 않게 하려고 공격하지 않았다.

어떤 기록에 따르면, 아리스티데스는 공무로 폰투스에 갔다가 그곳에서 죽음을 맞았다고 한다. 그러나 또 다른 기록에는 그가 끝까지 아테나이에서 살면서 시민들의 존경을 받다가 나이가 많이 들어 자연스럽게 세상을 떠났다고도 한다.

마케도니아 사람 크라테루스는 그의 마지막에 대해 이렇게 전한다.

테미스토클레스가 추방된 뒤 민중은 마치 고삐 풀린 망아지처럼 사나워지기 시작했으며, 많은 선동가들이 나타나 권력 높은 사람들을 이유 없이 공격했다. 이러한 상황에서 아리스티데스는 뇌물을 받았다는 혐의로 기소되었다. 암피트로페 사람인 디오판투스가 아리스티데스를 고발했는데, 그가 세금을 정할 때 이오니아 사람들로부터 뇌물을 받고 적게 매겼다는 것이었다. 아리스티데스는 그에게 내려진 벌금 50므나를 갚을 돈이 없어 아테나이를 떠났으며, 마침내 이오니아에서 죽었다고 한다.

하지만 크라테루스는 언제나 증거를 자세히 기록하며 역사가의 말도 인용하던 사람인데, 이 일에 대해서는 판결문이나 투표한 기록 같은 증거를 하나도 들지 않았다.

또 민중이 세력이 큰 사람들을 공격했던 사실을 기록한 다른 역사가들도 테미스토클레스가 추방된 일, 밀티아데스가 투옥된 일, 페리클레스가 벌금을 낸 일, 파케스가 유죄판결을 받고 자살한 일 등을 자세히 다루고 있다. 심지어 아리스티데스가 도편추방을 당했던 일까지도 기록했지만, 그가 재판을 받은 일이나 벌금형이 내려졌다는 기록은 찾아볼 수가 없다.

게다가 아리스티데스 묘비는 팔레룸에 있다고 한다. 전하는 이야기로 그는 장례를 치를 돈도 남기지 못해 국가에서 그 비용을 대신 마련해 주었다. 또 그의 두 딸들도 정부로부터 3000드라크메의 돈을 받아 결혼식을 올렸다고 한다.

알키비아데스의 제안에 따라 아리스티데스의 아들 리시마쿠스는 시민들로부터 은화 100므나와 경작지 100에이커, 그리고 날마다 4드라크메의 돈을 받게 되었다. 또한 칼리스테네스는 리시마쿠스가 폴리크리테라는 외동딸을 남기고 죽자, 시민들이 그녀에게도 올림피아 경기에서 우승한 자에게 주는 것과 똑같은 생활비를 제공했다고 전한다.

팔레룸 사람인 데메트리우스, 로도스 사람인 히에로니무스, 음악가 아리스토크세누스는, 아리스티데스 손녀 미르토가 소크라테스와 같은 집에서 살았다고 전한다. 소크라테스에게는 아내가 있었지만, 미르토가 과부가 되어 가난하게 생활하는 것을 보고 그의 집에 데려와 함께 살게 했다는 것이다. 아리스토텔레스도 《귀족론》에서 그와 같이 밝히고 있다. 그러나 파나이티우스는 소크라테스에 대한 책에서 이 사실을 부정한다.

팔레룸 사람 데메트리우스는 그의 책 《소크라테스》에 이런 내용을 적었다. 아리스티데스 손자 리시마쿠스는 이아쿠스 신전 근처에서 꿈풀이로 점을 쳐주며 가난하게 살았는데, 이를 본 데메트리우스가 민중에게 권유해 리시마쿠스의 어머니와 자매에게 날마다 3오볼로스씩 돈을 주게 했다는 것이다. 그리고 그가 뒤에 입법 위원이 되었을 때는 그 돈을 1드라크메로 올려주었다고 한다. 6오볼로스가 1드라크메였다.

아테나이가 아리스티데스 자손들에게 이토록 마음을 써가며 대우한 것은 마땅한 일이다. 아리스토게이톤의 손녀가 렘노스에서 너무 어렵게 살아 구혼자도 없다는 소문을 들은 시민들은 그녀를 명문가로 시집보냈으며, 혼수로 포타무스에 있는 농장 하나를 주기도 했다. 아테나이는 오늘날까지 이처럼 너그럽고 선한 일을 많이 해왔기 때문에 다른 나라 사람들로부터 존경을 받는 것이다.

마르쿠스 카토(MARCUS CATO)

마르쿠스 카토는 투스쿨룸에서 태어났다. 그가 자란 곳은 사비니인들 영토였다. 그는 군인이나 정치가로 나서기 전까지 그곳 아버지 농장에서 살았다. 그의 조상 가운데 이름난 사람은 전혀 없었다 여겨지지만, 카토 자신은 늘 아버지 마르쿠스가 용감한 군인이었다고 말했다. 또 그의 할아버지인 카토가 여러 차례 무훈상을 받았으며, 전쟁에서 말을 다섯 필이나 잃었기 때문에 용감히 싸운 대가로 나라로부터 보상을 받았다고 자랑하기도 했다.

로마 사람들은 명문 출신이 아니어도 자신의 노력으로 성공한 사람들을 '새 사람'이라 불렀는데, 카토 또한 그렇게 불렸다. 그러나 카토 자신은 지위와 명예에 있어서는 새사람임에 틀림없지만, 무훈과 덕은 선조 때부터 쌓아온 것이므로 확실한 옛사람이라고 말한 바 있다.

그의 성은 본디 카토가 아니라 프리스쿠스였는데, 그의 뛰어난 지혜 덕분에 뒷날 카토라는 성을 얻게 되었다. 현명하다는 뜻의 카투스에서 나온 것이다.

그의 머리카락은 붉은색이고 눈동자는 잿빛이었는데, 어느 시인은 심술궂게도 다음 같은 시를 짓기도 했다.

버얼건 머리카락, 잿빛 눈
야만스런 어금니를 가진 포르키우스,
죽어서 지옥에 가더라도

반겨줄 사람 없으리라.

카토는 어릴 적부터 검소한 생활을 했으며, 스스로 신체를 단련해 전쟁에서 싸우기에 알맞은 체력을 갖췄다. 한편 그는 웅변술을 익혔는데, 이름도 없이 그저 편안하게 살아갈 사람이 아니라면 반드시 여러 분야 기술들을 익혀야 하리라 생각했기 때문이다.

그는 기회가 있을 때마다 주위 사람들을 변호해 주었으므로 훌륭한 웅변가로서도 널리 알려졌으며, 장차 정계에서 크게 활동할 인물이라는 평판이 자자했다. 부탁하는 사람이 있으면 변호인 자리에 서는 것을 거절하지 않았기 때문에, 일찍부터 유능한 변호인이자 법률가로서 인정받게 된 것이다. 또 사람들 사이에서 언제나 눈에 띄었으며, 그와 이야기를 해본 사람은 누구나 그의 착실하고 점잖은 성품을 알아보았다.

또한 카토는 자기 변호로 재판에서 이기더라도 대수롭지 않게 생각했으며, 어떤 대가도 받지 않았다. 그는 그런 논쟁에서 명성을 높일 마음이 없었고, 전쟁터에 나아가 이름을 떨쳐야만 한다고 생각했다. 그래서 젊었을 때부터 싸움터에 나가기 시작했으며, 그의 몸에는 전투에서 얻은 영광스러운 상처가 있었다. 카토 자신의 말에 따르면 열일곱 살에 처음 전쟁에 나갔다 하는데, 그때는 한니발이 한창 승승장구하며 이탈리아를 침략할 때였다.

전투에 나설 때 카토는 민첩하고 대담하게 적을 상대했으며, 전장에서는 한 발도 물러서지 않고 호령하며 적을 공격했다. 그는 때때로 고함 소리와 위협적인 말이 칼보다도 더 적을 두려움에 떨게 만든다는 사실을 동료들에게 깨우쳐 주기도 했다.

그는 행군할 때도 직접 자기 무기를 메고 다녔으며, 부하에게는 식량만 들고 다니게 했다. 부하가 음식을 만들어 내놓을 때도 절대 불만을 늘어놓거나 화를 내지 않았고, 군무가 끝나 바쁘지 않을 때는 부하와 함께 준비했다. 또 전쟁터에서는 물 말고는 아무것도 입에 대지 않았는데, 갈증이 심할 때 식초를 조금 물에 타서 마시거나 몹시 피곤할 때 포도주를 한 잔 마시기도 했다.

카토의 농장 가까이에 마니우스 쿠리우스가 살던 초라한 집이 있었는데, 카토는 자주 이 집을 찾아가 마니우스의 조그마한 땅과 초라한 집을 보면서 그의 인격을 배웠다. 마니우스는 세상에서 가장 강한 나라를 정복했고, 피루스를 이탈리아에서 쫓아냄으로써 세 번이나 개선식을 치렀던 위대한 인물이었지만, 이곳으로 와서는 직접 땅을 갈며 소박하게 살았다.

삼니움인 사절이 마니우스를 찾아왔을 때, 그는 바로 이 집 아궁이 앞에서 무를 찌고 있었다. 사절단들이 마니우스에게 많은 황금을 주려 했지만, 그는 이렇게 거절하며 그들을 돌려보냈다.

"이런 음식을 고마운 마음으로 먹고 있는 사람에게 황금 같은 건 필요 없소. 나는 황금을 갖기보다는 그것을 가진 사람을 정복하는 일이 더 명예롭다고 생각하오."

이런 마니우스를 가까이에서 지켜본 카토는 자신의 큰 집과 넓은 땅과 많은 하인들을 돌아보며 자기 생활을 뉘우치고, 절약하며 살기로 결심했다. 그리고 더욱 열심히 일했다.

파비우스 막시무스가 타렌툼 시를 정복했을 때, 아직 젊은이였던 카토도 전쟁에 참가하고 있었다. 그때 카토는 피타고라스 학파의 네아르쿠스라는 사람과 가까이 지내며 그에게 학문을 열심히 배웠다. 네아르쿠스는 플라톤과 똑같은 주장을 했는데, 플라톤은 일찍이 쾌락은 가장 큰 악의 미끼이며 영혼의 가장 큰 장애는 육체이므로 육체적 욕망을 버리면 인간은 영혼을 가장 자유롭고 깨끗하게 만들 수 있다고 말한 바 있다.

카토는 이 이야기를 듣고 소박하고 절제된 생활에 대한 생각을 더욱 굳히게 되었다. 그는 나이를 먹을 때까지 철학 말고는 다른 헬라스 학문은 배우지 않았다. 그의 웅변술은 투키디데스 영향도 적지 않게 받았지만, 주로 데모스테네스의 도움을 많이 받았다. 그러나 그의 책에는 헬라스식 사상과 역사들을 적당히 다듬은 흔적이 눈에 많이 띈다. 그의 경구집과 격언집을 보면 헬라스의 것을 그대로 번역한 문장도 많이 있다.

그 무렵 로마에는 발레리우스 플라쿠스라는 사람이 있었다. 그는 로마에서 으뜸가는 집안 출신이었는데, 장래성 있는 젊은이들을 키우는 데 유달리 관심을 가진 사람이었다. 그런데 그는 카토 집 바로 옆에 땅을 가지고 있었다. 발레리우스 플라쿠스는 하인으로부터 카토가 이른 아침에 법정으로 나가서 사람들을 변호하며, 저녁에는 농장에 돌아와 하인들과 함께 일을 한다는 이야기를 들었다. 또 하인은 그가 겨울에도 간단한 옷만 입고 여름에는 셔츠만 입고 지내다시피하며, 식사 때는 하인들과 함께 앉아 똑같은 음식과 술을 먹는다고도 이야기했다. 발레리우스는 이 말을 듣고 카토의 근면한 생활 태도와 올바른 행동에 감탄했다.

발레리우스는 이것 말고도 카토의 소박함과 공정한 태도를 보여주는 이러저러한 이야기들을 듣고 그를 식사에 초대했다.

그 뒤 발레리우스는 카토와 친하게 지내면서 그의 온화하고 세련된 성품을 차츰 알게 되었다. 그리하여 그는 넓은 토양에 옮겨 심어야 나무가 크게 자라듯 사람도 넓은 세계에 들어가야 클 수 있다고 생각해, 카토에게 로마로 가서 정치에 참여해 볼 것을 권유했다.

이렇게 해서 로마로 간 카토는 법정에서 훌륭하게 변론을 함으로써 짧은 시간 안에 많은 친구와 지지자들을 얻었다. 그는 발레리우스의 절대적인 지원에 힘입어 곧 군사 호민관이 되었으며, 이어서 재무관에 임명되었다. 그는 점차 이름이 높아져 발레리우스와 함께 최고 관직에 올랐고, 나란히 집정관 자리에도 올랐으며, 그 뒤에는 둘이 함께 감찰관으로 승진했다.

카토가 선배 원로원 의원들 가운데 가장 흠모했던 사람은 바로 파비우스 막시무스였다. 이는 파비우스가 높은 명예와 권세를 가진 인물이었기 때문만이 아니라, 그의 성격과 일상생활을 존경해 가장 본받을 만한 사람이라 여겼기 때문이었다. 그래서 아직 젊은 나이였음에도 스키피오가 파비우스의 권력에 도전하자 그는 서슴지 않고 나가 맞섰다.

카토는 스키피오와 함께 재무관이 되어 아프리카 전쟁에 파견되었을 때, 스키피오가 사치스러운 생활을 하며 병사들에게 지나치게 큰돈을 뿌리는 것을 보고 크게 놀랐다. 카토는 스키피오에게 자신의 의견을 거리낌 없이 퍼부으며 몹시 꾸짖었다.

"내가 염려하는 것은 당신이 공금을 함부로 쓰는 일이 아니오. 병사들 마음에 사치를 불어넣어, 조상 때부터 지켜오던 검소한 생활 습관을 깨뜨릴까 그것이 걱정스러운 것이오."

스키피오는 그 말을 듣자 태연한 표정으로, 지금 전쟁은 돛에 바람을 가득 안은 배처럼 바다 위를 시원스레 달리고 있으니 까다로운 재무관은 필요치 않다. 로마가 원하는 것은 전쟁의 승리이지, 돈을 어떻게 썼느냐가 아니라는 것이다.

그리하여 카토는 시킬리아를 떠나 로마로 돌아오자 곧 파비우스와 함께 원로원으로 갔다. 그러고는 스키피오가 전쟁에서 엄청난 돈을 낭비하고 있으며, 장군이라기보다는 축제 주최자인 것처럼 운동 시합과 연극 공연을 즐기고 있다고 비난했다. 또 그것은 군대를 통솔하는 자에게 어울리는 행동이 아니며, 마치 축제 기분을 내듯 소란을 피우는 짓이라며 목청을 높였다. 그러자 원로원은 호민관을 보내 사실 여부를 조사하도록 했다. 그리고 카토의 말이 사실이라면 곧바로 스키피오를 로마로 데려오라고 명령했다.

그러나 조사단들이 도착하자 스키피오는 여유가 생길 때에는 기분 전환을 위해 때때로 유쾌한 생활을 즐기기도 했지만, 결코 중대한 일을 소홀히 한 적은 없다고 해명했다. 조사단은 그의 말을 믿고 그를 아프리카 싸움터로 보냈다.

이때 카토는 연설로 이름이 드높아져 로마 사람들로부터 새로운 데모스테네스라 불렸다. 그러나 사람들이 더욱 많이 칭송하는 것은 웅변보다 그의 생활 태도였다. 웅변은 그 시대 젊은이라면 누구나 다 관심을 갖고 잘하기 위해 노력했지만, 카토는 그들과 다르게 조상 때부터 내려온 부지런한 습관을 잘 지켰다. 그는 아침 식사를 차가운 음식으로 했고, 저녁에는 간단하게 먹었으며, 초라한 집과 옷에 만족해 다른 사람이 가진 것을 부러워하거나 탐내지 않았다.

사실 로마의 힘은 이미 강대해져 있었고, 여러 나라들을 거듭 정복하고 있었다. 그러는 동안 로마는 옛날의 청렴한 생활 방식을 지켜내지 못하고, 다른 나라들의 잡다한 풍속과 생활 습관이 마구 섞여 들어왔다.

그래서 거의 모든 사람들은 안락하고 편안한 생활에 젖어 있었지만, 카토는 그런 흐름에 전혀 휩쓸리지 않고 자신의 생활 방식을 꿋꿋하게 지켜나갔다. 그러니 다른 사람들이 카토의 지극히 검소한 생활 태도에 경탄의 눈길을 보낸 것도 당연한 일이었다. 사람들은 힘든 일이 생기면 쪼들리고, 안정되면 나태해지는 등 생활 변화에 따라 태도가 달라졌지만 카토는 젊어서 명예심에 불타고 있을 때뿐만 아니라 집정관에 오르고 개선식을 치른 뒤 노년에 이르러서도 자신의 생활을 허술하게 방치하지 않고 절도 있는 태도를 고집했다. 그는 올림피아 경기에서 우승한 사람이 자기 명예를 지키기 위해 죽을 때까지 연습을 게을리하지 않는 것처럼, 언제나 자신의 마음을 단련시키는 일에 온 힘을 쏟았다.

카토가 스스로 말했듯이 그는 100드라크메가 넘는 옷을 입어본 적이 없었고, 군사령관이나 집정관이 되어서도 노예들이나 마시는 포도주를 마셨으며,

시장에서 저녁 찬거리를 살 때 30아스 이상은 절대로 써본 적이 없었다. 이것은 그의 건강한 육체 때문에 가능하기도 했지만, 나라를 위하는 길이라 여겼기에 할 수 있던 일이다.

언젠가 바빌로니아에서 만든 수놓인 융단을 선물받았을 때도, 그의 초라한 농가는 칠도 되어 있지 않은 데다가 그것을 걸 자리가 없어서 곧장 팔아버렸을 정도였다. 그는 노예를 사는 데도 1500드라크메 이상을 준 일이 없었다. 그에게 필요했던 것은 겉모양이 좋아 보이는 노예가 아니라 말이나 소를 잘 부릴 줄 아는 튼튼한 노예였다. 그리고 노예가 늙어서 일을 못하게 되면 쓸모없는 사람을 먹여 살리는 데 들어가는 비용을 줄이기 위해 팔아야 한다고 생각했다.

그는 원칙적으로 필요 없는 물건은 모두 비싸다고 여겼다. 그래서 비록 1아스를 주고 산 물건이라 해도 쓸모없는 것이면 비싸다고 했다.

또한 그는 땅을 사더라도 꽃밭이나 뜰을 사서 물을 주고 가꾸는 일은 어리석다고 여겼으며, 곡식을 심을 수 있는 밭이나 가축을 기를 수 있는 풀밭을 사야 한다고 생각했다.

어떤 사람은 그가 인색하기 때문이라 하고, 또 어떤 사람은 그가 다른 사람들의 생활 방식을 바로잡기 위해 일부러 절제를 고집했다며 칭찬하기도 한다. 그러나 노예를 늙을 때까지 짐승처럼 부려먹은 뒤 다시 내쫓거나 팔아버린다는 것은 몰인정한 태도임에 분명하다. 사람을 사람으로 여기지 않고 돈과 이익이 오가는 관계로만 생각하는 것처럼 보이기 때문이다. 의리나 법은 사람을 상대로 할 때에 적용되지만, 인정이나 친절은 마음속에서 샘물처럼 솟아나는 것이어서 이성이 없는 동물에게도 영향을 줄 수 있는 것이다. 그러므로 마음이 어진 사람이라면, 자신이 기르는 말이나 개가 늙은 다음에도 가까이 두면서 돌보고 보호하는 것이 마땅하다.

아테나이 사람들이 기원전 480년에 페르시아군에게 파괴당한 파르테논 신전을 다시 지을 때의 일이다. 아크로폴리스까지 돌을 실어 나르느라 고된 일을 한 노새들을 몇 마리 풀어서 자유롭게 풀을 뜯도록 해주었는데 그 가운데 한 마리가 스스로 돌아와, 짐을 옮기고 있는 다른 노새들을 격려하듯 아크로폴리스를 따라 오르내렸다. 이를 본 사람들은 그 노새가 죽을 때까지 국비로 길러줄 것을 약속했다는 이야기가 있다.

또 올림피아 경기에서 세 번이나 키몬에게 우승을 안겨주었던 말은 죽은 뒤에도 주인 무덤 곁에 묻혔다. 이 밖에도 개와 친구처럼 지낸 사람들은 개를 정성껏 묻어주는 일이 많았다. 특히 크산티푸스의 개는 아테나이 사람들이 살라미스 섬으로 피난을 떠날 때, 주인이 탄 배 옆에서 나란히 헤엄치며 그 섬까지 따라가다가 지쳐 죽었다. 그 개의 무덤이 있던 곳은 오늘날까지도 '개 무덤'이라는 이름으로 남아 있다.

사실 생명을 가진 것들을 신발이나 옷처럼 더 이상 쓸모가 없다고 해서 버리는 행동은 옳지 않다. 적어도 사람이라면 모든 것을 아끼고 사랑할 의무가 있으며, 그러기 위해서는 인정 있고 따뜻한 태도를 길러야 한다. 하물며 늙었다는 이유만으로, 정을 붙이고 살던 집에서 사람을 내쫓는다는 것은 말도 되지 않는다. 파는 사람에게도, 또 사는 사람에게도 별 이익이 되지 않는 가엾은 생명을 돈 얼마 때문에 낯선 곳으로 보내는 일은 참으로 가혹하지 않을 수 없다.

카토는 나랏돈이 든다는 이유로 이베리아에 장군으로 갔을 때 탔던 말을 그냥 버린 채 귀국했다며 자랑스레 이야기했다. 이것이 충성스런 마음인지 인색한 마음인지는 사람들의 판단에 맡길 수밖에 없으리라.

그러나 카토가 보여주었던 절제와 자제심은 그를 뛰어난 인물로 생각하게 만든다. 그는 군대 지휘관으로 있을 때 자기와 부하의 한 달 식량으로 밀을 여섯 말 이상은 받지 않았으며, 군수품을 나르는 말의 먹이로는 하루에 보리 세 말을 넘기지 않았다.

카토가 사르디니아 총독으로 있을 때였다. 그의 전임자들은 공금으로 천막, 침구, 옷을 구입했으며, 군대의 식사나 연회 비용까지 주민들에게서 거둬들였으므로 그곳 주민들에게는 이만저만한 피해가 아닐 수 없었다. 하지만 카토는 놀랄 만큼 절약해 공금을 아무 데도 쓰지 않았다. 그는 도시를 돌아볼 때에도 수레를 타지 않고 걸어다녔으며, 수행원도 오직 한 명만 두고서 예복과 제사 그릇을 메고 따라다니게 했다.

이렇게 그는 사르디니아 주민들에게 따스하고 소박한 모습을 보이는 한편, 행정적인 일에서는 엄격하고 공정한 태도를 취했다. 따라서 그곳 주민들은 그가 다스리는 동안 로마 정부에 두려움을 느끼고 복종하지 않을 수 없었다.

그의 연설 또한 이런 성격을 닮아 너그러우면서도 엄격한 양면성을 지녔다.

그의 말은 은근하면서도 힘이 넘쳤고, 익살스러움 속에 위엄이 깃들어 있었으며, 평범하면서도 열정이 섞여 있었다. 이는 마치 플라톤이 소크라테스를 가리켜, 겉모습은 단순하고 무뚝뚝해 보이지만 그의 마음속 깊은 곳에는 엄숙함과 슬픔과 의미 깊은 생각으로 가득 차 있다고 한 말과 같다.

그러므로 카토의 문체가 리시아스와 비슷하다고 말하는 사람들의 주장은 이해하기 어렵다. 그러나 이런 판단은 웅변가들의 특색을 구별할 줄 아는 사람에게 맡겨두는 편이 좋겠다. 사람의 성격은 겉모습에서 나타난다고 생각하는 사람들도 있지만, 대체로 그 사람의 말에서 나타나므로 카토가 했던 말 가운데서 몇 가지를 예로 들까 한다.

언젠가 로마 민중이 곡식을 많이 나눠 달라고 소란을 피웠을 때, 카토는 그들을 진정시키기 위해 이렇게 연설했다.

"여러분, 사람의 배를 상대로 이야기하는 것은 여간 힘든 일이 아닙니다. 배에는 귀가 달려 있지 않으니까요."

그리고 로마인들의 사치를 꾸짖을 때에는 이렇게 말했다.

"물고기 한 마리가 황소 한 마리보다 더 비싼 나라를 이끌어 나가기는 어렵습니다."

또한 그는 로마 사람들을 양에 비유하기도 했는데, 혼자 있을 때에는 순종하지 않으면서 여러 명이 모이면 사람이 이끄는 대로 잘 따르기 때문이었다. 그는 다음같이 말했다.

"여러분이 혼자였을 때라면 절대로 따르지 않았을 의견이라도 서로 모여 무리를 이루었을 때에는 지도자의 말을 들어야 합니다."

또 그는 여자의 세력에 대해 이렇게 말했다.

"모든 남자는 자기 아내를 지배하고, 우리는 모든 남자들을 지배합니다. 그런데 우리를 지배하는 것은 우리 아내입니다."

이 말은 테미스토클레스가 했던 말을 빌려 쓴 것이었다. 테미스토클레스는 어린 아들이 어머니에게 조르는 것을 보고 이렇게 말한 적이 있다.

"여보, 아테나이 사람들은 헬라스를 지배하고 나는 아테나이를 지배하고 있소. 그런데 당신은 나를 지배하고 이 아이는 당신을 지배하고 있소. 그러니 앞으로 이 녀석이 권력을 함부로 쓰지 않도록 잘 타이르시오. 이 아이는 모르겠지만, 이 조그마한 아이가 헬라스에서 가장 큰 권력을 가지고 있다오."

카토는 또 로마 사람들이 여러 물감들의 가격뿐 아니라 직업의 가치까지 좌우한다고 말했다.

"염색하는 사람들은 손님들이 원하는 색깔로 옷감에 물을 들입니다. 마찬가지로 젊은이들은 우리가 칭찬하는 것들만 공부하고 선택하려고 합니다."

또 그는 만약 로마가 미덕과 절제로 이만큼 강대해진 것이라면 이것을 그대로 지켜나가야 하겠지만, 악과 비행으로 강대해진 것이라면 이만큼 이룬 것에 만족하고 앞으로는 좋은 쪽으로 나아가야 한다고 충고했다. 그리고 높은 지위를 탐내는 사람들에게는, 지금 자기 자신이 어디로 가고 있는지도 몰라서 수행원을 데리고 다니려 하는 것 같다는 말을 했다.

또 로마 사람들이 같은 사람을 여러 번 집정관 자리에 앉히는 것을 보고는 이렇게 말하기도 했다.

"여러분은 집정관의 지위를 너무 하찮게 보았거나 아니면 달리 쓸 만한 사람이 없다고 생각하나 봅니다."

그리고 자기를 시기하는 사람이 방탕한 생활을 하는 것을 보고는 이렇게 비난했다.

"저 사람의 어머니는, 아들이 자기보다 오래 살기를 바라는 것을 축복이 아니라 저주로 생각할 것이오."

어떤 사람이 아버지로부터 물려받은 바닷가 땅을 모조리 팔아버린 일이 있었다. 카토는 그 사람이 바다보다 더 위대하다면서 이렇게 말했다.

"바다가 아무리 힘을 들여도 삼키지 못한 땅을 이 사람은 손도 대지 않고 한꺼번에 삼켜버리는군요."

에우메네스 왕이 로마에 왔을 때 원로원은 그를 특별히 대접해 주었으며, 유명인사들은 앞다투어 그를 만나려고 했다. 그러나 카토는 그에게 가까이 가려고도 하지 않았다. 곁에 있던 사람이 카토에게 말했다.

"저분은 훌륭한 왕이며 로마를 사랑하는 사람입니다."

그러자 카토는 이렇게 말을 받았다.

"그럴지도 모르지요. 그러나 어쨌든 왕이라는 동물은 본디 사람 고기를 먹고 삽니다."

그는 또한 지금까지 에파메이논다스, 페리클레스, 테미스토클레스, 마니우스 쿠리우스, 하밀카르 바르카스 같은 사람들과 견줄 만큼 뛰어난 왕은 없었다고 덧붙였다.

카토는 적들이 자기를 미워하는 까닭은, 자기가 날마다 날이 밝기도 전에 나랏일에 매달리기 때문이라고 말했다. 또 좋은 행동을 했는데도 칭찬받지 못하는 것은 괜찮지만, 나쁜 짓을 저지르고도 벌을 받지 않는 것은 참을 수 없다고 말하기도 했다. 또한 남의 죄는 모두 용서하되 자기가 저지른 죄는 용서하고 싶지 않다고도 했다.

한번은 로마에서 비티니아에 보낼 사절 셋을 뽑았는데 그 가운데 한 사람은 병이 있어서 다리를 절었고, 한 사람은 머리뼈에 부상을 입었으며, 다른 하나는 바보로 알려진 사람이었다. 그러자 카토는 로마는 다리도 없고 머리도 없고 심장도 없는 사절을 뽑았다며 비웃었다.

스키피오는 폴리비우스의 요청으로 아카이아 추방자들을 위해 카토의 힘을 빌리려 한 적이 있었다. 이 문제가 원로원에 올라갔을 때, 의원들은 귀국을 허락하느냐 마느냐로 골머리를 앓고 있었다. 그때 카토가 일어나서 말했다.

"우리가 온종일 여기 이렇게 할일 없는 사람들처럼 앉아서 늙은 헬라스인들의 뼈를 여기에 묻는 것이 옳은지 아카이아에 묻는 것이 옳은지를 따져야만 합니까?"

원로원이 그들을 돌려보내기로 결정하자 폴리비우스의 친구들은 그들이 귀국하는 것과 함께, 전에 아카이아에서 누리던 영예를 되찾을 수 있도록 원로원에 제안하기 위해 먼저 카토에게 이 일을 의논했다. 그러자 카토가 싱긋이 웃으면서, 폴리비우스는 거인 키클롭스의 동굴에서 빠져나온 뒤 모자와 허리띠를 되찾으러 다시 들어갔던 율리시스 흉내를 내고 싶어하는 것 같다고 말했다.

또 카토는 곧잘 말하기를, 현명한 사람이 어리석은 자로부터 배우는 것이 어리석은 자가 현명한 사람에게서 배우는 것보다 더 많다고 했다. 현명한 사람은 어리석은 자의 잘못을 보고 스스로 고치지만, 어리석은 자는 현명한 자의 좋은 행동을 흉내내지 못하기 때문이라는 것이다.

그는 젊은 사람의 얼굴은 창백한 것보다는 붉은 편이 좋다고 했다. 그리고 병사는 행군을 할 때 손을 많이 써야 하고, 싸울 때는 다리를 많이 움직여야 하며, 싸움터에서 지르는 함성보다 코고는 소리가 더 높아서는 안 된다고 했다.

그는 또 지나치게 뚱뚱한 사람을 비웃으며 이런 말을 하기도 했다.

"목과 허리 사이에 있는 것은 오직 배뿐이니 나라에 무슨 보탬이 되겠습니까?"

어느 식도락가가 그와 친구가 되고 싶어했을 때 카토는 그 사람에게, 입천장이 심장보다 더 예민한 사람과 어떻게 함께 지낼 수가 있겠느냐고 말했다.

또 그는, 사랑하는 사람의 영혼은 상대의 가슴속에 있다고 말한 적도 있었다.

그는 평생을 살면서 후회되는 일이 세 가지 있는데, 첫째는 여자에게 비밀을 이야기했던 일, 둘째는 말을 타고 가야 할 곳을 배를 타고 갔던 일, 셋째는 하루 종일 아무 일도 하지 않고 지냈던 일이라고 했다.

또 행실이 바르지 못한 어떤 노인에게는 이런 이야기를 했다.

"그렇지 않아도 사람이란 늙어갈수록 초라해지는 법인데, 나쁜 행동이라는 결함까지 보태시면 어떻게 합니까?"

사람에게 독을 먹여 죽였다는 혐의를 받고 있던 한 호민관이 나쁜 법을 통과시키려 했을 때는 이렇게 말했다.

"당신이 주는 약을 마시는 것과 당신이 제안한 법을 받아들이는 것 가운데 어느 것이 더 해로운지 잘 모르겠소."

또 생활이 몹시 방탕한 사람이 자기를 비난하자 이렇게 답했다.

"당신과 나는 지금 같은 위치에서 다투고 있는 것이 아니오. 당신은 그런 욕을 계속 하고 늘 들어왔던 사람이지만, 나는 그런 말을 들어본 적도 없을 뿐더러, 그런 말을 하고 싶지도 않으니 말이오."

그의 말 가운데 기억나는 것은 이쯤이다.

카토는 이웃에 살던 친구 발레리우스 플라쿠스와 함께 나란히 집정관으로 뽑혔을 때, 로마인이 '가까운 이베리아'라 부르는 지방으로 가게 되었다. 그곳에 가서 어지러운 질서를 바로잡고 있을 때, 이웃 지방에서 많은 군사가 몰려와 위기에 처하게 되었다. 그래서 그는 근처에 살고 있던 켈트리베리아인들에게 도움을 요청했는데, 그들은 그 요구를 들어주는 대가로 돈 200탈란톤을 요구했다. 그러자 병사들은 로마가 야만족의 도움을 구한다는 것은 부끄러운 일이라며 반대하고 나섰다.

그러나 카토는 그다지 해로운 일이 아니라고 했다. 로마가 이기면 적에게서 빼앗은 전리품으로 돈을 지불하면 되고, 만약 지게 되면 돈을 내라고 할 사람도 남아 있지 않을 터였기 때문이다.

그는 마침내 이 전투에서 승리를 거두고 모든 일을 성공적으로 끝낼 수 있었다.

폴리비우스 기록에 따르면, 카토는 바이티스 강 한편에 있는 모든 도시들의 성을 하루 만에 모두 허물었다고 하는데 그 숫자가 엄청났으며, 그 가운데는 매우 용맹스러운 부족들도 끼어 있었다. 카토 자신도 이베리아에서 자기가 보낸 날수보다도 정복한 도시의 숫자가 더 많았다고 이야기했는데, 실제로 그 숫자가 400에 이르렀던 것으로 보아 거짓은 아니었던 듯하다.

이 전쟁에서 많은 전리품을 얻은 병사들에게 카토는 은 1파운드씩을 나누어 주면서, 몇몇 사람이 금을 가지고 돌아가는 것보다는 많은 사람들이 은을 가지고 돌아가는 편이 좋지 않겠느냐고 말했다.

그러나 정작 카토 자신은 먹고 마시는 것 말고는 전리품에 전혀 손을 대지 않았는데, 그는 그것에 대해 이런 말을 덧붙였다.

"나는 그런 방법으로 부자가 되려는 사람들을 나무라지는 않소. 하지만 나는 부유한 사람들과 재물로써 경쟁하는 것보다는 용감한 사람들과 용기로써 겨루어 보고 싶소."

카토는 자기 자신뿐만 아니라 가까이 지내던 사람들에게도 물질적 이득으로 손을 더럽히지 말라고 충고하곤 했다. 카토와 함께 전쟁에 나갔던 그의 하인은 모두 5명이었는데, 그 가운데 파쿠스라는 남자가 전쟁 포로들 중에서 소년 3명을 샀다. 그런데 카토가 이 일을 알게 되자, 파쿠스는 감히 카토 앞에서 얼굴을 들 수가 없어서 목을 매어 자살하고 말았다. 그래서 카토는 소년 셋을 다시 팔아 받은 돈을 나라에 바쳤다.

카토가 이베리아에 있는 동안, 그의 정적이었던 대(大)스키피오는 카토가 지닌 이베리아 경영권을 빼앗기 위해 기회를 노렸다. 스키피오는 여러 방법으로 손을 쓴 결과, 카토의 후임자로 지명되어 곧 이베리아로 떠나게 되었다. 카토는 직무를 중단한 채 보병 5연대와 기병 500기를 거느리고 로마로 되돌아왔다. 그는 로마로 돌아오는 길에 라케타니아 사람들을 무찔렀으며, 로마군에서 이탈한 탈영병 600명을 붙잡아 사형시켰다.

이 일을 전해 들은 스키피오는 몹시 화를 냈으나 카토는 비꼬는 투로 대답했다. 가장 높은 명예를 가진 사람이 전쟁터에서 이름 없이 싸우는 사람에게 용맹을 양보하려 하지 않고, 카토 자신과 같은 평민 출신이 이름 높은 집안 사람과 용맹을 겨루게 된다면 로마는 더욱 위대한 나라가 될 것이라고 주장한 것이다.

원로원은 카토가 이베리아에 해놓은 여러 일들을 하나도 바꾸지 말라고 지시했기 때문에, 정작 손해를 본 것은 카토가 아니라 스키피오 자신이었다. 스키피오는 카토의 명예를 떨어뜨리려다가 오히려 자신의 명성을 잃게 되었으며, 아무런 공도 세우지 못한 채 아까운 세월만 흘려보냈다.

한편 카토는 개선식을 올리며 로마로 들어갔다. 그 뒤로도 그는 여전히 자신의 위치에 자만하지 않고 검소하게 생활했다. 미덕이 아닌 명예를 위해 경쟁하는 사람들은, 집정관 자리에 올라서고 개선식을 올릴 만큼 높은 영예를 얻은 뒤에는 공적인 일에서 물러나 남은 인생을 안락하고 편안하게 보내기 마련이다. 그러나 카토는 그런 행동을 절대로 받아들이지 않았다. 그는 마치 처음 관직에 나온 젊은이처럼 뜨거운 열정으로 친구와 시민들을 위해 노력했으며, 법정에서의 변호와 군대의 임무도 변함없이 지속해 나갔다.

카토는 다시 집정관인 티베리우스 셈프로니우스의 부관으로 임명되어 다누비우스 강과 트라키아 지방에 출정했으며, 마니우스 아킬리우스가 헬라스에 군대를 보냈을 때는 군단장 자격으로 전장에 나가 안티오코스 대왕과 맞서 싸웠다.

안티오코스는 한니발 뒤로 로마 사람들이 가장 두려워하던 왕이었다. 그는 셀레우쿠스 니카토르가 다스리던 아시아를 거의 모두 정복함으로써 야만족을 평정한 다음, 자기에게 아직도 싸움을 걸 수 있는 유일한 나라인 로마를 공격하려 했다. 안티오코스는 대군을 거느리고 바다를 건너오면서 헬라스의 자유를 되찾게 해준다는 명분을 내세웠지만, 그것은 한낱 침략을 위한 핑계에 지나지 않았다. 헬라스는 이미 로마의 도움으로 마케도니아 필리포스 왕의 사슬에서 풀려나, 자유와 독립을 얻은 상태였기 때문이다.

안티오코스 왕은 대군을 이끌고 헬라스로 건너왔다. 그러자 헬라스 전체가 갑자기 들끓기 시작했다. 도시의 선동가들은 안티오코스를 따르면 큰 이익을 얻게 되리라고 민중을 부추기며 민심을 어지럽히고 있었다.

마니우스는 헬라스 도시마다 사절을 파견했다. 그러고는 티투스 플라미니누스가 그의 전기에 썼던 것처럼, 혁명을 노리는 사람들을 무력을 쓰지 않고 모두 진압해 버렸다. 카토는 이 틈에 파트라이, 아이기온, 코린토스 등을 제압해 영토를 확장시켰다.

카토는 그 무렵 대부분을 아테나이에서 보냈다. 그때 카토가 아테나이 사람들에게 헬라스어로 했던 연설문은 오늘까지 남아 있다고 한다. 그 연설에서 그는 옛 아테나이 사람들의 미덕을 찬양하고, 크고 아름다운 아테나이를 보기 위해 기쁜 마음으로 달려왔다고 말했다. 그러나 이 말은 어딘가 믿기 어려운 구석이 있다. 만약 카토가 헬라스어를 할 줄 알았다 해도 통역을 내세워 자기 나라 말로 연설했을 가능성이 크기 때문이다. 그는 로마의 언어와 풍습을 존중하면서도 한편으로는 지나치게 헬라스 것만 고집하는 사람들을 비웃곤 했기 때문이다.

언젠가 그는 포스투미우스 알비누스가 헬라스어로 역사책을 쓴 뒤, 틀린 곳이 있으면 독자들의 양해를 바란다고 한 사실을 비웃었다. 암픽티오니아 동맹회의 명령 때문에 어쩔 수 없이 쓴 책이라면 양해를 바랄 수도 있으리라 말한 것이었다.

아테나이인들은 카토의 말이 짧으면서도 깊은 의미를 담고 있는 것을 알고 놀라워했다. 그래서 그가 몇 마디 말을 하면 통역하는 사람은 그 뜻을 정확하게 옮기기 위해 오랫동안 설명해야만 했다. 그래서인지 카토는 헬라스 사람들은 입술로 말하지만 로마 사람들은 가슴으로 말한다고 이야기하곤 했다.

한편 안티오코스는 테르모필라이 계곡을 대군으로 가로막은 채, 험한 지형에 참호와 성벽을 쌓아 진을 쳤으며, 적군이 가까이 접근하지 못할 정도로 튼튼한 요새를 만들었다. 사실 로마군도 이러한 난공불락 요새를 정면으로 밀고 들어가는 것은 이미 포기하고 있었다. 그러나 카토는 예전에 크세르크세스가 지휘하던 페르시아군이 이 산을 뒤로 돌아 헬라스군을 습격했던 일을 떠올리고는, 군대 일부를 이끌고 한밤에 떠났다.

그들이 산줄기를 타고 얼마쯤 갔을 때, 안내하던 포로가 길을 잃고 가파른 벼랑길을 헤매기 시작했다. 병사들은 몹시 낙담하면서 두려워했다. 위험을 깨달은 카토는 모든 병사들에게 명령을 내릴 때까지 잠자코 기다리라고 말한 다음, 산을 잘 타는 루키우스 만리우스라는 사람만 데리고 캄캄한 산길로 탐색을 나갔다. 달도 없는 어두운 밤에 올리브나무와 바위가 앞을 가려 어딘지도 모른 채 얼마쯤 걸어가자 오솔길이 보였다. 카토는 그 길이 아래에 있는 적의 진지로 통한다 생각하고, 칼리드로몬 산꼭대기에 있는 한 바위에 표시를 해놓고 내려왔다. 그러고는 되돌아와 군대를 이끌고 좁은 길을 따라 미리 표시해 놓은 바위를 향해 나아가기 시작했다. 그런데 얼마 가지 않아 절벽이 나타났을 뿐, 길은 보이지 않았다. 아무것도 보이지 않고 소리도 들리지 않았으므로 적들에게 얼마나 가까이 다가갔는지 도무지 알 수가 없었다.

병사들은 또다시 당황하고 두려워했다. 날은 이미 밝아오고 있었는데 어디선가 사람 말소리가 들려왔다. 절벽 아래를 내려다보니 바로 밑에 적 진지와 감시병이 있었다. 여기서 카토는 모든 군사를 멈춰 서게 한 다음, 특별히 그가 믿어왔던 피르뭄인 부대만 나오라고 했다. 그들이 달려와서 카토를 둘러싸자 그는 이렇게 말했다.

"적병 하나를 붙잡아 이곳을 지키고 있는 것이 어느 부대이고, 병력은 어느 정도이며, 또 우리 부대의 습격을 받으면 어떻게 하라는 명령을 받았는지, 장비는 어느 정도인지를 알아내라. 이제부터 사자가 잠자고 있는 짐승을 덮치듯이 날쌔고 대담하게 기습한다. 알겠나?"

카토의 말이 끝나자마자 피르뭄 병사들은 곧장 벼랑을 뛰어내려가 적 감시병들을 습격했다. 그리고 적들이 뜻하지 않은 공격에 갈팡질팡하는 사이에, 병사 하나를 붙잡아 카토에게 끌고 왔다. 이 포로에게서 적들이 왕과 함께 산골짜기 좁은 곳에 진을 치고 있으며, 그곳 고갯길을 지키고 있는 아이톨리아인 정예부대는 600명 정도라는 것을 알아냈다. 카토는 적의 수가 얼마 되지 않는 데다 이쪽을 얕보고 있다는 생각에 일부러 나팔을 요란하게 불면서 쳐들어갔다. 카토는 맨 앞에서 칼을 휘두르며 달렸는데, 적병들은 벼랑으로 쳐들어오는 군사들을 보고 모두 대열에서 뛰쳐나가기 바빴다. 그 바람에 모든 군대가 온통 혼란에 빠지고 말았다.

그러는 동안 산 아래에서는 마니우스가 모든 군대를 이끌고 적의 방어진지인 산골짜기로 쳐들어갔다. 안티오코스는 날아오는 돌에 이가 부러지자 아픔을 견디지 못해 말 머리를 뒤로 돌려야 했다. 그의 군대는 로마군에 전혀 대항하지 못했다. 그곳은 지형이 험준해 한 발자국이라도 잘못 디디면 깊은 수렁이나 날카로운 바위에 부딪쳐 목숨을 잃을 수도 있는 곳이었다. 험한 길을 헤치고 간신히 좁은 골짜기로 빠져나온 병사들도 로마군에게 공격당할 것이 두려워 서로 밀쳐대며 엎치락뒤치락하다가 마침내 무너지고 말았다.

카토는 자기 자신을 칭찬하는 데 주저하지 않았으며, 어떤 공적은 자랑스레 사람들에게 말하곤 했다. 그는 이 전투에 대해 이야기할 때는 특히 의기양양하게 자랑했다. 그의 말에 따르면 이날 그가 적군을 쫓아가며 쓰러뜨리는 광경을 본 사람들은, 카토가 로마로부터 받은 은혜보다 로마가 카토로부터 받은 은혜가 더 크다고 말했다는 것이다.

승리로 인해 흥분한 집정관 마니우스는 흐르는 땀도 씻지 않은 카토를 오랫동안 끌어안았다. 그리고 기쁨에 넘쳐 집정관인 자기와 모든 로마 국민의 힘을 한데 모아도 오늘의 은혜를 다 갚지 못할 것이라 외쳤다.

전쟁이 끝나자 카토는 승리 소식을 직접 보고하기 위해 로마에 돌아왔다. 그는 무사히 바다를 건너 브룬디시움에 도착한 뒤 거기서 하루 만에 타렌툼에 닿았으며, 다시 나흘 뒤에 로마에 도착해 비로소 이 승리의 소식을 알렸다. 로마는 기쁨에 들떠 감사 제사를 드리기에 바빴고, 시민들은 로마를 이길 나라는 이 세상에 없다며 자신감에 찬 말들을 서로 주고받았다. 이 전투는 카토의 군사적 공로 가운데서 가장 빛나는 것이었다.

이상이 카토의 중요한 군사적 업적들이다. 정치에 있어서 그가 중요하게 생각한 것은 나쁜 행동을 하는 사람들을 찾아내 벌을 내리는 것이었다. 그래서 그는 많은 사람들을 고발했으며, 고발하려는 사람들을 도와주었고, 고발하라고 사람들을 부추기기도 했다. 페틸리우스 일파가 스키피오를 고발한 일도 그런 것들 가운데 하나였다.

그러나 스키피오는 좋은 집안 출신으로 자신만만했기 때문에 그런 고발에는 신경도 쓰지 않았다. 그래서 카토도 그를 사형에 처할 길이 없다는 것을 깨닫고는 소송을 포기했다. 그 대신 스키피오의 동생 루키우스를 고발해 나라에 많은 벌금을 바치게 했다. 루키우스는 그 벌금을 낼 돈이 없어서 감옥에 들어갔는데, 뒷날 호민관들 덕분에 가까스로 풀려났다.

한번은 어떤 젊은이가 이미 돌아가신 아버지의 적이었던 사람의 시민권을 빼앗기 위한 재판을 마치고 가다가 카토와 만나게 되었다. 그때 카토는 젊은이에게 말했다.

"부모님이 세상을 떠난 뒤 바칠 제물은 양이나 새끼 양의 피가 아니라 부모님 원수의 눈물과 유죄판결이오."

하지만 카토라고 해서 아무런 사고 없이 늘 편하게 지낼 수 있었던 것만은 아니다. 정적에 의해 재판정에 불려나와 위기에 몰린 적도 한두 번이 아니었다.

그는 50번 가까이 재판을 받았으며, 가장 나중에 받았던 재판은 그의 나이 86세 때의 일이었다. 이 마지막 재판에서 그는, 한 세대를 살아온 사람이 다음 세대 사람들에게 그 행동을 이해시키기란 참으로 쉬운 일이 아니라는 유명한 말을 했다.

그러나 이것이 법정에 선 마지막은 아니었다. 4년 뒤 90세가 되었을 때, 그는 세르비우스 갈바를 고발했다. 카토는 네스토르처럼 3대에 걸쳐 활동을 계속한 셈이다. 그는 대(大)스키피오 때부터 정치에서 의견을 다투었으며, 이것은 손자인 소(小)스키피오 때까지 이르렀다. 소스키피오는 대스키피오의 양손자로, 페르세우스와 마케도니아군을 정벌한 아이밀리우스 파울루스의 아들이었다.

집정관 자리에서 물러난 지 10년 뒤에 카토는 감찰관 후보로 나섰다. 이것은 로마인으로서 도달할 수 있는 최고의 자리로, 정치 생활에 나섰던 사람들의 마지막 목표라고도 할 수 있었다. 실로 그 권한은 엄청나서, 감찰관은 풍속과 시민들의 사생활까지도 간섭할 수 있었다.

로마 사람들은 결혼이나 가정, 연회에 이르기까지 모든 일에 비판과 통제를 받아야 한다고 여겼으며, 이런 점에서 인간의 성격은 공적인 정치 활동보다는 사생활에서 훨씬 더 뚜렷하게 나타난다고 믿었다. 그래서 귀족과 평민 가운데서 저마다 한 사람씩 감찰관을 뽑아, 그 지방 풍습을 어지럽히거나 지나친 행동을 하는 사람들을 감시하고 처벌하기로 했다. 감찰관들은 시민들의 기강을 바로잡고, 중도를 벗어나지 못하도록 억제했으며, 설령 원로원 의원이라 해도 방종한 생활을 한다면 제명할 수 있을 정도로 막대한 권한을 행사할 수 있었다. 이 말고도 시민의 재산을 평가하고 신분을 기록하는 등 커다란 특권을 가지고 있었다.

그러므로 카토가 후보자로 나서자 이름 높은 귀족들은 모두 반대의 뜻을 드러냈다. 그들은 이름도 없는 천한 집안에서 나온 사람이 최고의 권력과 명예를 맡는다는 것은 귀족들에 대한 모욕이라 여긴 것이다. 또 행동이 떳떳하지 못한 몇몇 사람들은, 엄격한 카토가 권력을 쥐면 자기 잘못이 드러나 무서운 처벌을 받게 될 것을 생각해 몹시 두려워했다.

그래서 그들은 서로 의논한 끝에 7명이나 되는 후보자를 내세워 카토와 겨루게 했다. 그리고 너그러운 사람을 뽑아 부드러운 지배를 받는 것이 좋지 않겠느냐며 민중을 설득했다. 그러나 카토는 조금도 긴장하지 않고 연단에 서서 죄를 저지른 자들을 거침없이 꾸짖었으며, 지금 로마는 깨끗이 청소해야 할 때라고 외치며 시민들에게 호소했다. 또 그는 시민들이 현명하다면 나약한 의사의 듣기 좋은 말이 아니라 강직한 의사의 과감한 결정에 따라야 한다고 말했다. 그리고 자신과 발레리우스 플라쿠스가 가장 강직한 의사 같은 사람이라고 했다. 또한 자기가 감찰관이 되면 로마에서 사치와 타락을 모두 잘라내고 반드시 나라에 이익을 가져오리라고 자신 있게 말했다. 그리고 덧붙여 다른 후보자들은 올바른 정치를 하는 사람을 두려워하기 때문에, 만약 그 자리에 앉는다 해도 참된 일을 할 수 없다고 못 박았다.

이때 로마 사람들은 참으로 지혜로운 결단을 내렸다. 듣기 좋은 소리만 골라 시민들에게 아첨하는 후보자들을 제쳐놓고 카토의 엄격함과 성실성을 믿기로 한 것이다. 그들은 카토와 플라쿠스를 감찰관으로 뽑았다. 사실 카토는 그 자리를 탐내는 사람이 아니라, 이미 감찰관이 되어서 민중에게 명령이라도 내리는 사람처럼 후보 연설을 했는데, 민중 또한 그의 말에 귀 기울였음이 분명하다.

감찰관이 된 카토는 동료이자 친구인 루키우스 발레리우스 플라쿠스를 원로원 의장으로 지명하고, 여러 원로원 의원들을 자리에서 물러나게 했다. 그들 가운데에는 루키우스 퀸티우스도 끼어 있었다. 그는 7년 전에 집정관을 지냈던 사람으로, 집정관으로서의 명성보다는 필리포스 왕을 정벌한 티투스 플라미니누스와 형제라는 사실 때문에 더 유명했던 사람이다.

루키우스가 제명된 까닭은 다음과 같다. 그는 한 미소년을 사랑해 늘 가까이 두었으며, 심지어 행군할 때까지도 데리고 다니면서 친구나 친척보다 더 큰 권력과 명예를 주었다. 그런데 루키우스가 전직 집정관 자격으로 어느 지방에 총독으로 가 있을 때였다. 한 연회에서 소년은 루키우스 옆에 붙어 여느 때처럼 알랑거리고 있었다. 소년은 술에 취해 있는 루키우스에게 아양을 떨며, 자신이 루키우스를 얼마나 사랑하는지 알리기 위해 이렇게 말했다.

"지금 로마에서는 격투 시합이 벌어지고 있어요. 저는 여태까지 그런 것을 한 번도 못 봤기 때문에 사람 죽이는 구경을 하고 싶었지만, 전부 다 그만두고 당신에게 와 있는 거예요."

루키우스는 소년의 이 말에 기분이 좋아져 이렇게 대답했다.

"그 정도 소원이라면 내가 보여주지."

그러고는 죄수 하나와 도끼를 든 시종을 술자리에 불러와서, 소년에게 죄인 목을 자르는 광경을 보고 싶으냐고 물었다. 소년이 그렇다고 대답하자 루키우스는 죄수의 목을 그 자리에서 자르라고 명령했다.

이 이야기는 여러 역사가들이 전하는 것으로, 키케로는 《노인론》 대화 속에서 카토 자신이 이 이야기를 하는 대목을 썼다. 그러나 리비우스의 말에 따르면, 거기서 죽음당한 사람은 군대에서 탈주했다가 잡힌 갈리아인이고, 그 사람을 죽인 것은 시종이 아니라 루키우스 자신이었으며, 이것이 카토의 연설 가운데 들어 있다고 한다.

한편 루키우스가 카토 때문에 원로원에서 쫓겨나자 그의 형은 몹시 화가 났다. 그래서 그는 민중에게 억울함을 호소하는 동시에 카토에게 루키우스를 제명시킨 이유가 무엇인지 밝히라고 요구했다. 그러자 카토는 술자리에서 있었던 이야기를 자세히 말했고 루키우스는 거짓말이라면서 사실을 부인했다. 하지만 카토가 조사위원회에 이 일을 넘겨 따져보겠느냐고 덤벼들자 루키우스는 슬그머니 꽁무니를 빼면서 응하지 않으려 했으므로, 카토가 내린 처벌은 마땅하다고 인정받을 수 있었다.

그러나 그 뒤 극장에서 공연이 있었을 때, 루키우스가 집정관이었던 사람들을 위해 마련된 좌석을 지나 가장 초라한 끝자리에 앉는 것을 본 사람들은 측은함을 느끼지 않을 수 없었다. 그래서 그들은 루키우스를 예전에 앉던 자리에 앉게 하고 위로해 주었다. 이렇게 지난 사건을 되도록 원만하게 수습함으로써 그를 복권시켜 준 것이었다.

카토가 원로원에서 제명했던 다른 한 사람은 집정관 물망에까지 올랐던 마닐리우스였다. 그는 대낮에 딸이 지켜보는 앞에서 아내에게 입을 맞춘 일 때문에 제명되었다. 카토는 천둥소리가 크게 날 때 말고는 아내가 안기는 적이 없다고 하면서, 유피테르 신이 천둥을 내려줄 때마다 행복을 느낀다는 농담을 하기도 했다.

카토를 심하게 비난한 사람으로는 스키피오의 동생 루키우스가 있다. 그는 개선식까지 올린 사람인데 카토 때문에 말을 빼앗긴 적이 있었다. 그는 카토가 이미 죽은 스키피오 아프리카누스에게 복수하려고 자기에게 이러한 처벌을 내렸다며 비난했다.

그러나 카토가 많은 사람들에게 미움을 받게 된 것은 무엇보다 사치를 억제했기 때문이었다. 로마 젊은이들은 이미 사치에 깊게 물들어 있었기 때문에 카토는 이 나쁜 병을 직접적으로 고칠 수는 없다고 생각했다. 그래서 그는 간접적인 방법으로 옷, 마차, 여자들 장신구, 가구 등 사치품 값이 1500드라크메를 넘었을 때에는 세금을 붙여 그보다 10배가 넘는 돈을 내도록 했다. 또 1000아스의 재산에 대해 3아스씩 세금을 내도록 명령했다. 하지만 재산이 많더라도 절약하는 사람들에게는 세금을 적게 매겼는데, 이것은 모두 사람들의 사치스런 생활을 억제하기 위해 취한 조치였다.

그러자 사치스러운 생활 때문에 많은 세금을 내야 하는 사람들뿐만 아니라, 세금이 두려워 더는 사치스러운 생활을 할 수 없는 사람들까지도 카토를 미워했다. 그들은 재산을 뺏기는 것 못지않게 재물을 자랑하지 못하게 된 것을 몹시 못마땅해했다.

사치는 생활에 필요 없는 물건에 돈을 쓰는 것이다. 그래서 철학자 아리스톤은, 필요한 물건을 가진 사람들보다 쓸모없는 물건을 가진 사람들이 더 행복하다고 생각하는 것은 이해하기 힘들다고 말했다. 테살리아의 스코파스가 말하기를, 한 친구가 필요 없는 물건이 있으면 자기에게 달라고 말하면서, 자기는 필요하고 쓸 만한 것은 원치 않는다고 했다는 것이다. 그때 스코파스는 이렇게 대답했다.

"자네가 말하는 그 필요 없고 쓸모없는 물건들 때문에 나는 부자라네."

이처럼 재물에 대한 욕심은 사람의 자연스런 감정이 아니라 세속적인 감정이다.

카토는 이러한 비난을 모두 한 귀로 흘려버리고 더욱 강력한 정책을 썼다. 그는 공공 우물물을 자기 집으로 끌어다 놓은 수도관을 끊어버리고, 도로 안에 들어선 건물은 모두 헐어버렸으며, 토목 공사 시공비를 크게 줄이고, 공유지 땅값을 크게 올렸다.

이 일로 카토는 심한 미움을 받게 되었다. 특히 티투스 플라미니누스 일파는 힘을 모아 카토의 의견에 반대하고 나섰으며, 신전이나 그 밖의 건물을 세우기 위해 쓴 비용과 임금이 부당한 방법으로 나왔다고 밝혔다. 그래서 그들은 카토의 모든 계획을 무효로 만들어 버리고, 그를 고발해 2탈란톤의 벌금을 매겼다. 그들은 또 카토가 나랏돈으로 원로원 가까운 곳에 법정을 세우려 했을 때에도 심한 반대를 했다. 이 건물은 포르키아의 바실리카라 불렸다.

그러나 민중은 감찰관으로서의 카토 정책을 지지했다. 히기에이아 신전에 카토 조각상을 세웠을 때 그의 전략이나 승리에 대한 것이 아니라 이런 글귀가 새겨져 있는 것으로 보아도 이 사실을 확인할 수 있다.

"로마가 나쁜 습관에 빠져 망해가고 있을 때, 카토는 감찰관 자리에 올라 좋은 법과 훌륭한 덕으로 사람들을 다스려 나라를 다시 바르게 세웠다. 그러므로 이를 기념하기 위해 그의 조각상을 세운다."

하지만 카토는 그전부터 조각상 세우는 것을 좋아하는 이들을 비웃던 사람 가운데 하나였다. 남들은 조각가나 화가의 손으로 초상을 만들어 자랑하지만, 카토 자신의 가장 아름다운 모습은 사람들 마음속에 들어 있는 초상이라고 말했다. 또 이름 없는 사람들의 동상도 만드는데 왜 카토의 동상은 세워져 있지 않으냐고 사람들이 묻자 그는 이렇게 대답했다.

"왜 동상을 세웠느냐는 말을 듣는 것보다, 왜 아직 동상을 세우지 않았느냐는 말을 듣는 것이 낫습니다."

카토는 참으로 훌륭한 시민이란 칭찬을 들어도, 그것이 나라를 위한 것이 아니라면 거부해야 한다고 여겼다.

하지만 한편으로 카토만큼 자기 자신을 예찬했던 사람도 드물 것이다. 카토는 자기 자랑을 많이 했는데, 그의 말에 따르면 잘못을 저지른 사람들은 "우리는 카토가 아니니 그럴 수밖에 없었다" 말했다고 한다. 또 카토의 행실을 서투르게 흉내낸 사람을 '왼손잡이 카토'라 불렀다.

배에 탄 사람들이 풍랑을 만나면 선장에게 모든 것을 맡기듯, 원로원 또한 위기에 처했을 때 카토가 나오지 않으면 중요한 문제 해결을 다음으로 미루곤 했다. 이런 일은 다른 사람들 기록에서도 쉽게 발견할 수 있다. 그는 개인 생활만 훌륭했던 것이 아니라 연설이나, 그 밖의 여러 면에서 큰 존경을 받고 있었다.

카토는 좋은 아버지이자 친절한 남편이었으며, 매우 검소한 생활을 즐기는 사람이었다. 그는 재물을 다루는 일에도 재능이 있어서 돈벌이를 가볍게 여기거나 격이 떨어지는 일이라 생각하지 않았다. 오히려 그러한 경제 활동을 중요하게 여겼다.

카토가 그런 일에 대해 얼마나 지혜롭게 행동했는지 다음 이야기를 보면 알 수 있다. 그는 부자는 아니었지만 좋은 집안 여자를 아내로 맞아들였다. 그런 여자는 남편이 옳지 못한 일을 하는 것을 부끄러워하고, 좋은 일을 할 때는 한층 더 남편을 도와주리라 여겼기 때문이다. 그는 아내와 자식을 때리는 남자는 가장 신성한 것에 손을 대는 무례한 자라고 말했다.

또 유명한 원로원 의원이 되는 것보다도 선량하고 좋은 남편이 되는 것이 더욱 훌륭한 일이며, 자신도 그런 사람이 되고 싶다고 말했다. 그가 소크라테스를 존경한 것은, 성미 사나운 아내와 어리석은 아이들을 끝까지 온화한 태도로 거느렸기 때문이다.

아내가 아들을 낳았을 때 카토는 급한 일을 제쳐두고 한달음에 달려왔다. 또 아무리 급한 볼일이 있어도, 아내가 아기를 목욕시키고 옷 입히는 것을 거들어 주지 않은 적이 한 번도 없었다.

아내는 모유로 아이들을 길렀으며, 때로는 시종의 아이에게 젖을 물리기도 했다. 그렇게 하면 시종의 아이가 자기 자식에게 형제처럼 친근감을 가지리라 여겼던 것이다.

아이가 공부를 시작할 나이가 되자 카토는 직접 글을 가르쳤다. 그의 집에 있는 킬로라는 영리한 노예가 많은 아이들을 가르치고 있었지만, 카토는 그에게 모든 것을 맡겨두지는 않았다. 자기 아들이 노예에게서 꾸중을 듣거나, 공부를 잘못했다고 귀를 잡아끌리거나 하는 일이 그리 달갑지 않았기 때문이다. 그래서 그는 직접 자기 아이의 선생이 되어 문법, 법률, 체육 등을 가르쳤다. 또 아들에게 창던지기, 갑옷을 입고 싸우는 법, 승마, 권투, 더위와 추위를 견디는 훈련, 소용돌이치는 험한 파도를 헤치고 건너가는 기술 등도 가르쳤다. 카토는 자기 아들을 가르치기 위해 커다란 글씨로 역사책을 써서, 아이가 어릴 때부터 나라의 역사와 조상의 업적을 익힐 수 있도록 했다.

그는 자식 앞에서는 마치 베스타 성녀들을 대하듯 조심스럽게 행동했고, 천한 말을 삼갔으며, 함께 목욕하는 일도 없었다. 로마에서는 이런 일이 일반적이었던 듯하다. 로마인들은 장인과 사위가 옷을 벗고 함께 목욕하는 일을 수치스럽다고 여겼다. 그러나 나중에는 헬라스인들로부터 벌거벗고 함께 목욕하는 것을 배웠고, 심지어 여자 앞에서도 알몸을 보이게 되었으며, 이것을 다시 헬라스인들에게 가르치기도 했다고 전한다.

이처럼 카토는 아들의 교육을 위해 애썼으며, 아들 또한 열성과 소질이 있어서 눈에 띄게 발전했다. 하지만 아들은 심한 고생을 참아내기에는 유달리 몸이 허약했으므로, 카토도 아들에 대해서만은 지나치게 엄격하고 소박한 자기 생활 방식과는 달리 조금 여유롭게 풀어주었고 입에 맞는 음식을 많이 만들어 먹이도록 했다.

카토 아들은 몸이 약했음에도 전쟁에서 용감한 군인이었으며, 아이밀리우스 파울루스가 페르세우스 왕을 정복한 전투에서 빛나는 공을 세우기도 했다. 그런데 한번은 적에게 맞아서 그랬는지 아니면 무기가 무거워서 그랬는지, 전투 중에 칼을 떨어뜨려 잃어버리고 말았다. 당황한 그는 동료들에게 칼을 함께 찾자고 부탁하며 그들을 데리고 다시 적진 속으로 뛰어들었다. 그들은 오랫동안 치열한 싸움을 벌여 적을 무찌른 뒤, 산더미처럼 쌓여 있는 무기와 시체들 속에서 마침내 잃어버렸던 칼을 찾아냈다. 이를 알게 된 파울루스 장군은 그의 용기에 매우 놀라, 카토 아들의 용기와 열성을 칭찬하는 편지를 카토에게 보냈다. 그 편지는 오늘날까지도 전해지고 있다.

카토의 아들은 그 뒤 파울루스의 딸 테르티아, 곧 스키피오의 누이와 결혼했다. 이 결혼은 아버지의 힘이라기보다는 아들이 스스로 이룬 것으로, 그는 훌륭한 집안과 인연을 맺음으로써 아버지를 기쁘게 해주었다. 카토는 아들의 교육에 정성을 다한 보람을 얻은 것이다.

카토는 전쟁 포로 가운데에서 많은 노예들을 샀는데, 강아지나 망아지처럼 길들이기 쉬운 젊은이들만 골랐다. 그는 자신이나 자기 아내가 심부름을 보낼 때 말고는 노예가 절대로 남의 집에 들어가지 못하게 했다. 그리고 남들이 주인은 지금 무얼 하느냐고 물으면 언제나 모른다고 대답하도록 가르쳤다. 그는 노예들에게 해야 할 일이 없을 때에는 언제나 잠을 자라고 명령했다. 카토가 노예들에게 잠을 많이 자도록 한 것은 잠을 많이 잔 노예가 눈치 빠른 자보다 길들이기 쉬우며, 푹 자고 난 뒤에는 일을 더 잘할 수 있다고 여겼기 때문이다. 또 노예들이 성욕 때문에 일에 전념하지 못하는 것을 보고는 남자 노예가 정해진 돈을 내고 여자 노예와 관계를 맺도록 허락했으나, 다른 여자는 절대 가까이하지 못하게 했다.

카토는 젊었을 때 가난했기 때문에 음식에 대해 절대로 투정 부리는 일이 없었다. 먹을 것을 가지고 하인과 다투는 것은 부끄러운 일이라 여겼기 때문이다. 그러나 그 뒤 살림이 넉넉해지자 가끔 친구나 동료들을 초대해 음식을 대접했는데, 식사가 끝나고 나면 때때로 노예들을 불러 서투르게 시중을 들었거나 맛없는 요리를 내놓은 일을 따져 벌을 주기도 했다.

그는 또 일부러 노예들 패를 갈라 서로 싸우게 했는데, 노예들이 힘을 합해 자기에게 맞설까봐 두려웠기 때문이다. 그리고 큰 죄를 지은 노예가 있으면 다른 노예들의 의견을 모두 물어본 뒤, 유죄로 판정이 나면 그 자리에서 죽이기도 했다.

돈을 모으는 데 재미를 붙인 뒤로, 카토는 농사를 수입을 위함이 아닌 취미로 여기게 되었다. 그리고 안전하고 확실한 사업에 돈을 투자해 연못, 온천, 양모를 생산해 낼 수 있는 땅, 삼림, 목장 등 수입원이 풍부한 땅들을 사들이기 시작했다. 그래서 그는 날씨를 지배하는 유피테르 신 때문에 피해를 볼 일이 없다며 기뻐했다.

카토는 배를 담보로 잡고 돈을 빌려주는 일에도 손을 대기 시작했다. 이는 가장 위험한 사업이라 여겨지던 것이었다. 그는 돈을 빌리려는 사람들을 찾아 50명이 모여 담보로 제공할 배가 50척이 되면 하나의 상회를 만들고 그 자신도 주주로 참여했다. 그리고 그가 노예에서 해방시켜 준 퀸티오에게 배를 거느리고 장사를 하도록 시켰다. 카토는 이런 방법으로 손해를 보더라도 별로 타격을 입지 않았으며, 이익을 볼 때에는 막대한 돈을 끌어들일 수 있었다.

그는 또 노예들에게도 원하면 돈을 빌려주기도 했다. 돈을 빌린 노예들은 그 돈으로 어린 노예들을 사서 일을 가르친 다음 1년 뒤에 되팔았다. 카토는 그 가운데 자기가 쓰고 싶은 노예가 있으면 다른 사람이 주겠다는 최고 가격으로 그 노예를 샀는데, 빌려준 금액을 그 값에서 뺐다.

카토는 자기 아들에게도 이런 방법들을 가르치면서, 재산을 축내는 것은 여자나 할 일이지 남자가 할 일은 못 된다고 말했다. 또 상속받은 재산을 늘려 자손에게 남겨주는 일이야말로 가장 영광스럽고 신성하다고도 했는데, 이것은 지나친 말이었다.

카토의 나이가 지긋해졌을 때, 플라톤 학파의 카르네아데스와 스토아 학파의 디오게네스가 아테나이 사절로 로마에 온 적이 있었다. 그들이 온 목적은 재판에 대해 호소하기 위해서였다. 원고는 오로푸스 사람들이었고 사키온 사람들이 재판장이었는데, 그가 출두하지 않은 아테나이 사람들에게 500탈란톤의 벌금을 물리자 그 벌금을 면제해 달라며 사람들을 보내온 것이었다.

이때 로마 젊은이들은 두 철학자를 쫓아다니며 그들의 연설을 듣고 매우 감동했다. 특히 카르네아데스의 멋진 웅변은 많은 젊은이들 마음을 사로잡았고 그의 명성은 널리 퍼져나갔으며, 온 로마를 휩쓸었다. 특히 젊은이들에게는 깊은 인상을 남겨 헬라스 철학에 빠지게 만들었는데, 헬라스의 한 천재가 청중을 매혹시켜 젊은이들 마음에 탐구심을 심어준 것이다. 그 결과 젊은이들은 다른 쾌락과 오락을 제쳐둔 채 철학에 심취하게 되었다는 소문이 퍼졌다.

대부분의 로마 사람들은 젊은이들이 헬라스 학문을 연구하고 위대한 학자들과 만나는 것을 기뻐했다. 그러나 카토는 젊은이들이 철학에만 너무 빠져 입으로만 군사에 대한 관심을 표현할까봐 걱정했다. 젊은이들이 직접 전쟁에 나가서 공을 세울 생각은 하지 않고, 웅변으로서의 명성만 뒤쫓는 것이 아닌가 염려스러웠던 것이다.

로마에서 두 철학자의 명성은 날이 갈수록 높아졌고, 그들이 원로원에 나타났을 때는 그 유명한 카이우스 아킬리우스까지 스스로 통역을 맡겠다며 나설 정도였다. 이런 상황까지 이르자 카토는 적당한 이유를 만들어 철학자들을 로마에서 떠나게 해야겠다고 결심했다. 그는 원로원에 가서, 사절로 온 그들이 제멋대로 젊은이들을 몰고 다니는데도 돌려보내지 않고 계속 머물게 하는 까닭이 무엇이냐며 따져 물었다. 그리고 헬라스인들은 자기네 학교로 가서 헬라스 젊은이들이나 가르치게 하고, 로마 젊은이들은 예전처럼 법률과 정치와 군사에만 몰두하게 해야 한다고 주장했다. 그러기 위해서는 급히 사절단의 요청을 받아들이고, 하루라도 빨리 그들을 제 나라로 돌려보내야 한다고 말했다.

카토의 이런 행동을 카르네아데스에 대한 사사로운 시기심 때문이라 말하는 이도 있지만, 사실은 그가 철학에 대해 좋지 않은 생각을 가졌기 때문이었다. 그래서 그는 로마인으로서의 자존심 때문에 헬라스 학문이나 문화, 교육 방식들을 얕잡아 보려고 했던 것이다.

카토는 소크라테스를 수다스럽고 위험한 인물이라고 깎아내렸으며, 권력을 잡기 위해 아테나이의 좋은 풍습을 깨뜨리고 시민들이 법을 무시하도록 부추겼다고 말했다. 또 그는 소크라테스 학파를 조롱하며 그의 제자들은 저렇게 오랫동안 배우다 늙어 죽을 것이니, 저승에 있는 미노스 앞에서나 자기들이 배운 재주를 발휘할 수 있으리라 말하기도 했다.

또 자기 아들이 헬라스 학문을 배우지 못하게 하려고, 로마가 헬라스 학문에 물들기 시작하면 로마는 곧 멸망하리라며 신들린 사람처럼 예언하기까지

했다. 그러나 카토의 예언은 시간이 지나면서 쓸데없는 걱정이었다는 사실이 드러났다. 로마는 헬라스 문화를 받아들이면서 나라의 영광이 더욱 높아져 전성기를 맞았기 때문이다.

카토는 헬라스 철학자들뿐만 아니라 로마에 와 있는 헬라스 의사들도 무척 싫어했다. 페르시아 왕이 히포크라테스에게 큰돈을 주며 왕진을 청했을 때, 그는 헬라스의 적인 야만인은 치료하지 않겠다며 거절한 일이 있었다. 카토는 이 이야기를 전해 들었는지 헬라스 의사들은 모두 그런 생각을 하고 있으리라 믿었으며, 아들에게까지 헬라스 의사들은 절대로 가까이하지 말라고 일렀다. 그는 스스로 병을 치료하는 방법들을 여기저기서 끌어모아 모든 병을 집에서 치료했다. 환자에게는 음식을 조절하게 했는데 절대로 식사를 거르지 않도록 했으며, 채소와 오리, 비둘기, 토끼 등 소화가 잘되는 고기를 먹였다. 이런 음식은 꿈을 많이 꾸게 만들지만, 소화가 잘되어 환자에게 알맞다고 여겼던 것이다. 그는 이와 같은 방법으로 치료를 했기 때문에 자신은 물론 가족들도 병 없이 건강하게 잘 지낸다고 말했다.

하지만 카토의 돌팔이 의사 짓은 끝내 그 대가를 치러야만 했다. 아내와 자식들을 모두 병으로 잃고 말았던 것이다. 그러나 그 자신은 강철같이 굳게 단련된 육체 덕분에 늙어서까지 여자와 가까이 지냈으며, 나중에는 재혼도 했다. 아내가 죽은 뒤 홀아비가 된 카토는 아들을 아이밀리우스 파울루스의 딸, 곧 스키피오의 누이와 결혼시킨 다음, 젊은 여자 노예와 남몰래 가까이 지냈다. 그런데 집이 좁았던 탓에 그만 같이 살고 있던 며느리가 이 일을 눈치채게 되었다.

한번은 카토의 아들이 그 젊은 여자가 아버지 침실로 가는 것을 보고 그녀를 노려보았다. 이 광경을 본 카토는 젊은 아들과 며느리가 자기 행동을 부끄러워한다는 사실을 알고, 말없이 공회당으로 나가 친구들을 만났다.

그때 자기 부서기관이었던 살로니우스가 인사를 하며 다가왔다. 카토는 살로니우스에게 딸을 시집보냈느냐고 물었다. 그가 아직 딸을 결혼시키지 않았다고 대답하자 카토가 말했다.

"그렇다면 아주 잘됐군. 내가 좋은 신랑감을 하나 알고 있는데 나이가 좀 많은 게 한 가지 흠이라네."

살로니우스는 자기 딸은 이미 카토에게 의지하고 있으며 카토는 딸에게 후원자나 다름없으니 그녀의 결혼을 성사시켜 달라고 했다. 그러자 카토는 망설이지 않고 그 신랑감이 바로 자신이라고 답했다. 살로니우스는 이 말을 듣고 몹시 놀랐다. 카토 나이에 결혼을 하겠다는 것도 그렇지만, 집정관을 지내고 개선식까지 올린 마르쿠스 집안과 혼사를 맺는다는 것은 살로니우스로서는 꿈에도 상상하지 못할 일이었기 때문이다. 그러나 카토의 말이 진심이라는 것을 알게 되자 살로니우스는 기쁘게 결혼을 허락했으며, 둘은 곧 약혼 발표를 했다.

결혼 날짜가 가까워지자 카토 아들은 친구들을 데리고 아버지에게 가더니, 이렇게 새어머니를 모셔들이려는 것이 자기가 무슨 잘못을 저질러서 그런 것이냐고 물었다. 그러자 카토는 큰 소리로 이렇게 대답했다.

"그렇지 않다. 네가 하는 일은 다 내 마음에 들었단다. 다만 내 성을 따르는 자식들을 더 많이 낳아 너처럼 훌륭한 시민을 만들고 싶을 뿐이란다."

하지만 이 말은 아테나이의 독재자였던 페이시스트라토스가 나이가 많이 든 뒤에 아르고스의 티모나사와 결혼하기 위해 했던 말이라고 한다. 카토는 이 결혼으로 아들을 하나 얻었는데, 어머니의 성을 따서 살로니우스라 이름지었다.

카토의 큰아들은 법무관을 지내다가 죽었는데, 카토는 자신이 쓴 책에서 이 아들이 용감하고 어진 성품을 가졌다고 추억했다. 그리고 자식을 잃은 슬픔을 이성적으로 받아들이며 여전히 공무에 전념했다.

루키우스 루쿨루스나 메텔루스 피우스 등은 나이가 들자 정치에서 물러났지만, 카토는 늙어서도 정계를 떠나지 않았다. 또 스키피오 아프리카누스처럼 자신의 공을 알아주지 않는다고 은퇴해 한가로운 여생을 보내지도 않았다. 디오니시우스가 권세를 가진 왕으로 살다 죽는 것이 가장 영광스러운 일이라 말했듯이, 카토는 정치를 하면서 늙어가는 것이 가장 훌륭한 일이라 여겼으며, 여가가 생기면 책을 쓰고 농사를 지었다.

카토는 여러 주제들에 대해서, 특히 역사에 대한 책을 많이 썼다. 젊었을 때는 가난 때문에 늘 농사일에 몰두했는데, 카토 스스로 말했듯이 사람에게 이익을 가져다주는 것은 농사와 절약밖에 없다고 생각했다. 그러나 나중에는 밭에서 나오는 것이라면 무엇이든 그에게 즐거움을 주었으며 연구 대상이 되었다. 나이가 들어서는 농사 이론에 흥미를 가져 《농업론》이라는 책을 썼는데, 그 가운데는 과자 만드는 법과 과일 저장법 등을 적음으로써 남다른 지식을 뽐내고 있다.

그리고 시골에 가 있을 때면 날마다 친구나 이웃들을 초대해 음식을 함께 먹으며 즐거운 시간을 보냈다. 그는 같은 또래의 노인들뿐 아니라 젊은이들과도 가까이 지냈다. 그리고 오랜 세월을 살면서 여러 사람들로부터 재미있고 이상한 이야기를 많이 들었기 때문에 사람들은 그가 하는 말에 언제나 귀를 기울이곤 했다. 또 그는 식사를 함께하는 것이 사람과의 정을 두텁게 해주는 가장 좋은 방법이라고 여겼다. 그래서 식사 때마다 훌륭한 시민들을 자주 칭찬했으며, 비겁하거나 가치 없는 사람에 대한 이야기는 되도록 하지 않았다.

카토의 마지막 정치 활동은 카르타고를 멸망시킨 일이었다. 실제로 카르타고를 완전히 정복한 사람은 소(小)스키피오였지만, 전쟁을 시작하게 만든 데는 카토의 역할이 컸다. 로마 정부는 카토의 충고와 의견에 자극을 받아, 다음과 같은 이유로 전쟁을 일으켰던 것이다.

카르타고 사람들과 누미디아 왕 마시니사 사이에 싸움이 일어났는데, 그 원인을 조사하기 위해 카토가 아프리카로 가게 되었다. 마시니사는 처음부터 로마와 우호적으로 지내고 있었으나 카르타고는 대(大)스키피오에게 정복된 뒤로 상당한 배상금을 내고 있었으므로 어려운 처지에 놓여 있었다.

그러나 카토가 직접 가서 보니 카르타고는 로마 사람들이 생각했던 만큼 약해져 있지 않았으며, 인구와 물자도 넉넉한 데다가 온갖 무기와 군수품을 지녀 사기가 높아 있는 상태였다. 그래서 카토는 마시니사와 그의 누미디아 사람들의 싸움을 조정할 때가 아니며, 오래전부터 원한을 가져왔던 카르타고의 세력을 내버려 두었다가는 또다시 큰 위험에 빠지게 될 것이라고 판단했다.

그는 급히 로마로 돌아와 원로원을 찾아갔다. 그리고 카르타고가 받았던 패전과 불행은 그들의 사기를 꺾었다기보다 지나친 자부심을 꺾은 정도에 지나지 않으며, 카르타고를 약하게 만든 것이 아니라 오히려 전쟁 경험을 쌓게 해준 결과가 되었다고 말했다. 또 그들이 지금 누미디아를 트집 잡고 있는 것도 사실은 로마와 전쟁을 하기 위함이므로 기회만 있으면 곧 전쟁을 걸어올 것이 틀림없다고 했다.

그리고 카토는 미리 준비해 온 잘 익은 무화과를 땅에 떨어뜨렸다. 여러 의원들이 그것이 크고 아름답다며 감탄하자 카토가 입을 열었다.

"이 과일이 나는 땅이 로마에서 바닷길로 불과 사흘밖에 안 되는 거리에 있습니다."

카토는 로마가 하루빨리 공격을 시작하도록 부추기기 위해 말끝마다 이렇게 덧붙였다.

"카르타고를 반드시 멸망시켜야 한다고 생각합니다."

그러나 푸블리우스 스키피오는 카토의 의견에 반대하며 그 또한 말끝마다 이렇게 덧붙였다.

"카르타고를 그대로 두는 것이 로마를 위한 길이라고 생각합니다."

스키피오는 전쟁에서 승리한 뒤로 교만해진 민중이 원로원 명령에 따르지 않으며, 자기들 마음대로 정부를 움직이려는 것을 보고, 카르타고에 대한 두려움을 불러들여 그들의 무모한 행동을 막고자 했던 것이다.

그러나 카토는 카르타고가 예부터 강한 나라였으며, 몇 번의 패배를 겪은 뒤 복수할 기회만을 노리고 있으므로 로마가 잠시라도 틈을 주는 것은 위험하다고 생각했다. 그러므로 그는 로마 안에 있는 공포와 걱정거리들을 하루빨리 없애버리는 것이 옳다고 판단했다.

카토는 이런 이유로 카르타고와의 마지막 싸움인 제3차 포에니 전쟁을 일으켰다. 비록 그는 전쟁을 시작한 뒤 얼마 되지 않아 세상을 떠났지만, 죽기 전에 이 전쟁을 끝낼 사람을 예언했다. 지목된 인물은 젊은 호민관이었는데, 그는 싸움터에서 지혜롭고 용기 있는 행동을 보여주었다. 그런 행동이 로마에 알려지자 카토는 호메로스 시를 빌려 이렇게 말했다.

수많은 사람들 가운데 지혜로운 이는 오직 그 사람뿐
다른 사람들은 모두 흔들리는 그림자에 지나지 않는다.

이러한 예언의 대상은 바로 스키피오였는데, 그는 곧 싸움터에서 큰 전공을 세워 이 예언을 증명했다.

카토가 남긴 자손은 후처의 외아들인 카토 살로니우스와 이미 죽은 장남이 남긴 손자 하나였다. 카토 살로니우스는 법무관 자리에 있다가 세상을 떠났지만, 그 아들 마르쿠스는 뒷날 집정관 자리에까지 올랐다. 그가 바로 용기와 능력으로 그 시대 명사로 존경받던 철학자 카토의 할아버지였다.

아리스티데스와 마르쿠스 카토의 비교

이제까지 아리스티데스와 카토, 두 사람에 대해 기억해야 할 중요한 사건들을 살펴보았다.

이 두 사람은 여러 면에서 비교해 볼 때 그다지 뚜렷한 차이를 발견할 수 없는데, 그것은 그만큼 서로 비슷한 점이 많기 때문이다.

시나 그림을 비교하듯 둘을 하나하나 관점에서 견준다면, 둘 다 미천한 신분으로 태어났지만 자기 자신을 단련해 정치에서 이름을 떨쳤다는 점에서 비슷하다.

그러나 아리스티데스가 살았던 때는 아직 아테나이가 강해지기 전이었으며, 그의 경쟁자였던 사람들도 큰 재력을 가지고 있지 못했다. 그 무렵 아테나이는 연 수입이 가장 부유한 사람이라고 해도 500메딤노스, 다음가는 기사 계급이 300메딤노스, 그리고 맨 아래 계급이 200메딤노스밖에 안 되었다.

한편 카토는 이름 없는 시골 마을에서 태어났지만 넓은 바다와 같은 로마 정치에 과감하게 뛰어들었다. 비록 쿠리우스와 파브리키우스와 아틸리우스 등의 시대는 지난 지 오래되었지만, 그렇다고 시골에서 갓 올라온 사람에게 나랏일을 맡길 때는 아니었다. 그때까지도 로마 시민들의 눈길을 끌기 위해서는 명성이 높은 집안이고 부유하며, 정치 운동을 하거나 돈으로 사람들을 매수하기도 해야 했다. 또 민중은 나름대로 자신들의 세력을 믿고 있었기 때문에 지도층에 대해 무례하게 굴며 반항적인 기미를 보이기도 했다.

아리스티데스가 집안도 보잘것없고 재산도 넉넉하지 않은 테미스토클레스(그가 정치에 처음 발을 내딛었을 때 그의 재산은 4~5탈란톤밖에 없었다고 한다)를 상대해야 했던 것과, 카토가 스키피오 아프리카누스와 세르비우스 갈바, 티투스 퀸티우스 플라미니누스처럼 굉장한 인물들에게 오로지 자기 웅변과 열정만으로 맞서야 했던 것은 사정이 매우 달랐다.

뿐만 아니라 아리스티데스는 마라톤과 플라타이아에서 장군 열 사람 가운데 하나로 출정한 것뿐이었지만, 카토는 많은 경쟁자들을 물리치고 당당히 집정관 자리를 차지했으며, 쟁쟁한 경쟁자 일곱을 물리치고 감찰관으로도 뽑혔다.

아리스티데스는 전쟁에서 뚜렷한 공을 세운 일이 없었다. 마라톤 전투에서는 밀티아데스가 승리의 영광을 가져갔으며, 살라미스 전쟁에서는 테미스토클레스가, 그리고 플라타이아에서는 파우사니아스가 가장 큰 승리의 영광을 차지했다고 헤로도토스는 기록했다. 그래서 아리스티데스는 소파네스, 아메이니아스, 칼리마쿠스, 키나이기루스 등과 겨우 2위를 다투었을 뿐이었다.

하지만 카토는 집정관 자격으로 이베리아 전쟁에 나가서 현명한 작전과 용맹함으로 크게 이름을 날렸다. 또 테르모필라이에서는 다른 사령관 아래에서 명령을 받는 군사 호민관이었지만, 적의 왕인 안티오코스가 앞에서 공격해 오는 군대와 맞서느라 정신이 없을 때 그들 뒤를 공격하는 작전을 펼쳐 싸움을 승리로 이끌었다. 이 승리는 분명히 카토의 공이었으며, 그 전쟁의 결과로 아시아군은 헬라스에서 쫓겨났다. 이것은 나중에 스키피오가 아시아를 침략하는 길을 열어준 계기가 되었다.

이렇듯 두 사람 모두 전쟁에 있어서는 어느 누구에게도 지지 않았다.

정치에 있어서 아리스티데스는 테미스토클레스에게 꺾여 도편추방을 당했으나, 카토는 로마에서 가장 위대하고 세력이 막강한 사람들과 평생 동안 맞서면서도 노년에 이르기까지 단 한 번도 그들에게 무릎을 꿇은 일이 없었다. 때로는 원고로, 때로는 피고로 수많은 재판에 나갔지만 카토는 언제나 이겼으며, 늘 무죄판결을 받았다. 그것은 운이 좋아서가 아니라 방어하는 데는 성벽 같으며, 공격하는 데는 날카롭기 이를 데 없는 뛰어난 웅변 실력을 갖춘 덕분이었다. 그의 뛰어난 웅변술은 불행을 막는 데에는 재산보다 더 좋은 무기로 이용되었다.

또 그가 절대로 수치를 당하지 않은 까닭은 그의 행운이나 수호신 덕택이라기보다, 그의 변론이 뛰어나기 때문이라고 하는 편이 옳을 것이다. 안티파트로스는 아리스티데스가 죽은 뒤, 그에게는 여러 훌륭한 점들이 있었지만 그 가운데에서도 사람 마음을 움직이는 기술이 뛰어났다고 칭찬했는데, 이는 카토에게도 해당되는 말이다.

사람으로서 가질 수 있는 가장 완전한 미덕은 정치에 대한 것이라 말하지만, 가정생활에서의 미덕 또한 결코 작은 것이 아니다. 나라는 결국 가정이 모여서 이루어진 것이므로 시민들 생활이 저마다 풍요로워지면 마땅히 그만큼 튼튼한 나라가 되는 것이다.

리쿠르고스가 스파르타에서 금과 은을 쓰지 못하게 하고 구리로 돈을 만들게 한 것도, 재물에 대한 욕심을 아예 잘라냄으로써 모든 사람들이 유용하고도 필요한 물건을 충분히 가지도록 하기 위한 목적이었다. 리쿠르고스는 법을 만든 사람들이 미처 생각지도 못한 사실에 신경을 쓰고 있었는데, 그것은 나라에 큰 위험을 끼치는 자는 돈을 많이 가진 사람들이 아니라, 너무 가난해서 원한이 생긴 자들이라는 것이었다.

카토는 국가 지배자로서뿐 아니라 한 집안의 가장으로서도 훌륭했다. 그는 자기 재산을 늘렸으며, 여러 사람들에게 가정과 농사에 대한 것을 가르쳤고, 그 분야에 대한 책까지 써서 많은 지식을 남겼다.

이와 달리 아리스티데스는 가난했기 때문에 그의 정의로움이 다른 사람들에게는 상당한 이익이 되었지만, 그 자신에게는 아무 소용도 없었을 뿐 아니라 오히려 파멸을 가져오고 말았다. 그러나 시인 헤시오도스는 정의로운 행동과 함께 집안 살림을 착실히 하라고 우리에게 권유하면서, 게으르게 지내는 것은 부정의 원인이 된다고 주장했다. 호메로스도 그의 시에서 이렇게 노래했다.

일들도 살림살이도
나는 즐겁지 않다네.
나의 기쁨은 오직 노가 달린 배와
전쟁터와 잘 날아가는 화살과 창뿐.

여기에는 집안일을 소홀히 하는 사람은 부정한 일을 저지르며 사는 것과 다름없다는 뜻이 담겨 있다.

의사들이 말하듯 올리브 기름은 몸에 바르면 피부가 좋아지지만 마시면 몹시 해롭다. 하지만 이것은 정의로운 사람이 남에게는 이롭고 자신이나 가정에는 언제나 해로운 사람이라는 뜻은 아니다. 그러므로 아리스티데스가 딸의 결혼 비용뿐 아니라 자신의 장례 비용조차 남겨두지 않은 것은 정치가로서의 명성에 하나의 흠으로 볼 수 있다.

카토 집안은 4대에 걸쳐 집정관이나 원로원 의원을 지냈으며, 손자나 증손자들도 나라에서 가장 높은 지위에까지 올랐다. 그러나 아리스티데스는 헬라스에서 가장 위대한 인물이었지만, 그의 후손은 꿈풀이를 해주고 겨우 끼니를 이으며 살았다. 또 어떤 자는 가난에 시달린 끝에 시민들의 구호까지 받는 신세가 되었으므로, 그들은 조상의 영광을 지키며 살 만한 여유가 없었다.

물론 여기에 대해 나와는 다른 의견을 가진 사람들도 있을 것이다. 가난 그 자체는 부끄러운 일이 아니며, 게으름이나 사치나 분별없는 생활 때문에 만들어진 것일 때에만 수치스러운 일이기 때문이다.

성실하고 청렴한 정치인의 가난은 그의 위대함을 증명해 주며, 그 마음의 고상함을 드러낸다. 자질구레한 일에 마음을 쓰는 사람은 큰일을 이룰 수 없고, 또 너무 여러 일들에 매달려 있으면 남의 도움을 필요로 할지언정 다른 사람들에게 도움을 줄 수는 없기 때문이다. 그러므로 정치인에게 필요한 것은 많은 재산이 아니라 만족할 줄 아는 마음이다. 이런 마음은 사치를 탐내지 않아서 나랏일에 모든 마음을 쏟을 수 있게 하기 때문이다. 아무 흠도 갖고 있지 않다면 그는 신이겠지만, 인간의 여러 미덕 가운데에서도 특히 욕심이 없는 사람은 분명 신에 가까운 모습이리라.

좋은 습관에 길들여진 몸이 화려한 옷이나 기름진 음식을 필요로 하지 않는 것처럼, 사람이나 가정도 건강하게 단련되면 많은 돈이 없더라도 만족하며 지낼 수 있다. 필요한 만큼만 얻으면 그 이상은 필요치 않은 것이다.

다 쓰지도 못할 재물을 쌓아두는 사람은 돈의 노예일 뿐이다. 필요가 없는데도 구하려고 애쓰는 것은 어리석은 짓이며, 꼭 필요한데도 인색하게 아끼는 것 또한 미련한 행동이다.

그래서 나는 카토에게 이렇게 묻고 싶다.

"우리가 재물을 원하는 것은 그것을 쓰고 즐기기 위해서인데, 어째서 당신은 많은 재산을 가지고 있으면서도 쓰지 않는 것을 자랑합니까? 거친 빵을 먹고 하인들과 함께 술을 마시며 좋은 옷과 화려한 집을 바라지 않는 것이 고상하다면, 아리스티데스와 에파메이논다스와 마니우스 쿠리우스와 카이우스 파브리키우스도 재산을 멀리했으니 그들 또한 칭찬받아야 마땅하지 않겠습니까?"

순무를 가장 맛있는 요리로 생각해 아내가 빵을 만드는 동안 무를 삶는 사람은, 돈을 불리거나 부자가 되는 방법을 쓴 책에 크게 가치를 두지 않을 것이다. 검소한 생활에 만족할 줄 안다는 것은 필요 없는 물건을 탐내지 않거나, 그런 욕망을 아예 끊어버릴 수 있다는 뜻이다.

그래서 아리스티데스는 칼리아스를 재판할 때, 가난을 부끄러워하는 사람은 스스로 그것을 원하지 않는데도 어쩔 수 없이 가난하게 된 사람들뿐이라고 말했다. 그러나 스스로 원해서 가난하게 사는 사람은 가난을 명예로운 일로 자랑할 수 있는데, 아리스티데스 또한 그런 사람이었다. 그는 페르시아군 시체에서 갑옷을 벗겨내 팔거나 천막에 들어가 물건들만 챙겼어도 쉽게 부자가 될 수 있었지만, 아무런 부정도 저지르지 않고 평생을 가난하게 살았다. 이 이야기는 여기까지 하겠다.

전쟁의 업적에 대해 살펴보면, 카토의 승리는 이미 강대한 국력을 가진 로마에 그리 큰 보탬이 되지는 않았다. 하지만 아리스티데스는 마라톤, 살라미스, 플라타이아 등과의 전쟁을 통해 헬라스인 가운데에서도 가장 뛰어난 업적을 이루었다. 카토가 안티오코스 왕을 물리치고 이베리아 성벽을 무너뜨린 일은, 아리스티데스가 크세르크세스군을 물리치고 셀 수 없이 많은 바다와 땅에서 페르시아군을 죽인 업적과는 견줄 수 없다. 아리스티데스의 공훈은 그 누구도 따를 수 없는 것이다. 그러나 그는 영광의 월계관을 다른 사람에게 양보했으며, 금과 은을 자기보다 더 필요로 하는 사람들에게 넘겨주었다. 이는 그가 물질적인 것들을 이미 초월하고 있었기에 가능한 일이었다.

나는 카토가 늘 자기 자신을 자랑하고 다닌 일을 조금도 탓할 생각이 없다. 카토 스스로도 연설에서, 자기를 칭찬하는 일은 자기를 비난하는 것과 마찬가지로 어리석은 짓이라고 말했다. 하지만 인격 면에서 생각할 때, 남의 칭찬을 바라지 않는 사람은 언제나 자기 자신을 자랑하고 다니는 사람보다 더 훌륭한 사람이리라.

세상 사람들 말에 무관심한 것은 경쟁을 부드럽게 하는 데 큰 도움이 되지만, 야심을 가진 사람은 남을 시기하는 경우가 많다. 아리스티데스는 야심이 전혀 없었지만 카토는 야망이 가득했다.

아리스티데스는 나라가 위기에 처했을 때 여러 번 테미스토클레스를 도와 아테나이를 구했으며, 심지어 그의 아래에서 일한 적도 있었다. 그러나 카토는 스키피오를 반대한 나머지, 한 번도 전투에서 져본 일이 없는 한니발을 정벌한 스키피오의 카르타고 원정을 방해할 뻔했다. 카토는 그 뒤에도 계속 스키피오를 비방해 결국 로마에서 몰아냈으며, 그의 동생에게까지 공금을 횡령했다는 가장 수치스러운 죄를 뒤집어씌웠다.

카토가 언제나 자신 있게 외치던 절제의 미덕을 참으로 깨끗이 실천한 사람은 아리스티데스였다. 카토가 나이나 위치에 맞지 않은 결혼을 한 일은 자신의 인품을 적지 않게 손상시켰다. 이미 늙은 나이에 나이가 든 아들의 새어머니로 자기 아래에 있던 서기관의 딸을 아내로 맞아들인 일은 결코 자랑할 만한 게 못 된다. 이런 행동이 쾌락을 위해서였든 또는 정부를 언짢게 여긴 아들에 대한 화풀이 때문이었든 간에, 그것은 명예롭지 못한 일이었다.

그리고 아들에게 비꼬듯 말을 한 것도 사실은 여자를 집 안에 들여놓기 위한 핑계에 지나지 않는다. 만약 카토가 정말 그 아들과 같은 훌륭한 자손을 하나 더 얻고 싶었다면 처음부터 좋은 집안의 여자를 구해야 했으며, 천한 여자를 몰래 가까이하고 또 아들에게 들킨 뒤에야 결혼을 할 이유는 없었으리라. 발각되기 전까지는 약혼도 하지 않고 천한 노예와 버젓이 동침하다가, 자식에게 들키자 가장 쉽게 설득할 수 있는 사람을 장인으로 삼은 일은 떳떳하지 못하다고 할 수밖에 없다. 카토는 명예를 떨어뜨리지 않을 훌륭한 집안과 인연을 맺어야 했으며, 자기 말에 거역하지 못할 사람을 장인으로 삼지 말아야 했다.

필로포이멘(PHILOPOEMEN)

　만티네아 명문 이름난 집안 출신인 클레안드로스는 대단한 세력가였다. 그러나 불행한 일로 고향에서 쫓겨나게 되자, 메갈로폴리스에 와서 크라우기스에게 신세를 지고 있었다. 크라우기스는 필로포이멘의 아버지로, 클레안드로스와는 허물없이 우정을 나누는 사이였다. 클레안드로스는 크라우기스가 살아 있는 동안 그 덕분에 무엇 하나 부족한 것 없이 편안하게 생활할 수 있었다. 그래서 크라우기스가 죽었을 때, 클레안드로스는 크라우기스의 아들 필로포이멘을 열심히 가르치는 것으로 그 은혜에 보답했다.

　필로포이멘은 아킬레우스가 포이닉스의 가르침을 받으며 자란 것처럼 클레안드로스에게 교육을 받으면서 장래가 촉망되는 인물로 자라났다. 그리고 어른이 다 된 뒤에는 에크데무스와 데모파네스의 가르침을 받았다. 이 둘은 메갈로폴리스 사람들로 아카데메이아 학파의 철학자였으며, 아카데메이아 학파 시조인 아르케실라우스의 동료였다. 또 자신들의 철학을 정치에 적용하려 애쓴 사람들이기도 하다. 그들은 폭군 아리스토데무스를 암살해 조국을 전제정치에서 구해냈으며, 시키온에서는 아라투스와 함께 최고 사령관 니코클레스를 몰아냈다. 또한 키레네가 엄청난 무질서와 대혼란에 빠지자 시민들 요구대로 그 도시로 건너가 좋은 정부를 다시 세워주고, 민주정치 체계를 유지할 수 있도록 도와주었다.

　그런데 그들 자신은 필로포이멘을 가르친 것을 가장 큰 업적으로 여겼다. 그들이 철학의 참된 지식을 가르쳐 주었기에 필로포이멘이 헬라스에 이득이 되는 일을 했다고 믿은 것이다. 실제로 헬라스는 필로포이멘을 깊이 사랑해, 그가 위대하고 이름난 수많은 인물들의 뒤를 이은 마지막 위인이라고 생각했다. 어떤 로마인은 필로포이멘 뒤 헬라스에는 더 이상 위인이 없으며 헬라스의 이름을 떨칠 사람도 없었던 만큼, 그가 마지막 헬라스인이었다고 말하기까지 했다.

그는 몇몇 사람들이 상상하는 것처럼 그렇게 못생기지는 않았다. 그것은 오늘날까지 델포이에 남아 있는 그의 조각상을 보아도 알 수 있다. 그런 잘못된 인물평은, 그가 메가라에 머물렀을 때 한 부인이 그를 잘못 보고 오해한 데서 비롯된 것이었다. 그 부인은 남편이 외출하고 없는 사이, 아카이아 장군이 자기 집을 방문한다는 소식을 듣고 분주하게 식사 준비를 하고 있었다. 그때 필로포이멘이 거친 망토 차림으로 불쑥 찾아오자, 부인은 부하 병사가 먼저 온 것이라 생각하고 그에게 일을 좀 도와달라고 부탁했다. 부인이 그를 몰라본 것도 무리는 아니었다. 필로포이멘은 아무 말 없이 망토를 벗고 장작을 패기 시작했다. 그러는 동안 그의 친구인 집주인이 돌아와 그를 보고서 깜짝 놀랐다.

"아니, 필로포이멘 장군, 이게 웬일이시오?"

그러자 필로포이멘은 도리스 지방 사투리로 대꾸했다.

"내 못난 얼굴 때문에 고생하고 있는 중이라오."

또 티투스 플라미니누스는 필로포이멘의 체격을 흉보며 이렇게 말한 적도 있다.

"당신은 손발은 참 잘생겼는데 배가 없군요."

그의 허리가 너무 가늘다는 이야기였다. 그러나 사실 이 말은 그의 가난을 비꼰 말이었다고 한다. 그가 거느린 보병들과 기병들의 기량은 매우 훌륭했지만, 군자금이 모자라 봉급을 제대로 못 줄 정도로 어려운 형편이었기 때문이다. 아무튼 필로포이멘에 대해서는 여러 이야기들이 있다.

그는 명예욕이 매우 강한 사람이었다. 또 그의 명예욕에는 경쟁심이나 열정도 꽤 섞여 있었다. 그는 에파메이논다스를 매우 존경해 그의 똑똑함과 고결함을 본받기는 했지만, 정치에서는 그와 같은 따뜻함을 갖지 못했으며 정치인이라기보다는 군인다운 강한 성격을 지닌 불같은 사람이었다.

그는 어릴 적부터 시민 생활보다 군인 생활을 더 좋아했다. 늘 무술을 연마

했고, 말을 타거나 창과 칼 다루는 것을 좋아했으며, 군인이 되기 위해 필요한 여러 훈련들을 쌓았다.

그는 씨름에 남다른 소질이 있어서 친구와 선생들은 그에게 운동선수를 하라고 권했다. 그래서 그는 가끔 친구들의 도전을 받아들여 함께 시합을 하기도 했다. 그러던 어느 날, 그는 우수한 군인이 되는 데 씨름이 걸림돌이 되는지 알고 싶다고 사람들에게 물었다. 사람들은 씨름꾼과 군인은 체격도 다르고 생활 방식도 전혀 다르며, 특히 식사와 훈련에 있어서는 그 차이가 더욱 심하다고 말했다. 씨름꾼은 잠을 충분히 자고 음식도 많이 먹고, 규칙적인 연습과 휴식 시간을 가져야 하며, 이런 규칙적인 생활에서 벗어나면 실력을 제대로 발휘하지 못하게 된다. 이와 달리 군인은 모든 변화와 불규칙한 생활에 자신을 적응시켜야 한다. 때로는 음식을 굶기도 하며 잠을 자지 않는 일에도 익숙해져야 하는 것이다.

이 말을 들은 필로포이멘은 곧 씨름을 그만뒀으며, 그 뒤로는 씨름 자체를 경멸했다. 나중에 장군이 되어서는 모든 운동을 멸시하며, 그런 것들은 오히려 전쟁에 쓸모없는 몸을 만든다고 말하곤 했다.

여러 스승들의 가르침을 받은 뒤, 그는 무기를 들고 라코니아 영토를 습격하는 전쟁에 나갔다. 그때 그는 언제나 가장 앞에 나서서 공격했으며, 후퇴할 때는 가장 마지막으로 물러났다. 그리고 싸움이 없을 때에는 사냥을 하거나 농사일을 하면서 몸을 튼튼하게 단련시켰다. 그는 시내에서 20펄롱쯤 떨어진 시골에 좋은 농장을 가지고 있었는데, 날마다 점심이나 저녁을 먹은 뒤 그곳으로 가서 일을 했으며, 밤이 되면 짚으로 만든 침대에 누워 일꾼들과 함께 잠을 잤다. 그리고 날이 밝아오면 누구보다도 먼저 일어나 포도 덩굴을 손질하거나 소를 돌보았다.

그런 다음 시내로 돌아와 동료들과 함께 공적인 일을 하며 시간을 보냈다. 그는 전쟁에 나가서 얻은 물건들은 팔아서 말과 무기를 사들이거나 포로가 된 동료들을 구하는 몸값으로 썼다. 그러나 남의 재산을 탐내지 않기 위해서라도 일정한 재산은 가지고 있어야 한다며 농사일을 열심히 했다. 필로포이멘은 남에게 해를 끼치지 않으면서도 재산을 늘릴 수 있는 방법에 대해 늘 연구했다.

필로포이멘은 철학과 웅변에 관심이 많았다. 그래서 그는 덕을 기르는 데 도움이 되는 책을 쓰는 저자의 글만 골라 읽었다. 그는 호메로스 작품 가운데서 용기를 북돋워 주는 내용들은 모두 찾아내 열심히 읽었다. 그 밖의 책으로는 에반겔로스의 《군사 전략론》과 알렉산드로스 대왕 전기를 즐겨 읽었는데, 특히 알렉산드로스 대왕의 전기를 읽는 것은 빼놓을 수 없는 즐거움이었다.

그는 책을 읽은 다음 거기서 얻은 지식을 행동으로 옮기지 않으면 가치가 없는 일이라고 여겼다. 그래서 《군사 전략론》을 읽을 때면 지도나 도표 같은 것을 무시하고, 직접 밖에 나가 돌아다니며 지형 기복이나 강 방향 등 땅 생김새를 일일이 살펴보았다.

여행을 할 때에도 그는 험준하거나 평탄한 땅이 공격과 방어에 어떻게 쓰일지 궁리했으며, 강이나 수렁이나 산길에서는 어떤 작전을 쓰는 것이 좋은지 생각했다. 부대 형태는 어떻게 만들어야 하는지에 대해 주위 사람들과 열띤 토론을 벌이기도 했다. 또 특수한 형태의 전투에서 밀집대형이나 산개대형을 짓고, 전진할 때 벌어질 모든 사태에 대해 예측해 보면서 그것에 대해 모의 작전을 짜보기도 했다. 실제로 그는 군사작전이나 전투에서 쾌락을 느꼈다. 그는 전쟁이야말로 평소에 쌓은 덕을 보여주는 가장 큰 무대라고 생각했으며, 군인이 아닌 사람은 나라에 쓸모없는 인물이라고까지 여길 정도였다.

그가 서른 살이 되었을 때, 라케다이몬 왕 클레오메네스가 한밤에 메갈로폴리스를 습격했다. 그들 군대는 성문을 지키던 병사들을 쫓아내고 단숨에 시 중심부까지 밀고 올라왔다. 필로포이멘은 이 급박한 소식을 듣고는 곧바로 뛰쳐나가 목숨을 걸고 용감하게 싸웠으나 끝내 적을 몰아내지는 못했다. 대신 그가 뒤쫓아오는 적들을 막으며 클레오메네스와 맞붙어 싸우는 동안, 시민들은 안전하게 도망갈 수 있었다.

필로포이멘은 갑자기 심한 공격을 받는 통에 말을 잃어버렸으며, 몸에는 여기저기 상처를 입은 채 가장 나중에 후퇴했다. 메갈로폴리스 시민들은 메세네로 피난을 갔는데, 클레오메네스가 사람을 보내 시가지와 부근 영토를 다시 돌려주겠다고 제안했다. 시민들은 이 소식에 모두 기뻐하며 다시 메갈로폴리스로 돌아가려고 서둘렀다.

그러나 필로포이멘만은 클레오메네스의 제안을 받아들일 수 없다고 주장했다. 그는 시가지를 돌려준다는 클레오메네스의 말은 사실이 아니며, 시민들까지 모두 붙잡아 포로로 만들려는 속셈이라고 말했다. 그리고 빈 도시에서 빈 성벽과 집만 지키고 있을 수는 없을 테니 이대로 버틴다면 그들은 곧 물러갈 것이라고 했다.

필로포이멘의 말을 듣고 시민들은 모두 마음을 돌려 메갈로폴리스로 돌아가지 않기로 했으나, 이것은 클레오메네스에게 도시 대부분을 파괴한 뒤 많은 전리품을 실어가게 하는 좋은 핑계를 주고 말았다.

이 일이 있고 얼마 뒤, 안티고노스 왕이 아카이아군을 돕기 위해 군대를 이끌고 와서 클레오메네스를 추격했다. 하지만 클레오메네스 군대는 셀라시아 근처 산골짜기들을 점령해 유리한 위치를 차지하고 있었다. 안티고노스는 반드시 그들을 물리치겠다 다짐하고, 적 진영 가까운 곳에 자리를 잡고 진을 쳤다.

필로포이멘은 시민들과 함께 기병대에 속해 있었으며, 그 곁에는 강한 일리리아인 보병대가 연합군의 옆쪽을 맡고 있었다. 그들은 저편 끝에 있는 안티고노스 왕이 창끝에 붉은 옷을 매달아 전투의 시작을 알릴 때까지, 조용히 진지를 지키며 기다리라는 명령을 받았다. 아카이아군은 지휘관의 명령에 따라 진지를 군게 지켰으나, 일리리아인 부대는 자기 장군 명령에 따라 곧 공격을 시작했다. 그러자 연합군의 보병들과 기병대 사이가 완전히 떨어져 있는 것을 본 클레오메네스의 동생 에우클레이데스는 가벼운 무장을 한 병사들을 내보내, 우회 작전을 써서 무방비 상태인 일리리아인 부대 뒤쪽을 공격하게 했다.

일리리아군이 큰 혼란에 빠진 것을 보고 필로포이멘은 곧 안티고노스의 장군들에게 가서, 기병들을 내보내 라케다이몬 경무장 부대를 공격하면 쉽게 물리칠 수 있으리라고 말했다. 그러나 그때만 해도 필로포이멘의 이름이 알려지지 않았던 때라 장군들은 그의 말을 무시하고 들은 척도 하지 않았다. 할 수 없이 필로포이멘은 자기가 데리고 있던 시민군을 이끌고 홀로 나아가 공격했다. 그의 부대는 적의 경무장 부대를 공격해 수많은 적군을 물리쳤으며, 적 병사들을 무참히 살해해 적들이 겁에 질려 도주하게 만들었다. 이 광경을 본 안티고노스 왕의 장군들은 비로소 용기를 얻어, 적이 혼란에 빠진 틈을 이용해 달아나는 적들을 맹렬히 뒤쫓았다.

필로포이멘은 무거운 갑옷을 입은 채 도망치는 적을 뒤쫓아, 험한 개울과 바위가 많은 땅을 쏜살같이 달려갔다. 그때 어디선가 가죽끈 달린 창이 날아와 그의 두 허벅다리에 꽂혔다. 목숨에는 지장이 없었지만 창날이 살을 뚫고 나올 만큼 깊숙이 박혔다. 더욱이 창에 달린 가죽끈 매듭 때문에 창을 뽑아내기도 어려웠으므로 두 허벅다리는 사슬에 묶인 듯 꼼짝할 수가 없었다. 주위에 있던 사람들도 손을 쓸 수가 없어서 어쩌하면 좋을지 몰라 허둥거렸다.

전투가 한창 절정에 이르러 있었기에 필로포이멘은 자신도 서둘러 힘을 보태야 한다는 생각으로 먼저 한 발을 앞으로 한 다음, 다른 한 발은 뒤로 뻗어 창 자루 한가운데를 두 동강으로 부러뜨린 뒤 뽑아버렸다. 그러고는 다시 칼을 빼들고 맨 앞에서 싸우고 있는 자기편 군대 한가운데로 뛰어들어, 부하들을 격려하며 용맹스럽게 싸웠다.

승리를 거둔 뒤, 안티고노스는 기병대에게 왜 명령을 기다리지 않고 돌격했느냐고 물었다. 병사들은 메갈로폴리스의 한 젊은이가 갑자기 앞장서서 공격했기 때문에, 자기들도 덩달아 적과 맞붙게 되었다고 대답했다. 그러자 안티고노스는 만족스럽게 웃으며 말했다.

"그 젊은이가 제법 장군다운 행동을 했군."

이 싸움으로 필로포이멘은 크게 이름을 떨쳤다. 안티고노스는 그에게 장군으로 삼고 많은 봉급을 줄 테니 자기 군대로 들어오라고 권했다. 그러나 필로포이멘은 자기는 천성적으로 남의 명령을 받지 못한다며 그 제안을 거절했다. 하지만 마냥 빈둥거리고 싶지는 않았다.

마침 그때 크레테 섬에서 전쟁이 일어났다는 소식을 들은 필로포이멘은 경험을 쌓기 위해 그곳으로 건너갔다. 그는 크레테 섬에 머물면서 착실하고 용감한 사람들을 만나, 여러 경험을 하고 재주를 익힘으로써 큰 명성을 얻게 되었다. 그래서 다시 아카이아로 돌아왔을 때는 곧바로 기병대장에 임명될 수 있었다. 그 무렵 아카이아 기병들은 경험도, 용기도 부족했다. 그들은 전쟁이 나면 아무 말이나 타고 닥치는 대로 밀고 나갔으며, 때로는 사람을 사서 자기 대신 전쟁터에 나가게 하고 본인은 그대로 집에 있었다. 장군들은 이 사실을 알고 있으면서도 짐짓 모르는 체했는데, 아카이아에서는 기병들의 세력이 워낙 강해서 어떤 지위에 있는 사람이라도 마음대로 살리거나 죽일 수 있었기 때문이다.

그러나 필로포이멘은 이런 기병대의 상황들을 그대로 두고 볼 수가 없었다. 그는 직접 도시마다 돌아다니며 젊은이들을 한 사람씩 만나 명예심에 호소하며, 필요할 때는 벌을 주기도 했다. 필로포이멘은 그들에게 여러 훈련들을 시키고, 많은 사람들이 보는 앞에서 병사들끼리 시합을 하게 했다. 이 같은 필로포이멘의 가르침에 따라 기병들은 말을 다루는 기술과 부대 전술을 익히는 훈련을 거듭했다. 이렇게 해서 그들은 짧은 시간에 완벽에 가까울 정도로 강하고 용감한 군인들이 되었다. 더욱이 기마병에게 가장 중요한 말 다루는 기술이 놀라울 정도로 발전했으며, 어떤 대형으로 바꾸어도 기병대 전체가 재빠르게 움직여 마치 한 사람이 움직이는 것처럼 보일 정도였다.

필리포이멘 기병대는 엘레아군, 아이톨리아군과 맞붙어 라리사 강 부근에서 치열한 전투를 벌이게 되었다. 이 싸움에서 그는 병사들에게 직접 모범을 보였다. 엘레아의 기병대장 다모판투스가 필로포이멘을 향해 전속력으로 돌격해 들어왔다. 그러자 필로포이멘은 가만히 서서 그가 가까이 다가올 때까지 기다렸다가 다모판투스가 공격하기 바로 전에 그를 창으로 찔렀다. 다모판투스가 말에서 떨어지는 것을 본 엘레아군은 모두 뿔뿔이 흩어져 달아나 버렸다.

필로포이멘은 혈기 왕성한 젊은이 못지않게 용감하고, 노련한 장군 못지않은 지휘력을 보여주었다. 그래서 그는 뛰어난 군인이며, 장군으로서의 자격을 갖춘 인물로 사람들에게서 인정받게 되었다.

아카이아는 여러 도시들이 뿔뿔이 흩어져 있어 그다지 힘을 쓰지 못했다. 하지만 아라투스라는 사람이 이 도시들을 모두 통합해 하나의 국가를 만들어 헬라스다운 정치형태를 확립했다. 그는 그때까지 보잘것없었던 아카이아인의 명예와 이름을 되찾아 끌어올린 첫 번째 인물이었다.

흐르는 냇물에 있는 조그만 돌은 처음에는 쉽게 물살에 휩쓸려 떠내려가지만 많은 돌들이 모여 쌓이면 시냇물 위로 솟아올라 단단한 땅을 만들어 내듯, 아카이아는 조각조각 갈라져 힘을 쓰지 못하던 헬라스를 일으키기 위해 먼저 자신들의 단결을 굳게 다졌다. 그렇게 통일국가를 이룬 아카이아는 이웃나라의 폭군들을 몰아내고 나라의 힘을 키우기 시작했다. 그리고 평화적인 협상으로 이웃 도시들을 자기편으로 만들어 펠로폰네소스 반도를 통일하기 위해 노력했다.

아라투스가 살아 있는 동안에, 아카이아 사람들은 마케도니아에게 도움을 많이 받았다. 전에는 아이귑토스의 프톨레마이오스를, 다음에는 마케도니아의 안티고노스와 필리포스 왕의 힘을 빌렸기 때문에, 이 여러 왕들은 헬라스의 일에 끊임없이 간섭해 왔던 것이다.

그러나 필로포이멘이 군대를 지휘하면서부터 아카이아 사람들은 아무리 강한 나라라도 상대할 수 있다는 자신감을 갖게 되었으며, 이제는 다른 나라의 힘을 빌릴 필요가 없다는 사실을 깨달았다. 그래서 아카이아는 더 이상 다른 나라에게 기대지 않기로 했다. 아라투스는 그의 전기에서 기록한 바와 같이 전쟁을 좋아하지 않았으므로, 부드러운 태도로 왕들을 설득해 모든 일을 처리했다. 하지만 필로포이멘은 용감하고 호전적인 사람이었으며, 그가 지휘하는 싸움은 늘 승리를 거두었기 때문에 아카이아인들의 사기는 크게 높아져 있었다.

사령관이 된 필로포이멘은 가장 먼저 아카이아군의 무기와 전투대형을 바꿨다. 그때까지 그들이 썼던 방패는 가볍고 몹시 얇은 데다가 폭이 너무 좁아서 몸을 가리기에 부족했다. 또 창은 마케도니아군이 사용하는 창에 비해 너무 짧아서 멀리 떨어져서 하는 전투에는 괜찮았지만, 적과 맞붙어서 싸울 때는 매우 불리했다. 전투대형도 너무 흩어져 있어서 마케도니아가 밀집대형을 이루고 쌓아올린 방패 뒤에 숨어 그 사이로 두꺼운 창끝을 밖으로 내밀면 아카이아군은 늘 속수무책으로 당하곤 했다.

필로포이멘은 이런 점들을 지적하면서 병사들로 하여금 작은 방패와 짧은 창을 버리고 큰 방패와 긴 창을 들게 했으며, 머리와 허리와 다리 모두를 둘러싸는 갑옷을 입게 했다. 그리고 군 대열을 빈틈없는 밀집대형으로 훈련시켰다.

그다음 필로포이멘은 병사들에게 이제는 누구에게도 지지 않을 만큼 강한 군대가 되었다며 자신감을 심어주는 한편, 그들의 사치와 낭비를 하나하나 고치도록 했다.

하지만 오랫동안 편안한 생활을 해왔던 병사들의 습관을 짧은 시간에 바꾸는 일은 쉽지 않았다. 그래서 그는 옷이나 음식에 돈을 낭비하던 병사들의 관심을 돌려, 호화로운 갑옷과 훌륭한 무기에 쓰도록 했다. 그러자 사람들은 금은으로 만들어진 호화로운 식기를 녹여 갑옷과 방패와 말안장 등을 장식했다. 넓은 운동장에는 말을 훈련시키거나 무술 연습을 하는 젊은이들 모습만 눈에 띄었으며, 여자들은 투구를 깃털로 장식하거나 군복에 수를 놓기에 바빴다. 이렇게 바뀐 모습들을 보는 것만으로도 시민들의 사기는 높아졌으며, 남자들은 용맹한 군인이 되기 위해 온 힘을 쏟았다.

사람들은 사치는 쾌락을 주는 동시에 게으름과 나약한 기풍을 만들어, 감각은 물론 정신까지도 둔하게 만든다고 여겼다. 그러나 군사적인 사치는 이와 달리 생각했다. 화려하게 치장한 갑옷을 입고 전쟁터에 나가면 오히려 용기가 생긴다고 믿었던 것이다.

호메로스의 시에도, 새로운 무기를 본 아킬레우스가 그것을 빨리 사용하고 싶어 못 견뎌하며, 새로 솟아난 용맹에 불타는 모습이 나와 있다. 병사들 또한 좋은 무장을 갖추게 되자 새로운 전법을 열심히 익혀 빈틈없는 대열을 이루게 되었다. 그들은 새로운 전투대형이 놀라울 정도로 치밀하고도 견고한 것을 알고 몹시 기뻐했다. 전투대형이 거의 난공불락으로 보였기 때문이다. 더구나 날마다 훈련을 거듭했으므로 무기가 가벼워지고 다루기 쉬워졌음을 느끼자, 그들은 하루라도 빨리 적과 싸워 자신들의 화려한 무기와 힘을 자랑하고 싶었다.

그 무렵 아카이아는 라케다이몬 독재자인 마카니다스와 싸우고 있었다. 마카니다스는 강력한 군대를 훈련시키며, 펠로폰네소스 모두를 손아귀에 넣으려고 호시탐탐 기회를 노렸다. 마침내 그가 만티네아를 침범했다는 소식이 들려오자, 필로포이멘은 마카니다스를 맞아 싸우기 위해 군대를 이끌고 나아갔다. 양쪽 군대는 만티네아 부근에서 서로 진을 쳤다. 양군은 저마다 자기 도시 사람들을 거의 징집해 전투에 참가시켰으며, 외국에서 고용한 용병 부대까지 출정시켰다.

전투가 시작되자 마카니다스는 몸소 외국인 부대를 거느리고, 필로포이멘이 가장 앞에 배치한 타렌툼인 부대와 아카이아인 창병 부대를 공격했다. 그러나 마카니다스는 이 기세를 몰아 적 주력군을 공격하려 하지는 않았다. 오히려 그들을 지나쳐 도망치는 병사들만을 뒤쫓았다. 이를 본 아카이아 동맹군들은 이미 싸움은 진 것이라고 생각했다.

하지만 필로포이멘은 이런 상황을 대수롭지 않게 여겼다. 그는 적 주력군이 벌판 저편에서 무방비 상태로 움직이는 것을 보고도, 그들과 거리가 멀어질 때까지 그대로 내버려 두었다. 그러고는 장군도 없는 라케다이몬 기병들이 무방비 상태에 놓인 것을 확인하고 나자 재빨리 공격하기 시작했다. 적군은 마카니다스가 도망가는 적들을 뒤쫓는 것을 보면서, 이미 싸움은 끝났다고 생각해 안심하고 있었던 것이다.

필로포이멘은 4000명이 넘는 적들을 죽인 뒤, 외국인 용병 부대를 이끌고 말머리를 돌려 추격에서 돌아오는 마카니다스와 마주 섰다. 둘 사이에는 깊고 넓은 개울이 하나 놓여 있었는데 한 사람은 이 개울을 건너 도망갈 생각을 했으며, 다른 한 사람은 그것을 막기 위해 말을 달렸다. 그들은 두 명의 장군이 아니라, 노련한 사냥꾼과 그에게 쫓겨 목숨을 걸고 도망가는 사나운 짐승과 다름없었다. 마카니다스는 개울을 뛰어넘기 위해 말의 양 옆구리를 힘껏 걷어찼다.

말은 앞다리를 건너편 언덕에 간신히 걸쳤으나 뒷다리는 그만 물속에 빠지고 말았다. 이때 언제나 필로포이멘 곁에서 그를 도와온 심미아스와 폴리아이누스가 창을 비껴들고 쏜살같이 그에게 달려들었다. 그러나 이들보다 앞서 폭풍처럼 달려간 사람은 필로포이멘이었다. 그는 마카니다스에게 곧바로 달려가더니, 있는 힘을 다해 들고 있던 창을 말 위에 있는 그에게 날렸다. 마카니다스는 창을 맞고 말에서 떨어지고 말았다.

델포이에 있는 필로포이멘 조각상은 바로 이 모습을 새겨놓았는데, 뒷날 아카이아인들이 그날 그가 보여주었던 용기를 기념하기 위해 만든 것이다.

이 승리를 거두고 얼마 뒤 필로포이멘은 네메아 경기대회에서 두 번째로 사령관에 뽑혔다. 이 행사가 열리는 동안 잠시 휴가를 얻은 그는, 행사에 실제 전투와 똑같은 군사 대형을 이끌고 나와 군대의 재빠른 움직임과 온갖 전투 모습들을 헬라스인들에게 보여주었다. 그리고 행사를 마친 다음에는 음악가들이 노래를 부르고 있는 극장으로 갔다. 그를 따르는 젊은 병사들은 찬란한 군복과 갑옷 아래 자주색 예복을 받쳐 입었으며, 그들의 장군에 대해 더할 나위 없이 높은 존경을 나타냈다. 동시에 자기들이 이룩한 많은 승전에 대해 내심 긍지를 갖고 있었다. 그들이 극장으로 들어가 자리에 앉았을 때, 마침 악사 필라데스는 티모테우스가 지은 〈페르시아 사람〉을 우렁찬 목소리로 노래하고 있었다.

그의 지휘 아래
헬라스의 자유를 위한 숭고한 업적이 있다네.

극장 안에 있던 청중은 이 노래를 듣고 모두 필로포이멘을 돌아보았다. 그리고 그에게 일제히 기쁨과 존경의 박수를 보냈다. 그들은 헬라스의 옛 영광을 다시 떠올리며 민족의 정신을 되찾게 해준 필로포이멘을 우러러보았다.

말은 주인이 타면 순순히 길을 가지만 모르는 사람이 타면 명령을 듣지 않는다. 그와 마찬가지로 아카이아 군사들은 필로포이멘이 아닌 다른 장군이 군대를 지휘하면 제대로 기운을 내지 못했다. 그들은 필로포이멘의 모습이 보이지 않으면 금세 풀이 죽어 그를 찾아 헤맸으며 그의 모습을 보고서야 비로소 기쁨과 자신감에 넘쳤다. 장군들은 많이 있었지만 적이 겁을 내며 도망가는 장군은 오로지 필로포이멘뿐이었기 때문이다. 다음 이야기들로 이런 사실을 알 수 있다.

마케도니아 왕 필리포스는 필로포이멘만 죽이면 아카이아는 자신의 발밑에 엎드릴 것이라 생각하고, 아르고스에 자객을 보내 그를 암살하려 했다. 그러나 이 음모가 곧 탄로나는 바람에 그는 헬라스 모두로부터 미움을 받게 되었다.

또 보이오티아군이 메가라를 포위해 함락시킬 준비를 다 갖추었을 때, 필로포이멘이 지원군을 거느리고 가까이 오고 있다는 소문이 퍼졌다. 아무런 근거도 없는 이 소식을 들은 보이오티아 병사들은 성벽에 사다리를 세워둔 채 모두 혼비백산해 도망쳐 버리고 말았다.

마카니다스의 뒤를 이어 라케다이몬 독재자가 된 나비스가 메세네를 습격했을 때, 필로포이멘은 아무런 직책도 가지지 않은 평민이었다. 그때 아카이아 사령관은 리시푸스였는데, 필로포이멘은 그를 찾아가 메세네를 구해주라고 권유했다. 그러나 적들이 이미 성을 점령하고 있었으므로, 리시푸스는 이길 가망이 없다며 그의 권고를 듣지 않았다.

그러자 필로포이멘은 자기가 사는 곳의 시민들을 거느리고 메세네를 구하기 위해 길을 나섰다. 그가 온다는 소식을 듣자 나비스는 지레 겁을 먹고, 완전히 손에 넣었던 도시를 버린 채 황급히 뒷문으로 빠져나갔다. 그는 자신들의 목숨을 건진 것만으로도 다행이라고 여겼으며, 이렇게 해서 메세네는 성을 무사히 돌려받을 수 있었다.

이런 몇몇 일들은 모두 필로포이멘의 영광과 명성 때문에 가능했다. 하지만 나비스에게 공격당하던 고르티나 사람들이 필로포이멘에게 장군이 되어달라고 요청했을 때, 그는 이를 받아들여 크레테로 가버림으로써 비난의 화살을 맞게 되었다. 그때 그의 조국도 나비스에게 괴로움을 당하고 있었으므로, 그는 싸움을 피해 도망가는 겁쟁이거나 조국을 버리고 다른 나라로 가서 이름을 떨치려는 이기적인 사람이라는 비난을 받게 된 것이었다.

그때 메갈로폴리스 성문 밖에서는 적군들이 밭을 점령한 채 진을 치고 있었기 때문에, 시민들은 성 밖으로 나가지 못해 길에다 곡식을 심어 먹는 어려운 처지에 놓여 있었다. 이런 때에 필로포이멘이 바다를 건너가 다른 나라에서 장군 노릇을 하고 있었다는 것은 그의 명성을 시기하는 사람들에게 그를 공격할 충분한 핑계가 되었다.

그러나 어떤 사람들은 필로포이멘이 고르티나 사람들의 요청을 받아들인 것은, 아카이아인들이 다른 사람을 장군으로 뽑고 그를 박대했기 때문이라 말하기도 한다. 즉 아카이아에서는 사령관으로 다른 장군들을 임명했으며, 필로포이멘에게는 병사 한 명도 주지 않았다. 이런 모욕을 당했기에 그가 고르티나인들의 제의를 흔쾌히 받아들였다는 것이다. 사실 그는 잠자코 앉아 있지 못하는 사람이었으며, 전쟁에서의 지휘를 평생의 일로 생각했기 때문에 늘 무슨 사건이 일어나기를 기다렸다. 이러한 필로포이멘의 생각은, 그가 프톨레마이오스를 비난했던 말에도 잘 나타나 있다.

어떤 사람이 프톨레마이오스 군대를 칭찬하며, 그가 군대를 잘 훈련시키고 자신의 무예에도 열심이라고 말했을 때 필로포이멘은 이렇게 대꾸했다.

"그 나이에 아직도 훈련만 하고 실제로 써먹지는 못하는데, 도대체 무엇이 훌륭하다는 이야기요?"

메갈로폴리스 사람들은 이때 필로포이멘에게서 배반당했다고 여겼으므로, 그의 말에 몹시 화를 냈다. 그래서 그들은 필로포이멘을 나라 밖으로 내쫓으려고 했다. 그러자 아카이아 사람들은 아리스타이우스 장군을 메갈로폴리스로 보내 그들의 계획을 막으려고 했다. 아리스타이우스는 정치적으로는 필로포이멘과 언제나 맞섰지만, 그를 추방시키는 일에는 결코 찬성할 수 없었던 것이다.

메갈로폴리스 사람들이 자신을 푸대접한다는 사실을 알게 된 필로포이멘은 도시 주변 마을 대표들에게 세금이나 법 등, 시의 명령에 복종할 의무가 없다고 부추겨 메갈로폴리스에게 반기를 들게 만들었다. 그는 드러내 놓고 그런 주장을 했으며, 뒷날 아카이아 동맹 회의에서도 메갈로폴리스에 대해 반대했다. 하지만 이것은 나중에 일어난 일이다.

필로포이멘은 크레테 섬에서 고르티나인들을 지휘하며 싸우는 동안 펠로폰네소스, 특히 아르카디아 출신이었음에도 전투에서 정면 공격을 하지 않고 크레테식 전법을 썼다. 그리고 그러한 전법은 경험이 많은 장군을 상대로 한 어린아이들 장난에 지나지 않다는 것을 보여주었다.

크레테에서 큰 공을 세운 뒤 필로포이멘은 펠로폰네소스로 돌아왔다. 이때 마케도니아 왕 필리포스는 로마의 티투스 퀸티우스에게 패했으며, 라케다이몬의 나비스는 아카이아군과 로마군을 상대로 동시에 싸움을 하고 있었다.

이에 필로포이멘은 에파메이논다스와 함께 곧 장군으로 임명되어 해전을 벌였다. 그러나 사람들 기대나 그때까지 이루었던 승리의 경험과는 달리 형편없는 결과를 가져오고 말았다.

어떤 역사가들 말에 따르면, 에파메이논다스는 자기 나라 사람들이 바다 전쟁에 맛을 들이면, 플라톤 말대로 방탕한 해병이 될까봐 소아시아 제도에서 일부러 군대를 되돌려 왔다고 한다.

하지만 필로포이멘은 바다에 대해 어느 정도 알고 있었으므로 지상에서처럼 해전에서도 승리를 거두리라 생각했다. 그러나 훈련이 부족하면 용기도 떨어지기 마련이라는 것과, 군대에서 경험이라는 것이 얼마나 중요한 것인지를 새삼 깨닫게 되었다. 그는 해전 경험이 부족했으므로 이 전쟁에서 크게 졌다. 또 오래된 배를 타고 전쟁을 한 것도 패전의 원인이었다. 그들이 탔던 배는 이름나기는 했지만, 만들어진 지 40년이나 되어 몹시 낡았으므로 타고 있기에도 불안했던 것이다.

필로포이멘이 이처럼 패전의 원인을 분석하고 있을 때, 적들은 마치 필로포이멘을 바다에서 완전히 쫓아내기라도 한 것처럼 생각하고 기티움을 포위했다. 이 소식을 들은 필로포이멘은 배를 타고 한밤에 그곳으로 올라갔다. 그리고 승리에 들떠 방심하던 적을 기습해 수많은 적들을 죽이고, 그들의 막사에 불을 질렀다.

그 뒤 며칠이 지나 아카이아군은 험한 산속을 나아가다가 갑자기 나비스의 습격을 받게 되었다. 적은 이미 유리한 지형을 차지하고 있었으므로 아카이아군은 빠져나갈 길을 찾지 못하고 갈팡질팡했다. 이때 필로포이멘은 잠시 멈추어 서서 근처 지형을 살펴본 다음, 전술이 싸움에서 얼마나 중요한지를 몸소 보여주었다. 그는 조심스럽게 군대의 대형을 바꾸며 움직인다면 위험에서 벗어날 수 있다는 사실을 깨달았다. 이렇게 군대를 이동시키는 데 성공한 필로포이멘은 도리어 적을 공격해 모두 달아나게 만들었다.

필로포이멘은 적들이 시내로 달아나지 않고 곳곳으로 뿔뿔이 흩어져 도망치자 그들을 뒤쫓으려 했다. 그러나 산에는 나무가 울창했으며 개울과 절벽이 많아서 말을 달리기에는 매우 곤란했다. 그래서 필로포이멘은 적을 추격하고 싶은 마음을 누르고 후퇴를 명령했다.

그는 병사들에게 어두워지기 전에 서둘러 야영을 준비하라고 지시했다. 그리고 적들이 어둠을 틈타 몇 명씩 시내로 들어가려는 것을 눈치채고, 성벽 가까운 곳에 있는 모든 개울과 언덕에 힘센 병사들을 숨겨두었다.

필로포이멘의 계략에 걸려든 나비스 군대는 큰 타격을 받았다. 그들은 부대를 이루지 않고 몇 명씩 흩어져 시내로 들어가다가, 그물에 새가 걸리듯 모두 필로포이멘의 손아귀에 잡히고 말았다.

이 일로 필로포이멘은 가는 곳마다 명예와 존경을 받았으나 이 때문에 티투스 플라미니누스의 질투를 받게 되었다. 로마 집정관인 플라미니누스는 명예욕이 대단한 사람이었다. 그는 평범한 아르카디아 사람보다는 자기가 더 큰 존경을 받아야 한다고 생각했다. 특히 아르카디아인을 위해 그가 세운 공적은 필로포이멘의 공적과는 비교도 되지 않는다고 여겼다. 마케도니아의 필리포스왕에게 빼앗겼던 자유를 단 한 번의 포고로 헬라스에 되돌려 주었기 때문이다. 그 뒤 플라미니누스는 나비스와 휴전을 했으나 얼마 뒤 나비스는 아이톨리아군에게 암살당하고 말았다.

이 때문에 스파르타는 큰 혼란에 빠졌는데, 필로포이멘은 그 기회를 이용해군대를 이끌고 가서 권유와 위협으로 스파르타를 아카이아 동맹국으로 끌어들였다. 스파르타가 아카이아 동맹국이 된 것은 결코 작은 일이 아니었다. 이처럼 강대한 도시를 끌어들여 동맹을 더욱 튼튼히 했으므로, 아카이아 사람들은더욱 그를 칭찬하며 호의를 베풀었다. 그는 또 스파르타 귀족들 환심을 샀으며, 그들이 새로 얻게 된 자유의 수호자로서 큰 존경을 받았다. 그래서 귀족들은나비스의 집과 재산을 팔아 만든 은 120탈란톤을 필로포이멘에게 바치기로 결의하고 사절단을 보내고자 했다.

이때 필로포이멘은 자신이 허울뿐만이 아닌 진정한 덕을 갖춘 인물이라는것을 보여주었다. 스파르타인들은 그에게 선물을 주는 임무를 맡으려 하지 않았으므로 저마다 핑계를 대면서 다른 이들에게 떠넘기려고 했다. 그래서 스파르타인들은 필로포이멘과 한집에 산 적이 있는 티몰라우스에게 그 일을 부탁했다.

메갈로폴리스에 온 티몰라우스는 필로포이멘의 검소한 생활을 가까이에서보면 볼수록 감히 뇌물을 가지고 온 뜻을 말할 수 없었으며, 그가 이런 돈을받을 사람이 아니라는 것도 깨닫게 되었다. 끝내 티몰라우스는 돈에 대해서는아무 말도 꺼내지 못하고 그대로 스파르타로 돌아갔다.

그 뒤 다시 한 번 티몰라우스가 파견되었을 때에도 결과는 마찬가지였다. 그는 세 번째로 왔을 때에야 가까스로 입을 열어 스파르타 시민들의 호의를 이야기했다. 그의 이야기를 끝까지 듣고 난 필로포이멘은 스파르타로 돌아가서 자신의 조언을 시민들에게 전해달라고 부탁했다.

스파르타 시민들은 그의 친구이고 친구는 대가 없이도 도울 수 있으니 그를 돈으로 사서 부패한 사람으로 만들지 말아야 하며, 그 돈은 잘 가지고 있다가 아카이아 동맹 회의에서 선동적인 연설로 시를 교란시키려는 사람의 입을 틀어막는 데 쓰라고 한 것이다. 그리고 그는 친구의 좋은 말을 막는 것보다 적의 나쁜 말을 막는 데 그 돈을 쓰는 것이 더 나으리라 생각한다고 덧붙였다.

필로포이멘이 부패에 물들지 않은 깨끗한 사람이었다는 점은 이런 이야기에서도 분명히 드러난다.

그 뒤 아카이아 장군 디오파네스는 스파르타가 반란을 꾀하고 있다는 소식을 듣고 전쟁을 일으켜 펠로폰네소스 반도 모두를 혼란 속으로 몰아넣었다. 이것을 본 필로포이멘은 디오파네스의 분노를 가라앉히려고 애썼다. 그는 디오파네스에게 로마군과 안티오코스 왕의 대군이 헬라스를 전쟁터로 만들려 하는 때이니만큼 나라의 평화를 위해서라도 이 두 나라를 살피는 데 힘을 모으고, 작은 일에는 참고 견딜 줄 알아야 한다며 설득했다. 불필요한 내분을 피하라고 권한 것이었다. 그러나 디오파네스는 필로포이멘의 충고를 무시한 채 플라미니누스와 함께 라코니아에 침입한 다음 스파르타 시로 나아갔다.

필로포이멘은 이 일로 몹시 화가 났다. 엄밀히 따지자면 정의로운 결정은 아니었지만, 그는 법에 구애받지 않고 대담하게 혼자 스파르타로 들어갔다. 그리고는 한낱 평민 신분으로, 아카이아 장군과 로마 집정관을 막기 위해 시내로 들어오는 성문을 굳게 닫았다. 그리고 성안에서 스파르타의 소요를 진압한 다음 다시 아카이아 동맹에 복귀시켰다.

하지만 뒷날 필로포이멘이 다시 장군 자리에 앉았을 때에 라케다이몬 사람들과 다툼이 생기자, 그는 스파르타에서 추방된 많은 정치범들을 불러들였다. 그리고 스파르타인들을 사형시켰는데, 폴리비우스는 그때 죽은 사람 수가 80명이었다고 기록했지만 아리스토크라테스에 따르면 350명에 이르렀다고 한다. 또 그는 스파르타 성벽을 허물고 많은 땅을 빼앗아 메갈로폴리스에 돌려주었으며, 독재자에 의해 강제로 스파르타 시민이 된 사람들을 모두 아카이아로 돌려보냈다. 그러나 추방 명령에 순종하지 않은 300명은 노예로 팔아, 그 돈으로 메갈로폴리스에 공회당을 지었다.

뿐만 아니라 필로포이멘은 리쿠르고스가 만든 교육제도를 모두 없애버렸으며, 자녀 교육이나 일상생활을 모두 아카이아식으로 바꾸게 했다. 그는 스파르타인들이 리쿠르고스의 규율을 지키는 한 도저히 그들의 정신을 꺾을 수 없다고 여겼다. 이렇게 해서 스파르타 사람들은 큰 불행에 처하게 되었다. 필로포이멘은 자기 적개심을 만족시키기 위해 독재적인 행동을 취했다. 스파르타 사람들은 필로포이멘에게 국가 정신을 꺾인 채 수치심을 견디며 살아갈 수밖에 없었다. 그러나 그 뒤 스파르타는 로마의 도움을 얻어 아카이아 동맹에서 탈퇴했으며, 불행한 처지에서도 힘이 닿는 데까지 예전의 제도를 되찾았다.

로마군이 헬라스에서 안티오코스군과 싸우고 있을 때 필로포이멘은 다시 평범한 시민으로 돌아와 있었다. 이때 안티오코스는 칼키스에 머물면서 연애와 결혼 문제로 세월을 보내고 있었다. 그러자 그의 부하들은 지휘관이 없는 틈을 이용해 도시 곳곳에 흩어져 방탕한 생활을 하며 지냈다.

이를 본 필로포이멘은 자신이 장군으로 뽑히지 않은 것을 안타까워했고, 로마군의 승리를 부러워하며 이렇게 탄식했다.

"만일 지금 내가 군사령관이었다면, 술집을 습격해 안티오코스 군대를 모두 죽였을 것이오."

로마군은 안티오코스를 정복한 다음 헬라스에 대한 압박을 강화하기 시작했고, 그들의 세력 때문에 아카이아 동맹은 차츰 어려운 상황이 되어갔다. 많은 도시 지도자들이 로마에 무릎을 꿇었으며, 그들의 세력은 신탁대로 이루어져 곧 헬라스 모두를 제압하고 말았다.

이때 필로포이멘은 경험이 풍부한 선장처럼 세찬 파도를 헤쳐나가기 위해 키를 잡았다. 어떤 때는 웅변으로, 또 어떤 때는 돈을 써서 수많은 사람들에게 헬라스의 자유를 위해 단결하자며 호소했다. 그리고 틈만 나면 변론에 뛰어나가 부유한 사람들에게 서로 힘을 합쳐 로마에 저항해야 한다고 외쳤다. 또한 헬라스의 자유를 지키기 위한 노력을 계속해야 한다고 호소했다.

그즈음 메갈로폴리스에는 아리스타이우스라는 사람이 아카이아인들 사이에서 큰 세력을 갖고 있었다. 어느 날 그는 회의장에서, 로마인에게 반항하거나 그들의 은혜를 저버려서는 안 된다며 연설했다. 필로포이멘은 이 말을 듣고 있다가 그에게 이렇게 되물었다.

"당신은 헬라스가 망하는 꼴을 보는 것이 그렇게도 소원이오?"

필로포이멘(PHILOPOEMEN) 669

안티오코스를 정복한 로마 집정관 마니우스는 라케다이몬에서 추방당한 사람들이 다시 본국에 들어갈 수 있게 해달라고 아카이아에 요구했다. 그러자 티투스 플라미니누스는 이 제안이 자기 이해관계와 맞는다고 생각해 그 요구를 적극 지지했다.

그러나 필로포이멘은 반대의 뜻을 나타냈다. 그가 추방자들에게 나쁜 감정을 가지고 있었기 때문은 아니었다. 오로지 그 일을 자기 자신과 아카이아인의 자유의지대로 행하려 했을 뿐, 티투스나 로마에 의해 하고 싶지는 않았던 것이다. 그래서 필로포이멘은 뒷날 자기가 장군이 되고 나서야 그들의 귀환을 허락했다. 이처럼 그는 남에게 지배받는 것을 몹시 못마땅해했으며, 권력을 가진 자에게는 조금도 양보하지 않고 다투려 했다.

필로포이멘은 일흔 살이 되었을 때 여덟 번째로 군사령관이 되었다. 하지만 그는 공직에서 떠나 남은 삶을 조용히 보내고 싶었다. 사람은 몸이 쇠약해지면 성격도 온순해지듯, 그 무렵 헬라스는 세력이 점점 약해지면서 헬라스인들의 호전적인 기질도 차츰 가라앉고 있었다. 그러나 뛰어난 운동선수가 결승점에서 쓰러지는 것처럼, 운명의 신은 인생의 마지막에 선 그를 기습했다.

전해오는 이야기에 따르면, 어느 회의에서 누군가가 훌륭한 장군이라는 칭찬을 받았는데, 그때 필로포이멘은 이렇게 말했다고 한다.

"적에게 사로잡힌 인물을 어떻게 사람으로 생각하시오?"

며칠 뒤 필로포이멘과 사이가 나쁘고, 다른 사람들에게서도 미움을 받던 데이노크라테스라는 메세네인이 사람들을 선동해 아카이아 동맹에 반기를 들게 했다. 이윽고 그가 콜로니스라는 작은 도시를 점령하려 한다는 소식이 들려왔다. 특히 데이노크라테스는 필로포이멘을 원수처럼 여겼는데, 실제로 그는 사악한 행동으로 많은 사람들의 미움을 받고 있었다.

이때 필로포이멘은 열병으로 아르고스 시에 누워 있었으나 이 소식을 듣고는, 400펄롱이나 떨어져 있는 메갈로폴리스까지 하루 만에 달려갔다. 그리고 이름난 집안 출신의 혈기왕성한 젊은이들을 모아 기병대를 만들고 곧 싸우러 나아갔다. 필로포이멘의 열성을 받아들였으며, 이 거사의 정당성에 공감해 함께 싸우기를 자청했던 것이다.

메세니아로 나아가던 그들은 에반드로스 산 근처에서 데이노크라테스군을 만나 모두 쳐부쉈다. 그런데 뜻하지 않게 메세니아 국경 감시대 500명이 뒤늦게 나타나자, 도망갔던 적들이 다시 돌아와 산 주위로 모여들기 시작했다.

필로포이멘은 포위당할 염려와 부하들의 목숨을 아끼려는 생각으로, 지형이 험한 산악 지대로 후퇴했다. 그는 스스로 군대 뒤쪽에서 여러 번 적의 추격을 막아내며 대열의 방패 역할을 했다. 그러나 그는 젊은 부하들을 하나라도 잃지 않기 위해 대열에서 벗어났다가 그만 적의 함정에 빠지고 말았다.

적은 그를 두려워했으므로 가까이 오지 못한 채 멀리서 창과 화살만 던져댔다. 험하고 가파른 바위산까지 쫓겨 달아나느라 그의 말은 몹시 지쳐 있었다. 필로포이멘은 나이는 많았지만 오랜 단련으로 건강한 신체를 유지하고 있었다. 하지만 이때는 불행히도 병으로 몸이 쇠약해졌던 데다가 멀고 험한 길을 달려온 피로가 쌓였으며, 말까지 지쳐 힘없이 비틀거리다가 그만 주인을 땅 위에 떨어뜨리고 말았다.

그 바람에 필로포이멘은 머리를 땅에 심하게 부딪혀, 그 충격으로 한동안 말도 못한 채 쓰러져 있었다. 적군은 그가 죽은 줄 알고 달려들어 갑옷을 벗기려 했으나 그때 필로포이멘이 머리를 들더니 눈을 부릅떴다. 그러자 적 병사들은 한꺼번에 몰려들어 필로포이멘의 손을 뒤로 묶은 다음, 진지로 끌고 가면서 온갖 욕설과 야유를 퍼부어댔다. 그는 늘그막에 적의 포로가 되어 데이노크라테스에게 이런 모욕을 당할 줄은 꿈에도 생각하지 못했다.

이 소식을 듣고 놀란 메세니아 사람들은 성문으로 떼를 지어 모여들었다. 그들은 많은 공적을 올리고 영광스러운 승리를 거듭했던 필로포이멘이 초라한 꼴로 끌려오는 모습을 보자, 가엾은 생각에 눈물을 흘리며 인간의 운명이 얼마나 덧없는지를 생각하게 되었다. 그들은 또 예전에 독재자 나비스를 쫓아내고 자유를 되찾아 주었던 필로포이멘의 은혜를 떠올렸다.

그러나 어떤 사람들은 데이노크라테스의 환심을 사기 위해 필로포이멘이 화해할 수 없는 위험한 적이라고 주장했다. 그러므로 필로포이멘을 잔혹하게 고문한 뒤 죽여야 하며, 만약 포로로 모욕을 주고 나서 다시 살려 보낸다면 반드시 데이노크라테스에게 원한을 품으리라고 했다.

마침내 그들은 필로포이멘을 지하 감옥에 가두었다. 그곳은 보물을 넣어두던 창고로, 바깥 공기나 햇빛이 전혀 들지 않았으며 문이 없어서 커다란 돌을 끌어다 막아놓았다. 사람들은 그를 이곳에 가두고 돌문 앞에 병사들을 세워서 지키게 했다.

한편 도망치던 필로포이멘의 기병들은 그의 모습이 보이지 않는 것을 알아차리고, 분명 어딘가에 쓰러져 있으리라 여겨 그의 이름을 소리쳐 불렀다. 그들은 자기들을 위해 그렇게까지 애쓴 장군을 적지에 그냥 남겨두고 살아온 일을 몹시 부끄러워했다. 한동안 필로포이멘을 찾던 그들은 마침내 그가 포로로 끌려갔다는 안타까운 소식을 듣게 되었다.

그들이 아카이아 동맹국에 이 사실을 알리자 여러 나라들은 몹시 비통해하며 메세니아에 필로포이멘의 석방을 정식으로 요구하는 한편, 그를 구하기 위해 군대를 모았다. 이런 상황을 본 데이노크라테스는 지금 때를 놓치면 필로포이멘을 죽이지 못하리라 생각했다. 그는 아카이아인들보다 먼저 움직여야겠다고 결심했다.

밤이 깊어 시민들이 모두 집으로 돌아가고 거리가 조용해지자, 데이노크라테스는 필로포이멘을 지키던 병사를 찾아가 독약을 건네주었다. 그리고 필로포이멘이 그것을 다 마실 때까지 옆에서 단단히 지키고 있으라고 명령했다.

필로포이멘은 망토로 몸을 덮고 누운 채 마음의 고통으로 잠을 이루지 못하고 있었다. 병사가 들어와 불을 켜자 그는 눈을 뜨고 간신히 일어나 앉았다. 약을 받아든 필로포이멘은 그에게 아카이아 기병대와, 특히 리코르타스라는 사람의 안부를 물었다. 거의 다 무사히 도망갔다는 대답을 듣고 필로포이멘은 고개를 끄덕이며 부드러운 얼굴로 병사를 바라보았다.

"우리가 모두 운이 나빴던 게 아니라서 다행이오."

필로포이멘은 이 말을 남기고 독약을 마신 다음 다시 자리에 누웠다. 그는 몸이 몹시 쇠약해져 있었기 때문에 미처 약이 몸에 다 퍼지기도 전에 숨을 거두었다.

그가 죽었다는 소식을 들은 아카이아 여러 도시들은 슬픔에 잠겼다. 젊은이들은 곧바로 메갈로폴리스에 모여들어 리코르타스를 지휘관으로 뽑았으며, 메세니아 영토로 쳐들어가 그곳 사람들이 항복해 올 때까지 마구 짓밟았다.

적의 복수를 두려워한 데이노크라테스는 필로포이멘을 죽여야 한다고 주장했던 사람들과 함께 스스로 목숨을 끊었다. 리코르타스는 필로포이멘을 고문하자고 부추겼던 자들을 모두 감옥에 가두었으며, 그들에게는 심한 고문 끝에 맞이할 죽음이 예약되어 있었다.

아카이아 사람들은 필로포이멘의 시체를 화장한 뒤 유해를 항아리에 담아

고국으로 출발했다. 그리고 머리에 승리의 화환을 얹고 눈에는 눈물을 가득 담은 채, 발에 사슬을 채운 포로들을 끌고 갔다. 그것은 승리와 장례가 섞인 장엄한 행렬이었다.

유해가 든 항아리는 수많은 꽃과 리본에 묻혀 잘 보이지도 않았다. 아카이아 총사령관의 아들 폴리비우스가 이 항아리를 들고 걸어갔으며, 신분 높은 아카이아 사람들이 그 뒤를 따라갔다. 병사들은 완전무장을 한 채 한껏 장식한 말을 타고 이들의 뒤를 따랐는데, 고개를 숙이지는 않았으나 아직 어떤 승리의 기쁨을 느끼기에는 슬픔이 너무도 컸다. 행렬이 지나가는 도시와 마을에서는 사람들이 모두 나와 있었다. 그들은 마치 개선장군을 맞이하는 사람들처럼 유해를 담은 항아리에 저마다 손을 얹어 축복한 다음, 행렬에 섞여 메갈로폴리스까지 따라갔다.

메갈로폴리스에 도착하자 노인과 여자들, 아이들의 울음소리가 한데 뒤섞여 시내는 온통 슬픔과 통곡 소리로 가득찼다. 그들은 필로포이멘을 잃은 것을 그들의 도시를 잃은 것처럼 여겼다. 필로포이멘의 장례는 그가 세웠던 공적에 어울리도록 명예롭게 치러졌으며, 끌고 온 포로들은 그의 무덤 곁에서 모두 제물로 바쳐졌다.

헬라스 여러 도시들은 앞다투어 그의 조각상을 세움으로써 그의 공적을 기렸다. 그러나 코린토스 시가 파괴된 다음 헬라스의 수난 시대가 되자 어떤 로마인 하나가, 마치 필로포이멘이 살아 있기라도 한 것처럼 필로포이멘은 로마의 적이었다고 비난하면서 그 기념물들을 모두 없애버리자는 제안을 내놓았다. 이에 대한 논의가 계속되어 공청회까지 열렸는데, 이때 폴리비우스는 이들에게 일침을 가하며 그들의 소행이 비열하다고 비난했다.

집정관 뭄니우스와 그의 사절들은 필로포이멘이 플라미니누스나 마니우스와 여러 차례 싸우기는 했지만, 이 위인의 명예로운 기념물에 절대로 손을 대서는 안 된다고 주장했다. 그들은 공적과 덕을 제대로 구별할 줄 알았으며, 사람이란 자신에게 은혜를 베푼 이에게는 마땅히 감사를 드려야 옳다고 말했다. 그리고 용감한 자는 다른 용감한 사람에게 반드시 영광을 베풀 줄 알아야 한다는 것을 몸소 보여주었다.

이제 필로포이멘에 대한 이야기를 끝내기로 하겠다.

박현태(朴鉉兌)

서울대학교 법대 졸, 동 대학원 문학석사, 한양대학교 대학원 법학박사. 서울경제신문 편집
국장, 제11대 국회의원, KBS 사장, 수원대 법정대학장, 동명대학교 총장 역임. 저서 《하이에나
저널리즘》《21세기를 바로 보지 못하면 우리의 미래는 없다》《천박한 국민 천박한 정치 천박
한 언론》《문제는 정치야 바보들아!》, 옮긴책에 헤로도토스 《헤로도토스 역사》 등이 있다.

World Book 243

Plutarchos

BIOI PARALLELOI

플루타르코스 영웅전 I

플루타르코스/박현태 옮김

1판 1쇄 발행/2015년 12월 1일

1판 2쇄 발행/2021년 2월 25일

발행인 고정일

발행처 동서문화사

창업 1956. 12. 12. 등록 16-3799

서울 중구 마른내로 144(쌍림동)

☎ 546-0331~6 (FAX) 545-0331

www.dongsuhbook.com

＊

＊

사업자등록번호 211-87-75330

ISBN 978-89-497-1390-8 04080

ISBN 978-89-497-0382-4 (세트)